NVI✚

COMENTARIOS
BÍBLICOS
CON APLICACIÓN

HECHOS

del texto bíblico
a una aplicación
contemporánea

AJITH FERNANDO

La misión de Editorial Vida es ser la compañía líder en satisfacer las necesidades de las personas, con recursos cuyo contenido glorifique al Señor Jesucristo y promueva principios bíblicos.

COMENTARIO BÍBLICO CON APLICACIÓN NVI: Hechos de los Apóstoles

Edición en español publicada por
Editorial Vida – 2012
Miami, Florida

©2012 por Ajith Fernando

Originally published in Great Britain under the title:
The NIV Application Commentary: Acts
Copyright © 1998 by Ajith Fernando
Published by permission of Zondervan, Grand Rapids, Michigan.
All rights reserved.

Editor de la serie: *Dr. Matt Williams*
Traducción: *Pedro L. Gómez Flores*
Edición: *Juan Carlos Martín Cobano*
Diseño interior: *José Luis López González*

ISBN: 978-0-8297-5937-2

CATEGORÍA: Comentario bíblico / Nuevo Testamento

IMPRESO EN ESTADOS UNIDOS DE AMÉRICA
PRINTED IN THE UNITED STATES OF AMERICA

12 13 14 15 16 ❖ 8 7 6 5 4 3 2 1

A mi querida esposa Nelun,
amiga y compañera en la vida y en el ministerio,
y a nuestros queridos Nirmali y Asiri, fuentes de gran alegría y satisfacción,
con gratitud a Dios por el hermoso don de la familia

Contenido

Introducción de la Serie

Los *Comentarios bíblicos con aplicación: serie NVI* son únicos. La mayoría de los comentarios bíblicos nos ayudan a recorrer el trecho que va desde el siglo XXI al siglo I. Nos permiten cruzar las barreras temporales, culturales, idiomáticas y geográficas que nos separan del mundo bíblico. Sin embargo, solo nos ofrecen un billete de ida al pasado y asumen que nosotros mismos podemos, de algún modo, hacer el viaje de regreso por nuestra cuenta. Una vez nos han explicado el *sentido original* de un libro o pasaje, estos comentarios nos brindan poca o ninguna ayuda para explorar su *significado contemporáneo*. La información que nos ofrecen es sin duda valiosa, pero la tarea ha quedado a medias.

Recientemente, algunos comentarios han incluido un poco de aplicación contemporánea como *una* de sus metas. No obstante, las aplicaciones son a menudo imprecisas o moralizadoras, y algunos volúmenes parecen más sermones escritos que comentarios.

La meta principal de los *Comentarios bíblicos con aplicación: serie NVI* es ayudarte con la tarea, difícil pero vital, de trasladar un mensaje antiguo a un contexto moderno. La serie no se centra solo en la aplicación como un producto acabado, sino que te ayuda también a pensar detenidamente en el *proceso* por el que se pasa del sentido original de un pasaje a su significado contemporáneo. Son verdaderos comentarios, no exposiciones populares. Se trata de obras de referencia, no de literatura devocional.

El formato de la serie ha sido concebido para conseguir la meta propuesta. El tratamiento de cada pasaje se lleva a cabo en tres secciones: *Sentido Original, Construyendo Puentes* y *Significado Contemporáneo*.

Sentido Original. Esta sección te ayuda a entender el significado del texto bíblico en su contexto del primer siglo. En este apartado se tratan —de manera concisa— todos los elementos de la exégesis tradicional, a saber, el contexto histórico, literario, y cultural del pasaje. Los autores analizan cuestiones relacionadas con la gramática, la sintaxis y el significado de las palabras bíblicas. Se esfuerzan asimismo en explorar las principales ideas del pasaje y el modo en que el autor bíblico desarrolla tales ideas.[1]

Tras leer esta sección, el lector entenderá los problemas, preguntas y preocupaciones de los *primeros receptores* y el modo en que el autor bíblico trató tales cuestiones. Esta comprensión es fundamental para cualquier aplicación legítima del texto en nuestros días.

---

1. Obsérvese, por favor, que, cuando los autores tratan el sentido de alguna palabra en las lenguas bíblicas originales, en esta serie se utiliza el método general de transliteración en lugar del más técnico (el que usa los alfabetos griego y hebreo).

Construyendo Puentes. Como indica el título, en esta sección se construye un puente entre el mundo de la Biblia y el de nuestros días, entre el contexto original y el moderno, analizando tanto los aspectos circunstanciales del texto como los intemporales.

La Palabra de Dios tiene un aspecto *circunstancial*. Los autores de la Escritura dirigieron sus palabras a situaciones, problemas y cuestiones específicas. Pablo advirtió a los gálatas sobre las consecuencias de circuncidarse y los peligros de intentar justificarse por la ley (Gá 5:2–5). El autor de Hebreos se esforzó en convencer a sus lectores de que Cristo es superior a Moisés, a los sacerdotes aarónicos y a los sacrificios veterotestamentarios. Juan instó a sus lectores a «probar los espíritus» de quienes enseñaban una forma de gnosticismo incipiente (1Jn 4:1–6). En cada uno de estos casos, la naturaleza circunstancial de la Escritura nos capacita para escuchar la Palabra de Dios en situaciones que fueron *concretas*, no abstractas.

No obstante, esta misma naturaleza circunstancial de la Escritura crea también problemas. Nuestras situaciones, dificultades y preguntas no están siempre relacionadas directamente con las que enfrentaban los primeros receptores de la Biblia. Por ello, la Palabra de Dios para ellos no siempre nos parece pertinente a nosotros. Por ejemplo, ¿cuándo fue la última vez que alguien te instó a circuncidarte, afirmando que era una parte necesaria de la justificación? ¿A cuántas personas de nuestros días les inquieta la cuestión de si Cristo es o no superior a los sacerdotes aarónicos? ¿Y hasta qué punto puede una «prueba» diseñada para detectar al gnosticismo incipiente ser de algún valor en una cultura moderna?

Afortunadamente, las Escrituras no son únicamente documentos circunstanciales, sino también *intemporales*. Del mismo modo que Dios habló a los primeros receptores, sigue hablándonos a nosotros a través de las páginas de la Escritura. Puesto que compartimos la común condición de humanos con las gentes de la Biblia, descubrimos una *dimensión universal* en los problemas a los que tenían que hacer frente y en las soluciones que Dios les dio. La naturaleza intemporal de la Escritura hace posible que esta nos hable con poder en cualquier momento histórico y en cualquier cultura.

Quienes dejan de reconocer que la Escritura tiene una dimensión circunstancial y otra intemporal se acarrean muchos problemas. Por ejemplo, quienes se sienten apabullados por la naturaleza circunstancial de libros como Hebreos o Gálatas pueden soslayar su lectura por su aparente falta de sentido para nuestros días. Por otra parte, quienes están convencidos de la naturaleza intemporal de la Escritura, pero no consiguen percibir su aspecto circunstancial, pueden «disertar elocuentemente» sobre el sacerdocio de Melquisedec a una congregación muerta de aburrimiento.

El propósito de esta sección es, por tanto, ayudarte a discernir lo intemporal (y lo que no lo es) en las páginas del Nuevo Testamento dirigidas a situaciones temporales. Por ejemplo, si la principal preocupación de Pablo no es la circuncisión (como se nos dice en Gálatas 5:6), ¿cuál *es* entonces? Si las exposiciones sobre el sacerdocio aarónico o sobre Melquisedec nos parecen hoy irrelevantes, ¿cuáles son los elementos de valor permanente en estos pasajes? Si en nuestros días los creyentes intentan «probar los espíritus» con una prueba diseñada para una herejía específica del primer siglo, ¿existe alguna otra prueba bíblica más apropiada para que podamos hoy cumplir este propósito?

No obstante, esta sección no solo descubre lo intemporal de un pasaje concreto, sino que también nos ayuda a ver *cómo* lo hace. El autor del comentario se esfuerza en hacer explícito lo que en el texto está implícito; toma un proceso que es normalmente intuitivo y lo explica de un modo lógico y ordenado. ¿Cómo sabemos que la circuncisión no es la principal preocupación de Pablo? ¿Qué claves del texto o del contexto nos ayudan a darnos cuenta de que la verdadera preocupación de Pablo está en un nivel más profundo?

Lógicamente, aquellos pasajes en que la distancia histórica entre nosotros y los primeros lectores es mayor requieren un tratamiento más extenso. Por el contrario, los textos en que la distancia histórica es más reducida o casi inexistente requieren menos atención.

Una clarificación final. Puesto que esta sección prepara el camino para tratar el significado contemporáneo del pasaje, no siempre existe una precisa distinción o una clara división entre esta y la sección que sigue. No obstante, cuando ambos bloques se leen juntos, tendremos una fuerte sensación de haber pasado del mundo de la Biblia al de nuestros días.

Esta sección permite que el mensaje bíblico nos hable hoy con el mismo poder que cuando fue escrito. ¿Cómo podemos aplicar lo que hemos aprendido sobre Jerusalén, Éfeso o Corinto a nuestras necesidades contemporáneas en Los Ángeles, Lima o Barcelona? ¿Cómo podemos tomar un mensaje que se expresó inicialmente en griego y arameo, y comunicarlo con claridad en nuestro idioma? ¿Cómo podemos tomar las eternas verdades que en su origen se plasmaron en un tiempo y una cultura distintos, y aplicarlos a las parecidas pero diferentes necesidades de nuestra cultura?

Para conseguir estas metas, esta sección nos ayuda en varias cuestiones clave.

En primer lugar, nos permite identificar situaciones, problemas o preguntas contemporáneas que son verdaderamente comparables con las que la audiencia original hubo de hacer frente. Puesto que las situaciones de hoy rara vez son idénticas a las que se dieron en el siglo primero, hemos de buscar escenarios semejantes para que nuestras aplicaciones sean relevantes.

En segundo lugar, esta sección explora toda una serie de contextos en los que el pasaje en cuestión puede aplicarse en nuestro tiempo. Buscaremos aplicaciones personales, pero seremos asimismo estimulados a pensar más allá de nuestra situación personal considerando cuestiones que afectan a la sociedad y a la cultura en general.

En tercer lugar, en esta sección seremos conscientes de los problemas o dificultades que pueden surgir en nuestro deseo de aplicar el pasaje. Y caso de que existan varias maneras legítimas de aplicar un pasaje (cuestiones en las que no exista acuerdo entre los cristianos), el autor llamará nuestra atención al respecto y nos ayudará a analizar a fondo las implicaciones.

En la consecución de estas metas, los colaboradores de esta serie intentan evitar dos extremos. El primero, plantear aplicaciones tan específicas que el comentario se convierta rápidamente en un texto arcaico. El segundo, evitar un tratamiento tan general del sentido del pasaje que deje de conectar con la vida y cultura contemporáneas.

Por encima de todo, los colaboradores de esta serie han realizado un diligente esfuerzo para que sus observaciones no suenen a perorata moralizadora. Los *Comentarios bíblicos con aplicación: serie NVI* no pretenden ofrecerte materiales listos para ser utilizados en sermones, sino herramientas, ideas y reflexiones que te ayuden a comunicar la Palabra de Dios con poder. Si conseguimos ayudarte en esta meta se habrá cumplido el propósito de esta serie.

Los Editores

Prefacio del editor

Uno de los atractivos del libro de los Hechos es que nos ofrece una imagen de la iglesia en acción. Cuenta la historia de los dirigentes de la iglesia primitiva llevando a cabo la obra del ministerio. Es un relato apasionante, una historia que, leída atentamente, no nos permite pensar que ser cristiano es un cómodo ejercicio de sillón. Es un libro con un nombre apropiado: Hechos.

Uno de los alicientes de este comentario en concreto es que nos ofrece reiteradas imágenes de la iglesia en acción por todo el mundo de parte de alguien que está íntimamente implicado en la obra de la iglesia en el hermoso país de Sri Lanka. Ajith Fernando es un erudito de la Palabra. Pero está también practicando la Palabra, y lo está haciendo en primera línea. Como presidente de Juventud para Cristo en Sri Lanka, ha vivido de un modo que refleja muchos de los relatos que se nos narran sobre la iglesia primitiva en el libro de los Hechos. Tras leer el comentario de Fernando sobre Hechos, Jack Kuhatschek, editor de Zondervan, observó: "Ofrece la perspectiva práctica de alguien que ha vivido muchos de los aspectos que se tratan en Hechos".

Saber por qué creemos es extraordinariamente importante, y experimentar una fe vigorosa y optimista es señal de la poderosa obra del Espíritu de Dios dentro de nuestras vidas. Sin embargo, a no ser que nuestras vidas asuman las características que este libro bíblico expresa en forma narrativa —viviendo lo que significa ser cristiano— habremos pasado por alto la esencia de la fe.

¿Cuáles son las señales de que estamos respondiendo con fe a las acciones de la gracia de Dios hacia nosotros? El libro de los Hechos parece hablar de tres cosas importantes.

La primera —y puede que la más importante— es el evangelismo personal. De vez en cuando se oye decir a alguien que el evangelismo personal es un llamamiento dirigido solo a unos pocos, mientras que el resto tenemos otros ministerios que realizar, igualmente importantes, pero distintos. Sin embargo, una lectura del libro de los Hechos, por superficial que sea, desmiente esta noción. Tanto los dirigentes de la iglesia como los miembros de a pie que protagonizan este relato están todos involucrados en la tarea de la evangelización. Tras leer Hechos, uno tiene la clara impresión de que el evangelismo personal es una manera de vivir todas las demás vocaciones que Dios pone ante nosotros en la vida. Esta actividad permea todo nuestro ser. La vida sin evangelizar no merece la pena, al menos desde la perspectiva de Hechos.

La segunda señal es el estudio bíblico. El evangelismo personal no consiste en compartir unos sentimientos sin contenido. Para hacerlo bien, hemos de tener algo que decir, una historia que contar, un credo que profesar, un gozo con el que podamos inspirar a un mundo saturado de cinismo. Los personajes del libro de los Hechos —Pedro, Pablo y muchos otros— expresan el relato del Evangelio de un modo que revela un intenso estudio y reflexión. El estudio bíblico es más que sentarse para leer un buen libro. Significa leer con la meta de poner en práctica lo aprendido por medio de la lectura; estudiar no solo con la mente de un erudito, sino también con el corazón de un activista. Significa estudiar para enseñar lo que aprendemos a quienes no han oído la historia que supera a todas las demás.

La tercera señal es saber identificar a aquellos a quienes transmitimos el evangelio. Por ejemplo, es importante saber discernir cuándo no tenemos meramente ante nosotros a personas que no han oído, sino a seres humanos que han decidido seguir un camino alternativo: el de la magia y el ocultismo. En su comentario, Fernando llama a esto la capacidad para realizar una "contextualización efectiva". Algunos aspectos de la evangelización son de carácter universal, "necesarios en cualquier lugar, independientemente de cuál sea el trasfondo". Otros, sin embargo, tienen características culturales que deben discernirse para mostrar que la específica fortaleza del evangelio satisface las necesidades de pueblos específicos. Las audiencias que encontramos en Hechos estaban siendo seducidas por las falsas promesas de importantes filosofías y del ocultismo. No es de extrañar que en nuestros días la gente sea tentada por similares cosmovisiones. Hemos de aprender a llevarles el evangelio a estas personas que tanto necesitan oírlo.

En pocas palabras, hemos de ponernos manos a la obra. Nuestras acciones han de conectarse a la larga historia de los hechos de la iglesia cristiana. No nos quepa la menor duda: nuestros hechos forman parte de la historia más extensa de la iglesia cristiana. Cuando lees, estudias y practicas este libro bíblico, te conviertes en parte de la Historia.

Terry C. Muck

Prefacio del autor

Estudiaba en la Universidad cuando tomé un comentario del libro de los Hechos de las estanterías de mi padre, un predicador laico. Era el comentario de F. F. Bruce de la serie *New International Commentary* y lo leí de manera minuciosa y exhaustiva —notas incluidas— en unos seis meses. ¡Me quedé enganchado al estudio de Hechos! Alrededor de 1976, cuando estaba terminando los estudios en el Fuller Theological Seminary y me preparaba para volver a casa, emprendí un nuevo estudio personal, en esta ocasión de los primeros quince capítulos del libro de los Hechos. Pasé varios meses intentando aprender cómo debería ser una comunidad evangelizadora, preparándome para asumir la dirección de Juventud para Cristo. Naturalmente, el libro de Hechos ha jugado un gran papel en nuestro ministerio, tanto en la enseñanza como en la aplicación. Unos años más tarde, cuando mi esposa y yo nos trasladamos a una iglesia en la que los índices de asistencia habían caído hasta cero y trabajamos en su renovación, Hechos se convirtió, por supuesto, en una especie de libro de texto. Esta iglesia goza ahora de buena salud, está formada principalmente por convertidos del budismo y el hinduismo y está dirigida por un maravilloso pastor bajo el cual servimos.

Tras invertir mucho tiempo en el estudio, enseñanza y aplicación del libro de Hechos, tuve la creciente convicción de que tenía que poner por escrito algunas de las cosas que habíamos aprendido. Sin embargo, sentí que debíamos esforzarnos por aplicar las enseñanzas de Hechos durante al menos quince años antes de publicar el texto. Cuando llegó el momento (1991), y siendo un autor relativamente desconocido, sentí que no tenía esperanzas de publicar una obra de este tipo y aplacé el proyecto para mejores tiempos. No obstante, seguí preparando nuevas exposiciones sobre Hechos. Me sentí muy contento cuando recibí la invitación de la Editorial Zondervan para escribir el comentario de Hechos de la serie NIVAC y cuando el Consejo de Juventud para Cristo me concedió un año sabático para poder dedicarme a esta empresa. Estoy agradecido por esta oportunidad de integrar mis dos grandes pasiones —la teología y práctica de la evangelización y los estudios del Nuevo Testamento— en un mismo libro.

Mi esposa y yo decidimos que, teniendo en cuenta la edad de nuestros hijos, este año sabático debíamos pasarlo en Sri Lanka. Fue un periodo cargado de contratiempos, en especial cuando, de repente, hube de hacerme cargo de la dirección del Seminario Teológico de Colombo además de mi carga de ministerio personal, que había sido muy reducida. Doy gracias a mis muchos amigos, demasiados para nombrarlos de manera individual, que me han ayudado a conseguir los libros necesarios para mis estudios. En Sri Lanka no contamos con bibliotecas que dispongan de los recursos necesarios para escribir un libro de este tipo. En especial, no tenía acceso a publicaciones teológicas y exegéticas periódicas.

La única cosa a la que, como asiático, me ha sido difícil ajustarme es al formato de la serie, que divide las exposiciones de los pasajes en tres secciones. Hubiera preferido un estilo que integrara las tres áreas en una sola exposición, que, creo, es más acorde con el modo en que la teoría y la práctica aparecen en la Biblia y también con la forma en que pensamos. Doy muchas gracias a los editores de Zondervan por su paciencia con mis dificultades para trabajar dentro de este esquema. Pido disculpas por no haber podido entrar completamente en la filosofía que permite la separación en las secciones: Sentido Original, Construyendo Puentes y Significado Contemporáneo.

Durante este periodo sabático, viajé muchos fines de semana (a menudo acompañado de un hermano joven en la fe) para ministrar en nuevas comunidades locales alcanzando a personas de otras creencias. Mis largos y frecuentes viajes en autobús, observando y charlando con la gente, me dieron una idea especial de Mateo 9:36: "Al ver a las multitudes, tuvo compasión de ellas, porque estaban agobiadas y desamparadas, como ovejas sin pastor". Ministrar entre obreros que habían respondido al llamamiento de cosechar esta abundante cosecha, así como entre personas que habían llegado a Cristo desde otras creencias (y que representaban estos frutos), me dio un sentido muy real de lo que sucedió en el libro de Hechos. También prediqué en algunos campamentos evangelísticos de Juventud para Cristo, donde tuve la oportunidad de presentar a Jesucristo a personas no cristianas y de responder a sus preguntas y objeciones sobre el evangelio cristiano. Creo que estas experiencias me ayudaron en gran manera a aplicar el libro de los Hechos a nuestros días.

Mi acercamiento esencial ha sido invertir varias horas en el estudio inductivo del texto antes de consultar comentarios y otros recursos. Doy gracias a mis profesores, los Dres. Robert A. Traina y Daniel P. Fuller por introducirme al desafío y emoción que supone el estudio bíblico inductivo. Quiero también darle gracias a mi maestro, el Dr. Robert Coleman, por mostrarme las grandes bendiciones que podían obtenerse al aplicar el libro de los Hechos. Los Dres. Arthur Glasser y Donald Demaray me ayudaron a desarrollar técnicas para extraer de las Escrituras directrices para la teología y la práctica. Los Dres. John Oswalt y Joseph Wong me ayudaron a crecer en mi convicción de la fiabilidad histórica de la Biblia, lo cual ha influenciado en gran manera este estudio. Las notas a pie de página son una muestra de lo provechosos que me han sido muchos maravillosos comentarios sobre Hechos.

Hay otras muchas personas a las que he de dar gracias por su ayuda en este libro. Mi profunda gratitud a todos aquellos relacionados con Zondervan y esta serie, que leyeron mi manuscrito y me ayudaron de muchas maneras: Jack Kuhatschek, Terry Muck, Scot McKnight y Verlyn Verbrugge. Esta es la segunda vez que he tenido el privilegio de trabajar con Jack, que se ha convertido en amigo y compañero en el evangelio y me ha ayudado mucho como escritor.

Mis colegas de Juventud para Cristo hicieron mucho por liberarme de responsabilidades y reducir la presión durante este periodo sabático. Estoy especialmente agradecido a Timothy Godwin, que trabajó mucho haciendo cosas de las que yo hubiera tenido que ocuparme. Mi secretaria, Helen Fernando, se esforzó para evitarme compromisos de modo que pudiera dedicarme a escribir. Mayukha Perera y los voluntarios S. Sugunaraj y Dilly Fernando me ayudaron con los problemas de tipo informático. Suri Williams dirigió hábilmente el trabajo de Juventud para Cristo durante mi ausencia y toleró dos aplazamientos de mi vuelta al frente de esta organización. Mi colega en el Seminario Teológico de Colombo, Ivor Poobalan, leyó algunas partes de los manuscritos y me brindó sus valiosas sugerencias. Los miembros de mi pequeño grupo —Mylvaganam Balakrishnan, Brian Blacker y Suri Williams— fueron de gran ánimo a lo largo del proceso de redacción de esta obra. Muchos amigos y parientes en Sri Lanka y otros países oraron fielmente por este proyecto.

Mi mayor deuda la tengo, sin embargo, con mi querida esposa, Nelun, y con mis hijos, Nirmali y Asiri, quienes de manera entusiasta me apoyaron a lo largo de todo este periodo sabático aunque, por estar casi siempre exhausto, no haya sido el mejor de los padres o esposos. Me alegra mucho dedicarles a ellos este libro: mi proyecto literario más extenso.

Ajith Fernando
Navidad, 1997

Nota de traducción

Como indica claramente el nombre de esta serie de comentarios, se basan en el texto de la *New International Version* (NIV) en su edición original en inglés, y en el de la *Nueva Versión Internacional* (NVI) en su versión española.

Aunque en líneas generales hay una notable correspondencia lingüística entre los textos de la NIV y la NVI, en ocasiones difieren de manera significativa. En aquellos casos en que el autor del comentario hace una precisión exegética o lingüística sobre una frase o palabra de la NIV que no coincide con la redacción de la NVI —porque esta ha traducido de manera distinta la frase o palabra en cuestión—, se plantea una cierta dificultad para la traducción del comentario al castellano. En tales casos, y para mantener la pertinencia de todas las explicaciones del autor, en lugar de consignar la traducción de la NVI hemos traducido literalmente de la NIV. Al hacer esto se consigue mantener el sentido original del comentario y la propiedad de todas las precisiones del autor, aun de las más sutiles, las que podrían surgir, por ejemplo, del uso inexacto de una preposición por parte de la NIV.

Abreviaturas

Apostolic Fathers	*The Apostolic Fathers* (trad. inglesa de. J. B. Lightfoot y J. R. Harmer, ed. y rev. Michael W. Holmes, 2d ed. [Grand Rapids: Baker, 1992])
BAFCS	*The Book of Acts in Its First Century Setting* (ed. Bruce Winter, *et al.*, 5 vols. [Grand Rapids: Eerdmans, 1993–1996])
BAGD	*A Greek-English Lexicon of the New Testament and Other Early Christian Literature*
BEB	*Baker Encyclopedia of the Bible*
Boring, *Hellenistic Commentary*	*Hellenistic Commentary to the New Testament* (ed. M. Eugene Boring, Klaus Berger, and Carsten Colpe [Nashville: Abingdon, 1995])
Bruce, *Circle*	*The Pauline Circle* (F. F. Bruce [Grand Rapids: Eerdmans, 1985])
Bruce, *Paul*	*Paul: Apostle of the Heart Set Free* (F. F. Bruce [Grand Rapids: Eerdmans, 1977])
Bruce, *Steps*	*In the Steps of the Apostle Paul* (F. F. Bruce [London: Candle Books, 1995])
BST	The Bible Speaks Today
DJG	*Dictionary of Jesus and the Gospels* (ed. Joel B. Green, Scot McKnight, and I. Howard Marshall [Downers Grove, Ill.: InterVarsity, 1992])
DPL	*Dictionary of Paul and His Letters* (ed. Gerald F. Hawthorne, Ralph P. Martin, and Daniel Reid [Downers Grove, Ill.: InterVarsity, 1993])
EBC	*Expositor's Bible Commentary*
EDBT	*Evangelical Dictionary of Biblical Theology*
ExpTim	*Expository Times*
Ferguson, *Backgrounds*	*Backgrounds of Early Christianity* (Everett Ferguson, 2d ed. [Grand Rapids: Eerdmans, 1993])
ICC	The International Critical Commentary

IDB	*The Interpreter's Dictionary of the Bible*
ISBE	*The International Standard Bible Encyclopedia* (rev. ed., 1979–1988)
Josefo, *Complete Works*	*Complete Works of Josephus* (trad. William Whiston [Grand Rapids: Kregel, 1960 rprt])
Keener, *BBC*	*The IVP Bible Background Commentary: New Testament* (Craig S. Keener [Downer's Grove, Ill.: InterVarsity, 1993])
KJV	Versión King James (o Authorized)
Ladd, *Theology*	*A Theology of the New Testament* (George E. Ladd, rev. Donald A. Hagner [Grand Rapids: Eerdmans, 1993])
lit.	literal or literalmente
Louw y Nida	*Greek-English Lexicon of the New Testament: Based on Semantic Domains*
LXX	Septuaginta (traducción griega de la Biblia hebrea)
Metzger, *Textual*	*A Textual Commentary on the Greek New Testament* (Bruce M. Metzger, 3d ed. [London and New York: United Bible Societies, 1971])
n.	nota
NAC	The New American Commentary
NASB	New American Standard Bible
NBCTCE	*New Bible Commentary: 21st Century Edition* (eds. D. A. Carson *et al.* [Downers Grove, Ill.: InterVarsity, 1994])
NDCEPT	*The New Dictionary of Christian Ethics and Pastoral Theology*
NIBC	New International Bible Commentary.
NICNT	The New International Commentary on the New Testament
NIDNTT	*The New International Dictionary of New Testament Theology*
NIGTC	New International Greek New Testament Commentary
NIV	New International Version
NIVAC	NIV Application Commentary

NRSV	New Revised Standard Version
NVI	Nueva Versión Internacional
Ramsay, *BRD*	Ramsay, William M. *The Bearing of Recent Discovery on the Trustworthiness of the New Testament* (William M. Ramsay [Grand Rapids: Baker, rprt 1979])
REB	Revised English Bible
Reclaiming Friendship	*Reclaiming Friendship: Relating to Each Other in a Frenzied World* (Ajith Fernando [Scottdale, Pa., and Waterloo, Ont.: Herald Press, 1993])
RV	American Standard (or Revised) Version
RV60	Reina-Valera, Revisión 1960
SJT	*Scottish Journal of Theology*
Supremacy	*The Supremacy of Christ* (Ajith Fernando [Wheaton: Crossway, 1995])
TDNT	*Theological Dictionary of the New Testament*
TNTC	Tyndale New Testament Commentaries
TOTC	Tyndale Old Testament Commentaries
trad.	Traducción
TynBul	*Tyndale Bulletin*
UBS4	Greek New Testament (4th ed. [United Bible Societies, 1993])
YFC	Youth for Christ
Zerwick y Grosvenor, *Analysis*	*A Grammatical Analysis of the Greek New Testament* (Max Zerwick and Mary Grosvenor [Rome: Biblical Institute, 1981])
Zerwick, *Greek*	*Biblical Greek: Illustrated by Examples* (Max Zerwick [Rome: Editrice Pontificio Instituto Biblico, 1963])
ZPEB	*The Zondervan Pictorial Encyclopedia of the Bible*

Introducción

Algunos eruditos han considerado Hechos como el libro más importante del Nuevo Testamento,[1] o al menos como un texto fundamental, por la posición que ocupa entre los Evangelios y las Epístolas.[2] En él se consignan el origen y crecimiento del movimiento cristiano, diciéndonos cómo vivieron el cristianismo los primeros creyentes. Describe su mensaje y ministerio, así como su forma de vida, con sus triunfos y pruebas, las pasiones que los motivaron y la fuente del poder que los vigorizó. Cualquier cristiano que quiera aprender a ser un discípulo de Cristo en este mundo ha de dirigirse al libro de los Hechos para saber cómo vivieron los primeros cristianos. Un reciente estudio temático de Hechos ha recibido, con acierto, el título *The Master Plan of Discipleship* [El plan supremo del discipulado].[3] Por otra parte, Hechos es un libro profundamente inspirador. Martyn Lloyd-Jones, que lo llama "el más lírico de los libros", afirma: "Vivan en este libro, les exhorto: es un tónico, el mayor que conozco en la esfera del Espíritu".[4]

Esta Introducción al libro de los Hechos se concentrará en cuestiones que he considerado importantes para un comentario que se centra en la aplicación. Para exposiciones más detalladas de aquellos temas que por regla general aparecen en otras introducciones, el lector podrá recurrir a los muchos excelentes comentarios disponibles (cf. Bibliografía anotada).

Paternidad literaria y fecha de redacción

La evidencia externa para la autoría de Hechos, recopilada en los escritos de los primeros siglos de la iglesia, es unánime en el sentido de que el autor de este libro fue Lucas. Cuando buscamos la evidencia interna (la que encontramos en la propia Escritura), notamos que Hechos está estrechamente ligado con el Tercer Evangelio, lo cual indica una paternidad literaria común. Ambos se dirigen a la misma persona, Teófilo (Lc 1:3; Hch 1:1). Hechos comienza resumiendo el contenido de un "primer libro", que se corresponde con el Evangelio de Lucas. Longenecker afirma: "Desde el punto de vista de su estructura y estilo, el Evangelio de Lucas y los Hechos de los Apóstoles se relacionan de manera tan estrecha que han de atribuirse a un mismo autor".[5]

No obstante, tanto el libro de los Hechos como el Tercer Evangelio se han escrito de manera anónima. Hechos es un texto singular si tenemos en cuenta

---

1. Barclay, *Acts*, 1.
2. A. Harnack; citado en la obra de E. F. Harrison, *Introduction to the New Testament* (Grand Rapids: Eerdmans, 1971), 235.
3. Robert E. Coleman, *The Master Plan of Discipleship* (Old Tappan, N.J.: Revell, 1987).
4. Martyn Lloyd-Jones, *The Christian Warfare*. (Edimburgo: Banner of Truth, 1976), 274; citado en la obra de Stott, *Acts*, BST, 9.
5. Longenecker, "Acts", 238.

que contiene noventa y siete versículos relativos a los viajes de Pablo en los que la tercera persona del plural se sustituye por la primera (los llamados "pasajes en primera persona del plural" que se presentan como observaciones de un testigo presencial de lo que sucede). Las afirmaciones de que este era un recurso literario utilizado para impresionar —especialmente que la primera persona del plural se utilizaba normalmente para relatar viajes por mar— han sido convenientemente refutadas en otro lugar.[6] Obsérvese, por ejemplo, que en Hechos se narran otros varios viajes por mar en tercera persona.[7] Sabemos por las cartas de Pablo que Lucas fue su compañero en Roma (Col 4:14; 2Ti 4:11; Flm 24). Cuando somos conscientes de que esta tradición que ve a Lucas como autor del Tercer Evangelio y el libro de los Hechos se remonta al menos al siglo II y que la iglesia de los primeros siglos era unánime al respecto, nos sentimos inclinados a aceptar la interpretación tradicional. Como afirma Ward Gasque: "Si Lucas no escribió el Tercer Evangelio y el libro de los Hechos, es difícil de explicar que se suscitara la tradición que le relacionaba con estos documentos, puesto que, de otro modo, Lucas sería un personaje insignificante en la iglesia primitiva".[8]

Lucas tiene un buen dominio del griego, lo cual ha llevado a la conclusión de que debía de tener una buena educación. Era probablemente gentil, aunque esta afirmación ha sido cuestionada. A pesar de que no hay unanimidad sobre su procedencia, una sólida y antigua tradición le conecta con Antioquía de Pisidia.[9] Pablo se refiere a él como "Lucas, el querido médico" (Col 4:14) y le presenta como alguien que se mantiene fielmente a su lado en un momento en que la mayoría de los otros cristianos le habían abandonado, a saber, durante su segundo encarcelamiento en Roma (2Ti 4:11).

Los eruditos han situado la redacción del libro de los Hechos entre los primeros años de la década de los 60 del siglo I hasta periodos muy posteriores de la misma centuria (algunas estimaciones la sitúan incluso a finales del siglo II).[10] El argumento más evidente que se utiliza en apoyo de una fecha anterior es el hecho de que el libro termina de un modo muy abrupto con acontecimientos que deberían fecharse a comienzos de los años 60.

El libro de Hechos como documento histórico

Este comentario contiene exposiciones sobre cuestiones históricas relativamente más extensas de lo que cabría esperar en una obra de este tipo. Esto

---

6. Ver especialmente la obra de Hemer, *Acts,* 12 –34.
7. Ver 9:30; posiblemente 11:25–26; 13:4, 13; 14:26; 17:14; 18:18, 21 (de D. J. Williams, *Acts*, 3–4).
8. W. W. Gasque, "Luke", *ISBE*, 3:179.
9. Ibíd.
10. Quienes estén interesados en una lista de las varias posiciones sobre la fecha de redacción de Hechos y la defensa de una fecha muy temprana pueden ver Hemer, *Acts*, cap. 9.

se debe a que la atmósfera pluralista que prevalece en nuestros días, con su concepción radicalmente nueva del evangelio como una ideología que está al mismo nivel que las demás, solo puede prevalecer en círculos cristianos si se niega la fiabilidad histórica de los registros del Nuevo Testamento.[11] Puesto que esto parece común en ciertos círculos de nuestro tiempo, he considerado pertinente ocuparme esporádicamente de cuestiones de carácter histórico. Deseo que mis lectores perciban que el libro de Hechos tiene sus orígenes en la historia, ya que creo que ello influye en el modo en que nos acercamos al estudio y la aplicación de las verdades de la Escritura.

El prólogo del Evangelio de Lucas, que se aplica también a Hechos, indica que Lucas pretendía escribir un relato fidedigno desde un punto de vista histórico (Lc 1:1–4). No obstante, desde finales del siglo XIX, la "Escuela de Tubinga", vinculada a F. C. Bauer —erudito bíblico que era escéptico en cuanto al valor histórico de los documentos—, consideraba Hechos como un texto tardío del siglo II que contenía un imaginario relato idealizado de la iglesia primitiva. Estaba en su apogeo el movimiento liberal, que era anti sobrenatural y descartaba la historicidad de los registros de acontecimientos milagrosos en el Nuevo Testamento. Hoy, aunque no hay consenso sobre la datación de Hechos, en general se sitúa mucho antes de finales del siglo II. Entre los eruditos de hoy, hay básicamente tres formas de considerar la historicidad del libro de los Hechos.

Teología, no historia

En épocas recientes, se ha producido un bienvenido énfasis en la teología de Lucas, sobre todo porque muchos comentarios de épocas anteriores se centraban tanto en la historia que prestaban poca atención a la teología de Hechos. La elección del material por parte de Lucas deja claro que tenía un objetivo teológico y uno histórico. Por ejemplo, aunque el ministerio en Derbe produjo "muchos discípulos" (14:21), Lucas presenta una sola oración gramatical acerca del ministerio de Pablo en esta ciudad. Por el contrario, el ministerio en Atenas aporta un número menor de convertidos —solo "algunas personas" (17:34)— y, sin embargo, ocupa diecinueve versículos (17:16–34). Este contraste sugiere que Lucas escogió el material para su relato dependiendo del tema y que no se limitó a utilizar indicadores terrenales de éxito. Seleccionó ciertos acontecimientos por su valor para comunicar las verdades que quería subrayar.

Lamentablemente, algunos de los que se han centrado en la teología de Hechos, como por ejemplo Ernst Haenchen y Hans Conzelmann, niegan el valor histórico de este libro.[12] Como argumentos para rechazar la veraci-

---

11. Quienes estén interesados en una exposición más completa de los asuntos relacionados con esta cuestión pueden ver mi libro *Supremacy*, cap. 6.
12. Haenchen, *Acts*; Hans Conzelmann, *Acts*, Hermenia (Filadelfia: Fortress, 1987).

dad de Hechos han señalado las supuestas contradicciones entre los distintos Evangelios y las cartas de Pablo y el libro de Hechos, así como presuntas inexactitudes de los datos históricos.

Historia y teología

Es de celebrar que muchos estudios recientes se hayan centrado en el mensaje teológico de Hechos sin negar su valor histórico. Entre las principales obras de este tipo están los comentarios que subrayan la estructura, como el de David Gooding y Robert Tannehill,[13] y los estudios de la teología de Lucas-Hechos realizados por Howard Marshall, Roger Stronstad y Harold Dollar.[14] Este acercamiento a Hechos puede llamarse un enfoque de la "historia teológica", es decir, una narración de acontecimientos interrelacionados a partir de un lugar y tiempo determinados, escogidos para comunicar verdades teológicas. De igual modo, este comentario no establece falsas dicotomías entre teología e historia. Ve a Dios actuando en la palestra de la historia y, por medio de sus acciones, revelando sus caminos y voluntad a su pueblo.

El erudito escocés Sir William Ramsay (1851–1939) contribuyó en gran manera a dirigir el pensamiento del mundo académico hacia una idea positiva de la veracidad histórica de Hechos. Ramsay era profesor de Arte Clásico y Arqueología en la Universidad de Oxford cuando fue a Asia Menor para realizar labores arqueológicas. Durante este tiempo, Ramsay experimentó un notable cambio de convicciones, que él mismo registra en su libro *The Bearing of Recent Discovery on the Trustworthiness of the New Testament* [La relevancia de los recientes descubrimientos para la veracidad del Nuevo Testamento].

Ramsay no encontró mapas del periodo del Nuevo Testamento dignos de confianza, de modo que hubo de confeccionarlos él mismo. Esto le forzó a leer fuentes originales, como inscripciones cristianas y "los Hechos de los Apóstoles [que] tenía que leerse de nuevo". Ramsay afirma que comenzó "a hacerlo sin esperar hallar ninguna información importante sobre la situación de Asia Menor en el tiempo de Pablo". Esta actitud se debía a su aceptación del punto de vista que afirmaba que el libro de Hechos "fue escrito durante la segunda mitad del siglo II por un autor que deseaba influenciar el pensamiento de su tiempo mediante una descripción de la iglesia primitiva muy elaborada e imaginativa".[15]

---

13. David Gooding, *True to the Faith: A Fresh Approach to the Acts of the Apostles.* (Londres: Hodder y Stoughton, 1990); Robert C. Tannehill, *The Narrative Unity of Luke-Acts: A Literary Interpretation*; [Según Hechos: permaneciendo fiel a la fe (Barcelona: Andamio, 1998)]; vol. 2, *The Acts of the Apostles* (Minneapolis: Fortress, 1994).

14. I. Howard Marshall, *Luke: Historian and Theologian* (Grand Rapids: Zondervan, 1970); Roger Stronstad, *The Charismatic Theology of St. Luke*; Harold Dollar, *St. Luke's Missiology: A Cross-Cultural Challenge.*

15. William M. Ramsay, *BRD*, 37–38.

Cuando Ramsay llegó a Hechos 14:6,[16] creyó haber encontrado un previsible error del autor. El texto decía: "Éstos [...] huyeron [de Iconio] a las ciudades licaonias de Listra y Derbe y sus alrededores". El punto de vista corriente entre los eruditos del momento, basado en el material suministrado por Cicerón y Plinio el Viejo y fechado un siglo antes del periodo del Nuevo Testamento, era que la ciudad de Iconio pertenecía a Licaonia. Ramsay pensó que esta idea de que Iconio pertenecía a Frigia el autor de Hechos la había sacado de Jenofonte (de su popular obra *Anabasis*, escrita cuatrocientos años antes de los acontecimientos narrados en Hechos). Ramsay asumía que, sin tener un conocimiento de primera mano de la región, Lucas había tomado esta información y la había trasladado sin más al siglo primero, pero las fronteras habían cambiado y el dato ya no era correcto. Era, dice Ramsay, como decir que uno había ido "de Richmond a Virginia o de Londres a Inglaterra. La expresión no suena verdadera".[17]

Sin embargo, cuando Ramsay investigó el asunto más a fondo, descubrió que la información de Hechos era del todo exacta. En el siglo I, Iconio era sin duda una ciudad de Frigia, no de Licaonia. Ramsay observa también que el autor de Hechos mencionaba que los habitantes de Listra hablaban "en el idioma de Licaonia" (14:11), y esto significaba un cambio con respecto al idioma que se hablaba en Iconio. Algunas inscripciones demostraban que en Iconio se había hablado el frigio hasta finales del siglo II. Ramsay entendió que este comentario histórico había sido insertado en Hechos, puesto que el contraste había impresionado a Pablo, quien sin duda se lo había mencionado a Lucas.[18] Ramsay continúa observando ahora la descripción que encontramos en 14:12 sobre Zeus y Hermes como tándem de dioses en Listra y afirma que, mediante su investigación, descubrió que "en aquella región se consideraba normalmente a Zeus y Hermes como dioses asociados".[19]

¡Ramsay estaba impresionado! Comenzó a darse cuenta de que Hechos podía ser una valiosa fuente de información histórica. El capítulo en que describe su experiencia con este estudio de Hechos 14, Ramsay lo titula: "El primer cambio de juicio".[20] En un capítulo posterior titulado "Impresión general de veracidad en los Hechos", Ramsay afirma:

> Cuanto más he estudiado la narración de Hechos y más he ido aprendiendo acerca de la sociedad grecorromana, sus pensamientos y sus modas, cuanto más he sabido de la organización de aquellas provincias, más me admiro y mejor entiendo las cosas. Partí de mi país para buscar la verdad en la zona de

---

16. Ramsay alude a ello como 14:5 en, *Ibíd.*, 39.
17. *Ibíd.*, 40.
18. *Ibíd.*, 42.
19. *Ibíd.*, 48.
20. *Ibíd.*, cap. 3.

encuentro entre Grecia y Asia y la he encontrado aquí. Pueden poner a prueba las palabras de Lucas más que las de cualquier otro historiador y estas pasarán con éxito el examen más meticuloso y el tratamiento más exigente, siempre que el crítico conozca bien el tema y no traspase los límites de la ciencia y la justicia.[21]

Entre 1893 y 1915, Ramsay escribió diez libros sobre Pablo y Lucas. El más famoso de ellos fue su obra magna, titulado *St. Paul: Traveller and Roman Citizen* [San Pablo: viajero y ciudadano romano] (publicada en 1895), que describía toda la vida del apóstol.[22] Scot McKnight dice de este libro: "El Pablo real parece apropiarse del lector y llevarle junto a él en sus viajes".[23] Ha de observarse que, a lo largo del siglo XX, la historicidad de Hechos ha sido defendida en libros escritos por clasicistas o historiadores que han hallado amplio reconocimiento en el campo de los estudios del Nuevo Testamento. Entre ellos podemos mencionar a F. F. Bruce, que fue profesor de Historia Clásica y después llegó a ser un erudito del Nuevo Testamento; a E. M. Blaiklock, profesor de Historia Clásica en Nueva Zelanda;[24] al historiador de Oxford, A. N. Sherwin-White;[25] y a Colin Hemer, profesor inglés de Historia Clásica en la escuela de secundaria, convertido después en investigador del Nuevo Testamento.[26] La última en sumarse a esta distinguida lista es la genial historiadora rusa, Irina Levinskaya.[27]

Drama y aventuras

El tercer acercamiento importante a Hechos, representado por R. I. Prevo, afirma que el libro de los Hechos viene a ser una novela popular o un romance histórico. Se dice que su objetivo es edificar de un modo ameno; muchas de sus características están ahí simplemente para realzar el disfrute y deleite de los lectores.[28] Hace ya mucho tiempo que se descubrieron similitudes entre

---

21. *Ibíd.*, 89.
22. William M. Ramsay, *St. Paul: Traveller and Roman Citizen.* (Grand Rapids: Baker, reimpresión de 1949). Lamentablemente no he podido contar con este libro.
23. Scot McKnight, "Sir William Ramsay: Archaeologist: Re-Tracing Acts", *More Than Conquerors,* ed. John Woodbridge (Chicago: Moody, 1992), 306.
24. E. M. Blaiklock, *The Acts of the Apostles*, TNTC (Grand Rapids: Eerdmans, 1959). Este comentario era distinto de los demás de la serie Tyndale, siendo, como se ha dado en llamar, un comentario histórico.
25. A. N. Sherwin-White, *Roman Society and Roman Law in the New Testament* (Grand Rapids: Baker, reimpresión de la edición de 1963).
26. Hemer, *Acts.*
27. Irina Levinskaya, *BAFCS*, vol. 5, *Diaspora Setting* (1996). Quienes estén interesados en una descripción de su peregrinaje académico pueden ver especialmente el Prefacio (VII–X).
28. R. I. Prevo, *Profit with Delight: The Literary Genre of the Acts of the Apostles* (Filadelfia: Fortress, 1987).

el libro de los Hechos y las novelas de la antigüedad,[29] y no hay duda de que Lucas escribió con un estilo animado y entretenido. En un estudio reciente se ha observado que "el relato del viaje por mar y naufragio de Pablo en Hechos 27 es rico en detalles náuticos e intensas aventuras, lo cual no parece tener más propósito que acentuar el dramatismo y el suspense".[30] Sin embargo, esto no debería llevarnos a descartar la veracidad histórica de Hechos.

Howard Marshall ha presentado cuatro incisivas críticas a este enfoque. (1) Hechos forma parte de una obra en dos volúmenes y ambas (el Evangelio de Lucas y Hechos) siguen métodos y estilos parecidos. Pero es bien evidente que el Evangelio no es ninguna novela histórica. (2) ¿Se le habría permitido a Lucas escribir una novela sobre la iglesia primitiva en un momento tan cercano a los acontecimientos? Por regla general, esta clase de invenciones suele llevarse a cabo en generaciones posteriores. (3) Hay grandes secciones del libro de los Hechos que no encajan en la categoría de novela histórica, ya que expresan intereses distintos. (4) Los rasgos novelescos que encontramos en Hechos aparecen también en los textos de Historia de rigor.[31] Dicho esto, cabe añadir que no podemos perder de vista los rasgos de deleite, drama y aventuras que caracterizan este libro. Por mi parte, siempre que pienso en el viaje por mar y el naufragio de Pablo, me invade un sentimiento sobrecogedor por el impacto que este vívido capítulo ha tenido sobre mí.

Pablo en Hechos y las Epístolas

Una de las principales objeciones que se presentan a la idea de que el autor de Hechos fue compañero cercano de Pablo es la afirmación de que el apóstol que se describe en Hechos es muy distinto del que encontramos en sus cartas. Las cartas le muestran en constante conflicto con quienes se oponían a la libre admisión de los gentiles en la iglesia, mientras que en Hechos el problema queda en gran medida resuelto en el capítulo 15 y no se menciona de nuevo. Por otra parte, la aceptación por parte de Pablo de las reglas establecidas por el concilio de Jerusalén, su circuncisión de Timoteo y su observancia de un rito de purificación en Jerusalén se consideran incompatibles con los temas que encontramos en Gálatas. Por último, se dice que en el Pablo de Hechos no se aprecia el fuerte acento en la muerte expiatoria de Cristo y en la justificación por la fe que encontramos en el Pablo de las cartas.

Quiero responder brevemente a estas objeciones diciendo que los propósitos y ocasiones de Hechos y de las Epístolas son diferentes. Por regla general, consideramos al Pablo de las Epístolas como un teólogo que responde a las

---

29. C. K. Barrett, *Luke the Historian in Recent Study* (Londres: Epworth Press, 1961), 15, 55; citado en la obra de Howard Marshall, *A Fresh Look at the Acts*, 18.
30. William W. Klein, Craig Blomberg y Robert L. Hubbard, *Introduction to Biblical Interpretation* (Dallas: Word, 1993), 345.
31. Marshall, *A Fresh Look at the Acts,* 19–21.

necesidades de las iglesias. En el libro de los Hechos, sin embargo, le vemos en su faceta de misionero, como carismático fundador de comunidades cristianas. Estas diferencias ayudan a explicar los distintos acentos. El apóstol no se oponía a la circuncisión como rito judío, de manera que no tuvo reparos en hacer circuncidar a Timoteo, que era medio judío, a fin de realzar su credibilidad en el ministerio.[32] Sin embargo, cuando la circuncisión se presentó como forma de salvación, se opuso firmemente a ella. Su decisión de participar en un rito de purificación en el templo de Jerusalén está en consonancia con su enseñanza en las cartas sobre hacerse judío para ganar a los judíos (1Co 9:20).[33]

Pablo era ciertamente inflexible con aquellas cuestiones que afectaban a los principios fundamentales de la soteriología cristiana, como por ejemplo la salvación por la sola fe. Sin embargo, cuando estos principios no se veían afectados, estaba dispuesto a adaptarse a los receptores de su mensaje. Aunque es cierto que en los resúmenes de los discursos de Pablo que consigna Lucas la justificación por la fe en Cristo y el mensaje de la cruz no se resaltan tanto como cn las Cartas, estas enseñanzas están siempre implícitas y a veces se declaran de manera explícita.[34]

Aunque hemos de reconocer que los propósitos y acentos teológicos de Lucas y Pablo difieren, no se contradicen necesariamente entre ellos. Para conseguir una imagen completa de quién fue Pablo, hemos de investigar tanto en sus cartas como en la descripción histórica de su vida que encontramos en el libro de los Hechos, lo mismo que hay que hacer si queremos una biografía fidedigna de cualquier escritor famoso. Considerar únicamente un tipo de literatura no servirá como guía exhaustiva para trazar la vida y pensamiento de un individuo.

Los discursos de Hechos

Los discursos desempeñaron un importante papel en los libros de Historia de la etapa anterior al siglo I d. C., y también durante este periodo "estos constituían muchas veces entre un veinte y un treinta y cinco por ciento del texto".[35] En el mundo grecorromano del siglo primero, la Retórica, o arte de la persuasión, se consideraba una materia esencial en una buena educación. Como explica Conrad Gempf: "Para los antiguos, la Retórica significaba poder, para bien o para mal. En el mundo grecorromano, hablar era fundamental para el éxito". Por eso, en los antiguos libros de Historia, "los discursos no son simples comentarios de los acontecimientos ni mero acompañamiento, sino que han de considerarse como acontecimientos por derecho propio". En otras palabras, "los historiadores de la antigüedad tendían a centrarse en las batallas y los

---

32. Ver comentarios sobre 16:1–3.
33. Ver comentarios sobre 21:20–26.
34. Ver 13:38–39; 20:17–38 y nuestros comentarios sobre estos versículos.
35. David E. Aune, *The New Testament in Its Literary Environment* (Filadelfia: Westminster, 1987), 124.

discursos como aquellos acontecimientos que configuraban la historia".[36] No es, pues, de extrañar que Hechos contenga treinta y dos discursos (sin contar las declaraciones breves), que constituyen el veinticinco por ciento de todo el texto.[37]

Los discursos del libro de los Hechos han sido objeto de mucho estudio y discusión desde la década de 1920, cuando eruditos como Henry Cadbury y Martin Dibelius los trataron como creaciones de Lucas que pretendían respaldar la "historia" que estaba presentando.[38] Los escritos de ciertos historiadores de la antigüedad, como Tucídides y Josefo, quienes sin duda inventaron materiales para los discursos que consignaban, se tomaron como característicos de la historiografía helenista, un estilo que luego fue proyectado sobre Lucas. En 1942, como respuesta a este desafío, el escocés F. F. Bruce, entonces un joven erudito de Historia Clásica, impartió la ahora famosa conferencia "The Speeches in the Acts of the Apostles" [Los discursos de los Hechos de los Apóstoles].[39] Esta ponencia le dio fama como erudito del Nuevo Testamento, un campo al que más adelante se dedicaría plenamente con gran distinción.

Las respuestas a las críticas académicas sobre el valor histórico del libro de los Hechos continuaron, culminando en una obra fundamental escrita por otro clasicista convertido en erudito del Nuevo Testamento, Colin J. Hemer, que murió en 1987 (antes de concluir los últimos tres capítulos de su obra monumental, *The Book of Acts in the Setting of Hellenistic History* [El libro de los Hechos en el contexto de la historia helena]. Su tratamiento de los discursos de Hechos fue recopilado por Conrad Gempf, editor de esta publicación póstuma, quien lo incluyó como Apéndice. Hemer defiende la historicidad esencial de los discursos, aunque admite que no son informes literales de lo que se dijo. Hemer afirmó: "Los breves y sinópticos párrafos que poseemos no pretenden reproducir más que, quizá, un extracto de lo más peculiar y destacado de los discursos".[40]

En otra publicación, el editor de la obra de Hemer, Conrad Gempf, ha explicado con mayor detalle la naturaleza de los discursos informativos en la historiografía antigua. Gempf muestra que el mero hecho de que un discurso encaje con los propósitos y convicciones del historiador no significa necesariamente que haya sido inventado por él. Es posible que los historiadores consignen dis-

---

36. Conrad Gempf, "Public Speaking and Published Accounts", *BAFCS*, vol.1, *Ancient Literary Setting*, 260, 261.

37. Aune, *The New Testament in Its Literary Environment*, 124–25.

38. Si se desea considerar un resumen de estos acontecimientos, puede consultarse Conrad Gempf, "Public Speaking and Published Accounts", 291–98. Quienes estén interesados en un estudio más detallado, ver W. Ward Gasque, *A History of the Interpretation of the Acts of the Apostles* (Peabody, Mass.: Hendrickson, 1989).

39. Publicada como F. F. Bruce, *The Speeches in the Acts of the Apostles*, Tyndale New Testament Lecture, 1942 (Londres: Tyndale, 1943).

40. Hemer, *Acts*, 418.

cursos de manera retórica y vistosa según su propio estilo, pero esto no significa, sin embargo, que sean relatos falaces de lo que sucedió. La conclusión de Gempf es que, igual que los buenos historiadores de la Antigüedad consignaron discursos de maneras que, según sus normas, eran históricamente apropiados y fieles representaciones de los acontecimientos, es probable que el autor de Lucas-Hechos hiciera lo mismo.[41]

En este comentario nos acercaremos a los discursos como registros esenciales de lo que dijeron aquellos que, según el relato, los pronunciaron. No hay ninguna duda de que son resúmenes y paráfrasis de mensajes mucho más extensos, aunque resumen fielmente lo que se dijo. Tales discursos nos ayudan a entender cómo hacían frente los dirigentes de la iglesia a sus desafíos evangelísticos, apologéticos, pastorales y teológicos, y cómo respondían al cristianismo sus oponentes y los dirigentes judíos y gentiles de aquel tiempo.

Principales temas de Hechos

La declaración que Jesús hace de la Gran Comisión en Hechos 1:8 es el texto clave del libro, que destaca los dos temas principales de Hechos: el Espíritu Santo y el testimonio. Solo cuando los discípulos de Jesús reciban al Espíritu Santo podrán convertirse en testigos. A continuación, Jesús nos da la secuencia geográfica en que se llevará a cabo la tarea del testimonio: comenzará en Jerusalén y después se extenderá a Judea y Samaria, para culminar con el testimonio hasta los confines de la tierra. Esta secuencia aporta un bosquejo para el libro de Hechos (ver comentarios al respecto más adelante).

En esta sección me limitaré a describir de manera superficial los distintos temas que adquieren prominencia en el libro de los Hechos.

La prioridad de la evangelización. Desde el capítulo 1, en que se presenta la Gran Comisión (1:8), hasta el final del texto, la gran actividad que domina este libro es la evangelización. Cuando me acercaba al final de este comentario me di cuenta de algo que me parece especialmente interesante: los dos principales métodos que se utilizan para la evangelización en el libro de los Hechos consistían en llamar la atención por medio de los milagros y la apologética. Todos los mensajes narrados en el libro de los Hechos tenían un fuerte contenido apologético. Los evangelistas se esforzaban en mostrar que el cristianismo resistía las preguntas que se hacían las gentes, y el registro de los discursos indica que su evangelización tenía una firme orientación hacia el contenido. La tabla "Predicación Evangelística en Hechos" ofrece un resumen de los métodos y mensaje de los primeros evangelistas.

---

41. Gempf, "Public Speaking and Published Accounts", 259–303. Quienes deseen considerar un resumen del punto de vista de Gempf pueden ver su obra, "Acts", *NBCTCE.*, 1071–72. Ya antes hemos hablado sobre las presuntas contradicciones entre las cartas de Pablo y sus discursos en el libro de los Hechos.

El poder del Espíritu Santo. Muchos han pensado que al libro de los Hechos debería llamársele "los Hechos del Espíritu Santo". El primer capítulo consigna la promesa del Espíritu Santo (1:4–5, 8); el segundo, su descenso; y el resto del libro, su obra en y a través de la iglesia.

Vida en comunidad. El libro de los Hechos nos presenta a una vibrante comunidad apasionada con su misión, con unos miembros que se preocupan unos por otros, desean la santidad y tratan aquellas cuestiones que afectan a su unidad. En la descripción de la comunidad vemos también la característica preocupación de Lucas por los pobres (más pronunciada en su Evangelio).

Enseñanza. En el libro de los Hechos, la enseñanza no se presenta como algo que afecta solo a los cristianos, sino como parte del proceso evangelizador.

Oración. En catorce de los primeros quince capítulos de Hechos (excepto el capítulo 5) y en muchos de los capítulos posteriores se menciona la oración; tanto en Hechos como en el Evangelio de Lucas, la oración es un tema clave.[42]

La ruptura de barreras humanas en Cristo. En consonancia con el orden geográfico presentado en la Gran Comisión (1:8), Lucas muestra que el evangelio se propaga desde Jerusalén a Judea y Samaria y hasta los confines de la tierra. En este proceso, los gentiles experimentan la salvación; Lucas describe el modo en que la iglesia afrontó esta tarea de dar testimonio, así como otras diferencias sociales entre los cristianos, de modo que nos deja la fuerte impresión de que, en la iglesia primitiva, las barreras humanas fueron superadas y nos da las razones por las que esto sucedió.

El lugar del sufrimiento. Como sucede en buena parte del Nuevo Testamento, en Hechos hay mucha reflexión sobre el sufrimiento. En este libro, el sufrimiento al que la iglesia hubo de hacer frente se debe principalmente a la oposición contra el evangelio.

La soberanía de Dios. Relacionado con este énfasis en el sufrimiento está el tema subyacente de que Dios desarrolla sus soberanos propósitos aun a través del padecimiento. Este es el tema dominante del pasaje que describe la reacción de la iglesia a la primera experiencia de sufrimiento (4:23–31).

La reacción de los judíos al evangelio. Se concede una sorprendente cantidad de espacio a los esfuerzos de la iglesia por evangelizar a los judíos y a la persistencia de Pablo en esta tarea a pesar de las muchas decepciones que experimentó en ella. El libro de los Hechos comienza con la pregunta de los apóstoles a Jesús sobre la restauración del reino a Israel (1:6) y termina con una afirmación de que, por la dureza del corazón de los judíos, el evangelio va a ser llevado a los gentiles (28:25–28).

---

42. Respecto a la oración en Lucas-Hechos, Ver M. M. B. Turner, "Prayer in the Gospels and Acts", *Teach Us To Pray,* ed. D. A. Carson (Grand Rapids: Baker, 1990), 59–75; P. T. O'Brien, "Prayer in Luke-Acts: A Study in the Theology of Luke", *TynBul* 24 (1973): 113–16.

La posición legal del cristianismo. Lucas se esfuerza en dar la impresión de que las autoridades romanas no consideraban que el cristianismo fuera un movimiento peligroso o ilegal. Hechos contiene también ejemplos de la elocuente defensa de la fe de los cristianos ante el estado.

Aplicar el libro de los Hechos en nuestros días

PREDICACIÓN EVANGELÍSTICA EN EL LIBRO DE LOS HECHOS							
	2:1-47	**3:1-26**	**8:26-39**	**10:1-48**	**13:14-52**	**14:6-20**	**17:16-34**
	En el día de Pentecostés	Tras la sanación en la puerta de Jerusalén	Felipe, el etíope	En casa de Cornelio	En la sinagoga de Pisidia	En la ciudad de Listra	En Atenas
Receptores	Judíos palestinos y de la dispersión	Judíos de Jerusalén	Un temeroso de Dios	Temerosos de Dios	Judíos de la dispersión y temerosos de Dios	Gentiles	Gentiles intelectuales
A. ANTES DEL ACONTECIMIENTO DE LA PREDICACIÓN							
1. Cómo se prepararon los oyentes antes de la predicación	Discurso en sus idiomas (5–12); Los acontecimientos en torno a Jesús (22–24)	Un inválido salta y alaba a Dios (6–10)	Leyendo un pasaje mesiánico (28–33)	Un hombre piadoso tiene una visión con la instrucción de llamar a un predicador (1–6)	Habían venido para adorar (14)	Un cojo sanado durante la predicación (8–10); Se les llama dioses, Se les ofrecen sacrificios (11–13)	Días de diálogo en la sinagoga y el mercado (17); Hablan entre ellos (18)
2. Cómo se prepara el predicador	Llenándose con el Espíritu Santo (1–4)		Mediante un mandamiento: el ángel le pide que se ponga en marcha (26); El Espíritu que se acerque (29)	Pedro tiene una visión, se les da un encargo específico (9–20)			Pablo siente una profunda angustia por los ídolos (16)

3. Cómo se capta la atención	Las lenguas atraen a la multitud; Pedro lo utiliza para llevar al evangelio (4–21)	La sanación suscita interés (1–10); Pedro dice que se ha producido por la fe en el nombre de Jesús (11–16)	¿Entiendes lo que lees? Una invitación (30–31)	Dios obra directamente a través de una visión (1–6)	Como visitantes se les invita a hablar (15)	A través de una sanación (8–11)	Método socrático (diálogo en el mercado) en Atenas (17); Religiosidad como trampolín (22–23); Cita de sus poetas (28)

B. EL ACONTECIMIENTO DE LA PREDICACIÓN

	2:1–47	3:1–26	8:26–39	10:1–48	13:14–52	14:6–20	17:16–34
1. Qué provoca el acontecimiento de la predicación	Las preguntas y ridiculización de la gente (13–14)	La estupefacción de la gente (12)	Pregunta de Felipe sobre lo que estaba leyendo (34)	Diálogo sobre lo que habían experimentado (25–33)	Una invitación a hablar (15)	Intentan ofrecerles sacrificios (11–14)	Una invitación a exponer su enseñanza en el Areópago (19–21)
2. Introducción	Explicación del fenómeno de las lenguas (14–21)	Responde preguntas sobre el milagro (12–16)	Un pasaje en respuesta a sus preguntas (34–35)	Una conclusión del diálogo (34–35)	La historia de Israel se cuenta de nuevo (16–22)	No hagáis esto. Somos simples humanos (15)	Contacto a través de su religiosidad y necesidad de UN DIOS DESCONOCIDO (22–23)
3. Esto son buenas noticias			Sobre Jesús (35)	De paz por medio de Jesús (36)	De que la Resurrección cumple las promesas hechas a los padres (32)	Su predicación (7) de los ídolos al Dios vivo (15)	Sobre Jesús y la Resurrección (18)
4. El Dios Creador						Hizo el cielo, la tierra, el mar y todo lo que hay en ellos (15)	Hizo el mundo, todo lo que hay en él (24); Creador de todos los seres humanos (26)

	2:1–47	3:1–26	8:26–39	10:1–48	13:14–52	14:6–20	17:16–34
5. El Dios supremo						Re: el destino de las naciones (16)	Señor de cielo y tierra (24); Determina el destino de las naciones (26)
6. Lo que Dios ha hecho en la historia de Israel		Dios de nuestros padres (13); Pronosticando la bendición del Mesías (22, 24); El pacto con Abraham (25)			Resumen de la historia (16–22)		

B. EL ACONTECIMIENTO DE LA PREDICACIÓN (cont.)

	2:1–47	3:1–26	8:26–39	10:1–48	13:14–52	14:6–20	17:16–34
7. El Dios vivo						El Dios vivo (15)	No está confinado a templos (24); No necesita nuestra ayuda (25); No está hecho por los humanos, de plata etc. (29)
8. Dios habla en la naturaleza y la historia						Ha dejado un testimonio con la lluvia, cosechas, comida, alegría (17)	Su supervisión de las naciones hace que los hombres busquen a Dios (27)
9. Autenticado por las Escrituras	Re: descenso del Espíritu (16); Resurrección (25–31); Exaltación (34–35)	Su muerte, reinado y ministerio estaban profetizados (18, 21–26)	El mensaje responde preguntas sobre Isaías 53	Todos los profetas dan testimonio sobre él (43)	La Resurrección cumple la Escritura (32–37)		

10. El evangelio cumple las aspiraciones humanas					Las aspiraciones de los judíos se cumplen en Jesús (16–23)		El Dios que no conocían pero querían conocer (23)
11. La accesibilidad de Dios							No está lejos de nosotros (27)
12. Religiosidad humana							Evidencias de religiosidad (22–23); Hecho para buscar a Dios (27)
	2:1–47	**3:1–26**	**8:26–39**	**10:1–48**	**13:14–52**	**14:6–20**	**17:16–34**
3. Dios y la naturaleza humana							Toda la Humanidad creada de un mismo tronco (26); La descendencia de Dios depende de él para su existencia (28)
14. Juan el Bautista como precursor				El ministerio de Cristo comenzó tras el bautismo de Juan (37)	Juan apunta a Jesús como clímax de su obra (24–25)		
15. Vida y ministerio de Jesús	Los milagros son el reconocimiento de Cristo por parte de Dios (22)			Hizo el bien, sanaba a todos los que estaban bajo el poder del diablo (37–38)			

	2:1–47	3:1–26	8:26–39	10:1–48	13:14–52	14:6–20	17:16–34
16. La muerte anunciada		Ustedes mataron al autor de la vida (15, también 13–14)	Tema de la conversación (32–35)	Ejecutado colgado de un madero (39)	Ejecutado injustamente (28)		
17. Muerte de Cristo y soberanía de Dios	Según el determinado propósito y el previo conocimiento de Dios (23)	La muerte: un cumplimiento de la profecía (18)	La muerte: un cumplimiento de la profecía (32–35)		La muerte cumplió plenamente la profecía (27, 29)		
18. La Resurrección como prueba	Dios le resucitó (24); Predicha en el Antiguo Testamento (24–31)	A quien Dios resucitó (15)		Dios le resucitó y dispuso que se apareciera (40)	Dios le resucitó (30)		Dios le resucitó como prueba de todo esto (31)
19. Somos testigos	Todos testigos de la Resurrección (32)	De la Resurrección (15)		De su vida y ministerio (39); Escogidos para ver al Cristo resucitado (41)	Quienes la presenciaron son testigos de la Resurrección (31)		

B. EL ACONTECIMIENTO DE LA PREDICACIÓN (cont.)

	2:1–47	3:1–26	8:26–39	10:1–48	13:14–52	14:6–20	17:16–34
20. Realeza, soberanía y victoria de Cristo	Exaltación (33) experimentando al Espíritu (33); Las predicciones veteroestamentarias son pruebas (34–35); Gobernará hasta que sus enemigos sean derrotados (34–35)	Permanecerá en el cielo hasta que todo se cumpla (21); Culminando en su regreso (20–21)					

21. Cristo el único Salvador y Juez, y advertencias	Advertencia, pidan ser salvos de esta corrupta generación (40)	Si no le escuchan serán cortados (23)		Juez de vivos y muertos (42)	Se observa la advertencia, de parte de los profetas, de los cuales se burlan (40–41)		Juzgará al mundo con justicia por medio de Cristo (31)
22. Jesús es Señor, Cristo, Hijo de Dios, Salvador, etc.	Los acontecimientos desde los milagros hasta el envío del Espíritu muestran que es el Señor, el Cristo (22–36)	Dios glorificó a su siervo(13); el Santo y el Justo, el autor de la vida (14–15)					
23. Acusación	Ustedes le mataron (23, 36), conmovidos buscan dirección (37)	Ustedes entregaron a Jesús para que fuera ejecutado (13–15)					
24. Arrepentimiento y conversión	Arrepiéntase y bautícese cada uno de ustedes (38)	Arrepiéntanse (19); bendición, cuando las gentes se apartan de la maldad (26)	Debe haber hablado sobre el bautismo (ver 36)			Se convierten de las vanidades al Dios vivo (15)	Manda a todos los hombres en todo lugar que se arrepientan (30)
25. Reconocimiento de ignorancia		Actuaron por ignorancia (17)				En el pasado dejó que las naciones siguieran su propio camino (16)	En el pasado Dios pasó por alto la ignorancia (30)

	2:1–47	**3:1–26**	**8:26–39**	**10:1–48**	**13:14–52**	**14:6–20**	**17:16–34**
26. El perdón de pecados	Para aquellos que se arrepienten y bautizan por su nombre (38)	Pecados borrados (19)		Por medio de su nombre (43)	Por medio de Jesús (38) y la justificación (39)		
27. Fe en Cristo		Presten atención a todo lo que les diga (22)	[Si creen (37)]	Produce perdón (43)	Produce justificación (39)		
28. Elección de Dios para salvación	La promesa es para todos los que el Señor quiera llamar (39)	Jesús enviado primero a los judíos (20, 26); Herederos de la promesa (25); Pueden perderla si son rebeldes (22–23)			Los nombrados para vida eterna creen (48)	.	Se ordena a todos en todo lugar que se arrepientan (30)
29. Unirse al cuerpo de Cristo	Bautícense (38)	El rechazo produce ser cortado (23)	Bautismo (ver 36)				
30. La invitación	Arrepiéntanse y bautícense para ser perdonados (38); la promesa es para ustedes (39); advertencia y súplica (40)	Arrepiéntanse y vuélvanse a Dios (19); Escuchen a Jesús (22); consecuencia del rechazo (23); el buen plan de Dios para ellos (24–26)	¡Planteada por el evangelizado! "¿Qué impide que yo sea bautizado?" (36)	Respuesta antes de la invitación (44)	En forma de advertencia (40–41); se insta a quienes siguen a permanecer en la gracia de Dios (43)		Llamamiento general al arrepentimiento (30)
31. Otras bendiciones de la salvación	Arrepiéntanse etc. para recibir el don del Espíritu (38)	Tiempos de refrigerio (19); la Segunda Venida de Cristo (20–21); promesas impartidas a los herederos (25); conversión de la maldad (26)					

B. EL ACONTECIMIENTO DE LA PREDICACIÓN (cont.)						
	2:1–47	**3:1–26**	**8:26–39**	**10:1–48**	**13:14–52**	**14:6–20**	**17:16–34**
32. Resistir activamente la gloria personal		¿Por qué nos miran como si, por nuestro propio poder o virtud...? (12); fue por medio de Cristo (16)		Rechaza la veneración: "sólo soy un hombre como tú" (26)		Se rasgaron las vestiduras y se lanzaron por entre la multitud, gritando:[...] somos hombres. (14-15)	
C. DESPUÉS DEL ACONTECIMIENTO							
1. Respuesta al mensaje	Se añaden 3000 personas (41)	Los dirigentes se molestan; arrestan a Pedro y a Juan, y les someten a juicio (4:1–3, 5–22); muchos creen, y el número crece hasta 5000 personas (4:4)	Pide ser bautizado (36); prosigue alegre su camino (39)	El Espíritu Santo viene sobre todos los que oyeron; hablan en lenguas (44–46); los creyentes judíos quedan atónitos (45)	Invitados a hablar de nuevo (42); algunos siguen y hablan (43); una gran multitud la próxima ocasión, pero los judíos se oponen (44–45); convertidos gentiles (48); persecución, expulsión (50)	Los judíos de los pueblos cercanos convencen a la multitud. Pablo apedreado, tomado por muerto y arrastrado fuera de la ciudad (19)	Algunos se burlan de la Resurrección (32); algunos quieren escuchar más (32); pocos creen (34)
2. Procedimientos de acompañamiento	Quienes reciben el mensaje son bautizados (41)		¡Felipe es arrebatado! (39)	Bautizados, Pedro se queda varios días (48)			Se hacen seguidores de Pablo (34)
3. Vida del cuerpo	Vibrante comunidad cristiana (42–47)	Participación radical (4:32–37)	Probablemente ninguna	Palabras de aceptación a los gentiles (47)	La Palabra se extiende (49); llenos de gozo y del Espíritu Santo (52)	Los discípulos cuidan a Pablo, que está herido (20)	Seguidores de Pablo (34)

Hemos dicho que Lucas tenía un objetivo tanto teológico como histórico al escribir Hechos, y que los acontecimientos que decidió poner de relieve los escogió por su valor para presentar la verdades que quería comunicar. Nuestra tarea consiste en descubrir estas verdades y ver qué principios permanentes podemos colegir de ellas que sean aplicables a nuestro pensamiento, vida y ministerio. ¿Cómo podemos recabar principios permanentes de estos relatos?

Uno de los métodos que hoy se ha popularizado es el de alegorizar, es decir, ver consistentes paralelismos espirituales de los incidentes que se nos presentan y buscar lo que a veces se ha llamado el "sentido más profundo" del texto. Este fue un método común de interpretación en la iglesia primitiva y se asocia a menudo con Orígenes, el padre de la iglesia. Por ejemplo, se ha considerado que las tres etapas que apreciamos en Lázaro después de su muerte enseñan tres etapas de la vida espiritual del cristiano (ver Jn 11). (1) La etapa del sepulcro como cadáver representa la fase no regenerada. (2) Después de ser resucitado de entre los muertos pero antes de ser liberado de las vendas y el sudario representa el periodo carnal. (3) Tras ser liberado de los vendajes y el sudario entramos en la etapa espiritual.

Aunque esta forma de alegorización es un medio efectivo de comunicar verdades, puede que no sean las que el autor pretende transmitir en el pasaje en cuestión. Es cierto que a veces el autor quería que sus palabras se interpretaran utilizando un método alegórico, como en la alegoría de la vid y los sarmientos (Jn 15:1–8). Pero, por regla general, esta intención queda clara por las palabras mismas del pasaje. Si el autor no pretende que sus palabras se entiendan de manera alegórica y nosotros las interpretamos así, solo servirán para ilustrar ciertas verdades. Puede que tales verdades sean válidas, pero únicamente porque proceden de otro texto de la Escritura. Este no es el método que nos llevará a entender la enseñanza que el autor de Hechos quería impartir.

Otros sugieren que, a menos que un pasaje narrativo enseñe explícitamente un principio a seguir, no deberíamos utilizarlo con carácter normativo.[43] Gordon Fee establece una provechosa distinción entre concluir a partir de un pasaje que "hemos de hacer tal cosa" y reconocer que lo que deberíamos decir es que "podemos hacerla".[44] No obstante, la convicción de que "toda la Escritura es inspirada por Dios y útil para enseñar, para reprender, para corregir y para instruir en la justicia" (2Ti 3:16), me lleva a creer que, aparte de este acercamiento general, sí podemos recabar verdad normativa a partir de las narraciones de Hechos aunque en ellas no encontremos una proposición específica.[45] Obsérvese, por ejemplo, los comentarios de Pablo acerca del juicio de Dios sobre Israel en el periodo del Antiguo Testamento: "Todo eso sucedió para servirnos de ejemplo, a fin de que no nos apasionemos por lo malo, como lo hicieron ellos [...] Todo eso les sucedió para servir de ejemplo, y quedó

43. Este parece ser el acercamiento que defienden Gordon Fee y Douglas Stuart, en *How to Read the Bible for All Its Worth* (Grand Rapids: Zondervan, 1982), 97.
44. *Ibíd.*
45. Ver exposición al respecto en Klein, Blomberg, Hubbard, *Introduction to Biblical Interpretation*, 350–51.

escrito para advertencia nuestra, pues a nosotros nos ha llegado el fin de los tiempos" (1Co 10:6, 11). Para Pablo, la historia del Antiguo Testamento era una recopilación de sucesos proféticos, es decir, acontecimientos utilizados por Dios para revelar su naturaleza y propósitos para la humanidad. En consonancia con este principio, en Romanos 4 y Gálatas 3, Pablo utilizó los tratos de Dios con Abraham para construir su teología de la justificación, no por obras, sino por la fe.

En ocasiones, lo que tenemos en los pasajes narrativos son ejemplos en que inspirarnos. Hebreos 11 se sirve de personajes del Antiguo Testamento como inspiradores ejemplos de fe perseverante para que los sigamos. Pablo pidió específicamente a los lectores de sus cartas que siguieran su ejemplo (1Co 4:6; 11:1; Fil 3:17). Por ejemplo, "fíjense en los que se comportan conforme al modelo que les hemos dado" (Fil 3:17). El libro de los Hechos es el lugar en que observamos este patrón. Creemos que a través de la vida y ministerio de los apóstoles, Dios actuó de maneras que manifiestan su voluntad y proceder para con la humanidad.

Naturalmente, hemos de ser prudentes en nuestra utilización de este principio. Hemos de distinguir cuidadosamente los principios que son normativos de aquellos que se aplicaron específicamente en ciertas situaciones y, por tanto, no lo son. Pongamos, por ejemplo, el consejo que dio Gamaliel en el sentido de que se dejara en paz a los cristianos porque, si el cristianismo no era de Dios, fracasaría, y, si lo era, los dirigentes judíos no podrían detenerlo (Hch 5:38–39). Dios utilizó sin duda este consejo para beneficio de la iglesia, pero no es un principio que tengamos que seguir siempre. Si lo hiciéramos, podríamos acabar aceptando que el crecimiento del islam, o el de grupos como la secta de Sai Bäba y los Testigos de Jehová ¡tiene el visto bueno de Dios!

Otro ejemplo: Klein, Blomberg y Hubbard señalan los distintos modelos de gobierno y organización eclesial que encontramos en Hechos. Estos autores muestran que "congregacionalistas, presbiterianos y episcopalianos apelan legítimamente a pasajes del libro de los Hechos para apoyar sus puntos de vista sobre estructura y liderazgo en la iglesia".[46] Esto debería hacernos ver que dentro del cuerpo de Cristo hay distintos estilos de liderazgo y estructura aceptables, y que hemos de buscar los más apropiados sin violar los principios bíblicos. En este sentido, buscaremos modelos practicados en la iglesia primitiva y presentados en el libro de los Hechos que sean apropiados para nuestra situación específica.

En otras palabras, hemos de tener cuidado de cómo aplicamos las narraciones de Hechos. Una importante clave es tratar de entender el propósito que persigue Lucas al registrar un acontecimiento en particular en el libro de los Hechos. Si encontramos un tema al que se concede una atención especial, podemos entonces discernir un patrón emergente que puede darnos un prin-

---

46. *bid.*, 350.

cipio normativo. Por ello, en las secciones "Construyendo Puentes" profundizaremos ocasionalmente en este tipo de cuestiones para determinar el carácter normativo de principios concretos. Nos referiremos a otros incidentes y declaraciones de Hechos, y quizá a otros pasajes de la Escritura, para demostrar dicho carácter preceptivo.

El libro de los Hechos como desafío radical para la iglesia de hoy

Los cristianos de nuestro tiempo que leen el libro de Hechos con una mente abierta sentirán que las cosas que sucedieron en la iglesia primitiva plantean agudos desafíos en términos de aplicaciones. Aquí solo mencionaré unas pocas:

- En una sociedad donde reina el individualismo y en la que la iglesia también parece haber adoptado un estilo de vida comunitario que "mantiene la privacidad del individuo", la iglesia primitiva presenta una comunidad radical en la que sus miembros tenían todas las cosas en común.

- En una sociedad que a veces admira el egoísmo y donde cada cual se las arregla por sí mismo, el libro de los Hechos presenta un grupo de cristianos tan comprometidos con Cristo y con la causa del evangelio que estaban dispuestos a sacrificar sus deseos por el bien de los demás.

- En una sociedad pluralista donde la verdad se define como algo subjetivo y personal, Hechos presenta una iglesia que fundamenta su vida en ciertos hechos objetivos sobre Dios y Cristo, unos hechos que no eran solo verdaderos desde un punto de vista personal, sino universalmente válidos y que, por tanto, habían de ser presentados a todo el mundo.

- En una sociedad que niega la verdad absoluta y que, por consiguiente, rehúye la apologética y la persuasión en la evangelización a favor del diálogo, el libro de los Hechos presenta una iglesia que persuade a las personas hasta que están convencidas de la verdad del evangelio. En lugar de apuntar hacia el enriquecimiento recíproco como principal objetivo del encuentro interreligioso, como hacen tantos en nuestros días, la iglesia primitiva proclamaba a Cristo como Señor supremo con el objetivo de la conversión.

- En una era en la que la especialización ha condicionado tanto la evangelización que es difícil encontrar iglesias que subrayen tanto la sanación como la apologética, Hechos presenta una iglesia en que los mismos individuos llevaban a cabo sanaciones y predicaban mensajes apologéticos bien razonados.

- En una era en la que muchas iglesias invierten tanto tiempo, dinero y energía en cuidarse a sí mismas y en mejorar sus instalaciones, el libro de los Hechos presenta comunidades locales que encomendaban a sus miembros más capaces a la tarea de alcanzar los perdidos.

- En una era en la que muchas iglesias buscan el éxito en la aplicación de las mejores técnicas, Hechos presenta una iglesia que dependía del Espíritu Santo y concedía prioridad a la oración y a la pureza moral.

- En una era en la que hay muchas posibilidades de evitar el sufrimiento y en la que muchos cristianos lo han dejado fuera de su manera de entender la vida cristiana, el libro de los Hechos presenta una iglesia que se enfrentó al sufrimiento por causa de Cristo y que lo consideraba un ingrediente esencial del discipulado.

Bosquejo de Hechos

Prólogo (1:1–2)

A. Preparación para Pentecostés (1:3–26)
   1. Instrucciones antes de la Ascensión (1:3–8)
   2. La Ascensión (1:9–11)
   3. Después de la Ascensión (1:12–26)

B. Testimonio en Jerusalén (2:1–7:60)
   1. El día de Pentecostés (2:1–47)
      a. La venida del Espíritu (2:1–13)
      b. Discurso pentecostal de Pedro y respuesta del pueblo (2:14–42)
      c. La nueva comunidad (2:43–47)
   2. Sanación en el templo y sus consecuencias (3:1–4:31)
      a. Curación de un paralítico (3:1–10)
      b. Discurso de Pedro (3:11–26)
      c. La evangelización proscrita por el Sanedrín (4:1–22)
      d. Los creyentes responden con oración (4:24–31)
   3. Comunidad radical (4:32–5:11)
      a. Participación radical (4:32–35)
      b. Generosidad radical (4:36–37)
      c. Disciplina radical (5:1–11)
   4. Los apóstoles ante el Sanedrín (5:12–42)
      a. Poder constante (5:12–16)
      b. Arresto, juicio y azotes (5:17–40)
      c. Después de los azotes (5:41–42)
   5. Designación de los siete (6:1–7)
   6. Ministerio y martirio de Esteban (6:8–7:60)
      a. Ministerio de Esteban (6:8–10)
      b. Acusaciones contra Esteban (6:11–15)
      c. Discurso de Esteban (7:1–53)
      d. Muerte de Esteban (7:54–60)

C. Testimonio en Judea y Samaria y comienzos de la evangelización de los gentiles (8:1–11:18)
   1. La iglesia es dispersada (8:1–4)
   2. Ministerio de Felipe (8:5–40)
      a. Ministerio público en Samaria (8:5–25)
      b. Ministerio personal con el etíope (8:26–40)
   3. Conversión y llamamiento de Saulo (9:1–31)

  a. La experiencia del camino de Damasco (9:1–9)
  b. Ministerio de Ananías a Saulo (9:10–19a)
  c. Primeros intentos de ministerio (9:19b–25)
  d. Finalmente a Jerusalén (9:26–30)
  e. Una iglesia en paz (9:31)
 4. Milagros de Pedro (4:32–45)
 5. El relato de Cornelio (10:1–11:18)
  a. La visión de Cornelio (10:1–8)
  b. La visión de Pedro (10:9–16)
  c. Pedro se encuentra con los mensajeros (10:17–23a)
  d. Encuentro entre Pedro y Cornelio (10:23b–33)
  e. Discurso de Pedro (10:34–43)
  f. Los gentiles reciben el Espíritu Santo (10:44–48)
  g. Los cristianos judíos dan su aprobación (11:1–18)
D. Testimonio hasta los confines de la tierra (11:19–28:31)
 1. Establecimiento de la iglesia de Antioquía (11:19–30)
  a. Gentiles convertidos (11:19–21)
  b. Ánimo de Bernabé (11:22–26)
  c. Una ofrenda para Jerusalén (11:27–30)
 2. Un paréntesis para los cristianos de Judea (12:1–25)
  a. Jacobo es martirizado (12:1–2)
  b. Pedro es encarcelado y milagrosamente puesto en libertad (12:3–19)
  c. Muerte de Herodes (12:20–25)
 3. El primer viaje misionero (12:26–14:28)
  a. Envío de un equipo misionero (12:26–13:3)
  b. Un procónsul se convierte en Chipre (13:4–12)
  c. Ministerio a judíos y gentiles en Antioquía de Pisidia (13:13–52)
  d. Ministerio en Iconio (14:1–7)
  e. Rechazo y recepción en Listra y Derbe (14:8–21a)
  f. Nuevas visitas a las iglesias y a Antioquía (14:21b–28)
 4. El concilio de Jerusalén (15:1–35)
  a. Pablo y Bernabé viajan a Jerusalén (15:1–4)
  b. Se resuelve el asunto de la salvación y los gentiles (15:5–20)
  c. Comunión entre cristianos de origen judío y gentil (15:21–35)
 5. El segundo viaje misionero (15:36–18:22)
  a. El equipo se disuelve (15:36–40)
  b. El llamamiento macedonio (16:1–10)
  c. Ministerio y encarcelamiento en Filipos (16:11–40)
  d. Ministerio y disturbio en Tesalónica (17:1–9)
  e. Ministerio entre los nobles bereanos (17:10–15)

f. Ministerio entre judíos e intelectuales en Atenas (17:16–34)

g. Ministerio y una victoria legal en Corinto (18:1–17)

h. Ministerio itinerante camino de Antioquía (18:18–22)

6. Tercer viaje misionero (18:23–21:16)

a. Ministerio en Galacia y Frigia (18:23)

b. Inserción: se completa la formación de Apolos (18:24–28)

c. Se completa la formación de doce efesios (19:1–7)

d. Apologética y ministerio de poder en Éfeso (19:8–22)

e. El disturbio en Éfeso (19:23–41)

f. Alentando a iglesias de Macedonia, Grecia y Troas (20:1–16)

g. Alentando a los ancianos de Éfeso en Mileto (20:17–38)

h. En Tiro y Cesarea (21:1–16)

7. Pablo en Jerusalén (21:17–23:11)

a. Pablo conoce a los cristianos de Jerusalén (21:17–26)

b. Pablo es arrestado (21:27–36)

c. Pablo habla a la multitud (21:37–22:21)

d. Pablo utiliza su ciudadanía romana (22:22–29)

e. Pablo ante el Sanedrín (22:30–23:11)

8. Pablo en Cesarea (23:12–26:32)

a. Pablo es trasladado a Cesarea (23:12–35)

b. Pablo ante Félix (24:1–27)

c. Pablo apela a César (25:1–12)

d. Pablo ante Agripa (25:13–26:32)

9. El viaje a Roma (27:1–28:15)

a. El viaje comienza (27:1–12)

b. La tormenta (27:13–26)

c. El naufragio (27:27–44)

d. Ministrando en Malta (28:1–10)

e. Roma por fin (28:11–15)

10. Ministrando en Roma (28:16–31)

a. Una casa alquilada en Roma (28:16)

b. Pablo y los judíos en Roma (28:17–28)

c. Denodada predicación y enseñanza (28:30–31)

Bibliografía Anotada

Comentarios y Exposiciones

Alexander, J. A. *A Commentary on the Acts of the Apostles*. Edimburgo: Banner of Truth Trust, 1984, reimpresión de la edición de 1857. Cargado de perlas exegéticas y devocionales, aunque arcaico.

Arrington, French L. *The Acts of the Apostles: An Introduction and Commentary*. Peabody, Mass.: Hendrickson, 1988. Comentarios breves e incisivos desde una perspectiva carismática.

Barclay, William. *The Acts of the Apostles*. *The Daily Study Bible*. Ed. rev. Edimburgo: Saint Andrew, 1976. Reflexiones devocionales surgidas de un gran conocimiento del trasfondo.

Barrett, C. K. *A Critical and Exegetical Commentary on the Acts of the Apostles*. Vol. I. sobre los capítulos 1–14. ICC. Edimburgo: T. & T. Clark, 1994. Un volumen de sustitución de la serie ICC. Adopta un acercamiento moderadamente crítico hacia el asunto del rigor histórico. Se trata posiblemente del tratamiento más completo del texto griego publicado en inglés.

Bruce, F. F. *The Book of the Acts*. NICNT. Ed. Rev. Grand Rapids: Eerdmans, 1988. Incomparable por cómo hace asequible el trasfondo histórico al lector general.

_____. *The Acts of the Apostles: Greek Text with Introduction and Commentary*. NICGT. Grand Rapids: Eerdmans, 1990. Notas del texto griego.

Calvino, Juan. *Calvin's Commentaries: The Acts of the Apostles 1–13*. Traducido por John W. Fraser y W. J. G. McDonald. *The Acts of the Apostles 14–28*. Traducido por John W. Fraser. Grand Rapids: Eerdmans, 1965, 1966. Sagaces comentarios de uno de los mejores expositores de todos los tiempos.

Carter, Charles W., y Ralph Earle. *The Acts of the Apostles*. Grand Rapids: Zondervan, 1973. Valiosas aplicaciones.

Crisóstomo, San Juan, "Homilies on the Acts of the Apostles". *A Select Library of the Nicene and Post-Nicene Fathers of the Church*. Vol. 11. Ed. Philip Schaff. Grand Rapids: Eerdmans, reimpresión de 1989. Exposiciones clásicas del gran expositor del siglo IV.

Clements, Roy. *The Church That Turned the World Upside Down*. Cambridge: Crossway, 1992. Genial exposición sobre la primera mitad de Hechos de uno de los excepcionales expositores de esta generación.

Faw, Chalmer E. *Believers Church Bible Commentary: Acts*. Scottdale, Pa.: Herald, 1993. Una obra más breve con buenas aplicaciones.

Gempf, Conrad. "Acts". *NBCTCE*. Ed. D. A. Carson *et al*. Downers Grove, Ill.: InterVarsity, 1994. Comentarios de excepcional perspicacia a pesar de su brevedad.

Gooding, David. *True to the Faith: A Fresh Approach to the Acts of the Apostles*. Londres Hodder y Stoughton, 1990. Con acento en la estructura. Lleno de profundas reflexiones de carácter devocional y teológico.

Haenchen, Ernst. *The Acts of the Apostles: A Commentary*. Traducido por R. McL. Wilson. Filadelfia: Westminster, 1971. Centrado en la teología, pasa por alto la fiabilidad histórica del texto.

Harrison, Everett F. *Interpreting Acts: The Expanding Church*. Grand Rapids: Zondervan, 1986. Piadosa erudición con reverente aplicación.

Keener, Craig S. *The IVP Bible Background Commentary: New Testament*. Downer's Grove, Ill.: InterVarsity, 1993. Útiles reflexiones sobre el trasfondo histórico y cultural del texto.

Kistemaker, Simon J. *New Testament Commentary: Exposition of the Acts of the Apostles*. Grand Rapids: Baker, 1990. Buen comentario, más extenso en todos los campos.

Knowling, R. J. "The Acts of the Apostles". *The Expositor's Greek Testament*. Vol. Ed. W. Robertson Nicoll. Grand Rapids: Eerdmans, reimpresión de 1974. Sobre el texto griego.

Larkin, William J., Jr. *Acts*. IVP New Testament Commentary Series. Downers Grove, Ill.: InterVarsity, 1995. Notas breves y confiables con relevantes aplicaciones.

Lenski, R. C. H. *The Interpretation of the Acts of the Apostles*. Minneapolis: Augsburg, reimpresión de la ed. de 1934. Bueno por lo que respecta a la aplicación.

Longenecker, Richard. "The Acts of the Apostles". *EBC*. Vol. Grand Rapids: Zondervan, 1981. Posiblemente el mejor comentario en todos los campos de tamaño mediano para el lector general.

Marshall, I. Howard. *The Acts of the Apostles*. TNTC. Grand Rapids: Eerdmans, 1980. Comentarios breves pero agudos de parte de uno de los maestros de los escritos lucanos.

Morgan, G. Campbell. *The Acts of the Apostles*. Old Tappan, N.J.: Revell, 1924. Exposiciones con agudas reflexiones devocionales.

Munk, Johannes. *The Acts of the Apostles*. Anchor Bible. Garden City, N.Y.: Doubleday, 1967. Más breve que los demás libros de esta serie.

Ogilvie, Lloyd J. *The Communicator's Commentary: Acts*. Dallas: Word, 1983. Exposiciones breves.

Polhill, John B. *Acts*. The New American Commentary. Vol. 26. Nashville: Broadman, 1992. Una valiosa y completa obra de tamaño mediano.

Robertson, Archibald Thomas. *Word Pictures in the New Testament*. Vol. 3. "The Acts of the Apostles". Grand Rapids: Baker, reimpresión de la edición de 1930. Contiene valiosos e inspiradores comentarios sobre los significados griegos, aunque anticuados, es decir, no cuentan con el beneficio de recientes estudios semánticos.

Stott, John R. W. *The Message of Acts*. BST. Downers Grove, Ill.: InterVarsity, 1990. Pura exposición con destellos de genial aplicación de uno de los grandes expositores del siglo XX.

Tannehill, Robert C. *The Narrative Unity of Luke-Acts: A Literary Interpretation*. Vol. 2. The Acts of the Apostles. Minneapolis: Fortress, 1994. Reconfortante enfoque sobre la estructura y mensaje de Hechos.

Thomson, J. G. S. S. "Studies in the Acts of the Apostles". *Bright Words*. Mi amigo el Rev. John Kyle me mandó fotocopias de esta valiosa serie de veintinueve exposiciones sobre el libro de los Hechos que aparecieron en la revista *Bright Words* a finales de la década de 1950 y comienzos de la de 1960, pero no dispongo de las fechas de los artículos.

Wagner, C. Peter. *The Acts of the Holy Spirit*. Vol. 1: *Spreading the Fire*; vol. 2: *Lighting the World*; vol. 3: *Blazing the Way*. Ventura, Calif.: Regal, 1994–1995. Fuerte en su aplicación misiológica contemporánea.

Wesley, John. *Explanatory Notes Upon the New Testament*. Londres Epworth, reimpresión de 1966. Comentarios breves pero enjundiosos.

Williams, David John. *Acts*. NIBC. Peabody, Mass.: Hendrickson, 1990. Un breve y excepcional comentario en todos los campos, especialmente valioso para predicadores.

Willimon, William H. *Acts*. Interpretation: A Bible Commentary for Teaching and Preaching. Atlanta: John Knox, 1988. Animadas y relevantes exposiciones.

Otras obras importantes sobre Hechos

Coleman, Robert E. *The Master Plan of Discipleship*. Old Tappan, N.J.: Revell, 1987. Estudio temático de Hechos; rico en reflexiones devocionales y prácticas.

Dollar, Harold. *St. Luke's Missiology: A Cross-Cultural Challenge*. Pasadena, Calif.: William Carey Library, 1996. ¡Reconfortante! Una misiología basada en un estudio bíblico serio.

Harrison, Everett F. *The Apostolic Church*. Grand Rapids: Eerdmans, 1985. Un valioso estudio temático de Hechos.

Hemer, Colin J. *The Book of Acts in the Setting of Hellenistic History*. Ed. Conrad Gempf. Winona Lake: Eisenbrauns, 1990. Una brillante defensa de la fiabilidad histórica del libro de los Hechos.

Marshall, I. H. *A Fresh Look at the Acts of the Apostles*. Sheffield: Sheffield Academic Press, 1992. Una introducción esencial y contemporánea al libro de Hechos.

Shenk, David W. y Ervin R. Stutzman. *Creating Communities of the Kingdom: New Testament Models of Church Planting*. Scottdale, Pa.: Herald, 1988. Pertinente aplicación del libro de Hechos.

Stronstad, Roger. *The Charismatic Theology of St. Luke*. Peabody, Mass.: Hendrickson, 1984. Teología lucana desde una perspectiva carismática.

Winter, Bruce, et al., eds. *The Book of Acts in Its First Century Setting*. Grand Rapids: Eerdmans, 1993–1996. Cinco volúmenes de seis disponibles. Una serie extraordinariamente útil para el estudio a fondo. Vol. 1: *Ancient Literary Setting*, ed. Bruce Winter y Andrew D. Clarke (1993); vol. 2: *Graeco-Roman Setting*, ed. David W. Gill y Conrad Gempf (1994); vol. 3: *Paul in Roman Custody*, Brian Rapske (1994); vol. 4: *Palestinian Setting*, ed. Richard Bauckham (1995); vol. 5: *Diaspora Setting*, Irina Levinskaya (1996).

Hechos 1:1–8

Estimado Teófilo, en mi primer libro me referí a todo lo que Jesús comenzó a hacer y enseñar [2] hasta el día en que fue llevado al cielo, luego de darles instrucciones por medio del Espíritu Santo a los apóstoles que había escogido. [3] Después de padecer la muerte, se les presentó dándoles muchas pruebas convincentes de que estaba vivo. Durante cuarenta días se les apareció y les habló acerca del reino de Dios. [4] Una vez, mientras comía con ellos, les ordenó:

—No se alejen de Jerusalén, sino esperen la promesa del Padre, de la cual les he hablado: [5] Juan bautizó con agua, pero dentro de pocos días ustedes serán bautizados con el Espíritu Santo. [6] Entonces los que estaban reunidos con él le preguntaron:

—Señor, ¿es ahora cuando vas a restablecer el reino a Israel?

[7] —No les toca a ustedes conocer la hora ni el momento determinados por la autoridad misma del Padre —les contestó Jesús—. [8] Pero cuando venga el Espíritu Santo sobre ustedes, recibirán poder y serán mis testigos tanto en Jerusalén como en toda Judea y Samaria, y hasta los confines de la tierra.

Hechos 1 introduce muchos de los temas importantes del libro: la vida y ministerio de Jesús, sus sufrimientos como un hecho predicho en el Antiguo Testamento, la importancia de la Resurrección y las pruebas que la acreditan, la importancia y poder del Espíritu Santo, la prioridad del testimonio, la Gran Comisión con su campo de acción hasta los confines de la tierra, la actitud misionera en contraste con los provincianismos, el reino de Dios, la importancia de la verdad y la Escritura en la vida cristiana, el papel de los apóstoles, la Ascensión y la Segunda Venida de Cristo, y la importancia de la oración y la comunión. Se trata, pues, de un capítulo clave para entender el libro de los Hechos. Le dedicaremos por ello un espacio relativamente más extenso aunque sea uno de los capítulos más breves.

El primer libro (1:1–2a)

La sección inicial de Hechos contiene un prólogo y una introducción histórica. El autor comienza haciendo referencia a su "primer libro", nos da el nombre del receptor (Teófilo) y resume el contenido del libro anterior (El Evangelio de Lucas). Teófilo significa "amigo de Dios" o "amado por Dios", pero es improbable, como algunos (p. ej., Orígenes) han propuesto, que este nombre represente a una persona o grupo de personas anónimos. El nombre de Teófilo era muy común en aquel tiempo y el título "excelentísimo" que lo precede (ver Lc 1:3) apunta a una persona real que podría ser, además, un alto funcionario del gobierno; esta no es, sin embargo, una deducción necesaria, ya que la palabra "excelentísmo" se utilizaba también como una "forma de cortesía".[1] En aquellos días, era común que los libros se dedicaran a personajes distinguidos.[2]

Si el primer volumen de Lucas describe "todo lo que Jesús comenzó a hacer y enseñar hasta el día en que fue llevado al cielo", podemos asumir que este segundo volumen narra lo que siguió haciendo y enseñando (por medio de su Espíritu) después de su ascensión.[3] Tanto en su Evangelio como en el libro de los Hechos, Lucas utiliza la palabra "todo" de una manera general que el contexto ha de definir. Por ello, "no podemos asumir que el sentido de sus palabras es que su Evangelio fuera más exhaustivo que el libro de los Hechos".[4]

Enseñanza e instrucciones antes de la Ascensión (1:2b–8)

En los cuarenta días previos a la ascensión de Jesús, su principal ministerio tuvo que ver con la verdad del evangelio (vv. 2b–3). (1) Jesús dio "instrucciones [...] a los apóstoles" (v. 2). El verbo que se traduce como "dar instrucciones" (*entellomai*) conlleva la idea de mandar o dar órdenes y ha de aludir a los mandamientos de los versículos 4 y 8 de no abandonar Jerusalén hasta la venida del Espíritu y predicar el evangelio hasta los confines de la tierra (cf. Lc 24:46–48). Estas instrucciones les fueron impartidas "por medio del Espíritu Santo" (v. 2), lo cual introduce un tema clave de Hechos: todo ministerio cristiano depende de la actividad del Espíritu en el ministro y en aquellos a quienes se ministra.

(2) A continuación, Lucas afirma que las apariciones de Jesús fueron una prueba de su resurrección (v. 3a). La objetiva realidad de la Resurrección era la prueba definitiva de las sorprendentes afirmaciones que los apóstoles iban a hacer sobre Jesús (17:31). Una clave para entender la predicación de los apóstoles era su papel como testigos de esta resurrección.[5] Así, en el comienzo mismo de su libro, Lucas presenta la Resurrección como un suceso atestiguado por "muchas pruebas convincentes".

(3) Jesús "les habló acerca del reino de Dios" (v. 3b), lo cual se refiere al gobierno o reino de Dios y era una clave para entender su enseñanza. En el libro de los Hechos hay menos alusiones al reino (8:12; 19:8; 20:25; 28:23,

---

1. Longenecker, "Acts" 253.
2. Quienes deseen ver ejemplos de estas dedicatorias pueden ver Bruce, *Acts,* NICNT, 30.
3. Ibíd.
4. Longenecker, "Acts" 253.
5. Ver 1:22; 2:32; 3:15; 5:32; 10:39–41; 13:30–31.

31), pero son importantes, considerando que "el libro comienza (1:3) y termina con este tema (28:31)".[6] Aunque en las cartas del Nuevo Testamento se menciona el reino, el acento recae sobre la iglesia, el cuerpo de Cristo. Existe, no obstante, una estrecha conexión entre la iglesia y el reino (Mt 16:18–19). Según los Evangelios, el reino de Dios vino con los acontecimientos de la vida, muerte y resurrección de Jesús, y halla su cumplimiento en el retorno de Cristo como juez y rey. En la exposición de 2:14–41 veremos por qué la enseñanza bíblica sobre el reino de Cristo debería ser un importante ingrediente de nuestro mensaje evangelístico.

Los versículos 4–5 presentan la crucial promesa del don del bautismo con el Espíritu Santo.[7] La palabra *baptizom* significa básicamente bañar o sumergir.[8] Sin embargo, puede adquirir distintos significados que han de determinarse considerando el contexto en que aparece la palabra. Puede significar "lavar [...] con vistas a purificar ciertos objetos desde el punto de vista ritual" y puede, por tanto, traducirse como "lavar" o "purificar". También puede significar "utilizar agua en una ceremonia religiosa que simboliza la purificación e iniciación fundamentadas en el arrepentimiento: 'bautizar'". Y extendiendo figurativamente la idea de inmersión, esta puede significar "hacer que alguien tenga una experiencia religiosa muy significativa".[9] En relación con esta última definición tenemos la pregunta de Jesús a Jacobo y Juan en Marcos 10:38: "¿Pueden acaso [...] ser bautizados con el bautismo con el que voy a ser bautizado?" (NASB). Con este sentido, el significado de la inmersión se extiende a una inundación o una abrumadora experiencia de sufrimiento.[10]

En algunos de los otros lugares en que se menciona el bautismo con el Espíritu Santo se sugiere una experiencia parecida a la tercera utilización del término *baptizom*. En la narración que Lucas hace de esta promesa en su Evangelio, Jesús dice: "Ustedes quédense en la ciudad hasta que sean revestidos del poder de lo alto" (Lc 24:49). Hechos 1:8 afirma también que, cuando venga el Espíritu Santo, los discípulos recibirán poder. Describiendo lo sucedido cuando se cumplió esta promesa, Lucas afirma que los discípulos "fueron llenos del Espíritu Santo" (Hch 2:4). En estos versículos, las palabras "poder" y "llenos" sugieren que el bautismo con el Espíritu Santo tiene que ver con una experiencia de plenitud de Dios.

El corazón de Jesús debió de entristecerse al escuchar la pregunta de sus discípulos sobre el tiempo de la restauración del reino a Israel (v. 6). Él les había

---

6. John B. Polhill, *Acts*, 82.
7. Muchos eruditos de nuestro tiempo prefieren utilizar la expresión "bautismo *en* el Espíritu Santo". Pero personalmente me quedo con la traducción de la NIV que traduce esta expresión: "bautismo *con* el Espíritu Santo."
8. BAGD, 131.
9. Las definiciones son de Louw y Nida, 536, 537, y 539 respectivamente.
10. Larry W. Hurtado, *Mark*, NIBC (1989), 176.

enseñado sobre el reino de Dios, sin embargo, ellos hablan del reino de Israel. En este sentido, John Stott señala:

> Tanto el verbo como el nombre y el adverbio de la oración gramatical delatan una confusión doctrinal sobre el reino. El verbo *restaurar* muestra que estaban esperando un reino político y territorial; el nombre de Israel, que esperaban un reino nacional; y la cláusula adverbial "ahora", que aguardaban su inmediato establecimiento.[11]

La respuesta de Jesús sobre la cuestión de conocer los momentos y fechas establecidos por el Padre (v. 7) concuerda con lo que dijo en otros lugares sobre la cronología de las últimas cosas (cf. Mt 24:36, 42, 44; 25:13; Lc 12:40).

El versículo 8 comienza con la partícula "pero" (*alla*), lo que sugiere que Jesús les está presentando a sus discípulos una aspiración alternativa. Su principal preocupación no ha de ser el poder político que conllevará la restauración del reino de Israel, sino el poder espiritual que traerá el bautismo con el Espíritu Santo y les capacitará para ser testigos "hasta los confines de la tierra". Este versículo presenta un bosquejo y un resumen de Hechos. El tema del libro es el poder y testimonio del Espíritu Santo. "Los términos geográficos ofrecen una especie de 'Índice del Contenido' [...] la expresión 'en Jerusalén' cubre los primeros siete capítulos; 'en toda Judea y Samaria' abarca de 8:1 a 11:18, y el resto del libro traza el avance del evangelio fuera de las fronteras de Tierra Santa hasta que, finalmente, llega a Roma".[12]

En un sentido, los discípulos eran ya testigos, puesto que habían visto al Señor resucitado; esta era la clave de su testimonio (1:22). Sin embargo, necesitaban también "poder" para ser testigos efectivos, un poder que vendría del Espíritu Santo. El modo en que el Espíritu Santo hace testigos y les capacita ha de cubrir todo el proceso del testimonio, y esto está bien ilustrado en Hechos.[13]

Construyendo Puentes

Al libro de los Hechos se le ha llamado acertadamente los "Hechos del Espíritu Santo", puesto que todo cuanto la iglesia consigue es por medio del Espíritu. En este primer capítulo, Lucas nos muestra cómo se preparó la iglesia para la recepción del Espíritu. A nosotros nos aporta los ingredientes esenciales de un ministerio ungido por el Espíritu.

---

11. Stott, *Acts*, 41 (las cursivas son del autor).
12. Bruce, *Acts*, NICNT, 36–37.
13. Ver el apartado, "El Espíritu Santo y la misión."

Hechos objetivos y experiencia subjetiva

Los primeros pocos versículos de Hechos nos muestran lo que después será un importante factor en todo el libro: la combinación de lo objetivo y lo subjetivo son importantes aspectos del cristianismo. La mención de "muchas pruebas convincentes de que estaba vivo" (1:3a) muestra que el cristianismo se basa en hechos objetivos. La enseñanza "acerca del reino de Dios" (1:3b) habría también incluido mucho que podría catalogarse bajo esta categoría. La predicación evangelística que observamos en Hechos contenía sin duda muchos hechos objetivos sobre la naturaleza de Dios y la vida y obra de Jesús (ver la tabla "Predicación evangelística en el libro de los Hechos" que presentamos en la Introducción). Hacerse cristiano implica responder afirmativamente a estos hechos, y crecer en la vida cristiana comporta profundizar en su conocimiento.

Pero en Hechos 1 se subraya también la experiencia subjetiva de los cristianos. Así, los versículos 4–5 aluden al bautismo con el Espíritu Santo que, como se ha dicho anteriormente, incorpora una experiencia subjetiva del poder del Espíritu. Para poder ser testigo de estas grandes verdades objetivas uno ha de tener el poder que procede del Espíritu Santo que mora en el creyente (v. 8). El sermón de Pedro el día de Pentecostés culminó con una afirmación de la verdad objetiva: "A este Jesús, a quien ustedes crucificaron, Dios lo ha hecho Señor y Mesías" (2:36). Sin embargo, en respuesta a la pregunta del pueblo sobre lo que tienen que hacer, el apóstol les dice que si se arrepienten y bautizan en el nombre de Jesús para el perdón de sus pecados, "recibirán el don del Espíritu Santo" (2:38). El contexto indica que el don del Espíritu Santo incluye, entre otras cosas, una experiencia subjetiva de él.

El libro de los Hechos muestra, pues, a una iglesia capaz de integrar los aspectos subjetivo y objetivo del cristianismo.

Enseñanza y avivamiento

De lo que leemos en los versículos 2–5 podemos inferir que una de las maneras clave en que Jesús preparó a sus apóstoles para el avivamiento que siguió al día de Pentecostés fue impartirles sana doctrina. El lugar que ocupa la enseñanza bíblica en la experiencia del avivamiento ha sido objeto de debate, y a veces se ha criticado las grandes efusiones de actividad espiritual que tienen poca presencia de predicación y enseñanza de la Palabra. Esto no es lo que sucedió en el discurso de Pedro el día de Pentecostés, y ha habido varios despertares espirituales en los que la Palabra se ha enseñado sin reservas.[14] Independientemente de lo que haya sucedido durante el avivamiento, es un

---

14. Ver J. Edwin Orr, *The Fervent Prayer: The Worldwide Impact of the Great Awakening of 1858* (Chicago: Moody, 1974), 111–20; ídem, *Campus Aflame: Dynamic of Student Religious Revolution* (Glendale, Calif.: Regal Books, 1971), 217–19.

hecho que antes de que este se produzca, se ha impartido enseñanza bíblica, como vemos en Hechos. El gran historiador de los avivamientos, J. Edwin Orr, ha afirmado que el avivamiento de la religión ha de ir precedido del despertar teológico. El Dr. John Mackay afirma: "Primero la mente iluminada, después el corazón ardiente. Primero un avivamiento de la verdad teológica, y después el despertar que necesitamos".[15]

Esto es lo que ocurrió bajo el reinado de Josías cuando se leyó el recién descubierto libro de la Ley y se produjo un poderoso avivamiento (2R 22–23). El principio que extractamos, pues, para hoy es que, si deseamos prepararnos para el avivamiento, hemos de ser fieles en enseñar la Palabra de Dios a nuestro pueblo.

El bautismo con el Espíritu Santo

Como ya hemos observado, las alusiones al bautismo con el Espíritu Santo sugieren una experiencia de plenitud del Espíritu. ¿Cuándo se produce y cuál es la naturaleza de esta experiencia? Sobre estas dos cuestiones ha habido mucho debate en la iglesia. Parte del problema es que la experiencia prometida a los discípulos y su cumplimiento fueron en muchos sentidos acontecimientos singulares e irrepetibles. Lo mismo puede decirse de algunas de las otras experiencias de la venida del Espíritu sobre nuevos creyentes en Hechos. Por ello, en la iglesia se ha suscitado toda una serie de interpretaciones de lo que esto significa en nuestro tiempo.

Una explicación tradicional evangélica es que, mientras que en Hechos se produjeron singulares experiencias de este bautismo con el Espíritu Santo, hoy dicho bautismo tiene lugar con la conversión y el término "bautismo" alude a la iniciación en el cuerpo de Cristo y a la resultante experiencia del Espíritu.[16]

Sin embargo, hay también muchos evangélicos que ven este bautismo como una segunda obra de la gracia, distinta de la conversión, y que, por regla general, se produce algún tiempo después de convertirse. Este bautismo eleva a los cristianos a un plano más alto de su experiencia y les capacita para disfrutar la plenitud del Espíritu. Dentro de esta interpretación encontramos distintos acentos. El movimiento de la santidad wesleyano ha subrayado la santidad de corazón y vida o la completa santificación como fruto de este bautismo.[17]

---

15. Ambas citas son de David McKee, *The Wonder of Worship* (Ahmedabad, India: Jiwan Sahitya Sanstha, 1967), 16.
16. Ver James D. G. Dunn, *Baptism in the Holy Spirit* (Londres: SCM, 1970); Wayne Grudem, *Systematic Theology* (Grand Rapids: Zondervan, 1994), 763–87; Frederick Dale Bruner, *A Theology of the Holy Spirit* (Grand Rapids: Eerdmans, 1970); John R. W. Stott, *Baptism and Fullness* (Downers Grove, Ill.: InterVarsity, 1976).
17. Ver Laurence W. Wood, *Pentecostal Grace* (Wilmore, Ky.: Francis Asbury, 1980); Wilber T. Dayton, "Entire Sanctification", *A Contemporary Wesleyan Theology*, vol. 1, ed. Charles Carter (Grand Rapids: Zondervan, 1983).

Carismáticos y pentecostales han puesto de relieve el poder para el testimonio y los dones con carácter de señal, como por ejemplo el don de lenguas.[18] Algunos evangélicos como D. L. Moody y R. A. Torrey hicieron hincapié en que el resultado de este bautismo es poder para el servicio, en especial para el testimonio.

Similar en cierto modo al punto de vista de Moody y Torrey es el de Martyn Lloyd-Jones, quien escribió que, aunque el bautismo con el Espíritu Santo puede producirse con la conversión, por regla general tiene lugar más adelante y eleva a la persona a un nivel más alto de experiencia espiritual.[19] Pero Lloyd-Jones parece dar cabida a posteriores bautismos con el Espíritu Santo. De hecho, da la impresión de utilizar esta expresión para aludir también a lo que, por regla general, llamamos avivamiento, cuando el poder de Dios viene sobre grupos de personas mediante el derramamiento del Espíritu Santo.[20] Esta parece haber sido también la idea de algunos puritanos: "Al parecer, no detectando en la expresión ningún significado técnico consistente, lo entendieron como 'efusión en Espíritu' o 'inundación en Espíritu' y se sentían libres para orar por el avivamiento con estas palabras: '¡Oh, bautízanos de nuevo con el Espíritu Santo!'".[21]

Uno de los argumentos más contundentes a favor de la posición de la conversión-iniciación es el uso que parece hacerse de esta expresión en 1 Corintios 12:13 para referirse a toda la iglesia: "Todos fuimos bautizados por un solo Espíritu para constituir un solo cuerpo —ya seamos judíos o gentiles, esclavos o libres—, y a todos se nos dio a beber de un mismo Espíritu".[22] Algunos, sin embargo, se han resistido a esta afirmación. Howard Erwin sostiene que la primera parte de este versículo se refiere a la obra del Espíritu de incorporar a los creyentes en el cuerpo, aludiendo al bautismo en agua, mientras que la segunda parte alude a una experiencia posterior, un bautismo en el Espíritu de tipo pentecostal. Según esta interpretación, "el paralelismo [entre la primera y segunda parte de este versículo] no es de carácter sinónimo, sino sintético, en el cual la segunda metáfora complementa a la primera".[23] La pregunta de

---

18. Ver Howard M. Ervin, *Conversion-Initiation and the Baptism in the Holy Spirit* (Peabody, Mass.: Hendrickson, 1984); Stronstad, *The Charismatic Theology of St. Luke*.

19. Martyn Lloyd-Jones, *Joy Unspeakable: Power and Renewal in the Holy Spirit* (Wheaton: Harold Shaw, 1984). Ver también la obra de Michael A. Eaton, *Baptism with the Spirit: The Teaching of Martyn Lloyd-Jones* (Leicester: Inter-Varsity, 1989), y Tony Sargent, *The Sacred Anointing* (Wheaton: Crossway, 1994).

20. Martyn Lloyd-Jones, *Revival: Can We Make It Happen?* (Londres: Marshall Pickering, 1986), 49–54.

21. D. A. Carson, *Exegetical Fallacies* (Grand Rapids: Baker, 1984), 47. Carson dirige nuestra atención al artículo de Iain Murray, "Baptism with the Spirit: What Is the Scriptural Meaning?", *Banner of Truth Magazine* 127 (Abril 1974): 5–22.

22. Grudem, *Systematic Theology,* 767–68; Dunn, *Baptism in the Holy Spirit*, 127–31.

23. Erwin, *Conversion-Initiation*, 100.

cómo había podido decir Pablo que "todos" habían tenido esta experiencia se responde afirmando que "en la era apostólica, el bautismo en el Espíritu, en un sentido pentecostal, era la norma". ¿Pero qué hacemos con el hecho de que muchas de estas personas supuestamente bautizadas por el Espíritu eran carnales y niños en Cristo (cf. 1Co 3:1–2)? Erwin responde que "el bautismo pentecostal en el Espíritu imparte poder en la misión… Las manifestaciones de los carismas del Espíritu no son evidencia de madurez espiritual, ni dependen de ella".[24]

¿Qué hacemos con estas diferencias de interpretación? Obsérvese, en primer lugar, que en el segmento más didáctico del Nuevo Testamento, es decir, las epístolas, hay poca enseñanza explícita sobre cómo se entra en este bautismo. Pero hay ciertas cosas de las que podemos estar seguros. El bautismo con el Espíritu Santo implica una experiencia completa del Espíritu, que entre otras cosas nos capacita para el testimonio. Pablo hace de la plenitud del Espíritu algo preceptivo para los cristianos con el imperativo: "Sean llenos del Espíritu" (Ef 5:18).[25] En este pasaje, no obstante, el fruto de la plenitud es una adoración verdadera y sincera (5:19–20).

La iglesia primitiva mostraba que ser lleno del Espíritu era obligatorio para los cristianos, porque lo convirtió en un requisito esencial para aquellos que tenían que encargarse de distribuir la comida (Hch 6:3). Por consiguiente, aun en el caso de que este bautismo aluda a la conversión-iniciación, los cristianos que no estén experimentando la plenitud de Dios en sus vidas representan una anomalía y un escándalo. El bautismo con el Espíritu Santo ha de abrir la puerta para entrar en la experiencia de todo lo que implica, a saber, la plenitud de Dios. Y han de buscar dicha plenitud de todo corazón. Puede que la entrada en esta experiencia se produzca a través de una crisis puntual o que sea más bien un proceso. Sabemos que, por nuestra naturaleza humana, las experiencias de crisis suponen a menudo saltos hacia adelante en nuestra vida espiritual. Por consiguiente, sean o no preceptivas, las crisis son para muchos cristianos verdaderas experiencias de crecimiento.

Al margen de cómo lo llamemos o de cómo accedamos al bautismo con el Espíritu, lo importante es que todos los cristianos experimenten lo que implica: la plenitud del Espíritu de Dios y el poder para dar testimonio. En el libro de los Hechos, el lugar supremo que ocupa el Espíritu Santo en el ministerio se evidencia ya desde el Capítulo 1. El ministerio que tendrán los apóstoles solo puede llevarse a cabo con el poder del Espíritu (1:8). Tan importante era esto que no tenían que iniciar la urgente misión para la que Cristo les había estado preparando concienzudamente (1:4–5) hasta recibir este poder. En aquel

---

24. *Ibíd.*, 102.

25. Algunos han entendido esta afirmación con el sentido de "sean llenos en su espíritu". Sin embargo, como señala Leon Morris, aunque este fuera el significado, solo podría conseguirse mediante la obra del Espíritu Santo (*Expository Reflections on the Letter to the Ephesians* [Grand Rapids: Baker, 1994], 176–77).

momento, contar con el equipamiento correcto para llevar a cabo la misión era más urgente que la misión en sí. Este es, pues, el permanente principio que extractamos del acento en el bautismo con el Espíritu que encontramos en el primer capítulo de Hechos: la plenitud del Espíritu es una realidad esencial para la vida y el ministerio cristianos.

Dos reprensiones implícitas

La pregunta que plantearon los discípulos sobre el tiempo de la restauración del reino a Israel suscita dos reprensiones implícitas por parte de Cristo (vv. 6–8): una sobre la curiosidad escatológica y otra sobre el localismo.[26] A pesar de sus anteriores afirmaciones en el sentido de que nadie conoce el momento de los acontecimientos del fin, los discípulos siguen preguntándole al respecto. Y cuando Jesús está pensando en "el reino de Dios" (v. 3) y "los confines de la tierra" (v. 8), ellos tienen la mirada puesta en su propia nación. Veinte siglos más tarde, estos dos errores siguen presentes en la iglesia.

La Gran Comisión

Hemos dicho que la Gran Comisión (1:8) nos ofrece una especie de bosquejo y resumen del libro de los Hechos. Esto es una indicación de lo importante que es esta comisión. En Hechos 10:42 tenemos otra forma de este mismo encargo: "Él nos mandó a predicar al pueblo y a dar solemne testimonio de que ha sido nombrado por Dios como juez de vivos y muertos". Cada uno de los cuatro Evangelios consigna la Gran Comisión de un modo distinto (Mt 28:18–20; Mr 16:15; Lc 24:46–49; Jn 20:21), y cada uno presenta una singular faceta de ella. No sabemos cuando se pronunciaron las palabras de Hechos 10:42, pero todas las demás las dijo Jesús entre la Resurrección y la Ascensión. Hemos, pues, de concluir que esta comisión ocupaba un lugar prioritario en el pensamiento de Cristo durante los días anteriores a su ascensión.

Es evidente que, cuando nos damos cuenta de esto, "su último mandamiento" ha de ser "nuestra primera preocupación". Henry Martyn (1781–1812), que fue el primer misionero a los musulmanes en la India y Persia, afirmó: "El Espíritu de Cristo es el Espíritu de las misiones, y cuanto más nos acerquemos a él, más intensamente misioneros seremos".

El concepto de testimonio

Ninguno de nosotros puede ser testigo en el mismo sentido en que lo fueron los apóstoles, puesto que no hemos visto al Señor resucitado como le vieron ellos. Sin embargo, ni siquiera su especial preparación para ser testigos sería completa mientras no recibieran el Espíritu Santo (1:8). Por nuestra parte,

---

26. Clements, *The Church That Turned the World*, 16.

cuando creemos su testimonio sobre lo que vieron y oyeron y, basándonos en esta fe, nos entregamos a Cristo, podemos también experimentar por medio del Espíritu Santo que mora en nosotros al Señor resucitado. Como descubre el libro de los Hechos, vemos que no solo los apóstoles, sino también los otros cristianos estuvieron activos en el testimonio (8:1, 4). Del mismo modo, también nosotros debemos dar testimonio de él. No obstante, para que nuestro testimonio sea efectivo, debe ser un testimonio; es decir, ha de proceder de un conocimiento personal del Cristo resucitado. Como los apóstoles, también nosotros hemos de decir que "no podemos dejar de hablar de lo que hemos visto y oído" (Hch 4:20).

El Espíritu Santo y la misión

Este pasaje nos muestra lo importante que es el Espíritu Santo para nuestra idea de la misión y también lo importante que es la misión para nuestra manera de entender el Espíritu Santo (vv. 2, 5, 8). El resto del libro de los Hechos expone este tema. El Espíritu es el que nos regenera y santifica para que experimentamos al Cristo resucitado de quien somos testigos (vv. 4–5; cf. Jn 3:5–8). Llena a individuos con unciones especiales para hacer frente a especiales desafíos de testimonio (Hch 4:8, 31; 6:10; 7:55; 13:9). Imparte denuedo en el testimonio (4:9–13, 31; 13:9–11) y anima a su pueblo de un modo que le ayuda a crecer en número (9:31). Del mismo modo que el Espíritu capacitó a los primeros cristianos para hablar en otras lenguas (2:4), es también el que hoy imparte palabras para dar testimonio, en consonancia con la promesa de Cristo (Mr 13:11). Dirige a los creyentes a especiales situaciones de testimonio (10:19) y les prohíbe ir a ciertos lugares a los que se encaminan (16:6–7). Llama a misiones especiales (13:2) y envía a los llamados (13:4). Por último, dirige a la iglesia a importantes doctrinas relativas a su misión (15:28).[27] La misión y el ministerio cristianos, pues, solo pueden llevarse a cabo en el poder del Espíritu.

Significado Contemporáneo

Integrando los aspectos objetivo y subjetivo

¡Qué difícil nos es a los cristianos integrar los aspectos subjetivo y objetivo del cristianismo en nuestro tiempo! La iglesia primitiva representa, pues, un reto en este sentido. Tenemos iglesias que son "fuertes en la Biblia", pero que muestran poca vitalidad porque están aquejadas de una ortodoxia muerta. Algunos sectores del movimiento evangélico fueron durante muchos años débiles por lo que respecta a los aspectos experimentales de la fe, especialmente cuando se

---

27. Ver Roland Allen, *The Ministry of the Spirit: Selected Writings of Roland Allen*, ed. David M. Paton (Grand Rapids: Eerdmans, 1962), 3–12.

trataba de la evangelización, hasta que el movimiento carismático irrumpió en la escena.

Esto podría explicar por qué, hasta hace poco, el evangelio avanzó tan poco en Asia, a pesar de muchos años de actividad misionera. Asia tiene un rico legado de espiritualidad, y los aspectos activista y racional del mensaje evangélico no le eran atractivos ni gratificantes. A lo largo de la historia de la iglesia ha habido movimientos —como el carismático, el de santidad wesleyano y el de los hermanos moravos— que han rescatado los aspectos subjetivos del evangelio cristiano. No obstante, estas iglesias carecían muchas veces de una sólida enseñanza bíblica. Personalmente, creo que en la actualidad estamos asistiendo, en muchas iglesias evangélicas, a una reacción a la árida ortodoxia de generaciones anteriores que está peligrosamente influenciada por la atmósfera posmoderna de nuestro tiempo (ver la sección siguiente), que subraya lo subjetivo a expensas de lo objetivo.

Sin embargo, la historia de la iglesia está salpicada de hermosos ejemplos de líderes y movimientos cristianos que integran sano pensamiento y fervoroso corazón. De periodos anteriores pienso en el apóstol Pablo, Orígenes, Juan Crisóstomo, San Agustín, los puritanos, Blas Pascal, John Wesley, Jonathan Edwards y Charles Finney. En el siglo XX tenemos a Dietrich Bonhoeffer, E. Stanley Jones, Martyn Lloyd-Jones, J. I. Packer, Jack Hayford, Henri Nouwen y John Piper. Sería bueno familiarizarnos con estos gigantes a fin de adquirir algo de su capacidad para integrar el pensamiento sano y el corazón fervoroso.

Sin embargo, las demandas de nuestro tiempo, tan ajetreado y especializado, nos lo ponen difícil. La integración de la que hablamos requiere el conocimiento de muchas disciplinas al mismo tiempo y esto es difícil en nuestro mundo tan especializado. Preferimos contar con eruditos especializados por un lado y escritores espirituales por otro. Mientras permitamos esta fragmentación de la verdad, tendremos una iglesia anémica que no conoce la profundidad de lo que significa conocer a Dios sobre el fundamento de la realidad objetiva y una experiencia de profunda espiritualidad. A partir de Hechos 1 podemos, por tanto, inferir que la enseñanza cristiana ideal es la que imparten personas energizadas por el Espíritu, basada en los hechos objetivos del evangelio y que da como resultado la evangelización.

Verdad y atmósfera posmoderna

Los versículos 2–3 nos muestran el lugar tan importante que ocupa la verdad en el cristianismo. Sin embargo, cada una de las tres afirmaciones que encontramos van en contra del pensamiento de lo que podría llamarse la atmósfera posmoderna de hoy. Distintos eruditos han situado el inicio de la era posmoderna entre comienzos de la década de 1970 y principios de la de 1990. Más adelante comentaremos algunas de sus características.[28]

(1) Hemos dicho que "las instrucciones por medio del Espíritu Santo" que Jesús impartió a sus seguidores (v. 2) eran principalmente sobre la Gran Comisión, a saber, hacer discípulos de todas las naciones, bautizándolos y enseñándoles (Mt 28:19–20). Cristo prometió que dicho ministerio haría que las gentes abandonaran sus religiones para seguirle. Pero este mandamiento va directamente en contra del pluralismo religioso, que es uno de los postulados clave del posmodernismo. Según el pluralismo, ninguna ideología puede reivindicar para sí la verdad absoluta; todas las religiones son más o menos iguales en el universo de las creencias. Veith señala que, aunque los modernistas sostenían con distintos argumentos que el cristianismo no es verdadero, los posmodernistas no arguyen de este modo. Su objeción más importante se dirige contra la reivindicación cristiana de tener la verdad única y final.[29]

Los posmodernistas muestran una gran avidez por compartir sus convicciones con los demás para que aprendan de ellos. Creen, sin embargo, que ningún grupo ha de intentar convertir a los demás a su posición por la convicción de poseer la verdad absoluta. Pero esto es exactamente lo que pretenden los cristianos. Por tanto, hay dos preguntas especialmente importantes para los cristianos contemporáneos: ¿Por qué seguimos sosteniendo el carácter único del evangelio cristiano?[30] y ¿por qué continuamos proclamando a Cristo en esta era pluralista?".[31]

(2) La próxima afirmación de Lucas sobre la verdad del evangelio (v. 3a) nos ofrece la esencia de la respuesta a estas dos preguntas: podemos ser tan atrevidos como para proclamar la singularidad de este mensaje, igual que lo fue Pablo cuando se dirigió a los pluralistas de Atenas, ya que la Resurrección es la prueba final de su carácter único (17:31). La fe en la Resurrección, que es la piedra angular del evangelio, cuenta con un sólido testimonio: "Después de padecer la muerte, se les presentó dándoles muchas pruebas convincentes de que estaba vivo" (1:3a). Sin embargo, la mente posmoderna se rebela contra

---

28. Aquellos que deseen considerar introducciones al posmodernismo desde una óptica cristiana, pueden ver Stanley J. Grenz, *A Primer on Postmodernism* (Grand Rapids: Eerdmans, 1996); J. Richard Middleton y Brian J. Walsh, *Truth Is Stranger Than It Used to Be* (Downer's Grove, Ill.: InterVarsity, 1995); Gene Edward Veith Jr., *Postmodern Times* (Wheaton: Crossway, 1994).

29. Veith, *Postmodern Times,* 19.

30. Véase la obra de Sir Norman Anderson, *Jesus Christ: The Witness of History* (Downers Grove, Ill.: InterVarsity, 1985); Stephen Neill, *The Supremacy of Jesus* (Londres: Hodder y Stoughton, 1984); A. Fernando, *Supremacy.*

31. Ver Lesslie Newbigin, *Truth to Tell* (Grand Rapids: Eerdmans, 1991), y Vinoth Ramachandra, *The Recovery of Mission* (Carlisle: Paternoster, 1996). Quienes estén interesados en una respuesta integral al pluralismo y su influencia dentro y fuera de la iglesia, pueden ver la obra de D. A. Carson, *The Gagging of God: Christianity Confronts Pluralism* (Grand Rapids: Zondervan, 1996).

la idea de que la realidad religiosa puede basarse en hechos objetivos. A esta atmósfera hemos de entrar con el mensaje de que el cristianismo es absolutamente verdadero y de que esta certeza procede de la Resurrección de Jesús, que da fe de todo lo que él afirmó sobre sí mismo y su evangelio. La Resurrección está, a su vez, atestiguada por muchas pruebas absolutamente fidedignas.

Una de las claves para entender el posmodernismo es precisamente esta pérdida de confianza en la verdad objetiva. En el ámbito científico, se cuestiona abiertamente la idea de un universo ordenado que sigue las leyes establecidas de la física de Newton con un espacio y tiempo absolutos. La teoría de la relatividad de Einstein mostró que lo que antes se consideraba absoluto (el espacio y el tiempo) era a veces relativo y condicionado al marco de referencia del observador. Esta teoría se popularizó y provocó lo que se dio en llamar una revolución de la ciencia. Einstein introdujo un nuevo absoluto, a saber, la velocidad de la luz. Pero muchos extendieron esta idea de la relatividad a otras esferas, como la religión y la moralidad (algo que Einstein nunca pretendió). La relatividad pasó a ser relativismo: no existen absolutos.

En otras esferas de la ciencia también comenzó a cuestionarse abiertamente la idea de la realidad objetiva. En el modelo newtoniano, el mundo se consideraba ordenado desde un punto de vista matemático, y las matemáticas, con sus axiomas lógicos, eran consideradas una herramienta efectiva para obtener conocimiento del mundo físico. La geometría euclidiana, que se consideraba una forma apropiada de describir la realidad física, se construyó sobre diez principios, como el de que la distancia más corta entre dos puntos es una línea recta. Estos principios han sido también cuestionados desde el siglo XVIII, y la gente se ha dado cuenta de que puede haber un abismo entre lo que puede ser cierto desde un punto de vista matemático y lo que lo es en la Física. Es posible que el desafío más radical sea el que procede de la Física Cuántica, que parece violar los cánones esenciales de la lógica o el sentido común.[32] El resultado de todo esto es que la importancia de la verdad objetiva se ha devaluado.

Filosóficamente, ha habido también un cambio de enfoque. La Ilustración, madre de la era moderna, se centraba en el racionalismo y abogaba a favor de una cosmovisión basada en causas y efectos. Sin embargo, el posmodernismo es un hijo del existencialismo, que no se centra en los hechos objetivos "externos", sino en el contenido de nuestra mente, las ideas que tenemos "ahí". Por ello, la verdad se considera algo subjetivo, que surge de uno mismo —el sujeto— más que de algo o alguien externo. En esta atmósfera, la verdad personal es muy importante: Tú tienes tu verdad que procede de tu particular

---

32. Aquellos que deseen considerar un valioso análisis de estos cambios en el ámbito de la ciencia pueden ver Nancy R. Pearcey y Charles B. Thaxton, *The Soul of Science* (Wheaton: Crossway, 1994). Una buena parte de lo que he escrito sobre ciencia se lo debo a este libro.

experiencia y yo tengo la mía. Nadie puede tener la pretensión de poseer verdades absolutas y de aplicación universal.

La devaluación de lo racional se ve en los medios utilizados en nuestros días para convencer a las personas. Comencé a estudiar el posmodernismo cuando me di cuenta de que este influenciaba lo que las personas estaban viendo en televisión en Sri Lanka (principalmente programas occidentales). Puesto que trabajo entre jóvenes y soy padre de dos adolescentes, pensé que tenía que analizar este cambio de manera más profunda. Me asombró descubrir la gran cantidad de anuncios que pretendían persuadir a los espectadores, no con argumentos racionales sobre el valor del producto en cuestión, sino mediante impresiones de naturaleza emocional que asociaban dicho producto con un sentimiento agradable.

La atmósfera existencialista posmoderna ha influenciado de forma significativa a la iglesia de de hoy.[33] Me atrevería a decir que, en muchos segmentos del evangelicalismo, la experiencia está sustituyendo a la Biblia como suprema fuente de autoridad. Si analizamos algunos libros y enseñanzas sobre temas prácticos, descubriremos que las estadísticas, la investigación y los testimonios de experiencias se presentan a menudo como directrices autorizadas. En una buena parte de la enseñanza cristiana sobre la administración, las autoridades son una especie de gurus. La Biblia se utiliza meramente como un texto del que extraemos citas o ilustraciones para apoyar verdades encontradas en otros lugares. Debería ser al revés: las verdades deberíamos buscarlas en la Biblia e ir al mundo para encontrar formas de apoyarlas e ilustrarlas. De quienes teorizan sobre la conducta cristiana principalmente dentro del evangelicalismo norteamericano David Wells afirma: "Aunque rinden pleitesía a la Biblia, miran rápidamente para otro lado cuando se trata de diseñar los métodos de actuación para la vida de la iglesia. En un sentido histórico, la teología está, pues, desapareciendo".[34]

Muchos predicadores, líderes de adoración y escritores evangélicos de nuestro tiempo prefieren a menudo concentrarse en los aspectos más reconfortantes subjetivos y experimentales del cristianismo. Las devociones diarias de muchos evangélicos se limitan a los breves pensamientos inspiradores que reciben de algún libro devocional. Una vez más, la fuente esencial de alimentación no es la Biblia, sino algún relato inspirador: "Me hace sentir bien, por tanto, ha de provenir de Dios".

Lamentablemente, una buena parte de la predicación evangélica de hoy responde a este tipo de mentalidad. El tiempo que se dedica a la predicación es cada vez más breve, puesto que se da más relevancia a elementos como los tes-

---

33. Ver Charles Colson con Ellen Santilli Vaughan, *The Body: Being Light in Darkness* (Dallas: Word, 1992).
34. David F. Wells, *No Place for Truth: Or Whatever Happened to Evangelical Theology* (Grand Rapids: Eerdmans, 1993), 109.

timonios. La diversión ha sustituido a la pasión por la verdad como principal medio para atraer a las personas al evangelio. Sin embargo, cuando nos acostumbramos a relacionar los sentimientos de bienestar con la actividad de Dios se crea un problema, y es que comenzamos a pensar que algo erróneo es la voluntad de Dios por el mero hecho de que nos hace sentir bien. Por ejemplo, el mundo occidental aporta trágicas estadísticas que indican poca diferencia entre la moral sexual de los cristianos y la de los que no lo son; y aunque es triste decirlo, esto quiere decir que la Biblia no es ya el factor principal cuando se trata de determinar la conducta cristiana.[35]

Todo lo anterior son pruebas de que el movimiento evangélico ha sido muy influenciado por los énfasis posmodernos en los sentimientos y lo subjetivo en detrimento de la verdad objetiva y absoluta. Estos acentos podrían llevar perfectamente a los evangélicos a abrir la puerta al pluralismo. Cuando la experiencia se hace monótona o aparece "la oscura noche del alma" (como sin duda sucederá), no hay fundamento donde afirmar el carácter singular y absoluto del cristianismo. Las experiencias y testimonios en que nos hemos basado no serán suficiente para ayudarnos a superar con éxito estos periodos sombríos. Me temo que, por una falta de atención a las verdades del cristianismo, muchas personas ya han sucumbido sin darse cuenta a lo que podría llamarse una posición proto-pluralista dentro del movimiento evangélico. Nuestro desafío para hoy es encontrar la manera de proclamar las verdades objetivas del cristianismo de un modo que sea relevante y atractivo para la sociedad posmoderna. Lo que nos da esperanza es saber que, en última instancia, solo Dios a través de Cristo puede satisfacer esta búsqueda posmoderna de una auténtica experiencia subjetiva.

(3) El tercer aspecto de la verdad del evangelio que se nos presenta en Hechos 1 es la enseñanza "acerca del reino de Dios", que incluye la importancia de someternos al gobierno del Dios trascendente. Esto es lo último que se le pasa por la cabeza al hombre posmoderno. Más que buscar a un Dios externo, están descubriendo al dios que hay dentro de ellos. El analista de la Nueva Era Theodore Roszak afirma que nuestra meta es "despertar al dios que duerme en la raíz del ser humano".[36] Esta es una de las razones por las que el movimiento de la Nueva Era ha crecido tan rápidamente en este tiempo. En él hay suficiente de lo divino para satisfacer la incurable religiosidad del ser humano (esto es algo que el humanismo secular de la era moderna no podía darle). Pero, en la Nueva Era, lo divino no es un Dios trascendente y supremo, puesto que una divinidad así sería una afrenta a la búsqueda de realización personal en la que muchos están implicados. Lo que tenemos es un acercamiento panteísta a la realidad, donde todo, también nosotros mismos, forma parte de la

---

35. Ver Veith, *Postmodern Times*, 16–18.
36. Theodore Roszak, *Unfinished Animal* (Nueva York: Harper and Row, 1977), 225, citado en, Douglas R. Groothuis, *Unmasking the New Age* (Downer's Grove, Ill.: InterVarsity, 1986), 21.

divinidad. Swami Mukthananda, quien tuvo una gran influencia sobre Werner Erhard (fundador de EST y FORUM), es un claro exponente de este talante: "Arrodíllate ante tu propio ser. Honra y adora tu propia esencia. Dios habita dentro de ti, como Tú".[37] En otras palabras, el mensaje del reino, del gobierno de un Dios supremo, ofende a quienes están influenciados por el panteísmo de la Nueva Era.

En resumen, el evangelio choca frontalmente con el pluralismo, el subjetivismo y el panteísmo de nuestro tiempo. Encontrar formas relevantes y efectivas de presentar el evangelio de Jesucristo es un gran desafío, al que hemos de dedicarnos con mucho vigor y compromiso.[38] Por una parte, en la evangelización, tenemos la responsabilidad de adaptar nuestros métodos para que el evangelio inmutable sea comunicado de un modo que nuestros contemporáneos quieran escucharlo.[39] Por otra parte, tenemos la responsabilidad pastoral de ayudar al desarrollo de cristianos que sepan estudiar y aplicar las Escrituras a sus vidas diarias, es decir, personas que practiquen su fe en la suprema autoridad de la Escritura en un mundo posmoderno.

Enseñanza bíblica en la preparación para el avivamiento

En un estudio del avivamiento de Josías, Lewis Drummond escribe: "Los despertamientos espirituales siempre vuelan con las alas de la Palabra. Aunque el pueblo haya descuidado por mucho tiempo la verdad de Dios, esta aparecerá un día y llevará a cabo su obra asombrosa".[40] Esto debería ser un estímulo para los ministros de la Palabra que anhelan un avivamiento. Se esfuerzan en lo que parece ser un terreno estéril, ven poco fruto visible y pueden sentirse muy tentados a abandonar la orientación de sus ministerios centrados en la firme proclamación de la Palabra de Dios y pasar a entretener a los cristianos con una predicación dirigida a hacerles sentirse bien.

Recordemos que, después de su éxito inicial, también a Jesús le abandonaron las multitudes a causa de lo que enseñó. "Esta enseñanza es muy difícil; ¿quién puede aceptarla?», decían (Jn 6:60). Pero él perseveró con los pocos que permanecieron firmes. Hechos 1 muestra que incluso los discípulos, tras más de tres años de enseñanza intensiva, no habían entendido realmente uno de los aspectos fundamentales de la enseñanza de Jesús: el reino de Dios. Sin

---

37. Citado en Ibíd.
38. Ver Lesslie Newbigin, *The Gospel in a Pluralistic Society* (Grand Rapids: Eerdmans, 1989); Timothy R. Phillips y Dennis L. Okholm, editors, *Christian Apologetics in the Postmodern World* (Downer's Grove, Ill.: InterVarsity, 1995).
39. Ver Leighton Ford, *The Power of Story* (Colorado Springs: NavPress, 1994), y Charles Stromer, *The Gospel and the New Spirituality* (Nashville: Thomas Nelson, 1996).
40. Lewis Drummond, *Eight Keys to Biblical Revival* (Minneapolis: Bethany House, 1994), 35.

embargo, su enseñanza acabó prosperando en sus vidas. Capacitados por el Espíritu, se echaron a la calle proclamando las buenas nuevas y provocaron la revolución más poderosa que el mundo ha conocido. Las palabras de Pablo, pronunciadas en un contexto distinto, se aplican también al ministerio de enseñanza: "No nos cansemos de hacer el bien, porque a su debido tiempo cosecharemos si no nos damos por vencidos" (Gá 6:9).

Acentos desequilibrados

Cada uno de los diferentes acentos sobre el Espíritu Santo puede llevar a la iglesia a vivir un cristianismo desequilibrado. El peligro de la interpretación de la conversión-iniciación es que puede ahogar la aspiración de experimentar la plenitud de Dios y crear una clase de cristianos a medias que no viven todo lo que Dios desea que disfruten.

Por otra parte, quienes subrayan la idea de que el bautismo con el Espíritu nos capacita para la misión pueden descuidar el esencial aspecto de vivir vidas santas y producir el fruto del Espíritu. Esto está sucediendo con tanta frecuencia en nuestro tiempo que debería ser motivo de preocupación dentro del movimiento carismático. El acento wesleyano en la completa santificación y la plenitud del Espíritu capacitándonos para vivir vidas santas corrige este desequilibrio (1Ts 5:19–24).

No obstante, este énfasis puede dar lugar a un malsano perfeccionismo que introduce una serie de criterios ajenos a la Biblia para evaluar si uno está o no completamente santificado. Personalmente, veo también este peligro en el tipo de reuniones en que se espera la venida del Espíritu Santo. Es preceptivo que esperemos hasta estar seguros de que contamos con todo lo que Dios ha provisto. Sin embargo, no debemos identificar con esta plenitud nada que la Biblia no certifique como un elemento esencial de ella. Por nuestra parte, la pregunta que siempre deberíamos hacernos es: "¿Tengo todo lo que debería, según las Escrituras?".

La prioridad del Espíritu para el ministerio cristiano

La relación entre el Espíritu Santo y la misión fue un factor que se pasó por alto en la historia de la iglesia, como señala el teólogo sudafricano David J. Bosch:

> Hacia el siglo II d.C. el acento había pasado casi exclusivamente al Espíritu como agente de la santificación o garante de la apostolicidad. La Reforma Protestante del siglo XVI tendía a poner el énfasis principal en la obra del Espíritu como testigo e intérprete de la Palabra de Dios [...] Solo en el siglo XX se ha producido un progresivo redescubrimiento del intrínseco carácter misionero del

Espíritu Santo. Esto ha sucedido, entre otras cosas, por el renovado estudio de los escritos de Lucas.[41]

En este asunto, uno de los pioneros fue Roland Allen, un clérigo anglicano
inglés (1868–1947), quien, tras un breve ejercicio como misionero en la China
y sacerdote en Inglaterra, llegó a ciertas convicciones radicales que expresó en
varios libros y artículos publicados entre 1912 y 1930. Es particularmente interesante su libro, *Pentecost and the World: The Revelation of the Holy Spirit in
the "Acts of the Apostles"* [Pentecostés y el mundo: la revelación del Espíritu
Santo en los "Hechos de los Apóstoles"].[42] Allen defendía la creación de iglesias nativas que no dependieran de las misiones extranjeras sino del Espíritu
Santo. Cuando se publicaron estos escritos, sus "ideas sobre 'delegar' la responsabilidad a los nuevos cristianos y confiar en el Espíritu Santo parecían no
solo radicales, sino también irresponsables".[43]

Allen sabía que sus ideas iban muy por delante de su tiempo y llegó a predecir a su hijo que su trabajo no se tomaría en serio más o menos hasta la década
de 1960. Esta profecía se cumplió con creces y en nuestros días se le considera uno de los misiólogos más influyentes del siglo XX. Uno de los primeros en seguir sus ideas sobre la conexión entre el Espíritu Santo y la misión fue
Harry Boer, un misionero reformado estadounidense en Nigeria, cuya influyente obra, *Pentecost and Mission* [Pentecostés y Misión],[44] se publicó en
1961. Afortunadamente, hoy se reflexiona y escribe mucho sobre este tema,
pero nunca podemos, por su importancia, dejar de mencionarlo.

En Hechos 1 se da a entender que el ministerio no ha de llevarse a cabo sin
que el ministro experimente al Espíritu. A menudo, los obreros cristianos con
serios problemas espirituales rechazan el consejo de detener su tarea y pasar
un cierto tiempo a solas con Dios para recuperar una vida espiritual sana. Por
regla general, se aduce que su obra se desmoronará si se toman este descanso.
Sin embargo, más grave incluso que este colapso es hacer la obra de Dios en la
carne, porque, en ese caso, la más noble de las tareas se lleva a cabo de manera
innoble y el nombre de Dios será deshonrado.

Nos resulta fácil distraernos y buscar nuestra seguridad en otras cosas que
actúan como sustitutos del poder del Espíritu. Una excelente programación utilizando lo mejor de la tecnología moderna, técnicas de gestión y unas buenas
instalaciones pueden producir resultados impresionantes. Alguien dijo en una
ocasión que un noventa y cinco por ciento de lo que sucede en muchas igle-

---

41. David J. Bosch, *Transforming Mission: Paradigm Shifts in Theology of Mission*
(Maryknoll, N.Y.: Orbis, 1991), 115.

42. Reimpreso en Allen, *The Ministry of the Spirit*, 1–61.

43. Charles Henry Long y Anne Rowthorn, "Roland Allen, 1868–1947: 'Missionary
Methods: St. Paul's or Ours?'" en Gerald T. Anderson et al., *Mission Legacies:
Biographical Studies of Leaders of the Modern Missionary Movement* (Maryknoll,
N.Y.: Orbis, 1994), 385.

44. Harry R. Boer, *Pentecost and Mission* (Grand Rapids: Eerdmans, 1961).

sias evangélicas podría hacerse sin el Espíritu Santo. Muchas personas acudirán a estas comunidades atraídas por el programa que ofrecen. La gente quiere su dosis de religiosidad semanal y, en nuestra cultura tan ávida de diversión, una iglesia que proporcione un programa entretenido atraerá a la gente, igual que lo hará un buen concierto o un evento deportivo. Sin embargo, el ministerio cristiano es un ministerio en el Espíritu. Sin su poder, nuestros excelentes programas carecen en última instancia de sentido.

De modo que, seamos quienes seamos y hagamos lo que hagamos por Dios, nuestro gran deseo ha de ser la plenitud del Espíritu para que nuestro trabajo sea fruto de su poder. Como hizo Jacob cuando se vio ante el desafío de encontrarse con su hermano Esaú, hemos de suplicar: "¡No te soltaré hasta que me bendigas!" (Gn 32:26). Esta actitud está bien expresada en una historia que contó el Dr. Martyn Lloyd-Jones sobre un viejo predicador galés que tenía que predicar en una convención que se celebraba en un pueblo. La congregación estaba ya reunida, pero el predicador aún no había llegado. Los dirigentes enviaron a una muchacha a la casa donde se alojaba para que le trajera. La chica regresó y dijo que le había oído hablar con alguien y no había querido interrumpirle.

—Es extraño, porque todos estamos aquí —dijeron los líderes—. Regresa y dile que ya pasa de la hora convenida y que ha de venir.

La muchacha fue a buscarle por segunda vez y volvió diciendo lo mismo:

—Está hablando con alguien.

—¿Cómo lo sabes? —preguntaron los responsables.

—Le he oído decir a la persona que está con él: "No voy a ir a predicar a esta congregación, si tú no vienes conmigo" —contestó la joven.

—De acuerdo, entonces. Más vale que esperemos —concluyeron los líderes de la iglesia.[45]

Curiosidad escatológica

Qué curioso que, a pesar de todas las advertencias sobre lo inapropiado de poner fechas sobre el tiempo del fin, los cristianos sigan haciendo predicciones específicas y pronunciándose dogmáticamente en el sentido de que un determinado acontecimiento de la historia del mundo es una señal de que el fin está cerca o de que se producirá en un cierto número de días, meses o años. ¿Cómo pueden seguir los cristianos haciendo esto cuando la historia de la iglesia ha sido ya testigo de tantas predicciones incumplidas que han dejado tras sí una triste estela de sinceros creyentes desconcertados? ¿Y cómo pueden los cristianos ser tan crédulos como para dejarse seducir una vez más por tales predicciones?

---

45. D. Martyn Lloyd-Jones, *Authority* (Londres: Inter-Varsity Fellowship, 1958), 88.

Hay muchas razones que lo explican. (1) Muchos de quienes hacen estas predicciones son personas piadosas, por eso no desestimamos fácilmente lo que dicen. Algunos afirman tener un don de profecía, de modo que rechazar lo que dicen parece lo mismo que rechazar un mensaje especial de Dios. No obstante, Pablo instaba a los gálatas a rechazar cualquier mensaje que no encajara con lo que habían escuchado, aunque procediera de él mismo o incluso de un ángel (Gá 1:8). Nuestra autoridad final es la Palabra de Dios. Lo que dice una persona piadosa o con el don de profecía debe considerarse con suma seriedad, pero, si contradice la Escritura, ha de ser rechazado.

(2) La Biblia predice que en el tiempo del fin sucederán ciertas cosas y hoy se están viendo acontecer muchas de ellas. Esto eleva el nivel de entusiasmo por la posibilidad de estar viviendo en los días del fin. La aparición de señales que parecen cumplir específicamente determinadas profecías sugiere que la venida del Señor puede producirse en cualquier momento. La actitud bíblica que hemos de adoptar bajo tales circunstancias es estar preparados y activos en la obra del reino. Esta es sin duda la enseñanza de Cristo en sus discursos escatológicos (p. ej., Mt 24–25). Mateo 24:44–46 resume bien esta actitud:

> Por eso también ustedes deben estar preparados, porque el Hijo del hombre vendrá cuando menos lo esperen. ¿Quién es el siervo fiel y prudente a quien su señor ha dejado encargado de los sirvientes para darles la comida a su debido tiempo? Dichoso el siervo cuando su señor, al regresar, lo encuentra cumpliendo con su deber.

Hechos 1 nos muestra también que, aunque este tipo de curiosidad escatológica no es aceptable, sí lo es una sana expectativa (obsérvese que los ángeles afirman que Cristo volverá del mismo modo que se fue al cielo [1:11]). Esta actitud hacia los acontecimientos del fin la expresa muy bien la respuesta que John Wesley dio cuando le preguntaron qué haría si supiera que aquel sería el último día antes de la venida del Señor: "Lo pasaría igual que tengo intención de pasarlo ahora". Y a continuación leyó el programa que tenía para aquel día. Debemos estar siempre preparados para su venida, pero jamás hemos de caer en la trampa de poner fechas.

La respuesta de Jesús a los discípulos (1:8) sugiere que nuestra principal tarea debería ser la evangelización. Esto es lo que prepara al mundo para la venida de Cristo. El propio Jesús dijo: "Y este evangelio del reino se predicará en todo el mundo como testimonio a todas las naciones, y entonces vendrá el fin" (Mt 24:14). George Ladd, el gran teólogo del Nuevo Testamento, afirma que "puede que este sea hoy el versículo más importante de la Palabra de Dios para el pueblo de Dios"; se trata "de la afirmación más clara que encontramos en la Palabra de Dios sobre el tiempo de la venida de nuestro Señor".[46] En rea-

---

46. George Eldon Ladd, *The Gospel of the Kingdom* (Grand Rapids: Eerdmans, 1959), 123–24.

lidad, las señales y enseñanza sobre el tiempo del fin pueden ser una efectiva herramienta para la evangelización. Hay una curiosidad natural sobre lo que sucederá en el futuro, que despierta el interés de la gente sobre lo que la Biblia tiene que decir. No caigamos nunca, sin embargo, en la trampa de ir más allá de lo que la Biblia nos permite enseñar.

Localismo

La segunda represión implícita en la respuesta de Jesús a la pregunta de los discípulos sobre la restauración del reino a Israel tiene que ver con su localismo. Su respuesta mira a "los confines de la tierra". Según el Nuevo Testamento, en la vida cristiana no hay lugar para el localismo, el racismo y los prejuicios. Consideraremos el tema de los prejuicios cuando analicemos la visita de Pedro a Cornelio (Hch 10). Lo que vemos en este primer capítulo es un provincianismo con un interés tan exacerbado en los propios asuntos que no queda relativamente ningún interés por los asuntos de los demás. La respuesta de Jesús fue desarrollar una orientación de la misión, un recordatorio de que nuestra responsabilidad no acaba hasta que el evangelio haya llegado a "los confines de la tierra".

Hay varios periodos de la historia de la iglesia en que esta ha perdido la visión de alcanzar al mundo. Pero Dios siempre ha llamado a siervos clave para que abran la mente de su pueblo y entienda lo que las Escrituras han de decir sobre su misión en el mundo (Lc 24:45–48). Cuando el movimiento protestante perdió de vista este acento, por ejemplo, Dios envió a personas como los moravos y John Wesley (1703–1791) —quien afirmó: "Mi parroquia es el mundo"— para recuperarlo.

Dios no siempre se sirve de cultivados eruditos como Wesley para reavivar el interés misionero de la iglesia. En ocasiones utiliza a "provincianos" como los apóstoles. Un joven William Carey (1761–1834) intentó hacer conscientes de esta visión a los bautistas de su tiempo. A un grupo de ministros reunidos les pidió que consideraran "si el mandamiento impartido a los apóstoles de enseñar a todas las naciones [Mt 28:19–20] no era obligatorio también para todos los ministros sucesivos hasta el fin del mundo, teniendo en cuenta que la promesa que acompaña a dicho mandato era de igual extensión". Aunque ellos rechazaron su argumento, él, no obstante, persistió. Carey escribió un tratado titulado, *An Inquiry into the Obligation of Christians to Use Means for the Conversion of the Heathen* [Investigación sobre la obligación de los cristianos de utilizar medios para la conversión de los paganos]. Él mismo respondió al llamamiento y fundó la Sociedad Misionera Bautista.[47] Este tipo de historia se ha repetido en incontables ocasiones a lo largo de la historia de la iglesia y es

---

47. Tomado de Kellsye M. Finnie, *William Carey: By Trade a Cobbler* (Eastbourne: Kingsway, 1986), 28–36.

lo que sucedió también con el ministerio de Juventud para Cristo en Sri Lanka, con el que he trabajado estos últimos veintiún años.

La permanente necesidad del avivamiento del interés misionero surge por nuestra tendencia natural al localismo. Los desafíos que experimentamos a nivel local pueden parecer tan grandes que perdamos de vista nuestra responsabilidad para con el mundo. Por regla general, la visión misionera nos es molesta porque nos sitúa ante muchas demandas a las que hemos de responder (y no para nuestro beneficio, sino para el de otros). Puede que tengamos que hacer cambios estructurales con los que nos sentimos incómodos. Sin embargo, bajo un liderazgo con visión y recibiendo la energía del Espíritu podemos mantener viva la perspectiva de las misiones. William Booth era muy anciano y estaba demasiado enfermo para asistir a un importante aniversario del Ejército de Salvación. Booth envió, pues, un telegrama que no debía abrirse hasta la reunión del aniversario. Contenía únicamente esta expresión: "Los demás". A William Temple se le atribuyen estas palabras: "La iglesia cristiana es la única organización del mundo que existe puramente para el beneficio de quienes no son miembros de ella". ¡Misión!

Cristianos de la Gran Comisión

Como buen motivador que era, Jesús puso sin cesar ante sus discípulos una visión de la obra que les había sido confiada. Este es un buen modelo para todos los líderes. Muchas veces, las bases de los movimientos acaban tan absorbidas en la tarea específica que realizan que pierden la visión general del proyecto. Algunos pueden implicarse tanto en el mantenimiento o en apagar fuegos que pierden la visión. Esto hace que la desmotivación y el estancamiento ganen terreno y se produzca una muerte lenta. Como ha dicho alguien, "la iglesia que viva por sí misma morirá por sí misma". El teólogo suizo Emil Brunner escribió en una ocasión: "Las iglesias existen por la misión, como el fuego por las llamas".

Los dirigentes tienen la responsabilidad de presentar al pueblo esta grandiosa visión. En esto, Jesús es nuestro modelo. Él habló del significado de esta misión (Mt 24:14); presentó al pueblo la necesidad y desafío que suponía (9:36–38); respondió a las objeciones que se planteaban (Jn 4:35–38); se presentó a sí mismo como modelo a seguir (20:21); les mostró dónde tenía que llevarse a cabo (Mt 28:19; Mr 16:15; Hch 1:8) y cómo (Mt 10:5–42; 28:19–20; Lc 24:46–48; Hch 1:8). Obsérvese la creatividad, variedad, motivación e instrucción en el modo en que presentó esta comisión. Seguir este ejemplo es una de las mayores responsabilidades de los dirigentes. Personalmente pienso que, junto al llamamiento de orar por mis colegas y capacitarles, mi responsabilidad más importante es presentar ante el movimiento que dirijo (Juventud para Cristo) la visión, en toda su gloria, de nuestro llamamiento específico de llevar el evangelio de Cristo a los jóvenes que no le conocen.

Cuando nos damos cuenta del importante lugar que la Gran Comisión tuvo en la iglesia primitiva, creo que podemos respaldar el uso de expresiones como "cristianos de la Gran Comisión" y "estilo de vida según la Gran Comisión". Algunos se oponen a estas expresiones, pensando que su uso restará valor a otros aspectos de la misión cristiana, como por ejemplo el cumplimiento del imperativo social. Lamentablemente, esto puede suceder y ha sucedido a cristianos que han subrayado excesivamente la Gran Comisión. Pero no tiene por qué suceder. El imperativo social está claro en la Biblia, especialmente en el Antiguo Testamento.[48] Nunca hemos de tener miedo de ser completamente bíblicos. Es cierto que combinar estos dos elementos de la misión no es fácil, como hemos visto en nuestro propio ministerio con los pobres. ¿Pero cuándo ha sido fácil el ministerio bíblico? Gracias a Dios, tenemos una noble historia de evangélicos que han puesto en práctica este doble compromiso con los aspectos social y evangelizador de nuestra misión.[49]

Ante la urgencia de la comisión de Jesús, todos hemos de procurar ser cristianos involucrados en la Gran Comisión[50] y esforzarnos para que también lo estén las organizaciones cristianas y las iglesias locales.[51] Deberíamos vivir constantemente bajo el influjo de nuestra misión, de modo que estemos dispuestos a pagar cualquier precio para alcanzar a los perdidos. Naturalmente, la misión significa involucrarnos tanto con nuestros vecinos más inmediatos como por todo el planeta. Es responsabilidad de los líderes cristianos cultivar una ardiente pasión por la misión y pagar el precio de dicho compromiso (ver 1Co 9); a continuación, y partiendo de la credibilidad que les otorga este

---

48. Quienes deseen una explicación de estas cuestiones pueden ver, John R. W. Stott, *Christian Mission in the Modern World* (Downer's Grove, Ill.: InterVarsity, 1975); Bruce J. Nicholls, ed., *In Word and Deed: Evangelism and Social Responsibility* (Grand Rapids: Eerdmans, 1986); Lausanne Committee for World Evangelization and World Evangelical Fellowship, *Evangelism and Social Responsibility: An Evangelical Commitment* (Exeter: Paternoster, 1982).

49. Ver Donald Dayton, *Discovering an Evangelical Heritage* (New York: Harper and Row, 1976).

50. Sobre esto ver Robert E. Coleman, *The Great Commission Lifestyle* (Grand Rapids: Revell, 1992).

51. Entre las muchas introducciones a la Gran Comisión y sus implicaciones para la iglesia están las de Paul Borthwick, *How to be a World Class Christian* (Wheaton: Victor, 1991); ídem, *A Mind for Missions* (Colorado Springs: NavPress, 1987); Michael Griffiths, *Shaking the Sleeping Beauty* (Leicester: Inter-Varsity, 1980); Robertson McQuilkin, *The Great Omission* (Grand Rapids: Baker, 1984); John Piper, *Let the Nations Be Glad: The Supremacy of God in Missions* (Grand Rapids: Baker, 1993); John T. Seamands, *Harvest of Humanity* (Wheaton: Victor, 1988); Max Warren, *I Believe in the Great Commission* (Londres: Hodder y Stoughton, 1976). El U.S. Center for World Mission (Pasadena, Calif.) ha producido un útil paquete para la educación e implicación en la misión titulado *Visión por las naciones,* que incluye una "Participación del lector" y trece vídeoconferencias.

apasionado compromiso, han de mantener viva constantemente la visión de la misión ante aquellos a quienes dirigen.

Cristianos que dan testimonio

En un plano estrictamente personal, un cristiano identificado con la Gran Comisión es ante todo un testigo. E. Stanley Jones (1884–1973), misionero norteamericano en la India, tuvo un efectivo ministerio de evangelización entre los intelectuales de la India y por medio de sus escritos se convirtió en mentor de muchos ministros cristianos asiáticos. En su juventud se debatió por dilucidar si Dios le llamaba a ser abogado o predicador. Finalmente decidió que sería predicador y "abogado de Dios": "Para presentar su sumario y defender su caso". Muchos de sus parientes y amigos fueron a escuchar el primer sermón que predicó en su iglesia local. Solo había dicho seis frases cuando se equivocó utilizando una palabra inexistente, *"indifferentism"*. Al ver que su error hacía sonreír a una joven de la audiencia, ¡Stanley se quedó en blanco! Tras un largo silencio, consiguió decir abruptamente: "¡Siento decirlo, amigos, pero se me ha olvidado el sermón!".

Avergonzado, Stanley comenzaba a dirigirse a su asiento de la primera fila cuando oyó que Dios le decía:

—¿No he hecho acaso nada en tu vida?

—Sí, claro, por supuesto —respondió él.

—¿Podrías, pues, hablar de ello? —fue la nueva pregunta.

—Puede que sí —dijo él.

De manera que, en lugar de tomar asiento, se dio la vuelta y dijo:

—Amigos, como ven, soy incapaz de predicar un sermón; sin embargo, ustedes conocen mi vida antes de mi conversión y después de ella; y, aunque no puedo predicar, amo al Señor y quiero dar testimonio de él el resto de mi vida.

Jones cuenta que "dijo algunas otras cosas de este tipo para rellenar el terrible vacío". Después de la reunión, un joven se le acercó y le dijo: "Quiero conocer por mí mismo lo que tú has encontrado".[52]

Ciertamente, al final Jones se convirtió en abogado de Dios. Se sumergió en las Escrituras y en la cultura hindú, y presentó de manera efectiva las afirmaciones de Cristo a los intelectuales de aquella cultura hasta su muerte con casi noventa años. Pero siempre consideró la predicación como un testimonio: "Igual que 'toda la gran literatura es autobiografía', toda la verdadera predicación es testimonio".[53]

---

52. Referido en E. Stanley Jones, *A Song of Ascents: A Spiritual Autobiography* (Nashville: Abingdon, 1968), 65–66.
53. *Ibíd.*, 66.

Si algo de lo que la Biblia da testimonio no se está cumpliendo en nuestra vida, hemos de detener toda nuestra actividad y tratar con Dios hasta resolver la cuestión, igual que los discípulos esperaron en Jerusalén, dedicándose a la oración (1:14). Creer en la Biblia es creer que lo que dice funciona, que es operativo en la práctica. Jones cuenta la historia de un joven predicador que afirmó: "He estado dando falso testimonio. He estado predicando cosas que no eran reales en mí. Se acabó esta falta de realidad. Le he pedido a Dios que haga algo en mí y esperaré hasta el domingo. Y si antes del domingo el Señor no obra en mí, tendrá que predicar otra persona, porque yo no lo haré". Se tomó el sábado libre para buscar a Dios y tuvo un encuentro con él. Cuando el domingo por la mañana subió al púlpito, era un hombre nuevo. Aquel día, la congregación se llevó la sorpresa de su vida: ¡tenían un nuevo ministro! Al poco, la congregación se encontró buscando lo mismo que su joven pastor había encontrado.[54]

---

54. E. Stanley Jones, *The Word Became Flesh* (Nashville: Abingdon, 1963), 149.

Hechos 1:9–26

Habiendo dicho esto, mientras ellos lo miraban, fue llevado a las alturas hasta que una nube lo ocultó de su vista. ¹⁰ Ellos se quedaron mirando fijamente al cielo mientras él se alejaba. De repente, se les acercaron dos hombres vestidos de blanco, que les dijeron:

¹¹ —Galileos, ¿qué hacen aquí mirando al cielo? Este mismo Jesús, que ha sido llevado de entre ustedes al cielo, vendrá otra vez de la misma manera que lo han visto irse.

¹² Entonces regresaron a Jerusalén desde el monte llamado de los Olivos, situado aproximadamente a un kilómetro de la ciudad. ¹³ Cuando llegaron, subieron al lugar donde se alojaban. Estaban allí Pedro, Juan, Jacobo, Andrés, Felipe, Tomás, Bartolomé, Mateo, Jacobo hijo de Alfeo, Simón el Zelote y Judas hijo de Jacobo. ¹⁴ Todos, en un mismo espíritu, se dedicaban a la oración, junto con las mujeres y con los hermanos de Jesús y su madre María.

¹⁵ Por aquellos días Pedro se puso de pie en medio de los creyentes, que eran un grupo como de ciento veinte personas, ¹⁶ y les dijo: «Hermanos, tenía que cumplirse la Escritura que, por boca de David, había predicho el Espíritu Santo en cuanto a Judas, el que sirvió de guía a los que arrestaron a Jesús. ¹⁷ Judas se contaba entre los nuestros y participaba en nuestro ministerio. ¹⁸ (Con el dinero que obtuvo por su crimen, Judas compró un terreno; allí cayó de cabeza, se reventó, y se le salieron las vísceras. ¹⁹ Todos en Jerusalén se enteraron de ello, así que aquel terreno fue llamado Acéldama, que en su propio idioma quiere decir "Campo de Sangre".)

²⁰ »Porque en el libro de los Salmos —continuó Pedro— está escrito:
»"Que su lugar quede desierto, y que nadie lo habite."
También está escrito:
»"Que otro se haga cargo de su oficio."

²¹⁻²² Por tanto, es preciso que se una a nosotros un testigo de la resurrección, uno de los que nos acompañaban todo el tiempo que el Señor Jesús vivió entre nosotros, desde que Juan bautizaba hasta el día en que Jesús fue llevado de entre nosotros.»

²³ Así que propusieron a dos: a José, llamado Barsabás, apodado el Justo, y a Matías. ²⁴ Y oraron así: «Señor, tú que conoces el corazón de todos, muéstranos a cuál de estos dos has elegido ²⁵ para que se haga cargo del servicio apostólico que Judas dejó para irse al lugar que le correspondía.» ²⁶ Luego echaron suertes y la elección recayó en Matías; así que él fue reconocido junto con los once apóstoles.

En esta sección del libro de los Hechos se describe la ascensión de Jesús al cielo, la obediencia de los discípulos a su mandamiento de esperar en Jerusalén la promesa del Espíritu Santo, así como una de las principales actividades que llevaron a cabo durante este periodo de espera, a saber, elegir un sucesor para Judas Iscariote.

La Ascensión (1:9–11)

La ascensión de Jesús tiene lugar después de darles la Gran Comisión por última vez (v. 9). En la iglesia primitiva, la Ascensión se asociaba con la exaltación de Cristo a la diestra de Dios (ver Ef 1:20–21; Fil 2:9; Heb 1:3; 2:9). La expresión "fue llevado a las alturas" transmite esta idea, porque "los judíos pensaban que el cielo se situaba 'arriba' y la tierra 'abajo'".[1] La nube expresa también este mismo pensamiento, "porque en el lenguaje bíblico este elemento simbolizaba a menudo la gloria divina (cf., p. ej. Éx 16:10; Sal 104:3)".[2] Las palabras "lo ocultó de su vista" muestran que Lucas quiere que sepamos que "tuvo lugar algo objetivo".[3]

La aparición de dos hombres interrumpe a los discípulos mientras todavía están mirando al firmamento (v. 10); sus vestiduras blancas sugieren que se trata de ángeles (ver Mt 28:2–3; Jn 20:12). Hay una suave reprensión implícita en su pregunta: "¿Qué hacen aquí mirando al cielo?" (v. 11a). Nos recuerda a la angélica reprensión a las mujeres cuando buscaban entre los muertos al que estaba vivo (Lc 24:5). ¡Los discípulos parecen ir siempre a remolque de los sorprendentes movimientos de Dios!

La expresión "galileos", que en 2:7 es en esencia una "etiqueta despectiva", puede ser un recordatorio divino en el sentido de "que los apóstoles eran hombres de campo que tenían por delante una tarea de orden mundial".[4] Los ángeles hablan específicamente del "cielo" como el lugar al que Jesús ha ido a morar tras la ascensión (1:11b). La promesa de que Jesús "vendrá otra vez de la misma manera [exaltada] que lo han visto irse" (v. 11c) habría hecho que las reiteradas afirmaciones de Jesús a los discípulos sobre su segunda venida cobraran más sentido. Esta perspectiva anima a los cristianos a "vivir en este mundo con justicia, piedad y dominio propio, mientras aguardamos la bendita esperanza, es decir, la gloriosa venida de nuestro gran Dios y Salvador Jesucristo" (Tit 2:12–13).

---

1. Williams, *Acts*, 24.
2. *Ibíd.*, 25.
3. *Ibíd.*
4. Faw, *Acts*, 31.

Esperando en un espíritu de oración (1:12–14)

La distancia recorrida por los apóstoles desde el monte de los Olivos hasta Jerusalén era la que podía recorrerse en un día de reposo (v. 12), que, según la Mishná,[5] era aproximadamente de un kilómetro. Teniendo en cuenta que esto sucedió cuarenta días después del Domingo de Pascua, era jueves, no sábado. Los discípulos "subieron al aposento alto, donde moraban" (v. 13a, RV60). Aunque el artículo determinado sugiere que el aposento en cuestión era un lugar bien conocido para ellos, nosotros no podemos afirmar de qué habitación se trata.[6] Debe de haber sido un buen lugar para la oración, puesto que estaba "por encima del tumulto de las calles abarrotadas y fuera de las miradas indiscretas de los transeúntes".[7]

La lista que Lucas presenta de los que se reunían en el aposento alto (v. 13b) está formada por los once apóstoles (es la misma enumeración de Lucas 6:14–16, pero sin Judas). El orden no es, sin embargo, el mismo; la enumeración comienza con los tres apóstoles más prominentes, los únicos que aparecen más adelante en Hechos, a saber, Pedro, Juan y Jacobo. Las mujeres también se mencionan, en consonancia con la práctica de Lucas de dar un importante lugar a ellas en sus escritos. Durante su ministerio, Jesús estuvo acompañado de mujeres fieles que le ayudaron en sus necesidades (Lc 8:2–3); desempeñaron también un importante papel en los días de su muerte (23:27–31, 49, 55–56) y resurrección (24:1–10). Por ello, no es de extrañar encontrarlas también aquí (Hch 1:14). "Teniendo en cuenta que en aquella cultura se minimizaba habitualmente el papel público de las mujeres, su participación conjunta en este relato es digna de mención, en especial su evidente mezcla con los hombres".[8] Los primeros discípulos estaban continuando lo que Cristo demostró sobre la ruptura de las barreras humanas. Pronto se darán cuenta de las implicaciones aun más revolucionarias de esta verdad (Hch 10; 15; Gá 3:28).

A María, la madre de Jesús, se la menciona también en este pasaje (la única vez que aparece en el libro de los Hechos [v. 14]). Lucas la había presentado como modelo de confianza y obediencia en su Evangelio (Lc 1:38). Ahora vemos que María "no solo dio a luz a su Hijo, sino que también ayudó al nacimiento de la iglesia".[9] La veneración indebida de que es objeto en algunos círculos no debería ser un obstáculo para que apreciemos el importante papel que María desempeñó en la historia de la salvación.

---

5. Una compilación de tradiciones orales judías de interpretaciones de la ley, que se completó alrededor del año 200 d. C.
6. Entre las sugerencias propuestas se menciona: donde se celebró la Última Cena (Lc 22:11–12), donde Jesús se encontró con los discípulos después de la Resurrección (Jn 20:19), donde estaban reunidos el día de Pentecostés (2:1) y donde vivió María, la madre de Marcos (cf. 12:12).
7. Longenecker, "Acts", 260.
8. Keener, *BBC*, 325.
9. Kistemaker, *Acts*, 60.

Se han propuesto varias teorías para explicar quiénes son los hermanos de Jesús que se mencionan aquí (y en otros pasajes del Nuevo Testamento), especialmente por parte de quienes creen en la perpetua virginidad de María. C. K. Barrett dice: "Este versículo no aporta nada a los argumentos a favor o en contra de cualquiera de estas teorías, aunque es justo añadir que el sentido más natural de *adelfos* [la palabra que se utiliza en este texto] es el de "hermano de sangre", que "hermano adoptivo" no es imposible y que "primo" es muy improbable".[10] Sabemos que Jesús se apareció a Jacobo después de su resurrección (1Co 15:7). La incredulidad de los hermanos de Jesús, presente todavía seis meses antes de su muerte (Jn 7:5), ya ha desaparecido.

En Lucas-Hechos abundan las alusiones a la oración (mencionada treinta y una veces en Hechos y presente en veinte de sus capítulos).[11] No es, pues, extraño que, mientras esperan el prometido bautismo del Espíritu, los seguidores de Jesús "perseveraban unánimes en oración y ruego" (v. 14). La palabra que se traduce como "juntos" (NIV) (*homothymadon*) significa literalmente "con una misma mente o pasión" y es una de las preferidas de Lucas.[12] Las traducciones más antiguas vertían "unánimes, con una mente", siguiendo su significado etimológico. Hay cierta polémica en cuanto a si esta palabra tiene o no aquí su sentido etimológico y las traducciones más recientes traducen "juntos" (el significado que generalmente tiene en la Septuaginta).[13] En cualquier caso, el pensamiento de la unanimidad en la vida comunitaria es un tema clave del libro de los Hechos y recibirá atención en el comentario de otros pasajes que apuntan sin duda a esta idea (4:32; 6:5; 15:25). "Perseveraban" es la traducción de una palabra que "está muchas veces vinculada a la oración (Hch 1:14; 2:42, 46; Ro 12:12; Col 4:2) [...] significa una persistencia decidida, obstinada a veces".[14] La idea de "oración que prevalece" procede de esta palabra.

La elección del sucesor de Judas (1:15–26)

Con el fin de encontrar un sustituto para Judas, Pedro se dirige a un grupo de "creyentes [lit., hermanos] que eran como de ciento veinte personas" (v. 15). "Es posible que el término 'hermanos,' que aquí se utiliza por primera vez en Hechos, sea la expresión cristiana más antigua para aludir a los miembros de la iglesia".[15] En su preocupación por la exactitud de la información que consigna, a Lucas le gusta matizar sus datos numéricos señalando su carácter

---

10. Barrett, *Acts*, 90.
11. Para una enumeración de las variadas ocasiones y ubicaciones de las oraciones en Hechos, puede véase Coleman, *Master Plan of Discipleship*, 107–9.
12. Diez de las once veces que aparece en el Nuevo Testamento tienen lugar en el libro de los Hechos.
13. Véase, Barrett, *Acts*, 88–89.
14. Barrett, *Acts*, 88. En el libro de Barrett se menciona erróneamente Romanos 12:12 en lugar de Hechos 12:12.
15. Williams, *Acts*, 31.

aproximado, especialmente cuando lo que sigue es un número redondo (2:41; 4:4; 10:3; 19:7). Teniendo en cuenta que, seguramente, este no es el número exacto de los presentes, la cifra de ciento veinte no es probablemente significativa y Lucas estaría solo diciendo que la habitación estaba llena. Sin embargo, este número tenía cierto significado para los judíos y Lucas podría aquí tenerlo en mente.[16] Sea como sea, esto nos recuerda que, aunque en aquellos primeros días el grupo de los discípulos era muy reducido, capacitados por el Espíritu pudieron llevar a cabo una enorme tarea.

Pedro considera la traición de Judas como un cumplimiento de la Escritura (v. 16). No obstante, eso no disminuye el dolor que supuso lo sucedido, puesto que, como dice Pedro, "Judas se contaba entre los nuestros y participaba en nuestro ministerio" (v. 17). El punto de vista de Pedro sobre la autoría divina de las Escrituras del Antiguo Testamento se evidencia en sus palabras: "Hermanos, tenía que cumplirse la Escritura que, por boca de David, había predicho el Espíritu Santo [...]" (v. 16).

La digresión de Lucas para aludir al modo en que murió Judas (vv. 18–19) utiliza la palabra "maldad", lo cual muestra que, aunque la traición había sido predicha en la Escritura, se trataba de un serio acto de vileza. Esto elimina las consideraciones de aquellos que intentan "rehabilitar" a Judas mostrando que sus motivos para traicionar a Cristo eran honrosos. Jesús dijo al respecto: "A la verdad el Hijo del hombre se irá según está decretado, pero ¡ay de aquel que lo traiciona!" (Lc 22:22).

Existen importantes diferencias entre el relato que Lucas hace en este pasaje sobre la muerte de Judas y el de Mateo (Mt 27:1–10). Según Craig Keener, "tales similitudes y diferencias pueden explicarse si pensamos que se trata de dos autores que tuvieron en cuenta distintos detalles del suceso, y si tenemos en cuenta la libertad de los historiadores de la antigüedad al consignar estos detalles".[17] Richard Longenecker ha planteado explicaciones verosímiles de estas diferencias.[18]

Las predicciones de Pedro en el versículo 20 proceden de los Salmos 69 y 109. Los primeros cristianos veían a David, el justo sufriente, y a sus enemigos como un tipo de Cristo y sus enemigos (los antitipos).[19] Las diferencias entre David y Jesús y entre los enemigos de David y Judas en estos salmos pueden explicarse por el hecho de que el antitipo es siempre mayor que el tipo.

---

16. "Según una tradición judía de fecha incierta, en el tiempo de Esdras, 120 ancianos transmitieron la Ley. Por otra parte, los Rollos del Mar Muerto dicen que se requería un sacerdote por cada diez hombres, con lo cual 120 podría ser el número de personas al que podría ministrar mejor un equipo de doce dirigentes". (Keener, *BBC*, 326).

17. *Ibíd.*

18. Longenecker, "Acts", 263–64.

19. Derek Kidner, *Psalms 1–72,* TOTC (Downer's Grove, Ill.: InterVarsity, 1973), 245.

El tema de la voluntad soberana de Dios que actúa en el sufrimiento y muerte de Cristo aparece varias veces en la predicación de los apóstoles, especialmente cuando se dirigían a los judíos.[20] Cuando los discípulos tuvieron que hacer frente a la primera ilegalización del evangelismo, reflexionaron de nuevo sobre la soberanía de Dios manifestada en el acontecimiento más terrible de la historia: la muerte de Cristo (4:25–28). Esta perspectiva nos ayuda a creer que Dios convertirá el mal que nos han hecho en algo bueno (cf. Gn 50:20). Ello habría ayudado a endulzar la amargura que debieron de experimentar los discípulos por la traición de Jesús a manos de alguien que había estado tan cerca de ellos.

Pedro pensaba que era "necesario" encontrar un sustituto de Judas (v. 21). El mismo verbo, "es preciso" (*dei*), se utiliza también en el versículo 16, donde se presentaba la necesidad de la traición de Judas (aunque en el v. 16 el verbo está en el pasado imperfecto, "tenía que cumplirse"). Por ello, la iglesia primitiva siguió la práctica de Jesús de tener exactamente doce apóstoles. Cuando la comunidad donde se originaron los Rollos del Mar Muerto "escogió a un grupo de dirigentes formado por doce cargos especiales, pretendía simbolizar que esta comunidad era el verdadero remanente de Israel, fieles a Dios aunque el resto de la nación fuera apóstata".[21] Esto mismo puede decirse aquí.

Obsérvese que el primer periodo de crecimiento de la iglesia se produjo en Israel y que en los Evangelios los apóstoles tenían un papel especial en relación con Israel (Lc 9:1–6; 22:28–30). "Es probable que la elección de otro apóstol para que fueran nuevamente doce pretendiera indicar que después de la Resurrección tenía que seguir la tarea de dar testimonio de Jesús como Mesías de los judíos".[22] Los requisitos para el sustituto tenían que ver con el papel de los apóstoles como testigos (Hch 1:21–22). Más adelante, Pedro diría que aquellos que veían al Señor resucitado eran "testigos previamente escogidos por Dios" (10:41). Dar testimonio de la Resurrección era el papel crucial e irrepetible de un selecto grupo de hombres de la iglesia primitiva.

Los creyentes echaron suertes porque sentían la necesidad de ser dirigidos por Dios en la decisión final entre dos hermanos igualmente capacitados. Notemos, sin embargo, que solo se echan suertes después de orar pidiendo la dirección de Dios. Esta oración muestra las cualidades que deberíamos buscar especialmente en un dirigente: "Señor, tú que conoces el corazón de todos, muéstranos a cuál de estos dos has elegido" (v. 24). Los creyentes habían encontrado dos hermanos que compartían los requisitos externos que se buscaban, pero tales requisitos serían inútiles si su corazón no era recto. Solo Dios conoce con precisión el corazón de las personas, por eso le piden su ayuda. Como la mayor parte de los otros apóstoles, tampoco Matías vuelve a aparecer en el texto de Hechos. Una tradición posterior le presenta como misionero a los etíopes.

---

20. Ver Hechos 2:23; 3:18; 8:32–35; 13:27, 29.
21. Keener, *BBC*, 325–26.
22. Marshall, *Acts*, 63.

Como el pasaje anterior, este sigue desarrollando la preparación de la iglesia para Pentecostés y el inicio de su misión. De nuevo veremos los principios que ayudan a la iglesia de nuestro tiempo a prepararse para la misión.

La importancia de la Ascensión

Aunque hoy no se menciona mucho entre los cristianos la ascensión de Jesús (vv. 9–11), "en la predicación primitiva, la resurrección y ascensión de Jesús representan un movimiento continuo y, juntos, ambos acontecimientos constituyen su exaltación".[23] Puesto que esto es de gran importancia para nuestro mensaje evangelizador, hablaremos de ello cuando analicemos el mensaje de Pedro el día de Pentecostés (2:17–36).

Oración y avivamiento

Lucas quiere comunicar claramente que una de las maneras clave en que los discípulos se prepararon para la venida del Espíritu fue por medio de la oración (vv. 13–14). La conexión entre estos dos factores se ha establecido fuera de toda duda en la Biblia, especialmente en los escritos lucanos.[24] Arthur Matthews llega al extremo de decir que "la historia espiritual de una misión o iglesia está escrita en su vida de oración".[25] Este pasaje, por consiguiente, tiene mucho que enseñarnos sobre la oración.

La idea de "oración que prevalece" (cf. referencia anterior a esta cuestión) presenta una clave de la oración que tiene poder: orar sin tregua hasta que se produce la respuesta. Jesús dijo que sus discípulos "debían orar siempre, sin desanimarse" y dio la parábola de la viuda persistente para ilustrar este punto (Lc 18:1–8). ¿Pero por qué hemos de seguir orando? ¿Acaso Dios se resiste tanto a responder nuestras oraciones que hemos de insistirle con persistencia para que lo haga? No, no es que él se resista a dar, sino que muchas veces podemos no estar preparados para recibir su don. La oración nos prepara, porque en comunión con Dios nuestros corazones se ponen en sintonía con su voluntad.

Por otra parte, la oración es un modo de participar activamente en la lucha espiritual contra Satanás y sus fuerzas. Para hablar de la oración se utiliza con

---

23. Bruce, *Acts: Greek Text,* 103.
24. Lucas 3:21–22; 11:13; Hechos 4:31; 8:15. Quienes quieran considerar el tema de la oración en Lucas-Hechos, pueden ver M. M. B. Turner, "Prayer in the Gospels and Acts", *Teach Us To Pray,* ed. D. A. Carson (Grand Rapids: Baker, 1990), 59–75; P. T. O'Brien, "Prayer in Luke-Acts: A Study in the Theology of Luke", TynBul 24 (1973): 113–16.
25. R. Arthur Matthews, *Born for Battle* (Waynesboro, Ga.: STL Books, 1978), 72.

frecuencia el lenguaje bélico (cf. Ro 15:13; Col 4:12). Inmediatamente después de su famosa exposición sobre la lucha espiritual en Efesios, Pablo dice: "Oren en el Espíritu en todo momento, con peticiones y ruegos" (Ef 6:18). F. F. Bruce observa que hay una fuerte conexión entre Efesios 6:18 y la sección sobre la lucha espiritual que precede a este texto.[26] En otras palabras, la oración es una forma de lucha espiritual. Notemos también que Dios ha decidido mandar la mayor parte de sus bendiciones al mundo a través de instrumentos humanos, y la oración es uno de los instrumentos que utiliza. Por último, Dios, en su soberana sabiduría, ha escogido el mejor momento para enviar una respuesta a la oración; hasta entonces, hemos de "orar siempre, sin desanimarnos"

Si en el versículo 14 la palabra griega *homothymadon* significa unánimes, esto concuerda con un principio que presenta Jesús: "[...] si dos de ustedes en la tierra se ponen de acuerdo sobre cualquier cosa que pidan, les será concedida por mi Padre que está en el cielo" (Mt 18:19). Independientemente del significado de esta palabra, sabemos que la oración de la que se habla en este pasaje es una oración de grupo, en que "Todos [...] se dedicaban a la oración" (Hch 1:14). Muchas veces, los grandes movimientos de oración comienzan con al menos un individuo que tiene carga por orar; este la comparte con otros y todos perseveran en oración hasta que se produce la bendición.[27]

El dolor de la deserción

El dolor que produce la deslealtad de personas que han estado cerca de nosotros (vv. 15–20) es una experiencia frecuente del ministerio. Pablo expresó este dolor cuando dijo: "Demas, por amor a este mundo, me ha abandonado y se ha ido a Tesalónica" (2Ts 4:10). Esta clase de dolor puede dejarnos amargados y obstaculizar seriamente nuestra libertad y productividad espiritual en el ministerio. Los comentarios de Pedro sobre la acción de Judas no pasan por alto la seriedad de la traición; sin embargo, el apóstol la considera desde la perspectiva de la soberanía de Dios, porque dicho acto estaba ya predicho en la Escritura (Hch 1:16–20). Este acercamiento al dolor personal que experimentamos cuando se produce la defección de algún colega tiene mucho que decirnos hoy.

La elección de dirigentes y la toma de decisiones en la iglesia

Antes hemos observado que, para el ministerio de la iglesia primitiva entre los judíos, era importante que el número de los apóstoles fuera doce (vv. 21–22).

---

26. F. F. Bruce, *The Epistles to Colossians, to Philemon, and to the Ephesians,* NICNT (Grand Rapids: Eerdmans, 1984), 411.
27. Hay más reflexiones sobre la oración comunitaria en Hechos en las exposiciones sobre 4:23–41; 12:1–19; 13:1–4.

Sin embargo, a medida que avanza la narración, en especial cuando entra en la fase de la evangelización de los gentiles, se va concediendo menos relevancia a los apóstoles. Únicamente Pedro, Jacobo y Juan desempeñan roles individuales en el libro de los Hechos, y a ninguno de ellos se le menciona después del capítulo 15; por este tiempo, Jacobo, hermano de Jesús, que no se contaba entre los apóstoles, se convirtió en dirigente de la iglesia de Jerusalén. Por tanto, no se pretende que el número doce sea un precedente a seguir en la organización de la iglesia. Esto pone de relieve la naturaleza transitoria de algunos de los acontecimientos consignados en el libro de los Hechos. No existe, sin embargo, "ningún apoyo exegético en ningún texto del Nuevo Testamento"[28] para la idea de que la elección de Matías para sustituir a Judas fue un error y que "Pablo [...] era el hombre que Dios tenía en mente para llenar el vacío".[29] El que a Matías no se le mencione de nuevo en Hechos ¡es una peculiaridad que comparte con otros ocho apóstoles!

Tampoco podemos decir que el uso de las suertes por parte de estos discípulos fuera algo erróneo. Lo habría sido si hubieran utilizado este medio con independencia de otros. Pero los discípulos se habían esforzado en utilizar todos los medios que estaban a su alcance para la elección de dirigentes: habían orado y considerado los requisitos de una relación con Cristo y una experiencia adecuada. Las suertes las utilizaron únicamente porque había dos candidatos para una sola posición y ambos parecían tener las mismas cualificaciones. En el Antiguo Testamento, las suertes se utilizaban en la toma de decisiones bajo una serie de circunstancias.[30] Sobre este proceso, Proverbios 16:33 observa: "Las suertes se echan sobre la mesa, pero el veredicto proviene del Señor". "De acuerdo con el uso bíblico, parece que las suertes solo se utilizaban cuando la decisión era importante y la sabiduría o los mandamientos bíblicos no aportaban una guía suficiente. Una de las ventajas de echar suertes era la imparcialidad de la elección".[31]

Es probable que la desaparición de la práctica de echar suertes en la Escritura se relacione con la venida del Espíritu Santo, que ahora es el Guía por excelencia de los creyentes (Ro 8:14; Gá 5:18). El hecho de que se mencione inmediatamente antes del relato de Pentecostés puede sugerir el deseo de Lucas de subrayar la verdad de que se trata de un símbolo del final —el cierre, por así decirlo— de la antigua era.

El libro de Hechos no nos da un método fijo para la toma de decisiones comunitarias. Sin embargo, hay rasgos comunes aquí y en otros episodios en que se

---

28. William W. Klein, Craig L. Blomberg, y Robert L. Hubbard, *Introduction to Biblical Interpretation* (Dallas: Word, 1993), 348.
29. Campbell Morgan, *Acts*, 21.
30. Lv 16:8–10; Nm 26:55–56; Jos 14:2; Jue 1:3; 20:9; 1Cr 24:5–19; Neh 11:1; Pr 18:18.
31. "Casting of Lots", *BEB*, 1356. La otra única vez que aparece en el Nuevo Testamento está en el episodio en que los soldados echan suertes para la adjudicación de la túnica de Jesús (Mt 27:35).

toman decisiones que pueden sernos de provecho.[32] (1) A lo largo de estos procesos había reflexión teológica basada, casi siempre, en el uso de la Escritura. Este mismo rasgo está presente en otras decisiones comunitarias clave (4:23–31; 6:1–6; 10:1–11:18; 14:26–15:35).

(2) El lenguaje que se utiliza en este pasaje sugiere que ambos nombres fueron propuestos por toda la comunidad. Así, la comunidad tenía parte en la decisión, pero también Pedro como dirigente. Esta interacción entre la participación de la congregación y la dirección de un responsable está presente en otras importantes decisiones que adopta la iglesia en el libro de los Hechos (6:1–6; 10:1–11:18; 14:26–15:35).

(3) El papel de Pedro dirigiendo a la iglesia en la reflexión teológica concuerda con la concepción bíblica del liderazgo. Puesto que Dios es el verdadero guía de la iglesia, la tarea de los dirigentes humanos es llevar al pueblo a su voluntad revelada claramente en las Escrituras. En otras palabras, la principal tarea del dirigente es llevar a las personas a la Palabra de Dios. Obsérvese que en la lista de los requisitos para la elección de ancianos presentada en 1 Timoteo 3, la única cualificación relacionada con el ministerio que se cita es que un anciano ha de ser "capaz de enseñar" (1Ti 3:2; el resto de los requisitos tienen que ver con su carácter, reputación y vida familiar). En nuestro estudio de 6:1–6 observaremos cómo desempeñan los dirigentes este "ministerio de la Palabra".[33]

(4) La elección de Matías muestra también que la oración ha de desempeñar un papel crucial en nuestra estrategia para la designación de dirigentes. Obsérvese que Jesús pasó la noche en oración antes de escoger a sus doce apóstoles (Lc 6:12–13). Como señala Robert Stein, en Lucas-Hechos, "la oración precedió todas las decisiones importantes o crisis de la vida de Jesús y la iglesia primitiva".[34] La oración es importante antes de tomar cualquier decisión por cuanto nos pone en sintonía con Dios haciéndonos receptivos a su voz. En Antioquía, por ejemplo, el Espíritu Santo habló a la iglesia de apartar a Bernabé y a Saulo para la obra de las misiones precisamente cuando estaba dedicada a la oración (y el ayuno; ver 13:2).

Aquí en 1:24 hay una clara petición de dirección ("muéstranos"). La oración desempeñó un papel igualmente importante durante el proceso de selección y nombramiento de ancianos en las primeras iglesias que fundaron Pablo y Bernabé (Hch 14:23). Basándonos en las instrucciones de Jesús, "Pídanle, por tanto, al Señor de la cosecha que envíe obreros a su campo" (Mt 9:38),

---

32. Ver Lucas T. Johnson, *Decision Making in the Church: A Biblical Model* (Filadelfia: Fortress, 1983).
33. Quienes deseen considerar una exposición de esta idea de los dirigentes, pueden ver mi libro, *Leadership Lifestyle: A Study of 1 Timothy* (Wheaton: Tyndale, 1985).
34. Robert H. Stein, *Luke*, NAC (Nashville: Broadman, 1992), 192. Ver también *ibíd.*, 51–52.

podemos concluir que la oración juega un importante papel en el reclutamiento de obreros para la misión.

(5) Como ya hemos observado, la oración del versículo 24 implica que los discípulos necesitaban una confirmación de la naturaleza interior del corazón del candidato, que solo Dios conoce. El ministerio cristiano es de naturaleza esencialmente espiritual y las cualificaciones externas son inútiles si el corazón de la persona no es recto para con Dios.

Oración y avivamiento

Significado Contemporáneo

Pentecostés llegó después de una oración constante por parte de los discípulos y, de igual modo, la historia de la iglesia demuestra que el avivamiento también se produce tan solo tras persistente oración. El avivamiento es algo que Dios envía soberanamente y, por tanto, no es posible predecir cuándo se producirá. Sin embargo, el historiador de avivamientos J. Edwin Orr observa: "En ningún lugar del mundo ha comenzado jamás un gran despertar espiritual sin que previamente haya habido oración unida, sin que algunos cristianos hayan estado orando persistentemente por el avivamiento".[35] He oído una afirmación atribuida a Matthew Henry en el sentido de que, cuando Dios quiere llevar a cabo algo especial en el mundo, primero hace que su pueblo se ponga a orar.

En la década de 1850, por ejemplo, Estados Unidos se encontraba en una situación de debilidad espiritual, ya que el pueblo estaba absorto en las cosas materiales. En 1857, Jeremiah Lanphier, un tranquilo empresario de cuarenta y seis años, se sintió guiado a iniciar una reunión semanal de oración a las doce del mediodía en la ciudad de Nueva York, para que otros empresarios pudieran reunirse para orar. Cualquiera podía asistir, ya fuera participando solo unos minutos o toda la hora. El primer día, Lanphier estuvo solo y oró durante media hora. Pero, antes de acabar la reunión, seis hombres de al menos cuatro trasfondos denominacionales se le habían unido. La siguiente semana asistieron veinte, y cuarenta la otra. Pronto decidieron reunirse a diario y el grupo aumentó hasta más de cien personas. Algunos pastores que habían ido comenzaron a tener reuniones de oración matutinas en sus iglesias. Pronto, este tipo de reuniones se había extendido por todo el territorio de Estados Unidos. Al cabo de seis meses, solo en la ciudad de Nueva York había más de diez mil personas reuniéndose cada día. Este fue el comienzo del que en Norteamérica se llama ahora "Gran Despertar". Se calcula que en un periodo de dos años

---

35. Citado en Wesley L. Duewel, *Mighty Prevailing Prayer* (Grand Rapids: Zondervan, 1990), 135.

(1857–1859), de una población de treinta millones de personas, dos millones fueron llevados a Cristo.[36]

El tipo de oración que se produjo en Jerusalén era persistente y tenaz. Esto puede suceder también en nuestros días. En ocasiones, el Señor da una carga a alguien, y la persona en cuestión la comparte con otros. Oran por el asunto durante un extenso periodo y, con el paso del tiempo, se dan cuenta de que el Señor ha respondido sus oraciones de un modo asombroso. Es un principio sencillo, pero que hemos de recordar constantemente, dada nuestra tendencia natural a caer en la desidia con respecto a la oración.

En 1949, en la aldea de Barvas, en las Islas Hébridas (frente a las costas de Escocia), el ministro parroquial y los dirigentes de la iglesia comenzaron a orar por un avivamiento. En esta misma aldea, dos hermanas de más de ochenta años, que por motivos de salud no podían asistir a la adoración, oraban en su casita de campo por un avivamiento en Barvas. Dios les dio una promesa: "Regaré con agua la tierra sedienta, y con arroyos el suelo seco; derramaré mi Espíritu sobre tu descendencia, y mi bendición sobre tus vástagos" (Is 44:3). Al otro lado de Barvas, sin saber nada de los demás, siete jóvenes se reunían tres noches a la semana en un granero para orar por esta misma cuestión. Se dedicaron a la oración estimulados por las palabras de Isaías 62:6–7:

> Jerusalén, sobre tus muros he puesto centinelas que nunca callarán, ni de día ni de noche. Ustedes, los que invocan al Señor, no se den descanso; ni tampoco lo dejen descansar, hasta que establezca a Jerusalén y la convierta en la alabanza de la tierra.

Como fruto de toda esta oración se produjeron numerosas oleadas de avivamiento por toda la isla, en las cuales se convirtieron o fueron llenas del Espíritu (o ambas cosas) miles de personas.[37] Obsérvese que estas personas fueron espoleadas por específicas porciones de la Escritura a perseverar en oración, igual que lo fueron los discípulos de Cristo por su promesa del bautismo con el Espíritu. La Escritura nos lleva a mirar fuera de nuestra actual experiencia y a anhelar la plenitud que Dios quiere que experimentemos. Esto estimula, a su vez, el tipo de oración que prevalece.

A menudo, una persona siente una carga que otros no pueden compartir, pero que suscita su tenaz oración individual. En noviembre de 1844, George Mueller comenzó a orar por la conversión de cinco individuos. Mueller dice: "Oré cada día sin un solo receso, estuviera sano o enfermo, en tierra o navegando y al margen de cuál fuera la presión de mis compromisos". Tras dieciocho meses de orar así, el primero de los cinco se convirtió. Cinco años más adelante lo hizo el segundo, y el tercero tras otros seis años. En su sermón, Mueller dijo que había estado orando durante treinta y seis años por los otros

---

36. Tomado de Wesley L. Duewel, *Revival Fire* (Grand Rapids: Zondervan, 1995), 128–31.
37. Quienes deseen leer todo el relato, pueden ver *Ibíd.*, 306–18.

dos, pero éstos seguían sin convertirse. Su biógrafo dice que uno de ellos "se hizo cristiano antes de la muerte de Mueller y el otro unos años más tarde".[38]

A menudo, como en el caso de un hijo adulto pero rebelde o un cónyuge que no cree, podemos hacer muy poco directamente para cambiar a la persona. Es probable que los consejos y la reprensión solo empeoren la situación. Pero podemos perseverar en oración por ellos. La historia está llena de ejemplos de respuestas a este tipo de oraciones.[39]

Sanación de los daños infligidos por colegas

El dolor que causa en la vida de un cristiano que un colega abandone un grupo o iglesia puede ser profundo. La comunión en Cristo que tenemos con otros creyentes es una de las mayores bendiciones de ser cristiano. Pero esto significa que esperamos más de nuestros hermanos y hermanas en Cristo que de otras personas. Por ello, el dolor de la desilusión es también mayor en nuestras relaciones con cristianos. Personalmente, he conocido a tantos creyentes amargados por la traición de otros cristianos que uno tiene la impresión de que hay una epidemia de esta clase de amargura.

Esta acritud puede ser un enorme obstáculo para la propia vida espiritual, puesto que entrará en conflicto con el amor de Dios que ha sido derramado en nuestros corazones por el Espíritu Santo (Ro 5:5). Se trata de una lucha que puede ser agotadora, dejando nuestro ser exhausto desde un punto de vista espiritual y sin el brillo del Espíritu. Nuestra vida y ministerio sufren por ello. El dolor de la traición puede también llevarnos a recelar hasta el punto de resistirnos a entrar en relaciones personales que impliquen responsabilidad espiritual. Nos conformamos con relaciones personales superficiales y, cuando estas se producen en el ámbito del trabajo, las mantenemos a un nivel estrictamente laboral, lo imprescindible para desarrollar correctamente nuestra labor. Esta no es la forma de vida que encontramos en la Biblia.

La descripción de la apostasía de Judas que leemos en Hechos 1 ha de enseñarnos algo sobre cómo gestionar el dolor que produce este tipo de experiencia. La comunidad que estos primeros creyentes ayudaron a forjar no tenía miedo de asumir una profunda responsabilidad espiritual, porque "eran de un solo sentir y pensar" (4:32). En otras palabras, parecían haber superado el zarpazo de la frustración y desarrollaban principios de responsabilidad. También Pablo sufrió hondamente el dolor de la deslealtad, la apostasía y la infidelidad, pero él siguió abriendo su vida a otras personas y haciéndose vulnerable a más dolor. El apóstol estuvo sufriendo este tipo de dolor hasta los últimos días de su vida (2Ti 4); sin embargo, su ministerio sirvió para formar a muchos dirigentes de la iglesia y a su muerte dejó un enorme legado de fructificación. Por ello, en la

---

38. Roger Steer, *George Mueller: Delighted in God* (Wheaton: Harold Shaw, 1975), 267.
39. Ver Ruth Bell Graham, *Prodigals and Those Who Love Them* (Colorado Springs: Focus on the Family, 1991).

vida cristiana, hemos de cultivar la importante disciplina de aprender a vencer el dolor de la traición y la decepción.

En este pasaje veo dos palabras de ánimo para los cristianos heridos por otros. (1) Aun los propios discípulos de Jesús experimentaron el mismo dolor que experimentamos nosotros. El lenguaje de este pasaje para aludir a la apostasía de Judas es comedido, pero no esconde la tragedia y el dolor de esta experiencia. Debió de ser un acontecimiento muy humillante, puesto que el versículo 19 afirma: "Todos en Jerusalén se enteraron de ello". La traición de Judas habría sido una mancha en la reputación de Jesús. David Gooding reconstruye en los siguientes términos lo que podría haberse oído en Jerusalén:

> ¿Dicen que Jesús es el Hijo de Dios, el Mesías de Israel, Salvador y Restaurador, que vino a enderezar nuestros errores y a denunciar el corrupto abuso que, por dinero, han hecho los sacerdotes de su sagrado oficio? ¿Cómo, pues, se le ocurrió escoger a un personaje como Judas para que fuera uno de sus compañeros, representante y dirigente y, si me permiten, tesorero de su grupo? [40]

En ocasiones, lo que más nos duele de la traición de un amigo es la humillación que supone.

Todo esto ha de darnos esperanza. Hace varios años sufrí una profunda conmoción y dolor al descubrir que uno de nuestros obreros había estado haciendo uso de los fondos de manera fraudulenta. Por aquel tiempo leí las palabras de Juan 12:6 acerca de Judas: "Dijo esto, no porque se interesara por los pobres sino porque era un ladrón y, como tenía a su cargo la bolsa del dinero, acostumbraba robarse lo que echaban en ella". Este texto me habló de un modo insólito. Cuando me di cuenta de que incluso Jesús, el más excelente de los líderes, experimentó este mismo problema, me sentí consolado, y el consuelo es una de los mejores antídotos para la amargura.

(2) Pedro consideró este episodio como parte del plan de Dios. El versículo 16 dice literalmente: "Hermanos, era necesario que la Escritura [con respecto a Judas] se cumpliese". Dios era soberano en lo que sucedió. No solo lo había permitido, sino que también lo había anticipado y pretendía utilizarlo para un buen propósito. Sin duda, las palabras de Romanos 8:28 son verdaderas: "Ahora bien, sabemos que Dios dispone todas las cosas para el bien de quienes lo aman, los que han sido llamados de acuerdo con su propósito". Si la experiencia de la traición ha de convertirse en algo bueno para nuestra vida, entonces la amargura es innecesaria. Ciertamente sentiremos pena y dolor si un hermano o hermana se distancia de nosotros y (desde nuestro punto de vista) hace algo indebido. Sin embargo, puesto que dicha acción se integra en el supremo plan de Dios para nuestra vida y se convertirá en un instrumento de bendición, no hay ninguna razón para indignarse. Este hecho nos da fuerza

---

40. Gooding, *True to the Faith,* 44.

para perdonar a esta persona y mirar hacia adelante con esperanza y alegría. Es posible que la pena y el dolor sigan estando ahí, pero la amargura desaparece.

Por supuesto, no nos gusta demasiado pensar en estas cosas. Preferimos lamernos las heridas y guardar rencor. Esto nos da razones para seguir enojados, aunque, desde un punto de vista teológico, este enojo esté injustificado. Por otra parte, en lo profundo de nuestro ser tenemos el deseo de hacerle ver a esta persona el daño que nos ha causado. Esta es nuestra manera "cristiana" de hacer justicia por lo que nos ha sucedido. En otras palabras, muchos deciden ignorar la verdad de la soberanía de Dios y seguir en el sombrío mundo de la amargura. El mensaje para nosotros es: hagamos nuestro el consuelo que se deriva de la experiencia del dolor que tuvo Cristo, y que el conocimiento de la soberanía de Dios nos permita mirar el dolor con gratitud y esperanza.

La elección de dirigentes y la toma de decisiones en nuestros días

Cada uno de los cinco puntos sobre la toma de decisiones que hemos considerado en la sección "Construyendo Puentes" es importante para nosotros. Aunque es fácil olvidarlos, deberían ser una prioridad durante el periodo de selección de dirigentes y toma de decisiones. Hace poco tuve un encuentro con un importante líder nacional de una de nuestras denominaciones más numerosas, poco después de su regreso de una importante reunión con el comité de un poderoso organismo cristiano a nivel mundial. Me comentó su sorpresa al descubrir que en aquella reunión no parecía haber ninguna dimensión espiritual en la toma de decisiones. Se había politizado tanto que las deliberaciones estaban más gobernadas por consideraciones políticas que por el deseo de conocer la voluntad de Dios. A este tipo de situación no se llega de la noche a la mañana. Es algo que sucede de forma gradual, a medida que se van pasando por alto o rechazando principios espirituales; algunas veces, esto sucede por pura negligencia, y otras se produce en aras de la conveniencia.

Dos de los cinco principios relativos a la selección de dirigentes que se han enumerado merecen una mención especial. (1) El primero es el lugar de la oración en la elección de dirigentes. Cuando el proceso para seleccionar dirigentes está saturado de oración, el deseo de conocer la voluntad de Dios influye de manera inconsciente en su desarrollo, de modo que las posibilidades de obrar según esta voluntad son mucho más numerosas. En nuestro tiempo, muchas iglesias y grupos tienen sus propios procedimientos para seleccionar líderes basados en una lista de requisitos necesarios, lo cual es aceptable, siempre que estos sean bíblicos.[41] Obsérvese que para la designación de Matías también se plantearon ciertos requisitos; esto da lugar a un proceso de elimi-

---

41. A veces, no obstante, introducimos requisitos sociales extrabíblicos que pueden descalificar a candidatos que están bíblicamente capacitados para el liderazgo. Mi temor es que se elimine muchas veces a cristianos dotados y capacitados, procedentes de

nación de aquellos candidatos que no tienen el perfil necesario. No obstante, con frecuencia, la búsqueda de la dirección de Dios por medio de la oración se convierte en una mera formalidad, no en un aspecto vitalmente importante del proceso de selección. Un muestreo aleatorio de iglesias y grupos que conozco bien me ha hecho ver que esto es lo que sucede muy a menudo.

(2) Es muy importante conocer, más allá de los requisitos externos, el corazón de la persona en cuestión. Si los apóstoles, que habían vivido relativamente cerca de estos dos candidatos durante al menos dos o tres años (dependiendo de lo que signifique la expresión "el bautismo de Juan" del v. 22), necesitaban esta especial guía de Dios con respecto al carácter de su corazón, ¡cuánto más nosotros! No hay duda de que las solicitudes por escrito, las entrevistas, los perfiles de personalidad y las recomendaciones son de ayuda, pero no revelan lo que hay en el corazón.

Hemos de ser cuidadosos cuando se trata de escoger dirigentes. Algo que, personalmente, siempre me intereso por conocer es si el solicitante ha formado parte, durante un periodo considerable, de una comunidad donde se practica la responsabilidad espiritual. Por regla general, en este tipo de grupos se acaba manifestando lo que hay en el corazón. Una incapacidad para funcionar en un grupo así puede, pues, indicar una seria dolencia espiritual. Pero estos grupos son cada vez menos comunes en la iglesia de nuestro tiempo, y han sido reemplazados por otro tipo más en consonancia con nuestra cultura, pero que ofrecen menos oportunidad para el desarrollo de la verdadera responsabilidad espiritual.[42] Sin embargo, el fenomenal crecimiento del movimiento de los llamados Guardadores de Promesas, con su programa de grupos de responsabilidad, podría estar marcando una positiva vuelta a un patrón bíblico de responsabilidad espiritual.

---

las clases pobres, por no cumplir con algunos de estos requisitos sociales, como por ejemplo cuestiones de titulación académica.

42. Quienes deseen considerar una exposición de esta idea de comunidad, pueden ver mi libro, *Reclaiming Friendship*.

Hechos 2:1–13

uando llegó el día de Pentecostés, estaban todos juntos en el mismo lugar. ² De repente, vino del cielo un ruido como el de una violenta ráfaga de viento y llenó toda la casa donde estaban reunidos. ³ Se les aparecieron entonces unas lenguas como de fuego que se repartieron y se posaron sobre cada uno de ellos.

⁴ Todos fueron llenos del Espíritu Santo y comenzaron a hablar en diferentes lenguas, según el Espíritu les concedía expresarse.

⁵ Estaban de visita en Jerusalén judíos piadosos, procedentes de todas las naciones de la tierra. ⁶ Al oír aquel bullicio, se agolparon y quedaron todos pasmados porque cada uno los escuchaba hablar en su propio idioma. ⁷ Desconcertados y maravillados, decían: «¿No son galileos todos estos que están hablando? ⁸ ¿Cómo es que cada uno de nosotros los oye hablar en su lengua materna? ⁹ Partos, medos y elamitas; habitantes de Mesopotamia, de Judea y de Capadocia, del Ponto y de Asia, ¹⁰ de Frigia y de Panfilia, de Egipto y de las regiones de Libia cercanas a Cirene; visitantes llegados de Roma; ¹¹ judíos y prosélitos; cretenses y árabes: ¡todos por igual los oímos proclamar en nuestra propia lengua las maravillas de Dios!»

¹² Desconcertados y perplejos, se preguntaban: «¿Qué quiere decir esto?» ¹³ Otros se burlaban y decían: «Lo que pasa es que están borrachos.»

 **Sentido Original** — El segundo capítulo de Hechos introduce tres de las claves más importantes de todo el libro: la plenitud del Espíritu (vv. 1–13), el ministerio evangelizador de la iglesia (vv. 14–41) y la vida en comunidad de los creyentes (vv. 42–47). Cada uno de estos temas clave va a recibir un estudio completo en este comentario.

El cumplimiento de la promesa del Espíritu Santo pronunciada por Cristo se produce, de manera apropiada, el día de Pentecostés, una fiesta de la cosecha judía (v. 1). El uso de este término (derivado del griego, *pentecoste*, "quincuagésimo") se debe a que el festival se celebra cincuenta días después de la Pascua.[1] Era una de las tres festividades de peregrinaje judías, en las que el

---

1. Los fariseos y los saduceos tenían distintos sistemas sobre cuándo iniciar el cómputo de los cincuenta días (ver Ferguson, *Backgrounds*, 524). En el Antiguo Testamento, a la festividad de Pentecostés se la llama la Fiesta de Semanas (Éx 34:22; Dt 16:10), puesto que se produce siete semanas después de la Pascua.

pueblo tenía que presentarse ante el Señor con dones y ofrendas (Éx 23:14–17); celebraba el final de la cosecha de cebada y el comienzo de la de trigo.[2] Es apropiado que el acontecimiento que iba a impulsar el evangelio hasta los confines de la tierra se produjera en un momento en que había en Jerusalén personas de todos los extremos del mundo.

No se nos dan detalles específicos sobre la casa (ver el v. 2) donde se encontraban los seguidores de Jesús, ni tampoco se nos dice quiénes formaban el "todos" que estaban juntos cuando descendió el Espíritu (v. 1). Algunos manuscritos añaden "los apóstoles", pero se trata de textos secundarios. Juan Crisóstomo, el gran expositor bíblico del siglo IV, pensaba que los reunidos eran los ciento veinte de 1:15,[3] y en nuestro tiempo este punto de vista se ha popularizado.

El viento y el fuego que acompañaron al don del Espíritu (vv. 2–3) son símbolos bíblicos comunes para aludir a la actividad del Espíritu. Las palabras griega y hebrea para denotar "E/espíritu" pueden significar también "viento" y "aliento". En la profecía de Ezequiel, el viento y el aliento imparten vida a lo que no son sino huesos secos. Después de esto, el Señor dijo: "Pondré en ti mi aliento de vida [o Espíritu], y volverás a vivir" (Ez 37:1–14). Según Jesús, el soplo del viento "ilustra la misteriosa operación del Espíritu al producir el nuevo nacimiento"[4] (cf. Jn 3:7–8). En ambos casos, el viento es un símbolo de la regeneración.

En la predicción del bautismo con el Espíritu Santo pronunciada por Juan el Bautista, la acción del viento (por implicación) es aventar la paja (Lc 3:16–17), lo cual es un símbolo de juicio. Y lo es también el fuego, que aparece en esta misma predicción y que consume la paja. En otras palabras, como sucede con el mensaje del evangelio (2Co 2:15–16), la venida del Espíritu significa vida para algunos y juicio para otros (lo veremos, por ejemplo, en el caso de Ananías y Safira, [Hch 5:3, 9]).

Por otra parte, el fuego es también un símbolo de la poderosa presencia de Dios, como indican la zarza ardiente (Éx 3:2–5) y la columna ígnea que guiaba a Israel por la noche (Éx 13:21–22).

La separación de las lenguas de fuego "que se repartieron y se posaron sobre cada uno de ellos" (v. 3) "parece sugerir que, aunque bajo el antiguo pacto la presencia de Dios descansaba sobre Israel como entidad colectiva y sobre muchos de sus dirigentes para el desempeño de propósitos especiales, bajo el nuevo pacto que establece Jesús e inaugura el día de Pentecostés, el Espíritu

---

2. En su momento llegó a ser un tiempo muy popular para la celebración de bautismos por parte de la iglesia. El atuendo blanco de los candidatos dio lugar al nombre Whitsunday (Domingo Blanco) en la tradición cristiana ("Pentecost", *BEB*, 2.1639–40).

3. Crisóstomo, "Homilías sobre el libro de los Hechos", 25.

4. Harrison, *Interpreting Acts,* 58.

descansa en cada uno de los creyentes a título individual".[5] Esto no resta validez a la importancia de la relación colectiva con Dios, como demuestran ampliamente las cartas de Pablo. Pero, desde ahora, lo colectivo surge de una relación personal con Dios por medio del Espíritu Santo. Esto está en consonancia con la predicción de Jeremías en el sentido de que, en el nuevo pacto, la ley estará escrita en los corazones (Jer 31:33).[6]

Tras la venida del Espíritu, los discípulos experimentaron dos cosas: "Fueron llenos del Espíritu Santo" y "comenzaron a hablar en otras lenguas" (v. 4). Estas "lenguas" son distintas de las que se describen en 1 Corintios 12–14 porque, a diferencia de lo que vemos en este pasaje, "judíos piadosos" procedentes de la Diáspora entendían lo que decían los cristianos, lo cual les llevó a exclamar: "¡Todos por igual los oímos proclamar en nuestra propia lengua las maravillas de Dios!" (Hch 2:11). Parece que, normalmente, el don de lenguas se utilizaba para alabar a Dios (ver 1Co 14). Sin embargo, esta particular manifestación del Espíritu en idiomas que entendían los presentes era aquí especialmente apropiada, ya que estaban deseosos de escuchar la predicación del evangelio. Al comienzo de lo que podría llamarse la "era del Espíritu", este ayudaba en la obra de testimonio de un modo que representa la extensión del evangelio hasta los términos de la tierra. Esta señal encaja con el papel del Espíritu como capacitador de la iglesia para dar testimonio por todo el mundo (Hch 1:8). El resultado fue que aquel día "se unieron a la iglesia unas tres mil personas" (2:41).

Aquellos que oyeron alabar a Dios en sus idiomas de origen eran judíos devotos[7] "procedentes de todas las naciones de la tierra" (v. 5). La enumeración de naciones de los versículos 9–11 sugiere que Lucas "estaba hablando, como lo hacían normalmente los autores bíblicos, desde su propio horizonte, no desde el nuestro, y hacía referencia al mundo grecorromano que se extendía alrededor de la cuenca del Mediterráneo, por todas las naciones en que había judíos".[8]

La expresión griega que dice literalmente "estaban en Jerusalén" podría interpretarse en el sentido de que solo se trata de personas que residían en Jerusalén, puesto que estas palabras se utilizan muchas veces para aludir a una residencia permanente. Howard Marshall ha defendido, no obstante, que esta expresión no tiene por qué excluir a los peregrinos procedentes de otras ciudades, especialmente porque en 2:9 se menciona a algunos "residen-

---

5. Longenecker, "Acts" 270.
6. Otros tienen la impresión de que el uso de "todos" (v. 1), "toda" (v. 2) y "todos" de nuevo en el versículo 4, al comienzo del proceso que aquí se describe, sugiere "que el derramamiento del Espíritu sobre la iglesia como cuerpo precede a la llenura de los individuos" (V. Verbrugge, en una carta al autor).
7. La palabra que se traduce como "temerosos de Dios" (*eulabes*, ver también 8:2) es distinta de la que se utiliza en Hechos para aludir a los gentiles "temerosos de Dios" (*eusebes*, ver 10:2, 7, y *phoboumenos ton theon,* 10:2, 22; 13:16).
8. John Stott, *Acts*, 63.

tes de Mesopotamia".[9] Es cierto que en aquel tiempo habría habido muchos judíos de la dispersión residiendo en Jerusalén, ya que "era el deseo de los judíos piadosos de la Diáspora pasar sus últimos días en Tierra Santa y ser allí sepultados".[10] Sin embargo, Josefo y otros escritores indican que grandes números de peregrinos se desplazaban hasta Jerusalén para asistir a la Fiesta de Pentecostés.[11]

Asombrados, los presentes señalan que quienes hablan son "galileos" (v. 7a). "Los habitantes de Jerusalén consideraban Galilea como una zona subdesarrollada (cf. Hch 2:7) y peculiar sobre todo por su dialecto (Mt 26:73), que parecía engullir los sonidos laríngeos".[12] Una vez más, Dios había roto los estereotipos terrenales de grandeza, escogiendo a personas que la sociedad no tenía en alta estima para introducir un acontecimiento histórico (ver 1Co 1:26–31). Tres veces se nos dice que "cada uno los escuchaba hablar en su propio idioma" (cf. vv. 6, 8, 11).[13] Al decir esto se alude a las lenguas vernáculas de los presentes y no al griego, que conocerían todos los judíos de la dispersión.[14]

Los versículos 12–13 nos muestran las dos reacciones de quienes oyeron la fiel proclamación de la Palabra de Dios por parte de los apóstoles. Algunos, que se sintieron tocados y querían saber más, preguntaban: "¿Qué quiere decir esto?" (v. 12). Otros, sin embargo, rechazaban el mensaje y ridiculizaban lo que se decía, afirmando: "Lo que pasa es que están borrachos [lit. llenos de vino]" (v. 13). La palabra que se traduce "vino" significa "vino dulce", que normalmente es el "vino nuevo". Sin embargo, aquel no era tiempo de vino nuevo. Algunos han sugerido, por tanto, que Lucas comete aquí un error histórico.[15] Bruce señala, no obstante, que "había formas de mantener dulce el vino durante todo el año" y hasta cita una antigua receta que ofrece un método para conseguirlo.[16]

Es sorprendente que, ante un milagro tan espectacular, algunos se burlaran de lo que veían. Pero, como veremos más adelante, esto está en consonancia con la teología del rechazo, claramente presente en la Escritura. Sin embargo, como

9. I. H. Marshall, "The Significance of Pentecost", *SJT* 30 (1977): 357; citado en Wolfgang Reinhardt, "The Population Size of Jerusalem and the Numerical Growth of the Jerusalem Church", *BAFCS*, 4.261.

10. Harrison, *Apostolic Church,* 49.

11. Ver Reinhardt, "Population Size", 262–63.

12. R. Riesner, "Galilee", *DJG*, 253.

13. En el versículo 11 se utiliza una palabra distinta. Pero Bruce dice que no existe ninguna diferencia significativa entre ambas palabras (*Acts: Greek Text,* 116).

14. El griego era el idioma universal de aquel tiempo y probablemente se hablaba de manera extensiva en Palestina; es probable que los propios discípulos conocieran este idioma (John E Stambaugh y David L. Balch, *The New Testament in Its Social Environment* [Filadelfia: Westminster, 1986], 87).

15. P. ej. Barrett, *Acts*, 125.

16. Bruce, *Acts: Greek Text*, 119.

señala J. A. Alexander, "fue esta frívola calumnia, y no las serias preguntas de los judíos devotos, lo que dio ocasión para el gran discurso apostólico que sigue".[17]

La importancia de Pentecostés

La experiencia de Pentecostés es la clave para entender el libro de los Hechos. ¿Pero qué nos dice a nosotros hoy? (1) Obsérvese que, estrictamente hablando, este no fue el día del nacimiento de la iglesia. Richard Longenecker apunta al hecho de que la palabra "iglesia" (ekklēsia) adopta varios significados en la Biblia. Si la entendemos como "el cuerpo de Cristo" y "un instrumento de servicio" utilizado por Dios para sus propósitos redentores, la iglesia ya existía antes de Pentecostés. Longenecker sigue explicando en qué consistió la novedad. (a) "El día de Pentecostés, la relación del Espíritu con los miembros del cuerpo de Cristo se hizo mucho más íntima y personal (Jn 14:17)". (b.) "El día de Pentecostés se estableció un nuevo modelo de redención como algo característico de la vida bajo el nuevo pacto, un modelo que, aunque incorpora una redención tanto individual como colectiva, comienza con la primera para incluir luego la otra".[18] Pentecostés convirtió la religión en una experiencia con Cristo, por medio del Espíritu Santo, mucho más personal que antes.

(2) Pentecostés puso también de relieve que, como creyentes, tenemos un nuevo poder para el ministerio. En nuestro estudio de 1:1–11 hemos visto la importancia del Espíritu Santo para el ministerio cristiano. Hay muchos paralelismos entre la descripción de Lucas sobre el comienzo del ministerio público de Cristo en Lucas 4 y la del comienzo del ministerio público de la iglesia en Hechos 2.[19] Hemos de poseer la unción de Dios para poder servirle (cf. comentarios sobre 1:1–8). En relación con este hecho hay que decir también que Pentecostés impartió a la iglesia un nuevo poder para el testimonio. Cristo lo predijo en 1:8, y Lucas demuestra la verdad de este hecho por medio del fuerte viento y el fuego, la milagrosa predicación en lenguas, el intrépido mensaje de Pedro y la respuesta sin precedentes a su mensaje. El resto del Nuevo Testamento muestra otras formas en que el poder el Espíritu se manifiesta en nuestras vidas (p. ej., Romanos 8, que habla de cómo el Espíritu nos da victoria sobre el pecado e imparte vida a nuestros cuerpos mortales). Sin embargo, el gran énfasis de Hechos es el poder que recibimos para proclamar el evangelio.

(3) Pentecostés indica también la ruptura de las barreras que han separado a la raza humana desde Babel, con la formación de una nueva humanidad en Cristo. En otras palabras, Pentecostés invierte lo que sucedió en Babel. De hecho, como ha mostrado Conrad Gempf, sucedió incluso algo mayor. En

---

17. Alexander, *Acts*, 57.
18. Longenecker, "Acts", 271.
19. Willimon, *Acts*, 31.

una inversión de la dispersión que se produjo en Babel, las festividades judías como Pentecostés congregaban a personas procedentes de los rincones más lejanos de la tierra para adorar a Dios. Lo nuevo es que, de aquí en adelante, ya no va a ser necesario que las gentes regresen a cierto lugar central para adorar a Dios (ni tengan que hacerlo en lengua hebrea), sino que podrán hacerlo en los lugares más recónditos del planeta y en su propio idioma. Por otra parte, las gentes ya no tendrán necesidad de construir edificios que se eleven hasta el cielo en busca del significado que perdieron cuando fueron arrojados del jardín de Edén. Ahora Dios nos ha enviado a su Espíritu y ha elevado nuestra experiencia a un nuevo nivel de significado. "Babel y Edén no son 'cancelados', sino redimidos, y quedan anulados sus efectos negativos".[20]

Pentecostés nos dice, pues, que hoy podemos tener una experiencia íntima de Dios y manifestar poder en el ministerio. Además, las barreras que dividían a la raza humana han sido derribadas para que pueda ponerse en marcha una nueva humanidad.

Las lenguas como señal

Parece evidente que hablar en lenguas era una señal frecuente, si no habitual, de la venida del Espíritu en Hechos (2:4; 10:46; 19:6). Sin embargo, la señal de Hechos 2 parece distinta de la que se menciona en 1 Corintios 12 y 14, puesto que en estos capítulos se habla de un lenguaje que no era entendido. Peter Wagner informa sobre varios misioneros que han recibido el don de hablar en la desconocida lengua de las gentes a quienes ministraban.[21]

En vista de que aparece en escenarios donde grupos de personas reciben el Espíritu, no es de extrañar que muchos consideren que las lenguas son la necesaria señal del bautismo con el Espíritu Santo. No obstante, el hecho de que muchos de quienes dan muestras evidentes de estar llenos del Espíritu no hayan hablado nunca en lenguas ha de hacernos desistir de la insistencia en las lenguas como señal necesaria. Hemos de tener en cuenta que no existe ningún texto bíblico que nos diga claramente que las lenguas hayan de acompañar al bautismo del Espíritu. Obsérvese que las lenguas a las que muchos aluden como señal de su experiencia en el Espíritu son del tipo incomprensible que se describe en 1 Corintios 12–14, no los idiomas comprensibles que se mencionan en Hechos 2. Se trata, no obstante, de un don que ha elevado a muchos cristianos a un nuevo nivel de intimidad, gozo y poder en su experiencia de Dios, y de esto hemos de alegrarnos.

---

20. Gempf, "Acts", 1071.
21. Wagner, *Spreading the Fire,* 86.

La realidad del rechazo

Antes he expresado mi sorpresa por el hecho de que una demostración tan clara del poder de Dios como la que tuvo lugar el día de Pentecostés pudiera suscitar burlas (v. 13). Pero el rechazo del evangelio es un tema que va apareciendo de manera constante en Hechos. Comenzando con la narración de la apostasía de Judas en el capítulo 1, este tema está presente en cada capítulo, a excepción del 3 y el 10 (que presentan relatos incompletos que finalizan en los capítulos 4 y 11 respectivamente, que sí contienen el tema del rechazo). Es, por tanto, importante que esperemos el rechazo y no nos sintamos desengañados cuando éste aparezca. Si a todo el mundo le gusta lo que hacemos, es probable que no estemos siendo verdaderamente fieles a Dios. El evangelio y la verdad de Dios son tan radicalmente distintos del pensamiento del mundo que quienes los siguen han de esperar la oposición de algunas personas.

La forma que adopta el rechazo en este texto es significativa, por cuanto presenta un acercamiento común al mensaje de Dios. ¡Ante la inequívoca evidencia del poder de Dios, algunos lo atribuyen al vino! Jesús fue objeto de un tipo parecido de crítica cuando sus oponentes afirmaron que realizaba sus obras milagrosas por el poder de Belcebú (Mr 3:22). Esta ridiculización dio lugar a un severo discurso de Cristo sobre la naturaleza de la incredulidad de sus enemigos, que culminó con su declaración sobre el pecado imperdonable (3:23–30).

La Biblia contiene una avanzada teología de este tipo de rechazo, especialmente la relativa al rechazo judío del mensaje de Dios. Cuando Dios llamó a Isaías, no solo le dijo que algunos rechazarían su mensaje, sino también que su mensaje les confirmaría en el camino de ceguera y rebeldía que habían escogido (Is 6:10):

> Haz insensible el corazón de este pueblo;
> embota sus oídos
> y cierra sus ojos,
> no sea que vea con sus ojos,
> oiga con sus oídos,
> y entienda con su corazón,
> y se convierta
> y sea sanado.

Jesús mismo indicó que algunos responderían a sus parábolas de esta manera (Mt 13:11–15). Según Pablo, los apóstoles son "olor de muerte" para algunos y "de vida" para otros (2Co 2:16). Por ello, cuando en Hechos 2 los rebeldes presencian los fenómenos pentecostales y oyen predicar a Pedro, su rebeldía se intensifica. Sus burlas nos recuerdan que, siempre que sigamos fielmente a Dios, experimentaremos rechazo.

Intimidad con Dios y alegría en la adoración

Como se ha dicho anteriormente, Pentecostés nos ha abierto la puerta para que tengamos una experiencia de Dios íntima y sobrenatural. Sin embargo, para muchos, incluso dentro del redil evangélico, el cristianismo se reduce a entrar en el reino mediante una aceptación racional de la verdad del evangelio, seguida de un esfuerzo para vivir de acuerdo con la Biblia. Este es ciertamente un importante ingrediente del cristianismo, pero el evento de Pentecostés y su desarrollo en el libro de los Hechos nos dicen que existe "algo más". La mayor aportación del movimiento pentecostal (y el wesleyano de la santidad que le precedió) es que devolvió a la iglesia la importancia de una experiencia subjetiva de Cristo por medio del Espíritu Santo en la vida personal del creyente y en la adoración comunitaria.[22] El día de Pentecostés, cuando los discípulos fueron llenos del Espíritu, comenzaron a "proclamar [...] las maravillas de Dios" (v. 11). Cuando en nuestra experiencia sentimos que "Dios ha derramado su amor en nuestro corazón por el Espíritu Santo que nos ha dado" (Ro 5:5), nos llenamos de gozo y este gozo se expresa en alabanza.

Cantar es, naturalmente, una de las expresiones supremas de nuestro gozo por la intimidad que tenemos en Cristo. Como las canciones de amor expresan la alegría del amor humano, los cantos cristianos expresan el gozo que experimentamos en nuestra relación de amor con Dios. John Wesley afirmó: "Cantar es el lenguaje de la santa alegría, como orar lo es del santo deseo". En Efesios 5:18–20 Pablo conecta directamente el canto con la plenitud del Espíritu, presentándolo como una efusión de dicha plenitud: "Sed llenos del Espíritu, hablando entre vosotros con salmos, con himnos y cánticos espirituales, cantando y alabando al Señor en vuestros corazones" (RV60). En griego, las palabras "hablando", "cantando" y "alabando" son verbos en participio relacionados con el imperativo "sed llenos". Los cristianos han de esforzarse, pues, en recuperar constantemente el sentido de Pentecostés: una vibrante intimidad con Dios y la gozosa adoración que surge de ella.

La tradición reformada ha subrayado la majestad de Dios y el carácter formidable de adorar a un Dios tan grande y trascendente. Es cierto que este acento bíblico clave puede estar ausente en algunas ramas del movimiento pentecostal. Sin embargo, la gran aportación de este movimiento fue recuperar la esencia de la adoración, especialmente en el ámbito anglosajón del mundo

---

22. Aquellos que deseen considerar un fruto magistral de este enfoque, pueden ver la obra de Gordon Fee, *God's Empowering Presence: The Holy Spirit in the Letters of Paul* (Peabody, Mass.: Hendrickson, 1994), que muestra lo esencial que es para las cartas de Pablo su enseñanza sobre el Espíritu. Fee señala que, en el pasado, los eruditos no han tenido a menudo en cuenta este factor (1).

occidental (la adoración afrocaribeña parece haber sido capaz de preservarla de un modo más significativo).

No obstante, uno de los peligros de subrayar en exceso la experiencia subjetiva en la adoración es que puede aportar tanta satisfacción que quienes la experimentan descuidan importantes disciplinas cristianas de la vida diaria, como el esfuerzo por alcanzar la santidad personal y social, y el conocimiento profundo de las Escrituras. Es posible que un cristiano adore a Dios el domingo, con supuesto fervor e intimidad, para, acto seguido, el lunes, comportarse de un modo anticristiano en su lugar de trabajo (p. ej., adoptando métodos comerciales poco éticos y explotando a los trabajadores). Se concentran tanto en la experiencia subjetiva que descuidan el esfuerzo y laboriosidad que supone desarrollar una mentalidad cristiana que informa sus vidas e influye vitalmente en las decisiones que toman y el modo en que se comportan.

No obstante, este abuso de algo que es bueno no debería hacer que nos abstuviéramos de buscarlo. Tampoco hemos de pensar que utilizar la mente en la adoración y la devoción sea de algún modo superior a utilizar el corazón. Pablo es un poderoso ejemplo de un intelectual cristiano cabal que tuvo también experiencias extáticas y subjetivas con Dios (p. ej., 2Co 12:1–6). De hecho, las grandes verdades del evangelio en que reflexionan los intelectuales cristianos pueden ser el punto de partida para vivir experiencias estimulantes desde un punto de vista espiritual y emocional, como indican las doxologías de las cartas de Pablo (Ro 11:33–36).

Uno de los rasgos alentadores que se observan en el reciente avivamiento de la vitalidad en la adoración es que este no ha quedado confinado a grupos calificados generalmente como pentecostales o carismáticos, donde se originó. En la mayoría de los movimientos de renovación que encontramos en la historia de la iglesia, lo que comenzaba como rasgo distintivo de un grupo pronto entraba en la corriente principal para elevar la calidad de vida de la iglesia en general. Una de las experiencias de adoración más significativas y gozosas que he vivido la tuve en la Iglesia Bautista Bethlehem de Minneapolis, pastoreada por John Piper, el conocido predicador reformado y prolífico escritor de orientación calvinista. Lo que me entusiasmó especialmente de aquel servicio fue observar que el énfasis calvinista en la trascendencia y majestad divinas se armonizaba con el acento pentecostal en una relación íntima con Dios y la vitalidad en la adoración.

He de añadir aquí que muchas iglesias evangélicas están ahora subrayando el aspecto "lúdico" de la adoración introduciendo actuaciones bien ensayadas en sus reuniones. No cabe duda de que la música de calidad y el arte dramático son elementos apropiados para adorar al Dios supremo y glorioso. Las detalladas y extensas instrucciones para la adoración registradas en el Antiguo Testamento (p. ej., en Éxodo y Levítico) son evidencia de que, ciertamente, Dios desea belleza y calidad en la adoración. Sin embargo, aunque la calidad puede ser una expresión de la espiritualidad, no puede nunca sustituirla. Todos los cristianos han de conceder la debida atención a la calidad de su adoración. Sin embargo, lo más importante es asegurar que el Espíritu Santo tiene amplia oportunidad de llenar la reunión con un sentido de la presencia de Dios y dirigir a la congregación a una profunda experiencia de Dios. Me temo que a veces nuestro objetivo es que las personas se lo pasen bien mediante la calidad de lo que hacemos. En una sociedad tan orientada hacia lo lúdico como la nuestra, este tipo de reuniones puede ser un medio efectivo para atraer a la gente. Sin embargo, nunca ha de consumir tanto nuestros esfuerzos que sustituya a la búsqueda de la plenitud de Dios en la adoración, tal y como se refleja en la experiencia pentecostal consignada en Hechos.

Experimentando el poder de Pentecostés en nuestro tiempo

Hemos dicho que la esencia del poder de Pentecostés que se manifiesta en Hechos es una energía y capacitación para el ministerio. No se trata, sin embargo, de un poder mágico que el cristiano pueda invocar a voluntad. De hecho, incluso en la era del Espíritu, los cristianos están expuestos a vivir experiencias descorazonadoras de muchas clases (Ro 8:18–25), sobre las que no tienen poder alguno. Mientras escribo este libro, he de soportar cortes del suministro eléctrico de entre cinco y ocho horas diarias, que limitan mucho mis previsiones para la redacción de este libro. Pero esto le sucede también a toda la población de nuestro país, y yo no soy inmune a ello. Todos sufrimos, nos sentimos débiles y nos ponemos enfermos, pasamos tribulaciones y finalmente morimos. Sin embargo, en nuestro ministerio habrá poder. Tengo un amigo muy querido a quien Dios utilizó poderosamente para realizar milagros en un periodo en que tanto su esposa como él mismo, durante un tiempo, estaban físicamente enfermos.

El modo en que este poder pentecostal para el ministerio se expresa en nuestras vidas dependerá, entre otras cosas, de los dones espirituales que hayamos recibido (ver 1Co 12). Los creyentes no pueden acceder a estos dones según a ellos les parezca. Esto se aplica especialmente al poder para realizar milagros; a quienes tienen este don se les dará también la fe que les permite orar con audacia por un milagro concreto. Sin embargo, aun quienes no tienen este don pueden orar con fe en momentos de necesidad y sorprenderse por el modo en que Dios responde sus oraciones. En esencia, el poder de Pentecostés es una experiencia de la inmediatez de Dios. Dios está ciertamente con nosotros, y podemos experimentar su cercanía y poder capacitador para servir en el Espíritu.[23]

---

23. Ver Jack Deere, *Surprised by the Power of the Spirit* (Grand Rapids: Zondervan, 1993).

La ruptura de barreras. Hemos visto que en Pentecostés se superaron los efectos de Babel: cuando los discípulos alabaron a Dios, no lo hicieron en el griego que conocía la mayoría, sino en la lengua vernácula de los presentes. El pastor bautista británico, Roy Clements, ha explicado vívidamente la relevancia de esta obra del Espíritu en un mundo dividido por la discordancia cultural.[24] Clements observa lo importante que es su cultura para las personas. A lo largo de la historia, distintos movimientos han intentado crear un solo orden mundial, pero lo han hecho de un modo "implícitamente imperialista, que conlleva la dominación de una cultura sobre otra". Aun en el islam, la unidad que se forja está dominada por la cultura y el idioma árabes.

Pero, como sigue diciendo Clements, "la cultura se niega a dejarse dominar de este modo", y pregunta: "¿Existe acaso algún poder capaz de unificar a las divididas naciones de la tierra sin subyugarlas? ¿Hay alguna manera de unir a las personas sin uniformizarlas?". A lo cual él mismo responde: "Esta es precisamente la clase de unidad que trae el Espíritu Santo, quien, mediante el milagro que llevó a cabo el día de Pentecostés, declara su intención desde el mismo comienzo".

Lo que Clement quiere decir es que:

> Las lenguas pentecostales eran un indicador del modo en que el Espíritu Santo iba a derribar las barreras sociales y a crear una clase de internacionalismo sin precedente. A diferencia de los imperialismos fabricados por los hombres, el Espíritu no tiene la ambición de homogeneizar a los pueblos del mundo dentro de una cultura cristiana uniforme, sino que crea "una clase completamente nueva de identidad social, a saber, la comunión del Espíritu Santo". Por ello, en el libro de los Hechos vemos el crecimiento de "una iglesia en distintas culturas". Todo esto mira hacia adelante al día en que habrá una "multitud tomada de todas las naciones, tribus, pueblos y lenguas; era tan grande que nadie podía contarla. Estaban de pie delante del trono y del Cordero" (Ap 7:9).

Pentecostés nos da, pues, un indicio de cómo la revolucionaria ruptura de las barreras sociales y de otros órdenes por el evangelio se desarrollará en la vida práctica. Las implicaciones de este hecho son inmensas. Cuando nos implicamos en la misión de llevar el evangelio a los pueblos del mundo, no debemos esperar que adopten, por ejemplo, un idioma como el inglés (que equivale hoy a lo que en el siglo I era el griego). Hemos de aprender los idiomas en que se desenvuelven las gentes e impartirles el evangelio con ellos. Por muchos adelantos tecnológicos que se hayan producido, nada puede sustituir a la dura y difícil tarea de identificarnos con la cultura a la que vamos a ministrar y apren-

---

24. Las siguientes citas son de la obra de Roy Clements, *The Church That Turned the World Upside Down,* 20–23.

der a entender y valorar sus rasgos distintivos. Se trata, sin duda, de un trabajo costoso en una cultura que valora muchísimo la eficacia y se esfuerza por todos los medios para eliminar la frustración.

No obstante, aunque nos esforzamos por presentar el evangelio de maneras culturalmente apropiadas, jamás hemos de aislar a ningún cristiano de la iglesia del resto del mundo. Hemos de mostrarles que forman parte de una gran familia que vive repartida por todo el mundo, que comparte una profunda unidad dentro de la diversidad, y que superará cualquier barrera humana hasta que lleguemos a nuestro hogar celestial, que acogerá a personas de todas las culturas.

La mayoría de los miembros de la iglesia a la que asistimos mi esposa y yo son convertidos del budismo. Por regla general, les es difícil cantar himnos occidentales traducidos. Cuando presido la adoración en la iglesia, intento utilizar al menos un himno traducido del inglés, aunque normalmente elijo uno que encaje con nuestro estilo musical, en que los instrumentos de percusión son fundamentales. Escojo un himno traducido porque quiero que los creyentes se den cuenta de que forman parte de una familia establecida por todo el mundo y llamada "el cuerpo de Cristo". Compartimos las instalaciones con una congregación occidentalizada de habla inglesa con la que periódicamente tenemos reuniones conjuntas. Es difícil planificar estas reuniones; si queremos evitar el aburrimiento hemos de plantear un programa elaborado y creativo. Sin embargo, vale la pena asumir el riesgo y el esfuerzo que supone, teniendo en cuenta la necesidad de afirmar que somos uno a pesar de nuestras diferencias culturales. Todo esto se aplica también a las sociedades multiculturales de Occidente.

La utilización de "galileos" para introducir la era del Espíritu es también, en cierto modo, un derribo de barreras. Muestra que cuando Dios decide hacer algo maravilloso, no espera necesariamente a que aparezca una persona bien considerada desde una óptica humana. Naturalmente, Dios utiliza a tales personas, como vemos en el caso de Pablo, pero no se limita a ellas. La clave para ser útiles es la plenitud del Espíritu, y él puede impartir vida a cualquier persona que escoja, siempre y cuando esté abierta a recibirla.

Quienes vivimos en la era del Espíritu hemos de desarrollar la doble disciplina de pasar por alto el trasfondo social y económico de las personas al valorar su potencial y mirarlas a través de los ojos de la fe. Hemos de contemplar las posibilidades de la gracia en sus vidas cuando el Espíritu ejerza su poder sobre ellas. Los prejuicios que absorbemos en nuestras culturas y la humillación que experimentamos cuando aquellos en quienes confiamos no viven a la altura de su potencial hacen que esta difícil disciplina sea todo un desafío. Sin embargo, nos motiva la inequívoca evidencia de la Escritura y de la historia en el sentido de que Dios puede utilizar a personas que el mundo descarta como inútiles para que sean sus siervos sumamente efectivos.

¿Son las lenguas para nuestro tiempo?

Hemos afirmado que, en el libro de los Hechos, las lenguas eran probablemente la señal clave de la llenura del Espíritu Santo, pero que las Escrituras no sugieren que fueran la inevitable señal de dicha plenitud. ¿Es vigente en nuestros días el don lenguas? Algunos responderán a esta pregunta con un firme "no", basándose en las palabras de Pablo en 1 Corintios 13:8–10: "El amor jamás se extingue, mientras que el don de profecía cesará, el de lenguas será silenciado y el de conocimiento desaparecerá. Porque conocemos y profetizamos de manera imperfecta; pero cuando llegue lo perfecto, lo imperfecto desaparecerá". Muchos afirman que las lenguas cesaron con el fin de la era apostólica[25] o cuando se completó el canon de la Escritura.[26] Numerosos eruditos han presentado argumentos en contra de este punto de vista "cesacionista".[27] En mi opinión, los argumentos más sólidos apoyan el punto de vista de que la "perfección" que hará innecesarios los dones de lenguas y profecía se producirá con la venida de Cristo. Las lenguas no han desaparecido de la iglesia después de la era apostólica. Notemos la conclusión del historiador Cecil M. Robeck Jr.: "El hablar en lenguas siempre ha estado en la iglesia, aunque con diversos niveles de expresión y aceptación".[28]

Lamentablemente, el don de lenguas ha sido causa de muchas divisiones en la iglesia, especialmente desde que el movimiento pentecostal entró en escena a comienzos del siglo XX. Son demasiados los que se han situado en dos posiciones extremas: que todos los cristianos deberían practicar este don, o que ningún miembro de su organización o iglesia debería practicarlo. Hemos de tener cuidado, tanto con lo que podríamos llamar "carismanía" (un acento exagerado en los dones carismáticos) como con la "carismafobia" (un temor a los dones carismáticos), y hacernos siempre esta pregunta: ¿Poseo todo lo que Dios desea que disfrute? Hemos de dejar que sea Dios quien nos dé los dones que tenga para nosotros. Aunque es legítimo pedirle a Dios los dones que nos gustaría tener (1Co 12:31; 14:1), no deberíamos insistir en pedir dones que el Señor (que decide soberanamente los que quiere darnos [1Co 12:11; Ef 4:7]) no nos ha asignado.

---

25. Benjamin B. Warfield, *Counterfeit Miracles* (Edimburgo: Banner of Truth Trust, 1918, reimpresión de 1972); Citado en C. M. Robeck Jr., *ISBE*, 4.872.

26. Walter J. Chantry, *Signs of the Apostles: Observations on Pentecostalism Old and New* (Edimburgo: Banner of Truth Trust, 1976); citado en Robeck, ISBE, 4.872.

27. Véase D. A. Carson, *Showing the Spirit: A Theological Exposition of 1 Corinthians 12–14* (Grand Rapids: Book, 1987), 76–72; Jack Deere, *Surprised by the Power of the Spirit*; Gordon D. Fee, *God's Empowering Presence*, 204–8; ídem, *1 Corinthians,* NICNT (Grand Rapids: Eerdmans, 1987), 642–46.

28. Robeck, *ISBE*, 4,874.

Respondiendo al rechazo

No cabe duda de que, si proclamamos la verdad de Dios hoy, también nosotros, como Jesús y los primeros discípulos, hemos de esperar el rechazo y la tergiversación. Jesús dijo: "Recuerden lo que les dije: 'Ningún siervo es más que su amo.' Si a mí me han perseguido, también a ustedes los perseguirán" (Jn 15:20). Cuando alguien rechaza lo que decimos, tenemos la tendencia de preguntarnos: ¿qué estoy haciendo mal? Aunque esta es una buena pregunta, es también importante recordar que siempre habrá personas que rechazan el mensaje de Dios. Si no lo tenemos en cuenta, podemos sentirnos tan molestos por tales personas que nuestro ministerio hacia los que son receptivos también se verá afectado.

Mi ministerio entre jóvenes me lleva, a veces, a predicar en reuniones evangelísticas en las que algunos no solo se muestran hostiles a lo que digo, sino que también se burlan de ello. ¡En una ocasión, al comenzar mi mensaje un grupo se puso a dar palmas durante uno o dos minutos dándome a entender que me callara! He de intentar impedir que estas reacciones priven a otros del vivificador mensaje de Cristo que estoy presentando.

Este tipo de rechazo puede también amargarnos el ánimo. Nuestro razonamiento es: "Después de todo lo que me estoy sacrificando para compartir las buenas nuevas con esta gente, ¡mira cómo me tratan! No se merecen mi amor". Podemos acabar enemistados y resentidos por dentro. Esto puede suceder especialmente cuando se burlan de nosotros, lo cual es muchas veces más doloroso que el rechazo abierto. Porque, cuando se rechaza lo que decimos, pensamos que al menos se nos considera lo suficientemente importantes como para merecer una respuesta seria. Con la burla, no obstante, se nos trata con desdén. Hemos de aprender la disciplina de anticipar tales respuestas y negarnos a permitir que las mismas nos amarguen y desanimen.

Hechos 2:14–41

Entonces Pedro, con los once, se puso de pie y dijo a voz en cuello: «Compatriotas judíos y todos ustedes que están en Jerusalén, déjenme explicarles lo que sucede; presten atención a lo que les voy a decir.⁵ Éstos no están borrachos, como suponen ustedes. ¡Apenas son las nueve de la mañana! ¹⁶ En realidad lo que pasa es lo que anunció el profeta Joel:

¹⁷ »"Sucederá que en los últimos días —dice Dios—, derramaré mi Espíritu sobre todo el género humano.
Los hijos y las hijas de ustedes profetizarán, tendrán visiones los jóvenes y sueños los ancianos.
¹⁸ En esos días derramaré mi Espíritu aun sobre mis siervos y mis siervas, y profetizarán.
¹⁹ Arriba en el cielo y abajo en la tierra mostraré prodigios: sangre, fuego y nubes de humo.
²⁰ El sol se convertirá en tinieblas y la luna en sangre antes que llegue el día del Señor, día grande y esplendoroso.
²¹ Y todo el que invoque el nombre del Señor será salvo."

²² »Pueblo de Israel, escuchen esto: Jesús de Nazaret fue un hombre acreditado por Dios ante ustedes con milagros, señales y prodigios, los cuales realizó Dios entre ustedes por medio de él, como bien lo saben. ²³ Éste fue entregado según el determinado propósito y el previo conocimiento de Dios; y por medio de gente malvada, ustedes lo mataron, clavándolo en la cruz. ²⁴ Sin embargo, Dios lo resucitó, librándolo de las angustias de la muerte, porque era imposible que la muerte lo mantuviera bajo su dominio.²⁵ En efecto, David dijo de él:

»"Veía yo al Señor siempre delante de mí,
porque él está a mi derecha para que no caiga.
²⁶ Por eso mi corazón se alegra, y canta con gozo mi lengua;
mi cuerpo también vivirá en esperanza.
²⁷ No dejarás que mi vida termine en el sepulcro;
no permitirás que tu santo sufra corrupción.
²⁸ Me has dado a conocer los caminos de la vida;
me llenarás de alegría en tu presencia."

²⁹ »Hermanos, permítanme hablarles con franqueza acerca del patriarca David, que murió y fue sepultado, y cuyo sepulcro está entre nosotros hasta el día de hoy.³⁰ Era profeta y sabía que Dios le había prometido bajo juramento poner en el trono a uno de sus descendientes. ³¹ Fue así como previó lo que iba a suceder. Refiriéndose a la resurrección del Mesías, afirmó que Dios no dejaría que su vida terminara en el sepulcro, ni que su

fin fuera la corrupción. ³² A este Jesús, Dios lo resucitó, y de ello todos nosotros somos testigos.³³ Exaltado por el poder de Dios, y habiendo recibido del Padre el Espíritu Santo prometido, ha derramado esto que ustedes ahora ven y oyen.³⁴ David no subió al cielo, y sin embargo declaró:

> »"Dijo el Señor a mi Señor:
> Siéntate a mi derecha, ³⁵ hasta que ponga a tus enemigos por estrado de tus pies."

³⁶ »Por tanto, sépalo bien todo Israel que a este Jesús, a quien ustedes crucificaron, Dios lo ha hecho Señor y Mesías.»

³⁷ Cuando oyeron esto, todos se sintieron profundamente conmovidos y les dijeron a Pedro y a los otros apóstoles:

—Hermanos, ¿qué debemos hacer?

³⁸ —Arrepiéntase y bautícese cada uno de ustedes en el nombre de Jesucristo para perdón de sus pecados —les contestó Pedro—, y recibirán el don del Espíritu Santo. ³⁹ En efecto, la promesa es para ustedes, para sus hijos y para todos los extranjeros, es decir, para todos aquellos a quienes el Señor nuestro Dios quiera llamar.

⁴⁰ Y con muchas otras razones les exhortaba insistentemente:

—¡Sálvense de esta generación perversa!

⁴¹ Así, pues, los que recibieron su mensaje fueron bautizados, y aquel día se unieron a la iglesia unas tres mil personas.

Sentido Original   Pedro, sin miedo ya de confesar a su Señor, se dirige a los presentes para dar testimonio del sorprendente fenómeno que se ha manifestado (v. 14). Se pone en pie "con los once", lo cual sugiere que los otros apóstoles le están respaldando. En el libro de los Hechos, el ministerio se lleva a cabo casi siempre en equipo.[1] Sin embargo, es posible que hubiera una razón más profunda para que se levantaran todos juntos. La vacante del duodécimo apóstol que tenía que ser testigo de la Resurrección había sido cubierta inmediatamente antes de Pentecostés. El discurso de Pedro gira en torno al hecho de la Resurrección. Cuando dice "de ello todos nosotros somos testigos" (2:32), probablemente alude a los once que están junto a él.

Para Robert Mounce, lo que podría considerarse el común evangelio (*euangelion*) o kerigma apostólico, contiene tres elementos esenciales que encontramos en el discurso de Pedro:

(1) Una proclamación histórica de la muerte, resurrección y exaltación [yo añadiría aquí "vida y ministerio"] de Jesús, presentadas como cumplimiento de la profecía y con un acento en la responsabilidad del hombre; (2) una evalua-

---

1. Ver comentarios sobre Hechos 3.

ción teológica de la persona de Jesús como Señor y Cristo; (3) un llamamiento a creer en el perdón de los pecados y a recibirlo.[2]

La explicación del fenómeno (2:14–21)

Pedro da comienzo a su mensaje estableciendo un punto de contacto con su audiencia: la afirmación de que están borrachos (v. 15). Se trata de un inteligente método para captar la atención de sus oyentes por cuanto conecta con algo sobre lo que los presentes han mostrado curiosidad. Pedro señala lo absurdo de la acusación: "¡Apenas son las nueve de la mañana!" (v. 15).[3] A continuación señala la verdadera razón de los sorprendentes fenómenos que han presenciado: el cumplimiento de una profecía de Joel (Jl 2:28–32) que todos los judíos devotos han anhelado ver cumplida (Hch 2:17a). Es posible que en aquel momento Pedro no entendiera plenamente las implicaciones de que el Espíritu sería derramado sobre "todo el género humano". Sin embargo, Lucas, que escribe estas cosas a posteriori, sabe que tal derramamiento incluye a los gentiles.

La expresión "últimos días" de esta profecía comprende dos periodos distintos; el comienzo del segundo está separado del comienzo del primero por mucho tiempo. Pero, siguiendo el modo característico en la perspectiva profética, el profeta Joel yuxtapone estos dos acontecimientos y los presenta el uno al lado del otro. Lo que están presenciando en aquel momento es "el comienzo"[4] de los últimos días, en que personas de todas las edades y condiciones profetizarán (vv. 17b–18). Al "final"[5] de los últimos días habrá trastornos cósmicos (vv. 19–20; cf. Ap 6:12–14; 8:5, 7; 20:9), que serán el preludio del "día del Señor, día grande y esplendoroso" (v. 20b), el día del juicio al final del mundo. Los creyentes no tendrán que temer ese tiempo, porque "todo el que invoque el nombre del Señor será salvo" (v. 21).

En este texto, Pedro sitúa las lenguas bajo la idea general de la profecía. Esto se debe seguramente a que los apóstoles están aquí hablando en idiomas reconocibles, lo cual es como profecía en el sentido de que edifica a la iglesia (ver 1Co 14:1–5, 39).[6] En el Antiguo Testamento, cuando el Espíritu venía sobre ciertas personas capacitándolas para propósitos especiales, a menudo profetizaban (Nm 11:26–29; 1S 10:6–12). Los judíos habían llegado a creer que "con la muerte del último de los profetas escritores a comienzos del periodo

---

2. Robert H. Mounce, "Gospel", *EDBT,* 474.
3. La traducción literal de las palabras de Pedro es: "Es solo la tercera hora del día" (NASB). Según nuestra forma de contar el tiempo serían las 9.00 de la mañana.
4. Marshall, *Acts*, 74.
5. *Ibíd.*
6. Gary V. Smith, "Prophet; Prophecy", *ISBE*, 3:1004. En cambio, las lenguas que se describen en 1 Corintios 12–14 eran ininteligibles sin un intérprete y su función principal era la edificación privada (ver comentarios sobre 2:1–11).

postexílico el Espíritu de la profecía había cesado en Israel". Ellos esperaban, sin embargo, "que con la llegada de la era mesiánica se produciría un derramamiento especial del Espíritu de Dios, como cumplimiento de Ezequiel 37, y la profecía volvería a florecer".[7] Pedro está diciendo a los presentes que el tiempo de cumplimiento que han estado esperando con expectación ha despuntado. Esta idea sobre el cumplimiento de la profecía era un aspecto clave del kerigma de la iglesia primitiva.[8]

Los milagros y muerte de Cristo (2:22–23)

La exposición del evangelio que hace Pedro comienza con una referencia a los milagros de Cristo como legitimación de parte de Dios (v. 22). Puesto que Lucas solo nos da un resumen del discurso,[9] es de suponer que Pedro habría hablado con cierto detalle del ministerio de Cristo[10] y señala que los oyentes están al corriente de estos hechos. En su Evangelio, Lucas cita las siguientes palabras de Jesús: "Pero si expulso a los demonios con el poder de Dios, eso significa que ha llegado a ustedes el reino de Dios" (Lc 11:20). También aquí sus milagros se presentan como prueba de que Dios le ha acreditado.

A continuación, Pedro presenta la muerte de Cristo como algo de lo que sus oyentes son responsables, pero que se produjo también "según el determinado propósito y el previo conocimiento de Dios" (v. 23). Vemos aquí, como tantas veces en la Escritura, la paradoja entre la divina providencia y la responsabilidad humana (4:27–28). Aunque Dios planeó que Cristo muriera en la cruz, aquellos que llevaron a cabo esta acción fueron responsables de ella. La primera vez que Pedro oyó hablar de la inminente muerte de Cristo, la idea de que aquello pudiera formar parte del plan de Dios no podía estar más lejos de su pensamiento (Mt 16:22). Pero con la enseñanza de Jesús, en especial con sus explicaciones tras la Resurrección (Lc 24:27, 45–46), se dio cuenta de que todas estas cosas estaban en los propósitos de Dios. Por ello, los Evangelios afirman a menudo que la muerte de Cristo estaba de acuerdo con el plan de Dios, puesto que habían sido predichas por los profetas (Lc 18:31; 24:25–26, 46). Este es también un tema recurrente en la predicación evangelística del libro de los Hechos (2:23; 3:18; 8:32–35; 13:27, 29).

Esta afirmación de que la cruz era un acto redentor que Dios había preparado de antemano era la respuesta cristiana al hecho de que un Mesías crucificado fuera tropiezo para los judíos (ver 1Co 1:23). En palabras de Gordon Fee, para los judíos el "Cristo crucificado es una contradicción de términos, al

---

7. Longenecker, "Acts" 271.

8. Ver el influyente libro de C. H. Dodd, *The Apostolic Preaching and Its Developments* (Nueva York: Harper & Row, reimpresión de 1964), 7–31.

9. Ver la exposición sobre los discursos de Hechos en la Introducción.

10. Obsérvese que en su discurso en casa de Cornelio Pedro explica lo mismo, pero traza el ministerio de Cristo con mayor detalle (10:37–39).

mismo nivel que la idea de 'hielo frito'".[11] En su ministerio de evangelización a los judíos, los primeros cristianos debieron de pensar mucho en cómo podían responder a este tropiezo y desarrollaron la estrategia de presentarlo como un triunfo que Dios había planeado desde el principio.

La Resurrección (2:24–32)

La Resurrección ocupa nueve versículos del sermón de Pedro. El lenguaje del versículo 24 es muy gráfico. La Biblia alude con frecuencia a la Resurrección como un acto de Dios ("Dios le resucitó"), que supone la acreditación de la persona y obra de Cristo. La expresión "librándolo de las angustias de la muerte" dice literalmente: "cuando le soltó de los dolores [*odin*] de la muerte".[12] Por regla general, la palabra *odin* denotaba los dolores de parto. La siguiente afirmación, "porque era imposible que la muerte lo mantuviera bajo su dominio", muestra claramente que Pedro apela a la Resurrección como una validación de la vida y ministerio de Jesús. Puesto que es el Mesías, no puede permanecer muerto. G. Bertram describe con gran belleza lo que Pedro está diciendo: "El abismo no puede retener al Redentor como tampoco la mujer embarazada al niño que lleva en su cuerpo".[13]

En los versículos 25–28, Pedro cita el Salmo 16:8–11, donde David anticipa una resurrección. A continuación sigue argumentando que, puesto que David no se levantó de entre los muertos, este pasaje ha de referirse a Jesús, el gran Hijo de David (vv. 29–31). Longenecker explica que los apóstoles seguían el precedente exegético establecido por Jesús al interpretar el Salmo 110 como un texto mesiánico (cf. Mr 12:35–37) igual que el Salmo 16 (que presenta frases similares). Según parece, Jesús aludió a este salmo en sus explicaciones después de resucitar (cf. Lc 24:44). Pedro remacha su argumento a favor de la Resurrección con su afirmación: "De ello todos nosotros somos testigos" (Hch 2:32).

La exaltación (2:33–35)

A continuación Pedro afirma que Jesús ha sido exaltado a la diestra del Padre y conecta el acontecimiento de Pentecostés con esta exaltación. Jesús recibió el Espíritu Santo del Padre y ha derramado lo que acaban de ver y oír (v. 33). Aunque a menudo hablamos de la ascensión de Cristo, sería más apropiado usar el término bíblico "exaltación", ya que este denota el significado del acontecimiento. En el Nuevo Testamento, la resurrección y exaltación de Cristo tienen una estrecha relación mutua, casi como si se tratara de un solo evento.

---

11. Gordon D. Fee, *The First Epistle to the Corinthians,* NICNT (Grand Rapids: Eerdmans, 1987), 75.
12. C. K. Barrett, *Acts*, 127.
13. G. Bertram, "*ὠδίν*" *TDNT*, 9:673.

Obsérvense las palabras de Pedro aquí: "A este Jesús Dios le resucitó [...] Por tanto habiendo sido exaltado a la diestra de Dios [...]" (vv. 32–33, NASB).[14]

Tras su resurrección, Jesús tuvo numerosos encuentros con sus discípulos, pero no se nos dice dónde estaba y lo que hacía el resto del tiempo. ¿Acaso estaba ya, de algún modo, exaltado? Lo que sí sabemos es que en su registro de la ascensión, Lucas "describe el cese de las apariciones tras la resurrección de Jesús: 'una declaración de su carácter conclusivo'".[15] El Jesús exaltado se apareció una vez más, en este caso a Pablo, en el camino de Damasco, un acontecimiento que fue más una aparición después de resucitado que una visión (1Co 15:8). G. E. Ladd cree que las apariciones una vez resucitado "fueron humillaciones voluntarias del Cristo glorificado para convencerles de que realmente había vuelto de nuevo a la vida".[16]

Como en el caso de la Resurrección, Pedro aporta también pruebas de la exaltación de Cristo. (1) Apela a su experiencia del Espíritu Santo, lo cual demuestra fehacientemente que Jesús ha ido al cielo y ha enviado a aquel que prometió (v. 33). (2) Cita otro salmo davídico (Sal 110) y, como antes (vv. 29–31), afirma que las cosas que David afirmó en este texto no pueden aplicarse a él: "David no subió al cielo" (vv. 34–35). Esta cita nos da también una clave para entender lo que Cristo está haciendo ahora en su estado exaltado: está sentado a la diestra de Dios consumando la completa derrota de sus enemigos. La expresión "dijo el Señor a mi Señor" es muy significativa. Aunque en el griego se utiliza ambas veces la misma palabra que significa "Señor", el texto hebreo del Salmo 110:1 dice: "Yahvé dijo a mi Adonai". Pedro entiende que en esta frase Dios está hablando a Jesús, quien es el Señor de David.

Señor y Cristo (2:36)

La siguiente afirmación de Pedro representa el segundo rasgo fundamental del kerigma apostólico: una valoración teológica de la persona de Jesús. Las palabras con que inicia su principal afirmación, "Por tanto, sépalo bien todo Israel", son apropiadas considerando el modo tan convincente en que ha desarrollado sus argumentos hasta ahora. Su conclusión es clara: "A este Jesús, a quien ustedes crucificaron, Dios lo ha hecho Señor y Mesías".

Pedro afirma en primer lugar que Jesús es "Señor". Con la resurrección y exaltación de Jesús, los discípulos entienden ahora completamente las implica-

---

14. Obsérvese especialmente Filipenses 2:8–9. En este himno cristológico no se menciona la resurrección de Cristo. Por el contrario, inmediatamente después de mencionar la muerte de Jesús, Pablo se refiere a la exaltación: "Y al manifestarse como hombre, se humilló a sí mismo y se hizo obediente hasta la muerte, ¡y muerte de cruz! Por eso Dios lo exaltó hasta lo sumo y le otorgó el nombre que está sobre todo nombre".

15. Ladd, *Theology*, 370. Las palabras mencionadas dentro de la cita son de C. F. D. Moule, "The Ascension", *ExpTim* 68 (1956–57): 208.

16. Ladd, *Theology*, 371.

ciones de su identidad. G. E. Ladd comenta respecto al uso del término *kyrios* (Señor) en Hechos: "Es sorprendente descubrir que este término se aplica tanto a Jesús como a Dios. No es solo que Jesús, como Dios, sea *kyrios*, sino que, en contextos prácticamente intercambiables, se utiliza el mismo término para aludir a Dios y al Jesús exaltado".[17] En este discurso, *kyrios* se aplica a Jesús de maneras que se utilizaban para referirse a Dios en la LXX (ver vv. 20–21); por otra parte, en su condición de Señor, Jesús ha asumido funciones divinas, como el derramamiento del Espíritu (v. 33) y ser objeto de fe (v. 21). Obsérvese que en el versículo 36 a Jesús se le llama Señor, mientras que en el 39 este título se aplica de nuevo a Dios. Ladd concluye:

> Aquí, en la cristología más antigua de la iglesia primitiva, están los comienzos de la teología trinitaria, aunque sin elaborar. Implícito en el reconocimiento del señorío de Jesús está el reconocimiento de su divinidad esencial.[18]

Por ello, este señorío de Cristo formaba parte del kerigma de la iglesia primitiva; íntimamente relacionado con esto estaba el reino de Cristo, a lo cual Pedro acaba de referirse (v. 34). Jesús está ahora entronizado y "se ha convertido en aquel a quien Dios subyugará los poderes rebeldes de este mundo".[19] En su siguiente discurso y haciendo referencia a este mismo exaltado reinado, Pedro dirá: "Es necesario que él permanezca en el cielo hasta que llegue el tiempo de la restauración de todas las cosas, como Dios lo ha anunciado desde hace siglos por medio de sus santos profetas" (3:21). En este pasaje está la respuesta a la pregunta de los discípulos sobre si Cristo va o no a "restablecer el reino a Israel" (1:6). Jesús no solo restaurará a Israel, sino todas las cosas. El proceso que comenzó con la exaltación de Jesús llegará a su punto culminante en la gran consumación, cuando haya puesto "a todos sus enemigos debajo de sus pies [...] para que Dios sea todo en todos" (1Co 15:25, 28).[20]

El título "Cristo" (i.e., Mesías, Ungido) apunta a la esperanza de Israel de un libertador. La iglesia primitiva entendía que la liberación que Cristo había traído era principalmente una liberación del pecado y sus efectos, más que la liberación política que estaban esperando los judíos. En otras palabras, aunque el título "Señor" subraya la soberana realeza de Jesús, el título "Cristo" pone de relieve la salvación que trae consigo.

---

17. *Ibíd.*, 375. Esto se aplica también al Evangelio de Lucas, donde esta palabra se utiliza al menos 39 veces para referirse a Jesús.
18. *Ibíd.*, 377. ver también R. N. Longenecker, *The Christology of Early Jewish Christianity* (Londres: SCM Press, 1970).
19. Ladd, *Theology*, 376.
20. Ver 1 Corintios 15:24–27, donde se describe el gobierno del Cristo exaltado hasta aquel tiempo.

Un llamamiento al arrepentimiento y a recibir el perdón (2:37–40)

El tercer rasgo del kerigma apostólico es una exhortación a responder al mensaje. Viene suscitada por la pregunta de los presentes, quienes, "profundamente conmovidos" preguntan: "Hermanos, ¿qué debemos hacer?" (v. 37). Pedro presenta dos imperativos y promete dos bendiciones. Han de arrepentirse y ser bautizados, y recibirán el perdón de sus pecados y experimentarán el Espíritu Santo. Como Señor, Jesús demanda el arrepentimiento y el bautismo, que es una expresión externa de adhesión a él. Como Salvador, ofrece el inmerecido don del perdón. No hay aquí ninguna separación entre el señorío de Cristo y su papel como Salvador.

En este relato, como siempre que se narra una conversión, la gracia de Dios nos llena de asombro. En su mensaje, Pedro ha recordado a sus oyentes que ellos dieron muerte a Jesús. Ahora, este mismo Jesús les ofrece salvación. Pedro les está mostrando que pueden hacer suya la súplica de Cristo en la cruz por su perdón. David Gooding, describe esta "sublime gracia" como sigue:

> Ellos habían dado muerte al Hijo de Dios; él les ofrecía su Espíritu. Ellos habían crucificado a la segunda persona de la Trinidad; él les ofrecía a la tercera. Ellos habían arrojado al Hijo de Dios fuera de la viña con la esperanza de heredarla ellos; ahora les estaba invitando a recibir al Espíritu de Dios no solo en su viña, sino en sus propios corazones, para que fuera su vida inmortal, las arras y garantía de una herencia infinita e imperecedera.[21]

Algunos han entendido que "arrepiéntase y bautícese cada uno de ustedes en el nombre de Jesucristo para perdón de sus pecados" (v. 38) implica que el bautismo es un requisito necesario para la salvación. Pero esta interpretación fuerza excesivamente el sentido del texto. Los presentes en el hogar de Cornelio recibieron al Espíritu y hablaron en lenguas antes de ser bautizados (10:44–48). Bruce afirma: "Va contra todo el carácter de la religión bíblica suponer que el rito externo tendría algún valor salvo en la medida en que fuera acompañado de la obra interior de la gracia". Bruce señala la similar situación que encontramos en 3:19 donde "el que los pecados del pueblo sean borrados es una consecuencia directa de su arrepentimiento y vuelta a Dios [...] Nada se dice sobre el bautismo, aunque, sin duda, está implícito (la idea de un creyente sin bautismo no parece contemplarse en el Nuevo Testamento)".[22] El mensaje de Pedro concluye con una apelación más intensa que antes a la voluntad, con una advertencia y una súplica (v. 40).

---

21. Gooding, *True to the Faith,* 55.
22. Bruce, *Acts,* NICNT, 70.

La respuesta al mensaje (2:41)

La sorprendente respuesta de tres mil personas bautizadas ilustra la promesa de Jesús en el sentido de que, con su partida y la venida del Espíritu, los discípulos harían obras aun mayores que las que hizo él (Jn 14:12). Algunos eruditos han puesto en duda la exactitud de esta elevada cifra de convertidos en Jerusalén. Sostienen que es improbable que se hubieran convertido tantas personas en una ciudad que no tenía una gran población. Esta interpretación se basa en unas cifras de población de la ciudad de Jerusalén que oscilan entre 25.000 y 30.000 habitantes.[23] No obstante, ciertos estudios recientes muestran que "parece realista pensar en cifras que oscilan entre los 60.000 y los 120.000 habitantes, y que durante la tercera década del primer siglo no sería imposible una población situada en el extremo más elevado de estos baremos".[24]

Construyendo Puentes

El cristianismo es Cristo

Se ha dicho a menudo que "el cristianismo es Cristo". El mensaje de Pedro el día de Pentecostés nos da una indicación de por qué se puede afirmar esto. Cada paso de la trayectoria de Cristo abre la puerta a alguna faceta de la fe y práctica del cristiano.

Este pasaje nos brinda el primer sermón evangelizador de la iglesia del Nuevo Testamento. Si nos atenemos a sus resultados, fue sumamente fructífero. A juzgar por el espacio que Lucas dedica a este sermón, podemos asumir que pretendía que fuera un modelo para la predicación evangelística de la iglesia primitiva. Por consiguiente, cabe esperar mucha enseñanza sobre la predicación evangelística en este texto.[25] Cada uno de los puntos siguientes tiene una importancia vital para el evangelio cristiano y constituye la base de nuestra proclamación. También nuestro mensaje ha de centrarse en Cristo.

- La encarnación y el ministerio de Jesús hicieron posible que fuera nuestro Salvador (v. 22). Ambas cosas mostraron que no era un simple hombre; Jesús era, ciertamente, la respuesta de Dios al dilema humano.
- Su muerte en la cruz consiguió salvación (v. 23).
- Su resurrección confirmó la eficacia de su obra y la validó (vv. 24–32).

---

23. Ver Joachim Jeremias, *Jerusalén en tiempos de Jesús (Madrid: Cristiandad, 1980) 102.*
24. Ver Wolfgang Reinhardt, "The Population Size of Jerusalem and the Numerical Growth of the Jerusalem Church", *BAFCS*, 4:237.
25. Leighton Ford utiliza este sermón como un modelo para la evangelización pública en su influyente obra, *The Christian Persuader: A New Look at Evangelism Today* (Nueva York: Harper & Row, 1966), 92–139.

- Su exaltación hizo posible que Jesús mandara al Espíritu Santo, quien hace real esta salvación en nuestra vida diaria (vv. 33, 39).

- Su actual estado de exaltación confirma su señorío y su carácter mesiánico, y representa su reinado, durante el cual subyugará toda rebeldía contra Dios (vv. 34–36).

- Con su Segunda Venida se consumará su obra (no se declara explícitamente, pero se implica en el v. 35).

- En vista de la identidad de Jesús y de lo que ha hecho, nuestra salvación depende de él (vv. 36, 38). Para recibir la salvación hemos de admitir nuestra necesidad, arrepintiéndonos y aceptando a Jesús como Salvador y Señor. A ello seguirá nuestra recepción del Espíritu Santo y nuestro bautismo en su nombre (v. 38).

Comenzando con preguntas reales

Pedro comenzó su discurso respondiendo una pregunta planteada por los presentes sobre los idiomas que se estaban escuchando (v. 15). Este mismo patrón lo veremos en todos los sermones del libro de los Hechos. Los evangelistas no se lanzan a proclamar el evangelio sin ton ni son, sino que comienzan con algo que tiene relación con los oyentes. A menudo, como en este pasaje, el punto de partida es una pregunta sobre algún milagro que acaban de presenciar (ver también 3:12–16; 16:11–14). Algunas veces, como en Atenas, es una sentida necesidad que los oyentes han expresado (17:22–23). Nuestra predicación debe también iniciarse donde están las personas, para que puedan identificarse con nuestro mensaje. A partir de este punto podemos llevarles al mensaje esencial que queremos comunicar.

La vida de Cristo y el mensaje evangelizador

Pedro comenzó su exposición del evangelio describiendo acontecimientos de la vida de Cristo. La vida de Cristo es un recurso crucial en la evangelización. Como sugiere el propio término "Evangelio", los primeros cuatro libros del Nuevo Testamento son de hecho tratados evangelísticos. "Estrictamente hablando, no son biografía, sino testimonio. Dan testimonio de Cristo y de las Buenas Nuevas de su salvación. Por tanto, los autores seleccionan, ordenan y presentan su material según su propósito como evangelistas".[26] En relación con su Evangelio, Juan escribe: "Pero éstas se han escrito para que ustedes crean que Jesús es el Cristo, el Hijo de Dios, y para que al creer en su nombre tengan vida" (Jn 20:31).

Por otra parte, en la evangelización pedimos a las personas que sigan a Jesús como Señor. ¿No deberíamos acaso decirles algo sobre la naturaleza de esta

---

26. John Stott, *Understanding the Bible* (Glendale, Calif.: Regal, 1976), 113–14.

persona a quien les estamos pidiendo que sigan? ¿Y qué mejor manera de hablarles sobre Jesús que describiéndoles su vida en la tierra? En otras palabras, la vida de Cristo y el contenido de los cuatro Evangelios deberían ser rasgos clave de nuestro mensaje en la evangelización.[27]

El tema de la acreditación y la persuasión

Una clave para entender el discurso de Pedro es comprender que, a partir de la Escritura y de los acontecimientos que se habían producido (sobre todo, la Resurrección), pretendía mostrar a los judíos que el evangelio de Cristo ha sido validado y acreditado como verdadero. Pablo intentaba demostrar de manera fehaciente que Jesús es sin duda el Mesías que ellos estaban buscando. La sorprendente respuesta que obtuvo su mensaje demuestra que el intento de Pedro fue fructífero.

Los fenómenos que presenció el pueblo fueron confirmados por la profecía de Joel (vv. 17–21). El propio Jesús fue acreditado por milagros, prodigios y señales (v. 22) y por su resurrección (vv. 24–31, 34–35). La veracidad de la Resurrección fue, a su vez, reforzada por el hecho de que los once hombres que estaban junto a Pedro eran testigos presenciales de ella (v. 32), por las predicciones de la Escritura (vv. 25–28, 34) y por la venida del Espíritu Santo con las manifestaciones acompañantes de su poder (v. 33). Todas estas pruebas le dieron a Pedro la confianza para afirmar que aquel a quien ellos crucificaron es "Señor y Mesías" (v. 36).

Este acento en las pruebas y la acreditación encaja con la práctica de la persuasión en la evangelización que encontramos en el libro de los Hechos y que examinaremos en el estudio de 17:1–15.

La muerte de Cristo como una victoria

La muerte de Cristo era un tropiezo para los judíos. Los apóstoles respondieron a esta cuestión presentándola como una victoria que había sido planeada por Dios. No era, ni mucho menos, la desafortunada derrota de un buen hombre que no tuvo el poder para salvarse de la muerte.

El Nuevo Testamento es claro en su descripción de la victoria de Cristo por medio de su muerte. En medio del dolor y la humillación de su juicio y crucifixión, ¡Jesús se condujo como un hombre fuerte que controlaba aquella situación! Cuando, por ejemplo, se presentó a los guardias que habían ido a arrestarle, estos retrocedieron y cayeron al suelo. En medio de su arresto, tuvo tiempo para restablecer la oreja del siervo del sumo sacerdote y exhortar a Pedro sobre lo inútil de utilizar la espada. También le recordó a Pedro que, si

---

27. En mi libro, *Supremacy* (75–80) se trata la cuestión de utilizar la vida de Cristo en la evangelización.

hubiera querido librarse de sus apresadores, tenía a su disposición doce legiones de ángeles. Le dijo al sumo sacerdote que volvería del cielo en las nubes. A las mujeres que lloraban por él les pidió que no lo hicieran, que lloraran más bien por ellas mismas. Desde la cruel y dolorosa cruz declaró salvo a un ladrón, le pidió a Dios que perdonara a quienes le crucificaban e hizo preparativos para los cuidados de su madre. Finalmente, gritó triunfante: "Todo se ha cumplido".

También nosotros, en nuestro testimonio cristiano, hemos de esforzarnos por presentar la muerte de Cristo, no como una derrota o una gran tragedia, sino como un triunfo.

El reino de Cristo. El reino del Cristo exaltado, que culmina con la consumación en que "restaurará" todas las cosas (cf. Mt 17:11; Hch 3:21), era una de las características integrales del kerigma apostólico. En el imperio romano, la famosa afirmación era "César es Señor". Cuando los cristianos llamaban "Señor" a Cristo, estaban afirmando que él era su rey. La adhesión de los cristianos a Cristo iba a ser pronto puesta a prueba por las autoridades, primero en Jerusalén y finalmente en la propia ciudad de Roma. La fe en la soberanía de Cristo debió de ayudar mucho a estos creyentes a hacer frente al terror de la oposición de sus gobernantes. Curiosamente, la primera vez que experimentaron oposición, su oración fue una extensa meditación en la soberanía de Dios (Hch 4:24–28). También hoy, en nuestra labor evangelizadora hemos de subrayar este soberano reino de Cristo.

El llamamiento personal

Un rasgo importante del mensaje de Pedro fue la dimensión personal de su llamamiento. El apóstol no dudó en suscitar convicción de pecado entre sus oyentes. Les recordó su implicación en la muerte de Cristo (vv. 23, 36). Este mensaje hizo que los presentes se sintieran "profundamente conmovidos" y les llevó a decir: "Hermanos, ¿qué debemos hacer?" (v. 37). Pedro les llamó a arrepentirse y a ser bautizados, para recibir el perdón de pecados (v. 38). Acto seguido, el apóstol combinó súplica y advertencia en su afirmación: "¡Sálvense de esta generación perversa!" (v. 40). No se pasó por alto el hecho del pecado en las vidas de los oyentes. La tabla "Predicación evangelística en Hechos" presentada en la Introducción muestra que este acento en el pecado y el arrepentimiento era algo constante en la evangelización de la iglesia primitiva. También ha de serlo en nuestro tiempo.

La transformación de Pedro

El último principio del relato de Pentecostés que quiero comentar es la sorprendente transformación que tuvo lugar en la vida de Pedro. Cuando a Pedro se le advirtió sobre la inminente tentación que iba a enfrentar, se mostró confiado en su capacidad de mantenerse fiel a Cristo (Mr 14:27–29). Sin embargo, en el momento crucial de la prueba, no solo negó a su Maestro, sino que lo hizo maldiciendo y jurando (Mt 26:69–75). No obstante, llegado el momento, Jesús hizo todo lo que pudo por restaurar a este discípulo, que se sentía consternado por haber negado a su Señor. Una vez restaurado, se entregó a la oración en espera de la prometida bendición de la plenitud del Espíritu. Cuando esta llegó, Pedro se mostró imparable y Dios le utilizó como su instrumento humano para introducir el gran periodo de la iglesia. Este mismo esquema se ha repetido una y otra vez a lo largo de la historia de la iglesia y se seguirá repitiendo.

Comenzar con las preguntas de nuestra audiencia

Significado Contemporáneo

A diferencia de los evangelistas del Nuevo Testamento, que comenzaban invariablemente sus mensajes con preguntas suscitadas por sus oyentes, los de nuestro tiempo lo hacen, a veces, con preguntas que, según ellos, las gentes deberían hacerse. Es cierto que nuestra responsabilidad es llevar a las personas a plantearse preguntas importantes. No obstante, si partimos de este tipo de preguntas, puede que nunca nos escuchen, porque, de entrada, no les interesan. Hemos de partir de preguntas que las personas se están realmente planteando; una vez tengamos su atención, podemos llevarles a las preguntas que deberían estar planteándose.

Conocer las preguntas que se hace la gente y conectarlas con el evangelio es un arte que hemos de desarrollar. En esta tarea es de ayuda analizar los problemas reales de la gente y reflexionar en oración sobre ellos, deseando verles alinearse con el pensamiento de Dios. Algo incluso más importante es nuestro ministerio personal, que nos capacita para interactuar con las personas y nos ayuda a entender el mejor modo de alcanzarlas. El fracaso puede ser una importante ayuda en esto. Nos preguntamos: ¿por qué no he conseguido llegar a esta persona? Esta clase de preguntas es de gran valor para aprender a ministrar a la gente. Podemos, pues, hacer extensivo a nuestro ministerio público lo que hemos aprendido por medio del ministerio personal.

Utilizando la vida de Cristo en la evangelización

Durante una buena parte del siglo XX, los evangélicos se resistieron a utilizar la vida de Cristo en la evangelización. Esto era en parte una reacción al punto de vista liberal en el sentido de que la esencia del evangelio cristiano era el ejemplo de Cristo, no la salvación impartida por la muerte expiatoria de Cristo. Los evangélicos utilizaban a Pablo y las afirmaciones teológicas de Juan como fuentes esenciales de material evangelizador. Se resistían a presentar el ejemplo de Jesús, por miedo a que la gente pensara que la salvación se consigue siguiendo su ejemplo (i.e., salvación por obras). Sin embargo, recientemente ha habido un cambio en esta cuestión, un cambio que está sin duda en consonancia con las Escrituras, puesto que, como antes hemos mostrado, estas utilizan la vida de Cristo en la evangelización.[28]

La vida de Cristo tiene mucho atractivo evangelizador para nuestra generación. La efectividad sin precedentes de la película *Jesús*, distribuida a nivel mundial por Campus Crusade for Christ, lo pone claramente de relieve. En presentaciones al aire libre de este filme he visto a budistas quedarse clavados, sin moverse, durante las tres horas que dura la proyección. Algunos se negaron a marcharse aun cuando comenzó a llover. Vivimos en un tiempo en que muchos se sienten desencantados con sus dirigentes y han llegado a creer que es imposible que las buenas personas, las personas íntegras, tengan éxito en la vida. Piensan que la mayoría de la buena gente que conocen ha fracasado y se preguntan si la bondad y el éxito pueden ir de la mano. A esta generación que busca a tientas un modelo de éxito que no contradiga la voz de la conciencia le presentamos a Jesús: la buena persona, la persona perfecta, que comenzó un movimiento tan efectivo que en tres siglos el poderoso imperio romano había doblado la rodilla ante él.[29]

Algunos que de entrada sienten repulsión ante la idea de una salvación que requiere un sacrificio cruento (p. ej., los budistas, que se oponen a cualquier forma de sacrificio de animales) pueden volverse receptivos al evangelio observando la vida de Jesús. Mi esposa y yo hemos trabajado con budistas, que primero se sintieron atraídos por la vida de Jesús, y más adelante llegaron a entender las liberadoras Buenas Nuevas de la salvación del pecado mediante su muerte expiatoria. Quienes estudian las misiones han observado que también los musulmanes, que se oponen a la idea de que un profeta como Jesús pueda ser crucificado, se sienten inmensamente atraídos por su vida.[30] El obispo Stephen Neill ha señalado que ciertas biografías musulmanas de Mahoma publicadas recientemente atenúan algunos de sus rasgos menos agradables y le presentan como un personaje más parecido a Cristo. Esto, dice Neill, demuestra lo atractiva que es la vida de Cristo para los musulmanes.[31] Así pues, la vida de Cristo puede conseguir que quienes se resisten al evangelio escuchen y acepten otros aspectos del mensaje a los que en un principio eran reacios.

---

28. Es interesante, no obstante, que en los discursos de Pablo que tenemos en Hechos no queda constancia de que el apóstol utilizara la vida de Cristo. Sin embargo, en sus cartas hay pasajes en los que de la vida y ejemplo de Jesús se extraen ciertas implicaciones teológicas clave (p. ej., Fil 2:1–11; 1Ti 3:16).

29. Sobre esto ver mi libro *Supremacy*, 58–65.

30. Ver *ibíd.*, 79–80.

31. Stephen Neill, *Crises of Belief* (Londres: Hodder y Stoughton, 1984), 90 (North American Edition, *Christian Faith and Other Faiths* [Downers Grove, Ill.: InterVarsity Press]).

El valor de la acreditación en nuestro tiempo

El libro de los Hechos concede un alto lugar a la acreditación del evangelio apelando a testigos presenciales de los acontecimientos que rodean la vida de Cristo. Esta verdad es especialmente importante en un tiempo en que muchos ven el cristianismo en términos únicamente subjetivos, es decir, basándose solo en la maravillosa experiencia que han tenido (ver comentarios sobre 1:1–8). La experiencia subjetiva del Cristo resucitado es una importante clave para entender la naturaleza del cristianismo, y algunos evangélicos que se consideraban muy ortodoxos en su teología no le han concedido suficiente importancia. Esta clase de actitud representa un abandono del cristianismo bíblico. Pero lo es también aquella que subraya tanto la experiencia que descuida los hechos objetivos del mensaje cristiano.

En su Primera carta a los Corintios, Pablo habla extensamente de la experiencia práctica. Sin embargo, cuando describe la esencia del evangelio que había predicado a los corintios (1Co 15:1) —el evangelio por el que eran salvos (15:2)—, el apóstol enumera la secuencia de acontecimientos relacionados con la muerte y resurrección de Jesús (15:3–7). En este pasaje subrayó particularmente las apariciones del Cristo resucitado (15:5–7). Esto fue muy importante porque, como él mismo declaró más adelante, si Cristo no ha resucitado, "nuestra predicación no sirve para nada, como tampoco la fe de ustedes [...] la fe de ustedes es ilusoria y todavía están en sus pecados" (15:14, 17).

Nadie puede negar que muchas de las experiencias subjetivas del cristianismo han sido imitadas por otros. Hace poco hemos visto a musulmanes, judíos y practicantes de la Nueva Era reivindicando experiencias de "nuevo nacimiento". Por otra parte, en ocasiones, los cristianos atraviesan periodos difíciles, dando a entender quizá que los no cristianos están en mejor situación que ellos. Pero nuestra fe no se basa en las experiencias que podamos tener, sino en los sólidos hechos de lo que Jesús ha realizado a favor nuestro.

Craig Blomberg ha dicho que "ninguna religión está en pie o cae por reivindicar la resurrección de su fundador, como sí sucede con el cristianismo".[32] No obstante, es posible que en nuestro tiempo no sean muchos los que se acercan a Cristo principalmente por creer las verdades objetivas del evangelio. En mis investigaciones informales, he descubierto que la mayoría de quienes se acercan a Cristo lo hacen atraídos porque el evangelio suple las necesidades que perciben: cosas como el amor y preocupación de Cristo por las personas (entendido especialmente por su muerte por ellos en la cruz), su poder para sanar, su capacidad de quitar la culpa, su consuelo y su control del futuro. Solo muy de vez en cuando oigo a alguien decir que lo que le trajo a Cristo fue la Resurrección.

---

32. Craig Blomberg, *The Historical Reliability of the Gospels* (Downers Grove, Ill.: InterVarsity, 1987), 77.

Por consiguiente, la Resurrección no es especialmente popular en la predicación evangelística de nuestros días. Parece tan fuera de lugar con el modo en que piensa la gente que nos sentimos tentados a dejarla fuera de la exposición inicial del evangelio para sacarla a colación más adelante, en el proceso de acompañamiento. Una rápida mirada a algunos de los materiales de formación para consejeros evangelísticos, o a las guías básicas para ayudar a las personas a decidirse por Cristo, pone de relieve que la Resurrección no tiene el importante lugar que debería ocupar en nuestra evangelización.

Cuando las personas se acercan a Cristo en busca de respuesta para alguna de las necesidades que perciben en su vida, estarán sobre un terreno inestable a menos que rápidamente se les fundamente en las verdades del evangelio. Descubrirán que Cristo quizá no responde de inmediato y del modo en que ellos lo esperan a una necesidad sentida. Es posible que no les sane de inmediato de una enfermedad ni resuelva un difícil problema. He visto a recién convertidos decaer bajo esta tensión y acudir, desesperados, a otras fuentes de ayuda como curanderos, espiritistas, médiums, astrólogos, derviches y santuarios dedicados a dioses y a santones, supuestamente poderosos. Tras veintiún años de trabajo en la evangelización, he llegado a la conclusión de que la mayoría de las personas se acercan a Cristo para resolver alguna de las necesidades que sienten en su vida; después, sin embargo, permanecen con él porque llegan a creer que el evangelio es verdadero.

Por estas razones, sería sabio que siguiéramos el ejemplo de los evangelistas de Hechos, que no tuvieron ningún temor de utilizar la Resurrección como prueba de la validez de su mensaje (17:31) aunque se encontraron con fuertes reacciones negativas (como en Atenas, 17:32). Hemos también de recordar que sigue habiendo personas que encuentran las pruebas para la Resurrección tan convincentes que se preguntan cuál debería ser su respuesta. Naturalmente, esto nos plantea el desafío de presentar este mensaje de manera adecuada.

Este acento en los hechos del evangelio es particularmente importante en nuestra era pluralista y posmoderna, en que la verdad se ve como algo subjetivo. El pluralismo niega que exista ninguna verdad absoluta. Según esta perspectiva, la verdad es lo que las personas descubren a través de su experiencia. No puede ser lo que afirman los cristianos, algo definitivo revelado a través de ciertos actos salvíficos de Dios. El hinduismo es una religión pluralista y en muchos sentidos la madre del movimiento Nueva Era, que es en la actualidad una de las formas más visibles de pluralismo. Los relatos del hinduismo son vehículos portadores de principios religiosos. A muchos devotos seguidores de Krishna no les importa si este vivió o no.

El obispo Lesslie Newbigin, antiguo misionero en la India, menciona una conversación que mantuvo con un devoto y culto maestro del movimiento misionero hindú, la Misión Ramakrishna. "Nunca olvidaré la estupefacción con que [este hindú] me miró cuando descubrió que estaba dispuesto a depositar toda mi confianza en el sólido registro de Jesús en el Nuevo Testamento". Para este hombre "era un axioma que no podía permitirse que este tipo de cuestiones tan esenciales sobre la verdad religiosa dependiera de los accidentes de la historia".[33]

Puesto que el pluralismo considera la verdad como algo subjetivo, puede tomar prestadas buenas ideas de todas las religiones sin atribuir singularidad absoluta a ninguna en particular. Por ello, el pluralista Mahatma Gandhi pudo tener a Cristo en tan alta estima, rechazando al tiempo sus reivindicaciones de singularidad. De la vida y enseñanzas de Jesús, Gandhi tomó aquellos principios que consideraba útiles, sin prestar atención a los aspectos de los Evangelios que parecían sugerir que Cristo era único. Minimizó la importancia histórica de los Evangelios y rechazó, por tanto, aquellas características que encontraba ofensivas.[34]

Pero los Evangelios no permiten esta clase de acercamiento a la vida de Cristo. Se escribieron como historia; presentan a Jesús como supremo, como único portador de la verdad absoluta, quien ganó la salvación de la humanidad por medio de su muerte y resurrección. No obstante, y dado que los pluralistas consideran los Evangelios como reflexiones subjetivas de los primeros cristianos y no como documentos históricos, estos pueden rechazar sus afirmaciones absolutas como reflexiones subjetivas, surgidas de las experiencias de personas que habían llegado a considerar a Cristo como su Señor. Esta es la razón por la que una de las ideas más importantes en respuesta al pluralismo son las pruebas de la historicidad objetiva de los Evangelios.[35]

La muerte de Cristo como victoria

La muerte de Cristo fue un tropiezo para los judíos del siglo I y sigue siéndolo para muchas personas de nuestro tiempo. En nuestros días es importante la apariencia de fuerza y de tener el control de la situación. Los líderes, y en especial los candidatos a cargos públicos, contratan especialistas que les ayuden a proyectar la imagen de que "no se les escapa nada". No tiene, pues, que sorprendernos que la gente de hoy considere repulsiva la idea de que la persona que demanda nuestra lealtad se sometiera mansamente a un destino tan innoble como la muerte por crucifixión. Como he dicho antes, la idea de un Mesías crucificado era una contradicción de términos para los judíos. Por ello, en los discursos de Hechos y en los Evangelios se subraya tanto la muerte de

33. Lesslie Newbigin, *The Finality of Christ* (Richmond: John Knox, 1969), 50.
34. Las ideas de Gandhi sobre Cristo se analizan en M. M. Thomas, *The Acknowledged Christ of the Indian Renaissance* (Londres: SCM, 1969), 193–236.
35. Sobre este asunto ver mi *Supremacy*, 21–24, 85–98.

Cristo como una victoria planeada por Dios, no como la inesperada derrota de un buen hombre.[36]

Los musulmanes responden a la idea de la muerte de Cristo en la cruz de un modo parecido al de los judíos y les es imposible aceptar que alguien a quien se considera profeta muriera de esta manera. Proponen, por tanto, explicaciones alternativas a la historia de la cruz. Un importante escritor budista de Sri Lanka me dijo una vez que, para él, Cristo era un fracaso, puesto que fue derrotado por la misma maldad que quería combatir.

Sin embargo, camino de la cruz, Jesús no dio muestras de debilidad, sino que manifestó una increíble fortaleza. Utilizar a profesionales para que nos ayuden a tener un buen aspecto no hace que nos sintamos bien; en lo profundo de nuestro ser experimentamos esta molesta sensación de inseguridad, de no saber cómo manejar los desafíos de la vida y, sobre todo, la muerte. Pero en Jesús vemos a un hombre que era todo cuanto un dirigente desea ser: una persona que no teme problema alguno y con fortaleza para hacer frente a cualquier eventualidad. ¿No son acaso tales personas las más felices de la tierra, las que no temen a la vida ni a la muerte? Por está razón, la muerte de Jesús puede ser una potente herramienta para evangelizar hoy. Cuanto más estudiamos la vida de Jesús, más claro vemos que él no era una persona débil, sino fuente de una gran fortaleza.

Es más, Jesús asumió su cruel muerte por su compromiso con nosotros. En nuestro mundo egoísta, las personas sufren mucho por otros que han abusado de su confianza, volviéndoles la espalda cuando las cosas se pusieron difíciles. Por el contrario, nosotros proclamamos la verdad de que el amor de Cristo por nosotros sobrepasa cualquier cosa que hubiéramos podido imaginar.

Recordemos también lo que la cruz ha conseguido: la salvación del mundo. Jesús no fue ningún fracaso, puesto que fundó la que con propiedad puede llamarse la organización más influyente de la historia del mundo: la iglesia. Y la iglesia tiene su símbolo: ¡una cruz! En el libro de Apocalipsis, el nombre por excelencia del Cristo victorioso en el cielo es el Cordero,[37] indicando que logró su triunfo al ser inmolado. Ciertamente, como dice Pablo, Dios "desarmó a los poderes y a las potestades, y por medio de Cristo los humilló en público al exhibirlos en su desfile triunfal" (Col 2:15). Hemos de corregir todo concepto equivocado sobre la cruz y mostrar a las personas que en ella se produjo el mayor triunfo en la historia de la raza humana.

---

36. Sobre esto ver mi libro *Supremacy*, 149–53.
37. En el libro de Apocalipsis, el término "cordero" se utiliza 28 veces en referencia a Cristo.

Proclamando el reino de Cristo en nuestro tiempo

Uno de los principales obstáculos que muchos tienen para hacerse cristianos es el temor a las represalias (de parte de otros dioses, líderes religiosos, las autoridades gubernamentales y de la familia, comunidad y amigos). Tienen temor de las maldiciones, la persecución, la ridiculización y la discriminación. Conozco a muchos budistas e hindúes que están convencidos de la veracidad del cristianismo, pero no se convierten por tales temores. Hemos de mostrarles que al único que realmente hay que temer es al supremo Señor del Universo, quien finalmente conquistará toda rebeldía contra él. Lo más sensato es ponernos de su parte.

Cuando a los discípulos se les pidió que no predicaran en el nombre de Cristo, ellos concluyeron que, aunque las autoridades pudieran mostrar temporalmente su poder, finalmente tendrían que doblegarse ante la voluntad de Dios (cf. 4:25–28). Demasiadas personas tienen tanto miedo de las amenazas del presente que ignoran las eternas. Pero hemos de mostrarle al mundo que al único a quien hemos de temer es a quien tiene las claves de la eternidad (Lc 12:4). Hemos de proclamar el soberano reino de Cristo.

El reino de Cristo es otro aspecto del mensaje evangelístico que los evangélicos hemos descuidado a lo largo de este siglo [el autor escribe a finales del siglo XX. N. del T.]. Es posible que esto se deba, una vez más, a que parece menoscabar el acento en la gracia y a que los liberales lo utilizaron de un modo que devaluaba la gracia. Dándole al posmilenialismo un giro no bíblico, los teólogos liberales anticiparon que el progreso humano produciría la evolución hacia una sociedad ideal, en la que el reino de Cristo se consumaría plenamente. Por supuesto, esta esperanza fue desacreditada por dos devastadoras guerras a nivel mundial.[38] Tengo la esperanza de que la idea de Cristo como rey vuelva al evangelio básico proclamado por la iglesia evangélica.

El llamamiento personal en nuestros días

Pedro no evitó el asunto de la responsabilidad personal de su audiencia. Les acusó de pecado y les llamó a arrepentirse. Existe cierto debate en nuestros días sobre si es o no esencial hablar del pecado cada vez que se predica el evangelio. Algunos creen que perderán la oportunidad de ser escuchados si pronuncian enérgicas afirmaciones sobre el pecado. Cuando John Wesley iba a

---

38. En la obra de Albrecht Ritschl, *The Christian Doctrine of Justification and Reconciliation* (1870–1874; trad. reeditada por Clifton, N. J.: Reference Book, 1966), y Adolf von Harnack, *What Is Christianity?* (Londres: Ernst Benn, reimpresión de 1958), se presentan afirmaciones clásicas de la posición liberal. Quienes estén interesados en un análisis de este acercamiento recientemente publicado pueden ver Peter Toon, *The End of Liberal Theology: Contemporary Challenges to Evangelical Orthodoxy* (Wheaton: Crossway, 1995).

una zona nueva, aplicaba la estrategia de predicar "la ley" para producir convicción de pecado antes de enfatizar el evangelio. "Al comienzo de nuestra predicación en cualquier lugar, tras una declaración general del amor de Dios a los pecadores y su deseo de que estos sean salvos, predicábamos la ley del modo más intenso, más cercano y más escrutador posible; intercalando esporádicamente el evangelio aquí y allá, mostrándolo, por así decirlo, a distancia".[39] Una vez que las personas experimentaban convicción de pecado por la predicación de la ley, Wesley pasaba a subrayar la gracia.

En nuestro tiempo, este método se pone en tela de juicio. Muchos prefieren retrasar cualquier insistencia en el pecado hasta no haber ganado el interés de la persona. Es, por tanto, posible que el pecado ni siquiera se mencione en las reuniones públicas de algunos ministerios de nuestro tiempo. Naturalmente, es cierto que hemos de ser sensibles a nuestros oyentes y adaptar a su situación el mensaje inmutable. Sin embargo, también hemos de asegurarnos de que aquellos que alcanzamos con nuestros ministerios de evangelización sean, en algún momento, confrontados con la seriedad del pecado y sus consecuencias. No deberíamos pedirle a alguien que acepte a Cristo como Salvador hasta no haberle dicho que este paso implica arrepentimiento del pecado y que la salvación lo es principalmente del pecado. Por ello, en la predicación del evangelio de nuestro tiempo debería ser tan corriente intentar producir convicción de pecado, advertir sobre el juicio y llamar al arrepentimiento como lo era en Hechos.[40]

Jesús no tenía temor de perder oyentes por decir cosas difíciles. De hecho, indicó que, en ocasiones, su enseñanza por medio de parábolas pretendía cerrar la mente de algunos mientras abría la de otros (Mr 4:10–12). Este incisivo aspecto de nuestra predicación ayudará a quienes nos escuchan a darse cuenta de que, cuando se acercan a Cristo, están dejando atrás el pecado y comenzando una nueva vida que lleva consigo nuevos hábitos y valores. Si esto no queda claro, acercarse a Cristo no será, para muchos, el cambio completo y radical que la Biblia presenta. Lamentablemente, algunas cosas indican que muchos miembros de las iglesias evangélicas de nuestro tiempo no han entendido el cristianismo de este modo.

A. Skevington Wood afirma, en un estudio sobre el mensaje de John Wesley: "El cristianismo es optimista con respecto a la gracia, pero pesimista acerca de la naturaleza humana". Es posible que estas afirmaciones no estén de acuerdo con el pensamiento de muchos hoy. Sin embargo, si no subrayamos ambas características, tergiversaremos gravemente el evangelio y proclamaremos un tipo anémico de cristianismo.[41] Por tanto, como hemos dicho antes, aunque

39. De John Wesley, *Letters* (Londres, 1931), 3:82. citado en A. Skevington Wood, *John Wesley: The Burning Heart* (Grand Rapids: Eerdmans, 1967), 242.
40. Ver 2:23, 36–38, 40; 3:13–15, 19, 23, 26; 10:42–43; 13:40–42; 14:15; 17:30–31.
41. Wood, *John Wesley: The Burning Heart,* 230.

hemos de seguir siendo sensibles a las sentidas necesidades de las personas, también hemos de seguir advirtiéndoles sobre la seriedad del pecado.

Aunque, en su mensaje, Pedro puso de relieve el pecado personal, también subrayó los beneficios de la salvación: el perdón de pecados, la experiencia del Espíritu Santo y una promesa que se extiende a nuestros hijos como bendiciones personales que vienen con el evangelio. En su mayor parte, el mensaje de Pedro defendía, naturalmente, la validez del evangelio. Sin embargo, sobre este fundamento se ofrecen las bendiciones personales de la salvación. Aquí tenemos de nuevo la combinación bíblica: hechos objetivos que fundamentan benditas experiencias subjetivas (ver comentarios sobre 1:1–8).

El evangelio no es un mero objeto de debate. Es un mensaje que demanda una respuesta personal y siempre hemos de orientar nuestra tarea hacia tal respuesta, aunque ello signifique advertir a las personas y rogarles (v. 40).

Siervos de Dios transformados

Relatos como el de la transformación de Pedro se han repetido, una y otra vez, en la historia de la iglesia. En 1935, Blasio Kigosi, un maestro ruandés, se sentía profundamente desanimado por la falta de vida que veía en la iglesia y la impotencia que caracterizaba su experiencia personal. Siguiendo el ejemplo de los primeros cristianos, se encerró en su cabaña para dedicarse una semana a la oración y el ayuno. Al término de este tiempo, Kigosi era un hombre distinto. Confesó sus pecados a quienes había agraviado, entre ellos su esposa e hijos. Comenzó a proclamar el evangelio en la escuela donde enseñaba y se produjo un avivamiento que dio como fruto la transformación de estudiantes y maestros. A estos se les llamaba *abaka*, que significa personas ardientes. Poco después de esto, Blasio fue invitado a Uganda, para compartir su experiencia con los dirigentes de la Iglesia Anglicana de este país. Cuando llamó al arrepentimiento a los dirigentes, el fuego del Espíritu descendió de nuevo sobre aquel lugar, con resultados parecidos a los de Ruanda.

Varios días más tarde, Blasio murió de fiebre. Su ministerio duró solo unas semanas, pero los fuegos de avivamiento que encendió su vida se extendieron por toda el África oriental y siguen ardiendo en nuestros días. Durante muchas décadas, centenares de miles de vidas han sido transformadas mediante este poderoso avivamiento africano. Todo comenzó con un cristiano desanimado, que decidió hacer un alto en su vida para buscar la plenitud del Espíritu de Dios.[42]

---

42. Shenk y Stutzman, *Creating Communities,* 31–32.

Hechos 2:42–47

Se mantenían firmes en la enseñanza de los apóstoles, en la comunión, en el partimiento del pan y en la oración. ⁴³ Todos estaban asombrados por los muchos prodigios y señales que realizaban los apóstoles. ⁴⁴ Todos los creyentes estaban juntos y tenían todo en común: ⁴⁵ vendían sus propiedades y posesiones, y compartían sus bienes entre sí según la necesidad de cada uno. ⁴⁶ No dejaban de reunirse en el templo ni un solo día. De casa en casa partían el pan y compartían la comida con alegría y generosidad, ⁴⁷ alabando a Dios y disfrutando de la estimación general del pueblo. Y cada día el Señor añadía al grupo los que iban siendo salvos.

La descripción de los acontecimientos del día de Pentecostés ha concluido con la espectacular afirmación de que aquel día "se unieron a la iglesia unas tres mil personas" (2:41): el fruto del primer mensaje evangelístico era del Espíritu. En los versículos 42–47 se describe la vida comunitaria de la joven iglesia. Se nos dice en primer lugar que "se mantenían firmes [se refiere probablemente a los nuevos convertidos]" en aquellas actividades que la iglesia les ofrecía para su acompañamiento (v. 42). A continuación se describe el milagroso ministerio de los apóstoles (v. 43), seguido de una descripción más general de la vida comunitaria de toda la iglesia ("Todos los creyentes" vv. 43–47).

Acompañamiento de los convertidos (2:42)

En la iglesia primitiva se llevó a cabo un inmediato y periódico acompañamiento[1] de los primeros convertidos. La expresión verbal "estaban dedicándose a" (trad. lit.) cubre cuatro actividades. La palabra "dedicar" (*proskartereo*) es la misma que se utiliza para indicar la persistente devoción de los discípulos a la oración en 1:14 (se traduce "se dedicaban a la oración"). Esta palabra aparece seis veces en Hechos.[2] "El sentido es que continuaban en fiel adhesión a la recién constituida comunidad".[3] Este término se utiliza muchas veces

---

1. Prefiero hablar de "acompañamiento" más que de "seguimiento", ya que subraya que se trata de un ministerio personal y no de un proceso mecánico basado principalmente en el uso de materiales y técnicas.
2. Ver 1:14; 2:42, 44; 6:4; 8:13; 10:7.
3. Barrett, *Acts*, 164.

con la idea de "persistir obstinadamente en" algo, un sentido apropiado en este texto.[4]

(1) El primer elemento es "la enseñanza de los apóstoles". Considerando que Jesús pasó tanto tiempo enseñando a las multitudes y a su grupo de seguidores, no es de extrañar que la enseñanza ocupara un lugar importante en la iglesia primitiva. Jesús mismo instruyó a sus discípulos para que enseñaran obediencia a aquellos que habían sido bautizados (Mt 28:20). Lo sorprendente es que, mientras que el Evangelio de Lucas consigna muchas veces el contenido de la enseñanza de Jesús, en ningún lugar del libro de los Hechos se nos ofrece una clara descripción de lo que se enseñaba a los nuevos creyentes. A partir de los Evangelios y el libro de los Hechos podemos decir que incluía probablemente explicaciones sobre la naturaleza de la salvación, la persona y obra de Cristo, sus mandamientos y otras características de la vida cristiana y el mensaje del reino.[5]

(2) La palabra *koinonia*, que Lucas utiliza con el sentido de "comunión", es un término que le gusta mucho a Pablo, aunque en el caso de Lucas, este es el único lugar de sus escritos en que aparece.[6] La idea esencial es la de compartir, pero se utiliza también para denotar intimidad y compañerismo en general. Se utiliza para aludir a "la comunión del Espíritu Santo" (2Co 13:14) y también a nuestra participación en la sangre y el cuerpo de Cristo cuando compartimos la copa y el pan en la Cena del Señor (1Co 10:16). Pablo afirma que las columnas de la iglesia de Jerusalén le dieron la diestra a él y a Bernabé "en señal de compañerismo" (Gá 2:9), mostrándoles así su aceptación como legítimos siervos de Cristo. En el griego secular, esta palabra se utilizaba para hacer referencia a compartir posesiones (cf. 2Co. 9:13). Teniendo en cuenta que las palabras adoptan distintos significados según el contexto en que aparecen, deberíamos tener cuidado de no adjudicarles un sentido general basándonos en su significado en las distintas ocasiones en que aparecen. Sin embargo, las diecinueve veces que la palabra *koinonia* aparece en el Nuevo Testamento sugieren que la iglesia la utilizaba para aludir a la singular participación que los cristianos tienen con Dios y con otros cristianos.

(3) La expresión "el partimiento del pan" tiene un artículo determinado delante de la palabra "pan", que lleva a algunos a traducir, "el partimiento de la hogaza" (ver también Lc 24:35) y a distinguirla de "partían pan" (sin artículo determinado) que aparece en el versículo 46 (ver también 20:7, 11; 27:35; 1

---

4. *Ibíd.*, 162.
5. Para un resumen del posible contenido de la enseñanza en la iglesia primitiva, ver Harrison, *Apostolic Church*, 165. El material de Harrison procede de C. H. Dodd, *Gospel and Law: The Relation of Faith and Ethics in Early Christianity* (Nueva York: Columbia Univ. Press, 1951), 252.
6. Algunos han afirmado que la iglesia dio a esta palabra un sentido totalmente nuevo. Sin embargo, esto es incorrecto. Esta palabra aparecía normalmente en los escritos clásicos para aludir, entre otras cosas, a un vínculo entre las personas. Ver *NIDNTT*, 1:639–41.

Co. 10:16; 11:23–24). Quienes hacen esta distinción afirman que el versículo 42 alude a la Cena del Señor, mientras que el 46 se refiere a comidas corrientes.[7] Pero es posible que la diferencia en cuestión no sea tan significativa. Esta frase "era una expresión técnica para referirse a la costumbre judía de pronunciar la bendición sobre el pan al principio de las comidas mientras se partía y distribuía a los comensales".[8] Otros sostienen que, en Hechos, esta expresión se refiere a las comidas diarias de comunión, que eran distintas de la continuación de la Última Cena (que, según ellos, en un principio se observaba solo una vez al año, durante el periodo de la Pascua). Se dice que estas comidas se convirtieron en el Ágape (o fiesta del amor) y solo más adelante se incorporaron a la Última Cena para convertirse en la Cena del Señor (ver 1Co 11:20–21).[9]

Personalmente, prefiero el punto de vista de eruditos como Bruce, Murray Harris, Polhill y Marshall, en el sentido de que la expresión "partimiento del pan" en el libro de los Hechos se refiere a la Cena del Señor, que probablemente formaba parte de las comidas de comunión que se describen en 1 Corintios 11. Como acompañante de Pablo, Lucas habría estado al corriente de esta práctica de las iglesias de celebrar la Cena del Señor en el marco de comidas de comunión. Habría sido confuso para sus lectores si Lucas hubiera mencionado el partimiento del pan sin referirse a la Cena del Señor.

Bruce, citando a Rudolph Otto,[10] ha explicado que lo que hace que esta acción sea significativa es el simbolismo del pan partido en relación con el partimiento del cuerpo de Cristo en su muerte. Esta es la razón por la que, en el Nuevo Testamento, se alude al menos doce veces al partimiento del pan.[11] Obsérvese también que los otros tres elementos que se mencionan en 2:42 —la enseñanza, la comunión y la oración— son actividades espirituales, lo cual sugiere que este cuarto —el partimiento del pan— lo es también (i.e., la Cena del Señor).

(4) La última cláusula del versículo 42 dice literalmente "y a las oraciones" (ver NRSV). Esta expresión podría aludir a las oraciones que se llevaban a cabo en el templo de Jerusalén según horarios establecidos y a las cuales asistían los discípulos (3:1; cf. 2:46; 22:17). Pero estos también se reunían para orar por su cuenta (1:24; 4:24; 12:12). La vida de oración de la iglesia primitiva se funda-

---

7. Harrison, *Acts*, 74.

8. Murray J. Harris, "Baptism and the Lord's Supper", *In God's Community: Essays on the Church and Its Ministry*, ed. David J. Ellis y W. Ward Gasque (Wheaton: Harold Shaw, 1978), 21.

9. G. F. Hawthorne, "Lord's Supper", *ZPEB*, 3:978–86; E. Earle Ellis, *The Gospel of Luke, New Century Bible* (Londres: Marshall, Morgan and Scott, 1974), 250; Oscar Cullmann, *Early Christian Worship* (Londres: SCM, 1966), reeditado en Robert E. Webber, ed., *The Complete Library of Christian Worship*; vol. 1, *The Biblical Foundations of Christian Worship* (Peabody: Hendrickson, 1993), 318–19.

10. Bruce, Acts, NICNT, 73, citando a R. Otto, *The Kingdom of God and the Son of Man* (Londres, 1943), 315.

11. Ver Mateo 26:26; Marcos 14:22; Lucas 22:19; 24:30, 35; Hechos 2:42, 46; 20:7, 11; 27:35; 1 Corintios 10:16; 11:23–24.

mentaba en la enseñanza sobre la oración del Antiguo Testamento tal y como la practicaban los judíos de aquel tiempo. ¿Utilizaban los primeros cristianos el Padrenuestro en estas reuniones? No podemos estar seguros. Sí sabemos que lo utilizaban en el siglo II. De hecho, el manual para la vida eclesial llamado la Didajé[12] recomendaba el uso del Padrenuestro tres veces al día.[13]

La gran aportación de Jesús a la concepción cristiana de la oración fue su relación íntima con Dios, a quien llamaba "Padre" (Mr 14:36). Jesús enseñó a sus discípulos a compartir también esta intimidad, y hasta los cristianos gentiles utilizaban la palabra típicamente aramea, "Abba", con que él se dirigía a Dios (Ro 8:15; Gá 4:6). Esta nueva concepción de la intimidad con Dios se habría hecho realidad en su experiencia del Espíritu Santo el día de Pentecostés. Juan Crisóstomo, el expositor bíblico del siglo IV definió la oración como una "conversación con Dios".[14]

La vida comunitaria de la iglesia (2:43–47)

La descripción del acompañamiento de los nuevos convertidos da paso a una descripción de la vida en comunidad de toda la iglesia. Este es el primero de al menos ocho resúmenes que encontramos en Hechos que describen esta vida y muestran que esta llevó al crecimiento de la Palabra de Dios o de la iglesia.[15]

En primer lugar se nos habla del "asombro" que todos sentían por los milagros que realizaban los apóstoles (v. 43). La palabra "todos" puede hacer referencia tanto a creyentes como a no creyentes que veían y oían lo que estaba sucediendo en la iglesia. Estas personas veían claramente que Dios estaba obrando. Estos milagros podían ser también señales a los judíos de que la nueva era que ellos aguardaban estaba despuntando. En el libro de los Hechos, dichas señales están estrechamente vinculadas al ministerio de evangelización de la iglesia.[16]

Hablaremos con más detalle de la práctica de compartir posesiones en la iglesia primitiva (2:44–45) cuando estudiemos 4:32–35. Las propiedades se vendían según las necesidades; el tiempo imperfecto de los verbos da a entender precisamente esto. Lo que tenemos, por tanto, en este pasaje no es una imposición de compartir, como en el comunismo. Ni tampoco la disponibili-

---

12. La Didajé suele fecharse en algún punto entre finales del siglo I y la última etapa del siglo II.
13. Didajé, 8:2–3; en *Apostolic Fathers,* 259.
14. De sus *Homilías sobre Génesis* (30:5); citado en Everett Ferguson, "Prayer", *Encyclopedia of Early Christianity*, ed. Everett Ferguson (Nueva York y Londres: Garland, 1990), 744.
15. Ver 4:32–35; 5:12–16; 6:7; 9:31; 12:24; 16:5; 19:20.
16. Quienes deseen pruebas de ello pueden ver Gary S. Greig y Kevin S. Springer, ed., *The Kingdom and the Power* (Ventura, Calif.: Regal, 1993), 359–92.

dad definitiva y permanente de todas las propiedades privadas de la iglesia. ¡El punto importante es que la comunión llegó también a la cartera!

A continuación se nos dice que los primeros creyentes iban al templo (v. 46a), como hacía Jesús. Intentaron permanecer dentro del redil judío; esta actitud hacia el judaísmo prevaleció entre los cristianos en Judea durante todo el periodo del Nuevo Testamento (ver 21:26). Generalmente, Pablo iba primero a la sinagoga judía cuando su misión le llevaba a una ciudad gentil. Esteban, sin embargo, intentó mostrar que el templo no era ya necesario (Capítulo 7). Pronto la iglesia iba a declarar que no era necesario que los gentiles se convirtieran en judíos (Capítulo 15).

Como antes hemos explicado, el partimiento del pan que se menciona en el versículo 46 alude tanto a la Cena del Señor como a comidas de comunión. Este tipo de comidas eran frecuentes en la primera iglesia, como indica la declaración: "Compartían la comida con alegría y generosidad". Los encuentros de los cristianos en las casas para comunión eran normales en la iglesia primitiva; más adelante, estas reuniones se convertirían en "congregaciones domésticas". Al parecer, hubo tiempos en Corinto en que toda la iglesia se reunía "probablemente [...] en la hacienda de alguno de los cristianos ricos de la ciudad".[17] En estas ocasiones, había también entre ellos personas no creyentes (1Co 14:23). Pero había también iglesias más pequeñas que se reunían, por ejemplo, en casa de Aquila y Priscila (1Co 16:19).[18]

Compartir "la comida con alegría y generosidad" puede ser una importante expresión de comunión en cualquier cultura, y en la iglesia primitiva esta actividad desempeñaba un importante papel (v. 46b). Cuando se reunían los creyentes, lo hacían también con "generosidad [lit. sencillez/sinceridad de corazón]". La palabra que se traduce "sencillez" puede significar una devoción sencilla, la ausencia de pretensión, o simplicidad y generosidad. Bruce piensa que el contexto favorece la idea de generosidad [Así lo entienden también los traductores de la NVI. N. del T.].[19] Aunque es difícil tomar una decisión sobre el significado exacto de este término en este pasaje, podemos decir confiadamente que significa una actitud abierta, sin hipocresía ni fingimiento en el modo en que se comportaban los creyentes. Era un gozo del corazón, porque no querían impresionar a nadie. Habían desarrollado actitudes que les permitían disfrutar verdaderamente el uno del otro.

---

17. David Prior, *The Message of 1 Corinthians*, BST (Downers Grove, Ill.: InterVarsity, 1985), 250.
18. Ver también Romanos 16:5; Colosenses 4:15; Filemón 2. Es interesante que la era de la iglesia comenzara en una casa (Hch 2:2); que el primer grupo de creyentes del mundo gentil encontrara a Cristo en una casa (10:27–48), y que cuando las puertas de la sinagoga se cerraron en Corinto para Pablo y su equipo, ellos siguieran desarrollando su labor en una casa (18:7).
19. Bruce, *Acts: Greek Text,* 133.

Cuando el pueblo de Dios se reúne y disfruta de la comunión, "alabar a Dios" es el resultado natural (v. 47a). La verdadera comunión se centra en Dios y ayuda a las personas a recordar las buenas cosas que él ha hecho, lo cual, a su vez, produce alabanza. Esta clase de vida comunitaria nueva y vital tiene la capacidad de ganarse la admiración de los que no creen. Y esto es lo que ocurrió también en Jerusalén, puesto que los primeros cristianos disfrutaron "de la estimación general del pueblo" durante las primeras semanas de vida de la iglesia (v. 47a).

Mientras tanto, esta creció en cuanto al número de sus miembros[20] (v. 47b). Lucas nunca afirma que estas nuevas conversiones se produjeran principalmente mediante la predicación de los apóstoles. El favor que todos los creyentes tenían entre el pueblo les habría dado ocasión de explicar la razón de la evidente transformación que habían experimentado sus vidas. El testimonio personal de sus palabras y su vida se añadía al impacto de las señales milagrosas y la predicación pública para unirse en un ministerio de evangelización integral.

Era, sin embargo, "el Señor" el que "añadía al grupo los que iban siendo salvos". En última instancia, Dios es el evangelista.[21] Pablo escribió: "Yo sembré, Apolos regó, pero Dios ha dado el crecimiento. Así que no cuenta ni el que siembra ni el que riega, sino sólo Dios, quien es el que hace crecer" (1Co 3:6–7). Ciertamente, Dios utiliza nuestros esfuerzos y técnicas, pero hemos de asegurarnos de estar en el lugar en que él puede utilizarnos y de que nuestras técnicas le son aceptables. A medida que más personas "iban siendo salvas", estas se añadían a la comunidad cristiana.[22]

Plenitud en la vida comunitaria

Este pasaje nos da una imagen de la vida comunitaria en la primera etapa de la iglesia. Todas las cosas que practicaban los nuevos cristianos se presentan a menudo en las Escrituras, especialmente en las cartas del Nuevo Testamento, como aspectos esenciales de la vida cristiana. Utilizaremos, pues, este pasaje para aprender sobre la vida comunitaria efectiva. Lo primero que vemos es el carácter integral de dicha vida: se cuidaba a los nuevos creyentes (v. 42), se practicaban los diferentes elementos de la adoración (vv. 42, 47), se evangelizaba (vv. 43, 47), había una preocupación por los necesitados (v. 45), unidad de espíritu (v. 44) y una gozosa comunión informal en los

---

20. En nuestra exposición sobre 4:4 veremos el significado de los números en términos de los resultados de la actividad evangelizadora.
21. Ver David F. Wells, *God the Evangelist: How the Holy Spirit Works to Bring Men and Women to Faith* (Grand Rapids: Eerdmans, 1987).
22. Bruce, *Acts: Greek Text,* 133.

hogares (v. 46). ¡Ojalá todas estas dimensiones estuvieran también presentes en nuestra vida comunitaria!

Acompañamiento inmediato

La implicación inmediata de los nuevos creyentes en actividades de acompañamiento (v. 42) nos recuerda la importancia de planificar estas cosas cuando se organiza un programa de evangelización. El acompañamiento de los nuevos convertidos está implícito en la Gran Comisión, que, en Mateo, incluye el bautismo y la enseñanza posterior (Mt 28:19). No sabemos si la iglesia primitiva había hecho planes para el acompañamiento antes del día de Pentecostés. Pero sabían que tenían que hacerlo, y el modo en que se pusieron manos a la obra es un admirable ejemplo para nosotros.

El cristianismo es vida comunitaria

El acompañamiento de los nuevos convertidos se llevaba a cabo dentro del contexto de "la comunión" (v. 42). Además de estar dedicados al Señor, los cristianos lo están también a la comunión (v. 42), aunque en un plano inferior. De lo que sigue (v. 46) podemos deducir que los primeros creyentes se reunían en distintos hogares en lo que hoy llamaríamos "grupos de crecimiento", "células" o "grupos de discipulado".

Recuerdo mi sorpresa cuando, siendo un joven voluntario en Juventud para Cristo, leí en la primera "guía de seguimiento" que utilizamos en esta organización que lo más importante en los pocos primeros días después de la conversión es la comunión con otros creyentes. Como amante que era de la Biblia y firme creyente en su primacía para la fe y la vida, pensaba que la guía tendría que haber concedido este primer lugar a las Escrituras, no a la comunión. Pero pronto entendí que, por regla general, los nuevos creyentes aprenden la importancia de la Biblia por medio de la comunión. La Biblia es un libro extraño para muchos recién convertidos. Cuando ven que quienes se han acercado a ellos en amor estudian la Biblia, la enseñan, la citan, la aplican y hablan de su importancia para la vida, se dan cuenta de que también ellos han de ponerse a estudiarla. En el marco de esta comunión se familiarizarán también con la forma en que hay que estudiar la Biblia. Pronto se convertirán en personas que "interpreta[n] rectamente la palabra de verdad" (2Ti 2:15).

Según la Biblia, toda la vida cristiana —el crecimiento espiritual, la lucha contra el pecado y Satanás, y el servicio a Dios— se produce en el marco de la vida en comunidad. Los pasajes de Efesios que describen estas cosas, por ejemplo, están todos en plural, sugiriendo que se trata de experiencias que desarrollamos junto a otras personas. Un aspecto clave de la comunión que nos ayuda a crecer en la fe es la responsabilidad espiritual (implícita en el v. 44, pero más clara en 4:32–5:11). En Hebreos 10:24 se describe este tipo de responsabilidad: "Preocupémonos los unos por los otros, a fin de estimularnos al amor y a las buenas obras".

No se dice en ninguna parte que los cristianos tengan que seguir reuniéndose a diario como lo hicieron en Jerusalén durante los primeros días de la iglesia (v. 46). Considerando las responsabilidades de la vida familiar y social (profesionales y de testimonio), es posible que no sea una buena idea que los cristianos tengan actividades eclesiales todos los días de la semana. La historia ha mostrado que, normalmente, al comienzo de los avivamientos hay reuniones diarias. Después, la frecuencia de estas disminuye gradualmente y se mantienen en un patrón habitual. Sin duda, es muy provechoso que los nuevos creyentes tengan un contacto diario con otros cristianos hasta conseguir una cierta estabilidad en la fe.

La vida en comunidad forma parte integral de la vida cristiana porque el cristianismo es por naturaleza una religión comunitaria. Pablo afirma: "Formamos un solo cuerpo en Cristo, y cada miembro está unido a todos los demás" (Ro 12:5). Así pues, nos juntamos no solo porque sea útil, sino también porque somos una parte vital del cuerpo de Cristo. En el prefacio a una de sus colecciones de himnos más antiguas que recopiló para los metodistas, John Wesley escribió: "El evangelio de Cristo no conoce ninguna religión sino la social; ninguna santidad sino la santidad social".[23] El cuerpo de Cristo está incompleto sin nosotros, y nosotros lo estamos sin él. Para los cristianos, la vida comunitaria no es una opción entre otras, sino un aspecto esencial del cristianismo.

Enseñanza

La primera actividad de acompañamiento que se menciona es "la enseñanza de los apóstoles" (v. 42). La enseñanza era tan importante para la vida de la iglesia que cuando Pablo le dio a Timoteo una lista de requisitos para los ancianos, la única cualificación de esta enumeración que representa una capacidad es la de ser apto para enseñar (1Ti 3:2). Todos los demás requisitos tienen que ver con cuestiones de conducta, carácter y reputación.

La "enseñanza de los apóstoles" habría sido particularmente importante en la iglesia primitiva por su especial relación con Cristo y su promesa de que el Espíritu Santo "los guiará a toda la verdad [...] y les anunciará las cosas por venir" (Jn 16:13). Con el paso del tiempo, la iglesia desarrolló un exhaustivo cuerpo de enseñanza, y por ello Pablo pudo decirles a los ancianos de Éfeso que no había rehuido enseñarles "todo el propósito de Dios" (20:27).[24] Al final de su vida, el apóstol instó a Timoteo en estos términos: "Con fe y amor en Cristo Jesús, sigue el ejemplo de la sana doctrina que de mí aprendiste. Con el poder del Espíritu Santo que vive en nosotros, cuida la preciosa enseñanza que

---

23. La palabra "social" alude aquí a la comunión cristiana; John Wesley, "Preface", *Hymns and Sacred Poems* (1739).
24. Así traduce Bruce en *Acts*, NICNT, 391.

se te ha confiado" (2Ti 1:13–14). Más adelante, la iglesia reconoció que ciertos libros relacionados con los apóstoles representaban mejor el "buen depósito", y así nació el canon del Nuevo Testamento. Hoy, el Nuevo Testamento junto con el Antiguo se ha convertido en la base de nuestra enseñanza. Una clave, pues, para el acompañamiento de los recién convertidos es enseñarles la Biblia.

La Cena del Señor como forma de acompañamiento

La Cena del Señor también se menciona entre las cosas básicas que se hacían con los nuevos creyentes y por ellos (v. 42). La mayoría de las tradiciones cristianas han entendido que la Cena del Señor es una forma de edificación para los creyentes, aunque hay diferencias en la forma de ver los detalles y la extensión de su valor. Pablo afirmó que este acto es una proclamación de la esencia del evangelio cristiano, a saber, la muerte de Cristo (1Co 11:26).

¿Sugiere, pues, esto que la Cena del Señor es un valioso medio para confirmar a los nuevos creyentes en la fe y ayudarles a crecer en la gracia? Es una pregunta provocativa, puesto que a menudo se impide que los nuevos creyentes participen de la Cena del Señor mientras no hayan sido bautizados, confirmados (o ambas cosas), lo cual puede producirse varios meses después de la conversión. ¿Deberíamos, entonces, autorizar la participación de los nuevos cristianos en la Cena del Señor antes del bautismo, la confirmación (o ambas cosas) en aquellas iglesias en que estos ritos se llevan a cabo un tiempo después de la conversión? Es una cuestión difícil de determinar a partir únicamente de este pasaje, ya que los creyentes se bautizaban pronto después de arrepentirse y creer. Sin embargo, da la clara impresión que, según la Biblia, somos incorporados al cuerpo de Cristo cuando ejercemos fe salvífica (ver Ef 2), y que la Cena del Señor es una actividad característica de aquellos que pertenecen al cuerpo de Cristo (1Co 10:17).

Oración

Ya hemos hablado de lo importante que es la oración para la vida de la iglesia. Lo que nos recuerda el versículo 42 es que hemos de incorporar pronto a los nuevos creyentes a la vida de oración para que esta se convierta para ellos en algo natural. Han de incorporarla en su estilo de vida participando en su vibrante utilización en la vida de la comunidad local.

¿Siguen hoy vigentes las señales y prodigios?

¿Deberíamos esperar señales y prodigios en nuestros ministerios, como vemos que sucedía en la era apostólica (v. 43)? Algunos creen que este tipo de actividades cesaron tras el periodo apostólico.[25] Otros piensan que su importancia disminuyó tras dicho periodo. Y no faltan tampoco los que promueven activamente el uso de señales y prodigios en nuestros días.[26] Este es un debate demasiado complejo como para abordarlo en este tipo de obra. Mi punto de vista es que hay una sólida evidencia en Hechos de que los eventos milagrosos eran una parte importante de la actividad evangelizadora y pastoral de la iglesia y que faltan pruebas para sostener que Dios pretendía que cesaran después de esa era.[27]

Haríamos bien en escuchar el recordatorio de D. A. Carson en el sentido de que no podemos afirmar que Jesús celebrara servicios específicos de sanación.[28] Sin embargo, también hemos de tener en cuenta que, en un momento de crisis, la iglesia primitiva le pidió a Dios que extendiera su mano "para sanar y hacer señales y prodigios" (4:30). Tales cosas eran la confirmación por parte de Dios del mensaje que ellos predicaban (14:3). Concluyo, pues, que los ministerios que expresan el poder milagroso de Dios son vigentes en nuestro tiempo. Sin embargo, deberíamos ser cuidadosos en no hacer del poder milagroso la principal función de ningún ministerio, aunque pueda ser el don principal de algún individuo que sirve dentro de él.

La importancia de la hospitalidad

La hospitalidad es un tema clave en Lucas-Hechos. En el libro de los Hechos se manifiestan varios tipos de hospitalidad, una de las cuales —invitar a otros cristianos para comer, tener comunión y adorar juntos— aparece en este texto (v. 46). El Cristo resucitado se dio a conocer a sus discípulos y les enseñó alrededor de una mesa (Lc 24:35, 41–43; Hch 1:4). En una ocasión, él mismo les preparó a sus discípulos una comida y se la sirvió (Jn 21:9–14). Y cuando escogió un símbolo para ayudar a sus seguidores a recordar su obra redentora, recurrió al tema de la cena (Lc 22:13–20). La Última Cena de Cristo formaba

---

25. La clásica afirmación de este punto de vista está en Benjamín B. Warfield, *Counterfeit Miracles* (Edimburgo: Banner of Truth Trust, 1918, reimpresión de 1972).
26. Ver John Wimber y Kevin Springer, *Power Evangelism* (San Fransisco: Harper and Row, 1986); ídem, *Power Healing* (San Fransisco: Harper and Row, 1987).
27. Aquellos que deseen considerar una completa defensa de la idea que los milagros son para nuestros días pueden ver Gary Greig y Kevin Springer, *The Kingdom and the Power*; Jack Deere, *Surprised by the Power of the Spirit* (Grand Rapids: Zondervan, 1993). Para el punto de vista contrario, ver Tomás R. Edgar, *Satisfied by the Promise of the Spirit* (Grand Rapids: Kregel, 1996). Quienes estén interesados en un estudio de cuatro perspectivas sobre este asunto pueden ver Wayne Grudem, ed., *¿Son vigentes los dones milagrosos? Cuatro puntos de vista* (Barcelona: Editorial CLIE, 2004).
28. D. A. Carson, "The Purpose of Signs and Wonders in the New Testament", *Power Religion: The Selling of the Evangelical Church?* ed. Michael Scott Horton (Chicago: Moody, 1992), 99.

parte de un ágape; hoy, hay un tipo de comunión vinculada a las comidas fraternales que caracteriza la celebración de la Cena del Señor.

En la vida de la iglesia tras la Ascensión, encontramos alusiones al aposento alto (donde se alojaban los discípulos, 1:13) y a la casa en que se encontraban el día de Pentecostés (2:2). Por otra parte, "la *koinonia* en la mesa se convierte en el distintivo sociorreligioso de la joven iglesia de Jerusalén (2:42, 46)".[29] Un erudito ha llamado a este primer grupo de creyentes residentes "la comunidad lucana del banquete".[30] María, la madre de Juan Marcos, abrió su casa para la comunión (12:12–17). Al final de Hechos, como al comienzo (1:4), encontramos dos alusiones a la hospitalidad, en esta ocasión por parte de Pablo el prisionero (28:17, 30–31). Sabemos que más adelante en las iglesias se llevaban a cabo comidas de comunión que llamaban "fiestas de amor fraternal" (Jud 12; cf. 2P 2:13).

Es probable que la casa fuera también un centro de evangelización. El teólogo boliviano Mortimer Arias describe el hábito de la comunión por las casas en el libro de los Hechos como "misión centrípeta o evangelización por hospitalidad". Este autor arguye que se trata de un factor en la proclamación del evangelio que hemos de tomarnos mucho más en serio.[31] Sabemos que en Corinto, cuando Pablo salió de la sinagoga, se fue a casa de Ticio Justo (Hch 18:7). Podemos asumir que las casas en que se desarrolló un ministerio de evangelización se convirtieron después en congregaciones domésticas. De hecho, hasta la mitad del siglo III, los cristianos se reunían normalmente en casas (Ro 16:23; Col 4:15; Flm 2).[32] Los hogares eran centros clave de comunión cristiana y pueden serlo también en nuestros días.

Sinceridad, gozo y alabanza en la comunión

Como ya hemos dicho, los primeros cristianos desarrollaron una actitud recíproca que les hacía solazarse verdaderamente en la comunión, sobre todo cuando se reunían para comer juntos (v. 46). Naturalmente, la iglesia primitiva seguía el ejemplo de Jesús, quien disfrutaba tanto de la comunión de mesa que se le acusaba de "comilón y bebedor de vino" (Lc 7:34). Jesús no encajaba en el estereotipo de persona religiosa en cuya presencia estaba prohibido pasarlo bien. Una de las claves de esto era la sinceridad, que hacía posible una comu

---

29. John Koenig, *New Testament Hospitality* (Filadelfia: Fortress, 1985), 89.
30. J. Navone, "The Lukan Banquet Community", *Bible Today* 51 (1970): 155–61; citado en Ibíd., 89.
31. Mortimer Arias, "Centripetal Mission or Evangelization by Hospitality", *Missiology: An International Review* 10 (1982): 69–81; citado en la obra de Koenig, *Hospitality*, 106.
32. Sobre las congregaciones domésticas, ver Robert Banks, *Paul's Idea of Community: Early House Churches in Their Historical Setting* (Grand Rapids: Eerdmans, 1988); Del Birkey, *The House Church: A Model for Renewing the Church* (Scottdale, Pa.: Herald, 1988).

nión abierta. También hoy deberíamos fomentar que nuestros grupos de comunión fueran espacios agradables y divertidos.

En estos grupos se concedía tiempo a la alabanza (v. 47), algo que también debería estar presente en los nuestros.

¿Podemos también contar con el favor de quienes están fuera de nuestros círculos?

Esta fue la experiencia de los primeros cristianos (v. 47), y es lo que sucede a menudo cuando se produce una nueva obra de Dios. Lamentablemente, este tipo de favor no suele durar mucho, puesto que quienes admiran la vida de los cristianos pronto se dan cuenta de las implicaciones de su mensaje. Acaban captando el reto que se les plantea de adoptar el cristianismo con el consecuente rechazo de su propia y apreciada religión. Son conscientes de que el evangelio pone en jaque los intereses creados de ciertos grupos de poder. De modo que la admiración se convierte en temor y oposición. Esto es lo que sucedió en Jerusalén, en especial con el ministerio de Esteban. Fijémonos en las palabras de 8:1: "En aquel día hubo una gran persecución contra la iglesia que estaba en Jerusalén; y todos fueron esparcidos por las tierras de Judea y de Samaria, salvo los apóstoles".

No obstante, en medio de todo esto, los radiantes testimonios de cristianos dejarán su huella, incluso en aquellos hostiles al cristianismo. Este es, según parece, el efecto que tuvo la vida de Jacobo (el Justo), hermano de Jesús, en las gentes de Jerusalén. Sin embargo, él también murió mártir en el año 62 d. C. Josefo afirma que el veredicto que le condenó no fue popular entre el pueblo. Ciertos relatos posteriores de incierta exactitud describen con gran elocuencia la excepcional piedad de Jacobo.[33]

Significado Contemporáneo

El desafío del acompañamiento inmediato

La experiencia en el ministerio de evangelización muestra que durante los días que siguen a un compromiso con Cristo, Satanás hará todo lo posible por hacer caer al nuevo creyente en sus trampas. Este tendrá que hacer frente a dudas sobre lo que le ha sucedido y será tentado a pecar. A veces sucumbirá a la tentación, y esto le hará temer que le faltarán las fuerzas espirituales para seguir adelante. Después tendrá que hacer frente a la persecución y al ridículo. Se desanimará por la conducta de otros cristianos y, a veces, incluso por el silencio de Dios, que parecerá no responder a sus oraciones. Es posible que se vea enredado en

---

33. Ver F. F. Bruce, *Peter, Stephen, James y John: Studies in Non-Pauline Christianity* (Grand Rapids: Eerdmans, 1979), 114–19.

las preocupaciones y atracciones del mundo, y que dé un paso en falso. Estos y otros muchos factores pondrán a prueba el compromiso que ha contraído. Por ello, como un niño recién nacido, el nuevo creyente va a necesitar una atención especial durante los primeros días de su vida espiritual.

Sin embargo, quienes organizan las grandes campañas de evangelización suelen estar tan agotados al término de las mismas que necesitan descanso, con lo cual el proceso de acompañamiento se retrasa. Esto puede ser desastroso para las vidas de los bebés en Cristo. Es, pues, importante planear de antemano la atención de los recién nacidos y que este proceso de acompañamiento se inicie inmediatamente después del programa de evangelización. Según algunos biógrafos, John Wesley consideraba tan importante este asunto que afirmó: "Decidí no trabajar allí donde no pudiera hacer un seguimiento de la labor". Muchos creen que el organizado sistema que Wesley desarrolló para conservar el fruto es uno de los secretos de la extensa y duradera efectividad del avivamiento wesleyano.

Vida comunitaria en una era individualista

En nuestros días, la gente es tan individualista que la idea bíblica de comunidad parece extraña. Vivimos vidas privadas sin interferencias de otras personas. Estamos dispuestos a abrir ciertos segmentos de nuestras vidas a algunas personas porque es una parte necesaria de la vida en sociedad. Pero esto no tiene nada que ver con el ideal bíblico de dedicarnos a la comunión (v. 42) y tenerlo "todo en común" (v. 44). Si tenemos problemas emocionales, por ejemplo, solemos acudir a un terapeuta profesional, que no forma parte de nuestros contactos sociales habituales y que nos presta ayuda desde la distancia. De este modo encontramos soluciones a nuestros problemas sin que otras personas invadan nuestras vidas y perturben nuestra privacidad.

La idea del compromiso con una comunidad es extraña en una cultura que se caracteriza por la transitoriedad de las relaciones personales que genera. Las personas cambian de pareja sin titubear cuando una relación se complica o cuando otra se hace atractiva. Es habitual que se cambie de trabajo por razones de promoción o conveniencia, y a menudo se pasa a trabajar para algún competidor a quien hasta entonces se procuraba superar. La idea de personas que hayan dedicado veinte o treinta años a una institución se considera una reliquia del pasado. La gente cambia constantemente de residencia y ello hace que las posibilidades de comprometerse con una comunidad específica sean mínimas. Uno de los factores que cohesionan las comunidades son los equipos que las representan en el plano deportivo. Sin embargo, estos equipos tienen a menudo jugadores de otros lugares que no están en el club por un compromiso contraído con la comunidad, sino por lo atractivo de su contrato.

Antiguamente, quienes residían en un barrio se necesitaban unos a otros para sobrevivir. Hoy día, esta necesidad se ha reducido tanto que a veces la gente no sabe que el anciano que vivía solo en la casa o el apartamento de al lado ha muerto hasta que se hace del todo evidente (por la acumulación del correo o los periódicos, o por el hedor que procede de la vivienda).

Sin embargo, los humanos somos seres comunitarios. No podemos encontrar una verdadera satisfacción en la vida a menos que nuestra vida comunitaria sea significativa. Por ello, los grupos que hacen hincapié en una vida comunitaria fuerte —tanto dentro de la iglesia como fuera de ella— suelen crecer. Una vez le expresé al eminente sociólogo cristiano británico, Alan Storkey, mi desesperación porque parece que las personas han dejado de percibir su necesidad de la iglesia. Le dije que la televisión y unos servicios que suplen necesidades que en otro tiempo cubría la iglesia han hecho que las personas no sientan la necesidad de implicarse profundamente en una comunidad cristiana. Su respuesta fue que teníamos que ver esta situación como una oportunidad para la iglesia. La vida sin un sentido de comunidad crea un profundo vacío en la existencia de las personas, que la iglesia puede llenar admirablemente si se pone de verdad a practicar la vida comunitaria.

Es un hecho, por ejemplo, que muchos de los que se llaman problemas psicológicos se solucionan mejor dentro del contexto de una comunidad que se preocupa por los demás.[34] Este tipo de comunidad es también de gran ayuda para que los cristianos se mantengan moralmente puros. El gozo, enriquecimiento y seguridad que proporciona una comunidad que se preocupa por sus miembros sobrepasa, sin lugar a dudas, al dolor e inconvenientes que conlleva acercarse a las personas. Es, pues, un buen momento para que los cristianos presenten al mundo una comunidad radicalmente distinta de la que nos rodea.

Sin embargo, a pesar de esta necesidad de una presencia profética, las iglesias parecen estar imitando las estructuras de la sociedad en lugar de cuestionarlas y presentar alternativas. Las prácticas de contratación de muchas iglesias y grupos cristianos están más gobernadas por criterios de profesionalismo que por compatibilidad espiritual. Una buena parte de la reflexión sobre la gestión y la vida organizativa que se produce hoy en la iglesia utiliza como material básico conceptos derivados del mundo empresarial, donde reina la cultura del individualismo. Los cambios de iglesia y de organización se dan con la misma frecuencia que en las demás áreas de la sociedad. Los índices de divorcio de la iglesia en el mundo occidental no son muy distintos de los que se manejan en el resto de la sociedad y las iglesias de Oriente parecen estarse poniendo rápidamente a la par.

Muchos estrategas dentro de la iglesia están demandando cambios de paradigma en nuestra vida organizativa. El problema es que recomiendan principalmente modelos del mundo empresarial. Deberíamos más bien estudiar las Escrituras con una mente abierta, libre de nociones preconcebidas, para ver si

---

34. Ver mi *Reclaiming Friendship*, 146–48. En esto sigo a Gary Collins, *How to Be People Helpers* (Santa Ana, Calif.: Vision House, 1976), 58–59.

se nos han escapado algunas de sus enseñanzas sobre la vida comunitaria. Por regla general, en nuestro tiempo, las Escrituras se utilizan más para reforzar o ilustrar enseñanzas derivadas de estudios seculares de administración que para extraer sus verdades.

Consideremos algunas de las diferencias esenciales entre el mundo empresarial y la iglesia. En el ámbito de los negocios, la filosofía de la competitividad choca en muchos puntos con la enseñanza cristiana sobre la unidad de todo el cuerpo de Cristo. El modelo comercial funciona mediante obreros asalariados, mientras que la iglesia es esencialmente un movimiento de voluntariado. Por otra parte, lo que mueve el modelo comercial son los beneficios, mientras que a la iglesia la motiva la capacitación del Espíritu y el deseo de ver a Dios glorificado. En los negocios triunfan los poderosos ("la ley del más fuerte"), sin embargo, en la iglesia son los débiles quienes juegan un papel importante, no por su competencia natural, sino por el poder de Dios.

Creo que podemos aprender muchas cosas del mundo empresarial, puesto que quienes se mueven en él se esfuerzan por conseguir éxito en un mundo creado por Dios. Sin embargo, hemos de ser siempre prudentes, pensando que existen importantes diferencias en las metas y métodos de estos dos mundos. Si no recordamos este hecho, nuestras iglesias se gestionarán como empresas. Es, pues, urgente que analicemos de nuevo los principios que rigen nuestra vida comunitaria en vista de lo que las Escrituras afirman al respecto. Hemos de explorar de un modo más completo las implicaciones del tipo de comunión que practicaban los cristianos en el siglo I. El libro de los Hechos es un estupendo lugar para iniciar este estudio.

El deseo de enseñanza como evidencia de la conversión

El valor de los ministerios de enseñanza y los desafíos que estos han de enfrentar en nuestro tiempo se tratan en otros estudios de este comentario.[35] Sin embargo, quiero decir aquí que una prueba clave de que una persona ha sido verdaderamente regenerada es su deseo de ser alimentada por la Palabra. Muchas personas se acercan a Cristo movidos por una sentida necesidad porque han oído decir que el Dios de los cristianos contesta la oración. Su deseo de ser bendecido por este Dios hace que "tomen una decisión". Puesto que las posibilidades de la oración les atrajeron a Cristo, pueden conceder a esta práctica un lugar prioritario. ¿Pero cómo sabemos que la semilla de la vida eterna está germinando en ellas? Si tal semilla está ahí, ello se manifestará en un deseo de nutrirse de la Palabra. Pedro declara este principio mediante una metáfora de la vida humana: "Deseen con ansias la leche pura de la palabra, como niños recién nacidos. Así, por medio de ella, crecerán en su salvación" (1P 2:2).

---

35. Ver los comentarios sobre 1:1–8; 6:1–7; 17:1–15; 20:1–38.

La Cena del Señor y el acompañamiento en nuestros días

La Iglesia Católica interpretó la Cena del Señor como un medio de gracia que era casi un medio de salvación. Como reacción a este hecho, es posible que los protestantes de la Baja Iglesia (anglicana) y las tradiciones evangélicas hayan ido demasiado lejos en su deseo de restar importancia al significado de la Cena del Señor como forma de crecimiento en la vida cristiana. Centrándonos en los elementos de evocación y acción de gracias, puede que hayamos ignorado el poder de su simbolismo para ayudarnos a entender e interiorizar lo que realmente sucedió en el Calvario. Puede que nuestra reacción contra un acento exagerado en la presencia de Cristo en los elementos (transubstanciación) nos haya llevado a olvidar que Cristo está ciertamente presente de un modo especial en esta comida de comunión (1Co 10:16).

Si la Cena del Señor es tan importante para nuestro crecimiento espiritual, ¿no deberíamos acaso abrirla a los nuevos creyentes? Esto es un problema, puesto que, a diferencia de lo que sucedía en la iglesia primitiva, generalmente, los nuevos creyentes no son hoy bautizados de manera inmediata. Muchas iglesias solo ofrecen la Cena del Señor a quienes han expresado su solidaridad con el pueblo de Dios por medio del bautismo. Sin embargo, el bautismo se retrasa hasta no haberse impartido una adecuada instrucción a los convertidos. En su influyente obra, *Missionary Methods: St. Paul's or Ours?* [Métodos misioneros: ¿Los de San Pablo o los nuestros?], Roland Allen ha demostrado que la estrategia de Pablo era bautizar a los convertidos inmediatamente después de la conversión e introducirles enseguida a la Cena del Señor. La mayor parte de de la "enseñanza tenía lugar después del bautismo, no antes. Según parece, para el bautismo se requería muy poco conocimiento de la verdad cristiana".[36]

Las prácticas relacionadas con la Cena del Señor representan una parte muy íntima del legado de muchas iglesias. A menudo estas han surgido tras mucha lucha y dolor y por ello las iglesias son susceptibles cuando se trata de introducir cambios al respecto. Sin embargo, vale la pena reconsiderar la conveniencia de retrasar la participación de los nuevos creyentes en la Mesa del Señor hasta, en ocasiones, un año después de la conversión. En la iglesia primitiva, los convertidos eran recibidos a la Santa Cena inmediatamente después de su arrepentimiento.

Otra tradición que merece la pena reconsiderar es la de la infrecuente celebración de la Cena del Señor. Algunas iglesias la tienen solo dos veces al año. Durante los primeros años de algunas denominaciones esta falta de continuidad se produjo por una carencia de clérigos ordenados que pudieran estar presentes en las distintas iglesias para oficiar la comunión. Este hecho establecería

---

36. Roland Allen, *Missionary Methods: St. Paul's or Ours?* (Grand Rapids: Eerdmans, reimpresión 1962), 95 (ver especialmente 81–94).

más adelante los criterios para la práctica de la Cena del Señor en dicha denominación. Es evidente que esta no era la práctica de la iglesia primitiva.

Ministrando en la esfera de lo milagroso

Los primeros cristianos pedían a Dios señales y prodigios que acompañaran su ministerio (4:30) porque, como vemos en Hechos, este tipo de señales captaban la atención de quienes no tenían ningún interés en el evangelio. Cuando nos preparamos para incursionar con el evangelio en algún grupo no cristiano, es apropiado que le pidamos a Dios que se manifieste de algún modo inequívoco. Esto no significa que los milagros deban confinarse solo al ámbito de la evangelización. Es cierto que los milagros de Jesús tenían, generalmente, una función evangelizadora dando apoyo a sus afirmaciones.[37] Pero otras veces los llevaba a cabo movido por su compasión.[38] Por otra parte, algunos de sus milagros tenían como objeto a personas que ya eran creyentes.[39] Los Evangelios y el libro de los Hechos muestran que no siempre los milagros generaban fe en quienes los presenciaban y que lo más importante es que la gente escuchaba el mensaje del evangelio. Pero los milagros ayudaban también a abrir la mente de los oyentes a estas Buenas Nuevas.

El valor evangelizador de un ministerio de milagros lo expresa bien la respuesta de Sergio Paulo al ministerio de Pablo en Pafos. Cuando vio el poder de Dios manifestado en la ceguera que Pablo infligió al falso profeta Elimas, "creyó, maravillado de la enseñanza acerca del Señor" (Hch 13:12). La enseñanza había sido fielmente impartida; el milagro, por su parte, ayudó a orientar a Sergio Paulo en la dirección de esta enseñanza.

En nuestro ministerio, los hechos del evangelio deben ocupar siempre el lugar supremo. El mensaje que comunican los milagros no es de ningún modo todo el evangelio. Estos proclaman algunos aspectos del carácter de Dios: por ejemplo, que es poderoso y digno de atención y que se implica en la vida de las personas. Los milagros no son una norma esencial para la evangelización bíblica, pero sí un medio que Dios utiliza a menudo. Lamentablemente, en nuestro tiempo, algunos cristianos viven obsesionados con las señales, mientras que otros sienten fobia hacia ellas.

Siempre hemos de recordar que Dios imparte dones a sus hijos de manera soberana. Por ello, no hemos de demandar que todos los ministros del evangelio y todas las iglesias tengan ministerios milagrosos. Creo, no obstante, que una de las razones por la que muchos no ven milagros en sus ministerios es que carecen de la fe para creer que Dios puede utilizarles de este modo. Algunos prefieren no tener estos dones y otros no sienten la necesidad de pedírselos a Dios. Es posible, como piensan algunos, que la recepción de este tipo de dones

---

37. Ver Mateo 11:2–5; Marcos 2:8–11; Juan 10:37–38; 14:11; 20:30–31.
38. Ver Mateo 14:14; 15:32; 20:29–34; Marcos 1:41.
39. Probablemente Mateo 8:14–15; Hechos 9:36–41; 20:9–12.

esté muchas veces relacionada con la actitud de los receptores hacia ellos. Sin embargo, conocemos a varias personas que han recibido esta clase de dones sin haberlos jamás deseado o pedido. Nuestra pasión debería ser tener todo lo que Dios desea para nosotros: ni más ni menos. Esta es nuestra petición.

Lamentablemente, en nuestros días se producen muchos abusos en los "ministerios de poder".[40] Sin embargo, esto no debe impedir que participemos activamente en ellos. Es una práctica ejemplificada por los apóstoles en Hechos. Nunca hemos de tener temor de ser bíblicos. Solo cuando estos dones se practican de formas no bíblicas surgen los abusos.

Encuentros de comunión en las casas hoy

Hoy la mayoría de las iglesias que crecen han descubierto que los tiempos de comunión en las casas son un medio efectivo para alimentar a los creyentes y predicar el evangelio. Las iglesias grandes y efectivas (p. ej., la iglesia *Full Gospel Church* en Seúl, Corea; nuevas iglesias en América del Sur) han encontrado en los encuentros de comunión en las casas el espacio ideal para alimentar a los creyentes y para una comunión íntima que produce crecimiento. Muchos sabemos que la iglesia de China se extendió y creció por medio de sus congregaciones domésticas experimentando, probablemente, el mayor índice de crecimiento de la iglesia en el siglo XX, y ello en un periodo en que las reuniones cristianas eran ilegales. En el atareado mundo occidental y en las zonas urbanas del mundo —donde a las personas les es difícil encontrar tiempo para asistir a la iglesia más de una vez a la semana—, las reuniones de comunión por barrios, en periodos convenientemente establecidos por los miembros, podrían adquirir un papel cada vez más significativo.

Estos encuentros informales de comunión disuaden del fingimiento y ayudan a las personas a ser más espontáneas y naturales. Esto, a su vez, abre la puerta a diálogos más profundos, y ayuda también a que muchas de las personas solitarias que viven en nuestras sociedades cambiantes y competitivas puedan encontrar un lugar en el que se sientan amadas y aceptadas. Los hogares son también espacios adecuados para la evangelización, puesto que quienes tienen reservas para entrar en el edificio de una iglesia se sentirán posiblemente mucho más cómodos en casa de un amigo. Los periodos de comunión en las casas también ofrecen a algunas personas que no están dotadas para el ministerio público una oportunidad de servir efectivamente en el reino.

Sin embargo, en nuestros días muchos cristianos se resisten a invitar a otros a visitarles.[41] Un pastor norteamericano, Donald Bubna, entrevistó a algunos cristianos para descubrir las razones de esta reticencia. Las dos principales razones que se le dieron fueron: (1) Tener invitados asusta a algunos potenciales anfi-

---

40. Sobre esto ver mi obra *Supremacy*, 81–84.
41. Mucho de lo que aparece a continuación se encuentra en mi *Leadership Lifestyle: A Study of 1 Timothy* (Wheaton: Tyndale, 1985), 69–71.

triones, y (2) algunos pensaban que los muebles de su casa eran demasiado modestos o inadecuados. Otros afirmaron respectivamente estar demasiado atareados, que los gastos de la hospitalidad eran demasiado elevados y que la tensión y agotamiento de limpiar la casa y preparar la comida les resultaba excesiva.[42]

Bubna sugiere que las razones más corrientes para no querer alojar a otras personas emanan del orgullo. "Sentirnos avergonzados de nuestros muebles o tener temor de servir una comida inadecuada no es sino una forma de orgullo". Esto mismo dice Karen Burton Mains: "La verdadera hospitalidad vence al orgullo".[43] "Su propósito no es impresionar, sino hacer que las personas se sientan acogidas y queridas". La Sra Mains es esposa de un pastor y muchas de las actividades de la iglesia en que ministra se llevaban a cabo en su casa. Durante muchos años tuvo la sensación de "no estar haciendo otra cosa que limpiar cuando se iba la gente". Cuando se iba un grupo tenía que preparar de nuevo las cosas para recibir al siguiente. Sin embargo, la Sra Mains no era la típica ama de casa. A veces, si no esperaban inminentemente una célula, se retrasaba un poco en la limpieza. Uno de esos días una hermana de la iglesia fue a visitarla. La casa estaba hecha un desastre. Dejemos que la propia señora Mains nos cuente lo que sucedió:

> Hospitalidad antes que orgullo [...] me recordé a mí misma con cierta amargura. Decidida, di la bienvenida a la mujer con cariño, la invité a entrar en las desordenadas habitaciones y me negué a hacerla sentir mal con disculpas. De manera consciente, puse a un lado mi orgullo. [La respuesta de aquella hermana la dejó asombrada.] "Antes pensaba que eras perfecta —dijo ella—, pero ahora pienso que podemos ser amigas".

Naturalmente, el propósito de este relato no es alentar el desorden, sino mostrar que la clave de la hospitalidad no está en nuestra competencia como amas de casa y cocineras, sino en una sincera amistad que hace que las personas se sientan acogidas y queridas. Lo más importante es la comunión. La comida es algo secundario, como Jesús intentó mostrarle a Marta (Lc 10:38–42).

Sinceridad, gozo y alabanza en la comunión

No puede sobrevalorarse la importancia de la alegría y la sinceridad en la comunión cristiana. Como antes se ha indicado, Jesús mismo estableció el precedente para esto (ver Lc 7:34). Cuando el Creador vino al mundo, aunque lo hizo como "varón de dolores", en su vida había un espacio para solazarse, porque era el hombre completo y la diversión tiene su lugar en la plenitud humana. En nuestro mundo hedonista, es muy importante recordar que Dios es

---

42. Donald Bubna, *Building People Through a Caring Sharing Fellowship* (Wheaton: Tyndale, 1978).
43. Karen Burton Mains, *Open Heart —Open Home* (Elgin, Ill.: David C. Cook, 1976).

el creador de nuestra capacidad para el placer. Y, por ello, esta capacidad solo puede encontrar completo cumplimiento en su camino. La "vida en abundancia" que Cristo imparte (Jn 10:10) conlleva también la satisfacción de nuestra capacidad para el placer. Uno de los elementos de esta satisfacción es el disfrute de la comunidad con alegría y sinceridad (v. 46); algo bien distinto de la irreal dinámica de apariencias que vemos muchas veces. Esta simulada forma de actuar puede parecer agradable, pero es de hecho vacía e hipócrita.

La industria del ocio se esfuerza por copar nuestra capacidad para el placer. Lamentablemente, muchos de los medios que esta utiliza violan la esencia de nuestra humanidad, orientada como está a suscitar placer mediante lo que la Biblia considera pecaminoso.[44] Cuando violamos nuestra humanidad esencial, aunque podamos experimentar una temporal sensación de placer, nos quedamos insatisfechos y vacíos. La iglesia de hoy tiene ante sí el reto de demostrar una comunión santa y feliz.

Todo indica, no obstante, que aun los cristianos han sucumbido a la atracción del pecaminoso placer que ofrece el mundo. Para algunos es difícil disfrutar de una buena película, porque su mente ha sido entumecida por repetidas dosis de sexo y violencia. Cada vez más, la gente se aísla en un mundo privado de placer por medio de vídeos, televisión por cable, videojuegos e Internet. Pero los seres humanos son gregarios por naturaleza. Cuando las personas saborean la belleza de una alegre comunión, entran en contacto con una fuente más deliciosa de gozo que el que les aporta su mundo privado de placer "multimedia". Quienes experimentan esto se sentirán animados a buscar un camino mejor.

¿Cómo podemos hacer que la alabanza ocupe un lugar importante en el programa de nuestros pequeños grupos? El requisito más importante es apartar un cierto tiempo para ello. Una parte de esta alabanza puede expresarse por medio de himnos y oraciones, en periodos establecidos de antemano. Después, con la oportunidad de compartir testimonios de lo que Dios ha hecho en la vida del grupo, habrá también expresiones de alabanza.

La alabanza es un factor que eleva el espíritu de quienes viven bajo presión por los retos que enfrentan diariamente. Se acercan a un ambiente que se centra en Dios; escuchan testimonios y cantan canciones que les recuerdan realidades eternas que no cambian. Estas cosas les elevan y ahora, también ellos, pueden alabar a Dios. La alabanza es una disciplina que hemos de aprender a cultivar cuando nos reunimos. Es muy fácil permitir que el tiempo de compartir y de estudio bíblico llenen hasta tal punto el programa del grupo que se desatienda la alabanza.

---

44. Hay una prueba gráfica de esto en Michael Medved, *Hollywood Versus America* (Grand Rapids: Zondervan, 1992).

Hechos 3:1–26

Un día subían Pedro y Juan al templo a las tres de la tarde, que es la hora de la oración. ² Junto a la puerta llamada Hermosa había un hombre lisiado de nacimiento, al que todos los días dejaban allí para que pidiera limosna a los que entraban en el templo. ³ Cuando éste vio que Pedro y Juan estaban por entrar, les pidió limosna.⁴ Pedro, con Juan, mirándolo fijamente, le dijo:

—¡Míranos!

⁵ El hombre fijó en ellos la mirada, esperando recibir algo.

⁶ —No tengo plata ni oro —declaró Pedro—, pero lo que tengo te doy. En el nombre de Jesucristo de Nazaret, ¡levántate y anda!

⁷ Y tomándolo por la mano derecha, lo levantó. Al instante los pies y los tobillos del hombre cobraron fuerza. ⁸ De un salto se puso en pie y comenzó a caminar. Luego entró con ellos en el templo con sus propios pies, saltando y alabando a Dios. ⁹ Cuando todo el pueblo lo vio caminar y alabar a Dios, ¹⁰ lo reconocieron como el mismo hombre que acostumbraba pedir limosna sentado junto a la puerta llamada Hermosa, y se llenaron de admiración y asombro por lo que le había ocurrido.

¹¹ Mientras el hombre seguía aferrado a Pedro y a Juan, toda la gente, que no salía de su asombro, corrió hacia ellos al lugar conocido como Pórtico de Salomón. ¹² Al ver esto, Pedro les dijo: «Pueblo de Israel, ¿por qué les sorprende lo que ha pasado? ¿Por qué nos miran como si, por nuestro propio poder o virtud, hubiéramos hecho caminar a este hombre? ¹³ El Dios de Abraham, de Isaac y de Jacob, el Dios de nuestros antepasados, ha glorificado a su siervo Jesús. Ustedes lo entregaron y lo rechazaron ante Pilato, aunque éste había decidido soltarlo. ¹⁴ Rechazaron al Santo y Justo, y pidieron que se indultara a un asesino. ¹⁵ Mataron al autor de la vida, pero Dios lo levantó de entre los muertos, y de eso nosotros somos testigos. ¹⁶ Por la fe en el nombre de Jesús, él ha restablecido a este hombre a quien ustedes ven y conocen. Esta fe que viene por medio de Jesús lo ha sanado por completo, como les consta a ustedes.

¹⁷ »Ahora bien, hermanos, yo sé que ustedes y sus dirigentes actuaron así por ignorancia. ¹⁸ Pero de este modo Dios cumplió lo que de antemano había anunciado por medio de todos los profetas: que su Mesías tenía que padecer. ¹⁹ Por tanto, para que sean borrados sus pecados, arrepiéntanse y vuélvanse a Dios, a fin de que vengan tiempos de descanso de parte del Señor, ²⁰ enviándoles el Mesías que ya había sido preparado para ustedes, el cual es Jesús. ²¹ Es necesario que él permanezca en el cielo hasta que llegue el tiempo de la restauración de todas las cosas,

como Dios lo ha anunciado desde hace siglos por medio de sus santos profetas. [22] Moisés dijo: "El Señor su Dios hará surgir para ustedes, de entre sus propios hermanos, a un profeta como yo; presten atención a todo lo que les diga. [23] Porque quien no le haga caso será eliminado del pueblo."

[24] »En efecto, a partir de Samuel todos los profetas han anunciado estos días. [25] Ustedes, pues, son herederos de los profetas y del pacto que Dios estableció con nuestros antepasados al decirle a Abraham: "Todos los pueblos del mundo serán bendecidos por medio de tu descendencia."

[26] Cuando Dios resucitó a su siervo, lo envió primero a ustedes para darles la bendición de que cada uno se convierta de sus maldades.»

Sentido Original   Lucas acaba de darnos un resumen de la vida comunitaria de la joven iglesia (2:42–47). En esta descripción se nos dice también que "todos estaban asombrados por los muchos prodigios y señales que realizaban los apóstoles" (2:43). De estos muchos milagros, Lucas menciona uno que fue objeto de mucha publicidad y provocó una seria oposición al evangelio. Este relato termina en 4:31 con la oración de los discípulos en respuesta al decreto de prohibición de la evangelización.

Sanación del hombre cojo (3:1–10)

La historia comienza durante una de las visitas diarias (2:46) que los cristianos hacían al templo (3:1). Eran las tres de la tarde, una de las horas prescritas para la oración de los judíos (las otras dos eran las nueve de la mañana y las doce del mediodía). Junto a la puerta del templo llamada la Hermosa un hombre tullido de nacimiento pedía limosna (v. 2), un cuadro habitual en las entradas a los lugares de adoración.[1]

Cuando les pidió una limosna, "Pedro, con Juan, mirándolo fijamente, le dijo: —¡Míranos!" (v. 4). La referencia de Juan junto a Pedro, aunque Juan no desempeña un papel importante en esta historia, ha desconcertado a algunos comentaristas. Algunos proponen que la inclusión de Juan es una añadidura al relato, para que en el posterior juicio ante el Sanedrín haya dos testigos. Sin embargo, como señala Howard Marshall, la aparición de ambos apóstoles concuerda con el hecho de que Pedro y Juan eran colaboradores y que los primeros cristianos tenían el hábito de trabajar de dos en dos.[2] Es posible que

---

1. No hay unanimidad sobre la identificación de esta puerta. Ver las exposiciones en Williams, *Acts*, 66; Barrett, *Acts*, 179–80.

2. Marshall, *Acts*, 87.

la añadidura del nombre de Juan en el versículo 4, que casi parece incidental, indique que, aunque Pedro era el miembro sobresaliente del equipo, Juan tenía un importante papel. Parece que en este capítulo Lucas vaya mencionando, de manera alternativa, a Pedro y a Juan juntos y a Pedro solo.

Las memorables palabras de Pedro al mendigo (v. 6) indican que estaban en contacto con el poder de Jesús. En este texto, "el nombre de Jesús" significa su autoridad. En el pensamiento semítico, el nombre "expresa la naturaleza misma del ser [de alguien]. Por ello, el poder de la persona está presente y disponible en su nombre".[3] Marshall nos recuerda que "Jesús no tuvo necesidad de apelar a una autoridad más elevada, como, por ejemplo, el nombre de Dios".[4]

El discurso de Pedro (3:11–26)

La exuberante respuesta del hombre sanado da relieve al milagro y esto se convierte, a su vez, en un trampolín para el discurso de Pedro. En este pasaje aparecen muchos rasgos característicos de los discursos evangelísticos dirigidos a judíos que encontramos en el libro de los Hechos.

Aunque tanto el discurso de Pentecostés como el del templo hacen una llamada al arrepentimiento, recapitulan la historia de Jesús y citan la Escritura, se trata de mensajes más complementarios que repetitivos. Cada uno subraya distintos aspectos e introduce nuevas perspectivas, ampliando el cuadro de la relevancia de Jesús para el pueblo de Jerusalén.[5]

El asombro del pueblo ante un acontecimiento milagroso es el punto de partida del discurso. Un rasgo nuevo que aparece en este sermón es el serio esfuerzo de Pedro por desviar la gloria de sí mismo y de Juan. El apóstol pregunta a los presentes: "¿Por qué nos miran como si, por nuestro propio poder o virtud, hubiéramos hecho caminar a este hombre?" (v. 12). A continuación, Pedro hace referencia al "Dios de Abraham, de Isaac y de Jacob, el Dios de nuestros antepasados" (v. 13a), una descripción pertinente para su audiencia judía. Se presenta el milagro como un acontecimiento que glorifica a aquel a quien ellos "entregaron" y "rechazaron" (vv. 13b–14).

En este discurso, Pedro hace importantes afirmaciones cristológicas. Como en Pentecostés, se subraya "el nombre" de Jesús. En Hechos 3–4 hay ocho alusiones a él.[6] Para Longenecker esto es algo significativo, puesto que "entre los judíos, la expresión 'el Nombre' (*to onoma*) era una manera piadosa de referirse a Dios y connotaba su divina presencia y poder".[7] El discurso comienza y termina con la expresión de Jesús como "siervo" de Dios (vv. 13, 26). Esto nos dirige al mesiánico siervo de Yahvé en Isaías 42–53. En estos pasajes,

---

3. Longenecker, "Acts", 294.
4. Marshall, *Acts*, 88.
5. Tannehill, *Narrative Unity*, 58.
6. Ver 3:6, 16; 4:7, 10, 12, 17, 18, 30.
7. Longenecker, "Acts", 296.

la Septuaginta utiliza la misma palabra (*pais*). A Jesús se le llama también "el Santo y Justo" (v. 14), "el autor de la vida" (v. 15) y "un profeta como [Moisés]" (v. 22, citando Dt 18:15, 18–19). Como en Pentecostés, se le llama "el Cristo" (v. 20).

La muerte de Cristo se presenta de nuevo como un cumplimiento de la profecía (v. 18), y se dice una vez más que Dios levantó de los muertos a Jesús (v. 15), y que los apóstoles son testigos de la Resurrección (v. 15). Jesús es aquel nombrado o designado como su Mesías (v. 20; cf. 2:36). Esto nos recuerda a Romanos 1:4: "Según el Espíritu de santidad fue designado con poder Hijo de Dios por la resurrección. Él es Jesucristo nuestro Señor". La Resurrección fue algo parecido a una ordenación de Cristo, en la que fue confirmado en la tierra como quien es realmente.

Pedro se refiere al cumplimiento de las promesas del Antiguo Testamento cuando afirma que su arrepentimiento traerá tiempos de descanso de parte del Señor (v. 19). Esto formaba parte de la esperanza judía. Pero Pedro clarifica que esto solo se producirá cuando Dios envíe al Mesías después del arrepentimiento y purificación de ellos (v. 20). Esto anticipa la Segunda Venida de Cristo. Por ello, aunque la era mesiánica ha despuntado, no ha sido todavía consumada. En el tiempo presente, "es necesario que él permanezca en el cielo" (v. 21a; cf. 2:33–35), pero solo hasta el tiempo de la restauración final prometida por los profetas (3:21b). El nombre que aquí se utiliza (*apokatastasis*, "restauración") procede de la misma raíz que el verbo que aparece en la pregunta de los discípulos sobre la restauración del reino de Dios a Israel (*apokathistano*, 1:6).

Jesús extiende esta restauración de Israel a todas las cosas, pero esta se producirá en los últimos días, cuando Dios será "todo en todos" (1Co 15:28). Podemos asumir que son distintos aspectos de la enseñanza de Jesús sobre el reino y que Pablo las incorporó a su propia instrucción sobre este tema (Hch 19:8; 20:24; 28:31). En este sermón evangelístico encontramos, pues, dos puntos escatológicos. En el aspecto positivo está la promesa de la restauración de todas las cosas (3:19–21); en el negativo tenemos la amenaza de que quienes no escuchan a Jesús serán totalmente cortados (v. 23).

Es significativo el uso de la segunda persona del plural "ustedes". Mientras que, al comienzo de su discurso, Pedro responsabiliza claramente a sus oyentes de la muerte de Cristo (vv. 13–14), hacia la mitad del mismo adopta una actitud más conciliadora al afirmar que sabe que actuaron por ignorancia (v. 17). Pedro termina su discurso con una nota positiva, recordándoles que son "herederos de los profetas y del pacto" (v. 25) y que el siervo de Dios fue enviado en primer lugar para bendecirles a ellos por medio del arrepentimiento (v. 26). Inmediatamente antes de esto, sin embargo, Pedro pronuncia una enérgica advertencia sobre las consecuencias para quienes no escuchen (v. 23). Esta advertencia está en tercera persona, porque solo se hará efectiva si rechazan el mensaje. Este mensaje no es, pues, un discurso abstracto y desvinculado sobre el evangelio cristiano, sino una urgente petición que late con la necesidad de una respuesta personal.

Pedro cita a su audiencia muchas bendiciones. Les recuerda la promesa de bendición universal hecha a Abraham (v. 25). Como Isaías había antes prometido (Is 43:25), sus pecados serán "borrados" (Hch 3:19). Barclay nos recuerda que "en la antigüedad, se escribía sobre papiros y la tinta no contenía ácido. No penetraba, por tanto, en los papiros como la tinta moderna, sino que simplemente se secaba en la superficie. Para borrar algo solo había que frotar la zona en cuestión con una esponja empapada".[8] Una de las bendiciones de la Resurrección es que las personas se convertirán de sus perversos caminos (v. 26). Esto concuerda con el gran número de promesas veterotestamentarias sobre el nuevo pacto, donde Dios mismo capacitará al pueblo para guardar la ley (Jer 31:31–33; Ez 11:19; 36:26). El arrepentimiento y el perdón producirán también "tiempos de descanso de parte del Señor, enviándoles el Mesías que ya había sido preparado para ustedes, el cual es Jesús" (v. 20).[9] Hemos visto ya las bendiciones futuras en relación con la consumación de la historia que traerá Cristo (v. 21).

Este pasaje describe el típico ministerio de evangelización entre los judíos en la iglesia primitiva. Cuando nos planteamos la aplicación de este texto en nuestros días, hemos de buscar especialmente principios de ministerio que podamos seguir también nosotros.

Trabajo en equipo

La alternancia con que en este pasaje van apareciendo Pedro y Juan, y Pedro solo, nos ofrece un buen ejemplo del trabajo en equipo del evangelista Pedro. Este mismo estilo lo encontramos por todo el libro de los Hechos. Cuando Jesús envió a ministrar a sus doce apóstoles y a setenta de sus discípulos, estos iban de dos en dos (Mr 6:7; Lc 10:1). Cuando Pedro se levantó el día de Pentecostés para pronunciar su discurso, lo hizo junto "con los once" (Hch 2:14). Cuando habló de su testimonio, afirmó: "De eso nosotros somos testigos" (3:15; cf. 2:32; 5:32). Pedro no era una voz solitaria; tenía un equipo ministerial que le respaldaba cuando hablaba. Pedro y Juan sirvieron también en equipo después de este incidente (8:14). Cuando Pedro se dirigió a casa de Cornelio en su histórica visita, se llevó con él a seis hermanos (10:23; 11:12).

Cuando el Espíritu Santo comisionó al primer equipo misionero para la evangelización de los gentiles, apartó a dos personas (13:2). Cuando Pablo

---

8. Barclay, *Acts*, 35.
9. Esta es la traducción de Bruce en *Acts*, 82–83.

y Bernabé se separaron, ambos tomaron consigo a otros compañeros y formaron nuevos equipos (15:39–40). Sabemos que Pablo casi nunca viajó solo. El apóstol tenía su escuela bíblica itinerante, en la que formaba a "alumnos en prácticas" como Timoteo y Tito. Aun cuando Pablo fue a Roma como prisionero, Lucas estaba con él (27:2). En su última carta escrita desde la cárcel, Pablo le pidió a Timoteo que se reuniera pronto con él y que trajera consigo a Marcos (2Ti 4:9, 11).

Solo en casos excepcionales, como por ejemplo el de Felipe el evangelista, vemos en el Nuevo Testamento ministerios individuales. Aunque ni siquiera en el caso de Felipe podemos estar seguros de que viajara a Samaria solo, puesto que es posible que otros discípulos le acompañaran cuando fueron esparcidos. (Parece claro, sin embargo, que sí lo estaba cuando se encontró con el eunuco etíope). Naturalmente, Jesús siempre estaba con sus discípulos, excepto cuando quería retirarse a solas para orar. En otras palabras, podemos afirmar con seguridad que, en la Biblia, el trabajo de equipo es el estilo normal de ministerio.[10] No siempre se nos dice cómo funcionaban los equipos por lo que a las responsabilidades de los miembros se refiere. Pablo pide a Timoteo que le traiga a Marcos "porque me es de ayuda en mi ministerio" (2Ti 4:11). Es de suponer que los equipos trabajaban de acuerdo con los dones de cada miembro según se describe en 1 Corintios 12.

Desviando la gloria del evangelista

Hemos visto que Pedro hizo un serio esfuerzo para que no le fuera atribuida ninguna gloria a él. A menudo, las personas relacionan el poder con el instrumento del acto milagroso. Cuando no es así, suele decirse, al menos, que tal persona ha sido utilizada por su especial santidad o grandeza. Pedro refutó enérgicamente la idea de que la sanación del hombre inválido se hubiera realizado por su poder o piedad (v. 12). Se llevó a cabo por la fe "en el nombre de Jesús" y que "viene por medio de Jesús" (v. 16). Lucas no dice a qué fe se refiere. Puede que deje deliberadamente esta cuestión en el aire para que Cristo sea el verdadero centro de todo.[11]

A lo largo de todo el texto de Hechos, tanto Pedro como Pablo procuran siempre desviar la gloria de sí mismos y atribuírsela a Dios (10:26; 14:14–15). Se trata de un cambio reconfortante cuando pensamos en la situación que Lucas describe en su evangelio acerca de los discípulos discutiendo entre ellos sobre quién sería el mayor (Lc 9:46; 22:24). Por fin han tomado nota de la advertencia de Jesús en el sentido de que "todo el que a sí mismo se enaltece será humillado, y el que se humilla será enaltecido" (Lc 14:11; 18:14; cf. 9:48; 22:26).[12]

---

10. Una buena parte del material anterior procede de mi *Reclaiming Friendship,* 36–37.
11. Polhill, *Acts,* 132–33.
12. Cf. Tannehill, *Narrative Unity,* 53.

Un mensaje completo

Lucas consigna un gran número de aspectos que caracterizan un buen mensaje evangelístico. Pedro se identifica con sus oyentes iniciando su mensaje con respuestas a preguntas sobre el milagro que se suscitan en la mente de las personas. La densa utilización de términos judíos para aludir a Dios y a Cristo, las referencias a sus esperanzas y aspiraciones nacionales y la apelación a sus Escrituras demuestran también un esfuerzo por identificarse con sus oyentes. El mensaje tiene explicación (vv. 12–16), acusación (vv. 13–15), exposición (vv. 13–15, 18, 21–22, 24–26), conciliación (v. 17), apelación (vv. 19, 22), promesa (vv. 19–22, 24–26) y advertencia (v. 23). Por último, la frecuente utilización de la segunda persona del plural hace el mensaje patente para los receptores.

Aunque fue un mensaje personalizado y directo en su aplicación a los oyentes, la mayor parte del espacio se dedicó a la explicación, la exposición y la promesa. El contenido del evangelio es lo más importante. Esto es algo que podemos olvidar fácilmente en nuestro esfuerzo por ser relevantes. El uso de la advertencia y la acusación nos muestra que nuestra exposición incluye también un aspecto negativo. El evangelio es siempre la presentación de buenas noticias. Sin embargo, para que estas sean relevantes, a menudo hemos de exponer las malas noticias del pecado y advertir a las personas sobre las consecuencias.

Un rasgo importante de los sermones evangelísticos del libro de los Hechos es la primacía que conceden a la relación de las personas con Dios. Aunque se tratan las aspiraciones y problemas humanos y estos son a menudo el punto de partida para la evangelización, lo que importa en última instancia es lo que Dios ha hecho en Jesús por la humanidad y el modo en que los individuos responden a ello. Es posible que lo que atrae a las personas a Cristo sean las respuestas que él ofrece a sus problemas. Esto es natural y por ello los apóstoles partían con frecuencia de las preguntas que se hacía la gente. Sin embargo, tales preguntas eran utilizadas como peldaños para presentar las verdades fundamentales del evangelio, que en última instancia son lo importante. Es vital que las personas entiendan lo antes posible, ya sea durante el proceso de la evangelización o el acompañamiento, cuáles son estas verdades fundamentales e inmutables del evangelio.

Un ministerio circular u holístico

El mensaje completo de Pedro fue fruto de un ministerio circular en términos de énfasis y actividades. Comenzó con una necesidad humana evidenciada en una persona que encontraron en la calle. Ello condujo primero a un milagro y después a un sermón sólido e inteligente en su argumentación, que utilizaba pruebas concretas de la Escritura y la experiencia a favor de la veracidad del cristianismo. El mensaje consistió principalmente en argumentos racionales para apoyar la autenticidad del cristianismo. Por regla general, las personas se acercan al evangelio para que Dios supla sus necesidades personales. Pero permanecen en él porque saben que el cristianismo es la verdad. Por eso el mensaje evangelístico proclamado por Pedro, el "obrador de milagros" se centró también intensamente en la veracidad del cristianismo. Como Esteban y Pablo, Pedro fue un apologista obrador de milagros.

Un ministerio poderoso

Un mensaje completo y un ministerio circular son ineficaces sin poder espiritual. Pedro y Juan exhibieron este poder cuando le mandaron andar al cojo (v. 6). Estaban en claro contacto con el poder de Dios. Hemos de asegurarnos siempre que todo nuestro ministerio se lleva a cabo en el poder del Espíritu. Es posible que quienes carecen del don de sanar no tengan tampoco la audacia para decir lo mismo que Pedro y que produjo la sanación del hombre cojo. Sin embargo, todos los ministerios deben llevarse a cabo en el poder del Espíritu.

Trabajo en equipo hoy

Es imposible excederse a la hora de enfatizar el valor del ministerio en equipo en nuestro tiempo. En Eclesiastés 4:9–12 se nos dan cuatro beneficios de los equipos:

- Una mayor productividad: "Más valen dos que uno, porque obtienen más fruto de su esfuerzo".
- Ayuda en momentos de fracaso: "Si caen, el uno levanta al otro. ¡Ay del que cae y no tiene quien lo levante!".
- Calor y fortalecimiento en tiempos de necesidad: "Si dos se acuestan juntos, entrarán en calor; uno solo ¿cómo va a calentarse?".
- Fortaleza ante los ataques: "Uno solo puede ser vencido, pero dos pueden resistir. ¡La cuerda de tres hilos no se rompe fácilmente!".[13]

Hace poco hemos visto caer en pecados graves a dirigentes que desarrollaban importantes y conocidos ministerios. Muchos han observado que tales personas no daban cuenta de su labor a ningún grupo. Son bien conocidos los peligros de los ministerios itinerantes. En sus viajes, estos ministros se alojan a menudo en hoteles que ofrecen gratificación sexual para los hombres de negocios que viajan. Tras un cansado día de ministerio, cuando nos sentimos emocional y espiritualmente exhaustos y no nos quedan fuerzas para realizar una actividad seria como estudiar o escribir, es fácil sentirse tentado a ver algo sucio por la televisión en la privacidad de la habitación del hotel. Nadie lo va

---

13. He explicado estas ideas con mayor detalle en mi *Reclaiming Friendship,* 38–42, 132–45.

a saber. Sin embargo, la repetición de este tipo de incidentes puede corrompernos y hacernos vulnerables a pecados más graves.

Algunos ministros conocidos nunca viajan solos, aunque no todos podemos permitirnos este lujo. Sin embargo, aun en estos casos, sería bueno contar con el respaldo de un equipo. Personalmente, antes de mis viajes envío una carta de oración a algunas personas para que oren por mí en cada etapa del viaje. Siempre les pido que oren por mi pureza personal. A mi regreso informo a mis colegas sobre cómo han ido las cosas, en especial sobre el uso que he hecho de la televisión.

Lo ideal sería que pudiéramos alojarnos en algún hogar, lo cual nos ayudaría a identificarnos con aquellos a quienes ministramos. Esto es lo que se hacía en la iglesia primitiva (ver exposición sobre 9:43). En los tiempos bíblicos, las posadas eran también lugares higiénica y moralmente sucios. Personalmente, también me ha sido de ayuda pedir la compañía de un hermano que me acompañe y con quien pueda formar un buen equipo cuando he de llevar a cabo ministerios de gran exigencia, como exposiciones bíblicas en conferencias importantes. Siendo uno de los expositores en las conferencias misioneras Urbana, fui muy bendecido por la amistad de Paul Borthwick, un pastor norteamericano de misiones que se ofreció voluntario para ser mi compañero de habitación.[14]

Desviar la gloria de nosotros

Pedro y Juan no solo renunciaron a la búsqueda de gloria para sí mismos, sino que cuando esta se les presentó sin buscarla y de manera inesperada se resistieron firmemente a aceptarla. ¡Qué extraño suena esto en una cultura que concede tanto valor a las apariencias! Los políticos contratan los servicios de asesores que les ayudan a cuidar su imagen pública. Vemos a personas que, sin ruborizarse, pregonan sus logros por la televisión. Es incluso corriente oír a líderes cristianos hablando en detalle de sus logros.

Juan el Bautista expresó bien la actitud bíblica con sus palabras: "A él [Jesús] le toca crecer, y a mí menguar" (Jn 3:30). Un buen principio que nos ayudará a vencer los peligros relacionados con la tentación de buscar gloria es no correr el riesgo de exaltarnos. Hemos de pensar, más bien, en exaltar a otras personas y, sobre todo, a Dios. Podemos dejar que sea Dios quien nos exalte cuando él lo crea oportuno.

Vemos frecuentemente a Pablo exaltando a sus colegas más jóvenes. En la introducción de sus cartas menciona los nombres de ellos junto al suyo (1Co 1:1; 2Co 1:1; etc.). Escribe entusiastas elogios sobre personas como Timoteo para que la iglesia les acepte (2Co 8:6–24; Fil 2:19–24). Las únicas ocasiones en que Pablo defendió enérgicamente su posición fue cuando lo que estaba

---

14. Quienes estén interesados en una exposición sobre el ministerio de equipo en un contexto itinerante, ver comentarios sobre 15:36–16:10.

en juego era el evangelio y los falsos maestros cuestionaban sus credenciales para apartar a los creyentes del verdadero evangelio (ver 2 Corintios y Gálatas). Naturalmente, Pablo presentó su ministerio como ejemplo a seguir (ver Hechos 20:17–35).

Cuando nos damos cuenta de que no merecemos el ministerio que se nos ha dado y de que solo lo tenemos por la misericordia de Dios (2Co 4:1), es difícil que nos adjudiquemos gloria alguna. Deberíamos estar tan entusiasmados con que Dios nos haya llamado que nuestra única pasión tendría que ser darle a él toda la gloria. Y cuando vemos cómo nos exalta, deberíamos estar tan contentos y agradecidos que nos dedicáramos a exaltar a otras personas. Esta es la razón por la que a siervos de Dios famosos pero humildes, como el evangelista Billy Graham o el erudito bíblico F. F. Bruce, se les conoce también por haber animado y alabado a otros ministerios y dirigentes cristianos. Esto lo entendí bien hace algunos días cuando seguí una entrevista de Larry King a Billy Graham. Me asombró que dijera tantas cosas buenas de tantas personas.

Proclamando un mensaje completo en nuestros días

Pedro presentaba un evangelio completo. Los heraldos concienzudos de las Buenas Nuevas han de trabajar intensamente para incorporar a su exposición del evangelio distintas características. En los tiempos bíblicos, cuando se predicaba este mensaje a los judíos, no hacía falta decir nada para introducir a Dios, puesto que los oyentes tenían ya una idea básica de él. Sin embargo, cuando se dirigía a los gentiles, Pablo trataba este tema antes de presentar a Jesús (14:15–17; 17:23–29). Este es un asunto relevante para nuestro tiempo cuando se trata de presentar el evangelio a audiencias "postcristianas" del mundo occidental y a no cristianos de todo el mundo.

Hay aquí ciertas características difíciles de incorporar en nuestro mensaje. En un mundo tan interesado en disfrutar la vida aquí y ahora, no es fácil proclamar el regreso del Señor y el juicio. Sucede lo mismo con el llamamiento de convencer de su pecado a las personas. Sin ignorar estas características del evangelio, como nos sentimos tentados a hacer, hemos de esforzarnos por encontrar maneras creativas, convincentes y atractivas de presentar estas verdades.[15]

Hemos observado también que, aunque comencemos nuestra proclamación atendiendo a aquellas necesidades de que son conscientes nuestros oyentes, hemos de trabajar para que se den cuenta lo antes posible de cuáles son las inmutables verdades del evangelio. Hemos de ayudar a las personas a entender quién es Dios, lo que ha hecho, en especial por medio de Cristo, y cómo podemos recibir su salvación y disfrutar de una relación personal con él. Esta es la razón por la que muchas iglesias utilizan un credo histórico como funda-

---

15. Hay una exposición sobre la proclamación del juicio hoy en mi *Crucial Questions about Hell* (Wheaton: Crossway, 1994; orig. ed.: Eastbourne: Kingsway, 1991).

mento de sus cursos preparatorios para el bautismo, confirmación o membresía de la iglesia.

Cuando las personas no conocen los rasgos esenciales del evangelio, tan básicos para el cristianismo, van camino de una experiencia cristiana distorsionada, con problemas para soportar las tormentas de la vida. A quienes consideran que el cristianismo es, principalmente, una respuesta a sus problemas personales les será difícil seguir en el camino de la obediencia cuando no vean una inmediata solución a sus problemas. Por el contrario, aquellos cuya vida se basa en las realidades eternas del evangelio saben que, aun en las noches más oscuras de su experiencia, dichas realidades permanecen inalterables. Poseen una seguridad que les permite enfrentar las crisis y darse cuenta de que estas no son tan formidables como pueden parecernos. Dios sigue en el trono; por tanto, confiamos en él y nos esforzamos en obedecerle, sabiendo que él velará por nosotros.

Por regla general, en todas las culturas la gente se centra en algunos aspectos de la experiencia humana e ignora otros. El mundo de hoy concede un elevado valor a los sentimientos. Sin embargo, si esto desbanca a la verdad sobre Dios del supremo lugar que ha de ocupar en nuestra vida, experimentaremos insatisfacción, puesto que los sentimientos son un aspecto demasiado frágil como para construir sobre ellos nuestra seguridad. El Conde de Shaftesbury fue un importante reformador social de Gran Bretaña, que prestó un gran servicio a la nación con su defensa de los oprimidos cuando la suya era una nación recién industrializada. En su vigésimo séptimo cumpleaños se comprometió a escribir para procurar dos cosas: el honor de Dios y la dicha de los seres humanos; y entregó su vida para que Dios la utilizara según estos dos propósitos. Sin embargo, puesto que siempre tuvo claras sus prioridades, afirmó: "Toda la vida no es sino una transacción entre el alma individual y el Salvador individual" y "mi fe se resume en una sola palabra: Jesús". Con esta actitud no nos equivocaremos.

Por tanto, en los numerosos problemas y oportunidades de nuestras vidas y ministerios, nunca olvidemos lo más importante: quién es Dios, qué ha hecho por nosotros en Cristo y qué hemos de responder en obediencia. Para que esto sea prioritario en la iglesia, ha de serlo también en el procedimiento que adoptamos para incorporar a las personas a ella, es decir, la evangelización.

Un ministerio circular u holístico. Como se ha dicho anteriormente, los ministerios de Pedro y Juan, como también los de Pablo y Esteban, tenían una triple orientación hacia la apologética, la predicación evangelizadora y la sanación. Hoy vemos a menudo que diferentes iglesias se especializan en distintos aspectos del desafío evangelizador. Algunas son fuertes con respecto a los milagros, pero débiles por lo que se refiere a persuadir mediante la verdad del cristianismo. Otras son excelentes en teología y apologética, pero débiles cuando se trata de orar por las necesidades de los no cristianos y presentar el poder milagroso de Dios como un rasgo atractivo del evangelio.

Ojalá hubiera más eruditos en la iglesia que ejercieran también algunos de estos dones de señales. Esto podría ayudarnos a evitar los malsanos extremos de una árida y pesada erudición, por un lado, y de una apasionada y descontrolada obsesión por las señales, por otro. Sin embargo, aunque nos gustaría que en la iglesia hubiera personas de este perfil, no se nos dice en ninguna parte que esta combinación sea la norma esperada. Es decir, no podemos colegir de este pasaje el principio de que quienes ejercen un ministerio de milagros han de ser también excepcionales apologistas. Sin embargo, cuando tenemos a personas que reúnen esta combinación de dones, alabamos a Dios por concedernos algo poco común y deseamos que se manifieste más a menudo en la iglesia.

Es cierto que algunos pueden menospreciar a las personas de este perfil por considerarlas generalistas, que no aportan nada significativo al progreso del reino. En una era de especialistas como la nuestra, es aleccionador observar que, muchas veces, los grandes avances doctrinales y evangelizadores en la iglesia del Nuevo Testamento y a lo largo de toda la historia se produjeron por medio del pensamiento y activo ministerio de generalistas como Agustín de Hipona, Lutero, Calvino, Wesley y otros. Agustín se resistía a entrar en el ministerio pastoral por su deseo de dedicarse al ámbito de la contemplación y la teología. Sin embargo, fue "reclutado" al pastorado contra su voluntad por la propia iglesia de Hipona en una de sus visitas a la ciudad y se quedó en ella como pastor y teólogo durante casi cuarenta años.[16] Naturalmente, estos grandes teólogos y hombres de acción estaban siguiendo el ejemplo establecido por su Maestro, Jesús.[17]

En nuestro tiempo, la eficiencia se ha convertido en un factor tan importante que los generalistas se ven abocados a la frustración. Parece una pérdida de tiempo que un brillante predicador, que cada domingo se dirige a una gran congregación y a miles de otras personas a través de la radio y la televisión, pase muchas horas en casa de uno de los miembros de su iglesia que está en fase terminal. Por ello, tenemos a ministros de visitación que desarrollan este tipo de labor. De igual modo, un profesor de seminario, ocupado en redactar brillantes obras de teología, puede considerar una pérdida de tiempo invertir una hora o dos aconsejando a un estudiante deprimido que lo está pasando mal. Por ello los seminarios disponen de consejeros especialistas que se encargan de este tipo de tareas. En esta clase de ambiente, es posible que los especialistas logren resultados impresionantes, pero carecerán del penetrante discernimiento capaz de impactar verdaderamente a una cultura con la verdad de Dios. Esta clase de

---

16. Ver mi libro *Supremacy*, 42–43, que recoge la historia de David Bentley-Taylor, *Augustine: Wayward Genius* (Grand Rapids: Baker, 1980), 57–58.

17. Sobre la integración demostrada en el ministerio de Jesús, ver mi *Supremacy*, 39–44; Stephen Neill, *The Supremacy of Jesus* (Londres: Hodder y Stoughton, 1984), 51–69.

discernimiento nace con una combinación de dos cosas: involucrarse en la vida de las personas y dedicarse a un cuidadoso estudio de la verdad.[18]

En este periodo de pragmatismo es importante recordar la muy citada diferencia entre eficiencia y efectividad: eficiencia nos habla de hacer una cosa correctamente, mientras que efectividad tiene que ver con ocuparse en hacer la cosa correcta. Los ministros dispuestos a llevar la cruz de la frustración y la fatiga que acompaña al compromiso de integrar las diferentes disciplinas ejemplificarán una proclamación de la verdad efectiva y penetrante. Es cierto que no existe ninguna justificación bíblica o histórica para afirmar que no necesitamos o no hemos de utilizar a los especialistas. La iglesia ha sido bendecida de manera especial por el efectivo servicio de especialistas, que no estaban tan especializados como para no ocuparse de la necesidad humana cuando se han encontrado con ella. Lo que no necesitamos es la concurrencia de especialistas malsanos que están tan preocupados con su disciplina específica que no se toman la molestia de integrarla con la necesidad humana. Ser sensibles a la necesidad humana es una forma de corregir los excesos de una especialización poco saludable. El gran teólogo Karl Barth predicaba con cierta frecuencia a los reclusos de la cárcel de Basilea y aludía a este ministerio como "mi púlpito preferido".[19]

Un ministerio poderoso. No hemos de olvidar nunca que toda la obra de la iglesia primitiva se llevaba a cabo en el poder del Espíritu. En el comentario sobre 1:1–8 hemos reflexionado sobre la importancia de la plenitud del Espíritu para el ministerio. Las palabras de Pedro en el versículo 6 —expresando su pobreza económica, pero ordenando andar al cojo— nos recuerdan que la pobreza espiritual es mucho más grave que la económica. Una iglesia pobre desde un punto de vista económico, pero que sabe experimentar el poder de Dios es, de hecho, rica.

Es triste que con el incremento de las riquezas se haya reducido la dependencia de Dios y, por consiguiente, el poder espiritual. Es lamentablemente posible utilizar cosas que pueden comprarse con dinero, como por ejemplo un maravilloso gimnasio para los jóvenes y un grandioso órgano tubular para la adoración, para tener un impresionante programa y ocultar con ello la pobreza espiritual. A veces, la pobreza económica es un don que nos fuerza a buscar

---

18. Hay una exposición sobre los intentos de integración de Francis Schaeffer y la crítica de ser un "generalista" en Gene Edward Veith, "The Fragmentation and Integration of Truth", y Lane T. Dennis, "Francis Schaeffer and His Critics", en *Francis A. Schaeffer: Portraits of the Man and His Work*, ed. Lane T. Dennis (Westchester: Crossway, 1986), 29–49, 101–26, respectivamente. Otros capítulos presentan a Schaeffer como reformador social, evangelista, consejero, anfitrión para jóvenes con preguntas sobre la fe y hombre de oración.

19. Karl Barth, *How I Changed My Mind* (Richmond, Va.: John Knox, 1966), 71–72; citado en la obra de David L. Mueller, Karl Barth, *Makers of the Modern Theological Mind* (Waco, Tex.: Word, 1972), 45.

en Dios nuestra fortaleza. Se dice que, en una ocasión, el teólogo Tomás de Aquino (1225–1274) visitó al Papa Inocencio II cuando este se encontraba contando una gran suma de dinero. El Papa observó: "¿Ves, Tomás? La iglesia ya no puede decir, 'no tengo plata ni oro'". Tomás de Aquino contestó, "Es verdad, santo padre, pero tampoco puede decir, 'levántate y anda'".[20]

---

20. Citado en Bruce, *Acts*, NICNT, 77–78.

Mientras Pedro y Juan le hablaban a la gente, se les presentaron los sacerdotes, el capitán de la guardia del templo y los saduceos. ² Estaban muy disgustados porque los apóstoles enseñaban a la gente y proclamaban la resurrección, que se había hecho evidente en el caso de Jesús. ³ Prendieron a Pedro y a Juan y, como ya anochecía, los metieron en la cárcel hasta el día siguiente. ⁴ Pero muchos de los que oyeron el mensaje creyeron, y el número de éstos llegaba a unos cinco mil. ⁵ Al día siguiente se reunieron en Jerusalén los gobernantes, los ancianos y los maestros de la ley. ⁶ Allí estaban el sumo sacerdote Anás, Caifás, Juan, Alejandro y los otros miembros de la familia del sumo sacerdote. ⁷ Hicieron que Pedro y Juan comparecieran ante ellos y comenzaron a interrogarlos:

—¿Con qué poder, o en nombre de quién, hicieron ustedes esto?

⁸ Pedro, lleno del Espíritu Santo, les respondió:

—Gobernantes del pueblo y ancianos: ⁹ Hoy se nos procesa por haber favorecido a un inválido, ¡y se nos pregunta cómo fue sanado! ¹⁰ Sepan, pues, todos ustedes y todo el pueblo de Israel que este hombre está aquí delante de ustedes, sano gracias al nombre de Jesucristo de Nazaret, crucificado por ustedes pero resucitado por Dios. ¹¹ Jesucristo es "la piedra que desecharon ustedes los constructores, y que ha llegado a ser la piedra angular". ¹² De hecho, en ningún otro hay salvación, porque no hay bajo el cielo otro nombre dado a los hombres mediante el cual podamos ser salvos.

¹³ Los gobernantes, al ver la osadía con que hablaban Pedro y Juan, y al darse cuenta de que eran gente sin estudios ni preparación, quedaron asombrados y reconocieron que habían estado con Jesús. ¹⁴ Además, como vieron que los acompañaba el hombre que había sido sanado, no tenían nada que alegar. ¹⁵ Así que les mandaron que se retiraran del Consejo, y se pusieron a deliberar entre sí: ¹⁶ «¿Qué vamos a hacer con estos sujetos? Es un hecho que por medio de ellos ha ocurrido un milagro evidente; todos los que viven en Jerusalén lo saben, y no podemos negarlo. ¹⁷ Pero para evitar que este asunto siga divulgándose entre la gente, vamos a amenazarlos para que no vuelvan a hablar de ese nombre a nadie.»

¹⁸ Los llamaron y les ordenaron terminantemente que dejaran de hablar y enseñar acerca del nombre de Jesús. ¹⁹ Pero Pedro y Juan replicaron:

—¿Es justo delante de Dios obedecerlos a ustedes en vez de obedecerlo a él? ¡Júzguenlo ustedes mismos! ²⁰ Nosotros no podemos dejar de hablar de lo que hemos visto y oído.

²¹ Después de nuevas amenazas, los dejaron irse. Por causa de la gente, no hallaban manera de castigarlos: todos alababan a Dios por lo que había sucedido,²² pues el hombre que había sido milagrosamente sanado tenía más de cuarenta años.

 El capítulo 4 marca el comienzo de la resistencia a la evangelización en la vida de la iglesia, ¡un rasgo que ha estado presente en su vida durante los veinte siglos siguientes! Aquí, como al comienzo del ministerio de Jesús, el pueblo judío en general parece haber sido favorable hacia la iglesia, mientras que las autoridades comienzan a expresar hostilidad.

Arresto de Pedro y Juan (4:1–4)

La palabra que se traduce como "gente" (*laos*) está presente cinco veces con un sentido generalmente positivo justo antes y después del discurso de Pedro en el templo. Como en el caso de Jesús (Lc 19:47–48; 20:19; 21:38; 22:2), la popularidad de que gozaba la iglesia entre el pueblo impidió que las autoridades tomarán cartas contra ella. Pero pronto, como en el caso de Jesús, la corriente cambió de dirección y hacia el tiempo de la muerte de Esteban el pueblo parecía haberse puesto en contra de la iglesia. En el episodio del arresto de Pablo en Jerusalén reaparecen de repente las alusiones al *laos* (21:28, 30, 36, 39, 40), y el pueblo pide públicamente su muerte (21:36; 22:22). En el capítulo 4 se narra el primer encarcelamiento de Hechos; al final del libro, Pablo está recluido en la cárcel. Sin embargo, en última instancia, Dios lleva a cabo sus propósitos, ya sea por medio de un encarcelamiento o de una milagrosa liberación.[1]

Pedro es detenido por los sacerdotes (posiblemente los principales sacerdotes, que eran todos saduceos), el capitán de la guardia del templo (un influyente personaje que mandaba las fuerzas policiales del templo) y los saduceos. Estaban especialmente molestos por el mensaje de la Resurrección (v. 2). Afirmar que Cristo había resucitado apoyaba la enseñanza de los fariseos sobre la Resurrección, que los saduceos rechazaban. El juicio, no obstante, se celebraba ante todo el Sanedrín, que en aquel momento estaba constituido por "una mezcla de la nobleza saducea (sacerdotes y laicos) y por eruditos de los fariseos".[2] Estos están profundamente preocupados, porque "muchos de los que oyeron el mensaje creyeron, y el número de éstos llegaba a unos cinco

1. Muchas de las reflexiones de este párrafo son de Tannehill, *Narrative Unity*, 59–60.
2. W. J. Moulder, "Sanhedrin", *ISBE*, 4:332.

mil" (v. 4). Se trata de un crecimiento fenomenal, considerando además que en este cómputo no se incluye a las mujeres y a los niños.[3]

Ante el Sanedrín (4:5–12)

Al día siguiente, Pedro y Juan son llevados ante el Sanedrín (v. 6; cf. v. 15). Estaban presentes Anás, el veterano sumo sacerdote anterior, y su yerno Caifás, que ejercía el cargo sumosacerdotal en aquel momento. Ambos habían participado en el juicio de Jesús unas semanas antes, pero sus esperanzas de deshacerse de Jesús fueron de corta duración. Con una pregunta característica que las autoridades formulan cuando su posición se ve amenazada, les interpelan sobre la fuente del "poder" y el "nombre" (i.e., autoridad, v. 7) con que actúan. Aunque creían tener potestad en las cuestiones religiosas de la nación, ni su autoridad ni su poder eran comparables con los que ejercían aquellos incultos laicos. En contraste con ellos está Pedro, quien no solo llevó a cabo un milagro, sino que ahora está también "lleno del Espíritu Santo" (v. 8). Este es uno de los varios casos que encontramos en el libro de los Hechos en que los siervos de Dios son llenos del Espíritu Santo para hacer frente a un desafío especial.[4] A este tipo de experiencia suele llamársele unción.

Aunque los discípulos están técnicamente a la defensiva, pasan a una posición de ataque en su respuesta a la pregunta del Sanedrín.[5] Pedro replica: "Sepan, pues, todos ustedes y todo el pueblo de Israel que este hombre está aquí delante de ustedes, sano gracias al nombre de Jesucristo de Nazaret, crucificado por ustedes pero resucitado por Dios" (v. 10). A continuación cita el Salmo 118:22, que se convirtió en uno de los textos preferidos de la iglesia primitiva: "Jesucristo es 'la piedra que desecharon ustedes los constructores, y que ha llegado a ser la piedra angular'" (v. 11).[6] En este Salmo se tiene probablemente en mente a Israel. "Sin embargo, como sucede a menudo en el Nuevo Testamento, el propósito de Dios para Israel halla su cumplimiento en la obra de Cristo".[7]

Acto seguido, se produce una proclamación del carácter absolutamente singular de Cristo como único medio de salvación (v. 12). El significado de "salvo" en este texto ha sido motivo de controversia, en especial teniendo en cuenta que la misma palabra griega (*sozo*) se utiliza en el versículo 9 con el sentido de "sanado". En este texto, sin embargo, el uso del término está más cerca del modo en que se utiliza en 2:40 (salvación de esta perversa genera-

---

3. Cf. los comentarios sobre 2:41, donde mostrábamos que las objeciones sobre las altas cifras de convertidos basadas en datos anteriores de la población de Jerusalén han sido refutadas por investigaciones más recientes.

4. Ver 4:31; 7:55; 13:9.

5. Bruce, *Acts*, NICNT, 93.

6. Ver Marcos 12:10–12; Efesios 2:20; 1 Pedro 2:7.

7. Bruce, *Acts*, NICNT, 93.

ción) y 2:47 (vinculación al pueblo de Dios). Pedro tiene en mente un sentido más amplio que la simple liberación de una enfermedad o defecto de nacimiento (algo que también puede estar incluido). A lo que hace referencia es a un cambio de posición: de ser rebeldes a ser aceptados entre el pueblo de Dios.

Advertencia y liberación (4:13–22)

Los miembros del Sanedrín están "atónitos" viendo el valor de Pedro y Juan, teniendo en cuenta que "eran gente sin estudios ni preparación" (v. 13a). En algunos papiros, la palabra que se traduce como "sin estudios" (*agrammatos*) tiene el sentido de "analfabeto". Sin embargo, es evidente que este no es su significado aquí ni en Juan 7:15, donde esta palabra se aplica a Jesús. En este último versículo, el término expresa la sorpresa "de que pudiera enseñar y analizar temas que normalmente estaban fuera del alcance de quienes no habían cursado estudios rabínicos".[8] Este parece aquí también su sentido. La palabra que se traduce como "sin preparación" (*idiotes*) hace referencia a "una persona que no ha adquirido una información sistemática o conocimiento en una cierta materia o actividad"; el sentido sería, pues, el de lego o *amateur*.[9]

En otras palabras, aunque Pedro y Juan no están académica ni profesionalmente cualificados, han presentado una audaz y elocuente defensa ante tan ilustre asamblea. El Sanedrín ya sabe que estos hombres han estado con Jesús. Pero su forma de proceder les recuerda de nuevo que han sido influenciados por Jesús, quien también impartía "su enseñanza [...] como quien tiene autoridad" (Mr 1:22). En cierta ocasión, observando el ministerio de Jesús, los judíos se preguntaron: "¿De dónde sacó éste tantos conocimientos sin haber estudiado?" (Jn 7:15). A esto podemos añadir la mención por parte de Lucas en el sentido de que Pedro estaba lleno del Espíritu (Hch 4:8). Lucas está, pues, describiendo un ministerio efectivo en el periodo del Nuevo Testamento: un mensaje articulado desde la plenitud del Espíritu y un sólido conocimiento de las Escrituras. Los apóstoles muestran una audacia que procede de la confianza en su mensaje y la capacitación impartida por el Espíritu.

Después de pedir a Pedro y a Juan que abandonen el Sanedrín, los dirigentes judíos analizan el dilema que se les presenta, sobre todo porque nadie puede negar que se había producido un "milagro evidente" (v. 16; cf. también v. 21: "[...] no hallaban manera de castigarlos: todos alababan a Dios por lo que había sucedido"). Lo único que podían hacer era ordenar a Pedro y Juan "que dejaran de hablar y enseñar acerca del nombre de Jesús" (v. 18). Los dos apóstoles responden que tienen que obedecer a Dios: "No podemos dejar de hablar de lo que hemos visto y oído" (unas palabras que han sido de inspiración para muchos cristianos perseguidos a lo largo de la historia de la iglesia, vv. 19–20).

---

8. Bruce, *Acts: Greek Text*, 153.
9. Louw y Nida, 329.

Lo que han "visto y oído" (i.e., las obras y palabras de Jesús) era un mensaje digno de ser proclamado por todo el mundo. La combinación de su lealtad a Dios y la naturaleza del mensaje constituye una persuasiva razón para desobedecer el mandamiento del Sanedrín. La cuestión de la desobediencia civil es un tema importante en nuestros días y hablaremos de ello en el comentario de 5:29. El dilema del Sanedrín es de tal naturaleza que ni siquiera un desafío tan atrevido puede ser castigado. Lo único que pueden hacer es amenazar de nuevo a los apóstoles y ponerles en libertad (v. 21).

La importancia de las cifras

En el versículo 4 encontramos otra referencia al crecimiento numérico de la iglesia en Hechos (ver 2:41, 47; 5:14; 11:24). Esto implica que a Dios le interesan los números, aunque no como un emblema del éxito, porque esto produciría una actitud triunfalista ajena al evangelio. El interés de Dios en los números se debe a que representan a personas que han sido rescatadas de la condenación y han recibido salvación. Los individuos que configuran el grupo de cinco mil son amados seres humanos por los que Cristo murió. Un pastor estaba visitando a una familia de su congregación y, al notar que había muchos niños en casa, le preguntó a la madre: "¿Cuántos niños tienen ustedes?". Ella comenzó a contar con los dedos, "John, Mary, Lucy, David...". El ministro la interrumpió: "No quiero saber sus nombres, solo le he preguntado su número". La madre respondió: "Es que mis hijos tienen nombres, no números".[10] La importancia de los números radica en que representan a personas.

El carácter indispensable del sufrimiento. A menudo oímos hablar de lo bonito que sería volver al libro de los Hechos y vivir en una iglesia así. Sin embargo, muchos tienen un punto de vista romántico sobre la iglesia primitiva. Ven una iglesia que experimentaba muchos milagros, conversiones, una sorprendente unidad y que era conducida por dirigentes llenos del Espíritu. Olvidan que el libro de los Hechos nos habla también de los problemas que la iglesia hubo de enfrentar desde sus propias filas y desde fuera de ellas. El problema más sistemático que se menciona es el de la persecución.

Tras el capítulo 3 hay solo tres capítulos del libro de los Hechos que no mencionan la persecución. Esto sugiere que la persecución puede ser una parte necesaria de la vida cristiana. En su correspondencia con Timoteo, Pablo confirma este punto: "Así mismo serán perseguidos todos los que quieran llevar una vida piadosa en Cristo Jesús" (2Ti 3:12). El propio Jesús afirmó: "'Ningún siervo es más que su amo.' Si a mí me han perseguido, también a ustedes

---

10. John T. Seamands, *Daybreak: Daily Devotions from Acts and Pauline Epistles* (publicación privada, Wilmore, Ky., 1993), 17 de enero.

los perseguirán" (Jn 15:20). La verdad de Dios es demasiado radical para que todos reaccionen con pasividad. Algunos se opondrán a ella y otros la ignorarán; sin embargo, gracias a Dios, algunos se la tomarán en serio. El libro de los Hechos, pues, nos desafía a esperar sufrimiento como un elemento imprescindible de la obediencia a Cristo.

Oposición de los líderes religiosos

Los poderosos de la sociedad judía preguntaron a Pedro y a Juan: "¿Con qué poder, o en nombre [autoridad] de quién, hicieron ustedes esto?" (v. 7). Hoy también, "las autoridades de turno" preguntarán lo mismo a los fieles siervos de Dios. Estos son a menudo personas sin muchas credenciales terrenales (v. 13), porque, como dijo Pablo: "No muchos de ustedes son sabios, según criterios meramente humanos; ni son muchos los poderosos ni muchos los de noble cuna. Pero Dios escogió lo insensato del mundo para avergonzar a los sabios, y escogió lo débil del mundo para avergonzar a los poderosos" (1Co 1:26–27). Por regla general, los "sabios" y los "fuertes" no asumen con pasividad esta vergüenza, sino que utilizan su sabiduría y fuerza para combatir al pueblo de Dios. Por ello, como sucede en Hechos 4, cuando se produce un nuevo movimiento de Dios que expresa su poder y autoridad, la jerarquía eclesiástica es a menudo la que se opone.

Una nueva definición de servicio significativo

Los miembros del Sanedrín no esperaban nada significativo de personas como Pedro y Juan. Por tanto, expresaron su sorpresa, puesto que Pedro y Juan eran laicos corrientes y sin estudios. En este pasaje surgen varios indicadores importantes del servicio significativo.

- *Una unción con la plenitud del Espíritu* (v. 8).

- *Osadía* (v. 13). El sustantivo que se traduce como "osadía" (*parresia*) y sus verbos correspondientes (*parresiazomai*) aparecen doce veces en el libro de los Hechos (generalmente en estrecha relación con la predicación del evangelio a los judíos).[11] La muerte y resurrección de Cristo y su singularidad como fuente de salvación eran conceptos ofensivos para los judíos, sin embargo, los primeros cristianos tenían una motivación interior que les hacía persistir en esta tarea. En nuestro tiempo necesitamos un valor parecido, puesto que hemos de afrontar desafíos similares.

- *El deseo de aprovechar cada oportunidad de compartir el mensaje del evangelio.* Pedro y Juan estaban siendo juzgados ante un tribunal, pero su objetivo no era tan solo escapar de aquella difícil situación, sino aprovechar la oportunidad para proclamar el evangelio. Esto se convirtió en el distintivo del testimonio cristiano en el libro de los Hechos y en la his-

---

11. Barrett, *Acts*, 233.

toria de la iglesia. El evangelio es una noticia tan urgente que hemos de aprovechar todas las oportunidades que tenemos para compartirlo; de hecho, no solo hemos de aprovechar las oportunidades de dar a conocer el mensaje, sino buscarlas.

• *La cercanía y similitud con Cristo que mostraron Pedro y Juan.* Igual que Jesús, Pedro y Juan hablaban con audacia, llevaban a cabo milagros y conocían las Escrituras. El Sanedrín tomó nota de que aquellos hombres habían estado con Jesús y presentó este hecho como la explicación de su insólita conducta (v. 13).

• *Lealtad a Dios.* Pedro y Juan decidieron obedecer a Dios aunque ello significara incurrir en la ira de los poderosos de su tiempo (vv. 19–20).

• *Confianza en el evangelio.* Pedro y Juan afirmaron que no podían sino compartir lo que habían "oído y visto" (v. 20), es decir, los hechos sobre la vida, muerte, resurrección, ascensión y enseñanza de Cristo (ver 3:14–15). Esta era la esencia del kerigma. Cuando damos testimonio de Cristo, lo estamos dando de estos hechos objetivos. A diferencia de los apóstoles, nosotros no estábamos presentes cuando se produjeron estos acontecimientos, pero creemos que tuvieron lugar tal y como se narran en los Evangelios. Los Evangelios nos muestran que Jesús es único y que los eventos de su vida tienen consecuencias eternas para todo el mundo. Por nuestra parte, creemos en la veracidad de este registro y, por ello, veinte siglos más tarde podemos también afirmar el carácter único del mensaje de Cristo.

La ausencia de una educación teológica formal

La necesidad de educación teológica, que por regla general aparece en los criterios de hoy para la selección de dirigentes de la iglesia, está ausente de esta enumeración. De hecho, se afirma concretamente que Pedro y Juan carecían de este tipo de educación (v. 13). Esto plantea la cuestión de si la educación teológica formal es necesaria para el desarrollo de un ministerio útil. De esto hablaremos con cierto detalle más adelante.

Un camino a la salvación

Un aspecto de la confianza de los apóstoles en el evangelio es el concepto de que el único camino a la salvación es la fe en el nombre de Jesús (v. 12). Este es un claro principio bíblico que se declara a lo largo del Nuevo Testamento, aunque se impugna con vehemencia en esta era pluralista.

Números y crecimiento en nuestro tiempo

En la Biblia, los números son importantes porque representan a personas por las que Cristo murió. Esta forma de entender los números está en contraste con el acercamiento triunfalista. Si nuestro principal interés son los números, podemos ser tentados a utilizar medios erróneos para ganar personas. Podemos rebajar las normas suavizando el evangelio, no haciendo un acompañamiento adecuado, o no insistiendo en la santidad. Podemos añadir elementos no bíblicos a nuestro evangelio o dedicarnos a atraer creyentes de otras iglesias, al uso de sobornos para la evangelización o a la manipulación. Algunos consideran que se trata de métodos aceptables para utilizarlos en el ámbito comercial y en la sociedad en general. Hace poco, mi esposa y yo escuchamos el audio de un libro muy vendido sobre las relaciones entre marido y esposa, que recomendaba algunos métodos para convencer al cónyuge que sonaban a manipulación deshonesta.[12] Viviendo en una atmósfera así, podemos ser tentados a aceptar estos medios como formas aceptables de conseguir que nuestras iglesias crezcan numéricamente.

Sin embargo, cuando utilizamos tales métodos, podemos acabar fácilmente con iglesias numerosas pero poco saludables. Este es uno de los peligros en las enormes iglesias de nuestros días. Pueden albergar a personas que se pierden en el anonimato de los grandes números y no participan realmente de la vida de comunidad cristiana. Conozco algunas iglesias que tienen la política de dividirse y comenzar una iglesia hija cuando llegan a cierto tamaño (p. ej., cuatrocientos miembros), a fin de mantener la atmósfera familiar tan esencial para la comunión cristiana. La iglesia primitiva superó estos peligros y fomentó la responsabilidad espiritual dividiendo a los miembros en grupos domésticos más pequeños (2:46) y observando una estricta disciplina (5:1–11). Las megaiglesias efectivas han de organizarse en numerosos grupos pequeños, que son las verdaderas iglesias locales en las que se practica la comunión y responsabilidad cristianas.

Algunas iglesias rechazan cualquier tipo de enfoque numérico en el ministerio, diciendo que somos llamados a ser fieles, no a tener éxito, y que Dios quiere calidad, no cantidad. Hay una parte de verdad en estas afirmaciones. Algunas personas son llamadas a trabajar en campos reacios, que requieren un fiel testimonio durante un periodo prolongado de tiempo antes de que las personas se abran al evangelio. Es posible que una vez que esta abertura se haya producido el esfuerzo rinda una enorme cosecha. He oído el caso de un piadoso misionero que trabajó fielmente en una zona durante dos décadas sin

---

12. John Gray, *Men Are from Mars, Women Are from Venus* (New York: HarperCollins, 1993).

ver ninguna conversión. Tras su muerte, otro misionero le sustituyó y experimentó un asombroso movimiento de conversiones. Cuando se les preguntó a aquellas personas por qué no se habían entregado a Cristo durante la vida del primer misionero, éstos contestaron que él les había dicho que los cristianos no tienen miedo de la muerte, así que tuvieron que verle morir antes de poder aceptar su mensaje. Un acento excesivo en los números habría hecho que este hombre se descorazonara y abandonara el campo de misión.

Por otra parte, tener el deseo de que muchas personas conozcan a Cristo forma parte de una actitud fiel, porque Cristo nos ha ordenado que vayamos a todas las naciones y llevemos a la salvación a tantas personas como podamos. Pablo expresó esta actitud cuando escribió: "Me hice todo para todos, a fin de salvar a algunos por todos los medios posibles" (1Co 9:22). Muchos grupos que afirman estar siendo fieles y comprometidos con la calidad no están dispuestos a cambiar sus estilos de ministerio y a hacer cosas con las que se sienten incómodos a fin de alcanzar a tantos como sea posible. Es, pues, natural que no vean mucho crecimiento. Pero la razón de ello no es su fidelidad. De hecho, están siendo infieles a la Gran Comisión, que demanda una evangelización encarnacional por la que estamos dispuestos a renunciar a nuestros derechos (Fil 2:7), y pide ir al mundo con la misma actitud sacrificada que Jesús (Jn 20:21). Su fidelidad lo es a su tradición, no al evangelio de Cristo.

Sufrimiento en la era de la aspirina

Si, como hemos dicho, el sufrimiento y la persecución son rasgos característicos del cristianismo, ¿por qué hay tantos cristianos que no sufren ni son perseguidos en nuestro tiempo? ¿Es acaso porque no han tomado la cruz de Cristo? Puesto que la cruz es lo que sufrimos por nuestro compromiso con Cristo, todos los cristianos deberían estar sufriendo por la causa del evangelio. Es, sin embargo, posible evitar este sufrimiento negándonos a adoptar una postura firme a favor de Cristo cuando deberíamos hacerlo. En esta era pluralista, insistir en la validez de las propias ideas se considera una falta de cortesía y una actitud políticamente incorrecta, en especial cuando se trata de cuestiones de moral y religión. Como creyentes, no debemos adoptar esta clase de postura, sabiendo como sabemos que la luz de Cristo se opone a la oscuridad del mundo.

A continuación quiero enumerar algunas creencias y prácticas cristianas que pueden suscitar hostilidad en nuestros días: la evangelización enfocada hacia la conversión; insistir en que no es correcto practicar cosas como la homosexualidad, el aborto o el consumo de pornografía; un patrón de expresiones activas de amor y compasión hacia los homosexuales, enfermos de SIDA, prostitutas, parias y otras personas que la iglesia elude; oposición a cualquier forma de injusticia y explotación; insistir en que aquellas doctrinas que contradicen las claras enseñanzas de la Biblia son herejías y han de ser erradicadas de la iglesia. Cuando se les enfrenta con ideas y prácticas erróneas, algunos no hacen nada para expresar su oposición. Quieren que se les conozca como personas amables y, por supuesto, no quieren ser perseguidos. Sin embargo, como alguien ha dicho, "los tipos amables carecen de determinación". No van a prestar un servicio a la humanidad que tenga trascendencia eterna.

No hemos, pues, de tener miedo de la persecución. Al contrario, hemos de esforzarnos por ser fieles y guardarnos de la tentación de aguar el evangelio que predicamos para ser respetables y evitar la persecución. Muchas de las iglesias más antiguas y asentadas han hecho precisamente esto, al minimizar el carácter único del cristianismo y las creencias que van en contra de esta sociedad pluralista. Esto les ha permitido mantener su respetabilidad en la sociedad, pero han perdido su poder y vitalidad. Han dejado de crecer y otros han ocupado el espacio que han dejado como abanderados del reino. Algunas iglesias conservadoras han dejado de oponerse a la injusticia y han mantenido su respetabilidad para con las autoridades, pero al hacerlo han traicionado a Cristo.

El hecho de que el sufrimiento aparezca con tanta frecuencia en la Biblia confirma que se trata de un ingrediente esencial de la vida cristiana. En la carta a los Romanos, tras describir la vida justificada y la vida llena del Espíritu, Pablo pasa inmediatamente a tratar el problema del sufrimiento, que es una parte inherente de esa vida (Ro 5:3–5; 8:17–39). Lucas presenta un revelador resumen de la enseñanza de Pablo durante el último tramo de su primer viaje misionero: "Pablo y Bernabé regresaron a Listra, a Iconio y a Antioquía, fortaleciendo a los discípulos y animándolos a perseverar en la fe. 'Es necesario pasar por muchas dificultades para entrar en el reino de Dios', les decían" (14:21b–22). El llamamiento a sufrir ha de ser una parte esencial del acompañamiento de los nuevos convertidos (ver comentario sobre 14:22).

Hemos de recordar que la situación que los discípulos encontraron en este episodio había sido ya predicha por Jesús. Poco antes de su muerte afirmó que habrían de comparecer ante tribunales y gobernadores (Mr 13:9) y que cuando esto sucediera les serían dadas las palabras oportunas (13:11). El que tales situaciones hubieran sido predichas con tanta precisión debió de ser una fuente de consuelo y fortaleza para los discípulos. Si no advertimos a los nuevos creyentes acerca del sufrimiento y les preparamos para hacerle frente, pueden venirse abajo cuando este se presenta y preguntarse si no habrán sido engañados por quienes los llevaron a Cristo. Esto es especialmente importante porque, en nuestro tiempo, mucha de la proclamación del evangelio presenta las bendiciones de la salvación, como la vida eterna, el perdón, la libertad, el gozo, la paz, la sanación, el sentido y el propósito. Son demasiados los que ven un cristianismo que no incluye la bendición del sufrimiento. No hay duda de que, en la Biblia, el sufrimiento se presenta como una bendición (Ro 5:3–5; Fil 1:29–30; Stg 1:2–4).

En nuestro tiempo se concede mucha atención al arte de evitar el sufrimiento. Vivimos en la que podría llamarse "generación de la aspirina" que ve el dolor y el sufrimiento como calamidades que han de evitarse a toda costa. En este clima, los cristianos nos sentimos tentados a evitar la cruz, desobedeciendo así los mandamientos de Dios. Hemos de ayudar a que el pueblo de Dios recupere una sana perspectiva del sufrimiento, aprendiendo a pensar bíblicamente al respecto y a esperar la rica cosecha de bendición que este nos aportará. Esto quitará mucho del "estigma" del sufrimiento. Entonces podrán los cristianos seguir la amonestación bíblica de considerarse "muy dichosos cuando tengan que enfrentarse con diversas pruebas" (Stg 1:2).

Enfrentándonos a la oposición de líderes religiosos

A menudo, cuando Dios se mueve de manera especial en la iglesia, son los líderes religiosos quienes se oponen a ello. Aunque son ellos quienes ejercen la autoridad, parece que la gente se la otorga a los recién llegados y el nuevo movimiento consigue una popularidad sin precedente. Esto plantea un dilema a los dirigentes que, por regla general, responden reafirmando su autoridad y apelando a la tradición para proscribir o criticar el movimiento en cuestión. Algunos de los mayores opositores a los movimientos de renovación dentro de la iglesia han sido sus dirigentes.

Por tanto, no hemos de desalentarnos excesivamente cuando somos objeto de la crítica y persecución de aquellos que más deberían animarnos. A veces, ante la positiva transformación de sus hijos por medio de un movimiento juvenil, algunos padres se oponen al movimiento en cuestión por temor a que su autoridad se vea menoscabada y descubierta su hipocresía. Es posible que aquellos que no comparten lo que decimos o se sienten amenazados por nuestro mensaje descalifiquen nuestros mejores esfuerzos basándose en detalles técnicos. Por ejemplo, un poderoso mensaje que se ha impartido por medio de canciones, una dramatización o un discurso podría descalificarse porque "fue demasiado largo"; otra manera sutil de hacerlo podría ser atribuir motivos egoístas a nuestros actos más sacrificados.

Cuando el sexagenario dirigente metodista Tomás Coke (1747–1814) anunció que Dios le había llamado a llevar el evangelio a Ceilán (ahora Sri Lanka), la gente pensaba que aquello era un síntoma de senilidad y que estaba intentando construir su propio reino. Sin embargo, él persistió en su propósito y partió para Ceilán con un grupo de jóvenes misioneros. Coke murió antes de llegar a nuestras costas. Pero los jóvenes misioneros que le acompañaban, inspirados por su visión, se quedaron y predicaron el evangelio, y personas como yo están en el reino fruto de sus esfuerzos.[13]

---

13. John Vickers, *Thomas Coke: Apostle of Methodism* (Nashville: Abingdon, 1969), 343–52.

Ministerio significativo en nuestro tiempo

Las seis características de un servicio significativo que se han enumerado antes siguen siendo esenciales en nuestros días. Es posible que la unción con la plenitud del Espíritu (v. 8) sea el indicador más importante, puesto que en todo servicio significativo Dios es el que hace la obra. Es posible que, en el día del juicio, muchos ministerios sobresalientes acaben siendo pasto de las llamas como madera, heno o paja (1Co 3:11–15). Es posible juzgar un ministerio por el volumen, prestigio y notoriedad del trabajo que desarrolla. Esto puede seducirnos hasta tal punto que nos involucremos en una frenética actividad que ignora lo más importante, a saber, asegurarnos de contar con la unción de Dios. Podemos incluso utilizar nuestro trabajo para encubrir un sentido de incompetencia espiritual.

La segunda y tercera características eran valor (v. 13) y el deseo de aprovechar cada oportunidad para compartir el mensaje del evangelio. Aunque el evangelio era ofensivo para los judíos, los primeros cristianos tenían la motivación interior para persistir en esta tarea. Movidos por el deseo de que se nos considere respetables, podemos sentirnos tentados a deshacernos de ciertos aspectos del evangelio que son ofensivos para el mundo. Esto es lo que sucedió en Sri Lanka cuando la nación se independizó de Gran Bretaña en 1948. Muchos integrantes de las iglesias establecidas mantuvieron su respetabilidad con la jerarquía budista silenciando el carácter singular del cristianismo. Uno de los resultados de esta concesión ha sido una pérdida de fervor en estas iglesias y, con ello, también una pérdida de miembros. Una clave para mantener un vibrante testimonio en una atmósfera hostil al evangelio es el valor.

Sin embargo, muchos de quienes apuntan estas críticas no dan ningún testimonio. He visto convertirse a muchas personas por medio de un testimonio expresado con mucha audacia y poca sabiduría. Quien nunca se ha aventurado a hablar de Cristo no será un testigo eficaz.

Hay muchos factores que pueden ayudar a quienes carecen de audacia para dar testimonio. Uno de ellos es darse cuenta de la urgencia del evangelio: los seres humanos están perdidos sin Cristo. Otro es la oración: pedir a Dios que nos dé oportunidades para el testimonio y que nos ayude cuando llegue el momento. Un tercer factor es la implicación en una comunidad que da testimonio. Aunque puede que tengamos miedo de hablar cuando estamos solos, la presencia de otro cristiano con nosotros puede darnos más valor (tengamos en cuenta que Jesús envió a sus discípulos de dos en dos). Aun cuando estamos solos, saber que pertenecemos a una comunidad que testifica y que espera que sus miembros lo hagan es una motivación para dar los primeros pasos en una situación de testimonio, y los primeros pasos son a menudo los más difíciles.

Al oír todo esto, puede dar la impresión de que nos encontramos bajo una enorme esclavitud que nos obliga a dar un audaz testimonio aunque no queramos hacerlo. En respuesta a esto solo puedo decir que, a pesar de que muchas veces me produce miedo dar un testimonio audaz, y aunque en ocasiones me siento más motivado por un sentido del deber que por amor a la persona que tengo delante, siempre que he dado testimonio del evangelio he sentido una gran alegría. ¿No es acaso un medio por el que el amor de Dios fluye por nosotros? ¿No estamos compartiendo la más sublime de las noticias? En última instancia, no es una carga que llevamos, ¡sino un verdadero placer!

La cuarta característica es la cercanía del Espíritu de Cristo. Esta experiencia viene pasando tiempo a los pies del Maestro: aprendiendo de su Palabra, orando y saliendo con él a servir. Tendemos a parecernos a aquellos con quienes pasamos largos periodos. Una muchacha le dijo a su pastor que creía estar llena del Espíritu, pero que no veía el fruto del Espíritu en su vida. Él le preguntó qué tipo de vida devocional tenía. Ella le dijo: "Voy un poco a salto de mata". Él le preguntó: "¿También comes así?". Ella dijo: "Lo hice una temporada y casi pierdo la salud". ¡Captó la idea! Si quería ser como Jesús, tenía que estar con Jesús.

Unido al hecho de pasar tiempo con Jesús debería de haber un profundo deseo de ser como él (Fil 3:10–14). Esta es la clase de aspiración que Jesús defendió en las Bienaventuranzas: "Dichosos los que tienen hambre y sed de justicia, porque serán saciados" (Mt 5:6). Esta aspiración procede de una pasión por Cristo. El lema del conde Nicholas von Zinzendorf (1700–1760), fundador de los Hermanos Moravos era: "Tengo solo una pasión: ¡Es él! ¡Es él!".

La quinta característica de un servicio significativo es *la lealtad a Dios*, aun a riesgo de la propia seguridad. H. G. Wells ha afirmado: "El problema de muchas personas es que oyen con más fuerza la voz de los hombres que la de Dios".[14] William Barclay alude a un elogio que se le hizo una vez al reformador escocés John Knox (1514–1572): "Tenía tanto temor de Dios que nunca lo tuvo de ningún hombre".[15] Un incidente de la vida de D. L. Moody expresa bien la actitud que hemos de tener. En su juventud, un amigo irlandés llamado Henry Varley le dijo: "Moody, el mundo no ha visto todavía lo que Dios es capaz de hacer con un hombre completamente consagrado a él". A Moody le asombró aquella afirmación. Estuvo pensando unos días al respecto. Su razonamiento era: "¡Un hombre! Varley hablaba de cualquier hombre. No dijo que tuviera que ser cultivado, brillante o ninguna otra cosa. Solo un hombre. Pues bien, con la ayuda del Espíritu Santo que mora en mí, yo seré ese hombre".[16] La pasión es lealtad a Dios.

La última característica es la confianza en el evangelio que procede de nuestra confianza en los registros evangélicos de la vida y obra de Cristo. Cuando perdemos la fe en la veracidad de estos registros, junto con ella perdemos también

---

14. Barclay, *Acts*, 41.
15. *Ibíd.*
16. John Pollock, *Moody: A Biographical Portrait* (Grand Rapids: Zondervan, 1963), 99.

la fe en la singularidad de Cristo. Es así como los "cristianos" pluralistas de nuestros días pueden sustentar su doctrina. Creen que el relato de la vida, obra, y enseñanza de Cristo en los Evangelios contiene reflexiones subjetivas de los adeptos de Cristo, no relatos históricamente rigurosos. Pueden, pues, descartar las enseñanzas que presentan el carácter único de Cristo afirmando que Jesús no dijo estas cosas.

Siempre hemos de distinguir entre testimonio y evangelización. El testimonio es una poderosa herramienta en la evangelización. La sanación del hombre cojo ayudó al testimonio de Pedro y Juan como evidencia de la intervención de Dios. También en nuestros días el testimonio es efectivo para alabar a Cristo. Es difícil argumentar en contra (vv. 14, 16) y abre puertas para la proclamación del evangelio. Pero el testimonio no es el evangelio. El evangelio tiene que ver principalmente con lo que Jesús hizo en la historia por el mundo y cómo puede todo ello impactarnos hoy. Obsérvese que quienes profesan otras creencias pueden tener experiencias parecidas a la nuestra, pero en ninguna otra fe encontramos a Cristo. Roy Clements dice: "El testimonio consiste en contarle a la gente lo que Jesús ha hecho por mí en mi experiencia personal, mientras que la evangelización es explicar a las personas lo que Jesús ha hecho por el mundo en la historia".[17]

¿Es necesaria la educación teológica para predicar?

El hecho de que Dios utilizara a hombres laicos sin estudios como Pedro y Juan de un modo tan poderoso nos lleva a preguntarnos si la educación teológica es realmente necesaria para ejercer el ministerio de la predicación. Asimismo, en la historia de la iglesia encontramos también una extensa línea de predicadores que carecían de educación formal, como por ejemplo los poderosos predicadores metodistas como Billy Bray y, en fechas más recientes, hombres como Charles Spurgeon, D. L. Moody, Campbell. Morgan, "Gypsy" Smith y A. W. Tozer. En el llamado Tercer Mundo ministran muchos grandes predicadores, que son desconocidos fuera de sus países porque no escriben libros y pasan, por ello, desapercibidos para los medios de comunicación cristianos occidentales. Se trata, no obstante, de personas que proclaman las Escrituras con gran poder y conocimiento. Cualquiera que quiera ser un instrumento de Dios ha de ser un cuidadoso estudiante de su Palabra; pero para ello no es necesario asistir a un seminario.

Los seminarios, no obstante, pueden ser de gran ayuda para la iglesia. No hemos de olvidar que Pedro y Juan fueron discipulados (o instruidos) por Jesús. Les enseñó por medio de su vida y enseñanza y, por ello, cuando los miembros del Sanedrín les oyeron hablar reconocieron que habían estado con Jesús. Vivieron con él durante tres años y medio (¡más horas de crédito que un

---

17. Clements, *The Church That Turned*, 56.

título básico de seminario!) Pablo hizo lo mismo con su "escuela bíblica itinerante", donde enseñaba a sus ayudantes más jóvenes.

Y esto es lo que los seminarios deberían procurar: tener maestros que instruyan a los estudiantes estando con ellos y enseñándoles, como hizo Jesús con sus discípulos. Si los maestros no actúan en este sentido, tampoco, entonces, los seminarios llevarán a cabo su tarea de preparar hombres y mujeres para el ministerio. Algunos maestros hacen poca obra personal, aunque los seminarios están llenos de estudiantes que necesitan consejo. Aunque la esencia del ministerio es trabajar mediante equipos comprometidos, por la forma en que se relacionan con los demás miembros de la facultad, estos maestros no ejemplifican el ministerio en equipo. No necesitamos este tipo de seminarios. Un seminario en el que los maestros se ocupan verdaderamente de los estudiantes puede convertirse en un activo muy valioso para la iglesia enviando hombres y mujeres efectivos.

Cuando pienso en mi experiencia en el seminario, lo que más se destaca es el efecto que tuvieron en mi formación las vidas de mis profesores. Su piedad, su compromiso con una meticulosa erudición —en especial el interés que me mostraron en el estudio de las Escrituras— su honestidad, el tiempo que dedicaron a aconsejarme y orar conmigo, su negativa a aceptar argumentos mal elaborados, su compromiso con la excelencia y el hecho de que me permitían acompañarles cuando salían a predicar, son cosas que dejaron una permanente influencia en mi vida.

Cuando llegué a Pasadena, California, para cursar estudios de posgrado, llamé con temor y temblor al consejero que se me había asignado, el Dr. Daniel Fuller. Este me había enviado una carta muy estricta y exigente sobre los requisitos académicos del curso que yo quería estudiar (Master en Teología del Nuevo Testamento). ¡No estaba, pues, precisamente ansioso de trabajar con él! Sin embargo, el Dr. Fuller se presentó donde me alojaba tan solo unos minutos después de mi llamada para hablar —más sobre mi persona que sobre los estudios que iba a cursar— y orar conmigo. Sus demandas académicas eran elevadas, pero lo era también su preocupación por mi bienestar personal. Se convirtió en un padre para mí y su preocupación personal persiste hasta el día de hoy.

¿No hay otro nombre?

La afirmación de Pedro en el sentido de que solo hay salvación en el nombre de Jesús (4:12), choca con la atmósfera pluralista que impera en nuestra sociedad. La iglesia ha respondido a esto de maneras diferentes. La primera respuesta es el pluralismo. Teólogos como John Hick y Paul Knitter sostienen que aunque Cristo puede ser único para los cristianos, la suya no es una singularidad absoluta que hayan de reconocer también los adherentes de otras creencias. Ponen a Cristo a la par con los fundadores de otras religiones y afirman que todas son "iguales en el universo de las fes".[18] El pluralista niega que Hechos 4:12 pueda aplicarse a todas las personas.

A la segunda respuesta se le llama inclusivismo. Aunque aceptan la proposición esencial de que todos los que son salvos lo son solo por la obra de Cristo, añaden inmediatamente que Cristo puede salvar sin una explícita fe en el evangelio. Dicho en términos teológicos, Cristo es el terreno ontológico[19] de la salvación (es decir, la salvación se fundamenta en Cristo); sin embargo, su evangelio no es necesariamente el único medio epistemológico[20] de la salvación (es decir, la salvación no requiere necesariamente el conocimiento del nombre de Jesús).

Los precursores de este acercamiento, popularizado por Hans Küng, fueron teólogos católicos como Karl Rahner y Raimundo Panikkar. Ampliaron el punto de vista católico de que la salvación se efectúa por medio de los sacramentos (como el bautismo y la eucaristía) para incluir los "sacramentos" de otras religiones, como las limosnas y la meditación. Afirmaban que, en todos estos casos, Cristo es el que salva a estos adeptos de otras religiones. A ellos se les llama "cristianos anónimos", y a sus creencias, caminos "ordinarios" para la salvación, mientras que el evangelio es un medio "muy especial y extraordinario" de dicha salvación.[21] En la órbita protestante, Sir Norman Anderson y, más radicalmente, John Sanders y Clark Pinnock presentan una modificación de este acercamiento; estos teólogos declaran que, quienes se arrepienten de su pecado y ponen su confianza en lo que saben ser Dios, exhiben sin duda lo que la Biblia describe como fe que salva.[22]

---

18. John Hick, *God and the Universe of Faiths* (Londres: Macmillan, 1973); ídem, *An Interpretation of Religion* (New Haven, Conn.: Yale Univ. Press, 1988); ídem, "Whatever Path Men Choose Is Mine", *Christianity and the Other Religions*, John Hick y Brian Hebblethwaite, eds. (Filadelfia: Fortress, 1980); John Hick y Paul Knitter, eds., *The Myth of Christian Uniqueness* (Maryknoll, N.Y.: Orbis, 1987); Paul Knitter, *No Other Name? A Critical Survey of Christian Attitudes Toward the World Religions* (Maryknoll, N.Y.: Orbis, 1985).
19. La ontología es el "estudio del ser"; el término procede de una forma participial de la palabra griega "ser" (Ernest Weekley, *An Etymological Dictionary of Modern English* [Nueva York: Dover, 1967], 1010).
20. La palabra epistemología, "estudio del conocimiento", deriva del término griego *episteme*, "conocimiento" (*ibíd.*, 518).
21. Ver Hans Küng, en *Christian Revelation and World Religions*, Joseph Neuner, ed. (Londres: Burns y Oates, 1967), 52–53; Karl Rahner, "Christianity and the Non-Christian Religions", *Christianity and the Other Religions,* Hick y Hebblethwaite, eds., 52–79; ídem, *Theological Investigations*, vol. 5, *Later Writings* (Londres: Darton, Longman, and Todd, 1966); Raimundo Panikkar, *The Unknown Christ of Hinduism*, ed. rev. (Maryknoll, N.Y.: Orbis, 1981).
22. Ver Sir Norman Anderson, *Christianity and the World Religions* (Downers Grove, Ill.: InterVarsity, 1984), 137–61; Clark Pinnock, *A Wideness in God's Mercy: The Finality of Christ in a World of Religions* (Grand Rapids: Zondervan, 1992); ídem, "Acts 4:12 — No Other Name Under Heaven", *Through No Fault of Their Own: The Fate of*

Al punto de vista tradicional se le llama exclusivismo o particularismo, y sostiene que solo hay salvación en el nombre de Jesús, lo cual implica una fe explícita en Cristo. Esto es lo que defienden eruditos como Ramesh Richard, Ronald Nash, D. A. Carson, Douglas Geivett y Gary Phillips. Explican que la Biblia enseña, en términos generales, que la salvación requiere una fe explícita en Cristo y que Hechos 4:12 también implica necesariamente esto.[23] Hay que decir también que algunos, como Lesslie Newbigin, prefieren una actitud de agnosticismo acerca de este asunto. Estos eruditos no quieren aventurar especulaciones sobre los resultados del juicio final y se niegan a responder la pregunta de si quienes nunca han oído el evangelio pueden o no ser salvos.[24]

El estudio detallado de esta polémica cuestión está fuera del ámbito de este libro.[25] El principal argumento de Pinnock sobre Hechos 4:12 es que no habla de lo que les sucederá a quienes no han oído el evangelio. Dice que, sin suficiente fundamento, los exclusivistas encuentran en este texto las doctrinas que sostienen: "Por mi parte, afirmaría el silencio del texto en defensa de mi interpretación. Este no demanda un restringido exclusivismo".[26]

Este punto de vista exige alguna respuesta.[27] La primera mitad del versículo 12, "de hecho, en ningún otro hay salvación", podría quizá confinarse a una interpretación ontológica, si se considera de un modo aislado. Pero la segunda parte parece eliminar esta interpretación: "Porque no hay bajo el cielo otro nombre dado a los hombres mediante el cual podamos ser salvos". La palabra "podamos" está relacionada con el "nombre". Pedro está diciendo que todas las personas han de ser necesariamente salvas por el nombre de Jesús. El término "podamos" (*dei*) subraya un sentido de necesidad; se hace necesaria una respuesta a este nombre.

Those Who Have Never Heard, ed. William W. Crockett y James G. Sigountos (Grand Rapids: Baker, 1991), 107–15; ídem, "An Inclusivist View", *More Than One Way? Four Views on Salvation in a Pluralistic World,* ed. Dennis L. Okholm and Timothy R. Phillips (Grand Rapids: Zondervan, 1995), 95–123; John Sanders, *No Other Name: An Investigation into the Destiny of the Unevangelized* (Grand Rapids: Eerdmans, 1992).

23. Ramesh Richard, *The Population of Heaven* (Chicago: Moody, 1994); Ronald Nash, *Is Jesus the Only Savior?* (Grand Rapids: Zondervan, 1994); D. A. Carson, *The Gagging of God: Christianity Confronts Pluralism* (Grand Rapids: Zondervan, 1996); R. Douglas Geivett y W. Gary Phillips, "A Particularist View: An Evidentialist Approach", *More Than One Way?* 213–45. Quienes deseen considerar un tratamiento anterior de esta perspectiva pueden ver mi *The Christians Attitude Toward World Religions* (Wheaton: Tyndale, 1987).

24. Lesslie Newbigin, *The Open Secret* (Grand Rapids: Eerdmans, 1978), 196; ver también las perspectivas de John Stott en David L. Edwards y John R. W. Stott, *Essentials: A Liberal-Evangelical Dialogue* (Downers Grove, Ill.: InterVarsity, 1988), 327.

25. Hay exposiciones contemporáneas sobre las distintas perspectivas en Okholm y Phillips, More Than One Way? y Crockett y Sigountos, Through No Fault of Their Own.

26. Pinnock, "Acts 4:12 — No Other Name Under Heaven", 112.

27. Quienes deseen tratamientos más completos de esta cuestión pueden ver Geivett y Phillips, "A Particularist View", 230–33, y Richard, *The Population of Heaven*, 55–60.

Diez de las treinta y dos ocasiones en que el "nombre" del Señor aparece en el libro de los Hechos están en los capítulos 2–4. A excepción de 4:12, en todas ellas hay un claro e implícito reconocimiento consciente del nombre. Esto es igualmente cierto en la mayoría de las demás ocasiones en que aparece en Hechos. En el discurso que pronunció en el templo antes de su arresto, Pedro afirmó: "Por la fe en el nombre de Jesús, él ha restablecido a este hombre a quien ustedes ven y conocen. Esta fe que viene por medio de Jesús lo ha sanado por completo, como les consta a ustedes" (3:16). Podemos, pues, concluir con Geivett y Phillips que, en este texto, Pedro "está indicando lo que ha de reconocerse sobre Jesús antes de poder ser salvo".[28]

A menudo se objeta que es pura arrogancia mantener esta inflexible afirmación de la absoluta singularidad de Cristo, teniendo en cuenta los grandes tesoros de reflexión religiosa presentes en otras creencias. En respuesta a esta objeción, cabe decir que la arrogancia es una actitud que adoptan las personas y que quienes entienden el evangelio no pueden en modo alguno tener una actitud arrogante. Aceptar el evangelio significa reconocer que no podemos salvarnos por nosotros mismos y que solo Cristo puede hacerlo. En otras palabras, para aceptar el evangelio hemos de despojarnos de toda arrogancia. Cuando encontramos esta salvación, nos llenamos de gratitud a Dios por lo que él ha hecho. La arrogancia mira hacia uno mismo, mientras que la gratitud dirige su mirada a otra persona. Ni se nos pasa por la cabeza decir que somos mejores que nadie, porque sabemos que no merecemos la salvación. Sin embargo, sí nos atrevemos a decir que Jesús es el único camino, porque sabemos que él puede llevar a cabo la imposible tarea de salvar a personas indignas como nosotros. Concluimos con una afirmación del misiólogo holandés, Hendrik Kraemer (1888–1965):

> Inspirado por este realismo bíblico, la actitud hacia las religiones no cristianas es una combinación asombrosa de absoluta intrepidez [es decir, atrevimiento u osadía] y de humildad radical. Humildad radical porque el misionero (y, a través de él, también la iglesia cristiana) es el portador de un don divino, no de algo que él mismo ha elaborado y conseguido; y que él ha recibido de manera completamente gratuita. Absoluta intrepidez porque el misionero es heraldo de un mensaje, testigo de una revelación divina, no de algo que él haya descubierto, sino de una obra de Dios.[29]

---

28. Geivett y Phillips, "A Particularist View", 232–33.
29. Hendrik Kraemer, *The Christian Message in a Non-Christian World* (Grand Rapids: Kregel, 1969 [reimpresión de la edición de1938]), 128.

Hechos 4:23–31

Al quedar libres, Pedro y Juan volvieron a los suyos y les relataron todo lo que les habían dicho los jefes de los sacerdotes y los ancianos. ²⁴ Cuando lo oyeron, alzaron unánimes la voz en oración a Dios: «Soberano Señor, creador del cielo y de la tierra, del mar y de todo lo que hay en ellos, ²⁵ tú, por medio del Espíritu Santo, dijiste en labios de nuestro padre David, tu siervo:

»¿Por qué se sublevan las naciones
y en vano conspiran los pueblos?
²⁶ Los reyes de la tierra se rebelan
y los gobernantes se confabulan
contra el Señor
y contra su ungido."

²⁷ En efecto, en esta ciudad se reunieron Herodes y Poncio Pilato, con los gentiles y con el pueblo de Israel, contra tu santo siervo Jesús, a quien ungiste ²⁸ para hacer lo que de antemano tu poder y tu voluntad habían determinado que sucediera. ²⁹ Ahora, Señor, toma en cuenta sus amenazas y concede a tus siervos el proclamar tu palabra sin temor alguno. ³⁰ Por eso, extiende tu mano para sanar y hacer señales y prodigios mediante el nombre de tu santo siervo Jesús.»
³¹ Después de haber orado, tembló el lugar en que estaban reunidos; todos fueron llenos del Espíritu Santo, y proclamaban la palabra de Dios sin temor alguno.

Sentido Original

Vamos ahora a considerar la respuesta de la iglesia primitiva a la prohibición de la evangelización, su suprema tarea (4:21). Tras ser liberados por las autoridades, los apóstoles volvieron "a los suyos y les relataron" (v. 23) lo que había sucedido. En esta sección se describe la respuesta de la iglesia primitiva ante esta nueva amenaza, así como la certeza que reciben del Señor.

Orar juntos (4:23–24a)

En el versículo 23 no hay unanimidad con respecto a quiénes son "los suyos" (*hoi idioi*). Algunas traducciones vierten "sus compañeros" (NASB).[1] Se trata probablemente de un pequeño grupo, no de toda la iglesia.

---

1. Bruce, *Acts*, NICNT, 97.

La respuesta inmediata de este grupo es ponerse a orar (v. 24). Aunque solo se cuenta una oración, Lucas dice que "alzaron unánimes la voz". Es improbable que, como algunos han sugerido, oraran lo mismo bajo inspiración divina. Personalmente prefiero la interpretación del comentarista del siglo XIX, J. A. Alexander, en el sentido de que alguien oró y "toda la congregación expresó su asentimiento en forma audible" a lo que esta persona había dicho. En los tiempos bíblicos era común expresar asentimiento diciendo "Amén". En Deuteronomio 27:15–26 se consigna la recitación de doce afirmaciones por parte de los levitas, cada una de las cuales termina con un "amén".[2] Decir de manera silenciosa algo parecido a "Amén" o "Sí, Señor" ayuda a concentrarse mejor y a participar de un modo más activo en la oración de otra persona.

La palabra que se traduce como "unánimes" es una de las preferidas de Lucas, *homothymadon*.[3] Antes nos hemos planteado si hemos de entender esta palabra en el sentido de "unánimemente", que es su significado etimológico, o adoptar la acepción más suave "juntos", que es la decisión que toman los traductores de la NIV.[4] Sea cual sea el significado, esta palabra indica que los cristianos oraban en unidad.

Afirmar la soberanía de Dios (4:24b–28)

La mayor parte de esta oración es una reflexión sobre la soberanía de Dios. Es incluso significativa la manera de dirigirse a Dios como, "soberano Señor". Esta expresión traduce una sola palabra, *despotes*, que aquí se utiliza en lugar del término más habitual *kyrios*. La palabra *despotes* se utilizaba para aludir a la relación de un amo con su esclavo. Los escritores clásicos la utilizaron para referirse a alguien que ejercía un poder absoluto y este es el sentido que dio origen a nuestro término "déspota". Josefo afirma que se utilizaba en relación con la confesión de César como señor.[5] A veces, los griegos utilizaban esta palabra para referirse a sus dioses y la LXX la usa en ocasiones para aludir a Dios. En el Nuevo Testamento se utiliza tres veces para mencionar a Dios[6] y otras tres para hablar de Jesús,[7] lo que indica que los cristianos la consideraron una designación útil pero poco común.[8]

El contenido de la oración muestra la sabiduría de la traducción "soberano Señor". Cuando este título se combina con la afirmación de que Dios es el

---

2. Alexander, *Acts*, 163–64.
3. De las doce ocasiones en que aparece en el Nuevo Testamento, once se encuentran en el libro de los Hechos.
4. Ver comentarios sobre 1:14, donde esta palabra aparece también en el contexto de la oración.
5. Josefo, *Guerras* 7 (citado en *NIDNTT*, 1:345).
6. Ver Lucas 2:29; Hechos 4:24; Apocalipsis 6:10.
7. Ver 2 Timoteo 2:21; 2 Pedro 2:1; Judas 4.
8. Para la utilización de *despotes* en la LXX y el Nuevo Testamento ver Karl H. Rengstorf, "δεσπότης", *TDNT,* 2:46–49.

Creador (v. 24b), vemos que se está proclamando su soberanía sobre la creación. La implicación es que aquel que creó el mundo es más poderoso que quienes fueron creados por él. Nada puede, por tanto, frustrar sus planes.

La oración sigue, afirmando ahora que la soberanía de Dios ha sido revelada en la historia. En primer lugar hay una cita del Salmo 2:1–2 sobre el poder de quienes se oponen a Dios (vv. 25–26). En este texto se observa una nota de cinismo. La palabra que traduce el verbo "sublevan" es principalmente utilizada por los escritores griegos tardíos "para denotar el relincho de los caballos briosos y bien alimentados".[9] William Barclay comenta al respecto: "Pueden piafar y mover la cabeza todo lo que quieran, pero al final tendrán que aceptar la disciplina de las riendas".[10] Las grandes arremetidas del mal son obra de aquel cuyo poder es limitado. Satanás está suelto, pero tiene límites. Por otra parte, aunque estos pueblos puedan tener grandes planes, estos son, sin embargo, "vanos" (*kenos*). Esta palabra tiene el sentido de algo "vacío".

El versículo 26 continúa con el tema de la oposición a Dios presentando el principio general de que, a lo largo de la historia, los poderes de este mundo se han levantado contra la causa de Dios y Cristo. El versículo 27 cita la muerte de Cristo como una aplicación específica de este principio. En aquel tiempo se produjo una convergencia de poderes sin precedente. Herodes y Pilato, enemigos antes del juicio de Jesús, se hicieron amigos con motivo de este. ¿Qué posibilidades tenía, pues, Jesús? Todo aquello parecía una gran derrota. Muchos incluso le hablaban con sorna y se le burlaban en la cara. Sin embargo, Dios había previsto este mal y había planeado convertirlo en algo bueno (v. 28). Lo utilizó para llevar a cabo el acontecimiento más trascendental de la historia de la humanidad: conseguir su salvación.

Los versículos 24–26 están saturados de textos bíblicos. Esto es algo característico de muchas oraciones espontáneas de la Biblia (p. ej., la de Jonás en el capítulo 2 de su libro homónimo; las de María y Zacarías en Lucas 1). Vemos que los personajes de la Biblia memorizaban y guardaban la Escritura en el corazón, de manera que en tiempos de necesidad la tenían disponible.

Dos peticiones (4:29–30)

¡Después de esta extensa reflexión sobre la soberanía de Dios, estos creyentes se limitan a aludir brevemente a su problema (v. 29)! Antes habían reflexionado sobre el fenómeno de la oposición a la obra de Dios, pero solo para demostrar una lección de la historia: Dios utiliza siempre la oposición para llevar a cabo algo bueno a través de ella. Cuando contemplamos a nuestro soberano Dios, no necesitamos sino dar una rápida mirada a nuestros problemas. Lo que piden no es sabiduría, protección o el favor de las autoridades,

---

9. Bruce, *Acts*: Greek Text, 157.
10. Barclay, *Acts*, 42.

que, naturalmente, son peticiones legítimas. Sin embargo, en esta oración solicitan la capacidad de ser obedientes al mandamiento de Cristo de predicar el evangelio.

La segunda petición de los discípulos es que Dios muestre su poder por medio de "señales y prodigios" (v. 30). ¡Es significativo que las dos únicas peticiones de esta oración tengan que ver con la evangelización, que acaba de ser declarada ilegal! A estas personas les consume una pasión por la evangelización y las únicas cosas prácticas que les vienen a la mente en este tiempo de crisis tienen que ver con el cumplimiento de la tarea evangelizadora.

Respuesta de Dios a la oración (4:31)

En el Antiguo Testamento, cuando un lugar temblaba (v. 31) ello indicaba una teofanía, es decir, una manifestación visible de Dios (Éx 19:18; Is 6:4). I. Howard Marshall afirma: "Se habría considerado como una respuesta de Dios a la oración".[11] Era el modo en que Dios indicaba que estaba presente y que respondería a la oración. A continuación, "todos fueron llenos del Espíritu Santo". No se trata de un nuevo bautismo, sino de una nueva llenura.[12] Un ejemplo más del libro de los Hechos en que la plenitud no describe algo característico de una persona, sino una unción especial. Como en la mayor parte de estos casos, el fruto de ser lleno del Espíritu es la proclamación de la Palabra de Dios. G. Campbell Morgan cree que "esta nueva llenura pretendía impedir el desarrollo de un temor incipiente".[13] Ciertamente, cuando experimentamos a Dios de una forma nueva, una de las primeras cosas que recibimos es valor. La revelación de Dios nos lleva a afirmar con Pablo: "Si Dios está de nuestra parte, ¿quién puede estar en contra nuestra?" (Ro 8:31).

No es, pues, de extrañar que el versículo 31 concluya con el anuncio de que los creyentes "proclamaban la palabra de Dios sin temor alguno". Se usan las mismas palabras que en la oración del versículo 29 pidiendo audacia. Lucas utiliza el tiempo imperfecto para el verbo "hablaban". En otras palabras, como sugiere Bruce, "siguieron declarando con libertad la Palabra de Dios".[14]

Construyendo Puentes

Ya hemos dicho que la oración es una importante característica en el libro de los Hechos. En este pasaje se nos ofrece la oración más larga que se consigna en Hechos. Probablemente, Lucas pretende que esta oración sea un ejemplo, en especial para los momentos de crisis. La oración termina con el sello de aprobación de parte de Dios (v. 31). Así pues, las características que vemos en

---

11. Marshall, *Acts*, 107.
12. Bruce, *Acts*, NICNT, 100.
13. G. Campbell Morgan, *Acts*, 135.
14. Bruce, *Acts*, NICNT, 98.

esta oración se aplican también a nosotros cuando hemos de afrontar pruebas en nuestro tiempo. De este pasaje surgen varios asuntos clave sobre la oración en momentos o periodos de crisis.

Fuerza para afrontar el sufrimiento

Hay tres claves para la fortaleza que muestran los discípulos en esta crisis. (1) La primera es una comunión unida. Cuando oraban, los discípulos estaban unánimes (vv. 23–24a). La comunión de los creyentes es un tema clave en el libro de los Hechos y no es de extrañar que en un momento de crisis se destaque esta cuestión. Igual que Daniel habló y oró con sus amigos cuando supo del propósito de Nabucodonosor de matar a todos los sabios de su reino (Dn 2:17), Pedro y Juan hablaron y oraron con sus hermanos cuando la suprema tarea que les había sido encomendada fue declarada ilegal. Más adelante, mientras Pedro estaba en la cárcel, por la noche, "la iglesia oraba constante y fervientemente a Dios por él" (Hch 12:5).

Antes hemos observado que el individualismo de la sociedad contemporánea ha contribuido a que reduzcamos el nivel de las normas para la comunión. Uno de los resultados más tristes de esto es que nos deja mal equipados para afrontar las crisis. Los apóstoles hablaron de lo que había sucedido y oraron juntos. Hay tres cosas que también hoy pueden fortalecernos: encontrarnos con nuestros colegas —"los nuestros"—, que nos conocen y están comprometidos con nosotros, hablar con ellos de nuestra situación y orar juntos.

(2) La siguiente clave importante de la fortaleza de los discípulos es la soberanía de Dios, el tema principal de la oración (vv. 24b–28). Puesto que Dios es soberano sobre los acontecimientos de la historia, no tenemos nada que temer si somos obedientes. Esta verdad debería darnos esperanza y valor en medio de las crisis.

(3) La última clave está en el hecho de que esta oración está saturada de textos bíblicos (vv. 24b–27), como lo estaban también las espontáneas oraciones de Jonás (Jon 2:2–9), María (Lc 1:46–55), y Zacarías (Lc 1:68–79). Las Escrituras escondidas en el corazón pueden ministrarnos en tiempos de necesidad. Muchas veces, cuando llegan las crisis no tenemos tiempo para estudiar las Escrituras y ver qué tienen que decir a nuestra situación. Hemos de guardar en el corazón las palabras de la Biblia para poder recurrir a ellas cuando llega la crisis. Como los animales que almacenan comida durante el verano para tener provisiones en el tiempo de frío, también nosotros hemos de establecer el hábito de invertir tiempo cada día en la Palabra de Dios. Entonces, cuando la crisis golpee, esta palabra oculta en el corazón nos ministrará. David dijo: "En mi corazón atesoro tus dichos para no pecar contra ti" (Sal 119:11).

Los cristianos que encontramos en Hechos estaban saturados de la Palabra de Dios. La Biblia tenía un lugar en sus conversaciones y debates antes de la toma de decisiones (1:20); estaba en el corazón de sus sermones (2:14–41) y de su defensa cuando tenían que comparecer ante los tribunales (7:2–50). De sus reservas de conocimiento bíblico sacaban pasajes que iluminaban las situaciones que tenían que afrontar. En el libro de los Hechos hay en total unas doscientas alusiones al Antiguo Testamento, ya sea por cita directa, por resumen de un pasaje o por referencia a un acontecimiento concreto.[15] Los primeros cristianos nos retan a saturarnos asimismo de las Escrituras.[16]

Las dos peticiones

Tras contemplar con detenimiento a Dios, estos creyentes hicieron una breve referencia a sus problemas. Sin embargo, lo que pidieron principalmente fueron fuerzas para obedecer (v. 29). La obediencia a Dios debería ser también hoy nuestra principal preocupación cuando afrontamos crisis.

¿Pero qué hacemos con la segunda petición de señales y prodigios que acompañen el ministerio que están llevando a cabo (v. 30)? En la exposición de 2:42–47 he intentado establecer la validez de un ministerio de señales y prodigios. ¿Pero son lícitas este tipo de peticiones a Dios en nuestro tiempo? En sentido negativo pueden plantearse varias objeciones. Una es que las señales y los prodigios cesaron con la era apostólica. Pero ya hemos dicho que esta afirmación no parece resistir el escrutinio de la Escritura.

Otra objeción es que la reaparición en la iglesia de señales y prodigios en los últimos años ha propiciado muchos abusos y el oscurecimiento de la esencia del evangelio en la predicación. Pero, como hemos observado antes, el hecho de que se abuse de un principio bíblico no ha de hacer que tengamos miedo de utilizarlo correctamente.

Están también los que afirman que las señales y prodigios son relevantes entre personas sencillas y sin estudios, pero no funcionan entre gente más sofisticada. En Hechos, sin embargo, vemos que aun personas muy sofisticadas se abrieron y finalmente respondieron al evangelio tras presenciar señales y prodigios. Pensemos en el caso de Sergio Paulo, el procónsul romano, a quien se describe como un "hombre inteligente" (13:7) y procedente de una familia distinguida.[17] Por otra parte, Pablo sanó al padre de "Publio, el funcionario principal de la isla" de Malta, lo cual abrió la puerta de un ministerio de sanaciones en la isla (28:7–9). Siempre ha habido y habrá personas influyentes y poderosas que se abren al evangelio porque alguien ha orado por ellos en un momento de necesidad, cuando tenían que afrontar una situación que no podían controlar. De modo que también nosotros podemos hacer nuestra la oración de los

---

15. Coleman, *Master Plan of Discipleship*, 105.
16. Resulta irónico que, aunque los primeros cristianos no disponían de Biblias como los cristianos de hoy, su conocimiento de las Escrituras era, al parecer, mucho más completo que el de nosotros.
17. Bruce, *Acts*, NICNT, 248.

apóstoles y pedirle a Dios que, si así lo desea, abra los corazones de la gente al evangelio llevando a cabo algún milagro.

Dios imparte seguridad a sus atribulados siervos

¿Cómo hemos de entender el temblor que se produjo tras la oración (v. 31)? Se trata de un acontecimiento único en el libro de los Hechos (aunque lo que sucedió el día de Pentecostés presenta ciertas similitudes). Fue una señal de la presencia de Dios para los discípulos (cf. también Éx 19:18; Is 6:4). Sin embargo, hemos de recordar que, en una ocasión, Dios no se manifestó a uno de sus angustiados siervos por medio de un viento, un fuego o un terremoto, sino sirviéndose de "un suave murmullo" (1R 19:11–13). Dios puede utilizar varios medios para hablarnos cuando estamos apesadumbrados e indicarnos que está con nosotros.

Dios no está obligado a actuar de esta manera. No obstante, él sabe qué cantidad de tensión podemos soportar y en momentos cruciales viene a nosotros con una revelación de sí mismo que calma nuestra angustia. Lo hizo con Pablo cuando experimentó una gran oposición en Corinto, por medio de una visión que le tranquilizó y le instó a seguir ministrando en esta ciudad (18:9–10). Esto debió de impartir mucho ánimo al apóstol, puesto que se quedó allí por espacio de "un año y medio, enseñando entre el pueblo la palabra de Dios" (v. 11). Tras el arresto y juicio de Pablo durante su última visita a Jerusalén, el apóstol tuvo una visión del Señor en la que le dijo que daría testimonio de él en Roma (23:11). En un momento crucial durante el desastroso viaje por mar a Roma, un ángel estuvo junto a él por la noche y le dio ánimo (27:24). Podemos ciertamente entresacar un principio permanente de estos casos, y es que, en tiempos de crisis, Dios imparte, a menudo, seguridad a sus siervos.

Significado Contemporáneo

Este pasaje ayuda a quienes atraviesan un mal momento. En 1983, inmediatamente después del peor disturbio que tuvimos durante los veinte años de conflicto étnico en Sri Lanka,[18] el primer mensaje que prediqué lo basé en este pasaje. En los últimos años, este pasaje bíblico, más que ningún otro, me ha sustentado e impartido el valor para perseverar.

La ayuda de la comunión en tiempos de crisis

Como Pedro y Juan, también nosotros hemos de desarrollar la disciplina de visitar a nuestro "grupo de apoyo" en momentos de crisis (v. 23) en busca de fortaleza. (1) Al reunirnos con nuestros colegas (cf. "los suyos" de v. 23),

---

18. El conflicto tiene que ver con la demanda de independencia política por parte de un grupo de la comunidad minoritaria tamil.

que nos conocen y están comprometidos con nosotros, recibiremos una gran fortaleza y valor, conscientes de que no estamos solos. Cuando estamos bajo ataque, es fácil desanimarnos, dejar de ser atrevidos y ceder terreno no siendo completamente obedientes a nuestro llamamiento. Es también fácil actuar de manera irreflexiva y crear innecesarios problemas a la causa del evangelio. La fuerza de la comunidad ayuda a vencer estas tentaciones.

Es, por tanto, importante que los obreros que sufren amenazas o afrontan oposición se fortalezcan por medio de sus compañeros en Cristo. Si están trabajando en zonas distantes, han de recibir con regularidad visitas de otros colegas o desplazarse ellos para poder disfrutar de la fortaleza del compañerismo ministerial. Esto puede parecer una pérdida de tiempo y de dinero, pero a largo plazo merece la pena.

(2) Cuando compartimos nuestra situación con nuestro grupo de apoyo, podemos descargarnos en ellos. ¡Cómo se aclaran las cosas cuando compartimos nuestras inquietudes con nuestros compañeros de ministerio! Nos ayuda a mirar los problemas de un modo más racional. Cuando nos los guardamos, podemos llegar a sentirnos tan abrumados por la presión emocional de los propios problemas que no podemos pensar con claridad al respecto. Sin embargo, cuando los compartimos con otros colegas, nos vemos forzados a analizarlos detenidamente, para que ellos puedan entender lo que está sucediendo.

(3) Cuando nos reunimos con nuestro grupo de apoyo, podemos dedicar tiempo a la oración conjunta. La importancia de la colaboración en las crisis no se limita a la fortaleza que nos impartimos unos a otros; al estar juntos también nos motivamos el uno al otro a buscar a Dios: fuente de nuestra fortaleza. Cuando estamos solos, nos sentimos fácilmente superados por los problemas, tanto que perdemos de vista la soberanía de Dios. Estar con otros compañeros de ministerio nos ayuda a dirigir la atención a Dios, puesto que él es la razón de nuestra unión.

Como se ha dicho anteriormente, el término *homothymadon* da a entender que los primeros cristianos estaban unidos en este tiempo de crisis. Mantener esta unidad es una manera muy importante de prepararnos para las crisis que experimentaremos en el futuro. En ocasiones, en nuestras reuniones de personal encuentro una cierta resistencia a orar. Esto es algo desconcertante para mí como responsable, sin embargo, he llegado a considerar este hecho como una señal de salud. Aquellos que se niegan a orar no están tampoco dispuestos a permitir una situación de hipocresía, orando como si no hubiera problemas cuando, de hecho, existen serias dificultades que han de resolverse. Naturalmente, después hemos de tomar la iniciativa y hacer algo para resolver dichos problemas. Si no podemos orar juntos por falta de unidad, hemos de tratar las causas de esa desunión hasta que podamos llegar a una situación que nos permita hacerlo. Nos reunimos con las personas implicadas directamente en el conflicto y hablamos con ellos sobre las cosas que les molestan. El día que nos acostumbremos a vivir con tales problemas, sin confrontarlos, se habrá extendido por el cuerpo un cáncer mortal que producirá destrucción y muerte espiritual.

A menudo, las crisis rompen matrimonios y destruyen la paz de las iglesias. No había una unidad real entre algunos hermanos, pero se consiguió mantener oculta la situación hasta que vinieron los problemas. Después, las fuertes discusiones respecto a cómo había que afrontar la crisis y las acusaciones mutuas de culpabilidad pusieron de relieve la debilidad de las relaciones personales. Sin embargo, cuando hay unidad antes de las crisis, estas ayudan, por regla general, a hacer que tal unidad gane en profundidad y solidez. Si, no obstante, una crisis concreta muestra falta de unidad, los dirigentes se dan cuenta de que han de dar pasos para remediar la situación y hacer que la unidad se profundice.

Cómo ayuda en tiempos de crisis una visión de la soberanía de Dios

La perspectiva de la soberanía de Dios, tema fundamental de la oración que tenemos en estos versículos, es quizá la enseñanza más importante que los cristianos han de tener en cuenta en periodos de crisis. Cuando estamos atravesando una crisis, el enemigo parece tan poderoso y sus artimañas tan bien planeadas que al lado de él nos sentimos débiles. Los cristianos que sirven a Dios en zonas difíciles e inalcanzadas a veces se sienten así, en especial cuando los oponentes del evangelio utilizan la autoridad de los poderes públicos para atacarlos. Aquellos que trabajan en los barrios pobres de las ciudades, entre drogadictos y niños que han sufrido abusos, en zonas remotas y en el mundo empresarial han afirmado haber experimentado esta sensación de impotencia. Sin embargo, no tienen que desanimarse. Puede parecernos que el mal haya triunfado, sin embargo, la historia mostrará que Dios utiliza esta pérdida temporal para hacer avanzar el programa del reino.

En esta oración vemos una doble perspectiva. Por un lado tiene muy en cuenta la fuerza real del enemigo y, seamos realistas, nuestro enemigo es poderoso. Haríamos bien en conocer a las fuerzas que nos atacan y anticipar sus movimientos. No será suficiente con aplicar un optimismo miope. El optimismo bíblico tiene muy en cuenta la enemistad del maligno contra las cosas de Dios. Va a haber sufrimiento y es posible que sea muy severo. Pero Dios lo convertirá en algo bueno. Aunque la oración cuenta con el mal, antes y después de esta consideración hay una descripción de Dios y de su proceder. El mal es una realidad, pero también Dios es real, y lo es de un modo más profundo y poderoso.

Tenemos, pues, la osadía de ser obedientes hasta la muerte, porque sabemos que la obediencia que lleva a la muerte será utilizada por Dios como un peldaño hacia la victoria. En este momento, los discípulos no sabían lo que Dios les tenía guardado. De hecho, lo que sucedió fue que la persecución se intensificó. Esteban murió a manos de sus perseguidores y después los cristianos fueron dispersados (8:1). Sin embargo, este desenlace produjo un gran progreso para la causa del evangelio.[19] Dios demostró su soberanía haciendo de los sufridos cristianos no solo vencedores, sino ¡más que vencedores!

Por consiguiente, cuando se trata de hacer frente a las crisis, lo más importante es que tengamos en cuenta la soberanía de Dios. En una ocasión, un delegado papal visitó a Martín Lutero y le amenazó con lo que sucedería si seguía por aquel camino. Le advirtió de que, finalmente, todos sus defensores le abandonarían. "¿Dónde quedará entonces usted?", le preguntó. Lutero contestó: "Entonces, como ahora, en las manos de Dios".[20]

Da la impresión de que estos discípulos tuvieron de inmediato una perspectiva de la soberanía de Dios. Sin embargo, en el caso de otros personajes bíblicos, esta visión llegó tras un periodo de lucha (ver el libro de Job; Sal 73; Jer 15). No hemos de descansar hasta conseguir esta visión. En estas ocasiones, lo que conocemos de Dios (i.e., nuestra teología) ha de interpretar nuestra experiencia contando con la verdad de la soberanía, aunque esta verdad parezca no encajar con lo que estamos experimentando. Esto es lo que hizo el salmista en Salmos 42–43, donde repite tres veces: "¿Por qué voy a inquietarme? ¿Por qué me voy a angustiar? En Dios pondré mi esperanza y todavía lo alabaré. ¡Él es mi Salvador y mi Dios!" (Sal 42:5, 11; 43:5). El salmista interpreta su experiencia partiendo de lo que sabe de la soberanía de Dios. A los que se enfrentan de este modo a las crisis Dios les dará una revelación de sí mismo que hará que su confianza en él crezca en fortaleza.

En 1874, un vapor francés chocó con otro barco y se hundió. En este accidente murieron ahogados casi todos los pasajeros. Una mujer cristiana que viajaba en el vapor, la Sra. Spafford, de Chicago, fue rescatada por un marinero que la encontró flotando en el agua, pero sus cuatro hijos murieron en la catástrofe. Su marido, Horatio Spafford, no viajaba con ellos y recibió un telegrama de su esposa desde Gales con las palabras "solo yo salvada". Dos años más adelante escribió un himno en recuerdo de la muerte de sus hijos.

> Cuando mi camino es paz como un río,
> O los pesares me azotan como olas de mar,
> Sea cual sea mi suerte, me has enseñado a decir,
> Está bien, está bien alma mía.[21]

Spafford había aprendido a aplicar el principio de la soberanía de Dios a cada situación que tuviera que afrontar.

---

19. Ver la exposición sobre 7:54–8:4.
20. Barclay, *Acts*, 42.
21. W. J. Limmar Sheppard, *Great Hymns and Their Stories* (Londres: Lutterworth, 1945), 40–41.

Cabe añadir que la fe en la soberanía de Dios no nos hace inmunes al temor. El temor es una emoción humana natural ante el peligro. Sin embargo, cuando lo experimentamos, hemos de hacerle frente con nuestra fe en la soberanía de Dios, lo cual nos permitirá concentrarnos en obedecerle sin acomodarnos ni escoger un camino más fácil. El temor, al tenerlo en cuenta, nos ayudará también a actuar con sabiduría cuando estamos bajo presión. Los cristianos no han de ser temerarios en su respuesta al peligro, causando problemas innecesarios por este tipo de insensatez.

Cristianos bíblicos

Hoy tenemos ante nosotros el gran desafío que supone preparar a hombres y mujeres de la Palabra, que afrontan las crisis con la fortaleza que les da la Escritura que han guardado en su interior. Los primeros cristianos eran "cristianos bíblicos" (como a John Wesley le gustaba llamar a los antiguos metodistas). De hecho, ellos no hacían sino seguir el ejemplo de su Maestro, Jesús, que en los Evangelios aludió al menos noventa veces al Antiguo Testamento.[22] Charles Spurgeon describió con claridad la actitud de que estamos hablando cuando afirmó: "Es maravilloso nutrirse de la esencia de la Biblia hasta que al final uno acaba hablando en lenguaje bíblico y su espíritu emana los aromas de las palabras del Señor, la propia sangre es bíblica y la sustancia misma de las Escrituras fluye a través de uno".[23] En uno de sus sermones, Spurgeon exhortó a sus oyentes: "Sean Biblias andantes".[24]

Creo que la crisis más importante que afronta la Iglesia Evangélica en nuestro tiempo es la de un liderazgo débil desde un punto de vista espiritual. Ante las crisis, nos desanimamos y languidecemos. Actuamos faltos de la necesaria fortaleza espiritual ante los conflictos, críticas, dificultades, persecuciones y tentaciones. Decimos aceptar la autoridad de la Biblia, pero en las crisis esta autoridad parece quedar olvidada y actuamos de maneras contrarias. Una de las razones principales de esto podría ser que la mayoría de los dirigentes cristianos no conceden el tiempo debido diariamente al estudio diligente, la meditación y la aplicación de las Escrituras. Si es así, tenemos un serio problema, ya que, si nuestros dirigentes son deficientes en estas cosas, ¿qué puede esperarse de los miembros de la iglesia?

La prioridad de la obediencia en tiempos de crisis

Hemos observado que lo primero que pidieron los discípulos fue valor para obedecer el mandamiento de Cristo. Esto se debe a que, en todo momento de

---

22. Robert E. Coleman, *The Mind of the Master* (Old Tappan, N.J.: Revell, 1977), 54. Se amplía hasta los 160 si se cuentan las duplicaciones en relatos paralelos.
23. E. W. Bacon, *Spurgeon: Heir to the Puritans* (Grand Rapids: Baker, 1967), 109.
24. Charles Spurgeon, *Spurgeon at His Best*, compilado por Tom Carter (Grand Rapids: Baker, 1988), 22.

crisis, la suprema batalla que hemos de enfrentar es la de la obediencia. Ningún poder perverso puede frustrar el maravilloso plan de Dios. Lo único que puede hacer que esto suceda es nuestra desobediencia, al no hacer o decir lo que debemos. Nuestra obediencia depende de que hagamos uso de los recursos que la gracia de Dios nos ofrece para vivir la vida cristiana. Si lo hacemos, Dios nos dará la victoria. Nuestro mayor enemigo no lo encontramos en nuestras circunstancias o en la maldad e injusticia del mundo, sino en nuestra propensión a la desobediencia. Se dice que D. L. Moody afirmó tener más problemas con D. L. Moody que con ninguna otra persona que hubiera conocido.

En una ocasión, uno de mis colegas viajó con dos voluntarios a la zona oriental de Sri Lanka para ministrar durante el fin de semana. El equipo fue sorprendido por un inesperado estallido del conflicto en nuestro territorio. El hermano que les hospedaba murió alcanzado por los disparos y mi colega y los dos voluntarios hubieron de ser hospitalizados con heridas en la cabeza. Tras recuperarse un poco, nos llamaron para pedirnos que fuéramos a recogerlos. No era seguro utilizar el transporte público. Nos planteamos cómo podíamos hacer lo que nos pedían. Juventud para Cristo contaba con un solo vehículo (una camioneta muy nueva en aquel momento). Muchos decían que no debíamos usar nuestro vehículo, ya que el viaje era muy peligroso y los milicianos podían requisárnoslo por la fuerza. Algunos nos pidieron a mí y a uno de mis colegas que no fuéramos nosotros, ya que si algo nos sucedía la organización de Juventud para Cristo quedaría en una situación muy delicada.

Mientras tomábamos una decisión al respecto, sentía una gran tensión en el estómago. Tras mucha oración y debate, decidimos finalmente que mi colega y yo iríamos a recoger a nuestros compañeros con la camioneta nueva. Cuando tomamos la decisión, fue como si me quitaran de encima un enorme peso. La tensión había desaparecido, porque habíamos orado y entendido lo que, según creíamos, era la voluntad de Dios. Ahora no había nada que temer. El viaje resultó ser una experiencia muy agradable que contribuyó a formar un profundo vínculo entre todos nosotros.

Cómo nos ayuda la confirmación de Dios en tiempos de crisis

Hemos dicho antes que, a menudo, Dios reconforta a los fieles cuando experimentan crisis. Dios no actúa siempre de esta manera. Algunas veces permite la tensión que conllevan largos silencios por su parte, que algunos han llamado "la noche oscura del alma". Aunque estos periodos de silencio son difíciles, en última instancia hacen que nuestra fe se haga más profunda. Sin embargo, en los momentos de crisis es correcto buscar su rostro como hicieron los discípulos en aquel momento. En uno de estos periodos, David afirmó: "Una sola cosa le pido al Señor, y es lo único que persigo: habitar en la casa del Señor todos los días de mi vida, para contemplar la hermosura del Señor y recrearme en su templo" (Sal 27:4). Cuando, en aquel momento de crisis, David buscó a Dios en su casa, es probable que estuviera "buscando una palabra o acción de Dios que cumpliera los anhelos de su corazón".[25]

Dios tiene sus maneras de recordar a sus hijos que sabe lo que está sucediendo y que está implicado en la situación. Por regla general, esta confirmación se produce cuando estamos buscando a Dios en oración. Mi experiencia personal es que, muchas veces, este tipo de luz me llega durante el tiempo devocional, como un claro mensaje de la Palabra que se relaciona con la situación que estoy afrontando. A menudo soy gratamente sorprendido por la providencia de Dios que me lleva a leer un pasaje apropiado para lo que estoy viviendo.

En otras ocasiones, esta confirmación de Dios nos llega por medio de algo que nos sucede: leemos u oímos algo que nos habla de manera específica; nos llega un donativo en un momento de seria crisis económica; alguien nos da una palabra de ánimo durante un tiempo de profundo desaliento; Dios nos muestra un destello del modo en que nos ha utilizado en un momento en que nos sentimos inútiles. Dios puede utilizar incluso un medio milagroso como un sueño, una visión o una declaración profética. Sea cual sea el medio, Dios lo utiliza para consolarnos y ayudarnos a perseverar en el camino de la obediencia.

Dos obreros de un movimiento misionero que Juventud para Cristo ayudó a poner en marcha habían visto la conversión de muchas personas en una zona inalcanzada. Un día fueron violentamente atacados por una cuadrilla apoyada por el colectivo social mayoritario. Cuando fuimos a denunciar los hechos a la policía, no solo nos ignoraron, sino que incluso reprendieron a nuestro arrendador por habernos alquilado la casa siendo cristianos. Los obreros y los nuevos creyentes se sentían débiles y vulnerables. Uno de los obreros me llamó un día para decirme que una banda armada estaba visitando de madrugada a los creyentes amenazándoles e intimidándoles. Era sábado y le dije a mi colega que estaría allí para la reunión de adoración del domingo.

Aquella noche, mientras me preparaba para la reunión del día siguiente, me sentí impulsado a pedirle a Dios que se manifestara de manera especial a aquella iglesia. Cuando llegué al pueblo, la congregación estaba agitada por los acontecimientos. Durante la reunión de adoración volví a sentir la necesidad de repetir mi oración para que Dios interviniera y calmara el desasosiego de su pueblo... Y él lo hizo. Mientras yo predicaba, hacia la mitad del sermón, un policía entró a la sala y me pidió que saliera. Fuera estaba el jefe de policía de toda la región. Él me dijo que estaba al corriente de nuestras actividades y de los problemas que habíamos experimentado. Me dijo que no tuviéramos miedo, porque ellos se encargarían de nuestra protección. Era asombroso, teniendo en cuenta su anterior hostilidad. Entré de nuevo a la sala y conté a la congregación que había estado orando para que Dios les hablara y que esto

---

25. Willem A. VanGemeren, "Psalms", *EBC*, 5:245.

acababa de suceder por medio del jefe de policía. ¡Los hermanos estaban tan entusiasmados que sintieron la necesidad de dedicar un tiempo a la alabanza antes de seguir con el sermón! Dios había hablado para impartir seguridad y consuelo a sus atribulados hijos.[26]

---

26. Quienes deseen ahondar en las bendiciones de la intervención de Dios en tiempos de desaliento pueden ver los comentarios sobre 18:1–22; 21:37–23:11; 27:1–28:15.

Hechos 4:32–35

Todos los creyentes eran de un solo sentir y pensar. Nadie consideraba suya ninguna de sus posesiones, sino que las compartían. ³³ Los apóstoles, a su vez, con gran poder seguían dando testimonio de la resurrección del Señor Jesús. La gracia de Dios se derramaba abundantemente sobre todos ellos, ³⁴ pues no había ningún necesitado en la comunidad. Quienes poseían casas o terrenos los vendían, llevaban el dinero de las ventas ³⁵ y lo entregaban a los apóstoles para que se distribuyera a cada uno según su necesidad.

 Lucas describe por segunda vez la clase de participación radical que se practicaba en la primera comunidad cristiana (ver 2:44–45). Ahora la describe con mayor detalle. El hecho de que mencione dos veces este asunto sugiere que hemos de concederle una cierta importancia.

Lucas presenta primero lo que estaba en la raíz de la práctica de compartir, a saber, una profunda unidad (v. 32a). En los Evangelios observamos que Jesús se vio muchas veces en la necesidad de corregir a sus discípulos que disputaban entre sí (Lc 9:46–47; 22:24–27); sin embargo, en el libro de los Hechos vemos que los Doce son ahora un grupo unificado (2:14; 5:29; 6:2–4) y que esta unidad que ellos experimentan se extiende a toda la iglesia. Esto es lo que sucede a menudo: el hecho de que los dirigentes estén unidos ayuda a que lo estén también los miembros.

La expresión "de un solo sentir y pensar" (*kardia kai psique mia*) alude a una unidad completa. Como lo expresara John Wesley: "Sus amores, esperanzas y pasiones se unieron".¹ Lo que les unía no era simplemente la afiliación a una iglesia. Era una unidad espiritual y la unidad de un apasionado compromiso con una tarea. Por tanto, en el centro mismo de esta descripción de la unidad encontramos lo que parece una interpolación sobre el testimonio de los apóstoles (v. 33). La vida en comunidad no es nunca un fin en sí misma; una comunidad vibrante es una comunidad en misión.

En esta unidad, los creyentes compartían también sus posesiones. No consideraban sus posesiones como algo propio, "sino que las compartían" (v. 32b). Esto incluía las posesiones materiales, lo cual hacía que no hubiera "ningún necesitado en la comunidad". Pero, para que esto sucediera, algunos creyentes hicieron costosos sacrificios vendiendo tierras y casas (vv. 34–35).

---

1. Wesley, *Explanatory Notes*, 408.

A esta práctica de vender propiedades y entregarlas a la iglesia se le ha llamado "comunismo cristiano". Sin embargo, se trata de algo distinto del comunismo por dos razones. (1) En primer lugar, era una renuncia a las riquezas completamente voluntaria. A diferencia del comunismo y del régimen comunal de Qumrán en el siglo I, no había ninguna legislación que regulara el uso de las propiedades. De hecho, en relación con el terreno que había vendido, Pedro le dijo a Ananías: "¿Acaso no era tuyo antes de venderlo? Y una vez vendido, ¿no estaba el dinero en tu poder?" (5:4). La implicación es que los creyentes no estaban obligados a vender sus propiedades ni a entregar a la iglesia el producto de la venta en caso de que lo hicieran.

(2) En la iglesia primitiva seguía existiendo la propiedad privada. En Hechos 12:12 se menciona la casa de María, la madre de Juan Marcos. Antes se nos dijo que los creyentes se reunían en las casas para comer juntos (2:46). Por tanto, lo que aquí se menciona no es una completa renuncia a la propiedad privada por parte de toda la iglesia. David Gooding señala que "la expresión 'quienes poseían casas o terrenos' [v. 34] alude a personas que hoy llamaríamos 'terratenientes' o 'hacendados'".[2] Para Brian Capper, lo que sucedió fue que los miembros con más recursos económicos, como Bernabé, que tenía terrenos y posesiones, vendieron una parte de ellos y entregaron el producto de la venta para que los pobres pudieran ser atendidos.[3] De esta manera, seguían el consejo de Juan el Bautista cuando dijo: "El que tiene dos camisas debe compartir con el que no tiene ninguna —les contestó Juan—, y el que tiene comida debe hacer lo mismo" (Lc 3:11).

En los versículos 34–35 encontramos cinco verbos en tiempo imperfecto. El tiempo imperfecto describe una acción continua en el pasado. En otras palabras, estas ventas se producían de manera habitual.[4] La expresión que intercala la NIV ("de tiempo en tiempo") intenta expresar esta idea, es decir, siempre que había una necesidad, quienes tenían terrenos se preguntaban si el Señor quería que vendieran alguno. Algunos lo hacían, y entregaban luego el producto de la venta a los dirigentes para que ellos lo administraran donde había necesidades. No creo que fuera fácil tomar estas decisiones. Pero algunos estuvieron dispuestos y el resultado fue la erradicación de la pobreza en la iglesia.

Los apóstoles administraron estos fondos durante los primeros días de la iglesia; sin embargo, con el nombramiento de siete hombres para servir las mesas en 6:1–6, estas responsabilidades administrativas fueron delegadas a otros. Barrett considera un "lucanismo" que se narre la práctica de poner cosas a los pies de alguien. Lucas lo menciona tres veces en relación con ofrendas entregadas a los apóstoles (4:35, 37; 5:2; cf. 7:58). Para Barrett es algo

---

2. David Gooding, *True to the Faith*, 93.
3. Brian Capper, "The Palestinian Cultural Context of Earliest Christian Community of Goods", *BAFCS*, 4:340–41.
4. F. F. Bruce, *Acts: Greek Text,* 132.

que "subraya la autoridad de los apóstoles",[5] mientras que Marshall opina que "sugiere alguna forma de transferencia legal expresada en lenguaje formal".[6]

Unidad de corazón y mente

Pablo subraya que la unidad de corazón y mente que se describe en este texto (v. 32) era la norma para la vida comunitaria cristiana: "Llénenme de alegría teniendo un mismo parecer, un mismo amor, unidos en alma y pensamiento" (Fil 2:2). Hemos de poner todo nuestro esfuerzo por mantener esta clase de unidad: "Esfuércense por mantener la unidad del Espíritu mediante el vínculo de la paz" (Ef 4:3). El deseo de obedecer y complacer a Dios es un ingrediente clave de tal unidad: "Que el Dios que infunde aliento y perseverancia les conceda vivir juntos en armonía, conforme al ejemplo de Cristo Jesús, para que con un solo corazón y a una sola voz glorifiquen al Dios y Padre de nuestro Señor Jesucristo" (Ro 15:5–6).

Lo que se describe es una apasionada unidad o una pasión unificadora. Lucas se sirve de la palabra *homothymadon*, una de sus preferidas, para comunicar esta característica. Este término se traducía con expresiones como "con una mente" o "unánimemente" en anteriores versiones, pero en las más modernas (NIV, NRSV) se utiliza la palabra "juntos". E. D. Schmitz explica que esta palabra habla de una "unanimidad […] que no se basa en sentimientos personales comunes, sino en una causa mayor que el individuo".[7]

La generosidad cristiana y las posesiones

Mammón siempre ha sido un obstáculo clave en la vida espiritual (1Ti 6:10). Puesto que la comunión es una realidad espiritual, es un aspecto que ha de establecerse desde el comienzo de la vida de la iglesia. Por ello, ya en su primer resumen de la vida comunitaria de la iglesia, Lucas menciona este concepto (2:44–45). También hoy deberíamos plantearnos lo que significa extender la unidad de corazón y mente a nuestras posesiones.

Manteniendo la prioridad de la evangelización

Los versículos 32 y 34 hablan de compartir posesiones. Sin embargo, entre ellos hay un texto sobre la evangelización (v. 33). ¿Por qué esta digresión? Porque la vida en comunidad no es nunca un fin en sí misma. Harrison comenta: "El mantenimiento del grupo no era la consideración principal […] Por encima

---

5. C. K. Barrett, *Acts*, 255.
6. I. H. Marshall, *Acts*, 109.
7. E. D. Schmitz, "Unanimity", *NIDNTT*, 3:908. Ver también comentarios sobre 1:14; 4:24.

de todo, era una comunidad que testificaba y por ello experimentaban 'mucha gracia' del Señor".[8] Tras su crecimiento inicial es fácil que un movimiento se concentre tanto en su consolidación que la evangelización pierda su lugar prioritario.

Lucas no quiere dar la impresión de que hubiera algún periodo en que la iglesia primitiva no evangelizara. En Hechos 1 se cuenta la comisión tal como la expresó Jesús (1:8), y en este mismo capítulo Pedro cuenta a los creyentes que el sustituto de Judas sería un testigo de la resurrección de Cristo (1:22). La evangelización se menciona en todos los capítulos del libro de los Hechos, a excepción del 27. Este primer libro de texto de la historia de la iglesia es esencialmente un relato de evangelización.

La redistribución de las riquezas

Muchos cristianos de nuestro tiempo no ven favorablemente la práctica común en la iglesia primitiva de compartir las posesiones mediante la redistribución de las riquezas. Capper da tres razones para explicar esta opinión. (1) Algunos grupos anabaptistas extremistas derivaron de este texto la base de su radical vida comunitaria. (2) Durante los últimos cien años, los pensadores socialistas han utilizado frecuentemente este pasaje para defender sus puntos de vista sobre la organización del estado. (3) Muchos eruditos valoran negativamente el rigor histórico del libro de los Hechos y sugieren que esta comunidad de bienes nunca se produjo (afirman que Lucas no describe una comunidad real, sino una ideal).[9]

Es cierto que algunos escritos griegos presentan un modelo ideal. En su *República*, Platón presentó esta clase de sociedad utópica y muchos eruditos han insistido en que este tipo de comunidad era ajena a la sociedad palestina. La fuerza de este argumento se ha visto considerablemente mermada por el descubrimiento, mediante los Rollos del Mar Muerto, de un fuerte modelo de comunión de bienes en las comunidades esenias. De esto habían dejado constancia historiadores como Filón, Plinio y Josefo. Sin embargo, "nuestra información sobre esta práctica se amplió de manera sustancial con el descubrimiento de la Regla de la Comunidad (1QS) en la primera cueva de Qumrán, que contiene la normativa para la práctica de los bienes comunitarios".[10] Podemos señalar también que Lucas no describe una sociedad utópica, ya que los siguientes capítulos nos hablan del pecado de Ananías y Safira (5:1–11) y de los judíos

---

8. Harrison, *Interpreting Acts*, 98.
9. Capper, "Community of Goods", 356.
10. Ver Capper, "Community of Goods", 327. Quienes deseen considerar una explicación más detallada de este asunto, ver ibíd., 326–35. Hay otros argumentos sobre la fiabilidad histórica de este relato en, ibíd., 324–27; Gonzales, *Faith and Wealth: A History of Early Christian Ideas on the Origin, Significance, and Use of Money* (San Francisco, Harper & Row, 1990), 80–81.

helenistas que se quejaban de la falta de ecuanimidad en la distribución de la comida (6:1–6).

Otros eruditos han afirmado que el libro de los Hechos presenta un experimento de vida comunitaria que fracasó. Sostienen que algunos de los primeros cristianos eran ingenuos idealistas excesivamente generosos. Estos cristianos se sentían tan entusiasmados con la idea de dar que vendieron sus posesiones y se quedaron sin sus habituales fuentes de ingresos. Un crítico afirma: "El problema de Jerusalén fue que liquidaron el capital y se quedaron sin reservas o recursos para los tiempos difíciles, de manera que, cuando estos llegaron, los cristianos gentiles tuvieron que acudir en su rescate".[11]

En respuesta a estos críticos cabe decir que no hay ningún indicio en Hechos de que el compartir de los primeros cristianos fuera un error, aunque cuando Lucas escribió sobre esta práctica era consciente de las dificultades económicas de la iglesia de Jerusalén. En Hechos, Lucas menciona esta práctica en dos ocasiones; y la primera de ellas, tras describir la vida comunitaria, afirma: "Y cada día el Señor añadía al grupo los que iban siendo salvos" (2:47). Observemos la afirmación de este pasaje: "Los apóstoles, a su vez, con gran poder seguían dando testimonio de la resurrección del Señor Jesús. La gracia de Dios se derramaba abundantemente sobre todos ellos" (4:33). Aquella era una iglesia poderosa y saludable.

Hay también pruebas de que esta práctica siguió vigente aun después del periodo del Nuevo Testamento.[12] En otras palabras, las posteriores generaciones de cristianos no consideraron este esquema como un error. Hablando de los cristianos del siglo II, Justino Mártir (h. 100–165) escribió: "Nosotros, que antes valorábamos por encima de todo la adquisición de riquezas y posesiones, traemos ahora todo lo que tenemos a un fondo común, y comunicamos a [compartimos con] todos los que tienen necesidad".[13] Luciano de Samosata (h. 115–200) el escritor satírico griego del siglo II, describe a los cristianos como buena gente, pero fácilmente embaucados por los charlatanes. En su relato *Sobre la muerte de Peregrino*, escribe sobre ellos:

> Muestran una increíble premura siempre que suceden este tipo de cosas [el arresto de los cristianos]; porque les falta tiempo para darlo todo [...] Menosprecian absolutamente todas las cosas y las consideran una propiedad común [...] Así que, cuando se encuentran con algún charlatán y estafador, hábil para aprovechar las

---

11. J. A. Zeisler, *Christian Asceticism* (Grand Rapids: Eerdmans, 1973), 110; citado en Ronald J. Sider, *Rich Christians in an Age of Hunger: A Biblical Study* (Londres: Hodder y Stoughton, 1977), 91.

12. Ver Gonzales, *Faith and Wealth*.

13. *The First Apology*, 14. *Ante-Nicene Fathers*, eds. Alexander Roberts y James Donaldson, American ed. (Grand Rapids: Eerdmans, 1996, reimp. Nueva York: Scribner's, 1908–11), 1:167.

oportunidades, este se hace rico rápidamente imponiéndose sobre las gentes sencillas.[14]

Aunque rechaza la ingenua simplicidad que aquí se refleja,[15] esta cita muestra que, en el siglo II, la generosidad cristiana seguía causando impacto fuera de sus círculos.

Por otra parte, la pobreza que vivió la iglesia de Jerusalén no fue debida a esta actitud de compartir. Hubo muchas razones para ella. La iglesia de Jerusalén comenzó con muchas personas pobres. A los pescadores y campesinos procedentes de Galilea les resultaría difícil ganarse la vida en la capital. Por otra parte, "puesto que muchos judíos regresaban a Jerusalén para morir, es probable que la iglesia tuviera una proporción más elevada de convertidos ancianos".[16] Posiblemente, la persecución adoptó la forma de una cierta discriminación económica.[17] Es probable que los cristianos no tuvieran acceso al sistema judío de beneficencia que atendía a personas necesitadas, como las viudas. Por último, en el siglo I, la situación económica en Jerusalén estaba muy deteriorada debido a las constantes hambrunas, la escasez de alimentos y los frecuentes disturbios (ver Suetonio, Tácito y Josefo).[18]

¿Qué principios encontramos en esta sección que podamos seguir en el mundo de hoy? En distintas ocasiones, los cristianos han practicado una radical comunidad de bienes entregando todas sus posesiones a un fondo común, del que luego se suplían las necesidades personales. Durante la Edad Media, muchas órdenes católicas que adoptaron un estilo de vida monástico operaban de este modo. Algunos grupos anabaptistas, como los amish y los huteritas, seguían también este tipo de comunismo cristiano. En el siglo XVI, el movimiento de los huteritas, que se inició en la región europea de Moravia, creció hasta los 25.000 miembros por medio de sus colonias agrícolas, conocidas como Bruderhofs. En Norteamérica existen todavía comunidades de amish. Aquí y allí sigue habiendo grupos de cristianos sinceros que entienden que Dios les ha llamado a una congregación para participar en una radical comunidad de bienes, aunque no insisten en que esto sea lo que han de hacer todos los cristianos. Lo ven más bien como un llamamiento especial.

Naturalmente, es verdad que si la prosperidad se convierte en un obstáculo para la propia vida espiritual, Dios puede pedirnos que renunciemos a ella, como en el caso del joven rico (Lc 18:22). Tampoco deberíamos olvidar que fue el propio Jesús quien afirmó: "Vendan sus bienes y den a los pobres" (12:33).

---

14. Luciano de Samosata, *The Passing of Peregrinus,* 13. Citado de la Loeb Classical Library ed. en Boring, *Hellenistic Commentary*, 313–14.
15. Ver el apartado siguiente "Ofrendar para un fondo central".
16. Peter H. Davids, "New Testament Foundations for Living More Simply", *Living More Simply*, ed., Ronald J. Sider (Downers Grove, Ill.: InterVarsity, 1980), 57.
17. Ibíd.
18. Gonzales, *Faith and Wealth*, 81.

Por ello, aunque aquí se describe una importante práctica cristiana, deberíamos tener cuidado de no utilizar este texto para establecer una regla absoluta acerca de compartir nuestros bienes, como algo normativo para todos los cristianos. Hemos de verlo más bien como un desafío en relación con nuestra actitud hacia los demás hermanos dentro del cuerpo de Cristo y también hacia la prosperidad. No deberíamos considerar que nada de lo que tenemos nos pertenece de manera exclusiva, sino que es, ante todo, propiedad de Dios; como administradores suyos, él espera que hagamos un uso sabio de nuestros bienes. Deberíamos esforzarnos para que en el cuerpo de Cristo no haya necesitados.

En nuestro tiempo, una gran mayoría de los anabaptistas no aplican este principio practicando una radical comunidad de bienes sino que, en palabras de uno de sus eruditos: "Poseyendo muchos de los mismos ideales, han preferido vivir y comerciar en la sociedad. No obstante, consideran la propiedad privada como un depósito sagrado que han de compartir tanto dentro como fuera de la familia eclesial en muchas formas de ayuda mutua y a los damnificados".[19] Por ello, cuando se producen catástrofes humanitarias, los menonitas (que son anabaptistas) están a menudo entre los primeros en ofrecer personal especializado y recursos. Han desarrollado un estilo de vida configurado por el consejo de Pablo a los ricos: "Mándales que hagan el bien, que sean ricos en buenas obras, y generosos, dispuestos a compartir lo que tienen" (1Ti 6:18).

Ofrendar para un fondo central

En la iglesia primitiva, el dinero se ingresaba en un fondo central, a partir del cual se distribuía a los necesitados (vv. 34b–35). No creo que podamos establecer una regla en el sentido de que este sea el único método para dar a los necesitados. A veces podemos dar directamente nuestras ofrendas a los necesitados. Sin embargo, nuestra convicción de que las narraciones de la Biblia pueden darnos ejemplos inspiradores[20] convierte esta práctica en un ejemplo a considerar.

Significado Contemporáneo

Mantener una pasión unificadora en nuestro tiempo

Hay un consenso general entre los cristianos acerca de que el modelo para la vida comunitaria cristiana es ser de un mismo corazón y mente; sin embargo, no es fácil mantenerlo en la sociedad individualista de nuestros días. No nos gusta que nadie "husmee" en nuestra vida personal, lo cual sería necesario si quisiéra-

---

19. Faw, *Acts*, 57.
20. Ver la sección titulada "Aplicar el libro de los Hechos en nuestros días", en la Introducción.

mos seguir el modelo que se nos presenta en el libro de los Hechos. Por ello, muchos han rebajado sus normas, conformándose con una unidad funcional que procede más de los estudios seculares de gestión que de la Palabra de Dios. Las personas coinciden en trabajar de acuerdo con un mismo plan, aun cuando no sean de "un solo sentir y pensar" con él. ¿Pero es acaso tan fácil deshacernos de este modelo bíblico? Considerando que hay tantos mandamientos de este modelo de unidad, no deberíamos sentirnos satisfechos rebajando nuestras normas.

En este aspecto, la iglesia ha de ser contracultural. En una sociedad en que, para proteger su privacidad, las personas niegan la dimensión comunitaria tan esencial a la naturaleza humana, la vida comunitaria cristiana puede ser uno de los mensajes proféticos más importantes que podemos comunicar al mundo. Nadie puede negar su humanidad fundamental sin acabar sintiendo, tarde o temprano, un gran vacío interior. La iglesia ha de presentarse como el colectivo capaz de saciar adecuadamente esta sed de comunidad que pervive en el corazón humano.

Pero esta profunda unidad no es fácil de mantener. Si nuestras normas son altas, lo serán también nuestras expectativas mutuas y el dolor de la desilusión, si llega el caso. Creo que esta es la principal razón por la que se han rebajado las normas de lo que cabe esperar de una comunidad cristiana. Es demasiado doloroso intentar ser uno según el criterio bíblico de la unidad. Sin embargo, a quienes lo intentan les espera la gran bendición de la plenitud de vida, la motivación para la santidad y la excelencia, y la seguridad que les brindan aquellos ante quienes son responsables.

Veo cinco requisitos clave para mantener un nivel bíblico de unidad. (1) Los creyentes deben crucificarse a sí mismos. Esto se enseña claramente en el gran pasaje paulino sobre la unidad (Fil 2:1–11), donde la humillación de Cristo se presenta como modelo para nuestro estilo de vida si queremos mantener la unidad dentro del cuerpo. Es cierto que en ocasiones tendremos que afrontar pequeñas molestias; en estos casos, un yo crucificado actúa con una actitud sufrida. Como dijo Pablo inmediatamente antes de instar a los efesios a mantener la unidad del Espíritu, hemos de ser "siempre humildes y amables, pacientes, tolerantes unos con otros en amor" (Ef 4.2). Cuando se nos hace daño en una situación de conflicto, quienes están crucificados siguen la amonestación de Pablo: "Más bien, sean bondadosos y compasivos unos con otros, y perdónense mutuamente, así como Dios los perdonó a ustedes en Cristo" (4:32).

Uno de los obstáculos más importantes para el mantenimiento de la unidad son aquellas personas que han sufrido y que, en sus esfuerzos por resolver un problema, dan rienda suelta a su amargura. Esto puede disfrazarse de lucha por la justicia o la verdad, pero lo que de hecho pretende es vindicar un ego dolido. Un yo crucificado no insiste en salirse con la suya (1Co 13:5). Debemos estar dispuestos a ceder terreno en cuestiones secundarias para conseguir el mayor bien común.

Cuando el yo haya sido crucificado, podremos seguir el mandamiento de Pablo, "sométanse unos a otros, por reverencia a Cristo" (Ef 5:21). En sus cartas, Pablo utiliza el verbo "someterse" un total de veintitrés veces. F. F. Bruce afirma: "La sumisión recíproca es un elemento esencial de la tradición ética cristiana".[21] Esto es algo difícil de concebir en nuestra cultura individualista, para la que términos como "sumisión" suponen una amenaza para la libertad individual.

Muchos cristianos aluden a abusos de este principio de sumisión para eliminarlo completamente de sus vidas. No creen que las iglesias tengan derecho a hacer demandas a sus miembros. Tales personas deciden a qué iglesia van a asistir y cuándo abandonarla si "no satisface sus necesidades". Tales personas no van a recibir los beneficios de una comunión profunda en ninguna iglesia, ni la seguridad y enriquecimiento que procede de la responsabilidad espiritual. No hemos de permitir abusos del principio de sumisión que nos hagan perder las grandes bendiciones que proceden de él.

(2) Los dirigentes han de hacer del mantenimiento de esta unidad una de sus principales responsabilidades. La amonestación de Pablo en Efesios 4:3, "esfuércense por mantener la unidad del Espíritu mediante el vínculo de la paz", se aplica especialmente a los dirigentes. Creo que el desafío más importante que he tenido que afrontar en el liderazgo de Juventud para Cristo en Sri Lanka durante veintiún años ha sido el de intentar mantener este principio, en especial entre nuestros responsables. Es muy fácil estar tan absorto en el cumplimiento de nuestra misión que ignoramos o posponemos las cuestiones que tienen que ver con la unidad en el cuerpo. Se trata, sin embargo, de una actitud suicida, porque tales cuestiones acaban saliendo a la luz y, por regla general, cuando lo hacen, surgen como enormes conflictos que, en ocasiones, llevan incluso a algunos a abandonar el grupo.

No se puede forzar a nadie a andar en la luz. Pero cuando alguien no quiere hacerlo sabemos que con tal persona no va a ser posible tener una verdadera comunión (1Jn 1:7). La tarea del dirigente es orar y actuar para que todos anden en la luz los unos con los otros. (Dicho sea de paso, trabajar hacia esta meta ha llevado a menudo a un avivamiento en la iglesia.) Puede que el obstáculo más peligroso que un líder puede poner a la unidad sea tomar partido por alguno de los grupos cuando aparecen rivalidades. Los responsables han de resistirse a la tendencia de rebajar las normas bíblicas de la unidad, conformándose con algo inferior a la vida comunitaria con un solo corazón y mente.

(3) Los creyentes, en especial los que trabajan en equipo, han de encontrarse a menudo para compartir de manera abierta. El cuadro que nos llega desde los

---

21. Citado en Leon Morris, *Expository Reflections on the Letter to the Ephesians* (Grand Rapids: Baker, 1994), 182.

Evangelios sobre los discípulos de Jesús es el de un grupo que pasó mucho tiempo viajando, adorando, hablando, ministrando y aprendiendo juntos. Cuando "andamos en la luz" es cuando "tenemos comunión los unos con los otros" (1Jn 1:7, rv60). Pero forjar y mantener este tipo de comunión sincera y abierta es un proceso laborioso.

En este atareado mundo hemos de encontrar tiempo para lo que consideramos importante, incluidas las reuniones periódicas. Los dirigentes han de insistir en que esta clase de reuniones se lleven a cabo. Es posible que los miembros del equipo estén tan absortos en su misión específica que pierdan de vista la importancia de reunirse con los demás. Los líderes han de insistir en que los miembros del equipo consideren una prioridad este tipo de reuniones. A través de ellas puede forjarse un sentido de responsabilidad espiritual. En nuestro tiempo, uno de los mayores peligros para el ministerio cristiano es que muchos dirigentes no han de dar cuentas a nadie desde un punto de vista espiritual. Hemos desarrollado buenos sistemas de responsabilidad económica y ministerial que sirven para tener un buen control de nuestras actividades económicas y ministeriales; sin embargo, nos hemos olvidado de la necesidad de dar cuentas desde un punto de vista espiritual.

Los dirigentes han de establecer un tono que permita que todos se sientan libres para compartir abiertamente. Esto está bien expresado en los "grupos" o pequeñas sociedades que John Wesley estableció para los miembros de los primeros movimientos metodistas. Wesley separaba a los hombres de las mujeres por la naturaleza sensible de lo que se trataba en las reuniones de estos grupos, que se regían por las reglas siguientes:

> A fin de "confesarnos nuestras faltas los unos a los otros" y de orar los unos por los otros para que podamos ser sanados, nos proponemos: (1) reunirnos al menos una vez a la semana. (2) Llegar puntualmente a la hora acordada. (3) Comenzar cantando o en oración. (4) Que cada uno de nosotros hable con una buena disposición, sinceridad y sencillez, sobre el verdadero estado de su alma, las faltas que haya cometido en pensamiento, palabra u obra y las tentaciones que haya sentido desde nuestra última reunión. (5) Desear que haya una persona entre nosotros (un dirigente) que hable primero de su estado y que a continuación pregunte al resto, en orden, tantas preguntas y tan personales como sea necesario, sobre su estado, pecados y tentaciones.[22]

(4) La comunión cristiana es esencialmente una unidad espiritual en Cristo. El estímulo que procede de nuestra "unión con Cristo" (Fil 2:1) nos capacita para ser de "un mismo parecer, un mismo amor, unidos en alma y pensamiento" (2:2; cf. Ef 4:3). Una de las formas de mantener este vínculo espiritual

---

22. Robert G. Tuttle Jr., *John Wesley: His Life and Theology* (Grand Rapids: Zondervan, 1978), 278–79.

es practicar aquellas cosas que nos ayuden a hacerlo más profundo. Por medio de estas cosas disfrutamos inconscientemente aquello que nos une y que nos hace darnos cuenta de que nuestras diferencias son intrascendentes.

Podemos mencionar varias actividades que nos confirman en nuestra unidad en Cristo. (a) La adoración y la oración es lo primero que viene a la mente. En el libro de los Hechos se presenta explícitamente la conexión entre la unidad y la oración en 1:14 y 4:23.[23] En Mateo 18:19–20 se habla de personas que se ponen de acuerdo para orar y se reúnen en el nombre de Cristo, lo cual hace que él esté presente de manera especial. (b) A continuación hay un compromiso común con las verdades de la Palabra de Dios. El fruto del ministerio de la Palabra por parte de apóstoles, profetas, evangelistas, pastores y maestros en la iglesia es que "todos llegaremos a la unidad de la fe y del conocimiento del Hijo de Dios, a una humanidad perfecta que se conforme a la plena estatura de Cristo" (Ef 4:13). (c) En Romanos 15:5–6 se muestra que el compromiso con una misión común promueve la unidad: "Que el Dios que infunde aliento y perseverancia les conceda vivir juntos en armonía, conforme al ejemplo de Cristo Jesús, para que con un solo corazón y a una sola voz glorifiquen al Dios y Padre de nuestro Señor Jesucristo". Una pasión por la evangelización se convierte ciertamente en un motivo para la unidad, como dijo Jesús en su oración sacerdotal: "Permite que alcancen la perfección en la unidad, y así el mundo reconozca que tú me enviaste y que los has amado a ellos tal como me has amado a mí" (Jn 17:23).

Nunca olvidaré una reunión del Comité Juvenil de Lausana para la Evangelización Mundial a la que asistí en Stuttgart, Alemania. Nos habíamos reunido para organizar la Conferencia de Liderazgo Juvenil de Lausana, Singapur 87. Todas las personas que estábamos en aquella reunión éramos líderes acostumbrados a tomar iniciativas. Procedíamos de distintas tradiciones eclesiásticas y teníamos fuertes convicciones sobre el modo en que había de organizarse la conferencia. Los primeros días parecía que no pudiéramos ponernos de acuerdo en nada y se producían acaloradas discusiones. Hacia el final de la reunión, teníamos serias dudas de poder siquiera ser capaces de organizar la conferencia.

El último día, el hermano que dirigía el comité, el canadiense Brian Stiller, nos guió en un largo periodo de adoración. No se había tomado prácticamente ninguna decisión sobre la conferencia. Sin embargo, adoramos a Dios durante unas dos o tres horas. En aquella reunión hubo testimonios, ministerio de la Palabra, alabanza por medio de oraciones y canciones, e intercesión. Todos tuvimos la sensación de que Dios había hecho algo entre nosotros. Declaramos que Dios nos había hecho uno en Cristo y que había unido nuestros corazones de un modo maravilloso. En las pocas horas que quedaban, conseguimos ade-

---

23. Dependiendo de cómo entendamos el significado de *homothymadon* utilizado en estos dos versículos.

lantar mucho más el trabajo de lo que lo habíamos hecho durante los primeros días de enfrentamiento. Creo que el Señor bendijo ricamente aquella conferencia y los maravillosos vínculos de amistad que se desarrollaron entre los miembros del comité permanecen hasta el día de hoy. Para mí fue una de las experiencias más dulces de la gloria del cuerpo de Cristo que se extiende por todo el planeta y hace una familia feliz de personas con personalidades y culturas muy diversas.

(5) Lo decisivo para mantener una unidad de naturaleza e intensidad bíblica es esforzarse por llegar a acuerdos sobre cursos de acción. Hechos 15 nos da una buena ilustración de esto. Cuando algunos hombres de Judea llegaron a Antioquía sembrando confusión teológica sobre el papel de la circuncisión en la vida del cristiano, Pablo y Bernabé emprendieron inmediatamente el largo viaje hacia Jerusalén. La iglesia de esta ciudad convocó lo que hoy se conoce como el Concilio de Jerusalén. Distintos grupos presentaron sus puntos de vista. Bajo el genial liderazgo de Jacobo, el concilio encontró una solución que todos pudieron suscribir (15:25–28).[24] Lucas relata del mismo modo la solución propuesta en la controversia suscitada por el descuido de las viudas griegas (6:5).

En nuestro apresuramiento por ponernos manos a la obra, a menudo nos cuesta esforzarnos por conseguir esta unidad. Esta es una estrategia miope, porque la falta de unidad obstaculiza el crecimiento, afecta la vitalidad espiritual y estorba la productividad del grupo.

Extender la unidad a nuestras posesiones

El modo en que los creyentes consideran sus posesiones es un aspecto importante de la comunión cristiana. Por regla general, cuando pensamos en la comunión nos viene a la mente la unidad espiritual, las buenas relaciones personales dentro de la comunidad y un flujo de buenos sentimientos que va de unos a otros. Pero la palabra característicamente cristiana para aludir a la comunión, *koinonia*, significa mucho más que esto. El historiador Justo L. González explica que, en la Biblia, la palabra *koinonia* y sus derivados tienen también el sentido de cooperación.[25] Hemos, pues, de plantearnos de nuevo cómo entendemos la comunión cristiana en vista de lo que vemos en el Nuevo Testamento. En la verdadera comunión está la actitud que, en relación con lo

---

24. En 15:24 la palabra *homothymadon* se utiliza con el sentido inequívoco de "unanimidad."
25. Gonzales, *Faith and Wealth*, 82–83. Entre los ejemplos que cita están la sociedad comercial entre Pedro y los hijos de Zebedeo (Lc 5:10), nuestra participación en los sufrimientos de Cristo (Fil 3:10), en el cuerpo y la sangre de Cristo en la Cena del Señor (1Co 10:16), y la reciprocidad en dar y recibir apoyo económico entre Pablo y los filipenses (Fil 4:15).

que uno posee, afirma "esto no es mío". La verdadera responsabilidad ha de extenderse al uso de nuestros recursos como un aspecto más de nuestra vida.

A muchas personas de nuestro tiempo no les gusta hablar con otros de su economía; tratan este asunto como si fuera solo asunto suyo. No quieren dar cuentas a nadie del modo en que gastan el dinero. Esto es especialmente cierto cuando existen grandes diferencias en la situación económica de los miembros de una comunidad. Si en la misma comunidad hay ricos y pobres, los ricos pueden sentirse incómodos por el modo en que gastan sus recursos mientras que sus hermanos y hermanas pobres se esfuerzan por sobrevivir.

Sin embargo, cuando no queremos compartir este aspecto de nuestras vidas, el nivel de comunión desciende inmediatamente. Los creyentes más pobres se sienten distantes de los demás y no se sienten parte del proyecto. Pueden ser tentados a ser deshonestos en la utilización de los fondos de la iglesia. Satanás puede tentar a un obrero pobre de una organización cristiana con pensamientos de este tipo: "Es injusto que esta persona sea tan rica mientras que tú eres tan pobre, trabajando los dos para la misma organización".

En una ocasión tuve una conversación con el dirigente de un movimiento cristiano donde se pagaban salarios muy distintos a los diferentes miembros. Él me decía que les era casi imposible confiar en los obreros más pobres, especialmente en temas económicos. Uno de los mejores antídotos para estas situaciones es desarrollar una actitud abierta en todas las cosas, incluidas las posesiones. Para las personas deshonestas es difícil sobrevivir en este tipo de situaciones y, o bien cambian, o abandonan la organización.

La mayoría de las empresas mantienen el libro de salarios como algo privado y secreto, y muchos grupos cristianos han adoptado también este método. Pero esto impide que nuestra unidad se extienda a las posesiones materiales, lo cual reducirá en gran manera la profundidad de la unidad. Hemos de recordar que el equipo de Jesús tenía un fondo común (Jn 12:6; 13:29). El hecho de que el tesorero fuera deshonesto no resta validez al hecho de que Jesús consideraba aconsejable para su equipo este tipo de unidad sobre cuestiones económicas.

Naturalmente, para poder ser abiertos sobre estas cosas, es esencial que también los ricos adopten un estilo de vida relativamente simple y eviten lo que otros consideran extravagancias innecesarias. Esto es algo muy difícil para muchos cristianos. Su razonamiento es: "Este dinero lo he ganado con mi esfuerzo. El modo en que lo estoy gastando no es pecaminoso. No veo ninguna razón para no hacerlo". Esta actitud atenta contra la comunión y hace que la comunidad sea mucho menos poderosa en términos de su impacto eterno. Al adoptar un estilo de vida sencillo, no somos de tropiezo para los cristianos más pobres y con ello se hace posible la verdadera cooperación.

Dando prioridad a la evangelización hoy

En esta era de especialización es difícil integrar los diferentes aspectos de la vida cristiana en una iglesia. El resultado es que algunas iglesias se han especializado en áreas específicas. El Nuevo Testamento presenta a una iglesia que intentaba ser fiel en todos los aspectos del llamamiento de Dios.

Hemos observado que el libro de los Hechos es esencialmente una historia de la evangelización durante las primeras décadas de la era cristiana. Cuando estudié Historia de la Iglesia en el seminario, esta materia se centraba más en las controversias de carácter doctrinal y en el progreso de la enseñanza. Aunque esta es una cuestión importante, el factor principal en la historia de la iglesia ha de ser siempre el progreso de la evangelización. Kenneth Scott Latourette dio en el clavo al titular su monumental Historia de la Iglesia en siete volúmenes A History of the Expansion of Christianity [Una historia de la expansión del cristianismo].[26]

Es tarea de los dirigentes asegurarse de que el movimiento que dirigen "concede una importancia real a lo más importante". En ocasiones, en la etapa de consolidación de un movimiento, se escoge a un buen administrador para sustituir al visionario pionero saliente. Esta puede ser una sabia decisión. Sin embargo, si el administrador no tiene pasión por la evangelización, puede iniciarse una lenta decadencia que gradualmente convierte el movimiento, primero en una máquina y después en un monumento.

Este enfoque en la evangelización ayudará a mantener la unidad de la iglesia. Albert Lee, director de Juventud para Cristo en Singapur, ha dicho que la iglesia tiene muchos generales y que la razón de ser de los generales es combatir. Por tanto, si no combaten contra Satanás para la extensión del reino, acabarán combatiendo entre sí. Con demasiada frecuencia, las reuniones de los Consejos de Iglesia que han perdido la pasión por evangelizar se convierten en una insoportable prueba de paciencia, porque se pasan las horas discutiendo sobre cuestiones que tienen poco que ver con el crecimiento del reino de Dios. Si sentimos la pasión de llevar el mensaje a los perdidos y si hemos crucificado el yo, no malgastaremos el tiempo discutiendo sobre cosas intrascendentes.

---

26. Kenneth Scott Latourette, *A History of the Expansion of Christianity*, 7 vols. (1937–1945, reimpresión Grand Rapids: Zondervan, 1970). La obra de Latourette fue un paso en la buena dirección. Sin embargo, no hemos de olvidar la pertinente crítica de Wilbert Shenk sobre muchas Historias de la Iglesia escritas desde el mundo occidental: "En Occidente, la Historia de las Iglesias de Asia, África y América Latina se incorpora generalmente a la subcategoría de Historia de la Misión Occidental" ("Toward a Global Church History", *International Bulletin of Missionary Research*, 20 [Abril 1996]: 50).

Compartiendo nuestras posesiones hoy

"No había ningún necesitado en la comunidad" (v. 34). Pablo escribió: "No se trata de que otros encuentren alivio mientras que ustedes sufren escasez; es más bien cuestión de igualdad" (2Co 8:13). Todos los cristianos deberíamos tener como meta la igualdad relativa y esforzarnos en esta dirección. Utilizo el término "relativa" porque los gastos de la gente pueden variar según su cultura y responsabilidades. Pero hemos de esforzarnos por conseguir una situación en la que no haya necesitados en la iglesia. Los cristianos no deberían, pues, decidir sobre asuntos de estilo de vida fijándose en sus iguales en la sociedad, sino más bien teniendo en cuenta las necesidades de los creyentes que les rodean.

Es posible que una cristiana haya estado ahorrando durante mucho tiempo para comprar algo o para realizar una modificación en su casa. Puede que otros consideren que se trata de una necesidad esencial. Sin embargo, ella entiende ahora que una hermana de la congregación tiene una necesidad urgente que ha de atenderse, y toma la decisión de darle el dinero que ha ahorrado. Hay una gran libertad y alegría en este estilo de vida que da de un modo generoso en lugar de utilizar el dinero para uno mismo.

Lamentablemente, no podemos decir que no haya necesitados en la iglesia de nuestro tiempo. Pero muchas veces no conocemos las necesidades de nuestros hermanos. A menudo, los económicamente pobres asisten a iglesias distintas que los ricos. A las personas les gusta estar cómodas en la iglesia (¡no sé de qué pasaje bíblico sacan esta idea!), de manera que van a iglesias donde la mayoría de los miembros son como ellos. Algunos incluso se entregan a un elaborado proceso de visitar iglesias hasta encontrar una en la que se sienten cómodos. En los tiempos del Nuevo Testamento había una gran diversidad cultural en la iglesia.[27] Hay que reconocer que esto produjo ciertos problemas, como por ejemplo el que se narra en Hechos 6:1–6, cuando los helenistas se quejaron de los cristianos de origen judíos. Sin embargo, la iglesia no se dividió por ello, sino que se esforzó en resolver el problema cuando surgió.

La adoración y comunión en una iglesia integrada desde un punto de vista económico es una gran fuente de enriquecimiento y moderación. Nos sorprenderemos de las necesidades que sufren otras personas y nos daremos cuenta de hasta qué punto nuestros gastos son innecesarios y quizá hasta pecaminosos en vista de tales necesidades. Esto nos forzará a ser generosos. Si no compartimos, nuestra comunión con los necesitados se verá obstaculizada. Es posible que también nos sintamos preocupados por las causas de la pobreza y ello nos lleve a hacer algo al respecto.

Esta es la razón por la que el avivamiento metodista produjo tanta transformación social. En los pequeños grupos del antiguo metodismo, los pobres

---

27. Ver David A. Fiensy, "The Composition of the Jerusalem Church", *BAFCS*, 4:213–36.

comenzaron a hablar de su trabajo y condiciones de vida. Los miembros más ricos se sintieron consternados y comenzaron a tomar medidas para cambiar aquellas situaciones. Esto les llevó también a comprometerse con un estilo de vida relativamente simple. En una carta dirigida al Comisionado de Excise en respuesta a una investigación sobre una vajilla de plata que no había sido declarada, John Wesley escribió: "Señor, tengo dos cucharillas de plata en Londres y otras dos en Bristol. Esta es toda la plata que tengo en este momento, y no pienso comprar más mientras tantas personas de mi alrededor están pasando hambre".[28]

La clara percepción de las necesidades de los pobres por medio de la comunión con ellos influye también en nuestras prioridades para la vida eclesial. Roy Clements afirma que Ambrosio, obispo de Milan y padre de la iglesia primitiva "reprendía a la iglesia de su tiempo por la cantidad de dinero que gastaba en embellecer los edificios eclesiales, mientras descuidaba el servicio de los pobres". A Ambrosio se le atribuyen estas palabras: "Un esclavo redimido a expensas de la iglesia es una decoración mucho más bella para la mesa de la Santa Comunión que un cáliz de oro".[29]

Dar no representa un importante sacrificio cuando nos damos cuenta de que Dios es el propietario de nuestras posesiones. Un buen ejemplo de esta actitud hacia las posesiones es el que describe Juan Carlos Ortiz. Cuando los pastores comenzaron a predicar el mensaje del discipulado en su iglesia en Buenos Aires, muchos miembros entregaron a la iglesia las escrituras de propiedad de sus casas y apartamentos. Los dirigentes no sabían qué hacer con todo el dinero que representaban aquellos documentos. Tras seis meses de oración al respecto, llamaron a los hermanos que habían hecho las ofrendas para decirles que habían decidido devolver todas las propiedades. "El Señor nos ha hecho ver que no quiere sus casas vacías", dijeron. "Quiere sus casas, pero las quiere con ustedes viviendo en ellas y cuidándolas. Lo quiere […] todo preparado, para él. Quiere también su automóvil, con ustedes como conductores". Y añadieron: "Ustedes lo administran, pero recuerden que todo le sigue perteneciendo".

Ortiz afirma que ahora todas las casas están abiertas. "Cuando nuestra congregación recibe visitas, no decimos: '¿Quién puede alojar a estos hermanos en su casa.' Ahora no preguntamos; nos limitamos a dar las indicaciones necesarias, porque la casa ha sido ya entregada al Señor, y los hermanos están agradecidos porque les permite vivir en ella".[30] Personalmente, sigo creyendo que es bueno preguntar, puesto que en el momento en que surge la necesidad algunos podrían estar más dispuestos que otros a alojar a alguien en su casa. No obs-

---

28. De John Wesley *Letters*, 1776, citado en *The Daily Wesley*, ed. Donald E. Demaray (Anderson, Ind.: Bristol House, 1994), 299.

29. Clements, *The Church That Turned the World Upside Down*, 44.

30. Juan Carlos Ortiz, *Disciple: A Handbook for New Believers* (Orlando: Creation House, 1995), 36.

tante, el principio está claro: Si decimos que nuestras posesiones pertenecen al Señor, hemos de actuar en consecuencia.

Soy consciente de que algunos afirman que si los pobres trabajaran con más ahínco, saldrían adelante sin la ayuda de los demás. Supongo que esto sería posible en una sociedad ideal, pero la nuestra no lo es y muchos necesitan un empujón para ponerse en marcha. El ambiente en que han crecido les ha negado las oportunidades o la motivación para salir adelante. Por ello la Biblia nos ofrece elaboradas instrucciones para que cuidemos a los débiles, y conmovedores desafíos para que ayudemos a los necesitados.

El reciente colapso de las economías de los países comunistas y de los rígidos sistemas de seguridad social pone de relieve la importancia de estimular la iniciativa personal. Es fácil promover una destructiva mentalidad dependiente de las prestaciones sociales entre los pobres cuando las ayudas se distribuyen sin criterio. Pero esto no es posible en el tipo de comunidad cristiana de que habla la Biblia. Aquí, la unidad es tal que todo el mundo se siente parte vital del movimiento. La imagen no es la de donantes ricos ayudando a personas pobres que creen tener todo el derecho a la ayuda en cuestión, sino la de una comunidad en la que todos crecen como iguales y contribuyen vitalmente con sus aportaciones singulares al bien común. Algunos aportan dinero, mientras que otros contribuyen con dones inmateriales.

Hace algunos años, los gobiernos de muchos países comenzaron a hacer lo que las iglesias ya estaban haciendo en materia de ayuda social. Por eso las iglesias redujeron sus programas sociales. Pero en los últimos años los gobiernos están destinando menos fondos a programas sociales. Esto significa que la iglesia (y otras organizaciones de voluntariado) van a tener que asumir de nuevo un importante papel en la ayuda a los necesitados dentro y fuera de la iglesia.

Ventajas de un fondo central

Aunque trabajar con un fondo central no es una regla invariable, lo cierto es que este método ofrece ciertas ventajas. (1) Evita la malsana sensación de obligación que los receptores de la ayuda pueden desarrollar hacia los donantes. En aquellos países organizados en clases sociales muy diferenciadas, suele ser difícil que los creyentes pobres vean al cristiano rico como un igual. El receptor puede desarrollar un sentido de obligación para con el donante que impide que ambos puedan actuar como iguales dentro de la comunidad de la fe. Por otra parte, esta manera de dar hace muchas veces que "los pobres dependan excesivamente de algunas personas ricas".[31]

(2) Si los administradores del fondo común gestionan con fidelidad y sabiduría el dinero de Dios, velarán para que el dinero se utilice de manera responsable. A menudo, lo que mueve nuestra respuesta ante una necesidad son los

31. Gooding, *True to the Faith*, 93.

sentimientos del momento. De vez en cuando esto puede útil. Sin embargo, a veces el dinero no va a parar a las personas que más lo necesitan, porque antes de la distribución no ha habido una cuidadosa consideración de algunos factores necesarios. Algunas veces, la mejor manera de suplir una necesidad no es prestar ayuda sin más, sino apoyar a la persona en cuestión para que aborde la causa de su necesidad. Por ejemplo, puede ser mejor darle a alguien un capital para comenzar un pequeño negocio que darle alimentos. El negocio le ayudará a ganar dinero para alimentar a su familia. Como dice el proverbio: "Si das pescado a un hombre hambriento, le alimentas una jornada. Si le enseñas a pescar, le alimentarás toda la vida". Un grupo responsable que considera cuidadosamente este tipo de cuestiones será, por consiguiente, un mejor receptor inicial de nuestros donativos que una persona necesitada.

Para evitar que pasemos por alto el desafío que nos lanza este pasaje, quiero concluir este estudio con una nota procedente del siglo II o III sobre el modo en que la iglesia ha de cuidar los pobres:

> Sean solícitos sobre su mantenimiento, para que no les falte nada; mostrando a los huérfanos la atención de padres; a las viudas la atención de maridos; procurando el matrimonio para quienes tengan edad para ello; trabajo al artesano; conmiseración al incapaz; una casa a los extranjeros; comida a los hambrientos; bebida a los sedientos; ropa a los desnudos; a los enfermos, visitación; a los encarcelados, ayuda […] matrimonio a la doncella […] al joven, ayúdenle a aprender un oficio para que pueda mantenerse con los beneficios que de ello obtenga.[32]

---

32. *Constituciones de los santos apóstoles*, 4.1.2. Citada en Thomas C. Oden, *Classical Pastoral Care, Crisis Ministries* (Grand Rapids: Baker, 1994), 4:145. "Las Constituciones son una recopilación de los cánones de la iglesia recopilados entre los años 350–400 d. C., procedentes probablemente de los siglos II y III, y de origen principalmente sirio" (*ibíd.*, 196).

J osé, un levita natural de Chipre, a quien los apóstoles llamaban Bernabé (que significa: Consolador), [37] vendió un terreno que poseía, llevó el dinero y lo puso a disposición de los apóstoles.

[1-2] Un hombre llamado Ananías también vendió una propiedad y, en complicidad con su esposa Safira, se quedó con parte del dinero y puso el resto a disposición de los apóstoles.

[3] —Ananías —le reclamó Pedro—, ¿cómo es posible que Satanás haya llenado tu corazón para que le mintieras al Espíritu Santo y te quedaras con parte del dinero que recibiste por el terreno? [4] ¿Acaso no era tuyo antes de venderlo? Y una vez vendido, ¿no estaba el dinero en tu poder? ¿Cómo se te ocurrió hacer esto? ¡No has mentido a los hombres sino a Dios!

[5] Al oír estas palabras, Ananías cayó muerto. Y un gran temor se apoderó de todos los que se enteraron de lo sucedido. [6] Entonces se acercaron los más jóvenes, envolvieron el cuerpo, se lo llevaron y le dieron sepultura.

[7] Unas tres horas más tarde entró la esposa, sin saber lo que había ocurrido.

[8] —Dime —le preguntó Pedro—, ¿vendieron ustedes el terreno por tal precio?

—Sí —dijo ella—, por tal precio.

[9] —¿Por qué se pusieron de acuerdo para poner a prueba al Espíritu del Señor? —le recriminó Pedro—. ¡Mira! Los que sepultaron a tu esposo acaban de regresar y ahora te llevarán a ti. [10] En ese mismo instante ella cayó muerta a los pies de Pedro. Entonces entraron los jóvenes y, al verla muerta, se la llevaron y le dieron sepultura al lado de su esposo. [11] Y un gran temor se apoderó de toda la iglesia y de todos los que se enteraron de estos sucesos.

Sentido Original

Hasta ahora hemos visto a la iglesia desde una óptica positiva, afrontando sus crisis y desafíos internos y externos de manera fiel y efectiva. Ahora Lucas nos da un ejemplo de cómo se manifestó el pecado dentro de la iglesia y del modo en que esta lo trató.

La generosidad de Bernabé (4:36–37)

Tras describir el espíritu de participación y ayuda mutua que reinaba en la iglesia (4:32–35), Lucas nos da un ejemplo bueno y otro malo. El buen ejemplo lo tenemos en Bernabé, a quien probablemente se le menciona por el papel clave que desempeñará en los acontecimientos que van a desarrollarse en el libro de los Hechos. Su disposición a renunciar a un terreno de su propiedad armoniza con su forma de ser altruista y generosa que vemos en otros pasajes del libro de los Hechos.

A José, un hombre natural de Chipre, le llamaban Bernabé, traducido en la NIV y la RV60 como "Hijo de consolación" (4:36). En los idiomas semíticos era común utilizar la palabra "hijo" (*bar*) para aludir al carácter de las personas.[1] No es, sin embargo, fácil entender el significado exacto de este nombre propio. Parece significar "hijo de profecía" (*bar* quiere decir "hijo de" y *nabi* significa "profeta"). La NIV traduce la palabra griega *paraklesis* como "ánimo", un término que puede significar ánimo, pero también consuelo o exhortación. Puede que la mejor traducción de las palabras de Lucas sea "Hijo de exhortación". Bernabé "se hizo probablemente merecedor de este nombre por la efectividad de su predicación y enseñanza".[2]

Siendo un levita de Chipre, Bernabé pertenecía al numeroso grupo de judíos helenistas que regresaron a Jerusalén. Seguramente procedía de un trasfondo acomodado, puesto que la madre de su primo Marcos tenía una casa lo suficientemente amplia para albergar una reunión de oración de "muchas personas" (12:12). Teniendo en cuenta que, según el Antiguo Testamento, los levitas no podían poseer terrenos, es posible que la parcela que vendió fuera la reservada para su sepulcro.[3] O es también posible que "las reglamentaciones del Pentateuco que prohibían a los sacerdotes y levitas tener propiedades hubieran caído en desuso en aquel tiempo".[4]

El engaño de Ananías y Safira (5:1–11)

El mal ejemplo lo tenemos en Ananías y Safira, que vendieron una propiedad, pero se quedaron con una parte del dinero (5:1–2). La expresión "se quedó" (en griego *nosphizo*) significa literalmente sisar o apropiarse ilícitamente de algo. Es interesante que Lucas utilice esta palabra, puesto que, técnicamente, lo que esta pareja retuvo les pertenecía. El término *nosphizo* solo aparece otras dos veces en todo el Nuevo Testamento: en el versículo 3 y en Tito 2:10 (donde se traduce "robar"). La LXX se sirve de esta palabra para aludir a Acán, quien se quedó con una parte del botín de los despojos de guerra

---

1. G. M. Burge, "Barnabas", *DPL*, 66.
2. "Barnabas", *BEB*, 264.
3. Barrett, *Acts*, 260.
4. Bruce, *Acts*, NICNT, 101.

que habían sido dedicados a Dios (Jos 7:1). En ambos pasajes, este pecado fue objeto de un severo castigo. El uso poco común de esta palabra en el Nuevo Testamento sugiere que Lucas utilizó deliberadamente el lenguaje veterotestamentario.[5] En cualquier caso, la mala utilización de nuestras posesiones es un grave pecado ante Dios.

Pero Pedro entendió lo que estaba sucediendo. ¿Acaso lo supo viendo las expresiones de culpa en el rostro de Ananías y Safira, como algunos han sugerido? Lo más probable es que se trate de una revelación directa de parte de Dios.[6] De las palabras de Pedro a Ananías en 5:3 surgen cinco importantes verdades. (1) Satanás había llenado y controlado hasta tal punto el corazón de Ananías que este fue arrastrado en sus acciones.

(2) La actividad de Satanás no exime de culpa a Ananías. En el versículo 3 se atribuye el acto al hecho de que Satanás llenó su corazón; sin embargo, en el 4 la responsabilidad recae de manera directa sobre Ananías.

(3) Lo más grave de la acción de Ananías fue mentir al Espíritu Santo, no quedarse con una parte del dinero. Más adelante, Pedro le dijo que podría haber hecho lo que quisiera con su dinero (v. 4).

(4) Cuando mentimos a la iglesia, mentimos al Espíritu Santo. En esta reflexión vemos el desarrollo de la teología de la iglesia. La palabra *ekklesia* aparece veintitrés veces en el libro de los Hechos y la primera de ellas es en 5:11.[7] Saulo/Pablo descubrirá más adelante que, cuando perseguía a la iglesia, estaba en realidad persiguiendo a Jesús (9:4). Posteriormente expresará la preciosa enseñanza de que la iglesia es el cuerpo de Cristo (1Co 12:27; Ef 4:12; 5:23).

(5) Puesto que no era preceptivo entregar todo el producto de la venta (v. 4), deducimos que el deseo con el que Satanás había llenado a Ananías y Safira era el de gozar del reconocimiento de la iglesia. Mintieron para conseguir la misma clase de admiración que había obtenido Bernabé.

Primero Ananías y después Safira cayeron muertos tras ser objeto de una explícita y directa represión por parte de Pedro (5:5, 10). Es fácil imaginar lo sorprendidos que quedaron los presentes al ver a Pedro, que probablemente no era rico, reprender al rico dador de una gran contribución. Sin embargo, sea quien sea la persona, y por cuantiosa que sea la ofrenda que trae, el pecado sigue siendo pecado y hay que tratarlo con determinación. No se nos dice la causa biológica de estas dos muertes. Algunos eruditos no aceptan lo que dice el texto en el sentido de que murieron de manera inmediata. Afirman que este tipo de suceso no está en consonancia con el espíritu del cristianismo. Estos

---

5. D. J. Williams, *Acts*, 96.

6. Earle E. Ellis, *Prophecy and Hermeneutic in Early Christianity: New Testament Essays* (Grand Rapids: Eerdmans, 1978), 129.

7. Algunos manuscritos griegos la consignan por primera vez en 2:47, pero esto parece más bien una añadidura explicativa de algún escriba (ver Metzger, *Textual*, 305).

eruditos afirman que lo que realmente sucedió fue que las primeras muertes en la comunidad cristiana produjeron una gran sorpresa a los creyentes, que pensaban que ya nadie moriría en la nueva era que se había iniciado. Según ellos, esta historia habría sido, pues, creada para concluir que estas muertes eran un juicio de Dios. Pero no hay ni un solo indicio en el texto de que esto fuera lo que sucedió. Sea cual sea la causa, lo importante es que la iglesia vio en ese acontecimiento el juicio de Dios sobre aquel matrimonio por su engaño.

El resultado de la muerte de Ananías es que "un gran temor se apoderó de todos los que se enteraron de lo sucedido" (5:5b). Lucas repite esta afirmación al final del relato (5:11). En otras palabras, el temor que produce el juicio es un aspecto clave de la historia. Se trata de un temor de desagradar a Dios que procede de un conocimiento de su santidad y de las consecuencias de nuestro pecado.

Lucas, bajo la inspiración del Espíritu Santo, incluye este episodio a fin de mostrar a sus lectores cómo responde Dios ante los pecados graves en la vida de la comunidad. De los muchos pecados que probablemente se manifestaron en la vida de la iglesia, Lucas escogió este por el juicio tan drástico que suscitó de parte de Dios. Haremos bien en prestar mucha atención a lo que sucedió buscando advertencias e instrucciones para nuestras vidas.

¿Una iglesia perfecta?

Lo primero que llama nuestra atención es que la iglesia del libro de los Hechos no era perfecta, como tampoco lo ha sido después, a lo largo de toda su historia. Sin embargo, la iglesia primitiva, bajo el liderazgo de Pedro, se enfrentó de inmediato al problema que tenía delante. Por ello, este episodio no obstaculizó su crecimiento. Inmediatamente después de estos hechos se presenta uno de los muchos resúmenes de la vida de la iglesia primitiva (5:12–16), que presenta un vibrante grupo de personas entre las que los apóstoles llevaban a cabo milagros, a los creyentes se les tenía en gran estima y la iglesia crecía. Es, pues, evidente que, para nosotros, el modo en que los apóstoles respondieron a esta crisis debería ser un ejemplo a seguir.

El uso de las posesiones

La utilización incorrecta del dinero es un pecado grave para Dios. William Willimon observa que "una parte sorprendentemente extensa del libro de los Hechos trata de cuestiones económicas dentro de la comunidad".[8] Cuando a

---

8. Willimon, *Acts,* 52.

ello le añadimos el gran número de alusiones al uso del dinero que encontramos en el Evangelio de Lucas,[9] nos damos cuenta de lo importante que es este asunto para este evangelista. Jesús dijo: "¡Qué difícil es para los ricos entrar en el reino de Dios!" (Lc 18:24). Pablo afirmó: "Porque el amor al dinero es la raíz de toda clase de males. Por codiciarlo, algunos se han desviado de la fe y se han causado muchísimos sinsabores" (1Ti 6:10). Por tanto, si el dinero tiene tanto poder para llevarnos por el mal camino, deberíamos enseñar y predicar mucho sobre los peligros de las riquezas.

El pecado que cometieron Ananías y Safira consistió en mentir sobre el uso de sus posesiones. En nuestro tiempo esta área sigue siendo un peligro para muchos. Una clave para la respuesta a este problema es lo que hemos comentado en la sección anterior: ser de un mismo corazón y mente aun en el asunto de las posesiones (4:32). Es decir, debemos ser abiertos sobre nuestras posesiones dentro de la comunidad cristiana, para evitar muchos de los peligros relativos al uso del dinero.

¿Puede Satanás llenar nuestros corazones?

Satanás "llenó el corazón [de Ananías]" (5:3). No hay ninguna base para afirmar que Ananías y Safira no fueran creyentes. D. J. Williams señala que, en la Biblia, muchas de las actividades de Satanás que se presentan están relacionadas con creyentes.[10] Esta llenura del corazón no es lo mismo que la posesión diabólica, una experiencia que deja a quienes la sufren con muy poco control de sus actividades. Peter Wagner enumera las siguientes expresiones alternativas para describir esta experiencia: opresión diabólica, aflicción diabólica y demonización.[11] En nuestro tiempo, el término demonización está ganando popularidad como referencia a la influencia de Satanás sobre creyentes y no creyentes.[12]

Por ejemplo, lo que ocurrió cuando "Satanás entró en Judas" antes de traicionar a Jesús sería una demonización (Lc 22:3). Esta palabra deja también lugar para expresar distintos grados de influencia satánica sobre diferentes personas. Según Tim Warner: "'La posesión' espiritual expresa sin duda propiedad y parece incluir el control del destino eterno de la persona en cuestión. En cualquier caso sería imposible pertenecer a Satanás siendo controlado por él y tener al mismo tiempo una relación salvífica con Cristo".[13] En cambio, la "demonización" denota lo que sucede en la vida de un cristiano cuando

---

9. Ver Lucas 7:41–43; 10:29–37; 12:16–21; 16:1–8, 19–31; 18:14, 18–23; 19:11–27.
10. Williams, *Acts*, 100.
11. Wagner, *Spreading the Fire*, 149.
12. Peter H. Davids, "A Biblical View of the Fruits of Sin", *The Kingdom and the Power,* ed. Gary S. Greig and Kevin N. Springer (Ventura, Calif.: Regal, 1993), 118–20.
13. Timothy M. Warner, *Spiritual Warfare: Victory Over the Powers of This Dark World* (Wheaton: Crossway, 1991), 80.

Satanás consigue obsesionarle con una idea o curso de acción hasta tal punto que se ve arrastrado sin discernir las consecuencias. Esto parece ser lo que aquí está sucediendo.

Mentir para conseguir admiración

La meta de Ananías era conseguir la admiración de la iglesia. El peligro de este tipo de motivación es real en nuestro tiempo. Es una cuestión seria porque nos lleva a ser deshonestos con nosotros mismos. Una clave para recibir la gracia de Dios es reconocer nuestra necesidad de él; una actitud de orgullo puede cerrar la puerta que permite que la gracia de Dios entre en nuestra vida.

En su manifiesto del reino, en el Sermón del Monte, Jesús dice prácticamente lo mismo en las primeras cuatro Bienaventuranzas: lo que une a "los pobres en espíritu", a "los que lloran", a "los humildes" y a "los que tienen hambre y sed de justicia" (Mt 5:3–5) es que no esconden su impotencia y aceptan su necesidad de Dios. En el cristianismo, todo el poder viene a través de la gracia, es decir, el favor gratuito e inmerecido de Dios. La única cosa que puede obstaculizar la gracia es el orgullo, la idea de que merecemos las bendiciones que recibimos y la negativa a aceptar nuestras faltas. Si asumimos un papel pretendiendo ser lo que no somos, bloqueamos la gracia de Dios y destruimos las posibilidades de crecimiento.

La falsedad obstaculiza también la comunión en el cuerpo: un tema clave en 4:32–5:11. Juan dijo: "Pero si vivimos en la luz, así como él está en la luz, tenemos comunión unos con otros, y la sangre de su Hijo Jesucristo nos limpia de todo pecado" (1Jn 1:7). La mentira es, pues, un cáncer letal que puede destruir la vida de una comunidad. Cuando las personas no expresan la verdad, no pueden tampoco ser auténticas. El resultado es que aparece la superficialidad espiritual.

Tratando decididamente con el pecado

Puesto que invierto una buena parte de mi tiempo y energía recaudando fondos, la acción de Pedro me suscita sentimientos encontrados. ¿Haría acaso lo mismo que Pedro si supiera que una cuantiosa ofrenda estaba contaminada por el pecado? Este texto me dice que debería hacerlo. El hecho de que Dios es santo y que la santidad tiene una importancia capital en la vida de las personas me dice que he de tratar decididamente con el pecado. Esta es una lección clave que colegimos de esta historia (de hecho, se trata de un aspecto de la comunión descrita en 4:32). Si queremos compartir un mismo corazón y mente, hemos entonces de hacer frente al pecado cuando aparece en el cuerpo.

¿Actúa Dios de este modo en nuestros días?

¿Por qué no juzga Dios el pecado en nuestro tiempo como lo hizo en el caso de Ananías y Safira? Lo que vemos en este texto es un ejemplo típico de la plena expresión de los poderes de la nueva era que, por regla general, se reservan para el día del Señor.

Consideremos una situación semejante. Aunque el día del Señor pondrá fin a las enfermedades, en el tiempo actual son todavía una realidad a la que hemos de hacer frente. Sin embargo, en este tiempo, Dios obra a veces de manera milagrosa y muestra su poder sobre la enfermedad de formas que trascienden lo natural. De manera similar, cuando hoy los cristianos pecan contra el cuerpo, pierden la paz, el cuerpo pierde su poder y Dios retiene su bendición. Sin embargo, Dios no siempre expresa plenamente sus sentimientos al respecto públicamente. Sí lo hizo, no obstante, durante periodos proféticos clave. Al comienzo de la vida de Israel en la tierra prometida, Dios dejó claro para siempre —por medio del juicio que siguió al pecado de Acán (Josué 7)— lo que piensa sobre el engaño. En los inicios de la vida de la iglesia, Dios mostró de nuevo —por su juicio sobre Ananías y Safira— lo que piensa del engaño. Puede que en nuestro tiempo no veamos este tipo de juicios, pero Dios ya nos ha dicho de una vez y para siempre lo que piensa de esta clase de pecado.

Hemos de notar también lo que la Biblia dice sobre el juicio final: "Vi también a los muertos, grandes y pequeños, de pie delante del trono. Se abrieron unos libros, y luego otro, que es el libro de la vida. Los muertos fueron juzgados según lo que habían hecho, conforme a lo que estaba escrito en los libros" (Ap 20:12). En aquel día va a haber muchas sorpresas, porque Jesús dice: "Así que todo lo que ustedes han dicho en la oscuridad se dará a conocer a plena luz, y lo que han susurrado a puerta cerrada se proclamará desde las azoteas" (Lc 12:3).

¿Significa esto que aquellos que hemos sido salvos nos perderemos por lo que hemos hecho desde la conversión? La iglesia ha estado debatiendo este asunto durante casi veinte siglos. Sin embargo, quienes respetan la autoridad bíblica a ambos lados de esta controversia aceptan ciertas verdades. (1) Pablo enseña que quienes han construido sobre un fundamento erróneo pueden ser finalmente salvos, pero toda su obra se quemará y entrarán en el reino por los pelos, "como quien pasa por el fuego" (1Co 3:12–15). (2) Jesús dijo: "No todo el que me dice: 'Señor, Señor', entrará en el reino de los cielos, sino sólo el que hace la voluntad de mi Padre que está en el cielo" (Mt 7:21). Si aquellos que no entran en el reino no han perdido la salvación, entonces es que nunca fueron realmente salvos. Estuvieron, sin embargo, en estrecho contacto con la verdad; por tanto, les corresponderá un juicio severo, sin duda más severo que el de aquellos que nunca oyeron el evangelio (cf. Lc 12:47–48).

Temor en la comunidad

El temor de Dios y de las consecuencias del pecado es un tema fundamental de este relato (5:5, 11). Pablo le dijo a Timoteo: "A los [ancianos] que pecan, repréndelos en público para que sirva de escarmiento" (1Ti 5:20). La reprensión pública transmite a las personas un sentido de la seriedad del pecado, y esto a su vez opera como un elemento disuasorio para el mismo. El Nuevo Testamento nos exhorta a menudo a vivir con temor de las consecuencias del pecado y de desagradar a Dios: "Así que nosotros, que estamos recibiendo un reino inconmovible, seamos agradecidos. Inspirados por esta gratitud, adoremos a Dios como a él le agrada, con temor reverente, porque nuestro 'Dios es fuego consumidor'" (Heb 12:28–29). Si tomamos en serio las palabras de Pablo en Filipenses 2:12, nuestra conducta se caracterizará por una sensata sobriedad: "Así que, mis queridos hermanos, como han obedecido siempre — no sólo en mi presencia sino mucho más ahora en mi ausencia— lleven a cabo su salvación con temor y temblor".

Significado Contemporáneo

Afrontando imperfecciones en la iglesia

Se dice que, en una ocasión, un hombre se acercó a Charles Spurgeon pidiéndole que le ayudara a encontrar una comunidad cristiana perfecta. Spurgeon le dijo que si él encontrara una comunidad así, no querría formar parte de ella, puesto que, si lo hiciera, dejaría de ser perfecta.[14] Hemos visto que incluso la vibrante iglesia de Hechos tenía su cuota de problemas. Los problemas que afrontamos dentro de la comunidad representan tanto un consuelo como un desafío.

Ante situaciones de pecado, nos preguntamos a veces: "¿Cómo ha podido suceder esto en nuestra comunidad a pesar de nuestros esfuerzos por vivir según las dinámicas comunitarias bíblicas?". Podemos consolarnos sabiendo que ya en la primera iglesia (e incluso dentro del círculo íntimo de los Doce) hubo que hacer frente a este tipo de problemas. La inmediatez con que la iglesia primitiva se enfrentó al problema supone, sin embargo, un desafío. Con frecuencia nos sentimos tentados a ignorar esta clase de problemas con la esperanza de que se arreglen solos o de que, al menos, no se hagan visibles. Pero cuando hacemos esto, estamos permitiendo que un cáncer letal, que consumirá nuestra vitalidad espiritual, se instale en nuestra vida comunitaria. Hemos de abordar nuestras imperfecciones tan pronto como se manifiesten.

---

14. Citado en la obra de Harrison, *Interpreting Acts,* 103.

Recuperando la actitud bíblica hacia las posesiones

Creo estar en lo cierto si digo que, de realizarse en los púlpitos evangélicos de nuestro tiempo una investigación sobre la predicación acerca de las posesiones, descubriríamos que se enseña más sobre las promesas de prosperidad económica que sobre los peligros de la misma. Esto va contra el talante general del Nuevo Testamento. No hay duda de que el Antiguo Testamento contiene enseñanzas sobre la promesa de prosperidad económica. La actitud que la Biblia demanda del justo es que considere su prosperidad como una bendición de parte de Dios, que le es dada, entre otras razones, para su disfrute (1Ti 6:17).

Sin embargo, hemos de recordar que algunas de las promesas de prosperidad del Antiguo Testamento forman parte de las bendiciones del pacto prometidas a Israel (p. ej., Dt 28). Sobre este tipo de prosperidad, Craig Blomberg afirma: "Frecuentemente, esta prosperidad material está vinculada a la Tierra Prometida o al templo de un modo que no se aplica en la era del Nuevo Testamento, que no sabe nada de territorios o edificios sagrados (Jn 4:24)". También observa que muchas de las promesas veterotestamentarias de prosperidad económica para el justo y diligente proceden de la literatura sapiencial (Sal 112; Pr 12:11; 13:21; 21:5). Sin embargo, la literatura sapiencial afirma también que es mejor ser pobre que enriquecerse de forma ilícita (Sal 37:16–17; Pr 15:16–17; 16:8; 17:1). "Estos acentos opuestos demandan prudencia para no convertir ningún proverbio en algo absoluto; no hay que olvidar que la literatura sapiencial solo nos ofrece generalizaciones de lo que sucede normalmente, y que algunas declaraciones son más descriptivas que prescriptivas".[15] Además, tanto el Antiguo Testamento como el Nuevo contienen numerosas advertencias sobre los peligros de la prosperidad material y consejos sobre cómo utilizarla de manera responsable y caritativa. Este debería ser el acento principal de la enseñanza cristiana sobre la prosperidad económica.

William Willimon cita lo que dijo Ernest Becker en el sentido de que "a medida que en la cultura occidental la fe en Dios y otras fuentes tradicionales de inmortalidad se erosionaban, el dinero asumía en nuestras vidas un carácter casi divino y se convertía en nuestro pasaje a un sentido perdurable ante la muerte".[16] Willimon muestra que, aunque decimos que no podemos llevarnos nuestras posesiones con nosotros cuando morimos, intentamos perpetuar nuestro nombre. "Financiamos una cátedra universitaria o damos nuestro nombre a un banco de la iglesia". Becker ha llamado al dinero "nuestra 'ideología de la inmortalidad', nuestro medio de asegurarnos de que, aunque tengo que morir, mi nombre, mi familia, mis logros y mi poder continuarán cuando yo me haya ido". Por otra parte, Jesús contó la historia del rico insensato (Lc 12:13–21), "el que asumió que sus posesiones le otorgaban seguridad contra

---

15. Craig L. Blomberg, "Wealth", *EDBT*, 814.
16. Ernest Becker, *The Denial of Death* (Nueva York: Free Press, 1973); citado en Willimon, *Acts*, 53.

las invasiones de la mortalidad".[17] Es triste ver que la iglesia ha introducido esta ideología como si tal cosa y la ha defendido en su predicación.

Una de las razones por las que no se detectan los peligros de esta enseñanza es que hemos dejado de insistir en el camino de la cruz como única forma de vida para el cristiano. Son incontables los que han abandonado el camino de la cruz. En palabras de Jesús: "… los ahogan las preocupaciones, las riquezas y los placeres de esta vida, y no maduran" (Lc 8:14). En su deseo de enriquecerse, estas personas pueden adoptar prácticas comerciales poco éticas o no tratar a sus empleados como les gustaría que les trataran a ellos (Mt 7:12). Puede que no compartan sus posesiones, como sí hicieron los cristianos de Jerusalén y Macedonia (2Co 8:1–5). O es posible que le roben a Dios sus diezmos y ofrendas (Mal 3:8).

No solo no les instamos a que se arrepientan, sino que, por la elevada posición que ocupan en la sociedad, a veces les pedimos incluso que sean líderes en la iglesia. En nuestras iglesias necesitamos más enseñanza, predicación y práctica de la actitud bíblica hacia las riquezas. Se trata del camino de la cruz, la única opción para la vida cristiana.

La esencia del pecado de Ananías y Safira fue su orgullo y el engaño sobre el uso del dinero. Tristemente, esto sigue siendo un problema fundamental en la iglesia de nuestros días. Muchos de los escándalos más recientes de la iglesia tienen que ver con la gestión de fondos. Es fácil, especialmente para los obreros cristianos, esconder la verdad sobre su situación económica. Algunas veces, esto asume la forma de un claro engaño. Podemos dar impresiones erróneas sobre nuestras necesidades no diciendo toda la verdad sobre lo que ganamos. Puede que la ayuda que recibimos esté basada en una errónea percepción de nuestras verdaderas necesidades. Es posible recaudar fondos de distintas fuentes, para un mismo proyecto, sin que los donantes sepan que se ha presentado la misma necesidad a muchas personas. Se recibe, pues, más apoyo financiero del necesario para el proyecto, y el dinero sobrante se desvía para otra cosa sin que los donantes tengan conocimiento de ello. O puede que el dinero se utilice para propósitos distintos de los que en su momento se presentaron.

Los cristianos pueden también mentir en sus gestiones financieras en la sociedad. Podemos falsear la declaración de renta, por ejemplo. Una vez vendí un terreno con la ayuda de un agente inmobiliario budista. Le dije que teníamos que poner el importe exacto de la venta en la escritura de compra. Él se sorprendió de mi petición y me comentó que algunos de sus importantes clientes no hacían esto. Es corriente que en la escritura de propiedad se haga constar un valor inferior al real y se efectúe una parte del pago bajo mano para evitar así un cierto porcentaje de impuestos. Más adelante me enteré de que un líder cristiano bien conocido estaba entre sus clientes. Le dije que a mi Dios no le gustaría que lo hiciera. En última instancia esta es la razón por la que hemos de

---

17. Willimon, *Acts,* 53.

ser veraces. Nuestro Dios santo desea que seamos veraces aunque la sociedad en que vivimos lo pueda considerar innecesario.

Una de las mejores formas de evitar los peligros relacionados con las posesiones es contar con alguien a quien podamos dar cuenta del uso que hacemos del dinero. Es sabio compartir con tales personas incluso las ofrendas de cierto valor que hayamos recibido. Esta práctica puede servirnos de control, que nos ayudará a evitar las trampas del materialismo y el engaño que siempre se ciernen sobre nosotros. La mayoría de los recientes escándalos relacionados con el manejo de fondos en la iglesia hubieran podido evitarse si las personas implicadas hubieran mantenido informados de sus ingresos y gestión de fondos a algún creyente maduro.

La demonización en los cristianos

Hemos de estar atentos y no permitir que Satanás llene nuestro corazón como lo hizo en el caso de Ananías y Safira. Así es como acaban involucrándose en relaciones adúlteras personas de las que nunca hubiéramos esperado tal cosa. Son personas que nunca habrían pensado en hacer algo así. Sin embargo, cedieron en los primeros pasos de la tentación y a partir de ahí perdieron prácticamente el control de sí mismos. Obsesionados por la pasión, perdieron de vista la realidad y comprometieron su felicidad, familia, ministerio y reputación. En Proverbios 7 se describe a un joven que es seducido por una mujer. Se encontraba en el peor lugar erróneo en el peor momento. Cedió a los primeros pasos de la seducción y perdió el control de sus actos: "Y él en seguida fue tras ella, como el buey que va camino al matadero; como el ciervo que cae en la trampa, hasta que una flecha le abre las entrañas; como el ave que se lanza contra la red, sin saber que en ello le va la vida" (Pr 7:22–23).

Esto no sucede solo con el sexo. Puede suceder lo mismo cuando nos mueve la obsesión de esconder una verdad sobre nosotros que no queremos que se sepa, cuando pensamos en darle su merecido a alguien que nos ha hecho daño, nos esforzamos en limpiar nuestro buen nombre, ambicionamos tener éxito en nuestra trayectoria profesional o nos esforzamos con ardor por aparentar ser lo que no somos (cf. Ananías y Safira). Un drogadicto que ha experimentado una asombrosa conversión puede, en un momento de desaliento y debilidad espiritual, ceder a su antiguo hábito "solo una vez". Sin embargo, esta apertura da inicio a un proceso que le arrastra en una espiral descendente a su antigua vida.

Cuando una persona está demonizada, los demás se sorprenden de verle actuar de maneras tan poco habituales en ella. ¿Quién habría pensado que Pedro maldeciría y juraría que no conocía a Jesús (Mr 14:71)? Pero Jesús se lo había advertido: "Simón, Simón, mira que Satanás ha pedido zarandearlos a ustedes como si fueran trigo" (Lc 22:31). Es a los creyentes a quienes Satanás acecha. Hemos, pues, de esforzarnos siempre por practicar "el dominio propio y [mantenernos] alerta", sabiendo que nuestro "enemigo el diablo ronda como león rugiente, buscando a quién devorar" (1P 5:8).

Cuando una persona actúa de un modo seriamente desequilibrado y descontrolado, es apropiado que nos preguntemos si hay alguna explicación espiritual, física o psicológica de su conducta. Al hacer esto, no estamos negando la realidad de Satanás o la responsabilidad que dicha persona pueda tener por sus pecados. Lo que hace Satanás es explotar estos estados espirituales, psicológicos o físicos para controlar a la persona. Cuando ministramos la sanación de Dios a estas personas, hemos de enfrentarnos también a estas cuestiones. Puede que el exdrogadicto haya estado descuidando su tiempo devocional. La persona que muestra un incontrolable malhumor podría padecer un desequilibrio químico que requiere tratamiento. Es posible que la persona que cae en una relación adúltera fuera víctima durante su infancia de unos abusos sexuales que han dejado heridas emocionales que han de ser sanadas. Asimismo, si la persona en cuestión ha sido demonizada, tendremos que orar teniendo en cuenta este hecho.

Erradicando la falsedad

Hemos hablado de los peligros del engaño en el cuerpo (un tema que debe ocupar sin cesar la mente de un dirigente). En Juventud para Cristo trabajamos principalmente con jóvenes voluntarios que han conocido a Cristo por medio de nuestro ministerio. La mayoría de ellos proceden de otras fes. No conocen bien el protocolo cristiano, a menudo tienen mucho celo y carecen de sabiduría. Por ello, su forma de actuar puede dar una mala reputación a Juventud para Cristo. Por regla general, mi prioridad cuando visito nuestros centros suele ser la enseñanza tanto del personal fijo como de los voluntarios. Una de las cosas que siempre procuro subrayar es:

> En Juventud para Cristo no esperamos que los voluntarios no cometan errores y estamos dispuestos a pagar el precio que estos suponen. Aunque estos pueden ser causa de mala reputación, no los consideramos como enormemente importante. Hay, sin embargo, una cosa que sí la consideramos enormemente seria: la mentira. Cuando las personas no son sinceras consigo mismas, están poniendo un obstáculo que impide que Dios pueda obrar en ellos y ayudarles. Se sitúan en un camino peligroso.

Creo que, en JPC, esta insistencia en la cuestión de la honestidad nos ha ayudado a quedar relativamente libres de problemas de integridad. Lamentablemente, hemos visto que quienes nos han mentido y engañado son capaces de sobrevivir durante periodos extrañamente largos sin ser descubiertos. Pero tarde o temprano las cosas salen a la luz y cuando llega este momento las personas tienen que cambiar o marcharse.

El pecado de intentar mostrar que somos algo que en realidad no somos es un importante problema en nuestros días por el alto valor que nuestra sociedad otorga a las apariencias. Queremos que las cosas tengan un buen aspecto aunque este no se corresponda con la realidad. En nuestro deseo de ser reconocidos, podemos adornar nuestro testimonio con exageraciones y mentiras. Puesto que los oyentes son "bendecidos" por nuestro relato, seguimos repitiéndolo, aunque haya dudas de su veracidad. Recuerdo una situación en que una espectacular autobiografía cristiana se convirtió en un gran éxito editorial. Más adelante se supo que una buena parte del libro era en realidad ficticia. Comprometida como estaba con criterios cristianos de integridad, la editorial retiró el libro del mercado, con un coste considerable para sus arcas. Sin embargo, más adelante otra editorial publicó de nuevo el libro como una ¡biografía imaginaria! Las apariencias pueden hacer que dejemos de aborrecer el pecado y las fuerzas del mercado cegarnos a la santidad de Dios.

Conozco también situaciones en las que una congregación ha sabido que un dirigente era culpable de pecado. Él por su parte lo negaba, puesto que, de ser verdad, la iglesia tendría que tomar desagradables medidas. De modo que la iglesia decidió finalmente ignorarlo, y el dirigente permaneció en la iglesia. Esta clase de obstáculos para el avivamiento puede producir muerte espiritual en la iglesia. En una cultura donde las apariencias son tan importantes, una iglesia de este tipo puede existir e incluso prosperar. Sin embargo, crecerá como una hija de su cultura, pero no como representante del reino de Dios.

Nuestra reticencia a tratar decisivamente con el pecado

Si en una congregación cristiana hay verdadera comunión, cuando aparece el pecado en el cuerpo, será confrontado. Si pensamos, por ejemplo, que alguien está mintiendo hemos de preguntarle al respecto.

Sin embargo, a Pedro se le ha criticado por ser poco compasivo y no mostrar el espíritu del evangelio en el caso de Ananías y Safira. Tales críticos afirman que el apóstol no trató a los demás como Dios lo hizo con él tras su negación de Cristo. Es la típica actitud que muestran algunas personas ante la disciplina en la iglesia. "¿Es que acaso no hay perdón en el cristianismo?", preguntan, y con ello condenan a la iglesia que disciplina a sus miembros.

Por su parte, otras iglesias están dispuestas a acoger y dar un ministerio a quienes han sido disciplinados. Esto puede constituir un elemento disuasorio en contra de la disciplina: ¡los dirigentes de la iglesia saben que, si disciplinan a sus miembros, muchos se irán a la iglesia más próxima! La historia de Ananías y Safira nos enseña lo que piensa Dios sobre la pureza en el cuerpo de Cristo.

Si no se trata con el pecado de manera decisiva, las posibilidades de restauración para el que ha pecado se reducen en gran manera. He tenido la triste experiencia de conocer a muchos obreros cristianos que han caído en graves pecados relacionados con cuestiones de sexo o dinero. Algunos de ellos no hicieron una confesión completa y, por consiguiente, no pasaron por el humillante proceso de la disciplina de la iglesia. Algunas veces esto sucedió porque otro grupo recibió a la persona en cuestión e interrumpió el proceso de recuperación. Estas personas volvieron en algunos casos a desempeñar un servicio aparentemente efectivo; conozco incluso a alguien que, tras reincorporarse al ministerio, fue instrumento para la realización de muchos milagros. Sin embargo, cuando estas personas tuvieron que hacer frente a la misma tentación, sucumbieron de nuevo.

Hay muchos factores que hacen que tales personas sean susceptibles de otra caída. No experimentan la protección que brinda la libertad del perdón y el andar en la luz. Aunque han estado sirviendo al Señor, no tienen el gozo de la salvación que tan apasionadamente anhelaba David (Sal 51:12). Por ello, el gozo del Señor no está presente como elemento disuasorio de pecar; la persona se ha acostumbrado a vivir sin él. Tampoco está presente la memoria del dolor que se sufre al ser disciplinado; también esto actúa como elemento disuasorio. Hablando de un transgresor dentro de la iglesia, Pablo dijo: "Entreguen a este hombre a Satanás para destrucción de su naturaleza pecaminosa a fin de que su espíritu sea salvo en el día del Señor" (1Co 5:5). Una vez que alguien ha experimentado el dolor y humillación de una disciplina completa, hará todo lo posible por evitar tener que pasar de nuevo por este proceso. Cuando la tentación llame de nuevo a su puerta, ¡la rehuirá como la peste!

Temor en una era de hedonismo

La idea de vivir en el temor de Dios y de las consecuencias del pecado parece poco atractiva en un tiempo en que se concede tanto valor a los sentimientos agradables. Al temor se le considera un sentimiento negativo y, por tanto, poco deseable. Puesto que la Biblia considera este tipo de temor de manera favorable, hemos de reflexionar al respecto para poder convencer a la gente de la relevancia y atractivo del camino cristiano en la sociedad de nuestro tiempo. En realidad, el temor es un amigo que nos alerta del peligro del pecado. Vivimos, sin embargo, en un mundo en el que muchos piensan que aquello que la Biblia llama pecado (p. ej., el sexo fuera del matrimonio o la violencia) son los principales medios para disfrutar de la vida. Quienes piensan de este modo ven el temor como un saboteador de la diversión y de los sentimientos agradables.

Tales personas se equivocan. La única forma de disfrutar verdaderamente de la vida es vivirla según las instrucciones del creador de la alegría. La alegría es un tema clave en la Biblia y, dentro del contexto de nuestra relación con Dios, los cristianos tenemos tanto derecho a buscarla como el mundo. Pero los placeres del pecado son fugaces (Heb 11:25). No podemos ir en contra de nuestro diseño original que determina el camino que hemos de seguir para disfrutar verdaderamente de la vida. Cuando violamos nuestra humanidad, nos condenamos a vivir sin el verdadero gozo, por muchos placeres temporales que pueda proporcionarnos el pecado.

Puede que algunos digan que los placeres temporales del pecado son mejores que una vida de temor y temblor. Yo respondo que esta es la puerta que lleva a la alegría duradera y verdaderamente satisfactoria. Cuando tememos la santidad de Dios y las consecuencias del pecado, evitamos el pecado. Pero no se trata de apartarnos del pecado, sin más, sino de abrazar la vida abundante y plena (Jn 10:10). No nos pasamos el resto de la vida lamentando no haber experimentado el pecado que evitamos. Más bien nos alegramos de haber escapado de esa esclavitud y de ser ahora "verdaderamente libres" (Jn 8:34–36). Nos alegramos de que Dios nos haya hecho libres para disfrutar de él, ya que su naturaleza no es solo santidad, sino también amor. La Biblia dice que Dios se deleita en nosotros (Sal 147:11) y nosotros en él (43:4). Cuando huimos del pecado, nos arrojamos a los brazos de aquel a quien amamos y nos ama, y en quien nos deleitamos y que se deleita en alegrarnos. Decimos con David: "Me has dado a conocer la senda de la vida; me llenarás de alegría en tu presencia, y de dicha eterna a tu derecha" (16:11).

El temor de desagradar a Dios y de las consecuencias del pecado no nos impide, pues, disfrutar de la vida. Al contrario, es la puerta del verdadero deleite. El temor es, pues, nuestro amigo.

Hechos 5:12–42

Por medio de los apóstoles ocurrían muchas señales y prodigios entre el pueblo; y todos los creyentes se reunían de común acuerdo en el Pórtico de Salomón. ¹³ Nadie entre el pueblo se atrevía a juntarse con ellos, aunque los elogiaban. ¹⁴ Y seguía aumentando el número de los que creían y aceptaban al Señor. ¹⁵ Era tal la multitud de hombres y mujeres, que hasta sacaban a los enfermos a las plazas y los ponían en colchonetas y camillas para que, al pasar Pedro, por lo menos su sombra cayera sobre alguno de ellos. ¹⁶ También de los pueblos vecinos a Jerusalén acudían multitudes que llevaban personas enfermas y atormentadas por espíritus malignos, y todas eran sanadas.

¹⁷ El sumo sacerdote y todos sus partidarios, que pertenecían a la secta de los saduceos, se llenaron de envidia. ¹⁸ Entonces arrestaron a los apóstoles y los metieron en la cárcel común. ¹⁹ Pero en la noche un ángel del Señor abrió las puertas de la cárcel y los sacó. ²⁰ «Vayan —les dijo—, preséntense en el templo y comuniquen al pueblo todo este mensaje de vida.»

²¹ Conforme a lo que habían oído, al amanecer entraron en el templo y se pusieron a enseñar. Cuando llegaron el sumo sacerdote y sus partidarios, convocaron al Consejo, es decir, a la asamblea general de los ancianos de Israel, y mandaron traer de la cárcel a los apóstoles.

²² Pero al llegar los guardias a la cárcel, no los encontraron. Así que volvieron con el siguiente informe: ²³ «Encontramos la cárcel cerrada, con todas las medidas de seguridad, y a los guardias firmes a las puertas; pero cuando abrimos, no encontramos a nadie adentro.»

²⁴ Al oírlo, el capitán de la guardia del templo y los jefes de los sacerdotes se quedaron perplejos, preguntándose en qué terminaría todo aquello. ²⁵ En esto, se presentó alguien que les informó: «¡Miren! Los hombres que ustedes metieron en la cárcel están en el templo y siguen enseñando al pueblo.» ²⁶ Fue entonces el capitán con sus guardias y trajo a los apóstoles sin recurrir a la fuerza, porque temían ser apedreados por la gente. ²⁷ Los condujeron ante el Consejo, y el sumo sacerdote les reclamó:

²⁸ —Terminantemente les hemos prohibido enseñar en ese nombre. Sin embargo, ustedes han llenado a Jerusalén con sus enseñanzas, y se han propuesto echarnos la culpa a nosotros de la muerte de ese hombre.

²⁹ —¡Es necesario obedecer a Dios antes que a los hombres! —respondieron Pedro y los demás apóstoles—. ³⁰ El Dios de nuestros antepasados resucitó a Jesús, a quien ustedes mataron colgándolo de un madero. ³¹ Por su poder, Dios lo exaltó como

Príncipe y Salvador, para que diera a Israel arrepentimiento y perdón de pecados. [32] Nosotros somos testigos de estos acontecimientos, y también lo es el Espíritu Santo que Dios ha dado a quienes le obedecen. [33] A los que oyeron esto se les subió la sangre a la cabeza y querían matarlos. [34] Pero un fariseo llamado Gamaliel, maestro de la ley muy respetado por todo el pueblo, se puso de pie en el Consejo y mandó que hicieran salir por un momento a los apóstoles. [35] Luego dijo: «Hombres de Israel, piensen dos veces en lo que están a punto de hacer con estos hombres. [36] Hace algún tiempo surgió Teudas, jactándose de ser alguien, y se le unieron unos cuatrocientos hombres. Pero lo mataron y todos sus seguidores se dispersaron y allí se acabó todo. [37] Después de él surgió Judas el galileo, en los días del censo, y logró que la gente lo siguiera. A él también lo mataron, y todos sus secuaces se dispersaron. [38] En este caso les aconsejo que dejen a estos hombres en paz. ¡Suéltenlos! Si lo que se proponen y hacen es de origen humano, fracasará; [39] pero si es de Dios, no podrán destruirlos, y ustedes se encontrarán luchando contra Dios.»

Se dejaron persuadir por Gamaliel. [40] Entonces llamaron a los apóstoles y, luego de azotarlos, les ordenaron que no hablaran más en el nombre de Jesús. Después de eso los soltaron. [41] Así, pues, los apóstoles salieron del Consejo, llenos de gozo por haber sido considerados dignos de sufrir afrentas por causa del Nombre. [42] Y día tras día, en el templo y de casa en casa, no dejaban de enseñar y anunciar las buenas nuevas de que Jesús es el Mesías.

Sentido Original   Este pasaje es una continuación del tema que comenzó en el capítulo 4 sobre el triunfo del evangelio en medio de la adversidad. Cada vez que Dios interviene, el evangelio avanza; la primera vez que se vio amenazado por la oposición de las autoridades, Dios intervino haciendo temblar el lugar en que estaban los discípulos y dándoles una especial unción de su Espíritu (4:31). Esto les dio confianza para proclamar la Palabra de Dios con valentía. Después, cuando la pureza de la iglesia se vio amenazada desde dentro, Dios intervino mediante el discernimiento profético de Pedro, que terminó en juicio (5:1–11). A esto le sigue un efectivo ministerio de milagros y evangelización (5:12–16). Cuando las autoridades plantean nuevos problemas, Dios interviene una vez más, en esta ocasión por medio de un dirigente judío llamado Gamaliel (5:17–41). Nuestro pasaje termina con la información de que la iglesia proclamaba sin cesar el evangelio, tanto en el ámbito público como por las casas (5:42).

Poder constante (5:12–16)

El temor que sobrevino al pueblo por las muertes de Ananías y Safira (v. 11) no redujo la efectividad evangelizadora de los apóstoles. Estos siguieron llevando a cabo milagros (v. 12) y cosechando convertidos (v. 14). Su ministerio en el ámbito de lo milagroso se intensificó (vv. 15–16). Los enfermos esperaban en las calles para que al menos la sombra de Pedro cayera sobre ellos y también de los pueblos vecinos a Jerusalén acudían multitudes. Este es el relato bíblico que más se parece a una moderna campaña de sanaciones. Lucas podría estar sugiriendo que la intensificación de las señales y prodigios fuera un sello de aprobación por parte de Dios de la dolorosa acción de purificar la iglesia en 5:1–11.

Sin embargo, este acento en los milagros no produjo una situación en que se degradara la proclamación del evangelio y las multitudes se acercaran a la iglesia solo por los milagros. Aunque a los cristianos se les tenía en alta estima, las gentes se resistían a unirse a la iglesia (v. 13). Se daban cuenta de que "el imponente poder del Espíritu que juzga demanda también compromiso y responsabilidad".[1] Y aun así, "seguía aumentando el número de los que creían y aceptaban al Señor" (v. 14). La iglesia no rebajó sus normas para ganar a los perdidos.

Arresto, juicio y flagelación de los apóstoles (5:17–40)

No es de extrañar que, con el espectacular ministerio desarrollado por los apóstoles, los dirigentes judíos se llenaran "de envidia" (v. 17). El éxito de los apóstoles alteraba la estabilidad de la comunidad, puesto que provocaba la pérdida de poder y control sobre el pueblo por parte de sus dirigentes. El liderazgo judío respondió con una exhibición de poder. Como sucede muchas veces, para atacar a la iglesia no utilizaron armas espirituales, sino políticas (v. 18). Sin embargo, sus planes se ven frustrados por la intervención de un ángel (v. 19).

En el libro de los Hechos, los ángeles aparecen a menudo impartiendo instrucciones (8:26; 10:3), palabras de ánimo (27:23), liberando a los creyentes de la cárcel (5:19; 12:7–11) y juzgando a los impíos (12:23). En este texto, el mensajero divino no solo libera a los apóstoles de la cárcel, sino que también les anima a ser fieles a su llamamiento dándoles una nueva comisión (v. 20). Sabe que en esta situación pueden sentirse tentados a comprometer su testimonio. Por ello, la comisión es clara: "Vayan —les dijo—, preséntense en el templo [el centro neurálgico de la fe judía] y comuniquen al pueblo todo este mensaje de vida", es decir, "sin encubrir nada (¿por razones de temor o tacto?)".[2]

En las situaciones de amenaza y peligro que se relatan en Hechos, la palabra clave de Dios tiene que ver con denuedo en el testimonio (4:29–31; 18:9–11;

---

1. Polhill, *Acts*, 164.
2. Barrett, *Acts,* 284.

23:11). En este pasaje, el ministerio evangelizador de los apóstoles se describe tres veces con el verbo "enseñar" (*didasko*, vv. 21, 25, 28).[3] Esto indica probablemente que hubo un importante acento en el contenido —la verdad— del evangelio. La verdad se comunica mediante lo que la Biblia describe como predicación y enseñanza.

Mientras tanto, la reunión de "la asamblea general de los ancianos de Israel" (i.e., el Sanedrín) se dispone a comenzar, pero los prisioneros han desaparecido (vv. 21–23). A los desconcertados funcionarios se les informa que "están en el templo y siguen enseñando al pueblo" (vv. 24–25). El capitán de la guardia del templo[4] va en persona a arrestarles de nuevo. Resulta irónico que quienes probablemente habían querido apedrear a los apóstoles por blasfemia tengan ahora miedo de que sea el pueblo quien les apedree a ellos.[5] De modo que la detención se llevó a cabo, "sin recurrir a la fuerza" (v. 26b). En esta ocasión, todos los apóstoles son llevados delante del Sanedrín para ser interrogados por el sumo sacerdote (v. 27). Se les acusa de desobedecer la orden de no enseñar y de acusar a la jerarquía judía "de la muerte de ese hombre". (v. 28). Es posible que estas palabras reflejaran su temor de que se produjera un alzamiento popular.[6]

"Pedro y los demás apóstoles" (v. 29) respondieron al Sanedrín. Probablemente, "Pedro era el portavoz del grupo [...] y los demás expresaban de algún modo su acuerdo"[7] (cf. 2:14). La comunidad cristiana está firmemente unida. Las primeras palabras de Pedro sobre la necesidad de obedecer "a Dios antes que a los hombres" (5:29) recuerdan a las últimas que pronunció durante el juicio anterior (4:19–20); está dispuesto a morir antes que desobedecer a su Señor. Más adelante afirmará que Dios imparte el Espíritu Santo "a quienes le obedecen" (v. 32). Su obediencia personal le otorga una credibilidad que más adelante le permite escribir a la iglesia sobre la obediencia (ver 1P 1:2, 14, 22; 3:1, 6; 4:17).

La respuesta dada al Sanedrín se narra aquí de manera resumida. Una vez más los apóstoles no se expresan en los términos que cabría esperar de una defensa en un juicio, sino que dan testimonio de los hechos del evangelio (vv. 30–32; cf. 4:8–12). El kerigma se explica aquí incluso con más claridad que en el capítulo 4.

- Como siempre, Pedro introduce su alocución con palabras sobre aquella situación específica (v. 29). Los apóstoles responden a la pregunta del

---

3. Este verbo aparece también en el v. 42, pero da la impresión de que allí alude a lo que se conoce tradicionalmente como enseñanza, es decir, la instrucción de los creyentes (ver comentarios sobre este versículo).
4. Un alto oficial (ver comentarios sobre 4:1).
5. Polhill, *Acts,* 167.
6. Barrett, *Acts*, 288.
7. Longenecker, "Acts", 320.

sumo sacerdote sobre su desacato de la orden de no enseñar en el nombre de Jesús (v. 28).

• A continuación se presentan los hechos de Cristo, comenzando con la realidad de que "el Dios de nuestros antepasados levantó a Jesús de entre los muertos" (v. 30a). Los traductores de la NIV han añadido las palabras "de entre los muertos", aunque puede que este no sea el sentido que quería dar el autor a esta frase [la NVI le da el mismo significado traduciendo directamente "resucitó". N. del T.]. La expresión "el Dios de nuestros antepasados" recuerda a los oyentes las grandes obras realizadas por Dios en la historia de Israel. Pedro podría estar proclamando que Dios levantó a Jesús como Mesías, igual que había levantado a otros libertadores a lo largo de la historia de Israel.[8]

• Acto seguido, el apóstol hace referencia a la muerte de Jesús: "… a quien ustedes mataron colgándolo de un madero" (v. 30b; cf. también 10:39; 1P 2:24). La idea de colgar de un madero alude probablemente a Deuteronomio 21:23, donde se pronuncia una maldición sobre aquellos que quedan colgados de un madero. Los primeros cristianos aplicaron este texto a la muerte de Jesús. Por el tiempo en que Pedro redactó su primera carta había desarrollado de un modo más completo el sentido teológico del madero: "Él mismo, en su cuerpo, llevó al madero nuestros pecados, para que muramos al pecado y vivamos para la justicia. Por sus heridas ustedes han sido sanados". (1P 2:24). Y Pablo desarrolló aún más este tema: "Cristo nos rescató de la maldición de la ley al hacerse maldición por nosotros, pues está escrito: 'Maldito todo el que es colgado de un madero'". (Gá 3:13; cf. Hch 13:29). Ante audiencias judías (para quienes la cruz es un escándalo), generalmente, los apóstoles no ocultaban la muerte de Jesús, sino que la presentaban como un triunfo de Dios planeado de antemano.

• Si el versículo 30a no alude a la Resurrección, no se menciona entonces en el resumen que Lucas hace de este discurso. Sí está, sin embargo, implícita en la siguiente afirmación de Pedro sobre la exaltación de Jesús: "Por su poder, Dios lo exaltó como Príncipe y Salvador" (v. 31). ¡Cuán importante era el asunto de la exaltación en la predicación cristiana primitiva (2:33–35; 3:20–21; 4:11), y qué extraño nuestro comparativo descuido de este tema en la predicación evangelística de nuestro tiempo!

• A continuación se produce el ofrecimiento de la salvación. La exaltación de Jesús no solo nos brinda perdón, sino también arrepentimiento (v. 31b). El arrepentimiento viene con la escucha de la Palabra, que produce convicción de pecado. Sin embargo, esto no es fruto de nuestros esfuerzos; la gracia para el arrepentimiento la imparte Cristo (v. 31b). Aunque calvinistas y arminianos pueden disentir en cuanto a la posibilidad de

---

8. Williams, *Acts*, 109.

resistir la gracia salvadora de Dios, estarán de acuerdo, si quieren ser bíblicos, en que la capacidad de responder a la gracia es un don de Dios.

- Acto seguido, Pedro refuerza sus ideas sobre Cristo afirmando: "Nosotros somos testigos de estos acontecimientos" (v. 32a). Este testimonio es una prerrogativa única de los apóstoles. Sin embargo, como hemos observado en nuestro estudio del sermón de Hechos 2, también nosotros podemos tener la misma confianza de los apóstoles si los hechos narrados en el Nuevo Testamento sobre Cristo y su resurrección son verdaderos desde un punto de vista histórico. Creo que hay suficientes pruebas para sostener esta afirmación.

- Por último, Pedro insiste en que el Espíritu Santo es también un testigo y que ha sido concedido a quienes le obedecen (v. 32b). En otras palabras, el testimonio del Espíritu se lleva a cabo a través de los creyentes. F. F. Bruce lo expresa diciendo que los discípulos fueron "hasta tal punto habitados y poseídos por el Espíritu que eran sus órganos de expresión".[9]

Los sabios comentarios de Gamaliel (vv. 34–40) consiguen atenuar la rabia y el deseo de aplicar la pena capital que observamos en el Sanedrín (v. 33). Gamaliel era el maestro más grande de su tiempo y se le consideraba la encarnación del fariseísmo. Es probable que los milagros realizados por los apóstoles y su liberación de la cárcel le hicieran sospechar que Dios podía estar bendiciendo este nuevo movimiento. Aboga, pues, por la prudencia y la moderación. Tiene la confianza de que Dios mostrará soberanamente en la historia si este movimiento es o no de él. Gamaliel temía que, oponiéndose a aquellos hombres, el Concilio pudiera estar posicionándose en contra de Dios (vv. 38–39). Bruce ha mostrado que este consejo refleja la más pura ortodoxia farisaica. Los rabinos creían que "aunque los hombres desobedecieran a Dios, su voluntad triunfaría. Dios no manipula la voluntad de los hombres, pero obra de tal modo que sus acciones contribuyen al logro de sus propósitos".[10] Este consejo persuade al Sanedrín, que abandona sus intenciones de aplicar la pena capital, pero no impide que los apóstoles sean azotados (v. 40).

Después de los azotes (5:41–42)

Por increíble que parezca, los apóstoles se alegran de haber sido azotados, puesto que Dios les había considerado "dignos de sufrir afrentas por causa del Nombre" (v. 41). Esto es un oxímoron:[11] La afrenta era un indicador de su valía, ¡de modo que se sentían honrados por su deshonra! "Su sufrimiento les permitía demostrar su lealtad" a Cristo.[12] Vemos aquí una nueva dimensión en

9. Bruce, *Acts*, NICNT, 113.
10. Bruce, *Paul*, 50–51. Bruce cita las palabras de Josefo (*Antigüedades* 13.172; 18.13) y de los rabinos posteriores Aquiba (*Pirqé Abôt* 3:19) y Yohanan (*Pirqé Abôt* 4:14).
11. Es decir, la combinación de términos contradictorios.
12. Arrington, *Acts*, 63.

la exposición sobre el sufrimiento, un importante subtema de Hechos: sufrir por Cristo es un honor que produce gozo.

Nuestro pasaje concluye con el resumen del incesante testimonio de la iglesia (v. 42). Es posible que en este pasaje Lucas esté utilizando un recurso retórico griego llamado quiasmo (paralelismo invertido). Es decir, la disposición de los miembros paralelos de una unidad literaria para formar una estructura a-b-b´-a´:

  a en el templo
    b y de casa en casa
    b´ enseñar
  a´ y anunciar

Si esto fuera así, el anuncio de las buenas nuevas se llevaba a cabo en el templo y la enseñanza de casa en casa. Puesto que este resumen de la incesante actividad evangelizadora se produce inmediatamente después de mencionar los azotes de que fueron objeto los apóstoles, es como si Lucas quisiera señalar que, lejos de reducir la evangelización, los azotes redundaron en una mayor intensidad de esta actividad.

Construyendo Puentes

Identificación, santidad y poder en la evangelización

El trasfondo de esta efectiva evangelización que se describe en el versículo 14 es significativo. A Ananías y Safira, Pedro les había dirigido un desagradable mensaje de juicio, que produjo sus muertes y la caída de un gran temor sobre todo el mundo (5:3–11). Esta imponente santidad que caracterizaba la vida de la iglesia hacía que "nadie entre el pueblo se [atreviera] a juntarse con ellos, aunque los elogiaban" (v. 13). Sin embargo, Lucas sigue diciendo: "Y seguía aumentando el número de los que creían y aceptaban al Señor" (v. 14). Esto ha de darnos el valor de seguir presentando los aspectos desagradables de la fe, como hacía Pedro.

Nuestra identificación con las necesidades de las personas nos acerca a ellas, pero nuestra santidad nos separa de ellas. La percepción de la santidad produce una cierta inquietud entre las personas que se dan cuenta de que somos distintos de ellas. Algunos guardarán la distancia (v. 13), otros se nos opondrán (vv. 17–18), pero otros se sentirán atraídos por la diferencia y responderán a los impulsos del Espíritu Santo, apartándose en arrepentimiento de su vida pasada para recibir la vida eterna que otorga Cristo (v. 14).

La expresión de la santidad de Dios hizo también que su poder se manifestara en la iglesia por medio de sanaciones (vv. 15-16). Una iglesia pura pero sin poder carece de atractivo. Además de subrayar la santidad de Dios hemos de procurar que siempre esté también presente la experiencia de la plenitud y poder del Espíritu. Este tema aparece tantas veces en el libro de los Hechos que se presta a la repetición. Por el contrario, una iglesia que subraya el poder de Dios pero carece de santidad acaba siendo una escandalosa deshonra para el nombre de Cristo. Nuestros ministerios de evangelización deben, pues, distinguirse por tres aspectos: identificación (encontrar a las personas en su punto de necesidad), poder (ministrar en el poder del Espíritu) y santidad (expresar el aborrecimiento de Dios por el pecado).

Liberaciones milagrosas

Este pasaje nos da un ejemplo de liberación milagrosa por medio de un ángel (vv. 19–20). Esto no sucede siempre en nuestras vidas. Lo que aprendemos de este pasaje es que Dios puede liberarnos si así lo desea; nuestra tarea es obedecer su llamamiento. Por nuestra parte, hemos de concentrarnos en esto y dejar el resto en las manos de Dios.

Sadrac, Mesac y Abednego expresaron esta actitud cuando el rey Nabucodonosor les amenazó con arrojarles al horno ardiente si se negaban a obedecerle.

Nabucodonosor les dijo: "¡Y no habrá dios capaz de librarlos de mis manos!" (Dn 3:15). Los tres hombres respondieron: "Si se nos arroja al horno en llamas, el Dios al que servimos puede librarnos del horno y de las manos de Su Majestad" (3:17). Sin embargo, sabedores de que Dios podía no rescatarles, añadieron: "Pero aun si nuestro Dios no lo hace así, sepa usted que no honraremos a sus dioses ni adoraremos a su estatua". (3:18). Haya o no una milagrosa liberación, nuestra principal responsabilidad es ser obedientes a Dios.

Obedecer a Dios y no a los hombres

¿Podemos extraer un principio permanente de las palabras de Pedro en el sentido de que los apóstoles están dispuestos a desobedecer a las autoridades para complacer a Dios (4:19; 5:29)? Es cierto que muchos cristianos han abusado de estos versículos, reivindicando como voluntad de Dios lo que no eran sino deseos egoístas y desobedeciendo después a las autoridades para satisfacer tales deseos. Sin embargo, hay muchos ejemplos bíblicos de desobediencia legítima. Además de Sadrac, Mesac y Abednego (cf. comentarios anteriores), Daniel se negó a dejar de orar a Yahvé cuando esta práctica se ilegalizó (Dn 6). Hemos de tener cuidado, sin embargo, de no derivar reglas absolutas de afirmaciones que pueden estar en realidad limitadas en su aplicación por sus contextos específicos. Deberíamos acudir a toda la Escritura en busca de dirección.

No hay duda, por un lado, de que la Biblia nos ordena estar sujetos a las autoridades gubernamentales. El propio Pedro nos dirá: "Sométanse por causa del Señor a toda autoridad humana, ya sea al rey como suprema autoridad, o a los gobernadores que él envía para castigar a los que hacen el mal y reconocer a los que hacen el bien" (1P 2:13–14). En Romanos 13 se detalla más esta enseñanza, con la afirmación paulina de que las autoridades gubernamentales han sido establecidas por Dios y, por tanto, hemos de sujetarnos a ellas (Ro 13:1–2). Pablo menciona concretamente el pago de impuestos y contribuciones, y la consideración de respeto y honor (13:7). Aunque él mismo había padecido un injusto castigo del estado en Filipos (Hch 16:37), se esforzó en trabajar dentro de la estructura del gobierno. Es posible que el apóstol intentara incluso conseguir para el cristianismo el reconocimiento de religión legalmente aceptada (*religio licita*).[13] A. A. Rupprecht ha señalado que "en el trasfondo de toda la narración de Lucas subyace [...] la cuidadosa adhesión de Pablo a la ley romana".[14]

No obstante, cuando se redactó el libro de Apocalipsis, el estado había adoptado una actitud hostil hacia Dios y su pueblo (ver Ap 13), por lo que Juan expresa una actitud distinta hacia él.[15] John Stott muestra que, en Romanos 13, "el poder que Dios les ha otorgado [a las autoridades gubernamentales] tiene como propósito promover el bien y castigar el mal". Stott se pregunta: "¿Qué hemos, entonces, de hacer cuando dicho poder se utiliza más bien para castigar el bien y promocionar el mal?". Su respuesta es: "Hemos de resistirnos a él. 'La desobediencia civil' es un concepto bíblico". Stott sostiene que "puesto que al estado su autoridad le ha sido delegada por Dios, hemos de sujetarnos a ella siempre que obedecerle no implique desobedecer a Dios. A partir de este punto, nuestro deber cristiano es desobedecer al estado para obedecer a Dios".[16] Everett Harrison encuentra sentido en el hecho de que, en Romanos 13, "Pablo no dice que el cristiano tiene que obedecer al estado, sino que ha de 'someterse' a él (13:1, 3) [...] Esto da cabida a la relación superior, la autoridad final, como única digna de obediencia implícita".[17]

Evangelización incesante

En todo este pasaje late con urgencia la tarea evangelizadora. Los apóstoles son arrestados por evangelizar (v. 18). Sin embargo, tras su milagrosa liberación, el ángel les dice que vayan al centro de la religión judía, el templo, y que proclamen "todo este mensaje"; no tienen que ceder a la tentación de transigir (v. 20). El estímulo divino para persistir en el testimonio a pesar de las

---

13. David W. J. Gill, "Acts and Roman Religion", *BAFCS, Graeco-Roman Setting*, 2:98–103.

14. A. A. Rupprecht, "Legal System, Roman", *DPL*, 546.

15. Harrison, *The Apostolic Church*, 81–89.

16. John R. W. Stott, "Christian Responses to Good and Evil: A Study of Romans 12:9–13:10", *Perspectives on Peacemaking: Biblical Options in the Nuclear Age* (Ventura, Calif.: Regal, 1984), 52.

17. Harrison, *Apostolic Church,* 83. Comentaremos cómo se aplica esto en la vida diaria en la sección "Significado Contemporáneo".

amenazas es algo recurrente en el libro de los Hechos (4:31; 18:9–10; 23:11). Esto no solo muestra lo importante que es el testimonio, sino también que el ser humano necesita un estímulo constante, porque es fácil perder pasión por la evangelización, especialmente ante la oposición.

Cuando los apóstoles son arrestados de nuevo y se les pide que expliquen su proceder, lejos de procurar su liberación, aprovechan la oportunidad para proclamar el mensaje (vv. 29–39). Este método de testimonio ha sido a menudo utilizado a lo largo de la historia. El cristianismo es una religión con un mensaje tan importante que ha de ser compartido con todos los seres humanos. La salvación de Dios en Cristo es la respuesta del creador del mundo a sus problemas esenciales. Si es tan urgente, todas las personas deberían entonces escuchar estas buenas nuevas. Por ello, cuando se nos lleva a juicio por predicar el evangelio, hemos de explicar el mensaje de Dios. Esto es lo que hicieron tanto Esteban como Pablo cuando se les llevó ante un tribunal (7:2–53; 24:25; 26:2–29).

La evangelización influye también en nuestra actitud hacia el éxito en la tierra. El mensaje del libro de Hechos deja claro que el sufrimiento es un elemento esencial del evangelismo efectivo. En este pasaje el sufrimiento de la vergüenza (la flagelación es una experiencia humillante) por el fiel testimonio es un honor digno de nuestra alegría (v. 41). Lo que el mundo considera un fracaso lo podemos considerar éxito si promueve la causa de la evangelización y, como en este texto, pone de relieve nuestra lealtad a Cristo. Siempre hemos de ver la vida desde la óptica de la evangelización e implicarnos sin cesar en ella. Aunque seamos llevados ante los tribunales, hemos de utilizar el evento como una oportunidad para dar testimonio de Cristo. Si la evangelización nos reporta deshonra, podemos considerar dicha deshonra como un gran honor.

La sabiduría de Gamaliel

Durante veinte siglos, la iglesia ha estado agradecida a Gamaliel por su consejo (los vv. 35–39). Dios lo ha utilizado para ayudar a la iglesia a seguir con su tarea evangelizadora. Este destacado dirigente de los fariseos aconsejó prudencia cuando se trata de condenar a las personas (v. 35). Se acercó a la situación desde la perspectiva de la soberanía de Dios (v. 39) y consideró muy en serio las posibles evidencias de que hubiera puesto su sello de aprobación sobre la iglesia (vv. 38–39). Gamaliel expresó su temor de que el celo del Sanedrín por su propia interpretación de la verdad les llevara a tomar una decisión contraria a la voluntad de Dios (v. 39). Todos son principios aplicables en nuestros días.

Sin embargo, hay algunos puntos que conviene matizar. Por ejemplo, ¿hemos acaso de seguir siempre el principio de que si un grupo tiene éxito a largo plazo ha de ser necesariamente de Dios? No siempre. La Escritura contiene muchas verdades esenciales. Si un movimiento contradice tales verdades, está equivocado por mucho que crezca. Puede que no sea Dios el que hace que tenga éxito. Dicho crecimiento puede deberse a Satanás, al uso de una estrategia brillante, o al hecho de que el grupo en cuestión satisface algunas de las sentidas necesidades de las personas. El reciente crecimiento de los testigos de Jehová y de los musulmanes no indica que Dios apruebe estos movimientos, puesto que se niegan a aceptar algunos principios esenciales de la revelación de Dios.

Naturalmente, cualquier movimiento humano tendrá sus deficiencias. También nosotros cometemos muchas veces errores de juicio. Por ello, no debemos oponernos a los movimientos solo por no estar de acuerdo con todas sus creencias y prácticas. Sin embargo, si tal movimiento contradice verdades esenciales, hemos de oponernos a él, por mucho que este crezca rápidamente y muestre ciertas evidencias de poder milagroso y de una vida sana.

Cabe añadir que hay una actitud que Gamaliel expresó hacia el evangelio que nosotros claramente no hemos de seguir. Gamaliel no contrajo un compromiso con Cristo. Su actitud fue más bien la de esperar hasta ver lo que sucedería. Por lo que sabemos, Gamaliel murió sin dilucidar si el movimiento cristiano era o no de Dios. El evangelio nos insta a responder a la voz de Dios hoy (2Co 6:2; Heb 3:7, 15; 4:7).

Significado Contemporáneo

Un evangelio sin santidad o poder

Algunos han argumentado que la presentación a los no creyentes de las verdades desagradables del evangelio pueden posponerse hasta el posterior proceso de seguimiento. La idea es que primero hemos de conseguir una cierta receptividad de parte de los oyentes, para poder luego presentarles estas verdades. Hay una parte de verdad en este planteamiento, puesto que en el libro de los Hechos vemos que los evangelistas iniciaban su proclamación a partir de un cierto terreno común o punto de contacto con sus receptores. Sin embargo, antes de pedir a las personas que acepten el evangelio, han de conocer aquellos aspectos del evangelio que podrían serles desagradables. De lo contrario pueden sentirse engañados porque no se les mostró la "letra pequeña" antes de comprometerse con Dios. La santidad de Dios y su aborrecimiento del pecado son importantes aspectos del evangelio y no pueden ser eliminados del mensaje esencial. Como muestra este pasaje, la iglesia de Jerusalén ponía de relieve tanto la impresionante santidad de Dios como su poder, lo cual, por un lado provocaba temor entre los no creyentes y, por otro, hacía del evangelio un mensaje atractivo.

En épocas recientes, los resultados de la predicación del evangelio sin el respaldo de la santidad de Dios han sido trágicos. Vemos a personas que afirman haber experimentado el nuevo nacimiento, pero que siguen practicando los pecados de su vida pasada. Hace un tiempo se comentó el caso de un importante editor de publicaciones pornográficas que afirmaba pública- mente haber nacido de nuevo, mientras seguía publicando esta clase de mate- rial. Por supuesto, no podemos culpar automáticamente a la iglesia de este tipo de cosas. Sin embargo, el que personas que viven públicamente en pecado de manera tan evidente puedan afirmar que han nacido de nuevo podría indicar que hay algo erróneo en la idea de la conversión que la iglesia está proyec- tando al mundo.

La objeción más común que los budistas plantean al cristianismo en Sri Lanka es que se trata de una religión de rebajas. Los cristianos, afirman ellos, viven como les parece y luego piden perdón a Dios para volver inmediata y alegremente a su vida pecaminosa. Que esto sea precisamente lo que ha suce- dido con algunos predicadores famosos y que nuestros periódicos hayan dado amplia cobertura a lo sucedido no ha ayudado mucho que digamos.

El que los evangélicos no hayan sido muy dinámicos para combatir la explo- tación y los prejuicios se debe, en parte, al olvido de la santidad de Dios y sus implicaciones en nuestra predicación evangelística. Le decimos a las personas que tienen que ir a Cristo para ser perdonados, pero no les pedimos que se arre- pientan de pecados sociales como los prejuicios por cuestiones de raza, clase, casta y género, o de injusticias como la explotación laboral. No nos gusta hablar de pecados personales como la mentira y la avaricia. Por ello, quienes aceptan nuestro mensaje reciben un cristianismo neutral en tales cuestiones. Entran a formar parte de la comunión de la iglesia y se identifican como cris- tianos aunque siguen haciendo cosas que desacreditan el nombre de Cristo. Estamos viendo este tipo de cosas en países divididos por disputas étnicas o religiosas, donde muchos cristianos supuestamente devotos muestran actitudes decididamente contrarias al espíritu del cristianismo hacia personas de otras etnias o religiones.

No cabe duda de que, en Hechos, el acento en la santidad de Dios y sus implicaciones no fueron un obstáculo para que la iglesia fuera efectiva en su tarea evangelizadora. En el marco de las Conferencias Internacionales para Evangelistas Itinerantes que se celebraron en Amsterdam, Billy Graham declaró que cuando él comenzó a predicar el señorío de Cristo, muchos pensa- ron que menos personas responderían al llamamiento de entregar sus vidas a Cristo. Sin embargo, descubrió que no fue así. De hecho se produjo un aumento en la proporción de personas que respondían a la invitación.

Con respecto a la experiencia del poder de Dios, cuando un grupo la pierde, le queda solo su identificación con las personas como forma de atraerlas a Cristo. Por ello, rebajan sus normas y no insisten en la santidad, afirmando que es una medida necesaria para poder atraer a las personas. Pero el ministe- rio de Jesús y la iglesia primitiva muestran que no hemos de convertirnos en pecadores para atraer a los pecadores. Jesús pagó el precio de esta identificación, puesto que viviendo tan cerca de los pecadores le acusaron de ser como ellos. Sin embargo, él nunca rebajó sus principios. Es cierto que, para sorpresa de muchos, fue a casa de Zaqueo. Sin embargo, tras esta visita, Zaqueo era otro hombre (Lc 19:1–10). Sin embargo, no olvidemos que lo que movió a Zaqueo a buscar a Jesús fue su reputación (probablemente como rabino y obrador de milagros). ¡La identificación, la santidad y el poder son una gran combinación!

Hoy estamos asistiendo a un extraño fenómeno en la iglesia: hay quienes expresan el poder de Dios en su ministerio mediante curaciones y otras manifestaciones milagrosas mientras viven vidas pecaminosas. ¿Cómo puede ser esto? Personalmente sugiero que los dones para el ministerio pueden llegar a formar parte de nuestra personalidad y que podemos seguir expresándolos durante cierto tiempo aunque nos hayamos apartado de Dios. Esto mismo lo he visto en personas dotadas para la predicación, quienes después de caer en pecados graves han seguido mostrando durante un tiempo su capacidad en este campo. Sin embargo, no pueden seguir ocultando la realidad por mucho tiempo. Los frutos de su árida experiencia espiritual se harán pronto evidentes en su predicación.

Sea cual sea la explicación que demos a este hecho, el asunto es que una persona impía puede manifestar poderes milagrosos en su ministerio y esto no significa que Dios lo acepte (ver 1Co 13:1–2). En el juicio final, Jesús les dirá: "Jamás los conocí. ¡Aléjense de mí, hacedores de maldad!" a personas que profetizaron, echaron fuera demonios y llevaron a cabo milagros en su nombre (Mt 7:22–23). Es fácil sentirse apabullados por la demostración de poder de tales personas e ignorar su impiedad. En nuestro tiempo, esto está sucediendo mucho, puesto que los resultados temporales que exhiben tales ministerios no nos dejan ver los daños que producen a largo plazo. Cuando finalmente sale a la luz el verdadero carácter de tales personas, el nombre de Dios es vituperado. En estos casos, las personas rechazan, no solo al ministro, sino también el mensaje, aunque fuera correcto. Me estremezco al pensar en el juicio que espera a maestros que son de tropiezo para otros (Stg 3:1).

En 1948 el teólogo norteamericano Carl F. H. Henry escribió un libro de gran influencia, titulado *The Uneasy Conscience of Modern Fundamentalism* [La inquieta conciencia del fundamentalismo moderno], que señalaba un cambio de actitud entre los evangélicos hacia los aspectos sociales de la santidad cristiana. Henry escribía: "Hemos de confrontar *ya* al mundo con una ética que le haga temblar y con una dinámica que le dé esperanza".[18]

---

18. Carl F. H. Henry, *The Uneasy Conscience of Modern Fundamentalism* (Grand Rapids: Eerdmans, 1948), 60 (la cursiva es del autor).

¿Por qué no se producen a veces liberaciones milagrosas?

Si Dios puede liberarnos como lo hizo con Pedro y Juan, ¿por qué entonces no lo hace siempre? Muchos han tenido sus luchas con esta cuestión y cuando oyen hablar de la liberación de Dios se desaniman, planteándose por qué Dios no ha actuado para evitar su dolor. Ayer, precisamente, fui a casa de un voluntario de Juventud para Cristo que había sido arrestado tras ser falsamente acusado de tener vínculos con una organización terrorista por un rencoroso ex compañero de trabajo. Mientras oraba con su esposa y con su madre, me acordé de cómo reaccionó la iglesia ante las noticias de que la evangelización había sido prohibida, a saber, reflexionaron hondamente sobre la soberanía de Dios en la historia (Hch 4:24–28). Esta era la gran esperanza de la iglesia en el libro de los Hechos. Sucediera lo que sucediera, en su soberanía, Dios utilizaría cualquier acontecimiento para el cumplimiento de sus gloriosos propósitos.

Incluso el martirio de Esteban y la posterior persecución que se generó se convirtieron en una ocasión para sembrar la Palabra de Dios (Hch 8:1–4).[19] Ayudó a inaugurar el programa misionero de la iglesia, que ocupa uno de los lugares más apasionantes de la historia del mundo. En relación con sus sufrimientos, Jesús afirmó que podría haber pedido doce legiones de ángeles para que acudieran en su rescate, pero no lo hizo, ya que, por medio de su muerte, iba a cumplir lo que las Escrituras habían profetizado (Mt 26:53–54).

Dios no desea que seamos inmunes a la frustración que forma parte de la vida en este mundo caído (Ro 8:18–25). Sin embargo, sabemos que, aunque aquí experimentemos dolor, seremos más que vencedores por medio de Cristo en todas las situaciones que afrontemos (8:37) y todas las cosas contribuirán para nuestro bien (8:28). En otras palabras, cuando pasamos por una experiencia en la que Dios no nos libera del dolor y las dificultades, hemos de afirmar que él puede intervenir de este modo, pero ha decidido no hacerlo porque quiere conseguir algo mejor por medio de nuestro sufrimiento. Cuando analizamos desde este punto de vista la aparente inactividad de Dios en tiempos de crisis, podemos sentirnos honrados de que él nos haya llamado a sufrir por su causa mientras miramos con expectación de qué forma seremos "más que vencedores" (cf. 8:37), algo que sobrepasará incluso la victoria de una liberación milagrosa. Si Dios puede salvarnos y no lo hace, es solo porque tiene en mente un bien mayor.

Desobediencia civil

Para la práctica responsable de cualquier acto de desobediencia civil hemos de seguir algunos importantes criterios. D. J. E. Attwood presenta dos situacio-

---

19. Ver comentarios sobre 8:1–4.

nes que podrían justificar la desobediencia civil: "(1) Cuando se pide a los creyentes que nieguen su fe en Cristo, o que abjuren explícitamente de su Señor, y (2) cuando el estado requiere que los creyentes participen de una acción que está en claro conflicto con su conciencia cristiana debidamente informada". Hemos de identificar el acto de Pedro con la primera de estas situaciones, ya que la prohibición de dar testimonio equivale a pedir que neguemos nuestra fe. Attwood sigue citando criterios que puedan ayudarnos a tomar una decisión:

1. Hay que agotar genuinamente todos los medios democráticos y constitucionales. Es con mucho preferible persuadir a las personas mediante argumentos democráticos [esto es lo que hacían los grandes apologistas de la iglesia primitiva]. 2. La desobediencia civil debería ser abierta y pública [puede que este punto no sea necesario cuando se trata de un testimonio verbal que podría llevarse a cabo en privado]. Quienes llevan a cabo estos actos deberían acatar responsablemente el arresto y el castigo contemplados en la legislación por sus acciones ilegales. 3. Tal desobediencia debería dar firme preferencia a métodos no violentos, algunos dirían que hay que insistir en la no violencia. 4. Quienes llevan a cabo acciones de desobediencia civil deberían demostrar un buen conocimiento de la legislación y un completo respeto hacia ella. 5. Tales acciones deberían ser consecuentes con la causa. 6. La desobediencia civil debería tener como objetivo un fin específico y realista. No debería plantearse o llevarse a cabo de maneras políticamente contraproducentes.

La conclusión de Attwood es: "Esencialmente sigue siendo solo una forma extrema de protesta y persuasión, no de coacción".[20]

Por tanto, acciones como ignorar lo que consideramos "un ridículo límite de velocidad", negarnos a pagar unos impuestos "poco razonables" y sabotear clínicas abortistas no estarían justificadas según los criterios que acabamos de mencionar. John y Paul Feinberg nos ofrecen otras dos útiles advertencias. (1) La moral nos obliga a desobedecer al gobierno, pero la prudencia nos sugiere cómo hemos de hacerlo.[21] Pablo siempre se esforzó en encontrar la forma más inteligente de responder a situaciones en las que sus convicciones entraban en conflicto con la posición de las autoridades. (2) Hemos de recordar que somos miembros de una comunidad espiritual, la iglesia. Por tanto, "pedir consejo a otros miembros del cuerpo de Cristo y orar con ellos no es solo aconsejable cuando se trata de planificar la estrategia para representar a Dios en la sociedad, sino también cuando se presenta la opción de actuar fuera de la ley".[22] En la película *Watchmen: Los Vigilantes* se nos presentan las aventuras de héroes que luchan en solitario por la justicia. Sin embargo, en la vida real es mucho más prudente actuar en comunidad.

---

20. D. J. E. Attwood, "Civil Disobedience", *NDCEPT*, 234.
21. John S. y Paul D. Feinberg, *Ethics for a Brave New World* (Wheaton: Crossway, 1993), 402.
22. *Ibíd.*, 405.

A pesar de estas advertencias hemos de recordar que, probablemente, habrá desacuerdos dentro de la iglesia sobre qué es exactamente lo que hay que hacer en ciertas situaciones. El ejemplo clásico de esto lo tenemos en la participación de Dietrich Bonhoeffer en una conspiración contra Hitler. Para muchos cristianos, la suya fue una decisión heroica, mientras que otros la ven como contraria a las enseñanzas de la Biblia. Otro ejemplo es la ética de introducir clandestinamente Biblias y literatura cristiana en "países de acceso restringido". Algunos lo han considerado un medio necesario para llevar el evangelio a las naciones que prohíben la publicación y distribución de literatura cristiana.[23] Otros entienden que los cristianos han de trabajar dentro de los límites legales de las naciones y, cuando sea posible, negociar con los gobiernos para que las leyes sean menos estrictas. Dios ha utilizado a ambos grupos para su gloria.

De manera similar, en China, muchos cristianos sinceros creen que han de trabajar dentro de la corriente "oficial" que propone el Movimiento Patriótico de las Tres Auto-Suficiencias, a pesar de que el gobierno comunista lo controla y utiliza. Otros consideran que esta postura supone entrar en componendas con el estado y trabajan con las congregaciones domésticas "ilegales". Los cristianos han mostrado también su desacuerdo sobre los niveles y formas de participación en las guerras, especialmente en aquellos países que tienen un servicio militar obligatorio, introduciendo la idea de "objeción de conciencia". Algunos han solucionado el problema sirviendo en hospitales militares y otros departamentos de carácter humanitario que permiten no participar de manera directa o indirecta en los combates.

La Biblia deja lugar para el desacuerdo entre los cristianos en aquellas cuestiones en que no hay una sola posición vinculante. Los casos que encontramos en la Biblia de este tipo de cuestiones son, por ejemplo, el uso de ciertos alimentos (Ro 14), la observancia de días sagrados (Ro 14), y el consumo de alimentos ofrecidos previamente a los ídolos (1Co 8). Sobre estas cuestiones, Pablo establece importantes directrices, como por ejemplo que "cada uno debe estar firme en sus propias opiniones" (Ro 14:5). El apóstol advierte sobre el peligro de desarrollar actitudes críticas y de superioridad hacia quienes tienen ideas distintas (14:1–4, 13) y de actuar de maneras que sean de tropiezo para los cristianos más débiles (14:13–16; 1Co 8:9–13). Se trata de áreas en las que no hemos de imponer nuestras opiniones a los demás. Según Pablo, "Así que la convicción que tengas tú al respecto, mantenla como algo entre Dios y tú" (Ro 14:22). Nuestra forma de proceder ha de ser encauzada por el objetivo general que establece Pablo: "Por lo tanto, esforcémonos por promover todo lo que conduzca a la paz y a la mutua edificación" (14:19).

---

23. Véase del Hermano Andrés con John y Elizabeth Sherrill, *El Contrabandista de Dios* (Miami, Fl: Editorial Vida, 1971).

Dicho esto, cabe añadir que, ante situaciones evidentes de injusticia y opresión, no podemos adoptar una actitud de silencio por el hecho de que no haya unanimidad en la iglesia sobre cómo hay que manejar el problema. Esto es lo que algunos cristianos hicieron durante las atrocidades cometidas por los nazis.

Pasión por la evangelización

La iglesia primitiva se centraba en la evangelización, utilizando cualquier oportunidad y pagando cualquier precio para promover esta causa. Cuando se la llevaba ante los tribunales, su principal interés no era ganar el litigio, sino favorecer la causa del evangelio. También nosotros hemos de ver las situaciones de persecución como oportunidades para compartir el evangelio.

Hace algún tiempo me dirigía en tren a un lejano punto de misión en Sri Lanka, en un momento en que el cristianismo estaba bajo ataque porque muchos budistas pobres estaban recibiendo a Cristo. Los periódicos acusaban falsamente a los cristianos de comprar convertidos ofreciéndoles incentivos económicos. A mi lado se sentaba un budista que esgrimía esta clase de argumentos. Yo le respondí negando las acusaciones y afirmando que los medios de comunicación estaban distorsionando los hechos utilizando, posiblemente, un incidente aislado. Después le dije que los cristianos creen que este mundo ha sido creado por el Dios supremo, el cual, viendo el desastroso estado en que se encuentra, nos ofrece en Cristo la solución. Por tanto, nosotros consideramos que se trata de la noticia más importante del mundo. Puesto que creemos esto, es esencial que lo compartamos con el mundo, aunque tengamos que sufrir mucho y se nos calumnie por ello. Utilicé la oportunidad para explicarle que el evangelio era la respuesta del Creador para el mundo y por qué. Mi deseo era no solo que aquel budista entendiera por qué evangelizamos, sino también que sintiera el desafío de las buenas nuevas como respuesta a su necesidad.

Esta pasión por la evangelización hizo también que los apóstoles se alegraran cuando fueron azotados por predicar el evangelio. Se alegraban porque aquella deshonra terrenal era para ellos un alto honor. Aquellos azotes, lejos pues de desanimar la actividad evangelizadora, la impulsaron con una mayor intensidad (v. 42). Esta manera de entender el honor hizo que algunos cristianos de los primeros siglos desearan el martirio y que muchos se alegraran en él, aunque no lo desearan. Cuando Ignacio de Antioquía murió a manos de sus perseguidores alrededor del año 107 d. C., su oración fue: "Te doy gracias, Señor y Maestro, que me has considerado digno de honor haciendo completo mi amor por ti por cuanto me has atado con cadenas de hierro a tu apóstol Pablo".[24]

---

24. Duane W. H. Arnold, responsable de la compilación y traducción., *Prayers of the Martyrs* (Grand Rapids: Zondervan, 1991), 4.

El líder cristiano iraní Mehdi Dibaj pasó nueve años en la cárcel por su fe y fue asesinado en 1994, seis meses después de su liberación. Uno de los funcionarios que le custodiaban le preguntó en una ocasión: "¿Sabe Jesucristo que tiene alguien en esta cárcel que le ama?". Dibaj respondió: "Jesucristo nuestro Señor tiene millones de personas que le aman y que desean sacrificar su vida por su causa. A mí también me gustaría ser uno de ellos". Después de decir esto, Dibaj escribió: "Qué dulce sería que mi vida fuera un día sacrificada por él".[25]

Estas actitudes no nos son naturales. Normalmente, cuando se nos ridiculiza o castiga en público por el evangelio, nos indignamos y nos llenamos de resentimiento, puede que, en parte al menos, porque nos gustaría proyectar una imagen pública de victoria. Es evidente que ha habido largos periodos en que la imagen que han proyectado los héroes bíblicos ha sido cualquier cosa menos victoriosa. Sin embargo, estaban motivados por la visión de la victoria final de Dios y por la convicción de que sus derrotas temporales contribuían a conseguir una gran victoria para el reino. Estas son importantes actitudes que hemos de desarrollar en relación con el evangelio, sobre todo porque son difíciles de sostener en una cultura que concede tanto valor a la imagen pública.

Estas actitudes tampoco eran automáticas para los apóstoles. Calvino afirma: "No hemos de pensar que los apóstoles fueran tan impasibles que no se sintieran avergonzados y dolidos por los agravios de que eran objeto, ya que no habían abandonado totalmente la naturaleza. Sin embargo, cuando pensaban en la causa, el gozo se imponía sobre todo lo demás". Calvino sabe que la mayoría de nosotros no pensamos de esta manera: "Apenas uno de cada cien entiende que la ignominia de Cristo es superior a todos los triunfos del mundo", lo cual le lleva a decir: "… por ello hemos de pensar con más detenimiento en esta frase".[26] La pregunta que hemos de hacernos sin cesar es: "¿Cuán importante es para nosotros el evangelio de Cristo y el honor de su nombre?".

---

25. Mehdi Dibaj, *Bound to be Free with the Suffering Church,* ed. Jan Pit (Tonbridge, Kent: Sovereign World, 1995), 153.
26. Calvino, *Acts,* 155.

Hechos 6:1–7

En aquellos días, al aumentar el número de los discípulos, se quejaron los judíos de habla griega contra los de habla aramea de que sus viudas eran desatendidas en la distribución diaria de los alimentos. ² Así que los doce reunieron a toda la comunidad de discípulos y les dijeron: «No está bien que nosotros los apóstoles descuidemos el ministerio de la palabra de Dios para servir las mesas.

³ Hermanos, escojan de entre ustedes a siete hombres de buena reputación, llenos del Espíritu y de sabiduría, para encargarles esta responsabilidad. ⁴ Así nosotros nos dedicaremos de lleno a la oración y al ministerio de la palabra.»

⁵ Esta propuesta agradó a toda la asamblea. Escogieron a Esteban, hombre lleno de fe y del Espíritu Santo, y a Felipe, a Prócoro, a Nicanor, a Timón, a Parmenas y a Nicolás, un prosélito de Antioquía.

⁶ Los presentaron a los apóstoles, quienes oraron y les impusieron las manos.

⁷ Y la palabra de Dios se difundía: el número de los discípulos aumentaba considerablemente en Jerusalén, e incluso muchos de los sacerdotes obedecían a la fe.

Hechos 4:32, 34 nos desafió por medio de una iglesia que era "de un solo sentir y pensar" y en la que "no había ningún necesitado". En el capítulo 6 vemos problemas en ambas áreas. Cualquier grupo de cristianos que intente practicar la verdadera comunidad, tarde o temprano tendrá que enfrentar problemas precisamente en las mismas esferas que constituyen su fortaleza. Pero esta sección nos ofrece respuestas, porque la iglesia primitiva hizo frente al problema de manera contundente tan pronto como se manifestó.

El problema (6:1)

La sociedad judía tenía un sistema para ayudar a las viudas necesitadas. Es probable que el aislamiento que se produjo cuando estas se convirtieron en cristianas hiciera que estas fuentes de ayuda fueran menos asequibles para ellas. Las viudas de origen griego estaban especialmente necesitadas, puesto que no eran nativas de la región y no tenían parientes que se ocuparan de ellas. Muchas parejas de ancianos iban a morir a Jerusalén para que les sepultaran en esta ciudad.

Ha habido mucha discusión para determinar la identidad de los "griegos" [RV60]. El punto de vista tradicional desde Juan Crisóstomo (h. 347–407) ha sido que se trataba de judíos de habla griega, mientras que los judíos hebraicos hablaban arameo. A pesar de otras sugerencias, el consenso del mundo académico parece estar regresando a este punto de vista.[1] Es probable que estas personas crecieran en la Diáspora, fuera de Palestina. Estas diferencias culturales produjeron también diferencias de actitud y de perspectiva.[2]

Es casi seguro que las viudas griegas no fueron discriminadas de manera deliberada. La causa del problema fue el incremento del número de discípulos (v. 1a). Es posible que en un movimiento en plena efervescencia y expansión las personas menos destacadas pasen desapercibidas. Sin embargo, aunque esto sea comprensible, no deja por ello de ser erróneo. En el Antiguo Testamento encontramos muchas reglamentaciones claras y específicas para asegurar que las personas con dificultades económicas, como las viudas, huérfanos y extranjeros, no sean pasados por alto. Cuando se establece un sistema, este tipo de problemas se reduce.

Los problemas entre grupos étnicos y culturales han sido comunes en la iglesia. Barclay piensa que, en la sociedad judía, los judíos de origen hebreo miraban con condescendencia a los griegos.[3] Longenecker opina que ciertos prejuicios precristianos podrían haberse reafirmado en la iglesia. Todo ello contribuyó a la queja que se produjo.[4] La palabra que se traduce como "hubo murmuración" (*gongysmos*) es un desagradable término que se utiliza en la LXX para hacer referencia a la murmuración de los judíos contra Moisés en el desierto (Éx 16:7; Nm 14:27). La iglesia corría ahora el peligro de dividirse. El problema podía agravarse si no se trataba con sensibilidad.

La solución (6:2–6)

Los apóstoles no centraron su atención en la actitud de queja hacia los dirigentes. Tampoco se dedicaron a hablar sobre la prioridad de lo espiritual y la relativa intrascendencia de la comida terrenal, como algunos habrían hecho. Había un auténtico problema y la mejor forma de disipar cualquier duda sobre los supuestos prejuicios era resolver primero el conflicto. De modo que los apóstoles tomaron una decisión administrativa. Con ello no solo evitaron una seria amenaza de desmembración, sino que también hicieron que la iglesia diera un importante salto hacia adelante en materia de estructura organizativa. Aunque en este pasaje Lucas no utiliza el término "diácono" para referirse a

---

1. David A. Fiensy, "The Composition of the Jerusalem Church", *BAFCS*, 4:235.
2. Aquellos que deseen considerar una útil exposición sobre la identidad de estos dos grupos pueden ver Longenecker, "Acts", 327–30.
3. Barclay, *Acts*, 52.
4. Longenecker, "Acts", 329.

estos siete hombres,[5] esta decisión puso el fundamento para el orden diaconal, que, aunque ha adquirido distintas formas en la historia de la iglesia, ha prestado un gran servicio como mediador del amor de Cristo a los necesitados. Barclay observa: "Es extraordinariamente interesante notar que los primeros cargos que se nombraron se escogieran, no para hablar, sino para un servicio práctico".[6]

El procedimiento adoptado para escoger a los siete es muy significativo. La queja procedía de los griegos, por ello "los doce convocaron a la multitud de los discípulos" (v. 2). A todo el grupo se le dio una tarea: escoger a siete funcionarios (v. 3). Los apóstoles insistieron en que su tarea principal era concentrarse en "el ministerio de la palabra" (el v. 4 añade "la oración"). Tenían, por tanto, que escoger a siete hombres para que supervisaran el trabajo de distribuir la comida (vv. 2–3). La elección precisamente de siete podría corresponderse con "la práctica judía de establecer grupos de siete hombres para tareas específicas".[7]

Los apóstoles establecieron tres requisitos: tenían que ser "hombres de buena reputación" (*reb*) y "llenos del Espíritu y de sabiduría" (v. 3a). No conocemos el modo en que fueron seleccionados. "Escogieron" (*episkeptomai*) significa "esperar".[8] Puesto que esta palabra significa a veces "visitar", J. A. Alexander piensa que los miembros tenían que "visitar, o examinar con vistas a descubrir los requisitos necesarios".[9] En cualquier caso, una vez que se tomó la decisión, los apóstoles delegaron en ellos esta responsabilidad (v. 3b). Chalmer Faw está probablemente en lo cierto al sugerir que los nuevos dirigentes fueron "propuestos por todo el grupo, pero nombrados por los apóstoles".[10]

"Esta propuesta agradó a todo el grupo" y escogieron a siete hombres, todos los cuales tenían nombres griegos. Esto no significa necesariamente que todos fueran helenistas, puesto que "la mayoría de los judíos del mundo antiguo tenían tres nombres —uno judío, uno griego y uno romano— y los utilizaban dependiendo de la ocasión".[11] Hay, sin embargo, otras razones para concluir que "los siete parecen haber sido helenistas".[12] Sabemos con seguridad que Nicolás era helenista, puesto que era un "converso al judaísmo"; Esteban lo era también, porque su ministerio se desarrolló en una sinagoga helenista

---

5. En el versículo 1 se utiliza el sustantivo relacionado *diakonia*, que en la NIV se traduce como "distribución". En el versículo 2 aparece la palabra *diakoneo,* que se traduce como "servir". Estas dos palabras aluden a servir comida. Sin embargo, en el versículo 4 *diakonia* se utiliza en relación con el ministerio de la Palabra.
6. Barclay, *Acts*, 52.
7. Marshall, *Acts*, 126.
8. Bruce (NICNT) y Barrett traducen de este modo.
9. Alexander, *Acts,* 243.
10. Faw, *Acts*, 87.
11. Grant R. Osborne, "Hellenists", *BEB*, 1:961.
12. Bruce, *Acts*, NICNT, 121.

(6:9). Más adelante hablaremos de la sabiduría de designar a algunos helenistas entre los siete.

Entonces, los discípulos los "presentaron a los apóstoles, quienes oraron y les impusieron las manos" (v. 6). Vemos aquí el origen de la imposición de manos a los creyentes por parte de los dirigentes de la iglesia para encargarles tareas específicas. La iglesia ha desarrollado varios rituales para tales funciones y les ha puesto distintos nombres, como servicios de ordenación, encomendación o ingreso al ministerio.

El resultado (6:7)

Lucas está deseoso de mostrar que este cambio administrativo no redujo el fervor evangelizador de la iglesia. De manera que añade otro informe de efectividad evangelizadora (v. 7). El libro de los Hechos es como un extenso himno salpicado de estribillos como este que describen la amplia extensión de la iglesia. Lucas quiere que captemos el espíritu de esta pasión consumidora por la evangelización.

¿Cómo podemos aplicar este pasaje?

De algunas situaciones descritas en un libro narrativo como el de los Hechos podemos derivar principios que se aplican a todas las situaciones de la vida cristiana. Sin embargo, en otras situaciones, sucedieron cosas cuyo recuerdo puede ser útil, aunque no podemos extraer de ellas principios absolutos. No hemos de pensar que cada vez que tenemos una situación similar este sea el único método a utilizar. En este pasaje tenemos dos de estos ejemplos.

- En Hechos se presentan diferentes métodos para la toma de decisiones en la iglesia y en este pasaje encontramos uno de ellos. Lo importante aquí es que en esta crisis los dirigentes de la iglesia asumieron su responsabilidad de dirigir y que la congregación participó de un modo importante. Este es un método adecuado a seguir siempre que las decisiones a tomar afecten a toda la congregación.

- También vemos sabiduría en el modo en que la iglesia trató la naturaleza multicultural de sus primeros miembros y electores. Sin embargo, no creo que podamos extraer un principio absoluto del modo en que se actuó en esta situación.

En otras palabras, al aplicar este pasaje, hemos de observar la presencia de dos tipos de material: principios permanentes y ejemplos útiles. Hablemos un poco de los primeros.

Tratando con asuntos relativos a la unidad de manera inmediata y con sensibilidad

Aunque podemos consolarnos con el hecho de que la iglesia primitiva también tenía problemas de falta de unidad, la manera inmediata como se abordan nos plantea un desafío (cf. también el engaño de Ananías y Safira, 5:1–11). Hay varios factores que podrían haber inducido a los apóstoles a archivar este problema sin tratarlo en seguida. Sin embargo, lo abordaron y con ello la iglesia dio un gran paso hacia adelante.

La iglesia demostró ser muy sensible en su manera de solucionar el problema. (1) Puesto que se trataba de un asunto relacionado con una práctica que afectaba a toda la iglesia, todo el grupo se implicó en la solución. Los dirigentes presentaron los principios (vv. 2–4), pero la congregación participó en su aplicación: ellos escogieron (v. 5). (2) Algunos de los escogidos para la distribución de la comida, si no todos, eran griegos (v. 5), lo cual demuestra una gran sabiduría, ya que ello les permitiría conocer mucho mejor las necesidades de su gente. (3) Para resolver este problema de unidad, la iglesia tomó una decisión de carácter administrativo (vv. 3–6). Una administración inadecuada suscita a menudo falta de unidad en las comunidades eclesiales y es causa de su mala salud. Cuando se dejan de hacer cosas que han de hacerse, el malestar se extiende entre los afectados.

La oración y el ministerio de la Palabra

No todos los comentaristas consideran una buena idea que los apóstoles asumieran la especial responsabilidad de dedicarse a la oración y el ministerio de la Palabra. He oído decir a algunas personas que esta decisión pone una cuña entre lo espiritual y lo material, con lo cual los dirigentes llevan a cabo la tarea espiritual mientras que otros realizan las menos importantes tareas materiales. Hemos de cuidarnos de decir que aquí se produjo un error, puesto que, al final de esta sección, Lucas nos informa que la iglesia seguía gozando de buena salud y energía (v. 7). Este es el modo en que Lucas nos hace saber que Dios bendijo la decisión que se tomó.

La idea de que se produjo un error se debe a un mal entendimiento de este pasaje. El texto no está diciendo que la oración y el ministerio de la Palabra sean más importantes que la distribución de alimentos. Esto solo sería así si adoptamos una separación sin fundamento bíblico entre lo sagrado y lo profano, que, por descontado, este pasaje no asume. Con esta decisión no se formó una "élite espiritual".[13] Al contrario, lo que afirmaron los apóstoles es que tenían que ser fieles a su llamamiento y ejercitar sus dones espirituales.

---

13. E. Stanley Jones (*The Word Became Flesh* [Nashville: Abingdon, 1963], 207) adopta una línea distinta en la crítica de esta decisión cuando dice que, separando lo sagrado de lo profano, los apóstoles perdieron su influencia en la iglesia. El resultado fue que

Este pasaje tampoco afirma que los apóstoles se limitaran a orar y a ministrar la Palabra en detrimento de otros ministerios. No eran especialistas "puros". La descripción que Pablo hace de su ministerio en Hechos 20 muestra que él hacía también otras cosas (20:34–35) además de predicar. Por otra parte, servir las mesas no era el único ministerio que desarrollaban los siete. "Está claro que este no era su único papel, quizá ni siquiera el más importante [...] Este grupo era fundamental en la propagación del mensaje cristiano por toda Judea y las regiones adyacentes; con el tiempo fue el que inició la misión a los gentiles".[14]

Criterios para seleccionar a los administradores

Hubo tres criterios importantes en la selección de estos encargados de la distribución de alimentos. Tenían que tener una buena reputación, estar llenos de sabiduría y del Espíritu (v. 3). Las responsabilidades de estos siete hermanos son semejantes a las que hoy damos a quienes realizan tareas administrativas en nuestras iglesias. Cuando nombramos a personas para cargos administrativos en las iglesias y otros grupos cristianos, también nosotros hemos de tener en cuenta estos tres importantes requisitos.

Una iglesia multicultural

La iglesia en Jerusalén hubo de hacer frente a un serio problema de unidad por su composición multicultural. La conclusión de David Fiensy en un estudio sobre la composición de la iglesia de esta ciudad es que "todo indica que en ella se integraban casi todos los niveles de la sociedad. Según parece, la iglesia era un microcosmos de la ciudad".[15] La solución al problema que afrontaba no era dividirse y establecer una comunidad para los griegos y otra para los hebraicos. Lo que hicieron fue, más bien, esforzarse en atender las necesidades de los griegos.

La naturaleza multicultural de la iglesia se preservó incluso en Antioquía, donde "la cosmopolita población de [la ciudad] se reflejaba en la membresía de su iglesia y ciertamente en sus dirigentes" (13:1).[16] "[En Antioquía], la cultura oriental estaba en contacto y conflicto con la occidental. La relación entre judíos y gentiles dentro de la iglesia se debatió y decidió" en esta ciudad (Hch 15; Gá 2:11–13).[17] No obstante, los primeros creyentes siguieron como

---

los Siete se convirtieron en el centro del poder espiritual en la iglesia y los Doce abandonaron la escena. Esto es ir demasiado lejos en las conclusiones que permite extraer el texto.

14. F. F. Bruce, *Peter, Stephen, James and John: Studies in Non-Pauline Christianity* (Grand Rapids: Eerdmans, 1979), 50.

15. Fiensy, "Composition of the Jerusalem Church", 4:213.

16. Stott, *Acts*, 216.

17. John E. Stambaugh y David L. Balch, *The New Testament in Its Social Environment* (Filadelfia: Westminster, 1986), 149.

una sola iglesia. Algunos estudios recientes muestran también que en las iglesias fundadas por Pablo se integraban una mezcla de niveles sociales y eran una muestra representativa de la sociedad urbana.[18]

Algunos han concedido un valor excesivo a los distintos grupos culturales de la iglesia de Jerusalén, utilizándolos como precedente para separar a las iglesias en distintos grupos afines. Basándose en los capítulos 6–11, Ernst Haenchen argumenta que en la iglesia de Jerusalén hubo una división, aunque a Lucas no le guste admitirlo en su deseo de dar la imagen de una iglesia ideal. Haenchen afirma que 8:1 implica esta división cuando dice que todos los creyentes, excepto los apóstoles, fueron dispersados en la gran persecución que se produjo tras la muerte de Esteban: los cristianos de origen griego se marcharon y los de origen hebreo se quedaron.[19] Pero esto no es así en absoluto. ¿De verdad estaría dispuesto Lucas a distorsionar los hechos simplemente para presentar una iglesia ideal?[20]

John Polhill está más cerca de la verdad cuando afirma: "No hay razón para hablar de una ruptura o separación de toda la comunidad cristiana, sino solo de una especie de 'distanciamiento' suscitado por las naturales diferencias lingüísticas y culturales".[21] Merece la pena tener hoy como modelo la naturaleza multicultural de la iglesia del Nuevo Testamento.

Resolviendo asuntos de unidad en nuestro tiempo

Algunos dirigentes tratan de ocultar problemas como los de Hechos 6 porque no quieren afrontar la humillación de que tales problemas salgan a la superficie. Otros intentan forzar la unidad organizando servicios de adoración conjuntos o afirmaciones externas de unidad, como ágapes y abrazos. Otros se sienten dolidos porque, a pesar de sus buenas intenciones y duro trabajo, se les atribuyen malas intenciones. Están también los que se sienten ofendidos por los que murmuran y se centran en esta actitud en lugar de resolver la raíz del problema. Por regla general, este retraso para tratar con los problemas agrava las situaciones y abre la puerta a grandes explosiones, que provocan importantes divisiones de las iglesias.

La enseñanza de Cristo sobre problemas de unidad es clara: "Por lo tanto, si estás presentando tu ofrenda en el altar y allí recuerdas que tu hermano

---

18. Wayne A. Meeks, *The First Urban Christians: The Social World of the Apostle Paul* (New Haven: Yale Univ. Press, 1983), 51–73.
19. Haenchen, *Acts*, 266.
20. Peter Wagner adopta la conclusión de Haenchen, aunque no creo que estuviera de acuerdo con su argumento en el sentido de que Lucas desvirtuara los hechos (*Spreading the Fire*, 182).
21. Polhill, *Acts*, 179.

tiene algo contra ti, deja tu ofrenda allí delante del altar. Ve primero y recon-
cíliate con tu hermano; luego vuelve y presenta tu ofrenda" (Mt 5:23–24).
Independientemente de si creemos que la indignación del hermano está o no
justificada o de si su reacción ha sido o no la correcta, hemos de hablar con él
inmediatamente. Tan urgente es esta cuestión que hemos de suspender momen-
táneamente la ofrenda que queremos presentar. En otro pasaje Pablo dijo: "'Si
se enojan, no pequen.' No dejen que el sol se ponga estando aún enojados, ni
den cabida al diablo" (Ef 4:26–27). En la vida familiar y comunitaria, si posponemos la resolución de un enfado estaremos dándole un punto de apoyo al
diablo.

Personalmente vivo en una zona donde hay mucha agitación étnica, y en las
iglesias conviven miembros de los grupos raciales en conflicto. Muchas veces,
los cristianos no hablan de sus problemas con las personas de otras razas; se
guardan para sí sus prejuicios y quejas, y solo hablan de ello con personas
afines. Son educados y amigables cuando se ven con los del otro grupo, pero
por dentro hay una animadversión que de vez en cuando sale a la superficie.
Cuando actuamos de esta manera, dejamos de ser una comunidad sanadora en
nuestra tierra. Los cristianos han de estar siempre atentos al peligro que supone
la aparición de los prejuicios anticristianos en la iglesia y abordarlos decididamente cuando surgen. Somos conscientes de que Dios está por encima del problema y de que lo que nos une es más profundo que lo que nos divide;

Haciendo cambios administrativos

Durante los primeros años de un movimiento, la memoria y observación de
los dirigentes pueden bastar para suplir las necesidades del grupo. Sin embargo,
a medida que este va creciendo y más allá de un cierto nivel (v. 1), la memoria
y la observación serán insuficientes y se hará necesaria una nueva estructura
para asegurar el cumplimiento de tales necesidades. En este punto, puede que
algunos miren atrás, cuando no existían todos estos requisitos administrativos,
y concluyan que los nuevos requisitos demuestran una ruptura de la confianza
dentro del movimiento. "¿Por qué hemos de rellenar todos estos impresos?
¿Es que ya no confían en nosotros?", se preguntan y piensan con nostalgia en
aquella primera etapa. Pero el propósito de las estructuras es que sirvan a la
organización y, por tanto, han de cambiar según las necesidades. En ocasiones se hacen necesarias nuevas estructuras y políticas para asegurar que no se
pasen por alto cuestiones importantes.

Lo que siempre hemos de procurar en cualquier cambio es que se mantengan
la visión original y la pasión del movimiento. Esta es una responsabilidad clave
del dirigente. Las nuevas estructuras han de mantenerse siempre en una posición
secundaria. Una forma segura de verificar si en un grupo determinado se ha iniciado un proceso de decadencia es ver cuáles son los temas que predominan en
las reuniones de sus dirigentes. Si hablan más del mantenimiento de las estruc-

turas que de la misión, sabemos que el declive se ha iniciado. Lucas muestra que la nueva estructura no atenuó la intensidad de la visión. Tras describir los cambios organizativos, nos informa de que la iglesia siguió creciendo (v. 7).

Liderazgo y oración

¿Por qué y de qué modo dan los dirigentes prioridad a la oración? Quiero decir cuatro cosas al respecto. (1) Dios es el dirigente final de todo grupo cristiano. Los dirigentes terrenales le representan como instrumentos suyos en la tierra. Para que puedan hacerlo de manera adecuada han de estar en sintonía con él. Y no hay mejor forma de que esto suceda que pasando tiempo con él en oración y estudio de la Palabra. A medida que lo hacemos, Dios implanta su naturaleza en nosotros y comenzamos a parecernos a él. Pensamos con sus pensamientos y podemos dirigir las cosas como él lo haría.

Preocupados por la ausencia de piedad en nuestras iglesias, a veces buscamos un programa que ayude a elevar la vida espiritual de las personas. Para ello, organizamos seminarios y reuniones de oración y avivamiento. Aunque esto puede ser de ayuda, es más importante la renovación de la piedad en la vida de los dirigentes. El ministro escocés Robert Murray McCheyne (1813–1843) murió antes de los treinta años y su corto ministerio se vio interrumpido por graves enfermedades. Sin embargo, tuvo un poderoso impacto en Escocia. En una ocasión, Murray McCheyne hizo una afirmación que puede ser la clave para entender su efectividad: "La mayor necesidad de mi gente es mi propia santidad".

Jesús también presenta la oración como el poder secreto del ministerio. En respuesta a la pregunta de los discípulos sobre su incapacidad para expulsar un espíritu maligno de un muchacho, Jesús dijo: "Esta clase de demonios sólo puede ser expulsada a fuerza de oración" (Mr 9:29). Alguien ha dicho que el viento del Espíritu Santo sopla según su voluntad. A nosotros nos toca disponer la orientación de nuestras velas de manera que recojan el impulso del viento divino. Esto es lo que sucede cuando oramos: sintonizamos con Dios y nuestro ministerio recibe lo que solía llamarse unción o "plus del Espíritu".

Un efecto secundario de vivir una vida de oración es que con ello estimulamos a otros para que la vivan también. ¡Qué importante es este ministerio en un mundo atareado donde tan fácilmente cedemos a la tentación de quitar de nuestros horarios extensos periodos de oración! Observar a Jesús en oración llevó a los discípulos a pedirle que les enseñara a orar: "Un día estaba Jesús orando en cierto lugar. Cuando terminó, le dijo uno de sus discípulos: —Señor, enséñanos a orar, así como Juan enseñó a sus discípulos'" (Lc 11:1). En respuesta, Jesús les enseñó el Padrenuestro.

(2) Los dirigentes tienen una función sacerdotal en el sentido de que han de orar por el movimiento y las personas que dirigen. El profeta Samuel dijo: "En

cuanto a mí, que el Señor me libre de pecar contra él dejando de orar por ustedes. Yo seguiré enseñándoles el camino bueno y recto" (1S 12:23), y Santiago: "… la oración del justo es poderosa y eficaz" (Stg 5:16). Dado, pues, el poder de la oración, lo más importante que puede hacer un dirigente es orar por las personas que están bajo su responsabilidad. En esto Jesús marcó la pauta, pasando largas horas, a veces noches enteras, en oración. Probablemente, una parte significativa de este tiempo lo dedicó a la intercesión. La única vez que Jesús habla de su vida de oración en los Evangelios la encontramos en estas palabras: "Simón, Simón, mira que Satanás ha pedido zarandearlos a ustedes como si fueran trigo. Pero yo he orado por ti, para que no falle tu fe" (Lc 22:31–32a).

Moisés pasó cuarenta días y cuarenta noches en oración intercediendo por su pueblo y suplicándole a Dios que tuviera misericordia de él después de su grave pecado (Dt 9:18). Sabemos que el ejército de Josué flaqueaba en la batalla cuando Moisés dejaba de orar (Éx 17:9–13). Pablo afirma orar por sus receptores en diez de sus trece cartas. Los datos bíblicos, pues, indican de manera innegable que una de las tareas más importantes de los dirigentes es orar por los suyos.

(3) Los dirigentes oran con aquellos que dirigen. Esto incluye las oraciones pastorales en sus visitas a los hogares, hospitales y acontecimientos especiales en la vida de los creyentes (Stg 5:14–15). Muchos cristianos recuerdan algún momento de necesidad en sus vidas en que fueron visitados por algún pastor que oró con ellos y les transmitió la fuerza de Dios con su presencia y oración. Los dirigentes conocen a su pueblo por medio de estas visitas; esto enriquece en gran manera la relevancia de su predicación.

(4) Los líderes han de dirigir a la comunidad en oración, como hicieron los apóstoles con la elección de los siete (v. 6). En la Escritura, los dirigentes tomaban con frecuencia la iniciativa llamando al pueblo a orar y ayunar.[22] Su compromiso con la oración les ayudaba como una prioridad en el movimiento. Cuando las personas se dan cuenta de que su dirigente está en constante contacto con Dios, de forma casi inconsciente se eleva el nivel de la oración en el movimiento. Hace algunos años tuve el privilegio de pasar un periodo sabático de enseñanza en el Seminario Teológico Gordon-Conwell de los Estados Unidos. Trabajé en el Departamento de Misiones que dirigía el Dr. J. Christy Wilson Jr. Siempre que le mencionaba alguna necesidad o preocupación, el Sr. Wilson me decía de inmediato: "Oremos por ello", y a continuación se ponía a orar. Este hábito ha dejado un indeleble sello en mi vida, desafiándome a ser más líder en el asunto de la oración.

---

22. Ver 2Cr 20:3; Esd 8:21.

Los dirigentes y el ministerio de la Palabra

Dios es el verdadero dirigente de todo grupo cristiano. La tarea principal de los líderes es guiar el movimiento según la voluntad de Dios, tal como se consigna exhaustivamente en la Biblia (2Ti 3:16–17). Por ello, una de sus responsabilidades más importantes es enseñar la Palabra a las personas. Así, cuando Pablo enumera los requisitos para los ancianos de las iglesias, la única de tales exigencias que tiene que ver con sus capacidades es que el hombre en cuestión ha de ser "capaz de enseñar" (1Ti 3:2; cf. 2Ti 2:2). Los otros quince requisitos tienen que ver con su madurez, carácter y reputación.

Pablo habla también de su completa enseñanza a los cristianos de Éfeso: "Porque sin vacilar les he proclamado todo el propósito de Dios" (Hch 20:27).[23] De un modo maravilloso toda la Biblia concuerda en darnos toda la amplitud de la revelación de Dios. Olvidar algunas secciones de la Biblia significa pasar por alto aspectos clave de la verdad de Dios. El Nuevo Testamento asume el fundamento del Antiguo y no repite mucho de lo que se presenta en él. ¡Qué importante es trabajar para que los creyentes aprendan toda la verdad de la Palabra de Dios!

Si queremos impartir una dieta equilibrada a la iglesia, nosotros mismos hemos de alimentarnos de ella. Por eso es tan importante que el líder cristiano lea toda la Biblia en un cierto periodo de tiempo. Los dos excepcionales libros de texto sobre la predicación de John Stott y de D. Martyn Lloyd-Jones recomiendan que los dirigentes lean la Biblia en un año; ambos mencionan también el calendario de lectura bíblica elaborado por Robert Murray McCheyne.[24] Puede que los lectores más lentos tengan que utilizar otro sistema que lleva más tiempo. Cuando nuestras vidas han sido influenciadas por toda la Escritura, nuestros ministerios lo serán también por toda la voluntad y propósito de Dios.

Aunque puede que la idea de estudiar la Palabra con diligencia no sea muy popular en nuestros días, se trata de una disciplina esencial para desarrollar un ministerio efectivo a largo plazo. Uno de los efectos secundarios de esta disciplina es que nosotros somos reconfortados. El ministerio, como todas las profesiones de ayuda a las personas, puede producir una gran fatiga mental y física. Se ha dicho que "puede ser más común 'quemarse' en profesiones que tienen un fuerte elemento vocacional".[25] No hay duda de que ello se ha con-

---

23. Así lo traduce Bruce, *Acts*, NICNT, 391.
24. D. Martyn Lloyd-Jones, *Preaching and Preachers* (Grand Rapids: Zondervan, 1971), 172; John R. W. Stott, *I Believe in Preaching* (Londres: Hodder and Stoughton, 1982), 183 (US edition, *Between Two Worlds: The Art of Preaching in the Twentieth Century* [Grand Rapids: Eerdmans., 1981]) [En español *La predicación: puente entre dos mundos* (Grand Rapids, MI: Libros Desafío, 2000)]. Este "calendario" lo reproduce en su totalidad Kent Hughes, *The Discipline of a Godly Man* (Wheaton: Crossway, 1991), 230–39.
25. G. Davies, "Stress", *NDCEPT*, 817.

vertido en un serio problema dentro del ministerio cristiano.[26] Una clave para evitar "quemarse" es pasar mucho tiempo en la Palabra de Dios. David dijo: "La ley del Señor es perfecta: infunde nuevo aliento" (Sal 19:7).

Constantemente sentimos dolor, cuando se rechaza nuestro consejo, se nos atribuyen malas motivaciones o no conseguimos "salir adelante" aunque pongamos todo nuestro esfuerzo. Muchas personas que hoy sirven en el ministerio cristiano tienen amargura por el modo en que se les ha tratado a pesar de los sacrificios que han hecho. Una de las mejores maneras de recuperarnos tras recibir los golpes de un mundo hostil es pasar tiempo en la Palabra. El salmista dice: "Si tu ley no fuera mi regocijo, la aflicción habría acabado conmigo" (Sal 119:92). La Palabra de Dios también nos reconforta siendo como es una fuente de gran alegría y deleite. Igual que la diversión tiene la capacidad de refrescarnos, la tiene también la Palabra, aunque el fruto de esta es mucho más profundo y permanente. En el Salmo 119, el salmista afirma nueve veces deleitarse en algún aspecto de la Palabra de Dios.

Los dirigentes han sido llamados, no solo a conocer y enseñar las Escrituras, sino también a aplicarlas a los desafíos que afrontan las personas. Las cartas del Nuevo Testamento son esencialmente aplicaciones de la verdad de Dios a los desafíos que sus destinatarios tenían ante sí. En nuestro tiempo somos llamados a hacer lo mismo. Para ello hemos de conocer tanto la Palabra como el mundo. Nuestro conocimiento de este último lo obtenemos a través de los periódicos, el seguimiento de la actualidad, la literatura, el arte, así como observando lo que sucede a nuestro alrededor. John Wesley iba andando con uno de sus predicadores cuando se encontraron con dos mujeres que discutían, utilizando un lenguaje fuerte. El predicador sugirió que siguieran andando, pero Wesley le detuvo: "¡Espera, Sammy! ¡Espera, y aprende a predicar!".[27]

¿Cómo integramos lo que aprendemos de las Escrituras con lo que aprendemos del mundo y cómo aplicamos la Palabra a las vidas de nuestra gente? (1) Leyendo. Las biografías y los libros prácticos nos muestran cómo respondieron otras personas a situaciones similares a las que afrontamos nosotros. (2) Reflexionando profundamente. Deberíamos ponernos en el mundo de las personas a las que ministramos y relexionar sobre cómo les habla la Escritura a su experiencia. (3) No conozco manera mejor de hacer esto que practicar el arte de la aplicación. Esto lo hacemos de dos formas. (a) Aplicando la Palabra a nuestra propia vida. (b) Practicando el ministerio personal y ayudando a otros a hacerlo (aplicar la Palabra a sus vidas). Cuando abordamos las situaciones que viven las personas (y las nuestras) estando con ellos, escuchándoles, aconsejándoles y orando por ellos, nos vemos forzados a examinar y aplicar lo que

---

26. Ver Archibald Hart, *Coping with Depression in the Ministry and Other Helping Professions* (Dallas: Word, 1984); Donald E. Demaray, *Watch Out for Burnout* (Grand Rapids: Baker, 1983).

27. W. T. Purkiser, *The New Testament Image of the Ministry* (Grand Rapids: Baker, 1970), 64.

sabemos de las Escrituras. La aplicación no es una ciencia que podamos aprender por medio del estudio, sino una habilidad que adquirimos con la práctica. Debería convertirse en algo natural para nosotros.

Me atrevería a decir que, probablemente, quienes no practiquen el ministerio personal aplicarán la Escritura de un modo parcial. Lo harán invariablemente desde una óptica solo pertinente para ellos mismos, que viven desafíos distintos de los de la persona de la calle. Por ello, en nuestro ministerio no invitamos como oradores a nuestros programas a quienes no están comprometidos en un ministerio personal.

Criterios para seleccionar a los administradores

Los tres criterios que la iglesia primitiva utilizó para la selección de sus administradores fueron que tuvieran una buena reputación y que estuvieran llenos de sabiduría y del Espíritu. Cuando se nombran en la iglesia —por ejemplo, tesoreros y administradores de distintos proyectos— hemos de buscar la presencia de estos tres requisitos.

De estos tres, el tercero parece el que más frecuentemente se toma a la ligera. Tendemos a poner a las personas en posiciones de liderazgo para cuestiones administrativas si les vemos capacitados desde este punto de vista (i.e., si tienen sabiduría) y si ocupan un lugar elevado en la sociedad, sin tener en cuenta si sus vidas evidencian o no la plenitud del Espíritu. Por ello, en nuestros consejos y comités acabamos teniendo a personas ricas e influyentes, pero con pocas aptitudes espirituales. Pueden, sin duda, aportar dinero y otros recursos. Sin embargo, después nos quejamos de la indeseable influencia que ejercen dentro del ministerio. En nuestro tiempo, este esquema se ha convertido en un serio problema para las organizaciones evangélicas de ayuda humanitaria.

Esta práctica es errónea por tres razones. (1) Refleja una separación entre lo sagrado y lo profano que no es bíblica. Cuando decimos que para las "tareas de tipo secular" los dirigentes no necesitan cualidades espirituales, estamos ignorando el hecho de que en el cuerpo de Cristo todo lo que hacemos es para el Señor. Todo el servicio es de naturaleza espiritual. Aquellas organizaciones orientadas hacia el servicio social que pretenden estar comprometidas con ministerios integrales deberían contar con obreros integrales para llevar a cabo esta obra, es decir, personas que poseen tanto capacidades para el proyecto como una vibrante relación con Dios.

(2) Ignorar los requisitos espirituales refleja una idea errónea de la comunidad cristiana, la clave de la cual es la unidad espiritual que compartimos como miembros del cuerpo de Cristo. Cuando todas las personas hacen su aportación, el cuerpo de Cristo avanza. Sin embargo, entramos a formar parte de este cuerpo mediante un vínculo espiritual con Cristo y, si no lo tenemos, no podremos participar del ministerio.

(3) Cuando nombramos a personas no espirituales para que desarrollen tareas que consideramos no espirituales, nos olvidamos de que las personas que forman parte de una organización durante mucho tiempo a menudo acaban siendo sus directivos, quienes, en virtud de su antigüedad, influyen en las decisiones que marcan la dirección de la organización. Es mejor esperar hasta contar con las personas realmente cualificadas que llevan a cabo la tarea utilizando a personas que no lo están. Podemos conseguir un gran volumen de servicio, sin embargo, a largo plazo esto puede llevar a la iglesia en una dirección errónea.

Forjando iglesias multiculturales en nuestro tiempo

¿Contradice la naturaleza multicultural de la iglesia del Nuevo Testamento "el principio de unidad homogénea" que, en su forma extrema, defiende la creación de distintas iglesias para grupos distintos?[28] Sabemos que en la iglesia de Jerusalén había dos grupos que hablaban idiomas distintos y que esto habría constituido una división natural. Sin embargo, los dirigentes no dividieron la iglesia. Es cierto que muchas de las reuniones de la iglesia se celebraban en casas y que, según parece, cada grupo utilizaba uno de los idiomas. Sin embargo, cuando toda la iglesia se reunía, ambos grupos estaban juntos. No hay duda de que la distribución de alimentos estaba centralizada.

Reconozco que, por regla general, en la evangelización es conveniente orientarse hacia grupos específicos presentando el mensaje de un modo que les sea especialmente pertinente. Por ello, puede que sea necesario tener estrategias especiales para alcanzar a los pobres y a los ricos, a los judíos y a los musulmanes, a los de habla hispana y a los de habla inglesa. Sin embargo, cuando fomentamos la separación de las congregaciones según criterios culturales estamos traicionando todo lo que la Biblia dice sobre la unidad del cuerpo de Cristo y el derribo de las barreras que él ha llevado a cabo. En Corinto, Pablo condenó enérgicamente la división de iglesias según grupos de interés con la penetrante pregunta: "¿Está dividido Cristo?" (1Co 1:13).

Jesús dijo a sus discípulos que la unidad de los cristianos es una clave para que el mundo crea en él (Jn 17:21). Ciertamente, la ruptura de barreras humanas es un ingrediente clave del mensaje cristiano (cf. Ef 2:11–22) y nuestro fallo en expresarlo un obstáculo clave para evangelizar con efectividad a los no cristianos. Muchos budistas han sacado este asunto a colación, a veces con sinceridad y otras de un modo crítico, cuando les he hablado de Cristo. Los musulmanes presentan a menudo la "fraternidad del islam" como respuesta a la segregación del cristianismo.

---

28. Quienes deseen considerar una exposición de este asunto, pueden ver Lausanne Committee for World Evangelization, *The Pasadena Consultation—Homogenous Unit,* Lausanne Occasional Papers, No. 1 (Wheaton: Lausanne Committee for World Evangelization, 1978).

Hoy necesitamos desesperadamente una expresión más poderosa de nuestra unidad. Por una parte, las personas han de adorar a Dios en el idioma de su corazón; por otra, han de afirmar su unidad en Cristo a pesar de las divisiones culturales y desarrollar la disciplina de permitir que otras culturas les enriquezcan.

Si queremos iglesias multiculturales tendremos que afrontar principalmente tres obstáculos. (1) El pragmatismo de nuestro tiempo siempre ve el éxito en términos de resultados cuantificables. Cristo quiere que alcancemos a tantas personas como sea posible (cf. comentarios sobre 4:1–22). Las iglesias monoculturales, afirman muchos, ayudan a conseguir esto rápidamente. Pero los principios bíblicos han de tener prioridad sobre el "principio del éxito".

(2) La sociedad de hoy también intenta por todos los medios evitar el dolor y las situaciones desagradables y, por regla general, las iglesias multiculturales experimentan dolor por los malentendidos y la falta de sensibilidad cultural. No obstante, los beneficios de las iglesias multiculturales son inmensos. Podemos aprender mucho los unos de los otros. Podemos entender mejor los problemas que experimentan otros grupos de personas (p. ej., los pobres) y así ayudarles a resolverlos si están en nuestras congregaciones.[29] Podemos demostrar que Cristo puede hacernos uno. Este es un mensaje importante en un mundo desgarrado por los conflictos étnicos, de casta y de clase.

(3) Muchas veces, los cristianos de mucho tiempo no están dispuestos a cambiar las prácticas de su iglesia para acoger a los nuevos convertidos. Puede ser necesario ajustar formas de adoración, estilos de música, el horario de la reunión de adoración, etcétera para acomodar a los no cristianos de un modo que se sientan a gusto y podamos servirles mejor. Muchos cristianos dicen estar comprometidos con la evangelización, pero no quieren pagar el precio que supone alcanzar a los no creyentes e integrarlos luego en la iglesia. En realidad, lo que quieren es estar cómodos. Pero Dios no nos ha llamado a la comodidad, sino a dar testimonio de Jesucristo a todas las personas.

En otras palabras, hemos de explorar el mejor modo de aplicar el principio bíblico de la unidad del cuerpo en medio de la diversidad. Aunque pueda ser necesario separar congregaciones por cuestiones idiomáticas, podemos, aun así, tenerles como parte de una "iglesia". Podemos reunirnos de vez en cuando para adorar juntos y tener comunión, a pesar de que tales reuniones pueden resultar tediosas aunque se hayan planificado de un modo cuidadoso y creativo. En mi iglesia hay dos congregaciones: una de habla inglesa y otra que habla el cingalés. Una vez al trimestre preparamos una reunión conjunta en ambos idiomas. En la congregación cingalesa a la que pertenecemos hay miembros con formación académica y otros que son analfabetos, miembros ricos y otros que son muy pobres. Aproximadamente un setenta y cinco por

---

29. En un libro publicado recientemente (*Church: Why Bother?* [Grand Rapids: Zondervan, 1998]), Philip Yancey explica con gran lujo de detalle por qué nunca será miembro de una iglesia que no sea diversa desde un punto de vista cultural y económico.

ciento de ellos son convertidos del budismo. Mi esposa y yo valoramos mucho la riqueza que ha supuesto para nosotros desarrollar una estrecha relación fraternal con personas tan distintas de nosotros desde un punto de vista cultural.

La iglesia primitiva fue muy sabia al seleccionar de entre la comunidad griega a algunos o todos los administradores que necesitaba. Conocían bien las necesidades y sensibilidades del grupo agraviado. Muchas veces, quienes se mueven solo en un círculo no saben cómo piensan las personas de otro grupo, en especial sobre cuestiones a las que son particularmente sensibles. Saber esto es importante cuando tratamos con grupos minoritarios o que en el pasado se han sentido maltratados. En este tipo de relaciones, algunos se sorprenden de que, después de todo lo que han hecho, los integrantes de tales grupos minoritarios o maltratados se sigan sintiendo molestos. Es posible que hayan hecho muchas cosas, pero puede que no hayan sido muy comprensivos en cuestiones especialmente delicadas.

Esto puede ser un serio problema en las relaciones entre los donantes y receptores de ayuda cristianos y entre los creyentes pertenecientes a comunidades minoritarias y mayoritarias. Algunos que quieren desesperadamente la ayuda que les ofrece el grupo poderoso se tragan de buena gana el orgullo y guardan silencio. Otros, que valoran su identidad y principios, defienden sus opiniones y son lamentablemente acusados de albergar prejuicios y amargura. Muchos del llamado "Tercer Mundo" siguen dolidos de que para muchos cristianos bienintencionados de Occidente sea tan difícil entender este problema y hacer algo al respecto.

La respuesta de la iglesia primitiva nos da varias claves para resolver este problema. Esta desarrolló un oído atento que tomó en serio las opiniones del otro grupo. Aceptó que había sido un error por su parte pasar por alto las necesidades del grupo ignorado y, contando con la opinión de los agraviados, se puso de inmediato manos a la obra para encontrar una solución al problema. Para ello nombraron a personas de la parte ofendida para que les ayudaran a gestionar el programa donde habían surgido los problemas. Hay mucha sabiduría en este pasaje para aquellos cristianos interesados en las misiones y en forjar buenas relaciones con los creyentes de otras culturas.

Esteban, hombre lleno de la gracia y del poder de Dios, hacía grandes prodigios y señales milagrosas entre el pueblo. ⁹ Con él se pusieron a discutir ciertos individuos de la sinagoga llamada de los Libertos, donde había judíos de Cirene y de Alejandría, de Cilicia y de la provincia de Asia. ¹⁰ Como no podían hacer frente a la sabiduría ni al Espíritu con que hablaba Esteban, ¹¹ instigaron a unos hombres a decir: «Hemos oído a Esteban blasfemar contra Moisés y contra Dios.»

¹² Agitaron al pueblo, a los ancianos y a los maestros de la ley. Se apoderaron de Esteban y lo llevaron ante el Consejo. ¹³ Presentaron testigos falsos, que declararon: «Este hombre no deja de hablar contra este lugar santo y contra la ley. ¹⁴ Le hemos oído decir que ese Jesús de Nazaret destruirá este lugar y cambiará las tradiciones que nos dejó Moisés.»

¹⁵ Todos los que estaban sentados en el Consejo fijaron la mirada en Esteban y vieron que su rostro se parecía al de un ángel.

¹ —¿Son ciertas estas acusaciones? —le preguntó el sumo sacerdote.

² Él contestó: —Hermanos y padres, ¡escúchenme! El Dios de la gloria se apareció a nuestro padre Abraham cuando éste aún vivía en Mesopotamia, antes de radicarse en Jarán.

³ "Deja tu tierra y a tus parientes —le dijo Dios—, y ve a la tierra que yo te mostraré."

⁴ »Entonces salió de la tierra de los caldeos y se estableció en Jarán. Desde allí, después de la muerte de su padre, Dios lo trasladó a esta tierra donde ustedes viven ahora. ⁵ No le dio herencia alguna en ella, ni siquiera dónde plantar el pie, pero le prometió dársela en posesión a él y a su descendencia, aunque Abraham no tenía ni un solo hijo todavía. ⁶ Dios le dijo así: "Tus descendientes vivirán como extranjeros en tierra extraña, donde serán esclavizados y maltratados durante cuatrocientos años. ⁷ Pero sea cual sea la nación que los esclavice, yo la castigaré, y luego tus descendientes saldrán de esa tierra y me adorarán en este lugar." ⁸ Hizo con Abraham el pacto que tenía por señal la circuncisión. Así, cuando Abraham tuvo a su hijo Isaac, lo circuncidó a los ocho días de nacido, e Isaac a Jacob, y Jacob a los doce patriarcas.

⁹ »Por envidia los patriarcas vendieron a José como esclavo, quien fue llevado a Egipto; pero Dios estaba con él ¹⁰ y lo libró de todas sus desgracias. Le dio sabiduría para ganarse el favor del faraón, rey de Egipto, que lo nombró gobernador del país y del palacio real. ¹¹ »Hubo entonces un hambre que azotó a todo Egipto y a Canaán, causando mucho sufrimiento, y nuestros antepasados no encontraban alimentos.

¹² Al enterarse Jacob de que había comida en Egipto, mandó allá a nuestros antepasados en una primera visita. ¹³ En la segunda, José se dio a conocer a sus hermanos, y el faraón supo del origen de José.

¹⁴ Después de esto, José mandó llamar a su padre Jacob y a toda su familia, setenta y cinco personas en total. ¹⁵ Bajó entonces Jacob a Egipto, y allí murieron él y nuestros antepasados. ¹⁶ Sus restos fueron llevados a Siquén y puestos en el sepulcro que a buen precio Abraham había comprado a los hijos de Jamor en Siquén.

¹⁷ »Cuando ya se acercaba el tiempo de que se cumpliera la promesa que Dios le había hecho a Abraham, el pueblo crecía y se multiplicaba en Egipto. ¹⁸ Por aquel entonces subió al trono de Egipto un nuevo rey que no sabía nada de José.

¹⁹ Este rey usó de artimañas con nuestro pueblo y oprimió a nuestros antepasados, obligándolos a dejar abandonados a sus hijos recién nacidos para que murieran.

²⁰ »En aquel tiempo nació Moisés, y fue agradable a los ojos de Dios. Por tres meses se crió en la casa de su padre ²¹ y, al quedar abandonado, la hija del faraón lo adoptó y lo crió como a su propio hijo. ²² Así Moisés fue instruido en toda la sabiduría de los egipcios, y era poderoso en palabra y en obra.

²³ »Cuando cumplió cuarenta años, Moisés tuvo el deseo de allegarse a sus hermanos israelitas. ²⁴ Al ver que un egipcio maltrataba a uno de ellos, acudió en su defensa y lo vengó matando al egipcio. ²⁵ Moisés suponía que sus hermanos reconocerían que Dios iba a liberarlos por medio de él, pero ellos no lo comprendieron así. ²⁶ Al día siguiente, Moisés sorprendió a dos israelitas que estaban peleando. Trató de reconciliarlos, diciéndoles: "Señores, ustedes son hermanos; ¿por qué quieren hacerse daño?"

²⁷ »Pero el que estaba maltratando al otro empujó a Moisés y le dijo: "¿Y quién te nombró a ti gobernante y juez sobre nosotros? ²⁸ ¿Acaso quieres matarme a mí, como mataste ayer al egipcio?" ²⁹ Al oír esto, Moisés huyó a Madián; allí vivió como extranjero y tuvo dos hijos.

³⁰ »Pasados cuarenta años, se le apareció un ángel en el desierto cercano al monte Sinaí, en las llamas de una zarza que ardía. ³¹ Moisés se asombró de lo que veía. Al acercarse para observar, oyó la voz del Señor: ³² "Yo soy el Dios de tus antepasados, el Dios de Abraham, de Isaac y de Jacob." Moisés se puso a temblar de miedo, y no se atrevía a mirar.

³³ »Le dijo el Señor: "Quítate las sandalias, porque estás pisando tierra santa. ³⁴ Ciertamente he visto la opresión que sufre mi pueblo en Egipto. Los he escuchado quejarse, así que he descendido para librarlos. Ahora ven y te enviaré de vuelta a Egipto."

³⁵ »A este mismo Moisés, a quien habían rechazado diciéndole: "¿Y quién te nombró gobernante y juez?", Dios lo envió para ser

gobernante y libertador, mediante el poder del ángel que se le apareció en la zarza. [36] Él los sacó de Egipto haciendo prodigios y señales milagrosas tanto en la tierra de Egipto como en el Mar Rojo, y en el desierto durante cuarenta años.

[37] »Este Moisés les dijo a los israelitas: "Dios hará surgir para ustedes, de entre sus propios hermanos, un profeta como yo." [38] Este mismo Moisés estuvo en la asamblea en el desierto, con el ángel que le habló en el monte Sinaí, y con nuestros antepasados. Fue también él quien recibió palabras de vida para comunicárnoslas a nosotros.

[39] »Nuestros antepasados no quisieron obedecerlo a él, sino que lo rechazaron.

Lo que realmente deseaban era volver a Egipto, [40] por lo cual le dijeron a Aarón: "Tienes que hacernos dioses que vayan delante de nosotros, porque a ese Moisés que nos sacó de Egipto, ¡no sabemos qué pudo haberle pasado!"

[41] »Entonces se hicieron un ídolo en forma de becerro. Le ofrecieron sacrificios y tuvieron fiesta en honor de la obra de sus manos. [42] Pero Dios les volvió la espalda y los entregó a que rindieran culto a los astros. Así está escrito en el libro de los profetas:

»"Casa de Israel, ¿acaso me ofrecieron ustedes sacrificios y ofrendas
   durante los cuarenta años en el desierto? [43] Por el contrario, ustedes se hicieron cargo del tabernáculo de Moloc, de la estrella del dios Refán, y de las imágenes que hicieron para adorarlas. Por lo tanto, los mandaré al exilio" más allá de Babilonia.

[44] »Nuestros antepasados tenían en el desierto el tabernáculo del testimonio, hecho como Dios le había ordenado a Moisés, según el modelo que éste había visto. [45] Después de haber recibido el tabernáculo, lo trajeron consigo bajo el mando de Josué, cuando conquistaron la tierra de las naciones que Dios expulsó de la presencia de ellos. Allí permaneció hasta el tiempo de David, [46] quien disfrutó del favor de Dios y pidió que le permitiera proveer una morada para el Dios de Jacob. [47] Pero fue Salomón quien construyó la casa.

[48] »Sin embargo, el Altísimo no habita en casas construidas por manos humanas. Como dice el profeta:

[49] »"El cielo es mi trono,
y la tierra, el estrado de mis pies.
¿Qué clase de casa me construirán? —dice el Señor—.
¿O qué lugar de descanso?
[50] ¿No es mi mano la que ha hecho todas estas cosas?"

[51] »¡Tercos, duros de corazón y torpes de oídos! Ustedes son iguales que sus antepasados: ¡Siempre resisten al Espíritu Santo! [52] ¿A cuál de los profetas no persiguieron sus antepasados? Ellos mataron a los que de antemano anunciaron la venida del Justo, y ahora a éste lo han traicionado y asesinado [53] ustedes, que recibieron la ley promulgada por medio de ángeles y no la han obedecido.

Cuando consideramos el espacio que Lucas concede a Esteban (un espacio que incluye el discurso más largo del libro de los Hechos), nos damos cuenta del importante lugar que tuvo en la historia de la iglesia primitiva (y no solo porque fuera el primer mártir. Él presentó a la iglesia algunas implicaciones radicales del evangelio, en especial sobre el templo. Es particularmente significativo que Lucas conceda tanta relevancia a Esteban teniendo en cuenta que, como ha señalado F. F. Bruce: "En ambas partes de su obra, Lucas pone de relieve una actitud mucho más positiva hacia el templo que Esteban".[1] Esto es un argumento a favor de la fiabilidad histórica de su registro, de la que muchos dudan.[2] "Estos capítulos representan una verdadera bisagra en la historia de la iglesia primitiva"[3] porque muestran que el cristianismo y el judaísmo son en realidad dos religiones distintas. Ofrecen una transición entre la fase de Hechos que se desarrolla en Judea y la que relata acontecimientos fuera de esta región y una conexión entre Pedro (el apóstol a los judíos) y Pablo (el apóstol a los gentiles).

Esteban: el hombre (6:5, 8–10)

Esteban debía de ser un personaje excepcional, puesto que Lucas menciona seis características de su carácter y ministerio en 6:5–10. (1) Era "un hombre lleno de fe" (6:5). Como señala David Williams: "Lo excepcional de su fe no estaba en su naturaleza, que no era distinta de la de los demás cristianos, sino en la medida en que estaba dispuesto a confiar en Cristo, a creer en su palabra y a arriesgarlo todo por causa de Cristo".[4] Este era un requisito clave para alguien que dejaba tras sí nuevos caminos para el evangelio. Muchos se oponían a él. Es probable que, incluso dentro de la iglesia, algunos hubieran preferido que adoptara un acercamiento más prudente. Pero Esteban vio ciertas implicaciones en lo que enseñaba la Biblia y lo que Cristo hizo y estaba dispuesto a arriesgarse por la verdad de tales implicaciones.

(2) Estaba "lleno [...] del Espíritu Santo" (6:5). Esta afirmación se encuentra en el contexto de la enumeración de los Siete. Se trata de un dato que no era necesario mencionar, puesto que uno de los requisitos para la elección de estos hombres era precisamente que estuvieran llenos del Espíritu (6:3). Es posible que algunos de ellos, como Esteban y Bernabé (11:24), exhibieran de tal modo el poder del Espíritu que produjera sorpresa en quienes les observaban, por lo cual se les concede una atención especial. El versículo 8 confirma este hecho

---

1. F. F. Bruce, *Peter, Stephen, James, and John: Studies in Non-Pauline Christianity* (Grand Rapids: Eerdmans, 1979), 53.
2. Quienes deseen valorar más argumentos a favor de la fiabilidad histórica de este pasaje, pueden ver D. J. Williams, *Acts*, 129.
3. Gempf, "Acts", *NBCTCE*, 1076.
4. Williams, *Acts*, 119.

al decir que Esteban era un "hombre lleno [...] del poder de Dios". Esta característica se manifestaba porque "hacía grandes prodigios y señales milagrosas entre el pueblo".

(3) Era un "hombre lleno de la gracia [de Dios]" (6:8). Ya que esta expresión aparece inmediatamente antes de la manifestación externa del poder de Dios, podemos asumir que se refiere al modo en que Dios se manifestaba internamente. Por ello, Bruce y Longenecker piensan que lo que se quiere dar a entender en este texto al hablar de "gracia" es "encanto" o "atractivo espiritual".[5] Este es uno de los posibles significados de la palabra que se utiliza aquí (*charis*).[6] Esteban se había sometido tanto al impacto de la gracia de Dios que esta había hecho de él una persona benevolente y generosa. Naturalmente, tal benevolencia y generosidad no significan que Esteban fuera un hombre débil y más adelante le encontramos dirigiendo apasionadas acusaciones a los judíos (7:51–53). Lo que significa esta expresión es que, cuando se le provocaba, Esteban era capaz de actuar como Cristo.

(4) Los que discutían con Esteban eran miembros "de la sinagoga[7] llamada de los Libertos" (v. 9). Procedían de cuatro zonas: Cirene y Alejandría, ciudades del norte de África, y Cilicia y Asia, provincias de Asia Menor. La población más importante de Cilicia era Tarso, ciudad natal de Pablo. ¿Adoraba acaso Pablo (Saulo) en esta sinagoga? No podemos estar seguros, pero sí sabemos que estuvo implicado en la muerte de Esteban. Es posible, no obstante, que prefiriera una sinagoga de habla hebrea, puesto que se presenta a sí mismo como hebreo (2Co 11:22; Fil 3:5). La población más importante de Asia era Éfeso (cf. también las siete iglesias de Asia, [Ap 2–3]). Los libertos (*libertinos*[8]) eran probablemente descendientes de personas que habían sido liberadas de la esclavitud o de la cárcel. Puede que esta sinagoga "hubiera sido fundada por judíos que habían sido hechos prisioneros durante la guerra con Pompeyo (63 a. C.)" y que más adelante fueron puestos en libertad.[9] Es evidente que se trataba de una sinagoga helenista y es posible que, en otro tiempo, Esteban hubiera sido miembro de ella.[10]

(5) y (6) Los dos últimos rasgos del carácter de Esteban tienen que ver con su predicación: "No podían hacer frente a la sabiduría ni al Espíritu con que hablaba Esteban" (6:10). La palabra "sabiduría" (*sofía*) aparece solo cuatro veces en el libro de los Hechos (6:3, 10; 7:10, 22). Era una "sabiduría inspi-

---

5. Bruce, *Acts: Greek Text*, 185; Longenecker, "Acts", 334.
6. Lucas utiliza la palabra *charis* de esta manera en Lucas 4:22 y Hechos 4:33.
7. Algunos han entendido que en este versículo se hace referencia a más de una sinagoga y las cifras que se sugieren oscilan entre dos y cinco. Es probable que la NIV tenga razón al entender que se trata de una sinagoga con libertos de los cuatro lugares. Ver Bruce, *Acts: Greek Text*, 186–87.
8. Una transliteración del latín *libertinus*.
9. F. W. Danker, "Synagogue of the Freedmen", *ISBE*, 2:360.
10. Williams, *Acts*, 124.

rada" (*reb*), en el sentido de que el Espíritu le dio a Esteban las palabras que tenía que decir, según la promesa de Cristo: "... yo mismo les daré tal elocuencia y sabiduría para responder, que ningún adversario podrá resistirles ni contradecirles" (Lc 21:15).

Según las ideas judías y veterotestamentarias, la sabiduría tiene que ver con un "acercamiento a la vida, surgido del pacto otorgado por Dios". Se la "consideraba un don de Dios",[11] Lucas sigue esta idea en su utilización del término "sabiduría".[12] La vemos en el discurso de Esteban, que está saturado de las Escrituras y las aplica a los desafíos que surgen del evangelio. Esteban desarrolla su discurso a partir de la cosmovisión judía, utiliza las Escrituras veterotestamentarias y se expresa, inspirado por el Espíritu, de un modo que les hiere en lo más profundo y no saben cómo responderle. En el estudio anterior hemos hablado de la capacidad de aplicar la Escritura a los desafíos que se enfrentan como una clave para desarrollar un efectivo ministerio de la Palabra. Esteban ejemplifica esta capacidad de un modo brillante.

Acusación de Esteban (6:11–15)

No pudiendo silenciar a Esteban por medio del debate, los judíos intentan hacerlo mediante la ley. Instigan a algunos hombres a que formulen ciertas acusaciones contra él (6:11), lo cual les permite llevarle ante el Sanedrín (6:12) con esta acusación: "Este hombre no deja de hablar contra este lugar santo y contra la ley" (6:13). Esto se concreta con la afirmación de que Esteban dijo: "Jesús de Nazaret destruirá este lugar y cambiará las tradiciones que nos dejó Moisés" (6:14). Bruce explica que cuando Judea se convirtió en provincia romana en el año 6 d. C. la pena capital solo podía administrarse por decreto del gobernador romano, con la excepción de ofensas de palabra o hecho contra la santidad del templo. En tales situaciones, el Sanedrín estaba autorizado a pronunciar y ejecutar la sentencia de muerte. Habían intentado declarar culpable a Cristo por esta vía, pero habían fracasado. Por eso le llevaron ante Pilato. Con Esteban, sin embargo, sí lo consiguieron.[13]

El texto afirma que los miembros del Sanedrín "fijaron la mirada en Esteban y vieron que su rostro se parecía al de un ángel" (6:15). En nuestros días también oímos a veces el comentario de que el rostro de alguien irradiaba la gloria de Dios mientras hablaba. David Williams señala que Lucas presenta la "descripción de alguien cuya comunión con Dios era tal que algo de la gloria divina se reflejaba en él". Williams nos recuerda que "extrañamente, lo mismo se dijo de Moisés (Éx 34: 29 y ss.; cf. 2Co 3:12–18)". Ambos "llevaban la marca de

---

11. J. Goetzmann, "Wisdom", *NIDNTT*, 3:1030.
12. Ibíd.
13. Bruce, *Peter, Stephen,* 52–53. Algunos intérpretes opinan, no obstante, que la muerte de Esteban fue más un linchamiento que un castigo legal administrado mediante el debido proceso judicial.

haber estado con Dios. Y, sin embargo, a Esteban se le acusó de 'hablar contra Moisés y contra Dios'".[14]

Discurso de Esteban (7:1–53)

A este famoso discurso de Esteban se le ha llamado su "defensa", sin embargo, como señala Bruce, "no es un discurso de defensa en el sentido forense del término". Es decir, no está "calculado para conseguir la absolución del Sanedrín". Se trata más bien de "una defensa del cristianismo puro como forma de adoración señalada por Dios".[15] Utiliza la Escritura como base, que es también la fuente de autoridad para quienes escuchan a Esteban. Es, como veremos, un caso de verdadera contextualización bíblica.

Esteban defiende sus ideas a partir de la historia de Israel tal y como se presentan en las Escrituras judías y subraya tres temas principales.

1. La actividad de Dios no está confinada al territorio geográfico de Israel. Dios le habló a Abraham en Mesopotamia (7:2–3) y en Jarán (7:4). Bendijo a José en Egipto (7:9–16). Le habló a Moisés en el desierto de Sinaí durante el incidente de la zarza ardiente (7:30–34). Llevó a cabo prodigios y señales en Egipto, el mar Rojo y el desierto (7:36), y también entregó la Ley a su pueblo en el monte Sinaí (7:38).

2. La adoración que es aceptable a Dios no está confinada al templo de Jerusalén. El terreno adyacente a la zarza ardiente era santo y Moisés hubo de quitarse las sandalias (7:33). Moisés tuvo un encuentro con Dios en el monte Sinaí y recibió palabras vivas (7:38). El tabernáculo era un lugar de adoración adecuado para el pueblo de Israel (7:44–46). Esteban concluye que "antes de entrar a la Tierra Santa, el pueblo disponía ya en el desierto de todo lo necesario para una adoración pura".[16] Las Escrituras judías dan testimonio de que Dios no habita en casas hechas por seres humanos (7:48–50). De hecho, como dice Bruce: "Se censura el acto de Salomón [de construir el templo]" (ver 7:47–50). Puesto que "el Altísimo no habita en casas construidas por manos humanas" (7:48), Esteban está dando a entender que "anunciar la supresión o destrucción del templo no era cometer una blasfemia o sacrilegio contra Dios, ya que Dios era independiente de cualquier edificio asignado a su adoración".[17]

3. Los judíos habían rechazado constantemente a los representantes de Dios. José fue rechazado por los patriarcas (7:9). Moisés lo fue cuando intentó detener una disputa entre dos judíos (7:26–29), y eso que había sido enviado para liberar a Israel (7:35). Estos rechazaron el mensaje de Moisés y en lugar de ello levantaron un becerro de oro (7:39–43). Esteban llega a su clímax sir-

---

14. Williams, *Acts*, 125–26.
15. Bruce, *Acts*, NICNT, 121.
16. Bruce, *Peter, Stephen*, 54.
17. *Ibíd.*, 54–55.

viéndose de palabras vigorosas y afirmando que la historia israelita es una historia de rechazo (7:51–53). Es posible que en este punto Esteban tuviera que finalizar su discurso abruptamente por el creciente nerviosismo de sus oyentes.

En su discurso habla poco de Jesús y mucho de Moisés. Esto es comprensible teniendo en cuenta que a Esteban se le acusa de rechazar las enseñanzas de Moisés (6:11, 14). Esteban apunta a algo importante que Moisés dijo a los israelitas sobre Jesús: "Dios hará surgir para ustedes, de entre sus propios hermanos, un profeta como yo" (7:37). Las otras dos referencias a Jesús están en el versículo 52: los judíos "mataron a los que de antemano anunciaron la venida del Justo" y "ahora a éste lo han traicionado y asesinado".

Las últimas palabras acusatorias de Esteban (7:51–53) pueden hacer que nos preguntemos qué ha pasado con su cara angelical. La idea que tenemos de los ángeles nos lleva a pensar en seres dulces y amables, que nada tienen que ver con la ira y el juicio. Sin embargo, esta idea no procede de la Escritura, puesto que algunos de los ángeles que se describen en la Biblia son instrumentos de juicio.[18] Esteban es aquí como Cristo. Aunque Jesús irradió como nadie el amor de Dios, expresó también la ira de Dios contra la hipocresía y la farsa, especialmente en su denuncia de los fariseos (Mt 23:13–23).

El ministerio de Esteban iluminó nuevos senderos para el evangelio y ello le hizo acreedor del título de "radical". Desde un punto de vista teológico, Esteban abrió la puerta para la misión global de la iglesia. No sabemos si él se dio cuenta de ello, pero su ministerio sirvió para liberar al cristianismo de la dependencia del templo y, por tanto, del judaísmo. Poco después, la iglesia concluyó que no hay que ser primero judío para ser cristiano. Aunque, aparentemente, la vida de Esteban terminó en fracaso, ya que no vivió para ver el fruto de su labor teológica, Dios reveló más adelante que su ministerio había dado mucho fruto. El sendero que trazó fue seguido más adelante por Pablo: aquel que aprobó su muerte (8:1) y guardó la ropa de quienes le apedrearon (7:58), pero que más adelante llegó a ser el apóstol de los gentiles. También se ha hablado mucho de la conexión entre Esteban y el autor de la carta a los Hebreos.[19] A Esteban se le considera asimismo precursor de los apologistas cristianos posteriores, en especial de aquellos que defendieron al cristianismo ante el judaísmo.

Construyendo Puentes

Cristianismo equilibrado

La gran cantidad de atisbos que Lucas nos ofrece en los capítulos 6–7 sobre el carácter y ministerio de Esteban, nos muestra su clara intención de que

---

18. Ver Gn 19:1–13; 2S 24:16–17; 2R 19:35; Hch 12:21–23.

19. Ver especialmente la obra de T. W. Manson, *The Epistle to the Hebrews: An Historical and Theological Reconstruction* (Londres: Hodder and Stoughton, 1951), 25–46.

sus lectores tomen nota de este personaje. Deberíamos esforzarnos por imitar estas características. Curiosamente, aunque se le conoce como radical porque trazó nuevos y atrevidos caminos para el evangelio, cuando nos fijamos en la personalidad y carácter que se nos describe en el libro de los Hechos, lo que se destaca es su equilibrio bíblico. Aunque la imagen típica de una vida cristiana equilibrada es la de una insípida existencia de moderación en todo lo que hacemos, la realidad es que se trata más bien de una vida radical, que nos lleva a seguir a un Señor revolucionario en todo lo que hacemos. La palabra equilibrio no alude a moderación, sino a una obediencia total. Vamos, pues, a analizar la vida y ministerio de Esteban para aprender a combinar características bíblicas que normalmente no parecen ir juntas.

En nuestro estudio de Hechos 3:1–26, consideramos el fenómeno de Pedro como apologista y obrador de milagros, que era también el caso de Esteban. En relación con esto, vemos asimismo en Esteban una interesante combinación de inspiración y sabiduría. Esta combinación queda bien plasmada en un comentario de Lucas en el sentido de que sus oponentes "no podían hacer frente a la sabiduría ni al Espíritu con que hablaba Esteban" (6:10). Por una parte, esta inspirada sabiduría es un don de Dios; por otra, es una capacidad que procede de la aplicación de las Escrituras a los desafíos que enfrentamos. En otras palabras, hemos de conocer las Escrituras y aplicarlas de manera pertinente a los retos de nuestro día a día.

Fruto de ello es que las personas serán confrontadas con la verdad de Dios. Pablo habla de esto cuando afirma: "Destruimos argumentos y toda altivez que se levanta contra el conocimiento de Dios, y llevamos cautivo todo pensamiento para que se someta a Cristo" (2Co 10:5). A este ministerio lo llamamos hoy apologética. Sin embargo, la apologética no es un árido discurso intelectual. Como muestra el ministerio de Esteban, la verdadera apologética debe llevarse a cabo en el poder del Espíritu. Todos deberíamos procurar tener este tipo de "ardiente conocimiento".

Radicalismo bíblico

Del mismo modo que Dios utilizó a Esteban para conducir a la iglesia por un camino radicalmente nuevo, la vida y ministerio de este primer mártir nos ayudará a ver las cualidades que se requieren de aquellos a quienes Dios llama para abrir nuevos caminos. Su radicalismo no solo le llevó a proclamar valerosamente verdades difíciles de aceptar para sus oyentes, sino también a pronunciar osadas acusaciones contra ellos. Sus oponentes se le opusieron, pues, visceralmente, rechinando con saña sus dientes contra él (7:54). Sin embargo, en medio de esta situación, Esteban expresó la benevolencia de Dios (6:8).

Podemos observar una serie de contrastes entre la actitud de Esteban y la de sus acusadores. Cuando Esteban estaba siendo objeto de falsas acusaciones, "su rostro se parecía al de un ángel" (6:15). Cuando sus oponentes rechinaban, furiosos, los dientes (7:54), él estaba lleno del Espíritu Santo y tenía una clara visión de Cristo (7:55). Mientras ellos le apedreaban encarnizadamente, él oraba a Dios pidiéndole que su pecado les fuera perdonado (7:60). Aunque puede que no seamos llamados a ser "especialistas radicales", el evangelio es, por naturaleza, tan radical que, tarde o temprano, todos los cristianos serios acabarán desafiando a quienes les rodean por su modo de pensar y actuar. Esteban nos muestra que aun cuando nos enfrentamos a la oposición, hemos de seguir siendo atrayentes.

Es importante observar que el radicalismo de Esteban tenía las Escrituras como su fuente y autoridad. Lo que decía procedía del Antiguo Testamento y de las enseñanzas de Jesús. En este sentido, aunque lo que decía era revolucionario, no era nuevo. Esteban no estaba presentado verdades nuevas; simplemente había descubierto las que estaban ya de manera explícita o implícita expuestas en las Escrituras o habían sido enseñadas por Cristo. Si nos acercamos a la Biblia con una mente abierta, descubriremos que esta hará también de nosotros personas radicales, porque la verdad de Dios siempre tiene algo radical que decir a este mundo caído. Teniendo en cuenta nuestras limitaciones, nunca llegaremos a entender completamente la verdad de la Biblia. Por ello, si estamos abiertos a aprender de la Escritura, siempre estaremos descubriendo verdades nuevas. Sin embargo, tanto el mundo como la iglesia se opondrán a lo que descubrimos y comunicamos. Vemos, no obstante, que ni siquiera la perspectiva de la muerte hizo desistir a Esteban de comunicar su radical mensaje bíblico.

A menudo, las personas radicales expresan con ira su mensaje a un pueblo obstinado. Esto fue lo que sucedió con Esteban, quien, sin embargo, ejemplificó la insólita combinación de un rostro angelical y una indignada denuncia de los judíos por rechazar los caminos de Dios. Si nuestros corazones arden también con las cosas que están cerca del corazón de Dios, nos indignaremos ante el desdén de las personas por los caminos de Dios. En tales ocasiones, sin embargo, hemos de reflejar tanto la santidad de Dios como su amor.

Contextualización bíblica

El discurso de Esteban es un ejemplo de contextualización bíblica. La contextualización se produce cuando hacemos que nuestro mensaje sea relevante en el contexto en que lo presentamos. Esteban habló a partir de las Escrituras judías. Es evidente que conocía bien a sus oyentes y que hablaba de un modo que les era relevante. Sin embargo, la naturaleza del evangelio era tan revolucionaria que, a menos que estuvieran dispuestos a arrepentirse de sus caminos pasados y a dar el radical paso de la conversión, tenían que oponerse a él. Cada generación de cristianos ha de buscar formas de hacer que el evangelio sea relevante para sus comunidades sin comprometer su contenido.

Temas clave de Esteban

Podemos sentirnos tentados a descuidar los tres temas del discurso de Esteban, puesto que, en nuestro caso, ya no hemos de ser liberados de los límites del judaísmo. Sin embargo, en estos temas encontramos importantes y útiles aspectos de la teología cristiana. Hasta donde yo sé, el asunto de que la actividad de Dios no se limita al territorio geográfico de Israel no ha representado ningún problema para la iglesia desde el tiempo de Esteban. Sin embargo, sí puede decirse que la idea de la Cristiandad que siglos atrás influyó mucho del pensamiento sobre la relación entre el estado y la iglesia en Europa contradice, al menos en espíritu, lo que afirma Esteban (ver comentarios más adelante).

Las otras dos cuestiones han tenido una aplicación más directa para la iglesia a lo largo de los siglos. Aunque los cristianos no solemos afirmar que la verdadera adoración solo pueda llevarse a cabo en el templo judío, sí hemos mostrado en diversas ocasiones que tenemos nuestros propios "templos de Jerusalén". Hemos venerado algunos lugares como dotados de santidad, confiriéndoles un valor casi mágico. El autor de la carta a los Hebreos desarrolló también este tema. En este tratado se subraya que, aunque durante el antiguo pacto el sumo sacerdote era necesario y en el templo habían de realizarse sacrificios con regularidad, ahora el eterno sacrificio de Jesús ha hecho que sean innecesarios (Heb 9–10). Cristo abrió la puerta de un camino nuevo y vivo, mediante el cual podemos acercarnos con confianza al trono de Dios (10:19–20; ver 4:16). Por tanto, el templo es ya innecesario. Más adelante, Pablo escribió que el templo somos nosotros, en quienes habita el propio Dios (1Co 3:16–17; 6:19).

El tercer punto de Esteban (que los judíos han rechazado siempre a los representantes de Dios) contiene una advertencia para todos los que afirmamos ser el pueblo escogido de Dios. También nosotros podemos acabar oponiéndonos a los vasos escogidos de Dios; de hecho, la historia de la iglesia muestra que, en esto, los cristianos no han sido mejores que los judíos de la antigüedad.

Significado Contemporáneo

El desafío de un cristianismo equilibrado

En nuestro tiempo, en que la especialización ha llegado a un extremo en casi todas las esferas de la vida, el equilibrio de Esteban tiene mucho que decirnos. Él se esforzó en ser obediente en todas las esferas de la vida exhibiendo combinaciones que a nosotros se nos antojan a veces incompatibles. Estamos tan influenciados por el pragmatismo que podemos centrarnos en los logros concretos de una persona sin pensar en lo que sucede en otras esferas de su vida. Pensemos por ejemplo en una cantante maravillosa que, sin embargo, deja mucho que desear como esposa y madre por su temperamento incontrolable. Podemos pedirle que colabore en una campaña de evangelización, alegando que su vida privada no afecta necesariamente a su actuación musical en público. O podemos excusar que un brillante apologista no sea fiel en asistir cada domingo al servicio de adoración, alegando que tiene mucho que estudiar. O podemos dejar la reflexión bíblica para los maestros y esperar que las personas creativas que hay entre nosotros se dediquen a pensar en nuevas ideas para los programas.

La vida de Esteban nos muestra que es posible, esencial de hecho, que los cristianos sean equilibrados. Las cantantes han de ser pacientes en casa, los apologistas, fieles en su participación en la adoración y las personas creativas deben ser hombres y mujeres comprometidos con la Palabra de Dios. El equilibrio bíblico tiene que ver con una obediencia total. Esta clase de totalidad nos forzará a evitar excesos malsanos. Por ejemplo, no podemos descuidar a nuestras familias, porque la obediencia a Cristo incluye que nos ocupemos de ellas.

Adquirir sabiduría inspirada

Si queremos que los oponentes del evangelio no puedan "hacer frente a la sabiduría ni al Espíritu" (6:10) con que hablamos hemos de trabajar tanto en nuestro mensaje como en nuestras vidas. Hemos de ganarles la partida y sobrevivir a los que se oponen al evangelio. Se me ocurren al menos cinco requisitos en este sentido. (1) Hemos de conocer las Escrituras. (2) Hemos de conocer a las personas a quienes servimos y su manera de pensar. (3) Hemos de permitir que las Escrituras hablen de manera incisiva a los asuntos que afronta nuestra audiencia. Esto se consigue mediante una reflexión cuidadosa, procurando encontrar formas de establecer la conexión entre el mundo de la Biblia y el de nuestros oyentes. (4) Hemos de asegurarnos de que no hay obstáculos en nuestras vidas para que el Espíritu pueda llenarnos. Hemos de ser vasos preparados para uso del Maestro, purificados de cosas innobles y dispuestos para cualquier buena obra (2Ti 2:20–21). (5) A través de la oración hemos de asegurarnos de estar en sintonía con la mente del Espíritu.

Cómo convertirnos en radicales atractivos

El llamamiento a ser radicales atractivos, como Esteban, es un importante desafío que afrontamos los cristianos de nuestro tiempo. Si somos fieles a Dios, tendremos que afrontar ira y oposición, tanto dentro de la iglesia como fuera de ella. Se nos tratará injustamente y muchos atribuirán motivos indignos a lo que hacemos. No se reconocerá nuestro "verdadero valor" y, como Esteban, quizá también nosotros acabaremos la vida como unos fracasados. ¿Cómo podemos ser personas atractivas bajo tales circunstancias?

Naturalmente, muchos radicales son cualquier cosa menos atractivos. Son personas cínicas e iracundas, cuyo mensaje pasa desapercibido por su desagradable actitud. Es posible que el cinismo haya alcanzado proporciones epidémicas en la iglesia como reacción al predominio de unas apariencias (tener un buen aspecto) que dejan lugar para el triunfo de la hipocresía (apariencia sin esencia).

La vida de Esteban nos muestra cómo mantener el atractivo en un mundo hostil. Él era un "hombre lleno de la gracia [de Dios]" (8:8). Independientemente de lo que nos hagan las personas, por graves que sean sus pecados contra nosotros, hemos de afirmar la supremacía de la gracia, es decir, que la gracia de Dios "sobreabunda" (trad. lit. de *hyperperisseuo* en Ro 5:20 e *hyperpleonazo* en 1Ti 1:14) sobre cualquier pecado y situación. Hemos de afirmar el principio de que Dios dispondrá lo que hemos experimentado para nuestro bien porque "le amamos" y hemos sido "llamados de acuerdo con su propósito" (Ro 8:28). Hemos de poder decir lo mismo que José les dijo a sus hermanos que tan mal le habían tratado: "Es verdad que ustedes pensaron hacerme mal, pero Dios transformó ese mal en bien para lograr lo que hoy estamos viendo: salvar la vida de mucha gente" (Gn 50:20). Como los salmistas, tendremos que luchar en la presencia de Dios (Sal 73), hasta saber que su consuelo y la visión de su gracia superabundante han vencido nuestra amargura. Después, tras haber gustado la reconfortante gracia de Dios, podremos ministrarla a otras personas (2Co 1:3–7).

Es evidente que el atractivo de Esteban estaba en su contacto con Dios. En Hechos 6–7 abundan las evidencias de esta relación íntima. Su comunión con Dios parecía hacerse más honda a medida que se exacerbaba la maldad de sus opositores. Cuando fue puesto ante el Sanedrín, su vínculo con Dios era tan intenso que su rostro parecía el de un ángel (6:15). Cuando después se le describe como lleno del Espíritu, Esteban tuvo una visión de Cristo y comenzó a decir las mismas cosas que Jesús dijo en su muerte (vv. 56, 59–60). El evangelista D. L. Moody dijo en una ocasión a su amigo, el expositor bíblico G. Campbell Morgan: "Carácter es lo que un hombre es en la oscuridad".[20]

La clave para mantener el atractivo bajo presión es mantener nuestro vínculo con Dios, como hizo Esteban. Hemos de desarrollar la disciplina de buscar primero a Dios y su hermosura (Sal 27:4) cuando se nos ataca, para que podamos actuar siempre a partir de una experiencia de la gracia. Después la gracia nos hará benevolentes y nos convertirá en radicales atractivos. Por no enfrentarse a su amargura, millones de cristianos, han desaprovechado la oportunidad de irradiar la gracia de Dios siendo personas atractivas y encantadoras.

Este atractivo hizo que Esteban tuviera el rostro de un ángel y expresara la ira de Dios contra el pecado. A veces oímos decir de alguien: "Es un santo, nunca

---

20. Jill Morgan, *A Man of the Word: Life of G. Campbell Morgan* (Grand Rapids: Baker, 1972 reimp.), 93.

se enfada". Esto se debe a que hemos llegado a valorar y entender la tolerancia de un modo que no concuerda con el estilo de vida bíblico. Puede que en
el pasado hayamos conocido a personas religiosas que vivían en permanente
tensión y con las que era desagradable convivir porque estaban siempre vocife-
rando en contra del mal. No les oíamos decir nada agradable. No cabe duda de
que hemos de evitar este extremo, pero también hemos de evitar lo contrario.

Me doy cuenta de que, a veces, el hecho de no airarme ante el mal se debe
más a mi pecaminosidad que a mi piedad. Puede que muchas veces haya
pecado contra mis hijos y colegas no expresando indignación ante ciertas cosas
de sus vidas que deshonraban a Dios. Cada vez que no les mostramos indignación a nuestros hijos cuando estos obran mal, podemos estar abriendo la
puerta para una importante inseguridad en sus vidas. De manera inconsciente
podemos estarles enviando el mensaje de que sus malas acciones no son lo
suficientemente serias como para merecer una respuesta indignada. A su vez
esto les transmite la idea de que ellos no son lo suficientemente importantes
como para que nos los tomemos en serio. Muchos de estos niños se convierten
en delincuentes y con sus actos delictivos intentan conseguir la atención que se
les negó en su infancia.[21]

Cómo pueden hacernos radicales las Escrituras

En nuestra exposición del radicalismo bíblico, hemos señalado que la radicalidad de Esteban tenía la Escritura como su fuente de autoridad. De igual modo,
dada la naturaleza radical de la verdad de Dios, también nosotros seremos radicales si nos tomamos en serio las Escrituras.

Esto puede suceder de cuatro maneras. (1) Podemos redescubrir verdades
que nos han sido ocultadas por ciertos impedimentos teológicos, culturales,
históricos o de otro tipo. Esteban ha de recordarles a sus oyentes lo que la
Biblia decía sobre el templo. Eran verdades que habían sido oscurecidas por
años de tradición. La Iglesia Evangélica ha redescubierto recientemente verdades similares; por ejemplo, la utilización bíblica de todo el cuerpo en la adoración, lo cual se manifiesta en la danza y el uso de las manos. Otro ejemplo ha
sido la importancia de la adoración como fin en sí misma más que como forma
de evangelización o enseñanza. En este proceso es útil aprender de hermanos procedentes de otras tradiciones que posiblemente no se han visto estorba-
dos por los mismos obstáculos que nosotros. Por ejemplo, autores evangélicos
como A. W. Tozer, que han ayudado a la Iglesia Evangélica a redescubrir la

---

21. Sobre esta cuestión, ver James Dobson, *Hide or Seek* (Old Tappan, N.J.: Revell, 1974),
    81–88.

espiritualidad y la adoración bíblicas,[22] han encontrado mucha inspiración en la lectura de escritores espirituales católicos.[23]

(2) En las afirmaciones de la Biblia podemos ver implicaciones que abrirán la puerta a ideas radicales. Partiendo de lo que el Antiguo Testamento decía sobre Dios, Esteban concluyó que el templo no era necesario. De igual modo, la Biblia no se pronuncia explícitamente prohibiendo la esclavitud. Sin embargo, hace unos doscientos años, los cristianos de Gran Bretaña entendieron lo que decía la Biblia sobre el valor de las personas y vieron que ello contradecía claramente la forma de esclavitud que se practicaba en el Imperio británico. Por tanto, se enfrentaron a esta práctica apelando a la Biblia. Durante el siglo XX, los cristianos de algunos países orientales han entendido esto mismo sobre el sistema de castas y los prejuicios de clase.

(3) La Biblia puede convertirse en un libro radical cuando lo aplicamos con rigor. Esteban tuvo la audacia de apuntar con el dedo a sus oponentes y acusarles con contundencia en aplicación de las verdades que expuso. Asimismo, cuando aplicamos lo que la Biblia dice sobre amar a nuestros enemigos en un mundo dividido por la guerra, podemos acabar adoptando formas radicales de conducta. Las aplicaciones rigurosas son uno de los aspectos más "peligrosos" de la predicación. A los cristianos, especialmente a los de la tradición evangélica, les gusta escuchar mensajes doctrinalmente sanos. Muchos valoran nuestra predicación sobre temas desagradables como el infierno y el juicio. ¿Pero qué sucede si aplicamos algunas de estas enseñanzas a esferas que los evangélicos no consideran *"kosher"*? Pueden acusarnos de entrometernos en lugar de predicar.

(4) Podemos ser radicales en la forma en que expresamos el cristianismo. Los cristianos se habitúan a ciertas formas de adorar a Dios y de comunicar el evangelio. Sin embargo, algunas de las formas con las que nos sentimos "cómodos" pueden ser absolutamente irrelevantes si queremos alcanzar a los perdidos que nos rodean. El verdadero amor cristiano nos lleva a hacer cosas con las que nos sentimos incómodos si con ello podemos alcanzar a nuestros contemporáneos (ver 1Co 9:19–23). Es posible que algunos se sientan molestos con estas nuevas formas de comunicación y se opongan a ellas. Cuando George Friedrich Handel estrenó su oratorio el Mesías en la ciudad irlandesa de Dublín, fue recibido con gran efusividad. Sin embargo, cuando la misma obra se representó en Inglaterra, se le brindó una recepción poco entusiasta. En sus memorias, Lord Shaftesbury afirma: "En parte por las reservas que algunos habían alimentado y en parte por no suscribir la genialidad de esta composición, esta obra capital fue valorada con indiferencia".[24] Las letras del oratorio

---

22. Ver la exposición sobre la adoración más adelante.
23. Ver A. W. Tozer, ed., *The Christian Book of Mystical Verse* (Harrisburg, Pa.: Christian Publications, 1963).
24. Citado en Christopher Hogwood, "Introduction", George Friedrich Haëndel, *Messiah: The Wordbook for the Oratorio* (Nueva York: HarperCollins, 1992).

eran bíblicas, pero a muchos no les sentó bien el estilo musical ni el lugar en que se llevó a cabo la interpretación (la sala de conciertos).

Si la Escritura nos lleva a la radicalidad, no hemos de sorprendernos de que nuestros mejores esfuerzos por obedecer a Dios sean poco apreciados. La nuestra es una cultura comercial y la iglesia ha sido muy influenciada por este aspecto. Los mercados se alimentan de la popularidad, sin embargo, lo radical rara vez es popular, al menos al comienzo. Esto puede llevarnos a rehuir el radicalismo bíblico. Podemos negarnos a escribir un libro, sabiendo que no se venderá bien, aunque sea portador de un mensaje que el Señor quiera hacerle llegar a su iglesia. O no predicar un sermón de temática impopular, dejando de exponer una verdad bíblica que suscitará la oposición de personas influyentes dentro de la iglesia.

La perspectiva de la soberanía de Dios ha de ayudarnos a ser fieles. Si no nos cansamos "de hacer el bien [...] a su debido tiempo cosecharemos si no nos damos vencidos" (Gá 6:9). En el caso de Esteban, dicha cosecha se produjo después de su muerte. Pero él fue fiel. Por tanto, impertérrito ante la fascinación del mundo por los resultados instantáneos, el cristiano sigue fiel a la eterna voluntad de Dios. "El mundo se acaba con sus malos deseos, pero el que hace la voluntad de Dios permanece para siempre" (1Jn 2:17).

Contextualizando el mensaje bíblico [25]

Esteban contextualizó su mensaje adaptándolo a su audiencia sin suavizar su naturaleza radical. Al transmitir el evangelio en el contexto de nuestro tiempo, hemos de presentarlo de un modo que sea comprensible y relevante para nuestros oyentes y capte su atención. Podemos utilizar aquellos lenguajes y prácticas que utilizan quienes nos escuchan, siempre que estén en consonancia con las medidas bíblicas de juicio. Pero no hemos de suavizar nuestro mensaje poniendo a un lado aquellos aspectos que son desagradables. Tampoco podemos añadir cosas ajenas a las Escrituras o que las contradicen, puesto que en tal caso la contextualización se convierte en sincretismo. En estos casos, las personas acaban aceptando lo que decimos y siguen perfectamente felices en su condición de budistas, hindúes o personas mundanas. O se hacen cristianos, pero retienen algunas de sus prácticas que son contrarias al cristianismo. Es decir, pueden seguir vendiendo pornografía, practicando el adulterio, siendo racistas o consultando la página de astrología en los periódicos cada mañana.

El misiólogo Paul Hiebert ha popularizado la expresión "contextualización crítica" para referirse a una forma bíblica de llevar a cabo esta tarea.[26] Hemos

---

25. Aquellos que deseen considerar otra exposición sobre la contextualización pueden ver los estudios sobre 17:16–34 y 19:8–41.

26. Paul G. Hiebert, "Critical Contextualization", *Missiology* 12 (July 1987): 287–96; reeditado en *The Best in Theology,* vol. 2, J. I. Packer, ed. (Carol Stream, Ill.: Christianity Today, s.f.).

de estudiar tanto a los pueblos y su cultura como las enseñanzas bíblicas que se relacionan con sus ideas y prácticas. Acto seguido, hemos de plantear un mensaje y un estilo de vida que sea relevante, comprensible y atractivo para su situación. Este mensaje desafiará su cultura mediante los principios de Dios. Cuando esto sucede, aquellos que no quieren cambiar se sentirán provocados y se opondrán a la Palabra. Sin embargo, otros aceptarán lo que decimos y serán transformados por Cristo.

¿Espacio sagrado?

En distintos momentos de la historia de la iglesia, los cristianos han descuidado la enseñanza de Esteban en el sentido de que no existe un lugar especial (como el templo de Jerusalén) para adorar a Dios. Se ha debatido encendidamente, por ejemplo, cuál es el lugar del altar en la adoración. En un extremo están los católicos, ortodoxos y las tradiciones de la "Alta Iglesia" Anglicana (episcopal), que tienen el santo altar como símbolo de la presencia de Dios en el santuario. En el otro se encuentran las Asambleas de Hermanos, que llaman a sus lugares de adoración locales o salas. En tales salas, el púlpito ocupa un lugar central, lo cual alude a la primacía de la Palabra de Dios.

No cabe duda de que los reformadores tenían razón al combatir lo que podría llamarse sacralización del espacio. El Nuevo Testamento no permite sostener la práctica de peregrinar a lugares santos con la idea de obtener méritos con ello. La popularidad de estos lugares en nuestros días puede atribuirse a la carencia de un íntimo conocimiento de Dios, que se debe, a su vez, a la falta de confianza que tienen las personas para presentarse libremente ante el trono de Dios, que el nuevo pacto pone ante nosotros (Heb 4:16; 10:19–20).

Recientemente ha habido una tendencia, incluso en algunos círculos católicos, a utilizar los edificios de la iglesia para propósitos "seculares" cuando no se utilizan para la adoración. Considerando el coste de los edificios y el valioso espacio que ocupan, esto podría ser una muy válida extensión contemporánea de los principios por los que Esteban luchó.[27]

El avivamiento del siglo XVIII llevó más lejos la tendencia que se inició con la Reforma, ayudando a destruir el sentido tradicional de parroquia (una zona geográfica bajo el control de un sacerdote). John Wesley afirmó que su parroquia era el mundo entero.[28] Hasta entonces, la división parroquial había sido una unidad clave de la cristiandad, allí donde los países tenían Iglesia del Estado (la anglicana en Inglaterra, la presbiteriana en Escocia, la reformada en

---

27. Debuyst, "Architectural Setting (Modern) and the Liturgical Movement", *The New Westminster Dictionary of Liturgy and Worship,* ed. J. G. Davies (Filadelfia: Westminster, 1986), 44–45. Este artículo alude a un libro escrito por J. G. Davies titulado *The Secular Use of Church Building* (1968).
28. Estoy en deuda con mi colega del Seminario Teológico de Colombo, el Dr. Charles Hoole, por esta reflexión.

los Países Bajos y la luterana en Escandinavia y algunos territorios alemanes).[29] La expresión extrema de esta idea fueron las ambiciones cristianizadoras de países como España y Portugal, cuyos misioneros viajaban con las tropas coloniales en sus conquistas de naciones que se convertían luego en colonias.[30] Todo esto parece contradecir el espíritu de la exhortación de Esteban a desacralizar el espacio y a liberar el evangelio de cualquier exclusivismo nacionalista.

Aunque puede decirse que el movimiento protestante, en especial el evangélico, ha combatido la sacralización del espacio contraria a las Escrituras, es posible que haya ido demasiado lejos subrayando el desarrollo de una relación íntima con Dios en detrimento del honor debido a su santidad. Cabe recordar que la misma carta que habla de confianza para presentarnos ante el trono de Dios nos pide también que le adoremos "como a él le agrada, con temor reverente, porque nuestro 'Dios es fuego consumidor'" (Heb 12:28–29). No podemos descartar totalmente este acento del Antiguo Testamento, que, como hemos visto, está también presente en el libro de Hebreos. El salmista dice: "Póstrense ante el Señor en la majestad de su santuario; ¡tiemble delante de él toda la tierra!" (Sal 96:9).

Puede que en un mundo tan atareado y proclive a las distracciones como el nuestro, muchos descubran que un edificio que nos ayude a concentrarnos en Dios sea una gran ayuda para adorarle con temor reverente.[31] Es alentador ver que, dentro del movimiento evangélico, muchas personas hayan visto esta necesidad de poner un renovado acento en la adoración y están escribiendo y abogando a favor de buscar con renovada frescura lo que A. W. Tozer llamó "la perdida joya de la Corona del cristianismo evangélico".[32]

El pueblo de Dios se opone a sus representantes

La acusación de los judíos formulada por Esteban en el sentido de que se opusieron a los profetas que Dios les enviaba ha de motivarnos a una sobria reflexión. Esto es especialmente cierto porque la historia de la iglesia nos muestra que muchos cristianos no han estado en sintonía con lo que Dios está haciendo, ya sea oponiéndose abiertamente a quienes agradaban a Dios o

---

29. Ver David J. Bosch, *Transforming Mission: Paradigm Shifts in Theology of Mission* (Maryknoll, N.Y.: Orbis, 1991), 274–75.

30. Ver *ibíd.*, 214–36.

31. Sobre el valor de los lugares santos ver Ronald Allen y Gordon Borror, *Worship: Rediscovering the Missing Jewel* (Portland: Multnomah, 1982), 47.

32. A. W. Tozer, *Whatever Happened to Worship?* ed. Gerald B. Smith (Camp Hill, Pa.: Christian Publication, 1985), 7. Ver también la obra de Allen y Borror, *Worship*; Marva J. Dawn, *Reaching Out Without Dumbing Down: A Theology of Worship for the Turn-of-the-Century Culture*, (Grand Rapids: Eerdmans, 1995); Robert Webber, *Worship Is a Verb* (Waco, Tex.: Word, 1985); ídem, *Worship Old and New* (Grand Rapids: Zondervan, 1982); Warren W. Wiersbe, *True Worship: It Will Transform Your Life* (Nashville: Oliver-Nelson, 1986).

poniéndose del lado de aquellos que abogaban a favor de normas no bíblicas. Quiero citar tres ejemplos:

- Se dice que cuando William Carey intentaba presentar el desafío de las misiones en una reunión de ministros bautistas, fue reprendido por uno de los pastores más ancianos con estas palabras: "¡Siéntese joven! Cuando Dios decida convertir a los paganos lo hará sin su ayuda ni la mía!".[33]

- Cuando el dirigente metodista británico Tomás Coke anunció a los sesenta y cinco años sus planes de llevar un equipo misionero a la isla de Ceilán (ahora Sri Lanka), un famoso clérigo, el Dr. Edward Pusey, escribió acusándole de querer construir un imperio. "Se sabía que Coke —afirmaba Pusey— era un hombre ambicioso, que pretendía altos títulos honoríficos, a los que no tenía derecho".[34]

- Cuando Hitler inició su radical programa nacionalista, muchos cristianos se le unieron. Por otra parte, muchos en Alemania y por todo el mundo guardaron silencio cuando tuvieron noticia de las atrocidades que se estaban cometiendo contra los judíos.[35]

Creo que una de las razones fundamentales de estos escandalosos episodios de la iglesia es que a menudo los cristianos quieren estar cómodos; por ello, se resisten a los cambios. El cristianismo, no obstante, no puede coexistir nunca con la comodidad. Los pensamientos humanos están demasiado lejos de los de Dios y el mundo tiene tantos problemas que cuanto más nos acercamos al modo de pensar de Dios, más incómodos nos sentiremos. Los evangélicos utilizan muchas veces el calificativo de conservadores para refererise a sí mismos, puesto que son fieles a la fe entregada una vez para siempre a los santos (Judas 3). No obstante, la mentalidad conservadora se asocia a menudo con una renuencia a los cambios y a aceptar los errores cometidos. Los cristianos bíblicos han de estar siempre abiertos a los cambios, ya que saben lo lejos que se encuentran de los ideales de Dios. Hemos de estar abiertos a la autocrítica[36] y recordar que esta se producirá con frecuencia por medio de personas que han descubierto algo de la Palabra que el resto de nosotros hemos pasado por alto. Ojalá acojamos a tales profetas, en lugar de perseguirles, y nos abramos humildemente a la corrección que Dios quiera mandarnos.

---

33. Kellsye M. Finnie, *William Carey: By Trade a Cobbler* (Eastbourne: Kingsway Publications, 1986), 32. Finnie afirma que no se ha confirmado si esta afirmación se ha hecho realmente o no.

34. John Vickers, *Thomas Coke: Apostle of Methodism* (Nashville: Abingdon, 1969), 344.

35. Ver Robert G. Clouse, Richard V. Pierard, y Edwin M. Yamauchi, *Two Kingdoms: The Church and Culture Through the Ages* (Chicago: Moody, 1993), 560–62.

36. Willimon, *Acts,* 63.

Al oír esto, rechinando los dientes montaron en cólera contra él. ⁵⁵ Pero Esteban, lleno del Espíritu Santo, fijó la mirada en el cielo y vio la gloria de Dios, y a Jesús de pie a la derecha de Dios.

⁵⁶ —¡Veo el cielo abierto —exclamó—, y al Hijo del hombre de pie a la derecha de Dios!

⁵⁷ Entonces ellos, gritando a voz en cuello, se taparon los oídos y todos a una se abalanzaron sobre él, ⁵⁸ lo sacaron a empellones fuera de la ciudad y comenzaron a apedrearlo. Los acusadores le encargaron sus mantos a un joven llamado Saulo.

⁵⁹ Mientras lo apedreaban, Esteban oraba.

—Señor Jesús —decía—, recibe mi espíritu.

⁶⁰ Luego cayó de rodillas y gritó:

—¡Señor, no les tomes en cuenta este pecado!

Cuando hubo dicho esto, murió.

¹ Y Saulo estaba allí, aprobando la muerte de Esteban.

Aquel día se desató una gran persecución contra la iglesia en Jerusalén, y todos, excepto los apóstoles, se dispersaron por las regiones de Judea y Samaria. ² Unos hombres piadosos sepultaron a Esteban e hicieron gran duelo por él.

³ Saulo, por su parte, causaba estragos en la iglesia: entrando de casa en casa, arrastraba a hombres y mujeres y los metía en la cárcel.

⁴ Los que se habían dispersado predicaban la palabra por dondequiera que iban.

Sentido Original   En esta sección de la historia de la iglesia primitiva, Lucas nos relata las repercusiones del discurso de Esteban, tanto para él mismo como para la iglesia en su conjunto. Esteban fue lapidado por su poderoso testimonio de Jesucristo y toda la iglesia comenzó a sentir los efectos de la oposición de los judíos al joven movimiento cristiano.

La visión de Esteban (7:54–56)

Con su acusación del pueblo judío (7:51–53), Esteban lleva su discurso a un final (¿abrupto?). Como era de esperar, la reacción del pueblo es amarga (7:54). Sin embargo, el versículo siguiente comienza con uno de los muchos "peros" gloriosos que encontramos en la Biblia y que marca un cambio en la dirección o tono de los acontecimientos. La expresión griega dice literalmente sobre Esteban: "Pero estando lleno del Espíritu Santo [...]" (7:55a). La palabra "estando" (*hyparchon*, la NIV no la traduce) significa aquí "estar en cierto estado, por regla general con la implicación de una serie de circunstancias específicas".[1] Esteban había sido lleno del Espíritu Santo a lo largo de toda su vida cristiana y esta plenitud no le abandonó en este momento de crisis. Esta se intensificó, convirtiéndose en una unción especial que le abrió la puerta a una visión de la gloria de Dios y de Cristo (vv. 55b–56). Como señala F. F. Bruce: "Ahora el Espíritu de profecía tomó posesión de él".[2] Se trata de otro ejemplo de cómo Dios se revela de manera especial para fortalecer a los fieles en momentos de intensa crisis.[3]

La visión de Esteban está llena de un profundo significado.[4] En este momento de vergüenza y aparente derrota él "vio la gloria de Dios" (7:55b). Vio también a Jesús y exclamó: "¡Veo el cielo abierto [...] y al Hijo del hombre de pie a la derecha de Dios!" (7:56). Este es el único texto del Nuevo Testamento en que aparece el título "Hijo del Hombre" aparte de los Evangelios.[5] La declaración de Esteban nos recuerda una afirmación similar hecha por Jesús ante el mismo tribunal tan solo unos meses atrás. El sumo sacerdote le había preguntado: "¿Eres el Cristo, el Hijo del Bendito?" y Jesús le había respondido: "Sí, yo soy [...] Y ustedes verán al Hijo del hombre sentado a la derecha del Todopoderoso, y viniendo en las nubes del cielo" (Mr 14:61–62). Esto hizo que a Jesús se le declarara culpable de blasfemia y reo de muerte (14:63–64).

Ahora Esteban está, por así decirlo, poniendo en tela de juicio este veredicto al afirmar que Jesús es de hecho el Cristo glorioso que se sienta ahora a la diestra de Dios. Por tanto, si el Sanedrín no está dispuesto a reconocer que se equivocó en su veredicto sobre Jesús, no le queda entonces otra opción que condenar también a Esteban. Esta visión debió darle valor a Esteban. No se ha equivocado en el camino que ha tomado. La causa de Dios triunfará, como lo proclama el salmo que tanto valoraban los primeros cristianos: "Así dijo el Señor a mi Señor: 'Siéntate a mi derecha hasta que ponga a tus enemigos por estrado de tus pies.' ¡Que el Señor extienda desde Sión el poder de tu cetro! ¡Domina tú en medio de tus enemigos!" (Sal 110:1–2). La visión de Esteban confirma la interpretación que de este salmo hacía la iglesia primitiva.

¿Por qué está Jesús de pic y no sentado, como declaran otras Escrituras? Se han dado muchas razones para explicar este cambio. Por mi parte estoy

---

1. Louw y Nida, 150.
2. Bruce, *Acts: Greek Text*, 210.
3. Ver también 4:30–31; 7:55–56; 18:9–10; 23:11; 27:23–24.
4. Estoy en deuda con Bruce por una buena parte de lo que he escrito sobre estos versículos. Toda su exposición es digna de consideración. *Acts*, NICNT, 154–57.
5. Bruce señala que la expresión de Apocalipsis 1:13 y 14:4 no es el título "Hijo del Hombre", sino "uno semejante a un hijo de hombre", es decir, un personaje humano (*Acts*, NICNT, 154).

de acuerdo con muchos comentaristas de nuestro tiempo[6] que entienden que, para Lucas, Jesús se pone en pie "como testigo o abogado de Esteban".[7] Jesús había dicho: "Les aseguro que a cualquiera que me reconozca delante de la gente, también el Hijo del hombre lo reconocerá delante de los ángeles de Dios" (Lc 12:8). En consonancia con esta promesa, cuando Esteban es rechazado por los tribunales terrenales, descubre que Jesús actúa como su abogado y testifica a su favor. Pero Jesús es también el Juez y, en este sentido, su juicio es el único que importa desde la perspectiva eterna. No hay, por tanto, nada que temer. El rechazo de su pueblo, los judíos, habría sido una experiencia muy dolorosa, pero la aceptación por parte del Hijo más ilustre del gran David[8] compensa con creces este dolor.

En esta visión se confirma lo que Esteban había estado también defendiendo en su discurso. Bruce comenta:

> La presencia del Hijo del Hombre a la diestra de Dios significaba que para su pueblo se había abierto un modo de acceso a Dios más inmediato y satisfactorio que el que podía ofrecer el templo. Significaba que el tiempo del particularismo había llegado a su fin y había dado paso al cumplimiento. La soberanía del Hijo del Hombre iba a abrazar a todas las naciones y razas sin distinción: bajo su influjo no había (ni hay) lugar para una institución que otorga privilegios religiosos especiales a un grupo y se los niega a otros.[9]

Muerte de Esteban (7:57–60)

Con impresionante claridad, Lucas describe a los enfurecidos oyentes apresurándose con violencia para dar muerte a Esteban. Cuando añade sus palabras sobre la visión de Jesús a las afirmaciones sobre el templo, no tienen más elección que ejecutarlo por blasfemia, igual que hicieron con Jesús. Taparse los oídos (7:57) era probablemente una forma característica de actuar ante la blasfemia. "No quieren escuchar sus palabras por miedo a que Dios les consuma por oír tales injurias".[10] Esteban es llevado a empellones fuera de la ciudad para ser lapidado (7:58a) de acuerdo con el mandamiento expresado en Levítico 24:14: "Saca al blasfemo fuera del campamento. Quienes lo hayan

---

6. P. ej., F. F. Bruce, *Acts,* NICNT, 154; E. F. Harrison, *Interpreting Acts,* 136; C. F. D. Moule, "From Defendant to Judge and Deliverer: An Enquiry into the Use and Limitations of the Theme of Vindication in the New Testament", *Studiorum Novi Testamenti Societas,* 3:47, citado en Harrison, *Acts,* 136; Richard Longenecker, "Acts*"*, 350–51; I. Howard Marshall, *Acts,* 149.
7. Bruce, *Acts*, NICNT, 121.
8. Ver Lc 1:32–33.
9. Bruce, *Acts*, NICNT, 121.
10. Polhill, *Acts*, 208.

oído impondrán las manos sobre su cabeza, y toda la asamblea lo apedreará". En este punto, Lucas menciona a Saulo (Hch 7:58b), según su hábito de introducir a los personajes importantes de su libro en una narración antes de que adquieran relevancia (cf. 4:36–37; 6:5).

Las últimas palabras de Esteban se parecen sorprendentemente a dos de las últimas frases que pronunció Jesús inmediatamente antes de su muerte. Le pide a Dios que reciba su espíritu (7:59; cf. Lc 23:46) y que no les tome "en cuenta este pecado" a sus verdugos (Hch 7:60; cf. Lc 23:34). Solo Lucas menciona las dos afirmaciones paralelas de Cristo. Probablemente quiere que sus lectores observen estas similitudes. Como veremos más adelante, Esteban ha entrado en la comunión de los sufrimientos de Cristo.

La iglesia se dispersa (8:1–4)

La muerte de Esteban da un nuevo ímpetu a las fuerzas anti cristianas en las que Saulo desempeña ahora un importante papel (8:1a). Aquel día se desató una gran persecución, "y todos, excepto los apóstoles, se dispersaron por las regiones de Judea y Samaria" (8:1b). El hecho de que los apóstoles "pudieran quedarse en Jerusalén (sin duda, junto a otros cristianos) confirma la sospecha de que el ataque se dirigió principalmente contra el grupo de Esteban".[11] Es también posible que los apóstoles se quedaran en la ciudad porque creían que "su deber era permanecer en su puesto".[12]

Esteban fue sepultado y llorado por "hombres piadosos" (8:2). El adjetivo "piadosos" (*eulabes*) se aplica por regla general a los judíos. No podemos estar seguros de si Lucas se refiere a cristianos de origen judío[13] o a judíos piadosos, que desaprobaron la injusticia cometida[14]. El lenguaje que se utiliza para hacer referencia al duelo que se hizo por la muerte de Esteban sugiere expresiones de dolor sonoras y profundas, que más adelante la literatura rabínica (la Mishná) consideraría inapropiadas en el sepelio de personas condenadas a muerte por el Sanedrín.[15] Si los protagonistas de este duelo eran cristianos, ello indicaría que Esteban era sin duda una persona muy amada por la iglesia (algo comprensible, considerando su carácter singular). Si se describe a judíos no cristianos, las muestras de luto mostrarían lo mucho que algunos judíos lamentaron lo que había sucedido. Sean cuales sean los motivos, es reconfortante ver que en una cultura que concedía un gran valor a las sepulturas, el primer mártir cristiano fue sepultado de manera honrosa.

---

11. Marshall, *Acts,* 151.
12. Bruce, *Acts*, NICNT, 121.
13. Bruce, *Acts: Greek Text,* 215.
14. Stott, *Acts*, 145. Longenecker opina que puede referirse a judíos que estaban abiertos al mensaje cristiano ("Acts", 355).
15. Longenecker, "Acts", 355.

Lucas no tiene reparos en referirse a la vehemencia precristiana de Saulo/
Pablo, quien más adelante sería su amigo (8:3). Sri Lanka es un país un tanto
inestable y convulso, y muchas veces me ha preocupado lo que pueden pensar
nuestros hijos de nuestra decisión de quedarnos a vivir en este país y servir
en una organización evangelística. Por ello, me he preguntado lo que aquellos niños cristianos habrían sentido cuando tuvieron que abandonar sus casas
huyendo atemorizados o vieron que sus padres eran arrastrados a la cárcel.
¿Qué ha sucedido con el Cristo victorioso y el poder de su resurrección? ¿Por
qué permanece Dios inactivo, distante incluso, mientras ellos sufren?

El libro de los Hechos sigue revelándonos su profunda teología sobre el
subtema del sufrimiento a medida que se desarrolla su narración. Dios no está
inactivo; de hecho, siente como propio el dolor que Saulo les está causando
(ver 9:4). Por el momento, Lucas nos da un destello de la victoria que Dios
va a sacar de esta aparente tragedia: "Los que se habían dispersado predicaban la palabra por dondequiera que iban" (8:4). Como afirma Everett Harrison:
"Aquellos cristianos eran más misioneros que refugiados". Harrison sigue
señalando que "Lucas podía haber utilizado el término general para expresar una dispersión, pero prefirió utilizar una palabra [*diaspeiro*] que significa
esparcir como se esparce la semilla sobre el campo".[16] Esta palabra está vinculada a la diáspora judía. Es posible que Lucas entienda que se está produciendo
una nueva dispersión.

Con la sabiduría que da la experiencia, Lucas ve una gran trascendencia en
estos acontecimientos. De hecho, cuando menciona la primera predicación del
evangelio a los gentiles fuera de Palestina, dice que quienes llevaban a cabo
esta tarea eran "los que se habían dispersado a causa de la persecución que
se desató por el caso de Esteban" (11:19). Lucas relaciona deliberadamente a
Esteban y la persecución posterior a su muerte con este importante avance de
la iglesia, que Barclay describe como "uno de los acontecimientos más importantes de la historia".[17]

No hay duda de que Lucas tenía varias razones
para conceder tanta notoriedad a Esteban en
Hechos. En el estudio anterior consideramos tres
de ellas: el ejemplo de cristianismo equilibrado
que se ve en su vida, el piadoso modelo de radicalismo y contextualización que
observamos en su ministerio y el importante lugar que su mensaje tuvo en el
desarrollo de la doctrina cristiana. El pasaje que estamos considerando nos
muestra cómo hacían frente a la persecución Esteban y las primeras iglesias. El
sufrimiento es uno de los principales subtemas de este libro.[18] Es, pues, razona-

---

16. Harrison, *Interpreting Acts*, 139.
17. Barclay, *Acts,* 88.
18. Ver Índice correspondiente.

ble concluir que Lucas describe el sufrimiento de Esteban y de la iglesia y su forma de afrontarlo para que sus lectores saquen lecciones y principios al respecto.

Sufrimiento y plenitud

La experiencia de plenitud del Espíritu que vemos en Esteban como preparación para la muerte (7:55) nos ayuda a ahondar en la naturaleza de dicha plenitud. Lucas la presenta para ayudar a los cristianos fieles a afrontar el sufrimiento. Este tema recibe un amplio tratamiento en Romanos 8, el gran capítulo en que Pablo describe la vida llena del Espíritu. La segunda mitad de este capítulo está dedicada a la experiencia del Espíritu en situaciones de sufrimiento (Ro 8:17–39).[19]

La unción de Esteban con la plenitud del Espíritu se manifestó como una visión de la gloria de Dios y del Cristo exaltado en su papel de abogado en el cielo. Por medio de ella, Esteban obtuvo fuerza para afrontar victoriosamente su dolorosa prueba. Encontramos en Hechos otras muchas ocasiones en que, cuando los siervos de Dios padecían por el evangelio, Dios se les revelaba de alguna forma reconocible que les daba valor para seguir adelante (4:31; 18:9; 23:11; 27:23–24). Podemos concluir que, en tiempos de necesidad, Dios, que sabe lo que podemos soportar, nos imparte su fuerza que alienta nuestro espíritu y nos motiva a la obediencia, aun cuando tal obediencia nos conduce a la muerte. De igual modo, Dios cumplió también esta promesa en la vida de Pablo aun sin impartirle alivio del sufrimiento: "Te basta con mi gracia, pues mi poder se perfecciona en la debilidad" (2Co 12:9).

Compartiendo los sufrimientos de Cristo

En la sección "Sentido Original" hemos observado las dos afirmaciones de Esteban que se parecen a las que, según Lucas, Jesús pronunció antes de su muerte (7:59–60). Cuando comparamos los relatos que Lucas hace de las muertes de Jesús y de Esteban, el vínculo que se aprecia entre ellos es demasiado estrecho para ser casual. A Esteban se le acusa con un cargo parecido al que se presenta contra Cristo: ofensa contra el templo (Mt 26:61; Mr 14:58).[20] En un cumplimiento asombroso de una profecía hecha por Cristo durante su juicio (Lc 22:69), Esteban recibe una visión del Señor Jesús a la diestra de Dios. Tanto a Jesús como a Esteban se les lleva fuera de la ciudad para su ejecución. Al morir, dicen cosas parecidas. No es solo que Esteban se parezca a Jesús, sino que de hecho, en esta experiencia se ha hecho como él. Pablo habla de desear estas dos mismas cosas: "… participar en sus sufrimientos y llegar a

---

19. Me gusta titular este pasaje de Romanos como "Sufrimiento lleno del Espíritu".
20. Esta acusación, sin embargo, no aparece en el Evangelio de Lucas.

ser semejante a él en su muerte" (Fil 3:10). Esteban ha entrado a compartir los sufrimientos de Cristo.

Esta enseñanza bíblica es una extensión natural de la doctrina de nuestra unión con Cristo. Cristo es un Salvador sufriente y, si queremos unirnos verdaderamente a él, también nosotros hemos de sufrir. Hay un grado de unión con Cristo al que solo llegamos por medio del sufrimiento. Pero no solo es que nosotros compartamos sus sufrimientos, sino que también él participa de los nuestros. El Cristo exaltado, que comparte la gloria de Dios, no es sordo a nuestros lamentos de dolor cuando sufrimos; él sufre con nosotros cuando sufrimos. Pablo entendió esto en el camino de Damasco cuando oyó que Jesús le decía: "Saulo, Saulo, ¿por qué me persigues?" (Hch 9:4). Saulo había estado golpeando a la iglesia, ¡pero era Cristo el que había sentido el dolor!

Por ello, en nuestros momentos de sufrimiento podemos afirmar por la fe: "Esto me va a llevar más cerca de Jesús. Por tanto, es una bendición".

Sufrimiento y evangelización

Como se ha dicho anteriormente, Lucas da a entender que la muerte de Esteban y la persecución que la siguió servían a la causa del evangelio como catalizador para la extensión del mensaje (8:4; 11:19). En el estudio anterior, hemos visto que, desde un punto de vista teológico, el ministerio de Esteban abrió la puerta para la misión mundial de la iglesia (mostrando que el templo no era necesario). Ahora la abre nuevamente, por lo que se refiere a las circunstancias, catapultando a los misioneros fuera de Jerusalén hacia otras áreas geográficas mencionadas en la Gran Comisión. De ello podemos extraer un principio siempre verdadero, por cuanto otros pasajes lo sugieren también: Dios se sirve de la persecución y el sufrimiento para hacer avanzar el evangelio. Escribiendo a los filipenses con respecto a su encarcelamiento, Pablo afirmó: "Hermanos, quiero que sepan que, en realidad, lo que me ha pasado ha contribuido al avance del evangelio" (Fil 1:12).

Pero puede que la afirmación más fuerte de esta convicción es la que el apóstol expresa en Colosenses 1:24–25: "Ahora me alegro en medio de mis sufrimientos por ustedes, y voy completando en mí mismo lo que falta de las aflicciones de Cristo, en favor de su cuerpo, que es la iglesia. De ésta llegué a ser servidor según el plan que Dios me encomendó para ustedes: el dar cumplimiento a la palabra de Dios". Esta curiosa afirmación parece implicar que los sufrimientos de Cristo están incompletos, una idea a la que Pablo se opondría con vehemencia. Sin embargo, aunque los sufrimientos de Cristo están completos por lo que respecta a ganar nuestra salvación, la recepción de dicha salvación es todavía incompleta. Antes del regreso de Jesús, han de producirse los "dolores de parto del Mesías", lo cual es una idea tanto veterotestamentaria como cristiana.[21]

La iglesia (que es una con Cristo) ha de participar de algunos de tales dolores de parto. Sabemos que la venida de Cristo está íntimamente ligada a la predicación del evangelio a todas las naciones; el fin solo llegará cuando esto se haya producido (Mt 24:14). Aunque el sufrimiento de Cristo está completo, la recepción de sus bendiciones no lo está. Por decirlo de otro modo, la propiciación ha sido consumada, pero no la propagación. Para que esto suceda hay una "cuota de sufrimiento"[22] que ha de hacerse efectiva. Pablo dice en Colosenses 1:24 que él se regocija en el pago de esta cuota. La cuestión, pues, es que el sufrimiento es un ingrediente esencial del evangelismo y el ministerio efectivo.

Significado Contemporáneo

Sufrimiento lleno del Espíritu

La experiencia que tuvo Esteban de una unción especial con la plenitud del Espíritu en medio del sufrimiento pone en tela de juicio muchas ideas corrientes sobre la plenitud del Espíritu. Por regla general, esta se relaciona con ciertas actividades ministeriales, como la predicación, las curaciones, las profecías o alguna experiencia personal extática, como por ejemplo hablar en lenguas. Aunque esto es sin duda válido, en líneas generales, no podemos olvidar que la plenitud del Espíritu se nos da también a fin de prepararnos para el sufrimiento, que es una parte muy importante de la vida de obediencia. Dios está en acción cuando el sol resplandece intensamente y también cuando negros nubarrones oscurecen el cielo sobre nosotros.

Por tanto, hemos de desarrollar una teología de la plenitud del Espíritu en la oscuridad. No es fácil entender una enseñanza así en este mundo sensual y hedonista, que teme al sufrimiento y hace todo lo posible por evitarlo. No obstante, la Biblia nos pide que en lugar de esforzarnos por evitar el sufrimiento lo esperemos. Si tenemos una teología de la plenitud del Espíritu en la oscuridad, nos moveremos con expectación en busca de las bendiciones que sabemos que Dios nos impartirá por medio de todo tipo de experiencias difíciles.

Creo que la plenitud del Espíritu en las experiencias de sufrimiento es tan importante para nuestra salud espiritual que Dios nos permite pasar por tiempos difíciles para llenarnos nuevamente. Muchos predicadores darán testimonio de que ha sido precisamente en tiempos de profundo dolor en sus vidas cuando han experimentado una mayor libertad del Espíritu en su predi-

---

21. Con respecto a los "dolores de parto del Mesías", ver Peter O'Brien, "Colossians", *NBCTCE*, 1266; ídem, *Colossians, Philemon* (WBC 44; Waco, Tex.: Word, 1982), 78–81.

22. La idea de una "cuota de sufrimiento" es de C. F. D. Moule, "The Epistles to the Colossians and to Philemon", *The Cambridge Greek New Testament Commentary* (Londres: Cambridge Univ. Press, 1968), 76–77.

cación. Mi experiencia personal ha sido que, antes de asumir alguna tarea exigente desde un punto de vista espiritual (como por ejemplo hablar en alguna importante conferencia), a menudo atravieso graves crisis. Con el tiempo he aprendido a reconocer estas vivencias como dones de Dios cuyo objetivo es acercarme a él. Las luchas que vienen con tales crisis nos llevan a depender más de él, lo cual es una clave para introducirnos a una experiencia de plenitud. Una vez, Toyohiko Kagawa (1888–1960), el gran evangelista y reformador social japonés, pensaba que estaba perdiendo la vista. Kagawa describió de esta manera sus sentimientos: "La oscuridad, la oscuridad es un lugar santísimo que nadie me puede robar. En la oscuridad me encuentro cara a cara con Dios".[23]

La visión de la gloria de Dios y la exaltación de Cristo debió de animar mucho a Esteban. El rechazo de los tuyos es siempre difícil de encajar. Pero cuando somos conscientes de que Dios está en el trono y que quiere lo mejor para nosotros, podemos encontrar valor e incluso alegría en medio de nuestro dolor. Se cuenta la historia de un mártir cristiano que sonreía mientras le estaban quemando en una pira. A su perseguidor le irritaba aquella sonrisa y le preguntó qué razón tenía para sonreír. El crisitiano respondió: "He visto la gloria de Dios y me he alegrado".

En medio de la experiencia del dolor nos preguntaremos si merece la pena sufrir por el evangelio. En este tipo de situaciones hemos de fijar "la mirada en Jesús, el iniciador y perfeccionador de nuestra fe, quien por el gozo que le esperaba, soportó la cruz, menospreciando la vergüenza que ella significaba, y ahora está sentado a la derecha del trono de Dios" (Heb 12:2). Con esta visión podremos correr con perseverancia la carrera que tenemos por delante, negándonos a abandonar cuando las cosas se ponen difíciles y despojándonos de aquellos lastres terrenales innecesarios que tan fácilmente nos estorban (12:1).

El sufrimiento y la búsqueda del placer

¿Podemos sostener la idea bíblica de que el sufrimiento es una bendición en una sociedad hedonista, empeñada en una implacable búsqueda del placer y evasión del sufrimiento? No, a menos que redescubramos el verdadero hedonismo cristiano.[24] Puesto que Dios es el creador de todas las cosas, sabemos que es también la fuente del placer más puro y completo (él creó el placer). El mayor de los placeres es conocer íntimamente a Dios. Como afirmó David: "Me has dado a conocer la senda de la vida; me llenarás de alegría en tu presencia, y de dicha eterna a tu derecha" (Sal 16:11). Por tanto, el placer más elevado se encuentra en la unión con Dios en Cristo. Y uno de los aspectos más

---

23. Citado en James S. Stewart, *Classic Sermons on Suffering,* compilados por Warren W. Wiersbe (Grand Rapids: Kregel, 1984), 92.

24. La expresión "hedonismo cristiano" procede del libro de John Piper, *Sed de Dios: meditaciones de un hedonista cristiano* (Barcelona: Publicaciones Andamio, 2001).

profundos de esta unión está en compartir los sufrimientos de Cristo. Pablo dijo: "Lo he perdido todo a fin de conocer a Cristo [...] participar en sus sufrimientos y llegar a ser semejante a él en su muerte" (Fil 3:10). Como ha señalado Peter O'Brien, la construcción griega de este texto implica que participar de sus sufrimientos es uno de los aspectos de conocer a Cristo.[25]

La cuestión es, pues, hasta qué punto es importante para nosotros conocer a Cristo. Si esta es la pasión que nos consume, el sufrimiento no será motivo de resentimiento, puesto que en medio del dolor tenemos la certeza de que este es un medio para conseguir nuestra ambición más profunda. John y Betty Stam fueron misioneros en China que murieron a manos de los comunistas en la década de 1930, cuando no tenían todavía treinta años. Jonn Stam dijo una vez: "¡Quítenme todo lo que tengo, pero déjenme el deleite de caminar y hablar con el Rey de la gloria!". Quienes encuentran esta clase de gozo en su unión con Cristo descubrirán que el sufrimiento es, de hecho, una bendición, porque les conduce a las profundidades del mayor placer que se puede experimentar. Hemos de rescatar al placer del dominio de la vaciedad a que el mundo lo ha condenado.

Sufrimiento y ministerio en nuestro tiempo

No es solo que el sufrimiento haga más profundo nuestro vínculo con Cristo, sino que también potencia la efectividad de nuestro servicio, en especial la evangelización. También este es un mensaje que hay que subrayar en un mundo que desea evitar el dolor. Por ejemplo, en nuestros días se ha escrito mucho sobre los peligros del estrés.[26] Sin embargo, no debemos olvidar nunca que hay un cierto tipo de estrés necesario y útil para desarrollar un ministerio efectivo: el que supone asumir el dolor de nuestro pueblo. ¿No dijo acaso Pablo: "… cada día pesa sobre mí la preocupación por todas las iglesias" (2Co 11:28)? Notemos también la preocupación que el apóstol sentía por los obstinados gálatas: "Queridos hijos, por quienes vuelvo a sufrir dolores de parto hasta que Cristo sea formado en ustedes, ¡cómo quisiera estar ahora con ustedes y hablarles de otra manera, porque lo que están haciendo me tiene perplejo!" (Gá 4:19–20).

La verdad es que lo que sufrimos incrementa nuestra credibilidad en el ministerio. Pablo puede decirles a los gálatas: "Por lo demás, que nadie me cause más problemas, porque yo llevo en el cuerpo las cicatrices de Jesús" (Gá 6:17). Esta clase de credibilidad nos permite exhortar a los hermanos con una cierta autoridad. Pablo les dijo a los efesios: "Por eso yo, que estoy preso por la causa del Señor, les ruego que vivan de una manera digna del llamamiento que han recibido" (Ef 4:1). En nuestro tiempo, la exhortación ha pasado de moda y

---

25. Peter T. O'Brien, *The Epistle to the Philippians*, NIGTC (1991), 402–3.
26. Me han sido de especial ayuda algunos escritos del Dr. Archibald D. Hart, como por ejemplo *Adrenalin and Stress* (Dallas: Word, 1991).

uno se pregunta si esta situación cambiaría si los ministros cristianos estuvieran más dispuestos a sufrir.

Es en la evangelización, no obstante, donde el poder del sufrimiento se ilustra mejor. Dirigiéndose a los gobernantes del Imperio romano, Tertuliano —escritor y apologista cristiano del norte de África (h. 160–225)— dijo: "Mátennos, tortúrennos, condénennos, tritúrennos, si quieren, hasta convertirnos en polvo [...] Cuanto más nos masacran más crecemos, la semilla del reino es la sangre de los mártires".[27] Festo Kivengere, un obispo anglicano de Uganda, hizo una declaración similar. En febrero de 1979, con motivo del segundo aniversario de la muerte de su arzobispo, Janani Luwum, Kivengere afirmó: "Sin sufrir, la iglesia no puede bendecir".[28]

En este siglo, muchos cristianos han sido perseguidos y asesinados por su fe. Es posible que el Dr. Paul Carlson estuviera en lo cierto cuando, antes de su martirio, les dijo a los creyentes congoleños que en el siglo XX habían muerto más cristianos por su fe que en todos los siglos anteriores juntos.[29] Sin embargo, la persecución lleva consigo una gran efectividad en la evangelización, como demuestra el sorprendente crecimiento de la iglesia en China durante los últimos cincuenta años. El rápido crecimiento de la iglesia en Sri Lanka durante los últimos quince años ha ido de la mano del auge de la persecución. En 1966, hablando de la persecución en Sri Lanka en el Congreso Mundial sobre la Evangelización que se celebró en Berlín, mi padre dijo que la pregunta que teníamos que hacernos no era "¿Por qué se nos persigue?", sino "¿Por qué *no* se nos persigue?". Esta situación cambió cuando la iglesia comenzó a tomarse más en serio su obediencia a la Gran Comisión. La evangelización provoca la persecución, mientras que la persecución vigoriza la evangelización.

Si somos obedientes a Cristo, aunque vivamos en países en los que los cristianos gozan de una relativa libertad, experimentaremos alguna forma de sufrimiento (aunque sea el que produce el cansancio o la presión por nuestra preocupación por las personas). El sufrimiento en cuestión puede ser el dolor que nos causan aquellos que nos decepcionan, aunque nos negamos a tirar la toalla; o el de ser traicionados por personas en las que confiamos. Puede tomar la forma de una persecución por compartir a Cristo con los no cristianos que no quieren escuchar el evangelio, o por predicar a los cristianos cosas que no quieren escuchar.

Es evidente que todas estas cosas pueden evitarse fácilmente. Podemos evitar el cansancio no respondiendo en amor a la necesidad de otra persona. Podemos

---

27. Tertuliano, *Apología,* Capítulo 50; citado en Stott, *Acts,* 119.
28. *Ibíd.*
29. Citado en James y Marti Hefley, *By Their Blood: Christian Martyrs of the Twentieth Century* (Milford, Mich.: Mott Media, 1979), 589. Este libro representa un impresionante relato sobre el martirio en el siglo XX.

evitar la presión que supone preocuparse por las personas no asumiendo sus problemas como una responsabilidad personal. Podemos evitar el dolor de la desilusión no depositando esperanzas tan altas en las personas. Podemos evitar la traición no confiando ni invirtiendo en nadie. Me temo que muchas de las reflexiones sobre el ministerio cristiano tienden a enfocarse en ayudarnos a evitar este tipo de dolor. Estos patrones indican que la iglesia ha perdido la idea bíblica del sufrimiento y el dolor como algo glorioso.

En nuestros días hay mucha terapia para los que sufren. Aunque esto puede tener su utilidad, es más útil una sana teología del sufrimiento. A pesar de la terapia, no podremos evitar el sufrimiento. De hecho, cuando intentamos huir del sufrimiento podemos desobedecer la voluntad de Dios. Una sana teología del sufrimiento despojará al dolor de su amargo aguijón y nos ayudará a convertirlo en algo constructivo para el reino, manteniéndonos gozosos en medio de él.

Felipe bajó a una ciudad de Samaria y les anunciaba al Mesías. ⁶ Al oír a Felipe y ver las señales milagrosas que realizaba, mucha gente se reunía y todos prestaban atención a su mensaje. ⁷ De muchos endemoniados los espíritus malignos salían dando alaridos, y un gran número de paralíticos y cojos quedaban sanos. ⁸ Y aquella ciudad se llenó de alegría.

⁹ Ya desde antes había en esa ciudad un hombre llamado Simón que, jactándose de ser un gran personaje, practicaba la hechicería y asombraba a la gente de Samaria. ¹⁰ Todos, desde el más pequeño hasta el más grande, le prestaban atención y exclamaban: «¡Este hombre es al que llaman el Gran Poder de Dios!»

¹¹ Lo seguían porque por mucho tiempo los había tenido deslumbrados con sus artes mágicas. ¹² Pero cuando creyeron a Felipe, que les anunciaba las buenas nuevas del reino de Dios y el nombre de Jesucristo, tanto hombres como mujeres se bautizaron. ¹³ Simón mismo creyó y, después de bautizarse, seguía a Felipe por todas partes, asombrado de los grandes milagros y señales que veía.

¹⁴ Cuando los apóstoles que estaban en Jerusalén se enteraron de que los samaritanos habían aceptado la palabra de Dios, les enviaron a Pedro y a Juan. ¹⁵ Éstos, al llegar, oraron por ellos para que recibieran el Espíritu Santo, ¹⁶ porque el Espíritu aún no había descendido sobre ninguno de ellos; solamente habían sido bautizados en el nombre del Señor Jesús. ¹⁷ Entonces Pedro y Juan les impusieron las manos, y ellos recibieron el Espíritu Santo.

¹⁸ Al ver Simón que mediante la imposición de las manos de los apóstoles se daba el Espíritu Santo, les ofreció dinero ¹⁹ y les pidió:

—Denme también a mí ese poder, para que todos a quienes yo les imponga las manos reciban el Espíritu Santo.

²⁰ —¡Que tu dinero perezca contigo —le contestó Pedro—, porque intentaste comprar el don de Dios con dinero! ²¹ No tienes arte ni parte en este asunto, porque no eres íntegro delante de Dios. ²² Por eso, arrepiéntete de tu maldad y ruega al Señor. Tal vez te perdone el haber tenido esa mala intención. ²³ Veo que vas camino a la amargura y a la esclavitud del pecado.

²⁴ —Rueguen al Señor por mí —respondió Simón—, para que no me suceda nada de lo que han dicho.

²⁵ Después de testificar y proclamar la palabra del Señor, Pedro y Juan se pusieron en camino de vuelta a Jerusalén, y de paso predicaron el evangelio en muchas poblaciones de los samaritanos.

Sentido Original Con Hechos 6 se inicia una nueva fase de la historia de la iglesia en la que Dios la prepara para llevar el evangelio por todo el mundo. El ministerio de Esteban preparó a la iglesia desde un punto de vista teológico, liberando al cristianismo del templo de Jerusalén. Su muerte y la persecución que la siguió llevaron a los cristianos a salir de Jerusalén dando testimonio de su fe. Este capítulo contiene dos pasos clave en esta dirección: la conversión de los samaritanos y la de un etíope. En el capítulo 9 se narra la conversión de Pablo, el apóstol de los gentiles; Los capítulos 10–11 narran la conversión de gentiles en las ciudades de Cesarea y Antioquía. Después, en el capítulo 13 se inicia una misión dirigida completamente a los gentiles con la encomendación de Pablo y Bernabé. En el capítulo 15 se produce un trascendental avance teológico con el acuerdo alcanzado en la iglesia en el sentido de que los gentiles no tienen que hacerse primero judíos para convertirse en cristianos. En otras palabras, cada capítulo presenta una apasionante y nueva fase en el programa de la Gran Comisión.

Los samaritanos reciben el Espíritu (8:5–17)

Entre los diseminados testigos de Jerusalén estaba Felipe, quien fue a una ciudad de Samaria (cuyo nombre no se especifica) y "les anunciaba al Mesías" (v. 5). No hay unanimidad entre los eruditos sobre los orígenes de los samaritanos, pero estos eran al parecer descendientes de los judíos del reino del norte que se mezclaron con los pueblos extranjeros. Los judíos no les consideraban gentiles, sino parte de "las ovejas perdidas de la casa de Israel".[1] Su religión se basaba en el Pentateuco, aunque se trataba de un texto algo distinto del que conocemos nosotros. Ellos esperaban a un libertador futuro (*ta'eb* o restaurador) en consonancia con la promesa de Deuteronomio 18:15–19 sobre la venida de un profeta como Moisés (cf. la mujer samaritana en Juan 4, que aludió a la esperanza del Mesías futuro, [Jn 4:25]). Al parecer, Felipe se basó en esta esperanza para predicarles a Jesús como Mesías. Al proclamar el evangelio a los samaritanos Felipe dio un paso atrevido, puesto que entre ellos y los judíos existía una animadversión recíproca.

Vemos de nuevo cómo un ministerio en el ámbito de lo milagroso abrió la puerta para que el evangelio fuera escuchado. El versículo 6 establece una conexión directa entre los milagros y el hecho de que los samaritanos prestaran "atención a su mensaje". Las señales sirvieron para realzar la predicación de la palabra como el elemento más importante de la evangelización.[2] Este versículo

---

1. Marshall, *Acts,* 153.
2. Se deja constancia de la primacía de la Palabra de Dios en el ministerio de Felipe en las palabras de Lucas en el sentido de que "los apóstoles que estaban en Jerusalén se enteraron de que los samaritanos habían aceptado *la Palabra de Dios*" (8:14, cursivas del autor).

contiene una de las trece ocasiones en que aparece en el libro de los Hechos la palabra *semeion*, que por regla general se traduce como "señales milagrosas". Es una buena palabra para aludir a los milagros, puesto que significa "un acontecimiento al que se atribuye un significado especial".[3]

Felipe "les anunciaba las buenas nuevas del reino de Dios y el nombre de Jesucristo" (v. 12). La expresión "anunciaba las buenas nuevas" traduce una única palabra, *euangelizo*. Las dos expresiones "el reino de Dios" y "el nombre de Jesús" (o frases parecidas a estas) se usan muchas veces en Hechos[4] como un resumen del evangelio. Con el ministerio de Felipe, la ciudad se llenó "de alegría" (v. 8), aunque no se nos dice la razón exacta. ¿Fue acaso por la conversión, o por la gran cantidad de personas sanadas? Me vienen a la mente mis viajes al norte de Sri Lanka, donde las fuerzas de seguridad (formadas principalmente por personas de mi etnia) están en guerra con los rebeldes de raza tamil que viven en esta zona. Cuando estoy en esta región, en teoría me encuentro en territorio enemigo, sin embargo, tanto yo como mis hermanos y hermanas tamiles experimentamos una gran alegría. Este ministerio en "territorio enemigo" es una alegre y poderosa demostración del poder del evangelio para derribar barreras humanas.

A continuación, Lucas introduce a Simón el hechicero, un hombre que llevaba a cabo grandes obras mediante sus practicas ocultistas y que tenía muchos seguidores (vv. 9–11).[5] Este estaba asombrado por lo que había visto en el ministerio de Felipe, y también creyó y fue bautizado (v. 13). No obstante, a medida que la historia avanza se hace evidente que su fe era superficial. En este texto, el término "creer" no hace referencia a una fe que salva (cf. Stg 2:19–20). No todos los que profesan fe en Cristo son creyentes fieles. Algunos se sienten tan atraídos por algo que ven en la iglesia —algún elemento secundario al evangelio— que son cegados y no comprenden verdaderamente el evangelio.

A fin de verificar lo que ha sucedido en Samaria, la iglesia de Jerusalén envía a Pedro y a Juan (v. 14). Se trata de una situación en la que un dirigente de la segunda generación está haciendo el trabajo que han venido desarrollando Jesús y los apóstoles, que ahora dejan de asumir el papel de iniciar y pasan al de verificar.[6] A su llegada a Samaria, los apóstoles oraron para que los convertidos "recibieran el Espíritu Santo, porque el Espíritu aún no había descendido sobre ninguno de ellos; solamente habían sido bautizados en el nombre del Señor Jesús" (vv. 15–16). Tras su oración, el Espíritu desciende sobre los samaritanos (v. 17).

---

3. Louw y Nida, 443.
4. Ver Barrett, *Acts,* 408.
5. En los escritos postapostólicos a Simón se le llama Simón el Mago (la palabra "mago" se aplica a quienes practican la brujería). Según estos escritos, este hombre llevó a muchas personas por el mal camino.
6. Tannehill, *Narrative Unity of Luke-Acts*, 2:102–4.

No se nos dice de qué modo supieron Pedro y Juan que el Espíritu Santo había venido sobre los samaritanos. Probablemente se produjo alguna manifestación externa, como hablar en lenguas, por ejemplo, que aportó evidencias inequívocas de este hecho. Durante mucho tiempo, este pasaje ha sido objeto de debate y controversia. ¿Es el bautismo con el Espíritu Santo posterior a la conversión un patrón universal y permanente que Dios sigue siempre, o se trata de una situación especial? Un poco más adelante examinaremos esta cuestión.

Independientemente de la teología bíblica que derivemos de la recepción del Espíritu Santo, esta sección contiene otra importante verdad: el hecho de que los samaritanos recibieran el Espíritu mediante el ministerio de los dirigentes de la iglesia de Jerusalén fue algo providencial que ayudó a mantener la unidad de la iglesia primitiva. Entre los samaritanos, la hostilidad hacia la ciudad de Jerusalén tenía profundas raíces históricas. Como se les negó el derecho de participar en la reconstrucción del templo de Jerusalén (ver Esd 3:7–4:5), erigieron un templo rival en el monte de Gerizim. Juan Hircano, el gobernante de Judea, destruyó este templo y conquistó Samaria en el siglo II a. C. Cuando los romanos conquistaron Palestina en el año 63 a. C., liberaron Samaria del control de Judea.[7] La importancia de este asunto para los samaritanos se hace evidente cuando pensamos que el primer tema que sacó la mujer samaritana cuando entendió que Jesús era "profeta" fue la cuestión del templo (Jn 4:19–20).

Con este trasfondo era apropiado que los dirigentes de Jerusalén desempeñaran un importante papel en la bendición y confirmación de los nuevos cristianos samaritanos. Les ayudó a comenzar su vida como cristianos con una actitud de cálido amor hacia sus enemigos tradicionales. Es posible que en algún momento de este proceso se arrepintieran de sus actitudes de hostilidad hacia Jerusalén.[8] Asimismo, para los cristianos de Jerusalén era importante que la señal que autenticaba la conversión de los samaritanos tuviera lugar cuando los apóstoles estaban allí y se produjera mediante su mediación. Aceptar que los samaritanos formaran parte de su redil implicaba también algunos importantes cambios de actitud por su parte. Por consiguiente, fue necesaria una clara evidencia de que Dios estaba en estos acontecimientos.

La torcida religión de Simón (8:18–24)

A Simón le atrajo lo que sucedió cuando los apóstoles impusieron las manos a los convertidos (v. 18a). Lo que le interesaba no era recibir el Espíritu para su propia santidad, sino conseguir el poder para imponer las manos con parecidos resultados a los de los apóstoles (v. 19). Su oferta de dinero para comprar este don (v. 18b) provoca una fuerte respuesta por parte de Pedro (v. 20), quien afirma que se trata de un don que Dios imparte de manera soberana; los

7. Bruce, *Acts: Greek Text*, 164.
8. Gooding, *True to the Faith*, 145.

humanos no podemos manipularle para que nos dé lo que deseamos. Esto es lo que sucede en el ámbito de la magia en que se ha movido Simón, pero no en el del justo reino de Dios.

Pedro le dice a Simón que no tiene "arte ni parte en este asunto, porque no [es] íntegro delante de Dios" (v. 21). La palabra que se traduce como "ministerio" es *logos* y puede, por tanto, significar evangelio (lit., "palabra"). Probablemente, lo que Pedro está diciendo es que Simón no tiene parte "en las bendiciones del evangelio".[9] Tanto este versículo como los siguientes muestran que Pedro ve a Simón como alguien que no ha sido regenerado.[10] Lo importante, dice el apóstol, es tener un corazón recto para con Dios. Sin esto no tiene sentido hablar de dones.

Después de llamar a Simón al arrepentimiento (v. 22), Pedro le explica cuál es su condición: "Veo que vas camino a la amargura y a la esclavitud del pecado" (v. 23). La palabra "amargura" (lit., "hiel de amargura") procede de Deuteronomio 29:18, donde la influencia de aquellos que llevaron a los israelitas a seguir otros dioses se describe como una "raíz venenosa y amarga" En Hebreos 12:15, el autor advierte: "Asegúrense de que nadie deje de alcanzar la gracia de Dios; de que ninguna raíz amarga brote y cause dificultades y corrompa a muchos". Pedro podría estar haciendo referencia al potencial que tenía Simón de causar mucho daño a la iglesia, que —según la tradición— es exactamente lo que sucedió. En este caso, la afirmación de Pedro reflejaría su deseo de librar a la iglesia de esta mala influencia. La construcción griega permite también el sentido de que Simón está lleno de un amargo veneno (la idea que transmite la NIV).[11]

Simón ejemplifica bien a un tipo de religiosidad desviada y errónea. Este hombre creyó y fue bautizado, pero se hizo evidente que su fe era inadecuada. Deseaba obtener el poder de Dios sin ningún interés aparente por desarrollar una relación con Dios. En el versículo 24 le da a Pedro una razón impropia para que este interceda por él. No expresa ningún deseo de agradar a Dios; lo que quiere es que Pedro ore "para que no me suceda nada de lo que han dicho" (v. 24). Es decir, no desea la verdadera libertad que Dios imparte, sino solo ser librado del castigo.

Los apóstoles evangelizan en Samaria (8:25)

El relato termina presentando el regreso de Pedro y Juan a Jerusalén y su predicación del evangelio "en muchas poblaciones de los samaritanos" (v. 25). Los veteranos dirigentes hacen el seguimiento de la iniciativa adoptada por el joven Felipe. Es especialmente alentador ver al mismo Juan, que antes le había

9. Marshall, *Acts*, 159.
10. Bruce, *Acts*, NICTC, 223.
11. Ver Williams, *Acts*, 158, donde este autor presenta una exposición de estas dos opciones.

preguntado a Jesús si quería que hiciera descender fuego sobre algunas aldeas samaritanas (Lc 9:51–55), predicando ahora el evangelio en estas misma poblaciones.

Construyendo Puentes   Una segunda generación de dirigentes

Hasta 6:6, los apóstoles son quienes desempeñan el papel de protagonistas en el relato lucano de la vida de la iglesia. Sin embargo, en 6:7 el acento recae sobre una segunda generación de dirigentes como Esteban, Felipe y Pablo. El capítulo 9 describe la conversión de Pablo, cuyo ministerio domina el resto del libro de los Hechos. De hecho, de aquí en adelante, y a excepción de la tarea pionera de Pedro en casa de Cornelio, esta segunda generación de dirigentes será la que abanderará el avance del reino. Como antes hemos observado, estos se convierten en los iniciadores, mientras que los apóstoles pasan a ser quienes verifican y confirman. En una hermosa secuencia, Pedro y Juan siguen el liderazgo de Felipe y predican el evangelio en muchas poblaciones samaritanas (8:25).

Se puede ver una cierta resistencia a los cambios entre los dirigentes veteranos, lo cual es natural. Por ello, cuando en Samaria se produce una cosecha de convertidos por el testimonio de Felipe, Pedro y Juan son enviados para ver lo que ha pasado. Más adelante, Pedro se resiste a la indicación de ir a casa de Cornelio (10:9–23). Cuando Pablo intenta unirse a los cristianos de Jerusalén, solo se le acepta cuando Bernabé intercede por él delante de los apóstoles (9:26–27). Cuando más adelante se predica el evangelio en Antioquía entre los gentiles, las autoridades de Jerusalén mandan a Bernabé para que verifique lo que ha sucedido (11:19–24).

Lo bueno es que, en estos cuatro cambios trascendentales dentro de la iglesia, los apóstoles aceptan las innovaciones tras prestar la debida consideración a lo sucedido. Nuestra pasión por obedecer a Dios y sus caminos ha de hacernos prudentes para no aceptar ingenuamente cualquier cambio que llama a la puerta sin examinar convenientemente el asunto. Sin embargo, esta misma pasión por obedecer a Dios nos capacita también para aceptar los cambios cuando es Dios quien los propone, aunque podamos sentirnos incómodos con ellos. De este modo no solo fomentamos los cambios saludables y el crecimiento de la iglesia, sino que también potenciamos el ministerio de dirigentes nuevos y creativos. El principio permanente que aprendemos de esto es que los buenos dirigentes están abiertos a aquellos cambios que proceden de personas más jóvenes y creativas y, después de reflexionar al respecto, fomentan dicho cambio y hasta aprenden de él.

Conocimiento de haber recibido el Espíritu Santo

La experiencia que se ha dado en llamar el Pentecostés samaritano narra claramente una recepción del Espíritu posterior a la conversión de los samaritanos (vv. 15–17). No hay unanimidad en la iglesia con respecto a si este es o no un patrón universal para todos los cristianos. Ya tratamos este problema en el primer estudio de este comentario (ver 1:1–8), por lo que ahora no repetiremos las ideas que allí comentamos.

Quiero decir, en resumen, que quienes creen que el bautismo con el Espíritu es generalmente una experiencia posterior a la conversión entienden que este pasaje respalda su punto de vista. Quienes sostienen que el bautismo en el Espíritu tiene lugar con la conversión afirman que esta fue una circunstancia especial, puesto que quienes la protagonizaban eran los samaritanos. Ya que no se les consideraba plenamente judíos, era necesario contar con evidencias inequívocas de su aceptación en la comunidad mesiánica. Por ello, se les concedió una experiencia subjetiva reconocible cuando Pedro y Juan les impusieron las manos (v. 17), lo cual sirvió para confirmar a los cristianos de origen judío que ahora los samaritanos también formaban parte del nuevo pueblo de Dios. En otras palabras, el Pentecostés samaritano no ha de considerarse normativo como el modo en que se recibe el bautismo con el Espíritu.

Me resisto a pronunciarme en uno u otro sentido sobre este asunto, puesto que ambos puntos de vista cuentan con buenos argumentos a su favor. Pero este pasaje muestra que, si no es la norma, sí es al menos algo común que los cristianos tengan una sentida experiencia del Espíritu (vv. 17–18). En ocasiones, quienes sostienen que el bautismo del Espíritu es un hecho inicial que se produce con la conversión pasan por alto esta cuestión. Es posible que esto sea fruto de un acercamiento excesivamente racional a la conversión y a la fe que salva. Se produjeron pruebas tangibles e inequívocas de que los samaritanos habían sido salvos. Pablo afirma: "El Espíritu mismo le asegura a nuestro espíritu que somos hijos de Dios" (Ro 8:16). Algunos limitan por completo el sentido de estas palabras al testimonio por medio de la Escritura. Sin embargo, aun este testimonio que procede del texto bíblico tiene un elemento subjetivo que convence a los lectores de que el pasaje en cuestión les está hablando a ellos. Podemos decir que la Biblia presenta, como norma de la experiencia cristiana, la posibilidad de tener una cierta prueba y certeza de que hemos recibido el Espíritu.

La importancia de la unidad en el cuerpo de Cristo

Antes hemos observado que la implicación de Pedro y Juan con los samaritanos ayudó a mantener la unidad de la iglesia. Lo que tenemos en este texto no es un caso de control centralizado de la iglesia de Jerusalén. El fenómeno del control centralizado no parece estar presente en el libro de los Hechos, aunque sí hará acto de presencia en la iglesia de periodos posteriores en sedes como Roma y Constantinopla. La unidad de todo el cuerpo de Cristo es importante para Dios. Cuando el libro de Efesios habla elocuentemente de la belleza de la unidad del cuerpo de Cristo, tiene en mente a la iglesia universal, no a las iglesias locales. Es importante que los cristianos afirmen esta unidad en lugar de retener el feroz espíritu de independencia tan común en nuestros días.

Milagroso, pero equivocado

Simón representa a una persona que tenía poderes milagrosos, pero estaba peligrosamente equivocado en lo que hacía. Probablemente, Simón había hecho muchas cosas que parecían haber ayudado temporalmente a las personas. Esta es la razón por la que tenía tantos seguidores. La Biblia predice que este fenómeno de los falsos mesías obradores de milagros será cada vez más destacado a medida que se acerque el tiempo del fin (Mt 24:24; 2Ts 2:9). Esta sección de Hechos nos advierte, por tanto, de un peligro: la presencia de poder para obrar milagros no significa necesariamente que el poder en cuestión proceda de Dios. Pedro es contundente en su denuncia de Simón, aunque la historia posterior no parece indicar que se arrepintiera nunca de sus pecados y entregara su vida a Dios.

Dinero y poder

La enérgica respuesta de Pedro ante el intento por parte de Simón de comprar el poder con dinero ha de llevarnos a reflexionar y tomar nota, porque se trata de un asunto serio. Esto puede ser una trampa peligrosa tanto para los ministros cristianos como para quienes van a ellos con cierto tipo de peticiones. Por tanto, hemos de ocuparnos de ello con contundencia. (1) Es peligroso para los ministros, puesto que, cuando se trata del dinero, todos somos potencialmente vulnerables a la tentación.[12] Tras la negación por parte de Eliseo de aceptar un regalo de Namaán, su siervo Guiezi intentó explotar la gratitud de este último para ganar algún dinero. Eliseo pronunció un juicio sobre él que le hizo contraer la lepra que antes había afectado a Namaán (2R 5:15–27).

(2) La práctica de dar regalos a cambio del favor de Dios es peligrosa para quienes los dan, ya que puede llevarles a restar valor a la cosa más importante de la vida, que es tener un corazón recto delante de Dios (v. 21). La palabra "simonía" ha pasado a formar parte de nuestro idioma por este incidente; el término significa "compra o venta deliberada de cosas espirituales, como los sacramentos y sacramentales, o temporales inseparablemente anejas a las espi-

---

12. El dinero se presenta en Hechos como un factor de influencia en los actos perversos atribuidos a Judas (1:18), Ananías y Safira). (5:1–11), los propietarios de la muchacha con espíritu de adivinación (16:16–19), y el platero Demetrio (19:24–27) (ver Tannehill, *Narrative Unity,* 106).

rituales, como las prebendas y beneficios eclesiásticos".[13] Cuando se combinan el dinero y el poder surgen numerosos peligros que pueden hacer mucho daño a la vida de las personas y de la iglesia en su conjunto.

Fomentando una segunda generación de dirigentes

El ejemplo de Pedro y Juan, no solo aceptando el liderazgo de Felipe, sino también aprendiendo de él y siguiéndolo, es todo un desafío para los dirigentes de nuestro tiempo. Hay mucho que decir en nuestros días sobre el cambio generacional. Los dirigentes pioneros se resisten a veces a pasar el testigo a una nueva generación de dirigentes. De hecho, el cambio de relevo no es algo que sucede cuando un dirigente llega a la edad de jubilación. Es más bien fruto de una actitud que se cultiva desde el principio del propio liderazgo, a saber, la disposición de aprender, especialmente de personas más jóvenes y creativas.

Después de dar su debida consideración a las nuevas ideas y esfuerzos pioneros, aquellos que son válidos no solo deberían ser aprobados, sino también fomentados. En ocasiones, los dirigentes más veteranos ignoramos o retrasamos la ejecución de nuevos esfuerzos. Puede que estemos atareados con programas ya existentes, encontramos el nuevo esfuerzo demasiado distinto de lo que estamos habituados a hacer o nos sentimos amenazados por el fuerte impulso de los jóvenes iniciadores. El resultado es que los dirigentes creativos pierden la motivación, se convierten en rebeldes resentidos o simplemente se marchan.

Es cierto que no hemos de aceptar con ingenuidad cualquier nueva idea que aparezca en el horizonte. Examinar un nuevo trabajo, como hacen Pedro y Juan en este relato, es importante. Esto garantiza que se evitarán errores e incorpora el beneficio de la sabiduría madura al plan de los jóvenes. Esta clase de análisis puede también convertirse en una fuente de ánimo para el joven. Si nos limitamos a delegar responsabilidades en dirigentes más jóvenes sin ofrecerles nuestra ayuda, pueden sentirse pronto desanimados por problemas que a buen seguro surgirán y que podrían ser aliviados con los sabios comentarios de hermanos maduros.

Muchos grupos se vienen abajo cuando envejece la primera generación de dirigentes, porque no han cultivado un creativo liderazgo de personas más jóvenes. Han dependido tanto de los primeros dirigentes y de sus energías creativas que no se han preparado para la siguiente etapa del movimiento. Los dirigentes más jóvenes deberían iniciar sus proyectos mientras se benefician de

---

13. Polhill, *Acts*, 220. Polhill escribe: "Si este término se basara completamente en la conducta de Simón, su sentido cubriría cualquier intento de manipular a Dios para obtener alguna ganancia personal".

la sabiduría y ánimo de los más veteranos. Los líderes precursores de la iglesia primitiva consideraban importantes las innovadores iniciativas de una nueva generación de dirigentes. Por tanto, no solo les estimulaban, sino que también aprendían de ellos y seguían su liderazgo.

Conocimiento de haber recibido el Espíritu Santo

Hemos dicho que algunos quieren limitar completamente el "testimonio del Espíritu" sobre nuestra salvación a la obra del Espíritu en la Escritura y a través de ella. La primacía de la Escritura es un énfasis necesario, especialmente teniendo en cuenta los muchos abusos que se han producido de los aspectos experimentales de la vida cristiana. Se han utilizado ciertas experiencias como una norma y se ha insistido en que quienes no las han tenido, o bien no son salvos, o carecen de un aspecto esencial del cristianismo. No hemos de insistir en experiencias que la Biblia no subraya. Además, en ocasiones se ha afirmado que ciertas experiencias dudosas son auténticas sin buscar otros criterios bíblicos para la verdadera conversión. La Biblia es siempre nuestro fundamento. Todas las decisiones que tomamos y las actitudes que adoptamos han de estar en armonía con la Escritura.

Sin embargo, la Biblia habla sin duda de una cálida experiencia espiritual de Dios como norma para la vida cristiana. Si minimizamos los aspectos subjetivos de la certeza cristiana, no somos bíblicos. Lamentablemente, esto es lo que hacen muchos estudios bíblicos sobre la doctrina de la certeza. Se centran en lo que la Biblia describe como pasos para la salvación y les aseguran a quienes han seguido dichos pasos que son salvos. Tales estudios ponen a un lado la enseñanza bíblica de las evidencias de la salvación a través de la experiencia. En nuestro pensamiento hemos de recuperar el equilibrio bíblico sobre el valor probatorio de la experiencia cristiana.[14]

Promoviendo la unidad en la iglesia universal

La unidad del cuerpo de Cristo es importante para Dios y por ello deberíamos buscar formas de promoverla. Aunque es cierto que vivimos en una aldea global, lo es también que existe una gran hostilidad entre pueblos, naciones y grupos: norte contra sur, ricos contra pobres, occidentales contra no occidenta-

---

14. Quienes quieran considerar un tratamiento del aspecto experimental del cristianismo de parte de teólogos calvinistas, pueden ver Jonathan Edwards, *A Treatise Concerning Religious Affections* in *The Works of Jonathan Edwards* (Edimburgo y Carlisle, Pa.: Banner of Truth Trust, reimpresión), 1:234–343 (James M. Houston ha editado una versión moderna de esta obra titulada *Religious Affections: A Christian's Character Before God* [Minneapolis: Bethany]); D. Martyn Lloyd-Jones, *Enjoying the Presence of God*, ed. Christopher Catherwood (Ann Arbor, Mich.: Servant, 1991). También han dejado escritos de gran provecho sobre los aspectos experimentales del cristianismo John y Charles Wesley y Blaise Pascal.

les, americanos contra británicos, negros contra blancos, judíos contra árabes, un grupo étnico contra otro, jerárquicos contra igualitarios; son todas ellas divisiones que enfrentamos en el mundo y que han entrado también en la vida de la iglesia. El problema puede hacerse más grave cuando se niega que exista, lo cual hace pensar a la otra parte que no se es sensible a sus sentimientos.

En este tipo de ambientes hemos de ser siempre conscientes de que las personas se sienten dolidas o experimentan sentimientos hostiles adquiridos por su crianza. Las enormes diferencias culturales no resuelven el problema. Hemos de ser conscientes de estas diferencias, en especial si formamos parte de un grupo que se ha considerado poderoso (p. ej., ricos, blancos, personas con estudios, hombres, occidentales o pertenecientes a un grupo mayoritario). Una forma de fomentar la unidad son los intercambios misioneros. Cuando los samaritanos fueron bendecidos por los dirigentes de Jerusalén, probablemente se sintieron automáticamente en buena sintonía con la iglesia de esta ciudad.

Los intercambios misioneros parten de la convicción de que cada grupo tiene algo que aportar al otro. Es evidente que Pedro y Juan aprendieron algo nuevo de su visita a Samaria, puesto que en su camino de vuelta a Jerusalén predicaron en aldeas samaritanas. Todos somos siervos los unos de los otros. El modelo del misionero excesivamente protector nunca debería haber existido y ciertamente no debería tolerarse en nuestros días. En nuestro estudio de la iglesia de Antioquía, veremos que la ayuda que esta comunidad local prestó a las necesidades de la iglesia de Jerusalén contribuyó a esta unidad (11:28–30).

Resistiendo a quienes llevan a cabo falsos milagros

Con el actual interés en la espiritualidad que se constata tanto dentro como fuera de la iglesia, las personas como Simón, que tenían poderes para ayudar a la gente, se ganarán probablemente el reconocimiento de la sociedad en general. Para los cristianos es fácil caer en la trampa de seguir a la sociedad en este asunto. Muchas personas con personalidades dinámicas y carismáticas atraen a quienes van en busca de estabilidad y seguridad en un mundo confuso. William Willimon afirma que los cristianos recurren con demasiada frecuencia a "afirmaciones 'sentimentaloides' de prácticas populares" con afirmaciones como: "Aunque disiento totalmente de algunas de las técnicas de Simón, hay que reconocer que atrae a muchas personas y que hace mucho bien".[15] Casi nunca nos pronunciamos en público sobre estas cosas.

Sin embargo, el peligro de su influencia es muy real. Es sorprendente ver a qué cosas recurren los cristianos cuando se sienten desesperados. Si no ven respuesta a una petición urgente de oración, pueden acudir a otra "fuente" en busca de ayuda porque muchos les dicen que esta es buena para resolver aquel problema específico. Jesús afirmó que aun los escogidos serían engañados por

---

15. William H. Willimon, *Acts,* 70.

falsos cristos obradores de milagros (Mt 24:24). Es posible que tales personas no se den cuenta de que, con ello, se abren a la terrible ira de Dios. Por consiguiente, hemos de denunciar a estos poderes llamándoles por su nombre, algo sin duda impopular en esta era pluralista.

Una vez tuve una conversación con un "cristiano" partidario del popular gurú Satya Sai Bäba, poco después de que la revista de Juventud para Cristo publicara un artículo que denunciaba a Sai Bäba. Me dijo que, teniendo en cuenta el gran número de pruebas del poder de aquel hombre, la publicación de aquel artículo había sido algo necio y arriesgado. Hubiera sido más seguro permanecer en silencio en lugar de tomar partido de aquella manera. El pintor más famoso de Sri Lanka da testimonio de la tranquilidad y liberación del materialismo y la inmoralidad que experimentó tras un encuentro con Sai Bäba. Todo esto parece saludable en nuestra depravada sociedad y por ello atrae a quienes buscan una alternativa moral al vicio que nos rodea. Esto nos da más razones aun para guiar a las personas diciéndoles lo que Dios piensa sobre estos individuos supuestamente "santos".

Tras conocer un poco más a sus maestros, las personas sensibles se dan cuenta a menudo de que las cosas no son tan bonitas como parecen. Algunos pueden ver, por ejemplo, que presta una especial atención a los ricos, quienes le recompensan generosamente por sus servicios. Otros advierten quizás que hace cosas que no concuerdan con lo que enseña. Es posible que con esos descubrimientos se inicie un proceso que acaba liberando a la persona de la fascinación que el santón en cuestión ejerce sobre sus vidas.[16]

Trampas relativas al dinero y el poder

La influencia de los métodos de la magia sobre las personas es tan fuerte que quieren dar sustanciales sumas de dinero a los ministros para que oren por ellos. La aceptación de esta clase de ofrendas afean al ministro y no ayudan para nada a quienes las dan; han de rechazarse resueltamente. Por no hacerlo, muchos ministros de nuestro tiempo han puesto en entredicho sus ministerios con su estilo de vida opulento. Por otra parte, está el peligro de considerar más importantes a quienes tienen mucho dinero y descuidar a los pobres que, según la Biblia, deberían ser nuestro especial objeto de preocupación. Otro de los peligros es caer en la tentación de restar importancia a nuestra enseñanza moral para no hacer sentir mal a algún donante.

Dar dinero puede también desvirtuar al dador. Es posible que, al ofrendar grandes sumas de dinero, los ricos crean que ya han cumplido con sus obligaciones religiosas y pueden, por tanto, vivir como les plazca. Personalmente, veo que esto está sucediendo a menudo en nuestros días. Algunas personas que

---

16. Esto es lo que le ocurrió a Tal Brooke, que en otro tiempo fue uno de los discípulos occidentales más ilustres de Sai Bäba. Ver su obra *Lord of the Air* (Eugene, Ore.: Harvest House, 1990).

viven vidas deshonestas e inmorales son muchas veces generosas en sus ofrendas a causas religiosas. Piensan, probablemente, que pueden compensar sus pecados dando su apoyo económico a actividades religiosas. A tales personas les ayudaría más que declináramos aceptar sus ofrendas y utilizáramos la oportunidad para hablarles de lo que es más importante en la vida.

Es triste que la simonía (personas que utilizan el dinero para comprar influencias) esté hoy también presente en la iglesia. He oído hablar de candidatos a un obispado que gastan importantes cantidades de dinero en sus campañas. Hacen regalos a ciertas personas y les preparan celebraciones y suntuosas comidas. Pedro condenaría firmemente todo esto; como antes hemos observado, el versículo 23 sugiere que con sus enérgicas palabras a Simón pretende librar a la iglesia de su mala influencia.

Pero nosotros no queremos actuar como Pedro porque tememos a las consecuencias de oponernos a personas poderosas o de perturbar la paz de la iglesia. De este modo, permitimos que se practique la simonía para la elección de los cargos eclesiásticos. Permitimos también que personas cuyos corazones no son rectos para con Dios aporten generosos fondos a la iglesia sin confrontarles con su pobreza espiritual. Estas cosas son un grave cáncer que puede producir la rápida muerte de la iglesia. Podemos orar fervientemente por estos abusos de dinero y de poder y disponernos para pagar el precio de purificar a la iglesia de estos males.

Hechos 8:26–40

Un ángel del Señor le dijo a Felipe: «Ponte en marcha hacia el sur, por el camino del desierto que baja de Jerusalén a Gaza.» ²⁷ Felipe emprendió el viaje, y resulta que se encontró con un etíope eunuco, alto funcionario encargado de todo el tesoro de la Candace, reina de los etíopes. Éste había ido a Jerusalén para adorar ²⁸ y, en el viaje de regreso a su país, iba sentado en su carro, leyendo el libro del profeta Isaías. ²⁹ El Espíritu le dijo a Felipe: «Acércate y júntate a ese carro.»

³⁰ Felipe se acercó de prisa al carro y, al oír que el hombre leía al profeta Isaías, le preguntó:

—¿Acaso entiende usted lo que está leyendo?

³¹—¿Y cómo voy a entenderlo —contestó— si nadie me lo explica? Así que invitó a Felipe a subir y sentarse con él.³² El pasaje de la Escritura que estaba leyendo era el siguiente:

«Como oveja, fue llevado al matadero;
y como cordero que enmudece ante su trasquilador,
ni siquiera abrió su boca.
³³ Lo humillaron y no le hicieron justicia.
¿Quién describirá su descendencia?
Porque su vida fue arrancada de la tierra.»

³⁴—Dígame usted, por favor, ¿de quién habla aquí el profeta, de sí mismo o de algún otro? —le preguntó el eunuco a Felipe.

³⁵ Entonces Felipe, comenzando con ese mismo pasaje de la Escritura, le anunció las buenas nuevas acerca de Jesús. ³⁶ Mientras iban por el camino, llegaron a un lugar donde había agua, y dijo el eunuco:

—Mire usted, aquí hay agua. ¿Qué impide que yo sea bautizado?

³⁸ Entonces mandó parar el carro, y ambos bajaron al agua, y Felipe lo bautizó. ³⁹ Cuando subieron del agua, el Espíritu del Señor se llevó de repente a Felipe. El eunuco no volvió a verlo, pero siguió alegre su camino. ⁴⁰ En cuanto a Felipe, apareció en Azoto, y se fue predicando el evangelio en todos los pueblos hasta que llegó a Cesarea.

Sentido Original

En la sección anterior vimos a Felipe propagando el evangelio entre los samaritanos. En esta, Dios tiene una nueva tarea para su evangelista pionero. El Espíritu le lleva a predicar el mensaje de Jesús a un extranjero, funcionario palaciego de una reina pagana.

La historia de la conversión del eunuco etíope ocupa más o menos el mismo espacio que el relato del ministerio de Felipe en Samaria (8:5–25). No hay unanimidad acerca de dónde estaba el evangelista cuando el ángel del Señor le pidió que se dirigiera hacia el sur, a un camino del desierto (al sudoeste de Jerusalén, v. 26). ¿Se encontraba todavía en Samaria, es decir, al norte de Jerusalén y por tanto lejos de aquella carretera? ¿Estaba en Jerusalén? ¿O se encontraba acaso en Cesarea, donde fue después de este episodio y donde le encontramos asimismo muchos años después (21:8)? No podemos estar seguros.[1] En este pasaje, vívidamente redactado, Lucas no está interesado en pormenorizar sobre los detalles geográficos, sino en mostrar el modo en que Dios guió directamente a Felipe a hacer algo de gran significación.

Felipe obedeció inmediatamente este extraño (al menos hasta cierto punto) mandamiento. Y el Dios de las sorpresas le asombró con la aparición de un etíope (v. 27). Se dice que es un "eunuco" (*eunochos*); hay desacuerdo entre los eruditos con respecto a si este hombre era o no eunuco en el sentido literal de la palabra, porque este término se utilizaba también para aludir a los oficiales de confianza de la corte. Si era realmente eunuco, puede entonces que no hubiera podido participar plenamente de la adoración del templo de Jerusalén, puesto que en Deuteronomio 23:1 se prohíbe que los hombres castrados entren en la congregación. Sin embargo, en Isaías 56:4–5, a los eunucos fieles se les promete un nombre eterno dentro de los muros del templo de Dios. Lo que sí sabemos con seguridad es que era un alto dignatario —algo parecido a un ministro de Hacienda— de Etiopía.

Etiopía (Cus en el Antiguo Testamento) se corresponde con el territorio que se conoce como Nubia. Comprende una parte de lo que es ahora el sur de Egipto y el norte de Sudán. En la literatura de la antigüedad se consideraba que los etíopes vivían en los últimos confines de la tierra.[2] En otras palabras, con la llegada del evangelio a los samaritanos y después a este etíope, se alcanzan las dos últimas esferas geográficas de la Gran Comisión tal como esta se expresa en Hechos 1:8. Lucas no menciona el trasfondo religioso de este etíope. Había venido al templo de Jerusalén para adorar y poseía un ejemplar del libro de Isaías, un documento que no era nada fácil obtener en aquellos días. Esto sugiere que podía tratarse de un temeroso de Dios o de un prosélito.[3]

---

1. En Williams, *Acts*, 160 se plantea que el griego del versículo 26 puede sugerir que, en aquel momento, Felipe se encontraba en Jerusalén.
2. Tannehill, habla de este punto y cita la literatura más relevante al respecto (*Narrative Unity,* 108–9).
3. Ver Longenecker, "Acts", 363.

Solo las personas más acomodadas tenían carros en aquellos días,[4] y este etíope viajaba en uno de ellos, leyendo al profeta Isaías (v. 28). Teniendo en cuenta la elevada posición de este oficial, habría requerido una cierta audacia por parte de Felipe obedecer el mandamiento del Espíritu y acercarse al carro (v. 29). Puesto que en aquellos días casi siempre se leía en voz alta,[5] Felipe oyó el texto, que resultó ser uno de los pasajes mesiánicos favoritos de la iglesia primitiva. La pregunta de Felipe sobre si el eunuco entendía o no lo que él estaba leyendo obtuvo la respuesta que necesitaba para explicarle las buenas nuevas: "¿Y cómo voy a entenderlo —contestó— si nadie me lo explica?" (vv. 30b–31).

El pasaje que el eunuco estaba leyendo (Is 53:7–8) habla de la injusta humillación y sufrimientos del Siervo del Señor (Hch 8:32–33). Su pregunta sobre la identidad de este siervo (v. 34) devino un punto de partida para que Felipe le anunciara "las buenas nuevas[6] acerca de Jesús" (v. 35). Seguramente, el etíope tenía el resto de Isaías 53, donde se presenta la naturaleza expiatoria de la muerte de Jesús. Mateo y Juan aplican específicamente Isaías 53 al ministerio sanador de Jesús,[7] mientras que Lucas presenta este capítulo como una profecía que se cumple en sus sufrimientos.[8] Tras un resumen de la interpretación judía de los pasajes del Siervo sufriente, Longenecker concluye que "aunque puede que en ciertos sectores del judaísmo estuvieran en proceso de formación los elementos individuales para una concepción del Mesías sufriente, en general esta doctrina era inaudita e impensable en los círculos judíos del siglo I".[9] Sin embargo, estos pasajes adquirieron una gran relevancia mesiánica en la iglesia, porque Jesús se aplicó estos cánticos como haciendo referencia a sí mismo.

Es el propio etíope quien sugiere ser bautizado cuando llegan a un lugar con agua (v. 36). Es posible que Felipe le hubiera hablado del bautismo, aunque también lo es que el etíope estuviera ya familiarizado con esta ceremonia, que era el rito iniciático para los gentiles que se convertían al judaísmo. Felipe da otro paso audaz al bautizar al eunuco (v. 38). Considerando todas las señales de la guía divina que Felipe había experimentado, estaba probablemente convencido de la autenticidad de esta conversión, aunque no mucho antes había bautizado a Simón, cuya conversión resultó falsa. Así, momentos después de la decisión del eunuco, Felipe le bautiza.

Acto seguido, Felipe es arrebatado de repente por el Espíritu del Señor. Sin embargo, su desaparición no puede apagar la nueva alegría que el etíope acaba de encontrar (v. 39). La Biblia no vuelve a mencionar a este hombre, pero, en

---

4. Keener, *BBC,* 346.
5. Bruce, *Acts*, NICNT, 121.
6. La expresión "le anunció las buenas nuevas" traduce un aoristo de *euangelizo.*
7. Ver Mateo 8:17 sobre Isaías 53:4 y Juan 12:38 sobre Isaías 53:1.
8. Ver Lucas 22:37 sobre Isaías 53:12; cf. Longenecker, "Acts", 365.
9. Ibíd.

el siglo II, Ireneo afirma que se convirtió en un misionero entre los etíopes.[10] Felipe aparece en Azoto, más de treinta kilómetros al norte de Gaza, y continúa su camino hacia el norte, predicando sin cesar hasta llegar a Cesarea (v. 40). Es en esta ciudad donde le encontramos veinte años más tarde, siendo ahora el padre de cuatro profetisas solteras (21:8). Lucas, que probablemente le visitó en esta ocasión,[11] le describe como "Felipe el evangelista", un título especialmente apropiado para alguien que fue utilizado en la evangelización de un modo tan notable.

Importancia del evangelismo personal directrices para su práctica

Al abordar la aplicación de este pasaje en nuestro tiempo, puede que muchos afirmen que estos versículos tienen poco que enseñarles, ya que no son especialistas de la evangelización como Felipe. Sin embargo, una de las importantes verdades que encontramos en el libro de los Hechos es que los predicadores y teólogos de la iglesia primitiva eran también evangelistas personales. Felipe es un buen ejemplo. En la primera parte de este capítulo tiene un ministerio público que le hace acreedor del título de "evangelista" que le da Lucas (21:8). Sin embargo, en este pasaje, Felipe es un evangelista personal.

El erudito y evangelista británico Michael Green cree que Lucas narra principalmente la historia de Felipe y el etíope para enseñarnos el valor de la evangelización personal e individual y darnos directrices sobre cómo debe de llevarse a cabo.[12] Teniendo en cuenta que Dios manda a un predicador clave de la iglesia a un largo viaje para que proclame el evangelio a una sola persona, este relato nos muestra la importancia del evangelismo personal. Y obsérvese que a este episodio se le concede el mismo espacio que al que relata la conversión de grandes multitudes en Samaria.

Cuando más adelante Pablo se refiere a su ministerio en su discurso a los ancianos de Éfeso, les habla tanto de un ministerio público como personal (20:21). Tras enumerar el gran número de ocasiones presentadas en Hechos

---

10. Ireneo, *Contra las herejías,* 3:12 (*The Ante-Nicene Fathers* [Grand Rapids: Eerdmans, reimpresión de 1996]), 1:433. Longenecker afirma, "No sabemos si solo lo dedujo a partir de este relato o si tenía un conocimiento independiente al respecto" ("Acts", 366).
11. 21:8 está dentro de uno de los pasajes en primera persona del plural de Hechos.
12. Michael Green, *Evangelism in the Early Church* (Grand Rapids: Eerdmans, 1970), 225 [En español, *La evangelización en la iglesia primitiva* (Buenos Aires: Ediciones Certeza, 1976)].

en que los evangelistas se implican en el evangelismo personal,[13] Robert E. Coleman afirma: "Evidentemente, Hechos quiere poner de relieve que estos antiguos líderes no eran menos hábiles en el evangelismo personal que en la predicación formal".[14] Michael Green enumera a conocidos cristianos de la iglesia subapostólica que se convirtieron mediante el testimonio personal o que fueron testigos personales. Justino Mártir, por ejemplo, conoció al Señor por el testimonio de un anciano y luego él mismo fue instrumento para la conversión de Taciano. Orígenes, el gran intelectual, trabajó con sensibilidad, tacto y persistencia hasta que Gregorio se convirtió.[15] Naturalmente, estos dirigentes seguían el ejemplo de Jesús.[16]

En la iglesia primitiva, una buena parte de la evangelización la llevaban a cabo laicos que compartían su fe por dondequiera que iban. Esto es lo que implica Hechos 8, donde Lucas afirma que, a excepción de los apóstoles, todos los demás fueron dispersados (8:1), y que "los que se habían dispersado predicaban la palabra por dondequiera que iban" (8:4). Los predicadores de masas se quedaban en Jerusalén, mientras que los laicos salían de la ciudad y daban testimonio de Cristo.

Este modelo ministerial lo vemos en Éfeso, donde Pablo habló diariamente durante dos años en la escuela de Tirano. El resultado fue que "todos los judíos y los griegos que vivían en la provincia de Asia llegaron a escuchar la palabra del Señor" (19:10–11). Coleman explica lo que sucedió: "El apóstol estaba en la ciudad enseñando y dando ejemplo de una vida de testimonio en la iglesia, sin embargo, la verdadera evangelización de aquella zona la llevaron a cabo aquellos a quienes Pablo estaba formando como discípulos, que por su parte, se dedicaban a alcanzar a los no creyentes".[17] Michael Green llega a esta conclusión: "El crecimiento de la iglesia primitiva se debió por encima de todo al evangelismo personal".[18]

Para aprender sobre el evangelismo personal hemos de analizar este pasaje. La manera en que Felipe le dio testimonio a este etíope nos sirve de ejemplo. Este experto evangelista puede enseñarnos mucho sobre el testimonio personal, ya que los principios que surgen de este encuentro son aplicables a todos

---

13. Ver Hechos 3:1–16; 8:9–24, 26–40; 13.6–12, 16:13–15, 16 18; 16:19–40; 18:1–4, 7–8, 24–28; 19:1–7; 27:9–44.

14. Coleman, *The Master Plan of Discipleship*, 90.

15. Michael Green, *Evangelism in the Early Church*, 224–29.

16. El ministerio de Jesús como evangelista personal ha sido objeto de muchos estudios. Ver especialmente Robert E. Coleman, *They Meet the Master* (Fort Lauderdale: Christian Outreach, 1973); *The Master's Way of Personal Evangelism* (Wheaton: Crossway, 1997); también G. Campbell Morgan, *The Great Physician: The Method of Jesus with Individuals* (Old Tappan, N.J.: Revell, 1937).

17. Coleman, *Master Plan of Discipleship*, 92.

18. Michael Green, *Acts for Today: First Century Christianity for Twentieth Century Christians* (Londres: Hodder and Stoughton, 1993), 110.

los cristianos que desean dar testimonio de Cristo (ver la sección "Significado Contemporáneo").

El llamamiento de un evangelista.

En Hechos 8, Felipe está a la altura del título de evangelista con que se le describe (cf. 21:8). Todos somos llamados a la evangelización y hemos de contribuir, con nuestro testimonio personal y de otras maneras, al total testimonio del cuerpo al que pertenecemos. Sin embargo, algunos son llamados a ser evangelistas en un sentido especial (Ef 4:11; 2Ti 4:5). Este llamamiento sigue siendo también necesario en nuestros días. Hemos de reconocer este llamamiento y animar a aquellos que responden a él.

Quiero mencionar de paso que el etíope estaba leyendo mientras viajaba. John Wesley, que también practicaba la lectura mientras viajaba, hace una observación al respecto: "Es bueno leer, oír, buscar información aun cuando estamos de viaje. ¿Qué impide que redimamos todo nuestro tiempo?".[19] No creo que este pasaje nos permita derivar un principio permanente sobre la práctica de la lectura mientras viajamos. Pero sí es cierto que en nuestros días viajamos mucho y, generalmente, las tiendas de libros de los aeropuertos están llenas. En nuestra cultura tan movible, podemos hacer un buen uso del tiempo de los viajes leyendo buenos libros.

Significado Contemporáneo

La importancia del evangelismo personal

No hay duda de la importancia del testimonio personal de los laicos para el crecimiento de la iglesia en nuestros días. Los cristianos de a pie establecen contacto con los no cristianos de un modo en que no lo pueden hacer quienes ejercen un ministerio profesional, ya que pueden identificarse con sus compañeros de estudios o trabajo de un modo más natural que ellos. Si queremos alcanzar al mundo perdido con el evangelio, estos son sin duda una clave. Sin embargo, para tener éxito, los dirigentes de la iglesia, y en especial los predicadores (como Felipe), han de marcar la pauta, mostrando la importancia del evangelismo personal con el ejemplo de sus propias vidas. Igual que Lucas consignó este relato para la posteridad, los predicadores de nuestro tiempo pueden contarles a los cristianos sus experiencias como testigos en sus mensajes, estudios y conversaciones. De este modo, el evangelismo personal se propugna como una parte esencial del estilo de vida cristiano.

Todos sabemos lo fácil que es dejar pasar las oportunidades de dar testimonio. Conceder importancia al testimonio personal entre nuestros temas de con-

---

19. John Wesley, *Explanatory Notes,* 426.

versación nos ayudará a estar vigilantes y a aprovechar las oportunidades de hacerlo cuando se presenten.

Directrices para el evangelismo personal.

Examinemos ahora las directrices para el evangelismo personal que aparecen en este pasaje.

El testimonio como obediencia. La primera verdad que llama la atención de este pasaje es la obediencia de Felipe. Cuando Dios le pidió que fuera al camino del desierto, lo hizo aunque el mandamiento le pareciera extraño (vv. 26–27). Cuando se le dijo que se acercara a un carro y se juntara a él, Felipe obedeció de nuevo (vv. 29–30a). Por medio de su obediencia, el Señor abrió la puerta a una situación de evangelización.

Se ha dicho muchas veces que una de las claves para el testimonio personal es una "audacia guiada por el Espíritu". Algunos afirman que no tienen este tipo de audacia y que, por consiguiente, no pueden dar testimonio. De hecho, mucho del testimonio cristiano inspirado por este tipo de audacia espiritual comienza con la decisión de ser obedientes a nuestro llamamiento de dar testimonio. Si damos este primer paso de obediencia, el Espíritu nos guiará y equipará con audacia. A menudo dejamos pasar la oportunidad de dar testimonio simplemente por no tomar la iniciativa y llevar la conversación al tema del evangelio.

Recuerdo varias situaciones en las que estuve hablando de muchas cosas con una persona y dejé pasar varias oportunidades de llevar la conversación al terreno de mi testimonio personal. Reconozco también que el problema esencial fue mi desobediencia a las indicaciones del Espíritu. Pero recuerdo también otras situaciones en las que sí he aprovechado las oportunidades (¡y qué gozoso ha sido el resultado, porque hay pocas cosas tan emocionantes en la vida como hablarle a alguien del Salvador!). La obediencia a la Gran Comisión y a las indicaciones del Espíritu son la llave que abre la libertad del Espíritu en nuestras vidas y que nos transforma en audaces testigos guiados por el Espíritu.

Testimonio a otras culturas. El evangelismo personal puede llevarse a otras culturas. No sabemos mucho del trasfondo de Felipe. Pero sabemos lo suficiente del etíope para entender que era una persona muy distinta de Felipe, un cristiano de origen judío. Se trataba probablemente de un africano de tez negra y alta posición social, que viajaba arropado por sus sirvientes en su carro.

La evangelización transcultural y el asunto relacionado de la contextualización se han convertido en populares temas de estudio dentro de la iglesia. Se trata de una apasionante tendencia, porque enseña a los creyentes a respetar las culturas, a ser sensibles con los demás y a ser relevantes en su testimonio. Existe, sin embargo, el peligro de que, con todo este estudio misiológico, la prioridad del testimonio personal pase a un segundo plano y la evangelización se convierta en un complejo procedimiento fuera del alcance de la gente corriente. La historia de la iglesia pone de relieve que los cristianos de a pie pueden compartir a Cristo con personas que son distintas de ellos simplemente amándoles y siendo humildes y sensibles a sus necesidades.

Una criada de Israel influyó en su amo, Namaán, comandante del ejército de Aram, para que se pusiera en contacto con el Dios de los israelitas y experimentara su sanación (2R 5). Felipe llevó a Cristo a un alto oficial etíope. Un criado muy pobre lleno del gozo del Señor ejerció una gran influencia sobre un estudiante de Teología de la Universidad de Oxford, John Wesley, que quedó impresionado por su alegría y libertad.[20] Desde la India llegan hoy noticias de que algunos miembros de la elevada casta sacerdotal de los brahmanes, normalmente reacios al evangelio, están convirtiéndose a Cristo mediante el testimonio de criados cristianos que trabajan en sus casas. Cuando se presenta la oportunidad de hablar con alguien sobre Cristo, hemos de pedirle a Dios que nos guíe, ser conscientes de nuestras deficiencias y comenzar a dar un amoroso testimonio de nuestro Salvador.

Dios prepara los corazones. Felipe descubrió que Dios había estado obrando en aquel funcionario etíope antes siquiera de que él le hablara. También nosotros podemos esperar que suceda esto cuando compartimos a Cristo con los demás. Mientras compartimos el evangelio con alguien, a menudo nos sorprende descubrir que la persona en cuestión ha sido preparada por Dios para este encuentro. Naturalmente, esto no sucede siempre, pero sí con la frecuencia suficiente como para que nos demos cuenta de que Dios puede dirigirnos a personas que él ya ha preparado para escuchar lo que hemos de decirles. Somos solo un eslabón más en lo que Dios está haciendo en la vida de dicha persona.

En su excelente libro sobre evangelismo personal, *Good News Is for Sharing* [Las buenas nuevas son para compartirlas], Leighton Ford cuenta que Dios utilizó a un joven pastor amigo suyo para llevar a Cristo a un endurecido criminal en una prisión del condado. Aquel hombre le dijo: "Predicador, no te vayas a creer el no va más porque yo haya aceptado a Cristo contigo. Eres solo el número veinticinco". Al preguntarle qué quería decir aquello, el interno le dijo que al menos otras veinticuatro personas le habían dado antes testimonio de Cristo y que todas ellas habían desempeñado un cierto papel en su conversión.[21] Dios había estado ya obrando mucho antes de que el pastor entrara en escena.

Comencemos a menudo con sus preguntas. Felipe comenzó su exposición del evangelio en el punto en que se encontraba el etíope, es decir, con la pregunta de si el eunuco entendía lo que estaba leyendo (vv. 30b–31). A continua-

---

20. Ingvar Haddal, *John Wesley: A Biography* (Nashville: Abingdon, 1961), 28–29.
21. Leighton Ford, *Good News Is for Sharing* (Elgin, Ill.: David C. Cook, 1977), 49.

ción, Felipe le dio a este hombre la oportunidad de plantearle otra pregunta (v. 34). Y a partir de ella, Felipe le puso al corriente de los hechos del evangelio. Siempre deberíamos buscar estas cabezas de puente para compartir el evangelio con las personas.[22]

Este principio se aplica también a la evangelización pública (cf. nuestro estudio de 17:16–34). En ambos tipos de evangelización, hemos de comenzar en el punto en que se encuentran las personas y llevarles donde esperamos que vayan. Muchas veces, a la gente no le interesan las preguntas que, según creemos nosotros, responde el evangelio. Esto es especialmente cierto en la sociedad posmoderna, donde muchas personas no sienten interés por encontrar la verdad, ni creen necesitar a un Dios supremo o ser culpables de pecado. Puede ser, por tanto, necesario comenzar con lo que ellos reconocen como necesidades (i.e., sus necesidades sentidas) para mostrarles después lo que el cristianismo tiene que decir sobre ellas. A partir de este punto podemos llevarles a reconocer su necesidad de Cristo y la salvación que él ha provisto.

Aproximadamente un setenta y cinco por ciento de las personas que asisten a nuestra iglesia son convertidos del budismo o el hinduismo (y dos proceden del islam). Casi todos ellos entraron en contacto con el cristianismo por medio de amigos que les dijeron que Dios podía resolver algún problema que tenían. Estos creyentes les llevaron a alguna reunión cristiana donde se habló del problema en cuestión o se oró por él. De forma gradual fueron entendiendo la esencia del evangelio y finalmente confiaron en Cristo para ser salvos.

Un testimonio basado en la Escritura. El testimonio de Felipe se basaba en las Escrituras (v. 35a). Hay mucho debate en nuestros días sobre el papel que desempeña la Escritura en la evangelización entre los no cristianos que no tienen un trasfondo bíblico. Mientras realizaba mis estudios teológicos en Estados Unidos, le escribí a una amiga budista que había estudiado conmigo en la universidad en Sri Lanka, pidiéndole que leyera el Evangelio de Juan. Me sentía mal por no haberle testificado adecuadamente y esperaba que la lectura de Juan despertara en ella un interés en el evangelio. Sin embargo, se quedó atascada en los primeros versículos, que dicen que el Verbo se hizo carne, y no pasó de este punto. Al cabo de un tiempo me contestó diciendo que la Biblia era un libro incomprensible. En el caso del etíope, Dios le había guiado al pasaje que necesitaba leer. Del mismo modo, también nosotros podemos escoger pasajes adecuados en una versión comprensible y recomendárselos a aquellos a quienes les damos testimonio.

En el ministerio misionero que inició Juventud para Cristo en Sri Lanka, hemos hecho esto en muchas aldeas budistas. Algunos equipos de voluntarios visitan estas aldeas no alcanzadas y reparten atractivos folletos con relevantes porciones de la Escritura. En la parte trasera de estos tratados hay una dirección a la que pueden escribir si están interesados. Y los que nos escriben cons-

---

22. Ver también los estudios de 16:11–40 y 18:2–11.

tituyen un núcleo para trabajar en estas zonas. La obra ha crecido tanto que se ha convertido en un ministerio independiente de establecimiento de iglesias. Es posible que en Occidente no sea tan fácil conseguir que las personas se interesen por la Biblia, pero sí es aplicable el principio de atraer su atención por medio de textos bíblicos escogidos y atractivamente diseñados. El medio de comunicación, no obstante, tendrá que ser mucho más sofisticado. Hay un poder humanamente inexplicable en la Palabra cuando esta se presenta de manera apropiada a personas hambrientas (Is 55:10–12).[23]

Nuestra presentación del evangelio ha de estar siempre basada en la Escritura. No tenemos por qué citar literalmente la Escritura a personas que no aceptan su autoridad, pero las ideas que presentamos deben surgir de ella. Esto es lo que hizo Pablo en Atenas (Hch 17:22–31). Me ha parecido útil mencionarles a algunos de mis interlocutores lo que la Biblia dice sobre ciertos asuntos concretos. No es más que un breve paréntesis, pero les muestra a estas personas que la Biblia hace aportaciones sabias y relevantes. Aunque puede que no utilicemos las palabras exactas de una traducción bíblica, nuestra meta final en la evangelización personal es conseguir que la persona acepte la verdad del evangelio.

Jesús es el tema. El tema principal del testimonio de Felipe era Jesús (v. 35b). E. Stanley Jones era un misionero norteamericano que desarrolló un efectivo ministerio evangelizador entre los intelectuales hindúes de la India. Al margen de cómo iniciara sus diálogos personales o discursos públicos, siempre terminaba con Cristo. Nuestro mensaje es Jesús y todos los aspectos del cristianismo giran en torno a su identidad y su obra. W. H. Griffith Thomas escribió un reconfortante libro sobre la supremacía de Cristo, que acertadamente tituló *Christianity Is Christ* [El cristianismo es Cristo].[24] El propio Jesús afirmó ser "el camino, la verdad y la vida" (Jn 14:6). Esta sucinta afirmación contiene verdades cuya profundidad la mente humana es incapaz de sondear.[25] Como solía decir John Wesley, hemos de "ofrecerles a Cristo". Por tanto, una manera de prepararnos para el evangelismo personal es profundizar en nuestro conocimiento experimental e intelectual de Cristo.

Busca una respuesta. El etíope se dio cuenta de que tenía que responder al mensaje de Felipe. Por ello, cuando llegaron a un lugar donde había agua, pidió ser bautizado (v. 36). No se nos dice cómo le llevó Felipe hasta este punto, pero aquí, como en todas las situaciones de evangelización del libro de los Hechos, se implica una respuesta. De igual modo, en nuestro testimonio hemos de tener la meta de una respuesta al evangelio. Esto no es popular en nuestra sociedad pluralista. Las personas han aceptado el diálogo como una

---

23. Estos pasajes los publican en atractivos formatos grupos como la Sociedad Bíblica y la Scripture Gift Mission.
24. W. H. Griffith Thomas, *Christianity Is Christ* (Canaan, Conn.: Keats, 1981 [repr. of 1949 ed.]).
25. He intentado explicar el evangelio utilizando esta declaración como base en *Supremacy*.

manera válida para hablar de religión. Sin embargo, el fin de este diálogo es el enriquecimiento mutuo. La evangelización que encontramos en Hechos, por el contrario, siempre busca una respuesta.

En nuestras conversaciones con personas no cristianas es fácil limitarnos a exponer lo que el cristianismo afirma sobre cierto tema. Esto es sin duda un buen comienzo, pero no es evangelizar.[26] Tampoco se trata de responder únicamente a las preguntas que se nos plantean, sino de buscar siempre una oportunidad de llevar a las personas a la pregunta más importante y crucial de todas: "¿Qué vas a hacer con respecto a Jesucristo?". Esto no significa que cada vez que hablamos con un no cristiano sobre Cristo tengamos que instarle a que tome una decisión. Aunque esto es lo que deseamos, puede que veamos que la persona en cuestión no está todavía madura para responder positivamente y, en tal caso, toca esperar a que algún día llegue a Cristo, aunque sea por medio de la vigesimoquinta persona que le da testimonio.

¿Bautismo inmediato? Felipe bautizó al etíope inmediatamente después de su conversión a Cristo (vv. 36–38). ¿Estaba preparado para ello? ¿Podemos estar tan seguros de las personas en nuestros días? Después de la milagrosa guía divina que Felipe había experimentado, se dio probablemente cuenta de que la conversión del funcionario etíope era auténtica, y que Dios le había guiado desde el principio. Por ello, bautizó de inmediato al eunuco.

Puede que no siempre tengamos este tipo de certeza. Algunas personas profesan convertirse sin comprender que ello implica la total entrega de la propia vida a Dios. Hemos descubierto, por ejemplo, que cuando algunos hindúes y budistas aceptan a Jesucristo, lo hacen con la idea de que les ayude junto con sus otros dioses y formas de vida. Pronuncian una oración de compromiso, pero no tienen ninguna intención de abandonar su budismo o su hinduismo. En Occidente se producen situaciones parecidas en las que las personas adoptan el distintivo de "nacidas de nuevo" sin ninguna intención de arrepentirse de su vida pasada. No conozco ningún pasaje bíblico que nos impida retrasar el bautismo. A veces puede ser necesario esperar hasta que una persona haya dado evidencias de conversión y haya recibido una cierta instrucción básica sobre el cristianismo.

No obstante, la confianza de Felipe en el hecho de que Dios obra en la vida del etíope sigue siendo un desafío para nosotros, especialmente teniendo en cuenta que este episodio se produjo poco después del bautismo de Simón en Samaria tras su falsa conversión. Las palabras de Matthew Henry al respecto son instructivas: "Aunque en la iglesia haya algunos hipócritas que más adelante nos causen dolor y vergüenza, no podemos por ello hacer la puerta de entrada más estrecha de lo que Cristo la ha hecho; son ellos, no nosotros,

---

26. En el estudio de 17:1–15 se tratará el tema del diálogo.

quienes darán cuenta de su apostasía".[27] Creo que la iglesia no ha entendido del todo que en el libro de los Hechos se practicaba por norma el bautismo inmediato de los convertidos. Me pregunto si las razones del retraso en nuestros días no son más pragmáticas que bíblicas.[28]

Animando a los evangelistas

Puesto que los evangelistas desarrollan su tarea principal con personas fuera de las iglesias, puede que los cristianos no reconozcan suficientemente su valor y no les den el apoyo que necesitan. Conozco a muchos evangelistas que invierten mucho de su tiempo intentando recaudar fondos para su sostenimiento. Sería mucho mejor que las iglesias locales comisionaran a los evangelistas para que sirvieran donde Dios les manda (dentro o fuera de la iglesia). En estos casos, las comunidades locales pueden brindarles el respaldo y control que necesitan. Es posible que algunos evangelistas consideren más apropiado trabajar fuera de los límites de una iglesia local y lo hagan en un ámbito interdenominacional. Tales personas deberían tener un buen grupo de apoyo. Los evangelistas necesitan un apoyo especial porque la evangelización es una tarea espiritualmente agotadora y porque Satanás les ataca de manera especial como invasores de su territorio.

Quiero terminar este estudio con una cita del gran erudito y especialista bíblico en el libro de los Hechos, F. F. Bruce. Hacia el final de su autobiografía escribe:

> Desde hace ya muchos años vengo dedicando la mayor parte de mi tiempo al estudio e interpretación de la Biblia, tanto en ambientes académicos como no académicos. Considero que esta es una ocupación enormemente valiosa y gratificante. Hay solo una forma de ministerio a la que otorgo más valor y es la obra de evangelista a la que no he sido llamado.[29]

Naturalmente, es una opinión subjetiva, no una afirmación bíblica, porque la Biblia nos enseña la igualdad en importancia de todos los dones del cuerpo (1Co 12). Sin embargo, confío que estas palabras les servirán de ánimo a los evangelistas que trabajan entre nosotros.

---

27. *Matthew Henry Commentary on the Whole Bible in One Volume*, editado por Leslie F. Church (Basingstoke, Hants: Marshall Pickering, 1960 ed.), 466.
28. Sobre esto ver Roland Allen, *Missionary Methods: St. Paul's or Ours?* 81–99.
29. F. F. Bruce, *In Retrospect: Remembrance of Things Past* (Grand Rapids: Eerdmans, 1980), 311.

Mientras tanto, Saulo, respirando aún amenazas de muerte contra los discípulos del Señor, se presentó al sumo sacerdote ² y le pidió cartas de extradición para las sinagogas de Damasco. Tenía la intención de encontrar y llevarse presos a Jerusalén a todos los que pertenecieran al Camino, fueran hombres o mujeres. ³ En el viaje sucedió que, al acercarse a Damasco, una luz del cielo relampagueó de repente a su alrededor. ⁴ Él cayó al suelo y oyó una voz que le decía:

—Saulo, Saulo, ¿por qué me persigues?

⁵ — ¿Quién eres, Señor? —preguntó.

—Yo soy Jesús, a quien tú persigues —le contestó la voz—. ⁶ Levántate y entra en la ciudad, que allí se te dirá lo que tienes que hacer.

⁷ Los hombres que viajaban con Saulo se detuvieron atónitos, porque oían la voz pero no veían a nadie. ⁸ Saulo se levantó del suelo, pero cuando abrió los ojos no podía ver, así que lo tomaron de la mano y lo llevaron a Damasco. ⁹ Estuvo ciego tres días, sin comer ni beber nada.

¹⁰ Había en Damasco un discípulo llamado Ananías, a quien el Señor llamó en una visión.

— ¡Ananías!

—Aquí estoy, Señor.

¹¹ —Anda, ve a la casa de Judas, en la calle llamada Derecha, y pregunta por un tal Saulo de Tarso. Está orando, ¹² y ha visto en una visión a un hombre llamado Ananías, que entra y pone las manos sobre él para que recobre la vista.

¹³ Entonces Ananías respondió:

—Señor, he oído hablar mucho de ese hombre y de todo el mal que ha causado a tus santos en Jerusalén. ¹⁴ Y ahora lo tenemos aquí, autorizado por los jefes de los sacerdotes, para llevarse presos a todos los que invocan tu nombre.

¹⁵ — ¡Ve! —insistió el Señor—, porque ese hombre es mi instrumento escogido para dar a conocer mi nombre tanto a las naciones y a sus reyes como al pueblo de Israel. ¹⁶ Yo le mostraré cuánto tendrá que padecer por mi nombre.

¹⁷ Ananías se fue y, cuando llegó a la casa, le impuso las manos a Saulo y le dijo: «Hermano Saulo, el Señor Jesús, que se te apareció en el camino, me ha enviado para que recobres la vista y seas lleno del Espíritu Santo.» ¹⁸ Al instante cayó de los ojos de Saulo algo como escamas, y recobró la vista. Se levantó y fue bautizado; ¹⁹ y habiendo comido, recobró las fuerzas.

Saulo pasó varios días con los discípulos que estaban en Damasco, ²⁰ y en seguida se dedicó a predicar en las sinagogas, afirmando que Jesús es el Hijo de Dios. ²¹ Todos los que le oían se quedaban asombrados, y preguntaban: «¿No es éste el que en Jerusalén perseguía a muerte a los que invocan ese nombre? ¿Y no ha venido aquí para llevárselos presos y entregarlos a los jefes de los sacerdotes?» ²² Pero Saulo cobraba cada vez más fuerza y confundía a los judíos que vivían en Damasco, demostrándoles que Jesús es el Mesías.

²³ Después de muchos días, los judíos se pusieron de acuerdo para hacerlo desaparecer,²⁴ pero Saulo se enteró de sus maquinaciones. Día y noche vigilaban de cerca las puertas de la ciudad con el fin de eliminarlo. ²⁵ Pero sus discípulos se lo llevaron de noche y lo bajaron en un canasto por una abertura en la muralla.

²⁶ Cuando llegó a Jerusalén, trataba de juntarse con los discípulos, pero todos tenían miedo de él, porque no creían que de veras fuera discípulo. ²⁷ Entonces Bernabé lo tomó a su cargo y lo llevó a los apóstoles. Saulo les describió en detalle cómo en el camino había visto al Señor, el cual le había hablado, y cómo en Damasco había predicado con libertad en el nombre de Jesús. ²⁸ Así que se quedó con ellos, y andaba por todas partes en Jerusalén, hablando abiertamente en el nombre del Señor.

²⁹ Conversaba y discutía con los judíos de habla griega, pero ellos se proponían eliminarlo. ³⁰ Cuando se enteraron de ello los hermanos, se lo llevaron a Cesarea y de allí lo mandaron a Tarso.

³¹ Mientras tanto, la iglesia disfrutaba de paz a la vez que se consolidaba en toda Judea, Galilea y Samaria, pues vivía en el temor del Señor. E iba creciendo en número, fortalecida por el Espíritu Santo.

Sentido Original La conversión de Saulo de Tarso se ha considerado uno de los acontecimientos más cruciales de la historia de los tratos de Dios con la humanidad. Este hombre dominará el resto del libro de los Hechos y, como apóstol de los gentiles, marcará el camino para llevar el evangelio "hasta lo último de la tierra". El relato de la conversión de Saulo aparece tres veces en Hechos (ver también 22:3–21; 26:12–18). Keener ha señalado que, aunque lo normal en la literatura clásica era que los mensajeros repitieran literalmente el mensaje que les había sido confiado, en el tiempo de Lucas había preferencia por un estilo retórico que variaba la forma del mensaje. Esto hacía más interesante la lectura de las narraciones repetidas.¹ Willimon observa que "solo un suceso de la mayor importancia merecería este tipo de repetición por parte de un escritor cuyo estilo se caracteriza por la brevedad y la concisión".²

1. Keener, *BBC,* 347.
2. Willimon, *Acts,* 74.

Vehemencia de Saulo (9:1–2)

Lucas, que más adelante sería amigo y compañero personal de Saulo, utiliza un enérgico lenguaje para expresar la vehemencia con la que este último perseguía a los cristianos (v.1), pero el propio Saulo hizo lo mismo cuando habló de su conducta precristiana (ver 26:11; Gá 1:13). Con estos excesos, Saulo se apartaba de la actitud de su admirado maestro Gamaliel y de los fariseos en general, que se caracterizaban por la prudencia e indulgencia en la administración de la justicia.[3] Sin embargo, como señala Bruce, del mismo modo que "Esteban vio la lógica de la situación más claramente que los apóstoles, Saulo la vio con mayor claridad que Gamaliel". Tanto Esteban como Saulo se habían dado cuenta de que el nuevo orden y el antiguo eran incompatibles. Mientras que Esteban argumentaba: "Ha llegado lo nuevo y, por consiguiente, ha de abandonarse lo antiguo", Saulo afirmaba que "el antiguo orden seguía vigente y, por lo tanto, no había lugar para el nuevo".[4] La raíz de esta convicción era su celo (Fil 3:6), en especial su celo por las tradiciones de sus padres (Gá 1:14). En el pensamiento de Saulo, la idea de un Mesías crucificado era una imposibilidad. Y cuando Esteban proclamó que el templo no era ya necesario, la situación se puso demasiado seria como para ser ignorada; aquello tenía que detenerse.

Según Josefo, los saduceos eran más crueles en sus apreciaciones que los fariseos[5] y, por ello, puede que para un leal fariseo como Pablo no fuera natural pedirle cartas al sumo sacerdote saduceo (v. 2). Esto es una indicación de hasta dónde estaba dispuesto a llegar para aplastar esta amenaza.

Saulo partió para Damasco con la intención de "encontrar y llevarse presos a Jerusalén a todos los que pertenecieran al Camino". Es probable que fueran los mismos cristianos quienes se referían a la iglesia con la expresión "el Camino" (*he hodos*).[6] Como designación de la iglesia, esta frase aparece seis veces y solo en el libro de los Hechos, indicando probablemente que los cristianos se consideraban seguidores del verdadero camino dentro de la comunidad judía más amplia.[7] Damasco era una ciudad antigua y contaba con una larga historia de dominio por parte de distintos poderes nacionales. Damasco albergaba a decenas de miles de judíos y contaba con varias sinagogas (cf. "las sinagogas" que menciona Lucas en el v. 2).

---

3. Ver E. P. Sanders, *Judaism: Practice and Belief, 63 BCE–66 CE* (Londres: SCM, y Filadelfia: Trinity Press International, 1994), 419–20. Sanders utiliza pruebas de Josefo y otras fuentes.
4. Bruce, *Paul*, 70.
5. De Josefo, *Antigüedades* 20; citado en Sanders, *Judaism,* 419.
6. Haenchen, *Acts,* 320. La comunidad de Qumrán también se autodenominaba "el Camino" (*NIDNTT*, 3:941–42).
7. Polhill, *Acts,* 234.

La última aparición tras la Resurrección (9:3–9)

En las inmediaciones de Damasco, Saulo oye una voz y ve una intensa luz. El doble vocativo, "Saulo, Saulo" (v. 4), recuerda a las numerosas ocasiones en que la voz de Dios se había escuchado en el Antiguo Testamento.[8] La luz que vio Saulo (v. 3) debió de ser muy intensa, puesto que el acontecimiento se produjo hacia las doce del mediodía (22:6; 26:13). Seguramente le recordó a la gloriosa Sekiná de Dios en el Antiguo Testamento. Esto explicaría la pregunta de Saulo, "¿Quién eres, Señor?" (v. 5). La palabra *kyrios* puede significar "Señor/señor (en el sentido de dueño, amo etc.)" o "señor (como título de respeto para un hombre)", pero pensando en el contexto de la luz del cielo y la voz que pronuncia su nombre, Saulo debió darse cuenta de que estaba en la presencia del Señor Dios.

La pregunta que plantea la voz es simple: "¿Por qué me persigues?" (v. 4). En respuesta a la pregunta de Saulo sobre quién es el que le habla, la voz replica: "Yo soy Jesús, a quien tú persigues". En otras palabras, aunque Saulo estaba golpeando a la iglesia ¡es Jesús quien siente el dolor! Más adelante, Pablo hablará en profundidad sobre la iglesia como el cuerpo de Cristo (1Co 12; Ef 3–5).

Harrison cree que, probablemente, el uso del nombre humano y terrenal "Jesús"[9] (v. 5) "en lugar de un título divino indica que ahora Saulo lo entiende todo". "Jesús de Nazaret estaba vivo. Resulta que sus discípulos decían la verdad cuando proclamaban su resurrección de entre los muertos".[10] La evidencia era demasiado contundente como para seguir rechazándola. Saulo se había dirigido a Damasco "para llevarse presos a todos los que invocan tu nombre" (cf. v. 14). En el Antiguo Testamento, "invocar el nombre" es una manera común de aludir a la oración. Saulo había oído que Esteban invocó al "Señor Jesús" en sus últimos momentos de vida (7:59). ¡Para Saulo todo aquello eran blasfemias y tenían que detenerse! Y ahora, cuando se dispone a hacer precisamente esto, se da cuenta, súbitamente, de que Jesús está vivo.

A la conversión de Saulo se le han dado explicaciones de orden físico y psicológico para soslayar la molesta idea de que este enorme cambio lo produjo una revelación de Jesús. Algunos afirman que fue una crisis producida por algo parecido al "extraordinario incremento de luz que experimentan los epilépticos". Bruce descarta este punto de vista mostrando que se trata de algo mucho más revolucionario y prolongado de lo que este fenómeno puede explicar. Fue

---

8. Ver Génesis 22:11; 46:2; Éxodo. 3:4; 1 Samuel. 3:4 LXX; citado en la obra de Beverly Roberts Gaventa, *From Darkness to Light: Aspects of Conversion in the New Testament* (Filadelfia: Fortress, 1986), 57–58.
9. Hechos 22:8 consigna "Jesús de Nazaret".
10. Harrison, *Interpreting Acts*, 159.

"una conversión total [...] de la voluntad, el intelecto y las emociones que dictó el permanente propósito y dirección de su vida y actividad posteriores".[11]

Otros afirman que Saulo era un hombre perturbado. El radiante testimonio de Esteban le había dejado profundamente atormentado y para superar este estado asumió una conducta fanática respecto a su oposición al cristianismo. El psicólogo Carl Jung pensaba que el fanatismo de Pablo es característico de aquellos "individuos que pretenden compensar dudas secretas".[12] Décadas atrás, algunos eruditos bajo la influencia del movimiento psicoanalítico leían Romanos 7 en los relatos de Hechos y afirmaban que Saulo se sentía desasosegado por su incapacidad de guardar completamente la ley y que su persecución de la iglesia era una expresión de su intenso conflicto interior.[13] Sin embargo, como señala G. E. Ladd, en su testimonio Pablo "no describe ningún trasfondo de angustia, desesperación o vacilación en sus convicciones judías".[14] Pablo se sentía intachable por lo que respecta a la justicia de la ley (Fil 3:6b) y creía que su persecución de la iglesia obedecía a su celo (3:6a) así como también a su ignorancia e incredulidad (1Ti 1:13).

Más adelante veremos que la afirmación de Cristo, "¿Qué sacas con darte cabezazos contra la pared?" (26:14), no significa que Pablo luchara contra su propia conciencia. Lo que sucedía era más bien que Saulo estaba cegado desde un punto de vista espiritual por sus convicciones erróneas hasta que la irrupción de una luz más intensa le iluminó espiritualmente, si bien físicamente le cegó. De repente la evidencia se hace ahora demasiado abrumadora. Ha de aceptar "el Camino". "El cambio que se produjo aquel día no se inició desde dentro, sino desde afuera".[15]

Este pasaje presenta la última de las apariciones de Jesús tras su resurrección. Aunque en 26:19 Pablo llama "visión" a la experiencia, esta parece ser algo más que una típica visión, puesto que sus compañeros ven también la luz (22:9) y oyen su sonido (9:7). Cuando enumera las apariciones tras la resurrección, Pablo dice: "… y por último, como a uno nacido fuera de tiempo, se me apareció también a mí" (1Co 15:8). Las palabras "nacido fuera de tiempo" traducen una expresión que dice literalmente: "como a un abortivo". Ello puede significar, por tanto, que el sentido que Pablo tiene en mente es el de alguien "nacido de manera prematura". De hecho, él fue el último en "nacer", pero

---

11. Bruce, *Acts,* NICNT, 183.
12. C. G. Jung, *Contributions to Analytical Psychology,* trad. de H. G. y C. F. Baynes (1945), 257; citado en Williams, *Acts*, 123.
13. A. C. McGiffert, *A History of Christianity in the Apostolic Age,* rev. ed. (Nueva York: Charles Scribner's Sons, 1906), 119–209; citado en la obra de Gaventa, *Darkness to Light*, 53.
14. Ladd, *Theology*, 404.
15. Harrison, *Interpreting Acts,* 158. Ver S. Kim, *The Origin of Paul's Gospel* (Grand Rapids: Eerdmans, 1982); A. F. Segal, *The Apostolate and Apostasy of Saul the Pharisee* (New Haven, Conn.: Yale Univ. Press, 1990).

podría estar subrayando que no tuvo el habitual periodo de gestación de tres años con Jesús. En este sentido, el suyo fue un parto prematuro.[16] Sin embargo, al poner esta experiencia junto a las otras apariciones posteriores a la resurrección, Pablo está diciendo que la suya fue una aparición tan objetiva como las narradas en los Evangelios. Bruce afirma: "Si Pablo utiliza la misma terminología para hablar de su experiencia personal que la que usó para aludir a la de Pedro y los demás, no es para sugerir que su experiencia fuera tan 'visionaria' como la de ellos, sino para dar a entender que ambas son igual de objetivas".[17]

Las palabras "Levántate y entra" (trad. lit. *de anastethi kai eiselthe*, v. 6) "reflejan una vez más el lenguaje de la Septuaginta, donde el término *anistemi* introduce frecuentemente comisiones de Dios (p. ej., Gn 21:18; 31:13; 1R 17:9; Jon 1:2)".[18] Las palabras "se te dirá lo que tienes que hacer" indican que en este texto hay una comisión implícita (v. 6; cf. también v. 15). En 26:16–18 Pablo nos dirá que en su encuentro con Cristo él recibió un encargo y en 22:15 que este le fue comunicado por Ananías. Esto es algo característico del estilo de Lucas, que primero introduce un concepto para desarrollarlo posteriormente.[19]

Mas adelante, Pablo menciona esta aparición del Cristo resucitado y la específica comisión que le hace como una de las experiencias que le cualifican para el apostolado (1Co 9:1); estos dos elementos se producen en la experiencia de Damasco. Pablo alude en otros pasajes a lo que recibió en Damasco: "Por medio de él, y en honor a su nombre, recibimos el don apostólico para persuadir a todas las naciones que obedezcan a la fe" (Ro 1:5). Al parecer, Santiago, el hermano del Señor, fue también capacitado para el apostolado por medio de un encuentro parecido con Cristo (ver 1Co 15:7; Gá 1:19).

Un influyente estudio de K. Stendahl afirma que la experiencia de Pablo en Damasco fue un llamamiento a ser misionero a los gentiles, no una conversión.[20] Desde entonces ha habido un cambio de acento en la consideración de este suceso que se ve más como una comisión que como una conversión. Ciertamente, el propósito que tiene Lucas de describir la misión a los gentiles hace que los relatos de Hechos subrayen el llamamiento. Sin embargo, en sus cartas, cuando Pablo describe esta experiencia, no subraya el llamamiento, sino el contraste entre su antigua vida en el judaísmo y la nueva en Cristo (Gá 1:13–17; Fil 3:4–9). La radical ruptura de Pablo con el judaísmo y el cambio de vida que se relata en Hechos solo pueden explicarse en términos de conver-

---

16. Esta es la explicación de Craig Blomberg, *1 Corinthians,* NIVAC (Grand Rapids: Zondervan, 1994), 297.
17. F. F. Bruce, *1 and 2 Corinthians,* NCBC (Grand Rapids: Eerdmans, 1971), 142.
18. Gaventa, *Darkness to Light,* 59.
19. *Ibíd.,* 66.
20. K. Stendahl, *Paul Among Jews and Gentiles* (Filadelfia: Fortress, 1976).

sión. Concluimos que, aunque el acento de Hechos está en el llamamiento, el relato describe también una conversión.[21]

En Damasco, Saulo, ahora invidente, ayuna con rigor durante tres días en los que no come ni bebe nada (v. 9). Solo practicaba este tipo de ayuno quien deseaba arrepentirse o buscar el rostro de Dios. En este texto se implican ambas cosas (cf. v. 11, donde se le dice a Ananías que Pablo está orando).

El ministerio de Ananías a Pablo (9:10–19a)

Ananías era una persona muy indicada para ayudar a Saulo en aquel momento, puesto que era un "hombre devoto que observaba la ley y a quien respetaban mucho los judíos que allí vivían" (22:12). Como en el caso de Pedro y Cornelio (10:1–23), las indicaciones de Dios se confirman mediante una doble visión (vv. 10, 12).[22] En Hechos se presentan frecuentes visiones en las que Dios interviene para dirigir a la iglesia hacia algo nuevo.[23] La frase griega de 9:11b–12 comienza con la expresión "porque he aquí (RV60)" (*idou gar*), una locución que se utiliza para anunciar que "lo que viene a continuación es algo sorprendente, algo digno de mención (cf. Lc 1:44, 48; 2:10; 17:21)".[24] Como señala Gaventa: "En este caso dos acontecimientos explican el *idou gar*: (1) Saulo está orando y (2) vio venir a Ananías para sanarle".[25]

Esta calle "Derecha" (v. 11) sigue siendo identificable en nuestros días. "La actual *Darb al-Mustiqim* ('Calle Derecha'), conocida también como *Suq et-Tawileh* ('Bazar Largo'), sigue probablemente la línea de esta antigua calle".[26] A Ananías Saulo se le describe como "uno llamado Saulo, de Tarso" (v. 11), al que más adelante Pablo describe como "una ciudad no insignificante" (21:39). Tarso era una fortificada población comercial antes incluso del año 2000 a. C. Era la principal ciudad de Cilicia, situada al sudeste de Asia Menor (en la parte sudoriental de la actual Turquía). Tarso era ciudad de una gran cultura.[27] Aunque Saulo había nacido en ella, se había "criado" en Jerusalén (22:3), lo cual no era obstáculo para que estuviese familiarizado con la cultura griega y, por tanto, preparado para ser apóstol de los gentiles.[28]

La protesta de Ananías es comprensible, considerando todo lo que Saulo les había hecho a los "santos[29] en Jerusalén" y planeaba hacer en Damasco

---

21. Aquellos que deseen considerar una concisa exposición de este debate pueden ver, J. M. Everts, "Conversion and Call of Paul", *DPL*, 156–63.
22. Marshall, *Acts,* 171. Marshall, no obstante, llama sueños a estas experiencias.
23. Polhill, *Acts,* 253. Ver 9:10, 12; 10:3, 17, 19; 11:5; 16:9–10; 18:9; 27:22–26.
24. Gaventa, *Darkness to Light*, 61.
25. *Ibíd.*
26. Bruce, *Steps*, 13.
27. La mayor parte de los detalles sobre Tarso son de *ibíd.,* 6–8.
28. Ver los argumentos de Sir William M. Ramsay, *The Cities of St. Paul* (Nueva York: Armstrong, 1908), 88; Citado en la obra de Harrison, *Interpreting Acts,* 162.
29. Respecto a la expresión "santos" ver comentarios sobre 9:32.

(vv. 13–14). Sin embargo, su disposición a obedecer inmediatamente, después de la explicación del Señor (vv. 15–16), es digna de encomio. Igual que lo es su benévola acción de imponer "las manos a Saulo" y dirigirse a él como "hermano Saulo" (v. 17). Según la descripción de sus planes para Saulo que el Señor hace a Ananías, será enviado a "los gentiles", "sus reyes" y "al pueblo de Israel" (v. 15). El orden, aunque distinto del que encontramos en la comisión de Jesús (1:8), es significativo. "Va desde aquellos que reciben la predicación de Pablo (los gentiles) a quienes la oyen sin recibirla (los reyes) y los que la rechazan (los hijos de Israel)".[30]

Desde el comienzo mismo de su peregrinaje espiritual, el Señor informa a Saulo de que sufrirá por el nombre de Jesús (v. 16). El sufrimiento es un aspecto esencial del seguimiento de Cristo. Sin embargo, antes de que Pablo padezca esta cruz, experimentará el poder de Cristo: Ananías dice que el Señor le ha enviado para que Pablo "recobre[s] la vista y sea[s] lleno del Espíritu Santo" (v. 17). Aunque no se dice de manera explícita que Saulo fuera lleno del Espíritu, no hay razón para dudar que esto sucediera.

Primeros intentos de ministerio (9:19b–25)

De inmediato, Saulo inicia un ministerio de predicación en las sinagogas de Damasco (v. 20). Más adelante escribiría que los nuevos convertidos no deben ser dirigentes de las iglesias (1Ti 3:6), pero el hecho de que predicara no significa que él lo fuera. Por otra parte, a diferencia de lo que sucede con la mayoría de nuevos convertidos, Saulo estaba ya bien versado en las Escrituras. Su mensaje era "que Jesús es el Hijo de Dios". Bruce observa: "La proclamación de Jesús como Hijo de Dios representa un avance con respecto al modo en que, hasta ahora, se ha venido proclamando su mesianismo en el libro de los Hechos". El Antiguo Testamento veía al rey ideal del futuro, al Mesías de la línea de David, como el Hijo de Dios (Sal 2:7).[31] Esta es la razón por la que el sumo sacerdote le preguntó a Jesús: "¿Eres tú el Cristo, el Hijo del Bendito?" (Mr 14:61). El súbito cambio de Saulo produce el desconcierto general de quienes le escuchan (v. 21). Sin embargo, adquiere cada vez mayor elocuencia como heraldo y apologista de Cristo (v. 22), "demostrándoles que Jesús es el Mesías".

El versículo 23 encuentra a Saulo en Damasco "después de muchos días". Su viaje a Arabia (probablemente para meditar y predicar) y su vuelta a Damasco (ver Gá 1:17) debió de producirse durante este periodo. Pablo pasó casi tres años en Arabia,[32] que en aquel entonces estaba gobernada por los nabateos. Es posible que Damasco formara parte de este reino o lindara con él. Como era de esperar, la predicación de Saulo suscitó la oposición de los judíos, con lo

---

30. Gaventa, *From Darkness to Light*, 63.
31. Bruce, *Acts,* NICNT, 190.
32. Aunque esto no se percibe claramente en la traducción de la NIV, parece ser la interpretación correcta.

cual el perseguidor se convierte en perseguido y objeto de sus funestas conspiraciones (vv. 23–24). Saulo tuvo que salir de Damasco de un modo poco ceremonioso, descolgándose del muro en un canasto (v. 25). En 2 Corintios 11:32, Pablo afirma que hubo de abandonar de este modo la ciudad porque el gobernador delegado por el rey nabateo Aretas le estaba buscando en la ciudad para arrestarle o secuestrarle. En otras palabras, ¡tanto judíos como árabes iban ahora tras él! Es posible que este gobernador quisiera arrestarle por haber hecho algo en Arabia que no era de su agrado, ¡como por ejemplo predicar![33]

Finalmente a Jerusalén (9:25–30)

En Gálatas 1, Pablo concede mucha importancia al hecho de no haber ido a Jerusalén hasta tres años después de su conversión. Esto era evidencia de que recibió su comisión al apostolado directamente de Cristo, no de los líderes cristianos de la ciudad santa. Para Saulo debió de ser una experiencia muy conmovedora regresar a la ciudad que amaba, donde había crecido y donde había sido considerado un personaje tan ilustre. Podía asumir que sus antiguos colaboradores le rechazaran. Pero, ¡qué difícil tenía que ser para él descubrir que cuando intentó unirse a los discípulos, "todos le tenían miedo, no creyendo que fuese discípulo" (v. 26)! Su reacción era comprensible, considerando el terror que había inspirado y las heridas que les había infligido. ¿No era acaso una conocida estrategia de los espías infiltrarse en las filas de sus adversarios fingiendo haberse comprometido con su causa?

Otro de los grandes "peros" de Hechos introduce la solución de Dios al problema cuando Bernabé le conduce, no solo a los discípulos, sino a los propios apóstoles (v. 27). Les cuenta la historia de Saulo. Según Gálatas 1:17–18, Pablo conoció únicamente a los dos principales apóstoles, Pedro y Jacobo. La referencia de Lucas a "los apóstoles", por consiguiente, ha de interpretarse como "un plural general".[34] Pablo pasó quince días con Pedro (Gá 1:18). La mayoría de las traducciones vierten el término *historeo* en este versículo con el sentido de "familiarizarse con", pero este significa "visitar, con el propósito de obtener información".[35] ¡No es difícil imaginar que, cuando un recién comisionado apóstol pasó quince días con un veterano, hicieron algo más que hablar del tiempo![36] Probablemente, Saulo pudo completar muchos de los detalles de la vida y palabras de Cristo. Pedro debió de contarle a Saulo la especial aparición tras la resurrección que él experimentó y que se menciona en 1 Corintios 15:5.

En Jerusalén, Saulo habla abiertamente y defiende el evangelio (vv. 28–29). Pero los judíos procuran matarle y él sale a toda prisa hacia Cesarea camino de

---

33. Sobre esto ver Bruce, *Acts:,* NICNT, 191–92.
34. *Ibíd.,* 193.
35. Louw y Nida, 453.
36. Daniel P. Fuller, en un comentario no publicado de Gálatas.

Tarso, su ciudad natal.[37] La siguiente vez que aparece en Hechos han pasado varios años y él sigue aún en esta ciudad (11:25).

La iglesia sigue gozando de salud (9:31)

Esta sección termina con una resumida descripción del saludable estado de la iglesia (v. 31). Observemos que, aunque en Hechos no se hace referencia explícita al desarrollo de ningún ministerio en Galilea, sí se menciona, no obstante, la presencia de una iglesia en esta región (algo que parece lógico si consideramos los muchos seguidores que Jesús tenía en este territorio). La iglesia disfrutaba ahora de un tiempo de relativa calma, lo cual les sucede también a la mayoría de las comunidades que evangelizan y sufren persecución: hay periodos en que la oposición se relaja, pero la iglesia seguía creciendo en número, porque no hay nunca tregua en la tarea de la evangelización.

Conversión

La palabra "conversión" procede del latín *convertere*, que significa "darse la vuelta".[38] El término griego equivalente, *epistrophe*, aparece solo en una ocasión en el Nuevo Testamento (Hch 15:3), aunque la NVI traduce como "convertido" palabras que literalmente significan "prosélito", "neófito" y "primicias". Verbos relacionados como "volverse" (*epistrepho*) y sinónimos como "arrepentimiento", "regeneración" y "nacer de nuevo" aparecen a menudo.[39]

A veces se presenta la conversión de Pablo como una conversión bíblica típica. Dicha experiencia tiene, sin embargo, muchos rasgos atípicos. En primer lugar, fue provocada por una aparición de Cristo y, por otra parte, representó un súbito cambio de dirección en la vida de Saulo, que hasta entonces no había dado pruebas de moverse hacia el cristianismo (como sucede con la mayoría de los convertidos). La suya fue una conversión como la de C. S. Lewis, quien afirmó: "… me rendí y admití que Dios era Dios; me arrodillé y oré: puede que aquella noche fuera el convertido más abatido y renuente de toda Inglaterra".[40] Lo último que Saulo tenía en mente era hacerse cristiano.

37. En Gálatas se dice que fue a Siria y Cilicia. Tarso está en Cilicia, y Siria, de camino.
38. Ernest Weekley, *An Etymological Dictionary of Modern English* (Nueva York: Dover, 1967), 1:357.
39. Hugh T. Kerr y John M. Mulder, *Famous Conversions* (Grand Rapids: Eerdmans, 1994), ix.
40. C. S. Lewis, *Surprised by Joy: The Shape of My Early Life* (Nueva York: Harcourt, Brace & World, 1955), 228–29 [en español, *Cautivado por la alegría* (Madrid: Encuentro, 2002)].

Pero fue, en sus propias palabras, "asido por Jesucristo" (Fil 3:12. rv60).[41] No obstante, en las características que presentamos a continuación, su conversión sí es típicamente bíblica.

Características típicas de las conversiones bíblicas. (1) La conversión se produce como consecuencia de una iniciativa divina. Jesús inició el encuentro que terminó con la conversión de Pablo (vv. 3–6). Pablo no tuvo reparos en admitir que no hizo nada que le hiciera merecedor de la salvación. Por el contrario, en sus propias palabras afirmó ser "el peor de los pecadores" (1Ti 1:16). Sin embargo, sigue diciendo que le fue mostrada misericordia para convertirse en ejemplo de la ilimitada paciencia de Dios. Por ello, nadie puede jactarse de la salvación como algo que haya logrado por sí mismo, o de lo que sea merecedor (Ef 2:9). Pablo explica el proceso de la conversión de un modo que recuerda su experiencia personal cuando dice: "Porque Dios, que ordenó que la luz resplandeciera en las tinieblas, hizo brillar su luz en nuestro corazón para que conociéramos la gloria de Dios que resplandece en el rostro de Cristo" (2Co 4:6).

(2) Hay un encuentro personal con Cristo (vv. 4–6). Todos conocemos a Jesús de maneras diferentes; sin embargo, si estamos convertidos es porque le hemos conocido y hemos entrado en una relación personal con él. Jesús dijo que la vida eterna es conocer a Dios y a Jesucristo (Jn 17:3). Sobre este versículo, D. A. Carson comenta: "La vida eterna no es tanto vida eterna como un conocimiento personal del Eterno".[42]

(3) Pablo se rindió al señorío de Cristo. Aunque es cierto que, en el versículo 5, el término *kyrios* puede significar tanto "Señor" en el sentido de dueño, amo etc., como "señor" usado como título de respeto, no hay duda de que en este texto tenemos una profunda rendición a Cristo por parte de Saulo. Esto se hace evidente en su completo ayuno de tres días, que indica su voluntad de no desistir en su intensa búsqueda de Dios hasta llegar al fin del proceso que se inició en el camino. Esta clase de rendición es sin duda la norma para todos los seguidores de Jesús. La radicalidad de los posteriores llamamientos de Pablo al discipulado implica una total rendición al señorío de Cristo. Roy Clements dice que él no utiliza "expresiones como 'decidirse por Cristo' o 'comprometerse con Cristo', aunque en la conversión hay un elemento de decisión y compromiso [...] En su raíz, la conversión no es una decisión, ni un compromiso, sino una rendición a la suprema autoridad de Jesús".[43]

(4) Vemos el importante lugar que ocupa el cuerpo de Cristo en el proceso de la conversión. Aunque Pablo deseaba vivamente mostrar que el evangelio que recibió no le había sido enseñado por ningún ser humano, sino por el Señor

---

41. Esta es la traducción de Peter O'Brien, en *Commentary on Philippians,* NIGTC (Grand Rapids: Eerdmans, 1991), 417.
42. D. A. Carson, *The Gospel According to John* (Grand Rapids: Eerdmans, 1991), 556.
43. Clements, *The Church That Turned,* 137.

mismo (Gá 1), es evidente que hubo otros miembros del cuerpo de Cristo que desempeñaron un importante papel en su conversión y en sus primeros pasos en la vida cristiana. Por medio del bautismo fue incorporado al cuerpo (Hechos 9:18). Después "pasó varios días con los discípulos que estaban en Damasco" (v. 19). Lo que se destaca en este pasaje es el papel que desempeñaron Ananías y Bernabé para animar a Pablo. Probablemente, las primeras palabras que Saulo oyó tras su conversión de boca de un cristiano fueron, "hermano Saulo" (v. 17). Stott dice que "debió de sonarle como música celestial". El archienemigo de la iglesia fue ahora bien recibido como un hermano; el temido fanático fue recibido como miembro de la familia.[44] Lloyd Ogilvie reflexiona: "¡Imaginémonos lo que puede significar imponer las manos a alguien que había venido a arrestarte y tú lo sabes!".[45] Vemos en ello el amor de quienes se acercan a un nuevo creyente para alentarle a pesar de su pasado.

Bernabé exhibe otros dos rasgos de quienes desarrollan este ministerio de ánimo dentro del cuerpo. Asume el riesgo de introducir al ex adversario en el círculo íntimo de los dirigentes de la iglesia (v. 27a). De hecho, si Saulo fuera un espía, esta habría sido la oportunidad que estaba esperando. Pero Bernabé actúa confiando en Saulo y asume este riesgo. Cuenta, además, a estos creyentes la historia de Saulo (su conversión y su testimonio (v. 27b). Bernabé representa al joven delante de los veteranos. Todos los nuevos creyentes se beneficiarían en gran manera de este tipo de estímulos.

(5) Aunque la conversión de Saulo es individual, no es individualista. Gaventa señala que "no se ha convertido para saborear la experiencia, sino para dar testimonio".[46] Por ello, junto con la conversión, Saulo recibió la comisión de ser testigo. Aunque no hayamos recibido un llamado específico al apostolado como Pablo, todos los cristianos hemos sido comisionados a ser testigos de Cristo. Una vez que le conocemos, nos convertimos en sus embajadores (2Co 5:20) y tenemos el elevado privilegio y responsabilidad de representarle en la tierra y comunicar su mensaje al mundo.

Sufrimiento y discipulado

Desde el comienzo mismo de su peregrinaje espiritual, el Señor informa a Saulo de que va a sufrir por el nombre de Jesús (v. 16). Este aspecto se convirtió en un elemento típico de la enseñanza sobre el discipulado en la iglesia primitiva, ya que el llamamiento esencial de Jesús al discipulado era a tomar la cruz (p. ej., Mt 10:38; 16:24). Aunque Saulo experimentó más sufrimientos que muchos cristianos obedientes, hemos de recordar que sufrir por Cristo es

---

44. Stott, *Acts,* 176.
45. Ogilvie, *Acts,* 170.
46. Gaventa, *From Darkness to Light,* 92.

una parte normal del cristianismo y debería hablarse de ello cuando se explica la vida cristiana a los nuevos creyentes.[47]

El significado de la experiencia de Damasco

La iglesia ha considerado la conversión de Pablo como un acontecimiento singular. George Lyttleton, un estadista inglés del siglo XVIII, expresó la inmensa importancia de la experiencia del camino de Damasco cuando escribió: "Debidamente consideradas, las experiencias de conversión y apostolado de San Pablo son por sí mismas demostración suficiente de que el cristianismo es una revelación divina".[48] ¿Por qué?

En el Nuevo Testamento, los apóstoles ocupaban un lugar especial como portavoces proféticos. Los profetas del Antiguo Testamento hablaban por inspiración directa, de modo que podían afirmar: "Así dice el Señor". Este fenómeno cesó cuatrocientos años antes del nacimiento de Cristo y dejó a los judíos con un canon completo de las Escrituras hebreas. Con la venida de Cristo, este nivel de revelación verbalmente inspirada se hizo de nuevo realidad. Jesús dijo: "Las palabras que yo les comunico, no las hablo como cosa mía, sino que es el Padre, que está en mí, el que realiza sus obras" (Jn 14:10b). Su promesa de que el Espíritu Santo les enseñaría "todas las cosas" (14:26) y les guiaría "a toda la verdad" (16:13) se cumplió con la enseñanza de los apóstoles. Puesto que habían visto al Cristo resucitado y habían sido comisionados por él, se encontraban en una posición singular. Dirigieron a la iglesia después de la ascensión de Jesús y antes de que se aceptara la autoridad de los libros canónicos neotestamentarios. Estos hombres eran portavoces proféticos, igual que los profetas del Antiguo Testamento.

Pablo puso un interés especial en mostrar que su mensaje esencial no lo recibió mediante instrumentos humanos (Gálatas 1) porque, como apóstol, también era un portavoz profético. Obsérvese la reivindicación de inspiración verbal que el apóstol hace en 1 Corintios 2:6–13 y que alcanza su clímax con estas palabras: "Esto es precisamente de lo que hablamos, no con las palabras que enseña la sabiduría humana sino con las que enseña el Espíritu, de modo que expresamos verdades espirituales en términos espirituales".

Esta es la razón por la que Pablo afirmaba la autoridad absoluta de sus enseñanzas, como cuando dijo: "Si alguno no obedece las instrucciones que les damos en esta carta, denúncienlo públicamente y no se relacionen con él, para que se avergüence" (2Ts 3:14). Y de nuevo: "Pero aun si alguno de nosotros o un ángel del cielo les predicara un evangelio distinto del que les hemos predicado, ¡que caiga bajo maldición!" (Gá 1:8). El apóstol separó sus opiniones personales de la enseñanza del Señor cuando trató el complejo tema del matri-

---

47. Se ha comentado la importancia de esto en el estudio de 4:1–22 y 14:1–28.
48. G. Lyttleton, *Observations on the Conversion and Apostleship of St. Paul* (Londres, 1747), párrafo 1; citado en Bruce, *Paul*, 75.

monio (1Co 7:10, 22). Daniel Fuller afirma: "La autoridad absoluta que Pablo atribuía a su enseñanza no debería ponerse de lado como los desvaríos de un excéntricoególatra, sino considerarse más bien como el sobrio reconocimiento de que toda su enseñanza procede de Jesucristo, el Hijo de Dios".[49]

El extremado celo de Pablo por las tradiciones de los padres (Gá 1:14) le llevó a Damasco para arrestar a los seguidores de una religión que las contradecía. Por el camino tuvo un encuentro con Jesús y recibió una comisión que le condujo por un sendero totalmente contrario. Se convirtió en apóstol de los gentiles. Como apóstol, se sabía portador de una verdad verbalmente inspirada. Hoy podemos leer sus cartas, que constituyen más de una cuarta parte del Nuevo Testamento, y darles la autoridad que concederíamos a las propias palabras de Cristo.

Significado Contemporáneo

La importancia de la iniciativa divina en la salvación

En nuestro estudio de Hechos 4:12 hemos observado que nuestra incapacidad de hacer algo para salvarnos ha de hacernos humildes; ningún verdadero cristiano tiene razón alguna para la arrogancia. Cuando alguien le preguntó a Mahatma Gandhi qué pensaba de E. Stanley Jones, Gandhi contestó: "Es un buen hombre, pero está demasiado orgulloso de su religión". Cuando Jones se enteró, dijo que Gandhi estaba en lo cierto según sus propias convicciones. Para Gandhi la salvación era fruto del más intenso esfuerzo. Ganarse la salvación era tan difícil como intentar vaciar el agua del océano con las manos. Según este planteamiento, es justo llamar arrogante a cualquiera que afirme estar seguro de su salvación.

Sin embargo, según el esquema cristiano, la salvación es un don de Dios; no la merecemos y Dios nos la da de manera gratuita. Es él quien toma la iniciativa de buscarnos y conducirnos a su presencia. En otras palabras, no tenemos ningún motivo para sentirnos superiores a nadie. Los cristianos hemos de manifestar esta verdad en un tiempo en que los pluralistas —que ven la búsqueda de la salvación como algo que parte del hombre— consideran arrogante la doctrina cristiana de la certeza de la salvación.

El hecho de que Dios tome la iniciativa para salvar a las personas más inesperadas, como por ejemplo Saulo el perseguidor, nos lleva a otra importante deducción, y es que no podemos desahuciar a nadie de la conversión. Cuando tratamos con personas irreligiosas, inmersas en la Nueva Era o en cualquier otra religión, podemos pensar que es imposible que conozcan a Cristo. Sin embargo, como dijo Pablo en 1 Timoteo 1:16, el hecho de que el peor de los pecadores pudiera convertirse es una señal de que cualquier ser humano puede ser salvo. Estas realidades han de estimularnos a soñar con la conversión de

---

49. Daniel Fuller, *Hermeneutics* (Pasadena, Calif.: Fuller Theological Seminary, 1974), VIII-13.

personas reacias y de los enemigos del evangelio, al tiempo que oramos y trabajamos para que esta se haga realidad.

Llevando a las personas a un encuentro personal con Cristo

Nuestra tarea como testigos es llevar a las personas a Jesús para que le conozcan como su Salvador y Señor. Podemos hablar de religión, defender su verdad e intentar persuadir de su relevancia y poder. Pero el fin que perseguimos es que las personas conozcan a Jesús. Por ello, es aconsejable ayudar a quienes están dispuestos a aceptar el camino cristiano a orar pidiendo la salvación. Podemos hacer una oración y pedirles que repitan nuestras palabras. Sin embargo, aunque lo hagamos así, recordemos que nuestro objetivo es llevarles a que tengan un encuentro personal con Cristo.

Nunca hemos de dar por sentado que todos aquellos a quienes ministramos tienen una relación personal con Dios. En mi caso personal, yo era un adolescente religioso de catorce años, que conocía las Escrituras y estaba activo en la iglesia, cuando mi madre me llevó a tener un encuentro de este tipo. Cuando estaba en el seminario, un compañero que había sido criado en un trasfondo evangélico dio testimonio en clase de que había conocido a Cristo solo unos días antes. La Iglesia Metodista Emmanuel de Madrás (India) tenía problemas para mantener sus propiedades por ser una congregación poco numerosa. Estaban a punto de vender algunas propiedades cuando alguien le sugirió al pastor, un misionero norteamericano, la posibilidad de celebrar algunas reuniones de avivamiento en la iglesia. El pastor invitó a un predicador bautista, muy distinto de él en cuanto a convicciones teológicas y puntos de vista, para que predicara en estas reuniones. La primera noche, cuando el predicador invitó a pasar adelante a aquellos que querían nacer de nuevo ¡el primero en hacerlo fue el pastor de la iglesia! Conoció a Cristo personalmente y su ministerio cambió tanto que la iglesia se convirtió en uno de los grandes centros de testimonio cristiano en la India, algo que sigue siendo hasta hoy, algunas décadas después de haberse retirado.

La importancia de la rendición

Ha sido objeto de debate entre los cristianos si la presentación del señorío de Cristo es o no una parte esencial de la exposición del evangelio. Algunos tienen miedo de poner en peligro la primacía de la gracia si dicen que para ser salvos hemos de sujetarnos al señorío de Cristo. Evitaremos este peligro si nos damos cuenta de que todo lo que hacemos, incluso cuando ejercemos la fe que salva, lo hacemos por la iniciativa y capacitación de Dios. No hablar de la necesidad de una total rendición a Cristo significa presentar un evangelio carente de uno de los aspectos clave del cristianismo. Es posible que quienes respondieron a un evangelio que no les presentaba la necesidad de rendición sientan que fueron en cierto modo engañados para que aceptaran un mensaje sin conocer "la letra pequeña" que conlleva el compromiso cristiano.

El lugar del ministerio de ánimo en nuestros días

Es fácil imaginar la desesperación, soledad y frustración que experimentó Saulo cuando los demás cristianos le rechazaban. Más adelante expuso en profundidad el asunto de la existencia "en Cristo", una existencia en la que las barreras terrenales han sido derribadas, puesto que somos un cuerpo en Cristo. Sin embargo, los miembros de este cuerpo no confiaban en él. ¡Cuántos nuevos cristianos experimentan este tipo de soledad y desilusión! Es algo que puede conducir a la desesperación y la amargura. Pero Dios proporciona a menudo un modo de curación mediante alguien que viene para alentar y estimular. ¡Ojalá que en nuestras iglesias hubiera más personas como Ananías y Bernabé!

El riesgo que asumió Bernabé fue inmenso. ¿Era Saulo un espía? Su fervoroso entusiasmo y franca audacia habría provocado reacciones negativas en algunos de los ancianos más sobrios. ¿Quién es este joven recién llegado que lo hace todo de un modo tan desmedido? Debe de ser un individuo desequilibrado, puesto que primero se oponía con violencia al cristianismo y ahora lo defiende con fervor. Sin embargo, Bernabé salió en defensa de Saulo y le dio su apoyo. Estuvo dispuesto a asumir el riesgo. Los riesgos que corremos en nuestros días tienen que ver casi siempre con nuestras hazañas personales. En este pasaje se nos presenta otra forma de asumir riesgos: aceptar a nuevos creyentes y estimularles a que miren hacia adelante. Esta es una manera cristiana de asumir riesgos. Puesto que el cristianismo es una religión de amor, algunas de nuestras mayores hazañas son aventuras de amor. Asumir el riesgo de creer en las personas es una de estas aventuras.

Bernabé también animó a Saulo contando la historia de su conversión a los apóstoles. Para poder hacerlo, primero hubo de escuchar dicha historia. A menudo, los dirigentes están tan interesados en hablar de sí mismos que no tienen tiempo para escuchar a otras personas. Al contar a los apóstoles la historia de Saulo, Bernabé actuó como lo haría un relaciones públicas para promocionar a alguien que carece de experiencia en su ámbito. Normalmente, esto es algo que hacen los dirigentes, pero en este caso se invierte el orden. Pablo hace muchas veces este tipo de cosas en sus cartas, por ejemplo, cuando elogia a colaboradores más jóvenes y menos conocidos, como Tito y Timoteo (p. ej., 2Co 8:16–24; Fil 2:19–24).

Evitando la trampa de una conversión individualista

Teniendo en cuenta las grandes bendiciones que nos aporta la conversión, es posible hacer tanto hincapié en ellas que los convertidos llegan a olvidar que tienen una comisión. Para Saulo, conversión y comisión estaban íntimamente unidas. Hemos de enseñar a los convertidos la importancia del servicio cristiano y hacer que se involucren en alguna actividad en el momento que conocen a Cristo.

La conversión del gran evangelista hindú Sadhu Sundar Singh (1889–1929) fue sorprendentemente parecida a la de Saulo. También él era un joven que se oponía con vehemencia al cristianismo hasta que tuvo una visión de Cristo que transformó su vida. Cuando los miembros de su familia, que eran Sikhs, se dieron cuenta de que la conversión que profesaba no era una fantasía pasajera, le envenenaron y le echaron de casa. Consiguió llegar al umbral de la casa de un pastor y allí se echó enfermo de mucha gravedad. El médico que le atendió abandonó cualquier esperanza de que se recuperara. "Sin embargo, mientras yacía en este estado sentía la profunda convicción de que Dios no le había sacado de la oscuridad para que muriera sin dar testimonio de su fe en Cristo, de modo que comenzó a orar con toda la fuerza que le quedaba".[50] Sadhu Sundar Singh se recuperó e inició una vida de testimonio. Vistiendo a la usanza de los santones hindúes, viajó descalzo por toda la India, predicando el evangelio. Esto le ganó el sobrenombre de "apóstol de los pies sangrantes", porque sus pies, desprotegidos de los elementos hostiles, a veces sangraban. En su lecho de muerte, su convicción era que había sido "salvo para llevar el evangelio a los demás".

Los actos redentores de Dios y la actitud pluralista

Creer en la absoluta autoridad de los escritos de Pablo va en contra del talante contemporáneo. Como han hecho los hindúes a lo largo de los siglos, los pluralistas de nuestro tiempo creen que la verdad es subjetiva. Conceden poco valor a acontecimientos históricos como el llamamiento de Pablo al servicio. Para ellos lo importante son las ideas, no los acontecimientos. Los acontecimientos pueden ilustrar las ideas, pero con estos no se consigue la salvación e investir de autoridad a una persona.

Cuando vamos a la Escritura, vemos que Dios acerca la salvación por medio de acontecimientos. Los teólogos hablan de "la historia de la salvación" y del "Dios que actúa". La Biblia nos enseña que Dios obra decisivamente a través de ciertos acontecimientos redentores clave, como el Éxodo, la entrega de la Ley, la conquista de Canaán, la encarnación y vida de Cristo, su muerte, resurrección y ascensión, Pentecostés, la conversión y llamamiento de Pablo y la Segunda Venida de Cristo. Si queremos ser bíblicos en esta era pluralista, hemos de reflexionar seriamente en estos sucesos que nos muestran esencialmente cómo trata Dios con la humanidad. Hemos de ver que el cristianismo se basa en acontecimientos objetivos e históricos.

---

50. Rebecca Parker, *Sadhu Sundar Singh: Called of God* (Madras: Christian Literature Society, 1918), 16.

Hechos 9:32–43

Pedro, que estaba recorriendo toda la región, fue también a visitar a los santos que vivían en Lida. ³³ Allí encontró a un paralítico llamado Eneas, que llevaba ocho años en cama. ³⁴ «Eneas —le dijo Pedro—, Jesucristo te sana. Levántate y tiende tu cama.» Y al instante se levantó.

³⁵ Todos los que vivían en Lida y en Sarón lo vieron, y se convirtieron al Señor.

³⁶ Había en Jope una discípula llamada Tabita (que traducido es Dorcas). Ésta se esmeraba en hacer buenas obras y en ayudar a los pobres. ³⁷ Sucedió que en esos días cayó enferma y murió. Pusieron el cadáver, después de lavarlo, en un cuarto de la planta alta. ³⁸ Y como Lida estaba cerca de Jope, los discípulos, al enterarse de que Pedro se encontraba en Lida, enviaron a dos hombres a rogarle: «¡Por favor, venga usted a Jope en seguida!»

³⁹ Sin demora, Pedro se fue con ellos, y cuando llegó lo llevaron al cuarto de arriba. Todas las viudas se presentaron, llorando y mostrándole las túnicas y otros vestidos que Dorcas había hecho cuando aún estaba con ellas.

⁴⁰ Pedro hizo que todos salieran del cuarto; luego se puso de rodillas y oró.

Volviéndose hacia la muerta, dijo: «Tabita, levántate.» Ella abrió los ojos y, al ver a Pedro, se incorporó. ⁴¹ Él, tomándola de la mano, la levantó. Luego llamó a los creyentes y a las viudas, a quienes la presentó viva. ⁴² La noticia se difundió por todo Jope, y muchos creyeron en el Señor. ⁴³ Pedro se quedó en Jope un buen tiempo, en casa de un tal Simón, que era curtidor.

Sentido Original

La visita de Pedro a "los santos" (*hagioi*) por toda Palestina indica que tenía un papel pastoral en la iglesia (v. 32). Es fácil imaginarle en estas visitas enseñando, alentando, corrigiendo y aconsejando a creyentes y dirigentes. La palabra *hagios* (lit., "persona santa"; una de las palabras preferidas de Pablo [aunque no de Lucas] para referirse a los cristianos) aparece tres veces en el capítulo 9 (un total de cuatro veces en Hechos con el sentido de "creyentes": 9:13, 32, 41; 26:10). El Nuevo Testamento siempre utiliza esta palabra en relación con colectivos, no para aludir a algún creyente individual. Esta designación no se aplica a una clase especial de personas, de modo que lo que se subraya no es el carácter piadoso, como sucedió en siglos posteriores. Al contrario, el término se utiliza "para aludir al grupo de creyentes que pertenece a

Dios".[1] Esto significa que uno de los sentidos esenciales de la palabra "santo" es el de separación. Separados como personas que pertenecen a Dios, los creyentes han de seguir las leyes de su reino. En otras palabras, el carácter piadoso está implicado en esta expresión.

Entre el gran número de sanaciones que se produjeron por el ministerio de Pedro, aquí Lucas menciona dos: las de Eneas y Tabita. Eneas era de Lida (vv. 32–33), una población situada a unos cuarenta kilómetros al noroeste de Jerusalén, y Tabita de Jope (v. 36), a unos sesenta y cinco kilómetros en la misma dirección. Jope era el puerto marítimo de Jerusalén (la moderna Jaffa, un suburbio de Tel Aviv). Eneas había estado relativamente inactivo durante ocho años porque era paralítico (v. 33) mientras que Tabita había estado extraordinariamente activa sirviendo a los necesitados (v. 36).

En ambas sanaciones, Pedro subraya claramente a Cristo como el que sana. La primera vez dice: "Jesucristo te sana" (v. 34); en la segunda ocasión, antes de hablar, "se puso de rodillas y oró" (v. 40). Tras la sanación de Eneas se nos dice que "Todos los que vivían en Lida y en Sarón lo vieron, y se convirtieron al Señor" (v. 35),[2] mientras que, después de la de Tabita, Lucas afirma que "muchos creyeron en el Señor" (v. 42). No sabemos si Eneas era o no cristiano, pero Tabita sí lo era; este hecho indica que, en la iglesia, los milagros se realizaban, no solo en los no creyentes, sino también en los propios cristianos.

Tabita, que siempre se había esmerado "en hacer buenas obras y en ayudar a los pobres" (v. 36b), había muerto. El mensaje al apóstol Pedro para que se desplazara a Jope desde Lida (una distancia de unos veinte kilómetros) tenía que llegarle lo más rápido posible. Normalmente, los difuntos se sepultaban antes de la puesta del sol del mismo día de la muerte. Pero Pedro inició enseguida el recorrido a pie para ayudar a la mujer que había ayudado a tantas personas aparentemente insignificantes. A su llegada, el apóstol se encontró con una conmovedora escena de las viudas que lloraban y mostraban las cosas que Tabita había hecho para ellas (v. 39). En este pasaje, Pedro, que estaba presente cuando Jesús resucitó a la hija de Jairo, sigue algunos de los mismos procedimientos. Pidió a los dolientes que salieran de la estancia (v. 40; cf. Mr 5:40). Es probable que hablara en arameo y sus palabras, probablemente *"Tabitha koum(i)"* (Hechos 9:40), solo difieren en una letra de las que pronunció Jesús, *"Talitha koum(i)"*.[3]

Pedro se alojaba en Jope en casa de Simón el curtidor (9:43). En el Talmud Babilónico[4] leemos la afirmación: "Ay de aquel que es curtidor de oficio".[5]

---

1. F. E. Hamilton y R. L. Harris, "Saints", *ZPEB* 5:217.
2. El término "todos" se utiliza aquí de manera hiperbólica para aludir a un gran número de personas.
3. Bruce, *Acts*, NICNT, 199.
4. Una compilación de enseñanza e interpretación rabínicas redactada entre los siglos III y VI d. C.
5. *Kiddushin* 82b; citado en J. C. Trevor, "Tanned ... Tanner", *ISBE*, 4:726.

Para los judíos era una profesión degradante, puesto que, estrictamente hablando, los curtidores eran ceremonialmente inmundos por trabajar con animales muertos. Los talleres de los curtidores tenían que estar en las afueras de los pueblos por el mal olor que desprendían; la casa de Simón estaba cerca del mar (ver 10:6).

En todo este pasaje no hay evidencia de ninguna predicación, aunque seguramente la hubo. El enfoque está en el servicio. En el próximo capítulo, Lucas aludirá a las obras de caridad de Cornelio (10:2).

Curaciones milagrosas para los creyentes

La sanación de Tabita (vv. 36–41) muestra que la sanidad puede darse en un escenario pastoral, es decir, fuera del marco evangelizador, donde generalmente aparece en el libro de los Hechos. Es también interesante que, aunque en Jope había probablemente líderes cristianos y personas de oración, los creyentes le pidieran a Pedro que se desplazara desde una distancia de al menos veinte kilómetros y orara por Tabita. En aquel momento de urgencia, la iglesia buscó la ayuda de la persona que tenía el don especial de sanidad. No hubo nada erróneo en ello, lo cual sugiere que también hoy, en momentos de crisis, podemos recurrir a la oración de aquellos que tienen dones especiales en nuestra esfera de necesidad.

En su carta, Santiago traza el procedimiento adecuado, que nos aclara que en tiempos de enfermedad podemos llamar a personas especialmente dotadas para que oren por la necesidad en cuestión: "¿Está enfermo alguno de ustedes? Haga llamar a los ancianos de la iglesia para que oren por él y lo unjan con aceite en el nombre del Señor. La oración de fe sanará al enfermo y el Señor lo levantará" (Stg 5:14–15).

En este caso de Hechos 9, una creyente muerta es milagrosamente devuelta a la vida. Es probable que esto fuera lo que sucedió también más adelante cuando Pablo resucitó a Eutico (20:7–12). ¿Puede esto suceder también en nuestros días? Jesús lo hizo, los apóstoles también y no hay ninguna prohibición para que los cristianos de épocas posteriores oren por personas que acaban de fallecer. Naturalmente, hemos de recordar que la muerte es la puerta de Dios al triunfo final y que muchos cristianos extraordinarios, como Esteban y Jacobo en Hechos, experimentaron una muerte "prematura", que Dios no impidió. Por tanto, hemos de tener un considerable discernimiento y sensibilidad cuando se trata de orar por la resurrección de una persona fallecida. Sin embargo, la sumisión a la Escritura me prohíbe decir que nunca hemos de orar de esta manera.

Sirviendo a los necesitados

Lucas pone un acento especial en las obras de bondad de Tabita mencionándolas dos veces en este pasaje (vv. 36, 39). Probablemente, Tabita tenía los dones espirituales del servicio y las obras de misericordia (Ro 12:7–8). No obstante, todos los cristianos deberían tener la cualidad de la bondad (1Co 13:4; Gá 5:22). Considerando que Lucas hace mención especial de la bondad de Tabita, podemos concluir que esta cualidad es un modelo para todos los cristianos. Este pasaje nos recuerda que, por importante que sea la evangelización, nunca hay que pasar por alto la realización de obras de bondad para los necesitados. El repentino viaje de veinte kilómetros que Pedro llevó a cabo para orar por Tabita expresa bien la relevancia y urgencia de esto. ¡Los principales dirigentes de la iglesia también parecen haber destacado en el arte del servicio!

Varios pasajes del Nuevo Testamento contienen instrucciones para que los creyentes desarrollen una especial preocupación por los necesitados. Sin ir más lejos, el libro de los Hechos muestra que los cristianos compartían sus posesiones para suplir las carencias de los necesitados. Santiago 1:27 dice: "La religión pura y sin mancha delante de Dios nuestro Padre es ésta: atender a los huérfanos y a las viudas en sus aflicciones, y conservarse limpio de la corrupción del mundo". Pablo trasladó a Timoteo ciertas disposiciones especiales para organizar la atención de las viudas (1Ti 5:16). No obstante, donde este tema se trata exhaustivamente es en el Antiguo Testamento —especialmente en el libro de Deuteronomio—, la Biblia de los primeros cristianos. Podemos afirmar con toda seguridad que la preocupación por los necesitados es un aspecto esencial del estilo de vida cristiano.

Hospitalidad para con los predicadores

El versículo 43 presenta el segundo de los cuatro tipos de hospitalidad que se describen en el libro de los Hechos, a saber, hospedar en las casas de los creyentes a los siervos itinerantes del Señor. La estancia de Pedro en casa de Simón el curtidor es uno de los muchos ejemplos de este tipo de hospitalidad que encontramos en el libro de los Hechos.[6] Esta era una práctica normal en la iglesia primitiva, en parte porque, desde un punto de vista moral, las posadas eran lugares inadecuados para los cristianos. Tras describir la degradación moral y la insalubridad de las tabernas y posadas de aquellos días, Everett Ferguson afirma:

> Los peligros morales de las posadas hicieron de la hospitalidad una importante virtud en el cristianismo primitivo (Ro 16:23; 1P 4:9; 2Jn 10; 3Jn 5–8; Heb 13:2; *1 Clemente* 10–12; *Didajé* 11–13)

---

6. Ver también 10:48; 16:15; 18:3, 18, 26; 21:8, 16; 28:7. Los otros tres tipos se tratan en los estudios sobre 2:46; 10:1–33; y 18:26.

por las necesidades de los misioneros y mensajeros de las iglesias y otros cristianos que tenían que viajar [...] Las iglesias constituían una amplia familia que ofrecía alojamiento y ayuda en los viajes.[7]

Esta es una buena práctica también para nuestros días. Por supuesto, hoy no suele haber problemas con la salubridad de los hoteles. Sin embargo, desde un punto de vista moral, estos pueden tender trampas a los cristianos itinerantes, especialmente si están solos, como veremos más adelante. La misma necesidad que existía en la iglesia primitiva la tenemos, pues, en nuestros días, y esto nos lleva a plantear la necesidad de conceder más importancia a la práctica de albergar a los ministros itinerantes en las casas de los cristianos.

Significado Contemporáneo

Orando por los creyentes enfermos

En nuestros días hay bastante controversia en la iglesia sobre si hemos o no de llamar a alguien especial como Pedro para que ore por los enfermos. Evidentemente, la Escritura refrenda esta práctica. Sin embargo, he oído decir a algunos: "¿Por qué tienes que llamar a alguien especial? ¿Acaso no oramos todos al mismo Dios? ¿Por qué no acudir a los hermanos y hermanas de tu propia iglesia?".

Personalmente creo que hemos de acudir primero a nuestra iglesia local (cf. Stg 5:14–15). Si decidimos recurrir a otra persona, nuestra iglesia debería saberlo. Es lamentable que algunos dirigentes de la iglesia se indignen cuando sus miembros buscan ayuda fuera del círculo local y tienen que hacerlo en secreto. No parece que esto ocurriera con los dirigentes de Jope cuando se llamó a Pedro. No obstante, la realidad es que, aunque todos los dirigentes de la iglesia han de orar por los enfermos, algunos tienen dones de sanidades, de fe, o ambos, lo cual les permite orar con una confianza que produce curaciones y glorifica a Dios (1Co 12:9).

Por mi parte, a lo largo de los años, he orado por incontables enfermos y puede que se hayan producido algunas sanaciones (poco espectaculares). Sin embargo, algunos de mis amigos oran con una fe que yo no poseo. Uno de estos amigos es analfabeto y la única manera que tiene de estudiar las Escrituras es meditar en lo que ha oído, porque no sabe leer. Pero cuando ora lo hace con una gran fe y Dios responde a sus oraciones de un modo asombroso. Hemos acabado reconociendo que tiene el don de sanidad.

Creo, no obstante, que hemos de tener cuidado con lo que podría llamarse "oraciones de pánico", a saber, situaciones en que las personas van de un lugar a otro en busca de oraciones especiales. Esto puede ser una expresión de

---

7. Ferguson, *Backgrounds*, 82.

nuestra falta de fe en la soberana voluntad de Dios. Conozco a personas incapaces de dedicarse de manera permanente al servicio cristiano, porque van de una reunión de oración a otra, esperando que se ore por sus problemas personales. Puede suceder a veces que la respuesta que esperamos no se produzca enseguida. En tales ocasiones hemos de adoptar la actitud de Pablo, quien, tras pedirle tres veces a Dios que le librara de su aguijón en la carne, aprendió a depender de la suficiente gracia divina que perfecciona la fuerza en la debilidad. En lugar de asustarse, Pablo hizo gozoso alarde de sus debilidades (2Co 12:9).

En estas situaciones hemos de afirmar que la respuesta que queremos no ha llegado porque Dios tiene algo mejor para nosotros (Ro 8:28). Dios no tiene que responder a nuestras oraciones exactamente como se lo pedimos. En ocasiones puede que tenga mejores planes que impliquen hacernos pasar por lo que puede parecer un desastre. Aunque no entendamos lo que nos está sucediendo, podemos seguir teniendo paz, porque confiamos en Dios y sabemos que él va a hacer lo que es mejor para nosotros.

Cabe decir algo sobre la posibilidad de resucitar a personas fallecidas en nuestros días. Según algunos informes, esto ha sucedido hoy en distintas partes del mundo. Un misionero que trabajaba en la India con un grupo tribal me dijo que, durante los últimos años, se habían producido siete casos entre ellos de personas muertas que habían sido devueltas a la vida. En dicha tribu, cuando alguien muere, los creyentes oran durante las tres horas y media posteriores a su muerte. Después de esto, si la persona fallecida no ha vuelto a la vida, los ancianos dan la señal para que se prepare el cadáver para la sepultura.

Preocupación por los necesitados

Puesto que en estos días los gobiernos del mundo están recortando sus presupuestos para las prestaciones sociales, a la iglesia le tocará una vez más desempeñar un papel importante en el cuidado de los necesitados. El cuidado de Tabita a los necesitados se presenta como un modelo para la iglesia. Me atrevería a decir que una buena prueba del carácter cristiano es el modo en que los creyentes tratan a aquellos que la sociedad considera poco importantes, en especial cuando no hay testigos. Aquellos que somos líderes no hemos de dejarnos influir demasiado por la especial preocupación que pueda mostrársenos a nosotros. La verdadera prueba de carácter es la que se muestra a los necesitados. Muchas mujeres cristianas se han distinguido en el reino de Dios por su servicio a los necesitados. Algunas de ellas eran viudas a las que seguramente no les quedaba mucha fuerza ni tenían muchos medios para ello. Sin embargo, hacían lo que podían y dejaron su marca en las vidas de aquellas personas a las que tocaban.

Es posible que sus obras de amor no sean muy conocidas por el principio cristiano de no dejar que la mano izquierda sepa lo que hace la derecha (Mt 6:3).

Pero a menudo, lo que han hecho sale en los funerales. En Hechos 9, los pobres expresaban abiertamente su pena por la muerte de Tabita. Aunque los elogios que proceden de los ricos y los famosos son impresionantes, las palabras de gratitud de los pobres y desconocidos son especialmente conmovedoras. El Conde de Shaftesbury (1801–1885) hizo mucho por mejorar las condiciones de los pobres y necesitados por una preocupación cristiana que canalizó en el ámbito de la política. Cuando el cortejo fúnebre sacaba su féretro de la Abadía de Westminster, se oyó decir a un pobre jornalero vestido con ropa remendada, pero con un crespón cosido en la manga: "¡Nuestro Conde ha muerto! El Dios todopoderoso sabe que él nos amaba y nosotros a él. No habrá otro como él".[8]

Las bendiciones de alojarse en casas

Como en el primer siglo, alojarse en los hoteles de nuestro tiempo conlleva peligros morales. Por tanto, también hoy como entonces sería aconsejable que los ministros itinerantes se hospedaran en casa de los creyentes en lugar de en los hoteles. Tras un atareado día de ministerio, que suele dejarte agotado emocional y espiritualmente, por regla general no nos vamos a dormir inmediatamente. Es fácil sentarse ante la televisión y recorrer los canales disponibles, viendo material poco edificante. Es incluso posible sentir la tentación de ver alguna película erótica de las que a veces se emiten en abierto, especialmente por la noche. Las relaciones extramatrimoniales entre miembros itinerantes de equipos ministeriales cristianos han sido lo suficientemente comunes como para que la iglesia se plantee muy en serio introducir cambios importantes en las costumbres relacionadas con los viajes de los ministros. Por ello, creo firmemente que hemos de insistir más en la necesidad de que se alojen en casas de creyentes.

(1) La objeción que más se ha escuchado al alojamiento en casas de los ministros itinerantes es lo extenuante que puede ser la necesidad de conversar con los anfitriones. ¡Creo que a esto se le llamaba comunión! Pero en nuestros días regulamos estrictamente la comunión para poder controlarla según nuestros bien planeados horarios. Tener largas conversaciones con nuestros anfitriones es una de las mejores formas de identificarnos con las personas a quienes estamos ministrando. Estas extensas conversaciones nos permiten saber cosas sobre ellos que no podríamos conocer de ningún otro modo y ser, por tanto, más relevantes en nuestro ministerio hacia ellos.

(2) Que los ministros itinerantes se alojen en casa de los creyentes ofrece también una gran oportunidad para el ministerio personal, lo cual es una clave para la frescura de nuestro ministerio. El anquilosamiento es uno de los peligros más frecuentes del ministerio de predicación y enseñanza itinerante. Quienes viajan mucho pierden a menudo frescura por una falta de profundo

---

8. J. C. Pollock, *Shaftesbury—The Poor Man's Earl* (Londres: Falcon Booklets, 1961), 3.

contacto con las personas. Alojarse en casas es una gran manera de identificarnos con las personas a quienes ministramos. Es cierto que esta forma de alojamiento puede no ser muy cómoda. El ministerio "encarnacional" nunca ha sido y nunca será cómodo, pero sí añade profundidad a nuestro servicio. Aunque la lectura puede aportarnos un cierto conocimiento de las personas, no puede nunca sustituir a la intimidad con ellas.

(3) En el plano personal, mi experiencia es que, por regla general, mis anfitriones son también una gran fuente de riqueza. Estos me enseñan mucho sobre la vida, las luchas que experimentan los cristianos en sus lugares de trabajo, sus oportunidades de servicio, etcétera. Por otra parte, nuestros anfitriones pueden apoyarnos espiritualmente con sus oraciones e interés. Quienes viajan tienen una necesidad especial de oración, porque se encuentran lejos de su red de apoyo espiritual. Así pues, el enriquecimiento que suponen las conversaciones en el hogar anfitrión compensa con creces la reducción de sueño que puedan generar.

Lamentablemente, la iglesia ha elevado a algunos ministros a la categoría de superestrellas, lo cual puede hacer incómodo su alojamiento para sus potenciales anfitriones. Mi primera respuesta a esta objeción es que en el cristianismo no hay superestrellas. El mayor en el reino es el que sirve. Por famosos que puedan ser los predicadores y artistas itinerantes, son también siervos, puesto que en el cristianismo este es el estilo de vida de los líderes. No hemos de permitir que nadie les eleve a una posición más elevada; hacerlo es peligroso para su bienestar espiritual.

Pedro es aquí un modelo para nosotros. Cuando se enteró de la muerte de uno de los miembros de la iglesia, lo dejó todo y anduvo unos veinte kilómetros a pie (¡!) para curar a aquella mujer. Después se alojó en casa de un curtidor durante algunos días. ¡Desde luego, no parecía muy afectado por el síndrome de las celebridades! Había aprendido su estilo de vida del siervo Jesús, quien, camino del acontecimiento paralelo en casa de Jairo, se detuvo a buscar a la mujer que había tocado el borde de su manto en medio de una multitud que le apremiaba (Mr 5:21–34). Somos ante todo siervos de las personas. Cuando viajamos en giras de predicación, no vamos como superestrellas; somos más bien siervos del pastor y de los miembros de la congregación que nos invita, siervos del chofer que viene a recogernos, del joven entusiasta que alarga su testimonio y nos quita tiempo para el sermón, siervos del niño que con sus lloros interrumpe nuestro mensaje.

Hechos 10:1–33

Vivía en Cesarea un centurión llamado Cornelio, del regimiento conocido como el Italiano. ² Él y toda su familia eran devotos y temerosos de Dios. Realizaba muchas obras de beneficencia para el pueblo de Israel y oraba a Dios constantemente. ³ Un día, como a las tres de la tarde, tuvo una visión. Vio claramente a un ángel de Dios que se le acercaba y le decía: ¡Cornelio!

⁴ —¿Qué quieres, Señor? —le preguntó Cornelio, mirándolo fijamente y con mucho miedo.

—Dios ha recibido tus oraciones y tus obras de beneficencia como una ofrenda —le contestó el ángel—. ⁵ Envía de inmediato a algunos hombres a Jope para que hagan venir a un tal Simón, apodado Pedro.

⁶ Él se hospeda con Simón el curtidor, que tiene su casa junto al mar.

⁷ Después de que se fue el ángel que le había hablado, Cornelio llamó a dos de sus siervos y a un soldado devoto de los que le servían regularmente. ⁸ Les explicó todo lo que había sucedido y los envió a Jope.

⁹ Al día siguiente, mientras ellos iban de camino y se acercaban a la ciudad, Pedro subió a la azotea a orar. Era casi el mediodía. ¹⁰ Tuvo hambre y quiso algo de comer.

Mientras se lo preparaban, le sobrevino un éxtasis.¹¹ Vio el cielo abierto y algo parecido a una gran sábana que, suspendida por las cuatro puntas, descendía hacia la tierra.¹² En ella había toda clase de cuadrúpedos, como también reptiles y aves.

¹³ —Levántate, Pedro; mata y come —le dijo una voz.

¹⁴ —¡De ninguna manera, Señor! —replicó Pedro—. Jamás he comido nada impuro o inmundo.

¹⁵ Por segunda vez le insistió la voz:

—Lo que Dios ha purificado, tú no lo llames impuro.

¹⁶ Esto sucedió tres veces, y en seguida la sábana fue recogida al cielo.

¹⁷ Pedro no atinaba a explicarse cuál podría ser el significado de la visión.

Mientras tanto, los hombres enviados por Cornelio, que estaban preguntando por la casa de Simón, se presentaron a la puerta. ¹⁸ Llamando, averiguaron si allí se hospedaba Simón, apodado Pedro.

¹⁹ Mientras Pedro seguía reflexionando sobre el significado de la visión, el Espíritu le dijo: «Mira, Simón, tres hombres te buscan. ²⁰ Date prisa, baja y no dudes en ir con ellos, porque yo los he enviado.»

²¹ Pedro bajó y les dijo a los hombres:

—Aquí estoy; yo soy el que ustedes buscan. ¿Qué asunto los ha traído por acá?

²² **Ellos le contestaron:**

—Venimos de parte del centurión Cornelio, un hombre justo y temeroso de Dios, respetado por todo el pueblo judío. Un ángel de Dios le dio instrucciones de invitarlo a usted a su casa para escuchar lo que usted tiene que decirle. ²³ Entonces Pedro los invitó a pasar y los hospedó.

Al día siguiente, Pedro se fue con ellos acompañado de algunos creyentes de Jope. ²⁴ Un día después llegó a Cesarea. Cornelio estaba esperándolo con los parientes y amigos íntimos que había reunido. ²⁵ Al llegar Pedro a la casa, Cornelio salió a recibirlo y, postrándose delante de él, le rindió homenaje. ²⁶ Pero Pedro hizo que se levantara, y le dijo:

—Ponte de pie, que sólo soy un hombre como tú.

²⁷ Pedro entró en la casa conversando con él, y encontró a muchos reunidos. ²⁸ Entonces les habló así:

—Ustedes saben muy bien que nuestra ley prohíbe que un judío se junte con un extranjero o lo visite. Pero Dios me ha hecho ver que a nadie debo llamar impuro o inmundo.²⁹ Por eso, cuando mandaron por mí, vine sin poner ninguna objeción. Ahora permítanme preguntarles: ¿para qué me hicieron venir?

³⁰ Cornelio contestó:

—Hace cuatro días a esta misma hora, las tres de la tarde, estaba yo en casa orando. De repente apareció delante de mí un hombre vestido con ropa brillante, ³¹ y me dijo: "Cornelio, Dios ha oído tu oración y se ha acordado de tus obras de beneficencia. ³² Por lo tanto, envía a alguien a Jope para hacer venir a Simón, apodado Pedro, que se hospeda en casa de Simón el curtidor, junto al mar." ³³ Así que inmediatamente mandé a llamarte, y tú has tenido la bondad de venir.

Ahora estamos todos aquí, en la presencia de Dios, para escuchar todo lo que el Señor te ha encomendado que nos digas.

La sección de 10:1–11:18 representa la narración más larga del libro de los Hechos (sesenta y seis versículos). Por su gran extensión dividiremos el tratamiento de esta narración en dos estudios. El espacio que Lucas concede a los acontecimientos relacionados con la conversión de Cornelio sugiere que para él eran importantes. La visión del centurión se describe cuatro veces (vv. 3–6, 22, 30–32; 11:13–14) y dos la de Pedro (vv. 9–16; 11:4–10), quien más adelante, en el concilio de Jerusalén, aludirá de nuevo a estos acontecimientos (15:7–11). Cuando analizamos los acontecimientos que van desarrollándose en el libro de los Hechos, vemos que este episodio representa un paso crucial en el avance de la iglesia hacia el cumplimiento de la Gran Comisión.

Esta narración se ha dividido a menudo en siete escenas distintas y nosotros seguiremos este acercamiento para estudiar el texto. El primer estudio cubrirá las cuatro primeras escenas de la narración.

Primera escena: La visión de Cornelio (10:1–8)

Cornelio vivía en Cesarea (v. 1), una ciudad porteña a orillas del Mediterráneo que fue reconstruida por Herodes el Grande y que debe su nombre a César Augusto. Era el centro administrativo romano de la provincia de Palestina y "emblema de la cultura romana";[1] tenía incluso un templo dedicado a César. Los judíos odiaban Cesarea, la llamaban "hija de Edom", y "hablaban muchas veces de ella como si no formara parte de Judea".[2] Porcentualmente, la población estaba formada por un mayor número de gentiles que de judíos. Según Josefo, los enfrentamientos entre estos dos grupos desencadenaron la guerra de los judíos contra Roma en el año 66 d. C.[3] Este historiador afirma también que en esta ciudad la población judía de unas 20.000 personas fue masacrada en el año 66 d. C.[4]

Cornelio era un centurión, lo cual significa que estaba teóricamente al mando de cien soldados romanos. El Nuevo Testamento suele tratar a los centuriones de forma positiva. El primer gentil al que Jesús ministró en los Evangelios era un centurión y, refiriéndose a su fe, el Señor afirmó: "… les digo que muchos vendrán del oriente y del occidente, y participarán en el banquete con Abraham, Isaac y Jacob en el reino de los cielos" (Mt 8:11). Fue también un centurión el que dijo en la cruz: "¡Verdaderamente éste era el Hijo de Dios!" (27:54).

Cornelio y "toda su familia eran devotos y temerosos de Dios" (v. 2). Hay un cierto debate en nuestros días sobre el significado de la expresión "temerosos de Dios". Normalmente se sostiene que los temerosos de Dios eran los que asistían a la sinagoga y honraban las leyes y costumbres judías pero no se habían incorporado a la comunidad judía (i.e., no se habían hecho prosélitos) por medio de la circuncisión. Sin embargo, hoy se acepta cada vez más la idea de que "devotos" y "temerosos de Dios" no eran expresiones estrictamente técnicas. En lugar de ello se utiliza la palabra "simpatizantes".[5] Tras una extensa exposición, Barrett hace el siguiente resumen:

---

1. "Caesarea", *The Biblical World,* ed. Charles F. Pffeifer et al. (Grand Rapids: Baker, 1966), 154.
2. Williams, *Acts,* 184.
3. Josefo, *Antigüedades,* 20.8.7–9; *Guerras de los judíos* I2.13.7;14. 4–5; en Josefo, *Complete Works,* 422–23; 483–84.
4. Josefo, *Guerras de los judíos*, 2.18.1; en Josefo, *Complete Works*, 492.
5. E. P. Sanders, *Judaism: Practice and Belief; 63 BCE–66 CE* (Londres: SCM Press, y Filadelfia: Trinity Press International, 1992), 265. En *ibíd.,* 519 n. 34 hay referencias al

Lo importante es (a) que algunos gentiles se sentían atraídos por la ética, teología y adoración judías, pero no se hacían prosélitos; (b) que en algunos lugares (¡uno!) constituían un reconocido y valorado elemento dentro de la sinagoga, aunque el grado de su vinculación religiosa no se especifica y permanece desconocido; (c) que tales gentiles ofrecían una gran oportunidad para los evangelistas cristianos; (d) que Lucas era consciente de ello.[6]

Lucas destaca dos características de la devoción de Cornelio: su generosidad hacia los necesitados y sus frecuentes oraciones (v. 2). Estos rasgos representan los aspectos vertical (hacia Dios) y horizontal (hacia el prójimo) de la religión tal y como se enseñan en las Escrituras (Mi 6:8; Stg 1:27; 1P 4:7–11). Cornelio tuvo una visión "como a[7] las tres de la tarde" (lit., "la hora novena", v. 3). Esta era una de las tres horas en que los judíos oraban y más adelante Cornelio le dice a Pedro que en aquel momento se encontraba orando (v. 30).

Este es otro ejemplo de Hechos en que el Señor imparte dirección por medio de una visión[8] y de la intervención de un ángel.[9] Lucas utiliza una fuerte palabra (*emphobos*) para referirse a la temerosa reacción de Cornelio (v. 4). En la Biblia, cuando los humanos entran en contacto con el mundo de los espíritus, las personas piadosas responden muchas veces con temor y Dios les imparte palabras de confirmación. Bruce señala que las palabras del ángel, "Dios ha recibido tus oraciones y tus obras de beneficencia como una ofrenda" (v. 4), están llenas del lenguaje de los sacrificios. "Los actos de devoción y caridad de Cornelio habían ascendido a la presencia de Dios como el incienso o el humo de un sacrificio".[10]

El ángel le dice a Cornelio que mande a alguien a Jope para llamar a Pedro (vv. 5–6).[11] Su mensaje no dice nada de lo que sucederá cuando venga. La mención de que Pedro se alojaba en casa de Simón el curtidor pudo representar una sorpresa para Cornelio, puesto que este no era un oficio muy prestigioso.[12] A pesar de que el mensaje carece de detalles, Cornelio obedece de inmediato (vv. 7–8). Como cabeza de su delegación envía a un soldado que comprendía la importancia de aquella misión ("devoto") y de su confianza ("[uno] de los que le servían regularmente").

---

reciente debate.
6. Barrett, *Acts*, 501.
7. En los comentarios sobre 1:15 se habla del uso que hace Lucas del sentido de aproximación "unos" cuando hace referencia a cifras.
8. Ver comentarios sobre 9:10.
9. Ver comentarios sobre 5:19.
10. Bruce, *Acts*, NICNT, 204.
11. Acerca de Jope, ver comentarios sobre 9:36.
12. Respecto a los curtidores, ver comentarios sobre 9:43.

Segunda escena: La visión de Pedro (10:9–16)

Dios escoge de nuevo a Pedro —el que recibió las llaves del reino (Mt 16:19)— para que abra otra puerta importante para el evangelio (como lo había hecho ya con los judíos el día de Pentecostés y poco después con los samaritanos). Le encontramos en Jope, donde pasará por alto sus prejuicios, obedecerá a Dios desplazándose hasta Cesarea y abrirá la puerta para que los gentiles respondan al evangelio (justo lo contrario de lo que hizo Jonás en esta misma ciudad [Jon 1:3]). Alrededor de las doce del mediodía, Pedro sube al tejado de la casa en que se aloja para orar (v. 9, no se trata de una de las horas de oración prescritas por los judíos). Los tejados de Palestina, habilitados como terrazas de fácil acceso por medio de escaleras exteriores, se utilizaban a menudo para la oración en los tiempos bíblicos.[13] Era un buen lugar para orar durante el día, ya que estaba separado de la actividad de la casa, resguardado del sol por un toldo y refrescado por la brisa marina.

En la visión, que llega en un momento en que Pedro tenía hambre, ve una sábana que contiene "toda clase de cuadrúpedos, como también reptiles y aves" (v. 12). Es una representación de todo el mundo animal que incluye tanto animales limpios como inmundos. Pedro recibe la orden: "Mata y come" (v. 13), que sería inaceptable para él como judío, puesto que algunos de aquellos animales no eran *kosher* (adecuados para el consumo de los judíos).[14] En su respuesta: "¡De ninguna manera, Señor! [...] Jamás he comido nada impuro o inmundo" (v. 14), hay una contradicción: expresa una categórica negativa a obedecer a uno a quien llama "Señor" (*kyrios*). El uso de la palabra "Señor" sugiere que Pedro había reconocido la voz como divina.[15]

Esta afirmación ha hecho pensar a algunos que Pedro cree que Dios le está probando para ver si sería o no fiel a la ley. Barrett opina "que Lucas (o Pedro, si la narración refleja lo que dijo) no entendió las implicaciones lógicas de las palabras que escuchó".[16] Por mi parte, pienso que probablemente se trata de un arrebato característico de Pedro. Se rebeló ante una orden que no entendía y se negó a obedecer, aunque su autor fuera Dios. Hemos de recordar que para los judíos "las leyes dietéticas no son un asunto protocolario o unos hábitos culinarios peculiares. Se trata de un asunto de supervivencia e identidad".[17]

La respuesta que recibe Pedro introduce claramente a Dios en la escena: "Lo que Dios ha purificado, tú no lo llames impuro" (v. 15). El adjetivo y el verbo que se traducen como "impuro" (*koinos, koinoo,* lit., "común") aparecen cinco

---

13. Ver 2R 23:12; Neh 8:16; Jer 19:13; 32:29; Sof 1:5.
14. Acerca de las leyes alimentarias "kosher", ver Lv 11 y Sanders, *Judaism,* 214–17.
15. Marshall no cree necesario implicar que Pedro hace referencia a un ser divino. La palabra *kyrios* puede también significar "señor (como título de respeto para un hombre)" (*Acts,* 185).
16. Barrett, *Acts,* 507.
17. Willimon, *Acts,* 96.

veces en los capítulos 10–11. En el versículo 15 aparece como un imperativo presente con la cláusula negativa (*me koinou*), que lo convierte en una prohibición. J. H. Moulton lo traduce: "Has de dejar de considerarlo común".[18] Más adelante, Marcos, el discípulo de Pedro, tras narrar el discurso de Jesús sobre objetos limpios e inmundos (Mr 7:5–23), hace un comentario editorial diciendo que "con esto Jesús declaraba limpios todos los alimentos" (7:19b). Puede que esta visión ayudara a Pedro a entender las implicaciones del discurso de Jesús. El impacto que esta visión ejerció sobre Pedro es aún más importante por su repetición otras dos veces (v. 16).

Pedro se dará cuenta pronto de que no es posible considerar a ningún grupo de personas común o inmundo (v. 28). Los eruditos disienten sobre si las leyes alimentarias fueron o no abrogadas por esta visión. Sin embargo, algunos piensan que la visión tenía que ver principalmente con las leyes alimentarias y no con la relación con los gentiles.[19] Polhill señala que "esto es pasar por alto el hecho de que ambas cosas están inextricablemente relacionadas. En Levítico 20:24b–26 las leyes sobre pureza y corrupción están precisamente vinculadas a la separación de Israel del resto de las naciones". Bruce afirma: "Los animales de la visión representan a los seres humanos: Dios está preparando a Pedro para que acepte la invitación de Cornelio a visitarle".[20]

Tercera escena: Pedro se encuentra con los mensajeros (10:17–23a)

Los mensajeros de Cornelio se detienen en la puerta de Simón (v. 17) y el Espíritu Santo le dice a Pedro que vaya con ellos (vv. 19–20). Aunque se nos dice que el Espíritu le habló a Pedro, hemos de observar que Pedro estaba en un estado apropiado para recibir la comunicación de Dios. Lucas dice que "Pedro no atinaba a explicarse cuál podría ser el significado de la visión" (v. 17) y "seguía reflexionando sobre el significado de la visión" (v. 19). La palabra que se traduce como "reflexionando" (*dienthymeomai*), que solo aparece en este texto, significa "pensar en algo de manera concienzuda o seria". Louw y Nida afirman que se usa para indicar intensidad de pensamiento.[21] Aunque Dios guió claramente a Pedro, este se esforzaba de todo corazón por entender su voluntad.

---

18. J. H. Moulton, *A Grammar of New Testament Greek* (Edimburgo: T. & T. Clark, 1908), 1:125; Citado en la obra de Robert Hanna, *A Grammatical Aid to the Greek New Testament* (Grand Rapids: Baker, 1983), 208.
19. Polhill es quien dice esto, y no identifica a los eruditos en cuestión (*Acts,* 255).
20. Bruce, *Acts: Greek Text,* 256.
21. Louw y Nida, 453.

El atrevido paso que da Pedro ("los invitó a pasar y los hospedó" v. 23a) introduce un importante acento en este pasaje, a saber, el de la hospitalidad.[22] "Para un judío era más fácil alojar en su casa a un gentil que ser su huésped. No obstante, esta amable acción fue un gran paso hacia adelante para Pedro".[23]

Cuarta escena: Encuentro entre Pedro y Cornelio (10:23b–33)

De acuerdo con una práctica habitual en la iglesia primitiva, Pedro toma consigo a algunos hermanos en lugar de acometer solo la tarea que se le ha asignado (v. 23). Al parecer, Cornelio conocía el momento en que Pedro llegaría a su casa (cuatro días después de la visión, v. 30), puesto que el apóstol encuentra "a muchos reunidos" (v. 27). Cornelio muestra una gran humildad, siendo como era un centurión, puesto que, como hiciera también otro centurión ante Jesús (Lc 7:6), se postró "delante de él [y] le rindió homenaje" (v. 25). Pero Pedro no aceptará esta muestra de reverencia que está reservada solo para Dios (v. 26). En el Oriente Próximo de aquellos días, esta clase de actos de reverencia dirigidos a personas respetadas eran bastante comunes. De hecho, era "la bienvenida característica que reciben los héroes en las novelas griegas".[24] Pero Pedro no va a dejar lugar a dudas y rechazará cualquier cosa que pueda sugerir su aceptación de una forma de reverencia debida solo a Dios.

El descubrimiento de Pedro, como él mismo explica a sus oyentes, es el mensaje fundamental de este pasaje: "Pero Dios me ha hecho ver que a nadie debo llamar impuro [*koinos*] o inmundo" (v. 28). Antes hemos observado que el término *koinos* significa "común". Aquí tiene la idea de "ser inaceptable desde el punto de vista ritual por impureza o por la naturaleza misma del objeto en cuestión".[25] Se ha producido un gran cambio en el pensamiento de Pedro, que ahora entiende que las típicas distinciones judías entre las personas no son ya significativas. Han perdido toda su validez de una vez y para siempre. En este episodio, judíos y gentiles se han juntado (cf. v. 28 y el reiterado uso del prefijo *syn* ["junto con"] en las palabras compuestas de esta escena).[26]

Rara vez encuentra un evangelista una audiencia tan receptiva como la que Pedro encontró aquí (v. 33). Tenemos el escenario para pasar a la escena siguiente: la proclamación del evangelio.

---

22. Beverly Roberts Gaventa, *From Darkness to Light: Aspects of Conversion in the New Testament* (Filadelfia: Fortress, 1986), 113.

23. Williams, *Acts*, 189.

24. Gaventa, *Darkness to Light,* 116. Esta autora alude a *Ephesian Tale* 1.1.3; 2.7; 12.1 en M. Hadas, *Three Greek Romances,* (Indianapolis: Bobbs Merrill, 1964).

25. Louw y Nida, 537.

26. Gaventa, *Darkness to Light,* 116. Cinco de estas palabras compuestas con *syn* aparecen un total de seis veces aquí: *synerchomai:* acompañarse de (vv. 23, 27); *syngkaleo:* reunir (v. 24); *syngenes:* parientes (v.24); *synantao:* salir a recibir (v.25); *synomileo:* conversar con (v. 27).

No hay personas "comunes"

El tema principal de esta sección es la ruptura de antiguas distinciones que dividían a las personas. La esperanza de que los gentiles participen también de las bendiciones de Dios es un claro tema veterotestamentario. Adquiere importancia primero con el llamamiento de Abraham (Gn 12:3) y es un hilo que recorre todo el Antiguo Testamento,[27] alcanzando su punto álgido en los Cantos del Siervo del Libro de Isaías (42:1–17; 49:8–12). Peter O'Brien ha mostrado que Pablo consideraba su llamamiento en términos del cumplimiento de estas promesas veterotestamentarias de bendiciones a los gentiles.[28] En Hechos se han presentado ya los primeros cumplimientos de estas promesas con las conversiones de los samaritanos, el etíope y Pablo (quien después sería el apóstol de los gentiles).

Antes de que la iglesia pudiera cumplir este papel, tenía que derramar algo del exclusivismo relacionado con el judaísmo. Esteban había mostrado que el templo era innecesario. Ahora Dios le hace ver a la iglesia que la idea judía de que no podía salvarse nadie que no se conformara a sus normas nacionales de pureza ritual ya no es válida. Estas leyes de pureza habían sido necesarias en una etapa anterior de la historia del pueblo de Dios. Pero ahora no era ya necesario que los gentiles acataran tales reglamentaciones.

Pedro describe su descubrimiento con dos grandes afirmaciones: "Dios me ha hecho ver que a nadie debo llamar impuro o inmundo" (v. 28); y: "… ahora comprendo que en realidad para Dios no hay favoritismos" (v. 34). El gran paso siguiente sería el concilio de Jerusalén, en que la iglesia aceptaría oficialmente los principios que Pedro entendió a través de este episodio (Capítulo 15). La creencia que surgió se resume en la siguiente declaración de Pablo: "Ya no hay judío ni griego, esclavo ni libre, hombre ni mujer, sino que todos ustedes son uno solo en Cristo Jesús" (Gá 3:28; cf. Col 3:11). Pablo explicaría más adelante que el derribo de las barreras entre los seres humanos es una resultado directo de la muerte de Cristo (Ef 2:13–16; cf. 2Co 5:14–17; también Jn 10:15–16).[29]

¿Es esto relevante para nosotros hoy? A fin de cuentas, la mayoría de los cristianos de nuestro tiempo son gentiles, de modo que el asunto específico que afronta la iglesia de Hechos no se aplica a nosotros. Aunque puede que el asunto concreto no se aplique a nosotros, no sucede lo mismo con el princi-

---

27. Ver Is 2:1–4; 66:18–22; Mi 4:1–3; Zac 2:11; 8:20–23; 14:16.
28. Peter O'Brien, "Paul's Missionary Calling Within the Purposes of God", *In the Fullness of Time: Biblical Studies in Honour of Archbishop Donald Robinson,* ed. David Peterson and John Prior (Homebush West, NSW: Lancer, 1992), 131–48.
29. Quienes deseen considerar una exposición al respecto, pueden ver mi obra *Supremacy,* 195–201.

pio general que, ciertamente, sí nos atañe. "Para Dios no hay favoritismos" (v. 34); es decir, en el reino de Dios no podemos categorizar a las personas según su trasfondo. Este principio ha de ser reiterado en todas las épocas, incluida la nuestra (ver más adelante).

Una actitud de arrepentimiento

Cuando Pedro se dio cuenta de que sus anteriores prejuicios eran erróneos, lo admitió de buen grado en su conversación con Cornelio (v. 28). Cuando predicó a la multitud, confesó de nuevo en público la lección que había entendido: Dios no muestra favoritismos (v. 34). Esta disposición a reconocer prejuicios pasados y a arrepentirse de ellos es muy importante para la sanación de relaciones resquebrajadas por los prejuicios; abre también un camino para que los dirigentes arrepentidos puedan ministrar a aquellos a quienes en otro tiempo consideraron de un modo erróneo.

El modo en que Dios da a conocer su voluntad

Con el episodio de Cornelio, Dios hizo que la iglesia diera un paso de gigante para entender su forma de proceder. ¿Acaso no podemos aprender algo de este episodio sobre el modo en que Dios introduce a los creyentes y a la iglesia a nuevos y apasionantes caminos de obediencia? Ciertamente, en este pasaje no podemos encontrar principios aplicables a todas las situaciones de dirección. Sin embargo, cuando observamos la forma en que Dios actúa en este pasaje sí podemos aprender importantes principios para nosotros hoy.[30]

Para algunos, los medios de que Dios se sirve aquí descartan la importancia práctica de este pasaje. Por ejemplo, Haenchen afirma: "Aunque la presencia de Dios se constata de manera directa, en este pasaje, la fe pierde su verdadero carácter de decisión, y la obediencia de la fe que a Lucas le habría gustado representar se convierte en algo absolutamente distinto: muy cercano a la animación de marionetas humanas".[31] Sin embargo, como señala Tannehill, "esta narración presenta un relato sobre personas que disciernen la voluntad de Dios más sofisticado y complejo de lo que pensaba Haenchen".[32] "Es mejor llamarlos [a las visiones y mensajes divinos especiales] indicaciones divinas, puesto que en sí mismos están incompletos. Requieren la acción o reflexión humanas".[33]

---

30. Ver el apartado titulado, "Aplicar el libro de los Hechos en nuestros días", en la Introducción.
31. Haenchen, *Acts,* 362.
32. Tannehill, *Narrative Unity,* 131.
33. *Ibíd.,* 128.

Enfrentándonos a lo que nos incomoda

En los versículos 17 y 19, Pedro vive una intensa desazón con respecto al significado de la visión en que el Espíritu Santo le habló. Al principio, Pedro se negó con vehemencia a abrirse a este cambio, como lo expresa su clamor: "¡De ninguna manera, Señor!" (v. 14). Tenía fuertes convicciones. Sin embargo, tenía la sensación de que Dios le estaba enseñando algo nuevo y consideró seriamente las implicaciones de la visión. De este modo, la combinación de la guía divina y la disposición de Pedro a entender lo que Dios le estaba mostrando produjeron un cambio en su forma de pensar, a pesar de que era una cuestión difícil de digerir. La pasión por obedecer a Dios hace que sus siervos estén abiertos a cambios que al principio pueden ser incómodos.

Dios encontró en Pedro a una persona dispuesta a vivir con lo incómodo. Esto le ayudó a estar abierto a las sorpresas de Dios. Esta actitud se manifestó antes cuando se alojó en casa de un curtidor (ver comentarios sobre 9:43). Su compromiso con el ministerio había ya sacado a Pedro de su "zona de comodidad", y ello le hizo estar abierto a recibir más revelaciones de parte de Dios.

Dios habla cuando estamos en oración

El revolucionario mensaje que recibió Pedro le llegó durante su oración privada (v. 9). Dios le habló también a Cornelio cuando se encontraba orando (v. 30). Esto se ajusta a un patrón que encontramos en ambos volúmenes de Lucas: Dios utilizó el tiempo de oración como una ocasión para conducir a sus siervos a nuevas dimensiones de ministerio.[34] Esto es algo que quizá debamos esperar. Para Dios, que desea una comunicación fluida con sus hijos, nuestro tiempo de oración en que sintonizamos con él es una adecuada ocasión para manifestarse a nosotros.

Hospitalidad evangelizadora

En este texto vemos una tercera característica de la hospitalidad que hay que añadir a las dos que ya hemos visto en el libro de los Hechos:[35] hemos de invitar a los no cristianos a nuestros hogares (como lo hizo Pedro con los romanos que se alojaron en casa de Simón, v. 23), y aceptar sus invitaciones (como hizo también el apóstol en casa de Cornelio, vv. 25 y 48).[36] Pablo hizo lo mismo en Roma, donde durante dos años se alojó en una casa alquilada en

---

34. Ver Lc 3:21–23; 6:12–16; 9:18–22, 28–32; 22:39–46; Hechos 1:14; 10:3–6, 9–18; 13:1–3.
35. Invitar a creyentes para comer juntos y tener comunión, y hospedar a los cristianos itinerantes en nuestras casas (ver las exposiciones de 2:46 y 9:43). En el estudio de 18:26 se menciona el cuarto tipo de hospitalidad, a saber, hospedar a cristianos con una necesidad especial.
36. Ver también los comentarios sobre 10:48.

la que acogía a todos los que iban a verle y donde predicaba el evangelio y enseñaba sobre Jesús (28:30–31). Por otra parte, cuando Pablo naufragó en Malta se quedó en casa de "Publio, el funcionario principal de la isla" (28:7). Podemos llamar a esto hospitalidad evangelizadora.

Abandonando nuestros prejuicios

El hecho de que Pedro necesitara un drástico mensaje de Dios para librarse de sus prejuicios sobre las distinciones entre las personas sugiere que incluso los dirigentes cristianos maduros pueden necesitar ocasionalmente un importante cambio de paradigma para alinearse con el pensamiento de Dios. La respuesta inicial del apóstol al mandamiento inicial que recibe en la visión (10:14) es típica: "¡De ninguna manera, Señor! —replicó Pedro—. Jamás he comido nada impuro o inmundo". Como señala J. A. Alexander: "Ni siquiera la autoridad [divina] fue suficiente para vencer la fuerza de los prejuicios y los hábitos". El pensamiento que subyace tras la afirmación de Pedro es: "No puedo hacerlo porque no lo he hecho nunca".[37] Sin embargo, el mensaje de Dios confronta esta forma de pensar: "Lo que Dios ha purificado, tú no lo llames impuro" (v. 15).

El hombre que Dios quiere que Pedro conozca era un oficial de alto rango del ejército de ocupación que controlaba la odiada capital de Palestina. Con frecuencia, aun para los cristianos es difícil aceptar a tales personas. Viviendo en un zona marcada por los conflictos étnicos y batallando con el asunto de los sentimientos raciales propios y ajenos en tiempos turbulentos, me he dado cuenta de que los prejuicios son muchas veces una de las últimas cosas que se conquistan en el proceso de la santificación. Por ejemplo, no es extraño ver a cristianos supuestamente devotos adoptando una actitud irracionalmente inflexible en su oposición a alguno de sus hijos que quiere casarse con un miembro cristiano de una raza que les ha hecho sufrir mucho.

Durante mi reciente exposición del libro de Gálatas buscaba un ejemplo que ilustrara la contundencia y poder con que Cristo derriba las barreras (Gá 3:28) y el hecho de que, en ocasiones, los cristianos no lo aceptan. Este es el que finalmente presenté. Entre los dirigentes de la iglesia tenemos un matrimonio ilustre: él es profesor universitario y ella médico especialista. Su hijo es un cristiano maravilloso. Se enamora de una joven cristiana, también maravillosa, y quiere casarse con ella. Pero la madre de ella es una prostituta adicta a las drogas y no sabe quién es su padre. ¿Cómo van a reaccionar los padres de este joven? ¿Se opondrán a la boda por el trasfondo de la muchacha? Es natural que quieran advertir a su hijo sobre los conflictos que pueden surgir por las dife-

---

37. Alexander, *Acts,* 394.

rencias de trasfondo. Sin embargo, teniendo en cuenta que Cristo ha derribado todas las barreras humanas, el trasfondo no debería ser razón para oponerse a un matrimonio.

Muchas veces, los cristianos no han querido derribar las barreras de casta, clase y raza porque hacerlo es incómodo. En ocasiones, los creyentes no sacan a colación estas cuestiones, por temor a que ello afecte la efectividad evangelizadora de la iglesia. Otras parece ventajoso tratar a aquellos que son distintos de ellos como si fueran inferiores. En el Imperio británico, y más adelante en los Estados Unidos, algunos cristianos pensaban que aceptar como iguales a los esclavos era invocar la ruina económica nacional. También en nuestros días, algunos piensan que es una vergüenza que sus hijos se casen con alguien de otra raza, clase o casta. En una ocasión, algunos padres cristianos de Sri Lanka se molestaron porque Juventud Para Cristo llevó a sus hijos a ministrar en lo que ellos consideraban aldeas marginadas. La Iglesia Evangélica tiene un registro particularmente negativo por lo que se refiere a los prejuicios por motivos de raza, casta y distinciones sociales. Los musulmanes están ahora explotando esta cuestión, proclamando la fraternidad del islam como alternativa a los prejuicios de los cristianos. Y el islam está incorporando a sus filas a convertidos del cristianismo procedentes de personas que en algún momento fueron tratadas como inferiores por los cristianos.

Está fuera del ámbito de este libro detallar cómo podemos remediar este problema en la iglesia. Solo quiero enumerar algunas cosas esenciales que hemos de hacer si queremos librar a la iglesia de esta terrible dolencia de los prejuicios.

- Hemos de ayudar a los creyentes a entender la naturaleza de la identidad cristiana, que no depende de las distinciones humanas. Cuando las personas entienden que se las acepta como importantes y útiles para el reino, no por algún mérito propio, sino solo por la misericordia de Dios, se dan cuenta también de que no pueden menospreciar a nadie. Y lo que es más importante para ellos, son indignos receptores de gloriosos dones. Los prejuicios son, pues, una expresión de inseguridad y de sentimientos de inferioridad. Si no nos sentimos seguros y aceptados en Cristo, necesitaremos cosas terrenales que nos hagan sentir importantes, y una de ellas es la idea de que somos superiores a otras personas. Para alguien que ha entendido de verdad la gracia, tal posición es una imposibilidad.

- En nuestras iglesias hemos de enseñar y predicar con regularidad las verdades bíblicas que combaten los prejuicios. Muchas iglesias que supuestamente creen en la Biblia no lo hacen. Esto hace que los cristianos absorban actitudes pecaminosas del ambiente en que se mueven sin que se les diga que tales actitudes son erróneas.

- En los asuntos que dividen a las personas hemos de escuchar el corazón de quienes están al otro lado. Esto puede ser un ejercicio doloroso y, por ello, a menudo los cristianos se guardan para sí sentimientos que les afectan profundamente. Cuando Juventud Para Cristo en Sri Lanka comenzó a trabajar con los pobres, descubrimos que los primeros convertidos reaccionaban a veces con ira ante las injusticias que existían en la sociedad y en la iglesia. Cuando se hicieron cristianos y entendieron su igualdad en Cristo, su ira se expresó con mayor fuerza aun que antes, porque ahora veían la absoluta pecaminosidad de quienes les trataban como inferiores. Escuchar aquella ira nos fue muy útil para poder entender una dolencia que en la sociedad e iglesia de nuestra tierra se ha manifestado con gran virulencia.

- Hemos de confrontar los prejuicios cuando aparezcan en la iglesia y en la sociedad y condenarlos con celo santo, como hiciera Pablo cuando Pedro cedió a ellos en Antioquía (Gá 2:11–13). Esto puede ser difícil, porque tales situaciones afectan muchas veces a intereses creados. Al adoptar esta actitud es también posible que se nos vea como traidores de nuestro pueblo.

- Hemos de mantenernos firmes y pagar el precio de ayudar a personas del "otro" grupo. También esto puede ser costoso en términos de reputación y comodidad. Sin embargo, ello ayuda a sanar las heridas de quienes han sido heridos. Un amigo mío cristiano que pertenece al otro grupo étnico del conflicto racial de Sri Lanka me dijo en una ocasión que, puesto que los cristianos de mi raza habían pagado un gran precio para ayudarle cuando fue herido durante el conflicto étnico, le era imposible perdonar las destructivas actitudes de violencia y hostilidad que manifiestan muchos de su pueblo.

- La siguiente clave —una actitud de arrepentimiento— aparece en nuestro pasaje, de manera que la examinaremos con mayor profundidad.

Una actitud de arrepentimiento

Una actitud de arrepentimiento por parte de los dirigentes ayudará a sanar las relaciones dañadas por los prejuicios y abrirá una puerta para su ministerio. David Gooding observa que "con mucha frecuencia el hombre que admite su propia necesidad de ser corregido y cambiar sus ideas se convierte en el maestro que los demás aceptan de buen grado".[38] El proceso de agitación que supone arrepentirse de actitudes pasadas produce en quien lo experimenta una sensibilidad que es clave para identificarse con los demás. Personalmente, he observado que aquellas personas de las clases altas que han desarrollado un ministerio más efectivo entre los pobres han sido quienes se han arrepentido de sus actitudes clasistas. Por el contrario, quienes afirman no tener prejuicios son a menudo los más parciales y fanáticos. Vamos a tener que luchar contra los

---

38. Gooding, *True to the Faith*, 178.

prejuicios durante toda nuestra vida. Pero si dejamos que el Espíritu de Dios nos reprenda por nuestras actitudes erróneas, tendremos ministerios efectivos entre aquellos que son distintos de nosotros.

Una de las cosas que consigue la confesión pública de prejuicios o errores es reducir la ira destructiva de quienes han sido discriminados. Tal confesión tiene el efecto de hacer sentir a los ofendidos que al menos esta persona sabe cómo se sienten. En las crisis raciales que hemos vivido en Sri Lanka, una de las acusaciones que se han hecho más frecuentemente desde ambas partes ha sido: "Ustedes no entienden cuánto hemos sufrido". En 1983 tuvimos un terrible disturbio en el que muchas personas de la raza tamil fueron gravemente heridas por los rebeldes cingaleses. Cuando sucedió todo esto, Lakshman Wickremasinghe, obispo anglicano cingalés, estaba en Inglaterra sometiéndose a una intervención de corazón. En su primer sermón tras su vuelta a Sri Lanka usó la primera persona del plural, "Hemos matado […]". Aunque él no estaba en el país cuando se produjeron los disturbios, Wickremasinghe asumió la responsabilidad como miembro de su raza. Huelga decir que este obispo adquirió una credibilidad entre los tamiles que le convirtió en un poderoso instrumento de paz.

Sabemos que no es fácil para los dirigentes retractarse públicamente de ciertas posiciones que antes han defendido. No obstante han de estar constantemente abiertos a esta humillación personal necesaria para que el evangelio pueda avanzar. Nuestro compromiso con la verdad nos ayudará a seguir haciendo este tipo de cambios drásticos en nuestras posiciones. Hacia el final de su vida, el gran teólogo Agustín escribió un libro titulado *Retractaciones*, donde se retractaba de cosas que había escrito en otro tiempo y sobre las cuales había cambiado de opinión.[39]

A menudo, durante situaciones de conflicto podemos hacer daño a otras personas sin quererlo. De nuestra boca sale una palabra a la que se da un sentido que nosotros nunca hemos pretendido darle. Aunque no queríamos hacerle daño a nadie, el hecho es que ha sucedido precisamente esto. Y si le hemos hecho daño a alguien, podemos pedir perdón sin reservas y no seguir insistiendo en que se nos ha malinterpretado. Quienes hacen esto y se niegan a pedir perdón acentúan la división y no son instrumentos que sanen.

Cuando los cristianos entienden cuál es su posición en Cristo, no les es difícil pedir perdón. Su identidad no depende de sus logros, sino de la aceptación que reciben de Cristo. El pecado puede obstaculizar esta aceptación. Por tanto si creen que han pecado, estarán deseosos de pedir perdón para estar seguros de que su identidad y seguridad en Cristo están intactas.

---

39. Ver David Bentley-Taylor, *Augustine: Wayward Genius* (Grand Rapids: Baker, y Londres: Hodder and Stoughton, 1980), 212.

Enfrentándonos a cosas que nos incomodan

A diferencia de lo que hizo Pedro, nuestros obstinados corazones pueden cerrarse y negarse a escuchar las indicaciones de cambio que nos hace Dios. Hacer esta clase de cambios es muchas veces difícil. En una ocasión se nos impuso por necesidad un radical cambio de filosofía en cierta área en la que el ministerio de Juventud para Cristo que yo dirigía estaba implicado. Yo me oponía intensamente a tales cambios, pero no encontrábamos ninguna otra salida al dilema. Pensaba con tanta intensidad en aquel asunto que caí enfermo. Varias veces redacté una carta de dimisión que nunca entregué. Sin embargo, a medida que oraba sobre aquel asunto, me sentí forzado a aceptar que aquello que me estaba negando a aceptar era algo que venía de Dios. Tuve que entregar mi voluntad a Dios, al principio de muy mala gana. Cuando ahora miro atrás, veo aquellos cambios como apasionantes proyectos a los que Dios nos ha dirigido.

La actitud positiva de Pedro hacia los cambios estaba motivada por su disposición a hacer cosas que le incomodaban, como por ejemplo vivir en casa de un curtidor. En nuestro tiempo se habla mucho de ser vanguardistas. Pero para los cristianos, los ministerios vanguardistas son una consecuencia de una identificación vanguardista. Algunos de los grandes adelantos cristianos se llevan a cabo, no en las reuniones de estrategia de nuestras salas de juntas con aire acondicionado, sino en las difíciles e incómodas situaciones donde nos lleva nuestro amor por las personas.

El lugar de la oración

Por medio de la oración sintonizamos con Dios y nos hacemos, por tanto, receptivos a su guía. En momentos así Dios puede hablarnos. Puede que nos hable mediante una fuerte impresión que nos viene a la mente mientras oramos, o acaso por medio de un mensaje de tipo profético.[40] Después de un tiempo de oración, Dios puede dirigir al líder del grupo para que diga algo que abre la puerta a una situación poco común. Por ejemplo, Samuel Mills (1783–1818) dirigió a cuatro de sus compañeros del Williams College, Massachusetts, en la hoy famosa reunión de oración del pajar y con ello impulsó a los protestantes estadounidenses hacia las misiones extranjeras.[41] En otras palabras, la oración es una clave para la metodología de la planificación cristiana.

Algo que hemos de recordar es que cuando estamos buscando la voluntad de Dios sobre un asunto determinado, nunca hemos de sustituir la dependencia de

---

40. Ver Joyce Huggett, *Listening to God* (Londres: Hodder and Stoughton, 1986) donde esta autora expone diferentes formas en que Dios nos habla en nuestro tiempo.
41. Ver David M. Howard, *Student Power in World Evangelism* (Downers Grove, Ill.: InterVarsity, 1970), 65–72 (ver comentarios sobre esto en la exposición de Hechos 13:1–3).

comunicaciones directas de Dios por el serio estudio de la Escritura y de situaciones existentes. Muchas veces, Dios no nos comunica su voluntad de manera directa porque quiere que afrontemos una situación y que entendamos lo que dicen las Escrituras al respecto. Este esfuerzo por afrontar la situación y entender la Biblia puede ser una enriquecedora experiencia que contribuye a nuestro crecimiento en madurez. Nos ayuda a definir una cosmovisión cristiana y a desarrollar lo que Harry Blamires llama "una mente cristiana".[42] En tales ocasiones hay una mayor probabilidad de que las lecciones aprendidas nos queden profundamente grabadas en la mente, como le pasó aquí a Pedro.

Es significativo que Pedro fuera a orar hacia el mediodía (v. 9). Aunque en el texto bíblico hay algún caso de personas devotas que oraban a esta hora (Sal 55:17), no era una de las ocasiones de oración prescritas por los judíos. Es evidente que Pedro era un hombre de oración, que buscaba momentos y lugares propicios (como la azotea) para orar. En un tiempo en que la investigación y el asesoramiento cualificado parecen ser las claves de la planificación estratégica, no hemos de olvidar que es más importante contar con líderes que sepan estar en silencio delante de Dios. He viajado con dirigentes tan ajenos a la disciplina de permanecer en la presencia de Dios que, aun cuando en sus viajes tienen tiempo para ello, les es muy difícil dejarlo todo y orar. Su adicción al trabajo les ha hecho perder el deseo de orar. No debe permitirse que tales personas sean dirigentes del pueblo de Dios.

Las bendiciones de la hospitalidad evangelizadora

Cuando los no cristianos conocen de cerca a los cristianos por ser objetos de su hospitalidad o anfitriones suyos, pueden observar cosas sobre ellos que no podrían ver de ninguna otra manera y sus falsos conceptos serán corregidos. Esta clase de hospitalidad también da ocasión para un testimonio verbal informal. Con el tiempo pueden sentirse atraídos por el evangelio. Por ello, este tipo de hospitalidad es una forma válida de testimonio evangelizador.

Hace algunos años hospedamos en nuestra casa a una madre budista y a su hija, procedentes de una aldea en la que habíamos estado ministrando. Los evangelistas, entendiendo que la niña tenía una grave enfermedad del corazón, recomendaron a sus padres que la llevaran a la ciudad de Colombo para que recibiera un tratamiento adecuado. Madre e hija se alojaron en nuestra casa por espacio de unas dos semanas en las que el equipo médico realizó diferentes pruebas y tomó la decisión de operarla. Unas noches antes de ingresar en el hospital, la niña tuvo un sueño en el que Jesús le decía que no se preocupara porque él la cuidaría. La mañana siguiente, la niña le dijo a su madre que le gustaría ser cristiana. La operación fue un éxito y unos meses más adelante asistí a la reunión en que se bautizaron tanto la madre como la hija.

---

42. Harry Blamires, *The Christian Mind* (Londres: S.P.C.K., 1963; Ann Arbor, Mich.: Servant, 1978).

En otra ocasión, una joven convertida hindú y su madre se alojaron con nosotros cuando su casa sufrió un incendio durante unos disturbios entre la gente de nuestra raza y la suya. Vivieron en nuestra casa por espacio de seis meses, pero, antes de marcharse, la madre se bautizó. Naturalmente, no todas estas personas se hacen cristianas. Tenemos muchos vecinos hindúes cuya salvación hemos deseado por muchos años. Una noche, durante los mismos disturbios que acabamos de mencionar, mi esposa dio refugio a unas treinta de estas mujeres y niños hindúes en nuestra casa mientras grupos armados de mi raza atacaban a los miembros de la suya (en aquella ocasión yo me encontraba ministrando en Pakistán). Nos mostraron una enorme gratitud por nuestra expresión de solidaridad hacia ellas y sus pequeños. Sin embargo, a pesar de nuestros esfuerzos por darles testimonio, ninguna de ellas o de los niños se ha convertido. No obstante, este hecho no va a influir en nuestra decisión de darles cobijo cuantas veces podamos si surge la necesidad.[43]

Naturalmente, cuando hospedamos en nuestra casa a personas de distintas culturas surgen inconvenientes. Por ello es muy importante consensuar con la familia la decisión de hospedar a este tipo de personas, en lugar de que sean el padre o la madre quienes la impongan. Creo, sin embargo, que el enriquecimiento que supone esta clase de experiencia pesa más que los inconvenientes.

También pueden abrirse puertas para el testimonio cuando nos alojamos en casas de personas no cristianas, en especial si son tan despreciadas por los demás que no se esperaría que nos hospedáramos con ellas. Esto es lo que sucedió cuando Pedro se alojó en casa de Cornelio.

Los maltose son una tribu oriunda de una zona montañosa de la India cuya tasa de mortalidad era tan elevada que se esperaba su extinción hacia el año 2025. Puesto que en aquella zona el agua es un bien muy escaso, los miembros de esta tribu casi nunca se bañan. Por ello, el resto de la sociedad les rechaza. El fuerte olor corporal que emiten hace que la gente evite incluso acercárseles. Un grupo de misioneros de la Friends Missionary Prayer Band comenzó a trabajar entre los miembros de esta tribu. No se limitaron a visitar sus aldeas, sino que se alojaban en sus casas, junto a ellos.

En 1996, unos 34.000 de los 85.000 miembros de esta tribu se habían convertido y, con el consecuente cambio de estilo de vida, se ha producido un importante descenso de la tasa de mortalidad. Los misioneros han tenido que pagar un elevado precio para recoger esta cosecha. Cuatro de ellos han muerto de las mismas enfermedades que han estado diezmando a los maltose: la malaria, la tuberculosis y la kala-azar. Uno de ellos fue el hijo menor de Patrick Joshua, dirigente de esta misión, que tras cursar un máster en obra social se fue a vivir entre ellos para ayudarles a su reconstrucción social. Tras su muerte le siguie-

---

43. Desde que escribí esto, una pareja de este grupo se ha convertido de un modo asombroso después de abandonar nuestro barrio.

ron otros tres jóvenes: una cosecha sin duda costosa, pero preciosa, que implicó la identificación con este pueblo mediante la aceptación de su hospitalidad.

Esta clase de hospitalidad evangelizadora puede también llevarse a cabo invitando amigos a comer con nosotros o a participar en alguna reunión que se realice en nuestra casa. En los últimos años, este método de evangelización ha sido utilizado de manera efectiva por muchas iglesias por medio de lo que llaman células o congregaciones domésticas.[44]

---

44. Quienes quieran considerar algunas directrices prácticas sobre cómo dirigir tales reuniones, pueden ver John Chapman, *Dialogue Evangelism* (Sydney: Anglican Information Office, 1993).

Hechos 10:34–11:18

Pedro tomó la palabra, y dijo:

—Ahora comprendo que en realidad para Dios no hay favoritismos, ³⁵ sino que en toda nación él ve con agrado a los que le temen y actúan con justicia. ³⁶ Dios envió su mensaje al pueblo de Israel, anunciando las buenas nuevas de la paz por medio de Jesucristo, que es el Señor de todos. ³⁷ Ustedes conocen este mensaje que se difundió por toda Judea, comenzando desde Galilea, después del bautismo que predicó Juan. ³⁸ Me refiero a Jesús de Nazaret: cómo lo ungió Dios con el Espíritu Santo y con poder, y cómo anduvo haciendo el bien y sanando a todos los que estaban oprimidos por el diablo, porque Dios estaba con él. ³⁹ Nosotros somos testigos de todo lo que hizo en la tierra de los judíos y en Jerusalén. Lo mataron, colgándolo de un madero, ⁴⁰ pero Dios lo resucitó al tercer día y dispuso que se apareciera, ⁴¹ no a todo el pueblo, sino a nosotros, testigos previamente escogidos por Dios, que comimos y bebimos con él después de su resurrección. ⁴² Él nos mandó a predicar al pueblo y a dar solemne testimonio de que ha sido nombrado por Dios como juez de vivos y muertos. ⁴³ De él dan testimonio todos los profetas, que todo el que cree en él recibe, por medio de su nombre, el perdón de los pecados.

⁴⁴ Mientras Pedro estaba todavía hablando, el Espíritu Santo descendió sobre todos los que escuchaban el mensaje. ⁴⁵ Los defensores de la circuncisión que habían llegado con Pedro se quedaron asombrados de que el don del Espíritu Santo se hubiera derramado también sobre los gentiles, ⁴⁶ pues los oían hablar en lenguas y alabar a Dios. Entonces Pedro respondió:

⁴⁷—¿Acaso puede alguien negar el agua para que sean bautizados estos que han recibido el Espíritu Santo lo mismo que nosotros?

⁴⁸ Y mandó que fueran bautizados en el nombre de Jesucristo. Entonces le pidieron que se quedara con ellos algunos días.

^{11:1} Los apóstoles y los hermanos de toda Judea se enteraron de que también los gentiles habían recibido la palabra de Dios. ² Así que cuando Pedro subió a Jerusalén, los defensores de la circuncisión lo criticaron ³ diciendo:

—Entraste en casa de hombres incircuncisos y comiste con ellos.

⁴ Entonces Pedro comenzó a explicarles paso a paso lo que había sucedido:

⁵—Yo estaba orando en la ciudad de Jope y tuve en éxtasis una visión. Vi que del cielo descendía algo parecido a una gran sábana que, suspendida por las cuatro puntas, bajaba hasta donde yo estaba.

⁶ Me fijé en lo que había en ella, y vi cuadrúpedos, fieras, reptiles y aves. ⁷ Luego oí una voz que me decía: "Levántate, Pedro; mata y come." ⁸ Repliqué: "¡De ninguna manera, Señor! Jamás ha entrado en mi boca nada impuro o inmundo." ⁹ Por segunda vez insistió la voz del cielo: "Lo que Dios ha purificado, tú no lo llames impuro." ¹⁰ Esto sucedió tres veces, y luego todo volvió a ser llevado al cielo. ¹¹ »En aquel momento se presentaron en la casa donde yo estaba tres hombres que desde Cesarea habían sido enviados a verme. ¹² El Espíritu me dijo que fuera con ellos sin dudar. También fueron conmigo estos seis hermanos, y entramos en la casa de aquel hombre. ¹³ Él nos contó cómo en su casa se le había aparecido un ángel que le dijo: "Manda a alguien a Jope para hacer venir a Simón, apodado Pedro. ¹⁴ Él te traerá un mensaje mediante el cual serán salvos tú y toda tu familia."

¹⁵ »Cuando comencé a hablarles, el Espíritu Santo descendió sobre ellos tal como al principio descendió sobre nosotros. ¹⁶ Entonces recordé lo que había dicho el Señor: "Juan bautizó con agua, pero ustedes serán bautizados con el Espíritu Santo." ¹⁷ Por tanto, si Dios les ha dado a ellos el mismo don que a nosotros al creer en el Señor Jesucristo, ¿quién soy yo para pretender estorbar a Dios? ¹⁸ Al oír esto, se apaciguaron y alabaron a Dios diciendo:

—¡Así que también a los gentiles les ha concedido Dios el arrepentimiento para vida!

En la sección anterior analizamos las cuatro primeras escenas de la narración relacionada con la conversión de Cornelio, su familia y amigos. Este pasaje nos ofrece las tres últimas, a saber, el discurso que Pedro dirigió al grupo, la recepción y bautismo del Espíritu Santo, y la defensa que Pedro hizo de sus acciones en Cesarea ante las autoridades de Jerusalén.

Quinta escena: El discurso de Pedro (10:34–43)

El discurso de Pedro es un mensaje evangelístico típico del libro de Hechos. Cada discurso es único y pertinente para la audiencia, pero existen ciertos rasgos comunes a todos ellos. Los oyentes que Pedro encuentra en casa de Cornelio son un tipo único de gentiles en el sentido de que eran temerosos de Dios, que conocían las Escrituras judías. Por esta razón Pedro pudo, por ejemplo, hablar de los profetas judíos (10:43). Pablo no hizo este tipo de alusión ni en Listra ni en Atenas, donde comenzó explicando quién era Dios.

El versículo 34 comienza con unas palabras que significan literalmente "Y abriendo la boca" (RV60). Esta expresión se utiliza a veces para introducir una declaración importante (cf. 8:35; Mt 5:2)[1] y es aquí apropiada, puesto que Pedro va a anunciar el gran descubrimiento que ha hecho. La primera frase de Pedro (lit., "en verdad") implica su sorpresa al entender que "para Dios no hay favoritismos, sino que en toda nación él ve con agrado a los que le temen y actúan con justicia" (Hch 10:34–35). Como sucede en los otros mensajes evangelísticos del libro de los Hechos, esta introducción es singular y específica para esta audiencia. Expresa una verdad que ya insinuaron los profetas de la antigüedad, quienes "insistían en que la elección de Israel por parte de Dios era un acto de gracia, no de parcialidad, y que requería una respuesta de servicio obediente, no de negligente autocomplacencia".[2]

Jesús había ya implicado que su salvación era también para los gentiles (Jn 10:16; 12:32). La Gran Comisión convirtió en una orden llevarles a ellos el evangelio (Mt 28:19; Mr 16:15; Lc 24:47; Hch 1:8). Sin embargo, fue necesaria una revelación especial para que todas las implicaciones de estas verdades se entendieran y pusieran en práctica. Más adelante, Pablo explicó la nueva actitud cristiana hacia los gentiles con gran claridad y viveza (2Co 5:16; Gá 3:28; Ef 2:11–22).

Algunos eruditos sostienen que Cornelio y sus amigos ya eran salvos, y que por ello conocían el mensaje que Dios impartió por medio de Jesús y los acontecimientos que rodean su ministerio (10:36–37).[3] Estos eruditos apuntan también que Pedro no menciona el arrepentimiento y la conversión en su sermón y afirman que el resultado más importante de su visita era que estos cristianos gentiles fueron bautizados con el Espíritu. Sin embargo, esta interpretación parece poco verosímil. (1) El ángel le dijo específicamente a Cornelio: "Él [Pedro] te traerá un mensaje mediante el cual seréis salvos tú y toda tu familia" (11:14). (2) El contenido del discurso de Pedro es característico de los mensajes de evangelización. (3) La ausencia de un llamamiento al arrepentimiento y la conversión podría deberse a que su mensaje fue interrumpido por el descenso del Espíritu. O también es posible que tal llamamiento esté implícito en la afirmación inmediatamente anterior a dicho descenso: "Todos los que en él creyeren, recibirán perdón de pecados por su nombre" (10:43).

Pedro introduce su mensaje como "el evangelio de la paz por medio de Jesucristo" (10:36), un mensaje que "Dios envió [...] a los hijos de Israel" La paz era el contenido de la principal promesa de Dios a los judíos en el Antiguo Testamento. Sin embargo, al describir a Jesús como "Señor de todo", Pedro extiende esta bendición también a los gentiles. "La expresión ‹Señor de todos› ... era propiamente un título pagano de la deidad [...] fue, sin embargo, rebautizado por los primeros cristianos para convertirse en un apropiado título

---

1. Bruce, *Acts: Greek Text*, 260.
2. Bruce, *Acts*, NICNT, 212.
3. Arrington, *Acts,* 112–13.

cristológico (cf. Col 1:15–20)".[4] La palabra "paz" es aquí prácticamente un sinónimo de salvación (Lc 1:79; 2:14; Ef 2:17; 6:15); que "no denota meramente la ausencia de disputas y enemistad entre el hombre y Dios, sino también los beneficios positivos que desarrollamos en un estado de reconciliación".[5]

Este discurso de Pedro es el único mensaje evangelístico del libro de los Hechos en que se presenta un resumen del ministerio de Jesús (10:37–39a). El día de Pentecostés, Pedro menciona brevemente que los milagros de Jesús suponían su acreditación por parte de Dios (2:22). Aquí, el ministerio de Jesús se describe con un estilo más narrativo, como sugiere el primer comentario: "Ustedes conocen este mensaje que se difundió por toda Judea, comenzando desde Galilea, después del bautismo que predicó Juan" (10:37). Cuando recordamos que Lucas está presentando probablemente un resumen del discurso, podemos asumir que "en su formato original sería más extenso e incluiría ejemplos de las obras de misericordia y poder de Jesús".[6]

En el versículo 38, Pedro intenta claramente mostrar a sus oyentes que el ministerio de Jesús fue acreditado por Dios. Comienza diciendo "cómo lo ungió Dios con el Espíritu Santo y con poder" y termina afirmando: "… porque Dios estaba con él". En la parte central del versículo, tenemos las palabras: "… y cómo anduvo haciendo el bien y sanando a todos los que estaban oprimidos por el diablo", que recuerdan a Isaías 61:1, que Lucas pone en boca de Jesús cuando comenzó su ministerio (Lc 4:14–22). Lo que Pedro quiere decir es que, con su vida y milagros, Jesús demostró ser el especial mensajero de Dios. El propio Jesús había dicho: "En cambio, si expulso a los demonios por medio del Espíritu de Dios, eso significa que el reino de Dios ha llegado a ustedes" (Mt 12:28). Como sucede en el Evangelio de Lucas (Lc 4:18–19), las buenas obras y milagros de Jesús se relacionan con su unción por parte del Espíritu Santo. Es probable que esto se refiera a lo que sucedió cuando la paloma descendió sobre Jesús en su bautismo (3:22).[7]

Tras señalar que los apóstoles fueron testigos de lo que sucedió en el ministerio de Cristo (10:39a), Pedro presenta la muerte y resurrección de Jesús (10:39b–40). Esta muerte se describe de una manera típica. Pedro acusa a los oponentes de Cristo y menciona implícitamente la maldición de ser colgado de un madero: "Lo mataron, colgándolo de un madero" (10:39). Como en los demás discursos, Pedro subraya que Dios resucitó a Jesús.

Después, el apóstol sigue explicando el importante lugar de un selecto grupo de testigos de la Resurrección. "[Jesús se apareció] no a todo el pueblo, sino

---

4. Longenecker, "Acts", 355.

5. Marshall, *Acts,* 191.

6. Bruce, *Acts,* NICNT, 214.

7. Obsérvese que Cristo o Mesías significa "ungido". Sobre el significado de la unción y el uso de Isaías 61:1 para el ministerio de Jesús, ver I. Howard Marshall, *The Gospel of Luke,* NIGTC (Grand Rapids: Eerdmans, 1978), 183.

a nosotros, testigos previamente escogidos por Dios, que comimos y bebimos con él después de su resurrección" (10:41). Él había hablado ya sobre testigos del ministerio de Cristo (10:39a). Ahora Pedro explica que el Cristo resucitado fue visto solo por testigos especialmente escogidos. Estos testigos eran cruciales para el futuro del cristianismo y por ello tenían que ser cuidadosamente escogidos. La conducta de las gentes de Jerusalén durante la pasión de Cristo mostró que no estaban preparados para tan alto privilegio. Lenski dice: "Unas personas que, a pesar de todo lo que habían visto y oído de Jesús, se negaron a tener fe en él, no eran adecuadas para ser testigos de su resurrección, y si Jesús se les hubiera aparecido, su incredulidad habría incluso aumentado".[8]

Un dato singular que encontramos en el sermón de Pedro es que, después de resucitar, Jesús comió y bebió con los apóstoles (10:41). El Evangelio de Lucas es el único que deja constancia de este hecho (Lc 24:41–43), y para su autor debió de ser una de las "muchas pruebas convincentes de que estaba vivo" (Hch 1:3). "Este acento habría sido especialmente importante en la predicación a gentiles como Cornelio, para quienes la idea de una resurrección corporal era un concepto nuevo (cf. 17:18)".[9] Era también un dato valioso para los judíos, "puesto que en el pensamiento judío los ángeles y las apariciones no comen ni beben, son seres que carecen de aparato digestivo".[10]

Aunque a muchos eruditos modernos les gustaría desechar la historicidad de tales acontecimientos, los evangelistas de la iglesia primitiva pensaban que era importante dar pruebas de que estos acontecimientos se produjeron realmente. Como en los discursos de Hechos 2–3, Pedro utiliza argumentos para demostrar la validez del evangelio cristiano (cf. también los discursos de Pablo y Esteban). Como señalamos en el estudio de Hechos 3, los evangelistas del Nuevo Testamento eran tanto heraldos de las buenas nuevas como apologistas. Muchos de ellos realizaban también milagros. No eran, pues, especialistas que se concentraban en una sola forma de ministerio.

A continuación, Pedro habla de la comisión que recibieron los apóstoles para proclamar a Cristo. El mandamiento que Cristo les dio fue el de "predicar al pueblo y dar solemne testimonio de que ha sido nombrado por Dios como juez de vivos y muertos" (10:42). Dos importantes palabras describen la tarea evangelizadora en este texto: "predicar" (*kerysso*) y "dar testimonio" (*diamartyromai*). *Kerysso* subraya la abierta proclamación del mensaje. "Dar testimonio" procede del contexto de un testigo en un tribunal de justicia, e implica dos ideas: testimonio y solemnidad. Nida y Louw la definen como hacer "una solemne declaración en virtud de un presunto conocimiento".[11] C. K. Barrett señala que, puesto que el verbo predicar "no tiene como objeto ningún sus-

---

8. Lenski, *Acts*, 426.
9. Polhill, *Acts*, 262.
10. Longnecker, "Acts", 393
11. Louw y Nida, 413.

tantivo o cláusula independiente que le den contenido [...] ha de considerarse probablemente junto con [dar testimonio]".[12] Por tanto, ambas palabras describirían la tarea evangelizadora. La idea de predicar muestra que la evangelización es una confiada proclamación de noticias importantes; dar testimonio apunta a la solemnidad de la tarea —es una cuestión de juicio y salvación— y al hecho de que es algo que hemos experimentado y sabemos que es cierto.

Aquí, como hizo Pablo en Atenas (17:31), Pedro presenta a Jesús "como juez de vivos y muertos" (10:42). El juicio es una parte esencial del mensaje evangelizador. Es uno de los aspectos de la Gran Comisión, aunque no se presenta en las declaraciones de este cometido en los cuatro Evangelios y Hechos. Esto sugiere que lo que tenemos en el Nuevo Testamento es solo una degustación de la enseñanza completa sobre la evangelización que Jesús impartió tras su resurrección.

En el versículo 43, Pedro ofrece la autenticación bíblica de la persona y obra de Cristo: "De él dan testimonio todos los profetas, que todo el que cree en él recibe, por medio de su nombre, el perdón de los pecados". Esta afirmación implica que los oyentes de Pedro recibirán el perdón de pecados si responden creyendo en Jesús. A diferencia de sus mensajes anteriores (2:16, 25–31, 34–35; 3:18, 21–26), Pedro no puede dar más detalles sobre este elemento, porque el Espíritu Santo cae sobre sus oyentes, con lo cual su mensaje se interrumpe (10:44). El hecho de que Pedro tenía más cosas que decir está implícito en su comentario a la iglesia de Jerusalén: "Cuando comencé a hablarles, el Espíritu Santo descendió sobre ellos" (11:15).

Sexta escena: Los gentiles reciben el Espíritu Santo (10:44–48)

En ningún otro lugar del libro de los Hechos desciende el Espíritu antes del bautismo.[13] Más adelante, Pedro explicaría a los cristianos de Jerusalén que el Espíritu Santo vino sobre aquellas personas "tal como al principio descendió sobre nosotros" (11:15). Fue acompañado de expresiones en lenguas y alabanza a Dios (10:46). A pesar de la guía que Dios había impartido hasta este momento, los creyentes judíos están atónitos de que estos gentiles hayan recibido el Espíritu Santo (10:45). Con pruebas tan inequívocas de que estos gentiles se han convertido realmente, Pedro no duda en bautizarles inmediatamente (10:47–48). La razón que da es clara: "¿Acaso puede alguien negar el agua para que sean bautizados estos que han recibido el Espíritu Santo lo mismo que nosotros?" (10:47). Era un argumento de la experiencia. Lo que Pedro quiere decir es: "Estas personas han tenido una experiencia como la que tuvimos nosotros y que sabemos que vino de Dios. De manera que también la de ellos

---

12. Barrett, *Acts*, 527.
13. Beverly Roberts Gaventa, *From Darkness to Light: Aspects of Conversion in the New Testament* (Filadelfia: Fortress, 1986), 119.

ha de ser de Dios". La guía que Pedro experimentó previamente hubo de jugar también su papel para que el apóstol llegara a esta conclusión. Sin embargo, esta fue también de carácter experimental. Esto apunta al papel que desempeña la experiencia en el discernimiento de los caminos de Dios. Como veremos, este no es el único criterio para decidir lo que es verdadero, pero sí un factor que hay que considerar en la toma de decisiones.

Tras vencer sus escrúpulos con respecto a tener comunión de mesa con los gentiles, Pedro parece haber aceptado la invitación de Cornelio para quedarse varios días (10:48). Esto da tiempo para que la noticia de lo sucedido llegue a Jerusalén antes que Pedro. La consternación de los cristianos debió de ser inmensa, puesto que su dirigente no solo había bautizado a personas gentiles, sino que mantuvo después comunión de mesa con ellos. La comunión de mesa, que era una de las objeciones de los críticos de Pedro (11:3), indicaba con contundencia que Cornelio y los suyos eran sin duda aceptados dentro de la comunidad cristiana.

Séptima escena: Los cristianos judíos dan su aprobación (11:1–18)

Algo revolucionario había acontecido en la vida de la iglesia y las noticias al respecto se propagaron por todas las comunidades locales de Judea (11:1). Cuando Pedro llegó a Jerusalén, "los defensores de la circuncisión" (lit.) lo criticaron.[14] Es probable que Lucas esté haciendo referencia a un grupo de la iglesia que requería la circuncisión de todos los creyentes gentiles.[15] La única objeción que se menciona es: "… entraste en casa de hombres incircuncisos y comiste con ellos" (11:3). Muestra lo importante que era para los judíos el asunto de la comunión de mesa.

En respuesta a la crítica, Pedro "comenzó a explicarles paso a paso lo que había sucedido" (11:4). El informe de Lucas es un amplio resumen del capítulo 10. Esta repetición "es una indicación de la importancia que Lucas daba a esta historia".[16] No entraremos a analizar este discurso de Pedro salvo para señalar dos elementos. (1) El apóstol subrayó que había con él "seis hermanos" (11:12), que podrían confirmar todo lo que él estaba contando a los dirigentes de Jerusalén.

(2) Al concluir el informe, Pedro comentó que el Espíritu Santo descendió sobre Cornelio y los suyos cuando comenzó a hablarles (11:15). Esto sugiere que no pudo terminar su discurso. El apóstol clarificó que el Espíritu Santo descendió sobre ellos "tal como al principio descendió sobre nosotros" (11:15), es decir, como en el día de Pentecostés. En el versículo 16, Pedro recordó la

---

14. Barrett lo traduce con la expresión "quienes representaban la circuncisión" (*Acts,* 532).
15. Polhill, *Acts,* 266.
16. Barrett, *Acts*, 533. Ver también su comentario al respecto en la p.491.

promesa de Jesús del bautismo con el Espíritu Santo. Igual que esta promesa se había cumplido entre los judíos el día de Pentecostés, ahora se estaba cumpliendo entre los gentiles. ¡Aquello era sin duda un Pentecostés gentil!

Con tantas pruebas de la obra de Dios, Pedro no se atrevió a resistirse como lo había hecho cuando se le dijo que comiera carne inmunda en Jope. Dice: "Por tanto, si Dios les ha dado a ellos el mismo don que a nosotros al creer en el Señor Jesucristo, ¿quién soy yo para pretender estorbar a Dios?" (11:17). Las pruebas eran demasiado grandes como para plantear más objeciones. A continuación, la iglesia alabó a Dios y afirmó un nuevo principio sobre los tratos de Dios con la humanidad: "¡Así que también a los gentiles les ha concedido Dios el arrepentimiento para vida!" (11:18).

De momento, el grupo de la circuncisión ha sido silenciado. Surgirá de nuevo en el capítulo 15, cuando sus miembros vean que grandes números de gentiles han entrado a formar parte de la iglesia. No todos han experimentado el mismo cambio permanente de creencias de Pedro. Se unen ahora a la alabanza, pero a medida que vean las implicaciones más amplias de este paso, volverán a dejar oír sus protestas.

"El factor Cornelio"

La narración de Cornelio está hoy siendo utilizada en el debate sobre si es posible ser salvo sin oír el evangelio. Algunos sostienen que la afirmación de Pedro en 10:34–35 ("Ahora comprendo que en realidad para Dios no hay favoritismos, sino que en toda nación él ve con agrado a los que le temen y actúan con justicia") muestra que quienes hoy buscan respuestas espirituales con sinceridad serán salvos al margen de si oyen o no el evangelio.

En este pasaje encontramos características que impiden claramente usarlo para desarrollar la doctrina de que quienes no han oído el evangelio puedan ser salvos. (1) Aunque Cornelio no era un judío en el pleno sentido de la palabra, sí era un hombre que había oído el mensaje veterotestamentario y respondido a él hasta el punto que se le describe como a un hombre temeroso de Dios y que le "oraba [...] constantemente" (10:2). De manera que Cornelio no es la típica persona a la que nos referimos cuando hablamos de "los que no han oído el evangelio". Aunque no era cristiano y sus obras no le hacían merecedor de la salvación, Dios concedía valor a su búsqueda de Dios (ver 10:4) y veía en él una actitud cercana a la fe que salva. Una prueba de que este era el caso es que Cornelio aceptó el evangelio en el momento en que lo oyó de boca de Pedro.

(2) Aun después de que expresara una actitud próxima a la fe salvífica, "la respuesta de Dios no fue salvar a Cornelio por decreto, sino mostrarle cómo

podía conocer el camino establecido para ello".[17] De hecho, el ángel le dijo específicamente a Cornelio: "Él [Pedro] te traerá un mensaje mediante el cual serán salvos tú y toda tu familia" (Hch 11:14). Solo después de oír el mensaje entraría la salvación a aquella casa. Por tanto, cuando Pedro afirma que Dios "ve con agrado a los que le temen y actúan con justicia", no está diciendo que tales personas sean salvas por esta actitud. Más bien, como señala Harrison, esto muestra "que estos son candidatos para la salvación [...] Esta clase de preparación indica una seriedad espiritual que se convertirá en fe cuando el evangelio sea oído y aceptado".[18]

¿Qué, pues, quiere decir Pedro cuando sugiere que Dios acepta las obras justas (10:35)? Según algunos, estas palabras aluden a las obras que realizan los gentiles que creen después de su salvación; cuando sean salvos, llevaran a cabo tales obras justas. Esta interpretación significaría que Cornelio solo realizará tales obras después de su salvación. Sin embargo, en este capítulo se describen las obras de Cornelio anteriores a la conversión (10:2, 4), lo cual hace probable que estos sean los actos de que también se habla en el versículo 35. En mi opinión, el acento está en la actitud de la que surgieron estas acciones, una actitud temerosa de Dios. Cornelio no pensaba que sus obras le hicieran merecedor de la salvación, sino que las hacía más bien movido por una humilde devoción a Dios. Dios aceptaba sus obras justas, sin embargo, estas no salvaron al centurión. Misericordioso, Dios le extendió la oferta de la salvación mediante la predicación del evangelio.

El hecho de que Dios le reveló el evangelio a Cornelio, un sincero buscador de Dios, nos permite concluir que Dios manifiesta la verdad de la salvación a aquellas personas que con sinceridad buscan respuestas. Sería peligroso construir una doctrina de esta naturaleza basándonos en un solo ejemplo. Pero sabemos que Jesús dijo: "Dichosos los que tienen hambre y sed de justicia, porque serán saciados" (Mt 5:6). Podemos inferir a partir de este texto que a un no creyente que tiene sed de justicia se le mostrará el divino camino de la salvación. La Escritura nos dice que la única forma en que las personas pueden ser salvas es respondiendo al evangelio, que han oído de un modo comprensible. Pablo dice: "... porque 'todo el que invoque el nombre del Señor será salvo'. Ahora bien, ¿cómo invocarán a aquel en quien no han creído? ¿Y cómo creerán en aquel de quien no han oído? ¿Y cómo oirán si no hay quien les predique?" (Ro 10:13–14). Si Dios ha escogido otra forma de salvar a las personas, no nos la ha revelado en su Palabra.

La vida de Cristo en la evangelización

El mensaje de Pedro es un importante modelo para la presentación del evangelio a personas devotas que, como Cornelio, pueden conocer algo sobre

---

17. Harrison, *Acts*, 176.
18. *Ibíd.*, 182.

Dios, pero no conocen el salvador evangelio de Cristo. Muchos rasgos de este mensaje han aparecido ya en los otros discursos y se han tratado especialmente en el estudio del sermón de Pentecostés (2:14–43). Es particularmente interesante el acento que en este sermón Pedro pone en la vida de Cristo (10:36–43).

Muchos eruditos han señalado la relación entre este discurso y el Evangelio de Marcos, el discípulo de Pedro. Bruce afirma: "El ámbito del kerigma, tal como lo atestigua esta alocución de Pedro, es casi exactamente el mismo ámbito del Evangelio de Marcos".[19] Bruce ofrece los siguientes elementos de similitud: "Comienza con la misión bautismal de Juan y continua con el ministerio de Jesús en Galilea, Judea y Jerusalén, su crucifixión y resurrección, seguido por la insistencia en el testimonio personal y el juicio venidero, con la oferta de perdón por medio de la fe en él aquí y ahora".[20] Ireneo, el padre de la iglesia del siglo II, escribió esto en relación con el segundo Evangelio: "Marcos, el discípulo e intérprete de Pedro, también nos transmitió por escrito las cosas que predicó Pedro".[21] En nuestro estudio del mensaje de Pedro el día de Pentecostés (2:14–41), hemos visto el valor de utilizar la vida de Cristo en la evangelización.

El lugar de los testigos

Tanto en este discurso (10:39, 41) como en otros tres (2:32; 3:15; 5:32), Pedro afirma que hay testigos de los acontecimientos que describe (ver también 1:22; 13:31). El testimonio de los testigos presenciales era importante para los cristianos del siglo I y lo es también para todas las generaciones posteriores. Esto se debe a que el cristianismo se basa en acontecimientos relativos al paso de Cristo por la tierra. Aunque nosotros no hemos visto personalmente al Cristo resucitado, nuestra fe descansa en el hecho de que Jesús se levantó de los muertos y muchos testigos dignos de confianza atestiguaron este hecho.

El lugar del juicio

En el Antiguo Testamento, Dios llamaba la atención de los judíos negligentes y desobedientes especialmente a través de los juicios. Esta era también una parte esencial del mensaje de Jesús, que habló del infierno más que nadie en las Escrituras. Ahora vemos que este tema formaba también parte del mensaje de evangelización en el libro de los Hechos (10:42). Esto sugiere que también debería ser parte del nuestro. En otro lugar he analizado a fondo el espacio

---

19. Bruce, *Acts*, NICNT, 212. Ver también Polhill, *Acts,* 261–62; David Williams, *Acts,* 191, 193; y C. H. Dodd, "The Framework of the Gospel Narrative", *Expository Times,* 43 (1932), 396 y ss., y *The Apostolic Preaching and Its Developments* (Nueva York: Harper & Row, 1964), 46–47.
20. Bruce, *Acts,* NICNT, 212–13.
21. Ireneo, *Contra las herejías,* 3.1.1, in *The Ante-Nicene Fathers* (Edimburgo: T. & T. Clark, y Grand Rapids: Eerdmans, 1996 reimpresión), 1:414.

que debería ocupar el juicio en nuestra predicación.[22] He mostrado que Jesús no habló principalmente de esta cuestión para dar detalles de cómo será el infierno. Lo hizo más bien para advertir a las personas de manera que estas se arrepintieran, vivieran vidas justas y evitaran el castigo.

Peter Toon ha enumerado treinta y un pasajes distintos (sin contar los paralelos) de los Evangelios que contienen advertencias sobre el infierno.[23] La mejor manera de describir la estrategia de Jesús está en sus palabras de Marcos 8:34–38. En primer lugar hay un llamamiento a negarse a uno mismo, tomar la propia cruz y seguir a Jesús (8:34). A continuación, Jesús afirma que quienes intenten salvar su vida rechazando a Cristo acabarán perdiéndola (8:35) y añade: "¿De qué sirve ganar el mundo entero si se pierde la vida? ¿O qué se puede dar a cambio de la vida?" (8:36–37). Cuando venga en gloria, Jesús se avergonzará de quienes se hayan avergonzado de él en la tierra (8:37). Lo que está diciendo es que, si los hombres no se niegan a sí mismos, toman su cruz y le siguen, serán destruidos en el juicio.

Creatividad, crítica y comunidad

Cuando Pedro dio el revolucionario paso de bautizar al grupo de casa de Cornelio, hubo de hacer frente a las críticas de un segmento de la iglesia (11:2–3). Esto es natural, porque aquellos otros cristianos no habían hecho el mismo recorrido espiritual que Pedro hizo antes de entender y aceptar que los gentiles eran creyentes de pleno derecho. La crítica es algo que tendrá que afrontar cualquier persona creativa que quiera dirigir a la iglesia a nuevas esferas de obediencia y ministerio.

Sin embargo, cuando la iglesia criticó a Pedro, él no la rechazó y se marchó para trabajar solo, sino que hizo todo lo posible para ganarse su aprobación. Esta es la razón por la que llevó consigo a seis hermanos judíos (10:23; 11:12). Quería que fueran testigos de lo que estaba sucediendo y dieran testimonio de ello a la iglesia. Esta es también la razón por la que "comenzó a explicarles paso a paso lo que había sucedido" (11:4). Quería que la comunidad aceptara lo que había hecho, para que todos se sintieran unidos en esta nueva dirección que la iglesia estaba tomando. Esto es lo que sucedió, porque los miembros de la iglesia "se apaciguaron y alabaron a Dios" (11:18).

A juzgar por el espacio que Lucas dedica al proceso que conduce a la aprobación de Pedro por lo que ha hecho, podemos ver la importancia concedida a estos acontecimientos. Se repiten muchos hechos. Por ello, aunque este pasaje enseña que la crítica de los cristianos hacia los ministerios creativos es inevitable, muestra también que hemos de tener muy en cuenta a la comunidad más

---

22. Ver mi libro *Crucial Questions About Hell* (Eastbourne: Kingsway Publications, 1991; y Wheaton: Crossway Books, 1994), capítulo 12: "Why Should We Talk About Judgment" y el 14: "Proclaiming the Message of Judgment".

23. Peter Toon, *Heaven and Hell* (Nashville: Thomas Nelson, 1986), 29–46.

amplia y en especial a nuestros críticos y trabajar con diligencia para ganarnos su aprobación para lo que estamos haciendo.

El evangelio revelado a quienes buscan la verdad

En la historia de las misiones hay muchos ejemplos de personas que, como Cornelio, después de buscar sinceramente a Dios, tienen la oportunidad de escuchar el evangelio de Jesucristo y responder a él. Un día, a comienzos del siglo pasado, un jefe tribal de Malasia estaba reparando uno de sus ídolos de madera cuando le dijo a su esposa: "Esto es una tontería. Estamos aquí adorando a estos objetos de madera, pero nuestras manos son más grandes que ellos. Sin duda tiene que haber un Ser más alto, el Dios que nos creó a todos nosotros. Vamos a adorarle". De manera que durante veinticinco años este hombre y su esposa fueron cada día a una habitación para orar al "Dios desconocido". Un día, un misionero cristiano pasó por su casa y les habló de la Biblia y de Cristo. Cuando oyeron las buenas nuevas, se alegraron y dijeron: "Este es el Dios verdadero al que hemos estado buscando todos estos años. Ahora creemos en él".[24] Estas personas respondieron a la luz que les había llegado desde la creación (ver Ro 1:19–20) y comenzaron una búsqueda que les llevó a escuchar y aceptar el evangelio.[25]

También hemos de tener en cuenta la enseñanza de Pablo en el sentido de que "no hay nadie que entienda, nadie que busque a Dios" (Ro 3:11). En su estado natural, las personas son incapaces de buscar a Dios, debido al corazón rebelde que el pecado ha producido. A esto hay que añadir el hecho de que "el dios de este mundo ha cegado la mente de estos incrédulos, para que no vean la luz del glorioso evangelio de Cristo, el cual es la imagen de Dios" (2Co 4:4). Quienes buscan a Dios, pues, no lo hacen del todo por sus propios esfuerzos, sino por la iluminación de su mente y la vigorización de sus voluntades por el Espíritu Santo.

Cada tradición teológica ha descrito esta actividad de un modo distinto. Pero incluso la tradición wesleyana, que hace un mayor hincapié que la calvinista en la complicidad humana en el proceso de la salvación, tiene la doctrina de la gracia preveniente. Thomas Oden describe la gracia preveniente como "la gracia que comienza a capacitarnos para que decidamos cooperar más con la

---

24. Se encuentra en John T. Seamands, *Daybreak: Daily Devotions from Acts and the Pauline Epistles* (Wilmore Ky.: publicación privada, 1993), 16 de febrero.

25. Sobre el tema de aquellos que no han oído el evangelio, ver el estudio de 4:1–22; ver también mi trabajo *The Christian's Attitude Towards World's Religions* (Wheaton: 119–46; William Crockett and James Sigountos, eds., *Through No Fault of Their Own: The Fate of Those Who Have Never Heard* (Grand Rapids: Baker, 1991).

gracia salvífica". Oden sigue diciendo que "al ofrecer a la voluntad la capacidad restaurada de responder a la gracia, la persona puede entonces de manera libre y creciente convertirse en un participante activo y voluntario en la recepción de las condiciones para la justificación".[26]

Proclamando el juicio en nuestros días

Es un hecho que el mensaje del juicio no es popular en nuestros días. Parece estar fuera de lugar en el pensamiento contemporáneo.[27] Como ha dicho el teólogo Donald Bloesch: "Si hay algo que ha desaparecido del pensamiento moderno, es la creencia en un cielo y un infierno sobrenaturales".[28] Vivimos en una era de pluralismo, que pretende unir a personas con distintos puntos de vista.

Pero el mensaje del juicio habla de una irreversible división de las personas. La doctrina de la reencarnación es cada vez más popular en nuestros días, aun en Occidente. Esta propone lo contrario que la idea del juicio, a saber, que las personas pueden progresar constantemente mediante una serie de nacimientos y no tienen que dar cuentas a nadie después de la muerte por lo que han hecho con sus vidas. Es posible que la memoria de antiguos predicadores fanáticos que abusaban de la doctrina del juicio esté haciendo que muchos sean cautelosos a la hora de mencionar este tema. Por otra parte, el acento en el potencial humano colisiona directamente con la idea de que, si intentamos salvarnos por nuestros propios esfuerzos, vamos camino del juicio. Por otra parte, simplemente no es agradable hablar de temas tan "arcaicos" como el infierno.

En esta atmósfera hostil a la idea del juicio, se nos llama a ser fieles al mensaje bíblico, que incluye este asunto. Sin embargo, hemos de recordar que el sentido de que el pecado debe ser castigado está presente en todas las personas. Esta es la razón por la que, incluso aquellos que se preocupan poco por la moralidad, cuando se ven ante un acto detestable, como el abuso sexual de un menor, exclaman: "Esto merece ser castigado". Nuestra tarea es la de hacer reaparecer en las personas este sentido de que el pecado merece castigo y presentar a Cristo como la respuesta para este dilema. No creo que la respuesta sea predicar toda una serie de sermones sobre el infierno, sino más bien incluir el aspecto del juicio como un punto más entre muchos cuando defendemos la validez del evangelio, como Pedro lo hizo en este pasaje y Pablo en Atenas.[29]

---

26. Thomas C. Oden, *John Wesley's Scriptural Christianity* (Grand Rapids: Zondervan, 1994), 243.
27. Lo que sigue es un resumen de algunas ideas del capítulo 1, "The Decline of Hell", de mi libro *Crucial Questions About Hell*.
28. Donald Bloesch, *Evangelical Theology* (San Francisco: Harper & Row, 1978), 2:211.
29. Quienes estén interesados en una exposición detallada sobre la proclamación del juicio en nuestros días pueden ver el capítulo 14, "Proclaiming the Message of Judgment", en *Crucial Questions About Hell*.

La descripción de Cristo como juez supremo de toda la humanidad rebate una concepción errónea y común de Cristo como una persona amable y débil, alguien que no consigue ganarse el respeto de aquellos de nuestra generación a quienes les gusta presentarse como personas fuertes y autosuficientes. Creen que Jesús es una especie de muleta para personas débiles que necesitan consuelo y le consideran irrelevante para ellos. ¿Qué sucede si le presentamos como el Señor supremo de todos, débiles y fuertes, alguien a quien toda la humanidad tendrá que dar cuenta en los últimos días? Los sabios prestarán atención a esta advertencia y considerarán con atención las afirmaciones de Cristo.

Creatividad, crítica y comunidad

Todos aquellos que introducen innovaciones en la iglesia —o en cualquier otra esfera de la vida— por regla general han de afrontar la crítica.

- Cuando se presentan a la iglesia nuevos estilos de música, muchos protestan, diciendo que son irreverentes, sin intentar entender realmente por qué se han realizado tales cambios. Antes hemos mencionado que esto sucedió la primera vez que el Mesías de Haendel se interpretó en Inglaterra.[30]

- William Booth, fundador del Ejército de Salvación, abrió nuevos horizontes para la iglesia ministrando a los pobres, los alcohólicos y otras personas consideradas indeseables por la sociedad. Sin embargo, respetados y devotos dirigentes de la iglesia le criticaron. Incluso el Conde de Shaftesbury, célebre político evangélico y paladín de los derechos de los pobres, anunció en una ocasión que, tras mucho estudio, estaba convencido de que el Ejército de Salvación era claramente el anticristo. ¡Otra persona llegó a añadir que, según sus estudios, el "número" del nombre de William Booth totalizaba 666![31]

- Cuando misioneros como E. Stanley Jones en la India expresaron su solidaridad con los indios que pedían su independencia de Gran Bretaña, los evangélicos les acusaron de liberalismo.

- Muchos catalogaron de inmediato el avivamiento pentecostal de diabólico porque no concordaba con su concepción del lugar de algunos dones del Espíritu en esta dispensación.

La forma de proceder de Pedro muestra lo importante que es hacer todo lo posible para conseguir que el cuerpo apruebe lo que estamos haciendo. ¡Cuántas veces pasamos por alto este difícil proceso! A muchos evangélicos

---

30. Ver el estudio de 6:8–7:53.
31. Bramwell Booth, *Echoes and Memories* (Nueva York: George H. Doran, 1925), 27; citado en Warren W. Wiersbe y Lloyd M. Perry, *The Wycliffe Handbook of Preaching and Preachers* (Chicago: The Moody Press, 1984), 185.

que ponen en práctica nuevas aplicaciones de enseñanzas bíblicas de carácter social se les acusa de adoptar un evangelio social y de ser liberales desde un punto de vista teológico. Lamentablemente, algunos se deslizan hacia el liberalismo teológico porque son los liberales quienes acogen sus nuevas ideas. Esto sucede en cierto modo porque no se esfuerzan por comunicar su punto de vista a otros dirigentes evangélicos de un modo persuasivo. Parece más fácil y más eficiente desarrollar su visión solos o por medio de un grupo más favorable a su proyecto. No obstante, cuando mantenemos una prolongada comunión con los "liberales" y nos distanciamos de los evangélicos es fácil dejar a un lado nuestras convicciones evangélicas.

Convencer a la iglesia de una nueva posición requiere mucho trabajo y en ocasiones solo se consigue tras una lucha larga y agotadora. El pragmatismo de nuestro tiempo, que no deja mucho espacio para las relaciones personales duraderas, no tiene paciencia para luchas tan largas. Sienten que su programa no permite tal "pérdida de tiempo". Por ello, se limitan a abandonar el grupo y a unirse a uno nuevo.

Dado el individualismo de nuestro tiempo, hoy se concede menos valor a los ministerios colectivos. Somos a menudo demasiado impacientes para implicar a la comunidad cristiana en nuestros proyectos. Consideramos que hay que invertir demasiado tiempo para explicar todos los detalles intentando conseguir su apoyo. Todos parecen estar muy atareados y hay muchas cosas que hacer en el breve tiempo de que disponemos. Por ello, hemos desarrollado una estructura a partir del modelo comercial secular, en el que los dirigentes se sitúan en la parte superior de la tabla organizativa con toda la libertad para liderar creativamente, utilizando a otras personas como consejeras, pero sin tener que sujetarse al resto del cuerpo dándole cuenta de sus acciones. Las personas se han acostumbrado a esta estructura y, por regla general, no se cuestiona a los dirigentes a no ser que surja algún problema serio. Si no les gusta la filosofía del dirigente en cuestión, pueden marcharse a algún otro lugar. Por el contrario, en Hechos encontramos a una iglesia que trata los asuntos hasta alcanzar un acuerdo.

La orientación comunitaria de la iglesia de Hechos plantea, pues, un enorme desafío a la iglesia del siglo veintiuno.[32] El individualismo de la sociedad en que vivimos ha influenciado tanto nuestra forma de pensar que hemos abandonado algunos de los principios de solidaridad comunitaria que vemos en el libro de los Hechos. Es posible que el método individualista de ministerio produzca resultados más rápidos. Sin embargo, otra cosa es que este tipo de éxito lo sea realmente para Dios. El modelo de Dios para el ministerio es sin duda aquel que involucra al resto del cuerpo al que pertenecemos. Y hemos de aprender a trabajar según los criterios de Dios, por ineficaz que pueda parecer inicialmente.

---

32. Ver también las exposiciones de este comentario sobre 4:32–35; 15:25.

Hechos 11:19–30

Los que se habían dispersado a causa de la persecución que se desató por el caso de Esteban llegaron hasta Fenicia, Chipre y Antioquía, sin anunciar a nadie el mensaje excepto a los judíos. ²⁰ Sin embargo, había entre ellos algunas personas de Chipre y de Cirene que, al llegar a Antioquía, comenzaron a hablarles también a los de habla griega, anunciándoles las buenas nuevas acerca del Señor Jesús. ²¹ El poder del Señor estaba con ellos, y un gran número creyó y se convirtió al Señor.

²² La noticia de estos sucesos llegó a oídos de la iglesia de Jerusalén, y mandaron a Bernabé a Antioquía. ²³ Cuando él llegó y vio las evidencias de la gracia de Dios, se alegró y animó a todos a hacerse el firme propósito de permanecer fieles al Señor, ²⁴ pues era un hombre bueno, lleno del Espíritu Santo y de fe. Un gran número de personas aceptó al Señor.

²⁵ Después partió Bernabé para Tarso en busca de Saulo, ²⁶ y cuando lo encontró, lo llevó a Antioquía. Durante todo un año se reunieron los dos con la iglesia y enseñaron a mucha gente. Fue en Antioquía donde a los discípulos se les llamó «cristianos» por primera vez. ²⁷ Por aquel tiempo unos profetas bajaron de Jerusalén a Antioquía. ²⁸ Uno de ellos, llamado Ágabo, se puso de pie y predijo por medio del Espíritu que iba a haber una gran hambre en todo el mundo, lo cual sucedió durante el reinado de Claudio. ²⁹ Entonces decidieron que cada uno de los discípulos, según los recursos de cada cual, enviaría ayuda a los hermanos que vivían en Judea. ³⁰ Así lo hicieron, mandando su ofrenda a los ancianos por medio de Bernabé y de Saulo.

Las primeras palabras de esta sección nos llevan de vuelta a 8:4, donde Lucas hace una introducción parecida. Esto sugiere que Lucas inserta un nuevo comienzo, paralelo a lo que sucedió con los ministerios de Felipe y Pedro según leemos en 8:4–11:18. Lucas nos está recordando que la dispersión provocada por la persecución tras la muerte de Esteban era en realidad el esparcimiento de la semilla del evangelio en el plan de Dios.[1]

Gentiles convertidos en Antioquía (11:19–21)

Los que se dirigieron a Fenicia, Chipre y Antioquía compartían su mensaje solo con los judíos, pero algunos de Chipre y Cirene predicaron también a los

---

1. Ver comentarios sobre 8:4.

griegos[2] de Antioquía (v. 20). Aunque Lucas nos dice de dónde eran estos atrevidos creyentes que tomaron la iniciativa en este gran paso hacia adelante en la vida de la iglesia, no conocemos sus nombres (posiblemente porque no había entre ellos ningún dirigente famoso y porque ninguno de ellos se destacó de manera especial).

La ciudad de Antioquía, situada al norte de Siria cerca del río Orontes, era la más grande de las dieciséis ciudades del Mediterráneo oriental que llevaban el mismo nombre. Una denominación que compartían porque muchos de los reyes de la dinastía seléucida (que gobernaban la parte oriental del imperio de Alejandro Magno después de su muerte) llevaban el nombre de Antíoco. Con una población estimada de unos 300.000 habitantes[3] Antioquía de Siria era la tercera ciudad más poblada del Imperio romano, solo por detrás de Roma y Alejandría. Era también sede administrativa de la provincia romana de Siria. En ella vivía una numerosa población judía que según estimaciones era de entre 22.000 y 65.000 habitantes.[4]

Antioquía era una ciudad de moral relajada, debido especialmente a la prostitución sagrada que se practicaba en un templo situado en la población de Dafne, a unos ocho kilómetros al sur de la ciudad. Por ser un centro comercial de ámbito internacional, era también una ciudad cosmopolita. La gente estaba habituada a las innovaciones: "Había una gran permisividad, y las actitudes tradicionales que se tomaban tan en serio en lugares como Jerusalén no tenían mucho peso en la ciudad".[5] Según Josefo, en Antioquía vivía un gran número de prosélitos.[6] De hecho, uno de los siete escogidos para servir las mesas en Jerusalén era Nicolás, un prosélito de Antioquía (6:5). Era, pues, un lugar ideal para constituirse en "la verdadera ciudad natal del cristianismo gentil".[7] Fue un importante centro del cristianismo durante muchos siglos. Hoy día, la ciudad forma parte del territorio de Turquía y se llama Antakya, con una población relativamente pequeña de unos 40.000 habitantes.

Ánimo de Bernabé (11:22–26)

El problema con las personas desconocidas que llevan a cabo cosas importantes es que carecen de las credenciales para que se acepte la validez de lo que están haciendo. Por ello, la iglesia de Jerusalén envió a alguien conocido y respetado para que verificara lo que estaba sucediendo (v. 22). Tomaron una

---

2. Hay algunas dudas respecto a si la palabra original es *hellënas*, que traduce "griegos" (como en la NIV), o *hellënistas* (como en el texto de UBS4), que significaría "judíos griegos". Quienes estén interesados en una exposición sobre por qué nos decidimos por la primera opción, pueden ver Longenecker, "Acts", 400–401.

3. J. McRay, "Antioch of the Orontes", *DPL*, 23.

4. Ibíd.

5. Bruce, *Steps*, 21.

6. Josefo, *Guerras de los judíos*, 7.3.3 (*Complete Works*, 591).

7. Bruce, *Steps*, 23.

sabia decisión al escoger a Bernabé, puesto que se había distinguido como una persona que era de ánimo (4:36) y bien conocida por su piedad (11:24). Por otra parte, Bernabé era un judío de Chipre, como algunos de los que habían predicado a los gentiles de Antioquía. Seguramente tenía una perspectiva más amplia que aquellos que nunca habían estado fuera de Israel. Es posible que Bernabé se presentara voluntario para llevar a cabo esta tarea.[8]

Su reacción cuando vio las pruebas de la gracia de Dios en Antioquía muestra por qué se le llamaba "hijo de consolación". "Cuando él llegó y vio las evidencias de la gracia de Dios, se alegró y animó a todos a hacerse el firme propósito de permanecer fieles al Señor" (v. 23). En este texto, la palabra que se traduce "animó" (*parakaleo*) debería traducirse con el sentido de "exhortó". Bernabé no solo instó a la perseverancia en el camino cristiano. Barrett lo traduce literalmente como "continuar con el Señor en el propósito de sus corazones".[9] La disciplina que requiere la perseverancia procede de una estrecha relación de amor con el Cristo que les amó y se dio a sí mismo por ellos.

Lamentablemente, la NIV no traduce la primera palabra del versículo 24, *hoti*, que significa "porque" [La NVI sí lo hace usando el conector "pues" con sentido consecutivo. N. del T.]. Esta palabra relaciona el ministerio de ánimo de Bernabé (v. 23) con su carácter cristiano: "… pues era un hombre bueno, lleno del Espíritu Santo y de fe" (v. 24).[10] En Romanos 5:7, Pablo cataloga la bondad como superior a la justicia: "Difícilmente habrá quien muera por un justo, aunque tal vez haya quien se atreva a morir por una persona buena". Es una cualidad que inspira lealtad y compromiso. Puede significar generosidad (Mt 20:15), una cualidad que se destaca en este texto con la resuelta aceptación de esta nueva tarea por parte de Bernabé. A veces se refiere a lo bueno en contraste con lo malo, como sucede en Mateo 7:17 con el buen fruto en contraste con el malo. En la parábola del sembrador de Lucas, se dice que el buen suelo alude a "los que oyen la palabra con corazón noble y bueno" (Lc 8:15). En resumen, cuando Lucas utiliza la palabra "bueno" para referirse a Bernabé, está hablando de alguien con un verdadero carácter cristiano, un hombre íntegro y sano.[11] El hecho de que se mencione especialmente la bondad de Bernabé sugiere que "era un hombre excepcional por la calidad cristiana de su vida".[12]

Aunque Bernabé es la única persona de quien se dice que era "buena" en Hechos, hay otros, como los siete (entre los que estaba Esteban), que se des-

---

8. Bruce, *Acts*, NICNT, 226, citando a M. Hengel, *Acts and the History of Earliest Christianity*, trans. J. Bowden (Londres: SCM, 1979), 101–2.

9. Barrett, *Acts*, ICC, 544.

10. Lucas utilizó las palabras "buen hombre" (*aner agathos*) para referirse también a José de Arimatea (Lc 23:50).

11. Harrison, *Interpreting Acts*, 194.

12. Marshall, *Acts*, 202.

criben también como "llenos del Espíritu Santo" (cf. 6:3, 5). Bernabé estaba también "lleno de [...] fe", que con toda probabilidad significa fe en Dios.

A continuación tenemos una afirmación típicamente lucana en el sentido de que "una gran multitud se añadió al Señor" (v. 24b; trad. lit.).[13] La llegada del animador no provocó una reducción del celo y la efectividad en la evangelización. Sin embargo, Bernabé se dio pronto cuenta de que necesitaba ayuda para pastorear adecuadamente aquel rebaño. Por lo cual fue en busca de Saulo y le llevó a Antioquía para que ayudara en un ministerio de enseñanza que se prolongó por espacio de todo un año (vv. 25–26). La distancia hasta Tarso era de unos ciento ochenta kilómetros, un importante trayecto.[14] Habrían pasado unos diez años[15] desde que Saulo había salido de Jerusalén para Tarso (9:30). Él mismo dice (Gá 1:21) que durante este periodo estuvo en Siria y Cilicia (cuya principal ciudad era Tarso) y hay buenas razones para creer (ver su comentario en Gálatas 1) que se dedicó a la evangelización.[16]

Otra de las razones por las que Antioquía ocupa un lugar especial en la historia del cristianismo es que "a los discípulos se les llamó 'cristianos' por primera vez" en esta ciudad (v. 26), un nombre que ha perdurado. Es probable que este fuera el nombre con que se referían a ellos los habitantes de Antioquía; los cristianos comenzaron a usarlo para aludir a sí mismos en el siglo II.[17] En los tiempos del Nuevo Testamento, preferían utilizar palabras como "discípulos", "santos" y "hermanos". En el Nuevo Testamento solo utilizan este término algunos no cristianos (como Agripa, 26:28) y los perseguidores, (1P 4:16). Los gentiles debían de haber oído a los creyentes hablar tantas veces de Cristo que añadieron un sufijo al término "Cristo", para formar "cristianos" (que significa "el pueblo de Cristo"). Los judíos no les habrían puesto este nombre, ya que "Cristo" es la palabra griega que traduce al título "Mesías", y los judíos no aceptaban a Jesús como Mesías.

Una ofrenda para Jerusalén (11:27–30)

El mensaje que trajo el grupo de Jerusalén implicó el uso de la profecía, un don que ocupa un lugar prominente en el libro de Hechos[18] y las cartas de Pablo. Las profecías adoptaron la forma de mensajes comprensibles en el idioma corriente del orador (a diferencia del don de lenguas) impartidos bajo inspiración directa de Dios, es decir, por revelación del Espíritu. A menudo, como aquí, la profecía implicaba la predicción de acontecimientos futuros.

---

13. Sobre la importancia de los números en el crecimiento de la iglesia, ver comentarios sobre 4:4.
14. Keener, *BBC,* 354.
15. Bruce , *Paul,* 127.
16. Ver Bruce, *Paul,* 126–28; ídem, *Acts,* NICNT, 227, n. 30.
17. Bruce, *Acts: Greek Text,* 274.
18. Ver Hechos 2:17–18; 11:27–28; 13:1; 19:6; 21:9, 10–11.

Para Pablo, esta tenía un elevado valor (1Co 12:28; 14:5, 24–25; Ef 4:11), y era deseable (1Co 14:1, 39), porque las profecías contenían mensajes de Dios que edificaban a los cristianos (1Co 14:3). Agabo utilizó dos veces este don para predecir acontecimientos futuros (Hch 11:27–28; 21:10–11).

El comentario de Lucas en el sentido de que la escasez de alimentos se produciría "durante el reinado de Claudio" (v. 28), que reinó entre los años 41 y 54 d. C., nos ayuda a ubicar esta visita de Pablo y Bernabé alrededor del año 46 d. C., cuando, según Josefo, hubo en Judea una gran hambre.[19] Los eruditos debaten si esta visita de Pablo a Jerusalén puede identificarse con la referida en Gálatas 2:1–10 como la segunda vez que el apóstol se trasladó a Jerusalén después de su conversión, "catorce años más tarde". El problema es que la primera visita debería fecharse alrededor del año 35 d. C.; si la segunda visita se produjo catorce años después, estaríamos hablando del año 49 d. C., lo cual la identificaría con el concilio de Jerusalén. Solo podemos armonizar la fecha del año 46 d. C. con el relato de la Epístola a los Gálatas si consideramos que los catorce años que menciona Pablo se cuentan a partir de su conversión (fechada en el 33 d. C.). Pablo afirma que fue a Jerusalén "en obediencia a una revelación" (Gá 2:2), que sería la profecía de Agabo.[20]

El hecho de que esta joven iglesia enviara una ofrenda a la iglesia "madre" en Jerusalén muestra que el espíritu misionero se extendió muy pronto en una congregación que sería madre de las misiones gentiles (vv. 29–30). ¡Qué inversión tan rápida de los roles misioneros! La iglesia madre en Jerusalén envía el evangelio y la iglesia hija en Antioquía manda dinero a la iglesia madre.

Construyendo Puentes

En este pasaje Lucas presenta otro paso significativo en el avance del evangelio hasta los confines de la tierra. Al hacerlo nos permite observar algunas claves para una vibrante vida en comunidad que hace que la iglesia florezca. Esto lo vemos en el hecho de que el grupo de pioneros no identificados compartieron su fe en los lugares por los que fueron dispersados (vv. 19–21), en la forma en que reaccionó la iglesia de Jerusalén a las noticias de lo que estaba sucediendo en Antioquía (v. 22), en la manera en que Bernabé actuó en Antioquía (vv. 23–26) y en el modo en que la iglesia de Antioquía respondió a la profecía sobre la escasez de alimentos que se avecinaba (vv. 27–29). Estos son importantes ejemplos para nosotros. En consonancia con nuestra convicción de que el libro

---

19. Josefo, *Antigüedades*, 3.15.3; 20.2.5 (*Complete Works,* 84; 416).
20. De este modo no es necesario identificar la segunda visita de que se habla en Gálatas 2 con el concilio de Jerusalén, como hacen muchos. Aquellos que deseen considerar una breve defensa de este punto de vista pueden ver Longenecker, "Acts", 405–6. Hay una defensa más detallada de esta posición en F. F. Bruce, *The Epistle to the Galatians,* NIGTC (Grand Rapids: Eerdmans, 1982), 105–28.

de los Hechos nos ofrece inspiradores ejemplos que podemos seguir,[21] estudiaremos este pasaje como un ejemplo del modo de proceder de Dios mediante una vibrante vida comunitaria.

Pioneros anónimos

Lo primero que nos sorprende es que no se nos dan los nombres de quienes hicieron avanzar a la iglesia hacia lo que Barclay llama "uno de los acontecimientos más sublimes de la Historia",[22] el primer intento general[23] de llevar el evangelio directamente a los gentiles. Solo se nos dice de dónde procedían (v. 20), lo cual sugiere que ninguno de ellos era especialmente prominente entre ellos. Esta gran obra la llevó a cabo un grupo de cristianos corrientes que compartieron el evangelio. De hecho, una buena parte del crecimiento de la iglesia se produjo probablemente por medio de tales personas (ver 8:1, 4), como debería ser en nuestros días.

Bernabé el animador

En este pasaje, Lucas pretende sin duda presentar las cualidades de Bernabé como animador. Antes había dicho que los apóstoles le habían puesto un nombre nuevo, que significa "hijo de consolación" (4:36). Ahora Lucas no solo cuenta que Bernabé animó a la joven iglesia de Antioquía (v. 23), también nos ofrece los rasgos de carácter que hicieron de este hombre un animador tan eficaz (v. 24). Utilizaremos, por tanto, este pasaje para estudiar el ministerio de animar.

(1) Bernabé se alegró cuando "vio las evidencias de la gracia de Dios" (v. 23a). Debió de ver muchas debilidades y quizá "muchos excesos de entusiasmo religioso que habrían horrorizado a algunas personas",[24] pero no centró la atención en estas cosas. Se fijo más bien en las evidencias de la gracia de Dios entre ellos, y esto le hizo alegrarse. Los animadores bíblicos se alegran fácilmente.

(2) Bernabé animó a perseverar a los creyentes en su relación con Jesús (v. 23b). Solo saber que el delegado de Jerusalén estaba contento habría sido una gran fuente de ánimo. Pero esto no era suficiente. El ministerio de animar y consolar es algo activo, no consiste meramente en una pasiva aceptación de las personas. Por ello, Bernabé les animó (i.e., exhortó) a "hacerse el firme propósito de permanecer fieles al Señor". Quienes ejercen un ministerio de ánimo

---

21. Ver el apartado titulado, "Aplicar el libro de los Hechos en nuestros días", en la Introducción.
22. Barclay, *Acts,* 88.
23. La predicación al funcionario etíope y en casa de Cornelio fueron acontecimientos especiales en los que Dios dirigió de un modo directo.
24. Bruce, *Circle,* 17.

instan a los demás con sus palabras y con su ejemplo a perseverar en la vida de fe sin tirar la toalla.

(3) Lucas cita a continuación los rasgos de carácter que hacían de Bernabé un animador eficaz (v. 24). Los animadores son "buenas" personas, que han desarrollado un auténtico carácter cristiano. Quienes viven vidas piadosas estimularán a otros a vivirlas también. Los animadores son también personas llenas del Espíritu Santo (un tema que se trata en detalle en otra parte de este libro). Por otra parte, los animadores están también llenos de fe. La fe en la provisión de Dios le había dado a Bernabé el valor para vender su terreno y entregar el producto de la venta para satisfacer las necesidades de los pobres (4:37). La fe en la capacidad de Dios para cambiar a las personas le había dado el valor para arriesgarse apoyando a Saulo cuando los demás tenían miedo de él (9:26–27). Aquí, una vez más, la fe en las posibilidades de la gracia capacitó a Bernabé para mirar más allá de las debilidades que veía y centrarse en lo que Dios había hecho y podía hacer en la vida de la iglesia en Antioquía.

(4) Bernabé hizo un viaje de unos ciento ochenta kilómetros para reclutar a Saulo para que colaborara con él (vv. 25–26). Tenía que estar muy motivado para hacer esto. Bernabé se dio cuenta de que la tarea era tan grande que necesitaba ayuda cualificada. Pero, probablemente, Saulo estaba más dotado y educado que Bernabé. Al pedir la ayuda de Pablo, Bernabé estaba poniendo seriamente en peligro su prominente posición como dirigente. Pero los animadores saben que hay ciertas cosas que otros pueden hacer mejor que ellos y estimulan a tales personas a utilizar sus dones en el marco de su propio ministerio.

El don de la profecía

Igual que sucede con el don de lenguas, el asunto de si el don de profecía, que ejercía Agabo (v. 28), es válido para nuestro tiempo sigue siendo objeto de debate en la iglesia. Lo que dijimos en relación con las lenguas[25] se aplica también aquí.[26] Por mi parte, considero que no existe una sólida razón bíblica para eliminar este don de la vida de la iglesia.

Colaboración en las misiones. La iglesia de Antioquía desarrolló una actitud misionera que produjo la inversión de los roles misioneros (vv. 27–29). El resultado es la colaboración en las misiones, donde cada iglesia aporta sus dotación económica, cultural, intelectual o espiritual. Pablo describe este acercamiento de colaboración en las misiones cuando reflexiona sobre los beneficios de su propuesta de visitar Roma: "Tengo muchos deseos de verlos

---

25. Ver comentarios sobre 2:1–13.
26. Quienes estén interesados en estudios exhaustivos sobre el don de profecía pueden ver la obra de David E. Aune, *Prophecy in Early Christianity and the Ancient Mediterranean World* (Grand Rapids: Eerdmans, 1983); Wayne Grudem, *The Gift of Prophecy in the New Testament and Today* (Wheaton: Crossway, 1988).

para impartirles algún don espiritual que los fortalezca; mejor dicho, para que unos a otros nos animemos con la fe que compartimos" (Ro 1:11–12). Este es el modelo de misiones por el que hemos de esforzamos en todas las iglesias.

El valor de los cristianos "de a pie"

El hecho de que este grupo de cristianos anónimos llevara a cabo una tarea tan trascendental para Cristo nos recuerda que las personas famosas no son necesariamente las más significativas o importantes de la iglesia. Los famosos tienen dones que les ponen en el centro de la atención pública, y esto no está mal. Pero tampoco es un hecho necesariamente maravilloso. Algunas de las tareas más significativas para el reino las han llevado a cabo testigos desconocidos que han sido obedientes a Cristo allí donde están y donde no atraen mucha atención. En nuestros días se relacionan la importancia y la grandeza de algo con el hecho de que aparezca en la prensa. Se hacen muchos esfuerzos para que los acontecimientos parezcan tener interés periodístico y por ello han de estar relacionados con nombres de personas conocidas, como por ejemplo los de quienes escriben libros que se venden bien o dirigen grandes organizaciones. Estos nombres atraen a los medios de comunicación.

Conozco a algunas personas que escriben libros solo para darse a conocer. ¡Algunos incluso contratan a otros para que redacten la mayor parte del texto de unos libros que saldrán a la luz pública con su nombre! Todo esto es completamente innecesario, porque nuestra tarea ha de ser fiel a lo que Dios nos encomienda. No nos preocupemos si ello no hace que seamos famosos en la tierra, porque nuestro objetivo en la vida no es que nuestro nombre aparezca en los periódicos, sino escuchar al Maestro decirnos: "Bien hecho". Es la perspectiva de esta recompensa lo que estimula a los verdaderos cristianos.

Los animadores se alegran fácilmente

Algunas personas ven una nueva obra e inmediatamente la comparan con la suya. Lo ven como una amenaza para su prestigio, y por ello se dedican a buscar deficiencias en la nueva obra (y siempre habrá deficiencias). Poniendo el acento en estas cosas, acaban criticando la obra. Puede que las críticas sean válidas, pero no se hacen ni en el momento oportuno ni con el espíritu adecuado. Tales personas se apartan de los dirigentes jóvenes, entusiastas y a veces inmaduros. Pierden la oportunidad de ser una buena influencia para que maduren.

Hay muchos cristianos jóvenes y entusiastas que se han integrado en iglesias con un sincero deseo de servir. Lo que les falta no es celo, sino sabiduría y madurez. La iglesia perderá el potencial que representan estos jóvenes si solo reciben críticas. Algunos dejan de intentarlo y se quedan al margen. Otros buscan nuevos lugares donde servir, y el resto se convierten en rebeldes amargados. Sin embargo, los animadores sabios ven las cosas buenas del nuevo movimiento, se alegran por ellas y lo ayudan a crecer y a estabilizarse.

Los animadores instan a la perseverancia

Los cristianos jóvenes y entusiastas pueden enfriarse en su ánimo y compromiso cuando se apaga la emoción inicial de la nueva vida y han de afrontar las decepciones y el desaliento. En estos momentos es necesaria la intervención de los dirigentes, quienes ya han capeado sus tormentas y no se sorprenden por los problemas. Puesto que tienen fe para afrontar las crisis, pueden dar estabilidad a los creyentes con menos experiencia. Esta es una de las razones por las que en toda obra nueva tienen que trabajar cristianos maduros que ayuden a los demás a perseverar. Muchas veces tomamos a personas jóvenes, comprometidas y entusiastas y los mandamos a ministrar en zonas difíciles. En ocasiones, estas personas acaban su ministerio de un modo desastroso. En las crisis o momentos de desaliento, se encuentran solos, toman decisiones precipitadas o cometen grandes errores. Algunos caen en grandes pecados porque no están preparados para afrontar las fuertes tentaciones de Satanás cuando desafían su gobierno.

Los animadores tienen el llamamiento de ayudar a los creyentes a permanecer de todo corazón en Cristo (v. 23b)

Esto implica un ministerio de enseñanza como el que Bernabé y Saulo llevaron a cabo durante todo un año en Antioquía (v. 26). Ello supone estar con las personas e instarles a perseverar cuando se encuentran ante situaciones desafiantes y pueden sentirse tentados a ceder terreno o tirar la toalla.

Este ministerio de instar a las personas a perseverar queda bien expresado en una historia que le escuché a un predicador hace unos años. Su hijo estaba corriendo en una carrera y el padre veía la competición apostado cerca de la última curva antes de la recta final. Cuando el hijo pasó por aquel punto del recorrido no iba en primera posición. El padre gritó a voz en cuello: "¡¡¡Corre!!!". El hijo reconoció la voz de su padre en aquel grito que le inyectó una nueva determinación y le ayudó a hacer un último esfuerzo y ganar la carrera. Podemos ser un estímulo para la fe y la vida de muchas personas. A los que se sienten descorazonados, podemos ayudarles a levantarse con palabras de ánimo. A los que están comprometidos, podemos estimularles a dar nuevos pasos en su consagración.

Pongamos por ejemplo el caso de una nueva creyente que ha perdido una batalla contra la tentación y ha caído en pecado. Ahora piensa que no conseguirá madurar como cristiana. Nos sentamos y hablamos con ella, recordándole las promesas que Dios ha hecho de ayudar a personas como ella, con lo cual ella recibe la fortaleza para comenzar a caminar de nuevo con Dios.

O pensemos en el joven predicador que tiene a su cargo el mensaje en una reunión. Su expresión nos dice que algo no va bien. Le preguntamos si sucede algo y nos cuenta que tiene grandes problemas en su casa y que, por ello, no ha podido prepararse bien para el mensaje. Le aseguramos que la gracia de Dios es suficiente para ayudarle a enfrentar este tipo de situaciones, le imponemos las manos, oramos por él y sale de la reunión con una nueva esperanza en las promesas de Dios.

O pongamos el caso de una joven evangélica con una gran pasión por la justicia social y un llamamiento a hacer algo en esta área. Se siente descorazonada porque descubre que pocos de sus hermanos evangélicos entienden su pasión. Hablamos con ella y exploramos las posibilidades de implicarse constructivamente en este tipo de ministerio; también le presentamos a personas con las que puede trabajar.

El carácter de los animadores

La primera característica de su carácter que hemos examinado ha sido la bondad. Las buenas personas se niegan a renunciar a los principios para conseguir sus metas. Para su servicio en la iglesia o en el mundo no les mueven motivos escondidos ni intenciones ocultas. Cuando acceden a una posición de liderazgo, cabe esperar que tomen decisiones altruistas y basadas en principios. Las buenas personas no mienten para el beneficio de sus propósitos. No se mueven a codazos para escalar peldaños en la sociedad ni manipulan personas y situaciones para conseguir sus propósitos; no se sirven de las personas para desecharlas cuando ya no las necesitan, y saben asumir sus errores.

En nuestro tiempo es posible que algunas personas poco íntegras accedan a posiciones de liderazgo dentro de la iglesia. La nuestra es una generación pragmática que parece estar obsesionada con los resultados. Cuando una persona consigue resultados se la considera exitosa y con este criterio el éxito está al alcance de personas sin integridad. Puesto que la iglesia es una entidad dentro de la sociedad contemporánea, no es de extrañar que se haya visto afectada por este problema. Cuando personas motivadas, capaces y ambiciosas consiguen cosas supuestamente grandes, podemos quedar tan impresionados por los resultados que pasamos por alto sus defectos de carácter. Tales personas pueden construir sus imperios y convertirse en prominentes portavoces del cristianismo.

Pero cuando se descubre que tales personas no son íntegras, el nombre de Cristo es deshonrado. Cuando personas sin integridad proclaman el mensaje correcto y consiguen una audiencia, las personas pueden acabar rechazando el evangelio. A comienzos del siglo XX, el liberalismo teológico supuso una gran amenaza para la iglesia y casi destruyó su vitalidad. En los comienzos del XXI, quienes predican el mensaje evangélico, pero carecen de integridad personal, pueden producir unos resultados más devastadores todavía.

La seriedad de este problema se pone de relieve en el crecimiento de religiones como el budismo y el hinduismo, que se centran en el propio esfuerzo. Los seguidores de estas religiones objetan que, con su gratuita oferta del perdón de pecados por medio de la gracia, el cristianismo abre la puerta a una vida irresponsable. Quiero decir de paso que esta es una de las críticas más comunes que los budistas le hacen al cristianismo en Sri Lanka. Como respuesta decimos que Dios no solo nos perdona, sino que también nos da la fortaleza para vencer el pecado. No obstante, si aceptan este argumento, examinarán las vidas de los cristianos para ver si esto realmente funciona. Y si no ven santidad en los cristianos, nos acusarán de afirmar cosas que no son ciertas. Esto es exactamente lo que quería decir el Dr. Sarvepalli Radhakrishnan, ex Presidente de la India y filósofo, cuando declaró: "Los cristianos son personas corrientes que afirman cosas extraordinarias". Esta fue también la principal objeción de Gandhi al evangelio cristiano.

En otro lugar hemos hablado de lo importante que es la plenitud del Espíritu para el ministerio cristiano.[27] La tercera cualidad de los animadores que se menciona en este texto es la fe. Para el ministerio de ánimo es importante tener fe, tanto en Dios como en las personas. Para animar a las personas has de creer en ellas, lo cual no es fácil en nuestros días, teniendo en cuenta la ausencia de integridad que se observa. Cuando nos sentimos desilusionados por las personas, somos tentados a no confiar en nadie. La fe nos ayuda a creer en las personas. En última instancia, los objetos de nuestra confianza no son las propias personas, sino las promesas de Dios (las posibilidades de la gracia en sus vidas). Esta visión de la gracia nos ayuda a ver más allá de las penumbras, a creer y a intentar ser instrumentos de la gracia en las vidas de otras personas. No nos daremos por vencidos con las personas. Oraremos por ellos y nos reuniremos con ellos. Les exhortaremos y reprenderemos. Y lo haremos creyendo que Dios puede convertirles en sus poderosos instrumentos.

En una ocasión, Pablo escribió: "Timoteo, hijo mío, te doy este encargo porque tengo en cuenta las profecías que antes se hicieron acerca de ti" (1Ti 1:18). Basándose en ciertas profecías hechas a Timoteo, Pablo tenía una visión de sus posibilidades. Dicha visión le llevó a instruir a Timoteo para que pudiera llegar a ser la persona que Dios quería que fuera. ¡Cuánto necesitamos alimentar la fe en nuestras vidas! Leer la Biblia cada día puede impedir que nos convirtamos en personas cínicas. Podemos acabar cuestionando que los cristianos puedan actuar como la Biblia afirma que tienen que hacerlo. ¿Somos acaso personas insensatas y poco prácticas cuando insistimos en la santidad bíblica? Las promesas de la Biblia ponen en jaque nuestro cinismo. Nos animan a creer

---

27. Ver especialmente los comentarios sobre 1:1–8.

que la gracia puede llevar a cabo un profundo cambio en las personas transformándolas según el carácter de Cristo. Creer en las posibilidades de la gracia, nos da valor para esperar, orar y trabajar a fin de ver su cumplimiento en nuestras vidas y en las de otras personas.

Por ello, la clave para ayudar a las personas a vivir cerca de Cristo es el carácter del líder. Esto concuerda con lo que Pablo menciona en su lista de requisitos para los dirigentes de las iglesias locales. De la extensa enumeración que el apóstol presenta en 1 Timoteo 3:2–7, solo un elemento alude a sus aptitudes ("capaz de enseñar"). El resto son aspectos que aluden a la madurez, carácter y reputación de los dirigentes. En el ministerio podemos hacer muchas cosas sin piedad y sin la plenitud del Espíritu. Podemos dirigir reuniones, preparar y predicar mensajes, organizar y poner en práctica programas, ganar elecciones y dirigir comités. Sin embargo, no podremos ayudar a las personas a permanecer en el Señor. Para producir personas piadosas también nosotros hemos de ser piadosos. Si queremos forjar personas de oración, nosotros hemos de ser hombres y mujeres de oración. Y asimismo tendremos que andar cerca de Dios si queremos formar a personas que viven cerca de Dios.

El poder de la vida de los dirigentes piadosos sigue siendo importante incluso en una era tan pragmática como la nuestra. En lo profundo de nuestro ser, los seres humanos deseamos ser santos. Pero muchos han querido tomar atajos, creyendo que este tipo de vida no es práctico. Sin embargo, como dijo Henry Clay Morrison, el famoso evangelista estadounidense de antaño, "Dios no me arregló para que pudiera pecar, sino para que pudiera no hacerlo y dejar de disfrutarlo". Hay en el corazón humano un deseo de parecernos a Dios. Cuando las personas ven que la santidad es posible, reciben también la exhortación de esforzarse para ser santos. Esta es la razón por la que la piedad y la integridad impregnan el tejido de los movimientos liderados por personas piadosas.

Los animadores buscan la ayuda de personas cualificadas

Algunos dirigentes aceptan la ayuda de otras personas cualificadas a regañadientes, y porque saben que es algo inevitable. En el caso de Bernabé, en cambio, fue él mismo quien tomó la iniciativa para reclutar a Saulo y recorrió personalmente un largo camino en su busca. Puesto que los animadores saben que hay otras personas que pueden hacer algunas cosas mejor que ellos, no pretenden conservar su posición contra viento y marea. No les mueve ser adorados como héroes, de modo que no intentan proteger a su rebaño del ministerio de otros líderes cualificados. Algunos dirigentes se molestan cuando las personas a las que ministran se entusiasman con la enseñanza de otra persona. Pero los animadores no están a la defensiva, siempre intentando demostrar sus capacidades. Estos, como Bernabé, pondrán de relieve las capacidades de otras personas.

A algunos dirigentes les gusta trabajar con ayudantes jóvenes, inexpertos y entusiastas, pero se sienten amenazados por la presencia de colegas cualificados. Tienen miedo de que su posición se vea en peligro. Tales personas no son nunca felices. Cuando su posición se ve amenazada, pierden el control y actúan de manera irreflexiva. Tomemos el ejemplo de una pareja de novios que, haciendo los preparativos de su boda le piden a un predicador de otra iglesia, amigo suyo, que predique en la ceremonia nupcial. Su pastor se indigna y recurre a una antigua regla para evitar que esto se produzca, o expresa su enfado de algún otro modo. Deberíamos dejar que sea Cristo quien nos honre cuando y como él lo considere oportuno y concentrarnos, por nuestra parte, en honrarle a él y a otras personas. En 1 Samuel 2:30, Dios afirma: "Yo honro a los que me honran". Podemos descansar en esta promesa, entendiendo que el honor que procede de Dios es el único por el que vale la pena esforzarse.

El don de la profecía hoy

Antes he dicho que, por mi parte, no veo ninguna razón adecuada para rechazar la idea de que el don de profecía sea también vigente en nuestro tiempo. Sin embargo, he de decir igualmente que ningún mensaje impartido mediante el ejercicio de este don puede contradecir lo que Dios ha revelado ya en las Escrituras. Por ello, por ejemplo, cuando se pronuncia una profecía sobre la fecha del regreso del Señor, debería considerarse falsa, por cuanto contradice la clara enseñanza de las Escrituras (ver comentarios sobre 1:1–8).

¿Por qué, entonces, muchas iglesias parecen no experimentar el funcionamiento del don profético? A diferencia del don de lenguas —que no es necesario para que la adoración pública sea completa— Pablo parece sugerir que la profecía es, cuando menos, deseable, si no esencial, para la vida comunitaria de la iglesia (1Co 14). Wayne Grudem ha señalado que con frecuencia el don de la profecía está operativo en las iglesias sin ser reconocido como tal.[28] Por ejemplo, a veces durante un tiempo de oración alguien puede pedir algo que se convierte en un medio poco corriente por el que Dios dirige al grupo. O quizá el orador dice algo que no había pensado decir y que se convierte en un mensaje directo de parte de Dios para alguien de la audiencia.

Forjando colaboración misionera

¿Cómo podemos forjar un modelo de colaboración misionera en nuestros días? ¿Cómo podemos derribar la barrera donante-receptor para que todos los segmentos de la iglesia se sientan capaces y llamados a hacer importantes aportaciones a la misión de la iglesia a nivel mundial? Quiero subrayar dos claves. (1) Hemos de desarrollar lo que puede llamarse una mentalidad "cuerpo de Cristo". Esto lo expresó bien el líder cristiano indio Sam Kamaleson, en una

---

28. Grudem, *Gift of Prophecy*, 254–58.

declaración que hizo en la Conferencia Misionera Estudiantil Urbana '70: "La iglesia no es una organización, sino un organismo sobrenatural: siente y está llena de vitalidad. En otras palabras, cuando a la iglesia de los Estados Unidos se le pellizca, la iglesia de la India ha de decir, '¡Ay, esto duele!'"[29]

Esta mentalidad hizo que la necesidad de la iglesia en Jerusalén se convirtiera en responsabilidad de la iglesia en Antioquía. Algunos han llamado a esto la perspectiva del reino, que hace que no nos preocupemos solo por nuestros programas, sino por todo el reino de Dios. Quienes tienen esta perspectiva piensan no solo en su propio trabajo, sino también en el impacto que sus actividades tienen sobre todo el cuerpo. Leighton Ford habla de ser buscadores del reino más que constructores de imperios.

(2) Otra clave que ayudó a romper la distinción donante-receptor en Antioquía fue el hecho de que el grupo necesitado fuera la iglesia madre y el grupo que ponía el dinero, la iglesia hija. En nuestro tiempo, el dinero rige muchas de las estrategias misioneras. Nuestra sociedad considera el dinero como sinónimo de poder y este mito se ha infiltrado en el pensamiento de la iglesia. De manera que el que tiene más dinero puede sentirse superior y el que tiene menos, inferior. Estas actitudes hacen que la colaboración sea imposible. Sin embargo, puesto que la iglesia madre era pobre, la relación entre las iglesias de Antioquía y Jerusalén estaba libre de esta dolencia.

Si en nuestro tiempo queremos alcanzar una buena colaboración misionera hemos de librar a las misiones del control absoluto del dinero. Hemos de pensar en términos de compartir todo lo que tenemos. Para la colaboración misionera puede darse oración, ideas, dones espirituales y personas, así como dinero. El que da dinero no es más importante que el que aporta ideas u oración. Normalmente, sin embargo, nos comportamos como si el dinero fuera lo más importante. En el modelo de colaboración, los cristianos ricos pueden buscar ayuda en la espiritualidad y vida comunitaria de los cristianos pobres sabiendo que estas dos cualidades tienden a crecer bien en el suelo de la pobreza. Cuando los ricos se dan cuenta de lo importantes que son la vida espiritual y comunitaria para el cristianismo, no se sienten superiores a los pobres. Cuando los pobres se dan cuenta de que están siendo tratados como iguales y que su aportación se valora mucho, se sienten confiados de lo que pueden aportar. En este tipo de atmósfera, la colaboración misionera prosperará.

Algunos dirigentes misioneros se quejan de que los creyentes nacionales no salen al campo de misión como dirigentes. Pero esto puede deberse a que la atmósfera no es propicia para el desarrollo de dirigentes nacionales. Si se considera que el extranjero rico es superior, podemos estar seguros de que no van a suscitarse muchos verdaderos dirigentes. Los potenciales líderes serán o bien sofocados o, probablemente, se marcharán a otro lugar. Aquellos que tienen la

---

29. Samuel Kamaleson, "The Local Church and World Evangelism", *Christ the Liberator* (Downer's Grove, Ill.: InterVarsity, 1971), 158–59.

esperanza de que algo del dinero les llegue a ellos se quedarán y se mostrarán colaboradores. Estas personas no tienen sentido de la propiedad; lo único que quieren es sacar lo que puedan de los ricos. Es, pues, natural, que a ellos no pueda encomendárseles la obra. Desarrollar modelos de colaboración es, pues, una necesidad vital para la iglesia de nuestro tiempo.

Hechos 12:1–24

En ese tiempo el rey Herodes hizo arrestar a algunos de la iglesia con el fin de maltratarlos. ² A Jacobo, hermano de Juan, lo mandó matar a espada. ³ Al ver que esto agradaba a los judíos, procedió a prender también a Pedro. Esto sucedió durante la fiesta de los Panes sin levadura. ⁴ Después de arrestarlo, lo metió en la cárcel y lo puso bajo la vigilancia de cuatro grupos de cuatro soldados cada uno. Tenía la intención de hacerlo comparecer en juicio público después de la Pascua.

⁵ Pero mientras mantenían a Pedro en la cárcel, la iglesia oraba constante y fervientemente a Dios por él.

⁶ La misma noche en que Herodes estaba a punto de sacar a Pedro para someterlo a juicio, éste dormía entre dos soldados, sujeto con dos cadenas. Unos guardias vigilaban la entrada de la cárcel. ⁷ De repente apareció un ángel del Señor y una luz resplandeció en la celda. Despertó a Pedro con unas palmadas en el costado y le dijo: «¡Date prisa, levántate!» Las cadenas cayeron de las manos de Pedro. ⁸ Le dijo además el ángel: «Vístete y cálzate las sandalias.» Así lo hizo, y el ángel añadió: «Échate la capa encima y sígueme.» ⁹ Pedro salió tras él, pero no sabía si realmente estaba sucediendo lo que el ángel hacía. Le parecía que se trataba de una visión. ¹⁰ Pasaron por la primera y la segunda guardia, y llegaron al portón de hierro que daba a la ciudad. El portón se les abrió por sí solo, y salieron. Caminaron unas cuadras, y de repente el ángel lo dejó solo.

¹¹ Entonces Pedro volvió en sí y se dijo: «Ahora estoy completamente seguro de que el Señor ha enviado a su ángel para librarme del poder de Herodes y de todo lo que el pueblo judío esperaba.»

¹² Cuando cayó en cuenta de esto, fue a casa de María, la madre de Juan, apodado Marcos, donde muchas personas estaban reunidas orando. ¹³ Llamó a la puerta de la calle, y salió a responder una sierva llamada Rode.

¹⁴ Al reconocer la voz de Pedro, se puso tan contenta que volvió corriendo sin abrir.

—¡Pedro está a la puerta! —exclamó.

¹⁵ —¡Estás loca! —le dijeron.

Ella insistía en que así era, pero los otros decían:

—Debe de ser su ángel.

¹⁶ Entre tanto, Pedro seguía llamando. Cuando abrieron la puerta y lo vieron, quedaron pasmados. ¹⁷ Con la mano Pedro les hizo señas de que se callaran, y les contó cómo el Señor lo había sacado de la cárcel.

—Cuéntenles esto a Jacobo y a los hermanos —les dijo.

Luego salió y se fue a otro lugar.

¹⁸ **Al amanecer se produjo un gran alboroto entre los soldados respecto al paradero de Pedro.** ¹⁹ **Herodes hizo averiguaciones, pero al no encontrarlo, les tomó declaración a los guardias y mandó matarlos. Después viajó de Judea a Cesarea y se quedó allí.** ²⁰ **Herodes estaba furioso con los de Tiro y de Sidón, pero ellos se pusieron de acuerdo y se presentaron ante él. Habiéndose ganado el favor de Blasto, camarero del rey, pidieron paz, porque su región dependía del país del rey para obtener sus provisiones.** ²¹ **El día señalado, Herodes, ataviado con su ropaje real y sentado en su trono, le dirigió un discurso al pueblo.** ²² **La gente gritaba: «¡Voz de un dios, no de hombre!»** ²³ **Al instante un ángel del Señor lo hirió, porque no le había dado la gloria a Dios; y Herodes murió comido de gusanos.** ²⁴ **Pero la palabra de Dios seguía extendiéndose y difundiéndose.**

 En la secuencia que Lucas sigue para ir desplegando el drama de Hechos, el cristianismo gentil comienza de forma gradual a ocupar un primer plano. En medio de este acento creciente, Lucas inserta, por así decirlo, un suceso que indica la actividad de Dios en la iglesia judía. Hechos 12 nos ofrece un cuadro realista característico de lo que parecen ser tragedias y triunfos en la iglesia primitiva.

Herodes, Jacobo y Pedro (12:1–19)

En esta ocasión, la persecución procede del rey Herodes (Agripa I), que convierte a Jacobo en el primero de los apóstoles que morirá como mártir (vv. 1–2). Este Herodes gozaba de mayor popularidad entre los judíos que sus antecesores, posiblemente, en parte, porque su abuela era asmonea.¹ De él se dice que "se esforzó con diligencia por conquistar y mantener una buena relación con ellos [los judíos]".² Cuando Herodes se dio cuenta de que a los judíos les agradó que hiciera matar a Jacobo, mandó también encarcelar a Pedro (v. 3a). Este incidente indica hasta qué punto se había deteriorado la relación entre judíos y cristianos en Judea desde la anterior situación en que disfrutaban de "la estimación general del pueblo" (2:47). No sabemos si la opinión pública estuvo o no a favor de las primeras persecuciones. Pero en esta ocasión, y como sugiere la utilización del término "los judíos", la aprobación de la muerte de Jacobo fue general.

---

1. Los miembros de la familia asmonea instigaron la sublevación judía contra los griegos en el año 167 a. C.
2. Bruce, *Acts,* NICNT, 233. Bruce cita un ejemplo de uno de estos intentos suyos (ver n. 4).

Hay mucha ironía en este capítulo. Según Lucas, el encarcelamiento de Pedro se produjo "durante la fiesta de los Panes sin levadura", es decir, la Pascua (v. 3b). Mientras los judíos estaban celebrando la liberación nacional mediante la intervención de Dios, un heraldo del trascendental acto redentor de Dios era encarcelado para agradar a los judíos. Aunque deberían haber estado celebrando una gran salvación, su intención era infligir un gran castigo al representante del Salvador (v. 11).

A la sombría imagen de Pedro en la cárcel Lucas añade la esperanzadora nota de la iglesia que ora por él con fervor (v. 5). La palabra que se traduce "fervientemente" (*ektenos*) significa literalmente "extendida" y podría por tanto significar "de manera continua", en cuyo caso transmitiría una idea parecida a la de 1:14, donde se habla de oración persistente. Sin embargo, la idea de continuidad o reiteración en la oración ya la transmite la utilización del tiempo imperfecto "oraba".[3] El uso que Lucas hace aquí de *ektenos* parece, por consiguiente, más acorde con su utilización de esta palabra en Lucas 22:44, donde se refiere a la ferviente oración de Jesús en Getsemaní (ver también Hechos 26:7). La idea de solemnidad y fervor (ver NIV) la transmite la imagen de las manos extendidas hacia Dios en ferviente súplica. Da la impresión de un ruego a Dios apasionado y urgente. Mientras Pedro dormía profundamente en la cárcel (el ángel hubo de despertarle [v. 7]), la iglesia velaba en oración por él.

El segundo ejemplo de ironía es la incredulidad, tanto de Pedro como de la propia iglesia que oraba, ante la respuesta a sus ruegos (vv. 9–11, 15). Una respuesta muy parecida a la experimentada cuando Dios liberó a Pedro de la cárcel en una ocasión anterior (igualmente por medio de un ángel y por la noche [5:19–20]). De hecho, ante el alborozo de Rode por la respuesta a la oración de los creyentes, ellos la tomaron por trastornada (vv. 14–15).

La afirmación "debe ser su ángel" (v. 15) refleja la creencia judía en los ángeles protectores y guías, que, según creían algunos, "se parecían a los mismos seres humanos que protegían".[4] Los creyentes pensaban, pues, que Rode había confundido al ángel guardián de Pedro con el propio Pedro. La ironía continúa cuando Pedro sigue llamando a la puerta mientras el grupo se enzarza en un debate (v. 16a). El gran portón de hierro de la cárcel se abrió sin problemas para que Pedro saliera (v. 10), pero el apóstol no consiguió franquear la puerta de casa de sus amigos.

Aunque no sabemos quién dio a Lucas todos estos pormenores, el detalle de Pedro haciendo señas de que se callaran con la mano (v. 17) representa "el toque de autenticidad de un testigo ocular".[5] A continuación, Pedro, probablemente, "se escondió tan bien que nadie hasta el día de hoy ha sabido con

---

3. Williams, *Acts,* 212.
4. Barrett, *Acts,* 585. Ver *ibíd.* para alusiones en la literatura judía.
5. Bruce, *Acts,* NICNT, 239. Entre las personas sugeridas como informantes de Lucas están Juan Marcos y Rode.

seguridad adónde fue".[6] Pedro quería informar a Jacobo sobre lo que había sucedido, lo cual sugiere que este último se había convertido ya en un importante dirigente de la iglesia (cf. también Gá 2:1–10). Puesto que Jacobo era bien conocido por su fuerte adhesión al estilo de vida judío, no correría tanto peligro como Pedro.

Un tercer ejemplo de ironía es la respuesta de Herodes a la huida de Pedro, que le hizo sentirse muy humillado. El mandatario restauró su imagen haciendo ejecutar a los guardias (v. 19a). Esta reacción extrema es característica de aquellos que buscan la popularidad pero se ven inesperadamente humillados. Lucas afirma que Herodes se marchó después a Cesarea (v. 19b). El versículo 19b comienza con la palabra "y" (*kai*), lo cual significa que forma parte de la misma frase acerca de las ejecuciones de los guardias. Esto sugiere que Herodes abandonó probablemente Jerusalén por la frustración que para él supuso la huida de Pedro.[7]

Muerte de Herodes (12:20–24)

El maltrecho ego de Herodes se vio fortalecido durante su discurso a los desesperados delegados de Tiro y Sidón, quienes, privados del suministro de alimentos, recurrieron a los halagos para mejorar sus relaciones con Herodes (vv 20–22). El relato que Josefo hace de este incidente complementa la somera descripción que encontramos aquí.[8]

- Según Lucas, Herodes iba "ataviado con su ropaje real" (v. 21); Josefo afirma que llevaba un vestido confeccionado completamente con plata, que resplandecía de manera sorprendente bajo el efecto de los rayos solares.

- Lucas dice que el castigo de Herodes se produjo porque no alabó a Dios cuando sus aduladores gritaron que la suya era la voz de un dios (vv. 22–23). Josefo informa que "el rey no les reprendió ni rechazó sus impíos halagos".

- El historiador prosigue diciendo que le sobrevinieron violentos dolores abdominales y murió cinco días después, mientras que Lucas declara: "Al instante un ángel del Señor lo hirió [...] y Herodes murió comido de gusanos." (v. 23). Esta aparente discrepancia puede explicarse si pensamos que cuando Lucas dice "al instante" alude al momento en que se produjo la enfermedad (que fue de inmediato), no a la muerte (que tuvo lugar cinco días más tarde).[9]

---

6. *Ibíd.*, 238–39.
7. Longenecker, "Acts", 355.
8. Josefo, *Antigüedades* 19.8.2 (*Complete Works*, 412).
9. Williams, *Acts,* 218.

No se nos dice la causa exacta de la muerte; Longenecker sugiere que pudo deberse a una infección de gusanos nematodos intestinales.[10] También en esto hay una ironía, porque aquel hombre que se presentaba tan esplendoroso exteriormente estaba, sin embargo, lleno de gusanos por dentro.

Tras el resumen de la muerte de Herodes, Lucas ofrece un inmediato sumario del crecimiento de la iglesia que con tanta brutalidad el rey había intentado destruir. Con el habitual resumen de crecimiento que se narra en el versículo 24 termina la descripción de la misión cristiana al mundo judío que encontramos en Hechos.[11] Esta sección concluye con una nota positiva. La popularidad inicial de la iglesia ha dejado paso a la hostilidad, pero esto no obstaculiza el avance del evangelio. Desde el próximo capítulo hasta su fin, el libro de los Hechos se centrará en Pablo y su actividad misionera.

Construyendo Puentes

Rescate y ausencia de rescate físico

Al aplicar este pasaje, subrayamos a menudo la liberación de Pedro por parte de Dios en respuesta a la ferviente oración de la iglesia (vv. 5–11) y pasamos por alto el hecho de que Jacobo no fue liberado y murió como un mártir (v. 2). Así es como yo mismo me acercaba a este pasaje durante muchos años. Sin embargo, el hecho de que Lucas haya dispuesto estos dos acontecimientos uno junto al otro sugiere que las dos formas en que se expresa la soberanía de Dios —rescate físico y ausencia de tal rescate— deberían considerarse igualmente cuando pensamos en la ayuda de Dios en tiempos difíciles. El denominador común de estas situaciones es que tanto Pedro como Jacobo eran fieles a Cristo. Los discípulos oraron fervientemente por la liberación de Pedro (v. 5) y, del mismo modo, también nosotros tenemos la libertad de rogar encarecidamente por la liberación física. Sin embargo, hemos de dejar que Dios exprese su soberanía sobre una situación concreta del modo que él considere más apropiado. Lo más importante es que, como Jacobo y Pedro, sigamos siendo fieles y obedientes a Dios independientemente del desenlace de la crisis.

Sabemos también que quienes se oponen a la obra de Dios serán juzgados, como lo fue Herodes (v. 23). Puede que algunos dirigentes perversos, como Herodes, parezcan extraordinariamente invencibles y causen daño a la iglesia durante un tiempo. Pero, como advirtió María en el Magníficat, los orgullosos serán ciertamente humillados (Lc 1:52–53). Dios tiene siempre la última palabra. Si esto no parece ser así, es porque no se ha dicho todavía la última palabra. Jacobo fue ejecutado en esta ocasión y Pedro lo fue unos veinte años

---

10. Longenecker, "Acts", 355.
11. Curiosamente, el griego del versículo 24 es exactamente igual a 6:7a (aparte del "y" al comienzo de 6:7a).

más tarde. Pero la Palabra de Dios siguió adelante y seguirá propagándose (Hch 12:24).

El poder de la oración ferviente

La secuencia de los versículos 5 y 7 se ha repetido muchas veces en la historia de la iglesia. Comienza con un "así que" (RV60), más una noticia negativa, seguido de un esperanzador "pero" y una mención de la oración de los creyentes, que lleva a un "he aquí" (*idou* al principio del v. 7; que no se traduce en la NVI, pero sí en la RV60), seguido de un relato de la intervención de Dios. Las palabras "constantemente" o "sin cesar" expresan la duración de la oración poderosa,[12] mientras que "fervientemente" alude a su talante. Es cierto que no siempre recibimos las respuestas que pedimos (cf. el contraste entre la muerte de Jacobo y la liberación de Pedro), pero la Biblia es clara cuando afirma que "la oración del justo es poderosa y eficaz" (Stg 5:16).

Aquí, como en 1:14, se habla de una oración comunitaria. Naturalmente, siempre nos sujetamos a la voluntad de Dios y convenimos en que no siempre sabemos cuál es esta voluntad. Jesús se sometió a la voluntad de Dios en Getsemaní (Lc 22:42), pero esto no impidió que orara "con [...] fervor" (22:44). Una vez nos damos cuenta de que la oración cambia las cosas, podemos atrevernos a "asaltar las puertas de cielo" con fervientes oraciones a favor de la intervención de Dios.

En su clásico, *The Soul of Prayer* [El alma de la oración], Peter Forsyth ha explicado que hay un sentido en que la voluntad de Dios cambia en respuesta a nuestras oraciones.[13] Esto es lo que ocurrió tras la intensa intercesión de Moisés por Israel, acompañada de un ayuno completo de cuarenta días y cuarenta noches después del incidente del becerro de oro (Dt 9:18). Como consecuencia de esta oración, "el Señor se calmó y desistió de hacerle a su pueblo el daño que le había sentenciado" (Éx 32:14; ver Am 7:2–6). Pablo creía que por medio de nuestras oraciones podemos influenciar el curso de la historia. El apóstol habló de este doble papel divino-humano al reflexionar sobre su liberación de la cárcel: "... porque sé que, gracias a las oraciones de ustedes y a la ayuda que me da el Espíritu de Jesucristo, todo esto resultará en mi liberación" (Fil 1:19). También veía las oraciones del pueblo de Dios como una clave para entender la efectividad de su ministerio (2Co 1:11; Ef 6:19–20).

En el corazón de este tipo de oración hay una intensidad del Espíritu que queda bien reflejada en la disposición de Pablo a ser maldito si con ello pudiera conseguir que su pueblo, el judío, se convirtiera a Cristo (Ro 9:1–3). De este deseo surgió una oración por la salvación de Israel (10:1). El apóstol expresa

---

12. Ver comentarios sobre 1:14.
13. P. T. Forsyth, *The Soul of Prayer* (Grand Rapids: Eerdmans, reimpresión de la edición de 1916), 82–87.

de nuevo esta misma intensidad cuando, emocionado, se dirige a los gálatas: "Queridos hijos, por quienes vuelvo a sufrir dolores de parto hasta que Cristo sea formado en ustedes, ¡cómo quisiera estar ahora con ustedes y hablarles de otra manera, porque lo que están haciendo me tiene perplejo!" (Gá 4:19–20). La oración ferviente nos permite influir el curso de la historia, porque Dios responde poderosamente este tipo de oraciones.

El ministerio de los ángeles

La palabra "ángel", que aparece siete veces en este pasaje, procede directamente del término griego que significa mensajero (*angelos*).[14] Los ángeles desempeñan un importante papel en el libro de los Hechos como guías de diferentes personas (8:26; 10:3–6), actuando como ayuda en momentos difíciles (5:19–20; 12:7–10; 27:23) y como agentes de juicio (12:23). Es especialmente interesante la afirmación de los creyentes reunidos para orar por Pedro en el sentido de que la persona que estaba a la puerta tenía que ser "su ángel [el de Pedro]" (v. 15). Como se ha dicho con anterioridad, esto refleja la creencia judía en los ángeles custodios. En Apocalipsis 1–3 se habla de ciertos ángeles que son asignados como representantes de iglesias (ver Ap 1:20). En un pasaje donde se insta a no menospreciar a los "pequeños", Jesús afirmó que "en el cielo los ángeles de ellos contemplan siempre el rostro de mi Padre celestial" (Mt 18:10). Aquí Jesús podría estar diciendo que hay ángeles especiales que representan a los pequeños en el cielo. Estos no pasarán desapercibidos, puesto que "a Dios le importan los pequeños".[15]

Estas pocas referencias son insuficientes para construir una sólida doctrina sobre los ángeles custodios, en especial si consideramos que la interpretación de que la afirmación de Jesús que acabamos de mencionar se refiere a los ángeles es objeto de debate.[16] Sin embargo, podemos estar seguros de que uno de los papeles clave de los ángeles es el de ayudar a los creyentes (ver Heb 1:14).

Significado Contemporáneo

Respuesta de Dios a peticiones de liberación

En los tiempos difíciles, la soberanía de Dios puede expresarse por medio de la liberación o por su ausencia. En la violencia que ha azotado Sri Lanka durante los últimos años hemos visto cinco tipos de situaciones que los cristianos han experimentado y que pueden aplicarse a las dificultades en general. (1) Algunos han

---

14. Ver los versículos 7, 8, 9, 10, 11, 15, 23.
15. Leon Morris, *The Gospel According to Matthew* (Grand Rapids: Eerdmans, 1992), 465.
16. D. A. Carson piensa que los ángeles de Mateo 18:10 son los espíritus de bebés y niños que han muerto. "Matthew", *EBC*, 400–401.

experimentado maravillosas liberaciones que solo pueden explicarse como milagrosas intervenciones de Dios. Han circulado relatos de bombas que, inexplicablemente, no han dado en el blanco o no han estallado; de multitudes enfurecidas que de repente han cambiado de dirección, pasando por alto las casas de los siervos de Dios. Estos nos recuerdan sin duda que Dios puede salvar a sus hijos en tiempos de crisis si es su voluntad y lo hace.

(2) Otros han experimentado grandes crisis y pérdidas terrenales, pero el amor de Cristo les ha mantenido tan radiantes que se han convertido en poderosos testimonios de la gracia sustentadora de Dios. En 1983, durante un terrible disturbio, los manifestantes quemaron la casa del Dr. Arul Anketell, director del Hospital Christian Fellowship en Sri Lanka. Cuando le conocí tras este suceso no fui yo quien le ministré la paz de Cristo a él, sino él a mí. El Dr. Anketell fue un maravilloso testimonio de la suficiencia de la gracia de Dios.

(3) Los problemas que experimentaron ciertas personas ahogaron su fe. No solo se preguntaron por qué había permitido Dios aquella tragedia y quedaron atrapados en una nube de tristeza —ambas cosas son naturales—, sino que nunca se recuperaron de una amargura espiritual que les llevó a darle la espalda a Dios.

(4) Otras personas renunciaron a sus principios para eludir el dolor. Por ejemplo, algunos cristianos salieron del país por medios ilegales o mintiendo a los funcionarios encargados de los visados.

(5) Por último, algunos que no se habían preocupado de las cosas de Dios, debido a su pasión por alcanzar el éxito terrenal, abrieron los ojos y entendieron que no se puede confiar en los bienes materiales como medio de seguridad. Se volvieron a Dios en busca de seguridad y socorro y descubrieron que él era la respuesta al doloroso vacío de sus corazones.

Sean cuales sean las experiencias que la providencia de Dios traiga a nuestra vida, nuestra principal preocupación debería ser la obediencia. Las amenazas de las autoridades no consiguieron que la iglesia primitiva renunciara a su compromiso de proclamar el evangelio. Pedro experimentó una maravillosa liberación mediante la intervención de Dios, mientras que Jacobo hubo de entregar su vida por Cristo. Pero los primeros cristianos perseveraban en la obediencia, sabiendo que Dios es soberano y que se serviría de su lealtad para conseguir una gran victoria para el reino.

Esta verdad se percibe muy bien en la historia de los cinco misioneros a los aucas de las junglas de Ecuador que en 1956 murieron asesinados a manos de los guerreros de esta tribu. Hace poco, Steve Saint, hijo de uno de estos misioneros, construyó una pista de aterrizaje en el territorio de esta misma tribu. Saint conoció detalles sobre las muertes que no habían salido a la luz. Uno de ellos, por ejemplo, era que los cinco misioneros tenían armas de fuego y les hubiera sido fácil disparar y matar a sus atacantes, pero se negaron a hacerlo. Esto es lo que otros habían hecho antes. Pero los misioneros se limitaron a disparar al aire para asustarles. Los disparos habían rozado accidentalmente a dos hombres y les habían herido ligeramente, por lo cual sabían que las armas de fuego podían matarles. Pero los misioneros habían decidido no hacer daño a nadie. Y aunque ello les costó la vida, permanecieron fieles a su decisión. A los aucas les sorprendió mucho esta decisión y ello contribuyó a su conversión final a Cristo.[17]

Con motivo de la muerte de estos jóvenes, algunos medios de comunicación seculares criticaron, a veces con vehemencia, la empresa misionera en general y especialmente el trabajo con pueblos tribales. Sin embargo, el desarrollo de los acontecimientos ha demostrado que la soberanía de Dios ha conseguido una poderosa victoria para el reino por medio de sus muertes. Esto no significa, sin embargo, que la victoria se haga inmediatamente evidente. En Hechos, por ejemplo, la dispersión de la semilla de la palabra tras la muerte de Esteban llevó al crecimiento de la iglesia. Sin embargo, en el caso de Jacobo no vemos una clara evidencia de victoria. En nuestro tiempo tan acelerado queremos ver un fruto inmediato para sentir que los sacrificios que hemos hecho han merecido la pena. Sin embargo, es posible que Dios quiera reservar esta revelación hasta que lleguemos al cielo, lo cual hará que dicha revelación sea más gloriosa aun si cabe. Hasta entonces hemos de perseverar de manera paciente y obediente.

No sabemos lo que nos sucederá. Pero sí sabemos que, al margen de lo que suceda, el mayor desafío que afrontamos es el de ser obedientes. La respuesta de Sadrac, Mesac y Abednego al enfurecido rey que estaba dispuesto a darles muerte es muy significativa:

> ¡No hace falta que nos defendamos ante Su Majestad! Si se nos arroja al horno en llamas, el Dios al que servimos puede librarnos del horno y de las manos de Su Majestad. Pero aun si nuestro Dios no lo hace así, sepa usted que no honraremos a sus dioses ni adoraremos a su estatua (Dn 3:16–18).

Puesto que la Biblia destaca ambas situaciones, tanto la liberación milagrosa como la triunfante fortaleza en el sufrimiento, hemos de presentar ambas posibilidades en nuestra predicación y enseñanza. Naturalmente, a veces, Dios puede impartir una certeza de liberación, como cuando Pablo se dirigía a Roma y le dijo que nadie moriría en aquel naufragio (Hch 27:23–24). En estas ocasiones podemos actuar sobre la base de esta certeza. Sin embargo, esto no siempre sucede.

Un estribillo constante que encontramos en el libro de los Hechos es que, tanto en los triunfos como en las aparentes tragedias de la vida, la Palabra de Dios sigue extendiéndose (12:24). Este avance ha seguido adelante sin tregua.

---

17. Steve Saint, "Did They Have to Die?", *Christianity Today (*Sept. 16, 1996), 26–27. Este artículo procede de, *Martyrs: Contemporary Writers on Modern Lives of Faith,* ed. Susan Bergman (San Fransisco: Harper San Fransisco, 1996).

El evangelio, que comenzó su avance de un modo tan discreto en el primer siglo, se ha propagado hoy hasta los confines de la tierra. Es cierto que las iglesias de Jerusalén y de una buena parte de las zonas en que trabajó Pablo han desaparecido o sucumbido al nominalismo. Como se advierte en Apocalipsis 2–3, cuando una iglesia pierde su vitalidad, su lugar como portadora del estandarte del reino se perderá. Sin embargo, otra tomará su lugar. Y si no nos arrepentimos, también nosotros podemos perder nuestro lugar, como les sucedió a las iglesias de Asia mencionadas en Apocalipsis que cedieron su espacio al islam. Pero Dios no puede ser derrotado por la infidelidad humana. La Palabra de Dios seguirá extendiéndose hasta que el "evangelio del reino se predique en todo el mundo como testimonio a todas las naciones, y entonces vendrá el fin" (Mt 24:14).

Orando fervientemente

El predicador inglés Samuel Chadwick dijo en una ocasión: "La intensidad es una de las leyes de la oración [...] Ciertas bendiciones del reino solo se otorgan a la violencia del alma vehemente".[18] Chadwick da varios ejemplos bíblicos de este tipo de oración fervorosa: "Abraham intercediendo por Sodoma, Jacob luchando cuerpo a cuerpo en la quietud de la noche, Moisés poniéndose en la brecha, Ana intoxicada de angustia, David quebrantado por el remordimiento y la aflicción".[19]

Sin embargo, en nuestros días hay muchos elementos que impiden este tipo de fervor. Un libro publicado recientemente sobre los jóvenes se titula *A Generation Without Passion* [Una generación sin pasión], probablemente en consonancia con la atmósfera pluralista de hoy que lo acepta todo, pero no se apasiona con nada.[20] Nuestro tiempo se caracteriza por una sobrecarga de información y por la presencia de muchos dirigentes, religiosos y seculares, que no viven en coherencia con lo que afirman. Este tipo de situaciones han fomentado la frialdad, el aburrimiento o el cinismo. La sociedad contemporánea es también la sociedad de las distracciones, que han sustituido a la pasión como forma de atraer a las gentes a la iglesia y a la sociedad. La pasión puede ser un problema para aquellos que han abandonado grupos carismáticos por su permisividad con un emocionalismo descontrolado y extremo. Por último, muchos cristianos no han tenido una vibrante experiencia de Dios. Todos estos factores inciden negativamente sobre la pasión en nuestros días.

---

18. Samuel Chadwick, *The Path of Prayer* (Kansas City: Beacon Hill, 1931), 68; citado en Wesley L. Duewel, *Mighty Prevailing Prayer* (Grand Rapids: Zondervan, 1990), 76.
19. Chadwick, *Path of Prayer,* 81–82; citado en Duewel, *Mighty Prevailing Prayer,* 76.
20. La anterior observación procede de una charla sobre la "Pasión" pronunciada por Paul Borthwick al personal de Juventud para Cristo en Sri Lanka.

En esta atmósfera, las personas no quieren apasionarse por nada. Prefieren ir a lo seguro espiritualmente hablando. Estas actitudes obstaculizan el fervor en la oración y provocarán la situación descrita por Samuel Chadwick cuando afirmó que "la apremiante necesidad de la iglesia es superar el escollo de su pereza para buscar a Dios".[21] P. T. Forsyth ha afirmado que la principal razón de la incredulidad en la oración entre los cristianos es "el tipo de oraciones que los hombres nos oyen pronunciar en la adoración pública; a menudo no son sino palabras de tipo periodístico dirigidas al cielo, o fraseología tópica".[22]

Cuando recuperemos la visión bíblica de Dios y su verdad, recuperaremos también la pasión bíblica. Si Dios y la vida son como afirma la Biblia, entonces hemos de afrontar las implicaciones de estas verdades. Hemos de ser inspirados para soñar grandes cosas y horrorizarnos por lo que vemos en nuestras vidas, en la iglesia y en el mundo. La frialdad, el aburrimiento y el cinismo desaparecen ante la doble visión de la grandeza de Dios y la pecaminosidad de su creación. Espoleados de nuevo por la ambición de ver el cumplimiento de todo lo que Dios desea para nosotros, tendremos confianza para orar fervientemente en esta dirección.

Este fervor puede expresarse tanto en la oración por un ser querido como en la petición de la liberación de Pedro en Hechos 12. Se manifiesta en las oraciones de los padres que se angustian por sus hijos rebeldes, como le sucedió a Mónica, que durante muchos años suplicó angustiosamente por su hijo Agustín.[23] O en las oraciones por la conversión de cónyuges no creyentes.[24] Esta clase de pasión en oración puede también expresarse en intercesiones por la iglesia y los países en que vivimos. El reformador escocés John Knox manifestó esta vehemencia cuando clamó: "¡Dame Escocia o me muero!". Acabamos esta sección con una petición del predicador escocés Alexander Whyte: "Que todos los hombres pongan su pasión en sus oraciones".[25]

El papel de los ángeles en nuestro tiempo

Mi primera reacción ante exposiciones del papel cuidador de los ángeles solía ser algo así: "¡Esto es cosa de niños! Está bien para relatos navideños, pero hoy vivimos en la era del Espíritu Santo. Quien ahora nos ministra es el Espíritu". Sin embargo, en el libro de los Hechos se da una gran prominencia al ministerio de los ángeles,[26] a pesar de su acento en la obra del Espíritu Santo. En otras

---

21. Citado en Duewel, *Mighty Prevailing Prayer*, 30.
22. Forsyth, *Soul of Prayer*, 81.
23. Ver Ruth Bell Graham, *Prodigals and Those Who Love Them* (Colorado Springs: Focus on the Family, 1991).
24. Ver Duewel, *Mighty Prevailing Prayer*, 146–47, 178.
25. Alexander Whyte, *Lord, Teach Us to Pray* (Nueva York: Harper, n.d.), 75; citado en Duewel, *Mighty Prevailing Prayer*, 77.
26. Ver 5:19; 8:26; 10:3–7; 12:7–11, 23; 27:23.

palabras, aun en la era del Espíritu, los ángeles nos ministran. Dios, quien casi siempre se sirve de algún medio para hacernos llegar su ayuda, puede utilizar para ello a los ángeles. En el libro de los Hechos lo hizo muchas veces, aunque no en las vidas de niños, sino en las de eminentes apóstoles.

También nosotros deberíamos, por tanto, esperar el ministerio de ángeles a nuestro favor. Estos textos del libro de los Hechos sugieren que los ángeles tienen un importante ministerio en las vidas de los ministros cristianos y que estos deberían, por tanto, tomarse en serio esta doctrina. No cabe duda de que Dios nunca nos permite pasar por una crisis sin prepararnos adecuadamente para que podamos salir airosos de ella. Recordemos la promesa que el Señor le hizo a Pablo cuando se angustiaba por su aguijón en la carne: "Te basta con mi gracia, pues mi poder se perfecciona en la debilidad" (2Co 12:9). Dios nos proporciona siempre suficiente ayuda para que podamos superar nuestras peores pruebas y a veces lo hace por medio de ángeles, como le sucedió a Jesús tras sus tentaciones y antes de su muerte (Mr 1:13; Lc 22:43). Recordemos las conocidas palabras del Salmo 91:11–12:

> Porque él ordenará que sus ángeles
> Te cuiden en todos tus caminos.

> Con sus propias manos te levantarán
> Para que no tropieces con piedra alguna.

John G. Paton, un misionero escocés que trabajó en las Nuevas Hébridas en el Pacífico Sur, fue un heroico personaje de la reciente historia misionera. Una noche, algunos guerreros de una tribu hostil rodearon la sede de la misión decididos a quemarla y a matar a Paton y a su esposa. Ambos estuvieron orando durante toda aquella noche terrorífica, pidiéndole a Dios que les librara. Al amanecer, se sorprendieron de que sus atacantes se marcharan. Un año después, el jefe de la tribu se convirtió a Cristo y Paton tuvo la oportunidad de preguntarle por qué no quemaron la casa y les mataron. El jefe le contestó: "¿Quiénes eran todos aquellos hombres que estaban allí contigo?". Paton le dijo: "Aquella noche no había nadie con nosotros; solo estábamos mi esposa y yo". Pero el jefe respondió que ellos habían visto a cientos de hombres de gran estatura, con ropa resplandeciente y espadas en la mano rodeando la misión, de manera que tuvieron miedo de atacar.[27] Paton entendió que Dios había enviado a sus ángeles para que les protegieran.

No siempre experimentó Paton de este modo la provisión de Dios. Su primera esposa murió al dar a luz. Diecisiete días más tarde murió también el niño. Esto sucedió al comienzo de su ministerio misionero y Paton no tenía a nadie que le consolara, hasta el punto de que él mismo hubo de cavar las tumbas de su esposa y de su hijo. Sin embargo, sobre esta difícil época de su

---

27. Citado en Billy Graham, *Ángeles: agentes secretos de Dios* (Nashville, TN.: Grupo Nelson, 2012), p. 3 de la edición en inglés.

vida, Paton escribe: "Nunca estuve desamparado. El Dios siempre misericordioso me sostuvo cuando hube de depositar el precioso polvo de mis seres queridos en el mismo sepulcro silencioso. ¡Pero de no haber sido por Jesús y la comunión que me brindó junto a aquella solitaria tumba, me habría vuelto loco y habría muerto en aquel lugar!".[28] Jesús estaba allí y le impartió su gracia, una gracia suficiente para que pudiera quedarse trabajando entre aquellas gentes y recoger una gran cosecha para el reino.

A diferencia de los dos relatos de Hechos en que Pedro es liberado, a veces los ángeles aparecen en momentos aparentemente trágicos. Pienso en lo que Steve Saint descubrió sobre la muerte de su padre en las junglas de Ecuador: cuando los misioneros estaban siendo asesinados, los aucas vieron una multitud de ángeles en el firmamento y les oyeron cantar. Estos desempeñaron un importante papel en su conversión final a Cristo.[29]

28. Citado en *Daily Readings from F. W. Boreham,* compiladas y ordenadas por Frank Cumbers (Londres: Hodder and Stoughton, 1976), 320.
29. Saint, "Did They Have to Die?", 26–27.

Cuando Bernabé y Saulo cumplieron su servicio, regresaron de Jerusalén llevando con ellos a Juan, llamado también Marcos.

¹ En la iglesia de Antioquía eran profetas y maestros Bernabé; Simeón, apodado el Negro; Lucio de Cirene; Manaén, que se había criado con Herodes el tetrarca; y Saulo. ² Mientras ayunaban y participaban en el culto al Señor, el Espíritu Santo dijo: «Apártenme ahora a Bernabé y a Saulo para el trabajo al que los he llamado.»

³ Así que después de ayunar, orar e imponerles las manos, los despidieron.

⁴ Bernabé y Saulo, enviados por el Espíritu Santo, bajaron a Seleucia, y de allí navegaron a Chipre. ⁵ Al llegar a Salamina, predicaron la palabra de Dios en las sinagogas de los judíos. Tenían también a Juan como ayudante.

⁶ Recorrieron toda la isla hasta Pafos. Allí se encontraron con un hechicero, un falso profeta judío llamado Barjesús, ⁷ que estaba con el gobernador Sergio Paulo. El gobernador, hombre inteligente, mandó llamar a Bernabé y a Saulo, en un esfuerzo por escuchar la palabra de Dios. ⁸ Pero Elimas el hechicero (que es lo que significa su nombre) se les oponía y procuraba apartar de la fe al gobernador. ⁹ Entonces Saulo, o sea Pablo, lleno del Espíritu Santo, clavó los ojos en Elimas y le dijo: ¹⁰ «¡Hijo del diablo y enemigo de toda justicia, lleno de todo tipo de engaño y de fraude! ¿Nunca dejarás de torcer los caminos rectos del Señor? ¹¹ Ahora la mano del Señor está contra ti; vas a quedarte ciego y por algún tiempo no podrás ver la luz del sol.»

Al instante cayeron sobre él sombra y oscuridad, y comenzó a buscar a tientas quien lo llevara de la mano. ¹² Al ver lo sucedido, el gobernador creyó, maravillado de la enseñanza acerca del Señor.

Sentido Original

A partir de 12:25, Pablo es el personaje dominante del libro de los Hechos. Lucas narra los acontecimientos que se produjeron durante los tres viajes misioneros del apóstol, su arresto en Jerusalén y sus juicios ante distintos dirigentes. Termina su libro con la narración del viaje del apóstol a Roma, durante el cual sufrió un apasionante naufragio en el Mediterráneo.

Envío de un equipo misionero (12:25–13:3)

Cuando Saulo y Bernabé regresaron a Antioquía desde Jerusalén, Juan Marcos, un primo de Bernabé (ver Col 4:10) les acompañaba. La redacción de Hechos 13:1 no nos permite precisar si Lucas está sugiriendo que estas personas eran maestros y profetas al mismo tiempo o si estos dones residían en diferentes personas. No hay duda de que Pablo ejercía ministerios tanto docentes como proféticos, como veremos más adelante.[1] Harrison distingue estos dos roles, explicando que el maestro impartía aquella información esencial para vivir la vida cristiana, mientras que el profeta proporcionaba una dirección especial de parte del Señor cuando era necesaria. El primero tenía un ministerio más constante, exponiendo el Antiguo Testamento y las tradiciones sobre la vida y enseñanzas de Jesús tal como él las había impartido a la iglesia. El profeta hablaba en respuesta a claras revelaciones del Espíritu.[2] Para poder ser responsable y creativa, la iglesia necesitaba tanto enseñanza como profecía.[3]

La lista que se ofrece de profetas y maestros (13:1) "representaba la diversidad étnica y cultural de Antioquía", una ciudad con una "población cosmopolita".[4] A Bernabé se le menciona primero, posiblemente porque era el dirigente del grupo. Aunque oriundo de Chipre (4:36), una isla situada al oeste de Palestina, Bernabé era judío y llegó a Antioquía procedente de la iglesia de Jerusalén. A Simeón, cuyo nombre es judío, se le llama "el Negro" (lit. *Niger*). Los intentos de identificarle con Simón de Cirene no han sido muy convincentes. Bruce sugiere que el término era "un sobrenombre de carácter descriptivo debido quizá a que era africano".[5]

Lucio era de la ciudad norteafricana de Cirene (la Libia de nuestros días). Algunos han sugerido que se trata de Lucas, pero esto es improbable. Manaén es un nombre judío. La NVI traduce la palabra *syntrophos* como "se había criado con" Herodes el tetrarca, pero el término significa más bien hermano adoptivo o buen amigo de la infancia.[6] Bruce afirma que este título "se les daba a los muchachos de la misma edad que los príncipes a los que se llevaba a la corte para que se criaran con ellos".[7] ¡Qué extraño que Herodes acabara haciendo decapitar a Juan el Bautista y participando en el juicio de Cristo, mientras que

---

1. Ver exposición sobre los versículos 9–11.
2. Harrison, *Interpreting Acts*, 214.
3. Quienes deseen considerar una exploración del ministerio profético en relación con su contenido creativo en el ministerio de los profetas del Antiguo Testamento y Jesús, ver Walter Bruggemann, *The Prophetic Imagination* (Filadelfia: Fortress, 1978).
4. Stott, *Acts,* 216.
5. Bruce, *Acts: Greek Text*, 292.
6. Barclay M. Newman Jr., *A Concise Greek-English Dictionary of the New Testament* (Londres: United Bible Societies, 1971), 175.
7. Bruce, *Acts,* NICNT, 245.

Manaén se convirtió en dirigente de la iglesia! A Saulo, un cultivado judío de Tarso, se le menciona en último lugar.

El Espíritu Santo envió un mensaje a esta iglesia, probablemente a través de uno de sus profetas, que la llevó a una nueva era de participación misionera. El llamamiento se produjo "mientras ayunaban y participaban en el culto al Señor" (13:2). La tercera persona del plural puede aludir a los profetas y maestros o a toda la iglesia; esta última opción es la más probable.[8] La palabra que se traduce como "participar en el culto" (*leitourgeo*) significa literalmente "ministrar". En el griego clásico se utilizaba con el sentido de "hacer un trabajo público por cuenta propia". En la LXX , este grupo de palabras "se utilizaba casi exclusivamente para aludir al servicio de los sacerdotes y levitas en el templo". En dos ocasiones, Pablo se sirve de estas palabras para hacer referencia a la ayuda que se le había prestado a él (Fil 2:25, 30). Este sustantivo aparece con este sentido en Lucas 1:23, haciendo referencia al servicio de Zacarías en el templo. En Hechos 13:2 (la otra única ocasión en que aparece una de estas palabras en Lucas-Hechos), "el significado cúltico está totalmente espiritualizado y se aplica a la adoración cristiana en la oración".[9] La palabra para "servicio" parece haber encajado en la concepción cristiana de la adoración y la oración.

La oración de la iglesia estaba acompañada de ayuno en ambas ocasiones: cuando la iglesia recibió el mensaje y cuando envió al equipo misionero (13:2–3). Cuando Pablo y Bernabé visitaron las iglesias establecidas durante el recorrido de regreso del primer viaje misionero, "en cada iglesia nombraron ancianos y, con oración y ayuno, los encomendaron al Señor, en quien habían creído" (14:23). El ayuno es prueba de una "atmósfera de urgente deseo"[10] en la iglesia.

La ceremonia de encomienda con imposición de manos fue "un acto de bendición en que la iglesia se vinculó a ellos y les confió a la gracia de Dios (14:26)".[11] Por ello, fue más la encomienda a una tarea específica que una ordenación al ministerio. No es de extrañar que, al final de su misión, Pablo y Bernabé regresaran a la iglesia de Antioquía para informar de los pormenores del viaje (14:26–27). Aunque seguramente había mucho que hacer en Antioquía, Dios pidió a la iglesia que liberara a sus dirigentes más importantes para las misiones. A favor de la iglesia hay que decir que lo hizo, aparentemente sin reticencia. Esto es una muestra de lo importantes que eran las misiones y la obediencia al Espíritu.

---

8. El Códice de Beza (D) añade *pantes* (todos) después de "orar" en el versículo 3, algo que Bruce considera una interpretación "probablemente verdadera" (*Acts: Greek Text,* 294). Esto significaría que toda la iglesia ayunó, oró y les envió.

9. Las citas son de K. Hess, *NIDNTT,* 3:551–52.

10. Harrison, *Interpreting Acts,* 216.

11. Marshall, *Acts,* 216.

Ministerio en Chipre (13:4–12)

El versículo 4 nos recuerda que el Espíritu Santo es el que en última instancia envía a sus siervos. El primer lugar de ministerio para los misioneros fue la zona de la que Bernabé era oriundo, la isla de Chipre, situada al sudoeste de Antioquía, a la que zarparon desde Seleucia, la gran ciudad portuaria de Antioquía. Comenzaron su tarea en la ciudad nororiental de Salamina y, siguiendo el principio de ir primero a los judíos, iniciaron su predicación en una sinagoga (Ro 1:16). Sin embargo, muy pronto dieron un nuevo paso, hablando directamente a un oficial gentil que mandó llamarlos (13:7).

Lucas inserta una nota para decirnos que "tenían también a Juan como ayudante" (13:5b). Algunos han sugerido que la palabra que aquí se traduce como "ayudante" (*hyperetes*) tiene un significado muy específico, similar al de asistente de la sinagoga (cf. Lc 4:20), de modo que la responsabilidad de Marcos habría sido ocuparse de los rollos de las Escrituras y de una colección de "dichos de Jesús". Pero, en otros pasajes, Lucas utiliza esta palabra en su sentido más amplio (Lc 1:2; Hch 5:22, 25; 26:16), y este parece ser también aquí su significado.[12] Es posible que Marcos, como residente que era de Jerusalén, hubiera sido testigo ocular de algunos acontecimientos relatados en los Evangelios, en especial los relativos a la Pasión, y es probable que Pablo utilizara su testimonio y conocimiento de ellos.

A continuación, el equipo se dirigió a la capital provincial, Pafos, situada en el extremo contrario (suroccidental) de la isla. En el Imperio romano, "las provincias más apacibles y civilizadas en las que no era necesario acuartelar legiones —unas diez— eran administradas por el Senado. Los gobernadores provinciales tenían el título de procónsules (Hch 19:38), es decir, 'en lugar de los cónsules' o que actuaban en aquella provincia con el poder del cónsul".[13] Chipre se convirtió en una provincia senatorial en el año 22 a. C.[14]

En Pafos, Saulo y Bernabé se toparon con un hechicero llamado Barjesús o Elimas, como les sucedió a Felipe y a Pedro en Samaria. Igual que Simón en Samaria, Elimas fue severamente reprendido por el evangelista, por su adversa influencia sobre el procónsul de Chipre, Sergio Paulo (13:6–11). Probablemente, Elimas se oponía a Pablo y a Bernabé porque su ministerio ponía en peligro su posición ante el procónsul. Esta clase de oposición al evangelio por razones egoístas es común en el libro de los Hechos.[15]

En este punto se nos dice que a Saulo se le llamaba también Pablo (13:9), y a partir de este momento este es el nombre que se utiliza en Hechos para aludir a él (excepto en aquellos relatos en que el propio apóstol narra su con-

---

12. Longenecker, "Acts", 355.
13. Ferguson, *Backgrounds*, 41.
14. M. N. Tod y R. A. Gwinn, "Cyprus", *ISBE*, 1:842.
15. Ver 5:17; 13:45; 16:19–21; 17:5; 19:25–28.

versión [22:7, 13; 26:14])[16]. Como judío habría llevado con orgullo el nombre del primer rey de Israel, Saúl (o Saulo), quien, como él, era de la tribu de Benjamín (Fil 3:5). Los ciudadanos romanos tenían tres nombres: un *praenomen*, un *nomen* y un *cognomen*. En el Nuevo Testamento no se mencionan los dos primeros del apóstol. Pablo (*Paulos*, que significa "pequeño") era su *cognomen* y las inscripciones muestran que muchas veces los *cognomen* de los judíos sonaban igual que sus nombres, como sucede aquí. Cuando Pablo inició la fase gentil de su ministerio habría comenzado a utilizar su nombre romano. Por ello, es erróneo afirmar que este cambio se produjo por su conversión.

Pablo habló con severidad a Elimas (13:9–11). Lucas se encarga de mencionar que el apóstol estaba "lleno del Espíritu Santo" cuando las pronunció, indicando que no fue un error por parte de Pablo. Es un ejemplo de utilización del don profético por el que el apóstol comunicó una palabra directa y específica de juicio de parte de Dios. El versículo 12 atribuye la fe de Sergio Paulo, por un lado, a que vio el milagro y, por otro, a que se quedó asombrado de la enseñanza del Señor. Como veremos más adelante, en estos factores vemos dos elementos clave de un ministerio evangelizador efectivo.

Un liderazgo que refleja la diversidad de la población

Es significativo que la iglesia de Antioquía tuviera unos dirigentes tan diversos desde un punto de vista cultural en consonancia con la diversidad de la población de la ciudad (13:1). ¿Es posible que Lucas mencionara los nombres y trasfondos de los dirigentes para subrayar esta diversidad? No podemos colegir un principio vinculante de este texto, sin embargo, no hay duda de que lo sucedido en Antioquía fue algo muy asombroso y podría ser un ejemplo digno de emulación. Me atrevería a decir que una de las metas de las iglesias que tienen una membresía diversa debería ser la de promover el ministerio de líderes procedentes de distintos trasfondos culturales.

Envío de misioneros

El envío oficial de "misioneros extranjeros" por parte de esta iglesia nos permite aprender muchos principios importantes sobre la participación misionera de las comunidades locales. Es instructivo ver cómo llegó la iglesia a reconocer este llamamiento de Dios. Tannehill muestra que en este pasaje aparecen tres características que están también presentes en otros dos pasajes lucanos: "El comienzo de las misiones de Jesús y los apóstoles está precedido por referencias a la oración (Lc 3:21; Hch 1:14), lo cual da oportunidad para que actúe

16. Aquí no se utiliza *Saulos*, sino la transliteración hebrea *Saoul*.

el Espíritu (Lc 3:22; Hch 2:1–4) y el Espíritu conduce directamente a la misión (Lc 4:14; Hch 2:5–41)".[17] En este texto, la oración se considera un servicio que llevamos a cabo para Dios (13:2). A esto se le añade el ayuno (13:2), presente también al comienzo del ministerio de Jesús (Lc 4:2). Ralph Earle afirma que en el ayuno se persigue "un estado de concentración ininterrumpida que hace posible constatar la voluntad del Señor. Este es el propósito y valor más importante del ayuno".[18]

La iglesia recibió la comisión de apartar lo mejor que tenía para el servicio misionero (13:2) y mostró su seriedad en el hecho de que estuvo dispuesta a hacerlo (13:3). Esto es algo característico de aquellas iglesias que tienen visión misionera, cuyo principal objetivo es más que la mera supervivencia o mantenimiento. Las misiones son tan importantes para ellos que dan pasos que pueden parecer perjudiciales para la iglesia a fin de hacer avanzar el programa misionero. Hay una orientación colectiva hacia los demás.

Naturalmente, Saulo ya había recibido un llamamiento de Dios a la evangelización de los gentiles (cf. 22:15; 26:17). Lo que sucedió es que, una vez reconocido este llamamiento, la iglesia entendió que era el momento de que el apóstol iniciara esta tarea y comisionó al equipo para que se dedicara a ello. "En este acontecimiento confluyen los temas del llamamiento personal y la confirmación congregacional".[19] Es interesante que, aunque el versículo 3 afirma que la iglesia los envió ("despidió"), en el 4 dice que fueron "enviados por el Espíritu Santo". En última instancia, el Espíritu Santo es la clave de toda la empresa misionera.

Hay, pues, cinco palabras que caracterizan el programa misionero de esta iglesia: oración, ayuno, dirección, liberación y comisión. Estos elementos surgen de un serio deseo de conocer y obedecer la voluntad de Dios, que permite que el Espíritu Santo supervise todo el proceso.

¿Palabras severas en contextos de evangelización?

Puede que nos sorprenda que Pablo dirigiera palabras tan severas a Elimas en una situación en que estaba proclamando el evangelio (13:10–11). Para que no pensemos que el apóstol cometió un error, Lucas nos asegura que estaba lleno del Espíritu Santo cuando se dirigió al mago (13:9). Estas palabras tienen relación con la también severa afirmación de Jesús: "Pero si alguien hace pecar a uno de estos pequeños que creen en mí, más le valdría que le colgaran al cuello una gran piedra de molino y lo hundieran en lo profundo del mar" (Mt 18:6). Elimas se esforzaba en impedir que otra persona conociera el camino de la salvación mediante "todo tipo de engaño y de fraude" (13:10). La sal-

---

17. Tannehill, *Narrative Unity*, 161.
18. Carter y Earle, *Acts*, 175.
19. Shenk y Stutzman, *Creating Communities*, 35.

vación de Sergio Paulo era tan valiosa que este obstáculo tenía que ser erradicado. Puede que también nosotros nos veamos a veces ante la necesidad de hablar y tomar medidas firmes contra quienes intentan impedir que otras personas conozcan la verdad.

Evangelización mediante obras y palabras

En nuestra aplicación de 2:43 comentamos que la conversión de Sergio Paulo es un buen ejemplo del lugar de las señales y prodigios en la evangelización. Sergio Paulo era gobernador provincial y "hombre inteligente" (13:7), y otros textos de este periodo nos informan que procedía de "una familia que prestó un distinguido servicio al imperio durante el primer y segundo siglo de nuestra era".[20] En otras palabras, como dirían algunos, el gobernador no era un hombre ingenuo y bobalicón, fácil de atraer a lo sobrenatural, el tipo de persona con quien el ministerio milagroso sería efectivo.

Este pasaje muestra, por tanto, una combinación de los distintos elementos de un ministerio evangelizador que produce fe. El procónsul creyó "al ver lo sucedido" (13:12). Pero esta no fue la causa de su fe, que el versículo nos da a continuación cuando dice que el gobernador estaba "maravillado [lit., asombrado] de la enseñanza acerca del Señor". Pablo había desarrollado fielmente su ministerio de enseñanza; este era el fundamento de la fe. Pero el corazón del procónsul se abrió a este mensaje por medio del milagro. Fue un disparador para la fe, una confirmación de la veracidad de lo que se decía (ver 14:3). Lo milagroso era, por tanto, importante en tanto que dirigía a las personas a la verdad. Quienes ejercen un ministerio milagroso han de asegurarse de que dicho ministerio incluye también una fiel proclamación del evangelio de manera que las personas respondan a su contenido y no a los milagros.

Promoviendo un liderazgo diverso

Aunque es útil tener un liderazgo acorde con el trasfondo de los miembros de nuestras iglesias, muchas veces esto no sucede. Por regla general, los dirigentes suelen ser personas de influencia (p. ej., con una buena formación, ricos, angloparlantes, blancos). Muchas veces, las personas de un trasfondo distinto que acceden a posiciones de liderazgo se han amoldado culturalmente a la mayoría.

Hemos de desarrollar una atmósfera que conduzca al desarrollo de dirigentes que procedan de grupos que, por regla general, no están representados entre los líderes. Uno de los problemas para la aplicación de este principio es la diferencia entre los requisitos bíblicos para escoger a los dirigentes y los requisi-

---

20. Bruce, *Acts,* NICNT, 248.

tos del mundo. En la Biblia, los requisitos clave son el carácter cristiano, una buena reputación como persona piadosa y las dotes de liderazgo. En el mundo, aunque normalmente se valora el talento, se tiene también en cuenta la educación y la posición en la sociedad (la riqueza y el trasfondo cultural). Es triste, pero cierto, que en muchas iglesias la mayoría de los dirigentes y miembros del consejo son personas ricas y cultivadas, aunque en dichas iglesias haya muchos pobres. Para cambiar esto hemos de reflexionar seriamente sobre la cultura organizativa que caracteriza nuestros grupos. Aquellos que cumplen los criterios bíblicos para ser dirigentes deberían poder convertirse en líderes aunque su perfil no se ajuste a los criterios de este mundo.

Cuando Juventud para Cristo en Sri Lanka comenzó a trabajar con los pobres, decidimos que nos esforzaríamos por promover entre ellos el sentido de pertenencia y el liderazgo. Tuvimos que hacer algunas importantes correcciones para conseguirlo. Aquí los pobres solo hablan, por regla general, los idiomas de ámbito nacional (el cingalés y el tamil), no el inglés. De hecho, en algunos círculos se dice que hablar en inglés es "ejercer el poder", porque al hacerlo se deja afuera a quienes no lo hablan. Por otra parte, entre los ricos y miembros de la clase media se bromea a menudo afirmando que quienes no hablan un buen inglés "matan a la reina" (con sus chapurreos). Por ello, comenzamos a dar más importancia a los idiomas nacionales y dejamos de hablar en inglés cuando estábamos entre quienes no lo hablaban. Queríamos evitar aquellas cosas que les separaban o hacían recordar las pecaminosas diferencias de clase.

Sabíamos que una clave para desarrollar un sentido de pertenencia son las aportaciones económicas. De modo que comenzamos a instar a los pobres para que apoyaran nuestro ministerio con recursos económicos. Para fomentar esto decidimos no publicar las ofrendas de grandes sumas, puesto que ello habría mandado a los pobres el mensaje de que sus ofrendas eran menos importantes. Nos esforzamos en promover el acercamiento de "la poderosa limosna de la viuda" que Jesús mencionó para animar las ofrendas de los pobres (Mr 12:41–44), para que los pobres se dieran cuenta de que sus aportaciones eran importantes (¡porque ciertamente lo son!). Cuando entendimos que nuestros salarios procedían en parte de ofrendas de personas que no podían costearse dos comidas al día, tuvimos que modificar nuestra actitud en cuanto a nuestro estilo de vida y gastos. No nos atrevíamos a gastar unas ofrendas tan sacrificadas de manera descuidada o extravagante.

De forma gradual comenzaron a surgir dirigentes de entre los pobres. Era el momento de hacer correcciones en las reuniones de liderazgo. Antes, todos los dirigentes hablaban inglés. Ahora, las reuniones se hacían más largas por la necesidad de traducción, ya que los participantes hablaban tres idiomas distintos. Algunas veces las reuniones se hacían en tamil, un idioma que yo no hablo y tenía que tener a alguien sentado a mi lado que me iba traduciendo en voz baja lo que se decía.

Con personas de trasfondos pobres en el liderazgo, nuestra efectividad en la evangelización entre los pobres mejoró notablemente. Los nuevos dirigentes tenían sabiduría en cuestiones que los demás no discernían. Comenzamos a apreciar y disfrutar nuevos tipos de humor. (El humor, que desempeña un papel importante en el ministerio juvenil, está también condicionado desde un punto de vista cultural). Fuimos desafiados por nuevos modelos de piedad (p. ej., aquellos que no sabían leer meditaban diariamente en lo que oían en las reuniones en lugar de hacer la habitual lectura bíblica). Lo fuimos también por la fe de personas analfabetas que no sentían los efectos perniciosos y debilitadores de nuestra sofisticación (p. ej., una persona que no sabía leer tenía el don de orar por sanación). No supuso ningún sacrificio cambiar nuestra forma habitual de actividad, porque el enriquecimiento que surgió como resultado ha sido inmenso.

Este es solo un ejemplo del tipo de correcciones que han de hacerse para conseguir que la iglesia refleje verdaderamente su creencia en el valor e igualdad de cada grupo. Cada iglesia u organización ha de experimentar un peregrinaje parecido en el descubrimiento del arte de la integración. La iglesia de muchos lugares no se conoce especialmente por esta actitud y esto ha traído una gran deshonra para el nombre de Cristo. El Islam, que pretende ser la respuesta a la "segregación de los cristianos", está creciendo rápidamente en nuestros días, especialmente en situaciones en que los cristianos cargan a sus espaldas el lastre de una historia de segregación. Este asunto debería considerarse un importante elemento en las prioridades de cualquier grupo que desee ser un fiel representante de Dios en la tierra.

Oración ferviente y misiones

La iglesia de Antioquía demostró su seriedad y fervor mediante sus oraciones y ayuno. La palabra que utiliza Lucas indica que la oración es un servicio que brindamos a Cristo. Algunos piden a otros que oren afirmando que ellos están llamados a trabajar. Pero en la Biblia orar es trabajar (Col 4:12–13). Thomas Chalmers (1780–1847), el predicador evangélico escocés, afirmó lo siguiente: "No es que la oración nos capacite para hacer un trabajo mayor para Dios: la oración es un trabajo mayor para Dios".[21]

La historia de las misiones está llena de grandes avances que tuvieron lugar cuando los creyentes se juntaron para orar. En la famosa Reunión del Pajar, celebrada en 1806, algunos estudiantes del Williams College de Massachusetts, que tenían una gran preocupación por el bienestar espiritual de sus compañe-

---

21. Citado en *Living Quotations for Christians,* ed. Sherwood Elliot Wirt and Kersten Beckstrom (Nueva York: Harper and Row, 1974), 177.

ros de estudios, se reunían dos veces a la semana para orar juntos. Puesto que se les ridiculizaba, se reunían fuera del campus universitario, en zonas rurales. Un día, cinco de ellos se vieron sorprendidos por una tormenta y se refugiaron en un pajar. Mientras esperaban a que amainara la tormenta se pusieron a orar y lo hicieron especialmente por un avivamiento del interés misionero entre los estudiantes. Su dirigente, Samuel Mills, dirigió la conversación y la oración a sus propias obligaciones misioneras. Mills afirmó que, a no ser que los estudiantes dedicaran sus vidas a la evangelización fuera de sus fronteras, el evangelio no llegaría a lugares como Asia. Mills exhortó a sus amigos con las palabras que más adelante se convertirían en su consigna: "Podemos si queremos".

Después de hablar de ello, estos cinco estudiantes ofrecieron sus vidas a las misiones extranjeras. Esto dio origen a la primera sociedad misionera estudiantil de los Estados Unidos. Kenneth Scott Latourette, el apreciado historiador de la iglesia afirmó: "A partir de esta Reunión del Pajar, el movimiento misionero de las iglesias de los Estados Unidos experimentó un importante impulso inicial".[22] Alguien ha descrito lo que se puso en marcha como "una cadena de oro que se extiende desde la Reunión del Pajar al mayor movimiento estudiantil de todos los tiempos". La oración apremiante motivada por el deseo de vivir todo lo que Dios desea nos hace receptivos a él y ha inspirado grandes avances en la historia de la iglesia.

Las misiones y el elevado coste de dejar partir

El Espíritu dirigió a la iglesia para que apartara a Bernabé y a Saulo a fin de alcanzar a los perdidos. Como antes hemos observado, estos eran los dirigentes más importantes de la joven iglesia en Antioquía y, seguramente, la congregación tenía muchas necesidades. Sin embargo, cuando Dios llama, hemos de liberar aun a aquellas personas que consideramos más importantes y valiosas. Esto nos da una idea de lo importantes que son las misiones. No hace falta ser brillante (humanamente hablando) para poder ser misionero. Lo único necesario es ser llamado por Dios y, a menudo, él llama a personas "corrientes" y poco espectaculares para que hagan cosas especiales en su reino (1Co 1:26). A veces, sin embargo, envía a los más talentosos. Cuando alguien brillante responde al llamamiento misionero, podemos decir: "¡Qué desperdicio! Va a estar trabajando con personas sin estudios y subdesarrolladas. ¿Por qué tienen que ocuparse de ellos los más brillantes?". Sin embargo, a lo largo de la historia, Dios ha llamado a algunas de las personas más dotadas de su generación al campo de misión (por ejemplo, Henry Martyn, Stephen Neill, Lesslie Newbigin y Stanley Jones).

---

22. Kenneth Scott Latourette, *These Sought a Country* (Nueva York: Harper and Bros., 1950), 67; de David M. Howard, *Student Power in World Evangelism* (Downers Grove: InterVarsity, 1970), 67. Muchos de los hechos de esta historia son del libro de Howard.

¿Está sucediendo lo mismo también en nuestros días? Me vienen a la mente muchas personas con gran talento, jóvenes y adultas, que hoy están sirviendo en el campo de misión. Pero veo también un obstáculo para que esto suceda. La iglesia ha sido influenciada por las normas de éxito de este mundo, y trabajar en las misiones en países pobres ocupa un lugar muy poco importante en la escala del prestigio. El pastor de una iglesia de 2500 miembros puede considerarse un hombre poderoso. Si hubiera sido llamado a la obra pionera, puede que al principio solo fueran dos personas en su iglesia: él y su colega. Por ello, muchos optan por la iglesia grande en lugar de responder a llamamiento de Dios a las misiones.

Pablo encontró también estos valores erróneos en la iglesia de su tiempo. Hacia el final de su vida, el apóstol escribió que nadie estaba con él en su prueba, ya que todos le habían abandonado (2Ti 4:16). Es posible que relacionarse con Pablo no fuera especialmente prestigioso. Él mismo habló muchas veces de que, desde el punto de vista humano, había sido humillado. Hoy es, sin embargo, un héroe y una de las personas más admiradas de la historia. Por regla general, los héroes solo son admirados a distancia y no mientras llevan a cabo su obra. En su tiempo fueron a menudo considerados como necios o fracasados. Su heroísmo les hizo abandonar la gloria terrenal y, por ello, no tuvieron la admiración de este mundo.

No seamos, pues, reacios a lanzar a todos —brillantes o normales— el desafío de considerar el trabajo misionero. Y cuando sean llamados, ¡liberémosles de todo corazón para que puedan llevar a cabo la obra que les ha sido encomendada! ¡Pongamos las misiones en un lugar preeminente de nuestra lista de prioridades! Como dijo David Livingstone: "Dios solo tuvo un hijo, y fue misionero". ¡Animemos a aquellos que muestran un interés en las misiones! Y que los que se sienten llamados a esta tarea hagan partícipes de esta visión a sus iglesias locales para que puedan enviarles a su misión, comprometidas con ellos y apoyándoles en oración.

El acercamiento de Pablo a Elimas en una era de tolerancia

La nuestra es una era de tolerancia, en la que el pluralismo demanda que, puesto que no hay verdades absolutas, las distintas ideologías sean iguales en el universo de las creencias. No podemos declarar errónea a una y correcta a la otra. Esta actitud está bien expresada en una declaración del heredero al trono británico que afirmó ser "defensor de las fes" más que "de la fe" (el rey o la reina de Gran Bretaña es cabeza de la Iglesia de Inglaterra). En muchos ambientes, los hechiceros de hoy gozan, como Elimas, del mismo prestigio y consideración que los ministros del evangelio. Los gobiernos quieren ser imparciales con todas las ideologías representadas por sus ciudadanos. En países (como el nuestro) donde los cristianos somos una minoría, agradecemos esta consideración.

Recordemos, sin embargo, que la iglesia sigue bajo la autoridad de una revelación normativa y que, por tanto, tiene un compromiso de luchar "vigorosamente por la fe encomendada una vez por todas a los santos" (Jud 3). Esta tarea adquiere una gran urgencia cuando se entiende como un imperativo a salvar a otros "arrebatándolos del fuego" (Jud 23). Si el evangelio es ciertamente el único camino a la salvación, entonces nuestra tarea se hace urgente, tanto como lo era para Pablo cuando dijo: "Estoy bajo la obligación de hacerlo. ¡Ay de mí si no predico el evangelio!" (1Co 9:16).

Influenciados por esta atmósfera pluralista, muchos ven la evangelización como un simple intercambio de puntos de vista entre personas de distintas ideologías. Sin embargo, deberíamos considerar el evangelio que predicamos como portador de la clave para la salvación eterna. Si un padre ve a un hombre que pretende venderle heroína a su hijo, no se enzarzará en un debate con el traficante sobre las virtudes y males de la heroína, ni le pedirá educadamente que deje de hacerlo. Sin duda, pasará a la acción de manera urgente y decidida. Si una madre ve que su hija está a punto de aceptar una atractiva golosina a la que se le ha inyectado un poco de cianuro, no se limitará a compartir su punto de vista sobre este tema. Sin duda, pasará a la acción de manera urgente. Si la empleada de un hotel descubre un incendio en una habitación, se da cuenta de que la alarma contra incendios no se ha disparado y sabe que cientos de personas están en peligro de muerte, no seguirá serenamente haciendo lo suyo por no molestar a quienes están durmiendo. Sin duda, pasará inmediatamente a la acción. Si cuando se trata de problemas temporales tomamos medidas tan drásticas, ¿qué hay que hacer con un problema que tiene consecuencias tan terribles para toda la eternidad? Si amamos a la humanidad no nos quedaremos impasibles cuando vemos que la salvación eterna de una persona por la que Cristo murió está en peligro por el engaño de un falso maestro.

El lugar de los milagros en la conversión

Cuando se confronta a los no cristianos con el mensaje de Cristo, la mayoría de ellos tendrán de entrada una serie de obstáculos de tipo moral y cultural que les hará difícil, no digamos ya aceptarlo, sino incluso tomárselo en serio. Es un mensaje costoso, porque significa renunciar a una vida pasada y abrazar a Cristo como Señor. Por ello, a no ser que se presenten persuasivas evidencias que muevan sus corazones, las personas no lo tendrán por digno de consideración.

Dios utiliza muchas veces acciones de cristianos —obras de bondad, milagros y vidas irreprensibles— para inclinar el corazón de las gentes hacia el evangelio. Una vez que el corazón se ha abierto, es posible que la voluntad se oriente a aceptar el evangelio. Las personas estarán en condiciones de considerar objetivamente su enseñanza sin sus anteriores prejuicios y temores. Se darán cuenta de que merece la pena encomendar la propia vida al evangelio. En Hechos 13 se subraya que las obras y las palabras son elementos igualmente importantes en el proceso evangelizador. Aunque en última instancia las personas ponen su confianza en Cristo por las palabras que escuchan, las obras actúan muchas veces como detonante que les lleva a tomarlas en consideración.

Hechos 13:13–52

Pablo y sus compañeros se hicieron a la mar desde Pafos, y llegaron a Perge de Panfilia. Juan se separó de ellos y regresó a Jerusalén; ¹⁴ ellos, por su parte, siguieron su viaje desde Perge hasta Antioquía de Pisidia. El sábado entraron en la sinagoga y se sentaron. ¹⁵ Al terminar la lectura de la ley y los profetas, los jefes de la sinagoga mandaron a decirles: «Hermanos, si tienen algún mensaje de aliento para el pueblo, hablen.»

¹⁶ Pablo se puso en pie, hizo una señal con la mano y dijo: «Escúchenme, israelitas, y ustedes, los gentiles temerosos de Dios: ¹⁷ El Dios de este pueblo de Israel escogió a nuestros antepasados y engrandeció al pueblo mientras vivían como extranjeros en Egipto. Con gran poder los sacó de aquella tierra ¹⁸ y soportó su mal proceder en el desierto unos cuarenta años. ¹⁹ Luego de destruir siete naciones en Canaán, dio a su pueblo la tierra de ellas en herencia. ²⁰ Todo esto duró unos cuatrocientos cincuenta años.

»Después de esto, Dios les asignó jueces hasta los días del profeta Samuel. ²¹ Entonces pidieron un rey, y Dios les dio a Saúl, hijo de Quis, de la tribu de Benjamín, que gobernó por cuarenta años. ²² Tras destituir a Saúl, les puso por rey a David, de quien dio este testimonio: "He encontrado en David, hijo de Isaí, un hombre conforme a mi corazón; él realizará todo lo que yo quiero."

³ »De los descendientes de éste, conforme a la promesa, Dios ha provisto a Israel un salvador, que es Jesús. ²⁴ Antes de la venida de Jesús, Juan predicó un bautismo de arrepentimiento a todo el pueblo de Israel. ²⁵ Cuando estaba completando su carrera, Juan decía: "¿Quién suponen ustedes que soy? No soy aquél. Miren, después de mí viene uno a quien no soy digno ni siquiera de desatarle las sandalias."

²⁶ »Hermanos, descendientes de Abraham, y ustedes, los gentiles temerosos de Dios: a nosotros se nos ha enviado este mensaje de salvación. ²⁷ Los habitantes de Jerusalén y sus gobernantes no reconocieron a Jesús. Por tanto, al condenarlo, cumplieron las palabras de los profetas que se leen todos los sábados. ²⁸ Aunque no encontraron ninguna causa digna de muerte, le pidieron a Pilato que lo mandara a ejecutar. ²⁹ Después de llevar a cabo todas las cosas que estaban escritas acerca de él, lo bajaron del madero y lo sepultaron.

³⁰ Pero Dios lo levantó de entre los muertos. ³¹ Durante muchos días lo vieron los que habían subido con él de Galilea a Jerusalén, y ellos son ahora sus testigos ante el pueblo.

³² »Nosotros les anunciamos a ustedes las buenas nuevas respecto a la promesa hecha a nuestros antepasados. ³³ Dios nos la ha cumplido plenamente a nosotros, los descendientes de ellos, al resucitar a Jesús. Como está escrito en el segundo salmo:

»"Tú eres mi hijo;
hoy mismo te he engendrado."

³⁴ Dios lo resucitó para que no volviera jamás a la corrupción. Así se cumplieron estas palabras:

»"Yo les daré las bendiciones santas y seguras prometidas a David."

³⁵ Por eso dice en otro pasaje:

»"No permitirás que el fin de tu santo sea la corrupción."

³⁶ »Ciertamente David, después de servir a su propia generación conforme al propósito de Dios, murió, fue sepultado con sus antepasados, y su cuerpo sufrió la corrupción. ³⁷ Pero aquel a quien Dios resucitó no sufrió la corrupción de su cuerpo.

³⁸ »Por tanto, hermanos, sepan que por medio de Jesús se les anuncia a ustedes el perdón de los pecados. ³⁹ Ustedes no pudieron ser justificados de esos pecados por la ley de Moisés, pero todo el que cree es justificado por medio de Jesús. ⁴⁰ Tengan cuidado, no sea que les suceda lo que han dicho los profetas:

⁴¹ »"¡Miren, burlones!
¡Asómbrense y desaparezcan!
Estoy por hacer en estos días una obra
que ustedes nunca creerán,
aunque alguien se la explique."»

⁴² Al salir ellos de la sinagoga, los invitaron a que el siguiente sábado les hablaran más de estas cosas. ⁴³ Cuando se disolvió la asamblea, muchos judíos y prosélitos fieles acompañaron a Pablo y a Bernabé, los cuales en su conversación con ellos les instaron a perseverar en la gracia de Dios.

⁴⁴ El siguiente sábado casi toda la ciudad se congregó para oír la palabra del Señor. ⁴⁵ Pero cuando los judíos vieron a las multitudes, se llenaron de celos y contradecían con maldiciones lo que Pablo decía.

⁴⁶ Pablo y Bernabé les contestaron valientemente: «Era necesario que les anunciáramos la palabra de Dios primero a ustedes. Como la rechazan y no se consideran dignos de la vida eterna, ahora vamos a dirigirnos a los gentiles. ⁴⁷ Así nos lo ha mandado el Señor:

»"Te he puesto por luz para las naciones,
a fin de que lleves mi salvación hasta los confines de la tierra."»

⁴⁸ Al oír esto, los gentiles se alegraron y celebraron la palabra del Señor; y creyeron todos los que estaban destinados a la vida eterna.

⁴⁹ **La palabra del Señor se difundía por toda la región.** ⁵⁰ **Pero los judíos incitaron a mujeres muy distinguidas y favorables al judaísmo, y a los hombres más prominentes de la ciudad, y provocaron una persecución contra Pablo y Bernabé. Por tanto, los expulsaron de la región.** ⁵¹ **Ellos, por su parte, se sacudieron el polvo de los pies en señal de protesta contra la ciudad, y se fueron a Iconio.** ⁵² **Y los discípulos quedaron llenos de alegría y del Espíritu Santo.**

 El avance del evangelio hacia el oeste sigue adelante cuando "Pablo y sus compañeros" zarpan del puerto chipriota de Pafos rumbo noroeste hacia la ciudad de Perge en Panfilia (v. 13). No se nos dice si el equipo predica o no en aquella ciudad, aunque sí sabemos que lo hizo en el viaje de regreso (14:25). La mayor parte del capítulo 13 relata las experiencias de estos evangelistas en Antioquía de Pisidia.

Predicación en Antioquía de Pisidia (13:13–41)

El versículo 13 presenta dos interesantes cambios en el equipo misionero. (1) Pablo parece haber adoptado el papel más destacado. Antes de esto, a Bernabé se le mencionaba siempre en primer lugar,[1] mientras que ahora ni siquiera se le nombra de manera explícita, sino que se le incluye como uno de los "compañeros" de Pablo. De aquí en adelante, y con la excepción de los protocolos del concilio de Jerusalén (15:12) y la carta que este envió a las iglesias (15:25), el orden en que se les menciona es siempre "Pablo y Bernabé".[2] Esta parece ser la manera en que Lucas nos comunica que Pablo ha asumido el liderazgo, o al menos el lugar de prominencia.

(2) Juan Marcos regresa a Jerusalén. Pablo describe más adelante esta partida como una deserción (15:38), pero no se nos dice por qué se marcha. ¿Se siente acaso nostálgico? ¿Es que no había pensado ausentarse durante tanto tiempo? ¿Considera demasiado duros los rigores del viaje, en especial la perspectiva de un ascenso a los montes camino de Galacia? ¿Se toma mal el hecho de que su primo Bernabé haya pasado a ocupar un segundo lugar? ¿O es acaso que tiene problemas con el atrevido acercamiento a los gentiles que Pablo está desarrollando? No podemos estar seguros.

Desde Perge, Pablo y Bernabé se dirigen al norte alejándose de la zona costera, hacia los montes más elevados, para ministrar en las ciudades de la Galacia meridional. Probablemente tomaron la Vía Sebaste, una carretera

---

1. Ver 11:26, 30; 12:25; 13:1, 2, 13:7.
2. Ver 13:42, 43, 46, 50; 14:1, 3, 14, 20, 23; 15:2, 22, 35.

romana adoquinada que unía Perge con Antioquía.[3] Antioquía de Pisidia era un importante centro civil y militar de Roma (v. 14), situado a más de mil metros sobre el nivel del mar. Aunque la ciudad pertenecía realmente a Galacia, estaba cerca de Pisidia, de ahí su nombre (había otra Antioquía en aquel mismo distrito).

En Gálatas 4:13, Pablo dice que "la primera vez que [predicó] el evangelio [en aquella zona] fue debido a una enfermedad". Sir William Ramsay sugiere que Pablo habría contraído la malaria en la tierra baja y fue a recuperarse a la zona más elevada del norte,[4] pero no podemos estar seguros de ello. Una de las familias más ricas de Antioquía era la de Sergio Paulo, el procónsul de Chipre que se había convertido (13:5–12). No es, pues, de extrañar que S. Mitchell, un experto en la arqueología de aquella zona, afirme: "Es difícil eludir la conclusión de que el propio procónsul le sugirió a Pablo que hiciera de Antioquía su siguiente puerto de escala, proveyéndole sin duda de cartas de recomendación que le ayudaran en su viaje y estancia".[5]

Como era costumbre, el sábado, Pablo y Bernabé fueron a la sinagoga local y se les invitó a hablar (vv. 14–15). Se observa que Pablo se dirigió en dos ocasiones tanto a judíos como a temerosos de Dios, utilizando distintas expresiones cada vez (vv. 16, 26), y que el mensaje está diseñado a medida para conectar con una audiencia que conoce el Antiguo Testamento. Aunque Pablo cubre algunos de los mismos temas que Esteban en su resumen de la historia de Israel, su objetivo es distinto. Esteban quería demostrar que la antigua era, con el templo y la ley de Moisés, había dejado paso a la nueva. El objetivo de Pablo es mostrar más bien que la actividad de Dios en la historia llegó a su clímax con la venida de Jesús. Así menciona que Dios trabajó con Israel en Egipto (v. 17a), en el Éxodo (v. 17b), durante el peregrinaje por el desierto (v. 18), en la conquista de Canaán (v. 20), en el periodo de los jueces (v. 20b) y durante la época de los dos primeros reyes de Israel, Saúl y David (vv. 21–22). De ahí Pablo salta directamente a Jesús el Salvador, uno de los descendientes de David (v. 23). La implicación es que Jesús cumple con las aspiraciones judías.

A partir de este momento, Pablo defiende la validez de lo que ha afirmado en el versículo 23 en el sentido de que Jesús es ciertamente el "Salvador" prometido. Juan el Bautista había anticipado su venida (vv. 24–25). Los oyentes de Pablo sabían posiblemente más sobre Juan que sobre Jesús.[6] Después de proclamar que este mensaje de la salvación les ha sido enviado a ellos (v. 26), Pablo procede a hablar sobre la muerte de Cristo con la apologética caracte-

---

3. G. Walter Hansen, "Galatia", *BAFCS*, 2:384.
4. W. M. Ramsay, *St. Paul the Traveler and Roman Citizen* (Londres: Hodder and Stoughton, 1920), 94–97; citado en Bruce, *Acts*, NICNT, 251.
5. S. Mitchell, *Anatolia: Land, Men and God's in Asia Minor*, vol.2: *The Rise of the Church* (Oxford: Clarendon, 1993), 7; citado en Hansen, "Galatia", 386–87.
6. Gempf, "Acts", 1086.

rística presentada a los judíos en el libro de los Hechos: él era inocente y su muerte dio cumplimiento a las profecías del Antiguo Testamento (vv. 27–29). A continuación, como en el sermón pentecostal de Pedro, Pablo expone extensamente que la resurrección de Jesús fue presenciada por personas dignas de confianza y que estaba en consonancia con lo que decía el Antiguo Testamento (vv. 30–37).

Tras la exposición del acontecimiento de Cristo, el apóstol ofrece a sus oyentes el perdón (v. 38) y la justificación (v. 39). El versículo 39 contiene algunas ideas características de las cartas de Pablo: fe, justificación y la imposibilidad de ser justificado por la ley de Moisés. A estas referencias Stott añade algunas otras que salpican este discurso: la muerte en el madero (v. 29), el pecado (v. 38) y la gracia (v. 43). Después de señalar que Pablo se dirigía aquí a los gálatas, Stott observa que estas ideas constituyen el fundamento de su carta a los Gálatas, que el apóstol escribiría unos meses más tarde. Stott observa que W. C. Van Unnik creía poder afirmar que "Lucas no entiende la doctrina de la justificación por la fe como centro del pensamiento paulino".[7] Stott muestra, no obstante, que este discurso contradice dicha afirmación.[8] No tenemos, pues, por qué asumir, como algunos, que el Pablo de Hechos no pudo haber escrito cartas como Gálatas y Romanos.

Pablo concluye su mensaje con una cita de Habacuc (Hab 1:5), que es una advertencia de juicio para quienes rechazan la oferta de la salvación de Dios (Hch 13:41).

Los temas de la sustitución de las personas y la elección de Dios son algunas claves del sermón de Pablo.[9] Habla de la sustitución de las naciones y de la elección de Israel (v. 19); la sustitución de Saúl y la elección de David (v. 22); el hecho de que "todo el pueblo de Israel" hubo de pasar por el bautismo, la señal de conversión al judaísmo, para evitar la sustitución (v. 24); La sustitución de Juan por parte de Jesús (v. 25); y la sustitución de los judíos y la elección de Jesús (vv. 40–41; cf. vv. 46–48). Pablo expresa el plan salvífico de Dios para el mundo mediante el progreso de la historia. Comenzando con su salvación en el Éxodo, muestra que Dios siguió revelando sus propósitos de manera sistemática hasta que estos alcanzaron su clímax en el acontecimiento de Cristo.

Las repercusiones del sermón de Pablo (13:42–52)

Pablo y Bernabé son invitados a hablar también el siguiente sabbat (v. 42). Mientras tanto, "muchos judíos y prosélitos fieles" (*proseluton*) les siguieron. Podemos asumir que Pablo y Bernabé se dedicaron a ministrar personalmente

7. Leander E. Keck y J. Louis Martyn, eds., *Studies in Luke-Acts* (Filadelfia: Fortress, 1980), 26.
8. Stott, *Acts,* 225–26.
9. Gempf, "Acts", 1086–87.

a estos contactos durante la semana. Lucas sigue explicando que "en su conversación con ellos les instaron a perseverar en la gracia de Dios" (v. 43). Puede que esta última expresión no signifique que se convirtieran, sino más bien que se habían abierto a la gracia de Dios que estaba actuando en sus corazones y ahora se les instaba a seguir aquel camino.

Probablemente, los judíos no esperaban ver a casi toda la ciudad allí aquel día (v. 44). Estos se llenan de celos y se oponen al siguiente mensaje de Pablo con un lenguaje grosero (v. 45). Pablo y Bernabé responden a esto con palabras que se convertirían en un rasgo característico del ministerio y teología de Pablo: su predicación se dirigía primero a los judíos, pero si ellos se consideraban indignos de la vida eterna irían entonces a los gentiles (v. 46).[10] Pablo respalda este paso con las Escrituras (v. 47). Aunque en esta ocasión se habría expresado con confianza, este fenómeno del rechazo del evangelio por parte de los judíos le hiere profundamente e inflama su anhelo por su salvación y su deseo de orar por ella (Ro 9:1–3; 10:1).

En Romanos 9–11, Pablo utiliza su gran habilidad teológica para desarrollar en profundidad las implicaciones y razones de este rechazo. De hecho, una parte de Romanos 9–11 es en cierto modo una exposición de Hechos 13:47. La receptividad de los gentiles era asombrosa, teniendo en cuenta que el culto imperial (la adoración pública del emperador) estaba muy arraigada en Antioquía. En el centro de la ciudad, y como uno de sus edificios más emblemáticos, se alzaba un templo dedicado a Augusto cuyo culto dominaba la vida diaria de la ciudad y el calendario anual.[11]

Los gentiles reciben la palabra de Pablo con alegría (v48a)

La insólita expresión "celebraron (*edoxazon*) la palabra del Señor" (v. 48b) significa probablemente "que dieron gloria al Señor por la palabra que habían oído".[12] Tras subrayar considerablemente la respuesta humana al evangelio, tanto de manera positiva como negativa, Lucas corrige el desequilibrio enfatizando el papel fundamental de Dios en la salvación: Todos aquellos que creyeron "estaban destinados a la vida eterna" (v. 48c). "No es nunca la propia decisión de la persona lo que la salva, sino siempre el amor y misericordia de Dios".[13]

La severidad de la oposición al evangelio es tal que el equipo tiene que abandonar el pueblo (vv. 49–50). A pesar de estos problemas, los nuevos creyentes están "llenos de alegría y del Espíritu Santo" (v. 52). Al abandonar aquella

---

10. 18:6; 22:21; 26:20; 28:28; 1:16.
11. Hansen, "Galatia", 394–95.
12. Barrett, *Acts,* 658.
13. Gempf, "Acts", 1087.

zona, Pablo y Bernabé expresan su veredicto con respecto a los judíos sacudiéndose el polvo de los pies (v. 51). David Williams señala que "los judíos estrictos llevaban a cabo este acto simbólico cuando entraban en Tierra Santa desde el extranjero, para no contaminarse con el polvo de los lugares profanos". Ahora, al hacerlo contra los propios judíos, Pablo y Bernabé "declaran que no son mejores que los paganos entre quienes viven; estos judíos eran profanos y ya no formaban parte del verdadero Israel".[14]

Más claves del ministerio de ánimo

El libro de los Hechos nos proporciona una imagen fascinante de cómo Bernabé ministraba ánimo a Pablo y a Marcos. En esta sección encontramos tres experiencias comunes de los animadores. (1) La inversión que hace Lucas del orden de los nombres (mencionando a Pablo antes que a Bernabé desde el versículo 13 en adelante[15]) sugiere que Pablo se había convertido en el miembro prominente del equipo. Un rasgo común de los animadores es su disposición a entregar el liderazgo a personas más jóvenes si eso es mejor para el progreso del reino.

(2) Cuando Pablo adquirió notoriedad, Bernabé se limitaba a estar presente dejando en manos del apóstol la tarea de predicar y enseñar. Si, como hemos sugerido en nuestra exposición de 4:36, el nombre de Bernabé significa "Hijo de exhortación", Bernabé era entonces un buen maestro. Sin embargo, los buenos maestros que son además animadores darán el lugar de la enseñanza a alguien que pueda ejercer este ministerio de un modo más efectivo en situaciones específicas y él mismo estará como mero miembro del equipo.

(3) Bernabé animó también a Marcos, su primo (Col 4:10), un hecho que se hace evidente cuando Pablo decide no llevarle con ellos en un viaje posterior y Bernabé decide separarse de Pablo y viajar con Marcos (Hch 15:37–39). La decisión de Marcos de abandonar al equipo en Perge (13:13) debió de ser una fuente de tristeza para Bernabé. Los animadores encajan este tipo de golpes cuando aquellos en quienes tienen depositadas sus esperanzas no viven a la altura de sus expectativas.

El avance de la historia

En su mensaje, Pablo mostró que Dios siguió revelando sistemáticamente sus propósitos, comenzando con el Éxodo y hasta alcanzar su clímax en Cristo. En Lucas-Hechos se subraya intensamente el concepto de la historia de la sal-

---

14. D. J. Williams, *Acts,* 240.
15. En el versículo 13 ni siquiera se menciona el nombre de Bernabé.

vación. Una idea que descansa en "la suposición esencial de que Dios desarrolla la salvación dentro de una historia especial que también forma parte de la historia general del mundo". En su presentación, "Lucas quiere mostrar el acontecimiento de Jesús, no como un suceso más dentro de la especial historia salvífica de Dios, sino como el acontecimiento central de dicha historia".[16] La esperanza del Antiguo Testamento se cumple mediante lo sucedido como consecuencia de la venida de Jesús (Hch 2:16). Más adelante mostraremos que la práctica de relatar la progresiva revelación del plan de Dios para el mundo en la historia puede ser una útil metodología evangelizadora incluso en nuestros días.

Subrayando el contenido del evangelio en la evangelización

Al estudiar de nuevo el libro de los Hechos para escribir este comentario, una de las características que ha surgido una y otra vez es la importancia del contenido del evangelio para la evangelización. Esta es la razón por la que, en Hechos, Lucas subraya este hecho a menudo, como lo hace aquí de manera bastante extensa (vv. 16–41).[17] El cristianismo es esencialmente una revelación y los cristianos son personas vinculadas a un libro. Por tanto, el contenido del evangelio y la defensa de su validez son cuestiones importantes para el cristianismo.

Vemos una prueba de esto en el modo en que Pablo defiende la validez y atractivo del evangelio en el discurso que pronunció en Antioquía de Pisidia. Este lenguaje es un ejemplo de apologética persuasiva. La primacía del contenido del evangelio para la evangelización se ve también en el modo en que Lucas describe la respuesta al evangelio: "... casi toda la ciudad se congregó para oír la palabra del Señor" (v. 44). Los que la aceptaron, "celebraron la palabra del Señor" (v. 48). "La palabra del Señor se difundía por toda la región" (v. 49). Es evidente que la palabra del Señor, la verdad de Dios revelada a la humanidad, era un aspecto esencial del proceso evangelizador.

Los convertidos gentiles en Antioquía no veían el cristianismo solo como una respuesta a ciertos problemas terrenales de carácter personal. Si esta hubiera sido su actitud, la expulsión de los misioneros de la ciudad habría acabado sin duda con su alegría. Ellos veían el cristianismo como la verdad de Dios y pudieron alegrarse aun después de que el equipo se marchara (cf. v. 52). Es cierto que, al principio, las personas pueden acercarse a Cristo para que se supla alguna de sus necesidades. Sin embargo, permanecen porque creen que

---

16. J. Julius Scott Jr., "Theology of Luke-Acts", *EDBT*, 496.
17. Quienes quieran analizar el acento de Lucas sobre el contenido del mensaje evangelizador pueden ver 2:14–40; 3:12–26; 4:8–12; 5:29–32; 7:2–53; 8:32–35; 10:34–43; 13:16–41; 14:15–17; 15:7–11, 13–21; 16:31–32; 17:11, 22–31; 18:28; 22:3–21; 24:10–21; 26:2–27; 28:26–31.

el evangelio es la verdad. Cuando nos damos cuenta de que este es el corazón del evangelio, poseemos una seguridad capaz de sostenerse ante las crisis de la vida. Y en medio de tales tormentas podemos incluso tener alegría.

Los animadores ceden el liderazgo

Probablemente no fue fácil para Bernabé ceder el liderazgo a Pablo, que era, en cierto modo, su discípulo. Bernabé era seguramente de mayor edad que Pablo y también llevaba más tiempo en los caminos del Señor. Es probable que fuera también de apariencia más distinguida, puesto que más adelante los habitantes de Listra llamaron Zeus a Bernabé y Hermes a Pablo (Zeus era el dios principal del panteón griego y Hermes, su portavoz [14:12]). Comentando sobre el intercambio de papeles en el liderazgo, Bruce cita una rima que podríamos traducir del siguiente modo:

> Requiere gracia y corazón
> Ser un digno segundón[18]

Este es un tipo de desafío que todos los dirigentes tendrán que afrontar en algún momento. Hemos de estar dispuestos a ceder nuestra posición si es para beneficio del reino. Y cuando lo hagamos, hemos de facilitarles las cosas a nuestros sucesores. Me alegra poder decir que, en nuestros círculos cristianos, he visto muchas veces al dirigente saliente quedarse durante un tiempo para levantar fondos o como consejero del joven ministro entrante, quien, de este modo, se ha beneficiado de la experiencia del veterano sin sentirse amenazado por su presencia.

Para que esta transición se produzca sin problemas, es posible que el dirigente veterano tenga que dar algunos pasos concretos para crucificar la carne. El conocido maestro de la Biblia F. B. Meyer (1847–1929) ministró muchas veces en la Northfield Bible Conference de D. L. Moody y siempre atrajo a grandes multitudes a sus reuniones. Después, G. Campbell Morgan (1863–1945), un maestro más joven, comenzó también a predicar allí y sus impresionantes estudios bíblicos comenzaron a atraer audiencias más numerosas que las de Meyer. Meyer les confesó a algunos de sus amigos más íntimos que a veces tenía envidia de Morgan. Pero a continuación agregó: "La única forma en que puedo vencer mis sentimientos es orando diariamente por él, y lo hago".[19] Meyer dio este paso concreto para adoptar una perspectiva del reino con respecto a su pérdida de notoriedad a manos de un predicador más joven.

---

18. Bruce, *Circle*, 19.
19. W. Y. Fullerton, *F. B. Meyer: A Biography* (Londres: Marshall, Morgan and Scott, n.d.), 37.

Si Pablo era el orador, Bernabé debía escuchar mientras hablaba. Es posible que, por sus atareados horarios, muchos dirigentes importantes de nuestro tiempo consideren una pérdida de tiempo escuchar predicar a los predicadores noveles. Sin embargo, uno de los grandes privilegios y alegrías del liderazgo es precisamente "estar ahí" para animar a los más jóvenes, cuando hacen lo que sabemos que también nosotros podríamos hacer muy bien. El Dr. Robert Coleman, quien fue mi maestro y mentor en el seminario, solía decir que la gloria del maestro es sentarse a los pies del estudiante y aprender de él. Durante mis años de estudiante en el seminario tuve la oportunidad de predicar varias veces. Se trataba de una tarea difícil, porque en los seminarios los sermones se critican. El Dr. Coleman siempre me decía: "Me verás en el rincón de los amenes" [se trata de un visible rincón de la iglesia ocupado por oyentes fervientes y entusiastas que gritan "amén" o expresiones parecidas cuando el predicador dice algo importante. N. del T.], y siempre estaba allí. Si me ponía nervioso durante la predicación, solo tenía que mirar su rostro sonriente, y enseguida cobraba ánimo para seguir predicando con pasión.

Lucas volvió al antiguo orden de "Bernabé y Pablo" al resumir lo sucedido en el concilio de Jerusalén (15:12) y la carta que este envió a las iglesias (15:25). En Jerusalén, Bernabé era un dirigente admirado y veterano. Por ello era sin duda más apropiado que fuera él y no Pablo quien adoptara el papel de líder. Al parecer, Pablo no puso reparos. En otras palabras, el liderazgo no es un derecho inalienable al que nos aferramos tenazmente, sino más bien una responsabilidad relacionada con el programa del reino. Este programa es siempre más importante que nuestra notoriedad y prestigio personales.

Los animadores se entristecen a menudo

En nuestra aplicación de 11:23 hemos observado que los animadores se alegran con facilidad. Sin embargo, en este texto vemos que el generoso espíritu de Bernabé recibió un doloroso golpe cuando Marcos abandonó al grupo (13:13). Del mismo modo que los animadores se alegran con facilidad, también es frecuente que se entristezcan. Algunas personas no vivirán a la altura de lo que invertimos y esperamos de sus vidas ni alcanzarán lo que ambicionamos para ellos. Esto será motivo de desilusión y dolor, porque nuestros deseos para ellos eran genuinos. Es posible que también represente una cierta humillación porque hayamos sufrido el riesgo de respaldar en público a estas personas.

Para evitar este tipo de dolor, algunos dirigentes van a lo seguro y nunca se relacionan estrechamente con las personas ni asumen el riesgo de respaldarlas. Algunas veces sucumben ante el escepticismo y el recelo, lo cual les descalifica para el ministerio de animar y estimular. Con esta actitud consiguen evitar el dolor, pero se bloquea el camino al fruto permanente. El profundo compromiso de Pablo con las personas le llevó a experimentar mucho dolor y estrés (2Co 11:28–29; Gá 4:19–20). Sin embargo, su vida dio también mucho fruto. Sabemos, por supuesto, que, aunque más adelante el dolor de Bernabé por su compromiso con Marcos se intensificó (15:37–39), sus esperanzas acerca de él resultaron estar bien fundamentadas. Como autor de uno de los Evangelios, Marcos llegó a ocupar un lugar más sobresaliente incluso que el propio Bernabé en la historia del cristianismo. Merece, pues, la pena asumir el dolor que implica el compromiso, ya que, aunque algunos no salen adelante, otros sí lo hacen.

Utilizando la revelación del plan de Dios para la humanidad en la evangelización

El desarrollo del plan salvífico de Dios para la humanidad ha sido la base para el bosquejo de varias obras importantes de teología bíblica.[20] Pablo utiliza este mismo tema para construir un bosquejo de su predicación evangelística en el libro de los Hechos. Esta parece también la estrategia que utilizó Jesús en su reconfortante explicación del evangelio en el camino de Emaús (Lc 24:27). Sugiero que se trata de un método apropiado para la elaboración contemporánea de mensajes evangelísticos. En su mensaje, Pablo mostró que, a través de las vicisitudes de la historia humana, Dios estaba desarrollando su plan para su creación y que este llegó a su clímax en "el acontecimiento de Cristo".

Muchas personas temen por el mundo viendo que su degradación moral, guerras e irresponsabilidad ecológica le abocan a la autodestrucción. Muchos acaban inmersos en el cinismo y la desesperación viendo la impotencia de un "salvador" tras otro que no consiguen aportar una solución eterna a los problemas de la vida, la gran aspiración humana. La idea cíclica de la historia, característica del hinduismo y que tanto ha influenciado al movimiento de la Nueva Era en Occidente, añade otro elemento a esta sensación de desesperación, porque no entiende que la historia se dirija hacia una meta o cumplimiento. El discurso de Pablo, por el contrario, muestra claramente que el Señor del Universo no está inactivo, que no ha abandonado a su creación a su propia suerte, sino que ha actuado de acuerdo con un plan que se ha desarrollado de forma gradual. En Cristo se cumple el deseo de todos los tiempos. Quienes buscan algún sentido a la historia y se ven abocados a admitir que no lo encuentran no tienen por qué aceptar esta sombría conclusión. ¡Hay esperanza! El plan del Creador del Universo se está desarrollando.

---

20. Elmer A. Martens, *God's Design: A Focus on Old Testament Theology* (Grand Rapids: Baker, 1981); Daniel P. Fuller, *The Unity of the Bible* (Grand Rapids: Zondervan, 1992); Walter C. Kaiser Jr., *Toward an Old Testament Theology* (Grand Rapids: Zondervan, 1978); Erich Sauer, *La Aurora De La Redencion Del Mundo: La Historia De La Salvación En El Antiguo Testamento* (Grand Rapids: Eerdmans, Portavoz, 1984); ídem, *El triunfo del crucificado: la historia de la salvación en el Nuevo Testamento* (Grand Rapids: Editorial Portavoz, 1993); Geerhardus Vos, *Biblical Theology* (Grand Rapids: Eerdmans, 1954); Bruce K. Waltke con Charles Yu, *Old Testament Theology: The Making of the Kingdom of God* (Grand Rapids: Zondervan, de próxima aparición).

Este mensaje puede aportar esperanza a los que no la tienen e impartir seguridad a quienes acaban entendiendo que el rompecabezas de la vida tiene sentido. Trazar la intervención de Dios en la historia de la raza humana crea en algunas personas el deseo de unirse a este trascendental proceso del universo. Por ello, cuando predico el evangelio ante audiencias predominantemente no cristianas, suelo utilizar el acercamiento de Pablo para explicar el desarrollo del programa de Dios para el mundo (comenzando por regla general con la creación del mundo).

Formé parte de un grupo que creó un popular folleto evangelístico estructurado alrededor de los doce primeros capítulos de Génesis y del evangelio de Juan. Entre estas dos secciones del texto bíblico, insertamos un breve resumen de cómo ha tratado Dios con la raza humana entre Abraham y Jesús, que se inicia con la creación de la nación de Israel y sigue con las predicciones proféticas de la venida de un Mesías. La forma de presentación pretendía mostrar que los propósitos de Dios en la historia se cumplieron según un plan del que Cristo era la culminación.

Su experiencia intentando llegar a las tribus no alcanzadas con el evangelio, ha llevado a la *Misión Nuevas Tribus* a desarrollar el curso, Building on Firm Foundations [Construyendo sobre fundamentos firmes], que utiliza lo que ellos llaman "acercamiento cronológico" tanto para evangelizar como para la enseñanza de los creyentes. Ofrecen una serie de nueve volúmenes: dos dedicados a la evangelización y seis a la enseñanza. Cada colección comienza con el Antiguo Testamento y sigue con el Nuevo.[21] Este acercamiento bien podría ser clave, no solo para alcanzar a las personas en países no cristianos, sino también para alcanzar al mundo occidental "post-cristiano".

Evangelización centrada en el contenido

Hay tres factores clave en el mundo de hoy que impiden que el contenido del evangelio sea fundamental en el proceso evangelizador. (1) La filosofía dominante de nuestro tiempo, el pluralismo, ha asestado un tremendo golpe a la idea de la verdad. El pluralismo niega la importancia de la verdad objetiva. En este tipo de atmósfera a la apologética se la considera fuera de lugar y hasta presuntuosa. El pluralista dice que la verdad es subjetiva, algo que aprendemos a partir de nuestra experiencia. No hay, por consiguiente, ninguna verdad absoluta que proceda de una revelación objetiva. En lugar de apologética se propone diálogo (término que alude a un intercambio de creencias y experiencias que nos enriquecerá mutuamente).[22]

---

21. La historia de cómo se utilizó esto en una tribu se presenta vívidamente en dos vídeos titulados, *"Ee-Taow"* (Es cierto) y "Now We See Clearly" (Ahora vemos claramente).
22. Algunas críticas de este acercamiento a la verdad pueden verse en Paul Helm, ed., *Objective Knowledge: A Christian Perspective* (Leicester: Inter-Varsity, 1987); Paul J.

(2) Vivimos en la era de la tecnología y la información, tan concentrada en la acción y la información que queda poco tiempo para pensar en ideas y verdad. Sammy Tippit ha dicho: "Puede que una de las mayores necesidades de esta generación sea la de pensadores. La llegada de los ordenadores ha introducido en el mundo la inteligencia artificial. En un tiempo en que los ordenadores y la televisión monopolizan la atención, muchos cristianos han dejado de pensar y reflexionar".[23] Como forma de renovación y refrigerio, las personas recurren a algo que les mantenga activos (como las actividades al aire libre) o que les embote los sentidos (como la televisión). Los predicadores tienen a su disposición una gran variedad de programas informáticos que les ofrecen un trabajo que en otro caso ellos mismos habrían hecho. Aunque tales programas tienen sin duda su lugar, nada puede sustituir a la propia meditación y pensamiento sobre la verdad. La apologética y la proclamación efectiva del evangelio surgen de esta clase de estudio y reflexión persistente de la verdad. Deberíamos utilizar las maravillas de la tecnología para ser más eficientes en nuestro trabajo y la recopilación de información a fin de tener más tiempo para pensar.

(3) Muchos grupos cristianos están orientados hacia la experiencia. Aunque esto no está mal y es, de hecho, deseable, la experiencia nunca debe destronar a la verdad. Algunas experiencias, como la sanación o la "fulminación en el Espíritu", pueden llegar a ocupar un lugar tan prominente que las personas no relacionan el evangelio con argumentos inteligentes y demostrables. Muchos no están dispuestos a trabajar con diligencia estudiando el trasfondo de sus oyentes y adaptando el mensaje de lo que Cristo ha hecho por nuestra salvación para ser relevantes, como sí hizo Pablo. Las personas oran y ayunan para recibir el poder de Dios (y esto es algo vital para la evangelización). Pero también lo es el poder de estar equipado con la Palabra de Dios, lo cual requiere preparación y tiempo. Conseguir este poder requiere tanto oración como estudio.

En otras palabras, hemos de exhibir el poder del Espíritu de Dios, tanto en la experiencia como en el mundo del pensamiento. De este modo tendremos un evangelio equilibrado, capaz de soportar los baches que sin duda vendrán, en los que Dios parece retirar su mano de nosotros. Los cristianos no son inmunes a tales experiencias. Aquellos cuya fe está basada en la verdad perseverarán, sabiendo que nada puede rebajar la veracidad del evangelio. Tales personas tendrán el mismo gozo que experimentaron los cristianos de Antioquía de Pisidia, a pesar de los problemas a los que tenían que hacer frente (v. 52). Sin embargo, aquellos cuya fe esté basada en la experiencia vacilarán cuando atra-

---

Griffiths, *An Apology for Apologetics: A Study in the Logic of Interreligious Dialogue* (Maryknoll, N.Y.: Orbis, 1991).

23. Sammy Tippit, *The Prayer Factor* (Chicago: Moody, 1988), 41; citado en Paul Borthwick, *Feeding Your Forgotten Soul* (Grand Rapids: Zondervan, 1990), 96.

viesen periodos de oscuridad. Ojalá que en estos tiempos tales personas den con las realidades más seguras e inmutables del cristianismo.

No es, pues, erróneo atraer a las personas al cristianismo presentándoles un atractivo programa que ministre a sus necesidades sentidas. Sin embargo, esto no es suficiente. Hemos de hacer que las personas entiendan la gloria de la verdad del evangelio, algo más profundo y permanente que las experiencias. Esto les impartirá el gozo del evangelio, un gozo capaz de soportar las misteriosas épocas de oscuridad en la vida.

Para comunicar esta visión hemos de experimentar personalmente el gozo de la verdad. Hemos de tomarnos el tiempo para alimentar nuestra mente con la verdad y meditar en ella para que resplandezca en nuestro interior. El resultado será que, al observarnos, aquellos a quienes ministramos adquirirán también un gran respeto y apreciación por la verdad. Captarán nuestro entusiasmo por ella. Entretanto, también nosotros seremos reconfortados y alimentados. Esto nos ayudará a mantenernos frescos en medio de los debilitadores desafíos del ministerio.[24] John Stott ha dicho: "Solo si la Escritura ha cobrado vida en la experiencia del predicador lo hará también en la de la congregación. Solo si Dios le ha hablado a él por medio de la Palabra que predica oirán sus oyentes la voz de Dios por sus labios".[25]

---

24. Ver la sección "Significado Contemporáneo" de 6:1–7, "Los dirigentes y el ministerio de la Palabra".

25. John R. W. Stott, *The Preacher's Portrait: Some New Testament Word Studies* (Grand Rapids: Eerdmans, 1961), 30 [*Facetas del predicador* (Grand Rapids: Libros Desafío, 2005)].

Hechos 14:1-28

En Iconio, Pablo y Bernabé entraron, como de costumbre, en la sinagoga judía y hablaron de tal manera que creyó una multitud de judíos y de griegos. ² Pero los judíos incrédulos incitaron a los gentiles y les amargaron el ánimo contra los hermanos. ³ En todo caso, Pablo y Bernabé pasaron allí bastante tiempo, hablando valientemente en el nombre del Señor, quien confirmaba el mensaje de su gracia, haciendo señales y prodigios por medio de ellos. ⁴ La gente de la ciudad estaba dividida: unos estaban de parte de los judíos, y otros de parte de los apóstoles. ⁵ Hubo un complot tanto de los gentiles como de los judíos, apoyados por sus dirigentes, para maltratarlos y apedrearlos. ⁶ Al darse cuenta de esto, los apóstoles huyeron a Listra y a Derbe, ciudades de Licaonia, y a sus alrededores, ⁷ donde siguieron anunciando las buenas nuevas.

⁸ En Listra vivía un hombre lisiado de nacimiento, que no podía mover las piernas y nunca había caminado. Estaba sentado, ⁹ escuchando a Pablo, quien al reparar en él y ver que tenía fe para ser sanado, ¹⁰ le ordenó con voz fuerte:

—¡Ponte en pie y enderézate!

El hombre dio un salto y empezó a caminar. ¹¹ Al ver lo que Pablo había hecho, la gente comenzó a gritar en el idioma de Licaonia:

—¡Los dioses han tomado forma humana y han venido a visitarnos!

¹² A Bernabé lo llamaban Zeus, y a Pablo, Hermes, porque era el que dirigía la palabra. ¹³ El sacerdote de Zeus, el dios cuyo templo estaba a las afueras de la ciudad, llevó toros y guirnaldas a las puertas y, con toda la multitud, quería ofrecerles sacrificios.

¹⁴ Al enterarse de esto los apóstoles Bernabé y Pablo, se rasgaron las vestiduras y se lanzaron por entre la multitud, gritando:

¹⁵ —Señores, ¿por qué hacen esto? Nosotros también somos hombres mortales como ustedes. Las buenas nuevas que les anunciamos es que dejen estas cosas sin valor y se vuelvan al Dios viviente, que hizo el cielo, la tierra, el mar y todo lo que hay en ellos. ¹⁶ En épocas pasadas él permitió que todas las naciones siguieran su propio camino. ¹⁷ Sin embargo, no ha dejado de dar testimonio de sí mismo haciendo el bien, dándoles lluvias del cielo y estaciones fructíferas, proporcionándoles comida y alegría de corazón.

¹⁸ A pesar de todo lo que dijeron, a duras penas evitaron que la multitud les ofreciera sacrificios.

[19] **En eso llegaron de Antioquía y de Iconio unos judíos que hicieron cambiar de parecer a la multitud. Apedrearon a Pablo y lo arrastraron fuera de la ciudad, creyendo que estaba muerto. [20] Pero cuando lo rodearon los discípulos, él se levantó y volvió a entrar en la ciudad. Al día siguiente, partió para Derbe en compañía de Bernabé.**

[21] **Después de anunciar las buenas nuevas en aquella ciudad y de hacer muchos discípulos, Pablo y Bernabé regresaron a Listra, a Iconio y a Antioquía, [22] fortaleciendo a los discípulos y animándolos a perseverar en la fe. «Es necesario pasar por muchas dificultades para entrar en el reino de Dios», les decían. [23] En cada iglesia nombraron ancianos y, con oración y ayuno, los encomendaron al Señor, en quien habían creído. [24] Atravesando Pisidia, llegaron a Panfilia, [25] y cuando terminaron de predicar la palabra en Perge, bajaron a Atalía.**

[26] **De Atalía navegaron a Antioquía, donde se los había encomendado a la gracia de Dios para la obra que ya habían realizado. [27] Cuando llegaron, reunieron a la iglesia e informaron de todo lo que Dios había hecho por medio de ellos, y de cómo había abierto la puerta de la fe a los gentiles. [28] Y se quedaron allí mucho tiempo con los discípulos.**

El capítulo 14 sigue narrando las actividades de Pablo y Bernabé en la Galacia del sur, donde visitaron las ciudades de Iconio, Listra y Derbe. Al final de este capítulo, recorren la ruta por las ciudades de Galacia en sentido contrario y, finalmente, regresan por mar a Antioquía, donde informan a la iglesia sobre las grandes cosas que "Dios había hecho por medio de ellos" (v. 27).

Ministerio en Iconio (14:1–7)

La ciudad de Iconio (la moderna Konya) era y sigue siendo una importante confluencia atravesada por la carretera que une Siria con Éfeso. Estaba situada a poco menos de ciento cincuenta kilómetros al sudeste de Antioquía de Pisidia, y Pablo y Bernabé siguieron por la Vía Sebaste que les llevó hasta Antioquía. Listra estaba a poco más de treinta kilómetros al sudoeste de Iconio. Los aproximadamente cien kilómetros que separaban Listra de Derbe transcurrían por caminos sin pavimentar.[1] En la Introducción se explica que este capítulo ayudó al gran arqueólogo Sir William Ramsay a confiar en la veracidad histórica del Nuevo Testamento.

Pablo y Bernabé siguieron su práctica "habitual" de dirigirse primero a la sinagoga local (v. 1). Muchos judíos y gentiles creyeron, y esto suscitó la opo-

---

1. G. Walter Hansen, "Galatia", *BAFCS*, 2:384.

sición de los judíos que no creyeron (v. 2; cf. 13:50; 14:19; 17:5–9). Pero Pablo y Bernabé siguieron desarrollando su ministerio de la Palabra y de milagros (v. 3), siendo estos últimos una confirmación por parte de Dios del mensaje proclamado. El papel confirmatorio de los milagros está implícito en la petición que en 4:30 los creyentes hacen a Dios para que acompañe con milagros su ministerio, y queda ilustrado en la conversión de Sergio Paulo después de que Elimas quedara ciego por su oposición (13:12), pero aquí este papel se declara de manera explícita. El evangelio hizo que la ciudad se dividiera (v. 4), y una conspiración contra Pablo y Bernabé los forzó a huir hacia Listra y Derbe (v. 5).

Ministerio en Listra y Derbe (14:8–21a)

La sanación del inválido con que se inicia el relato del ministerio en Listra probablemente tuvo lugar un poco después de que Pablo y Bernabé llegaran a esta ciudad, porque está claro que cuando Pablo fue apedreado ya había creyentes en la ciudad que acudieron en su ayuda (v. 20). El relato del milagro guarda notables similitudes con la curación del cojo en la puerta del templo (3:2–10). Ambos hombres eran inválidos de nacimiento. Igual que hicieron Pedro y Juan, también Pablo miró directamente al lisiado (14:9; cf. 3:4). Asimismo, ambos saltaron tras ser sanados (14:10; cf. 3:8). Se dice también que los dos tuvieron fe para ser sanados (14:9; cf. 3:16). Otra similitud es que los predicadores desviaron la atención de sí mismos a Dios (14:15; cf. 3:12).

La identificación de Pablo y Bernabé con Zeus y Hermes (vv. 11–12) es comprensible, porque "Zeus era el dios más ampliamente adorado en Galacia [… y] a menudo se le vinculaba con otros dioses. En el territorio de Listra hay tallas e inscripciones que muestran a Zeus acompañado por Hermes".[2] La delirante respuesta de los habitantes de Listra podría explicarse por una leyenda de la antigüedad reeditada por Ovidio (43 a. C.–17 d. C.) en su *Metamorfosis*. Según esta leyenda, Zeus y Hermes visitaron una vez las colinas frigias disfrazados de hombres corrientes. Su petición de alojamiento fue rechazada en más de mil casas, pero finalmente una pareja de ancianos les ofreció hospedarse en su humilde hogar. Los dioses convirtieron aquella casa en un templo y destruyeron las de quienes les habían rechazado.[3]

Pablo y Bernabé no entendían lo que decía la multitud que se expresaba "en el idioma de Licaonia" (v. 11). Esto explica el retraso de su respuesta a los planes de ofrecerles sacrificios. Cuando se dieron cuenta de esto, su respuesta fue rápida y típicamente judía (v. 14). "Los judíos estaban obligados a rasgarse las vestiduras cuando oían una blasfemia".[4] Fue precisamente lo contrario que sucedió cuando se comparó a Herodes con un dios (12:22–23).

---

2. Ibíd., 393.
3. Ibíd., 394. Esta historia se reeditó en Boring, *Hellenistic Commentary*, 322–23.
4. Keener, *BBC,* 362.

Pablo utiliza aquella situación para dar testimonio del evangelio, afirmando que él y Bernabé les traen un mensaje mucho más sublime del que representan "estas cosas sin valor" (v. 15, (i.e., los ídolos o los sacrificios que están preparando). Este es el primer discurso de Hechos que se presenta a una audiencia que no ha sido influenciada por una sinagoga judía y sus creencias. Por ello, Pablo ha de iniciar su alocución con una información que ya conocían quienes habían estado bajo el influjo de la religión bíblica. Su acercamiento pretende claramente distinguir al Señor Dios de los dioses paganos, señalando que es el creador de todo lo que existe (v. 15), cuya influencia como sustentador de la creación se percibe por todo el mundo (vv. 16–17). Es también el Dios vivo, quien nos llama a volvernos a él en arrepentimiento (v. 15).

Sin embargo, encontramos de nuevo a judíos que se oponen al ministerio de Pablo y Bernabé. En esta ocasión han venido desde Antioquía y desde Iconio, que distaban 180 y 30 kilómetros respectivamente. El tono de la frase indica la urgencia con que se disponían a aplastar la obra de Pablo y Bernabé. Con un lenguaje conciso, Lucas describe un suceso que, cuando lo pensamos en profundidad, demuestra ser un incidente sorprendente: "Apedrearon a Pablo y lo arrastraron fuera de la ciudad, creyendo que estaba muerto" (v. 19b; ver 2Co 11:25).

En mi estudio de este versículo he considerado el factor psicológico subyacente (aunque no pretendo analizarlo desde un punto de vista psicológico) meditando en lo que pudo significar ser tratado de este modo.[5] ¿Qué debió de sentir Pablo cuando fue apedreado? Los resultados de mi meditación fueron sorprendentes. Por regla general pasamos por este pasaje a toda velocidad en busca de alguna aplicación devocional o teológica. Sin embargo, si queremos entrar en el espíritu de Hechos, puede sernos de ayuda tener un sentido de lo que vivieron los primeros cristianos, ya que ello nos dará una clave para entender cómo se extendió el evangelio en estas primeras décadas de la iglesia. Puede que, cuando a alguien se le apedrea hasta dejarle inconsciente y después se le arrastra fuera de la ciudad, lo más doloroso no sea el daño físico que ha sufrido, sino la angustia mental y el dolor que supone esta completa humillación.

No obstante, en esta hora sombría, Pablo recibe el apoyo de los nuevos creyentes de Listra, quienes "lo rodearon" y le acompañaron cuando "volvió a entrar en la ciudad" (v. 20). ¡Qué fuente de consuelo debió de ser para el apóstol este apoyo![6] Al día siguiente, él y Bernabé partieron para Derbe. El dolor de haber sido heridos y humillados no les quita el entusiasmo por la misión que Dios les ha encomendado. El mensaje que predican en Derbe sigue siendo "las buenas nuevas", aunque hayan sido causa de malas experiencias.

---

5. Ver Robert A Traina, *Methodical Bible Study: A New Approach to Hermeneutics* (Publicación privada, 1952, publicada posteriormente por Grand Rapids: Zondervan), 154–55.

6. En nuestra aplicación de 4:23–31 hemos hablado del consuelo que nos imparten nuestros hermanos en tiempos de persecución.

El Señor bendice sus esfuerzos con "muchos discípulos" (14:21) y no se menciona que hubiera oposición en esta ciudad. Cuando observamos el precio que Pablo pagó por su fiel perseverancia, podemos entender quizá su impaciencia con Marcos, que les había abandonado al comenzar este tramo de su viaje.

Nuevas visitas a las iglesias y a Antioquía (14:21b–28)

Su viaje de regreso llevó a Pablo y Bernabé a las tres localidades donde acababan de trabajar: Listra, Iconio y Antioquía (v. 21). Habían sido expulsados de uno de ellos (13:50) y habían huido de los otros dos (vv. 6, 20). Sin embargo, ahora no desarrollaban el mismo ministerio pionero de evangelización, sino que asumían un nuevo papel de seguimiento de los convertidos. Lucas presenta cuatro importantes verdades sobre este ministerio de acompañamiento.

(1) Pablo y Bernabé fortalecieron a los discípulos (v. 22a).

(2) Les exhortaron (*parakaleo*) a permanecer en la fe (v. 22b, lit.).

(3) Les advirtieron que experimentarían dificultades en una afirmación que implica que las mismas son un requisito necesario en el camino hacia el reino. El texto dice literalmente: "Es necesario (*dei*) que a través de muchas tribulaciones entremos en el reino de Dios" (v. 22c). La palabra "muchas" (*pollon*) "no expresa mera cantidad o número, sino también variedad".[7] Esta idea de variedad en el sufrimiento se expresa con más claridad en Santiago 1:2, que utiliza la palabra *poikilois* ("varias clases de") en relación con las pruebas. La palabra que se traduce como "pruebas" (*thlipsis*) significa "problemas que implican un sufrimiento directo".[8] Pablo da a entender que la de los cristianos no será una vida fácil y exenta de dificultades, sino que tendrán que enfrentarse a duras situaciones adversas de varios tipos.

(4) Pablo y Bernabé ayudaron a las nuevas iglesias a organizarse estableciendo un equipo de liderazgo (v. 23). A los dirigentes se les llama "ancianos" (*presbyteros*), un término que aparece sesenta y seis veces en el Nuevo Testamento. En un principio se utilizaba para aludir a los dirigentes judíos y en Hechos aparece con este sentido en varias ocasiones (ver 4:5, 8, 23; 6:12; etc.). En 11:30, sin ninguna explicación, esta palabra se utiliza de repente para aludir a los ancianos de la iglesia de Jerusalén. El siguiente uso de este término dentro de un contexto cristiano es el pasaje que estamos considerando, tras lo cual aparece otras ocho veces en Hechos para referirse a los ancianos de las iglesias y tres más en alusión a los ancianos judíos. Los ancianos nombrados por Pablo y Bernabé están comprometidos con el Señor, y una vez más la comisión de los dirigentes va acompañada de oración y ayuno (14:23b; cf. 1:24–25; 6:6; 10:9–16; 13:2–3).

---

7. J. A. Alexander, *Acts,* 2:64.
8. Louw y Nida, 243.

El viaje de regreso a Antioquía, lleva a Pablo y a Bernabé a Perge, desde donde comenzó su recorrido hasta los montes de Galacia del sur. No sabemos si en su anterior visita predicaron en esta localidad, pero sí lo hicieron a su regreso (v. 25a). Desde allí partieron hacia Atalía y finalmente navegaron de vuelta a Antioquía, tras finalizar la tarea que se les había encomendado (v. 26). No hay duda de que la iglesia habría escuchado con gran entusiasmo el informe de su misión (v. 27) y estaría muy contenta de que se quedaran "allí mucho tiempo con los discípulos" (v. 28). La palabra griega para "discípulo" (*mathetes*, lit., "alumno") se ha convertido ahora en el término más común para aludir a los cristianos y aparece cuatro veces en este capítulo (vv. 20, 21, 22, 28) y veintiocho en todo el libro de los Hechos (aparece en más de 250 ocasiones en los Evangelios).

Respondiendo a la oposición

Este capítulo nos da varias características de la oposición que experimentaron los primeros cristianos y que pueden ser instructivas para nosotros hoy. Aunque desde el primer siglo han cambiado muchas cosas, existen, sin embargo, numerosas similitudes entre aquel tiempo y el nuestro por lo que respecta a la oposición al evangelio y a sus heraldos. Puede también sernos instructiva la forma en que la iglesia respondió a dicha oposición. (1) Igual que en Iconio se produjo una división por causa del evangelio (v. 4), también en nuestros días las sociedades pueden dividirse cuando les llevamos el evangelio. Esto concuerda con las palabras de Cristo cuando afirmó: "No crean que he venido a traer paz a la tierra. No vine a traer paz sino espada" (Mt 10:34).

(2) Vemos la sorprendente rapidez con que una multitud puede pasar de la adoración al desprecio (vv. 11–19). El súbito cambio de actitud de la multitud recuerda al que se produjo en Jerusalén cuando los que habían recibido a Jesús como si de un rey se tratara (Lc 19:37–38), gritaban: "¡Crucifícalo! ¡Crucifícalo!" (23:21) menos de una semana más tarde.

(3) Vemos que estos atrevidos heraldos del evangelio huyeron de los lugares de peligro (v. 6; cf. v. 20). No cabe duda de que no eran hombres apocados, ya que, aun cuando los judíos incitaron a los gentiles y les amargaron el ánimo (v. 2), Pablo y Bernabé "pasaron allí bastante tiempo, hablando valientemente en el nombre del Señor" (v. 3). Sin embargo, cuando entendieron que quedarse sería contraproducente para la causa del evangelio, se marcharon de aquel lugar. Aunque Pablo salió de Listra, sabemos que la iglesia de esta ciudad superó la difícil situación, de manera que él la visitó a su regreso (14:21), y de nuevo durante su siguiente viaje misionero (16:1). El apóstol reclutó a su amado ayudante Timoteo en esta ciudad (16:1–3). Aunque se marchó de aquel lugar, parece haber hecho preparativos para la supervivencia de la iglesia.

Todo esto sugiere que, si bien la audacia es un prerrequisito para el evangelismo efectivo, en ocasiones la sabiduría sugiere que nos distanciemos temporalmente de situaciones explosivas.

Percibiendo fe para sanar

Lucas comenta que Pablo vio que el minusválido "tenía fe para ser sanado" y que esto fue lo que le llevó a pedirle que se pusiera en pie (vv. 9–10). Al parecer, Pablo tenía un don especial que le permitía discernir si tenía o no que orar por la sanación de las personas. El hecho de que decidiera hacerlo en este caso porque aquel hombre tenía fe para ser sanado sugiere que ni siquiera Pablo oraba por la milagrosa curación de todos los enfermos que se encontraba.

¿Hay acaso un principio permanente en el hecho de que Pablo solo orara por este hombre cuando vio que tenía fe para ser sanado? ¿Pueden también discernir esto los cristianos corrientes? ¿O se trata de una capacidad que tienen solo quienes han recibido el don de sanidad? Me inclino a pensar que a Pablo se le dio una especial capacidad relacionada con su don de sanar milagrosamente. Pero esto no quita que quienes no tienen este don puedan también orar por la curación de los enfermos. Los principios espirituales funcionan de manera más intensa en aquellos que poseen dones especiales, pero muchos de estos principios están abiertos para todos los creyentes. Quienes carecen del don especial de la fe también tienen que ejercer confianza en su vida diaria con Dios, aunque puede que no sean llamados a dirigir al pueblo de Dios a emprender proezas especiales que implican la ejecución de cosas imposibles. Es, pues, posible que no percibamos la fe del mismo modo que Pablo lo hace aquí y que no podamos, por tanto, pedirle a un minusválido en una reunión pública que se ponga en pie. Pero esto no significa que no podamos orar por los enfermos.

Proclamando el evangelio a los no alcanzados

Este pasaje contiene el primer informe de un mensaje dirigido a un grupo que no había estado bajo el influjo preparatorio de la fe judía (vv. 15–18). Nos da una importante clave para ministrar a este grupo: comienza explicando quién es Dios. Este y otros principios se ven con mayor detalle en el ministerio de Pablo en Atenas (17:16–31). Analizaremos este tema en mayor profundidad cuando lleguemos a este pasaje.

Cuatro características del seguimiento/ acompañamiento

En Hechos 2:42 encontramos cuatro prácticas básicas del seguimiento/acompañamiento de los nuevos convertidos en la iglesia de Jerusalén: la enseñanza, la comunión, el partimiento del pan y la oración. El informe de Lucas de lo que hicieron Pablo y Bernabé cuando visitaron de nuevo las ciudades de Listra, Iconio y Antioquía presenta otros cuatro elementos de este proceso (14:21–23). De hecho, los tres primeros pueden considerarse ampliaciones de 2:42. El "fortalecimiento" que se menciona es el resultado final de los cuatro elementos que aparecen en 2:42 y el "ánimo" (exhortación) y advertencia sobre futuras dificultades que aparece en 14:22 forman parte de la "enseñanza" de la enumeración anterior. La cuarta característica de esta lista, el nombramiento de ancianos, no era necesaria en la iglesia de Jerusalén, puesto que los doce apóstoles ya ejercían como ancianos de esta comunidad.

Es posible que los tres puntos que acompañan a la primera característica —el fortalecimiento (v. 22)— describan el modo en que se llevaba a cabo.[9] Esto nos lleva a las palabras de Lucas: "animándolos a perseverar en la fe". Aunque la palabra utilizada en este texto (*parakaleo*) puede significar animar, este ánimo incluiría exhortación. El término *parakaleo* puede también traducirse como "exhortación". Charles Carter explica que la exhortación "tenía un carácter principalmente hortativo y apelaba principalmente a las emociones y a la voluntad".[10] Esta actividad nos recuerda lo que hacía Bernabé cuando llegó a la recién establecida iglesia en Antioquía: les exhortó a aferrarse al Señor de todo corazón (11:23). Un aspecto de esta exhortación sería la advertencia sobre las dificultades que experimentarían (14:22b; ver comentarios anteriores al respecto), pero dicha exhortación se habría extendido también a otros aspectos.

La tercera característica del seguimiento/acompañamiento que encontramos en este texto es la de advertir a los convertidos sobre las dificultades que vendrían. En Hechos 14 no solo se nos habla de la necesidad de sufrir, sino que también la ilustra mostrando el sufrimiento que experimentaba Pablo. Antes nos hemos referido a la angustia mental y la humillación que Pablo hubo de experimentar cuando fue apedreado y arrastrado fuera de la ciudad de Listra. Lucas sugiere que este mensaje sobre el sufrimiento era una parte importante de su ministerio de fortalecer "a los discípulos y [animarlos] a perseverar en la fe", puesto que inmediatamente después de presentar su enseñanza afirma: "Es necesario pasar por muchas dificultades para entrar en el reino de Dios" (v. 22b).

Las dificultades son un ingrediente clave del discipulado. Pablo enseña también esto en sus cartas (Fil 1:28–30; 1Ts 3:3), y Jesús lo menciona en su llamamiento esencial al discipulado (Lc 9:23–24). Hechos 14:22 va más allá, sin embargo, sugiriendo que el sufrimiento es una condición para entrar en el reino de Dios. Pablo dice lo mismo en sus cartas: "… si ahora sufrimos con él, también tendremos parte con él en su gloria" (Ro 8:17; ver 2Ti 2:12).

La cuarta característica del seguimiento/acompañamiento es el nombramiento de ancianos. Puesto que una parte tan importante del crecimiento y

---

9. Barrett, *Acts,* 686.
10. Carter y Earle, *Acts,* 202.

de la vida del cristiano se produce en comunidad, era necesario que Pablo y Bernabé se ocuparan de que las comunidades estuvieran bien organizadas. Por ello nombraron ancianos en estas nuevas congregaciones (v. 23). Un comentario de Pablo a Tito muestra que esta era una práctica que el apóstol seguía sistemáticamente: "Te dejé en Creta para que pusieras en orden lo que quedaba por hacer y en cada pueblo nombraras ancianos de la iglesia, de acuerdo con las instrucciones que te di" (Tit 1:5). Shenk y Stutzman observan que "Pablo nunca dejó a sus congregaciones con la duda sobre quién tenía la responsabilidad".[11]

Puesto que la palabra "anciano" se utilizaba ya en el Antiguo Testamento y en el Israel del siglo I, "el oficio de anciano en la iglesia del Nuevo Testamento no puede entenderse completamente sin el trasfondo del anciano local veterotestamentario, un oficio que seguía vigente en el judaísmo neotestamentario".[12] Los ancianos del Antiguo Testamento tenían la "doble tarea de juzgar y aplicar disciplina en general, así como gobernar y dirigir al pueblo de manera ordenada".[13] En el Nuevo Testamento se llama obispos (*episkopos*) y ancianos a las mismas personas. Ambos nombres se usan indistintamente en Hch 20:17, 28 y Tit 1:5, 7. Mientras que el nombre de anciano apunta a la edad y madurez de la persona en cuestión, el término obispo (que significa supervisor) pone de relieve su papel. Hablaremos con más detalle de este rol en nuestro estudio de Hechos 20:1–38.

Siempre que se alude al nombramiento de líderes se habla en plural. Aunque es cierto que en cada grupo ha de surgir una persona como dirigente clave, el liderazgo bíblico opera en el contexto de un equipo. Para referirse al consejo de los ancianos de la comunidad local (1Ti 4:14) Pablo utiliza la palabra *presbyterion*, que es la misma que se utiliza para indicar al concilio judío de ancianos (Lc 22:66; Hch 22:5). El término eclesiástico "presbiterio" procede de esta palabra.

Liderazgo y oración

El proceso de designación de dirigentes iba acompañado de oración (v. 23) y ya hemos señalado varios de estos casos en el libro de los Hechos. En dos ocasiones, la oración fue acompañada de ayuno (13:2–3; 14:23). Una vez se oró específicamente por dirección para la elección de los dirigentes (1:24–25); en tres ocasiones, Dios habló de la misión de los dirigentes durante un tiempo de oración (10:9–15; 13:2; cf. 9:11; 22:15); y cuatro veces, la oración se llevó a cabo durante el proceso de la comisión o el envío (6:6; 13:3; 14:23; 21:5). A esta lista podemos añadir las veces en que los creyentes oran por los dirigentes (12:5, 12; 21:5).

---

11. Shenk y Stutzman, *Creating Communities,* 172.
12. Cornelis Van Dam, "Elder", *EDBT*, 198.
13. Ibíd., 197.

Fuera del libro de los Hechos hay también muchas alusiones a la oración por los dirigentes. En ocho de sus cartas, Pablo les pide a sus lectores que oren por él.[14] Antes de escoger a sus doce apóstoles, Jesús pasó toda la noche en oración (Lc 6:12). La única ocasión en que los Evangelios mencionan al Señor hablando de su vida de oración es un versículo en que alude a su oración por Pedro (Lc 22:32). Pablo dice que oraba noche y día por el joven dirigente Timoteo, a quien dejó en Éfeso (2Ti 1:3). En otras palabras, los líderes cristianos han de ser personas de oración (ver comentarios sobre 6:1–7) y también apoyados por las oraciones de los creyentes. La oración ha de respaldar su selección, su comisión y su ministerio.

Sabiduría para responder a la oposición

Este pasaje contiene tres claves para entender la oposición y responder a ella. (1) La primera de ellas es triste, ya que a veces el evangelio divide comunidades. Recuerdo vívidamente una ocasión en que hube de soportar la ira de los monjes budistas y sus seguidores en una zona donde habíamos comenzado a evangelizar. Nuestros acusadores nos decían que habían vivido en paz durante muchos siglos y que ahora habíamos llegado nosotros y la paz de la comunidad se había ido al traste. Y nosotros sabíamos que lo que decían era en parte verdad. Era una acusación difícil de aceptar, porque los cristianos procuramos seguir el consejo de Pablo: "Si es posible, y en cuanto dependa de ustedes, vivan en paz con todos" (Ro 12:18). Nosotros, que pretendíamos ser instrumentos de paz, nos habíamos convertido en agentes de discordia.

En muchos de los debates actuales sobre armonía social, la evangelización con la conversión como objetivo se considera un importante obstáculo. En anteriores generaciones, se consideraba la evangelización como llevar el evangelio a quienes habían abandonado el camino de la justicia humana.[15] Pero hoy nos damos cuenta de que las religiones del mundo también abogan por la justicia humana. Por tanto, algunos ven nuestra evangelización como perturbar la armonía de quienes buscan la justicia en la religión.

Por lo cual también algunos cristianos son reacios al ministerio evangelizador. Entienden que la conversión es deseable, pero si va a ser causa de división en familias y sociedades, hay que minimizar entonces su importancia. Por ejemplo, en Sri Lanka algunos evangelistas fueron a una zona y ganaron para Cristo a muchos budistas, provocando una cierta oposición al cristianismo.

---

14. Ver Ro 15:31; 2Co 1:11; Ef 6:19–20; Fil 1:19; Col 4:3–4; 1Ts 5:25; 2Ts 3:1–2; Flm 22 (cf. Heb 13:18–19).
15. A esto lo llamo "justicia humana" que, como sabemos, no merece la salvación ante Dios.

Entonces otros cristianos, que estaban llevando a cabo proyectos sociales conjuntos con el templo budista cercano, intentaron poner freno a la evangelización porque estaba perturbando su programa.

Sin embargo, cuando somos conscientes del supremo valor de cada individuo y de su salvación, y de ser portadores del trascendental mensaje del Creador a su creación, sentimos el desafío de seguir adelante a pesar del coste. Cuando llevamos el evangelio a tribus primitivas, se nos critica por perturbar la "prístina belleza" de culturas que no se han visto afectadas por los estragos de la modernización; pero el mensaje del evangelio es tan importante que hemos de llevárselo. Sin embargo, como solía decir Donald McGavran, nuestro objetivo ha de ser la conversión con el mínimo trastorno social.[16]

(2) También hemos de tener en cuenta el estado de ánimo de la gente, entendiendo que a veces pueden producirse perjuicios innecesarios por permanecer en una situación en que la mentalidad violenta se ha adueñado de la multitud y no prevalece la razón. Obsérvese que, en este capítulo, Pablo y Bernabé abandonan en dos ocasiones una situación de evangelización por el entorno hostil que se ha producido. La audacia y la sabiduría han de combinarse para producir una estrategia evangelizadora efectiva. El conflicto étnico que vivimos en nuestro país me impide visitar ciertos lugares en los que trabaja Juventud para Cristo, aunque a mi me encantaría ir. Sé que si voy pondría a mis colegas en peligro. De igual modo, a veces hemos de permitir que otra persona haga algo que nos gustaría hacer a nosotros si vemos que nuestra presencia en ese lugar no sería de ayuda.

(3) Parece que cuando Pablo y Bernabé regresaron a estas ciudades donde se suscitó la oposición, lo hicieron asumiendo el nuevo papel de fortalecer a los creyentes. Este podría ser el papel que han de adoptar los extranjeros en ciertas situaciones delicadas dentro del ámbito de las misiones: que sean los cristianos de la zona quienes predican el evangelio y que ellos les preparen para hacerlo. Existen, sin embargo, otras ocasiones en que un extranjero podría ser más efectivo en la evangelización que un creyente local. En nuestro ministerio, normalmente, los occidentales no trabajan en la evangelización de los pueblos que han permanecido dentro de la cultura oriental y que solo hablan los idiomas nativos. Sin embargo, hemos descubierto que los grupos musicales y los predicadores de países occidentales pueden ser efectivos para evangelizar a la juventud más occidentalizada de nuestro país. Todo esto indica que, cuando se trata de trazar estrategias para el avance del evangelio, hemos de ser sabios para hacer aquello que sea más efectivo.

---

16. Donald McGavran, *Understanding Church Growth* (Grand Rapids: Eerdmans, 1970), 198–215.

Orando por sanación en nuestro tiempo

Aunque no todos los cristianos tienen el don especial de la sanidad, todos podemos orar con fe por los enfermos. Santiago nos da un principio general sobre la sanación que parece aplicarse al ministerio de quienes no tienen el don de sanar: Si alguien está enfermo, "haga llamar a los ancianos de la iglesia para que oren por él [...] La oración de fe sanará al enfermo y el Señor lo levantará" (5:14–15). Santiago se refiere aquí a la fe de los ancianos de la iglesia y, acto seguido, dice algo que va más allá de los ancianos y se dirige a todos los miembros: "Por eso, confiésense unos a otros sus pecados, y oren unos por otros, para que sean sanados. La oración del justo es poderosa y eficaz" (5:16). Por tanto, los mismos principios que se expresan con espectacular intensidad en las vidas de aquellos que poseen dones milagrosos especiales se ven también en la vida diaria de la iglesia de maneras menos espectaculares. Todos hemos de orar, en nuestro ministerio particular, por la curación de los enfermos.

Concediendo a la exhortación su debido lugar

Un ingrediente esencial de la exhortación que forma parte del acompañamiento y fortalecimiento de los creyentes es la preparación para sufrir y entrar así en el reino (v. 22b). Las cartas de Pablo sugieren que él y Bernabé exhortaron a estos convertidos de Galacia. Les instaron a resistir a Satanás y a las falsas doctrinas, a despojarse del antiguo estilo de vida y a vestirse del nuevo, a vivir en una constante actitud de oración y acción de gracias, a dar la prioridad al amor en todo lo que hacían y a tener una actitud bíblica hacia las posesiones. Para que los cristianos reciban esta exhortación al comienzo de su nueva vida, hemos de enseñarles aquellos pasajes de la Escritura que se prestan a ello (p. ej., los Diez Mandamientos; el Sermón del Monte; las secciones prácticas de las cartas de Pablo, como Romanos 12–15; Gálatas 4–6; Efesios 4–6; el libro de Santiago).

En nuestro tiempo, algunas personas rehúyen la exhortación, quizá por la influencia de nuestra cultura pluralista, que se muestra escéptica ante cualquier acercamiento dogmático; por la orientación hacia el entretenimiento que domina una gran parte de la proclamación cristiana de hoy; o quizá también por la pérdida de credibilidad de los predicadores suscitada por las caídas en la inmoralidad. Sin embargo, muchas secciones de enseñanza bíblica para los creyentes tienen un carácter exhortatorio. No hay, por tanto, duda de que, en nuestro tiempo, los dirigentes cristianos deben exhortar.

Puede que una de las cosas que nos permitirán recuperar la credibilidad para poder exhortar con libertad es ser ejemplos de vidas sacrificadas. Cuando Pablo les habló a estos cristianos gálatas sobre el sufrimiento, su mensaje era digno de confianza, puesto que le habían visto padecer por el evangelio. En ocasiones, Pablo apelaba a sus sufrimientos cuando escribía algo difícil de aceptar (cf. Gá 6:17). En Efesios 4:1, sus palabras fueron: "Por eso yo, que estoy preso por la causa del Señor, les ruego que vivan de una manera digna del llamamiento que han recibido". Estar preso le daba credibilidad para exhortar a sus receptores. De igual modo, hoy, cuando nuestros oyentes saben que somos personas verdaderamente comprometidas y que hemos pagado un gran precio por nuestro compromiso, no tienen otra elección que tomar nota de lo que decimos.

Dando al sufrimiento su lugar en el discipulado

Como le sucedió a Pablo, dos de mis colegas se han visto dolorosamente atacados por las mismas personas con quienes compartían el evangelio con mucho sacrificio. Varios de mis colegas han sufrido la agresión de las fuerzas de seguridad por el mero hecho de estar en un lugar concreto, en un momento en que tales fuerzas ventilaban su ira. Otros han pasado noches enteras en celdas policiales, tras ser arrestados como sospechosos de terrorismo sin otra razón que haber nacido en una zona considerada criadero de terroristas. Todos ellos me han dicho que el dolor emocional de la humillación y la rabia que hervía en su interior por la manera injusta en que se les estaba tratando eran más difíciles de soportar que cualquier dolor o incomodidad física. Como Pablo, estos colegas habían sido ciudadanos ejemplares. No se trata de la muerte romántica que nos viene a la mente cuando oímos el término mártir. Es pura humillación que puede causar una enorme vergüenza y rabia.

¿Experimentan todos los cristianos este tipo de dificultades en nuestros días? Aunque los detalles de nuestras experiencias pueden ser distintos, el claro testimonio de la Escritura es que, si son creyentes fieles, todos los cristianos han de sufrir de alguna manera. Pensemos en las palabras de Pablo en 2 Timoteo 3:12: "Así mismo serán perseguidos todos los que quieran llevar una vida piadosa en Cristo Jesús". Además de la persecución, todos los cristianos experimentarán dificultades de carácter general, ya que tendremos que atravesar toda clase de luchas (cf. v. 22), como tentaciones, enfermedades, cambios económicos, un vecino difícil, o el alto precio de adoptar una postura firme a favor de Cristo.

¿Por qué, pues, algunos cristianos no experimentan tales penalidades en nuestros días? Puede que quienes les enseñaron los principios esenciales del discipulado no les hablaran mucho de sufrimiento. Por ello, cuando estos creyentes deberían haber abrazado el sufrimiento por causa de Cristo, lo evitaron. Es también posible que los predicadores no hayan enseñado mucho sobre este asunto porque ellos mismos no tienen mucha experiencia con la copa del sufrimiento. Puede que una de las razones por las que no han sufrido es que están siendo desobedientes a Dios. Lo que quiero decir es que la cruz del sufrimiento es algo que aceptamos cuando obedecemos al Señor o algo que podemos eludir si queremos.

De hecho, una de las razones por las que las iglesias gálatas fueron capaces de sobrevivir a pesar del poco tiempo que Pablo y Bernabé se quedaron con ellas pudo ser el sufrimiento que experimentaron. Las iglesias que nacen con sufrimiento son comunidades fuertes. Los convertidos se ven forzados a aferrarse a Dios buscando su ayuda con fervor, y esto tiene el efecto de fortalecer nuestra fe y purificar nuestras motivaciones. Aunque todos vamos a Cristo en busca de ayuda personal, algunos lo hacen por motivos completamente ajenos a la esencia del evangelio. Algunas personas solo se acercan a Cristo buscando su sanación o incluso con la idea de obtener ganancias económicas. Cuando llega el sufrimiento hay dos posibilidades: una, que tales personas abandonen la iglesia o pierdan su entusiasmo por Cristo, la otra, que se sometan al fuego del refinador, con lo cual su fe cobrará fuerza y sus motivos serán purificados.

Una reacción muy común de los cristianos ante el sufrimiento de un hermano es analizar su vida en busca de algo indebido que haya podido hacer. Parecen pensar que estas personas sufren porque han hecho algo contrario a la voluntad de Dios. A veces aconsejan a los sufrientes o incluso los reprenden. Si una persona está cansada porque ha hecho la obra de Dios sin dejar sus responsabilidades laborales y familiares, se le reprende por trabajar demasiado. Si es impopular en su entorno laboral por tomar una postura firme a favor de Cristo, se le reprende por ser poco sensato. Si alguien es atacado y acaba en un hospital por intentar pacificar en un conflicto, se le criticará por creerse un mesías y meterse donde no le llaman. Aquellos que deberían animar a los que sufren acaban siendo motivo de desánimo y causa de más dolor.

Sin embargo, estas bienintencionadas reprensiones pueden ser útiles. Es cierto que a veces nuestro sufrimiento es fruto de nuestra insensatez y la reprensión nos ayuda a verlo. La reprensión nos puede ayudar a ser realistas y a preguntarnos a nosotros mismos y otras personas si lo que estamos haciendo es o no correcto. Esta clase de enfrentamientos siempre nos ayuda a ser sabios en nuestra conducta. Puede que en ocasiones la crítica no nos lleve a cambiar nuestro curso de acción, pero sí a hacer lo mismo de una forma mejor. La crítica puede ser una bendición.

Podemos, naturalmente, eludir la cruz del sufrimiento, pero normalmente solo si desobedecemos al Señor. Si Pablo no hubiera predicado cuando era peligroso hacerlo, habría evitado el sufrimiento. Pero Pablo seguía a un Maestro que les pidió a sus seguidores que amaran a su prójimo como a sí mismos. Tenía, por tanto, que seguir predicando el evangelio que satisface las necesidades más profundas de las personas. De igual modo, si en nuestro lugar de trabajo guardamos silencio sobre Cristo, podemos evitar el sufrimiento. Podemos evitar el cansancio si nos negamos a ayudar a nuestro vecino viejo y enfermo. Podemos eludir molestias y dolor si ignoramos al miembro de nuestra célula que ha tenido una crisis nerviosa.

También Pablo podría haberse evitado mucha angustia y estrés si no se hubiera preocupado por las falsas creencias de los gálatas (Gá 4:19–20), o por las debilidades y pecados de otros cristianos (2Co 11:28–29). También nosotros podemos, de igual modo, rechazar o ignorar a alguien que va por mal camino o es débil, diciendo que no es asunto nuestro. Las listas de penalidades de Pablo muestran lo difícil e incómodo que fue para él el ministerio cristiano. El apóstol habló de "sufrimientos, privaciones y angustias [...] trabajos pesados, desvelos y hambre" (2Co 6:4–5). Es sorprendente cuántos cristianos tienen hoy en cuenta la comodidad cuando se trata de decidir en qué clase de servicio van a implicarse. ¿Deberían plantearse así las cosas quienes consideran la cruz del sufrimiento como algo esencial al cristianismo?

Quienes evitan las penalidades de la cruz perderán los galardones del reino. Pablo presenta la necesidad del sufrimiento en relación con la entrada en el reino (v. 22; ver Ro 8:17; 2Ti 2:12). Sin embargo, muchos cristianos de nuestro tiempo apenas piensan en la recompensa celestial. Aunque el Nuevo Testamento señala estos galardones como uno de los principales factores motivadores para la vida cristiana, para ellos no lo es. Después de instar a sus discípulos a hacerse tesoros en el cielo, Jesús dijo: "Porque donde esté tu tesoro, allí estará también tu corazón" (Mt 6:21). En este mismo sentido, Pablo exhortó a los colosenses: "... concentren su atención en las cosas de arriba, no en las de la tierra" (Col 3:2). El hecho de que esto no se aplica a muchos supuestos cristianos evangélicos muestra hasta qué punto nos hemos apartado de una actitud bíblica hacia la vida. En su memorable ensayo "Joy Will Come in Its Own Time" [El gozo vendrá en su momento], A. W. Tozer afirma:

> Cristo llama a los hombres a llevar una cruz; nosotros les llamamos a divertirse en su nombre. Él les llama a abandonar el mundo; nosotros les aseguramos que si aceptan a Jesús tendrán el mundo a sus pies. Él les llama a sufrir; nosotros, a disfrutar todas las comodidades burguesas que ofrece la civilización moderna. Él les llama a la abnegación y la muerte; nosotros, a extenderse como laureles o incluso a convertirse en estrellas de un zodíaco lamentable y mediocre. Él les llama a la santidad; nosotros, a una felicidad barata y cursi que habría rechazado con burla el último de los filósofos estoicos.
>
> [...]
>
> Ahora podemos permitirnos sufrir; tendremos una larga eternidad para disfrutar. Y nuestro disfrute será entonces legítimo y puro, porque llegará en el momento y del modo adecuado.[17]

Recordemos que la clara enseñanza sobre lo inevitable del sufrimiento aparece en una sección que describe el seguimiento/acompañamiento de los nuevos convertidos. Esto nos lleva a la conclusión de que la enseñanza sobre el sufrimiento debería formar parte de la formación esencial que se imparte

---

17. A. W. Tozer, *Born After Midnight* (Harrisburg, Pa.: Christian Publications, 1959), 141–42 [*Después de medianoche* (Terrassa: Clie, 1994)].

a los nuevos convertidos. Hace algunos años trabajé con un grupo que editó una guía de acompañamiento para jóvenes recién convertidos, producida por Juventud para Cristo de Singapur y dirigida a una audiencia de ámbito internacional. El tercero de los ocho estudios que ofrece esta guía se titula "Fortaleza en las dificultades".[18] Todas las guías de seguimiento deberían incluir un capítulo con este tipo de contenido.

Liderazgo en la iglesia

A veces oímos afirmar con orgullo a algunos cristianos que en sus células no hay ningún líder y que todos son iguales. El factor del liderazgo no tiene nada que ver con la igualdad; es más bien un asunto de función. En nuestro tiempo se habla mucho del "síndrome de alta exposición" [*Tall poppy syndrome* es una expresión peyorativa que se utiliza en amplios sectores del mundo anglosajón para aludir a un fenómeno social que convierte en objeto de resentimiento, ataques o críticas a personas que destacan porque sus talentos o logros las sitúan por encima de sus colegas o las distinguen de ellos. N. del T.] y de lo mucho que nos gusta "poner en su sitio" a cualquiera que sobresalga como líder. Esta no es una idea bíblica, porque, según la Biblia, los dirigentes ocupan un lugar importante en la vida del pueblo de Dios. Para que los grupos sean bien dirigidos han de tener dirigentes. El nombramiento de dirigentes era una importante característica en la vida de la iglesia primitiva. Esta es la razón por la que su designación iba acompañada de oración y ayuno (v. 23).

Cuando los líderes funcionan como un equipo o consejo de ancianos —que es lo que significa la palabra griega *presbyterion*— se evitan algunos de los abusos que pueden producirse cuando la autoridad absoluta está en manos de un solo individuo. No estoy diciendo que haya un único sistema de gobierno aceptable para la iglesia. Los defensores de cada posición pueden presentar razones basadas en la Biblia para explicar por qué creen que el suyo es "el sistema bíblico". Sea cual sea el estilo que adoptemos, hemos de tener bien establecidos los principios bíblicos. Quiero subrayar dos de ellos en especial: que el liderazgo es una importante función de la iglesia, que ha de tomarse en serio y reforzarse mediante la oración (ver más adelante), y que los dirigentes han de funcionar en un contexto de equipo, no solos.

Saturando de oración el liderazgo

Cada paso del proceso de liderazgo debería ir acompañado de oración. En el Nuevo Testamento, la oración formaba parte de la selección de los dirigentes. Tal debería ser, hoy también, la estrategia principal en la elección de los dirigentes. Quienes están implicados en el proceso de selección de los líderes han

---

18. *Love Joy Peace,* Edición internacional (Singapur: Juventud para Cristo de Singapur, 1993), 13–18.

de reunirse para orar extensamente, preferiblemente con ayuno. Esto abre a los seleccionadores a la mente de Dios y aumenta las posibilidades de que las decisiones concuerden con su voluntad. En las reuniones cristianas debería ser una práctica común que, cuando hay que tomar alguna decisión, todo se ponga temporalmente a un lado y nos entreguemos a una ferviente oración pidiendo a Dios su dirección.

Hace poco, durante un tiempo de delicadas deliberaciones, un dirigente sugirió al órgano más elevado de una denominación que hicieran una pausa para orar; ¡todos parecían confusos, sin saber lo que había que hacer! Esta clase de cambio automático de la deliberación a la oración es algo a lo que tenemos que acostumbrarnos. Por otra parte, hemos de apartar periodos especiales de oración cuando hay que tomar decisiones importantes. Cuando va a producirse una elección o nombramiento, hemos de anunciarlo por todas partes, verbalmente y por escrito, pidiendo que se ore para que Dios dirija todo el proceso. Es posible que muchas personas ignoren este llamamiento a orar; sin embargo, algunos orarán y "la oración del justo es poderosa y eficaz" (Stg 5:16b).

De igual modo, cuando encomendamos a personas para que lleven a cabo un ministerio o comisión, o las ordenamos, la reunión en cuestión debería estar saturada de oración. Las reuniones de encomendación de nuestro tiempo son a menudo celebraciones de relaciones públicas en cuyo programa se incluye una breve oración y tras las cuales suele ofrecerse un refrigerio. En los relatos bíblicos, estas reuniones iban acompañadas de ayuno (13:2–3; 14:23) y estaban saturadas de oración (6:6; 13:3; 14:23; 21:5). Quizá deberíamos rediseñar nuestros servicios de encomendación y ordenación para que estas características estuvieran también presentes.

Por último, los dirigentes deberían asegurarse de que las personas oren por ellos pidiendo oración por sus vidas y ministerios. A algunos dirigentes no les gusta hacerse vulnerables, dando a conocer sus debilidades y necesidades para que los hermanos puedan orar por ellos. Asistí a un servicio en el que un ministro invitado se ofendió porque el predicador que presidía la reunión oró por su salud. Este hermano había estado enfermo y se encontraba próximo a su jubilación. Puede que no quisiera mostrar que, como Pablo, ¡se estaba desgastando externamente (2Co 4:16)! Pero los líderes bíblicos saben que todo su ministerio se lleva a cabo por la misericordia de Dios (2Co 4:1). Por tanto, deberían hacer todo lo posible para que esta misericordia les sea mediada por las oraciones del pueblo de Dios. Puede que algunos se rían y otros chismorreen sobre las debilidades que reconocen en sus peticiones de oración. Pero otros orarán y Dios utilizará tales oraciones para ayudarles a vencer los dardos que Satanás dirige a los dirigentes cristianos e impartirles una poderosa unción para sus ministerios.

Hechos 15:1-35

Algunos que habían llegado de Judea a Antioquía se pusieron a enseñar a los hermanos: «A menos que ustedes se circunciden, conforme a la tradición de Moisés, no pueden ser salvos.» ² Esto provocó un altercado y un serio debate de Pablo y Bernabé con ellos. Entonces se decidió que Pablo y Bernabé, y algunos otros creyentes, subieran a Jerusalén para tratar este asunto con los apóstoles y los ancianos. ³ Enviados por la iglesia, al pasar por Fenicia y Samaria contaron cómo se habían convertido los gentiles. Estas noticias llenaron de alegría a todos los creyentes. ⁴ Al llegar a Jerusalén, fueron muy bien recibidos tanto por la iglesia como por los apóstoles y los ancianos, a quienes informaron de todo lo que Dios había hecho por medio de ellos.

⁵ Entonces intervinieron algunos creyentes que pertenecían a la secta de los fariseos y afirmaron:

—Es necesario circuncidar a los gentiles y exigirles que obedezcan la ley de Moisés.

⁶ Los apóstoles y los ancianos se reunieron para examinar este asunto. ⁷ Después de una larga discusión, Pedro tomó la palabra:

—Hermanos, ustedes saben que desde un principio Dios me escogió de entre ustedes para que por mi boca los gentiles oyeran el mensaje del evangelio y creyeran. ⁸ Dios, que conoce el corazón humano, mostró que los aceptaba dándoles el Espíritu Santo, lo mismo que a nosotros. ⁹ Sin hacer distinción alguna entre nosotros y ellos, purificó sus corazones por la fe. ¹⁰ Entonces, ¿por qué tratan ahora de provocar a Dios poniendo sobre el cuello de esos discípulos un yugo que ni nosotros ni nuestros antepasados hemos podido soportar? ¹¹ ¡No puede ser! Más bien, como ellos, creemos que somos salvos por la gracia de nuestro Señor Jesús. ¹² Toda la asamblea guardó silencio para escuchar a Bernabé y a Pablo, que les contaron las señales y prodigios que Dios había hecho por medio de ellos entre los gentiles. ¹³ Cuando terminaron, Jacobo tomó la palabra y dijo:

—Hermanos, escúchenme. ¹⁴ Simón nos ha expuesto cómo Dios desde el principio tuvo a bien escoger de entre los gentiles un pueblo para honra de su nombre. ¹⁵ Con esto concuerdan las palabras de los profetas, tal como está escrito:

¹⁶ »"Después de esto volveré
y reedificaré la choza caída de David.
Reedificaré sus ruinas,
y la restauraré,
¹⁷ para que busque al Señor el resto de la humanidad,
todas las naciones que llevan mi nombre."

[18] Así dice el Señor, que hace estas cosas
conocidas desde tiempos antiguos.

[19] »Por lo tanto, yo considero que debemos dejar de ponerles trabas a los gentiles que se convierten a Dios. [20] Más bien debemos escribirles que se abstengan de lo contaminado por los ídolos, de la inmoralidad sexual, de la carne de animales estrangulados y de sangre.[21] En efecto, desde tiempos antiguos Moisés siempre ha tenido en cada ciudad quien lo predique y lo lea en las sinagogas todos los sábados.

[22] Entonces los apóstoles y los ancianos, de común acuerdo con toda la iglesia, decidieron escoger a algunos de ellos y enviarlos a Antioquía con Pablo y Bernabé. Escogieron a Judas, llamado Barsabás, y a Silas, que tenían buena reputación entre los hermanos. [23] Con ellos mandaron la siguiente carta:

Los apóstoles y los ancianos,

a nuestros hermanos gentiles en Antioquía, Siria y Cilicia:

Saludos.

[24] Nos hemos enterado de que algunos de los nuestros, sin nuestra autorización, los han inquietado a ustedes, alarmándoles con lo que les han dicho. [25] Así que de común acuerdo hemos decidido escoger a algunos hombres y enviarlos a ustedes con nuestros queridos hermanos Pablo y Bernabé, [26] quienes han arriesgado su vida por el nombre de nuestro Señor Jesucristo. [27] Por tanto, les enviamos a Judas y a Silas para que les confirmen personalmente lo que les escribimos. [28] Nos pareció bien al Espíritu Santo y a nosotros no imponerles a ustedes ninguna carga aparte de los siguientes requisitos: [29] abstenerse de lo sacrificado a los ídolos, de sangre, de la carne de animales estrangulados y de la inmoralidad sexual. Bien harán ustedes si evitan estas cosas.

Con nuestros mejores deseos.

[30] Una vez despedidos, ellos bajaron a Antioquía, donde reunieron a la congregación y entregaron la carta. [31] Los creyentes la leyeron y se alegraron por su mensaje alentador. [32] Judas y Silas, que también eran profetas, hablaron extensamente para animarlos y fortalecerlos.

[33] Después de pasar algún tiempo allí, los hermanos los despidieron en paz, para que regresaran a quienes los habían enviado. [34] Pero a Silas le pareció bien quedarse allí.[35] Pablo y Bernabé permanecieron en Antioquía, enseñando y anunciando la palabra del Señor en compañía de muchos otros.

 "El debate de la relación entre los gentiles y la ley de Moisés presentado por Lucas constituye el centro del libro de los Hechos, tanto desde un punto de vista estructural como teológico".[1] Aunque la iglesia de Jerusalén había aceptado que los gentiles podían también ser salvos (11:18), algunos creían que los gentiles tenían que circuncidarse y guardar la ley de Moisés" (v. 5) para ser salvos (v. 1). El segundo capítulo de Gálatas y el decreto que se consensuó en este concilio (Hch 15:29) muestran que el asunto de la comunión de mesa entre cristianos de origen judío y gentil formaba también parte del debate. La decisión que tomaron aquí los dirigentes de la iglesia tuvo implicaciones de gran trascendencia para entender quién es el cristiano, especialmente en relación con la ley de Moisés.

Marshall escribe: "No hay probablemente ninguna sección de Hechos que haya suscitado una controversia como esta o generado tan diversas reconstrucciones históricas de la situación".[2] El punto de vista tradicional ha sido que este capítulo describe la visita a Jerusalén que Pablo menciona en Gálatas 2:1–10. Pero este punto de vista presenta algunos problemas. Algunos rechazan la historicidad de este capítulo o dicen que está cronológicamente fuera de lugar. Un erudito separa los acontecimientos de los versículos 1–19, que se producen en una misma ocasión (y son los mismos que en 11:30 y Gá 2:1–10) de los versículos 20–29, que tienen lugar en otro momento y sin que Pablo esté presente.[3] Por mi parte, sigo a eruditos como Bruce, Marshall y Longenecker. Estos concluyen que la teoría de que Gálatas 2:1–10 describe los acontecimientos de Hechos 11:30, y de que el concilio de Jerusalén se produjo más adelante, encaja mejor con los datos, aunque no resuelve todos los problemas.[4] Esto sitúa el concilio alrededor del año 49 d. C.

Pablo y Bernabé van a Jerusalén (15:1–4)

Los acontecimientos los desencadenan algunos que "habían llegado de Judea a Antioquía" (v. 1). El versículo 24 deja claro que no contaban con la autorización de los dirigentes de la iglesia de Jerusalén. Esto produjo posiblemente un gran desconcierto en los cristianos de Antioquía, ya que insinuaban que los

---

1. Marshall, *Acts,* 242.
2. *Ibíd.*, 243–44.
3. D. R. Catchpole, "Paul, James and the Apostolic Decree", *New Testament Studies* 23 (1976–1977): 428–44.
4. Quienes estén interesados en una defensa de este punto de vista, ver Bruce, *Acts*, NICNT, 283–85; Marshall, *Acts,* 244–47; Longenecker, "Acts", 444–47. Ver también las útiles tablas en el comentario de Scot McKnight, *The NIV Application Commentary: Galatians* (Grand Rapids: Zondervan, 1995), 88–89. Aquellos que deseen considerar una defensa del punto de vista tradicional en el sentido de que Gálatas 2 describe el concilio de Jerusalén, ver Kistemaker, *Acts,* 533–36.

apóstoles y ancianos estaban de acuerdo con lo que ellos decían. Como sucede muchas veces, esta herejía pretendía eludir el escándalo del cristianismo. En Gálatas 5:11, Pablo afirma: "Hermanos, si es verdad que yo todavía predico la circuncisión, ¿por qué se me sigue persiguiendo? Si tal fuera mi predicación, la cruz no ofendería tanto". Si Pablo predicara la circuncisión, el cristianismo perdería su carácter escandaloso. Sin embargo, el apóstol predicaba una salvación que no se debe a ninguna obra que podamos realizar, sino solo a los méritos de la muerte de Cristo, y esto era perturbador para el judío normal. Los maestros de Judea intentaban eludir este escándalo.

La iglesia se dio cuenta de que estaba sucediendo algo serio, lo cual "provocó un altercado y un serio debate de Pablo y Bernabé con ellos" (v. 2a). Quedó claro que aquel asunto era tan grave que la iglesia de Jerusalén tenía que adoptar una decisión formal. Se envió, por tanto, un equipo bajo el liderazgo de Pablo y Bernabé (v. 2b). Camino de Jerusalén, se detuvieron en las iglesias de Fenicia y Samaria contando "cómo se habían convertido los gentiles" (v. 3a). "Estas noticias llenaron de alegría a todos los creyentes" (v. 3b), lo cual parece haber sido también la respuesta general en Jerusalén (v. 4).

Se resuelve el asunto de la salvación y los gentiles (15:5–19)

La alegría por las noticias de Pablo y Bernabé fue eclipsada por las objeciones sobre el asunto de la circuncisión presentadas por "algunos creyentes que pertenecían a la secta de los fariseos" (v. 5). De modo que "los apóstoles y los ancianos se reunieron para examinar este asunto" (v. 6). No podemos estar seguros de que toda la iglesia estuviera presente en esta reunión (cf. vv. 12, 22). De ser así, los dirigentes habrían sido los responsables de la deliberación y la decisión.[5] Es también posible que se produjera una segunda reunión con toda la congregación después de que los ancianos hubieran hablado del asunto. Si la visita que se menciona en Gálatas 2:1–10 precedió al concilio, el asunto habría sido ya resuelto por Pedro, Jacobo y Juan, "que eran considerados columnas" (Gá 2:9). No obstante, cuando se planteó de nuevo el asunto, hubo un amplio periodo de "discusión" (v. 7). La iglesia no trató de ocultar esta controversia teológica permitiendo que siguiera gestándose en privado, sino que la abordó y valoró de manera abierta y valerosa.

Después de la discusión, Pedro habló sin miedo (v. 7). Oscar Cullmann ha explicado que Pedro no estaba en este concilio como dirigente de la iglesia de Jerusalén, sino como misionero. Jacobo, que era evidentemente quien presidía esta reunión, había asumido el papel de dirigente. Cullmann sugiere que

---

5. Bruce, *Acts: Greek Text*, 335.

Pedro interrumpió su tarea misionera para asistir a esta reunión.[6] Si, como creemos, este concilio se reunió tras el humillante enfrentamiento de Antioquía en que Pedro fue reprendido públicamente por un Pablo más joven en la fe (Gá 2:11–21), es entonces encomiable que Pedro fuera el primero en intervenir en defensa del punto de vista de Pablo. Esto es típico del honroso compromiso con la verdad de Dios más que con las preferencias y el prestigio personal que caracterizó las actitudes y conducta de los dirigentes de este concilio.

La idea principal de Pedro fue que la puerta de la salvación se abrió por iniciativa de Dios. El apóstol aludió a la conversión de Cornelio y sus amigos y señaló que fue Dios quien dirigió todo aquel acontecimiento (v. 7). Sabemos que a Pedro le costó mucho aceptar la enseñanza que Dios le dio por medio de la visión del lienzo (10:14–15). "Dios, que conoce el corazón humano", confirmó que habían sido verdaderamente salvos "dándoles el Espíritu Santo, lo mismo que a" Pedro y a los suyos (15:8). Como en el caso de Pedro y los primeros discípulos en el día de Pentecostés (2:2) —pero a diferencia de los convertidos por el sermón de aquel día (2:38)— no hubo ninguna instrucción previa sobre la recepción del Espíritu. Este cayó sobre ellos del modo más inesperado, "mientras Pedro estaba todavía hablando" (10:44), como una señal divina de aceptación.

Pedro declaró después explícitamente la gran verdad que Pablo expuso más adelante en Efesios 2:14–22 en el sentido de que Dios ha derribado todas las barreras que separaban a judíos y gentiles; al purificar por la fe los corazones de los gentiles, Dios no hizo "distinción alguna entre nosotros y ellos" (Hch 15:9). Con sorprendente franqueza, Pedro admite que la ley mosaica era "un yugo que ni nosotros ni nuestros antepasados hemos podido soportar" (v. 10). Insistir en que los gentiles guarden la ley es "provocar a Dios" (v. 10), un asunto muy grave. Pedro estaba diciendo que "imponer a los creyentes condiciones adicionales y más estrictas que las que Dios ha demandado es forzar su paciencia e invitar el juicio".[7]

En el versículo 9, Pedro afirmó que Cornelio y el grupo que se reunió en su casa habían sido salvos "por la fe". En el versículo 11 afirmó: "… como ellos, creemos que somos salvos por la gracia de nuestro Señor Jesús". Se trata de palabras muy significativas porque implican que no es necesario ningún ritual mosaico para la salvación de los judíos.[8] Con este discurso, Pedro abandona el libro de los Hechos. Por lo que se refiere a Lucas, y como dice Martin Hengel: "La legitimación de la misión a los gentiles es la última obra de Pedro".[9]

---

6. Oscar Cullmann, *Peter: Disciple-Apostle-Martyr*, trad. Floyd V. Filson (Nueva York: Living Age Books, 1958 [reimp. ed. 1953]), 49–50.

7. *Ibíd.*, 336.

8. Harold Dollar, *St. Luke's Missiology*, 97.

9. Martin Hengel, *Acts and the History of Earliest Christianity* (Londres: SCM, 1979), 125; citado en Bruce, *Acts,* NICNT, 291.

Los siguientes en hablar son Bernabé y Pablo,[10] que cuentan "las señales y prodigios que Dios había hecho por medio de ellos entre los gentiles" (v. 12). En los escritos de Lucas, las señales y prodigios tienen una función de autenticar.[11]

A continuación toma la palabra Jacobo. Ni en este texto ni en 12:17, donde se narra la primera aparición de Jacobo en Hechos, se explica quién es, probablemente porque era una persona bien conocida en la iglesia primitiva.[12] A partir de lo que dice y del modo en que lo dice, se hace evidente que él es ahora el líder de la iglesia de Jerusalén. Aunque no todos los eruditos coinciden en este punto, este Jacobo es probablemente el hermano de Jesús. Parece haber cobrado este relevante papel en la iglesia de Jerusalén después de la dispersión de los apóstoles (Hch 8). Pedro pidió que se le informara cuando salió de Jerusalén tras su milagrosa liberación de la cárcel (12:17). Pablo lo menciona primero junto a Pedro y Juan cuando enumera a los tres que eran columnas de la iglesia de Jerusalén (Gá 2:9).

En los escritos extrabíblicos de aquel tiempo se habla mucho de Jacobo. Era un hombre respetado aun entre los no cristianos, "en gran medida por su ascética forma de vida y su habitual participación en la oración del templo, donde intercedía por el pueblo y su ciudad".[13] Murió lapidado en Jerusalén en el año 62 d. C., lo cual produjo la consternación de muchas personas. "Unos años más tarde, algunos atribuyeron la calamidad que sobrevino a la ciudad y sus habitantes al cese de las oraciones de Jacobo a su favor".[14] Bruce dice que "la disposición de la iglesia a reconocer su liderazgo se debió más a su carácter personal y a su trayectoria que a su parentesco de sangre con el Señor".[15] Su papel en el concilio es evidencia de este carácter.

La primera afirmación de Jacobo (v. 14) está cargada de significado. Cuando alude a Pedro, no le menciona con este nombre, como hace Lucas en el versículo 7. Pedro es el nombre que le dio Cristo (Jn 1:42) y la traducción griega del término arameo Cefas, que significa "roca". Jacobo le llama *Symeon* o "Simeón" (NASB), que la NVI vierte como "Simón".[16] En el texto griego del Nuevo Testamento, a Pedro se le llama Simón setenta y cinco veces, veinte de las cuales están en los escritos de Lucas. Pero solo se le llama Simeón en dos ocasiones: aquí y en 2 Pedro 1:1. El hecho de que en este texto se le llame

---

10. Ya hemos comentado acerca de volver al orden anterior de mencionar primero a Bernabé (ver comentarios sobre 13:13–52).
11. Ver Lucas 5:24; 7:19–22; Hechos 14:3.
12. Tannehill, *Narrative Unity,* vol.2, 186.
13. Bruce, *Acts,* NICNT, 239.
14. *Ibíd.*
15. *Ibíd.,* 292.
16. Simón es la ortografía helenizada del nombre hebreo *Simyon.*

Simeón muestra probablemente sus "afinidades con los cristianos de origen judío".[17]

Lucas está deseoso de mostrarnos que Jacobo está hablando aquí como un hebreo típico. No obstante, este ardiente judío hace una afirmación revolucionaria: "Dios desde el principio tuvo a bien escoger de entre los gentiles un pueblo para honra de su nombre". En el Antiguo Testamento (LXX) las "naciones" o "gentiles" (*ethne*) se contrastan con "el pueblo" (*laos*), una expresión que, por regla general, alude a los judíos. Deuteronomio 14:2 dice por ejemplo: "… porque eres pueblo [LXX *laos*] consagrado al Señor tu Dios. Él te eligió de entre todos los pueblos [LXX *ethne*, naciones] de la tierra, para que fueras su posesión exclusiva". En otras palabras, los israelitas han sido llamados de entre todas las naciones para ser un pueblo para el Señor Dios. Jacobo dice lo contrario: de entre las naciones, Dios ha tomado un pueblo para sí. Como dice Tannehill: "Los oradores están haciendo la importante afirmación de que los gentiles pueden ser el *laos* de Dios en el mismo sentido en que lo es Israel".[18]

Al defender la plena inclusión de los gentiles en la iglesia, Pedro apeló a la directa dirección e intervención de Dios, y Bernabé y Pablo, a la confirmación de su obra mediante señales y prodigios. Jacobo apela a la Escritura, mostrando que lo sucedido "concuerda [*symphonousin*] con las palabras de los profetas" (v. 15). Jacobo cita el texto de Amós 9:11–12[19] de la LXX[20] y ve su cumplimiento en la misión a los gentiles. El significado exacto de algunas de las cláusulas individuales de este párrafo son objeto de debate, pero Longenecker resume bien el sentido general cuando dice:

> En el tiempo del fin, está diciendo Jacobo, el pueblo de Dios
> estará formado por dos grupos concéntricos. En su núcleo habrá
> un Israel restaurado (i.e., el tabernáculo reconstruido de David);
> a su alrededor habrá un grupo de gentiles (i.e., el remanente de
> hombres) que compartirán las bendiciones mesiánicas, pero seguirán siendo gentiles sin hacerse forzosamente prosélitos judíos.[21]

Jacobo concluye que la iglesia debe "dejar de poner trabas a los gentiles que se convierten a Dios" (v. 19), haciendo quizá referencia a no pedirles que

---

17. Robertson, *Imágenes Verbales. Hechos*, p. 229 del original en inglés.

18. Tannehill, *Narrative Unity,* 2:187.

19. Hay también expresiones de otros textos del Antiguo Testamento que amplían el significado de las frases del pasaje de Amós. La frase "después de esto volveré" (v.16) procede de Jeremías 12:15 y "conocidas desde tiempos antiguos" procede de Isaías 45:21.

20. Longenecker ha respondido a las objeciones de Haenchen ("Acts*",* 448) y otros comentaristas en el sentido de que el nombre hebreo de Jacobo no podía utilizarse en la LXX, y que, por consiguiente, estas serían ideas de Lucas y no de Jacobo. Longenecker sugiere la posibilidad de que Jacobo estuviera utilizando una variante hebrea de Amós 9:11–12 que en aquel entonces estaba en uso y hace verosímil tal variante (447).

21. Ibíd., 446.

pasen por el doloroso paso (especialmente para los adultos) de la circuncisión. Más adelante veremos lo valiente que es esta afirmación.

Comunión entre cristianos de origen judío y gentil (15:20–35)

Una vez resuelta la cuestión de los requisitos de la salvación, Jacobo plantea un importante asunto que afecta mucho a la comunión entre cristianos de origen judío y gentil. Para muchos judíos mantener su pureza era un aspecto extraordinariamente importante de su supervivencia e identidad, en especial cuando estaban bajo el dominio de un gobierno extranjero y habían sido dispersados por todo el territorio gentil. Por ello, la comunión de mesa con los gentiles y el consumo de alimentos prohibidos por la ley eran cuestiones muy serias.[22] Sin embargo, en la iglesia primitiva, comer juntos era también un importante elemento de la vida comunitaria (2:46). Para que pudiera haber una comunión sincera entre los cristianos de origen judío y gentil, tendría que haber una cierta sensibilidad hacia los escrúpulos judíos por parte de los gentiles. Jacobo propone, por tanto, tres prohibiciones relativas a la comida (v. 20). Dos de estas prohibiciones (la carne de los animales sacrificados mediante estrangulamiento y la sangre) tenían que ver con la práctica judía de sangrar completamente a los animales antes de consumir su sangre.

La prohibición de inmoralidad sexual (*porneia*) parece formar parte de una categoría diferente del resto, y parece fuera de lugar en esta lista. No hace falta decir que la inmoralidad sexual está prohibida para los cristianos. Creo que había tanta inmoralidad en algunos de estos lugares (Antioquía era especialmente notoria en este sentido)[23] que las iglesias se veían también afectadas por ella. Se hizo, por tanto, necesaria una advertencia especial. Esta prohibición puede implicar que a los miembros inmorales de la iglesia no debía extenderse el privilegio de la comunión de mesa (cf. 1Co 5:9–11).[24] Esta explicación vincularía, pues, esta prohibición con las otras tres.

Bruce sugiere que, en este pasaje, el término *porneia* podría utilizarse en un sentido más especializado de matrimonio entre personas con distintos grados de consanguinidad expresamente prohibidos en Levítico 18:6–18. Se utiliza con este sentido en otros pasajes del Nuevo Testamento (1Co 5:1; y posiblemente Mt 5:32; 19:9).[25] En cualquier caso, el comentario final de Jacobo en el versículo 21 es probablemente para tranquilizar a los cristianos procedentes de los fariseos y que querían que a los gentiles se les enseñara la Torá. Jacobo afirma que esto ya sucedía en las sinagogas de todas las ciudades cada sábado.

---

22. Ver la exposición de Dollar en *St. Luke's Missiology,* 151–58.
23. Tenía un santuario en la cercana Dafne, donde se practicaba la prostitución ritual. Ver comentarios sobre 11:19–21.
24. Ver Dollar, *St. Luke's Missiology,* 161.
25. Bruce, *Acts: Greek Text,* 342.

Los líderes de Jerusalén tomaron la decisión de mandar una delegación de hermanos con una carta del concilio (v. 22). La carta a las iglesias está redactada en un tono conciliatorio. Los problemas producidos por ciertos cristianos de Jerusalén se condenan sin ambages (v. 24). La palabra que se traduce como "perturbadores" (del término *anaskeuazo*) es "una metáfora militar que denota el saqueo de un pueblo".[26] A Bernabé y a Pablo se les describe en términos entrañables y elogiosos (vv. 25–26). Las palabras que describen la posición final del concilio están prologadas por otras que muestran el triunfo de la unidad después de un tiempo intensamente difícil en la iglesia: "Nos pareció bien al Espíritu Santo y a nosotros" (v. 28).

Esta carta subraya la unidad y unanimidad de la iglesia en esta decisión. El versículo 25 dice: "Así que de común acuerdo hemos decidido escoger a algunos hombres y enviarlos a ustedes con nuestros queridos hermanos Pablo y Bernabé" (cf. NASB, que traduce más literalmente: "Nos ha parecido bien, tras alcanzar un mismo sentir, escoger a algunos hombres para mandarlos a ustedes..."). La palabra que se traduce como "un mismo sentir" (NASB) y "de común acuerdo" (NIV) es *homothymadon*, que muchas veces lleva la idea de "unánime".

Los versículos 30–35 describen una situación en que la incertidumbre de días anteriores ha dejado paso al gozo y al ánimo. El duro trabajo de días pasados ha valido sin duda la pena. La iglesia ha dado otro paso importante para el cumplimiento de la Gran Comisión.

La falsa enseñanza de Jerusalén

Cuando han pasado casi veinte siglos de las batallas que la iglesia libró con los judaizantes, este puede parecer un asunto bastante irrelevante para nosotros. Sin embargo, en aquel momento fue una batalla importante que consiguió formulaciones clave sobre la naturaleza de la fe que salva, muy clarificadoras para las generaciones posteriores del cristianismo. El concilio de Jerusalén afirmó que los gentiles no tienen que hacerse judíos para ser cristianos. Aunque este hecho ya no se cuestiona, de este pasaje podemos aprender muchas otras cosas sobre las falsas doctrinas.

(1) El asunto de querer aportar algo a la salvación y las listas de condiciones para ser salvo han sido un problema permanente a lo largo de la historia de la iglesia y más allá del siglo I.

(2) Esta falsa doctrina era especialmente insidiosa porque quienes la enseñaban procedían de la iglesia madre de Jerusalén y probablemente reivindicaban el apoyo de sus dirigentes para sus puntos de vista.

---

26. *Ibíd.*, 345.

(3) Igual que los judaizantes intentaban quitar de en medio el escándalo del evangelio, siempre ha habido personas que han intentado lo mismo en sus esfuerzos por hacer que el cristianismo sea más pertinente para la sociedad.

(4) La iglesia consideró que esta enseñanza era una grave amenaza y, por tanto, la trató con una gran seriedad. Pablo, Bernabé y su equipo hicieron un largo viaje hasta Jerusalén a fin de contender por el evangelio. Cuando se llegó a una resolución, la iglesia de Jerusalén envió a algunos de sus dirigentes a las iglesias gentiles con una carta oficial que sirviera, en lo posible, para contrarrestar los daños.

(5) Notemos también cómo se combatieron las falsas doctrinas. Los incidentes de Antioquía provocaron "un altercado y un serio debate de Pablo y Bernabé con ellos" (v. 2). Sin embargo, la manera en que se trataron los asuntos en el concilio respetaba a los individuos. Los judaizantes tuvieron la oportunidad de decir lo que querían, porque Pedro solo se levantó a hablar "después de una larga discusión" (v. 7). Sin embargo, en el último análisis, la carta a las iglesias era inflexible en el modo en que condenaba a los falsos maestros (v. 24). La situación era demasiado seria como para aceptar educadamente esta enseñanza o permitir que pudiera presentarse como una opción tan válida como otras, que es lo que sucedería con el modelo teológico pluralista. Tras mostrar su carácter erróneo, la falsa doctrina fue rotundamente condenada.

Las prohibiciones

Las cuatro prohibiciones se mencionan tres veces en el libro de los Hechos (15:20, 29; 21:25), sin embargo, aparte de la cuestión de la inmoralidad sexual, las demás no aparecen en las cartas de Pablo. De hecho, parece que en 1 Corintios 8, que fue escrita seis o siete años después del concilio (allá por el 55 d. C.) y en Romanos 14, que el apóstol redactó unos ocho años después del concilio (alrededor del 56 d. C.), este adoptó un acercamiento más liberal al asunto de la comida ofrecida a los ídolos. Hemos observado que estas prohibiciones se plantearon más por una cuestión de sensibilidad hacia los escrúpulos de los judíos que por razones teológicas. Podemos, pues, concluir que, al aplicar este pasaje, no tenemos que mantener servilmente las prohibiciones sobre la comida. Pero sí aprender a ser sensibles a la conciencia y escrúpulos de nuestros hermanos y hermanas en Cristo.

Esta es la postura que Pablo adopta en sus exposiciones de Romanos 14 y 1 Corintios 8. El apóstol recomienda sensibilidad para con la conciencia de las personas, los hermanos más débiles y las cosas que hacen tropezar a los demás. Nuestras convicciones han de estar siempre suavizadas por el amor. El amor nos llevará a hacer cosas que nos hemos negado a legislar. Si queremos que el evangelio no encuentre obstáculos seremos benévolos con los débiles y con aquellos a quienes deseamos ganar para Cristo. Es interesante notar que el mismo Pablo que se opuso con tanta vehemencia a legislar la circuncisión, mandó circuncidar a Timoteo poco después del concilio, para que pudiera unírseles en un viaje misionero (Hch 16:3). Aquí, sin embargo, la causa parece haber sido abrir puertas para la evangelización entre los judíos escépticos más que apaciguar a los creyentes.

El asunto de la inmoralidad sexual hubo de tratarse porque la sociedad en que se movían los cristianos gentiles estaba tan impregnada de promiscuidad que la iglesia había sido también influenciada. Isaías admitió haber sido influenciado por su entorno cuando dijo ser un hombre de labios inmundos, que vivía entre un pueblo de labios inmundos (Is 6:5). Por esta misma razón, la iglesia puede también reflejar en su vida algunos de los pecados que azotan a la sociedad en la que se integra. Esto es lo que parece haber sucedido en la iglesia de Corinto, una ciudad cuyo nombre había llegado a ser "sinónimo de libertinaje" en parte porque "era un centro de la adoración de Afrodita, la diosa del amor".[27]

El principio que colegimos de esta prohibición es que, si en una determinada zona, una iglesia es particularmente vulnerable a una cierta tentación, tendríamos que ser especialmente conscientes cuando se menciona el mal en cuestión al establecer normas para ella. Esto es especialmente relevante en un tiempo en que este mismo pecado —la inmoralidad sexual— se ha convertido en un serio problema para la sociedad.

Claves para el debate teológico dentro de la iglesia

Este pasaje nos ofrece un ejemplo de cómo guió el Señor a su pueblo para alcanzar un consenso teológico tras un conflicto y debate serios. Puesto que en la iglesia de nuestro tiempo experimentamos también este tipo de conflictos, Hechos 15 es un importante pasaje para nuestra consideración. Dios guió fundamentalmente a la iglesia primitiva a través de tres medios. (1) Por medio de experiencias. Esto incluye la experiencia de Pedro con Cornelio (vv. 7–11) y las de Pablo y Bernabé con su ministerio milagroso y la conversión de los gentiles.

(2) El discurso de Jacobo nos ofrece una de las claves más importantes en el debate teológico: las Escrituras. Las experiencias antes descritas estaban en armonía con la Escritura (vv. 14–18).

(3) El generoso carácter cristiano de los dirigentes resplandece a lo largo de todo este capítulo. Si el concilio se produjo tras el enfrentamiento entre Pablo y Pedro en Antioquía, vemos entonces que Pedro actúa de manera muy honrosa. Pablo había reprendido a Pedro públicamente. Sin embargo, cuando está en juego la verdad, se olvidan las humillaciones personales. Pablo, el dirigente, permitió también que Bernabé asumiera el papel de liderazgo siendo él quien se dirigió al concilio (en el v. 12 su nombre se menciona en primer lugar). Y Jacobo defendía principios contrarios a sus preferencias personales. Este

---

27. Bruce, *Steps,* 41.

siguió siendo hasta el fin un judío respetuoso hacia la ley, pero no se impuso a los demás. El problema que se produjo en Antioquía y que hizo que Pablo confrontará a Pedro tuvo lugar después de que vinieran algunos de parte de Jacobo e influenciaran a Pedro (Gá 2:12). ¡Qué desilusión debieron de experimentar aquellos hombres cuando vieron que aquel a quien consideraban un referente defendía la otra posición! Pero, en los conflictos, los dirigentes cristianos no toman partido por un bando, sino que dirigen más bien sus esfuerzos a resolver los asuntos en cuestión.

La carta y el decreto muestran también que la iglesia hizo un enorme esfuerzo por apaciguar la situación. Aquellos que trastornaron la buena marcha de las iglesias son enérgicamente condenados (v. 24), pero las prohibiciones muestran una notable sensibilidad para los escrúpulos judíos. A Pablo y Bernabé se les elogia por la obra que han hecho (vv. 25–26) mientras que Judas y Silas, de la iglesia de Jerusalén, son enviados como portadores de la carta para tranquilizar a los cristianos gentiles.

El resultado final del conflicto —ser de un mismo sentir (v. 25) y sentir que el Espíritu y la comunidad están de acuerdo sobre la dirección que toma la iglesia— es algo por lo que todos tendríamos que esforzarnos en nuestra vida comunitaria. Se consiguió después de mucha lucha, ayudados por la sabia conducta de los dirigentes. Pero se consiguió y esta debería ser nuestra meta.

Añadir requisitos a la salvación

Cuando los reformadores redescubrieron la insistencia bíblica en la salvación por la fe, se dieron cuenta de que la iglesia había borrado casi totalmente esta doctrina añadiendo requisitos a la salvación y haciéndola, por tanto, un asunto de obras. John Wesley hubo de descubrir de nuevo esta doctrina en su tiempo, ya que había vivido confiando en su estricta disciplina cristiana, pero se dio cuenta de que por este camino no obtendría ninguna certeza de la salvación. También en nuestro tiempo a muchas personas les gustaría hacer algo para sentirse satisfechos de haber ganado la salvación.

Los buhoneros religiosos están muy dispuestos a aceptar los dones que se les brindan para merecer el favor de Dios. Esta podría ser una trampa que Satanás utiliza para evitar que las personas entreguen sus vidas a Dios. Muchos que no están dispuestos a confiar sus vidas a Dios para que sea su Señor, sí lo están, no obstante, a dar generosos regalos para la obra de Dios. Muchos templos y santuarios de otras religiones y también algunas iglesias prosperan por medio de este tipo de ofrendas. Sin embargo, hemos de resistirnos a aceptarlas, ya que ello aparta a las personas del camino de la fe.

Los judaizantes de Jerusalén pensaban que los gentiles tenían que hacerse judíos para poder ser verdaderos cristianos. Asimismo, algunos misioneros de antaño pensaban que los convertidos al cristianismo tenían que asumir la cultura de su tierra natal. Aunque puede que dichos predicadores no insistieran en estas cosas ni las enseñaran como condiciones para la salvación, quienes les oían asumían que si se hacían cristianos tendrían que adoptar la cultura inglesa, alemana, norteamericana o cualquier otra. Algunos sabían que no podrían llegar a ser dirigentes de la iglesia si no hablaban el idioma del misionero. A menudo el misionero era del mismo país que los gobernantes coloniales de turno, que imponían su cultura en sus colonias. ¿Tienen hoy los cristianos de origen hispano que renunciar a una parte de su cultura si quieren ser dirigentes de las iglesias dominadas por anglosajones? ¿Acaso hemos convertido, de manera inconsciente, algunas cosas que nos hacen sentir cómodos pero que no se enseñan en la Biblia, en requisitos esenciales para la participación cristiana? Son cosas que pueden suceder fácilmente y que han de llevarnos a estar constantemente en guardia para no introducir requisitos extrabíblicos en la iglesia.

Lo atractivo de las falsas doctrinas en nuestro tiempo

Cuando los falsos maestros llegaron a Antioquía, no era fácil rechazar lo que decían, ya que procedían de la iglesia madre en Judea. También hoy, algunos maestros de reputados seminarios pueden hacer mucho daño en la iglesia enseñando falsas doctrinas. Esto fue lo que sucedió durante el pasado siglo XX en muchas iglesias del Tercer Mundo, en las que se introdujeron enseñanzas liberales procedentes de las iglesias madre de Occidente, de misioneros o de ministros que estudiaron en seminarios occidentales. Estas doctrinas causaron estragos y muerte espiritual en algunas iglesias antiguas.

Igual que los judaizantes pretendían evitar el escándalo del evangelio, a lo largo de la historia de la iglesia ha habido constantes intentos de evitar los aspectos desagradables del cristianismo. Tras la revolución científica, muchos intentaron despojar al cristianismo de su elemento milagroso, ya que no armonizaba con la llamada concepción científica del mundo. En un tiempo como el nuestro en el que prevalecen el pluralismo y la tolerancia religiosa, se intenta despojar al cristianismo de su singularidad y negar su doctrina del castigo eterno.

En situaciones parecidas a lo que sucedió en el libro de los Hechos, algunos maestros han evitado la desagradable doctrina de que Cristo erradicó las barreras humanas y han fomentado el crecimiento de iglesias segregadas o se han negado a hablar claramente en contra del racismo. En este mundo dividido por los conflictos, el mensaje de integración en Cristo es uno de los rasgos más revolucionarios del cristianismo. Quienes lo proclaman tienen problemas con los extremistas. Por consiguiente, muchos deciden ir a lo seguro e ignorar estas cuestiones, con lo cual los cristianos acaban desarrollando actitudes racistas. Si no se nos enseña la idea cristiana de integración en Cristo, los creyentes tenderán a acompañar a la multitud en sus pensamientos racistas.

Oponiéndonos a las falsas doctrinas

Hemos dicho que en este pasaje no vemos ninguna tolerancia hacia las falsas doctrinas. Es posible que esto nos suene extraño en esta era de pluralismo, en la que se permite la coexistencia de puntos de vista opuestos y se alaba, por su creatividad, a los formuladores de nuevas teologías. Sin embargo, como ha señalado el obispo Stephen Neill, en el cristianismo encontramos "la terrible y necesaria intolerancia de la verdad".[28] El cristianismo es una religión revelada. Creemos que Dios ha hablado a la humanidad una Palabra específica y eterna. Cualquier enseñanza contraria a esta Palabra dentro de la iglesia debe ser erradicada con suma urgencia.

Es cierto que, en el pasado se ha abusado mucho de la práctica de contender por la verdad, en especial cuando se lanzaban incisivos ataques personales contra quienes sostenían el punto de vista contrario. Esto ha hecho que hoy se rehúyan tales batallas. Es, sin embargo, posible defender la verdad sin insultar a las personas cuyas ideas recusamos. No debe permitirse que los herejes sigan influenciando a la iglesia. Así, cuando todo lo demás falla, deben tomarse medidas disciplinarias contra tales personas, y esto puede significar su excomunión (1Ti 1:19–20).

También se ha abusado de la práctica de contender por la verdad cuando se ha hecho caballo de batalla de cosas que la Biblia no deja claras, como por ejemplo, el momento de la venida de Cristo y la exacta interpretación de las señales de esta venida. Nuestro compromiso es con la verdad y, si Dios ha decidido no mostrarnos algo claramente, no hemos de tener miedo de adoptar una idea provisional y abierta sobre el asunto en cuestión.

La iglesia del Nuevo Testamento dio pasos inmediatos para atacar las falsas doctrinas. Este es el consistente patrón de la Escritura. Gálatas 2:11–13 nos cuenta que, en Antioquía, Pedro vaciló en el mismo asunto que se trató en Hechos 15 y dejó de comer con los cristianos gentiles. Pablo dice: "Cuando Pedro fue a Antioquía, le eché en cara su comportamiento condenable". Se había producido una expresión pública de error por parte de un importante dirigente, de modo que Pablo hubo de confrontarle en público, porque de no ser así muchos habrían sido arrastrados. Nos gustaría que nuestras comunidades cristianas fueran lugares sin disputas. De hecho, estamos comprometidos con la paz (Ro 12:8). Sin embargo, muchas veces se suscitan problemas que han de ser confrontados decididamente para que la iglesia mantenga su pureza.

Es posible que ignorando estos problemas podamos mantener la paz durante un cierto tiempo. Pero si no afrontamos los asuntos serios, acabaremos

---

28. Stephen Neill, *Creative Tension* (Londres: Edinburgh House), 11.

poniendo a la iglesia en un camino cuesta abajo, y será cada vez más difícil detener su avance. Pensemos en cuántas denominaciones han permitido que sus dirigentes sigan al frente tras apartarse de la verdad. Cuando finalmente se decidieron a enderezar las cosas ya era demasiado tarde: la iglesia había desarrollado una estructura que permitía la permanencia de quienes sostenían esta clase de ideas y prácticas.

Esto plantea una advertencia para los dirigentes. Es doloroso confrontar el error en doctrina y conducta. Pero si queremos considerar el error como lo hace Dios, hemos de conforntarlo. Y por amor a Dios y a su iglesia, hemos de estar dispuestos a confrontar el error y a pagar el precio. Esto es doloroso y muchas veces salimos de la contienda con heridas que tardan en sanar. ¿Pero acaso no hemos de estar dispuestos a sufrir heridas para mantener la pureza de la iglesia, que Cristo compró con su sangre (20:28)? Fue el propio Cristo quien dijo: "… éste es mi mandamiento: que se amen los unos a los otros, como yo los he amado". Pero enseguida explicó a qué clase de amor se refería: "Nadie tiene amor más grande que el dar la vida por sus amigos" (Jn 15:12–13). Hemos de estar dispuestos a dar nuestra vida por la iglesia plantando cara al error y pagando el precio de este enfrentamiento.

Sensibilidad hacia los escrúpulos de otras personas

Las prohibiciones desarrolladas por el concilio de Jerusalén nos muestran que, dejando a un lado las convicciones teológicas, los cristianos deberían ser sensibles a los escrúpulos de quienes se sienten agraviados por ciertas prácticas. Esto es particularmente importante en el caso de quienes han sido recientemente "liberados" de demandas legalistas a las que otros siguen sujetos. Por ejemplo, en otro tiempo, muchos evangélicos consideraban pecaminoso el consumo de bebidas alcohólicas y se abstenían por completo. Hoy muchos creen que no hay base bíblica para esta prohibición absoluta. Sin embargo, han de ser sensibles a los escrúpulos de quienes siguen pensando que la abstinencia total es el único modo adecuado de abordar el tema.

Esto es particularmente significativo en países como Sri Lanka, donde las otras tres principales religiones (el budismo, el hinduismo y el islam) condenan oficialmente el consumo de alcohol y lo consideran un pecado. En este contexto, es sabio que los cristianos consideren seriamente cómo no ser de tropiezo a los miembros de otras religiones por lo que respecta a su actitud hacia las bebidas fuertes. Mientras que antes se consideraba la abstinencia como evidencia de la autenticidad de la conversión, ahora se ha convertido en una recomendación para no ser de tropiezo a otros.

A veces, quienes han sido "liberados" de una antigua prohibición pasan a promocionar de manera un tanto desequilibrada su nueva forma de ver las cosas oponiéndose con vehemencia a quienes mantienen la antigua prohibición. Este patrón de conducta contradice el espíritu del acuerdo de Jerusalén, que se caracterizaba por la disposición de los cristianos de ambos lados a hacer concesiones por amor a los otros.

La prohibición de la inmoralidad en nuestros días

La prohibición de la inmoralidad sexual puede aplicarse directamente en el presente. Como sucedía en Antioquía (y Corinto) muchas personas de nuestro tiempo no consideran ya la inmoralidad como algo malo. Lo que los cristianos llamamos inmoralidad, la sociedad que nos rodea lo llama amor. El poder de los medios de comunicación es tal que se hace difícil eludir el impacto de sus arremetidas.

Este problema no se limita solo a ciertas ciudades conocidas por su libertinaje. Es un problema que afecta aun a las sociedades asiáticas conservadoras, y que ha influenciado a la propia iglesia. Los resultados de unos estudios recientes nos muestran la extensión de este problema en Estados Unidos, donde un cincuenta y seis por ciento de "fundamentalistas" solteros practican el sexo fuera del matrimonio.[29] El pastor de una gran iglesia evangélica norteamericana le dijo a un amigo mío que aproximadamente la mitad de los miembros de su iglesia habían tenido relaciones sexuales durante el noviazgo. Según Gene Edward Veith Jr., las encuestas sugieren que, mientras que antes, cuando algún cristiano caía en prácticas sexuales fuera del matrimonio, experimentaba una sensación de vergüenza y remordimiento por el pecado, esto ya no sucede en la iglesia de hoy. Los cristianos parecen haber aceptado que la inmoralidad no es algo tan serio como se creía en otro tiempo.[30]

¿Está la iglesia adoptando, ante esta situación, una postura firme contra la inmoralidad desde el púlpito y en sus procedimientos disciplinarios? Creo que no. No nos sentimos horrorizados como Pablo cuando escribió a los corintios reprochándoles su actitud permisiva al aceptar a personas inmorales dentro de la comunidad eclesial (1Co 5). Muchos dirigentes de la iglesia prefieren ignorar estas cuestiones, alegando que se trata de asuntos personales. Si, como algunos han sugerido (ver comentario anterior), la prohibición de este pasaje tiene que ver con la comunión de mesa, podría entonces estar sugiriendo que no hemos de comer con los cristianos que persisten en la inmoralidad, una enseñanza paulina que se menciona claramente en 1 Corintios 5:9–11.

Creo que deberíamos advertir a nuestras iglesias sobre los peligros de la nueva actitud hacia la inmoralidad. Pablo dijo que los inmorales (en el sentido sexual) y los adúlteros no heredarán el reino de Dios (1Co 6:9–10). Hoy parece haber tanto deseo de aumentar el número de asistentes a las iglesias que algunas cuestiones se dejan para otros foros en lugar de tratarse desde el púlpito. Esto convierte al púlpito en algo que no era en la Biblia. Hemos de adoptar una

---

29. Citado en la obra de Gene Edward Veith Jr., *Postmodern Times* (Wheaton: Crossway, 1994), 17.
30. *Ibíd.*, 18.

postura firme contra la inmoralidad cuando se manifiesta en la iglesia. Amar cristianamente a los pecadores conlleva aceptar el dolor que supone la confrontación del pecado, seguida de unos fieles cuidados durante el periodo de la sanación.

La experiencia y la Escritura en la formulación teológica

Tanto la Escritura como la experiencia desempeñaron un importante papel para alcanzar la formulación doctrinal que emanó del concilio de Jerusalén. Dios habló mediante las experiencias de Pedro, Pablo y Bernabé. Pero Jacobo mostró que lo que habían experimentado concordaba con las Escrituras y que tenía que ser, por tanto, normativo. Las Escrituras son un recurso tan vasto que nunca seremos capaces de sondear sus profundidades o escalar sus alturas a este lado de la vida. Siempre hay más por descubrir, y muchas veces nos vemos obstaculizados por no conocer toda la Escritura o por el efecto cegador de nuestra propia cultura.

Por regla general es fácil descubrir nuestros malentendidos estudiando la Biblia con una mente abierta, así como escuchando o leyendo el fruto del estudio de otros. En ocasiones los descubrimos también mediante una experiencia que nos abre los ojos a una verdad que hasta aquel momento nos hemos tomado a la ligera. Una vez que nos abrimos, estudiamos "con diligencia las Escrituras" (Jn 5:39), examinándolas como los nobles bereanos para ver si lo que se nos ha expuesto es o no cierto (17:11). Entonces nos damos cuenta de que las Escrituras han enseñado siempre lo que nosotros creíamos nuevo sin que fuéramos conscientes.

Otras veces, no obstante, las Escrituras no enseñan claramente lo que hemos experimentado, en cuyo caso no puede ser normativo. Si tales experiencias no contradicen la Escritura y pueden considerarse aplicaciones de los principios que enseña la Biblia podemos entonces aceptarlas como legítimas; sin embargo, no hemos de insistir en que todos han de pasar por ellas. Esto ha sucedido a menudo en la iglesia cuando un creyente ha tenido una experiencia específica que ha enriquecido su vida y que no parecía contradecir la Escritura. Aunque esta era legítima para quienes la habían vivido, hubiera sido un error insistir en que todos tenían que experimentar lo mismo.

En otras palabras, la Escritura es siempre nuestra única norma de fe y práctica. Sin embargo, nuestras experiencias pueden ayudarnos a ver cosas en la Escritura a las que antes estábamos ciegos. John Wesley habla del cuadrilátero —Escritura, tradición, razón y experiencia— que influye en las formulaciones teológicas.[31] Sin embargo, el fundamento, la fuente última de la materia prima de la teología, es la Escritura.

Liderazgo honroso

Los conflictos que se desarrollan hoy en la iglesia se ven muchas veces desfigurados por un partidismo que reduce el debate al nivel del politiqueo. Se forman bandos en función de las experiencias que cada uno ha tenido. Una persona que ha humillado a otra debe ser, por ello, objeto de oposición y humillación. Aunque, aparentemente, las cuestiones que se tratan son principios, en lo profundo hay un yo dolido que causa estragos en la iglesia. ¡Qué distinto era Pedro! El apóstol se negó a permitir que la humillación que experimentó en Antioquía determinara su proceder en el concilio. Pedro habló sin miedo a favor de la causa de Pablo y Bernabé antes incluso de que ellos tomaran la palabra.

Los dirigentes que han crucificado la carne luchan contra la tendencia a permitir que la humillación sufrida en enfrentamientos anteriores influya en sus acciones. Luchan contra el deseo que sienten en su interior de "poner en su sitio a este recién llegado", y lo que hacen solo responde al deseo de que el reino progrese y Dios sea honrado. ¡Cuántas situaciones desagradables habrían podido evitarse en la iglesia si los dirigentes dolidos hubieran sido un poco más como Pedro! Muchas llamas de supuestas "batallas por principios" han sido azuzadas por dirigentes que no han crucificado la carne. Lo que pasa por ser una discusión de principios no es sino un choque de personalidades.

Hemos observado que, en el conflicto, Jacobo no se puso del lado de nadie y que fue contra sus preferencias personales. A menudo los dirigentes sabios tienen que hacer precisamente esto. Puede que, personalmente, no nos guste cierto tipo de música moderna que otros consideran un medio efectivo cuando se trabaja con cierto grupo de personas. Sin embargo, no hemos de permitir que nuestros gustos dicten lo que es mejor para el reino. Más bien hemos de esforzarnos por tomarle el gusto a esta clase de música para poder propagar el evangelio de un modo más efectivo.

Jacobo tampoco consideró que su lealtad a las personas que le seguían como dirigente fuera un factor que tuviera que afectar su posicionamiento en el conflicto. ¡Qué politizada ha llegado a estar la iglesia de hoy! En Hechos se habla de una iglesia en que las personas eran de un solo sentir y pensar (2:44; 4:32). Sin embargo, en nuestros conflictos contemporáneos, algunos cristianos solo se relacionan con personas que están de su lado. Dentro de las iglesias se forman grupos, que se consideran como competidores entre sí. Los de un grupo intentan ponerse por encima de los otros. En tales situaciones, el curso

---

31. Quienes estén interesados en una reciente exposición de este asunto pueden ver, Donald A. D. Thorsen, *The Wesleyan Quadrilateral: Scripture, Tradition, Reason and Experience as a Model of Evangelical Theology* (Grand Rapids: Zondervan, 1990).

de acción es determinado por la política y no por el apasionado deseo de que Dios sea glorificado.

En Hechos 14 se narra un acontecimiento en el que triunfó la teología y el espíritu partidista fue derrotado. Detrás de esta victoria había un liderazgo piadoso. A menudo son los dirigentes quienes provocan los conflictos. Puede que hagan responsables a los hermanos que ellos lideran por su proceder iracundo diciendo que están indignados por lo que ha sucedido. Pero son los dirigentes quienes han influenciado a estas personas para que actúen del modo que lo hacen. En última instancia, la culpa de que el conflicto haya llegado a estar fuera de control es de los dirigentes.

Llegando a ser de un mismo sentir

Cuando se iniciaron las reuniones en Jerusalén, la iglesia no estaba unánime, pero a medida que el concilio se desarrollaba, algunos se sintieron movidos a cambiar sus posiciones y surgió la unidad. Se produjeron serios debates y reuniones urgentes, y algunos tuvieron que recorrer largas distancias. La unidad de la iglesia es tan importante que hubo de pagarse este precio. Ojalá también nosotros actuáramos de este modo en nuestras comunidades.

En lugar de ello, hoy utilizamos el método de votar, que es (lo reconozco) mucho más rápido. Sin embargo, el problema de este método es que siempre hay algunas personas insatisfechas con la decisión que se toma y por ello no hay unidad cuando los creyentes trabajan en un determinado proyecto. Cuando surgen los problemas, los que no estaban a favor del proyecto dicen: "Ya les dije que no funcionaría" y se convierten en fuente de desaliento para todos. Campbell Morgan dice: "Una mayoría abrumadora a menudo deja tras sí a una minoría resentida y peligrosa".[32] Otras veces es el dirigente quien toma una decisión y los demás se ven forzados a seguirle por respeto a la posición que ocupa. Pero esto significa que, en su corazón, muchos de los que siguen no están, quizás, con la decisión tomada. Falta el poder de un cuerpo unido.

Se necesita mucho más tiempo para que todos tengan un mismo sentir. Muchos se sienten impacientes cuando se aplica el método del consenso en la toma de decisiones, temiendo que de este modo no se avance mucho. Sin embargo, a largo plazo vale la pena pagar el precio. Aunque alcanzar una decisión puede requerir más tiempo, cuando esta se ejecuta, cabe esperar mejores resultados, ya que todos se sentirán entusiasmados y motivados a trabajar para su realización. La pérdida de tiempo que implica alcanzar la unanimidad se verá más que compensada.

---

32. Campbell Morgan, *Acts,* 365.

Hechos 15:36–16:10

Algún tiempo después, Pablo le dijo a Bernabé: «Volvamos a visitar a los creyentes en todas las ciudades en donde hemos anunciado la palabra del Señor, y veamos cómo están.» ³⁷ Resulta que Bernabé quería llevar con ellos a Juan Marcos, ³⁸ pero a Pablo no le pareció prudente llevarlo, porque los había abandonado en Panfilia y no había seguido con ellos en el trabajo. ³⁹ Se produjo entre ellos un conflicto tan serio que acabaron por separarse. Bernabé se llevó a Marcos y se embarcó rumbo a Chipre, ⁴⁰ mientras que Pablo escogió a Silas. Después de que los hermanos lo encomendaron a la gracia del Señor, Pablo partió ⁴¹ y viajó por Siria y Cilicia, consolidando a las iglesias.

¹⁶:¹ Llegó Pablo a Derbe y después a Listra, donde se encontró con un discípulo llamado Timoteo, hijo de una mujer judía creyente, pero de padre griego. ² Los hermanos en Listra y en Iconio hablaban bien de Timoteo, ³ así que Pablo decidió llevárselo. Por causa de los judíos que vivían en aquella región, lo circuncidó, pues todos sabían que su padre era griego. ⁴ Al pasar por las ciudades, entregaban los acuerdos tomados por los apóstoles y los ancianos de Jerusalén, para que los pusieran en práctica. ⁵ Y así las iglesias se fortalecían en la fe y crecían en número día tras día.

⁶ Atravesaron la región de Frigia y Galacia, ya que el Espíritu Santo les había impedido que predicaran la palabra en la provincia de Asia.

⁷ Cuando llegaron cerca de Misia, intentaron pasar a Bitinia, pero el Espíritu de Jesús no se lo permitió. ⁸ Entonces, pasando de largo por Misia, bajaron a Troas. ⁹ Durante la noche Pablo tuvo una visión en la que un hombre de Macedonia, puesto de pie, le rogaba: «Pasa a Macedonia y ayúdanos.» ¹⁰ Después de que Pablo tuvo la visión, en seguida nos preparamos para partir hacia Macedonia, convencidos de que Dios nos había llamado a anunciar el evangelio a los macedonios.

Sentido Original

Tras el concilio de Jerusalén, Pablo le dijo a Bernabé que quería volver a visitar las iglesias que habían establecido durante su primer viaje misionero (v. 36). Parte de la razón de esta visita era probablemente entregar la carta con las conclusiones del concilio. Este iba a ser el segundo viaje misionero de Pablo.

El equipo se disuelve (15:36–40)

Cuando se habló de visitar nuevamente las iglesias establecidas, Pablo no estuvo de acuerdo con la sugerencia de que les acompañara Marcos, el primo de Bernabé (Col 4:10), "porque los había abandonado en Panfilia" (vv. 37–38). Aunque Lucas utiliza un término fuerte (*paroxysmos*) para denotar el conflicto que se produjo, no nos da ninguna pista para determinar quién tenía razón y quién estaba equivocado. Es triste que el equipo se disolviera por el conflicto suscitado. Es posible que el dolor del enfrentamiento público de Antioquía después de que Bernabé se pusiera del lado de Pedro (Gá 2:13) tuviera algo que ver con la severidad de este conflicto.[1] Longenecker sugiere que Marcos podría haber sido "de algún modo responsable de incitar a los judaizantes",[2] lo cual habría hecho que Pablo fuera todavía más reacio a llevarle consigo. Pero tampoco tenemos datos para afirmar esto.

Estoy de acuerdo con Marshall: "Es un ejemplo clásico del perpetuo dilema de priorizar los intereses del individuo o de la obra en su conjunto".[3] Es alentador descubrir que más adelante Pablo y Bernabé parecen haber trabajado juntos de nuevo (1Co 9:6; Col 4:10) y que Pablo, no solo había llegado a apreciar a Marcos, sino a depender de él hasta el punto de reclamar su presencia a su lado hacia el final de su vida (2Ti 4:11; cf. Col 4:10; Flm 24).

A pesar de la debilidad humana, la soberanía de Dios se revela en el desarrollo de sus propósitos, puesto que ahora son dos los equipos que van a salir al campo de labor y el área del primer viaje misionero se divide entre Pablo y Bernabé. Este último se dirige a su Chipre natal con Marcos (15:39), mientras que Pablo toma a Silas y viaja, vía Siria y Cicilia, a la Galacia meridional (15:40–16:1).

Silas era dirigente de la iglesia de Jerusalén (15:22) y profeta, quien habló "extensamente para animar y fortalecer" a los hermanos de Antioquía (15:32). Esto ha de significar que fue un entusiasta defensor del programa de evangelización a los gentiles liderado por Pablo. Como Pablo, Silas era también ciudadano romano (ver 16:37), algo muy positivo para desarrollar un ministerio itinerante en el Imperio romano. Silas es probablemente una abreviatura del término latino Silvano, con el que se alude a él en las cartas.[4] Se le nombra como coautor de las dos cartas a los tesalonicenses. "Fue probablemente el amanuense que escribió 1 Pedro y el responsable de su elegante estilo"[5] (ver 1 Pedro 5:12).

---

1. Bruce, *Acts,* NICNT, 302; Williams, *Acts*, 272–73.
2. Longenecker, "Acts", 454.
3. Marshall, *Acts,* 258.
4. Ver 2Co 1:19; 1Ts 1:1; 2Ts 1:1; 1P 5:12. La NIV traduce tanto la palabra *Silouanos* de estos versículos como *Silas* que encontramos en otros pasajes como Silas.
5. Bruce, *Circle*, 28.

Como sucedió con el equipo anterior (13:3), Pablo y Silas son también comisionados y enviados por la iglesia de Antioquía (15:40). En aquella ocasión, la comisión se llevó a cabo con ayuno, oración y la imposición de manos. Lo mismo podría haberse hecho también en este caso. Esta comisión se describe como una encomendación "a la gracia del Señor". No se menciona un envío parecido de Bernabé y Marcos, pero esto podría ser porque de aquí en adelante Lucas se centra en el ministerio de Pablo. Todo ministerio brota de la gracia de Dios; sin embargo, la gracia es a menudo mediada a través de las oraciones, la preocupación, la responsabilidad y la provisión de otros cristianos. La propia imposición de manos pretendía expresar la mediación de la bendición de Dios.[6] La iglesia encomendó a Pablo y a Silas a la gracia de Dios, pero ellos se habían comprometido a hacer su parte para seguir mediando dicha gracia.

El llamamiento macedonio (16:1–10)

Hechos 15:41 y 16:5 indican que el primer tramo del viaje de Pablo y Silas pretendía esencialmente "consolidar a las iglesias". Uno de los aspectos de este ministerio fue la entrega de "los acuerdos tomados por los apóstoles y los ancianos de Jerusalén, para que los pusieran en práctica" (16:4).

En Listra, el joven Timoteo, de buena reputación y ascendencia mitad judía y mitad gentil, se convierte en el último miembro del equipo (16:1–3). Se ha debatido mucho el hecho de que Pablo lo hiciera circuncidar. Se afirma que el Pablo de las cartas, que se expresó con tanta firmeza contra la circuncisión, no habría hecho esto y, por consiguiente, el Pablo de Hechos no puede ser el auténtico. Pero hemos de recordar que el Pablo de Hechos consideró también que la circuncisión era un asunto tan importante que estuvo dispuesto a hacer el largo viaje hasta Jerusalén para enfrentarse a los judaizantes. Su oposición se dirigió a quienes insistían en la circuncisión como condición para la plena inclusión de los gentiles en el pueblo de Dios. El contexto de este pasaje es el de los requisitos para el ministerio. Ninguna iglesia de nuestro tiempo pide un título teológico como condición para formar parte de la membresía, pero muchas sí requieren este tipo de titulación para quienes desean entrar en el ministerio.

Por un lado, Timoteo tenía que ganarse el aprecio de los cristianos de origen judío y, por otra, estar circuncidado le habría abierto puertas en la evangelización de los judíos. Si hubiera sido completamente gentil, Pablo no habría insistido en su circuncisión, como no lo hizo con Tito, que era griego y le acompañó a Jerusalén (Gá 2:3). Pero Timoteo era medio judío y sería más apropiado que se sometiera al doloroso proceso de la plena iniciación en la comunidad judía. Algunos acusan a Pablo de incoherencia, pero Bruce nos recuerda las palabras de R. W. Emerson cuando se refirió a la "necia coheren-

---

6. "Laying on of Hands", *BEB*, 2:1317–18.

cia" de ser "duende de las mentes estrechas, adorado por pequeños estadistas, filósofos y eclesiásticos".[7]

La providencia de Dios se hace evidente en esta sección, estorbando los planes de Pablo, para que fuera guiado al lugar al que Dios quería llevarle (16:6–10). Después de ministrar en Frigia y Galacia,[8] Pablo quiso dirigirse al sudoeste a la provincia de Asia, probablemente para ministrar en Éfeso, la importante capital de Asia, pero "el Espíritu Santo" se lo impidió (16:6). Después viajó al oeste, hacia la frontera de Misia e intentó ir al norte, hacia Bitinia, pero una vez más el Espíritu —llamado en esta ocasión "el Espíritu de Jesús"— "no se lo permitió" (16:7). Pablo había trabajado en la zona oriental; no podía dirigirse al norte o al sur, de modo que solo le quedaba ir más hacia el oeste y el camino le llevó al puerto de Troas (16:8). Allí tuvo la visión del llamamiento macedonio (v. 9) y concluye que Dios les había "llamado a anunciar el evangelio a los macedonios" (v. 10).[9] Después de este periodo de incertidumbre sobre la voluntad de Dios, cuando esta se confirma, Pablo y su equipo se preparan "en seguida" para ir a Macedonia, y con ello a un nuevo horizonte en la ampliación del cristianismo.

En el versículo 10 encontramos el primer pasaje en primera persona del plural de Hechos,[10] sugiriéndoles a algunos que Troas podría ser la ciudad donde Pablo conoció a Lucas[11] o al menos donde iniciaron su viaje juntos. Algunos han sugerido que Lucas se unió al equipo por su condición de médico (cf. Col 4:14), lo cual es posible, considerando los frecuentes problemas de salud de Pablo. Bruce afirma: "No es ninguna exageración decir que Pablo es el héroe de Hechos".[12] Esto podría ser porque Lucas conoció íntimamente a Pablo estando con él. Era el único que estaba con el apóstol poco antes de su ejecución en Roma (2Ti 4:11). Pero Lucas concede también a otros dirigentes, como Pedro y Jacobo, su debido lugar en el libro de los Hechos. De hecho, como afirma Bruce: "Lucas es un escritor verdaderamente católico; sabe que en el cristianismo primitivo existen varias corrientes y las teje para el bien de la unidad cristiana, una causa que, evidentemente, valora en gran medida".[13]

---

7. Bruce, *Acts*, NICNT, 304; de R. W. Emerson, "Essays on Self-Reliance", *Essays, Lectures and Orations* (Londres, 1848), 30.

8. Ver Longenecker, "Acts", 457 donde este autor presenta una exposición de lo que significa Frigia y Galacia.

9. En la progresión de "Espíritu Santo" a "Espíritu de Jesús" y "Dios" Longenecker ve "una expresión inconsciente de la embrionaria fe trinitaria de la iglesia primitiva" ("Acts", 457).

10. Ver 16:10–17; 20:5–21:17; caps 27–28.

11. Una importante variante occidental de 11:28, que registra un incidente acaecido en Antioquía, presenta el primer pasaje en primera persona del plural del texto de Hechos (Metzger, *Textual*, 391). Colin Hemer dice: "Es posible que esta lectura refleje una antigua tradición que relacionaba a Lucas con aquella ciudad" (*Acts*, 312).

12. Bruce, *Circle*, 42.

13. *Ibíd.*, 43.

Viajar con Silas habría contribuido sin duda a que Lucas se familiarizara con la perspectiva de la iglesia de Jerusalén.

En este pasaje no se presentan principios explícitos cuya vigencia actual pueda confirmarse inequívocamente. Hay, sin embargo, muchas experiencias humanas con las que podemos identificarnos y a través de las cuales vemos a Dios en acción. Por tanto, este pasaje es muy significativo para nosotros, puesto que nos muestra cómo pelear la buena batalla de la fe. Es de agradecer que Lucas no pasara por alto las crisis de la iglesia primitiva ni escondiera las debilidades de sus dirigentes. No era una iglesia ideal formada por creyentes perfectos que nos dejan profundamente frustrados por nuestros fallos e imperfecciones. Era una iglesia de personas como nosotros que estaban, eso sí, a disposición de Dios y eran utilizadas para hacer grandes cosas para él. Este pasaje demuestra la verdad de 2 Corintios 4:7: "Pero tenemos este tesoro en vasijas de barro para que se vea que tan sublime poder viene de Dios y no de nosotros".

El conflicto

Es significativo que, después de tantos siglos de estudio, la iglesia no esté todavía segura de quién tuvo la culpa en este conflicto entre Pablo y Bernabé. Los conflictos entre las personas pueden ser complejos y difíciles de esclarecer. Es alentador ver que Dios obra a través de este conflicto. "Sin embargo —como dice John Stott—, este ejemplo de la providencia de Dios no debe utilizarse como excusa para justificar las disputas entre cristianos".[14] Ni tampoco deberíamos asumir que, cuando se produce un desacuerdo entre dirigentes cristianos, este tipo de ruptura sea la norma. Es una excepción producida por el error humano más que por designio divino.

Pero Dios está por encima de nuestros problemas y desea que sus hijos vivan en unidad. Por ello, podemos esperar una resolución siempre que se produzca un problema. El que no seamos capaces de resolverlo será fruto de la obstinación, error o ignorancia de una o ambas partes del conflicto. En este mundo caído, los conflictos son un hecho y es cierto que, a veces, los que se producen entre cristianos acaban sin resolverse.

Los animadores ven las cosas con ojos esperanzados

No podemos dejar de observar la mentalidad optimista de Bernabé, negándose a tirar la toalla con Marcos (15:37–39). Siendo más joven, Pablo no conseguía ver el potencial que veía Bernabé. Y las esperanzas de este último no eran

---

14. Stott, *Acts,* 253.

infundadas, porque Marcos cumplió ciertamente con sus expectativas. El que hubiera desertado una vez no significaba necesariamente que fuera a hacerlo siempre. Más adelante, Pablo llegaría a valorar positivamente a Marcos, que, según parece, se convirtió en ayudante de Pedro, quien al finalizar su primera carta manda saludos de "mi hijo Marcos" (1P 5:13).

Marcos fue muy probablemente el autor del segundo Evangelio. Allá por el año 130 d. C., Papías, obispo de Hierápolis, afirma: "Tras convertirse en intérprete de Pedro, Marcos escribió fielmente todo lo que el apóstol recordaba [...] de los dichos y obras de Cristo". Papías explica que Marcos "puso especial atención" en escribir un riguroso relato.[15] En su *Historia Eclesiástica*, Eusebio (325 d. C.), padre de la Historia de la Iglesia, afirma que Marcos emprendió esta tarea en respuesta a las peticiones de los hermanos que querían tener un registro permanente de lo que Pedro había enseñado. Eusebio presenta también la tradición según la cual "Marcos fue el primer hombre que partió para Egipto y predicó allí el evangelio [...] y el primero en establecer iglesias en la propia Alejandría".[16] No hay duda, pues, de que Marcos ocupa un importante lugar en la historia de la iglesia primitiva. "Como miembro de tres círculos entrecruzados en la iglesia primitiva, Marcos aporta una importante conexión entre Bernabé, Pedro y Pablo".[17]

El ejemplo de Bernabé apostando por Marcos nos invita también a mirar a las personas con ojos de esperanza. También Pablo parece haber desarrollado este carácter, cuando le vemos negándose a tirar la toalla con personas como Timoteo y los corintios a pesar de sus debilidades. La esperanza es, pues, una clave para entender el ministerio de ánimo. No se trata, naturalmente, de una esperanza ciega, sino de una confianza vinculada a las posibilidades de la gracia. De hecho, cuando animamos a personas que han fracasado en algún aspecto de sus vidas, el principal mensaje que tenemos para ellos no es "tú puedes conseguirlo", sino "Él puede hacerlo en ti".

Principios de ministerio itinerante

Esta sección establece algunas características clave del ministerio itinerante en la iglesia primitiva. (1) Este tipo de ministerio se llevaba a cabo en equipo. Cuando Pablo y Bernabé se separaron, tomaron consigo a Silas y Marcos respectivamente para que les acompañaran en sus viajes como miembros de su equipo (15:39–40).

---

15. Ver "Fragments of Papias", *The Ante-Nicene Fathers,* vol. 1, *The Apostolic Fathers with Justin Martyr and Irenaeus* (Edimburgo: T. & T. Clark; y Grand Rapids: Eerdmans, 1996 reimpresión), 154–55.

16. Eusebio, *The History of the Church from Christ to Constantine*, trad. G. A. Williamson, rev. y ed. Andrew Louth (Londres: Penguin, 1989), 49–50.

17. Bruce, *Circle*, 80.

(2) El equipo de Pablo cumplió un doble ministerio. En primer lugar visitaron las iglesias ya existentes y las fortalecieron (15:41). A continuación se dirigieron a la región de Macedonia llevando el evangelio donde todavía no había llegado (16:10). También en nuestro tiempo, los ministros itinerantes pueden viajar para fortalecer a las iglesias y evangelizar a los perdidos.

(3) Un grupo local encomendó al equipo "a la gracia del Señor" (15:40) cuando partió, y le dio su apoyo (al menos en oración). Sabemos que, en su primer viaje misionero, el equipo de Pablo fue enviado por la iglesia de Antioquía (13:3) y que, cuando terminó, regresó a la ciudad (14:27). Los grupos locales de apoyo son también un activo muy valioso para los ministros itinerantes de hoy.

La circuncisión de Timoteo

En los días en que no existían los anestésicos, la circuncisión era una intervención dolorosa para los adultos.[18] Esta era, probablemente, una de las razones por las que muchos gentiles preferían quedarse como temerosos de Dios, en lugar de convertirse en judíos de pleno derecho. No obstante, para que Timoteo pudiera ganar credibilidad entre los judíos, hubo de someterse al dolor de esta experiencia. De modo que, poco después de la batalla para liberar a la iglesia de la circuncisión, Pablo circuncidó a su joven ayudante (16:3). Puede que los dirigentes tengan que asumir deliberadamente ciertas cosas que les causarán dolor, pero les darán credibilidad en el ministerio.

En 1 Corintios 9, Pablo explica que asumió muchas dificultades, aunque era libre para vivir como quisiera (1Co 9:1). Hablando de su legítimo derecho a recibir apoyo financiero, el apóstol escribe: "Sin embargo, no ejercimos este derecho, sino que lo soportamos todo con tal de no crear obstáculo al evangelio de Cristo" (9:12b). En este mismo capítulo, Pablo expresa su pasión por el evangelio como sigue: "Aunque soy libre respecto a todos, de todos me he hecho esclavo para ganar a tantos como sea posible" (9:19). Y sigue diciendo: "Todo esto lo hago por causa del evangelio, para participar de sus frutos" (9:23). Con un compromiso así, Pablo tenía libertad para pedir a personas como Timoteo que pagaran también un precio. Por regla general, los dirigentes que no pagan un precio son incapaces de motivar a otros para que asuman este tipo de compromiso. Pablo no solo requirió un costoso discipulado para otras personas, sino que lo ejemplificó en su propia vida.

Planificación humana y guía divina

La extraña providencia de Dios, prohibiendo que Pablo fuera donde quería ir (16:6–8) nos muestra que, aunque es correcto que los seres humanos hagan planes y tengan visiones, tales planes han de someterse a la voluntad de Dios

---

18. Ver comentarios sobre 15:19.

y estar abiertos a su veto. Proverbios 16:9 dice: "El corazón del hombre traza su rumbo, pero sus pasos los dirige el Señor". Pablo se sometió a la voluntad de Dios y fue también receptivo a su voz. Aunque tenía sus planes, los presentaba siempre a Dios y este espíritu dócil hizo que Dios pudiera conducirle por los caminos de su voluntad. Pensemos en las palabras de Santiago 4:13–15:

> Ahora escuchen esto, ustedes que dicen: «Hoy o mañana iremos a tal o cual ciudad, pasaremos allí un año, haremos negocios y ganaremos dinero.» ¡Y eso que ni siquiera saben qué sucederá mañana! ¿Qué es su vida? Ustedes son como la niebla, que aparece por un momento y luego se desvanece. Más bien, debieran decir: «Si el Señor quiere, viviremos y haremos esto o aquello».

Igual que Pablo fue dirigido por Dios tras un período de incertidumbre, también nosotros podemos tener la confianza de que Dios nos guiará si buscamos su voluntad de todo corazón. Pablo afirma: "… todos los que son guiados por el Espíritu de Dios son hijos de Dios" (Ro 8:14). No podemos, sin embargo, asegurar por cuánto tiempo se prolongará la incertidumbre. No obstante, durante las oscuras noches del alma, Dios hace a menudo una obra en nosotros que nos es muy beneficiosa.

Cuando afrontamos conflictos

Aunque es cierto que este pasaje no pretende excusar las contiendas, sí nos ofrece consuelo en aquellos casos en que experimentamos desacuerdos que no acaban de manera amigable. También nos da esperanza, porque, al igual que Pablo y Bernabé, también nosotros podemos seguir trabajando juntos cuando pase el calor del conflicto. Por tanto, hemos de tener cuidado de no hacer o decir nada durante los momentos de mayor tensión que luego complicaría la resolución final del conflicto. Cuando las personas se sienten dolidas y desilusionadas hacen muchas veces afirmaciones públicas que luego son difíciles de olvidar. En ocasiones escriben cartas acusatorias que no pueden borrarse una vez escritas.

Puesto que Dios está por encima de los problemas, siempre podemos vivir con la esperanza de la resolución. Esta esperanza nos permitirá mirar más allá del dolor, al día en que nos gozaremos en una relación restaurada. Y esto, a su vez, ha de llevarnos a desacerbar nuestras acciones y reacciones. Por tanto, siempre es mejor contar con la ayuda de otras personas menos implicadas emocionalmente en el conflicto y que puedan guiarnos. Su distancia de la situación les permite ver las cosas con mayor claridad y aconsejarnos para que actuemos de manera más sabia.

Ministrando esperanza a las personas

Las palabras de Pablo al tímido Timoteo (1Ti 4:12; 2Ti 1:6–7) nos ofrecen un buen resumen de lo que es un ministerio lleno de esperanza: "Timoteo, hijo mío, te doy este encargo porque tengo en cuenta las profecías que antes se hicieron acerca de ti. Deseo que, apoyado en ellas, pelees la buena batalla" (1Ti 1:18). Lo que dirige a Pablo en este texto son las "profecías que antes se hicieron acerca de" Timoteo; unas profecías que constituyeron la base de su esperanza en las posibilidades de la gracia en la vida y ministerio de Timoteo. Estas le dieron una gran confianza para esperar grandes cosas de Timoteo.

Dominada como está por la ley de la jungla (i.e., la ley del más fuerte), nuestra competitiva sociedad acaba aplastando a muchas personas. El líder cristiano mira más allá de las superficiales concepciones de idoneidad y vive en la esfera de las posibilidades de la gracia. Esto enciende la esperanza de lo que puede conseguirse mediante personas que este mundo considera inútiles. Todos nos encontraremos con innumerables personas abatidas que han sido rechazadas por nuestra sociedad cambiante y resultadista. Dios desea utilizarnos para abrir sus vidas a las inagotables riquezas de su gracia.

El irlandés Adam Clarke fue el gran teólogo del antiguo movimiento metodista. Su monumental comentario en ocho volúmenes de la Biblia (1810–26) sigue a la venta hasta la fecha y Charles Spurgeon dio a Clarke el elogioso título de "Príncipe de los comentaristas". Sin embargo, en la escuela, a Clarke le costaba aprender. Un día que un ilustre invitado estaba en la escuela, el maestro señaló a Clarke y dijo: "Es el muchacho más bobo de la escuela". Pero, antes de marcharse, el invitado se acercó al niño y le dijo: "No hagas caso de lo que has oído, puede que algún día seas un gran erudito. No te desanimes, esfuérzate y no tires la toalla". Después de relatar esta historia, William Barclay pregunta: "¿Quién sabe? Puede que fuera esta palabra de esperanza la que hizo de Adam Clarke el hombre que un día fue".[19]

El ministerio itinerante en nuestros días

Las características del ministerio itinerante que antes se han enumerado son también relevantes en nuestro tiempo. (1) ¿Deberían los predicadores itinerantes viajar siempre con un equipo? Esta parece ser la forma en que lo hacían tanto Jesús como los predicadores itinerantes de Hechos. Esta es sin duda la manera ideal de viajar, como hemos visto en la exposición de Hechos 3. Hemos de intentar llevar siempre a alguien con nosotros. Pero en nuestro tiempo puede que haya situaciones en que no podamos permitírnoslo. En estos casos hemos de procurar el respaldo de un equipo de nuestra iglesia u organización y tener como miembros temporales de nuestro equipo a las personas

---

19. William Barclay, *The Letters to the Corinthians,* ed. rev. *DSB* (Filadelfia: Westminster, 1975), 124.

con las que estamos ministrando. Esto puede conseguirse cuando el obrero itinerante se aloja en sus casas, ora, pasa tiempo en comunión y comparte sus preocupaciones personales con ellos para que puedan ser de un mismo espíritu.

Lo que hemos de evitar por todos los medios es la frecuente situación en la que personas con dones ministeriales están trabajando solas. Tienen una privacidad en sus viajes que no comparten con nadie. Tales personas pueden tener serios problemas espirituales. Pueden perder su efectividad en el ministerio al no tener colegas que les estimulen y desafíen igual que "el hierro se afila con el hierro" (Pr 27:17). Pueden sucumbir a las muchas tentaciones que afrontan quienes viajan mucho y comenzar a vivir en un mundo de derrota sin que nadie les ayude. Todos los que tienen un ministerio itinerante han de procurar, de algún modo, trabajar en equipo.

(2) ¿Deberíamos esperar que los predicadores itinerantes fueran evangelistas y maestros? Sabemos que algunos predicadores itinerantes no están igualmente dotados para el ministerio de edificación y la evangelización. Pero normalmente deberían estar abiertos a participar, al menos hasta cierto punto, en ambas tareas. Aunque, por regla general, participamos un poco en todo tipo de ministerios (a excepción de aquellos para los que no estamos dotados en absoluto; p. ej., cantar en público si desafinamos), solemos especializarnos en algunas áreas.

(3) Hemos de aplicar el principio de tener, en la iglesia local u organización que nos envía, un grupo que ora por nosotros y al que rendimos cuentas. Esta clase de apoyo y responsabilidad es vital para el desarrollo de un ministerio efectivo, porque tales personas son una fuente de mucha fuerza. Pueden también ayudarnos a administrar nuestras finanzas. Teniendo en cuenta que la mala utilización del dinero ha hecho caer a muchos predicadores itinerantes, es conveniente que otras personas nos ayuden ejerciendo un control de las finanzas de nuestro ministerio.

Mantener un equipo de oración en nuestra iglesia local mientras nosotros estamos viajando exige un compromiso por nuestra parte. James O. Fraser, un heroico personaje de nuestra reciente historia misionera, se vio forzado, contra sus deseos, a trabajar solo en la obra pionera entre las tribus lisu en los montes de China. Sin embargo, Fraser tenía un grupo de amigos en Inglaterra que estaban comprometidos a orar por él. Les mantuvo motivados enviándoles frecuentes cartas en las que explicaba los detalles de sus necesidades, victorias (que fueron pocas durante mucho tiempo) y luchas. Una biografía de Fraser publicada recientemente nos ofrece útiles sugerencias sobre cómo hacer que otras personas oren por nosotros.[20]

Los tres principios que acabamos de considerar van en contra del individualismo que tanto aqueja a nuestra generación. Incluso aquellos que viajan en

---

20. Eileen Grossman, *Mountain Rain* (Robesonia, Pa. y Sevenoaks, Kent: OMF Books, 1988).

equipo pueden vivir en su mundo privado sin verse sometidos a una verdadera responsabilidad espiritual. En el equipo de Pablo había una actitud abierta entre sus miembros. Por eso podía decirle a Timoteo: "Tú, en cambio, has seguido paso a paso mis enseñanzas, mi manera de vivir, mi propósito, mi fe, mi paciencia, mi amor, mi constancia, mis persecuciones y mis sufrimientos. Estás enterado de lo que sufrí en Antioquía, Iconio y Listra, y de las persecuciones que soporté. Y de todas ellas me libró el Señor" (2Ti 3:10–11). Pablo le había abierto su vida a Timoteo. Es extraño que, a pesar de los claros modelos bíblicos y de los muchos casos de dirigentes que han caído y que no rendían cuentas a nadie, muchos dirigentes cristianos persistan obstinadamente en mantener una gran opacidad en sus vidas. Esto indica que el estilo de vida del mundo ha vencido al bíblico. En esta cuestión hemos de ser claramente contraculturales.

Aceptando el dolor

Cuando era adolescente, contábamos con un tratado que nos ayudó mucho en el camino del discipulado; su título era: "Otros pueden, tú no". Otros podían eludir el dolor de someterse a la circuncisión, pero para que Timoteo tuviera éxito en su ministerio hubo de someterse a esta práctica. Este fue el dolor que hubo de asumir para identificarse con aquellos a los que iba a ministrar. Es posible que alguien que quiera trabajar entre budistas tenga que hacerse vegetariano si descubre que comiendo carne hace tropezar a sus oyentes. Y, ciertamente, tendrá que abandonar la caza, si la practicaba, puesto que los budistas consideran un grave pecado matar animales. Puede que, para identificarse con el pueblo al que desea ministrar, un misionero tenga que asumir la dura tarea de aprender un nuevo idioma. Para alguien que quiere llevar el evangelio a los tugurios puede ser necesario trasladar su residencia cerca de donde viven aquellos a quienes quiere alcanzar y, por ello, tenga quizá que sufrir el dolor y el terror de que entren en su vivienda para robar. En una sociedad en que las personas son alérgicas al dolor, estas cosas son difíciles de soportar. La mayoría de las personas desean eludir estas cosas, pero nosotros deberíamos asumirlas voluntariamente para poder dar un fruto realmente perdurable.

Visionarios bajo sujeción

Pablo era un visionario que hacía planes con anticipación y desarrollaba estrategias para alcanzar a los perdidos y llevar el evangelio a los rincones más remotos del mundo. En Romanos 15:23–29 el apóstol hace referencia a algunas de sus visiones, una de las cuales era visitar la ciudad de Roma. Sin embargo, siempre vivió en sumisión a la voluntad de Dios. Por tanto, sigue diciendo: "Pídanle que me libre de caer en manos de los incrédulos [...] De este modo, por la voluntad de Dios, llegaré a ustedes" (15:31–32). Como hemos visto en este pasaje, Pablo sometió sus planes a Dios para que los aceptara, modificara o rechazara de acuerdo con su voluntad.

¿Cómo podemos saber si Dios nos está diciendo que no hagamos algo que hemos planeado? Se nos dice que el Espíritu detuvo a Pablo, pero no cómo se dio cuenta de ello. Dios puede comunicarnos su voluntad sobre tales cuestiones de muchas maneras. Puede hacerlo mediante algún medio milagroso, como la profecía o un sueño. Cuando la comunidad se reúne en un espíritu de oración para hacer planes o cuando los hacemos a nivel personal, Dios puede hablar mediante la sabiduría de alguno de los presentes. A veces experimentamos lo que algunos llaman "un bloqueo" en nuestro espíritu, que nos hace sentir que lo que se quiere hacer no es correcto. Este bloqueo puede ser un sentimiento de reserva sobre algún aspecto del plan, que se suscita por ciertos obstáculos que se ven como señales de Dios para que se abandone el proyecto, o por las reservas de otra persona en quien tenemos confianza.

Cuando esto sucede, hemos de orar con fervor y dialogar sobre el asunto, buscando la clarificación de Dios. Tengamos cuidado de no impulsar proyectos sobre los que albergamos reservas. Tengamos en cuenta que no podremos dedicarnos en cuerpo y alma a este tipo de proyectos. Es mejor, pues, esforzarnos por conocer la voluntad de Dios.

Cuando buscamos la dirección de Dios con una actitud fervorosa, él puede guiarnos de maneras poco comunes, como lo hizo en el caso de Pablo a través de una visión. No sabemos cuánto tiempo hubo de esperar Pablo para que Dios se le revelara en esta visión. Pero da la impresión de que fue un espacio considerablemente largo. Estos periodos pueden ser descorazonadores. Sin embargo, miramos a Dios creyendo en sus promesas, esperando en su palabra con paciente esperanza, haciendo todo lo que podemos hacer bajo tales circunstancias. Cuando tenemos la sensación de que Dios ha hablado, hemos de responder inmediatamente a él como lo hizo Pablo (16:10) y lanzarnos en fe.

Cuando fui a los Estados Unidos para estudiar en el seminario, lo hice con el plan de regresar a Sri Lanka y trabajar con Juventud para Cristo. Pero, en el seminario, varios maestros y amigos me aconsejaron que no lo hiciera, diciéndome que mis dones parecían dirigirme hacia otra clase de ministerio (el pastorado o la enseñanza). Escribí sobre este asunto a mis familiares y amigos, pedí consejo al respecto a muchas personas y oré mucho. Pero durante varios meses no tuve ninguna sensación de que Dios me guiara. Después recibí una carta de Samuel Sherrard, el director nacional de nuestro programa, en la que me decía que él iba a trasladarse a otro proyecto de Juventud para Cristo y me pedía que ocupara el lugar que iba a dejar. De repente tuve la fuerte impresión de que aquella era la dirección que le había estado pidiendo a Dios. Le enseñé la carta a uno de mis profesores, el Dr. J. T. Seamands, que estuvo de acuerdo conmigo. Volví a mi país para realizar el mismo trabajo que he desarrollado durante los últimos veintiún años.

Soñemos, pues, con hacer grandes cosas para Dios y de tales sueños surgirán nuestras visiones. Busquemos, sin embargo, el rostro de Dios para conocer su voluntad y estemos siempre dispuestos a sujetarnos a ella. Y durante los periodos, a veces descorazonadores, en que toca esperar hasta conocer la voluntad de Dios, hemos de hacer lo que sabemos, entendiendo que los tiempos de frustración que tanto tememos rendirán un día una rica cosecha de bendición.

Hechos 16:11–40

Zarpando de Troas, navegamos directamente a Samotracia, y al día siguiente a Neápolis. [12] De allí fuimos a Filipos, que es una colonia romana y la ciudad principal de ese distrito de Macedonia. En esa ciudad nos quedamos varios días.

[13] El sábado salimos a las afueras de la ciudad, y fuimos por la orilla del río, donde esperábamos encontrar un lugar de oración. Nos sentamos y nos pusimos a conversar con las mujeres que se habían reunido. [14] Una de ellas, que se llamaba Lidia, adoraba a Dios. Era de la ciudad de Tiatira y vendía telas de púrpura. Mientras escuchaba, el Señor le abrió el corazón para que respondiera al mensaje de Pablo. [15] Cuando fue bautizada con su familia, nos hizo la siguiente invitación: «Si ustedes me consideran creyente en el Señor, vengan a hospedarse en mi casa.»

Y nos persuadió.

[16] Una vez, cuando íbamos al lugar de oración, nos salió al encuentro una joven esclava que tenía un espíritu de adivinación. Con sus poderes ganaba mucho dinero para sus amos. [17] Nos seguía a Pablo y a nosotros, gritando:

—Estos hombres son siervos del Dios Altísimo, y les anuncian a ustedes el camino de salvación.

[18] Así continuó durante muchos días. Por fin Pablo se molestó tanto que se volvió y reprendió al espíritu:

—¡En el nombre de Jesucristo, te ordeno que salgas de ella!

Y en aquel mismo momento el espíritu la dejó.

[19] Cuando los amos de la joven se dieron cuenta de que se les había esfumado la esperanza de ganar dinero, echaron mano a Pablo y a Silas y los arrastraron a la plaza, ante las autoridades. [20] Los presentaron ante los magistrados y dijeron:

—Estos hombres son judíos, y están alborotando a nuestra ciudad, [21] enseñando costumbres que a los romanos se nos prohíbe admitir o practicar.

[22] Entonces la multitud se amotinó contra Pablo y Silas, y los magistrados mandaron que les arrancaran la ropa y los azotaran. [23] Después de darles muchos golpes, los echaron en la cárcel, y ordenaron al carcelero que los custodiara con la mayor seguridad. [24] Al recibir tal orden, éste los metió en el calabozo interior y les sujetó los pies en el cepo.

[25] A eso de la medianoche, Pablo y Silas se pusieron a orar y a cantar himnos a Dios, y los otros presos los escuchaban. [26] De repente se produjo un terremoto tan fuerte que la cárcel se estremeció hasta sus cimientos. Al instante se abrieron

todas las puertas y a los presos se les soltaron las cadenas. [27] El carcelero despertó y, al ver las puertas de la cárcel de par en par, sacó la espada y estuvo a punto de matarse, porque pensaba que los presos se habían escapado. Pero Pablo le gritó: [28] —¡No te hagas ningún daño! ¡Todos estamos aquí!

[29] El carcelero pidió luz, entró precipitadamente y se echó temblando a los pies de Pablo y de Silas. [30] Luego los sacó y les preguntó:

—Señores, ¿qué tengo que hacer para ser salvo?

[31] —Cree en el Señor Jesús; así tú y tu familia serán salvos —le contestaron.

[32] Luego les expusieron la palabra de Dios a él y a todos los demás que estaban en su casa. [33] A esas horas de la noche, el carcelero se los llevó y les lavó las heridas; en seguida fueron bautizados él y toda su familia. [34] El carcelero los llevó a su casa, les sirvió comida y se alegró mucho junto con toda su familia por haber creído en Dios.

[35] Al amanecer, los magistrados mandaron a unos guardias al carcelero con esta orden: «Suelta a esos hombres.» [36] El carcelero, entonces, le informó a Pablo:

—Los magistrados han ordenado que los suelte. Así que pueden irse. Vayan en paz.

[37] Pero Pablo respondió a los guardias:

—¿Cómo? A nosotros, que somos ciudadanos romanos, que nos han azotado públicamente y sin proceso alguno, y nos han echado en la cárcel, ¿ahora quieren expulsarnos a escondidas? ¡Nada de eso! Que vengan ellos personalmente a escoltarnos hasta la salida.

[38] Los guardias comunicaron la respuesta a los magistrados. Éstos se asustaron cuando oyeron que Pablo y Silas eran ciudadanos romanos, [39] así que fueron a presentarles sus disculpas. Los escoltaron desde la cárcel, pidiéndoles que se fueran de la ciudad. [40] Al salir de la cárcel, Pablo y Silas se dirigieron a la casa de Lidia, donde se vieron con los hermanos y los animaron. Después se fueron.

En Troas, Pablo había recibido la visión para ir a Macedonia. Tras concluir con sus colegas que Dios estaba llamándoles a ministrar en aquella región, partieron de inmediato hacia allí. Cruzaron el mar Egeo y desembarcaron en Neápolis, la gran ciudad portuaria de Filipos, donde hicieron sus primeros contactos.

Conversión en Filipos de la casa de Lidia (16:11–15)

El versículo 11 nos ofrece un detallado diario del viaje, "característico de la última parte de Hechos".[1] Encontramos datos específicos sobre el tiempo invertido y los lugares por los que pasaron; esto es comprensible teniendo en cuenta que el propio autor formaba parte de la expedición. Los barcos solían hacer escala en Samotracia "puesto que los capitanes preferían anclar en esta ciudad en lugar de afrontar los peligros nocturnos del mar".[2] Filipos estaba a unos veinte kilómetros hacia el interior, de modo que desembarcaron en Neápolis. Desde esta ciudad, Pablo y su equipo tomaron la Vía Ignacia, una famosa carretera romana que iba de este a oeste, y en cuyo extremo oriental estaba Neápolis. Algunos tramos pavimentados de esta carretera siguen visibles.

En aquel momento, la región de Macedonia estaba separada de Grecia, mientras que en la actualidad, una buena parte de su territorio está dentro de sus fronteras, y el resto se reparte entre la antigua Yugoslavia y Bulgaria. Dos famosos reyes macedonios, Filipo II (356–336 a. C.) y su hijo Alejandro (334–323 a. C.), habían gobernado un imperio greco-macedonio unido. En el año 146 a. C., Macedonia se convirtió en una provincia romana. Filipos era una colonia romana, lo cual significa que su constitución seguía el patrón de la de Roma.[3] "Era gobernada por dos magistrados (llamados pretores) que se nombraban anualmente y que ejercían ayudados por funcionarios policiales llamados lictores".[4] Obsérvese que Pablo y Silas fueron llevados "ante los magistrados" (nótese el plural, v. 20).

El sábado, Pablo y sus amigos se dirigían hacia el río, fuera de la ciudad, con la idea de encontrar un "lugar de oración" (v. 13). Aunque la expresión "lugar de oración" se utilizaba en aquellos días para aludir a las sinagogas,[5] este era simplemente un lugar en el que la gente se reunía para adorar a Dios. Para constituir una sinagoga era necesario contar con diez hombres,[6] sin embargo, aquí solo se reunían mujeres. Congregarse junto a un río facilitaba cualquier ritual

---

1. Gempf, "Acts", 1090.
2. Longenecker, "Acts", 459. Longenecker cita aquí a Filón, *Historia Natural,* 4:23.
3. Ha habido una cierta confusión sobre las palabras de Lucas, "la ciudad principal [o primera; *protes*] de aquel distrito de Macedonia", para referirse a Filipos. Anfípolis y Tesalónica tenían mejores razones para optar a este título desde un punto de vista político. Bruce resuelve el problema entendiendo que "primera/o" modifica a distrito y no a ciudad (*Acts*, NICNT, 309–10). Keener opina que Lucas pretendía decir que Filipos era también una ciudad importante al mismo nivel que Tesalónica, pero no la única (*BBC*, 367–68). Longenecker opta por traducir como "la principal ciudad del distrito de Macedonia" y entiende esta expresión como "una indicación del orgullo de Lucas por su ciudad" ("Acts", 460).
4. Bruce, *Steps*, 32.
5. Boring, *Hellenistic Commentary*, 324; Ferguson, *Backgrounds*, 539.
6. Ferguson, *Backgrounds,* 546.

de purificación. Uno de los primeros convertidos de Filipos fue Lidia, una vendedora de tejido de púrpura nativa de Tiatira, una ciudad famosa por sus tintes de ese color. Esta localidad pertenecía al antiguo reino de Lidia (formaba parte de Asia en el siglo I), lo cual explica su nombre, que podía ser una designación comercial: "… puede que se la conociera como la señora lidia (procedente de Lidia)".[7]

Pablo y sus compañeros se acercaron a las personas y compartieron el mensaje, pero, en el último análisis, el evangelista era Dios: "El Señor le abrió el corazón para que respondiera al mensaje de Pablo". Tras el bautismo de toda su familia (entre los que posiblemente se contaba a sus siervos), Lidia les pidió que se quedaran en su hogar. El versículo 15b sugiere que fue necesaria una cierta persuasión para que Pablo y su equipo aceptaran el ofrecimiento. Puede que esto se debiera a su condición de mujer, posiblemente soltera. ¿O acaso la reticencia del equipo se debía a que se trataba de un hogar gentil? No podemos estar seguros, pero es improbable que Pablo tuviera esta clase de dudas. Lucas expresa su interés en los anfitriones con la mención de la hospitalidad de Lidia y del carcelero (v. 34).

Sanación de una joven esclava (16:16–24)

La historia de la joven esclava liberada de un espíritu maligno guarda similitudes con episodios paralelos de la vida de Jesús. Al parecer, los espíritus tenían poderes sobrenaturales que les permitían reconocer el origen divino de los ministerios de Jesús y del equipo de Pablo (v. 17; cf. Lc 4:34, 41; 8:28). Algunos proponen que el "clamor de la muchacha podía representar la confusa expresión de su deseo de conocer a Dios".[8] Se dice que la chica tenía "un espíritu de adivinación" (NVI, NRSV, NASB, etc.) o "un espíritu por el que ésta predecía el futuro" (NIV).[9] También en nuestros días los videntes predicen el futuro por dinero; aunque algunos de ellos son farsantes, otros hacen uso de poderes sobrenaturales. Parece que esta muchacha pertenecía a esta última categoría. Aunque lo que proclamaba apoyaba el ministerio de Pablo, él se sintió "molesto" por sus palabras (*diaponeomai*, v. 18, que significa "sentirse provocado o muy molesto por algo o alguien";[10] cf. 4:2). La razón de que Pablo tardara varios días en responder es un misterio. Sin embargo, cuando final-

---

7. Stott, *Acts,* 263.
8. Ed Murphy, *The Handbook for Spiritual Warfare* (Nashville: Thomas Nelson, 1992), 325. El Dr. Murphy y Knowling, "Acts", 347, se limitan a sugerir esta explicación, pero no se pronuncian dogmáticamente al respecto.
9. Quienes quieran saber cómo la expresión literal "un espíritu de pitón" (*pneuma pythona,* v.16), o "un espíritu profético" (Bruce, *Acts:,* NICNT.), llegó a significar un espíritu de adivinación, pueden consultar comentarios normales sobre Hechos.
10. Louw y Nida, 763.

mente abordó la situación, el poder de Dios rompió la opresión diabólica que se manifestaba en la vida de aquella muchacha.

Este milagro, que ocasionó una importante pérdida de ingresos para sus propietarios, produjo oposición al evangelio (cf. también 19:23–28). La razón oficial de dicha oposición a Pablo y Silas fue que defendían "costumbres que a los romanos se nos prohíbe admitir o practicar" (v. 21), algo que las autoridades tenían que tomarse muy en serio. El lenguaje ("a nosotros los romanos") pone de relieve que se intentó marginar a los misioneros y hacer que los magistrados se pusieran de su lado. Poco se imaginaban que eran también ciudadanos romanos (v. 37).

Como ciudadanos romanos, el trato que recibieron Pablo y Silas fue completamente irregular.[11] "Los arrastraron a la plaza, ante las autoridades" (v. 19), "les arrancaron la ropa" (v. 22), les dieron "muchos golpes", y "los echaron en la cárcel" (v. 23) "sin proceso alguno" (v. 37). Les llevaron al "calabozo interior" de máxima seguridad de la cárcel y les sujetaron los pies en el cepo (v. 24). Brian Rapske explica: "El cepo producía normalmente una gran incomodidad, ya que obligaba al prisionero a dormir en una posición sedente o echándose bocabajo en el suelo. Era casi imposible cambiar de posición para evitar los calambres".[12] No es, pues, de extrañar que siguieran despiertos hacia la medianoche (v. 25). El tratamiento de que Pablo y Silas fueron objeto muestra que "se les consideraba malhechores completamente carentes de cualquier mérito legal o social".[13]

Se convierte la familia de un carcelero (16:25–34)

A pesar de la humillación y el dolor que supuso ser desnudados, azotados y encarcelados, a eso de la medianoche Pablo y Silas "se pusieron a orar y a cantar himnos a Dios" (v. 25). A lo largo de la historia, los fieles han respondido a menudo al sufrimiento con "canciones en la noche". "Los otros presos los escuchaban" (v. 25b), y es interesante que no huyeron cuando las cadenas les cayeron de las manos tras el terremoto (vv. 26–28). Gempf escribe: "Es posible que Pablo asumiera el control de manera deliberada sobre el resto del los prisioneros (como parece haberlo hecho cuando era trasladado a bordo de una nave en el capítulo 27), o puede que simplemente estuvieran demasiado asustados para huir viendo que él y Silas se quedaban".[14] El hecho de que el carcelero estuviera al borde del suicidio por la posibilidad de que los prisioneros hubieran escapado (v. 27) es comprensible si recordamos que cuando Pedro fue liberado milagrosamente de la cárcel los guardias que le custodiaban

---

11. Brian Rapske, *Paul in Roman Custody,* vol. 3, *BAFCS*, 123–29.
12. *Ibíd.,* 127.
13. *Ibíd.,* 127.
14. Gempf, "Acts", 1092.

fueron ejecutados (12:19) y que, tras el naufragio camino de Roma, los soldados planeaban dar muerte a los prisioneros para que no huyeran (27:42).

En un sorprendente giro de los acontecimientos, el carcelero entró precipitadamente donde se encontraban Pablo y Silas, y cayendo ante ellos preguntó
bruscamente: "Señores [*kyrioi*], ¿qué tengo que hacer para ser salvo?" (v. 30).
Este hombre sabía probablemente que, como había dicho la muchacha, ellos
proclamaban "el camino de salvación" (v. 17). La mayoría de las personas
ignoran tales mensajes cuando los oyen por primera vez. Sin embargo, ciertos
acontecimientos pueden hacerles receptivos, como por ejemplo un milagro, un
acto de bondad, o (como aquí) lo sucedido aquella noche. Este hombre quería
saber lo que tenía que "hacer" para ser salvo, pero de hecho no podía hacer
nada, todo había sido ya hecho por Cristo. Solo tenía que creer (v. 31). Quienes
dicen que el Pablo de las cartas es distinto del Pablo de los Hechos han de tener
en cuenta esta afirmación, que está de acuerdo con sus cartas (y con lo que
Jesús declara en el Evangelio de Juan).

La primera parte del versículo 31, "Cree en el Señor Jesús [y serás] salvo[s]",
presenta la condición para la salvación. Más adelante Pablo escribirá a los
romanos: "Ahora bien, ¿cómo invocarán a aquel en quien no han creído? ¿Y
cómo creerán en aquel de quien no han oído? ¿Y cómo oirán si no hay quien
les predique?" (Ro 10:14). Tras ofrecer la salvación, Pablo sigue, pues, explicando el camino de la salvación (según Lucas, "la palabra de Dios") "a él y a
todos los demás que estaban en su casa" (Hch 16:32). Esto concuerda de nuevo
con lo que Pablo les dice a los romanos: "Así que la fe viene como resultado
de oír el mensaje, y el mensaje que se oye es la palabra de Cristo" (Ro 10:17).

Cuando Pablo extiende la oferta de salvación a la familia del carcelero, ¿está
acaso diciendo que su fe convertirá a toda su familia (v. 31b)? Deberíamos
inferir que Pablo está ofreciendo la salvación al resto de su familia en los
mismos términos que al propio carcelero, no que la fe de este salvará a toda
la familia. Puesto que tanto el carcelero como los suyos escucharon la Palabra
de Dios, hemos de asumir que todos ellos creyeron antes de ser bautizados.
Este versículo nos dice que "el Nuevo Testamento se toma muy en serio la
unidad de la familia, y cuando al cabeza de familia se le ofrece la salvación se
sobreentiende que esta se pone también a disposición del resto del grupo familiar (incluyendo a las personas a cargo y a los siervos [cf. 16:15])".[15]

Como sucede muchas veces en el libro de los Hechos, el bautismo sigue
inmediatamente a la conversión, y en este caso se bautiza toda la familia.
¿Fueron también bautizados los niños? No se nos dice y, por tanto, este pasaje
no puede utilizarse como prueba concluyente del bautismo de infantes. A aquellas horas de la noche, los misioneros reciben la hospitalidad del carcelero en
su casa, donde se les lava las heridas y se les sirve una comida, en un ambiente
lleno de alegría por la salvación (vv. 33–34).

---

15. Marshall, *Acts*, 273.

Pablo y Silas son puestos en libertad (16:35–40)

Los magistrados pensaron probablemente que el castigo que se les había impuesto a Pablo y a Silas era suficiente, considerando la trivial naturaleza de su delito. Estos mandaron, pues, recado al carcelero para que les pusiera en libertad (v. 35). Sin embargo, si los dos misioneros se marchaban sin quejarse del modo en que se les había tratado "podría sentarse un peligroso precedente para el futuro trato de los misioneros y dejar también a los cristianos filipenses expuestos a la arbitrariedad de los magistrados".[16] Por tanto, Pablo y Silas insistieron en una disculpa pública, que en última instancia influiría en la idea que el pueblo tendría de la misión y de la iglesia de la ciudad. El hecho de que Pablo reivindicara sus derechos como ciudadano romano demostró ser un factor decisivo de nuevo en Jerusalén (22:25–29).

Pablo y Silas hicieron una última visita a casa de Lidia para animar a los creyentes antes de partir.[17] Según el versículo 40, "se fueron [obsérvese la tercera persona del plural]" de Filipos. Según parece, por tanto, Lucas se quedó en Filipos y se unió nuevamente al grupo de Pablo tras su regreso a Filipos, momento en que reaparece la primera persona del plural (20:6).

De las muchas conversiones que se produjeron en Filipos, Lucas destaca a tres personas con trasfondos considerablemente distintos: una empresaria (que probablemente era soltera), una joven esclava subyugada por un espíritu de adivinación y el carcelero de una cárcel romana. Esta elección concuerda con el importante acento de Hechos en el sentido de que Cristo rompe las barreras que separan a los seres humanos y crea de este modo una nueva humanidad. A pesar de la importancia que las Escrituras conceden a la iglesia como organismo formado por creyentes de diversos trasfondos, a menudo los evangélicos han tomado a la ligera esta cuestión.

Principios para alcanzar a los inalcanzados

Este pasaje nos da un valioso ejemplo sobre cómo dar testimonio de Cristo, especialmente entre los inalcanzados. Este fue el primer ministerio de Pablo en lo que hoy es Europa. El apóstol comenzó en Filipos, una ciudad clave, lo cual concuerda con su patrón de dirigirse primero a las ciudades de este tipo. Hay en este pasaje cuatro principios sobre la evangelización que merecen una mención especial.

---

16. *Ibíd.*, 274.
17. Obsérvese que el uso de la primera persona del plural ("nosotros") se detiene en 16:17, tras lo cual Pablo y Silas pasan a un primer plano.

(1) En Filipos, Pablo esperaba establecer lo que en el ministerio pionero se llama a veces una cabeza de puente. Shenk y Stutzman explican que "en las operaciones militares, las cabezas de puente se forman cuando las tropas consiguen posicionarse detrás de las líneas enemigas y establecer un pequeño punto de apoyo, fácil de defender, que se va ampliando a medida que otras tropas se van uniendo a la fuerza. Este primer punto de apoyo es la cabeza de puente".[18] En este texto, la cabeza de puente era el lugar de oración, donde un grupo se reunía para orar al mismo Dios al que Pablo proclamaba (v. 13). Esto es lo que sucedía en la mayoría de las ciudades que visitaba: si había una sinagoga, era allí donde comenzaba. En Atenas se dirigió tanto a la sinagoga como al mercado (17:17). Como veremos, esto se debió a que los atenienses hablaban de filosofía en los lugares públicos. Su inclinación religiosa y filosófica posibilitó que Pablo pudiera dirigirse a los gentiles en seguida.

(2) Obsérvese la interacción entre la iniciativa humana en dar testimonio y la dinamización del proceso evangelizador por parte de Dios. Pablo tomaba la iniciativa dirigiéndose a las personas y comenzando a hablar con ellas (v. 13). La gente no suele pedirnos directamente que les expliquemos el evangelio, de modo que nos toca a nosotros buscar maneras de llevar la conversación a las cosas de Dios. El testimonio requiere una audacia guiada por el Espíritu. Como Pablo, también nosotros deberíamos procurar persuadir a las personas de la verdad del evangelio. Sin embargo, es en última instancia el Señor quien abre "el corazón" para que las personas respondan al mensaje (v. 14). Sin el avivamiento divino, el testimonio humano es ineficaz. Por tanto, el testigo depende siempre del Espíritu Santo para que produzca convicción y un corazón receptivo entre quienes le escuchan.

(3) Esta sección contiene dos ejemplos de familias o "casas" completas que se entregan a Cristo al mismo tiempo (vv. 15, 34). Esto sucedió también en Corinto, con "la casa de" Ticio Justo (18:7). No se trata, sin embargo, de conversiones masivas, en las que los individuos carecen de voluntad propia, sino de la conversión de todos los miembros de una unidad social (una casa o familia). Aunque esta no es la única forma en que las personas se acercan a Cristo, es muy común en las Escrituras y en la historia de la iglesia.

(4) El último principio se deriva de la negativa de Pablo a abandonar la cárcel sin una disculpa de parte de los magistrados (v. 37), a fin de mantener la posición pública de la iglesia y protegerla de futuros acosos. Por una parte, nos gozamos cuando se nos persigue por el nombre de Cristo y sabemos que la persecución suele arrojar una abundante cosecha. Por ello, nunca hemos de comprometer nuestro llamamiento para eludir la persecución. Sin embargo, sabemos también que la libertad para proclamar el evangelio sin restricciones puede ser una gran ayuda para su avance. Por ello, siempre hemos de procurar esta libertad si podemos hacerlo sin comprometer nuestros principios.

---

18. Shenk y Stutzman, *Creating Communities of the Kingdom*, 58.

Colaboración en la misión por medio de la hospitalidad

Antes hemos considerado las razones que hacen recomendable que los predicadores itinerantes se alojen en hogares cristianos.[19] Aquí reflexionaremos sobre la importancia de los anfitriones como colaboradores de la empresa misionera. En el libro de los Hechos se consignan muchos nombres de anfitriones que abrieron su casa para proporcionar alojamiento a los misioneros, o para que comieran o realizaran reuniones: Simón (9:43), Simón y Pedro (10:23), Cornelio (10:48), María (12:12), Lidia (16:15), el carcelero filipense (16:34), Jasón (17:5–7), Aquila y Priscila (dos veces: 18:2–3, 26), Ticio Justo (18:7), Felipe (21:8), Mnasón (21:16) y Publio (quien al principio no era creyente, 28:7). En su libro *New Testament Hospitality* [Hospitalidad neotestamentaria], John Koenig titula así un capítulo que trata de los escritos lucanos: "Invitados y anfitriones, juntos en la Misión".[20] Es evidente que los anfitriones desempeñaron un importante papel en la misión de la iglesia de Hechos, y han de hacerlo también en nuestros días.

Respondiendo a lo diabólico

La reacción de Pablo a las palabras de la joven esclava sobre su ministerio (vv. 17–18) es muy significativa para quienes vivimos en una era en que muchas fuerzas están haciendo "buenas" obras utilizando poderes sobrenaturales. Lo que decía la muchacha era correcto y apoyaba el ministerio de Pablo, pero él se sintió muy molesto, puesto que procedía de una fuente diabólica. Santiago dice que hasta los demonios creen "que hay un solo Dios" (Stg 2:19). En otras palabras, la verdad puede expresarse mediante el poder diabólico. Pero esto no debe tolerarse, puesto que sumerge más a las personas en la seducción y servidumbre diabólicas. Por ello, Pablo expulsó al mal espíritu de aquella muchacha.

Este pasaje proclama claramente el poder de Cristo sobre lo diabólico. En el episodio del nombramiento de los doce apóstoles, Marcos presentó tres razones para tales designaciones: "… para que lo acompañaran y para enviarlos a predicar y ejercer autoridad para expulsar demonios" (Mr 3:14–15). Con este acto de Pablo liberando a la muchacha del espíritu de adivinación (v. 18) los apóstoles seguían desarrollando el ministerio de echar fuera demonios. En la ciudad de Éfeso, este tipo de ministerio fue tan efectivo que algunos exorcistas judíos intentaron invocar el nombre de Jesús en sus actividades (19:11–16). El llamamiento a combatir lo diabólico se aplica también a nosotros.

---

19. Ver el estudio de 9:31–43.
20. John Koenig, *New Testament Hospitality* (Filadelfia: Fortress, 1985), 85–123.

La religión como negocio

La razón de la oposición al evangelio que se suscitó en Filipos (y más adelante en Éfeso) fue la pérdida de ganancias económicas (v. 19). La oportunidad de ganar dinero, cuando a este se le concede un valor excesivo, puede arrollar las motivaciones más nobles para nuestra conducta. Los amos de la muchacha sabían seguramente que vivía en una condición desdichada y que Pablo la había, en efecto, liberado de una terrible servidumbre. Sin embargo, ellos habían perdido una fuente de ingresos, y por ello se opusieron a Pablo. Se cuidaron, no obstante, de expresar su oposición en términos nobles, declarando que estaba en juego la estabilidad de la ciudad, puesto que Pablo y su equipo enseñaban "costumbres que a los romanos se nos prohíbe admitir o practicar" (vv. 20–21).

Cantos en la noche

Es de suponer que las emociones de Pablo y Silas se vieron afectadas en gran manera por la humillación, injusticia y dolor que habían experimentado. Más adelante, Pablo presentaría esta experiencia como uno de los requisitos para ser un siervo de Cristo (2Co 11:23). Sin embargo, cuando en la cárcel se pusieron a orar y cantar (v. 25), estaban recurriendo a un método bien probado para responder al sufrimiento. Se han escrito muchos salmos desde la más profunda desesperación (p. ej., Sal 27; 42; 43). Cantar nos ayuda a centrarnos en las gloriosas realidades eternas que pueden verse eclipsadas por las sombrías realidades temporales. Nos ayuda de manera especial porque, cuando somos incapaces de expresarnos con palabras propias, podemos utilizar las de otras personas. Obsérvese que la oración de la iglesia primitiva tras la ilegalización de la evangelización estaba también saturada de citas de las Escrituras (4:24–30).

Por regla general, en tiempos de angustia, nuestra mente se aferra a las realidades eternas como artículos de fe, pero esto no afecta necesariamente a nuestros sentimientos. Nuestros corazones siguen abrumados por los problemas. Las canciones ayudan a la verdad a llegar al corazón, y el uso de la música, el idioma del corazón, ayuda a acelerar este proceso. Las verdades objetivas que nos llegan mediante canciones bíblicas desafían nuestros sentimientos subjetivos; nuestra teología interpela a nuestra experiencia. Además, lo permanente triunfa sobre lo temporal y ello nos permite alabar a Dios desde el corazón (ver, p. ej., Sal 73).

Alegría por la salvación

La alusión de Lucas al gozo por la salvación que se produjo en casa del carcelero (v. 34) pone de relieve uno de los temas más importantes de su escritos. Casi un veinticuatro por ciento de las referencias al gozo en el Nuevo

Testamento (79 de 326) aparecen en el Evangelio de Lucas (53) y en el libro de los Hechos (24).[21] Los ángeles proclamaron la venida de Cristo como "buenas noticias que serán motivo de mucha alegría para todo el pueblo" (Lc 2:10). El pecador Zaqueo "recibió a Jesús en su casa" (19:6) y la salvación llegó a ella. Cuando las personas encuentran la salvación, hay gran gozo en el cielo (15:7, 10). Aun cuando los creyentes son perseguidos, han de contemplar su recompensa celestial y alegrarse y saltar de gozo" (6:23).

Después de la resurrección de Jesús, la emoción dominante de los discípulos que narra Lucas es la alegría (Lc 24:41, 52–53). No es, pues, de extrañar que la comunión de la primera comunidad cristiana estuviera caracterizada por la "alegría" (Hch 2:46).[22] Su alegría resistió la prueba de la persecución. Tras ser azotados, los apóstoles "salieron del Consejo, llenos de gozo por haber sido considerados dignos de sufrir afrentas por causa del Nombre" (5:41). Cuando Pablo y Bernabé fueron expulsados de Antioquía de Pisidia, "los discípulos quedaron llenos de alegría y del Espíritu Santo" (13:52). La alegría caracteriza tanto nuestra entrada al reino como nuestra vida a partir de ese momento.

Aplicando los cuatro principios de la evangelización

Los cuatro principios que antes hemos presentado para llegar a los inalcanzados siguen siendo relevantes en nuestro tiempo. (1) Hemos de estar siempre buscando cabezas de puente para llegar a la sociedad con el evangelio. A menudo, la mejor manera es encontrar algún punto de contacto con alguien de la comunidad que deseamos alcanzar. Este punto de contacto se establece por regla general mediante un interés común. Dicho interés puede ser una sentida necesidad que Cristo puede satisfacer (p. ej., enfermedad, inseguridad, temor, problemas matrimoniales, etc.). El punto de contacto puede establecerse también a través de creencias religiosas comúnmente aceptadas, que es lo que Pablo esperaba cuando entró en una nueva comunidad asistiendo a una sinagoga o lugar de oración. En Atenas, dicho punto de contacto fue el interés filosófico de los atenienses (17:21–22). Hemos descubierto que los deportes, la música, el teatro y las aventuras, así como la necesidad de clases extraescolares, pueden ser medios muy efectivos para establecer contacto con los jóvenes inalcanzados en Sri Lanka.

(2) La interacción entre la iniciativa humana y el avivamiento divino identifica nuestra responsabilidad y nos recuerda que es Dios quien en última instancia da los resultados. Esta doble perspectiva nos ayuda, no solo a evitar la apatía con respecto a la evangelización, sino también a sentirnos bajo la servi-

---

21. William G. Morrice, *Joy in the New Testament* (Exeter: Paternoster, 1984), 91.
22. Traducción de Morrice en *Joy in the New Testament,* 97.

dumbre de tener que producir resultados. Nuestra responsabilidad es ser fieles en predicar el evangelio utilizando los mejores métodos que conocemos; Dios se ocupará de los resultados.[23]

(3) El principio de que, con frecuencia, se producen conversiones colectivas de grupos completos requiere una cierta explicación. A este tipo de conversiones se les ha llamado movimientos de personas. Uno de los pioneros de este método de evangelización fue J. Waskom Pickett (1890–1981), un misionero norteamericano que trabajó en la India y que estudió lo que se dio en llamar "movimientos de masas" en este país.[24] Pickett "señaló que el principio de instar a los individuos a creer en Cristo funcionó muy bien en Estados Unidos, donde el cristianismo era la religión principal, y las personas podían hacerse cristianas sin separarse de sus familias y amigos". "Este método, no obstante, no funcionó en la India entre los hindúes, puesto que si solo una persona se hacía cristiana era expulsada de su familia y casta, experimentando un grave trastorno social".[25]

Los estudios de Pickett ejercieron una gran influencia sobre Donald McGavran, padre del movimiento de crecimiento eclesial. Según McGavran, "al menos dos tercios de todos los convertidos de Asia, África y Oceania han llegado a la fe cristiana mediante movimientos de personas".[26] Estos movimientos de personas no son ejemplos de "conversiones grupales". McGavran alude más bien a tales experiencias como "conversiones multi-individuales, mutuamente interdependientes".[27] La fe salvífica ha de ser ejercida por cada persona de manera personal, pero lo hace consultando con otros miembros del grupo y junto a ellos. Sea cual sea la cultura en la que ministremos, cuando trabajamos con no cristianos es siempre útil tener en cuenta el círculo de contactos de las personas a las que estamos alcanzando. Una de las pautas de nuestro trabajo entre jóvenes es que, cuando tenemos contacto con un joven no cristiano, contactamos inmediatamente con su familia. A veces este paso lleva a la conversión de la familia, pero, en cualquier caso, siempre ayuda a reducir la hostilidad y persecución familiar si el joven se hace cristiano.

(4) Como Pablo y Silas, hemos de hacer todo lo posible por proteger la libertad de practicar y propagar el cristianismo dondequiera que estemos. Si una ley inconstitucional obstaculiza la práctica del cristianismo (p. ej., si se obliga a las organizaciones cristianas y a las iglesias a contratar personas homosexua-

---

23. Quienes deseen considerar una exposición más completa sobre este asunto, ver comentarios sobre 25:1–26:32.

24. J. Waskom Pickett, *Christian Mass Movements in India* (Nashville: Abingdon, 1933).

25. J. T. Seamands, "J. Waskom Picket, 1890–1981—Social Activist and Evangelist of the Masses", *Mission Legacies,* ed. Gerald H. Anderson, et al. (Maryknoll, N.Y.: Orbis, 1994), 352.

26. Donald A. McGavran, *Understanding Church Growth* (Grand Rapids: Eerdmans, 1970), 298.

27. *Ibíd.,* 302.

les practicantes), han de hacer todo lo que esté en su mano para detener la ley en cuestión. Sin embargo, aunque en algunos casos puede ser aceptable organizar una huelga[28] como hizo Pablo, las medidas violentas, como las que a veces se aplican a las puertas de clínicas que practican el aborto, están siempre fuera de lugar.

En ocasiones, el principio cristiano del perdón puede llevarnos a no denunciar a quienes nos han afrentado si vemos que hacerlo no repercutirá positivamente en la libertad de practicar y propagar el cristianismo. En el año 1900, los poderes occidentales aplastaron en China el alzamiento de los bóxers, en el que murieron unos 30.000 cristianos chinos. Los gobiernos occidentales forzaron a los chinos a pagar elevadas indemnizaciones por las pérdidas sufridas. La China Inland Mission de Hudson Taylor y otros grupos cristianos rechazaron tales indemnizaciones de acuerdo con el Espíritu de Cristo. Arthur Glasser escribe al respecto:

> Los chinos estaban asombrados. En la provincia de Shanshi el gobierno envió un bando por toda la región ensalzando a Jesucristo y sus principios de longanimidad y perdón [...] Este respaldo oficial sirvió para apaciguar el espíritu anti extranjero del pueblo y contribuyó notablemente al crecimiento de la iglesia en China en los años que siguieron.[29]

Misión por medio de la hospitalidad en nuestro tiempo

Antes hemos explicado que la hospitalidad puede ser de gran ayuda para el cumplimiento de la misión de la iglesia.[30] Sin embargo, en un tiempo como el nuestro, en que las personas están cada vez más ocupadas y se muestran más celosas de su vida privada, muchas actividades que antes se realizaban en las casas se llevan ahora a cabo en restaurantes y hoteles. ¿Son nuestras casas tan importantes para la misión como lo eran en el siglo primero? La sorprendente efectividad de las células domésticas como medios para la evangelización y el discipulado y la consideración de los peligros que el mundo de hoy tiende a los obreros itinerantes deberían llevarnos a responder con un rotundo "sí" a esta pregunta.[31]

La clave para reactivar esta práctica en la iglesia pasa por que los cristianos abran sus corazones y hogares para que otros puedan beneficiarse de su hospitalidad.[32] En la exposición de 4:32–35 hemos explicado cómo expresó esta

28. Stott, *Acts,* 268, citando a A. N. Triton, *Whose World?* (Leicester: Inter-Varsity, 1970), 48.
29. Arthur F. Glasser, "China", *The Church in Asia,* ed. Donald E. Hoke (Chicago: Moody, 1975), 171.
30. Ver las exposiciones sobre 9:31–43 y 10:1–33.
31. Ver la exposición sobre 9:31–43.
32. Ver Karen Burton Mains, *Open Heart—Open Home* (Elgin, Ill.: David C. Cook, 1976).

actitud una iglesia argentina. Los miembros donaron sus casas a la iglesia, pero esta se las devolvió diciéndoles: "… el Señor […] quiere sus casas, pero las quiere con ustedes viviendo en ellas y cuidándolas. Lo quiere […] todo preparado, para él".[33] Tenían que estar dispuestos a abrir sus hogares para cualquier cosa que Dios les pidiera.

Una clave para recuperar la hospitalidad en la vida de la iglesia es liberarla de la trampa que supone querer dar una imagen. Cuando la hospitalidad se convierte en una manera de proyectar una imagen, llega a ser una tensión para el anfitrión, obstaculiza la verdadera comunión y hace que anfitriones e invitados por igual se sientan incómodos. Una semana antes de escribir estas palabras, pasé dos días con mi hijo en casa de Albert Lee, el director de Juventud para Cristo en Singapur. Por un error de comunicación, resultó que, además de los cuatro miembros de su familia, en aquel momento coincidimos seis invitados en su casa de cuatro habitaciones. Sorprendentemente, no sentí ningún tipo de tensión en aquella situación. La familia Lee había sido librada de la trampa de la imagen. Me sentí, pues, en libertad para prepararme una taza de té siempre que me apetecía (¡que, como buen ceilandés, era a menudo)! No me sentía obligado a pedirles permiso a mis anfitriones, porque me habían dado la libertad de tomar lo que necesitara sin pedirlo. Cuando nos levantábamos (tarde por el *jet lag*) teníamos un desayuno básico en la mesa y nos preparábamos lo que nos apetecía. Aprendí mucho de este espíritu de servicio que no pretendía quedar bien, sino hacernos sentir cómodos. Las familias que abren de este modo sus casas pueden convertirse en protagonistas para el cumplimiento de la misión del reino.

Oponiéndonos a la acción diabólica

La actitud de Pablo cuando se opuso al poder diabólico que proclamaba la verdad sobre su ministerio es relevante hoy. Vivimos en una era pluralista, que está experimentando un redescubrimiento de la espiritualidad. El pluralismo hace que muchas personas asignen más o menos la misma posición a todos los acercamientos religiosos; la espiritualidad les lleva a aceptar positivamente diferentes expresiones de lo espiritual y lo sobrenatural. Esta combinación ha suscitado un acercamiento mercantilista a la religión por el que se anima a las personas a escoger aquellos dioses que mejor se adapten a sus personalidades y necesidades.

Por consiguiente, el "dios-hombre" hindú Satya Sai Bäba, que pretende ser una encarnación del dios Shiva, está ganando adeptos tanto en Oriente como en Occidente. Este hombre lleva a cabo milagros, aparta a las personas de la sensualidad pecaminosa y pronuncia palabras de sabiduría que les ayudan a vivir vidas "mejores". Sus seguidores afirman que es el Cristo enviado para

---

33. De Juan Carlos Ortíz, *Disciple: A Handbook for New Believers* (Orlando: Creation House, 1995), 36 [*Discípulo* (Caparra Terrace, P.R.: Editorial Betania, 1978)].

este tiempo. Según la ideal pluralista hemos de dar la bienvenida al servicio que Sai Bäba hace para la humanidad y afirmar que el camino que propone es bueno y provechoso [El autor habla en presente porque escribió estas páginas antes de la muerte de este personaje, producida en abril de 2011. Nota del Editor].

Pero el acercamiento bíblico es distinto. Jesús advirtió que en los últimos días las gentes dirían: "'¡Miren, aquí está el Cristo!' o '¡Miren, allí está!'" Pero él dijo: "No lo crean" (Mr 13:21). Nuestro Señor siguió explicando: "Porque surgirán falsos Cristos y falsos profetas que harán señales y milagros para engañar, de ser posible, aun a los elegidos" (13:22). Estos poderosos "dioses-hombres" que están haciendo muchos discípulos e influenciando a las personas para que se muevan en direcciones que a ellos les parecen buenas son falsos profetas. Hemos de estar muy pendientes de estas cosas y esforzarnos por rescatar personas de su influencia, como hizo Pablo con la muchacha filipense.

Esto no es nada popular en la atmósfera pluralista de nuestros días, en que la aceptación y afirmación de otras creencias es casi una exigencia para poder vivir vidas saludables. Sin embargo, debe hacerse porque creemos que estas fuerzas, a pesar del bien temporal que puedan producir, sirven para afianzar a las personas en su servidumbre a Satanás. Cuando la revista de Juventud para Cristo en Sri Lanka publicó un artículo sobre Sai Bäba, un importante cargo político (cristiano nominal y admirador de Sai Bäba) me dijo: "¿No es mejor curarse en salud que lamentarse?". Esta es una actitud pluralista característica en este tipo de situaciones: "Puede que no sea relevante para mí, pero sí lo es para otras personas, de modo que no voy a meterme donde no me llaman. A fin de cuentas, podría ser verdad".[34] A Pablo le motivaba un amor tan profundo por las personas que no soportaba el dolor de verlas bajo las garras del engaño. Tenía que actuar, y nosotros también.

Lo diabólico en el ministerio cristiano

Con la llegada del movimiento carismático se reactivó el ministerio de ejercer autoridad sobre los demonios que, con pocas excepciones, había estado ausente en la Iglesia Protestante. Puede que esto se deba a que los protestantes fueron influenciados por el racionalismo que caracterizó la era moderna, a diferencia de la Iglesia Católica, que ha venido practicando exorcismos ininterrumpidamente a lo largo de los siglos. Hoy hay un reconocimiento más extenso de lo diabólico que llega a todos los estamentos del pensamiento evangélico.

Aun así, existe una reticencia entre muchos cristianos a atribuir los problemas que experimentan a lo diabólico, así como a confrontar la actividad diabólica en sus ministerios. Hacen referencia a los muchos abusos de quienes

---

34. Esta actitud se parece a la de Gamaliel, que (como se ha observado en los comentarios sobre 5:33–40) no era necesariamente correcta, aunque fue de ayuda para la joven iglesia.

ministran en esta esfera. Muchas veces se culpa a los demonios de los propios pecados y debilidades, de modo que las personas no asumen la responsabilidad de sus acciones y por ello no se esfuerzan en estas cuestiones. Otras veces se atribuyen a la influencia diabólica problemas de orden físico y psicológico, pasando por alto el uso de medicamentos legítimos para tales afecciones e invirtiendo inútiles energías en su intento de echar fuera unos demonios, en este caso, inexistentes. Esta clase de excesos deberían hacernos muy cuidadosos al atribuir algo a los demonios sin considerar todos los factores. Sería útil que todos los ministros leyeran algún libro sólidamente bíblico sobre este tipo de ministerio.[35]

Cuando tratamos problemas en nuestros ministerios, siempre hemos de preguntarnos si hay alguna cuestión que ha de enfrentarse mediante una acción directa contra lo diabólico. En estos asuntos es mejor actuar con el apoyo de otros cristianos, recordando que Jesús nunca envió a los discípulos solos para este tipo de ministerio. Podemos también derivar el caso a alguien que esté particularmente dotado en esta área. Pero hemos de recordar siempre que, aunque podamos estar nerviosos y sentirnos débiles cuando combatimos a los poderes diabólicos, estamos ministrando en el nombre y con la autoridad de Jesús, quien ha conquistado al mal y sus poderes. Él es más fuerte que los poderes que combatimos y nos brinda su fuerza para que hagamos uso de ella.[36]

Oposición a la obra de Dios por razones monetarias

Un monje se indigna al perder una fuente habitual de limosnas cuando algunos de sus contribuyentes se convierten a Cristo. Los dirigentes de una iglesia se indignan porque sus miembros están ofrendando a un grupo paraeclesial que desarrolla un buen ministerio para Cristo. El dirigente de un grupo paraeclesial se pone furioso cuando un líder de su misma organización, pero de otra región, recauda fondos en su zona. Todo ello son formas en que la oposición a la obra de Dios por razones monetarias puede manifestarse en nuestro tiempo.

Aquí tenemos un área en la que el principio de "Es mejor curarse en salud que lamentarse" puede funcionar. Somos muy conscientes de la advertencia de Pablo: "Porque el amor al dinero es la raíz de toda clase de males. Por codiciarlo, algunos se han desviado de la fe y se han causado muchísimos sinsabores" (1Ti 6:10). Por ello, hemos de ser prudentes si nos sentimos tentados a oponernos a alguien porque está en juego nuestra estabilidad económica. La inseguridad en tales cuestiones puede hacer que actuemos de un modo pecami-

---

35. Quiero recomendar el libro de Mark I. Bubeck, *The Adversary: The Christian Versus Demon Activity* (Chicago: Moody, 1975); Murphy, *Handbook for Spiritual Warfare*; Timothy M. Warner, *Spiritual Warfare: Victory Over the Powers of This Dark World* (Wheaton: Crossway, 1991).
36. Sobre este asunto ver Murphy, *Handbook for Spiritual Warfare*, 326.

noso. Podemos decidir "ir a lo seguro" y no actuar cuando se trata de oponernos a alguien que pone en jaque nuestra estabilidad.

Disciplinando la mente en tiempos de angustia

Considerando el número de cristianos que no han ganado la batalla contra la amargura por desgracias que les han ocurrido, la prescripción que nos insinúa el hecho de que Pablo y Silas oraran y cantaran puede ser importante. No ganar esta batalla produce una vida cristiana desdichada. Cuando sufrimos golpes dolorosos o humillantes, podemos hacer planes de venganza, entregarnos a la autocompasión o sumergirnos completamente en nuestros esfuerzos por salir del problema. Aunque esta última opción puede ser legítima, si no nos ocupamos de curar nuestras heridas, podemos acabar obrando de formas anticristianas. Hemos de disciplinarnos para permitir que las eternas verdades de Dios hagan su impacto en la situación y el aguijón del dolor sea extirpado. Esta perspectiva nos ayuda a reaccionar positivamente ante la crisis, y cantar y orar ayudan a generar esta perspectiva.

A veces, no obstante, no queremos que la idea de la soberanía de Dios irrumpa con su mensaje de que el problema que experimentamos se convertirá en algo bueno. Preferimos entregarnos a la autocompasión y a la ira, aferrándonos al mito de que no hay solución para nuestro dolor. Sin embargo, si permitimos que la perspectiva de la soberanía de Dios adquiera relevancia, accederemos a las bendiciones que Pablo menciona en su oración de Romanos 15:13: "Que el Dios de la esperanza los llene de toda alegría y paz a ustedes que creen en él, para que rebosen de esperanza por el poder del Espíritu Santo". La nueva perspectiva alimenta nuestra confianza, y ello nos capacita para ver el problema con los ojos de la esperanza. Esto produce, a su vez, alegría y paz.

Subrayando la alegría

En una sociedad como la nuestra, tan orientada hacia lo lúdico, es importante resaltar el acento bíblico en la alegría. Las incesantes arremetidas de los medios de comunicación transmitiéndonos una concepción anticristiana del placer, pueden llevarnos a pensar que para divertirnos de verdad hemos de hacer cosas que no agradan a Dios. Para contrarrestar esta clase de pensamiento, los cristianos han sido motivados desde hace tiempo a seguir a Cristo por la que se ha dado en llamar ética del deudor, que declara: "Él ha hecho tanto por nosotros que lo menos que podemos hacer es vivir en obediencia a él". Sin embargo, cuando tiene que vérselas con las intensas fuerzas de la tentación, la ética del deudor demuestra su impotencia. Los pecadores nos miran con lástima e insinúan que no disfrutamos de la vida. En estos momentos, la promesa del placer inmediato puede superar nuestra determinación de pagar a Dios nuestra deuda y cedemos fácilmente a la tentación.

En su libro *The Purifying Power of Living by Faith in Future Grace* [El poder purificador de vivir por la fe en la gracia futura], John Piper cuestiona la idea de que la Biblia enseñe una ética del deudor.[37] Puesto que yo he predicado esta clase de ética, acepté el desafío, pero no pude encontrar datos sólidos para defender este método de motivación en la Biblia. Lo que sí descubrí fue que, cuando los autores bíblicos apelan a la bondad de Dios y a su sacrificado amor por nosotros, es para mostrarnos que podemos confiar en que él nos dará todo cuanto necesitamos. Como dijo Pablo: "El que no escatimó ni a su propio Hijo, sino que lo entregó por todos nosotros, ¿cómo no habrá de darnos generosamente, junto con él, todas las cosas?" (Ro 8:32).[38]

Uno de los mayores dones de Dios es el incomparable placer del verdadero gozo. Como afirmó David: "Me has dado a conocer la senda de la vida; me llenarás de alegría en tu presencia, y de dicha eterna a tu derecha" (Sal 16:11). ¿Qué tal si procuramos conseguir esta clase de placer en la vida? En este tiempo de tentaciones a abrazar placeres pasajeros podemos ver cuán superior es el incomparable placer que brinda Cristo. Es esencial salvaguardar este placer y no permitir que otros goces menores lo estropeen.

---

37. John Piper, *The Purifying Power of Living by Faith in Future Grace* (Sisters, Ore.: Multnomah, 1995), 30–49.

38. Piper considera este versículo como uno de los más importantes de la Biblia para la vida cristiana (*ibíd.*, 110–18).

Hechos 17:1–15

Atravesando Anfípolis y Apolonia, Pablo y Silas llegaron a Tesalónica, donde había una sinagoga de los judíos. ² Como era su costumbre, Pablo entró en la sinagoga y tres sábados seguidos discutió con ellos. Basándose en las Escrituras, ³ les explicaba y demostraba que era necesario que el Mesías padeciera y resucitara. Les decía: «Este Jesús que les anuncio es el Mesías.» ⁴ Algunos de los judíos se convencieron y se unieron a Pablo y a Silas, como también lo hicieron un buen número de mujeres prominentes y muchos griegos que adoraban a Dios.

⁵ Pero los judíos, llenos de envidia, reclutaron a unos maleantes callejeros, con los que armaron una turba y empezaron a alborotar la ciudad. Asaltaron la casa de Jasón en busca de Pablo y Silas, con el fin de procesarlos públicamente. ⁶ Pero como no los encontraron, arrastraron a Jasón y a algunos otros hermanos ante las autoridades de la ciudad, gritando: «¡Estos que han trastornado el mundo entero han venido también acá, ⁷ y Jasón los ha recibido en su casa! Todos ellos actúan en contra de los decretos del emperador, afirmando que hay otro rey, uno que se llama Jesús.» ⁸ Al oír esto, la multitud y las autoridades de la ciudad se alborotaron; ⁹ entonces éstas exigieron fianza a Jasón y a los demás para dejarlos en libertad.

¹⁰ Tan pronto como se hizo de noche, los hermanos enviaron a Pablo y a Silas a Berea, quienes al llegar se dirigieron a la sinagoga de los judíos.

¹¹ Éstos eran de sentimientos más nobles que los de Tesalónica, de modo que recibieron el mensaje con toda avidez y todos los días examinaban las Escrituras para ver si era verdad lo que se les anunciaba. ¹² Muchos de los judíos creyeron, y también un buen número de griegos, incluso mujeres distinguidas y no pocos hombres.

¹³ Cuando los judíos de Tesalónica se enteraron de que también en Berea estaba Pablo predicando la palabra de Dios, fueron allá para agitar y alborotar a las multitudes. ¹⁴ En seguida los hermanos enviaron a Pablo hasta la costa, pero Silas y Timoteo se quedaron en Berea. ¹⁵ Los que acompañaban a Pablo lo llevaron hasta Atenas. Luego regresaron con instrucciones de que Silas y Timoteo se reunieran con él tan pronto como les fuera posible.

 Tras salir de Filipos, Pablo, Silas y, probablemente, Timoteo pasaron por Anfípolis y Apolonia, pernoctando posiblemente en esas ciudades. Viajaron de 160 a 180 kilómetros por la gran Vía Ignacia y llegaron a Tesalónica (hoy llamada también Salónica) (v.1). En esta ciudad comenzó su próximo ministerio.

Ministerio en Tesalónica (17:1–10a)

Tesalónica era la capital de toda la provincia de Macedonia y su ciudad más poblada y próspera. "Como era su costumbre, Pablo entró en la sinagoga" y habló en ella por espacio de tres sábados (v. 2). El apóstol debió de quedarse en la ciudad mucho más de tres semanas, porque más adelante afirma haber trabajado día y noche durante este periodo para no ser carga a los creyentes de Tesalónica (1Ts 2:9; 2Ts 3:8) y ello mientras recibía también "ayuda una y otra vez para suplir [sus] necesidades" de parte de la iglesia de Filipos (Fil 4:16). El ministerio de Pablo y Silas produjo la conversión de varios judíos y temerosos de Dios (v. 4). El comentario de Pablo en 1 Tesalonicenses 1:9 indica también que muchos de los convertidos eran paganos: "Ellos mismos cuentan de lo bien que ustedes nos recibieron, y de cómo se convirtieron a Dios dejando los ídolos para servir al Dios vivo y verdadero". Hay seis palabras clave que describen la evangelización de Pablo y Silas en Hechos 17:2–4, y que nos ayudarán a construir una teología bíblica de la proclamación evangelizadora (ver exposición al respecto más adelante).

Viendo que su influencia sobre un sector del pueblo había disminuido, los judíos se pusieron celosos (cf. 5:17) y recurrieron a medios innobles para oponerse a los misioneros. Éstos "reclutaron a unos maleantes callejeros, con los que armaron una turba y empezaron a alborotar la ciudad" (17:5a). No sería la última vez que los dirigentes religiosos utilizaban para hacer el trabajo sucio a aquellos a quienes tenían que ayudar a cambiar. Puesto que, probablemente, Pablo y Silas habían sido llevados a un lugar seguro, Jasón, su anfitrión, y algunos hermanos fueron llevados ante las autoridades de la ciudad (vv. 5b–6a). El título *polytarches,* que Lucas utiliza para aludir a los funcionarios de la ciudad, "se ha encontrado en inscripciones fechadas entre el siglo II a. C. y el III d. C., y se aplica casi exclusivamente a las autoridades de las ciudades macedonias". Datos procedentes de cinco inscripciones que aluden a Tesalónica indican que "durante el siglo I d. C., la ciudad estaba gobernada por un cuerpo de cinco politarcas".[39]

Aludir a los evangelistas como hombres "que han trastornado el mundo entero" (v. 6b) es grave. Pero es cierto que, cuando el evangelio desafía a las personas a cambiar sus vidas, a menudo se producen disturbios y que, por regla

---

39. Longenecker, "Acts", 469.

general, este tipo de disturbios los originan quienes rechazan este desafío. La acusación contra Pablo y Silas fue que habían desafiado a César, "diciendo que había otro rey", Jesús. Muchos eruditos piensan que fue la sensibilidad a esta acusación lo que hizo que Pablo suavizara en sus cartas su acento en el reino de Dios y el carácter real de Jesús "por miedo a que las autoridades imperiales gentiles les malinterpretaran y vieran en sus palabras una oposición al imperio y al emperador".[40]

En la Roma de aquel periodo se habían venido suscitando ciertos problemas en relación con los judíos. Los acontecimientos de Tesalónica podrían haberse producido en la primavera del año 50 d. C., poco después de que Claudio expulsara a los judíos de Roma (en el 49) tras los disturbios protagonizados por judíos y cristianos.[41] Las autoridades no habrían querido que se repitieran tales problemas y los oponentes judíos se habrían aprovechado de ello. Jasón fue puesto en libertad tras el pago de una fianza, asegurando probablemente a los politarcas que él y los "otros hermanos" no causarían más problemas y se ocuparían de que Pablo y Silas abandonaran la ciudad. Este es el supuesto trasfondo de la afirmación de Pablo en el sentido de que él, Silas y Timoteo se vieron apartados de los tesalonicenses y que Satanás les impidió regresar a la ciudad (1Ts 2:17–18).

Ministerio en Berea (17:10–15)

Pablo se dirigió al sur de Tesalónica en lugar de seguir la Vía Ignacia, que se extendía al oeste, hacia Roma. Su siguiente parada es Berea (la Veria de nuestros días). Berea no era una ciudad tan importante como Filipos y Tesalónica, pero, a diferencia de las localidades más occidentales que pertenecían a la sección conocida como "Macedonia libre", en Berea se hablaba griego. David Gill cree que esto puede reflejar "el deseo [de Pablo] de permanecer dentro del mundo grecoparlante en lugar de tener que enfrentarse a problemas de culturas distintas". Las tres comunidades cristianas que fundó en este viaje estaban en una posición idónea para llevar el evangelio hacia el oeste (ver 1Ts 1:8). Gill sugiere que Pablo podrá haber visitado la "Macedonia libre" en su viaje siguiente.[42]

Siguiendo su práctica habitual, el equipo comenzó su ministerio en la sinagoga (v. 10) e hizo el agradable descubrimiento de que los habitantes de Berea "eran de sentimientos más nobles que los de Tesalónica" (v. 11a). Lucas da dos razones para justificar este elogio: "... recibieron el mensaje con toda avidez y todos los días examinaban las Escrituras para ver si era verdad lo que se les

---

40. Ibíd.
41. Sobre los problemas en Roma, ver F. F. Bruce, *New Testament History* (Garden City, N.Y.: Doubleday, reimpresión de la ed. de 1969), 295–300.
42. David W. J. Gill, "Macedonia", *BAFCS*, vol. 2, *Graeco-Roman Setting* (1994), 416.

anunciaba" (v. 11b). Como mostraremos más adelante, los bereanos expresaron una actitud de humilde receptividad que es la esencia de la fe.

Lucas menciona que entre los convertidos de Berea había muchos judíos y "también un buen número de griegos, incluso mujeres distinguidas y no pocos hombres" (v. 12). Uno de los convertidos, Sópater, acompañó a Pablo en su último viaje a Jerusalén. Entre los convertidos de Tesalónica y Berea había mujeres de la nobleza (vv. 4, 12). Parece que también en Atenas se convirtieron personas de las clases altas (17:34).

Pero también de Berea hubo Pablo de salir de manera súbita y un tanto precipitada. Algunos judíos tesalonicenses se desplazaron para agitar a las multitudes de esta ciudad, igual que habían hecho en la suya. Pablo fue enviado a la costa con un grupo de bereanos y se dirigió hacia Atenas. Las primeras semanas de la vida de una iglesia son muy importantes, y las necesidades de los nuevos creyentes han de ser suplidas. Por ello, Silas y Timoteo se quedaron en Berea con instrucciones de unirse a Pablo lo antes posible (vv. 14–15).[43]

Obsérvese que Pablo hubo de huir de las tres ciudades macedonias en las que ministró. Fueron situaciones difíciles de asumir, a pesar de ello, el apóstol dejó tras sí tres iglesias estables.

Construyendo Puentes

Una teología bíblica de la proclamación evangelística

Hay seis palabras clave (todas verbos) que describen la evangelización de Pablo y Silas y que son útiles para la elaboración de una teología bíblica de la proclamación evangelística (vv. 2–4). (1) Pablo "discutía" (*dialegomai*) en las sinagogas (v. 2). Esta palabra griega aparece diez veces en Hechos 17–24 en referencia al ministerio de Pablo[44] y se convirtió en "una palabra técnica para aludir a la enseñanza de Pablo en la sinagoga".[45] Entre los eruditos no se ha llegado a un consenso sobre el significado de este término. En dos de las otras tres ocasiones en que *dialegomai* aparece en el Nuevo Testamento (Mr 9:34; Judas 9) esta palabra transmite la idea de "argumentar, luchar por medio de palabras". En Hechos, no obstante, "se acerca al sentido de impartir una conferencia o predicar".[46]

Muchos han dado a *dialegomai* el significado de dialogar, pero esta no parece ser la acepción principal de la palabra. Fürst piensa que se permitía a los oyentes hacer preguntas.[47] Según Marshall, en Hechos "el diálogo o el debate surgen [...] como consecuencia de una proclamación inicial [...] El

---

43. Es probable que Lucas hubiera estado antes en Filipos (ver comentarios sobre 16:40).
44. Ver 17:2, 17; 18:4, 19; 19:8, 9; 20:7, 9; 24:12, 25.
45. D. Fürst, *NIDNTT*, 3:821.
46. *Ibíd.*
47. *Ibíd.*

objetivo es siempre corregir malentendidos en relación con el evangelio".[48] David Williams sugiere que "en lugar de plantear una enseñanza directa, como en las sinagogas del Este, parece que [Pablo] procedía por medio de la 'discusión'". La aparición de *dialegomai* "en este texto por primera vez en Hechos […] puede indicar un cambio de estilo en respuesta a un contexto distinto".[49] Un reciente y detallado estudio de la predicación de Pablo realizado por D. W. Kemmler también sugiere que el apóstol podría haber hecho uso del diálogo además del discurso formal y continuo.[50]

Ya sea que el término *dialegomai* implique o no diálogo, los versículos 2 y 3 muestran que en su predicación evangelística Pablo dio su debido valor al punto de vista de los oyentes. Sin embargo, hemos de observar que en el libro de los Hechos el verbo *dialegomai* no recibe el sentido filosófico que adquiere en el griego clásico. Como explica Schrenk: "En la esfera de la revelación no se pretende alcanzar ideas por medio de la dialéctica".[51] Dios ha hablado y se nos llama a proclamar este mensaje exponiéndolo. Sin embargo, en nuestra proclamación tendremos que hacer frente a objeciones y preguntas que han de ser cuidadosamente respondidas para demostrar (*paratithemi*, v. 3; ver [3], a continuación) la validez del esquema cristiano. Hoy a esto lo llamamos apologética.

(2) En el versículo 3 se explica, mediante otras dos palabras clave, cómo se lleva a cabo el tipo de razonamiento que constituía la apologética: "explicar" (*dianoigo*) y "demostrar" (*paratithemi*). El término *dianoigo* significa literalmente abrir, y en Lucas 24:32 se expresa con claridad la idea que subyace tras esta palabra: "¿No ardía nuestro corazón mientras conversaba con nosotros en el camino y nos explicaba las Escrituras?". En concreto, explicaba a partir de las Escrituras "que era necesario que el Mesías padeciera y resucitara" (Hch 17:3a).

(3) Esta clase de exposición habría encontrado la oposición de los judíos, para quienes la cruz era un tropiezo (1Co 1:23). Por ello, Pablo añadía a la exposición la idea de "demostrar" (*paratithemi*), lo cual significa que respondía cuidadosamente las preguntas que se le planteaban, contestaba sus objeciones y demostraba la validez de sus afirmaciones.[52]

---

48. I. Howard Marshall, "Inter-Faith Dialogue in the New Testament", *Evangelical Review of Theology,* 13, 3 (Julio de 1989): 199. BAGD (185) afirma que esta palabra alude a "discursos que probablemente terminaban en disputas". G. Schrenk ("διαλέγομαι", *TDNT,* 2:94–95) no deja lugar para esta interpretación.

49. Williams, *Acts,* 294.

50. D. W. Kemmler, *Faith and Human Reason: A Study of Paul's Method of Preaching As Illustrated by 1–2 Thessalonians and Acts 17, 24* (Leiden: Brill, 1975), 35. Citado en Larkin, *Acts*, 245.

51. Schrenk, "διαλέγομαι", 2:94.

52. Mi exposición sobre el sentido de estas dos palabras ha sido influenciada por A. T. Robertson, *Imágenes Verbales: Hechos,* pp. 267–68 del original en inglés.

(4) Pablo "proclamó" (*katangello*) un claro mensaje sobre Jesucristo a los tesalonicenses (v. 3b). El bosquejo de su predicación que se presenta en el versículo 3 se parece al resumen de su evangelio presentado en 1 Corintios 15:3–4. David Williams observa: "Si había alguna duda sobre la importancia esencial de la muerte de Jesús en la predicación de Pablo [...] aquí queda claramente despejada".[53] Como antes señalamos (ver comentarios sobre la fe en 16:31), el Pablo de las cartas y el Pablo de Hechos predicaban el mismo mensaje.

(5) Las dos siguientes palabras, "convencer" y "unirse a" (v. 4), describen la respuesta al mensaje. El objetivo de la apologética no es meramente exponer nuestras creencias para que el otro pueda conocerlas, sino también "persuadir" (*peitho*). Este verbo es especialmente relevante porque Lucas lo utiliza siete veces en el libro de los Hechos para referirse a la evangelización de Pablo.[54] En 2 Corintios 5:11, el propio Pablo dijo: "... tratamos de persuadir a todos". Este uso de *peitho* se ha definido como "convencer a alguien para que crea algo y actúe en virtud de lo que se recomienda".[55] Este tipo de confianza en nuestro mensaje se debe a la convicción de ser portadores de la definitiva revelación de Dios a la raza humana. Si el Creador y Señor del Universo ha impartido un mensaje final a la raza humana y nosotros lo conocemos, entonces hemos de hacer todo lo que esté en nuestra mano y de acuerdo con nuestros principios para que las personas hagan suyo este mensaje. La evangelización, en otras palabras, busca una respuesta, una respuesta tan completa que pueda llamársele conversión.

(6) La conversión está también implícita en la palabra que se traduce como "se unieron a" (*proskleroo*) que, en todo el Nuevo Testamento, aparece únicamente en este texto. Hay cierto debate sobre su significado exacto, pero, sea cual sea, la idea es que los nuevos creyentes se unieron a la tarea de los apóstoles.[56] Su mente había sido transformada y habían tomado una decisión sobre

---

53. Williams, *Acts*, 294–95.
54. Ver 17:4; 18:4; 19:8, 26; 26:28; 28:23, 24; cf. 2Co 5:11. Apareció seis veces en Hechos antes del capítulo 17, sin embargo, 17:4 es la primera vez que aparece en relación con la evangelización de Pablo.
55. Louw y Nida, 423.
56. En este contexto, *proskleroo* puede significar algo parecido a "'correr la suerte de', 'identificarse con', o 'formar parte del mismo grupo que'" (Louw y Nida, 449). Zerwick y Grosvenor, por otra parte, lo consideran como una "pasiva teológica" (*Analysis,* 407), es decir, una pasiva utilizada para evitar mencionar directamente a Dios como agente (Zerwick, *Greek,* 76). El sentido sería, pues: "fueron asignados a Pablo y Silas por Dios".

la verdad, que les llevó a dar el paso siguiente: "Se unieron a los misioneros, aceptando, pasara lo que pasara, el mismo destino que ellos".[57]

La exposición anterior nos muestra que la evangelización comporta la proclamación del mensaje de Cristo, especialmente su muerte y resurrección. Es posible[58] que la proclamación incluya discusión y pretenda persuadir a las personas para que se conviertan a Cristo y se incorporen a la iglesia. Aunque esta no es una definición exhaustiva de la naturaleza de la evangelización, sí podemos decir que toda evangelización que sea bíblica debe tener estas características.

Evangelización y oposición

Como se ha dicho anteriormente, siempre que el evangelio desafía a las personas a cambiar su conducta suelen producirse tensiones instigadas por aquellos que rechazan este reto (vv. 5–9, 13). Jesús predijo esto en Mateo 10:34–36:

No crean que he venido a traer paz a la tierra.
No vine a traer paz sino espada.
Porque he venido a poner en conflicto
"al hombre contra su padre,
a la hija contra su madre,
a la nuera contra su suegra;
los enemigos de cada cual
serán los de su propia familia".

Si bien la persecución y el antagonismo son inevitables, las acciones de Pablo en Hechos nos idican claramente que el apóstol hacía todo lo posible por reducir la oposición y establecer la legitimidad legal para el movimiento cristiano. Esta es la razón por la que apeló a su ciudadanía romana cuando le atacaron (16:37; 22:25–28; 23:27) y, probablemente, el motivo por el que, más adelante, apeló a César (25:11).[59]

El hecho de que Pablo tuviera que huir de las tres iglesias de Macedonia debió de ser una experiencia difícil de encajar y, sin duda, afectó profundamente al apóstol. Poco después de estos acontecimientos, escribió a los tesalonicenses: "Hermanos [...] fuimos arrancados de ustedes" (1Ts 2.17. NIV). En este mismo capítulo aludió también a "las aflicciones e insultos que antes sufrimos en Filipos" (2:2). Bruce piensa que esta es la razón por la que, escribiendo sobre la visita que hizo a Corinto unas semanas más tarde, dijo: "... me presenté ante ustedes con tanta debilidad que temblaba de miedo" (1Co 2:3).[60] Por

---

57. Harrison, *Acts,* 276.
58. Este "Es posible" implica que la exposición/debate no es algo esencial, pero es casi siempre útil.
59. Ver Bruce, *Paul,* 363–66.
60. Bruce, *Steps,* 35.

otra parte, los nuevos cristianos fueron también perseguidos. Pablo se sintió tan angustiado por ello que envió a Timoteo para que les animara (1Ts 3:1–6).

Pero las noticias que Pablo recibió finalmente de Timoteo fueron alentadoras (1Ts 3:6–9). De hecho, Pablo presentaba a las iglesias macedonias como ejemplo del modo en que hay que enfrentar el sufrimiento (1:6–7) y expresar una rica generosidad en medio de la prueba (2Co 8:1–6). El tono de sus cartas a los Filipenses y Tesalonicenses sugiere que estas comunidades locales le produjeron un enorme gozo.[61] Es posible que el sufrimiento que experimentamos durante la evangelización no sea una tragedia tan grande como creemos en un principio.

La esencia de un carácter noble

Cuando Lucas elogia el carácter de alguien, haremos bien en analizar el rasgo en cuestión y esforzarnos en emularlo. Por ejemplo, con respecto a la nobleza de carácter de los bereanos explica: "... recibieron el mensaje con toda avidez y todos los días examinaban las Escrituras para ver si era verdad lo que se les anunciaba" (v. 11b). Lo que hacía nobles a estas personas era su avidez por oír hablar de Dios y responder a lo que oían. Más adelante veremos que este rasgo es la esencia de la nobleza de todas las personas; también de quienes se han convertido.

Niveles sociales en las iglesias de Pablo

La mención de convertidos ilustres a través del ministerio de Pablo (vv. 4, 12) plantea preguntas sobre el consenso tan arraigado en el sentido de que los primeros cristianos eran en su mayoría personas pobres. Este punto de vista podría haber sido influenciado por el escrito de Celso[62] (a finales del siglo II) que fue "el primer autor pagano conocido que se tomó el cristianismo lo suficientemente en serio para escribir un libro contra él".[63] Celso caricaturiza a los cristianos como personas pobres e ignorantes de los estratos más bajos de la sociedad.[64] Sin embargo, parece estar formándose un nuevo consenso en el sentido de que "las congregaciones paulinas eran generalmente aceptables

---

61. Las iglesias establecidas en Macedonia siguen existiendo, casi veinte siglos después de las dolorosas visitas de Pablo.

62. Aunque el libro de Celso no ha llegado hasta nuestros días, una gran parte de su contenido aparece en la obra de Orígenes, *Contra Celso,* que es una exhaustiva respuesta a este escrito. Ver H. Chadwick, *Origen: Contra Celsum* (Cambridge: Cambridge Univ. Press, 1980).

63. Wayne A. Meeks, *The First Urban Christians: The Social World of the Apostle Paul* (New Haven: Yale Univ. Press, 1983), 51.

64. Este punto de vista recibió más ímpetu por los escritos de Adolf Deissmann a comienzos del siglo XX (ver su obra *Paul, a Study in Social and Religious History,* trad. ing. por William E. Wilson [Nueva York: Harper and Row, 1957]).

muestras representativas de la sociedad urbana",[65] en las que miembros de la alta sociedad y personas de las capas más pobres se unían en la misma iglesia. De hecho, parece que algunos de los miembros con más recursos económicos actuaban como mecenas y las iglesias dependían de su generosidad.[66]

El influyente libro de Wayne Meeks, *The First Urban Christians* [Los primeros cristianos urbanos] resume adecuadamente los datos que indican la presencia de personas acomodadas en las iglesias fundadas por Pablo. Sin embargo, Meeks, que trabajó principalmente con las cartas paulinas, no piensa que hubiera personas del "extremo superior [...] de la escala grecorromana" en las iglesias de Pablo.[67] Sin embargo, este dato es ahora cuestionado por David Gill, quien, tras exponer el material de Hechos y de las cartas paulinas, concluye que "hay ahora buenas razones para pensar que las comunidades cristianas se establecieron en parte por medio de familias pertenecientes a la élite de los centros urbanos más importantes de las provincias orientales".[68]

Antes hemos observado que la iglesia de Jerusalén y la iglesia de Antioquía eran comunidades muy heterogéneas.[69] Esta característica fue transferida a las congregaciones paulinas.

Significado Contemporáneo

Proclamación en una era pluralista

Las palabras clave de la predicación evangelística de Pablo son aplicables hoy. Pablo exponía la muerte y resurrección de Cristo aunque ello fuera un tropiezo para los judíos. En nuestra disposición a ser relevantes y sensibles a las necesidades de las personas, podemos ser tentados a ignorar la cruz. Puesto que muchas personas han perdido la noción de la santidad de Dios, no son conscientes de la seriedad del pecado. Por ello, cuando procuramos presentarles a Cristo como la respuesta a sus problemas, podemos sentirnos tentados a concentrarnos en sus necesidades sentidas más que en las reales. Una buena forma de resolver este problema es comenzar mostrando la relevancia del evangelio para las necesidades sentidas y enfrentarse a las preguntas que se hacen las personas. Una vez que hemos captado su atención por medio de esta "cabeza de puente", podemos pasar a las preguntas que deberían estar haciéndose —cómo ser salvos del pecado para estar en paz con un Dios santo—, las que Cristo respondió en la cruz.

---

65. Meeks, *First Urban Christians*, 73.
66. *Ibíd.,* 77–80.
67. *Ibíd.,* 73.
68. David W. J. Gill, "Acts and the Urban Elites", *BAFCS*, vol. 2, *Graeco-Roman Setting,* 117.
69. Ver las exposiciones sobre 6:1–7 y 12:25–13:12.

En otras palabras, en el proceso preliminar de la proclamación, las curaciones y las exposiciones sobre problemas contemporáneos son útiles. Pero siempre hemos de buscar maneras de sacar a colación el mensaje de Cristo y su muerte y resurrección. Me da la impresión de que, aunque la iglesia contemporánea desarrolla modelos eficaces para satisfacer las necesidades sentidas de las personas, no está buscando lo suficientemente en serio formas efectivas de comunicar el mensaje de la cruz y la resurrección.[70]

La idea filosófica que expresa el verbo *dialegomai* en el griego clásico (llegar a una idea a través de la dialéctica) representa un modelo más cercano para entender la proclamación evangelística contemporánea que la idea bíblica. Esta encaja con la filosofía pluralista que se ha extendido por una buena parte de nuestra sociedad. Los pluralistas están pidiendo que la apologética sea sustituida por el diálogo. Sin embargo, cuando hablan de diálogo se refieren a encuentros de expertos en los que nadie quiere que el otro cambie de religión, sino solo enriquecerse unos a otros.[71] John Stott representa un acercamiento más bíblico:

> Aunque hay un importante lugar para el "diálogo" con personas de otras creencias [...] es también necesario que se produzca un "encuentro" con ellos y hasta un "enfrentamiento", en los que procuramos revelar la incompetencia y falsedades de la religión no cristiana y demostrar la idoneidad y verdad del Señor Jesucristo, así como su carácter absoluto y definitivo.[72]

Las preguntas, observaciones u objeciones de nuestros oyentes son una parte necesaria de la evangelización, especialmente cuando damos testimonio a los no cristianos. Esta dinámica nos permite descubrir cómo han entendido lo que hemos comunicado. En una reunión de Juventud para Cristo, después de predicar el evangelio basándome en Juan 3:16, hablé con un joven budista que había estado presente. Él me dijo que su religión enseñaba las mismas cosas que yo había explicado; yo pensaba, en cambio, que mi mensaje había mostrado con toda claridad la diferencia entre el cristianismo y el budismo. Aquel muchacho había filtrado mi terminología cristiana a través de su cosmovisión budista ¡y sacó de mis palabras un mensaje budista!

---

70. Quienes deseen considerar un intento de hacer esto pueden ver mi *Supremacy*.
71. Por ejemplo, ver la obra de Wesley Ariarajah, *The Bible and People of Other Faiths* (Ginebra: Consejo Mundial de Iglesias, y Maryknoll, N.Y.: Orbis, 1985), 61–71. Aquellos que deseen considerar una defensa de la validez de la apologética dentro del diálogo interreligioso pueden ver Paul J. Griffiths, *An Apology for Apologetics: A Study in the Logic of Interreligious Dialogue* (Maryknoll, N.Y.: Orbis, 1991).
72. John R. W. Stott, *Christian Mission in the Modern World* (Downers Grove, Ill.: InterVarsity, 1975), 69 [*La misión cristiana hoy*. (Buenos Aires: Ediciones Certeza, 1977)]. Hay útiles consideraciones sobre el diálogo en Stott, *Christian Mission,* 58–81; Glasser y McGavran, *Contemporary Theologies,* 215–19.

Nuestro compromiso con la proclamación no impide que escuchemos a los demás; cuando las personas expresan sus puntos de vista, hemos de escucharlas con atención. Es posible que en situaciones de testimonio tengamos que escuchar más que hablar, porque no deberíamos interrumpir a nadie de manera descortés cuando está expresando sus ideas. Somos siervos y no debería molestarnos que nuestros interlocutores dominen una conversación. Naturalmente, el amor que tenemos por la persona en cuestión nos llevará a buscar cualquier oportunidad para compartir las liberadoras noticias de Jesús. Esta manera de escuchar que estamos explicando puede llevarnos a leer lo que dicen algunos escritores no cristianos sobre su religión, en lugar de considerar solo material apologético escrito por cristianos (cf. comentarios sobre el ministerio de Pablo en Atenas [17:16–34]).

Quiero añadir aquí que hay otro tipo de diálogo que a menudo se entabla entre cristianos y personas de otras creencias y que no debería considerarse como evangelización, pero que puede ser, sin embargo, una actividad válida. Es una expresión natural de lo que Jesús quiso decir en cuanto a sus discípulos: "No te pido que los quites del mundo, sino que los protejas del maligno. Ellos no son del mundo, como tampoco lo soy yo. Santifícalos en la verdad; tu palabra es la verdad. Como tú me enviaste al mundo, yo los envío también al mundo" (Jn 17:15–16, 18). Aunque no somos del mundo, sí estamos en el mundo y participamos de sus actividades. Jesús, por ejemplo, comía con recaudadores de impuestos y pecadores y se hizo acreedor de esta crítica: "Éste es un glotón y un borracho, amigo de recaudadores de impuestos y de pecadores" (Mt 11:19). En el día a día nos encontramos con personas distintas de nosotros, pero con las cuales vivimos y nos relacionamos. Entre las cosas de que hablamos está la religión.

Por ello, podemos participar en encuentros con personas de distintas religiones en los cuales debatimos y compartimos nuestros puntos de vista. En mi juventud participé de manera regular, durante varios años, en este tipo de encuentros con un grupo de estudiantes del barrio. Los sábados por la noche solíamos reunirnos en casa de unos conocidos musulmanes. La mayoría de quienes estaban en estos encuentros eran musulmanes; había también un ateo (discípulo de Bertrand Russell) y un cristiano bastante nominal. Hablábamos de muchas cosas como política, deportes, asuntos internacionales, filosofía y religión. Por mi parte, siempre iba a estos encuentros como testigo de Cristo y muchas veces hablaba de mi fe. Anhelaba la salvación de aquellas personas y ellos lo sabían (solo el cristiano nominal llegó a desarrollar una fe en Cristo). Aquellas reuniones no eran estrictamente situaciones de evangelización, pero las cosas que aprendí en ellas han sido importantes para mi devenir personal.

Generalmente, los evangélicos han rehuido este tipo de diálogo, especialmente teniendo en cuenta que muchos liberales han puesto esta clase de diálogo en el lugar de la evangelización, que así no lo es en absoluto. Es un ejercicio de vida y aprendizaje en comunidad, igual que las reuniones en que hablamos de mercadotecnia, gestión, deportes, política o tecnología. Puede desarrollarse en un marco formal o informal.[73] Naturalmente, en lo más profundo de nuestro corazón anhelamos la conversión de estas personas. Pero a veces las reglas del debate nos impiden utilizar la persuasión como lo haríamos, por regla general, en la evangelización. Estos debates personales nos ayudarán a entender las otras religiones de un modo mucho más rico que otros medios (p. ej., leer libros). Este entendimiento nos ayudará en nuestra proclamación del evangelio y puede también hacer que algunas personas se hagan receptivas al mensaje cristiano.[74] Quiero subrayar de nuevo que este tipo de debates no son evangelización en su sentido estricto y que, por ello, no deben considerarse en el marco de la teología paulina de la proclamación evangelística en Hechos. Sin embargo, lo considero aquí porque se trata de una cuestión clave que a menudo se comenta en relación con el diálogo en la evangelización.

Pablo no solo expuso el evangelio a partir de las Escrituras, sino que practicó también la apologética. Quienes nos esforzamos en ser bíblicos en la evangelización debemos ser expositores y apologistas. En mis primeros años de ministerio me veía a mí mismo como un expositor bíblico cuyo ministerio consistía, en parte, en explicar el evangelio a los no cristianos. Sin embargo, comenzaron a presentar objeciones y preguntas que me era difícil responder. A medida que buscaba respuestas, comencé a darme cuenta de que, para ser un eficaz testigo de Cristo, tenía que entrar también en la apologética.

En otras palabras, nuestro objetivo es persuadir a las personas para que acepten la verdad del evangelio. No es de extrañar que, como sucede con la apologética, la persuasión no se vea con buenos ojos, puesto que sitúa a la religión en la órbita de la intolerancia y la falta de respeto a los demás. Esto es raro porque, como nos recuerda Donald McGavran, la persuasión es "la base de todo saber, progreso y comercio".[75] Por ejemplo, es de importancia vital para la mercadotecnia y las campañas políticas. De hecho, la persuasión es una expresión de nuestro respeto por los individuos y de nuestra creencia en su potencial dentro de los propósitos de Dios. Si sabemos que alguien que tiene el potencial de recibir vida eterna sostiene una falsa creencia que la obstaculiza, procuraremos persuadirle de la verdad. Sin embargo, lo haremos de un modo que refleje el respeto que tenemos por cada ser humano.

Existen, naturalmente, formas irrespetuosas de persuasión. Una de ellas es la imposición, que John Stott describe como "el intento de coaccionar a las per-

---

73. Doy gracias a mi colega Ivor Poobalan por ponerme sobre alerta hasta este momento. Hay más consideraciones sobre este tipo de diálogo en Stephen Neill, *Salvation Tomorrow* (Londres: Lutterworth, 1976), 22–43; E. Stanley Jones, *Christ at the Round Table* (Londres: Hodder and Stoughton, 1928).

74. Ver Stott, *Christian Mission,* 74–79. Stott cita útiles reflexiones sobre este punto del libro del obispo Kenneth Cragg, *The Call of the Minaret* (Londres: Lutterworth, 1956).

75. En Glasser y McGavran, *Contemporary Theologies,* 231.

sonas por medio de la legislación para que acepten el camino cristiano".[76] Otra forma es la manipulación, que consiste en introducir factores no esenciales al evangelio para ejercer presión sobre las personas y hacerles así cambiar su religión. La manipulación puede llevarse a cabo excitando las emociones de las personas para que pierdan el control de su voluntad, u ofreciendo incentivos (como la promesa de un trabajo, por ejemplo) si alguien se convierte a una religión determinada. Algunas sectas manipulan a las personas mediante lavados de cerebro, o con la presión ejercida por personalidades fuertes, que les llevan a rendir sus voluntades al grupo.[77]

Pedro describe así el adecuado equilibrio entre la convicción y el respeto en la proclamación: "Estén siempre preparados para responder a todo el que les pida razón de la esperanza que hay en ustedes. Pero háganlo con gentileza y respeto, manteniendo la conciencia limpia" (1P 3:15b–16a).

Respondiendo a la oposición. Cuando, movidos por un amor sacrificado, compartimos las buenas nuevas y encontramos que las personas se oponen y tergiversan lo que hacemos o decimos, puede ser una situación difícil de aceptar. Pero el evangelio es tan radical que muchos lo considerarán un mensaje que trastorna el mundo entero (v. 6, ASV, KJV). Esto es algo que nunca hemos de olvidar. Fijémonos en lo que dijo Jesús: "Recuerden lo que les dije: 'Ningún siervo es más que su amo.' Si a mí me han perseguido, también a ustedes los perseguirán" (Jn 15:20). La historia de las iglesias de Macedonia nos enseña que el sufrimiento es la matriz de la que pueden surgir iglesias fuertes y saludables.

Si recordamos esto, no nos sorprenderemos ni nos indignaremos cuando tengamos que afrontar oposición. La indignación ante el antagonismo es una trampa en la que muchos caen, y que se convierte en un lastre para su testimonio y gozo en el Señor. En su correspondencia con los tesalonicenses, Pablo expresa con claridad el modo bíblico de abordar este asunto: "Ustedes se hicieron imitadores nuestros y del Señor cuando, a pesar de mucho sufrimiento, recibieron el mensaje con la alegría que infunde el Espíritu Santo" (1Ts 1:6). Una clave para afrontar este sufrimiento es, pues, asegurarnos de contar con "el gozo que da el Espíritu Santo".

No obstante, como hemos considerado en nuestro estudio del ministerio de Pablo en Filipos, hay que hacer también todo lo posible por mostrar que proclamar el evangelio está dentro de los límites de la legalidad y evitar hacer nada que nos enfrente innecesariamente a nuestros oponentes. Esta fue, probablemente, la razón por la que Pablo salió de Tesalónica en contra de sus deseos (1Ts 2:17). Prefirió abandonar la zona a enfrentarse de nuevo a sus opo-

---

76. John Stott, *Decisive Issues Facing Christians Today* (Old Tappan, N.J.: Revell, 1990), 46.

77. Sobre cuestiones relativas a la persuasión ver mi libro, *The Christian's Attitude Toward World Religions* (Wheaton, Ill.: Tyndale, 1987), 147–59.

nentes, puesto que ello habría hecho más difícil la vida para los creyentes en Tesalónica.

Cómo ser como los bereanos en nuestros días

¿Qué significa el reconocimiento de la nobleza de los bereanos que hace Lucas? ¿Eran acaso más dignos de la salvación que otras personas? ¿Tenían alguna aptitud inherente que les hacía merecedores de la salvación? Esto iría en contra de la enseñanza bíblica de que nadie merece la salvación. Su nobleza estaba precisamente en su disposición a reconocer su necesidad, lo cual producía un gran deseo de escuchar hablar de Dios y aceptar lo que oían. Esto, por su parte, produjo su salvación. Bajaron de sus pedestales como personas de elevada posición (cf. v. 12, "mujeres distinguidas") o como poseedores de una rica herencia cultural y religiosa ("muchos de los judíos") y buscaron la Palabra de Dios como niños hambrientos que necesitaban comida.

En la Biblia, la nobleza consiste en hacernos como niños, es decir, negarnos a reivindicar nobleza para uno mismo. Jesús dijo: "Les aseguro que a menos que ustedes cambien y se vuelvan como niños, no entrarán en el reino de los cielos. Por tanto, el que se humilla como este niño será el más grande en el reino de los cielos" (Mt 18:3–4). El rasgo de carácter que Jesús recomienda aquí es una actitud de arrepentimiento, es decir, de reconocimiento de la propia necesidad, admitiendo que no se posee ningún mérito. Tales personas están abiertas a aprender lo que Dios desee enseñarles y a recibir lo que él desee darles.

La esencia de la fe cristiana es una actitud que hace que las personas sigan acercándose a las Escrituras para aprender más y crecer. Igual que la salvación, también el crecimiento en la vida cristiana se produce por medio de la fe. Cuando estudiamos la Biblia, no estamos llevando a cabo un acto meritorio que nos permita afirmar que hemos crecido espiritualmente. El estudio bíblico que agrada a Dios es una expresión de fe. Es una actitud que dice: "Estoy necesitado. Solo tú puedes satisfacer mi necesidad. Tú has dejado un mensaje que está consignado en la Biblia. Me acercaré a este libro como un bebé hambriento que busca la leche de su madre".

En 2 Timoteo 3:14–17, Pablo muestra que la misma actitud hacia la Palabra que abre la puerta a la salvación abre también la puerta del crecimiento cristiano. El versículo 15 conecta la Escritura con la salvación: "Desde tu niñez conoces las Sagradas Escrituras, que pueden darte la sabiduría necesaria para la salvación mediante la fe en Cristo Jesús". Pablo relaciona a continuación la Escritura con el crecimiento (vv. 14, 16–17):

> Pero tú, permanece firme en lo que has aprendido y de lo cual estás convencido, pues sabes de quiénes lo aprendiste [...] Toda la Escritura es inspirada por Dios y útil para enseñar, para repren-

der, para corregir y para instruir en la justicia, a fin de que el siervo de Dios esté enteramente capacitado para toda buena obra.

La actitud que estamos describiendo está bien reflejada en una memorable cita de John Wesley:

> No tengo temor de abrir lo que han sido los pensamientos más profundos de mi corazón a personas francas y razonables. He pensado: soy una criatura breve, que pasa por la vida como una flecha que vuela por el aire. Soy un espíritu que procede de Dios y regresa a Dios; suspendido en el aire sobre el gran abismo hasta que, dentro de un momento, no seré ya visible y entraré a una inmutable eternidad. Quiero saber una cosa: el camino al cielo, cómo llegar seguro a aquella feliz ribera. Dios mismo ha condescendido a enseñarnos el camino; para esto mismo vino del cielo. Lo ha escrito en un libro. ¡Denme este libro! A cualquier precio, ¡denme el libro de Dios! Lo tengo y, con el conocimiento que me da, tengo suficiente. Quiero ser *homo unius libri* [hombre de un solo libro]. Aquí, pues, estoy, lejos de los atareados caminos de los hombres. Me siento solo; solo con Dios. En su presencia abro y leo su libro, para encontrar el camino al cielo.[78]

No es fácil en nuestros días conseguir que las personas reciban con avidez un mensaje o examinen las Escrituras como hicieron los bereanos (v. 11). En este mundo posmoderno se acentúa la verdad personal que reside dentro de nosotros. La verdad se considera algo subjetivo, y las personas se resisten a la idea de que exista un conocimiento objetivo y verdades eternas e inmutables. Las personas están cada vez menos acostumbradas a estudiar libros. Para los predicadores expositivos es incluso difícil conseguir que las personas estén lo suficientemente atentas para que dirijan su mirada a la Biblia que tienen delante. Prefieren mirar al predicador con ojos vidriosos, ¡a menudo con su mente en algo muy distinto de lo que se está predicando!

En nuestro tiempo disponemos de una enorme cantidad de material de ayuda para el estudio bíblico, que supuestamente simplifica la tarea de estudiar las Escrituras. Es posible que estos materiales simplifiquen el estudio, pero muchas veces se convierten en sustitutos para el cuidadoso estudio personal de la Palabra. Sin examinar las Escrituras en busca de respuestas, las personas leen aquellas que otros han encontrado a las preguntas que ellos se hacen. Por otra parte, en este tiempo, las personas están tan acostumbradas a recibir el elaborado material de la televisión que ir a las Escrituras para realizar un estudio inductivo les parece algo extraño.

---

78. "Prefacio" de *Sermons on Several Occasions,* vol. 1 (1746), de John Wesley, ed. Albert C. Outler (Nueva York: Oxford Univ. Press, 1964), 89.

Hay, pues, una urgente necesidad de ayudar a quienes ministramos a descubrir lo que Oletta Wald ha llamado la alegría del descubrimiento en el estudio bíblico.[79] Y es sin duda una gran alegría descubrir la verdad de Dios mediante el estudio personal de la Palabra. Necesitamos una nueva generación de dirigentes cristianos que, en primer lugar, aparten el tiempo necesario para que esto se haga realidad en su propia vida. Entonces comunicarán su entusiasmo por el estudio bíblico a quienes dirigen y ministran. Ayudarán a levantar una nueva cosecha de cristianos bereanos.

Iglesias heterogéneas

Ya hemos hablado de la importancia de las iglesias heterogéneas que encontramos en Hechos.[80] Aquí solo repetiremos el hecho de que, tener cristianos de distintos trasfondos sociales y culturales dentro de la misma iglesia local, no solo concuerda con el patrón bíblico, sino que demuestra también, vívidamente, el poder del evangelio para unir a la humanidad. En un mundo desgarrado por los conflictos étnicos, esta puede ser una de las más poderosas demostraciones contemporáneas de la gloria del evangelio que ofrecemos al mundo.

Hemos de especializarnos en nuestros esfuerzos por evangelizar a distintos grupos culturales, como defienden acertadamente los especialistas en iglecrecimiento. Pero también hemos de hacer todo lo posible por incorporar a personas de estos grupos en la iglesia más amplia, a fin de demostrar el poder del evangelio para unir a las personas y también para enriquecernos mutuamente mediante sus aportaciones a nuestra comprensión del evangelio.

---

79. Oletta Wald, *The Joy of Discovery* (Minneapolis: Bible Banner, 1956). Este libro es una valiosa guía para el estudio bíblico inductivo (ver también otra obra de Oletta Wald, *The Joy of Teaching Discovery Bible Study* [Minneapolis: Augsburg, 1976]). Uno de mis profesores, Robert A. Traina, ha escrito un libro más técnico sobre el estudio inductivo, titulado *Methodical Bible Study* (Grand Rapids: Zondervan, 1985 [reimpresión]).
80. Ver las exposiciones sobre 6:1–7 y 12:25–13:12.

Mientras Pablo los esperaba en Atenas, le dolió en el alma ver que la ciudad estaba llena de ídolos. ¹⁷ Así que discutía en la sinagoga con los judíos y con los griegos que adoraban a Dios, y a diario hablaba en la plaza con los que se encontraban por allí. ¹⁸ Algunos filósofos epicúreos y estoicos entablaron conversación con él. Unos decían: «¿Qué querrá decir este charlatán?» Otros comentaban: «Parece que es predicador de dioses extranjeros.» Decían esto porque Pablo les anunciaba las buenas nuevas de Jesús y de la resurrección. ¹⁹ Entonces se lo llevaron a una reunión del Areópago.

—¿Se puede saber qué nueva enseñanza es esta que usted presenta? —le preguntaron—. ²⁰ Porque nos viene usted con ideas que nos suenan extrañas, y queremos saber qué significan.

²¹ Es que todos los atenienses y los extranjeros que vivían allí se pasaban el tiempo sin hacer otra cosa más que escuchar y comentar las últimas novedades.

²² Pablo se puso en medio del Areópago y tomó la palabra:

—¡Ciudadanos atenienses! Observo que ustedes son sumamente religiosos en todo lo que hacen. ²³ Al pasar y fijarme en sus lugares sagrados, encontré incluso un altar con esta inscripción: A un dios desconocido. Pues bien, eso que ustedes adoran como algo desconocido es lo que yo les anuncio.

²⁴ »El Dios que hizo el mundo y todo lo que hay en él es Señor del cielo y de la tierra. No vive en templos construidos por hombres, ²⁵ ni se deja servir por manos humanas, como si necesitara de algo. Por el contrario, él es quien da a todos la vida, el aliento y todas las cosas.

²⁶ De un solo hombre hizo todas las naciones para que habitaran toda la tierra; y determinó los períodos de su historia y las fronteras de sus territorios. ²⁷ Esto lo hizo Dios para que todos lo busquen y, aunque sea a tientas, lo encuentren. En verdad, él no está lejos de ninguno de nosotros, ²⁸ "puesto que en él vivimos, nos movemos y existimos". Como algunos de sus propios poetas griegos han dicho: "De él somos descendientes."

²⁹ »Por tanto, siendo descendientes de Dios, no debemos pensar que la divinidad sea como el oro, la plata o la piedra: escultura hecha como resultado del ingenio y de la destreza del ser humano. ³⁰ Pues bien, Dios pasó por alto aquellos tiempos de tal ignorancia, pero ahora manda a todos, en todas partes, que se arrepientan. ³¹ Él ha fijado un día en que juzgará al mundo con justicia, por medio del hombre que ha designado.

De ello ha dado pruebas a todos al levantarlo de entre los muertos.
³² Cuando oyeron de la resurrección, unos se burlaron; pero otros
le dijeron:

—Queremos que usted nos hable en otra ocasión sobre este tema.

³³ En ese momento Pablo salió de la reunión. ³⁴ Algunas personas
se unieron a Pablo y creyeron. Entre ellos estaba Dionisio, miembro
del Areópago, también una mujer llamada Dámaris, y otros más.

Atenas (como Corinto) estaba en la provincia de Acaya[1] y en la actualidad es la capital de Grecia. En nuestro tiempo "el corazón de la ciudad está lo suficientemente despejado para que los grandes monumentos de su pasado clásico sean notoriamente visibles".[2] En el tiempo de Pablo había perdido algo de su grandiosidad, sin embargo, "para la opinión popular seguía siendo el símbolo de los grandes filósofos",[3] siendo el lugar en que habían resplandecido Sócrates, Platón y Aristóteles. Keener afirma: "Desde un punto de vista estético, Atenas era incomparable por su exquisita arquitectura y sus estatuas".[4] En la Acrópolis (la parte elevada de las ciudades griegas) está el Partenón, el templo de Atenea (la diosa protectora de la ciudad), construido en el año 447 a. C. En nuestros días sigue siendo "uno de los edificios más bellos que pueden verse en el mundo".[5]

Ministerio en Atenas (17:16–21)

Cuando Pablo vio estas exquisitas obras de arte pagano, se sintió muy angustiado (v. 16). Como en 16:18, Lucas utiliza una palabra fuerte, aunque diferente (*paroxynomai*), para expresar la reacción de Pablo al ver la ciudad tan llena de ídolos. El sentido de esta palabra se ha definido como "sentirse provocado o molesto con alguien o algo que produce una severa preocupación emocional".[6]

Aunque Pablo estaba furioso cuando vio los ídolos, se moderó externamente y se condujo con respeto entre los idólatras. Así pues, "discutía en la sinagoga [...] y a diario hablaba en la plaza con los que se encontraban por allí" (v. 17). El uso de la palabra *dialegomai* (cf. comentarios sobre 17:2–4) que la NVI

---

1. "En el año 46 a. C. [...] toda Grecia, bajo el nombre de Acaya, fue transformada en una provincia romana; en el 27 a. C." fue dividida en dos provincias: Macedonia y Acaya. (J. E. Harry, "Achaia", *ISBE*, 1:30).
2. Bruce, *Steps,* 36.
3. Keener, *BBC,* 372.
4. *Ibíd.*
5. Bruce, *Steps,* 36.
6. Louw y Nida, 763.

traduce "discutía", implica probablemente que Pablo proclamaba el evangelio, pero deja lugar para que al final hubiera un cierto debate. La "plaza" en la que hablaba era el ágora, el principal espacio público de la ciudad, adornado con edificios públicos y columnatas. Era el corazón económico, político y cultural de la urbe.[7] Un antiguo relato sobre Sócrates le sitúa en este mercado, abarrotado, donde conversaba con todo tipo de personas.[8] Cuando Pablo evangelizó la ciudad de Sócrates, utilizó el método socrático.

Pablo debatió con "algunos filósofos epicúreos y estoicos" (v. 18). Los epicúreos eran "una escuela filosófica que valoraba el placer (la ausencia de dolor y perturbación) y era escéptica en cuanto a los dioses de antiguos mitos".[9] "Tenían solo influencia entre las cultivadas clases acomodadas y sus puntos de vista sobre Dios eran parecidos a los del deísmo (Dios estaba al margen del universo y era irrelevante)".[10] El estoicismo era "la forma más popular de filosofía griega en el tiempo de Pablo. Aunque la mayoría no eran estoicos, muchas de sus ideas estaban ampliamente extendidas".[11] Creían en un Dios supremo, aunque al modo panteísta. Los estoicos creían que el mundo estaba determinado por el destino y defendían que "los seres humanos han de esforzarse por cumplir con su deber, resignándose a vivir en armonía con la naturaleza y la razón, por doloroso que esto pueda ser y desarrollar su propia autosuficiencia".[12]

Desde el tiempo de Crisóstomo,[13] los comentaristas han propuesto que algunos atenienses pensaron que Pablo estaba proclamando dos dioses: a Jesús y a Anastasis (*anastasis* significa "resurrección"; v. 18b). Esto sería una confusión típica que se produce cuando personas con una distinta concepción del mundo escuchan nuestra proclamación del evangelio y entienden erróneamente lo que decimos.[14] La acusación contra Pablo (v. 18) recuerda a una imputación parecida contra Sócrates, que acabó llevándole a juicio en el Areópago y condenándole a muerte.[15]

El Areópago era el principal cuerpo administrativo y judicial de Atenas.[16] No estamos seguros de si Pablo fue llevado (v. 19) a este concilio para ser juzgado por él, o solo a la ubicación de la colina que daba nombre al consejo.[17] Al

---

7. Esta descripción procede de Bruce, *Steps,* 38, y David W. J. Gill, "Achaia", *BAFCS*, vol.2, *Graeco-Roman Setting*, 445.
8. Ver Knowling, "Acts", 365.
9. Keener, *BBC,* 824.
10. *Ibíd.*, 372.
11. *Ibíd.*, 831.
12. Stott, *Acts*, 280–81.
13. Juan Crisóstomo, "Homilías sobre el libro de los Hechos", 233.
14. Ver comentarios sobre 17:1–15.
15. Conrad Gempf, "Paul at Athens", *DPL*, 52.
16. Gill, "Achaia", 447.
17. Gempf, "Athens", 52.

parecer, estos atenienses sentían curiosidad por conocer la enseñanza de Pablo (v. 21), y por ello estaban dispuestos a conceder a sus "extrañas" ideas una audiencia oficial (vv. 19–20).

El discurso del Areópago y sus resultados (17:22–34)

El discurso de Pablo ante el Areópago sigue siendo un modelo de confrontación sensible pero contundente de una audiencia intelectual con las afirmaciones del evangelio. La expresión "sumamente religiosos" que Pablo usa en sus palabras introductorias (v .22) es de carácter general y puede significar varias cosas dependiendo del contexto. Podría tratarse de una crítica, como sugiere la traducción de la KJV: "Ustedes son demasiado supersticiosos", aunque esta sería una forma improbable de iniciar un discurso evangelizador. Probablemente no era un cumplido, puesto que, según Luciano, un escritor de la antigüedad, "para conseguir la simpatía del concilio del Areópago no era muy recomendable pronunciar exordios [comienzos] elogiosos".[18] Lo más probable, por tanto, es que se tratara de una simple observación, que preparaba el camino para el comentario de Pablo sobre el altar al dios desconocido (v. 23a).

En la literatura de la antigüedad encontramos referencias a altares para los dioses desconocidos.[19] Gempf, apunta a un escrito de Diógenes Laercio que presenta la práctica de la adoración anónima como una "medida de seguridad [...] Se pensaba que si los dioses no eran adecuadamente venerados traerían sus juicios sobre la ciudad. Por ello, para no invocar sin darse cuenta la ira de algún dios por ignorarle, la ciudad levantó estos altares a los dioses desconocidos (Diógenes 1.110–113)".[20] Pablo estaría, por tanto, destacando una reconocida necesidad de los atenienses, y presenta al Dios a quien proclama como la respuesta a esa necesidad (v. 23b).

Pablo presenta a su Dios y critica el panteón ateniense, cuyo culto era idolatría (vv. 24–29). Su afirmación esencial es que Dios es el Creador de todo el mundo y Señor del cielo y de la tierra (v. 24).[21] Sus comentarios sobre Dios pretenden, no solo poner de relieve la futilidad de la idolatría, sino también demostrar que Dios es el supremo Señor de la creación y, por tanto, digno de nuestra lealtad.

Contra la idolatría, Pablo insiste en que Dios no vive en templos (v. 24) ni tiene necesidad de nuestras insignificantes ofrendas, puesto que él es quien provee todas las cosas (v. 25). El apóstol sigue su discurso hablando de la soberanía de Dios sobre los asuntos de la raza humana (v. 26) y afirmando que él crea en las personas una sed innata de encontrarle, una incurable religiosi-

---

18. Citado en Bruce, *Acts: Greek Text,* 380.
19. Ver Hemer, *Acts,* 117.
20. Gempf, "Athens", 51.
21. Obsérvese que Pablo había adoptado esta misma estrategia en Listra, donde presentó a Dios como el Dios vivo y Creador de todas las cosas (14:15).

dad (v. 27). Puesto que Dios es el inmanente sustentador de la creación, la vida de todos depende de él (v. 28).

Todas estas ideas llevan a la conclusión (obsérvese la expresión "por tanto" del v. 29) de que la idolatría es innecesaria y apoyan el llamamiento al arrepentimiento que Pablo está a punto de hacer (v. 30). Si este Dios es ciertamente el supremo Señor de la creación, lo más inteligente es volverse a él. Este volverse a Dios no es un extra prescindible que solo añade una nueva dimensión a la propia vida, sino un mandamiento que interpela a todos los seres humanos, vivan donde vivan. Pero la sabiduría que supone este paso se hace más evidente si cabe cuando nos damos cuenta de que este Dios va a juzgar el mundo (v. 31).

Pablo ha respondido, de paso, otra pregunta que habría surgido en la mente de cualquier persona con una mentalidad filosófica. Si existe un Dios supremo, ¿por qué permite que las personas vivan desafiándole abiertamente, sin castigarles? Su respuesta tiene tres aspectos: Dios ha pasado por alto su ignorancia pasada, pero ahora "manda a todos, en todas partes, que se arrepientan" (v. 30) y se acerca el día del juicio (v. 31a). En otras palabras, Dios no va a tolerar para siempre el pecado, porque él es justo. Los impíos que desafían abiertamente a Dios pueden prosperar durante un tiempo, pero un día, si no se arrepienten, tendrán que pagar por su pecado.

Pablo ha hecho algunas afirmaciones sorprendentes, sobre todo que el representante de este Dios supremo a través de quien llevará a cabo su obra es un hombre llamado Jesús. ¿Cómo sabe Pablo que estas cosas son ciertas? ¿Qué prueba tiene de estas afirmaciones? Pablo responde que este Dios supremo "ha dado pruebas a todos al levantarlo [a Jesús] de entre los muertos" (v. 31b).

Este elemento esencial del mensaje cristiano provoca una creciente sensación de malestar en algunos de los que escuchan a Pablo que comienzan a burlarse del apóstol (v. 32). Otros, sin embargo, quieren escuchar más y la reunión termina con este comentario (v. 33). Lucas concluye la narración resumiendo algunos de los resultados del ministerio de Pablo en Atenas (v. 34). Entre los convertidos de Atenas están Dionisio, miembro del Areópago, y una mujer llamada Dámaris, que debió de haberse convertido en una ocasión anterior (tradicionalmente, las mujeres no estaban invitadas a las reuniones del Areópago).[22]

La estrategia paulina de argumentar el evangelio ante los atenienses es muy instructiva. Su mensaje no contiene citas veterotestamentarias directas o alusiones al Antiguo Testamento como cuando se dirige a los judíos y temerosos de Dios. Esta clase de alusiones no habrían significado nada para unos oyentes que no aceptaban la autoridad de las Escrituras. Pero, a pesar de esto, el mensaje era absolutamente bíblico. Como afirma Bruce: "Su argumento se basa firmemente en la revelación bíblica; durante el desarrollo de su pen-

---

22. Keener, *BBC,* 374–75.

samiento y en ocasiones recuerda al lenguaje del Antiguo Testamento".[23] Curiosamente, Pablo citó a ciertos autores admirados por los atenienses (v. 28). De las dos afirmaciones del versículo 28 se debate si la primera es realmente una cita, pero no hay dudas sobre la segunda.[24] Naturalmente, Pablo no habría estado de acuerdo con el sistema filosófico del que surgía esta afirmación, pero sí lo estaba con esta afirmación aislada y por ello la utilizó para apoyar su argumento.

Es útil saber que Pablo no creó los argumentos de este discurso *ex nihilo*. Keener observa que "los defensores del judaísmo se habían esforzado durante siglos en hacer que su fe fuera filosóficamente respetable y aquí, como en sus cartas, Pablo se basa en gran medida en los argumentos de sus predecesores judíos".[25] Como erudito formado en las estructuras educativas más elevadas del judaísmo, Pablo tenía acceso a este acervo de sabiduría judía, y echó mano de él cuando hubo de desarrollar la defensa del cristianismo ante la mente pagana.

¿Una misión fracasada?[26]

Muchos consideran un fracaso este esfuerzo en Atenas y creen, por tanto, que es más un ejemplo a evitar que a seguir. Afirman que, en su deseo de ser pertinente para los filosóficos atenienses, Pablo comprometió el evangelio y no presentó un mensaje cristiano bien definido.[27] Echan especialmente de menos la cruz. Estos eruditos afirman que, por ello, y hablando de su ministerio en Corinto (la siguiente etapa de este viaje), Pablo escribió: "Yo mismo, hermanos, cuando fui a anunciarles el testimonio de Dios, no lo hice con gran elocuencia y sabiduría. Me propuse más bien, estando entre ustedes, no saber de cosa alguna, excepto de Jesucristo, y de éste crucificado" (1Co 2:1–2). Afirman también que el bajo número de convertidos indica el error de la estrategia de Pablo en Atenas.

Yo mantengo, sin embargo, que el hecho de contar el ministerio de Pablo en Atenas sugiere que no supuso un fracaso, sino un contundente enfrentamiento con la idolatría. Aunque en este breve resumen de su discurso no aparece la

---

23. Bruce, *Acts,* NICNT, 335.

24. Del escritor del siglo IV Arato de Soli, de Cilicia (Boring, *Hellenistic Commentary,* 328).

25. Keener, *BBC,* 373.

26. El ministerio de Pablo en Atenas es la base de una buena parte de mi libro, *The Christian's Attitude Toward World Religions* (Wheaton, Ill.: Tyndale, 1987). Mucho del material que sigue procede de este libro.

27. Este es el veredicto de M. Dibelius en "Paul on the Areopagus", *Studies in the Acts of the Apostles,* ed. H. Greeven (Nueva York: Scribners, 1956), 57–63 (citado en Gempf, "Athens", 52).

cruz, Pablo hubo de mencionar la muerte de Cristo para hablar después de la resurrección, y nadie puede decir que no hubiera presentado claramente estas cuestiones durante las exposiciones anteriores a este suceso que se mencionan. Podría ser también que Pablo tuviera la intención de hablar de la cruz (que era "locura para los gentiles", 1Co 1:23) después de presentar la victoria de la resurrección, pero no pudo hacerlo por la negativa respuesta de sus oyentes.

Obsérvese, también, que quienes trabajan con no cristianos saben que puede considerarse un enorme éxito ver algunos convertidos, aunque sean pocos, cuando se tienen oyentes muy intelectuales. En el caso que nos ocupa, uno de los convertidos procedía del Areópago, la flor y nata de la sociedad ateniense. Los convertidos de este segmento de la sociedad son muy escasos en la iglesia de todo el mundo. Como señala Keener: "Los lectores modernos que consideran un fracaso el trabajo de Pablo en Atenas por lo que el apóstol afirma en 1 Corintios 2:1 no entienden en absoluto lo que Lucas quiere decir [...] El libro de los Hechos subraya su éxito y los primeros lectores de este libro no podían dirigirse, sin más, a 1 Corintios".[28]

En este estudio utilizaremos el ministerio de Pablo como un ejemplo de evangelismo efectivo entre personas sin un legado bíblico (i.e., gentiles que no eran temerosos de Dios). Encontrar formas de evangelizar a este tipo de personas siempre ha sido importante para los cristianos que viven en tierras no cristianas. Sin embargo, ahora ha llegado a ser igualmente importante en el llamado Occidente poscristiano, donde hoy residen muchas personas de tierras no cristianas y donde muchos descendientes de cristianos viven según valores más paganos que cristianos.

En Atenas encontramos a Pablo ministrando en tres importantes ámbitos.[29] (1) Ministró en la sinagoga a quienes tenían un trasfondo bíblico, lo cual hoy equivale, hasta cierto punto, a evangelizar a los judíos y, en una aplicación más amplia, a los musulmanes y cristianos nominales. (2) Trabajó en el mercado, en lo que podemos llamar evangelización al aire libre. (3) Dio testimonio, por decirlo así, ante el mundo académico, entre los dirigentes de una institución altamente intelectual. Me impresiona la manera en que Pablo adaptó su método y estrategia a las audiencias que ministró.

Actitudes hacia los no cristianos

Cuando Pablo reaccionó de un modo tan intenso ante los ídolos que veía (v. 16), estaba siendo un reflejo de la actitud de Dios hacia la idolatría en general. En Isaías 65:3 Dios describe a Israel como "un pueblo que en mi propia cara constantemente me provoca; que ofrece sacrificios en los jardines y quema incienso en los altares". Cuando los seres humanos hechos a imagen de Dios

---

28. Keener, *BBC*, 374.
29. Ver Stott, *Acts*, 281.

le deshonran haciendo exactamente lo contrario de aquello para lo que les creó
—confiar en él—, deberíamos indignarnos por tres razones: (1) Están pasando
por alto la razón por la que fueron creados. (2) Dios está siendo en gran manera
deshonrado por este flagrante desafío de su voluntad. Dios dijo: "Yo soy el
Señor; ¡ése es mi nombre! No entrego a otros mi gloria, ni mi alabanza a los
ídolos" (Is 42:8). (3) Las consecuencias de la incredulidad en este mundo y en
el venidero son terribles (ver Ro 1:18–32).

Esta provocación viene, pues, como consecuencia de la santidad y el amor:
una santidad que responde a la impiedad de la incredulidad y la idolatría, y
un amor que reacciona a la deshonra de Dios y la degradación de la humanidad. Por supuesto, hemos de añadir que no siempre podemos reaccionar con la
misma intensidad emocional que Pablo. Este pasaje no insiste en que todos han
de reaccionar exactamente como Pablo, pero su reacción es muy significativa
como indicador de la seriedad de la incredulidad y la idolatría.

Aunque el espíritu de Pablo se sintió provocado por la idolatría, la sabiduría
y el respeto atemperaron su conducta (vv. 17–19). También esta es una actitud
bíblica hacia la incredulidad. Cierto, esta no fue la actitud de los profetas veterotestamentarios; sin embargo, hemos de recordar que ministraban a un pueblo
que había recibido una clara revelación de Dios. Deberían haberse comportado
de otro modo, y por ello fueron severamente reprendidos. Pero los gentiles a
quienes Pablo se dirigía no habían tenido la influencia de la revelación especial de Dios. Era necesario que se les presentara el mensaje de Dios, y si Pablo
hubiese manifestado un despliegue de indignación habría malogrado la oportunidad de hacerse oír. En última instancia, Pablo les llamó al arrepentimiento,
pero de entrada no se dedicó a lanzar acusaciones contra ellos.

En esta mezcla de comedida provocación ha de incluirse el reconocimiento
de aquellas cosas de otras religiones con las que podemos estar de acuerdo.
Pablo reconoció como positivo todo lo que pudo de las creencias de los atenienses y utilizó esos elementos como escalones para presentar el evangelio.
Estos puntos de acuerdo tienen su origen en la revelación general.[30] De hecho,
si queremos ser efectivos en alcanzar a personas de otras religiones, hemos de
estudiar sus creencias, preferiblemente leyendo a sus propios escritores, observando directamente sus prácticas y hablando con sus adherentes. En este texto,
Pablo cita a Arato, un escritor griego, y utiliza sus palabras como punto de
contacto aunque no esté de acuerdo con el sistema filosófico que defendía.

---

30. En otro lugar he mostrado que esta revelación general consta de "conocimiento remi-
    niscente" (que se remonta a la revelación original de Dios a la humanidad), "cono-
    cimiento intuitivo" (que tenemos por el hecho de haber sido creados a imagen de Dios
    y porque, a pesar de la caída de la humanidad, siguen quedando en nosotros vestigios
    de esta imagen) y "conocimiento deductivo" (que procede del conocimiento de Dios
    revelado en su creación). Ver mi libro *Christian Attitude,* 103–13; Bruce A. Demarest,
    General Revelation: Historical Views and Contemporary Issues (Grand Rapids:
    Zondervan, 1982), 227–62.

También nosotros podemos estar de acuerdo con ciertos elementos sin comprometer la integridad del evangelio. Como señala Bruce, "podemos citar palabras apropiadas de un conocido escritor u orador sin comprometernos con todo su contexto o trasfondo de pensamiento".[31] Y también hemos de recordar que los argumentos que Pablo utilizó en su discurso del Areópago habían sido utilizados por otros judíos antes que él. También nosotros podemos aprender mucho de los escritos apologéticos de los cristianos que se han esforzado por dar respuestas a otras religiones.

No obstante, he de subrayar nuevamente que aunque Pablo pudiera estar de acuerdo con algunos rasgos de otras creencias, no lo estaba con sus sistemas generales. Si representáramos al cristianismo y a otras religiones mediante círculos, veríamos que sus centros están distantes y los puntos de intersección solo se producen en cuestiones periféricas. Por ejemplo, hay mucho material digno de encomio en la disciplina ética del budismo con el que estaríamos de acuerdo y que podríamos utilizar como peldaños para compartir el evangelio. Pero hemos de recordar que Satanás puede utilizar estos rasgos positivos para impedir que las personas lleguen a la verdad. Mediante la satisfacción que produce el esfuerzo por ganarse la salvación, los budistas pueden aplacar la convicción de pecado, la culpa y su necesidad de un Salvador y resistir de este modo la invitación de Dios a su generosa y gratuita oferta de salvación.

Contextualización

En la ciudad de Sócrates, Pablo adaptó a sus oyentes tanto el estilo como el contenido de su mensaje. Su discurso a los ilustrados miembros del Areópago fue, como observó acertadamente John Wesley, "una alocución divinamente filosófica".[32] Comenzó haciendo referencia a una necesidad de la que su audiencia era consciente (y que hacía necesario levantar un templo a un dios desconocido). Aunque la esencia de lo que decía era completamente bíblica, no citó las Escrituras como cuando se dirigía a los judíos y temerosos de Dios. De hecho, citó textos de sus filósofos (v. 28). A esto se le llama contextualización de adaptación. En 1 Corintios 9:19–23, Pablo explica cómo practicaba este tipo de contextualización, y culmina su descripción con estas palabras: "Me hice todo para todos, a fin de salvar a algunos por todos los medios posibles". La contextualización se produce cuando la presentación y seguimiento del evangelio se llevan a cabo de un modo apropiado al contexto en que se encuentra.

Sin embargo, a pesar de toda esta contextualización, el mensaje de Pablo fue malentendido por algunos de sus oyentes (v. 18b) y esto tiene que hacernos realistas. Nos hace ver la urgente necesidad de esforzarnos por comunicar el evangelio a quienes están fuera de nuestros círculos. Al mismo tiempo, hemos

---

31. F. F. Bruce, *First Century Faith* (Leicester: Inter-Varsity Press, 1977), 45.
32. John Wesley, *Explanatory Notes,* 464.

de evitar asimismo el peligro del sincretismo (ver comentarios más adelante). Lo más importante es proclamar fielmente el evangelio. Si podemos encontrar puntos de contacto con nuestra audiencia, hemos de utilizarlos, pero el evangelio es siempre lo esencial.

¿Aspiración o adoración aceptable?

Cuando Pablo dijo proclamar al Dios que los atenienses adoraban como desconocido (v. 23b), no estaba diciendo, como algunos han afirmado, que Dios aceptara la adoración de los atenienses. El teólogo indio Raimundo Panikkar, en su influyente libro *El Cristo desconocido del hinduismo*, utiliza este pasaje para explicar su hipótesis de que los hindúes adoran realmente a Dios y que Cristo está obrando entre ellos aunque no le conozcan.[33] Pero N. B. Stonehouse ha señalado que el acento de este texto está en la ignorancia, no en la adoración.[34] En esta etapa de su mensaje, Pablo no estaba haciendo ningún juicio de valor. Sí lo hizo más adelante en su contundente ataque contra la idolatría (v. 29) y mediante su comentario de que tal "ignorancia" no era ya justificable, haciendo necesario que "todos, en todas partes [...] se arrepientan" (v. 30). Por todo el libro de Hechos, los evangelistas dirigían sus mensajes a las necesidades sentidas y legítimas aspiraciones, para después presentar a Cristo como respuesta a tales necesidades.

En este mensaje se tratan otras aspiraciones legítimas. El versículo 27 alude a la incurable religiosidad del ser humano. Las obras de Dios en la creación hacen que las personas lo "busquen y, aunque sea a tientas, lo encuentren". Este debió de ser un tema importante en la predicación evangelística de Pablo, porque también lo utilizó en Listra (14:17).

Para algunos, Pablo estaba dando a entender que este sentimiento hacia Dios podía llevar a las personas a encontrarle y a salvarse aparte del evangelio. Gempf sostiene que esto es improbable, por cuanto el verbo "encontrar" queda debilitado por tres razones. (1) "La primera es la construcción gramatical: el uso del modo optativo griego introduce un tono de incertidumbre, unido a la expresión (*ei ara ge*) cuyo sentido se traduciría mejor con la frase 'si quizá'. El hallazgo no es en modo alguno seguro". (2) "La fuerza del verbo queda debilitada al estar unido al colorido término 'buscar a tientas' (*pselaphao*), un verbo utilizado en fuentes como la *Odisea* de Homero (9.416) y en la versión griega de Deuteronomio (28:29) donde habla de un 'ciego que anda en la oscuridad'". (3) "A la expresión del verbo le sigue la cláusula: 'En verdad, él no está lejos'.

---

33. Raimundo Panikkar, *The Unknown Christ of Hinduism: Towards an Ecumenical Christophany*, rev. ed. (Maryknoll, N.Y.: Orbis, 1981), 168 [*El Cristo desconocido del hinduismo* (Madrid: Ediciones Marova, 1970)].

34. N. B. Stonehouse, *Paul Before the Areopagus and Other New Testament Studies* (Londres: Tyndale, 1957), 19.

La naturaleza concesiva de esta cláusula solo tiene sentido si la búsqueda a tientas no arroja el resultado esperado".[35]

En otras palabras, Pablo no está diciendo en este texto que las personas solo pueden encontrar a Dios siguiendo sus necesidades sentidas y sus aspiraciones. Necesitan el evangelio, que es lo único que puede satisfacer verdaderamente tales necesidades y aspiraciones. Los cristianos deben ser sensibles a las necesidades y aspiraciones de las personas, ver cómo las satisface Cristo y utilizarlas como escalones para comunicar el evangelio.

Estableciendo el hecho de Dios

La práctica que Pablo siguió en Listra y Atenas de comenzar su exposición del evangelio hablando de Dios (14:15–17; 17:24–29) ha de tomarse, sin duda, como un procedimiento modelo cuando predicamos el evangelio a personas que no tienen una cosmovisión bíblica.[36] Es muy importante establecer el hecho de Dios antes de proclamar el mensaje de Cristo. No es accidental que tanto la Biblia como el tratado evangelístico escrito por Juan para estimular la fe (Jn 20:31) comiencen con una descripción de Dios como creador de todo (Gn 1; Jn 1:1–3).

Temas evangelísticos familiares

Los oyentes gentiles de Atenas requerían temas evangelísticos que no eran necesarios cuando se predicaba a audiencias de judíos y temerosos de Dios, como por ejemplo la realidad de la supremacía de Dios y la futilidad de la idolatría. Sin embargo, en este mensaje encontramos algunos temas familiares, que aparecieron en discursos anteriores y de los que ya hemos hablado: la centralidad de Cristo (v. 31), el llamamiento de Dios al arrepentimiento (v. 30),[37] el valor de la resurrección de Jesús como acreditación del evangelio (v. 31),[38] y el lugar clave del juicio para la defensa del cristianismo y para apelar a las personas a volverse a Dios (vv. 30–31).[39] Estos puntos aparecen en la última parte del mensaje. Hemos de saber dónde se encuentran las personas a las que ministramos en su comprensión de la cosmovisión bíblica. Una vez que las verdades fundamentales han sido establecidas, podemos proceder a presentar el corazón del evangelio, que es la obra de Dios en y a través de Jesucristo.

---

35. Gempf, "Athens", 52.
36. Ver los comentarios sobre la revelación del plan de Dios para la humanidad en el estudio de 13:13–52
37. Ver la exposición de 2:14–41.
38. Ver la exposición de 2:14–41.
39. Ver la exposición de 10:34–11:18.

Significado Contemporáneo

Alcanzando a todos los segmentos de la sociedad

En este pasaje se destaca la importancia de alcanzar a todos los segmentos de la sociedad y de tener una creativa estrategia para conseguirlo. Dichosa la nación que cuenta con personas versátiles como Pablo, capaces de alcanzar a un espectro muy amplio de la sociedad. Si no tenemos a alguien así, hemos de hacer lo posible para que diferentes personas se involucren activamente para llevar el evangelio a todos los segmentos de la sociedad. Como Pablo evangelizó a los asistentes a la sinagoga, también hay necesidad de personas que evangelicen a los judíos y a los musulmanes, sin olvidar a los cristianos nominales dentro de la iglesia.

También tenemos necesidad de personas que salgan a las calles con el evangelio. Stott dice: "El equivalente al ágora variará en cada lugar del mundo. Puede ser un parque, una plaza o una esquina, un centro comercial o un mercado, un 'pub,' un bar de barrio, un café, una discoteca o una cafetería estudiantil, dondequiera que las personas se encuentran en su tiempo libre".[40] Y hemos de alcanzar también a los intelectuales. Escuchemos de nuevo a John Stott, uno de sus grandes mentores en esta generación:

> Hay una urgente necesidad de pensadores cristianos que dediquen su mente a Cristo, y no solo como conferenciantes, sino también como escritores, periodistas, dramaturgos y presentadores de radio y televisión, como guionistas, productores y personas famosas, y como artistas y actores que utilicen el arte para comunicar el evangelio.[41]

Pablo fue sin duda uno de los intelectos más geniales con los que Dios ha dotado a la iglesia. Él dedicó su mente a la causa del evangelio, a llegar a los no alcanzados con el mensaje de Cristo. Este no es el único tipo de persona que Dios utiliza, pero tales personas son necesarias para desarrollar estrategias que permitan llegar a los grupos humanos inalcanzados. No es casual que algunas de las mentes más brillantes del mundo occidental (como Henry Martyn, Stephen Neill, Lesslie Newbigin y Stanley Jones) fueran estimuladas para esta vital tarea.[42] Hay carencias especiales en la penetración de los estratos más elevados (y los más bajos) de la sociedad. La iglesia debería desafiar a que se levanten personas que trabajen con los intelectuales de nuestro tiempo para que, como en la iglesia primitiva, haya convertidos como Dionisio.

---

40. Stott, *Acts*, 281.
41. *Ibíd.*
42. Ver la exposición de 12:25–13:12.

Provocación comedida hoy

La intensa reacción de Pablo ante la idolatría se expresó también en la vida del gran misionero a los musulmanes, Henry Martyn, a quien se ha definido como uno de los personajes más heroicos de la historia británica del siglo XIX. Tras un brillante trabajo en la Universidad de Cambridge, Martyn rechazó varias posibilidades de promoción por medio del matrimonio y ventajosos empleos, para ir como misionero a la India. Cuando llegó a este país, sus amigos querían que se quedara en la ciudad de Calcuta para ministrar a los occidentales de esta ciudad, pero él quería ir donde se encontraban los inalcanzados. Sobre este dilema, Martyn escribió en su diario: "Casi pienso que si no pudiera ir entre los paganos como misionero se me rompería el corazón [...] siento en mi espíritu el deseo de hacer algo por Dios [...] hasta este momento mi vida ha tenido poco sentido; he vivido más como un zoquete que como un siervo de Dios; ahora quiero consumirme por él".[43]

Durante este tiempo, Martyn asistió a una procesión hindú y, en su diario, describe de este modo sus impresiones: "Ante aquellos palos, porque las imágenes no eran sino eso, algunos se postraban, inclinando la cabeza hasta tocar la tierra dos veces con la frente". ¿Y su respuesta?: "Esto me producía más horror del que puedo expresar [...] Pensé que si tuviera palabras predicaría a las multitudes durante todo el día, aunque por ello perdiera la vida". Con esta pasión, Martyn perseveró en su ministerio como misionero a los musulmanes. Durante su vida probablemente solo vio a una persona claramente convertida a través de su ministerio. Sin embargo, Martyn tradujo la Biblia al idioma que en aquel entonces se llamaba indostánico[44] y después al persa. Nos dejó también un legado sorprendente en sus diarios personales, que se utilizaron para motivar a un gran número de personas a responder al llamamiento misionero.

Las reacciones de Pablo y Martyn a la idolatría contrastan ampliamente con las de muchos cristianos de nuestro tiempo. Cuando presencian estas mismas expresiones de devoción, pueden mostrar admiración por ellas sin reflexionar en lo erróneo de que las personas creadas a imagen de Dios adoren a los ídolos. Pero tanto Pablo como Martyn discutieron con las personas a quienes ministraron. Ambos expresaron lo que yo he llamado una comedida provocación y ambos estudiaron también las religiones de las personas a quienes querían llevar a Cristo, así como su forma de vida y pensamiento.

Este asunto de estudiar otras religiones ha cobrado una relevancia especial en épocas recientes. En los últimos 150 años se ha producido un nuevo descubrimiento en el mundo occidental del legado cultural y religioso de muchas culturas no cristianas. En palabras de Stephen Neill: "Cuando estos 'tesoros

---

43. Constance E. Padwick, *Henry Martyn: Confessor of the Faith* (Nueva York: George H. Doran. n.d.), 152.
44. El actual idioma urdu.

de la oscuridad' penetraron en la conciencia de los sectores educados, algunos hombres y mujeres quedaron estupefactos. A la sorpresa siguió el reconocimiento e incluso la admiración".[45]

He visto dos reacciones no bíblicas a las religiones no cristianas en Occidente. (1) Una de ellas bordea la paranoia, con una idea un tanto delirante de que los no cristianos están bajo las garras de los poderes diabólicos, lo cual hace que el diálogo social sea imposible. Tales personas no pueden identificarse con los no cristianos y abrir una puerta para el testimonio. Cuando conocemos a personas no cristianas no hemos de tener miedo de reconocer aquellas cosas susceptibles de admiración que veamos en ellas. En Occidente, los cristianos pueden, de hecho, aprender de sus vecinos de otras tierras. Por ejemplo, pueden aprender mucho sobre la vida familiar que se ha desarrollado en las culturas orientales, especialmente en vista de la crisis que sufre la familia en Occidente.

(2) La segunda actitud errónea según la Biblia hacia estas creencias es lo que podríamos llamar una aprobación carente de crítica. He detectado en Occidente una actitud que tiende a aceptar cualquier cosa procedente de las religiones orientales, mientras se muestra crítica con lo que tiene que ver con el cristianismo. Cuando se trata de la verdad, nuestra vara de medir siempre ha de ser las Escrituras. Si la Biblia está de acuerdo con algo que enseña otra religión, no hemos de tener miedo de afirmarlo. Pero si la Escritura no está de acuerdo, hemos de decirlo con todo respeto y esforzarnos en explicar por qué es erróneo, como hizo Pablo en Atenas.

Pero muchos tienen miedo de entrar en estas esferas y enfrentarse a la mente no cristiana. Temen que afirmando lo bueno de otras creencias negarán la supremacía de Cristo. En respuesta, sugiero que se despeje cualquier temor mediante una adecuada idea de la gloria de la revelación de Dios, en especial de su revelación en Cristo. Una vez hemos visto la gloria de la revelación especial de Dios, todas las otras verdades no son sino una pobre sombra. También ellos temen ceder terreno. Afirman que, durante los últimos años, muchas personas se han dedicado a estudiar otras religiones y han acabado posicionándose en una actitud pluralista o sincretista. El sincretismo aparece cuando, en la presentación y desarrollo del cristianismo, se abandonan ciertos elementos esenciales del evangelio o se integran otros incompatibles con él en nuestros esfuerzos por identificarnos con los no cristianos.

Si queremos mantener nuestro fervor por la misión bíblica mientras nos comprometemos con otras religiones en el ámbito del estudio y los encuentros, hemos de practicar tres disciplinas de manera habitual. (1) Hemos de vivir bajo la autoridad de las Escrituras. Las actitudes del mundo ante la vida son tan distintas a las que encontramos en la Biblia que, si no vivimos constantemente bajo el impacto de las Escrituras, podemos ser fácilmente arrastrados por el modo de pensar de este mundo. Una saludable confianza en la autori-

---

45. Stephen Neill, *Crises of Belief* (Londres: Hodder y Stoughton, 1984), 10.

dad y suficiencia de la Escritura, unida a una consideración regular de todos los asuntos que trata, nos capacitarán para seguir teniendo actitudes bíblicas.

(2) Necesitamos la disciplina de la comunidad. Cuando vivimos bajo el yugo de la responsabilidad espiritual dentro de una comunidad, nos vemos cuestionados por otros si intentamos algo nuevo. Aunque estos desafíos pueden ser difíciles de soportar, son saludables para nuestra estabilidad espiritual. Nuestros amigos pueden exhortarnos si nos alejamos del cristianismo bíblico.

(3) Hemos de vivir bajo la disciplina del testimonio. Hay pocas cosas que tanto vigoricen nuestra alma y nos permitan mantener nuestra pasión por el evangelio como un estilo de vida evangelizador. Cuando nos acercamos a las personas, vemos sus vidas y anhelamos su salvación, nos damos cuenta nuevamente de lo vital que es el evangelio para su salvación y experimentamos el poder dinamizador que el Espíritu imparte para el testimonio (1:8). Este tipo de vida en primera línea es una efectiva salvaguarda contra el deterioro de nuestro compromiso.[46]

El desafío de la contextualización[47]

Las iglesias que procuran ser fieles a su llamamiento de llevar el evangelio a los no alcanzados han de tomarse en serio el desafío de la contextualización. Cuando, en su día, tomamos la decisión consciente de dirigir nuestro ministerio a los jóvenes no cristianos, y no solo a los cristianos nominales, tuvimos la sensación de que estábamos poco equipados para realizar esta tarea. Iniciamos, por ello, un estudio de las culturas budista, hindú y musulmana. Nos dimos cuenta de que, aunque a través del teatro y la música podíamos alcanzar de manera efectiva a los jóvenes, los estilos de nuestra música y representaciones eran distintos de los suyos. De manera que enviamos a algunos miembros de nuestro personal para que aprendieran estas formas de arte de los no cristianos. Comenzamos a escribir nuestra propia música y guiones de teatro. Dejamos de utilizar los juegos de siempre, que los no cristianos no encontraban especialmente divertidos, y aprendimos nuevos juegos que sí disfrutaban. Fuimos a reuniones políticas, especialmente cuando hablaban buenos oradores, para aprender su oratoria. Nos sentíamos incómodos con algunas de estas cosas. Durante los primeros años nos habría gustado desarrollar nuestro ministerio de manera distinta. Sin embargo, poco a poco, nuestro ministerio experimentó una transformación y comenzó a alcanzar a grandes números de no cristianos. Hemos tenido que cambiar constantemente nuestros métodos, porque la cultura de los jóvenes no ha dejado de cambiar.

Cada contexto para el ministerio cristiano es diferente. Puede tratarse de la cultura griega de Atenas, la afroamericana de Nueva York, o de la cultura

---

46. Sobre este asunto, ver mi *Christian Attitude,* 91–102.

47. Quienes quieran profundizar en el asunto de la contextualización pueden ver las exposiciones de 6:8–7:53 y 19:8–41.

budista singalesa de las zonas rurales de Sri Lanka. Cada una de ellas presenta singulares desafíos que requieren un creativo alejamiento de las confortables rutinas del testimonio cristiano. Todo ello demanda una pasión por Dios y por las personas, que nos dará el valor para intentar cosas nuevas y para pagar el precio de hacerlo. Esta pasión se enciende cuando nos acercamos al corazón de nuestro Dios misionero y se mantiene por medio de un vínculo personal con él y su Palabra. Si vivimos cerca de la Palabra de Dios, sabemos que nuestra contextualización no degenerará en sincretismo.

Subrayando las necesidades sentidas y las aspiraciones

Ya hemos hablado de la importancia de que los evangelistas se dirijan a las necesidades sentidas y aspiraciones, para mostrar que Cristo responde a ellas.[48] Una vez que hayamos captado la atención de las personas y hayan expresado su interés por seguir a Cristo, mostrándoles que él suple tales necesidades, podemos pasar a otros asuntos candentes que quizás no reconozcan conscientemente como necesidades, como por ejemplo la necesidad de perdón y aceptación por parte de un Dios santo.

Consideremos algunas de las necesidades sentidas que pueden surgir en nuestro tiempo. Durante los últimos años ha salido a la luz que en los países del llamado Tercer Mundo el temor es una importante necesidad sentida en la vida de la mayoría de las personas: temor de los demonios, de la enfermedad y la muerte, del futuro, del "mal de ojo" de las personas envidiosas, de represalias por parte de dioses a quienes se ha descuidado o rechazado y temor de los poderosos de la sociedad. Sin embargo, recientemente el temor se ha convertido también en una emoción dominante en el opulento mundo occidental; el temor a lo desconocido (en especial al futuro) está haciendo que muchas personas se dirijan a la astrología, la brujería y el espiritismo en busca de consejo. En días más recientes tenemos el rampante temor por la inseguridad que muchos sienten en el entorno laboral. Estos temores nos ofrecen la oportunidad de presentar a Dios como soberano de la historia y más poderoso que todas las fuerzas de este mundo.

El creciente interés del mundo occidental por las cuestiones espirituales (cf. esp. la espiritualidad de la Nueva Era y el movimiento carismático) es una indicación de que las personas se han dado cuenta de que la mera tecnología no basta. Este interés es una expresión de la porfiada religiosidad del ser humano (cf. v. 27). La búsqueda de una significativa experiencia espiritual es un aspecto clave del cambio del modernismo (con su ultrarracionalismo) al postmodernismo (que rechaza el racionalismo). Lamentablemente, muchos ven a la iglesia como hija del modernismo y concluyen que no satisfará esta

---

48. Ver estudios sobre 2:14–41 y 16:11–40.

necesidad. Pero sabemos que la legítima aspiración de una auténtica existencia espiritual solo puede hallar verdadera satisfacción en Cristo, quien vino para que podamos tener vida en abundancia (Jn 10:10). Esta vida abundante incluye el cumplimiento de toda legítima aspiración humana. En otras palabras, hemos de redescubrir la espiritualidad bíblica, que es la única que puede satisfacer la sed humana por lo divino.

Cristo colma las reconocidas necesidades humanas de sentido, de una vida justa, de una buena conciencia y de victoria sobre la debilidad y la enfermedad. Satisface la necesidad de paz, gozo y amor. La iglesia ha de afrontar el desafío de amar lo suficiente a las personas como para observarlas con atención para saber cuáles son sus necesidades sentidas y sus aspiraciones. Una vez las conocemos, hemos de establecer la conexión entre lo que están buscando y lo que Cristo puede y quiere darles. Hemos de señalar que, sin Cristo, la vida carece de propósito, lo cual produce una insatisfacción que solo Cristo puede satisfacer.

¿Dioses de este siglo o Dios de los siglos?[49]

Es vital dejar establecido el fundamento de quién es Dios desde el comienzo mismo de nuestra presentación del evangelio a quienes no tienen una cosmovisión bíblica. ¿Cómo puede alguien darse cuenta de la necesidad de un Salvador del pecado a menos que entienda la seriedad del pecado y sus consecuencias? ¿Y cómo puede darse cuenta de la seriedad del pecado si no ha oído hablar del Dios santo contra el que comete dicho pecado? ¿Cómo puede una persona apreciar lo que Cristo ha hecho por ella sin entender el horror de Dios por el pecado y el precio que pagó para redimirnos? ¿Por qué ha de pasar por el fastidioso jaleo que supone cambiar de religión si no se da cuenta de que volverse a Dios es volverse al supremo Creador y Señor del Universo?

Si Dios es así, lo más inteligente que pueden hacer sus criaturas es ponerse de su lado. Las amenazas de represalias por parte de los ídolos, la familia y los amigos son un enorme obstáculo para que las personas acepten el evangelio. Este escollo para el compromiso perderá su poder si las personas se dan cuenta de que disgustar al soberano Creador y Señor del Universo es mucho más grave que desagradar a simples criaturas. Se hace, pues, evidente la sabiduría de Pablo al presentar a Dios como Creador y Señor de todos.

Al proclamar el evangelio en nuestro tiempo nos encontraremos con una gran variedad de pensamientos erróneos sobre Dios. Los humanistas piensan que la idea de Dios es una especie de muleta, que quizá necesitan los débiles, pero no ellos, que son personas fuertes y luchadoras. Los ateos y materialistas científicos afirman que la ciencia ha demostrado que Dios no existe y que la existencia del mundo puede explicarse sin que Dios aparezca en la ecuación. Muchos

---

49. Este es el título de un libro de Carl F. H. Henry (Nashville: Broadman & Holman, 1994).

budistas piensan que los dioses son inferiores al Buda; puede que sean necesarios para otorgar pequeñas favores, pero sin duda ninguno es digno de ocupar la posición de Señor de sus vidas. Animistas y politeístas creen que los dioses son responsables de distintos aspectos de la vida y que pueden ser aplacados mediante fórmulas mágicas. Muchos budistas, hindúes e incluso algunos católicos han concedido un estatus divino a las imágenes de sus dioses o santos. Los musulmanes consideran que Dios es un ser tan trascendente y distante de la humanidad que solo podemos ser esclavos dependientes de su misericordia, no hijos que disfrutan de su amor. Los hindúes y adherentes de la Nueva Era creen que Dios está en todas partes, incluso en uno mismo.

Es incluso posible que quienes tienen contacto con la iglesia no comprendan plenamente el evangelio por una falsa idea de Dios. Los hijos de padres tiránicos o egoístas sentirán posiblemente repugnancia ante la idea de la paternidad de Dios y nuestra presentación de Dios producirá en ellos rechazo. Una persona que ha llegado al cristianismo porque Dios ha cumplido una necesidad sentida a través de la oración seguramente se relacionará con Dios como con un médico. Acudirá a él con sus necesidades, pero no se planteará reconocer su señorío sobre su vida. La persona que ha sido introducida al amor de Dios sin entender su santidad puede tomarse el pecado a la ligera y no sentir reparos en adoptar la dinámica de seguir pecando y yendo a Dios para que le perdone.

Todos estos conceptos equivocados sobre Dios nos muestran de nuevo que tenemos mucho que hacer para que, al compartir el evangelio, podamos construir nuestro mensaje sobre el correcto fundamento. La seriedad de nuestra tarea de evangelización y la necesidad de dedicarnos a ella con todas nuestras energías y poderes creativos son temas que aparecen en el libro de los Hechos. El ministerio de Pablo en Atenas nos hace una presentación especialmente vívida de este desafío.

Hechos 18:1-22

Después de esto, Pablo se marchó de Atenas y se fue a Corinto. [2] Allí se encontró con un judío llamado Aquila, natural del Ponto, y con su esposa Priscila. Hacía poco habían llegado de Italia, porque Claudio había mandado que todos los judíos fueran expulsados de Roma. Pablo fue a verlos [3] y, como hacía tiendas de campaña al igual que ellos, se quedó para que trabajaran juntos. [4] Todos los sábados discutía en la sinagoga, tratando de persuadir a judíos y a griegos.

[5] Cuando Silas y Timoteo llegaron de Macedonia, Pablo se dedicó exclusivamente a la predicación, testificándoles a los judíos que Jesús era el Mesías. [6] Pero cuando los judíos se opusieron a Pablo y lo insultaron, éste se sacudió la ropa en señal de protesta y les dijo:

«¡Caiga la sangre de ustedes sobre su propia cabeza! Estoy libre de responsabilidad. De ahora en adelante me dirigiré a los gentiles.»

[7] Entonces Pablo salió de la sinagoga y se fue a la casa de un tal Ticio Justo, que adoraba a Dios y que vivía al lado de la sinagoga. [8] Crispo, el jefe de la sinagoga, creyó en el Señor con toda su familia. También creyeron y fueron bautizados muchos de los corintios que oyeron a Pablo.

[9] Una noche el Señor le dijo a Pablo en una visión: «No tengas miedo; sigue hablando y no te calles, [10] pues estoy contigo. Aunque te ataquen, no voy a dejar que nadie te haga daño, porque tengo mucha gente en esta ciudad.» [11] Así que Pablo se quedó allí un año y medio, enseñando entre el pueblo la palabra de Dios.

[12] Mientras Galión era gobernador de Acaya, los judíos a una atacaron a Pablo y lo condujeron al tribunal.

[13] —Este hombre —denunciaron ellos— anda persuadiendo a la gente a adorar a Dios de una manera que va en contra de nuestra ley.

[14] Pablo ya iba a hablar cuando Galión les dijo:

—Si ustedes los judíos estuvieran entablando una demanda sobre algún delito o algún crimen grave, sería razonable que los escuchara. [15] Pero como se trata de cuestiones de palabras, de nombres y de su propia ley, arréglense entre ustedes. No quiero ser juez de tales cosas.

[16] Así que mandó que los expulsaran del tribunal. [17] Entonces se abalanzaron todos sobre Sóstenes, el jefe de la sinagoga, y lo golpearon delante del tribunal. Pero Galión no le dio ninguna importancia al asunto.

[18] Pablo permaneció en Corinto algún tiempo más. Después se despidió de los hermanos y emprendió el viaje rumbo a Siria, acompañado de Priscila y Aquila. En Cencreas, antes de embarcarse,

se hizo rapar la cabeza a causa de un voto que había hecho. ¹⁹ Al llegar a Éfeso, Pablo se separó de sus acompañantes y entró en la sinagoga, donde se puso a discutir con los judíos. ²⁰ Éstos le pidieron que se quedara más tiempo con ellos. Él no accedió, ²¹ pero al despedirse les prometió: «Ya volveré, si Dios quiere.» Y zarpó de Éfeso. ²² Cuando desembarcó en Cesarea, subió a Jerusalén a saludar a la iglesia y luego bajó a Antioquía.

Cuando Pablo salió de Atenas, se dirigió más al sur, a Corinto, capital de Acaya y tercera ciudad en número de habitantes del Imperio romano en el siglo I d. C., superada solo por Roma y Alejandría. Se dice que tendría una población de unos 200.000 habitantes, al menos veinte veces más que Atenas. Puesto que la moderna Corinto está a unos cinco kilómetros de la antigua ciudad, esta última ha sido asequible a la exploración arqueológica.

Pablo en Corinto (18:1)

La ciudad de Corinto estaba situada en el istmo del mismo nombre, la estrecha lengua de tierra que une la Grecia central con el Peloponeso, la península que forma la parte sur del país heleno. Tenía dos puertos, uno al este del istmo y otro al oeste, y contaba con un carril de casi seis kilómetros construido con vigas de madera por el que los barcos eran transportados de un puerto al otro. Las principales rutas terrestres norte-sur convergían también en esta ciudad. Así, Corinto se convirtió en una ciudad próspera donde latía un intenso espíritu comercial. Era el centro de la adoración de Afrodita, la diosa griega del amor, y tenía un templo con mil prostitutas sagradas. A partir del siglo V a. C., se acuñó el verbo "corintizar", que significaba ser sexualmente inmoral.[1]

Pablo informa que llegó a Corinto "con tanta debilidad que temblaba de miedo" (1Co 2:3). Es comprensible considerando el dolor que había soportado en las últimas etapas de su viaje. A pesar del llamamiento divino a trabajar en Macedonia, había sido expulsado de las tres ciudades macedonias en que ministró. De Atenas "no fue expulsado con violencia, sino despedido con educado desprecio".[2] Se sintió preocupado por la situación en Tesalónica y esperó con expectación el regreso de Silas y Timoteo de su visita a esta ciudad (1Ts 2:17–3:5). Es posible que Pablo no esperara encontrar una gran receptividad a su mensaje en Corinto dada la prosperidad y mala reputación de esta ciudad. Sin embargo, se quedó en ella durante más de un año y medio y vio nacer "una iglesia numerosa y bien dotada, aunque voluble". Bruce afirma:

---

1. La anterior descripción de Corinto procede de Bruce, *Steps,* 41–42; Longenecker, "Acts", 480; S. J. Hafemann, "Letters to the Corinthians", *DPL*, 172–73.
2. Longenecker, "Acts", 479.

"Se hace evidente a partir de las dos cartas a los Corintios que la iglesia que el apóstol estableció en esta ciudad le causó muchos quebraderos de cabeza; era turbulenta e ingobernable, pero estaba sin duda viva, y sigue así hasta el día de hoy".[3]

Evangelizando Corinto (18:2–11)

En Corinto, Pablo, sin sus compañeros Silas y Timoteo, fue bendecido con la amistad de Aquila y Priscila, que habían sido recientemente expulsados de Roma junto a otros judíos (v. 2).[4] No podemos estar seguros de que Aquila y Priscila fueran ya cristianos, aunque la mayoría de los eruditos han asumido que lo eran, en especial por el hecho de que Pablo se fue a vivir con ellos. Como el propio Pablo, fabricaban "tiendas de campaña", lo cual propició que pudieran trabajar juntos.

El significado exacto del término que la NVI traduce "hacía tiendas de campaña" es objeto de debate. En aquellos días, las tiendas se fabricaban de piel o de cilicio, un tipo de tejido confeccionado con pelo de cabra que derivaba su nombre de la provincia de Cilicia, de donde Pablo era oriundo.[5] Pablo trabajaba en la fabricación de tiendas durante la semana (v. 3) (dando también probablemente testimonio durante este tiempo), y tenía un ministerio más público en la sinagoga cada sábado (v. 4). Este ministerio se describe con palabras familiares: "discutía" (*dialegomai*) y "tratando de persuadir" (*peitho*).[6] En cada nueva ciudad que visitaba, Pablo buscaba una cabeza de puente desde donde desarrollar su ministerio.[7] En Corinto lo hizo a través de su oficio y sus contactos en la sinagoga.

Mientras el apóstol ministraba de este modo, sus colegas Silas y Timoteo llegaron de Macedonia con buenas noticias sobre el crecimiento de las iglesias bajo la persecución (v. 5a; 1Ts 3:6–10). Estos llevaban probablemente ayuda financiera de Macedonia para apoyar su obra (2Co 11:8–9; Fil 4:15–16), y por ello el apóstol pudo dedicarse "exclusivamente a la predicación" (v. 5b). Aunque esto significa, probablemente, que Pablo abandonó la fabricación de tiendas para entregarse plenamente a la evangelización, la palabra que se traduce como "dedicó" (*synecho*)[8] puede también traducirse "comenzó a estar absorto",[9] lo cual podría sugerir que la llegada de sus colegas con estas buenas noticias fue un gran estímulo para el apóstol, que se sintió motivado

---

3. Bruce, *Steps,* 44.
4. Sobre esta expulsión ver comentarios acerca de 17:1–10.
5. Ver Polhill, *Acts,* 383.
6. Ver comentarios sobre 17:2–4.
7. Ver la exposición de 16:11–40
8. Esta palabra se traduce "constriñe" u "obliga" en 2Co 5:14: "Porque el amor de Cristo nos obliga".
9. Ver exposición al respecto en Zerwick y Grosvenor, *Analysis,* 412.

a un ministerio más intenso. Robertson traduce esta palabra uniéndola a la siguiente frase griega (*to logo*: "en referencia a la palabra") como "fue constreñido por la palabra" y añade el comentario: "La venida de Silas con la ayuda de Macedonia [...] liberó a Pablo de su ocupación en la fabricación de tiendas durante un cierto tiempo, de modo que comenzó a dedicarse [...] con nueva concentración a la predicación".[10]

La proclamación de Pablo se describe como "testificándoles a los judíos que Jesús era el Mesías" (v. 5c). La palabra que se traduce "testificar" (*diamartyromai*) aparece quince veces en el Nuevo Testamento (nueve en Hechos); por regla general se traduce como "advertir" o "dar testimonio" y Louw y Nida la han definido como "hacer una seria declaración sobre la base de un presunto conocimiento personal".[11] Esta palabra nos recuerda, pues, que aunque la evangelización es un gozoso privilegio, es también una imponente responsabilidad. Por otra parte, el versículo 6 ilustra esta seriedad del mensaje, ya que describe la respuesta de Pablo cuando los judíos se opusieron a él y le insultaron (*blasphemeo*): "... se sacudió la ropa en señal de protesta" por su actitud blasfema, expresando también que su decisión le dejaba libre de cualquier responsabilidad por ellos.[12] Acto seguido, el apóstol declaró explícitamente su exoneración con las conocidas palabras: "¡Caiga la sangre de ustedes sobre su propia cabeza! Estoy libre de responsabilidad", anunciado también su intención de concentrarse, a partir de entonces, en los gentiles.

Abandonando la sinagoga, Pablo se dirigió a casa de Ticio Justo, que se convirtió en el centro de la joven iglesia de Corinto (v. 7) y fue probablemente su primer punto de reunión.[13] Romanos 16:23 se refiere a Gayo, como hospedador de toda la iglesia de Corinto, pero Ticio Justo podría llamarse también Gayo.[14] Si Gayo ofreció su hospitalidad a toda la iglesia, debía de tener una casa espaciosa, lo cual significaría que era rico. La correspondencia corintia indica que la iglesia de Corinto contaba con algunos miembros de las ricas "élites urbanas",[15] pero que la mayoría de los creyentes se situaban en el "extremo inferior de la escala socioeconómica".[16] Recientemente ha habido mucha discusión sobre la composición social de la iglesia corintia.[17] Parece que los pocos

10. Robertson, *Imágenes Verbales: Hechos,* p. 296 del original en inglés.
11. Louw y Nida, 413.
12. Longenecker, "Acts", 483.
13. Acerca de las congregaciones domésticas, ver exposición de 2:42–47.
14. Leon Morris, *The Epistle to the Romans* (Grand Rapids: Eerdmans, 1988), 544.
15. David W. J. Gill, "Acts and the Urban Elites", *BAFCS*, vol. 2, *Graeco-Roman Setting* (1994), 109–13.
16. Gordon Fee, *The First Epistle to the Corinthians*, NICNT (1987), 4.
17. Wayne A. Meeks, *The First Urban Christians: The Social World of the Apostle Paul* (New Haven: Yale Univ. Press, 1983).

miembros ricos de la congregación ejercían "una influencia desproporcionada con su número".[18]

Además de la puerta abierta que supuso la hospitalidad de Ticio, la conversión de "Crispo, el jefe de la sinagoga" (v. 8), debió de ser un elemento clave para estimular a Pablo tras su frustración por el rechazo de sus parientes, los judíos. Obsérvese que en este texto tenemos un nuevo ejemplo de toda una familia que se convierte a Cristo.[19] Pero la motivación más importante la aportó una visión que tuvo Pablo en la que el Señor prometía protegerle y decía tener "mucha gente [*laos*] en esta ciudad" (vv. 9–10). El término *laos*, que Lucas utiliza para aludir a los futuros creyentes corintios es la palabra habitual para designar a Israel como pueblo de Dios. Esto muestra que ahora el pueblo de Dios "abarca a todos los creyentes sin distinción, tanto gentiles como judíos".[20] Estas alentadoras señales hicieron que Pablo se quedara en Corinto durante "un año y medio, enseñando entre el pueblo la palabra de Dios" (v. 11).

El crucial veredicto de Galión (18:12–17)

Lucas no describe el ministerio relativamente extenso de Pablo en Corinto con demasiado detalle. Su acento está principalmente en la respuesta al cristianismo del procónsul Galión, quien fue un conocido personaje dentro del Imperio romano. Su proconsulado en Acaya está atestiguado en una inscripción encontrada en Delfos, fechada alrededor del año 52 d. C. y en los escritos de su famoso hermano, el filósofo estoico Séneca.[21] Su positiva respuesta al cristianismo fue un elemento clave en la defensa que la iglesia hizo de su posición legal dentro del Imperio.

Los judíos llevaron a Pablo ante Galión, acusándole de persuadir "a la gente a adorar a Dios de una manera que va en contra de nuestra ley" (v. 13). La razón que subyace tras esta acusación era mostrar que el cristianismo no era en realidad judaísmo y que, por tanto, no podía ponerse bajo su paraguas o reivindicar protección bajo la ley romana. Galión ni siquiera le dio tiempo para hablar a Pablo. El procónsul salió al paso afirmando que lo que el apóstol estaba haciendo no era ningún delito que mereciera ser juzgado, sino un asunto de la ley y teología judía, que no le correspondía a él abordar (vv. 14–15). La expulsión de los judíos del tribunal (v. 16) desencadenó la agresión del jefe de la sinagoga por parte del pueblo (¡se supone que no fueron los cristianos!). Lamentablemente, Galión no intervino para detener los golpes (v. 17).

---

18. Craig Blomberg, *1 Corinthians*, NIVAC (Grand Rapids: Zondervan, 1994), 20. Blomberg cree posible que estos miembros más ricos actuaran como "patrones", que consideraban a los miembros más pobres como sus "clientes", con lo cual perpetuaban la estructura de clases que imperaba en Corinto.

19. Ver la exposición sobre 16:11–40.

20. Bruce, *Acts*, NICNT, 349. Sobre este asunto ver Gooding, *True to the Faith,* 316–21.

21. Hemer, *Acts,* 168–69.

Ministerio itinerante camino de Antioquía (18:18–22)

Gracias al favorable veredicto de Galión, Pablo pudo quedarse en Corinto tras ser llevado ante su tribunal. Sin embargo, pasado cierto tiempo, el apóstol partió hacia Antioquía, llevando consigo a Aquila y Priscila (vv. 18–19a). A su paso por Éfeso entró en la sinagoga, discutió con los judíos (v. 19b) y le pidieron que se quedara más tiempo con ellos. Pablo declinó la invitación con la promesa de regresar si Dios así lo quería (vv. 20–21). Es interesante observar que, ya antes, el Espíritu Santo "les había impedido que predicaran la palabra en la provincia de Asia" (16:6). Ahora, por segunda vez, el apóstol parece discernir que no era el mejor momento para desarrollar un ministerio completo en Éfeso.

Pablo dejó a Aquila y Priscila en Éfeso y partió para Cesarea, donde saludó "a la iglesia y luego bajó a Antioquía" (v. 22. NIV). La expresión "bajó" aplicada al trayecto hacia una ciudad del interior desde otra costera no parece muy lógica. Esto ha llevado a los eruditos a asumir que la iglesia a la que saludó era la iglesia de Jerusalén, desde la que sí podría decirse que Pablo "bajó" a Antioquía.[22] Con ello terminó el segundo viaje misionero de Pablo.

Lucas añade que Pablo se hizo rapar la cabeza por un voto que había hecho antes de abandonar Cencrea, el puerto oriental de Corinto (v. 18). Al finalizar un voto, la persona que lo había hecho se cortaba el pelo (por regla general se afeitaba). El pelo se llevaba probablemente a Jerusalén y se ofrecía a Dios. Muchos creen que Pablo hizo este voto cuando se sintió descorazonado al comienzo de su ministerio en Corinto, o quizá cuando tuvo la visión con la promesa de bendición. De ser así, cortarse el pelo habría sido un gesto de gratitud a Dios por su protección mientras ministró en Corinto.[23]

Evangelización en lugares disolutos

Es significativo que la iglesia de la libertina ciudad de Corinto fuera establecida por Pablo, bien conocido por ser contundente en sus demandas de pureza moral entre los cristianos y estricto en su trato con la inmoralidad dentro de la iglesia. Es evidente que había más de una cuestión que le incomodaba cuando llegó a Corinto (1Co 2:3). Sin embargo, el apóstol perseveró en su ministerio y fundó una iglesia que sigue existiendo casi veinte siglos más tarde. Aunque los cristianos sean reacios a ministrar en esta clase de lugares, quienes viven en ellos también necesitan al Salvador y no están fuera del ámbito de la redención.

---

22. Ver Bruce, *Acts*, NICNT, 357. Bruce nos dirige a 11:27, donde dice que unos profetas "bajaron" de Jerusalén a Antioquía.
23. Sobre el voto de Pablo ver comentarios en Longenecker, "Acts", 488.

Por supuesto, en la iglesia corintia los escándalos fueron frecuentes. Isaías había dicho que vivir entre un pueblo de labios inmundos había contaminado también los suyos (Is 6:5); por la misma razón, la iglesia de Corinto no era inmune a la influencia de los pecados de la cultura que le rodeaba. Algunos sucumbirán a tentaciones procedentes de la atmósfera que les rodea. Pero el mal ambiente que reinaba en Corinto no hizo que Pablo abandonara esta iglesia. El apóstol le dirigió urgentes misivas, dos de las cuales llegaron al texto de la Biblia, en las que presentaba remedios para sus males. A nosotros también se nos reta a preocuparnos por la evangelización de los corintos de nuestros días.

Hacer tiendas

Pablo trabajó a veces como fabricante de tiendas para ganarse el pan (v. 3) y, en nuestro tiempo, la expresión "hacer tiendas" está muy en boga para aludir a cristianos que trabajan en empleos seculares con la esperanza de que ello les abra puertas para el ministerio cristiano. Lo que Pablo dice al respecto nos muestra que fabricaba tiendas por dos razones: por una necesidad económica y por su deseo de mantener su credibilidad como siervo de Cristo.[24]

Esto no significa que no sea bíblico que los obreros cristianos "de plena dedicación" reciban un salario por sus servicios. Pablo sostiene que la iglesia debe pagar adecuadamente a sus obreros (1Co 9:1–12a). "Sin embargo —dice el apóstol—, no ejercimos este derecho, sino que lo soportamos todo con tal de no crear obstáculo al evangelio de Cristo" (9:12b). Por ello, aunque no hemos de relegar a los obreros asalariados a una categoría inferior porque se les paga por sus servicios,[25] hemos de recordar que hay una gran tradición en la Biblia de personas, como Nehemías y Daniel, que aunque desempeñaban otros trabajos, llevaron a cabo grandes tareas que normalmente se asocian con los obreros asalariados.

La evangelización como una seria responsabilidad

Este pasaje ilustra claramente la seriedad de la propia responsabilidad personal en la evangelización. Nuestro breve estudio de la palabra *diamartyromai* ("testificar"; v. 5) señalaba la responsabilidad personal de dar testimonio de la verdad que contraen aquellos que la han encontrado. La historia veterotestamentaria de los cuatro leprosos que salieron de la sitiada Samaria ilustra vívidamente esta seria responsabilidad. Descubrieron, no solo que el ejér-

---

24. Ver también 20:34; 1Co 4:12; 9:3–18; 1Ts 2:9; 2Ts 3:8; 2Co 11:7.
25. En la iglesia de hoy esto no puede considerarse un problema. Incluso a los voluntarios se les paga a veces por sus servicios y el concepto de hacer grandes sacrificios personales por causa del evangelio, aunque forma parte esencial del estilo de vida bíblico, es cada vez menos popular.

cito sitiador había abandonado el lugar, sino que también habían dejado tras sí una enorme cantidad de alimentos y riquezas. Tras una abundante comida y una sesión de pillaje se dieron cuenta de que su maravilloso descubrimiento también llevaba consigo una gran responsabilidad. Se dijeron pues unos a otros: "Esto no está bien. Hoy es un día de buenas noticias, y no las estamos dando a conocer. Si esperamos hasta que amanezca, resultaremos culpables. Vayamos ahora mismo al palacio, y demos aviso" (2R 7:9).

Esta idea aparece de nuevo en Ezequiel 3:18–19, donde se presenta al profeta como un atalaya de Dios que ha de advertir a los impíos de su pecado e inminente juicio:

> Cuando oigas mi palabra, adviértele de mi parte al malvado: "Estás condenado a muerte". Si tú no le hablas al malvado ni le haces ver su mala conducta, para que siga viviendo, ese malvado morirá por causa de su pecado, pero yo te pediré cuentas de su muerte. En cambio, si tú se lo adviertes, y él no se arrepiente de su maldad ni de su mala conducta, morirá por causa de su pecado, pero tú habrás salvado tu vida.

Aunque somos responsables de compartir fielmente el mensaje, no lo somos de la respuesta de nuestros oyentes. De hecho, si aquellos a quienes presentamos el mensaje responden con una continua negativa, puede llegar el momento en que hayamos cumplido plenamente con nuestra responsabilidad y debamos dirigirnos a un grupo de personas más receptivo (cf. v. 6).

El ánimo de Dios

Cuando Pablo llegó a Corinto era un hombre descorazonado. La reacción de los judíos a su mensaje no ayudaba a mejorar esta situación (cf. v. 6). Pero en este pasaje tenemos cuatro claros ejemplos de las maneras en que Dios anima a sus siervos, y que le capacitaron para perseverar con su ministerio durante dieciocho meses. (1) Pablo desarrolló una amistad con Aquila y Priscila que eran compañeros de oficio y llegaron a serlo de ministerio (vv. 2–3). Pocas cosas animan tanto a un solitario viajero como ser acogido por una amorosa familia cristiana. (2) Cuando las puertas de la sinagoga se cerraron para Pablo, Dios abrió la puerta de la casa contigua (v. 7). (3) Aunque en términos generales los judíos rechazaron el evangelio, Crispo, el jefe de la sinagoga, y toda su familia se convirtieron (v. 8). (4) Lo que más animó a Pablo fue la visión del Señor (vv. 9–10). Ya hemos visto que Dios reconforta a sus angustiados siervos en momentos cruciales (4:31).[26] Aquí vemos este consuelo de parte del Señor con mayor claridad incluso. Esta clase de consolación es un ingrediente casi esencial para un ministerio perseverante en un mundo caído.

---

26. Ver la exposición sobre 4:23–31.

¿Hemos de hacer votos en nuestro tiempo? Es posible que a muchos lectores les haya sorprendido encontrar a Pablo haciendo votos (v. 18), una práctica que ellos ven como ajena al espíritu del cristianismo. Aparte del libro de los Hechos, el Nuevo Testamento habla poco sobre los votos, excepto para advertirnos sobre hacer un mal uso de ellos (Mt 5:34–37). Sin embargo, en Hechos encontramos dos casos en que Pablo hace votos, lo cual puede sugerir que este tema merece una consideración más atenta, especialmente teniendo en cuenta que los votos formaban parte integral de la religión bíblica veterotestamentaria. Siendo como era judío, Pablo siguió practicando esta disciplina, que, aunque no era preceptiva, sí se consideraba útil para la propia salud espiritual.

Los votos han desempeñado siempre un importante papel dentro del catolicismo romano; sin embargo, los reformadores se opusieron a ellos "asumiendo que, entre otras cosas, implicaban una forma de justicia por obras, [e] imponía a las personas ciertas obligaciones que Cristo no demandaba".[27] No obstante, R. J. Song ha mostrado que Juan Calvino los consideraba una valiosa herramienta para la disciplina espiritual personal y establecía reglas para su utilización […] Practicados con discernimiento e imaginación, los votos pueden ser un recurso que Dios nos ofrece para fortalecer nuestra determinación, capacitarnos para superar las circunstancias inmediatas y restaurar la continuidad de nuestras vidas fracturadas por las presiones de un mundo desconcertante.[28]

Deberíamos reconsiderar la utilización de esta práctica como una fuente de ayuda espiritual.

Significado Contemporáneo

Evangelizando a los corintios de hoy

Cuando pensamos en el desafío que supone evangelizar a los corintios de hoy, podemos vernos abocados a concluir que todo el mundo actual se ha convertido en una gran Corinto. La rampante despreocupación por las normas morales no está ya confinada a unas pocas ciudades, sino que tiene libre acceso a nuestros hogares por medio de la televisión. Este hecho afecta inevitablemente a la iglesia. Igual que algunos cristianos corintios sucumbieron a las tentaciones que les circundaban, también los cristianos contemporáneos se abandonan a los laxos estilos de vida que presentan los medios de comunicación. Tristemente, parece que son tantos los que han sucumbido que, en ciertos países occidentales, el porcentaje de cristianos que practican alguna forma de actividad sexual extramatrimonial es el mismo que en el resto de la sociedad.[29] Incluso algunos ministros y evan-

---

27. R. J. Song, "Promises", *NDCEPT*, 695.
28. Ibíd., citando a Juan Calvino, *Institución de la religión cristiana*, 4.12.
29. Las evidencias estadísticas de esto están en Gene Edward Veith Jr., *Postmodern Times: A Christian Guide to Contemporary Thought and Culture* (Wheaton: Crossway, 1994), 17–18. Como visitante ocasional del mundo occidental, he de decir que me asombran

gelistas cristianos claudican ante la inmoralidad. Si pensamos en la iglesia del Tercer Mundo hay también razones para la preocupación.

Y lo que es peor, las iglesias parecen resistirse a condenar estos pecados de manera contundente. Algunos dirigentes piensan que no tienen derecho a entrometerse en las vidas personales de los demás, ignorando, pues, lo que oyen sobre los miembros de la iglesia. Puede que con la orientación mercantilista que ha afectado al pensamiento eclesiástico (se ven las congregaciones numerosas como una señal de éxito), los predicadores tengan miedo de condenar el pecado porque ello podría hacerles perder a algunos de sus miembros "más adelante".

Todo esto es contrario a la actitud de Pablo, quien instó a la iglesia de Corinto a actuar de manera inmediata contra tales pecados en la iglesia. "¡Y de esto se sienten orgullosos! ¿No debieran, más bien, haber lamentado lo sucedido y expulsado de entre ustedes al que hizo tal cosa? [...] Dios juzgará a los de afuera. 'Expulsen al malvado de entre ustedes'" (1Co 5:2, 13). El que los corintios vivieran en una cultura inmoral no hizo que Pablo rebajara sus normas morales. Dios nos envía a este mundo inmoral para que seamos testigos, no solo de su amor, sino también de su santidad. La iglesia ha de mostrar a este mundo que se puede ser moralmente puro y que esta es la forma mejor y más feliz de vivir.

Fabricar tiendas hoy

Durante las dos últimas décadas ha surgido un renovado interés por los ministerios financiados por el trabajo secular de los propios misioneros.[30] Hay situaciones en nuestro tiempo que requieren este mismo tipo de ministerio por las dos mismas razones que llevaron a Pablo a enfocar así el suyo: necesidad económica y credibilidad. En ciertas situaciones en las que no hay todavía confianza en relación con los obreros cristianos, puede ser mejor que no acepten el apoyo de las personas a las que ministran (cf. 1Co 9). Algunas veces, una iglesia o ministerio no puede permitirse apoyar a un obrero. Esto sucede especialmente en las iglesias de zonas más pobres y en culturas predominantemente no cristianas.

---

los riesgos que corren algunos cristianos en sus relaciones con personas del sexo contrario. Parecen no darse cuenta de las advertencias que encontramos en la Biblia sobre la necesidad de prudencia en este asunto.

30. Ver Don Hamilton, *Tentmakers Speak* (Glendale: Regal, 1987); Ruth Siemens, "Tentmakers Needed for World Evangelization", *Perspectives on the World Christian Movement: A Reader,* eds. Ralph D. Winter y Steven C. Hawthorne, ed. rev. (Pasadena: William Carey Library, 1992), D–246–54; J. Christy Wilson Jr., *Today's Tentmakers* (Wheaton, Ill.: Tyndale, 1979); Tetsunao Yamamori, *God's New Envoys* (Portland: Multnomah, 1987).

En ocasiones, una iglesia puede tener a algunos obreros de plena dedicación y otros que se sostienen por medio de su trabajo secular. Conozco vibrantes iglesias en Sri Lanka y los Estados Unidos en las que los pastores principales desarrollan trabajos "seculares", mientras que en el mismo equipo ministerial hay algunos obreros de plena dedicación. Los "fabricantes de tiendas" aportan una gran riqueza a los equipos ministeriales por cuanto tienen un contacto mucho más íntimo con el mundo, lo cual puede realzar la relevancia e impacto del equipo sobre la cultura. Ruth Siemens afirma: "El trabajo secular no es un inconveniente, sino el contexto que Dios ofrece para que los fabricantes de tiendas vivan el evangelio de un modo práctico, atractivo, saludable, no crítico, demostrando integridad personal, haciendo un trabajo cualificado y desarrollando relaciones personales amables y serviciales".[31]

Es en el campo de misión donde los ministerios financiados por el trabajo secular de los propios misioneros está siendo más valioso. De hecho, Rut Siemens piensa que el mercado de trabajo internacional, una característica clave del mundo empresarial de nuestro tiempo, "es un argumento a favor de los ministerios financiados por el trabajo secular de los propios misioneros porque no existe por accidente, sino por diseño divino". Siemens lo describe como "'el programa [divino] de repoblación', por el que [Dios] traslada a millones de personas difíciles de alcanzar a países más libres (turcos a Alemania, argelinos a Francia, kurdos a Austria, etc.), y abre las puertas para que algunos cristianos entren en países de difícil acceso, ¡para que muchos puedan oír el evangelio!".[32] Ahí van algunos de los ejemplos que nos da esta autora:

> ¡Una pareja tradujo el Nuevo Testamento para cinco millones de musulmanes mientras él enseñaba en una universidad y ella daba clases privadas de inglés! Un maestro de ciencias evangelizó a sus estudiantes en la Kenia rural mientras predicaba cada tres semanas en su iglesia local. Un violinista que formaba parte de una orquesta sinfónica en Singapur tenía estudios bíblicos con sus compañeros. Un profesor universitario y un ingeniero establecieron una librería cristiana en la región del golfo de Khalij el-Arab.[33] .

Conozco a cristianos que a veces buscan trabajo en zonas difíciles e inalcanzadas de su propio país, como por ejemplo barrios marginados de las ciudades o aldeas remotas, para poder dar testimonio en aquellos lugares. Por ello, cuando desafiamos a los cristianos a participar en las misiones (algo que deberíamos hacer todos), podemos poner también ante ellos la posibilidad de trasladarse como fabricantes de tiendas a lugares necesitados.

---

31. Siemens, "Tentmakers", D–247.
32. Ibíd., D–249.
33. Ibíd., D–247.

Implicaciones del pensamiento de "la evangelización como responsabilidad"

Con una repetitividad casi embarazosa, este comentario ha venido destacando la prioridad de la evangelización en los objetivos de las iglesias.[34] Este estudio del ministerio corintio subraya la responsabilidad personal de los cristianos por lo que respecta a dar testimonio de la verdad de Dios. Con la aversión de hoy a la culpa (posiblemente porque nuestra generación no conoce la libertad del perdón), muchos se resisten a enfatizar este aspecto de la responsabilidad personal en la iglesia. Decimos que deberíamos testificar y hablamos del gozo de hacerlo. Pero a veces el temor al rechazo y al fracaso o la apatía espiritual superan al deseo de experimentar el gozo de dar testimonio, de modo que no somos fieles a nuestro llamamiento de ser testigos de Cristo. En estas ocasiones puede ser una gran ayuda desarrollar un sentido de responsabilidad. Puede que no tengamos ganas de dar testimonio, pero sabemos que hemos de hacerlo y, por tanto, lo hacemos. Y, normalmente, después de hacerlo nos sentimos alegres, por haber sido canales por los que fluye el amor del Espíritu.

No obstante, saber que Pablo, el evangelista por excelencia, experimentó rechazo, nos hace realistas y nos lleva a esperarlo también nosotros. Es posible que nuestro propio pueblo rechace el mensaje. Puede que tengamos que advertirles solemnemente, como lo hizo Pablo con los judíos. Es incluso posible que tengamos que alejarnos de ellos por su desprecio por la verdad. Pero, como en el caso de Pablo, no perderemos nuestro deseo de verles volverse a Dios. Nos sentiremos dolidos por su rechazo del evangelio (Ro 9:1–3) y oraremos por su salvación (10:1). ¡Y ojalá nunca utilicemos la severa represión de Pablo a los endurecidos judíos como excusa para el antisemitismo!

Hemos de tener cuidado de no extraer principios absolutos del hecho de que, en Corinto, Pablo abandonó su ministerio entre los judíos (v. 6). Algunas personas tienen una concepción del mundo tan distinta de la nuestra que pueden necesitar mucho tiempo para entender el evangelio o ser receptivos a él. Dios puede estar llamándonos a dedicar todos nuestros esfuerzos en un ministerio entre personas reacias sin que veamos ningún fruto visible de nuestro trabajo. Quizás nos esté llamando a preparar una tierra improductiva para una cosecha que se producirá después de nuestra muerte. Pero este pasaje no nos da la libertad de preguntarnos si los grupos que nos estamos esforzando por alcanzar han endurecido tanto sus corazones con su actitud blasfema que hemos quedado libres de nuestra responsabilidad hacia ellos y podemos, por tanto, concentrar nuestra atención en otros.

---

34. Ver la sección sobre la "importancia de la evangelización" en el Índice.

Sol invernal

En un estudio anterior hemos observado que ciertas muestras específicas de ánimo por parte de Dios pueden transmitirnos una fuerte sensación de su presencia y ayudarnos a perseverar en nuestro llamamiento.[35] Aquí consideraremos la gran bendición que nos trae la específica intervención de Dios a favor nuestro. Toda la vida está teñida de dolor y frustración: un resultado inevitable de la maldición que acompañó a la caída (Ro 8:20). De manera que la familiar canción que dice: "¡Oh, qué hermosa mañana! ¡qué día tan hermoso! ¡Tengo la feliz sensación de que todo me sale bien!", no es casi nunca cierta. Sin embargo, los humanos tenemos una capacidad para el placer y el deleite que no puede negarse. ¿Podemos acaso ser felices si la vida está llena de frustración y si la posibilidad del dolor se cierne siempre sobre nosotros?

Un campesino que vivía en el bosque compuso una genial obra musical titulada "Sol invernal". En esta pieza, "en un trasfondo apagado y hasta sombrío van surgiendo melodiosos fragmentos de asombrosa belleza y contagiosa alegría". Cuando le preguntaron por lo que inspiró esta pieza, respondió que "siempre había creído que el hombre más feliz de la tierra es el que consigue sacar más partido del sol que se abre paso e ilumina el invierno".[36] Para el cristiano, los destellos de sol que Dios nos da en nuestras crisis más profundas son pruebas de que él está con nosotros y cuidará de que todo salga finalmente bien. Estas verdades nos proporcionan una súbita liberación de las garras de la tristeza para que podamos entregarnos a una genuina celebración. Solo entender quién es el Dios eterno y asirnos de él podrá ayudarnos a ser verdaderamente felices en medio de los problemas. Y solo cuando somos capaces de experimentar felicidad durante el invierno, podemos considerarnos personas verdaderamente felices.

Los evangélicos y los votos

La mayoría de los protestantes de hoy conceden poco valor a los votos. ¿Por qué? (1) Hemos visto utilizar los votos de una manera antibíblica y un tanto "mágica" tanto a cristianos como a no cristianos: "Vamos a hacer esto para poder conseguir aquello". Este tipo de voto no afecta a la vida diaria ni fortalece nuestro compromiso, sino que es más bien un medio para conseguir lo que queremos. Hacer votos en determinadas situaciones debería ser algo distinto. Más que una negociación con Dios, es un medio de afirmar que no confiamos en nosotros mismos, sino solo en él. Vistos de esta manera, los votos nos ayudarán a centrarnos en Dios. Teniendo en cuenta nuestra tendencia a centrarnos en las cosas del mundo más que en Dios, siempre deberíamos alegrarnos de esto.

---

35. Ver comentarios sobre 4:23–31.
36. F. W. Boreham, *The Last Milestone* (Londres: Epworth, 1961), 36.

(2) En nuestra concepción del cristianismo hemos descuidado lo simbólico, en parte porque hemos espiritualizado el ritual veterotestamentario. Ahora que tenemos la sustancia en Cristo, sentimos que las sombras son innecesarias. Esto es cierto en gran medida. Solo quienes no experimentan lo sustancial de la vida cristiana —una relación de corazón a corazón con Dios— necesitan los símbolos. Sin embargo, sabemos que, aun en esta era del Nuevo Pacto en que disfrutamos una íntima unión con Dios a través del Espíritu, somos a veces proclives a olvidar ciertas verdades espirituales cuando nos sumergimos en los asuntos de la vida.

Esta es una de las razones por las que seguimos necesitando el Día del Señor para acordarnos de que todos los días le pertenecen. Seguimos necesitando la Cena del Señor para recordar el significado de lo que Cristo hizo por nosotros. Del mismo modo, los votos pueden ayudarnos a resaltar de manera especial algunas realidades espirituales que somos proclives a olvidar. Si el voto de Pablo expresaba acción de gracias, toca entonces un área en la que, muchas veces, mostramos debilidad. Oramos fervientemente por algo, pero nos olvidamos de dar gracias a Dios cuando responde a la oración. Introducir una estructura como un voto puede ayudarnos a evitar este importante descuido. Haremos bien, entonces, en incorporar a nuestro andar espiritual ciertos ejercicios espirituales especiales como los votos que nos ayuden a establecer correctamente las prioridades de la vida.

Después de pasar algún tiempo allí, Pablo se fue a visitar una por una las congregaciones de Galacia y Frigia, animando a todos los discípulos.

²⁴ Por aquel entonces llegó a Éfeso un judío llamado Apolos, natural de Alejandría. Era un hombre ilustrado y convincente en el uso de las Escrituras. ²⁵ Había sido instruido en el camino del Señor, y con gran fervor hablaba y enseñaba con la mayor exactitud acerca de Jesús, aunque conocía sólo el bautismo de Juan. ²⁶ Comenzó a hablar valientemente en la sinagoga. Al oírlo Priscila y Aquila, lo tomaron a su cargo y le explicaron con mayor precisión el camino de Dios.

²⁷ Como Apolos quería pasar a Acaya, los hermanos lo animaron y les escribieron a los discípulos de allá para que lo recibieran. Cuando llegó, ayudó mucho a quienes por la gracia habían creído, ²⁸ pues refutaba vigorosamente en público a los judíos, demostrando por las Escrituras que Jesús es el Mesías.

¹ Mientras Apolos estaba en Corinto, Pablo recorrió las regiones del interior y llegó a Éfeso. Allí encontró a algunos discípulos.

² —¿Recibieron ustedes el Espíritu Santo cuando creyeron? —les preguntó.

—No, ni siquiera hemos oído hablar del Espíritu Santo —respondieron.

³ —Entonces, ¿qué bautismo recibieron?

—El bautismo de Juan.

⁴ Pablo les explicó:

—El bautismo de Juan no era más que un bautismo de arrepentimiento. Él le decía al pueblo que creyera en el que venía después de él, es decir, en Jesús.

⁵ Al oír esto, fueron bautizados en el nombre del Señor Jesús. ⁶ Cuando Pablo les impuso las manos, el Espíritu Santo vino sobre ellos, y empezaron a hablar en lenguas y a profetizar. ⁷ Eran en total unos doce hombres.

Sentido Original

Lucas presenta ahora el comienzo de un nuevo viaje misionero de Pablo, que parte por tercera vez de Antioquía. Los acontecimientos descritos en estos versículos tienen lugar en Éfeso, la ciudad más importante de la provincia romana de Asia y en la que Aquila y Priscila se establecieron tras salir de Corinto acompañados de Pablo (18:19).

Comienza el tercer viaje de Pablo (18:23)

El tercer viaje misionero de Pablo comenzó en Antioquía con visitas a Galacia y Frigia, unas regiones que él ya había evangelizado con anterioridad. Galacia había sido evangelizada durante el primer viaje de Pablo. La región de Frigia se menciona otras dos veces en el libro de los Hechos: el día de Pentecostés había personas de Frigia en Jerusalén (2:10), y Pablo estaba viajando por esta región durante el periodo de incertidumbre antes de recibir el llamamiento macedonio (16:6). En estas dos regiones, Pablo "se fue a visitar una por una las congregaciones [...] animando a todos los discípulos". El apóstol había ya desarrollado con anterioridad este tipo de ministerio fortalecedor (14:21–22; 15:41; cf. 9:32).

Se completa la formación de Apolos (18:24–28)

Aunque Pérgamo era la capital de Asia, Éfeso (situada dentro de la moderna Turquía) era la verdadera sede de la administración provincial. Situada en la costa occidental de Asia Menor, esta ciudad conectaba el mundo grecorromano con esta región. En el siglo I, Éfeso era una ciudad predominantemente griega. Tenía un puerto de mar en la desembocadura del río Caístro, pero este estaba sujeto a constantes obstrucciones por los sedimentos fluviales y se hacían necesarios constantes drenajes. Cuando, más adelante, la ciudad perdió relevancia, dejaron de hacerse estos trabajos de retirada de lodo; por ello, el enclave de Éfeso está ahora a poco más de once kilómetros hacia el interior. El antiguo puerto es ahora un desierto pantanoso, aunque puede percibirse en las fotografías.[1] Éfeso estaba al final de la Vía Arcadia —una magnificente carretera que sigue siendo visible— que iba desde el centro del pueblo al puerto. Puesto que no tiene ningún asentamiento moderno, es, en palabras de Bruce, "un paraíso para los arqueólogos".[2]

Éfeso era el centro de adoración de la diosa griega Artemisa (la Diana romana), la diosa de la fertilidad. Presumía de un magnificente templo dedicado a Artemisa y considerado como una de las siete maravillas del mundo antiguo. En la época de Pablo, la ciudad había perdido un poco de su importancia como centro político y comercial y dependía cada vez más del templo para apoyar su economía.[3] En la tradición cristiana esta ciudad está más vinculada a Juan que a Pablo. Ireneo, el padre de la iglesia del siglo II escribió que, tras su exilio en la isla de Patmos, Juan se trasladó a Éfeso y vivió en esta localidad hasta que fue un anciano.[4]

---

1. Ver la fotografía en Bruce, *Steps,* 45 (que es también la foto de la portada).
2. *Ibíd.,* 46.
3. Longenecker, "Acts", 493.
4. Ireneo, *Contra las herejías*, 3.3.4, en *The Ante-Nicene Fathers,* ed. Alexander Roberts y James Donaldson (Grand Rapids: Eerdmans, 1996 reimpresión), 416.

Apolos, un culto erudito del Antiguo Testamento, adquiere un relevante lugar en esta narración porque desempeñó un importante papel en el crecimiento de la iglesia primitiva. Lucas interrumpe, pues, su descripción del viaje de Pablo para insertar una sección que explica cómo Apolos completa su comprensión del evangelio. Este pasaje menciona el único contacto cristiano en el Nuevo Testamento con la ciudad egipcia de Alejandría (18:24),[5] que se convirtió en el centro intelectual del cristianismo y produjo algunos de los mayores eruditos del cristianismo primitivo (especialmente Clemente y Orígenes). Esta ciudad albergaba una numerosa población judía; el famoso filósofo Filón vivió en ella hasta alrededor del año 50 d. C.[6] La elocuencia de Apolos era sin duda un anticipo de lo que habría de surgir de aquella ciudad. "Al parecer, Apolos era un tipo de judío itinerante bastante frecuente en el primer siglo que alternaba sus negocios con la enseñanza religiosa".[7]

No se nos dice dónde había oído Apolos hablar de Jesús. La añadidura del texto occidental en el versículo 25 dice que había sido instruido "en su país", dando a entender que el cristianismo había llegado a Alejandría alrededor del año 50 d. C.[8] Puede que algunos discípulos de Juan que aceptaron a Cristo como Mesías se hubieran desplazado a esta ciudad y enseñaran en ella, porque se nos dice que "conocía sólo el bautismo de Juan" (v. 25). Pero no podemos afirmar con seguridad qué aspecto de su enseñanza era deficiente.

La efectividad de Apolos como predicador se expresa mediante tres elementos. (1) "Era un hombre ilustrado y convincente en el uso de las Escrituras" (18:24b), y "había sido instruido en el camino del Señor" (18:25a). (2) "con gran fervor hablaba" (18:25b). (3) "y enseñaba con la mayor exactitud acerca de Jesús" (18:25c). No solo tenía un buen conocimiento de la Palabra, sino que también sabía comunicarla correctamente, es decir, había desarrollado capacidades para la enseñanza bíblica. Y cuando enseñaba, lo hacía con entusiasmo y fervor.

Priscila y Aquila entraron en esta situación (18:26). Lucas ha cambiado el orden de los nombres desde su primera mención de ellos (18:2), poniendo primero a Priscila, la mujer (ver también 18:18–19).[9] En dos ocasiones en que Pablo manda saludos a esta pareja, menciona también a Priscila en primer lugar (Ro 16:3; 2Ti 4:19), mientras que Aquila se menciona en primer lugar cuando son ellos los que mandan saludos a través de Pablo (1Co 16:19). En esta ocasión "es bastante verosímil pensar que Priscila habría insistido en que

---

5. Esta ciudad se menciona en 6:9; 27:6; 28:11, pero no en relación con el hecho de que hubiera cristianos en ella.
6. La Septuaginta (LXX) se tradujo en esta ciudad alrededor del siglo III a. C.
7. Bruce, *Circle,* 52.
8. Metzger, *Textual,* 466.
9. En sus cartas, Pablo utiliza el nombre más formal Prisca (aunque la NVI lo traduce como Priscila).

el nombre de su marido se pusiera en primer lugar".[10] Es posible que Priscila fuera la más prominente.

No se nos dice que Apolos se alojara en casa de Priscila y Aquila, pero esta acción de invitarle a su casa es indicativa de que el hogar de esta pareja estaba abierto para el servicio. Aunque Apolos era "un hombre ilustrado y convincente en el uso de las Escrituras" (18:24b), estaba, no obstante, dispuesto a aprender de sus anfitriones cuando le llevaron a su casa para "completar su formación". Veremos que esta es una característica de los verdaderos estudiantes de la Palabra de Dios.

No se nos dice que Apolos fuera bautizado de nuevo, como sí sucedió con los discípulos efesios a quienes Pablo llevó a un conocimiento más completo de la verdad (19:5). Apolos era probablemente un verdadero creyente en Cristo con un conocimiento deficiente. Aunque hay mucha disputa sobre el estatus de los doce discípulos efesios, estos habían hecho probablemente menos progreso en el camino de la salvación. Los creyentes de Éfeso enviaron a Apolos a Acaya con una carta de recomendación. El envío de este tipo de cartas era una práctica común en aquellos días (ver Ro 16:1–2).[11]

Lucas subraya el ministerio apologético de Apolos entre los incrédulos judíos (18:27–28). Esto ha hecho que algunos sugieran que Apolos escribió la carta a los Hebreos; los elementos paulinos que hay en esta carta se atribuyen a la influencia de Priscila y Aquila y a los creyentes de Corinto. Parece evidente que los miembros más ricos y sofisticados de la iglesia estaban tan impresionados por la elocuencia de Apolos que se hicieron sus seguidores, despreciando el ministerio de Pablo, que hablaba para que le entendieran aun las personas más sencillas (1Co 1:12; 4:6). No podemos, sin embargo, culpar de esto a Apolos. Este tipo de comparación malsana sigue todavía produciéndose entre aquellos que no entienden el patrón bíblico de una variedad de dones dentro del cuerpo de Cristo.

Se completa la formación de doce efesios (19:1–7)

Hacía bastante tiempo que Pablo había querido ir a Éfeso para desarrollar un ministerio sólido, pero hubo de esperar a que llegara el momento de Dios (16:6; 18:21). Éfeso era un importante lugar estratégico, puesto que desde esta ciudad podría alcanzar toda la provincia de Asia (19:10). El apóstol tomó la ruta "interior" más directa que va desde Frigia hasta Galacia por terreno montañoso en lugar de la ruta más habitual que bordea la costa (19:1). Esto le permitió visitar Listra, Iconio y Antioquía de Pisidia. Ya había creyentes en Éfeso cuando Pablo llegó (18:27). Probablemente se habían convertido durante el

---

10. Bruce, *Circle,* 45.
11. Gempf, "Acts", 1096.

anterior ministerio del apóstol en esta ciudad, por medio de Priscila y Aquila, o mediante alguna otra persona (cf. 2:9).

Pablo se encontró también con algunas personas a las que se llama "discípulos", pero que presentaban serias deficiencias en el contenido de su fe, aunque se dice que habían "creído" (19:1–2). El debate sobre si eran o no verdaderos creyentes sigue abierto.[12] Lo que es significativo es que Pablo les preguntara concretamente si habían recibido el Espíritu Santo cuando creyeron (19:2). Esto sugiere que las personas pueden saber realmente cuándo reciben el Espíritu Santo. La respuesta de estos discípulos fue que ni siquiera habían oído hablar del Espíritu Santo. Stott está probablemente en lo cierto cuando dice que estos habrían oído hablar del Espíritu Santo por medio del Antiguo Testamento y la profecía de Juan, pero no sabían que dicha profecía se había cumplido. "Ignoraban lo sucedido en Pentecostés".[13] Bruce traduce su respuesta como "ni siquiera hemos oído que el Espíritu Santo esté disponible".[14]

El problema era que solo habían recibido el bautismo de Juan (19:3). A diferencia de Apolos, ellos no habían ido mucho más allá de la enseñanza de Juan. Por ello fue necesario hablarles de la fe en Jesús, que llevaba a bautizarse en su nombre (19:4–5). Esto sugiere que no se convirtieron en verdaderos creyentes hasta entonces. ¿Cómo, pues, podía Lucas llamarles "discípulos" (v. 1) y Pablo hablar de ellos diciendo que habían "creído" (v. 2)? Longenecker afirma: "La práctica de Lucas es representar la condición espiritual de sus personajes por medio de sus acciones sin evaluarla siempre". Obsérvese que Lucas habla de Simón de Samaria diciendo que había "creído" (cf. 8:13), de los judaizantes como "creyentes" (cf. 15:5), de los siete hijos de Esceva, afirmando que echaban fuera los demonios "en el nombre de Jesús" y del propio Esceva como "uno de los jefes de los sacerdotes judíos" (cf. 19:13–14). Aquí da la impresión de que tanto sus propias afirmaciones como el modo en que Pablo se relaciona con ellos nos llevan a considerar a estos hombres como personas sectarias, que no han contraído un verdadero compromiso con Jesús.[15]

Los versículos 5–6 sugieren que "Pablo les impuso las manos" después de ser bautizados y que ello produjo la venida del Espíritu acompañada de manifestaciones de lenguas y profecía.

---

12. Afirman que eran creyentes verdaderos, Arrington, *Acts* 191; Stronstad, *Charismatic Theology of St. Luke*, 68–69. Adoptan la posición contraria, Longenecker, "Acts", 493; Stott, *Acts,* 304.
13. Stott, *Acts,* 304.
14. Bruce, *Acts*, NICNT, 362.
15. Longenecker, "Acts", 493.

Claves para un efectivo ministerio de enseñanza bíblica

El trabajo de Apolos revela tres características que caracterizan a los ministerios de enseñanza bíblica que son efectivos: un conocimiento de la Palabra, competencia en el manejo del método y fervor de espíritu (18:24–25). Apolos adquirió su conocimiento esencial de la Palabra por medio de la instrucción que recibió. Sin embargo, también él hubo de poner de su parte, esforzándose con diligencia en el estudio de las Escrituras. La capacidad para interpretar acertadamente la historia de Jesús habría sido asimismo fruto de la instrucción de la iglesia y de su cuidadoso esfuerzo por mejorar esta capacidad.

¿Pero qué del fervor? ¿Se trata acaso de un rasgo de la personalidad que solo algunos poseen, y que les capacita para ser buenos predicadores? La propia personalidad puede ser una ventaja para la predicación, pero no es el elemento constituyente del fervor. El fervor procede de nuestra confianza en la verdad y el poder de lo que proclamamos, que, naturalmente, el Espíritu Santo se ocupa de inflamar. Esta clase de fe nos es necesaria y la obtenemos a través de una confiada y detenida meditación, estudio y obediencia de la Palabra.

Pablo habló de esta actitud como algo que Dios requiere de todos los cristianos cuando dijo: "Nunca dejen de ser diligentes; antes bien, sirvan al Señor con el fervor que da el Espíritu" (Ro 12:11). Las mismas palabras que en este texto se traducen como "el fervor que da el Espíritu" se aplican en Hechos 18:25 a Apolos. Tales personas exhiben el fervor que produce el ardiente conocimiento. Les sucede lo que a Jeremías, a quién Dios dijo: "… mis palabras serán como fuego en tu boca" (Jer 5:14).[16] En otras palabras, invertir tiempo en la Palabra de Dios y confiar en su mensaje nos imparten el conocimiento, capacidades y fervor que necesitamos para ser buenos maestros bíblicos.

Cómo aprenden nuevas verdades los eruditos bíblicos

El cultivado y elocuente Apolos era un hombre "ilustrado y convincente en el uso de las Escrituras", pero tenía más aún que aprender. Varios factores facilitaron su aprendizaje. (1) La benevolencia de Aquila y Priscila fue un importante elemento. Cuando se dieron cuenta de que su enseñanza era deficiente, no le corrigieron en público, sino que le tomaron aparte, en privado y le invitaron a hablar en su casa (18:26). En esta cordial atmósfera de aceptación le enseñaron lo que le faltaba a su teología. (2) Sin duda, la humilde actitud de Apolos fue de gran ayuda. La verdad de Dios es tan inmensa

---

16. Esta afirmación inspiró el título del libro de Donald G. Miller sobre la predicación, *Fire in Thy Mouth* (Nashville: Abingdon, 1954). Citado en Donald E. Demaray, *Preacher Aflame* (Grand Rapids: Baker, 1972), 16.

que nunca conseguiremos sondear sus profundidades o escalar sus cimas. Podemos, pues, estar aprendiendo hasta el día de nuestra muerte. Cuánto más sabemos, más reconocemos, normalmente, lo mucho que nos queda que aprender. En el corazón de la actitud bíblica hacia la Palabra hay una avidez por ser alimentado. Pedro instó: "… deseen con ansias la leche pura de la palabra, como niños recién nacidos. Así, por medio de ella, crecerán en su salvación, ahora que han probado lo bueno que es el Señor" (1P 2:2–3). Esto se aplica tanto a los cristianos recién convertidos como a los maduros. Todos somos discípulos de Cristo, lo cual significa que todos somos aprendices. La benevolencia del consejero, por una parte, y la humildad y deseo de aprender del alumno, por otra, crean una atmósfera que hace que los grandes eruditos asuman el papel de alumnos y aprendan nuevas verdades.

Abriendo nuestras casas para ayudar a personas necesitadas

El Nuevo Testamento presenta tres casos en que Priscila y Aquila abrieron su hogar para servir a Dios: Alojaron al apóstol Pablo en Corinto (18:3), albergaron a un grupo de la iglesia en Roma (Ro 16:3–5), y llevaron a Apolos a su casa en Éfeso para completar su formación (Hch 18:26). Este último es un importante tipo de hospitalidad: llevar personas a nuestra casa para ayudarles en un momento de especial necesidad. No sabemos si Apolos se hospedó en casa de Priscila y Aquila, pero sí sabemos que sus deficiencias teológicas se trataron en la cálida atmósfera de su hogar. También nosotros podemos utilizar nuestras casas para ayudar a personas necesitadas. Esto nos lleva al cuarto tipo de hospitalidad que se presenta en el libro de los Hechos.[17]

Interpretando el Pentecostés efesio

¿Cómo podemos interpretar el Pentecostés efesio (19:6)? Parece claro que lo que vivieron estos antiguos discípulos de Juan fue la especial experiencia del Espíritu Santo.[18] Esta era una vivencia claramente distinguible, no algo que se aceptaba por fe, sin sentirse. Mediante dicha experiencia, sentían la plenitud del Espíritu. Esto concuerda con la conclusión que hemos presentado antes en el sentido de que el bautismo con el Espíritu Santo implica una plenitud, una subjetiva experiencia del Espíritu.[19]

---

17. Los otros tres tipos son: hospitalidad para evangelizar (2:42–47; 10:1-33) la acogida de predicadores itinerantes (9:43; 16:15) y albergar encuentros de comunión informal y congregaciones domésticas (2:42-47).
18. Algunos dicen que fue mucho más tarde, mientras que otros afirman que se produjo casi inmediatamente después del bautismo (con la imposición de manos).
19. Ver la exposición de 1:1–8.

No está, sin embargo, claro si el bautismo con el Espíritu y la experiencia subjetiva que lo acompaña se producen siempre al mismo tiempo o en otro momento. En lo que sí insistimos es en que el Espíritu ha de experimentarse. Quienes afirman que el bautismo con el Espíritu tiene lugar con la iniciación —que es únicamente una iniciación objetiva— y que no es necesariamente una experiencia subjetiva del Espíritu pasan por alto la cuestión que subyace tras las descripciones del bautismo con el Espíritu en la Biblia. Antes hemos mostrado[20] que el bautismo implica una plenitud y que quienes no la están experimentando tienen una experiencia inferior a la bíblica.

¿Cómo debemos considerar el don de lenguas y la profecía? Estas son sin duda las señales normales de la venida del Espíritu en los casos que se describen en Hechos. Como tales cabe esperar que sean también fenómenos comunes en nuestro tiempo. Sin embargo, insistir en que son normativos y esenciales es ir más allá de lo que la Escritura nos permite afirmar. Lo que es importante es que tengamos lo que implica el bautismo: una proximidad y plenitud del Espíritu, que nos imparte el poder para dar testimonio y vivir la vida cristiana. Muchos evangélicos han descuidado esta cuestión y estamos agradecidos por movimientos como el de la santidad wesleyano y el carismático, que en tiempos recientes han servido para que vuelva a prestársele atención.

La enseñanza bíblica: ¿un arte perdido?

En nuestros días hay informes contradictorios sobre el estado de la enseñanza bíblica dentro de la iglesia. Mientras que algunos creen que se trata de un arte perdido, otros, especialmente en Gran Bretaña, sienten que en los últimos años puede haberse iniciado una recuperación de la enseñanza de la Escritura en la iglesia. Con la reducción del hábito de leer, los cristianos contemporáneos han reducido el tiempo de lectura y estudio de la Biblia. Esto se aplica también a los predicadores. Es posible que los miles de estudios preparados para "hacer más fácil el estudio bíblico" hayan conseguido precisamente robarnos el entusiasmo que experimentamos cuando nos esforzamos por entender la Escritura. Para la activista generación de nuestro tiempo es muy difícil apartar un tiempo devocional solo para estudiar las Escrituras. Hemos desarrollado una cierta pereza para la lectura y el estudio inductivo de la Biblia.

Por ello, una buena parte de la supuesta predicación bíblica no es demasiado bíblica y evidencia un estudio de pésima calidad. Estoy convencido de que una de las razones por las que la exposición bíblica ha dejado de ser popular en nuestros días es que los predicadores no están dispuestos a dedicar el tiempo de estudio necesario para enseñar la Biblia de manera efectiva. Cuando pasamos

---

20. *Ibíd.*

tiempo en la Palabra con un corazón abierto a escuchar a Dios, comenzará a resplandecer, porque "es viva y poderosa, y más cortante que cualquier espada de dos filos" (Heb 4:12). El resultado será el fervor.

En su clásico *Power in preaching* [Poder en la predicación], el predicador metodista británico W. E. Sangster ofrece siete elementos esenciales de una buena predicación. Uno de estos ingredientes es el fervor o la pasión y Sangster habla de él en un capítulo que titula: "Resplandece", donde escribe: "El resplandor ha de ser la expresión externa de una cierta luz interior".[21] Esta característica no es exclusiva de aquellas personas que podemos describir como personalidades vibrantes. Sangster dice: "Cuando uno declama, gesticula y utiliza todos los matices y tonos de su voz (de manera natural y convincente), otro permanece inmóvil, hablando en tono casi monocorde, pero con una pasión al rojo vivo que arde tras todo lo que dice".[22] Como ejemplo de este segundo tipo de intensidad, Sangster describe uno de los últimos discursos públicos del arzobispo británico William Temple (1881–1944), que pronunció en la iglesia Westminster Central Hall, de la que Sangster era ministro: "Con una gran calma, sin gesticular y sin notas, fue desgranando el complejo argumento, que ardía de vez en cuando con terrible intensidad".

Como ha señalado Stephen Neill, hay "una notable característica común a todos los grandes maestros", sean de Oriente o de Occidete, y es algo que él llama "intensa seriedad".[23] Hubo un tiempo en que las personas eran atraídas al evangelio por la pasión del predicador. Benjamín Franklin dijo que iba con frecuencia a escuchar la predicación de George Whitefield porque allí, ante sus ojos, veía arder a un hombre.[24]

Sangster presenta también la descripción de un poderoso predicador afroamericano sobre cómo preparaba sus mensajes y que nos da una clave para incorporar el fervor a nuestra predicación. Este "leía minuciosamente", "reflexionaba hasta entender con claridad" y "oraba con pasión al respecto".[25] El estudio, la reflexión y la oración son tres claves para el fervor, para tener un ardiente conocimiento.

Lamentablemente, en nuestro tiempo, la pasión está siendo sustituida por el entretenimiento como forma de atraer a las personas. Puesto que no tenemos la habilidad y disciplina para desarrollar una predicación informada, sabia y relevante que pueda presentarse apasionadamente porque es verdad, recurrimos a una técnica común en el mundo de hoy: las dotes de entretenimiento. Algunas veces este medio llega a ser tan importante que el mensaje acaba desempeñando un papel secundario. Llenamos los bancos de personas que asisten a la

21. W. E. Sangster, *Power in Preaching* (Grand Rapids: Baker, 1958 [repr. 1976]), 87.
22. *Ibíd.*, 89.
23. Stephen Neill, *The Supremacy of Jesus* (Londres: Hodder y Stoughton, 1984), 55.
24. Citado en Demaray, *Preacher Aflame*, 14.
25. Sangster, *Power in Preaching* , 90.

iglesia para ser entretenidos, pero que son incapaces de vencer las poderosas tentaciones que afrontan, porque su concepción del mundo no ha sido conformada por la Palabra de Dios. La seriedad del cristianismo no les ha sido comunicada por medio de una apasionada predicación; no ven su fe como un asunto de vida o muerte. En esta época marcada por el poder de los medios de comunicación, el desafío es presentar la verdad con un grado de excelencia e intensidad tales que las personas quieran venir y ser alimentadas, aunque no sean entretenidas.

Creando una atmósfera conducente al aprendizaje de los dirigentes

A diferencia de lo que sucedió entre Priscila, Aquila y Apolos, se viven a menudo situaciones en que lo que podría ser una experiencia de aprendizaje acaba derivando en ofensas y agrios desenlaces. A menudo esto se debe a que los maestros no han sido sabios en el modo en que han hablado con el dirigente que necesitaba corrección. Lamentablemente, algunas personas se sienten tan incómodas en los encuentros personales que prefieren recurrir a la denuncia pública, a la redacción de cartas o, peor aun, de artículos, en lugar de hablar en privado con la persona en cuestión. Este proceder produce normalmente mucho dolor y no consigue clarificar y corregir lo deficiente de la enseñanza.

No obstante, los dirigentes no aprenderán si no son humildes y están dispuestos a recibir instrucción. Cualquiera que entienda verdaderamente la naturaleza de la Escritura debería tener esta disposición a ser enseñado. Por una parte, su enorme amplitud nos hace ver que nuestro conocimiento bíblico siempre será limitado. Por otra, su glorioso carácter nos lleva a desear aprender cualquier novedad que podamos. Estos dos factores se combinan con una sencilla actitud de fe, que es esencial a la vida cristiana y nos preparan para toda una vida de aprendizaje. La avidez por aprender más de la verdad de Dios hace que la distinción entre maestro y alumno se difumine. El maestro entra con humildad en todas las situaciones de enseñanza consciente de que la verdad de Dios es tan inmensa que siempre hay más que aprender, y que parte de este aprendizaje puede venir de fuentes insospechadas, como estudiantes o cristianos sencillos y sin estudios.

Aplicaciones del principio de hogares abiertos

Como Priscila y Aquila abrieron su casa para ayudar a Apolos en su momento de necesidad, también nosotros podemos abrir las nuestras para los necesitados. Los siguientes textos implican que este es un aspecto esencial del discipulado cristiano.

- "Ayuden a los hermanos necesitados. Practiquen la hospitalidad" (Ro 12:13).

- "El ayuno que he escogido, ¿no es más bien romper las cadenas de injusticia y desatar las correas del yugo, poner en libertad a los oprimidos y romper toda atadura? ¿No es acaso el ayuno compartir tu pan con el hambriento y dar refugio a los pobres sin techo, vestir al desnudo y no dejar de lado a tus semejantes?" (Is 58:6–7).

- "Porque tuve hambre, y ustedes me dieron de comer; tuve sed, y me dieron de beber; fui forastero, y me dieron alojamiento; necesité ropa, y me vistieron; estuve enfermo, y me atendieron; estuve en la cárcel, y me visitaron" (Mt 25:35–36).

- "Dios da un hogar a los desamparados…" (Sal 68:6).[26]

Apliquemos este principio de abrir nuestras casas para satisfacer necesidades. Los hogares cristianos pueden ser lugares donde las personas no deseadas o víctimas de algún tipo de abuso son bien recibidas o donde pueden incluso alojarse por un extenso periodo. En nuestro tiempo, una gran oportunidad de acoger a los extranjeros es hospedar en nuestra casa a estudiantes de otros países durante el fin de semana o al menos invitarles a comer. Recuerdo con gran gratitud el refrigerio que esto suponía para mí cuando era estudiante en los Estados Unidos. Es muy significativo que la mayoría de estudiantes extranjeros en los Estados Unidos nunca entran en un hogar norteamericano durante su estancia en ese país.[27]

En nuestra iglesia en Sri Lanka intentamos que los solteros que viven solos vayan a vivir a casa de otros miembros cuando se ponen enfermos. Precisamente el día antes de escribir esto, alojamos por una noche en nuestra casa a una madre con sus dos hijos porque su marido quería hacerles daño. Los obreros cristianos que trabajan bajo circunstancias difíciles me han hablado del refrigerio que han supuesto los cristianos que les han abierto sus casas para algunos días de "descanso y recuperación". ¿Y qué hay de quienes van a una gran ciudad para recibir tratamiento médico? ¿Deben acaso alojarse en un hotel? ¿No sería el ambiente de un amoroso hogar cristiano una atmósfera más propicia para la curación? Aquellos que padecen de agitación mental se benefician especialmente de este tipo de hospitalidad. George O'Carroll dice: "Hemos descubierto que la inmensa mayoría de las personas no necesitan un psiquiatra profesional. Lo que necesitan es, en primer lugar, alguien que les escuche, alguien que les ame y algo de lo que sentirse parte, especialmente una familia. Este es por regla general el noventa por ciento del problema".[28]

---

26. Estas alusiones proceden del libro de David y Ruth Rupprecht, *Radical Hospitality* (Phillipsburg, N.J.: Presbyterian and Reformed, 1983).
27. Grupos como International Students Incorporated e InterVarsity Christian Fellowship intentan cambiar esta estadística y están desarrollando un gran servicio en los campus universitarios.
28. Citado en Rupprecht, *Radical Hospitality*, 11.

Hechos 19:8–41

Pablo entró en la sinagoga y habló allí con toda valentía durante tres meses. Discutía acerca del reino de Dios, tratando de convencerlos, ⁹ pero algunos se negaron obstinadamente a creer, y ante la congregación hablaban mal del Camino. Así que Pablo se alejó de ellos y formó un grupo aparte con los discípulos; y a diario debatía en la escuela de Tirano. ¹⁰ Esto continuó por espacio de dos años, de modo que todos los judíos y los griegos que vivían en la provincia de Asia llegaron a escuchar la palabra del Señor.

¹¹ Dios hacía milagros extraordinarios por medio de Pablo, ¹² a tal grado que a los enfermos les llevaban pañuelos y delantales que habían tocado el cuerpo de Pablo, y quedaban sanos de sus enfermedades, y los espíritus malignos salían de ellos.

¹³ Algunos judíos que andaban expulsando espíritus malignos intentaron invocar sobre los endemoniados el nombre del Señor Jesús. Decían: «¡En el nombre de Jesús, a quien Pablo predica, les ordeno que salgan!» ¹⁴ Esto lo hacían siete hijos de un tal Esceva, que era uno de los jefes de los sacerdotes judíos.

¹⁵ Un día el espíritu maligno les replicó: «Conozco a Jesús, y sé quién es Pablo, pero ustedes ¿quiénes son?» ¹⁶ Y abalanzándose sobre ellos, el hombre que tenía el espíritu maligno los dominó a todos. Los maltrató con tanta violencia que huyeron de la casa desnudos y heridos.

¹⁷ Cuando se enteraron los judíos y los griegos que vivían en Éfeso, el temor se apoderó de todos ellos, y el nombre del Señor Jesús era glorificado. ¹⁸ Muchos de los que habían creído llegaban ahora y confesaban públicamente sus prácticas malvadas. ¹⁹ Un buen número de los que practicaban la hechicería juntaron sus libros en un montón y los quemaron delante de todos. Cuando calcularon el precio de aquellos libros, resultó un total de cincuenta mil monedas de plata.

²⁰ Así la palabra del Señor crecía y se difundía con poder arrollador.

²¹ Después de todos estos sucesos, Pablo tomó la determinación de ir a Jerusalén, pasando por Macedonia y Acaya. Decía: «Después de estar allí, tengo que visitar Roma.» ²² Entonces envió a Macedonia a dos de sus ayudantes, Timoteo y Erasto, mientras él se quedaba por algún tiempo en la provincia de Asia.

²³ Por aquellos días se produjo un gran disturbio a propósito del Camino. ²⁴ Un platero llamado Demetrio, que hacía figuras en plata del templo de Artemisa, proporcionaba a los artesanos no poca ganancia.

²⁵ Los reunió con otros obreros del ramo, y les dijo:

—Compañeros, ustedes saben que obtenemos buenos ingresos de este oficio. ²⁶ Les consta además que el tal Pablo ha logrado persuadir a mucha gente, no sólo en Éfeso sino en casi toda la provincia de Asia. Él sostiene que no son dioses los que se hacen con las manos. ²⁷ Ahora bien, no sólo hay el peligro de que se desprestigie nuestro oficio, sino también de que el templo de la gran diosa Artemisa sea menospreciado, y que la diosa misma, a quien adoran toda la provincia de Asia y el mundo entero, sea despojada de su divina majestad.

²⁸ Al oír esto, se enfurecieron y comenzaron a gritar:

—¡Grande es Artemisa de los efesios!

²⁹ En seguida toda la ciudad se alborotó. La turba en masa se precipitó en el teatro, arrastrando a Gayo y a Aristarco, compañeros de viaje de Pablo, que eran de Macedonia. ³⁰ Pablo quiso presentarse ante la multitud, pero los discípulos no se lo permitieron. ³¹ Incluso algunas autoridades de la provincia, que eran amigos de Pablo, le enviaron un recado, rogándole que no se arriesgara a entrar en el teatro.

³² Había confusión en la asamblea. Cada uno gritaba una cosa distinta, y la mayoría ni siquiera sabía para qué se habían reunido. ³³ Los judíos empujaron a un tal Alejandro hacia adelante, y algunos de entre la multitud lo sacaron para que tomara la palabra. Él agitó la mano para pedir silencio y presentar su defensa ante el pueblo. ³⁴ Pero cuando se dieron cuenta de que era judío, todos se pusieron a gritar al unísono como por dos horas:

—¡Grande es Artemisa de los efesios!

³⁵ El secretario del concejo municipal logró calmar a la multitud y dijo:

—Ciudadanos de Éfeso, ¿acaso no sabe todo el mundo que la ciudad de Éfeso es guardiana del templo de la gran Artemisa y de su estatua bajada del cielo? ³⁶ Ya que estos hechos son innegables, es preciso que ustedes se calmen y no hagan nada precipitadamente. ³⁷ Ustedes han traído a estos hombres, aunque ellos no han cometido ningún sacrilegio ni han blasfemado contra nuestra diosa. ³⁸ Así que si Demetrio y sus compañeros de oficio tienen alguna queja contra alguien, para eso hay tribunales y gobernadores. Vayan y presenten allí sus acusaciones unos contra otros. ³⁹ Si tienen alguna otra demanda, que se resuelva en legítima asamblea. ⁴⁰ Tal y como están las cosas, con los sucesos de hoy corremos el riesgo de que nos acusen de causar disturbios. ¿Qué razón podríamos dar de este alboroto, si no hay ninguna?

⁴¹ Dicho esto, despidió la asamblea.

 Hechos 19 describe el ministerio de Pablo en Éfeso con cierto detalle, aunque no se presenta ningún extracto del mensaje que predicó en esta ocasión. Lucas nos ha dado ya amplios registros de los mensajes de Pablo, tanto los que dirigió a oyentes judíos (13:16–41, en Antioquía de Pisidia) como a los gentiles (14:15–17; 17:22–31, en Listra y Atenas) fuera de Palestina.

La evangelización de Asia (19:8–10)

Como en otras ciudades, Pablo utiliza la sinagoga como cabeza de puente para la evangelización. Éfeso era hasta cierto punto una ciudad distinta de las otras que visitó, puesto que en ella vivían ya unos pocos creyentes y "semi creyentes". Pablo estableció contacto con ellos y hasta le ministró al comienzo de su estancia (19:1–7). No obstante, Pablo no estaba contento con que hubiera un puñado de creyentes en Éfeso. Quería que todos escucharan el evangelio, y en su notoria estancia de al menos veintisiete meses, consiguió llevar el evangelio a toda la población de la provincia de Asia (v. 10).

Lucas utiliza algunas palabras familiares para referirse a la evangelización de Pablo. En la sinagoga habló "con toda valentía" (v. 8; la palabra griega que se utiliza es *parresiazomai*, que aparece seis veces en Hechos, siempre para referirse al ministerio de Pablo).[1] En general, esta palabra describe su ministerio entre los judíos.[2] Predicar a los judíos que estaban tan cerca del evangelio y, al tiempo, tan lejos de él requería mucha audacia por la hostilidad que le profesaban. La audacia de Pablo se pone también de relieve en el hecho de que "discutía acerca del reino de Dios, tratando de convencerlos" (*dialegomai* y *peitho*).[3]

Aunque el mensaje del reino de Dios no aparece con tanta frecuencia en Hechos como en los Evangelios, se menciona siete veces en este libro: para referirse a la predicación de Jesús (1:3), de Felipe (8:12) y de Pablo (14:22; 19:8; 20:25; 28:23, 31). Pedro también se hizo eco de este tema en su discurso de Pentecostés, aunque no utilizó la expresión "reino de Dios". La secuencia que hemos visto en otros pasajes se repite aquí en Hechos 19, porque los judíos rechazaron el evangelio (v. 9b). Pero en este texto hay una leve diferencia en el hecho de que Pablo habló en la sinagoga durante un periodo de tres meses y solo "algunos" de los judíos (no la mayoría) "se negaron obstinadamente a creer".

A continuación, Pablo se trasladó a "la escuela de Tirano" y "a diario debatía [nuevamente *dialegomai*]" (v. 9b). Tirano podía ser el maestro que enseñaba

---

1. Ver 9:27, 28; 13:46; 14:3; 18:26; cf. 26:26.
2. La única posible excepción es 14:3, aunque consideramos al rey Agripa (26:26) como judío.
3. En la exposición de 17:1–15 se comentan estas dos palabras.

en aquella escuela o el propietario del edificio, que se lo alquiló a Pablo. Según el texto occidental, Pablo usaba la escuela desde las 11 de la mañana hasta las 4 de la tarde. Bruce afirma: "Sea cual sea la base textual de esta lectura, es probable que exprese lo que sucedió realmente".[4] En las ciudades de aquella región, la actividad pública se paralizaba durante este periodo y las personas solían hacer una siesta. Seguramente, los oyentes de Pablo habían sido motivados a asistir a las exposiciones y debates durante aquellas horas. Es probable que el apóstol dedicara la primera parte de la mañana y las tardes a la fabricación de tiendas (ver 20:34) y que enseñara en la escuela de Tirano en el periodo intermedio.

El fruto de estos dos años (v. 10) fue que "todos los judíos y los griegos que vivían en la provincia de Asia llegaron a escuchar la palabra del Señor" (v. 10b). Esto se logró, en parte, por medio de aquellas personas que visitaron la ciudad de Éfeso procedentes de otros lugares de la provincia, oyeron el evangelio y lo llevaron a sus pueblos y ciudades de origen. También se consiguió gracias a los colegas de Pablo, que llevaron el evangelio a los otros pueblos de Asia. Epafras, por ejemplo, llevó el evangelio a Colosas, Laodicea y Hierápolis y estableció iglesias en estas ciudades (cf. Col 1:7–8; 2:1; 4:12–13). Probablemente, las siete iglesias de Asia que se mencionan en Apocalipsis 2 y 3 fueron fundadas en este periodo.

Tras varios retrasos ordenados por Dios, la misión a Asia Menor finalmente se inició. El cristianismo siguió presente en esta provincia a lo largo de los siglos tras la conquista turca de esta región. "Únicamente desapareció tras el masivo intercambio de población griega y turca que se produjo tras la guerra entre Turquía y Grecia de 1923".[5]

Milagros extraordinarios (19:11–22)

Tras su resumen del ministerio en Éfeso, Lucas deja constancia de algunos incidentes o imágenes que nos ayudan a entender las singulares experiencias que Pablo tuvo en esta ciudad. Los versículos 11–12 resumen el ministerio de milagros que desarrolló el apóstol. Como hemos comentado en otras secciones, el apologista que preparaba argumentos para defender el evangelio era también el que ministraba sanidad.[6] La expresión "milagros extraordinarios" indica que en Éfeso sucedieron cosas poco comunes.

Algunos datos de trasfondo sobre Éfeso nos ayudarán a entender el ministerio de Pablo. Esta ciudad tenía reputación como centro para el aprendizaje y la práctica de las artes mágicas. "Su reputación al respecto la indica el hecho de que, en la antigüedad, la expresión 'escritos efesios' (*ephesia grammata*) se

---

4. Bruce, *Acts*, NICNT, 366.
5. Bruce, *Steps*, 50.
6. Ver comentarios sobre 3:1–26.

utilizaba normalmente para hacer referencia a documentos que contenían conjuros y fórmulas".[7] En otras palabras, además del ministerio evangelizador de Pablo (vv. 8–10), el apóstol tuvo también un ministerio que podría catalogarse de "encuentro de poder" donde el poder de Cristo sobre las fuerzas que oprimían a las personas fue claramente demostrado. En su estudio *Ephesians, Power and Magic* [Efesios, poder y magia], Clinton Arnold señala la importancia de que el estudio más completo de Pablo sobre los poderes espirituales y la lucha que los cristianos libran contra ellos se encuentra en su carta a la iglesia de Éfeso.[8]

Mucho de lo que sucedió en Éfeso tiene que ver con esta necesidad de demostrar el poder de Dios sobre estas fuerzas. Bruce sugiere que "los pañuelos y delantales que habían tocado el cuerpo de Pablo" y que llevaban a los enfermos" (v. 12) podrían ser "los que Pablo utilizaba en sus trabajos de peletería o fabricación de tiendas, los lienzos que se enrollaba a la cabeza y los delantales que se ceñía a la cintura".[9] No podemos estar seguros de si Pablo adoptó deliberadamente esta estrategia o, como en el caso de la mujer que tocó el borde del manto de Cristo (Lc 8:44), fueron otras personas las que llevaban estos objetos a los enfermos en representación de Pablo.

En una cultura saturada de estas prácticas, es comprensible que las gentes las utilizaran para ser sanados en el nombre de Jesús. Lucas, no obstante, desea subrayar que no era el apóstol ni sus delantales, sino Dios quien "hacía milagros extraordinarios por medio de Pablo". Por ello, los enfermos "quedaban sanos de sus enfermedades, y los espíritus malignos salían de" los endemoniados (v. 12). No es de extrañar que la expulsión de demonios, que es más prominente en los Evangelios que en Hechos, adquiera notoriedad en un lugar que está bajo el influjo de las prácticas esotéricas.

La siguiente imagen que nos da Lucas es la de "siete hijos de un tal Esceva, que era uno de los jefes de los sacerdotes judíos" (v. 14). Estaban entre los "judíos que andaban expulsando espíritus malignos [e] intentaron invocar sobre los endemoniados el nombre del Señor Jesús" (v. 13). Según Bruce, "en la antigüedad, los judíos gozaban de un respeto especial entre los practicantes de la magia, puesto que se les atribuían conjuros excepcionalmente efectivos". Bruce escribe que "generalmente los paganos sabían que el nombre de Dios no podía ser pronunciado por labios vulgares, y le daban un sentido erróneo a este hecho, según los principios característicos de la magia". Por el contrario, "el sumo sacerdote judío era el único hombre autorizado para pronunciar el nombre inefable [...] Por tanto, este hombre gozaría de prestigio entre los

---

7. Bruce, *Paul*, 291.
8. Clinton E. Arnold, *Ephesians, Power and Magic* (Cambridge: Cambridge Univ. Press, 1989), 39. Citado en el libro de Ed Murphy, *The Handbook for Spiritual Warfare* (Nashville: Thomas Nelson, 1992), 345.
9. Bruce, *Acts*, NICNT, 367.

magos". Bruce cree, pues, posible que Esceva adoptara para sí la expresión "jefe de los sacerdotes judíos".[10]

El mal espíritu que poseía a la persona que estaba siendo exorcizada por los hijos de Esceva agredió a estos exorcistas, dejándoles desnudos y heridos (v. 16). Como señala Ed Murphy, en este caso se produjo una lucha entre malos espíritus; es decir, el mal espíritu del hombre poseído se enfrentó a los también demonizados exorcistas.[11] ¿Cómo podemos armonizar este hecho con la afirmación de Cristo en el sentido de que Satanás no está dividido contra sí mismo? Los demonios pueden expulsar y atacar a otros demonios para conseguir un mayor control de los demonios sobre las personas. Esta clase de ataques entre demonios solo aumentan la dominación de Satanás.

Lucas sigue hablando de personas llenas de temor que glorifican el nombre de Jesús (v. 17). Esto se produjo como resultado directo de la demostración del poder de Dios y, como veremos, fue un importante elemento de efectividad en la evangelización de aquellos que estaban atenazados bajo el poder esotérico. Como consecuencia de esto hubo también una confesión pública de malas obras que terminó con una solemne quema de libros (vv. 18–19). La expresión "confesaban públicamente" (v. 18) se refiere probablemente a que estas personas revelaban el contenido de sus conjuros. "Según la teoría mágica, la fuerza de un conjuro está muy relacionada con su secreto; si se divulga, se vuelve ineficaz. Así, estos magos convertidos renunciaron a su imaginario poder haciendo inoperantes sus conjuros".[12]

Los rollos quemados se tasaron en cincuenta mil dracmas, que era el monto equivalente a la paga de un jornalero durante cincuenta mil días: una suma muy elevada. Los rollos quemados eran seguramente documentos que contenían unos conjuros y fórmulas por los que era famosa la ciudad de Éfeso. "Los papiros mágicos se guardaban en pequeños cilindros o dentro de medallones que se llevaban colgados como amuletos".[13]

El habitual resumen de Lucas sobre el crecimiento de la iglesia adquiere un significativo acento en un lugar como Éfeso: "Así la palabra del Señor crecía y se difundía con poder arrollador" (v. 20). La palabra era, como siempre, prioritaria. Pero la mención del poder arrollador es relevante entre un pueblo que vive bajo la servidumbre de los poderes diabólicos.

Los versículos 21 y 22 resumen los planes de Pablo para salir de Éfeso. El apóstol hizo estos planes con alegría, viendo que en aquella ciudad se había establecido una iglesia fuerte. Él quería ir a Jerusalén y partir a Roma desde esta ciudad. Pero decidió ir primero a Macedonia y Acaya y completar la recaudación para la iglesia de Jerusalén. Su plan era llevar la ofrenda personalmente

---

10. *Ibíd.*, 368.
11. Murphy, *Handbook for Spiritual Warfare*, 349.
12. Bruce, *Acts*, NICNT, 369.
13. Keener, *BBC*, 379.

a la iglesia de esta ciudad (ver Ro 15:25–28; 1Co 16:1–11; 2Co 8–9). Envió a dos de sus colaboradores delante de él a Macedonia con la idea de unirse a ellos poco después (v. 22).

El disturbio controlado (19:23–41)

Lucas nos ofrece otra imagen del extenso ministerio de Pablo en Éfeso. Parece haber omitido lo que Pablo llama lucha "contra las fieras" (1Co 15:32) y las penalidades que le llevaron a perder "la esperanza de salir con vida" (2Co 1:8–10). Muchos eruditos piensan que Pablo podría haber sido encarcelado en Éfeso durante un cierto tiempo.[14] Pero el disturbio —en especial su conclusión con la absolución de los cristianos— encaja con un tema que Lucas considera importante: la oposición al evangelio (mencionado aquí como "un gran disturbio a propósito del Camino" v. 23). Lucas subraya sistemáticamente las verdaderas razones que subyacen tras este tipo de oposición, ya que, por regla general, la oposición no se suscitaba por cuestiones relativas al contenido del evangelio.

Aquí en Éfeso (como en otros pasajes, ver 5:17; 13:45; 17:5) los celos fueron la raíz de la oposición. Igual que había sucedido en Filipos (16:19), había principalmente una razón económica, aunque el asunto se expresó en términos religiosos y patrióticos cuando se presentó en público. El templo de Artemisa era una clave para la estabilidad económica de Éfeso, puesto que los extranjeros viajaban a esta ciudad para celebrar ritos de adoración y depositaban dinero en el templo. En el tiempo de Pablo, esta fuente de ingresos se había hecho más importante, puesto que la ciudad comenzaba a perder relevancia como centro del comercio internacional.

Demetrio debía de ser el presidente del gremio de plateros. En aquellos días "los profesionales de un mismo oficio se unían para formar gremios profesionales, o colegios, que establecían normas comerciales dentro de la profesión y se unían para defender sus intereses económicos".[15] Los plateros manufacturaban "figuras en plata del templo de Artemisa" (v. 24), es decir, "templetes de plata con la imagen de la diosa, que sus adoradores [devotos] compraban para dedicarlos en el templo".[16] Los arqueólogos han encontrado "reproducciones de su imagen en plata y modelos del templo en terracota".[17] En el discurso que Demetrio dirige a sus colegas, afirma con franqueza que la predicación de Pablo les había afectado negativamente desde un punto de vista económico (vv. 24–26). Pero añade también palabras sobre el desprestigio que ello iba a suponer para la diosa (v. 27). Este último argumento marcaría la línea que adoptarían para agitar al pueblo (v. 28).

---

14. C. E. Arnold, "Ephesus", *DPL*, 252.
15. Keener, *BBC*, 380.
16. Bruce, *Acts*, NICNT, 374.
17. Bruce, *Steps*, 49.

Los plateros consiguieron que toda la ciudad se uniera en una ruidosa protesta y echaran mano de dos colaboradores de Pablo (v. 29). El apóstol insistió en presentarse ante la multitud, pero gracias a la sabiduría de los creyentes y de sus influyentes amigos, permaneció escondido (vv. 30–31). La palabra que se traduce como "autoridades de la provincia" es *asiarchai* (asiarcas). Aunque hay una cierta incertidumbre sobre los exactos deberes de estos altos funcionarios del gobierno, su presencia en Éfeso durante los primeros cuatro siglos ha sido claramente atestiguada. Estrabón, que escribió tan solo una generación antes de la fecha de este relato, se refiere a los asiarcas de Trales como un grupo.[18] En otras palabras, Pablo tenía ricos y poderosos amigos en Éfeso.

La terminología que utiliza Lucas y su descripción del proceso judicial guarda paralelismos muy notables con los datos que van saliendo sobre la estructura social de Asia, especialmente de Éfeso, a mediados del primer siglo.[19] Las gentes se reunieron en el gran teatro de Éfeso, donde se celebraban las reuniones de la asamblea (vv. 30–31). Se trata de una asamblea no oficial o informal, que Lucas llama *ekklesia* (vv. 32, 41), distinta de la "asamblea legal" (*te ennomo ekklesia*), y que tenía sus reuniones periódicas oficiales (ver v. 39). Al parecer, los judíos se pusieron nerviosos por los problemas que se les venían encima, y querían distanciarse de Pablo empujando a un tal Alejandro para que tomara la palabra. Pero no tuvo oportunidad de hablar porque se había impuesto una mentalidad subversiva. El resultado fue un griterío que se prolongó por espacio de dos horas (vv. 33–34), tras lo cual el secretario del concejo de la ciudad[20] se dirigió a la multitud (v. 35). Apeló a la herencia de la ciudad, que creía que la imagen de la diosa Artemisa de múltiples pechos había caído del cielo (v. 35) y era, por tanto, obra de Dios. Su argumento fue que la seguridad de tener tales hechos debería hacer que se calmaran para no actuar con precipitación (v. 36). Por otra parte, había formas legales de manejar esta clase de asuntos: "… para eso hay tribunales y gobernadores [o procónsules]"[21] (v. 38). Esta afirmación "refleja la práctica romana en Asia de celebrar juicios bajo la supervisión de un procónsul en nueve ciudades importantes (puede que más) que eran capitales de distrito".[22]

Una preocupación similar a la del secretario en el sentido de que lo sucedido pudiera llegar a oídos de los romanos se refleja también en la obra del escritor

---

18. A. N. Sherwin-White, *Roman Society and Roman Law in the New Testament* (Grand Rapids: Baker, 1973, reimpresión ed. de 1963), 90 (cita a Estrabón, *Geografía*, 14.1.42).
19. Esto se documenta cuidadosamente en la obra de A. N. Sherwin-White, *Roman Society and Roman Law* (ibíd, 83–92). Ver también Hemer, *Acts*, 120–24.
20. "Hay muchas evidencias de este oficio [secretario metropolitano] en Éfeso y otras ciudades de Asia Menor" (Sherwin-White, Roman Society, 86).
21. Se han dado distintas razones para explicar la aparición del plural "procónsules" en este texto. Ver Hemer, *Acts*, 123; Bruce, *Acts*, NICNT, 379.
22. Hemer, *Acts*, 123.

Dión de Prusa, que vivió unos cincuenta años más tarde.[23] En aquel momento, las asambleas ciudadanas estaban en proceso de desaparición, porque Roma quería eliminar estos elementos democráticos. Según Sherwin-White, "esta fue la última era de autonomía ciudadana en el mundo antiguo". Hacia finales del siglo II y principios del III "la política ciudadana según el antiguo patrón de la ciudad-estado, con sus asambleas y concilios" había llegado a su fin.[24] El secretario debía tener miedo de estas tendencias cuando advirtió a su pueblo sobre la reacción romana ante estos cambios (v. 40).

Lucas vio este acontecimiento como otra victoria para la causa del evangelio. En su opinión, el sistema legal existente, correctamente administrado, podía ofrecer a los cristianos la garantía de un juicio imparcial (cf. también la decisión del procónsul Galión en Corinto en 18:12–17; ver comentarios).

Trabajando con personas influenciadas por la magia y el ocultismo

Este pasaje nos ofrece valiosas claves para trabajar con personas que han sido influenciadas por el ocultismo y otras formas de magia. Como en las otras descripciones del ministerio de evangelización en Hechos, esta ofrece un buen ejemplo de contextualización efectiva. Algunos aspectos de la evangelización, como el contenido esencial del evangelio, son necesarios en todos los lugares donde este aparece. Por ello, cuando Lucas describe el crecimiento de la iglesia, aunque incluye una nota sobre el poder arrollador que lo caracterizaba (especialmente pertinente para Éfeso), su acento principal está en que "la palabra del Señor crecía y se difundía" (v. 20).

Cada cultura tiene, no obstante, ciertas características específicas que impiden que las personas se acerquen a Dios, que las mantienen en esclavitud, o que las hacen receptivas al evangelio. Un ministerio contextualizado se ocupará de manera efectiva de estas cuestiones. Pedro en Jerusalén y Pablo en Antioquía de Pisidia se centraron en la esperanza mesiánica judía y en el hecho de que Cristo cumple sus requisitos. En Atenas, Pablo atacó la base intelectual de la idolatría. En Éfeso, el ministerio de Pablo trató sobre la esclavitud a la magia de quienes vivían en esta ciudad. Es, por tanto, útil ver los incidentes de Éfeso como ejemplos del encuentro de poder con el mundo diabólico.

En épocas recientes ha habido mucho debate sobre este tema, y la expresión "encuentro de poder" se utiliza con frecuencia con un sentido amplio que incluye todo lo que normalmente relacionamos con la lucha espiritual. Personalmente considero más útil seguir a Ed Murphy y limitar el uso de esta

---

23. Ver Sherwin-White *Roman Society and Roman Law*, 84.

24. *Ibíd.*

expresión a momentos de crisis dentro de la constante lucha espiritual, donde las situaciones llegan a un clímax y la batalla por la lealtad da un decidido giro.[25] Esto es lo que sucedió en Éfeso, donde las gentes no solo abandonaron sus prácticas perversas, sino que también las "confesaban públicamente" (v. 18) y quemaron los libros que utilizaban (v. 19). Esto fue también lo que se produjo entre dos fuerzas diabólicas, a saber, las que poseían a un individuo que necesitaba un exorcismo y quienes lo practicaban (los siete hijos de Esceva). Estos últimos fueron completamente derrotados en aquel encuentro (vv. 14–16).

¿Nos da el uso de "pañuelos y delantales" en Éfeso (v. 12) la libertad de utilizar esta clase de métodos en nuestros días? Deberíamos pensarlo bien antes de prohibir estas cosas de modo categórico, como hacen algunos. Pero también deberíamos considerar que no sabemos a ciencia cierta si Pablo defendió activamente este método. Al mismo tiempo, en una cultura fuertemente influenciada por la magia (donde lo simbólico es importante), Dios utilizó símbolos para revelarse a las personas. ¿Es acaso posible que el uso de estos métodos sea más un ejemplo de adaptación divina a las flaquezas humanas que un patrón universal a seguir? Así lo cree Conrad Gempf: "La encarnación siempre ha supuesto la limitación de Dios de maneras dramáticas, casi absurdas, a fin de comunicarse con personas caídas y torpes".[26] Si este es el caso, podemos colegir que, en el proceso de la contextualización, puede ser necesario adaptarnos a las flaquezas humanas siempre que ello no contradiga algún principio bíblico.

El hecho de que Lucas aluda al temor que experimentó el pueblo cuando se manifestó el poder de Dios sugiere que, en Éfeso, el temor desempeñó un importante papel para acercar a las personas a Dios (vv. 17–18). Ya hemos analizado el lugar que ocupa el temor (producido por la manifestación del poder milagroso de Dios) en el programa del evangelio.[27] En este pasaje se subraya el temor en un trasfondo fuertemente influenciado por el ocultismo. En nuestros días, las personas acuden también a fuentes mágicas o al ocultismo en busca de dirección y ayuda, principalmente por el temor a lo desconocido. El temor les tiene atrapados bajo la influencia satánica, porque tienen miedo de desagradar a estas fuerzas. El hecho de que Dios es mayor que estas fuerzas puede ser un importante medio para ayudarles a entregar su lealtad a Dios. Como dijo Jesús: "No teman a los que matan el cuerpo pero no pueden matar el alma. Teman más bien al que puede destruir alma y cuerpo en el infierno" (Mt 10:28). Muchos rechazan el evangelio porque temen contrariar a los dioses y a otros poderes cuando, en realidad, deberían aceptarlo por temor a disgustar al Dios supremo. Aunque esta no es la esencia del evangelio, sí es un elemento importante.

---

25. Murphy, *Handbook for Spiritual Warfare*, 341–43.
26. Gempf, "Acts", 1096.
27. Ver la exposición de 4:36–5:11.

¿Qué aprendemos de la quema de los libros (v. 19)? Este incidente se ha utilizado a lo largo de los siglos como base para quemar libros y destruir ídolos. ¿Nos da acaso un precedente para este tipo de acciones? La práctica de quemar libros para repudiar su contenido era algo común en el tiempo de Pablo.[28] Sin embargo, en este caso hubo un elemento más, porque se destruyeron también conjuros que se consideraban poderosos. Una clave para entender lo que sucedió en Éfeso es recordar que las personas que estaban bajo la servidumbre de las fuerzas esotéricas hubieron de ser liberadas del poder que ejercían sobre ellas. Fue un encuentro de poder que se aplica también a quienes están bajo el dominio de lo oculto en nuestros días.

La ley como protectora

Aunque en el primer siglo el sistema legal no estaba influenciado por el cristianismo, Lucas muestra que las leyes protegieron varias veces a los cristianos de ser tratados injustamente. Poco después de esto, Pablo escribió a los cristianos de Roma sobre la positiva aportación del estado:

> Porque los gobernantes no están para infundir terror a los que hacen lo bueno sino a los que hacen lo malo. ¿Quieres librarte del miedo a la autoridad? Haz lo bueno, y tendrás su aprobación, pues está al servicio de Dios para tu bien. Pero si haces lo malo, entonces debes tener miedo. No en vano lleva la espada, pues está al servicio de Dios para impartir justicia y castigar al malhechor. Así que es necesario someterse a las autoridades, no sólo para evitar el castigo sino también por razones de conciencia.[29]

En Éfeso, el hecho de que Pablo tuviera una relación de amistad con los asiarcas (v. 31) podría haberle ayudado a conseguir que se le juzgara con imparcialidad. El acento de Lucas sobre el lugar que ocupa el estado y su respuesta al cristianismo nos muestra que también nosotros hemos de considerar cómo ha de ser esta relación entre la iglesia y el estado.

Significado Contemporáneo

El lugar de la verdad en un ministerio contextualizado

En nuestro tiempo se oyen muchas voces que restan importancia a la evangelización centrada en la verdad. Tales personas, y entre ellos muchos que se consideran evangélicos, afirman que vivimos en un tiempo en que las personas ya no

---

28. Keener, *BBC*, 379.
29. Sobre la cuestión de nuestra actitud hacia el estado, ver John Stott, *The Cross of Christ* (Leicester: Inter-Varsity Press, 1986), 298–309 [*La cruz de Cristo* (Barcelona: Ediciones Certeza, 1996)].

valoran la verdad ni piensan en este tipo de categorías. Abogan, pues, por una evangelización basada en las necesidades, que presenta a Jesús como la respuesta a ciertas necesidades sentidas. Sin duda, una clave de la estrategia evangelizadora de Pablo era su sensibilidad a las necesidades de las personas (cf. el ministerio de Pablo en Éfeso y en otros lugares). Sin embargo, algo esencial a su presentación del evangelio era la primacía de la verdad que este representaba. Esto será siempre así, porque el cristianismo pretende poseer la completa revelación de Dios para la humanidad. Tristemente, quienes restan importancia a la veracidad y contenido del evangelio han traicionado su esencia y han cedido ante el sincretismo.[30]

Ministrando en situaciones relacionadas con el ocultismo

Millones de personas, tanto en Asia como en el mundo occidental, han sido influenciadas por el ocultismo. El temor a los espíritus malignos y a lo desconocido era la emoción dominante en Éfeso, como lo es también hoy por todo el mundo. La presencia de páginas de astrología en muchos periódicos y revistas dan prueba de ello. Además, muchos se valen de médiums, astrólogos y otros recursos de este tipo para encontrar dirección. Por tanto, la presentación de Dios como el ser supremo y todopoderoso, que está por encima de todas las demás fuerzas a las que acude la gente, es relevante.

Es también posible que el uso de símbolos, como hemos visto en la utilización de pañuelos y delantales en Éfeso, cobre un nuevo significado en el mundo de hoy. Generalmente, los evangélicos han atribuido un valor negativo a los símbolos religiosos. Esto se debe probablemente a toda una historia de oposición contra lo sucedido en las Iglesias Católica y Ortodoxa, donde los símbolos se han considerado muchas veces como mediadores de la salvación y han llegado a ser sustitutos de la fe. En la Biblia, sin embargo, Dios concedió un importante lugar a los símbolos como medios para grabar su mensaje en la mente de las personas. Naturalmente, hemos de tener cuidado de no centrarnos tanto en los símbolos que pasemos por alto el hecho de que es Dios quien lleva a cabo las curaciones (cf. v. 11). Es decir, los símbolos no deben adquirir la consideración de mágicos. Pero hoy también podemos utilizar los símbolos para que las personas se den cuenta de la victoria sobre las fuerzas de la oscuridad que Cristo ha conseguido para ellos.

---

30. Una de las personas que ha proclamado con mayor elocuencia la primacía de la verdad en épocas recientes ha sido el obispo Lesslie Newbigin, un hombre con una gran experiencia ministrando a las necesidades humanas en la India y Gran Bretaña. Ver sus libros *The Gospel in a Pluralist Society* (Grand Rapids: Eerdmans and Geneva: WCC Publications, 1989); *Truth to Tell: The Gospel as Public Truth* (Grand Rapids: Eerdmans and Geneva: WCC Publications, 1991); *Proper Confidence: Faith, Doubt and Certainty in Christian Discipleship* (Grand Rapids: Eerdmans, 1995).

El bautismo por inmersión puede ser un importante símbolo para comunicar la purificación de Dios a una persona que se ha arrepentido de una vida muy inmoral. En nuestro ministerio podemos utilizar ciertos objetos físicos que apuntan a una verdad espiritual que puede borrarse fácilmente. Muchas veces, en las paredes de mi habitación, pego versículos clave que necesito para fortalecerme cuando paso por crisis. Las personas suelen llevar puesta su alianza matrimonial cuando viajan, entre otras cosas, para evitar la tentación de acercarse demasiado a alguien que no sea su cónyuge. Las iglesias ofrecen la diestra de compañerismo a los nuevos miembros para darles la bienvenida a la familia (Gá 2:9). Los dirigentes imponen las manos a las personas y oran por ellas en momentos de especial necesidad.[31] Santiago recomienda la unción con aceite de los enfermos cuando se ora por ellos (Stg 5:14). Todos ellos son símbolos que nos recuerdan una verdad más profunda que corremos el peligro de olvidar o que proclaman una verdad que las personas necesitan saber.

Es también importante que, igual que en Éfeso se produjo una confesión abierta y una quema de accesorios relacionados con la práctica de la magia, los convertidos expresen abiertamente su repudio de todas sus conexiones esotéricas. La razón es que darle a Satanás un punto de apoyo le permite seguir influyendo malignamente en nuestras vidas. Sus influencias han de ser repudiadas con decisión. Puesto que los accesorios con que se practicaba la magia representaban fuentes de seguridad para las personas, no era tan fácil renunciar a ellas como parece a primera vista. Un amigo de la universidad se dio pronto cuenta, cuando aceptó a Cristo, de que tenía que deshacerse de un fetiche que le había comprado a un monje budista para su protección. Le había costado mucho dinero y en otro tiempo había representado para él una fuente de seguridad. Sin embargo, cuando decidió deshacerse de él, no lo vendió ni se lo devolvió al monje, sino que lo tiró en un prado, llevando a cabo una decisiva acción simbólica de repudio.

Lo que acabamos de decir sugiere también que lo sucedido en Éfeso no nos da permiso para demandar que todas las personas quemen públicamente libros religiosos y destruyan ídolos.[32] En Éfeso los magos hicieron estas cosas por propia iniciativa. Aunque, sobre los ídolos, Pablo sostenía "que no son dioses los que se hacen con las manos" (v. 26), el apóstol no requería, sin embargo, la destrucción de las imágenes, al menos no antes de que las personas en cuestión aceptaran a Cristo. He oído el caso de cristianos que, en sus visitas a personas no cristianas, les pedían que destruyeran sus ídolos, antes incluso de que recibieran a Cristo. Como resultado se ha generado un gran malestar en la comunidad y una innecesaria hostilidad hacia el cristianismo.

---

31. Ver Hechos 6:6; 8:17; 9:12; 13:3; 19:6; 28:8.
32. Obsérvese que la destrucción pública de ídolos en el Antiguo Testamento se produjo en un pueblo al que se le había dado claramente la Palabra de Dios sobre los males de la idolatría.

La estrategia de Pablo consistía en presentar razones contra la idolatría para que fueran las propias personas quienes, entendiendo la futilidad de los ídolos, los pusieran a un lado. Si querían aceptar a Cristo, tenían que rechazar los ídolos y dejar de depender de cualquier otra práctica religiosa no cristiana. Esto es, por regla general, lo que yo hago con los budistas e hindúes antes de que hagan una oración de compromiso con Cristo. Si no están dispuestos a abandonar sus dioses, no les pido que den el paso del compromiso. A veces esto suscita oposición.

Las personas que han participado en el ocultismo, han de realizar siempre alguna forma dramática de limpieza del pasado. La quema de fotografías de grupos satánicos, la destrucción de amuletos, las oraciones para que Dios purifique las casas en que se ha practicado el ocultismo, las oraciones para la liberación de cualquier vestigio de poder en personas con un trasfondo de participación en el ocultismo, serán cosas necesarias cuando se ministre a personas acosadas por el ocultismo. Hace poco, un amigo mío cristiano me pidió que orara en una casa a la que acababa de trasladarse y donde se habían encontrado ciertos objetos ocultistas. Celebramos una reunión en la que pedimos a Dios que protegiera aquella casa y a los que vivían en ella; a continuación un colega y yo nos llevamos los accesorios y los arrojamos a un vertedero de basura.

Algo parecido a lo que sucedió en Éfeso tuvo lugar hace poco en la ciudad argentina de Resistencia, donde durante un periodo de tres años la comunidad evangélica creció más de un quinientos por ciento. Al final de estos tres años se organizaron una serie de cruzadas evangelísticas. Y como parte de estas reuniones cada noche se celebró una quema de libros. El dirigente, Ed Silvoso, explica lo que sucedió.

> A la izquierda de la tarima se dispuso un tonel de unos 400 litros para que pudieran arrojarse a él los objetos relacionados con las prácticas ocultas. La gente pasaba adelante y arrojaba al tonel toda clase de cosas vinculadas con el mundo de la magia. Antes de orar por aquellas personas, se derramaba gasolina sobre el contenido del bidón, se encendía una cerilla y las llamas daban buena cuenta de todos aquellos objetos.[33]

Mientras se producía la quema, algunas personas experimentaban liberaciones espontáneas. A los cristianos de Occidente que piensan que esto no se aplica a ellos les sorprendería saber cuántos de sus compañeros de trabajo proceden de trasfondos relacionados con el ocultismo.

---

33. Ed Silvoso, *That None Should Perish* (Ventura, Calif.: Regal, 1994), 50. Citado en la obra de Wagner, *Blazing the Way*, 170.

Actuar sabiamente en relación con el estado

La reacción del estado ante el cristianismo era un asunto importante para Lucas, y debería serlo también para nosotros. ¿Pero cómo se desarrolla esto en la vida diaria? Muchos conocemos situaciones en que las personas utilizan algún contacto especial para influir de manera injusta en los procesos de la justicia. Sin duda, Lucas no defiende este tipo de situación. Al contrario, parece estar dando a entender que hay jueces no cristianos que son razonables y cumplen la ley. En tiempos de dificultades podemos apelar a ellos para que protejan nuestros derechos legales. Esta clase de protección puede ser necesaria para que la actividad cristiana siga adelante. A lo largo de la historia los cristianos han apelado a la justicia con buenos resultados. Naturalmente, en ciertos estados represivos este tipo de intentos pueden ser desastrosos. Pero esto no impide que los cristianos que viven en ellos puedan pensar en la mejor manera de relacionarse con las leyes de tales estados.

En los últimos años, y a medida que ha aumentado la oposición a la evangelización en Sri Lanka, damos gracias por nuestra Constitución, que otorga a las personas el derecho a practicar y propagar su religión. En tiempos de crisis hemos apelado a este derecho. El hecho de que algunos cristianos conocen a personas influyentes en el ámbito del gobierno nos ha ayudado también a obtener una protección que es legítimamente nuestra. Pero hay rumores de que, en la actualidad, se pretende cambiar la Constitución para recortar la libertad de culto y difusión religiosa. Algunos dirigentes cristianos están, por tanto, intentando impedir tales cambios, utilizando todas las oportunidades para influir en nuestros dirigentes. Algunos están escribiendo artículos y publicándolos en foros seculares, como hicieran en su día los antiguos apologistas en defensa de la práctica cristiana de la evangelización. Otros se reúnen con sus amigos del gobierno para tratar de conseguir apoyo para esta causa. Están también los que se ocupan de alertar a la comunidad cristiana mundial con la esperanza de que otros levanten su voz a favor de los cristianos en Sri Lanka.

Hace algunos años, el presidente de un país musulmán prohibió la difusión de una nueva Biblia pocos días antes de su puesta a la venta. De nada sirvieron las protestas y súplicas de los cristianos nacionales. Por aquel tiempo, el presidente de aquel país fue de visita a Occidente. Durante dicho viaje, un senador de Estados Unidos le dijo que era el primer presidente de la historia que prohibía una Biblia. También el Papa habló con él criticando esta medida. ¡El resultado fue que, tan pronto como regresó a su país, retiró la prohibición!

¿Deberíamos, pues, procurar la amistad de personas influyentes? ¿Deberíamos invertir tiempo y energía para "codearnos con los pesos pesados de la política"? Depende de cuál sea nuestro llamamiento personal. Las personas influyentes de la sociedad también necesitan a Cristo y hemos de intentar hacernos amigos de ellas para poder darles testimonio. Hemos de asumir que Pablo les presentó el evangelio a los asiarcas como a cualquier otra persona.

Dios puede llamar a algunas personas para que se muevan en estos círculos a fin de que influyan a quienes pueden otorgar a la obra del evangelio la protección que requiere. Estas personas deberían ser apoyadas por el grupo cristiano al que son responsables. Esta vinculación puede ayudarles a no sacrificar principios cristianos en su relación con quienes viven en estos elevados círculos sociales.[34]

Al igual que José, Nehemías, Esther y Mardoqueo, hemos de ejercer toda la influencia que podamos sobre los dirigentes nacionales para representar la causa del reino de Dios y subrayar la necesidad de protección de su pueblo. Aunque, posiblemente, la iglesia de Hechos era demasiado joven para producir políticos, en la actitud bíblica hacia la sociedad hay lugar para que los cristianos devotos entren en la esfera de la vida nacional y hagan sentir su influencia fomentando los principios del reino.

---

34. Sobre este asunto, ver mi libro *Spiritual Living in a Secular World* (Grand Rapids: Zondervan, 1993), 46–56.

Hechos 20:1–38

uando cesó el alboroto, Pablo mandó llamar a los discípulos y, después de animarlos, se despidió y salió rumbo a Macedonia. ² Recorrió aquellas regiones, alentando a los creyentes en muchas ocasiones, y por fin llegó a Grecia, ³ donde se quedó tres meses. Como los judíos tramaban un atentado contra él cuando estaba a punto de embarcarse para Siria, decidió regresar por Macedonia. ⁴ Lo acompañaron Sópater hijo de Pirro, de Berea; Aristarco y Segundo, de Tesalónica; Gayo, de Derbe; Timoteo; y por último, Tíquico y Trófimo, de la provincia de Asia. ⁵ Éstos se adelantaron y nos esperaron en Troas. ⁶ Pero nosotros zarpamos de Filipos después de la fiesta de los Panes sin levadura, y a los cinco días nos reunimos con los otros en Troas, donde pasamos siete días.

⁷ El primer día de la semana nos reunimos para partir el pan. Como iba a salir al día siguiente, Pablo estuvo hablando a los creyentes, y prolongó su discurso hasta la medianoche. ⁸ En el cuarto del piso superior donde estábamos reunidos había muchas lámparas. ⁹ Un joven llamado Eutico, que estaba sentado en una ventana, comenzó a dormirse mientras Pablo alargaba su discurso. Cuando se quedó profundamente dormido, se cayó desde el tercer piso y lo recogieron muerto. ¹⁰ Pablo bajó, se echó sobre el joven y lo abrazó. «¡No se alarmen! —les dijo—. ¡Está vivo!» ¹¹ Luego volvió a subir, partió el pan y comió. Siguió hablando hasta el amanecer, y entonces se fue. ¹² Al joven se lo llevaron vivo a su casa, para gran consuelo de todos.

¹³ Nosotros, por nuestra parte, nos embarcamos anticipadamente y zarpamos para Asón, donde íbamos a recoger a Pablo. Así se había planeado, ya que él iba a hacer esa parte del viaje por tierra. ¹⁴ Cuando se encontró con nosotros en Asón, lo tomamos a bordo y fuimos a Mitilene. ¹⁵ Desde allí zarpamos al día siguiente y llegamos frente a Quío. Al otro día cruzamos en dirección a Samos, y un día después llegamos a Mileto. ¹⁶ Pablo había decidido pasar de largo a Éfeso para no demorarse en la provincia de Asia, porque tenía prisa por llegar a Jerusalén para el día de Pentecostés, si fuera posible.

¹⁷ Desde Mileto, Pablo mandó llamar a los ancianos de la iglesia de Éfeso. ¹⁸ Cuando llegaron, les dijo: «Ustedes saben cómo me porté todo el tiempo que estuve con ustedes, desde el primer día que vine a la provincia de Asia. ¹⁹ He servido al Señor con toda humildad y con lágrimas, a pesar de haber sido sometido a duras pruebas por las maquinaciones de los judíos. ²⁰ Ustedes saben que no he vacilado en predicarles nada que les fuera de provecho, sino que les he enseñado públicamente y en las casas. ²¹ A judíos y a

griegos les he instado a convertirse a Dios y a creer en nuestro Señor Jesús.

²² »Y ahora tengan en cuenta que voy a Jerusalén obligado por el Espíritu, sin saber lo que allí me espera. ²³ Lo único que sé es que en todas las ciudades el Espíritu Santo me asegura que me esperan prisiones y sufrimientos. ²⁴ Sin embargo, considero que mi vida carece de valor para mí mismo, con tal de que termine mi carrera y lleve a cabo el servicio que me ha encomendado el Señor Jesús, que es el de dar testimonio del evangelio de la gracia de Dios.

²⁵ «Escuchen, yo sé que ninguno de ustedes, entre quienes he andado predicando el reino de Dios, volverá a verme. ²⁶ Por tanto, hoy les declaro que soy inocente de la sangre de todos, ²⁷ porque sin vacilar les he proclamado todo el propósito de Dios. ²⁸ Tengan cuidado de sí mismos y de todo el rebaño sobre el cual el Espíritu Santo los ha puesto como obispos para pastorear la iglesia de Dios, que él adquirió con su propia sangre. ²⁹ Sé que después de mi partida entrarán en medio de ustedes lobos feroces que procurarán acabar con el rebaño.³⁰ Aun de entre ustedes mismos se levantarán algunos que enseñarán falsedades para arrastrar a los discípulos que los sigan.

³¹ Así que estén alerta. Recuerden que día y noche, durante tres años, no he dejado de amonestar con lágrimas a cada uno en particular.

³² »Ahora los encomiendo a Dios y al mensaje de su gracia, mensaje que tiene poder para edificarlos y darles herencia entre todos los santificados.

³³ No he codiciado ni la plata ni el oro ni la ropa de nadie. ³⁴ Ustedes mismos saben bien que estas manos se han ocupado de mis propias necesidades y de las de mis compañeros. ³⁵ Con mi ejemplo les he mostrado que es preciso trabajar duro para ayudar a los necesitados, recordando las palabras del Señor Jesús: "Hay más dicha en dar que en recibir."»

³⁶ Después de decir esto, Pablo se puso de rodillas con todos ellos y oró. ³⁷ Todos lloraban inconsolablemente mientras lo abrazaban y lo besaban. ³⁸ Lo que más los entristecía era su declaración de que ellos no volverían a verlo. Luego lo acompañaron hasta el barco.

Sentido Original

El capítulo 20 describe el ministerio de Pablo alentando a una serie de iglesias que, en su mayoría, había ayudado a establecer. Lucas menciona este extenso ministerio con bastante rapidez y a continuación nos ofrece un resumen de uno de los mensajes que pronunció durante este viaje. Podemos conocer algunos detalles más a partir de lo que Pablo escribió en 2 Corintios y Romanos, unas cartas que fueron redactadas durante este periodo.

Animando a las iglesias en Macedonia y Grecia (20:1-6)

Tras animar a los efesios, Pablo parte hacia Macedonia (v. 1). El apóstol viaja por toda aquella zona dedicándose a transmitir ánimo a las iglesias y finalmente llega a Grecia (v. 2). Extrañamente, Lucas omite el hecho de que tras su salida de Éfeso Pablo fue primero a Troas y esperó con inquietud a que Tito le trajera noticias de la situación en Corinto. Puesto que este último no llegaba, Pablo no encontró "ningún descanso", de modo que se dirigió a Macedonia, donde recibió buenas noticias de la situación en Corinto (2Co 2:12–14; 7:6–7).[1]

El ánimo es un tema clave de este capítulo. El verbo *parakaleo* ("animar") aparece tres veces (vv. 1, 2, 12), y en los versículos 18–35 tenemos una muestra del contenido del ánimo que Pablo impartía. La redacción del versículo 2 sugiere que el apóstol pasó un sustancial periodo de tiempo en Macedonia, a diferencia de su primera visita, en la que hubo de abandonar a toda prisa tres ciudades macedonias. Algunos eruditos sugieren que Pablo se quedó entre uno y dos años en esta zona. Durante este periodo escribió 2 Corintios. Es posible que el apóstol desarrollara algo de obra pionera, por ejemplo, en la zona de Ilírico (que ocupa el territorio de la antigua Yugoslavia), la provincia noroccidental de Macedonia (ver Ro 15:18–19).[2] A estas alturas, Pablo había establecido iglesias en una buena parte del mundo griego. Su siguiente plan era alcanzar el mundo latino, utilizando posiblemente la ciudad de Roma como base de operaciones.

Es posible que Pablo quisiera ir a Jerusalén a tiempo para la Pascua. Estaba a punto de zarpar de Corinto en una embarcación con destino a Siria, que posiblemente llevaba a peregrinos judíos que se dirigían a Jerusalén para esta fiesta. Pero el apóstol se enteró de una conspiración que, posiblemente algunos de los que viajaban en aquella nave, tramaban contra él (v. 3). Por ello, decidió tomar el camino largo a pie por Macedonia, y dirigirse al norte en lugar de hacia el este. Pasó la Pascua en Filipos (v. 6), una ciudad con una población judía tan escasa que ni siquiera contaba con una sinagoga. Según sus nuevos planes, Pablo esperaba estar en Jerusalén a tiempo para la fiesta posterior al Pentecostés (v. 16).

Durante estos días, Pablo se ocupó de la importante tarea de recaudar una considerable ofrenda para los pobres de la iglesia de Jerusalén. Hay solo una alusión a esta recaudación en el libro de los Hechos (24:17), pero Pablo aludió muchas veces a esta cuestión en sus cartas (Ro 15:25–32; 1Co 16:1–4; 2Co

---

1. Aunque a Tito se le menciona trece veces en las cartas de Pablo, contando la carta que se le dirige directamente, él mismo no aparece en Hechos. Probablemente hay una buena razón para explicar esta omisión, pero nadie parece estar seguro de cuál es.

2. Wagner, *Blazing the Way*, 187. Pablo redactó la carta a los Romanos durante su estancia de tres meses en Grecia (concretamente en Corinto), donde fue tras salir de Macedonia (v. 2).

8–9). Igual que los representantes de las comunidades judías en la Diáspora llevaban a Jerusalén su contribución anual para el templo,[3] Pablo estaba planificando llevar esta aportación de las iglesias como una expresión tangible de la solidaridad de los cristianos gentiles con la iglesia a partir de la cual se extendió el evangelio. La larga enumeración de compañeros de viaje que se presenta en el versículo 4 es probablemente una representación de las iglesias que habían hecho aportaciones. Se mencionan casi todas las iglesias gentiles fundadas por Pablo, con la notable ausencia de Corinto. Este hecho podría deberse a las tensas relaciones que había entre el apóstol y la iglesia corintia, o a que el propio apóstol ejercía de representante de esta comunidad local.[4] Tampoco se menciona a la iglesia de Filipos, pero es probable que Lucas, quien ahora se une al grupo, fuera su representante. La sección redactada en primera persona del plural que concluyó tras la primera visita a Filipos (16:16) comienza de nuevo en este punto (v. 6).

Un milagro de medianoche en Troas (20:7–12)

Desde Filipos, Pablo y Lucas zarparon para Troas (v. 6), donde había una iglesia que probablemente no había sido fundada por Pablo. En esta ciudad, los cristianos se reunieron "El primer día de la semana [...] para partir el pan" (v. 7). Aquí tenemos la primera referencia clara de la Escritura a una reunión para la adoración cristiana el primer día de la semana.[5] No podemos estar seguros de si la adoración en domingo se había ya convertido en una práctica habitual de la iglesia, o si esta reunión el primer día de la semana fue casual. Al parecer, cuando se redactó la Didajé (finales del primer siglo o principio del segundo) la adoración en domingo era ya una práctica muy común.[6] Como hacían a menudo los amigos en aquellos días cuando se veían de nuevo tras una larga ausencia, hablaron hasta bien entrada la noche (v. 7b).[7] En este pasaje, Lucas podría estar haciendo referencia a una larga conversación más que a un extenso sermón, puesto que en el versículo 7 utiliza la palabra *dialegomai*.[8]

Lucas observa que "había muchas lámparas" en la habitación del piso superior (v. 8), posiblemente para librar de cualquier responsabilidad a su héroe

---

3. Keener, *BBC*, 382.

4. Longenecker menciona estas dos opciones ("Acts", 506).

5. Ver también Jn 20:19, 26; 1Co 16:2. Según la forma judía de contarlos, los días se iniciaban al atardecer, mientras que de acuerdo con el sistema romano comenzaban a medianoche. Así pues, esta reunión podría haber comenzado el sábado por la noche (si se utilizaba el sistema judío) o el domingo por la tarde (si se tenía en mente el sistema romano).

6. "Reúnanse en el día del Señor y partan el pan y den gracias; háganlo tras la confesión de sus pecados, para que su sacrificio pueda ser puro" (Didajé 14:1, en *Apostolic Fathers*, 267).

7. Keener, *BBC*, 383.

8. Bruce, *Acts: Greek Text*, 425. Esta palabra aparece también en el v. 9.

Pablo por el hecho de que Eutico se durmiera.[9] Bruce explica lo que parece haber sucedido: "La grasienta y bochornosa atmósfera producida por la multitud y las antorchas hizo difícil que un joven que habría trabajado una larga jornada laboral se mantuviera despierto, a pesar de la inapreciable oportunidad de aprender de los labios del apóstol".[10] El doctor Lucas debió de constatar que Eutico estaba realmente muerto, a diferencia de lo sucedido en Listra, donde los oponentes de Pablo pensaron erróneamente que estaba muerto (14:19). El comentario de Pablo: "¡No se alarmen! —les dijo—. ¡Está vivo!" (v. 10b), se refiere al estado del joven tras ser sanado. Esta es la última de las ocho ocasiones narradas en la Biblia en que alguien resucita a una persona muerta.

Este episodio guarda similitudes con las dos resurrecciones realizadas por Elías y Eliseo (1R 17:17–24; 2R 4:32–37).[11] "Pablo bajó, se echó sobre el joven y lo abrazó" (v. 10a). Este abrazo fue una extensión de la práctica más común de imponer las manos a las personas en las curaciones. J. A. Alexander está probablemente en lo cierto cuando dice que "este hecho pretendía conectar un efecto milagroso con la persona que lo producía o llevaba a cabo".[12] Obsérvese que "Jesús se dio cuenta de que de él había salido poder" cuando fue sanada la mujer con flujo de sangre (Mr 5:30), sugiriendo una estrecha conexión entre las curaciones y el instrumento a través del que se producía el milagro. Después de partir el pan, Pablo habló hasta el alba y partió (v. 11), dejando a los cristianos con gran ánimo (*parakaleo* de nuevo).

Viajando hasta Mileto (20:13–16)

Los compañeros de Pablo tomaron una embarcación que se dirigía a Asón, pero Pablo salió un poco más adelante y viajó a pie (v. 13b). ¿Lo hizo para evitar el mal tiempo? ¿Quiso quedarse un poco más para asegurarse de que el joven Eutico estuviera completamente recuperado? ¿Quería simplemente estar solo? ¿O acaso cambió constantemente de planes porque llevaba mucho dinero para los cristianos de Jerusalén y no quería que otros (aparte de sus colaboradores cercanos) supieran dónde se encontraba en un momento específico? Fuera cual fuera la razón, recorrer solo aquellos treinta kilómetros le habría hecho mucho bien. En Asón, Pablo se embarcó en dirección a Mileto (vv. 14–15). Estos dos puertos estaban en la costa occidental de Asia Menor. Entre ellos estaban los puertos insulares de Mitilene, Quío y Samos. Pablo evitó ir a Éfeso (v. 16), puede que para ahorrar tiempo, ya que estaba supeditado al plan de navegación del barco o quizá porque para él habría sido peligroso ir a esta ciudad.

---

9. Longenecker, "Acts", 509.
10. Bruce, *Acts: Greek Text*, 426.
11. Las otras cinco ocasiones están en Lc 7:11–16; 8:49–56; 24:6; Jn 11:43–44; Hch 9:36–42.
12. Alexander, *Acts*, 232.

Alentando a los ancianos de Éfeso (20:17-38)

Aunque Pablo no llegó hasta Éfeso, hizo llamar a los ancianos de esta iglesia para que se reunieran con él en Mileto (a unos cincuenta y cinco kilómetros de distancia por tierra), posiblemente mientras el barco en que viajaba cargaba y descargaba mercancías. Sus palabras a este grupo siguen la forma de los discursos de despedida familiares en aquel tiempo.[13] El lenguaje de este discurso se parece más al modo de hablar de Pablo que al de Lucas. Keener observa: "Puesto que, según parece, Lucas tenía poco acceso a las cartas de Pablo (las cuales no se recopilaron hasta mucho después de la muerte del apóstol), debió de aprender su estilo en su contacto directo con él".[14]

Este es el único registro que tenemos de un discurso de Pablo dirigido a creyentes y su contenido se parece sorprendentemente a sus cartas (también dirigidas a creyentes). Este es un sólido argumento contra quienes alegan que el libro de los Hechos no es confiable desde un punto de vista histórico por las presuntas diferencias entre el Pablo de Hechos y el de las cartas. Las cartas pastorales fueron escritas para ancianos y tienen un asombroso número de ideas en común con este discurso.[15]

Pablo desarrolla tres temas principales. (1) Defiende su conducta, presentándola como un ejemplo para los ancianos de Éfeso (vv. 18–27, 33–35). (2) Presenta una comisión junto con una advertencia (vv. 28–30). (3) Por último, les encomienda a Dios (v. 32).

El ejemplo de Pablo (20:18-27). El tema inicial y más prominente del discurso es el ejemplo de Pablo: un elemento característico de los discursos de despedida. Pablo afirma haber sido un ejemplo en cuatro cosas. (1) Se identificó con las personas, viviendo entre ellas (v. 18), sirviendo a Dios con humil-

---

13. "El discurso de despedida es un género presente por toda la Escritura (Gn 47:29–49:33; Dt 31:14–33:29; Jos 23:1–24:30; 1S 12:1–25; 2R 2:1–14; Mt 28:18–20; Jn 13–17; 2Ti; 2 Pedro [...]). La vida del dirigente que se marcha se reexamina como un ejemplo a ser imitado y una defensa de su conducta. Hay advertencias sobre los futuros peligros para la fe, exhortaciones a la fidelidad e invocaciones a la bendición de Dios en una despedida afectuosa, apesadumbrada y devota" (Larkin, *Acts*, 292–93).

14. Keener, *BBC*, 383.

15. Ambos discursos tienen secciones autobiográficas (vv. 18–27, 33–35; 1Ti 1:12–16; 2Ti 2:8–10; 4:6–18) y ambos subrayan la importancia del ejemplo (Hch 20:18–27, 31, 33–35; 1Ti 4:12; Tit 2:7), de acabar la carrera (Hch 20:24; 2Ti 4:7), del esfuerzo y la laboriosidad (Hch 20:18–21, 35; 2Ti 2:6), del sufrimiento (Hch 20:22–25; 2Ti 1:8, 12; 2:3, 9–10; 4:6), de los problemas que se avecinan (Hch 20:22–25; 2Ti 4:6–7), de comunicar cuidadosamente un cuerpo de verdad (Hch 20:20, 26–27, 32; 1Ti 6:20; 2Ti 2:2, 15), de los falsos maestros procedentes de la propia iglesia (Hch 20:29–31; 2Ti 4:3–4), de estar en guardia contra ciertas personas (Hch 20:30–31; 2Ti 4:14–15), de la importancia de que los dirigentes tengan cuidado de sus vidas (Hch 20:26; 1Ti 4:7, 15–16; 2Ti 2), de las lágrimas de preocupación (Hch 20:19, 31; 2Ti 1:4), de la primacía del ministerio de la Palabra (Hch 20:20, 26–27, 32; 1Ti 4:13–14; 2 Ti 4:2), de la capacidad que tiene la Palabra de mantener a las personas en la fe (Hch 20:32; 2Ti 3:16–17), etc.

dad y lágrimas (v. 19), y yendo de casa en casa (v. 20). Esto le permitió conocer sus necesidades, y poder predicarles todo lo que les era provechoso (v. 20a). Es evidente que Pablo tenía lo que podríamos llamar un acercamiento sincero al ministerio. Esta es la razón por la que pudo pasar toda una noche charlando con los creyentes en Troas (vv. 9–10) y por la que derramó tantas lágrimas entre los efesios (vv. 19, 31).

(2) Pablo era un maestro que enseñó a los efesios todo cuanto les era provechoso y lo hacía en público y por las casas (v. 20). Su enseñanza era pertinente para sus necesidades.

(3) Pablo fue un testigo del evangelio (v. 21). El apóstol utiliza la palabra *diamartyromai*, que aquí se traduce "instado a" (cf. comentarios sobre 18:5). Esta palabra transmite la idea de que la evangelización es una seria responsabilidad en tanto que llama a las personas al arrepentimiento y a la fe. Más adelante, Pablo afirma que su predicación fue exhaustiva en el sentido de que no dudó en impartirles "todo el propósito de Dios" (v. 27). Por eso pudo declararse inocente de su sangre (v. 26). Los versículos 21, 26–27 nos recuerdan el llamamiento a ser atalayas, con la responsabilidad de advertir adecuadamente a las personas como se muestra en Ezequiel 3:16–21; 33:1–9.

(4) El compromiso de Pablo con la evangelización está íntimamente relacionado con la cuarta área en la que él era un ejemplo: Pablo padeció por su obediencia. En los versículos 22–23 atribuye dos acciones al Espíritu Santo: una obligación que le lleva ahora a Jerusalén y una constante advertencia (*diamartyromai*) de que, si va a Jerusalén, sufrirá. El versículo 24 explica cómo pueden conciliarse estos dos mensajes aparentemente contradictorios: la meta de la vida no es la propia preservación, sino la fidelidad a nuestro llamamiento de dar testimonio del evangelio. Si esta fidelidad conlleva sufrimiento y cárcel, tales experiencias se aceptarán de buena gana.

Tras exponer lo que el Espíritu Santo le ha comunicado, Pablo expresa su convicción personal de que no volverá a verles (v. 25). Y esto, a su vez, motiva su declaración de que es "inocente de la sangre de todos" porque les ha declarado la verdad de Dios (vv. 26–27).

Una comisión y una advertencia (20:28–31). Pablo es consciente del peligro de que las cosas se compliquen en Éfeso. Por consiguiente, les comisiona y advierte con severidad. La comisión consta de tres puntos. (1) El más importante es que los ancianos han de tener cuidado de sí mismos (v. 28).

(2) Han de velar sobre el rebaño como "obispos" (*episkopos*. [v. 28]). Como en otros pasajes de la Escritura, es un sinónimo de "anciano" (ver v. 17). Mientras que el término "anciano" subraya la madurez del individuo, "obispo" acentúa la función, que es cuidar de las personas. En este versículo (y en Heb 13:17) esta tarea toma la forma de velar sobre las vidas de las personas. Los creyentes han de estar especialmente en guardia contra los "lobos feroces", que se levantarán de la iglesia y falsearán la verdad (vv. 29–30). Cuando Pablo

estuvo en Éfeso había advertido a los creyentes sobre este peligro día y noche con lágrimas (v. 31).

(3) Los ancianos han de pastorear el rebaño (ver también 1P 5:2–3), que es tan valioso que Cristo lo compró con su propia sangre. Pastorear implica "cuidar, preocuparse, alimentar, proteger y guiar".[16] La referencia al acto de Cristo de comprar a la iglesia con su sangre nos recuerda que, igual que el buen pastor dio su vida por las ovejas (cf. Jn 10:11), también nosotros hemos de entregarla por ellas.

Encomendando a las personas a Dios y a su palabra (20:32). Pablo encomienda finalmente a los ancianos "a Dios y al mensaje de su gracia". El mensaje que habían recibido les capacitaría para permanecer cerca de Dios. Hoy tenemos este mensaje en las Escrituras. Aunque posiblemente Pablo no tiene aquí en mente el Antiguo y el Nuevo Testamento, podemos extenderlo legítimamente a toda la Biblia, porque a diferencia del tiempo de los primeros apóstoles, en que su mensaje estaba investido de autoridad final, hoy tenemos la Palabra de Dios que contiene este mensaje.

El ejemplo de Pablo (una vez más) (20:33–35). Pablo concluye su discurso presentando una vez más el desafío de su propia vida como ejemplo a seguir por los ancianos. Cuando estaba con ellos, mostró un sincero compromiso. No codició lo que otros tenían (v. 33), sino que trabajó mucho con sus propias manos para suplir las necesidades del equipo (v. 34), y al hacerlo puso de relieve uno de los objetivos de los cristianos para ganar dinero, a saber, ayudar a los necesitados (ver también Ef 4:28). Hay un halo de credibilidad en sus peticiones de dinero para los pobres, puesto que él mismo marcó el camino siendo generoso con sus propias ofrendas.

La despedida (20:36–38). La aflicción expresada en la partida de Pablo nos da una indicación de lo mucho que se le quería. El apóstol había pagado el precio de abrir su vida a aquellas personas, quienes por su parte, le correspondieron abriéndole sus vidas a él. Ahora ellos le acompañan al barco, y él reanuda su viaje a Jerusalén, igual que su maestro, quien también "afirmó su rostro para ir a Jerusalén" (Lc 9:51, RV60, LBLA), sabiendo que le esperaba la muerte.

Construyendo Puentes Hay dos importantes temas que parecen repetirse en esta sección:[17] las complejas situaciones que había entre Pablo y los judíos y su ministerio de ánimo a las iglesias.

---

16. Daniel L. Akin, "Overseer", *EDBT*, 586.
17. En un principio pensaba desarrollar dos estudios distintos de este capítulo. Pero descubrí que estos dos temas aparecían igualmente en ambas secciones. Por ello, me he visto forzado a optar por un largo estudio de todo el capítulo.

Pablo y la reacción de los judíos

Aunque en este pasaje es quizá un tema secundario, el asunto de Pablo y la reacción de los judíos al evangelio es una parte importante de la tensión que Lucas desarrolla en su avance hacia la conclusión del libro. En su relato, Lucas habla de dos conspiraciones contra el apóstol (vv. 3, 19) y la de que fue objeto en Asia la describe como una severa prueba para Pablo (v. 19). Al hablar de su inminente visita a Jerusalén se le auguran penurias (vv. 22–24). Pablo menciona concretamente su fidelidad en la proclamación del mensaje a los judíos (v. 21). Se nos habla también de Pablo en relación con las festividades judías (vv. 6, 16). Sabemos que durante este viaje se producirá su arresto, y que un acto patriótico de Pablo se interpretará como una profanación del templo.

Los judíos reaccionaron al mensaje de Pablo igual que lo hicieron al de Jesús (ver Lc 4:16–31). En su evangelio, Lucas desarrolló una tensión creciente alrededor del último viaje de Jesús a Jerusalén. Esta tensión se inicia ya en 9:51: "Como se acercaba el tiempo de que fuera llevado al cielo, Jesús se hizo el firme propósito de ir a Jerusalén". Inmediatamente después de esto, Lucas afirmó que "allí [en Samaria] la gente no quiso recibirlo porque se dirigía a Jerusalén" (9:53). Un poco más adelante menciona que "Jesús enseñaba en los pueblos y aldeas por donde pasaba" (13:22). El propio Jesús afirmó en relación con este viaje: "… no puede ser que muera un profeta fuera de Jerusalén" (13:33). Esto motivó su lamento: "¡Jerusalén, Jerusalén, que matas a los profetas y apedreas a los que se te envían! ¡Cuántas veces quise reunir a tus hijos [...]!" (13:34).

Más adelante Lucas narró una vez más que Jesús iba camino de Jerusalén (Lc 17:11) y las palabras del Señor en el sentido de que tenía que morir y resucitar de los muertos (18:31–33). A medida que se acercaba a Jerusalén, el pueblo pensaba que el reino de Dios se manifestaría inmediatamente (19:11), lo cual motivó una parábola. Este aumento de la tensión llegó a su clímax con los acontecimientos del Domingo de Ramos, cuando Jesús entró triunfante en Jerusalén, pero los dirigentes rechazaron la calurosa recepción del pueblo. Jesús lloró sobre Jerusalén y predijo su destrucción. A continuación purificó el templo de la presencia de los cambistas y siguió enseñando, mientras los dirigentes buscaban la manera de acabar con él (capítulo 19). Un comentario de los discípulos sobre la grandiosidad del templo motivó su discurso sobre los acontecimientos futuros, en particular la destrucción de Jerusalén (capítulo 21). El siguiente punto culminante fue, naturalmente, la muerte de Jesús.

¡Con qué patético dramatismo ha narrado Lucas el rechazo del Hijo de Dios por parte de su pueblo! Lucas describe un drama parecido en su segundo volumen cuando narra el viaje a Jerusalén de uno de los hijos más ilustres de los israelitas. Como en el caso de Jesús, se ciernen siniestros presagios de problemas, pero Pablo persiste con la misma certeza y la misma resolución que también expresó su Señor (Hch 20:22–25). Para Pablo no fue fácil aceptar el rechazo de los suyos. De hecho, el apóstol había "sido sometido a duras pruebas por las maquinaciones de los judíos" (v. 19). Fue durante este periodo de su vida cuando escribió la carta a los Romanos, con su sublime reflexión teológica sobre el rechazo judío del evangelio. Este discurso teológico comienza con una expresión de su profundo dolor por este rechazo (Ro 9:1–4a).

> Digo la verdad en Cristo; no miento. Mi conciencia me lo confirma en el Espíritu Santo. Me invade una gran tristeza y me embarga un continuo dolor. Desearía yo mismo ser maldecido y separado de Cristo por el bien de mis hermanos, los de mi propia raza, el pueblo de Israel.

¿Qué principios podemos colegir de este hecho para nosotros hoy? (1) Nos describe el misterioso fenómeno del rechazo judío del evangelio. Como Pablo, también nosotros deberíamos decir: "El deseo de mi corazón, y mi oración a Dios por los israelitas, es que lleguen a ser salvos" (Ro 10:1). También nosotros deberíamos, como Pablo, anhelar la salvación de los judíos y apoyar su evangelización.[18] (2) Creo, no obstante, que este fenómeno bíblico del rechazo de los representantes de Dios por parte de su propio pueblo tiene una aplicación más amplia. Representa un consuelo y un desafío para todos aquellos que, en obediencia a Dios, están viviendo como peregrinos, están pagando el precio de la obediencia y sufren el rechazo de quienes deberían tener otra actitud hacia ellos. Jesús "vino a lo que era suyo, pero los suyos no lo recibieron" (Jn 1:11). No deberíamos esperar algo distinto para nosotros. Jesús dijo: "'Ningún siervo es más que su amo.' Si a mí me han perseguido, también a ustedes los perseguirán". Pero inmediatamente después, Jesús dijo también: "Si han obedecido mis enseñanzas, también obedecerán las de ustedes" (Jn 15:20). Junto con las decepciones habrá igualmente algunos éxitos que harán que el precio valga la pena.

Más sobre la teología lucana del sufrimiento

El acercamiento de Pablo a su inminente sufrimiento añade una nueva dimensión a la teología del sufrimiento que expone Lucas y que representa un importante tema en su libro de los Hechos. Pablo recibió un doble mensaje de parte del Espíritu: debe ir a Jerusalén, y si va, sufrirá. Naturalmente, como nos recuerda Calvino, Pablo "no corrió hacia los peligros de manera irreflexiva".[19] Por ello, tomó la ruta más larga a Jerusalén y llegó más tarde de lo que había planeado inicialmente (v. 3). Pero si lo demandaba la obediencia, estaba dispuesto a sufrir. Este sufrimiento no era un fin en sí mismo, sino el resultado de la profunda ambición que movía a Pablo: la de acabar la carrera y terminar la

---

18. El asunto de la evangelización de los judíos se comentará con más detalle en nuestro estudio de 28:16–31.
19. Calvino, *Acts 14–28*, 168.

tarea que Dios le había encomendado (v. 24). Esta ambición superaba a la legítima tarea, aunque secundaria, de proteger su vida. Este acercamiento a la vida concuerda con lo que Pablo escribió en sus cartas. El instinto de conservación y de progreso personal estuvo siempre sometido a su anhelo de ver crecer el reino de Dios por medio de su obediencia.

Lo que movía a Pablo era el cumplimiento de su misión. El capítulo 4 de 2 Corintios es un pasaje clave para este asunto. En el versículo 7, el apóstol nos presenta su gloriosa misión: "Pero tenemos este tesoro en vasijas de barro para que se vea que tan sublime poder viene de Dios y no de nosotros". Nuestro cuerpo —nuestra persona—, al que tanto tiempo y energía dedicamos, intentando nutrir y embellecer, es simplemente una vasija de barro cuando lo consideramos en vista de las realidades eternas. Solo en relación con estas realidades encuentra la vida su valor. Por eso Pablo declara en los versículos 8–12 que estaba dispuesto a soportar el dolor y las penurias si con ello conseguía el avance de la causa que daba sentido a su vida:

> Nos vemos atribulados en todo, pero no abatidos; perplejos, pero no desesperados; perseguidos, pero no abandonados; derribados, pero no destruidos. Dondequiera que vamos, siempre llevamos en nuestro cuerpo la muerte de Jesús, para que también su vida se manifieste en nuestro cuerpo. Pues a nosotros, los que vivimos, siempre se nos entrega a la muerte por causa de Jesús, para que también su vida se manifieste en nuestro cuerpo mortal. Así que la muerte actúa en nosotros, y en ustedes la vida.

Esta perspectiva convence a Pablo de que sus sacrificios no son absurdos: "Por tanto, no nos desanimamos. Al contrario, aunque por fuera nos vamos desgastando, por dentro nos vamos renovando día tras día. Pues los sufrimientos ligeros y efímeros que ahora padecemos producen una gloria eterna que vale muchísimo más que todo sufrimiento" (2Co 4:16–17). De manera similar, en 1 Corintios 9, tras enumerar los muchos sacrificios que había hecho en aras del evangelio, Pablo exclama: "¿Cuál es, entonces, mi recompensa? Pues que al predicar el evangelio pueda presentarlo gratuitamente, sin hacer valer mi derecho [...] Todo esto lo hago por causa del evangelio, para participar de sus frutos" (vv. 18, 23). En otras palabras, Hechos 20 y las cartas de Pablo nos dicen que la causa del evangelio es tan importante que merece la pena pagar cualquier precio para su avance (v. 24).

Es importante observar que en Hechos 20 Pablo presenta su disposición a sufrir por el evangelio como una razón para motivar a los ancianos de Éfeso a ser fieles a su tarea. Se trata de un tema recurrente en Pablo, quien a menudo apela a sus sufrimientos cuando quiere influenciar a sus lectores en relación con algo importante (ver 1 y 2 Corintios; Gá 6:17; Ef 4:1). Obsérvese también lo que dice en Hebreos; tras explicar que Jesús, "por el gozo que le esperaba, soportó la cruz, menospreciando la vergüenza que ella significaba, y ahora está sentado a la derecha del trono de Dios", el autor sigue diciendo: "Consideren a aquel que perseveró frente a tanta oposición por parte de los pecadores, *para que no se cansen ni pierdan el ánimo*" (Heb 12:2–3, cursivas del autor). Los dirigentes que sufren motivan a los demás a asumir el sufrimiento.

Las palabras de Hechos 20:28, en el sentido de que los dirigentes son pastores que mueren por su rebaño, tienen relación con este asunto. Puesto que este pensamiento rara vez nos viene a la mente cuando pensamos en el liderazgo, hemos de ampliarlo a partir de la Escritura. Jesús es nuestro ejemplo, para que lo que él hizo por nosotros lo hagamos nosotros por los demás (cf. Jn 13:14). Como el Padre le envió al mundo, nos envía también a nosotros (20:21), lo cual significa que, como él puso su vida por nosotros, hemos de estar dispuestos a poner nuestra vida por nuestros amigos (15:12–13). El buen pastor está tan comprometido con las ovejas que muere por ellas (10:11–15). Pablo nos pide específicamente que sigamos el ejemplo de Jesús, quien "aunque era rico, por causa de ustedes se hizo pobre, para que mediante su pobreza ustedes llegaran a ser ricos" (2Co 8:9).

La vida de Pablo ejemplificó plenamente este principio. El apóstol nos informa que, por causa de la iglesia, llevaba la muerte de Cristo en su cuerpo (2Co 4:10–11): "Así que la muerte actúa en nosotros, y en ustedes la vida [...] Todo esto es por el bien de ustedes, para que la gracia que está alcanzando a más y más personas haga abundar la acción de gracias para la gloria de Dios" (4:12, 15; ver Col 1:24–25). Por tanto, el llamamiento de los dirigentes es a pastorear el rebaño estando dispuestos a morir por él.

En resumen, este pasaje nos enseña, pues, tres cosas sobre el sufrimiento. (1) Los cristianos asumen un sufrimiento que podrían fácilmente evitar por su compromiso con el glorioso evangelio de Cristo, una causa que hace que tal sufrimiento valga la pena. (2) Los creyentes se sentirán motivados a sufrir por el evangelio cuando vean que sus líderes asumen esta clase de sufrimiento. (3) Los dirigentes no solo sufren por el evangelio, sino también por aquellos a quienes guían.

El ministerio itinerante de impartir ánimo

El ministerio del ánimo, indicado por la triple repetición de la palabra *parakaleo*, es el tema principal de este capítulo y la razón por la que Pablo visita todas las ciudades. El discurso de Pablo (vv. 18–35) es una muestra de cómo el apóstol alentaba "a los creyentes en muchas ocasiones" (v. 2). Obsérvese que aquí el evangelista se convierte en animador. En la Biblia es a menudo la misma persona la que evangeliza e imparte ánimo a los convertidos: una saludable combinación para cualquiera que desarrolle un ministerio evangelístico. No hay lugar en la Biblia para evangelistas especializados que se concentran en un ministerio público y dejan para otros el trabajo personal.

Como Dios, Pablo animaba a las personas por tres medios. (1) Dios nos anima a través de su presencia, que se expresa en la encarnación de Cristo y por la morada del Espíritu Santo. Asimismo los dirigentes cristianos alientan a otros cristianos estando e identificándose con ellos. (2) Igual que Dios nos anima por medio de su Palabra, los animadores humanos lo hacen exponiéndola en su enseñanza. (3) Igual que Dios nos anima por medio de sus acciones a nuestro favor, nosotros alentamos a otras personas mediante obras de bondad. Analicemos con más detalle estos tres medios de ánimo.

(1) Pablo animó a los creyentes por medio de su *presencia*. La llegada a una ciudad del principal responsable de la misión a los gentiles debía de ser un acontecimiento tremendamente alentador para los creyentes locales, especialmente teniendo en cuenta que el propósito de la visita era principalmente animarles. En sus visitas, Pablo no se mostraba distante, como un especialista que desarrolla su ministerio público y luego se retira a su mundo privado. El apóstol se unía realmente a las personas, identificándose con sus sufrimientos y aspiraciones. Este discurso muestra que la presencia de Pablo se manifestó en una costosa identificación con las personas (vv. 18–20, 31, 35). Puede que el mejor ejemplo de esta identificación sea el hecho de que se quedó charlando con los hermanos toda la noche (vv. 7, 9, 11); esto es algo que hacen los amigos. Pablo alentaba también a las personas visitándolas en sus casas (v. 20), lo cual les permitía observarle. En este pasaje, el apóstol les dice: "Ustedes saben cómo me porté todo el tiempo que estuve con ustedes" (v. 18). Más adelante Pablo le diría a Timoteo: "Tú, en cambio, has seguido paso a paso mis enseñanzas, mi manera de vivir, mi propósito, mi fe, mi paciencia, mi amor, mi constancia, mis persecuciones y mis sufrimientos. Estás enterado de lo que sufrí en Antioquía, Iconio y Listra, y de las persecuciones que soporté. Y de todas ellas me libró el Señor" (2Ti 3:10–11). Timoteo conocía perfectamente a Pablo porque su vida era un libro abierto. Por tanto, el apóstol podía enviar a Timoteo para que realizara una misión como representante suyo y afirmar: "Él les recordará mi manera de comportarme en Cristo Jesús, como enseño por todas partes y en todas las iglesias" (1Co 4:17).

En este proceso de identificación y sincera amistad se desarrollaban estrechos vínculos, que hacían vulnerable a Pablo y que, de hecho, le acarrearon sufrimiento, a juzgar por las tres veces que en este pasaje encontramos alusiones a sus lágrimas o llanto (vv. 19, 31, 37). Pero este es el coste de una sincera identificación.

(2) Pablo animó a los creyentes con sus *palabras*. "Recorrió aquellas regiones, alentando a los creyentes en muchas ocasiones" (v. 2). Los versículos 7-9 resumen la maratoniana sesión que se produjo en Troas. Los versículos 18–35 nos dan una muestra de sus palabras de ánimo. Naturalmente, enseñar la Palabra es vital para animar a las personas. Por ello, aunque las primeras visitas de Pablo a la mayoría de los lugares mencionados en nuestro pasaje

fueron con un propósito evangelístico, el principal objetivo de las segundas fue la enseñanza. Bernabé y Saulo, que eran evangelistas excepcionales, enseñaron durante todo un año en Antioquía (11:26). Antes hemos observado que en la evangelización de Hechos, los evangelistas predicaban y enseñaban el evangelio y también lo expresaban por medio de sus acciones, especialmente de milagros.[20] Ahora vemos que lo mismo sucede con el desarrollo espiritual. Como la conversión, también el crecimiento en la gracia se produce por la fe. La fe, despertada por el evangelista mediante la palabra y la acción, se desarrolla asimismo mediante la palabra y la acción del animador. En la Biblia, el evangelista y el animador son a menudo la misma persona (cf. 20:20–21).

Los datos anteriores deberían hacernos cautelosos cuando se trata de separar la evangelización del crecimiento, la predicación de la enseñanza. Aunque debemos mucho a personas como C. H. Dodd, que en su día puso de relieve la importancia del *kerigma* (el evangelio proclamado) en contraste con la *didache* (la enseñanza), no hemos de trazar excesivas distinciones entre ambos ministerios.

La identificación de Pablo con las personas ayudó sin duda a concretizar su enseñanza. El apóstol conocía tanto la Palabra como a las personas a las que se dirigía, de modo que era capaz de enseñar de manera pertinente a su situación. Si vivimos cerca de las personas, nuestra enseñanza se hace pertinente para ellas. Notemos también el último comentario de Pablo a estas personas antes de dejarlas, encomendándolas "a Dios y *al mensaje [palabra] de su gracia*" (v. 32, cursivas del autor). La obra de guardar a sus hijos, Dios la lleva a cabo, principalmente, mediante la verdad del evangelio, que está ahora en su Palabra escrita, la Biblia. Este pasaje nos desafía, pues, a enseñar la Palabra a nuestro pueblo de un modo relevante, puesto que ello les ayudará a permanecer cerca de Dios.

(3) Pablo animó a los creyentes con sus acciones. El gran consuelo y ánimo de los creyentes en el versículo 12 está directamente relacionado con la resurrección de Eutico. Las visitas de Pablo por las casas (v. 20) pueden considerarse actos de bondad, así como todo lo relacionado con su "[servicio] al Señor con toda humildad y lágrimas" (v. 19). También se esforzó trabajando con sus manos y les mostró que, de este modo, hemos de "ayudar a los necesitados" (v. 35). Todas ellas son acciones que ayudaron a animar a estos cristianos.

Prioridades para los dirigentes

En la solemne comisión de Pablo a los ancianos (vv. 28–31) encontramos tres importantes prioridades para los dirigentes. (1) Han de tener cuidado de sí mismos (v. 28a). Esto nos recuerda la comisión de Pablo a Timoteo: "Ten cuidado de tu conducta y de tu enseñanza. Persevera en todo ello, porque así te

---

20. Ver la exposición de 3:1–25; 19:8–41.

salvarás a ti mismo y a los que te escuchen" (1 Ti 4:16). La batalla más importante del líder cristiano es procurar que su vida esté en orden. Recordemos el comentario de Robert Murray McCheyne: "La mayor necesidad de mi pueblo es mi propia santidad". La comisión de Pablo a Timoteo a "perseverar en todo ello [su conducta y enseñanza]" nos recuerda que algunos de quienes comienzan bien no acaban bien porque no han tenido cuidado de sí mismos.

(2) Los dirigentes han de ser supervisores del rebaño (v. 28a). Una de las maneras de hacerlo es estar atentos a las falsas doctrinas (vv. 29–30), como lo estaba Pablo (v. 31). El cristianismo es la revelación de un Dios cuyos pensamientos son más altos que los nuestros (Is 55:8–9). Es, pues, fácil que aquellos cuya mente no está en sintonía con él pretendan suplantar o reinterpretar radicalmente la Palabra de Dios mediante la sabiduría humana cuando les parece poco razonable. Este peligro estará siempre con nosotros y hemos de seguir advirtiendo sobre la amenaza que suponen para la iglesia las aberraciones de la verdad.

(3) Han de pastorear el rebaño (v. 28b. Este asunto se ha tratado antes en el contexto de la teología lucana del sufrimiento).

El rechazo de los nuestros

Antes hemos observado que, igual que Jesús y Pablo fueron rechazados por los suyos, puede que también nosotros tengamos que enfrentarnos al rechazo de nuestra gente. Ayer estuve en comisaría de policía, intentando conseguir que pusieran en libertad a mi ayudante, que es como un hijo para mí. Él pertenece al otro grupo étnico mayoritario de nuestro país. Algunos de su raza intentan dividir el país en una guerra civil. Mi amigo fue arrestado y sufrió la humillación de pasar doce horas en una celda maloliente, abarrotada de gente, calurosa y húmeda. Se sintió rechazado por la nación que ama, siendo arrestado bajo la sospecha de pertenecer a un grupo cuyas actividades él mismo detesta.

Una profesional muy cualificada rechaza numerosas y lucrativas ofertas a fin de trabajar para el estado, por un salario muy inferior, pero que le permite llevar a cabo un gran servicio a las personas más necesitadas del país. En lugar de reconocimiento y alabanzas por sus sacrificios, se encuentra con celos y la asignación de realizar una gran cantidad de papeleo burocrático que hace su trabajo mucho menos agradable.

Hay muchas personas así en nuestros días. Algunos trabajan en proyectos bancarios que ofrecen su ayuda a los pobres para construir viviendas. Otros enseñan en escuelas suburbanas, donde son considerados una molestia por padres, estudiantes y colegas que tienen pocas expectativas para los estudiantes. Otros aun trabajan con pacientes de SIDA, que en su amargura rechazan el amor que intentan transmitirles. Algunos tienen padres que se indignan por los sacrificios que han hecho por el reino.

Igual que para Jesús y Pablo el rechazo fue duro desde un punto de vista emocional, también lo será para nosotros. Es algo inevitable, puesto que al sentir un amor especial por estas personas, su rechazo se hace especialmente difícil de aceptar. Jesús lloró por Jerusalén. Pablo experimentó una gran tristeza y continuo dolor de corazón por los judíos. Tampoco a nosotros debería sorprendernos la amargura que puede producirnos el rechazo de los nuestros. Pero hemos de luchar contra tales sentimientos y permanecer obedientes al llamamiento divino. Hemos de seguir suspirando por estas personas hasta el día de nuestra muerte, recordando que somos peregrinos y que solo en el Cielo veremos el fruto de nuestros esfuerzos.

Restableciendo la teología del sufrimiento en la iglesia

Es bien sabido que, en nuestros días, a los dirigentes de la iglesia les es difícil motivar a los creyentes a sufrir por la causa de Cristo. De hecho, a menudo les resulta incluso difícil motivarles a aceptar ciertas inconveniencias por amor al reino. Los tres principios sobre el sufrimiento que hemos encontrado en este pasaje pueden ayudarnos en este asunto. (1) Entender la grandeza de la causa de Cristo debería encender en nosotros la ambición de aceptar el sufrimiento como una respuesta natural (v. 24). La pregunta es, ¿hemos presentado la gloria de esta causa en nuestra proclamación? ¿O acaso nuestra proclamación ha sido tan de este mundo, tan relacionada con nuestros pequeños deseos humanos, que nuestros oyentes han perdido de vista la gloria de la causa del evangelio? ¿Nos hemos centrado quizá tanto en las necesidades sentidas que hemos descuidado el grandioso tema del reino de Dios, como una causa por la que vale la pena morir? Este pasaje nos desafía a plantearnos de nuevo nuestra proclamación para que nuestros hermanos se sientan inflamados por la grandeza de la causa de Cristo. Después podrán también decir con Pablo: "Cuando predico el evangelio, no tengo de qué enorgullecerme, ya que estoy bajo la obligación de hacerlo. ¡Ay de mí si no predico el evangelio!" (1Co 9:16).

Cuán importante es recuperar este sentido bíblico de la gloria del sufrimiento por una gran causa. Puesto que en nuestros días las personas se han obsesionado con causas inferiores, es posible que en las iglesias se considere a quienes sufren por el evangelio como personas fracasadas y más dignas de compasión que de admiración. Se considera que la fatiga, la impopularidad, las incomodidades o a la pérdida de prestigio en la tierra por la obediencia, son señales de debilidad e insensatez, más que de fortaleza y sabiduría. Esto es especialmente un problema en los países más ricos, donde los avances económicos y tecnológicos han hecho posible que las personas tengan a su alcance muchas comodidades. La propia comodidad se ha convertido en una meta esencial de la vida.

Incluso los cristianos eluden hoy las incomodidades por el evangelio y, cuando se les incomoda, se molestan.

Este esquema ha planteado un importante problema para las iglesias de los países más pobres, que mandan a algunos de sus miembros más cualificados a países más ricos para que se formen, y regresan esperando una vida cómoda. Se han vuelto flojos, no quieren sufrir, y cuando se ven obligados a ello lo encajan mal. No solo acaban desarrollando ministerios ineficaces, sino que también arrastran a su iglesia al bajo nivel de compromiso en el que viven. Deberíamos esforzarnos con diligencia para restaurar un sentido de la gloria del sufrimiento en la iglesia.

(2) Los dirigentes pueden motivar a los demás a sufrir por el evangelio siendo ellos mismos ejemplos de sufrimiento. No es un secreto que el compromiso produce compromiso. Cuando un dirigente está dispuesto a morir por una causa, aquellos que le siguen se llenan también de entusiasmo. Esta disposición del dirigente a morir imprime en otras personas la urgencia de la tarea que realizan, las ilusiona con su trascendencia y las motiva al compromiso. El ministerio de Juventud para Cristo en Sri Lanka funciona principalmente por medio de voluntarios. Una de las cosas que hemos descubierto es que, por regla general, aquellos dirigentes que trabajan con diligencia y se sacrifican, consiguen reclutar voluntarios y mantenerlos comprometidos con la tarea. Los dirigentes que no trabajan de esta manera, acaban muchas veces con voluntarios desmotivados y que no están dispuestos a sacrificarse.

(3) A esta exposición hemos de añadir la tercera prioridad de los dirigentes que hemos encontrado en el versículo 28: Los dirigentes son buenos pastores que dan su vida por sus ovejas. No solo estamos dispuestos a morir por la causa, sino también por las personas a las que guiamos. En nuestro tiempo, este principio es a menudo violado por los dirigentes cristianos. Un dotado pastor abandona una iglesia con dificultades que le necesita seriamente cuando recibe una invitación para ir a una dinámica iglesia que le paga un salario muy superior. Una profesora abandona el seminario de su pequeña denominación que tiene una desesperada escasez de maestros, para ir a una famosa escuela que le ofrece un salario más elevado a cambio de enseñar menos horas y un generoso acuerdo que le deja tiempo para escribir. Un maestro de la escuela dominical rechaza la petición de un angustiado estudiante para que vaya con él a su casa y ayude a resolver una crisis con sus padres porque son más de las once de la noche. Estas personas no están dispuestas a morir por su rebaño. Esta falta de compromiso produce un cristianismo egoísta.

Una de las claves para resolver la crisis de compromiso en la iglesia es que algunos estén dispuestos a morir por su rebaño. Cuando un dirigente está dispuesto a morir por aquellos a quienes dirige, también ellos, por su parte, se impregnan del mismo espíritu y están dispuestos a morir por el movimiento o la iglesia de que forman parte. Hemos de levantar una generación de cristianos radicales, dispuestos a pagar el precio necesario para sacudir este mundo con el revolucionario mensaje de Cristo. La mayoría de los dirigentes no están dispuestos a morir por otras personas porque nadie ha estado dispuesto a morir por ellos. No han tenido un modelo a seguir. Pero tenemos el modelo de Jesús y Pablo, y si comenzamos a utilizarlo, podremos engendrar una nueva generación de dirigentes dispuestos a morir por otros, y ayudar a multiplicar generaciones de cristianos comprometidos.

Evangelistas que alientan

La combinación de evangelista y animador es importante para la salud de la iglesia. La Biblia no sabe nada de evangelistas especializados que solo se dedican a predicar públicamente. Lamentablemente, con una especialización en aumento, esto se está convirtiendo en algo cada vez más común en la iglesia de nuestro tiempo. Tenemos evangelistas que hacen poco más que hablar en reuniones públicas, y que pasan el resto del tiempo en sus hoteles, abandonando a menudo la reunión antes de que termine para no ser molestados por las personas. Es cierto que hemos de tener cuidado de que quienes ministran en público no se sobrecarguen y sufran un agotamiento físico y emocional. Pero también hemos de tener cuidado con el otro extremo, a saber, que realicen tan poco trabajo personal que pierdan el contacto con las personas. En última instancia esto hará que su mensaje sea ineficaz.

En el Nuevo Testamento, Jesús, Pedro y Pablo son los evangelistas más sobresalientes. El retrato que se nos presenta de ellos es el de personas que se distinguieron en el ministerio personal. Esta ha sido mi experiencia con algunos evangelistas famosos de nuestro tiempo. Aunque el mundo cristiano conoce a personas como Billy Graham, John Stott y Leighton Ford por su ministerio público, muchos de quienes somos obreros cristianos les conocemos más por las alentadoras palabras y cartas que nos han dirigido.

Mi primera experiencia como orador en un encuentro internacional fue en Amsterdam, en la Conferencia para Evangelistas Itinerantes de 1983. Tenía treinta y cuatro años y me sentía incompetente para hablar a 4.000 evangelistas. Hablé del llamamiento de los evangelistas veteranos a discipular a los más jóvenes. Una de las ideas que expuse fue que los evangelistas han de hacerse acompañar de hermanos más jóvenes cuando viajan y desarrollar de este modo una "escuela bíblica itinerante", como Pablo. Billy Graham no estaba en la tarima mientras hablaba. Pero al final de la reunión subió, me dio gracias por el mensaje y me dijo que le gustaría viajar conmigo algún día para aprender a ministrar en Asia. ¡Me quedé atónito! Su palabra de ánimo me llenó de alegría y multiplicó mi determinación de animar a obreros cristianos más jóvenes.

Sincera identificación

No hemos de olvidar que en el centro del ministerio de ánimo del apóstol Pablo estaba su identificación con las personas. En nuestros días, la identificación se ha convertido en una ciencia que estudian desde una óptica técnica antropólogos, sociólogos y misiólogos. No quiero quitar importancia a tales estudios, que nos brindan una apreciación de las culturas que nos permitirá eludir errores que en el pasado cometieron algunos misioneros. Pero es mucho más importante estar con las personas, haciéndonos sus amigos y charlando con ellas. A menudo tenemos horarios tan atareados que esto nos resulta incómodo. Por consiguiente, sustituimos esto con estudios, que podemos llevar a cabo bajo condiciones que podemos controlar. Sin embargo, de este modo es difícil llegar a sintonizar realmente con las personas. Los anhelos e inquietudes más íntimos se expresan en un contexto de amistad, y la amistad se forja pasando tiempo con las personas, como hizo Pablo toda la noche en Troas. Este no fue un hecho excepcional y aislado, porque Jesús hizo lo mismo con dos de los discípulos de Juan que se hicieron sus discípulos tras una larga charla (Jn 1:38–42).

La disposición de Pablo para pasar tiempo con las personas a las que pastoreaba era la clave de su capacidad para entablar amistad con las personas. En un libro sobre los amigos de Pablo, Bruce afirma: "Las personas se sentían atraídas a la amistad con Pablo como un imán atrae las limaduras de hierro. Se ha hablado tanto de su don para la amistad que se ha convertido en proverbial, casi en un cliché".[21] La razón principal por la que Pablo tenía tantos amigos íntimos era que les abría su vida.[22] Lamentablemente, este acercamiento sincero al ministerio es cada vez menos popular en nuestros días. Valoramos tanto nuestra privacidad que preferimos separar nuestra vida privada de la ministerial. Incluso en los llamados grupos de responsabilidad y control, muchos cristianos no se reúnen con colegas de ministerio (que podrían observarles mejor y por ello ayudarles más), sino con personas con las que no trabajan estrechamente. No estamos acostumbrados a soportar el dolor que supone estar cerca de las personas. Nuestra generación está tan decidida a sentirse bien que teme la experiencia de este tipo de dolor. El resultado son ministerios superficiales.

Una clave para tener ministerios sinceros es pasar tiempo conversando, como Pablo hizo en Troas. Conversar sin prisa crea una atmósfera favorable para la sinceridad. Surgen cosas que no habrían salido a la luz en un encuentro más formal. Por regla general, estos elementos son clave para llegar al corazón de las personas.[23] Una vez más, hay una tendencia a evitar este tipo de relación en el ministerio. Algunas personas me han dicho que los dirigentes no debe-

---

21. Bruce, *Circle*, 8–9.
22. Sobre este asunto, ver mi libro *Leadership Lifestyle: A Study of 1 Timothy* (Wheaton, Ill.: Tyndale, 1985), 15–
23. Sobre cultivar este tipo de amistad en general, ver mi libro *Friendship*, esp. 28–35.

rían acercarse demasiado a aquellos a los que dirigen, ya que la amistad que desarrollan con ellos será un obstáculo para su ministerio. Puede que este sea el modus operandi de las organizaciones seculares, pero es un concepto ajeno a la concepción cristiana del liderazgo. El propio Jesús les dijo a sus discípulos: "Ya no los llamo siervos, porque el siervo no está al tanto de lo que hace su amo; los he llamado amigos, porque todo lo que a mi Padre le oí decir se lo he dado a conocer a ustedes" (Jn 15:15). Este es el ministerio abierto del que estamos hablando. Esta clase de ministerio tiene grandes recompensas. Pocos placeres terrenales pueden compararse con el gozo de la verdadera amistad cristiana.

Muchas personas sienten recelo hacia este acercamiento abierto al ministerio porque temen ser víctimas del famoso desgaste que en nuestros días ha alcanzado proporciones epidémicas entre quienes practican las profesiones de ayuda. Naturalmente, esto puede suceder y hemos de tratar de evitarlo.[24] Hay tres cosas implícitas sobre el ministerio de Pablo en este texto que le ayudaron a evitar este desgaste. (1) Su acercamiento daba cabida a las charlas relajadas con sus amigos, que es un estupendo antídoto para el agotamiento. Las personas motivadas y con iniciativa son más proclives a este tipo de desgaste y agotamiento, y muchos están tan atareados con su "misión" que no tienen tiempo ni sienten la inclinación de cultivar amistades profundas.

(2) Pablo sabía estar a solas con Dios; este es un antídoto más poderoso todavía contra el agotamiento. Cubrir su extensa lista de oración (que surge en sus epístolas) debía de llevarle mucho tiempo. Pocas cosas son tan refrescantes como estar en la presencia de Dios intercediendo por las personas. Es posible que Pablo recorriera los más de treinta kilómetros que separan Troas de Asón (v. 13) únicamente para estar solo. Tener un día libre (un día de descanso sabático) es importante para los obreros cristianos, especialmente en nuestro tiempo de prisas.[25] Sabemos que cuando Jesús intentó encontrar tiempo para descansar de las multitudes, le fue difícil. En una ocasión les dijo a sus discípulos: "Vengan conmigo ustedes solos a un lugar tranquilo y descansen un poco. Así que se fueron solos en la barca a un lugar solitario" (Mr 6:31–32). Pero la multitud les encontró (v. 33; ver también 7:24). Sin embargo, Jesús siguió esforzándose por encontrar tiempo para estar solo, y finalmente lo consiguió (6:46; ver 1:35).

En el siglo cuarto, Ambrosio, obispo de Milán, expresó con lucidez la importancia de este enriquecimiento por medio de los amigos y de la soledad con

---

24. Sobre el agotamiento ver, Donald E. Demaray, *Watch Out for Burnout: A Look at Signs, Prevention and Cure* (Grand Rapids: Baker, 1983); D. G. Kehl, "Burnout: The Risk of Reaching too High", *Christianity Today* (Nov. 20, 1981); Archibald Hart, "Recovery From Stress and Burnout", *Pastors at Risk*, H. B. London Jr. y Neil B. Wiseman, ed. (Wheaton: Victor, 1993), 157–72; John A. Sanford, *Ministry Burnout* (Nueva York: Paulist, 1982).

25. Ver los comentarios de Hart en "Recovery From Stress and Burnout", 59–60, 68–69.

Dios. En su obra, *Sobre los deberes de los ministros* afirma: "¿He de suponer, acaso, que es idóneo para aconsejarme quien nunca acepta consejos, o creer que tiene tiempo para mí quien no lo tiene para sí mismo? [...] ¿Cómo puede una persona tener tiempo para dar consejos si no tiene ninguno para la quietud?".[26]

(3) Para Pablo era importante trabajar en equipo. Cuando se sirve en equipo, los dirigentes no tienen que ocuparse personalmente de todas las cosas ni trabajar exageradamente. Dependen mucho de los demás. Por ello, un buen dirigente ha de dar prioridad a la preparación de otros para la tarea que han de hacer. Naturalmente, Pablo era un maestro en esto. Por eso solo llamó a Mileto a los líderes de Éfeso. Aunque Pablo sentía una preocupación general por toda la iglesia de Éfeso, asumía la especial responsabilidad de equipar a los dirigentes. Cuando establecía iglesias, pronto nombraba dirigentes (14:23) y les impartía una instrucción especial, como vemos en este pasaje y en las cartas pastorales. Les enviaba también como sus representantes en tareas misioneras. Pablo podía confiar en personas como Timoteo y Tito porque se había abierto a ellos y les había enseñado concienzudamente (1Co 4:17).

Pablo expresa bien su acercamiento abierto y sincero al ministerio en unas palabras dirigidas a los corintios que le habían cerrado sus corazones. El apóstol respondió a su cerrazón persistiendo en su actitud abierta, ya que esta era la mejor manera de recuperarles: "Hermanos corintios, les hemos hablado con toda franqueza; les hemos abierto de par en par nuestro corazón. Nunca les hemos negado nuestro afecto, pero ustedes sí nos niegan el suyo. Para corresponder del mismo modo —les hablo como si fueran mis hijos—, ¡abran también su corazón de par en par!" (2Co 6:11–13).

El ministerio de enseñanza

En varias ocasiones hemos hablado del desafío que supone enseñar en el mundo de hoy.[27] En este pasaje se mencionan dos ideas singulares sobre la enseñanza. (1) La identificación de Pablo con las personas hacía que su enseñanza fuera pertinente para sus necesidades. Hemos de conocer las Escrituras y también a las personas que ministramos. La mejor manera de conocer a las personas es acercarnos a ellas. (2) Pablo creía en el poder de la palabra, que le llevó a encomendar a sus oyentes "a Dios y al mensaje [palabra] de su gracia" (v. 32). Me viene a la mente lo que Susana Wesley le dijo a su hijo John: "Este libro te apartará del pecado o el pecado te apartará de este libro".

---

26. *A Select Library of the Nicene and Post-Nicene Fathers of the Christian Church*, 2ª serie, ed. H. Wace y P. Schaff (Nueva York: Christian), 10:53; citado en Thomas C. Oden, *Classical Pastoral Care*, vol. 1, Becoming a Minister (Grand Rapids: Baker, 1994), 13.

27. Ver estudios sobre 1:1–8; 2:42–27; 6:1–7; 17:1–15.

Teniendo cuidado de nuestra vida

Teniendo en cuenta que la apariencia y el éxito son tan importantes en nuestra pragmática sociedad, la comisión que nos imparte Pablo de que tengamos cuidado de nuestra vida (v. 28) es especialmente significativa. Nos hemos acostumbrado a medir el éxito mediante indicadores que pueden mantenerse sin una vida santa, como la calidad técnica de nuestros programas, su popularidad y la competencia para equilibrar presupuestos. También nos hemos convertido en personas cada vez más celosas de nuestra privacidad, de modo que la vida personal de muchos dirigentes solo la conocen los miembros de su familia, que generalmente no publican sus faltas. Y a veces ni siquiera la familia conoce la realidad personal de los dirigentes. Es, pues, posible seguir ministrando mientras aparentamos que todo va bien cuando nuestra vida personal está patas arriba. Sin embargo, ante Dios estaremos descalificados. Por tanto, Pablo dijo: "… golpeo mi cuerpo y lo domino, no sea que, después de haber predicado a otros, yo mismo quede descalificado" (1Co 9:27). En una ocasión, A. W. Tozer escribió: "¿Sabes quién es el que me da más problemas, la persona por la que más he de orar en mi tarea pastoral? Yo mismo".[28]

Combatiendo las falsas doctrinas

Puesto que una de las prioridades de los supervisores es estar atentos a la posibilidad de que las falsas doctrinas afecten a la iglesia (vv. 28–31), hemos de hablar de este asunto en vista de las batallas teológicas de este siglo. A finales del siglo XIX y comienzos del XX, nuestros antepasados espirituales, especialmente en América del Norte, tuvieron que luchar por la verdad del evangelio contra el escepticismo acerca de lo sobrenatural, de la veracidad de la Escritura y contra un optimismo erróneo sobre la naturaleza humana que abrió la puerta a muchas otras doctrinas no bíblicas. Estas enseñanzas llegaron a conocerse como liberalismo.[29] Las batallas fueron dolorosas, con reacciones extremas por ambas partes. Los evangélicos —o fundamentalistas, como se les llamaba entonces— reaccionaron contra muchos excesos descartando algunas verdades que habían sido una parte importante de la tradición evangélica, como por ejemplo la preocupación social[30] y el compromiso intelectual con la cultura.[31]

---

28. A. W. Tozer, *Whatever Happened to Worship?* Compilado y editado por Gerald B. Smith (Camp Hill, Pa.: Christian Publications, 1985), 78.
29. Ver la obra de George M. Marsden, *Fundamentalism and the American Culture: The Shaping of Twentieth-Century Evangelicalism: 1870–1925* (Oxford y Nueva York: Oxford Univ. Press, 1980).
30. Ver Donald W. Dayton, *Discovering an Evangelical Heritage* (Nueva York: Harper and Row, 1976).
31. Sin embargo, en este tiempo surgieron, ciertamente, algunos grandes eruditos evangélicos como B. B. Warfield y J. Gresham Machen. Ver Machen, *The Origin of Paul's*

Hacia la mitad del siglo XX surgió un nuevo tipo de evangelicalismo, que tenía vínculos más estrechos con los cristianos de otras perspectivas y estaba más comprometido con los temas sociales[32] y la participación intelectual.[33] El nuevo movimiento estaba encabezado por eruditos como Carl F. H. Henry y Edward John Carnell y pastores como Harold John Ockenga. El Seminario Teológico Fuller era su centro intelectual más importante[34] y *Christianity Today*, su publicación más sobresaliente. La Asociación Evangélica Nacional era un importante punto de encuentro y Billy Graham su predicador más prominente. Aunque el evangelicalismo británico no libraba una batalla tan intensa, produjo eruditos como F. F. Bruce y ministros como John R. W. Stott, que defendían un tipo parecido de evangelicalismo.

Muchos reaccionaron negativamente ante estos cambios, que veían como componendas. Dirigidos por hombres como Carl McIntire, formaron estructuras rivales que mantuvieron viva la causa fundamentalista. La segunda mitad de siglo ha asistido también a algunas dolorosas batallas entre los evangélicos sobre cuestiones como el compromiso político, el movimiento carismático[35] y la inerrancia de la Escritura.[36]

Con este trasfondo de enfrentamientos —algunos de los cuales llegaron a extremos y se enconaron innecesariamente—, muchos del movimiento evangélico han perdido interés en las batallas teológicas y se han centrado en los aspectos experimentales de la religión. Esto parece bastante representativo del evangelicalismo dominante actual. Muchos eruditos han expresado su alarma

---

Religion (Nueva York: Macmillan, 1921; reimpr. Grand Rapids: Eerdmans, 1973); ídem, *Christianity and Liberalism* (Nueva York: Macmillan, 1923; reimpr. Grand Rapids: Eerdmans); ídem, *The Virgin Birth of Christ* (Nueva York: Harper and Row, 1930; reimpr. Grand Rapids: Baker, 1974); Warfield, *Works of Benjamin Warfield*, 10 vols. (Nueva York: Oxford Univ. Press, 1927–1932). Ver la reimpresión de Warfield, *The Inspiration and Authority of the Bible*, ed. Samuel G. Craig (Filadelfia: Presbyterian and Reformed, 1948).

32. Ver Carl F. H. Henry, *The Uneasy Conscience of Modern Fundamentalism* (Grand Rapids: Eerdmans, 1948).

33. Ver Edward John Carnell, *An Introduction to Christian Apologetics: A Philosophic Defense of the Trinitarian-Theistic Faith* (Grand Rapids: Eerdmans, 1948); ídem, *A Philosophy of the Christian Religion* (Grand Rapids: Eerdmans, 1952; reimpr. Grand Rapids: Baker, 1980).

34. Ver George M. Marsden, *Reforming Fundamentalism: Fuller Seminary and the New Evangelicalism* (Grand Rapids: Eerdmans, 1987).

35. John F. MacArthur Jr., *Charismatic Chaos* (Grand Rapids: Zondervan, 1992) expone el punto de vista anticarismático. Aquellos que deseen considerar una respuesta y defensa de la posición carismática pueden ver Gary S. Greig y Kevin N. Springer, *The Kingdom and the Power* (Ventura, Calif.: Regal, 1993); Jack Deere, *Surprised by the Power of the Spirit* (Grand Rapids: Zondervan, 1993).

36. Ver la obra de Harold Lindsell, *The Battle for the Bible* (Grand Rapids: Zondervan, 1976).

en relación con esta tendencia,[37] mientras que otros, como Roger Nicole, apuntan al crecimiento de la erudición evangélica, en especial al gran número de teologías sistemáticas evangélicas publicadas recientemente, como una evidencia de salud dentro del evangelicalismo.[38] No obstante, algunas encuestas contemporáneas ponen de relieve una abrumadora falta de conocimiento bíblico entre los cristianos laicos de hoy. Por consiguiente, esta situación demanda una seria respuesta.

Sea cual sea nuestra historia, hemos de dirigirnos a las Escrituras en busca de dirección sobre nuestro programa. La Biblia muestra con claridad que combatir las falsas doctrinas es una parte importante del programa de la iglesia y del ministerio de los dirigentes cristianos.[39] La historia nos enseña a no acusar imprudentemente a otras personas sin entender plenamente lo que están diciendo. Esto debería hacernos cautelosos en cuanto a rechazar ciertas verdades que los falsos maestros han llevado a un extremo (como por ejemplo la preocupación social, que se convirtió en el evangelio social). Pero la historia nos muestra también que las falsas enseñanzas han causado estragos en la iglesia durante los pasados veinte siglos y que hoy también puede suceder lo mismo. Por tanto, hemos de estar siempre atentos a las aberraciones de la verdad. También deberíamos enseñar la verdad a las personas que ministramos de tal manera que puedan discernir el error por sí mismos cuando lo tengan delante.

---

37. Ver las perspectivas diferentes de David F. Wells, *No Place for Truth: Or Whatever Happened to Evangelical Theology* (Grand Rapids: Eerdmans, 1993); Mark A. Noll, *The Scandal of the Evangelical Mind* (Grand Rapids: Eerdmans, 1994).
38. Roger Nicole, "What Evangelicalism Has Accomplished", *Christianity Today* (16 de sept. de 1996), 31–34.
39. Ver, por ejemplo, Gá 1:6–9; 1Ti 1:3–10, 18–20; 4:1–16; 2Ti 1:12–14; 4:3–5, 14–15; 2P 3:16–18.

Después de separarnos de ellos, zarpamos y navegamos directamente a Cos. Al día siguiente fuimos a Rodas, y de allí a Pátara. ² Como encontramos un barco que iba para Fenicia, subimos a bordo y zarpamos. ³ Después de avistar Chipre y de pasar al sur de la isla, navegamos hacia Siria y llegamos a Tiro, donde el barco tenía que descargar. ⁴ Allí encontramos a los discípulos y nos quedamos con ellos siete días. Ellos, por medio del Espíritu, exhortaron a Pablo a que no subiera a Jerusalén. ⁵ Pero al cabo de algunos días, partimos y continuamos nuestro viaje. Todos los discípulos, incluso las mujeres y los niños, nos acompañaron hasta las afueras de la ciudad, y allí en la playa nos arrodillamos y oramos. ⁶ Luego de despedirnos, subimos a bordo y ellos regresaron a sus hogares.

⁷ Nosotros continuamos nuestro viaje en barco desde Tiro y arribamos a Tolemaida, donde saludamos a los hermanos y nos quedamos con ellos un día. ⁸ Al día siguiente salimos y llegamos a Cesarea, y nos hospedamos en casa de Felipe el evangelista, que era uno de los siete; ⁹ éste tenía cuatro hijas solteras que profetizaban.

¹⁰ Llevábamos allí varios días, cuando bajó de Judea un profeta llamado Ágabo. ¹¹ Éste vino a vernos y, tomando el cinturón de Pablo, se ató con él de pies y manos, y dijo:

—Así dice el Espíritu Santo: "De esta manera atarán los judíos de Jerusalén al dueño de este cinturón, y lo entregarán en manos de los gentiles."

¹² Al oír esto, nosotros y los de aquel lugar le rogamos a Pablo que no subiera a Jerusalén.

¹³ —¿Por qué lloran? ¡Me parten el alma! —respondió Pablo—. Por el nombre del Señor Jesús estoy dispuesto no sólo a ser atado sino también a morir en Jerusalén.

¹⁴ Como no se dejaba convencer, desistimos exclamando:

—¡Que se haga la voluntad del Señor!

¹⁵ Después de esto, acabamos los preparativos y subimos a Jerusalén.

¹⁶ Algunos de los discípulos de Cesarea nos acompañaron y nos llevaron a la casa de Mnasón, donde íbamos a alojarnos. Éste era de Chipre, y uno de los primeros discípulos.

¹⁷ Cuando llegamos a Jerusalén, los creyentes nos recibieron calurosamente. ¹⁸ Al día siguiente Pablo fue con nosotros a ver a Jacobo, y todos los ancianos estaban presentes. ¹⁹ Después de saludarlos, Pablo les relató detalladamente lo que Dios había hecho entre los gentiles por medio de su ministerio.

²⁰ Al oírlo, alabaron a Dios. Luego le dijeron a Pablo: «Ya ves, hermano, cuántos miles de judíos han creído, y todos ellos siguen aferrados a la ley. ²¹ Ahora bien, han oído decir que tú enseñas que se aparten de Moisés todos los judíos que viven entre los gentiles. Les recomiendas que no circunciden a sus hijos ni vivan según nuestras costumbres. ²² ¿Qué vamos a hacer? Sin duda se van a enterar de que has llegado. ²³ Por eso, será mejor que sigas nuestro consejo. Hay aquí entre nosotros cuatro hombres que tienen que cumplir un voto. ²⁴ Llévatelos, toma parte en sus ritos de purificación y paga los gastos que corresponden al voto de rasurarse la cabeza. Así todos sabrán que no son ciertos esos informes acerca de ti, sino que tú también vives en obediencia a la ley. ²⁵ En cuanto a los creyentes gentiles, ya les hemos comunicado por escrito nuestra decisión de que se abstengan de lo sacrificado a los ídolos, de sangre, de la carne de animales estrangulados y de la inmoralidad sexual.»

²⁶ Al día siguiente Pablo se llevó a los hombres y se purificó con ellos. Luego entró en el templo para dar aviso de la fecha en que vencería el plazo de la purificación y se haría la ofrenda por cada uno de ellos.

²⁷ Cuando estaban a punto de cumplirse los siete días, unos judíos de la provincia de Asia vieron a Pablo en el templo. Alborotaron a toda la multitud y le echaron mano, ²⁸ gritando: «¡Israelitas! ¡Ayúdennos! Éste es el individuo que anda por todas partes enseñando a toda la gente contra nuestro pueblo, nuestra ley y este lugar. Además, hasta ha metido a unos griegos en el templo, y ha profanado este lugar santo.»

²⁹ Ya antes habían visto en la ciudad a Trófimo el efesio en compañía de Pablo, y suponían que Pablo lo había metido en el templo.

³⁰ Toda la ciudad se alborotó. La gente se precipitó en masa, agarró a Pablo y lo sacó del templo a rastras, e inmediatamente se cerraron las puertas. ³¹ Estaban por matarlo, cuando se le informó al comandante del batallón romano que toda la ciudad de Jerusalén estaba amotinada. ³² En seguida tomó algunos centuriones con sus tropas, y bajó corriendo hacia la multitud. Al ver al comandante y a sus soldados, los amotinados dejaron de golpear a Pablo.

³³ El comandante se abrió paso, lo arrestó y ordenó que lo sujetaran con dos cadenas. Luego preguntó quién era y qué había hecho. ³⁴ Entre la multitud cada uno gritaba una cosa distinta. Como el comandante no pudo averiguar la verdad a causa del alboroto, mandó que condujeran a Pablo al cuartel. ³⁵ Cuando Pablo llegó a las gradas, los soldados tuvieron que llevárselo en vilo debido a la violencia de la turba. ³⁶ El pueblo en masa iba detrás gritando: «¡Que lo maten!»

 El dolor que experimentaron los ancianos de Éfeso al despedirse de Pablo y sus colaboradores (20:37–38) fue tal que hubieron de ser "arrancados" de ellos (21:1. NIV). A continuación, los viajeros suben de nuevo a bordo de la embarcación y zarpan con la meta final de llegar a Jerusalén para Pentecostés.

En Tiro y Cesarea (21:1–16)

Pablo y sus amigos navegan hacia el este y se detienen primero en el puerto más importante de la isla de Rodas y después en Pátara en (v. 2), donde se embarcan en una nave más grande, capaz de navegar por mar abierto. Tras avistar Chipre por el camino, llegan a Tiro, una ciudad fenicia (v. 3). Las tareas de carga y descarga se prolongaron por espacio de una semana, pero ellos aprovecharon bien el tiempo. Los planes de Pablo para llegar a Jerusalén antes de Pentecostés (20:16) permanecen, pues, intactos. El grupo itinerante entra en contacto con la iglesia de Tiro (v. 4), que probablemente fue establecida por cristianos que fueron "dispersado[s] a causa de la persecución que se desató por el caso de Esteban [algunos de los cuales] llegaron hasta Fenicia [...]" (11:19). Pablo no está familiarizado con esta iglesia, porque la palabra que se traduce como "encontrar" (*aneurisko*, v. 4) significa "conocer la ubicación de algo mediante una búsqueda intencionada".[1]

"Por medio del Espíritu" (i.e., probablemente, mediante la operación de un don profético) los cristianos de Tiro "exhortaron a Pablo a que no subiera a Jerusalén" (v. 4b). ¿Cómo reconciliamos esto con la afirmación de Pablo en el sentido de que su viaje a Jerusalén había sido "obligado por el Espíritu" (20:22)? No era posible que el Espíritu hubiera impartido dos mensajes contradictorios en una sucesión tan rápida. Puede que la solución esté en el hecho de que el propio Pablo pusiera la predicción del Espíritu sobre la inminente persecución junto a la obligación del Espíritu de ir a Jerusalén. Lo que los cristianos de Tiro recibieron de parte del Espíritu fue una profecía que anunciaba problemas para Pablo en Jerusalén. Puede que esto les llevara a suponer que el Espíritu le estaba diciendo a Pablo que no fuera a Jerusalén. Esto explica por qué "por medio del Espíritu, exhortaron a Pablo a que no subiera a Jerusalén".

En el breve periodo de una semana se había desarrollado un cálido vínculo de amor cristiano entre el equipo de Pablo y los cristianos de Tiro, de modo que acuden con sus familias para despedirse de ellos. J. G. S. S. Thomson observa: "Puesto que lo habitual era ponerse en pie cuando se oraba (Mr 11:25; Lc 18:11–13), el hecho de arrodillarse en público pone de relieve la intensidad, solemnidad y sinceridad de la oración para la protección de Pablo y la perseverancia de ellos".[2]

---

1. Louw y Nida, 331.
2. Thomson, "Studies in the Acts of the Apostles — 22", s. f., 88.

En Tolemaida, a pocos kilómetros al sur de Tiro, Pablo y sus colaboradores se quedan solo un día, pero saludan de nuevo a los creyentes (v. 7). A continuación se dirigen a Cesarea, donde se alojan en casa de Felipe, uno de los Siete (6:5), a quien aquí se llama "el evangelista" (21:8). Su ministerio en Samaria y su trabajo personal con el etíope nos permiten ver sus dones como evangelista público (capítulo 8). Lucas observa que Felipe tenía "cuatro hijas solteras que profetizaban" (v. 9). Keener piensa que la palabra que Lucas utiliza en este texto para referirse a las hijas de Felipe (*parthenoi*; lit., vírgenes) indica probablemente que "eran jóvenes, menores de dieciséis años".[3]

En la iglesia primitiva, el don de la profecía era uno de los más preciados (1Co 14:5, 39), pero en aquella cultura las mujeres solteras no tenían normalmente una elevada posición. Esta podría ser la forma en que Lucas subraya que las personas de bajo estatus social ocupaban importantes posiciones en la iglesia.[4] Eusebio se refiere a las hijas de Felipe,[5] mencionando que vivieron y fueron sepultadas en Hierápolis, que está en Frigia (Asia Menor). Papías, obispo de Hierápolis, afirmó que estas mujeres fueron una fuente de valiosa información sobre lo que sucedió en los primeros años del cristianismo. Es posible que Felipe y sus hijas fueran una de las fuentes de información de Lucas.

En Cesarea, el profeta Agabo, quien había pronosticado la hambruna de Judea, lo cual motivó una recolecta en la iglesia de Antioquía (11:28–30), predice que Pablo será atado y entregado a los judíos (vv. 10–11). Agabo escenifica su profecía, un método familiar de los profetas veterotestamentarios.[6] Los hermanos suplican a Pablo que no vaya a Jerusalén, aunque Agabo no parece hacer lo mismo (v. 12). Por primera vez, parece que los compañeros de viaje de Pablo (cf. la primera persona del plural que utiliza Lucas) se unen también a esta petición. Preocupados y llorando, los hermanos intentaron hacer desistir a Pablo de sus intenciones (v. 13a; ver 20:37). La respuesta de Pablo diciendo que le partían el alma muestra lo duro que le era todo aquello (v. 13a). Sin embargo, el apóstol explica su posición: no solo está dispuesto a ser atado, sino también a morir por la causa (v. 13b). Finalmente, los hermanos se rinden, resignándose a "la voluntad del Señor" (v. 14).

El viaje de Cesarea a Jerusalén era de ciento tres kilómetros, de modo que el grupo se detiene en casa de Mnasón (no sabemos con seguridad en qué ciudad [v. 16]). Como Bernabé, Mnasón procede de Chipre y es uno de los primeros discípulos. También es posible que él proporcionara a Lucas valiosa información sobre los primeros días de la iglesia.

---

3. Craig S. Keener, *BBC*, 385.
4. Ver Gempf, "Acts", 1099.
5. Eusebio, *The History of the Church from Christ to Constantine*, 3:31, 39, trad. de G. A. Williamson, rev. y ed. de Andrew Louth (Londres: Penguin, 1989), 94 y 103.
6. Ver Is 20:2; Jer 13:4–11; 19:1–15; Ez 4–5.

Pablo se encuentra con los cristianos de Jerusalén (21:17–26)

Cuando Pablo llega a Jerusalén los creyentes le reciben cariñosamente (v. 17). Al día siguiente él y sus colaboradores se reúnen con Jacobo y los ancianos (v. 18). El resumen de lo que Dios ha hecho suscita alabanza a Dios, aunque no se dice nada de la ofrenda que Pablo traía (vv. 19–20a; véase no obstante 24:17). Las secciones en primera persona del plural terminan aquí y comienzan de nuevo con el viaje de Pablo a Roma (27:1), cuando Lucas comparte nuevas experiencias con el apóstol. En los acontecimientos intermedios, Lucas es probablemente un mero espectador.

La sensible naturaleza de lo que los creyentes quieren decirle a Pablo se evidencia en el tono con que introducen sus palabras (vv. 20b, 22b). Dado el gran número de cristianos celosos de la ley judía, consideran una buena idea que Pablo disipe cualquier duda sobre su postura acerca de la ley mostrando, públicamente, su disposición a sujetarse a ella. Una buena manera de hacerlo es pagando los gastos ocasionados por los votos que cuatro cristianos quieren ofrecer. Ello implica que Pablo ha de someterse con ellos a los ritos de purificación (v. 24, 26). Para que Pablo no malinterprete su posición, afirman su acuerdo con la posición del concilio de Jerusalén sobre los requisitos para los cristianos gentiles (v. 25).

Longenecker explica el procedimiento que Pablo accede a seguir:

> Al venir del extranjero, Pablo habría tenido que recobrar la pureza ceremonial sometiéndose a un rito de purificación de siete días antes de poder presenciar la ceremonia de absolución de los cuatro cristianos de origen judío en el templo de Jerusalén. Este ritual consistía en presentarse ante un sacerdote y ser rociado con agua de la expiación los días tercero y séptimo.

Esto no es lo mismo que hacer un voto nazareo. Pablo ha de "presentarse ante el sacerdote al comienzo de los siete días de la purificación, informarle que desea pagar los gastos de los cuatro […] hombres […] y presentarse en el templo en intervalos regulares durante la semana para participar de los ritos apropiados".[7]

¿Es Pablo inconsistente al hacer esto? Hemos de recordar que, algunos años antes, el propio Pablo había hecho un voto (18:18), lo cual nos muestra que creía en el valor de los votos para los cristianos. Pero ¿qué sucede con la oposición a las "obras de la ley" que manifiesta en las cartas? Pablo no se oponía a la ley en sí, sino a la idea de que esta clase de obras fueran necesarias para la salvación. No hemos de olvidar lo que escribió el apóstol en 1 Corintios 9:20: "Entre los judíos me volví judío, a fin de ganarlos a ellos. Entre los que viven

---

7. Longenecker, "Acts", 520.

bajo la ley me volví como los que están sometidos a ella (aunque yo mismo no vivo bajo la ley), a fin de ganar a éstos". Su proceder en Jerusalén es consistente con el acercamiento que se expresa en este versículo.

Pablo es arrestado (21:27–36)

Cuando Pablo estaba a punto de cumplir con las responsabilidades votivas que había contraído, algunos judíos de Asia le vieron en el templo. Le habían visto antes en la ciudad con Trófimo (20:4), un compañero gentil de Asia y asumieron que él también estaba con Pablo en el templo. De haber sido cierto, habrían profanado el templo, porque los gentiles solo tenían acceso a su recinto externo ("el atrio de los gentiles"). Los judíos de Asia incitaron al pueblo judío para que atacara a Pablo (vv. 27–29).

Bruce explica la seriedad de la acusación que presentan contra el apóstol: "Las autoridades romanas eran tan comprensivas con los escrúpulos religiosos de los judíos en esta cuestión que autorizaban la aplicación de la pena de muerte a los infractores de esta transgresión aunque fueran ciudadanos romanos". Citando a Josefo y Filón, Bruce explica que en los muros que separaban el atrio del lugar santo se habían fijado letreros en latín y griego que advertían a los gentiles de que quienes fueran más allá de aquel punto serían sancionados con la pena de muerte.[8] "Toda la ciudad se alborotó" (v. 30a), y el pueblo arrastró a Pablo fuera del templo. Las puertas del templo fueron cerradas (v. 30b), posiblemente para evitar que el templo se contaminara por aquel caos.

Los rebeldes comenzaron a golpear a Pablo con intención de matarle. La oportuna intervención del comandante romano y algunos de sus soldados impidió que esto sucediera (vv. 31–32). Pablo fue arrestado para que pudiera sometérsele a un juicio justo (v. 33), pero la violencia de la multitud hizo que los soldados hubieran de llevarle en vilo (v. 35). La multitud siguió gritando: "¡Llévenselo de aquí!" (v. 36. NIV). Lucas pensaba sin duda en la importancia de que, veintisiete años antes, otra multitud había gritado "¡Llévate a ése!" en un lugar cercano (Lc 23:18).

Construyendo Puentes

Las hijas de Felipe

La mención que Lucas hace de las hijas de Felipe (v. 9) pone de relieve que las personas de bajo estatus social ocupaban importantes posiciones en la iglesia. La ruptura de las barreras humanas en Cristo es uno de los

---

8. Bruce, *Acts* , NICNT, 409.

principales subtemas del libro de los Hechos.[9] De diferentes formas, Lucas ha dado prominencia a las mujeres. Estaban con los discípulos durante las reuniones de oración de la iglesia anteriores a Pentecostés (1:14). El hecho de que las viudas griegas fueran desatendidas hizo que los apóstoles hicieran un importante progreso administrativo en la iglesia (6:1–7). Dorcas era una mujer ejemplar por sus buenas obras (9:36–42). La gentil Lidia, probablemente soltera, hospedó al equipo apostólico en Filipos (16:15) y Priscila era el miembro más destacado de un ejemplar equipo formado por un matrimonio (18:18–19). El pasaje que estamos considerando presenta a mujeres solteras ejerciendo lo que el Nuevo Testamento considera como un don clave para la iglesia.[10]

Las cartas del Nuevo Testamento afirman que las mujeres y los hombres son iguales en el reino de Dios (ver Gá 3:28; 1P 3:7) y dan directrices sobre los distintos roles que cada uno desempeña en la iglesia[11] y el hogar.[12] Estos pasajes han sido objeto de una gran controversia y debate, cuya exposición trasciende el ámbito de este comentario. El libro de los Hechos nos enseña que las mujeres, en especial las marginadas por la sociedad, desempeñan un destacado papel en el cumplimiento del programa del reino.

Vida comunitaria cálida y abierta

En este capítulo, Lucas nos ofrece una descripción sin adornos de la comunidad cristiana en acción, que se ve especialmente en su repetición de la respuesta de los creyentes a Pablo. Describe un cálido cariño con llanto, abrazos y besos (20:37), que le hizo difícil a Pablo abandonar a los ancianos de Éfeso, hasta tal punto que hubieron de ser "arrancados" (v. 1. NIV). Incluso los hermanos de Tiro que acaban de conocer expresaron un cálido afecto al desplazarse con sus familias para despedirse de Pablo y su equipo y orar de rodillas en la playa. En Jerusalén, el equipo de Pablo fue también objeto de una cálida recepción (v. 17), que fue acompañada de espontáneas expresiones de alabanza a Dios por los informes de su ministerio (v. 20a).

Iluminados por el discernimiento profético, algunos hermanos advirtieron al apóstol sobre la inminente persecución que experimentaría en Jerusalén (vv. 4, 10–12). Los milagrosos dones de profecía o discernimiento permiten que los creyentes puedan advertir a otros de ciertos peligros. El amor de la comunidad adoptó, sin embargo, un sesgo diferente cuando los creyentes intenta-

---

9. Quienes deseen considerar un análisis de este asunto, pueden ver las exposiciones de 6:1–7; 10:1–33; 12:25–13:12.

10. En el Evangelio de Lucas vemos que se concede también un lugar destacado a las mujeres; ver Lc 1:7, 25, 27; 4:38–39; 7:11–17, 36–50; 8:1–3, 40–56; 10:38–42; 13:10–17; 18:1–8; 21:1–4; 23:55–56; 24:1–11 (cf. Robert H. Stein, *Luke*, NAC 24 [Nashville: Broadman/Holman, 1992], 50).

11. Ver 1Co 11:12–16; 14:34–36; 1Ti 2:8–15.

12. Ver 1Co 7; Ef 5:21–33; Col 3:18–19; Tit 2:1–6; 1P 3:1–7.

ron persuadir a Pablo de que no fuera a Jerusalén (vv. 4, 12). La situación se puso especialmente difícil para el apóstol cuando, suplicándole que no siguiera adelante, los hermanos comenzaron a llorar y le partieron el corazón (v. 13). Aun sus colegas se pusieron en su contra, uniéndose al coro de quienes disentían de sus planes (v. 12). Esto nos recuerda que quienes nos aman pueden intentar protegernos de la cruz. Aunque hemos de tomarnos muy en serio la vida comunitaria, nuestros hermanos adoptarán a veces posturas que deben ser rechazadas.

La respuesta de Pablo a la errónea preocupación de sus amigos es muy significativa. El apóstol expresó la frustración y dolor que le producían su manera de ver las cosas (v. 13a). La sinceridad que requiere andar en la luz para mantener la comunión (1Jn 1:7) exige este tipo de expresiones de dolor. Pero Pablo también explicó lo que había detrás de su decisión de seguir adelante con su viaje a Jerusalén: no solo estaba dispuesto a ser atado, sino también a morir por la causa (v. 13b).

Todos nosotros, si somos obedientes a Cristo, afrontaremos alguna forma de muerte, porque la cruz es un prerrequisito innegociable del discipulado. Es posible que nuestros seres queridos no entiendan o valoren el camino que estamos tomando. Si se oponen a nosotros, no es porque rechacen los caminos de Dios, sino porque en su equivocada forma de amor quieren ayudarnos a evitar el dolor. Hemos de explicar lo que motiva nuestras decisiones y ayudarles a entender y aceptar el camino que hemos escogido. Quienes respetan la voluntad de Dios desistirán de su oposición, ya que temen oponerse a él. Esto es lo que ocurrió en Cesarea cuando los creyentes dijeron: "¡Que se haga la voluntad del Señor!".

Nuestros compromisos comunitarios nos llevarán también a veces a hacer cosas que, personalmente, consideramos innecesarias para nosotros, pero que ayudan a mantener la unidad. Esto es lo que hizo Pablo en su implicación con los cuatro hombres que se comprometieron en un voto. Hizo lo imposible y se sometió a la voluntad del cuerpo, en consonancia con lo que enseñó en Efesios 5:21: "Sométanse unos a otros, por reverencia a Cristo". Pero ¿fue acaso un error? Algunos han creído que sí. Haríamos bien, por supuesto, en prestar atención a la advertencia "de no considerar Hechos 21:17–26 como un modelo demasiado positivo, puesto que el plan finalmente fracasó (vv. 27–36)".[13] Aunque no presenta un modelo como tal, creo que nos muestra que para Pablo la unidad de la iglesia era un asunto muy serio y que él estaba dispuesto a hacer todo lo posible por agradar a quienes tenían una perspectiva distinta.

La conspiración ciertamente fracasó, pero los cristianos de Jerusalén se sintieron sin duda muy agradecidos al ver el precio que Pablo estaba dispuesto a pagar para expresar su solidaridad con ellos. A veces me pregunto si la facili-

---

13. William W. Klein, Craig L. Blomberg, y Robert L. Hubbard Jr., *Introduction to Biblical Interpretation* (Dallas: Word, 1993), 349.

dad con que los comentaristas catalogan de error esta acción de Pablo, no será un indicativo de lo mucho que se ha alejado la iglesia en su consideración del sufrimiento generado por los compromisos como un elemento esencial de la comunidad cristiana.

Por otra parte, la participación de Pablo en los votos de los cuatro hermanos concuerda con su enseñanza en las cartas. Como escribió en 1 Corintios 9, en aras de sus propósitos evangelizadores estaba dispuesto a cambiar su conducta de acuerdo con sus receptores. El apóstol defendió esta misma flexibilidad para preservar la unidad del cuerpo, en especial porque algunas acciones que ciertos cristianos consideraban legítimas podrían ser un tropiezo para los más débiles (Ro 14; 1Co 8). Quienes han muerto al yo tienen un amor que "no insiste en que las cosas se hagan a su manera" (1Co 13:5, NRSV). Para Pablo, la unidad de la iglesia era algo tan importante que merecía la pena pagar el precio, aunque elevado, para preservarla. En la iglesia de hoy hemos de recuperar esta perspectiva.

Más sobre Pablo y los judíos

No hay duda de que Lucas consideraba importante la interacción entre Pablo y el pueblo judío, porque escribe al respecto muchas veces en Hechos. En esta sección, aunque el apóstol estaba principalmente llamado a evangelizar a los gentiles, nunca dejó de procurar ministrar a los judíos y de construir puentes entre el judaísmo y el cristianismo. En esta ocasión, sus esfuerzos acabaron mal, pero siguió intentando ganarles para Cristo. De hecho, el último capítulo de Hechos dedica bastante espacio a los esfuerzos de Pablo por evangelizar a los judíos de Roma. También allí obtuvo la misma respuesta, y la mayoría de los judíos rechazaron lo que decía, de modo que volvió a concentrarse en los gentiles (28:28). Pero nunca renunció a ganar a los judíos.

Este esquema debe inspirarnos a perseverar con lo que podría llamarse "el sistema" y a no rendirnos. Puede que de este pasaje no podamos derivar un principio permanente. Sin embargo, esta sección nos ayuda a apreciar los esfuerzos de quienes intentan renovar las antiguas estructuras que parecen confinadas a las formas tradicionales de hacer las cosas, sin considerar la posibilidad de cambios.

El destacado papel de la mujer en el programa de Dios

¿Cómo podemos aplicar el principio evidente en los escritos de Lucas en el sentido de que las mujeres y otros marginados de la sociedad tienen un destacado lugar en el reino de Dios? Hemos de seguir a Lucas y demostrarles a tales personas que son verdaderamente importantes para Dios y para la iglesia. Nuestra aplicación de la Escritura debería ser pertinente para todos los segmentos del pueblo de Dios. Hemos de mostrar cómo se aplican los principios bíblicos a los hombres y las mujeres, a los ricos y a los pobres, a las personas adultas, a los jóvenes y a los niños. Para ilustrar las verdades que enseñamos, deberíamos ser representativos en nuestra utilización de ejemplos.[14] Para quienes vivimos en países pobres, donde una buena parte de nuestra literatura procede de los países más ricos, hemos de buscar con diligencia ejemplos de nuestra parte del mundo. En las sociedades multiétnicas, hemos de buscar ejemplos de distintos grupos étnicos.

También deberíamos evitar aquellos ejemplos que sirvan para afianzar a las personas en sus prejuicios. Recientemente se ha producido una cierta susceptibilidad por un acento excesivo en la corrección política y se ha utilizado este tipo de lenguaje incluso para hablar de Dios. Aunque deploramos tales excesos, ello no ha de impedirnos utilizar un lenguaje que no elimine a un grupo de personas (p. ej., las mujeres). Lo que era legítimo para la pasada generación puede significar algo distinto hoy, porque los significados atribuidos a las palabras cambian con el paso del tiempo.

Dicho esto, también hemos de recordar que las cartas del Nuevo Testamento dicen algunas cosas sobre los roles de hombres y mujeres que chocan con el modo en que hoy piensan muchas personas. Hemos de tener cuidado de no reinterpretar radicalmente estos pasajes para que signifiquen algo que Pablo no quería decir. Por cuanto nuestro trasfondo cultural puede cegarnos a ciertos aspectos de la verdad bíblica, hemos de estar siempre dispuestos a estudiar de nuevo las interpretaciones tradicionales. Pero no podemos rechazar ningún pasaje o reinterpretarlo para que acabe diciendo algo que el autor no pretendía decir. Este es un asunto difícil, como pone de relieve la plétora de libros de escritores firmemente comprometidos con la autoridad de la Escritura en los que se llegan a conclusiones distintas. Pero al margen de cuáles sean nuestros puntos de vista, no debería haber duda en las mentes de todos los cristianos bíblicos sobre la igualdad y relevancia de aquellos a quienes la sociedad considera no iguales, sin importancia o insignificantes.

Cristianos falibles y la expresión del amor comunitario

En nuestra exposición de Hechos 20 consideramos la felicidad que nos proporcionan los cálidos vínculos de amor y compromiso. En este pasaje vemos ilustrados esta clase de vínculos. Pero las relaciones personales comprometidas pueden también traernos mucho dolor y molestias, lo cual puede llevar a los cristianos a rechazar este tipo de relaciones personales, prefiriendo una

---

14. Ver el libro de Ruth A. Tucker, *The Christian Speaker's Treasury: A Sourcebook of Anecdotes and Quotes* (San Francisco: Harper & Row, 1989), que contiene muy buenos artículos relevantes para las mujeres.

vida que mantiene la privacidad. Sin embargo, una de las muchas bendiciones de las relaciones personales comprometidas es el gozo de ser amados por nuestros hermanos. Pablo experimentaba esta clase de alegría que, probablemente, le compensaba con creces por el dolor que producía esta clase de compromisos. En un mundo lleno de personas solitarias, este tipo de amor y compromiso es muy importante.

Por otra parte, también hemos visto que ni siquiera los amigos más íntimos de Pablo entendían el camino que tomaba a veces. Normalmente, a los héroes solo se les admira desde la distancia. Mientras están llevando a cabo las acciones o tareas que después harán que sean considerados héroes, estas parecen muy costosas, extrañas y necias. Sus seres queridos ven la cruz del sufrimiento y desean ahorrarles el dolor. Por ejemplo, muchos obreros salen al campo misionero contra el deseo de sus padres. Cuando el sufrimiento les sale al paso, escriben a casa y los padres se enojan con sus hijos o acusan a la agencia misionera que les envió.

Puesto que nuestra recompensa está en el cielo, no podemos mostrar gran cosa, normalmente, en términos de éxitos terrenales. Al final de su vida, el propio Pablo parecía tan fracasado que todos le habían abandonado (2Ti 4:16). Todo esto es doloroso para las emociones de los siervos de Dios. Saben que había un elemento de riesgo en lo que estaban haciendo y no pueden dejar de preguntarse si acaso estaban equivocados. Pero les ayuda a seguir adelante la pasión que en ellos genera el Espíritu (cf. 20:22).

Sin embargo, cuando nadie nos entiende, no deberíamos rechazar a todo el mundo y seguir con nuestros planes, sino más bien intentar que los demás cambien de opinión. Y muchos lo hacen, como vemos con el viaje de Pablo a Jerusalén. El propio Lucas cambió finalmente de opinión. En un principio se había unido a las súplicas a Pablo para que no fuera a Jerusalén (v. 12). Sin embargo, permaneció con Pablo, no solo en su viaje a Jerusalén, sino durante sus encarcelamientos. En una de sus cartas a Timoteo desde la cárcel de Roma, unos siete años más tarde (al menos), Pablo afirmó: "… sólo Lucas está conmigo" (2Ti 4:11).

No podemos pasar por alto el triste hecho de que ciertos cristianos no entenderán el camino que estamos tomando. Algunos padres seguirán oponiéndose a la decisión que han tomado sus hijos de seguir a Cristo por un camino difícil. Algunos de quienes se nos oponen son personas buenas y piadosas. Como antes he mencionado, el conde de Shaftesbury, gran reformador social evangélico conocido como "el Conde de los pobres", dijo una vez que, ¡tras mucho estudio, estaba convencido de que el Ejército de Salvación era sin duda el Anticristo![15] No obstante, la pasión por obedecer a Cristo nos ayuda a seguir adelante con nuestra visión.

---

15. Bramwell Booth, *Echoes and Memories* (Nueva York: George H. Doran, 1925), 27. Citado en Warren W. Wiersbe y Lloyd M. Perry, *The Wycliffe Handbook of Preaching*

La petición de los cristianos de Jerusalén a Pablo para que financiara los votos de cuatro hermanos es otro buen ejemplo de lo que sucede cuando cristianos falibles intentan expresar amor. No podemos estar seguros de que esta petición fuera un error. Sin embargo, nos muestra lo importante que era para el apóstol preservar la unidad en el cuerpo de Cristo. Estaba dispuesto a hacer todo lo posible por agradar a cristianos que eran distintos de él. Esta idea ha de subrayarse de manera especial en un tiempo en que las divisiones llegan a considerarse medios deseables (!) de crecimiento, por el exacerbado individualismo que hay en la iglesia. Esto es, sin duda, una expresión de mundanalidad en este tiempo en que la supuesta búsqueda de la propia realización ha devaluado la importancia de los compromisos permanentes[16] y en que el pragmatismo hace que crecer a costa de otros se considere algo aceptable.

Puede que la ley del más fuerte sea la ley de la selva y la del mercado, pero no es la ley del reino. En un estudio sobre cooperación en la evangelización mundial, John Stott comenta: "... un hecho empírico no es necesariamente una verdad bíblica [...] No hemos de asumir que el mundo es forzosamente un modelo para la iglesia".[17] Pablo reaccionó horrorizado ante las divisiones en el cuerpo de Cristo. Con mordaz ironía preguntó: "¡Cómo! ¿Está dividido Cristo?" (1Co 1:13). El daño que esto hace al testimonio cristiano es inmenso.

Solo dos días antes de escribir estas palabras, un diario de mi país publicaba la carta de un lector, probablemente budista, que se expresaba sarcásticamente sobre las divisiones entre los protestantes en contraste con la unidad de los católicos. La carta acababa diciendo: "¡A veces la estructura de la Iglesia Cristiana parece muy desconcertante!".[18] La voluntad de Pablo de someterse a la petición de los dirigentes de Jerusalén nos desafía a desarrollar una mayor sensibilidad hacia cristianos que son diferentes y a hacer un mayor esfuerzo para cooperar con ellos.

En una de las anteriores visitas de Pablo a Jerusalén, los dirigentes de la iglesia acordaron que Pedro se especializaría en evangelizar a los judíos y Pablo a los gentiles (Gá 2:7–8). Pero esto no impidió que Pablo fuera sensible a las peculiaridades culturales de los cristianos de origen judío. Esto es tener perspectiva del reino. Dentro del reino de Dios podemos desempeñar distintos roles, pero todos trabajamos para el mismo Rey; por consiguiente, nos sacrificaremos para ayudarnos unos a otros y nunca haremos nada que dañe a los demás. Es decir, la Iglesia Bautista de la ciudad no ha de hacer nada que perjudique a la cercana Iglesia de las Asambleas de Dios, y una sección de Inter-

---

and Preachers (Chicago: Moody, 1984), 185.

16. Ver Daniel Yankelovich, *New Rules: Searching for Self-fulfillment in a World Turned Upside Down* (Nueva York: Random House, 1981).

17. John R. W. Stott, "Theological Preamble", *Co-operating in World Evangelization*, ed. Keith A. Price (Wheaton y Londres: Lausanne Committee for World Evangelization, 1983), 10.

18. *The Island* (March 22, 1997), 9.

Varsity no ha de intentar crecer a expensas de una sección de los Navegantes de la misma universidad. Reconociendo el distinto rol que desempeña cada uno y sometiéndonos a la enseñanza bíblica sobre el cuerpo de Cristo, hemos de intentar ayudarnos unos a otros siempre que sea posible y modificar nuestros planes si vemos que van a dañar a otro grupo cristiano.

Perseverando con la clase dirigente

La perseverancia de Pablo con los dirigentes judíos ha de estimularnos a perseverar con lo que hoy es para nosotros la clase dirigente. Como se ha dicho anteriormente, puede que este no sea un principio vinculante que se aplica a todo el mundo; puede aplicarse de manera distinta, según el llamamiento de cada cual. Algunos cristianos devotos, por ejemplo, abandonan las principales denominaciones porque se sienten ultrajados por el modo en que estas han puesto en entredicho al cristianismo bíblico. Sin embargo, otros, igualmente devotos, se quedan con el deseo de ser instrumentos de renovación. Experimentarán frustración y hasta persecución, pero esto es normal en este mundo caído (cf. Ro 8:20). Es posible que giman, esperando con anhelo su redención final, que solo llegará en los nuevos cielos y la nueva tierra (8:23). Muchos abandonan porque creen que es una pérdida de tiempo. Pero Pablo estuvo dispuesto a "malgastar" su tiempo con judíos hostiles, en cada pueblo que visitó, antes de ministrar a los más receptivos gentiles y temerosos de Dios. En la mayoría de estos pueblos se convirtieron algunos judíos.

Es posible que Dios esté llamando a algunos cristianos a que trabajen para la renovación del cristianismo bíblico dentro de unas iglesias que otros tienden a considerar irredimibles. Dios no llama a todos los cristianos a hacer esto. Sin embargo, el ejemplo de un Pablo que persevera con los judíos ha de disuadirnos de criticar a quienes intentan llevar la renovación a las iglesias más antiguas. De hecho, aun quienes no son llamados a este ministerio deberían orar por aquellos hermanos y hermanas que se han quedado y estimularles en su tarea.

Cuando los soldados estaban a punto de meterlo en el cuartel, Pablo le preguntó al comandante:

—¿Me permite decirle algo?

—¿Hablas griego? —replicó el comandante—. **38** ¿No eres el egipcio que hace algún tiempo provocó una rebelión y llevó al desierto a cuatro mil guerrilleros?

39 —No, yo soy judío, natural de Tarso, una ciudad muy importante de Cilicia —le respondió Pablo—. Por favor, permítame hablarle al pueblo.

40 Con el permiso del comandante, Pablo se puso de pie en las gradas e hizo una señal con la mano a la multitud. Cuando todos guardaron silencio, les dijo en arameo:

22:1 «Padres y hermanos, escuchen ahora mi defensa.»

2 Al oír que les hablaba en arameo, guardaron más silencio. Pablo continuó: **3** «Yo soy judío, nacido en Tarso de Cilicia, pero criado en esta ciudad. Bajo la tutela de Gamaliel recibí instrucción cabal en la ley de nuestros antepasados, y fui tan celoso de Dios como cualquiera de ustedes lo es hoy día. **4** Perseguí a muerte a los seguidores de este Camino, arrestando y echando en la cárcel a hombres y mujeres por igual, **5** y así lo pueden atestiguar el sumo sacerdote y todo el Consejo de ancianos. Incluso obtuve de parte de ellos cartas de extradición para nuestros hermanos judíos en Damasco, y fui allá con el fin de traer presos a Jerusalén a los que encontrara, para que fueran castigados.

6 »Sucedió que a eso del mediodía, cuando me acercaba a Damasco, una intensa luz del cielo relampagueó de repente a mi alrededor. **7** Caí al suelo y oí una voz que me decía: "Saulo, Saulo, ¿por qué me persigues?" **8** "¿Quién eres, Señor?", pregunté. "Yo soy Jesús de Nazaret, a quien tú persigues", me contestó él. **9** Los que me acompañaban vieron la luz, pero no percibieron la voz del que me hablaba. **10** "¿Qué debo hacer, Señor?", le pregunté. "Levántate —dijo el Señor—, y entra en Damasco. Allí se te dirá todo lo que se ha dispuesto que hagas." **11** Mis compañeros me llevaron de la mano hasta Damasco porque el resplandor de aquella luz me había dejado ciego.

12 »Vino a verme un tal Ananías, hombre devoto que observaba la ley y a quien respetaban mucho los judíos que allí vivían. **13** Se puso a mi lado y me dijo: "Hermano Saulo, ¡recibe la vista!" Y en aquel mismo instante recobré la vista y pude verlo. **14** Luego dijo: "El Dios de nuestros antepasados te ha escogido para que conozcas su voluntad, y para que veas al Justo y oigas las palabras de su boca. **15** Tú le serás testigo ante toda persona de lo que has visto y oído. **16** Y ahora, ¿qué esperas?

Levántate, bautízate y lávate de tus pecados, invocando su nombre."
¹⁷ »Cuando volví a Jerusalén, mientras oraba en el templo tuve
una visión ¹⁸ y vi al Señor que me hablaba: "¡Date prisa! Sal
inmediatamente de Jerusalén, porque no aceptarán tu testimonio
acerca de mí." ¹⁹ "Señor —le respondí—, ellos saben que yo andaba
de sinagoga en sinagoga encarcelando y azotando a los que creen
en ti; ²⁰ y cuando se derramaba la sangre de tu testigo Esteban, ahí
estaba yo, dando mi aprobación y cuidando la ropa de quienes lo
mataban." ²¹ Pero el Señor me replicó: "Vete; yo te enviaré lejos, a
los gentiles." »

²² La multitud estuvo escuchando a Pablo hasta que pronunció
esas palabras. Entonces levantaron la voz y gritaron: «¡Bórralo de
la tierra! ¡Ese tipo no merece vivir!»

²³ Como seguían gritando, tirando sus mantos y arrojando polvo al
aire, ²⁴ el comandante ordenó que metieran a Pablo en el cuartel.
Mandó que lo interrogaran a latigazos con el fin de averiguar por
qué gritaban así contra él. ²⁵ Cuando lo estaban sujetando con
cadenas para azotarlo, Pablo le dijo al centurión que estaba allí:

—¿Permite la ley que ustedes azoten a un ciudadano romano antes
de ser juzgado?

²⁶ Al oír esto, el centurión fue y avisó al comandante.

—¿Qué va a hacer usted? Resulta que ese hombre es ciudadano
romano.

²⁷ El comandante se acercó a Pablo y le dijo:

—Dime, ¿eres ciudadano romano?

—Sí, lo soy.

²⁸ —A mí me costó una fortuna adquirir mi ciudadanía —le dijo el
comandante.

—Pues yo la tengo de nacimiento —replicó Pablo.

²⁹ Los que iban a interrogarlo se retiraron en seguida. Al darse
cuenta de que Pablo era ciudadano romano, el comandante mismo
se asustó de haberlo encadenado.

³⁰ Al día siguiente, como el comandante quería saber con certeza
de qué acusaban los judíos a Pablo, lo desató y mandó que se
reunieran los jefes de los sacerdotes y el Consejo en pleno. Luego
llevó a Pablo para que compareciera ante ellos.

²³:¹ Pablo se quedó mirando fijamente al Consejo y dijo:

—Hermanos, hasta hoy yo he actuado delante de Dios con toda
buena conciencia.

² Ante esto, el sumo sacerdote Ananías ordenó a los que estaban
cerca de Pablo que lo golpearan en la boca.

³ —¡Hipócrita, a usted también lo va a golpear Dios! —reaccionó
Pablo—. ¡Ahí está sentado para juzgarme según la ley!, ¿y usted
mismo viola la ley al mandar que me golpeen?

⁴ Los que estaban junto a Pablo le interpelaron:

—¿Cómo te atreves a insultar al sumo sacerdote de Dios?

⁵ —Hermanos, no me había dado cuenta de que es el sumo sacerdote —respondió Pablo—; de hecho está escrito: "No hables mal del jefe de tu pueblo."
⁶ Pablo, sabiendo que unos de ellos eran saduceos y los demás fariseos, exclamó en el Consejo:
—Hermanos, yo soy fariseo de pura cepa. Me están juzgando porque he puesto mi esperanza en la resurrección de los muertos.
⁷ Apenas dijo esto, surgió un altercado entre los fariseos y los saduceos, y la asamblea quedó dividida. ⁸ (Los saduceos sostienen que no hay resurrección, ni ángeles ni espíritus; los fariseos, en cambio, reconocen todo esto.)
⁹ Se produjo un gran alboroto, y algunos de los maestros de la ley que eran fariseos se pusieron de pie y protestaron. «No encontramos ningún delito en este hombre —dijeron—. ¿Acaso no podría haberle hablado un espíritu o un ángel?» ¹⁰ Se tornó tan violento el altercado que el comandante tuvo miedo de que hicieran pedazos a Pablo. Así que ordenó a los soldados que bajaran para sacarlo de allí por la fuerza y llevárselo al cuartel.
¹¹ A la noche siguiente el Señor se apareció a Pablo, y le dijo: «¡Ánimo! Así como has dado testimonio de mí en Jerusalén, es necesario que lo des también en Roma.»

En el estudio anterior dejamos a Pablo librándose a duras penas del linchamiento. Posiblemente sufrió fuertes zarandeos y magulladuras, pero pronto recuperó la compostura y pidió permiso para dirigirse a la multitud y presentar una elocuente defensa de su caso.

Pablo habla a la multitud (21:37–22:21)

El comandante pensó inicialmente que Pablo era un egipcio que había intentado llevar a cabo una sublevación contra Roma (21:37–38). Este egipcio había llevado a un gran número de personas al monte de los Olivos, prometiéndoles la intervención de Dios, pero el levantamiento fue abortado por el gobernador Félix con la muerte de muchas personas, aunque el egipcio había conseguido huir.[19] El comandante expresó su sorpresa por el hecho de que Pablo hablara griego; sin embargo, saber que el apóstol era natural de Tarso (21:39) no impresionó tanto al comandante como el descubrimiento posterior de que era ciudadano romano (22:26–29).

En su mención del idioma que utilizó Pablo para hablar a la multitud judía, Lucas se sirve de una expresión (*hebraidi dialekto*) que probablemente significa arameo (21:40). Esta era "la lengua vernácula de una buena parte de

---

19. Ver Josefo, *Antigüedades,* 20.7.6; *Guerras,* 2.13.5; en *Complete Works,* 422, 483 resp.

la zona rural de Siria-Palestina y todas las tierras del este".[20] El hecho de que Pablo hablara el arameo con fluidez hizo que el pueblo guardara "más silencio". (22:2). Cualquiera que pudiera haber pensado que era un colaboracionista de los gentiles en la Diáspora se dio probablemente cuenta de que estaba equivocado.[21]

Pablo comenzó su alocución con todo respeto, dirigiéndose a su audiencia con la expresión "hermanos y padres", como en su momento lo hiciera también Esteban con la suya (7:2). El primer punto de Pablo demostraba sus excelentes credenciales judías (22:3): "… educado a los pies de Gamaliel según la severidad de la ley ancestral" (trad. lit.); es decir, Pablo tenía una concienzuda formación como fariseo bajo el maestro más venerado de aquel tiempo. La descripción de su actividad como perseguidor de los cristianos (22:4–5) abrió el camino para el relato de su conversión, que se parece al del capítulo 9, aunque incluye algunas ideas interesantes que lo complementan. El enfoque de la narración no es tanto su conversión como su llamamiento. Pablo defiende su trabajo con los gentiles y muestra que sigue siendo un buen judío. En este relato se subraya más la luz que en el del capítulo 9: El apóstol especifica que cuando vio la luz era alrededor del mediodía, lo cual implica sin duda que su resplandor era muy intenso (22:6). El primer relato nos informa que quienes estaban con Pablo oyeron el sonido, pero no vieron a nadie (9:7). En este pasaje, el apóstol afirma que sus compañeros vieron la luz, pero no entendieron la voz que le hablaba (22:9).

Pablo no menciona el diálogo en que el Señor le manda a Ananías que vaya a hablar con él (9:10–16), pero añade un nuevo punto, importante para sus oyentes, en el sentido de que Ananías era "hombre devoto que observaba la ley y a quien respetaban mucho los judíos que allí vivían [en Damasco]" (22:12). Es también nueva la palabra de Dios comunicada por Ananías en el sentido de que Pablo iba a ser "testigo ante toda persona" y que tenía que ser bautizado (22:14–16). Las expresiones que utiliza Ananías son típicamente judías (p. ej., "el Dios de nuestros padres",[22] "el Justo"[23]). Por la conversación de Pablo con Herodes Agripa, sabemos que Dios también le dio esta comisión directamente al apóstol (26:17). Pero aquí era importante que sus oyentes supieran que un respetado judío había compartido con él la visión de su futuro ministerio. En consonancia con el acento sobre la luz y nuestra respuesta a ella, Ananías dijo que Pablo había sido escogido "para que conozcas su voluntad [de Dios] y para que veas al Justo y oigas las palabras de su boca" (22:14). Tenía que ser testigo de lo que había "visto y oído" (22:15).[24]

---

20. Keener, *BBC*, 389.
21. *Ibíd.*
22. Ver Gn 43:23; Éx 3:13, 15, 16; 4:5; Dt 1:11, 21; 4:1; 6:3; 12:1; etc.
23. Esta idea la encontramos en 2S 23:3; Is 32:1; 53:11; Zac 9:9.
24. En la exposición de una declaración parecida en 2:38 objetamos a la posible deducción de que el versículo 16 enseña la regeneración bautismal.

Otro nuevo punto de este relato es la mención por parte de Pablo de una visión que tuvo mientras oraba en el templo más adelante, cuando Dios le pidió que abandonara Jerusalén (22:17–21). Considerando su singular trasfondo, Pablo le había expresado a Dios su deseo personal de quedarse en Jerusalén para dar testimonio a los judíos. Hay probablemente una leve indicación de que los judíos que escuchaban a Pablo ahora deberían haber aceptado la validez de su mensaje, pero no lo hicieron por la obstinación de sus corazones.

La anterior descripción de las circunstancias que rodean la partida de Pablo de Jerusalén tiene una perspectiva diferente. Los hermanos supieron de la existencia de una conspiración contra Pablo y le escoltaron hasta Cesarea, desde donde fue enviado a Tarso (9:29–30). Bruce comenta que "este no es el único lugar de nuestra narración en que coinciden la dirección de Dios y la acción humana".[25]

Pablo utiliza su ciudadanía romana (22:22–29)

La afirmación de Pablo en 22:21 en el sentido de que el Señor había decidido mandarle a los gentiles suscitó otra explosión de la multitud judía. Pidieron a gritos su muerte, tiraron sus mantos y arrojaron polvo al aire (22:22–23). Las dos últimas acciones expresaban tanto frustración como horror, por lo que ellos consideraban una blasfemia, posiblemente al relacionar la palabra "gentiles" con la presunta profanación del templo por parte de Pablo. La multitud era demasiado ingobernable para que pudiera producirse nada constructivo, de modo que el comandante había llevado al apóstol al cuartel para aplicarle el tercer grado, es decir, un interrogatorio con azotes, que le permitiría llegar al fondo de lo que Pablo había hecho y que tanto había enfurecido a los judíos (22:24).

La tortura en cuestión era, probablemente, la brutal flagelación romana que se llevaba a cabo con un látigo hecho de tiras de cuero con filosas piezas de hueso o metal en sus extremos. Esta flagelación producía un enorme dolor y podía incluso dejar a las personas inválidas de por vida. Cuando iba a ser azotado, Pablo le dijo al centurión que era ciudadano romano. Aunque a los ciudadanos romanos que habían sido condenados por algún delito podía prescribírseles la flagelación, no se les podía aplicar como método de investigación en el interrogatorio anterior al juicio.[26] Conocer la condición de Pablo evitó que el comandante cometiera más actos ilegales, puesto que ya se equivocó al ordenar que el apóstol fuera azotado. Por tanto, su alarma (22:29) era comprensible. El militar habló de la enorme suma que había tenido que pagar

---

25. Bruce, *Acts*, NICNT, 419.
26. La información sobre las flagelaciones procede de *ibíd.*, 420–21.

para adquirir la ciudadanía romana (22:28),[27] mientras que Pablo dijo que él la tenía desde que nació.

Pablo ante el Sanedrín (22:30–23:11)

El comandante seguía sin entender claramente lo que había sucedido. Puesto que, evidentemente, era algo relacionado con cuestiones religiosas, decidió ordenar que el Sanedrín analizara el asunto (22:30). Longenecker explica que "como comandante militar romano, no tenía derecho a participar en las deliberaciones del Sanedrín. Sin embargo, como oficial romano encargado de mantener la paz en Jerusalén, sí podía ordenar que el Sanedrín se reuniera para determinar la causa del disturbio".[28] Cuando Lucas dice que Pablo fue desatado (22:30), lo que probablemente quiere decir es que fue liberado de su reclusión para que compareciera ante el Sanedrín.[29]

En su primera declaración ante el consejo judío, Pablo proclamó haber "actuado delante de Dios con toda buena conciencia" (23:1). Esto concuerda con lo que dijo en otros pasajes (24:16; Fil 3:6). El apóstol no pretendía haber cumplido los requisitos para la salvación mediante una vida obediente, puesto que enseñaba claramente que nadie puede hacer tal cosa (Ro 2–3). Lo que decía es que, según las normas judías para medir la fidelidad relativa a la conciencia, él había vivido una vida irreprensible y ejemplar.[30]

El sumo sacerdote Ananías ordenó que Pablo fuera golpeado en la boca por esta afirmación (23:2). Pablo responde a esta bofetada con una reacción típicamente humana. Llama hipócrita al sumo sacerdote y afirma que Dios le golpeará también a él, por haber violado la ley al ordenar esto (23:3). Era un error judicial golpear a una persona antes de que fuera sentenciada y, en este caso, Pablo no había sido ni siquiera acusado formalmente. El comentario de Pablo sobre Ananías demuestra ser profético, porque, al cabo de diez años, este sumo sacerdote hubo de huir al palacio de Herodes, su casa fue quemada y él fue, finalmente, asesinado.[31] Se le conocía como un hombre codicioso, corrupto y violento.[32]

---

27. Bruce cita evidencias de que "esta forma de soborno alcanzó proporciones escandalosas bajo el gobierno de Claudio" (*Acts*, NICNT, 421).

28. Longenecker, "Acts", 530. Esto respondería a Haenchen (*Acts*, 640), quien descarta la historicidad de este pasaje asumiendo que es "ingenuo" pensar que el comandante habría llevado a Pablo ante el concilio.

29. Se trata de una afirmación ambigua. Lucas "podría referirse bien al hecho de que le quitaron las cadenas, o a que fue puesto en libertad de su reclusión para presentarse ante el Sanedrín. Esto último parece más probable, puesto que en 23:29 está implícito que le habían quitado las cadenas" (Polhill, *Acts*, 467 n. 61).

30. Comentaremos el significado de esta afirmación en el siguiente estudio.

31. Ver Josefo, *Guerras*, 2.17.6, 9 (en, *Complete Works*, 491, 492 resp.).

32. Sobre el carácter y obras de Ananías, ver Josefo, *Antigüedades,* 20.9.2, 4 (en *Complete Works*, 424).

Cuando Pablo supo que el hombre a quien había dirigido sus fuertes palabras era el sumo sacerdote, se retractó piadosamente de su típica reacción humana (23:5). ¿Por qué no reconoció al sumo sacerdote? Hoy se rechaza generalmente la sugerencia de Sir William Ramsay, en el sentido de que esto sucedió porque la reunión se desarrollaba según el formato de una asamblea romana, presidida por el comandante.[33] La explicación que escuché es que Pablo tenía problemas con la vista, motivados quizá por la intensa luz que le cegó en el camino de Damasco (como evidencia se cita a menudo Gálatas 4:13–15, donde Pablo afirma que los gálatas se habrían sacado los ojos para dárselos a él). Longenecker está probablemente más cerca de la verdad cuando explica que, teniendo en cuenta que aquella no era una de las reuniones periódicas del Sanedrín, es probable que el sumo sacerdote no estuviera sentado en su lugar habitual ni llevara la vestimenta característica de su cargo. Por otra parte, puesto que Pablo solo había estado en Jerusalén de manera esporádica durante los últimos veinte años y Ananías había ocupado el cargo de sumo sacerdote en el año 48 d. C., unos diez años antes de estos incidentes, Pablo no le habría reconocido.[34]

Puesto que la primera línea de razonamiento de Pablo no iba a funcionar, adoptó un nuevo acercamiento basado en el asunto de la resurrección de los muertos, que los fariseos aceptaban pero rechazaban los saduceos. ¿Fue una mera estratagema que Pablo utilizó para dividir al grupo? Hay ciertamente una forma de sabiduría, puede que hasta de sagacidad, en el proceder del apóstol. Sin embargo, estaba también utilizando una estrategia que apuntaba al corazón del evangelio, sin duda un cumplimiento del fariseísmo, hasta el punto que un verdadero fariseo tenía que hacerse cristiano. De hecho, en este pasaje Pablo se presenta como fariseo (23:6).

La paráfrasis que hace Bruce del versículo 6b nos ayuda a entender su argumento: "La acusación por la que ahora se me interroga tiene que ver con la esperanza nacional, cuyo cumplimiento depende de la resurrección de los muertos".[35] Pablo estaba de acuerdo con los fariseos en que la esperanza nacional judía dependía de una resurrección futura. Aquí está diciendo que la primera tengetapa de esta resurrección se ha cumplido en la resurrección de Jesús. Pablo presentó claramente la conexión entre la resurrección de Cristo y la esperanza de los judíos en su discurso ante Agripa (26:8, 23)[36] y en 1 Corintios 15:16–28.

La declaración de Pablo produce una total confusión en el seno del Sanedrín: algunos se ponen del lado de Pablo y otro en su contra. Algunos consideran incluso la posibilidad de que un ángel o un espíritu le hubiera revelado su

---

33. Ramsay, *BRD*, 90–95.
34. Longenecker, "Acts", 531.
35. Bruce, *Acts*, NICNT, 427.
36. Ver exposición de este pasaje.

mensaje al apóstol (23:9). El comandante tiene que intervenir y sacar a Pablo de aquel lugar. La noche siguiente, el Señor se le aparece y le anima diciéndole que dará testimonio de él también en Roma (23:11). En medio de la confusión de aquellos días, el apóstol recibe la confirmación de que Dios está llevando a cabo sus propósitos, y que se va a cumplir su sueño de ir a Roma.

La reacción de Pablo y los judíos ante la revelación de Dios

En el camino de Damasco, Pablo fue cegado por el intenso resplandor de una luz (22:11). Sin embargo, él respondió humildemente a aquella revelación, y no solo fue sanado de su ceguera (v. 13), sino también transformado por ella (v. 14). Ahora tenía que dar testimonio de lo que había visto y oído (v. 15). La tradición judía valoraba la luz de Dios y consideraba a Israel como su custodio e instrumento para llevarla a los gentiles (Is 42:6; 49:6). Esta tradición Pablo la compartió con su audiencia judía (Hch 22:3).

No obstante, como Juan explica más adelante, la "luz resplandece en las tinieblas, y las tinieblas no han podido extinguirla" (Jn 1:5). En otras palabras, Jesús "Vino a lo que era suyo, pero los suyos no lo recibieron. Mas a cuantos lo recibieron, a los que creen en su nombre, les dio el derecho de ser hijos de Dios" (1:11–12). Aquella multitud formaba parte de la mayoría del pueblo de Dios que rechazaba la luz; Pablo pertenecía a la minoría que la había recibido y perseveraba en la tradición de llevar la luz. Pero cuando él, como siervo de Dios, les habló del mandamiento de Dios de llevar la luz a los gentiles, según la promesa de las Escrituras,[37] ellos gritaron: "¡Bórralo de la tierra! ¡Ese tipo no merece vivir!" (Hch 22:22).

Pablo y los fariseos del Sanedrín compartían también un compromiso común con la tradición bíblica. Esta tradición, sin embargo, se había ahora convertido en tradicionalismo.[38] Cuando se les puso ante una necesaria implicación de su tradición —la resurrección de Jesús como precursora de la resurrección que esperaban— la rechazaron y persiguieron a cualquiera que la aceptara. Tenían que abandonar demasiado de su cómodo tradicionalismo si querían aceptar la verdad que implicaba su tradición. Este incidente muestra que un pueblo teológicamente ortodoxo puede llegar a sentirse tan cómodo en su ortodoxia que se resiste a cambiar. El conservadurismo de los judíos se había convertido en un tradicionalismo muerto que perseguía a los instrumentos de cambio que Dios les enviaba.

---

37. Vr Gn 12:3; 1R 8:41–43; Is 2:2–4; 11:9–10; 42:1–7; 66:18–20; Dn 7:14; Jl 2:28; Zac 2:11; 8:20–23; 14:16–17.
38. Willimon, *Acts*, 169.

Las tres visiones de Pablo

Este pasaje nos presenta tres visiones de Pablo. (1) El apóstol vio al Señor resucitado, una visión que le llevó a la conversión y que él consideraba como una aparición tras la resurrección (22:6–10).[39] Sobre el lugar que ocupan las visiones en el proceso de la conversión, podemos decir que son uno de los muchos medios que Dios utiliza para confrontar a las personas. Tanto en la Biblia como en la historia, las visiones se han producido las veces suficientes (ver 10:1–33) como para poder contarse entre las formas en que Dios se revela a las personas.

(2) Tres años después de su conversión (cf. Gá 1:18), Dios advirtió a Pablo sobre los peligros de permanecer en Jerusalén y le dijo que saliera de la ciudad (22:18). Dios guió a Pablo por medio de esta visión que guarda ciertas similitudes con la que tuvo Pedro en 10:9–16. En ambos casos, el receptor estaba en oración cuando Dios le habló de este modo.[40] La oración nos ayuda a sintonizar con Dios y nos hace receptivos a su voz. Estando en esta actitud de oración, Dios advirtió a Pablo sobre los peligros de algo que deseaba hacer ardientemente. El testimonio personal de Pablo sobre esta cuestión es: "… el deseo de mi corazón, y mi oración a Dios por los israelitas, es que lleguen a ser salvos". (Ro 10:1). Pablo estaba convencido de que él cumpliría esta ambición, que su trasfondo hacía de él un instrumento notablemente cualificado para llevar a cabo aquella tarea (22:19–20). Pero Dios no la veía de este modo. Pablo estaba equivocado, porque aquello que, en su opinión, le facilitaba la entrada con el evangelio en realidad no lo hacía. Esta visión nos muestra que hemos de estar abiertos a Dios y poner nuestras ambiciones delante de él para que nos dirija de la mejor manera.

(3) La tercera fue una visión de ánimo para Pablo (23:11), una característica que encontramos varias veces en el libro de los Hechos. En tiempos de especial necesidad, Dios se aparece a sus siervos de algún modo sobrenatural y les muestra un destello de su persona que les anima a perseverar en la tarea que se les ha dado (4:31; 18:9–10; 27:23). A esto podemos llamarlo el consuelo del Dios de toda consolación (cf. 2Co 1:3–4). Dios sabe cuándo necesitamos una ayuda especial para vencer el desaliento y perseverar en un encargo difícil. Y en el momento oportuno nos envía su consuelo. Pablo fue consolado mediante una declaración de la soberanía de Dios. En este momento de incertidumbre, Pablo acabó cumpliendo una sus mayores ambiciones: predicar el evangelio en Roma.[41]

---

39. Esto se trató en detalle en nuestros comentarios de 9:1–31.
40. Respecto al lugar que ocupa la oración para abrirnos a la dirección de Dios ver la exposición de la visión de Pedro.
41. Quienes deseen profundizar en el asunto del consuelo de Dios por medio de las visiones, pueden ver el estudio de 18:1–22.

Pablo utiliza su ciudadanía romana

En este comentario hemos reflexionado mucho sobre nuestro llamamiento a sufrir porque es un tema muy importante del libro de los Hechos. Los apóstoles, y entre ellos Pablo, estuvieron contentos de sufrir por causa de Cristo (5:41; 21:13). Antes de que Pablo llegara a Jerusalén, Dios le había dado numerosas advertencias de que iba a ser perseguido y cuando llegó a la ciudad estaba preparado para sufrir (20:23–24; 21:4, 10–13). Pero el apóstol no era masoquista y no buscaba el sufrimiento de manera innecesaria. Afirmó estar dispuesto a morir en Jerusalén (21:13), sin embargo, cuando los romanos quisieron interrogarle con azotes, Pablo apeló a su ciudadanía para detener este proceso (22:25).[42]

Para Pablo, los gobernantes están "al servicio de Dios para tu bien" (Ro 13:4) y, si no lo hacen, podemos instarles a hacerlo. Por otra parte, como representantes de un Dios justo, los creyentes estamos comprometidos a combatir la injusticia en la tierra. A veces puede incluso ser necesario que luchemos contra alguna injusticia cometida contra nosotros. Ciertamente, la Biblia nos ofrece directrices en este sentido. Por ejemplo, Pablo afirma que es mejor sufrir un agravio o ser engañado que apelar a un tribunal secular contra otro creyente (1Co 6:6–7). Pero por regla general, podemos apelar a la protección de la ley si se nos ataca o persigue de un modo que viola claramente la ley del país en el que estamos.

Significado Contemporáneo

Tradición, tradicionalismo y la luz

El tradicionalismo llevó a los judíos a rechazar la gran verdad implícita en su tradición. Aunque algunos fariseos (15:5) y "muchos de los sacerdotes" (6:7) habían aceptado el mensaje de la resurrección de Jesús, otros muchos se negaron a hacerlo, llegando incluso a perseguir a los que habían creído. De igual manera, a lo largo de la historia de la iglesia, los tradicionalistas han perseguido a quienes, desde su propia tradición, han adoptado una nueva dirección permitida e implicada en dicha tradición.

Cuando Martín Lutero, por ejemplo, comenzó a proclamar lo que la Biblia enseñaba claramente, fue calificado de hereje por la misma Iglesia que, en teoría, aceptaba las Escrituras como una de su dos principales fuentes de autoridad (la otra era la tradición). En la Dieta de Worms (1521), el erudito católico Johann Eck le preguntó a Lutero si quería retractarse de lo que había enseñado. En su famosa respuesta, Lutero dijo lo siguiente:

---

42. Cf. también 16:37: Cuando fue injustamente azotado y encarcelado en Filipos, se quejó de la acción en cuestión y no se marchó mansamente tras su liberación (y la de Silas).

Puesto que su serena majestad y sus señorías quieren una respuesta sencilla, me expresaré de este modo, con toda llaneza: A menos que me convenzan mediante testimonios de las Escrituras o por un razonamiento evidente […] Quedo sujeto a los pasajes de las Escrituras que he presentado y mi conciencia está cautiva de la Palabra de Dios. No puedo ni quiero retractarme de nada, puesto que no es prudente ni recto obrar contra la conciencia.[43]

Por estas palabras, Lutero fue excomulgado. Para su seguridad, su amigo, el elector de Sajonia, Federico el Sabio, simuló un secuestro y le escondió en el castillo en Wartburgo.

Asimismo, cuando algunos jóvenes eruditos del movimiento fundamentalista comenzaron a abrirse a ciertas verdades y disciplinas académicas compatibles con los fundamentos de la fe, experimentaron la brutal agresión de los tradicionalistas dentro del campo fundamentalista. Estos ataques afectaron profundamente e hirieron permanentemente a algunos de ellos (p. ej., E. J. Carnell).[44] Cuando en la década de 1980 un amigo mío, que desarrollaba un efectivo ministerio evangelizador en Sudáfrica, incorporó a su predicación algunas implicaciones políticas del evangelio, otros evangélicos comenzaron a decir que había abandonado el evangelio. En otras palabras, es posible que quienes responden en obediencia a la luz experimenten la oposición de otros que se consideran custodios de la luz.

La ambición personal y la advertencia de Dios

En varias ocasiones, Dios hubo de controlar las ambiciones personales de Pablo por medio de su dirección. Cuando quería ir a Asia, sus esfuerzos se vieron frustrados hasta que fue el momento de Dios (16:6–10; 19:1). Hechos 22:17–21 nos muestra el freno divino a la ambición del apóstol de ser testigo por excelencia a los judíos. El apóstol creía honestamente que su trasfondo le otorgaría tal credibilidad que podría ser un poderoso testimonio para su pueblo. Pero esto no iba a ser así, y Dios, que lo sabía, le llevó por eso a abandonar Jerusalén.

Esto no significa que tener ambición sea malo. Pablo tenía también un gran deseo de ir a Roma (Ro 1:10–15; 15:22–32) que el Señor alimentó con una visión diciéndole: "¡Ánimo! Así como has dado testimonio de mí en Jerusalén, es necesario que lo des también en Roma" (23:11). Es lícito tener grandes sueños, pero hemos de ponerlos en el altar de Dios y someternos a su soberanía, creyendo que él sabe lo que más nos conviene. También deberíamos ser

---

43. De A. Skevington Wood, *Captive to the Word. Martin Luther: Doctor of Sacred Scripture* (Grand Rapids: Eerdmans, 1969), 72.

44. Ver el análisis de Gordon R. Lewis sobre los "traumáticos efectos" de estos ataques sobre Edward John Carnell en *Handbook of Evangelical Theologians*, ed. Walter A. Elwell (Grand Rapids: Baker, 1993), 332.

conscientes de que, cuando se trata de nuestras ambiciones, es fácil que nuestros deseos carnales enturbien nuestras ambiciones más piadosas. Puesto que nos es difícil diferenciar estas cosas, hemos de esperar que Dios ponga ciertos obstáculos que nos alerten de los peligros.

También hemos de notar que los cristianos de Jerusalén desempeñaron un papel cuando Pablo sale de Jerusalén (ver 9:29–30). En otras palabras, Dios puede utilizar a la comunidad cristiana como instrumento de advertencia de nuestras ambiciones. Por regla general nos tomamos mal estos obstáculos que nos salen al paso y parecen impedir que consigamos nuestras metas. Sin embargo, hemos de disciplinarnos para aceptar las perspectivas de otros creyentes como dones enviados por Dios, que en su soberanía sabe lo que más nos conviene.

Recientemente han salido a la luz algunos casos de cualificados dirigentes cristianos que por sus ambiciones fuera de control han quebrantado principios cristianos y han acabado en vergonzosos fracasos. Más adelante, muchas de estas personas han declarado que su caída estuvo motivada por su ambición y que no contaron con la ayuda de consejeros sinceros que les ayudaran a evitar los peligros.[45] Por ello, la Biblia nos recomienda que busquemos el consejo de otras personas para nuestros planes (Pr 11:14; 15:22; 20:18).

Esto no significa que tengamos que abandonar nuestras visiones cuando surge algún obstáculo. Los planes de Pablo para ir a Asia Menor y a Roma se vieron muchas veces obstaculizados, pero finalmente llegó a ambos lugares. Los creyentes también intentaron impedir que Pablo fuera a Jerusalén en aquel momento, pero él creía firmemente que el Espíritu le estaba dirigiendo en aquella dirección. Un ingrediente clave de la fidelidad es la disposición a perseverar cuando nos sentimos desanimados. La mayoría de quienes han logrado realizar grandes cosas para Dios (por no decir todos) lo han conseguido perseverando bajo circunstancias que habrían llevado a otros a abandonar.

Muchas veces, nuestras visiones las llevan a cabo otras personas y puede que nuestro papel sea motivarles. Después podemos alegrarnos cuando vemos que la visión se hace realidad, respaldar el trabajo con nuestras oraciones y ayudar en lo que podamos. Por ejemplo, mucho después de la visión de Pablo en el templo, el apóstol estuvo de acuerdo en que Pedro había sido llamado a predicar a los judíos mientras que él lo había sido a los gentiles (Gá 2:7–8). Sin embargo, Pablo nunca perdió su carga por los judíos (Ro 9:1–4) y siguió orando por su conversión (10:1). Fuera donde fuera, siempre iniciaba su ministerio dándoles testimonio a ellos. Aunque Dios no le permitió ministrar en Jerusalén, cuando oyó hablar de la necesidad de la iglesia de esta ciudad, se puso en seguida manos a la obra para hacer algo al respecto. Esto fue precisamente lo que motivó esta visita a Jerusalén, a saber, entregar las ofrendas de las iglesias gentiles para los cristianos judíos. Concluimos esta exposición con

---

45. Ver Jim Bakker, *I Was Wrong* (Nashville: Thomas Nelson, 1996).

las sabias palabras de Proverbios 16:9: "El corazón del hombre traza su rumbo, pero sus pasos los dirige el Señor".

Ningún sufrimiento innecesario

Aunque Pablo estaba dispuesto a morir por causa de Cristo, nunca asumió sufrimientos innecesarios (21:13). Se dice que algunos cristianos del siglo II se gloriaban tanto en el sufrimiento que lo deseaban de manera enfermiza.[46] Los cristianos del Nuevo Testamento no se abandonaron a este tipo de excesiva morbosidad. También hoy podemos apelar a las leyes para salvaguardar nuestros derechos y protección siempre que no deshonremos a Dios con ello. En especial cuando los cristianos están siendo maltratados de manera ilegal por causa de sus principios, puede ser bueno, por su propio bien y el de la sociedad en general, que protesten por el modo en que están siendo tratados.

No creo que Dios pretenda que una esposa maltratada soporte en silencio su dolor cuando su marido abusa físicamente de ella y la trata como a un ser subhumano. Hay que animar a los niños para que denuncien los abusos sexuales que puedan estar sufriendo. Los obreros que reciben sueldos inferiores a lo que marca la ley han de pedirles a sus empresarios que sean justos. Por otra parte, si la Biblia deja lugar para que defendamos nuestros propios derechos, ¡cuánto más importante es que hablemos a favor de otras personas que están sufriendo un trato deshumanizado o injusto!

Por la pecaminosidad de la raza humana, a pesar de todos los adelantos conseguidos en el ámbito de los derechos laborales, sigue habiendo situaciones en las que los obreros están siendo gravemente explotados. Los cristianos han de hablar a favor de tales personas e intentar que se respeten sus legítimos derechos. Esto es lo que sucede cuando los cristianos se acercan a la gente: ven necesidades y se dan cuenta de que pueden y deben hacer algo al respecto. Los antiguos metodistas se implicaron acertadamente a favor del movimiento obrero. Los trabajadores cristianos comenzaron a comentar sus problemas en sus pequeños grupos de comunión, y sus hermanos se dieron cuenta de que tenían que hacer algo para mitigar aquellos sufrimientos.[47]

---

46. Ver Philip Schaff, *History of the Christian Church,* vol. 2, *Ante-Nicene Christianity* (Grand Rapids: Eerdmans, 1952, repr. 1910 ed.), 48.
47. Esto lo dijo Allan Coppedge en una conferencia sobre el método de cuidado pastoral de John Wesley en la Conferencia de Ministros celebrada en el Seminario Teológico de Asbury en febrero de 1989.

Muy de mañana los judíos tramaron una conspiración y juraron bajo maldición no comer ni beber hasta que lograran matar a Pablo.

13 Más de cuarenta hombres estaban implicados en esta conspiración. 14 Se presentaron ante los jefes de los sacerdotes y los ancianos, y les dijeron:

—Nosotros hemos jurado bajo maldición no comer nada hasta que logremos matar a Pablo. 15 Ahora, con el respaldo del Consejo, pídanle al comandante que haga comparecer al reo ante ustedes, con el pretexto de obtener información más precisa sobre su caso. Nosotros estaremos listos para matarlo en el camino.

16 Pero cuando el hijo de la hermana de Pablo se enteró de esta emboscada, entró en el cuartel y avisó a Pablo. 17 Éste llamó entonces a uno de los centuriones y le pidió:

—Lleve a este joven al comandante, porque tiene algo que decirle.

18 Así que el centurión lo llevó al comandante, y le dijo:

—El preso Pablo me llamó y me pidió que le trajera este joven, porque tiene algo que decirle.

19 El comandante tomó de la mano al joven, lo llevó aparte y le preguntó:

—¿Qué quieres decirme?

20 —Los judíos se han puesto de acuerdo para pedirle a usted que mañana lleve a Pablo ante el Consejo con el pretexto de obtener información más precisa acerca de él. 21 No se deje convencer, porque más de cuarenta de ellos lo esperan emboscados. Han jurado bajo maldición no comer ni beber hasta que hayan logrado matarlo.

Ya están listos; sólo aguardan a que usted les conceda su petición.

22 El comandante despidió al joven con esta advertencia:

—No le digas a nadie que me has informado de esto.

23 Entonces el comandante llamó a dos de sus centuriones y les ordenó:

—Alisten un destacamento de doscientos soldados de infantería, setenta de caballería y doscientos lanceros para que vayan a Cesarea esta noche a las nueve. 24 Y preparen cabalgaduras para llevar a Pablo sano y salvo al gobernador Félix.

25 Además, escribió una carta en estos términos:

> 26 Claudio Lisias,
> a su excelencia el gobernador Félix:
> Saludos.

²⁷ Los judíos prendieron a este hombre y estaban a punto de matarlo, pero yo llegué con mis soldados y lo rescaté, porque me había enterado de que es ciudadano romano. ²⁸ Yo quería saber de qué lo acusaban, así que lo llevé al Consejo judío. ²⁹ Descubrí que lo acusaban de algunas cuestiones de su ley, pero no había contra él cargo alguno que mereciera la muerte o la cárcel. ³⁰ Cuando me informaron que se tramaba una conspiración contra este hombre, decidí enviarlo a usted en seguida. También les ordené a sus acusadores que expongan delante de usted los cargos que tengan contra él.

³¹ Así que los soldados, según se les había ordenado, tomaron a Pablo y lo llevaron de noche hasta Antípatris. ³² Al día siguiente dejaron que la caballería siguiera con él mientras ellos volvían al cuartel. ³³ Cuando la caballería llegó a Cesarea, le entregaron la carta al gobernador y le presentaron también a Pablo. ³⁴ Félix leyó la carta y le preguntó de qué provincia era. Al enterarse de que Pablo era de Cilicia, ³⁵ le dijo:

«Te daré audiencia cuando lleguen tus acusadores.» Y ordenó que lo dejaran bajo custodia en el palacio de Herodes.

²⁴:¹ Cinco días después, el sumo sacerdote Ananías bajó a Cesarea con algunos de los ancianos y un abogado llamado Tértulo, para presentar ante el gobernador las acusaciones contra Pablo. ² Cuando se hizo comparecer al acusado, Tértulo expuso su caso ante Félix:

—Excelentísimo Félix, bajo su mandato hemos disfrutado de un largo período de paz, y gracias a la previsión suya se han llevado a cabo reformas en pro de esta nación. ³ En todas partes y en toda ocasión reconocemos esto con profunda gratitud. ⁴ Pero a fin de no importunarlo más, le ruego que, con la bondad que lo caracteriza, nos escuche brevemente. ⁵ Hemos descubierto que este hombre es una plaga que por todas partes anda provocando disturbios entre los judíos. Es cabecilla de la secta de los nazarenos. ⁶ Incluso trató de profanar el templo; por eso lo prendimos. ⁸ Usted mismo, al interrogarlo, podrá cerciorarse de la verdad de todas las acusaciones que presentamos contra él. ⁹ Los judíos corroboraron la acusación, afirmando que todo esto era cierto. ¹⁰ Cuando el gobernador, con un gesto, le concedió la palabra, Pablo respondió:

—Sé que desde hace muchos años usted ha sido juez de esta nación; así que de buena gana presento mi defensa. ¹¹ Usted puede comprobar fácilmente que no hace más de doce días que subí a Jerusalén para adorar. ¹² Mis acusadores no me encontraron discutiendo con nadie en el templo, ni promoviendo motines entre la gente en las sinagogas ni en ninguna otra parte de la ciudad. ¹³ Tampoco pueden probarle a usted las cosas de que ahora me acusan. ¹⁴ Sin embargo, esto sí confieso: que adoro al Dios de nuestros antepasados siguiendo este Camino que mis acusadores llaman secta, pues estoy de acuerdo con todo lo que enseña la ley y creo lo que está escrito en los profetas. ¹⁵ Tengo en Dios la misma esperanza que estos hombres profesan, de que habrá una resurrección de los justos y de los injustos. ¹⁶ En todo esto procuro conservar siempre limpia mi conciencia delante de Dios y de los hombres.

¹⁷ »Después de una ausencia de varios años, volví a Jerusalén para traerle donativos a mi pueblo y presentar ofrendas. ¹⁸ En esto estaba, habiéndome ya purificado, cuando me encontraron en el templo. No me acompañaba ninguna multitud, ni estaba implicado en ningún disturbio. ¹⁹ Los que me vieron eran algunos judíos de la provincia de Asia, y son ellos los que deberían estar delante de usted para formular sus acusaciones, si es que tienen algo contra mí. ²⁰ De otro modo, estos que están aquí deberían declarar qué delito hallaron en mí cuando comparecí ante el Consejo, ²¹ a no ser lo que exclamé en presencia de ellos: "Es por la resurrección de los muertos por lo que hoy me encuentro procesado delante de ustedes."

²² Entonces Félix, que estaba bien informado del Camino, suspendió la sesión.

—Cuando venga el comandante Lisias, decidiré su caso —les dijo.

²³ Luego le ordenó al centurión que mantuviera custodiado a Pablo, pero que le diera cierta libertad y permitiera que sus amigos lo atendieran.

²⁴ Algunos días después llegó Félix con su esposa Drusila, que era judía. Mandó llamar a Pablo y lo escuchó hablar acerca de la fe en Cristo Jesús. ²⁵ Al disertar Pablo sobre la justicia, el dominio propio y el juicio venidero, Félix tuvo miedo y le dijo: «¡Basta por ahora! Puedes retirarte. Cuando sea oportuno te mandaré llamar otra vez.» ²⁶ Félix también esperaba que Pablo le ofreciera dinero; por eso mandaba llamarlo con frecuencia y conversaba con él. ²⁷ Transcurridos dos años, Félix tuvo como sucesor a Porcio Festo, pero como Félix quería congraciarse con los judíos, dejó preso a Pablo.

Sentido Original

El apóstol Pablo ha sido ahora encarcelado, en parte para su protección. Es evidente que en este momento no sabe todavía que pasará en la cárcel los cuatro años siguientes. Durante estos largos años se consoló seguramente con la promesa del Señor en el sentido de que acabaría yendo a Roma y daría testimonio de Jesús en la capital del Imperio (23:11).

Pablo es trasladado a Cesarea (23:12–35)

Mientras Pablo estaba retenido en la cárcel, algunos judíos maquinaron una conspiración que puso en marcha el largo proceso que acabaría llevándole de Palestina a Roma (23:12). La intensa determinación de estos hombres se pone de relieve con su decisión de no comer nada hasta no haber dado muerte a Pablo.

En este punto entra en escena el sobrino del apóstol, que le advierte de la conspiración (23:16). Este consiguió contactar con Pablo y hasta con el centurión, porque el apóstol era un ciudadano romano presuntamente inocente y tenía que ser tratado con el debido respeto. Cuando Pablo dijo haber perdido, por causa del evangelio, todas las cosas a que podía apelar desde un punto de vista humano (Fil 3:4–8), entre ellas estaba probablemente la familia. Es probable que su padre, que seguramente era un hombre acomodado, le desheredara. Sin embargo, algo de afecto debía de quedar en la familia, porque el hijo de su hermana asumió el riesgo de abortar el sanguinario complot de este grupo.

Cuando el centurión supo de la conspiración actuó de inmediato y tomó medidas para trasladar a Pablo a Cesarea, donde normalmente residía el gobernador de Judea (quien se desplazaba únicamente a Jerusalén en ocasiones importantes, como por ejemplo durante las festividades de mayor relevancia). Un contingente militar anormalmente numeroso acompañó a Pablo, posiblemente por la amenaza de una sublevación en Jerusalén y también para proteger al apóstol del grupo que esperaba darle muerte (23:23–24). Cuando se encontraban a una distancia segura de Jerusalén en Antipatris (a unos sesenta kilómetros de distancia) y el peligro para la vida de Pablo había disminuido considerablemente, una parte del grupo regresó a Jerusalén (23:32).

El centurión le envió una carta al gobernador, explicando las circunstancias del arresto y juicio de Pablo en Jerusalén. En este relato se adornan los hechos con una falsedad sobre el rescate del comandante al descubrir que Pablo era ciudadano romano (23:27). El comandante menciona específicamente que "no había contra él cargo alguno que mereciera la muerte o la cárcel" (23:29); Pablo fue enviado a Cesarea por su seguridad (23:30). El acento de Lucas en la inocencia del apóstol ante la ley romana es un importante tema de todo este pasaje.

Félix había sido nombrado procurador de Judea en el año 52 d. C., lo cual significa que había ejercido el cargo por espacio de unos cinco años cuando se produjo este episodio. Félix procedía de un trasfondo humilde en cierto modo, pero logró ascender a las esferas del poder con la ayuda de su hermano Pallas, que durante algunos años fue jefe de la administración pública imperial. El gobernador se casó sucesivamente con tres mujeres de sangre real. En aquel momento, su esposa era Drusila, la hija de Herodes Agripa I y la tercera de sus consortes.

Durante el mandato de Félix se produjeron muchos alzamientos que él sofocó de manera implacable. El historiador romano Tácito afirmó que Félix "ejercía el poder de un rey con la mentalidad de un esclavo".[1] Tras leer la carta, Félix supo que Pablo era de Cilicia y decidió escuchar su caso (23:34–35). De haber sido natural de una zona vecina, Félix habría podido enviarle al gobernador correspondiente, igual que Pilato envió a Jesús a Herodes cuando descubrió que era de Galilea. Pablo fue puesto bajo custodia en el palacio que Herodes el Grande se había mandado construir como residencia y que ahora era cuartel general del gobernador.[2]

El juicio ante Félix (24:1–23)

La seriedad que los dirigentes judíos concedieron a este caso se pone de relieve cuando pensamos que el sumo sacerdote en persona, acompañado de algunos ancianos y el abogado Tértulo, recorrió los más de cien kilómetros que separaban Jerusalén de Cesarea (24:1). Los discursos de Tértulo y Pablo (así como el que el apóstol pronunció ante Agripa en el capítulo 26) siguen el formato de los discursos públicos de aquel tiempo.[3]

Tértulo comienza con un característico *exordium* (introducción), "reconociendo la autoridad del juez sobre el asunto y redactado para ganarse su favor y buena voluntad".[4] El orador de los judíos expresa la gratitud de estos por la paz que han disfrutado bajo su mandato. Esto no era realmente cierto, puesto que se habían producido muchas insurrecciones que fueron brutalmente aplastadas por Félix. Gempf, sugiere que no es un comentario absurdo (como algunos han propuesto), sino que Tértulo podría estar intentando "recordar a Félix que la estabilidad se había comprado mediante severas acciones contra los alborotadores y que, en este sentido, Pablo era una plaga que por todas partes 'anda provocando disturbios entre los judíos'"[5] (24:5a).

Tértulo plantea a continuación varias acusaciones contra Pablo. Es posible que cuando habla de disturbios esté aludiendo a los problemas que supuestamente causó en Asia. A Pablo se le acusa también de ser un cabecilla de la

---

1. Tácito, *Historia*, 5.9. Esta cita y otra información sobre Félix procede de Bruce, *Acts*, NICNT, 436–37.
2. Lucas lo llama "el pretorio de Herodes" (*praitorion* es una palabra técnica que alude al cuartel general del comandante en jefe; ver Bruce, *Steps,* 54).
3. Bruce W. Winter, "Official Proceedings and the Forensic Speeches in Acts 24–26", *BAFCS*, vol.1, *Ancient Literary Setting*, 305–36.
4. Gempf, "Acts", 1102.
5. Ibíd.

secta de los nazarenos, y de intentar profanar el templo (24:5b–6).[6] El uso del término nazareno se debe probablemente al hecho de que Jesús creció en Nazaret (Mt 2:23) y en los Evangelios se utilizaba para aludir a Jesús (Mt 2:23; Mr 14:67; 16:6). Esta es la única ocasión que se utiliza para hacer referencia a la iglesia. Tértulo afirma que si se interroga a Pablo se verá que tales acusaciones son verdaderas (24:8).

El exordio de Pablo también apunta a la competencia de Félix para juzgar su caso; sin embargo, el apóstol es menos pródigo que Tértulo en sus cumplidos (24:10). Su discurso es, en palabras de Bruce Winter: "... una defensa bien ordenada [...] Pablo desarrolló su defensa con gran habilidad contra un orador profesional".[7] Cada afirmación consignada por Lucas en este resumen presenta un contundente aspecto que convence a Félix de la inocencia de Pablo (cf. 24:22–27). Félix puede verificar cuándo llegó Pablo a Jerusalén (v. 11). Sus acusadores no le encontraron haciendo nada en ningún lugar de Jerusalén que pudiera sugerir que estaba creando problemas (v. 12); no tienen pruebas de ninguna de sus acusaciones (v. 13). Pablo reconoce que es miembro del Camino, pero añade que se trata de un grupo con creencias parecidas a las de los judíos (vv. 14–15); es una secta como lo son los fariseos o los saduceos.[8] A continuación, Pablo afirma su inocencia (v. 16). Nadie puede acusarle de nada con respecto a su vida personal (algo que es sin duda muy importante para los embajadores de Cristo). La palabra *askeo*, que en el versículo 16 se traduce "procuro" se utilizaba inicialmente para aludir a las contiendas atléticas. Significa "involucrarse en alguna actividad, con continuidad y esfuerzo".[9]

A continuación, Pablo concreta algunos aspectos de su visita a Jerusalén, consignando la referencia más clara del libro de los Hechos a la ofrenda para los pobres de la que era portador (v. 17). También habla de presentar "ofrendas", una declaración que se ha interpretado de distintas maneras. Con esta expresión podría estar haciendo referencia a las donaciones para los pobres, a las ofrendas que presentó en el templo, posiblemente en relación con el cumplimiento de un voto, o a su participación en el templo en relación con el voto de los nazareos. Kistemaker podría tener razón cuando dice que "teniendo en cuenta que Lucas comprime a menudo el material, el término 'ofrenda' es una forma acortada con la que se alude al episodio del templo (21:26–27)".[10]

---

6. El texto occidental consigna una queja contra el comandante de Jerusalén, que la NVI incluye en una nota marginal (v. 7): "[Nosotros] ... prendimos y quisimos juzgarlo según nuestra ley. Pero el comandante Lisias intervino, y con mucha fuerza lo arrebató de nuestras manos y mandó que sus acusadores se presentaran ante usted". El texto estándar del Nuevo Testamento no consigna estas palabras (ver Metzger, *Textual*, 490). Bruce piensa que, teniendo en cuenta el tono, podría tratarse de una afirmación auténtica (*Acts* NICNT, 441).

7. Winter, "Forensic Speeches", 327.

8. Gempf, "Acts", 1103.

9. Louw y Nida, 663.

10. Kistemaker, *Acts,* 846.

Pablo niega, pues, las específicas acusaciones que se le imputan. El apóstol estaba ceremonialmente limpio cuando fue reconocido en el templo, no había ninguna multitud con él y no estaba implicado en ningún disturbio (v. 18). Si la acusación de causar problemas por todo el mundo (24:5) tenía que ver con el alboroto acaecido en Éfeso, entonces las acusaciones deberían haberlas presentado los judíos de la provincia de Asia (v. 19). El apóstol ha refutado, una por una, todas las acusaciones presentadas contra él.

Pero Pablo quiere decir algo más: fue juzgado por el Sanedrín, pero tampoco ellos pudieron aportar ninguna acusación relevante en su contra (v. 20). Es posible que en su discurso completo el apóstol mencionara la confusión que se produjo en el Sanedrín durante su juicio. El apóstol da a entender claramente esto cuando menciona su declaración sobre la resurrección (v. 21), que dividió al Sanedrín. Admite una posible acusación en su contra: una cuestión doctrinal que no estaba dentro de la jurisdicción de Félix.

El gobernador debería haber puesto en libertad a Pablo, pero no quería contrariar a los judíos (ver 24:27). No quiso, pues, tomar una decisión hasta que estuviera presente el comandante (v. 22), pero le dio a Pablo una relativa libertad (v. 23). La táctica dilatoria de Félix siguió hasta el momento en que fue destituido de su cargo, dos años más tarde (v. 27). Lucas nos deja sin dudas de que este gobernador romano pensaba que Pablo era inocente de cualquier delito contra el estado.

Félix y el evangelio (24:24–27)

Las conversaciones que Pablo tuvo con Félix y su esposa nos dan una buena descripción de cómo muchos funcionarios responden al evangelio (ver comentarios al respecto más adelante). En las exposiciones de Pablo sobre el evangelio (v. 24), habló de "justicia, dominio propio y juicio" (v. 25a). Las conversaciones que Félix tuvo con Pablo le causaron un temor al primero, que expresó en una actitud de completa indiferencia ("¡Basta por ahora! Puedes retirarte. Cuando sea oportuno te mandaré llamar otra vez". V. 25b). Vemos también que tenía distintas motivaciones, porque esperaba que Pablo le ofreciera dinero (v. 26) y no quería contrariar a los judíos, aunque ello significara ser injusto con el apóstol (v. 27). Félix pensaba, probablemente, que alguien que era ciudadano romano y que acababa de entregar una importante ayuda económica para los pobres debía de tener acceso a una considerable fortuna. Josefo nos dice que, tras su destitución, Félix habría recibido un severo castigo de no haber sido por la influencia de su hermano, Pallas.[11]

---

11. Josefo, *Antigüedades*, 20.8.9 (*Complete Works*, pp. 422–23).

Defendiendo el cristianismo ante el estado

Frecuentemente, hemos observado que uno de los propósitos de Lucas en el libro de los Hechos es demostrar que el cristianismo no era un peligroso grupo religioso y, en especial, que la acusación de subversión contra Roma era falsa. La consignación de los juicios de Pablo ante multitudes judías y romanas, concilios y tribunales (caps. 21–26) lo muestra con toda claridad. En esta sección, este tema aparece de varias maneras. Lucas sugiere que Félix, la principal autoridad romana en la zona, que concluyó que Pablo era inocente y le mantuvo en custodia solo para agradar a los judíos, conocía los hechos de lo que había sucedido en Palestina. Tanto Tértulo como Pablo aluden al largo servicio de Félix en Judea (24:2, 10). Lucas afirma que estaba bien familiarizado con el cristianismo (v. 22) y que su esposa era judía (v. 24).

Otro elemento clave que demuestra la legitimidad del cristianismo es la elevada calidad de la defensa de Pablo y su capacidad persuasiva. El apóstol expuso muchas incoherencias en los argumentos de sus oponentes, mediante al menos seis contundentes puntos que prevalecerían ante el tribunal.

- Nadie podía demostrar las acusaciones que se le imputaban (24:13).
- Los judíos de Asia deberían personarse en la vista para demostrar algunas de las acusaciones (24:19).
- El Sanedrín era incapaz de presentar acusaciones claras (24:20).
- Para Roma, el cristianismo era una secta del judaísmo, igual que los saduceos y los fariseos (24:14–15).
- Por lo que respecta a su vida personal, Pablo podía decir honestamente que era irreprensible ante Dios y la humanidad (24:16).
- La creencia de Pablo en la Resurrección podía ser uno de los asuntos que les separaban (24:21), pero se trataba de una cuestión de índole teológica y era algo que realmente no preocupaba al estado romano.

No cabe duda de que Pablo fue más hábil que Tértulo y desactivó todos sus argumentos. Recordamos un comentario sobre Esteban en el sentido de que sus oponentes "no podían hacer frente a la sabiduría ni al Espíritu con que hablaba" (6:10). Todo esto muestra nuestra vocación de ser competentes en nuestra defensa del cristianismo contra los ataques procedentes del mundo.

Una de las ideas anteriores merece una mención especial porque la encontramos en los tres discursos formales de Pablo que aparecen en esta última división del libro de los Hechos. Me refiero a la afirmación de Pablo en el sentido de que era irreprensible ante Dios y el mundo (23:1; 24:16; 25:8). El carácter irreprochable de los cristianos fue una parte importante de la defensa del cristianismo en los tiempos del Nuevo Testamento. Los primeros cristianos no solo ganaron a sus oponentes la batalla argumental, sino también la de la integridad.

Félix y el Evangelio

Lucas nos da ciertos detalles de la respuesta de Félix, no solo al proceso judicial contra Pablo, sino también al evangelio que enseñaba. Esto nos ofrece, a su vez, algunas reflexiones sobre el modo en que las personas que ocupan posiciones de poder y autoridad responden a menudo a la verdad del evangelio. (Lucas hace esto mismo con Agripa más adelante, 26:25–29). A la Biblia le interesa la conversión de todas las personas, incluidos los ricos y poderosos. Por ello, cuando Lucas introdujo estas secciones, pretendía, probablemente, enseñar algo sobre las reacciones de los altos funcionarios ante el evangelio. Enumeraremos y analizaremos las reacciones de Félix en la sección "Significado Contemporáneo".

Portavoces elocuentes

Como Pablo, deberíamos ser competentes en nuestra defensa del cristianismo de los ataques del mundo. Esto requiere que conozcamos al mundo y entendamos sus críticas contra el cristianismo, para formular después respuestas a dichas críticas que sean creíbles y convincentes.

Pablo pronunció un discurso estructurado según las mejores formas de la retórica que requería una defensa legal. En los siglos siguientes, la iglesia produjo grandes apologistas, como Justino Mártir, que se esforzó para que el cristianismo fuera bien entendido y aceptado entre los emperadores e intelectuales paganos.[12] Muchos grandes pensadores cristianos de nuestro tiempo solo escriben para defender la verdad de los ataques procedentes del interior de la propia iglesia. Cada generación tiene que desarrollar pensadores que se enfrenten a las mentes no cristianas más destacadas del momento. Aunque todos hemos de hacer esto en cierta medida, la iglesia ha de cuidar de manera especial a quienes están particularmente dotados para esta tarea. Deberíamos estimular a estas personas, concederles el tiempo suficiente para que se dediquen a estudiar y a escribir, viendo cómo podemos complementar su ministerio y apoyarlo con nuestras oraciones.

Un buen ejemplo de cómo la iglesia apoyó a alguien que se enfrentó a los dirigentes políticos de su tiempo en aras de la verdad de Dios lo encontramos en el caso de William Wilberforce, quien, tras una larga batalla, consiguió la abolición de la esclavitud en el Imperio británico. Wilberforce fue apoyado por un grupo de cristianos del mismo parecer que vivían cerca de Clapham,

---

12. Ver Robert M. Grant, *Greek Apologists of the Second Century* (Filadelfia: Westminster, 1988).

por lo que se les conocía como "la secta de Clapham". Este grupo pasaba tres horas diarias en oración colectiva. Durante los últimos años de Wilberforce, Zachary Macaulay, uno de los miembros de este grupo, le preparaba los hechos y cifras que necesitaba para sus debates. Cuando en el Parlamento se celebraban debates cruciales, una gran red de cristianos por toda Inglaterra se unía para apoyarle en oración.[13]

En nuestro tiempo, el mundo está influenciando a la iglesia de maneras tan sutiles que ni siquiera nos damos cuenta. El postmodernismo presenta un nuevo acercamiento a la verdad. Las posturas cristianas en cuestiones como la práctica homosexual, el aborto libre, la eutanasia y los derechos laborales están siendo atacadas bajo las acusaciones de fanatismo o estupidez (o ambas cosas). Los cristianos de ciertos países están afrontando la persecución por defender sus convicciones. La sociedad moderna se opone firmemente a la insistencia cristiana en la necesidad de la conversión; en algunas naciones, la conversión es ilegal. Muchos países están promulgando leyes que restringen la actividad evangelizadora. En ciertos lugares, a las minorías se las trata como a ciudadanos de segunda clase. Todas estas situaciones demandan una elocuente respuesta cristiana. La iglesia ha de prepararse para tales desafíos alentando a personas cualificadas para que defiendan el punto de vista cristiano.

Portavoces irreprensibles

Como se ha dicho anteriormente, los primeros cristianos no solo ganaron a sus oponentes la batalla argumental, sino también la de la integridad. Hablando de sí mismo, Pablo afirmó: "… en todo esto procuro conservar siempre limpia mi conciencia delante de Dios y de los hombres" (24:16). En los escritos de los antiguos apologistas cristianos, la conducta de los cristianos era un aspecto clave utilizado en defensa del cristianismo.[14] La fuerza de unas vidas irreprensibles ha sido poderosa para defender al cristianismo contra los ataques externos en todas las épocas.

El desafío que se le plantea en nuestros días a la iglesia de ser irreprensible delante del mundo se ha convertido en algo acuciante, teniendo en cuenta la gran crisis moral que afronta el mundo de hoy. En Occidente, se ha producido un rechazo general de la cosmovisión cristiana que ha formado su base moral durante muchos siglos. Muchas de sus estructuras se basaban en absolutos morales. Por ejemplo, una buena parte de la sociedad norteamericana funciona sobre el principio de la confianza. Con el actual rechazo de los absolutos

---

13. Estos datos sobre Wilberforce proceden de Richard Lovelace, *Dynamics of Spiritual Life* (Downers Grove, Ill.: InterVarsity, 1979), 370; John Pollock, *Wilberforce* (Herts and Belleville, Mich.: Lion, 1986 reimpr.), 177.
14. Ver los escritos de Justino, Tertuliano, Ignacio y 1 Clemente (ver Grant, *Greek Apologists,* 66–67).

morales por parte de la sociedad occidental posmoderna, uno se pregunta cómo puede dicha sociedad sobrevivir sin deteriorarse hasta una grave confusión.

Teólogos como Carl Henry y eruditos como Allan Bloom han venido describiendo esta tendencia.[15] Es fácil imaginar que tarde o temprano muchos millones de occidentales van a buscar una alternativa a esta confusión. Cuando observen los estragos de la indisciplina sexual y busquen una moral sexual más pura, ¿verán acaso a los cristianos como personas que, no solo se mantienen puros, sino que gozan también de la vida de un modo que es mucho más reconfortante que el ascetismo extremista por el que muchos optan? Cuando se den cuenta de los estragos de una vida sin integridad, ¿verán a los cristianos como personas que viven con una conciencia limpia ante Dios y la humanidad?

Aunque muchos occidentales, cansados del materialismo y la indisciplina moral de sus sociedades, se están volviendo a la espiritualidad oriental en busca de respuestas, pronto se darán cuenta de que este recurso está igualmente en bancarrota. No hay ningún sistema ético dentro del hinduismo que permita que las personas vivan vidas santas. Aunque es cierto que el budismo sí tiene un sólido sistema ético por el que esforzarse, los budistas están descubriendo que no tienen los recursos espirituales necesarios para superar el asalto de la moderna inmoralidad a la que se ven expuestos por los medios de comunicación. La mayoría de países en el llamado Tercer Mundo son incapaces de progresar, obstaculizados por una corrupción que campa a sus anchas. Hay un creciente desencanto con unas estructuras que impiden que los pueblos puedan quitarse de encima la corrupción que destruye el tejido social de muchas naciones.

Hace poco hablaba al respecto con el teólogo Bruce Nicholls, un neozelandés que ha sido misionero en la India durante cuarenta años. Nicholls observaba que el reciente crecimiento de los movimientos fundamentalistas entre hindúes, musulmanes y budistas es un intento de detener esta corriente de degradación moral que asola a las naciones asiáticas. Entendía que vivimos en un periodo de oportunidades sin precedente para que la iglesia demuestre el poder del evangelio.

Ciertamente, el creador de la naturaleza humana nos ha dotado de la única dinámica que puede satisfacer esta nostalgia de moralidad que siente el alma humana. ¿Pero qué ha sucedido? La iglesia parece haberse convertido en un reflejo de los males de la sociedad más que en una testigo de ellos. Nos hemos esclavizado tanto al pragmatismo que la moralidad ha quedado supeditada a nuestra búsqueda de resultados. En otros puntos de este libro hemos hablado del valioso lugar que ocupan las señales y prodigios como medios para atraer a las personas a Cristo. Sin embargo, es fácil estar tan cautivados por esta clase de demostraciones de poder que descuidamos la prioridad de la santidad.

---

15. Carl F. H. Henry, *Twilight of a Great Civilization* (Westchester: Crossway, 1988); Allan Bloom, *The Closing of the American Mind* (Nueva York: Simon and Schuster, 1987).

Muchas iglesias de nuestro tiempo que subrayan lo milagroso son débiles en su enseñanza y reflexiones sobre la moralidad cristiana. Ello hace que personas que dicen haber experimentado milagrosas respuestas a la oración estén al mismo tiempo pagando a sus obreros menos de lo que marca la ley, sean culpables de prejuicios raciales o mientan para vender sus productos. Los evangelistas que experimentan milagros en sus ministerios pueden estar tan absortos por el poder que administran que conceden poca atención a vivir vidas santas. Encuentran un refugio en sus ministerios e ignoran así la voz de sus conciencias que les dice que hay cosas en sus vidas que no están bien.

Esta negligencia por lo que respecta a la instrucción moral está también presente en otras ramas del movimiento evangélico. Algunas iglesias tienen miedo de exhortar a algunos de sus miembros que están viviendo privadamente en pecado. En consonancia con el pensamiento de la sociedad que nos rodea, no quieren curiosear en las vidas privadas de los demás. Los predicadores tienen miedo de hablar claramente contra pecados condenados por la Escritura, temiendo que se les tache de fanáticos y que pierdan, por ello, algunos de sus miembros.

Doy gracias de que la oración ha experimentado un resurgir en muchas iglesias evangélicas. Se habla mucho del lugar de la oración y el ayuno en la misión. La oración para el derribo de fortalezas en la guerra espiritual y en la evangelización está recibiendo un nuevo impulso en nuestros días. Sin embargo, se subraya poco la oración por la santidad personal, el ayuno y la plegaria por el avivamiento de vidas santas en la iglesia. Cuando examinamos las cartas del Nuevo Testamento descubrimos que enseñan mucho más sobre la vida de santidad que sobre la guerra espiritual. Aunque no quiero minimizar el valor de recibir instrucción sobre nuestro conflicto espiritual y me alegro de que ese tema haya vuelto a la vida de la iglesia, hemos de mantener un equilibrio bíblico.

Puede que estemos descuidando una de las batallas más urgentes que hemos de librar por la cosmovisión y la ética cristiana. Se trata de una guerra intelectual y moral que influye en la vida espiritual de todos nosotros. Carl Henry hace una buena descripción de la situación:

> Hace media generación, los paganos suponían una gran amenaza que estaba a las puertas de la cultura occidental; ahora, se están sumergiendo en las principales corrientes de Oriente y Occidente. En sus esfuerzos por neutralizar el legado intelectual y moral de la Biblia, la cosmovisión cristiana y la secular libran como nunca antes una batalla para controlar la mente, la conciencia, la voluntad, el espíritu y la propia individualidad del hombre contemporáneo.[16]

---

16. Henry, *Twilight of a Great Civilization*, 27.

Pablo habló de esforzarse (*askeo*) por mantener su conciencia "limpia [...] delante de Dios y de los hombres" (24:16). La búsqueda de la santidad es un ejercicio que debe llevarse a cabo con suma diligencia. Si exageramos desde el púlpito, hemos de corregir nuestras palabras desde el púlpito, aunque hacerlo pueda ser humillante. Si nos equivocamos en casa delante de nuestros hijos, hemos de pedirles perdón. Hemos de rechazar firmemente cualquier tentación de pagar un soborno o decir una mentira para conseguir algo. Hemos de acatar las leyes del estado aunque puedan parecer absurdas. Hemos de hacer nuestro trabajo de manera concienzuda aunque nadie más lo esté haciendo y a pesar de que ser los únicos pueda resultarnos embarazoso. Aunque todas las iglesias cercanas paguen a sus cuidadores de manera insuficiente, hemos de negarnos a hacer lo mismo aun si económicamente somos menos estables. Hemos de reconocer abiertamente nuestras debilidades personales ante nuestros cónyuges y colegas cristianos y pedirles que nos confronten con ellas a fin de estimularnos "al amor y las buenas obras" (Heb 10:24).

La iglesia, pues, ha de redescubrir la prioridad de la santidad y buscar las maneras prescritas en las Escrituras para liberar la dinámica del Espíritu Santo, quien capacita a los cristianos para que vivan vidas santas. Esta es la razón por la que el cristianismo es tan singular. Las otras religiones nos enseñan también a ser buenos, pero el cristianismo nos imparte el poder para serlo. Observemos las palabras de Pablo: "Que Dios mismo, el Dios de paz, los santifique por completo" (1Ts 5:23).

Por qué a los ricos y poderosos les es difícil entrar en el reino.

Examinaremos ahora los principios que nos ofrece Lucas en su relato de la interacción entre Félix y Pablo y que nos presenta algunos rasgos típicos de la respuesta al evangelio de los ricos y poderosos.

(1) Félix mostró cierto interés en el evangelio mandando traer a Pablo y escuchándole "hablar acerca de la fe en Cristo Jesús" (24:24). Normalmente, los altos funcionarios y los poderosos muestran un cordial interés por lo que dicen los líderes religiosos. Esto es algo que podemos utilizar como un peldaño para compartir el evangelio con ellos, igual que hizo Pablo con Félix y Agripa. Pero hemos de recordar que, aunque muchas de estas personas se interesarán en el evangelio y darán testimonio de haber sido bendecidos por él, puede que no estén dispuestos a arrepentirse de su pecado y a volverse solo a Dios para ser salvos. Nabucodonosor vio en dos ocasiones la poderosa mano de Dios obrando y hasta llegó a alabarle y a hacer pronunciamientos sobre él (Dn 2–3). Pero no se convirtió hasta que no llegó al fin de sí mismo y se vio forzado a afirmar que el Dios Altísimo reina (Dn 4).

Deberíamos, por consiguiente, tener cuidado de no proclamar que una persona famosa se ha convertido hasta que haya claras evidencias de ello. Muy a menudo asumimos que ciertos actos llevados a cabo por una persona famosa (p. ej., pedirle a un predicador que la visite o dar testimonio de una respuesta a la oración) significan que el individuo en cuestión se ha hecho cristiano. En realidad, algunas profesiones de fe hechas por personas famosas no son más que trucos para las relaciones públicas.

(2) Ante Félix, Pablo sacó a colación los temas de "la justicia, el dominio propio y el juicio venidero" y aquel tuvo miedo (24:25). La Biblia ofrece abundantes pruebas de que una de las formas de presentar el evangelio a los poderosos es enfrentarles con la realidad del juicio. Dios lo hizo con Nabucodonosor (Dn 4); Juan el Bautista con los fariseos y saduceos (Mt 3:7); Pedro con Cornelio (10:42) y Pablo con los atenienses (17:31). Sin embargo, en nuestro tiempo tendemos a descuidar este aspecto. Los dirigentes piden a menudo a los cristianos que oren por ellos. Hemos de responder positivamente a tales peticiones y orar por la persona que lo pide. La oración de los cristianos por los poderosos puede hacer que se abran al evangelio. Sin embargo, no hemos de olvidarnos de confrontarles con el desafío de un Dios santo, que les llama a abandonar su pecado para seguirle. El papel del Espíritu Santo es convencer "al mundo de su error en cuanto al pecado, a la justicia y al juicio" (Jn 16:8) y, como instrumentos suyos, nosotros podemos ser el medio por el que lo desempeña.[17]

Tales temas son relevantes para los poderosos, porque ellos respetan el poder. Muchos de ellos ven en los cristianos a personas débiles que necesitan la muleta de un Dios misericordioso que les capacite para hacer frente a los grandes desafíos de la vida. Ellos se consideran personas que se han hecho a sí mismas y que no necesitan esta muleta. Han de ser confrontados con la santidad y la soberanía de Dios, hay que decirles que es "¡Terrible [...] caer en las manos del Dios vivo!" (Heb 10:31), que es "fuego consumidor" (12:29). En su trabajo público han aprendido a respetar y negociar sabiamente con poderosas fuerzas y personas. Hemos de ayudarles a darse cuenta de que también tendrán que vérselas con el poder del Dios Todopoderoso si quieren tener la certeza de un futuro seguro.

No sacar a colación los importantes temas de la justicia, el dominio propio y el juicio puede hacer que los poderosos profesen compromisos con Cristo sin cambiar su estilo de vida. En la década de 1970, cuando la idea de nacer de nuevo se había convertido casi en una moda en Norteamérica, el editor de una famosa revista pornográfica apareció repetidamente en los medios de comunicación profesando haber experimentado el nuevo nacimiento. Lamentablemente, no pensaba que fuera necesario abandonar la publicación

---

17. Sobre la proclamación del juicio ver mi libro *Crucial Questions About Hell* (Wheaton: Crossway, 1994), 125–80.

de pornografía. En este mismo periodo, Charles Colson, un importante consejero del presidente Richard Nixon, profesó haberse convertido, al tiempo que
se confesaba culpable de haber obstruido la justicia en relación con el caso
Watergate. Por esta razón cumplió una condena de siete meses de prisión.[18] No
es casual que Colson sea uno de los más destacados portavoces de la santidad
de Dios de nuestra generación. A lo largo de la historia otras personas ricas y
poderosas, cuando se ven confrontadas con la santidad de Dios y con su propio
pecado, han respondido con arrepentimiento y restitución dando de este modo
honor a Dios (p. ej., el rey de Nínive [Jon 3] y Zaqueo [Lc 19:8–10]).

(3) La conducta de Félix nos da al menos tres razones por las que es muy
difícil para los ricos y poderosos entrar en el reino de Dios (cf. Lc 18:24–25).
(a) Tales personas pueden esconder su inseguridad pretendiendo tener control
de sus vidas. El versículo 25a dice que Félix fue presa del miedo cuando Pablo
le habló sobre la justicia, el dominio propio y el juicio. Sin embargo, pudo
ocultar su malestar dando carpetazo al asunto. "'¡Basta por ahora! Puedes retirarte. Cuando sea oportuno te mandaré llamar otra vez'" (24:25b). Hemos de
ser conscientes de esta clase de mecanismos y, si es posible, seguir exponiendo
a los poderosos a la primacía de su relación con Dios. Hemos de decirles:
"Pueden estar seguros de que no escaparán de su pecado" (Nm 32:23).

(b) Los ricos y poderosos están a menudo controlados por una insaciable
avaricia y por regla general encuentran formas de expresarla. ¡Félix estaba tan
cegado por la avaricia que incluso esperaba un soborno de aquel que le había
hablado de la importancia de la justicia, el dominio propio y el juicio (24:26)!
Pablo advirtió seriamente de este peligro cuando escribió: "Los que quieren
enriquecerse caen en la tentación y se vuelven esclavos de sus muchos deseos.
Estos afanes insensatos y dañinos hunden a la gente en la ruina y en la destrucción. Porque el amor al dinero es la raíz de toda clase de males. Por codiciarlo,
algunos se han desviado de la fe y se han causado muchísimos sinsabores"
(1Ti 6:9–10). El poder de estas trampas es a menudo tan fuerte que las personas solo entran en razón después de caer en profundos abismos de fracaso. El
papel del evangelista es el de seguir desafiando a las personas con la verdad de
la Palabra de Dios de modo que las personas puedan darse cuenta de la realidad y ser liberadas de cualquier esclavitud externa.

(c) Quienes ocupan importantes posiciones de poder creen que han de
agradar a muchas personas si quieren permanecer en su posición y prosperar
en la sociedad. En ocasiones, esto puede ser un obstáculo para que hagan lo
que saben correcto. En definitiva, a Pablo no se le hizo justicia porque "Félix
quería congraciarse con los judíos" (24:27). Irónicamente, Félix no consiguió
su propósito, ya que fue finalmente cesado de su cargo y los judíos mandaron
una comisión a Roma para acusarle de ciertos delitos. Solo consiguió evitar el
castigo de su mala gestión en Judea por la mediación de su influyente hermano,

---

18. Ver Charles Colson, *Born Again* (Old Tappan, N.J.: Chosen, 1976).

Pallas. Sin embargo, en este pasaje vemos lo difícil que fue para él hacer justicia en el caso de Pablo.

Los tres factores que dificultan la entrada de los ricos en el reino se aplican a toda clase de personas, pero se ponen especialmente de relieve en el caso de las pudientes, puesto que ellas tienen una mayor oportunidad de ceder a sus malos deseos. Los comunicadores cristianos han de advertir a los ricos sobre el engaño de las riquezas. Como dice Pablo, hemos de mandarles a los ricos de este mundo "que no sean arrogantes ni pongan su esperanza en las riquezas, que son tan inseguras, sino en Dios, que nos provee de todo en abundancia para que lo disfrutemos" (1Ti 6:17). Una buena forma de eludir esta trampa es ser dadivosos y generosos: "Mándales que hagan el bien, que sean ricos en buenas obras, y generosos, dispuestos a compartir lo que tienen" (6:18). La generosidad no es solo un antídoto contra los males asociados a la prosperidad económica, sino también una sabia inversión: "De este modo atesorarán para sí un seguro caudal para el futuro y obtendrán la vida verdadera" (6:19).

¡Cuán cierto es esto! La realidad del juicio moldea nuestras actitudes hacia las riquezas. La prosperidad económica es fugaz en comparación con la eternidad y la persona sabia se prepara para la eternidad.

Hechos 25:1–26:32

Tres días después de llegar a la provincia, Festo subió de Cesarea a Jerusalén. ² Entonces los jefes de los sacerdotes y los dirigentes de los judíos presentaron sus acusaciones contra Pablo.

³ Insistentemente le pidieron a Festo que les hiciera el favor de trasladar a Pablo a Jerusalén. Lo cierto es que ellos estaban preparando una emboscada para matarlo en el camino. ⁴ Festo respondió: «Pablo está preso en Cesarea, y yo mismo partiré en breve para allá. ⁵ Que vayan conmigo algunos de los dirigentes de ustedes y formulen allí sus acusaciones contra él, si es que ha hecho algo malo.»

⁶ Después de pasar entre los judíos unos ocho o diez días, Festo bajó a Cesarea, y al día siguiente convocó al tribunal y mandó que le trajeran a Pablo. ⁷ Cuando éste se presentó, los judíos que habían bajado de Jerusalén lo rodearon, formulando contra él muchas acusaciones graves que no podían probar.

⁸ Pablo se defendía:

—No he cometido ninguna falta, ni contra la ley de los judíos ni contra el templo ni contra el emperador.

⁹ Pero Festo, queriendo congraciarse con los judíos, le preguntó:

—¿Estás dispuesto a subir a Jerusalén para ser juzgado allí ante mí?

¹⁰ Pablo contestó:

—Ya estoy ante el tribunal del emperador, que es donde se me debe juzgar. No les he hecho ningún agravio a los judíos, como usted sabe muy bien. ¹¹ Si soy culpable de haber hecho algo que merezca la muerte, no me niego a morir. Pero si no son ciertas las acusaciones que estos judíos formulan contra mí, nadie tiene el derecho de entregarme a ellos para complacerlos. ¡Apelo al emperador!

¹² Después de consultar con sus asesores, Festo declaró:

—Has apelado al emperador. ¡Al emperador irás!

¹³ Pasados algunos días, el rey Agripa y Berenice llegaron a Cesarea para saludar a Festo. ¹⁴ Como se entretuvieron allí varios días, Festo le presentó al rey el caso de Pablo.

—Hay aquí un hombre —le dijo— que Félix dejó preso. ¹⁵ Cuando fui a Jerusalén, los jefes de los sacerdotes y los ancianos de los judíos presentaron acusaciones contra él y exigieron que se le condenara.

¹⁶ Les respondí que no es costumbre de los romanos entregar a ninguna persona sin antes concederle al acusado un careo con sus acusadores, y darle la oportunidad de defenderse de los cargos. ¹⁷ Cuando acudieron a mí, no dilaté el caso, sino que convoqué al tribunal el día siguiente y mandé traer a este hombre.

¹⁸ Al levantarse para hablar, sus acusadores no alegaron en su contra ninguno de los delitos que yo había supuesto. ¹⁹ Más bien, tenían contra él algunas cuestiones tocantes a su propia religión y sobre un tal Jesús, ya muerto, que Pablo sostiene que está vivo. ²⁰ Yo no sabía cómo investigar tales cuestiones, así que le pregunté si estaba dispuesto a ir a Jerusalén para ser juzgado allí con respecto a esos cargos.²¹ Pero como Pablo apeló para que se le reservara el fallo al emperador, ordené que quedara detenido hasta ser remitido a Roma.

²² —A mí también me gustaría oír a ese hombre —le dijo Agripa a Festo.

—Pues mañana mismo lo oirá usted —le contestó Festo.

²³ Al día siguiente Agripa y Berenice se presentaron con gran pompa, y entraron en la sala de la audiencia acompañados por oficiales de alto rango y por las personalidades más distinguidas de la ciudad. Festo mandó que le trajeran a Pablo, ²⁴ y dijo:

—Rey Agripa y todos los presentes: Aquí tienen a este hombre. Todo el pueblo judío me ha presentado una demanda contra él, tanto en Jerusalén como aquí en Cesarea, pidiendo a gritos su muerte. ²⁵ He llegado a la conclusión de que él no ha hecho nada que merezca la muerte, pero como apeló al emperador, he decidido enviarlo a Roma. ²⁶ El problema es que no tengo definido nada que escribir al soberano acerca de él. Por eso lo he hecho comparecer ante ustedes, y especialmente delante de usted, rey Agripa, para que como resultado de esta investigación tenga yo algunos datos para mi carta; ²⁷ me parece absurdo enviar un preso sin especificar los cargos contra él.

¹ Entonces Agripa le dijo a Pablo:

—Tienes permiso para defenderte.

Pablo hizo un ademán con la mano y comenzó así su defensa:

² —Rey Agripa, para mí es un privilegio presentarme hoy ante usted para defenderme de las acusaciones de los judíos, ³ sobre todo porque usted está bien informado de todas las tradiciones y controversias de los judíos. Por eso le ruego que me escuche con paciencia.

⁴ »Todos los judíos saben cómo he vivido desde que era niño, desde mi edad temprana entre mi gente y también en Jerusalén. ⁵ Ellos me conocen desde hace mucho tiempo y pueden atestiguar, si quieren, que viví como fariseo, de acuerdo con la secta más estricta de nuestra religión. ⁶ Y ahora me juzgan por la esperanza que tengo en la promesa que Dios hizo a nuestros antepasados. ⁷ Ésta es la promesa que nuestras doce tribus esperan alcanzar rindiendo culto a Dios con diligencia día y noche. Es por esta esperanza, oh rey, por lo que me acusan los judíos. ⁸ ¿Por qué les parece a ustedes increíble que Dios resucite a los muertos?

⁹ »Pues bien, yo mismo estaba convencido de que debía hacer todo lo posible por combatir el nombre de Jesús de Nazaret. ¹⁰ Eso es

precisamente lo que hice en Jerusalén. Con la autoridad de los jefes de los sacerdotes metí en la cárcel a muchos de los santos, y cuando los mataban, yo manifestaba mi aprobación.

¹¹ Muchas veces anduve de sinagoga en sinagoga castigándolos para obligarlos a blasfemar. Mi obsesión contra ellos me llevaba al extremo de perseguirlos incluso en ciudades del extranjero.

¹² »En uno de esos viajes iba yo hacia Damasco con la autoridad y la comisión de los jefes de los sacerdotes. ¹³ A eso del mediodía, oh rey, mientras iba por el camino, vi una luz del cielo, más refulgente que el sol, que con su resplandor nos envolvió a mí y a mis acompañantes. ¹⁴ Todos caímos al suelo, y yo oí una voz que me decía en arameo:

"Saulo, Saulo, ¿por qué me persigues? ¿Qué sacas con darte cabezazos contra la pared?" ¹⁵ Entonces pregunté: "¿Quién eres, Señor?" "Yo soy Jesús, a quien tú persigues —me contestó el Señor—.

¹⁶ Ahora, ponte en pie y escúchame. Me he aparecido a ti con el fin de designarte siervo y testigo de lo que has visto de mí y de lo que te voy a revelar. ¹⁷ Te libraré de tu propio pueblo y de los gentiles. Te envío a éstos ¹⁸ para que les abras los ojos y se conviertan de las tinieblas a la luz, y del poder de Satanás a Dios, a fin de que, por la fe en mí, reciban el perdón de los pecados y la herencia entre los santificados."

¹⁹ »Así que, rey Agripa, no fui desobediente a esa visión celestial. ²⁰ Al contrario, comenzando con los que estaban en Damasco, siguiendo con los que estaban en Jerusalén y en toda Judea, y luego con los gentiles, a todos les prediqué que se arrepintieran y se convirtieran a Dios, y que demostraran su arrepentimiento con sus buenas obras. ²¹ Sólo por eso los judíos me prendieron en el templo y trataron de matarme. ²² Pero Dios me ha ayudado hasta hoy, y así me mantengo firme, testificando a grandes y pequeños. No he dicho sino lo que los profetas y Moisés ya dijeron que sucedería: ²³ que el Cristo padecería y que, siendo el primero en resucitar, proclamaría la luz a su propio pueblo y a los gentiles.

²⁴ Al llegar Pablo a este punto de su defensa, Festo interrumpió.

—¡Estás loco, Pablo! —le gritó—. El mucho estudio te ha hecho perder la cabeza.

²⁵ —No estoy loco, excelentísimo Festo —contestó Pablo—. Lo que digo es cierto y sensato. ²⁶ El rey está familiarizado con estas cosas, y por eso hablo ante él con tanto atrevimiento. Estoy convencido de que nada de esto ignora, porque no sucedió en un rincón. ²⁷ Rey Agripa, ¿cree usted en los profetas? ¡A mí me consta que sí!

²⁸ —Un poco más y me convences a hacerme cristiano —le dijo Agripa.

²⁹ —Sea por poco o por mucho —le replicó Pablo—, le pido a Dios que no sólo usted, sino también todos los que me están escuchando hoy, lleguen a ser como yo, aunque sin estas cadenas.

30 Se levantó el rey, y también el gobernador, Berenice y los que estaban sentados con ellos. **31** Al retirarse, decían entre sí:

—Este hombre no ha hecho nada que merezca la muerte ni la cárcel. **32** Y Agripa le dijo a Festo:

—Se podría poner en libertad a este hombre si no hubiera apelado al emperador.

 Como se ha dicho en la última sección, Pablo fue encarcelado en Cesarea durante los dos últimos años del gobierno de Félix en Palestina. Cuando este fue cesado de su cargo y sustituido por Festo, los judíos intentaron de nuevo hacer avanzar el sumario de Pablo. De manera indirecta, también el apóstol vio con buenos ojos que se produjera un cambio en la situación.

Pablo apela al emperador (25:1–12)

El gobernador Festo hizo su primera visita a Jerusalén tres días después de su llegada a la provincia. Se reunió con los dirigentes judíos, que sacaron rápidamente a colación el asunto de Pablo (25:1–2). Ya han transcurrido dos años desde el arresto de Pablo, pero su urgencia por este caso y sus planes de asesinarle siguen adelante con la misma intensidad. El primer favor que solicitaron a Festo fue que trasladara a Pablo a Jerusalén, con la idea de matarle aprovechando su mayor vulnerabilidad durante el viaje (25:3). Al parecer, Festo prefería gestionar la mayor parte de sus asuntos desde Cesarea, especialmente en aquellos casos en que podían extenderse en el tiempo. Por ello, pidió a los judíos que fueran con él a Cesarea y les prometió reabrir el caso a su regreso (25:4–6).

Como sucedió en la vista ante Félix, los judíos lanzaron serias acusaciones contra Pablo que no podían demostrar (25:7). Pablo proclamó de nuevo su inocencia ante la ley judía, el templo y César (25:8; ver 23:1; 24:16), y habría tenido que ser puesto en libertad. Pero Festo cedió a la presión judía y, deseando concederles un favor, le preguntó a Pablo si estaría dispuesto a ir a Jerusalén para ser juzgado en esta ciudad. Lucas utiliza tres veces la palabra "favor" en el espacio de diez versículos (24:27; 25:3, 9), mostrando que las posibilidades de que Pablo tuviera un juicio justo eran muy escasas.

Teniendo en cuenta que la justicia había dado largas a su expediente durante dos años, Pablo se dio cuenta de que no tenía esperanzas de conseguir un juicio justo en Judea. Lejos de ello, su vida corría un gran peligro. El famoso sistema judicial romano que tan útil había resultado con Galión (18:17) no podía funcionar en Judea por la influencia de las poderosas autoridades locales. Posiblemente, Pablo pensó que este problema no sería tan serio en Roma. Por otra parte, el Señor le había dicho que daría testimonio de él en Roma (23:11).

Por está razón, decidió apelar a César (25:11), un privilegio que se concedía a los ciudadanos romanos.[1] Félix debió de sentirse aliviado por la apelación de Pablo a César, algo que le permitiría lavarse las manos en cuanto a aquella cuestión. Juzgar aquel asunto estaba, claramente, más allá de sus facultades, considerando su poco conocimiento de las costumbres y creencias judías. Tras consultar con sus asesores, declaró válida la apelación (25:12).

Festo consulta al rey Agripa (25:13–22)

Festo estuvo contento de que una visita de Herodes Agripa II y su hermana Berenice le permitiera consultarles sobre el desconcertante caso de Pablo (25:13–14). Agripa II era hijo de Agripa I (nieto de Herodes el Grande y el mismo "rey Herodes" que se menciona en Hechos 12). Era un hombre de poco más de treinta años. Había muchos rumores sobre una supuesta relación incestuosa entre Agripa y Berenice,[2] cuyas vidas privadas no eran precisamente ejemplares. Agripa custodiaba las vestiduras del sumo sacerdote judío y tenía la prerrogativa de su nombramiento.[3] Pablo reconoció que el rey estaba "bien informado de todas las tradiciones y controversias de los judíos" (26:3). Por ello, "los romanos le consultaban sobre cuestiones religiosas".[4]

Festo explicó lo sucedido hasta aquel momento (25:14–21). Fue una explicación muy directa, y es interesante notar que, para él, la resurrección de Jesús era un punto fundamental del asunto (25:19–20). Cuando Agripa expresó su deseo de escuchar a Pablo, se hicieron preparativos para que al día siguiente se celebrara un encuentro entre ellos (25:22).

Discurso de Pablo ante Agripa (25:23–26:23)

La aparición de Agripa y Berenice con gran pompa para escuchar a Pablo en una reunión a la que también asistieron "oficiales de alto rango y [...] las personalidades más distinguidas de la ciudad" (25:23) nos trae a la mente la predicción que Dios hizo a Ananías en el sentido de que Pablo estaría delante de los reyes de los gentiles (9:15). Aunque a Agripa no puede llamársele gentil, en el territorio que administraba había una numerosa población no judía. La expresión de Lucas "con gran pompa" puede sugerir el carácter transitorio y la vanidad de toda la puesta en escena.[5] Kistemaker comenta: "El contraste entre la deslumbrante indumentaria de los altos y poderosos y las humildes ropas del prisionero encadenado pasan, de repente, a ser absurdas, puesto que Pablo demuestra la serena dignidad de un hombre con un mensaje".[6]

---

1. Bruce explica el trasfondo de este privilegio en *Acts*, NICNT, 453.
2. Josefo, *Antigüedades*, 20.7.3 (*Complete Works,* 420–21).
3. *Ibíd.*, 15.9.4 (*Complete Works,* 335).
4. H. W. Hoehner, "Herod", ISBER, 2, 697.
5. Harrison, *Acts,* 397.
6. Kistemaker, *Acts,* 884.

El relato que hace Festo de los acontecimientos que rodean a Pablo muestra que no estaba impresionado por el acercamiento en masa de los judíos ("pidiendo a gritos su muerte" [25:24]) y expresa su convicción de que Pablo era inocente (25:25). Su dilema inmediato era que no tenía ninguna acusación específica contra Pablo para presentarle ante César cuando le enviara a Roma (25:25–26).

El discurso de Pablo sigue de nuevo el típico patrón de los discursos de defensa del siglo I. Comienza con el *exordium* (elemento introductorio y de presentación ante el rey [26:2–3]), avanza a la *narratio* (la narración de los acontecimientos [26:4–18]), y termina con la *argumentio* (la demostración del caso [26:19–23]).[7] Pablo reconoce que el joven rey está bien informado de "las tradiciones y controversias de los judíos", dando así a entender su idoneidad para escuchar su "defensa" (26:2–3. NIV). Técnicamente no era una defensa legal, pero esta palabra se utiliza aquí en un sentido general.

En la *narratio*, Pablo nos ofrece su testimonio. Se trata del relato más completo de este suceso en el libro de los Hechos, puesto que recoge su actividad precristiana, su conversión y su llamamiento, que dirigen ahora su misión. No se dice nada sobre el rol que desempeñó Ananías, el devoto judío que tuvo un importante papel en el testimonio dado ante la multitud de Jerusalén (cf. 22:12–16). Tras mencionar que los judíos conocen bien su pasado, Pablo afirma su estricto trasfondo como fariseo (26:4–5). A continuación dice que va a ser juzgado por la esperanza del pueblo judío (26:6–7) e inmediatamente declara que sus oyentes no han de considerar increíble que Dios resucite a los muertos (26:8). Como veremos más adelante, la esperanza de Israel y la resurrección de Cristo están íntimamente relacionadas.

Pablo insiste en que él tuvo en otro tiempo la misma actitud hacia el cristianismo que sus oponentes tienen ahora (26:9–11). El apóstol describe vívidamente la vehemencia con que se oponía al evangelio y perseguía a los cristianos; era un importante agente de los principales sacerdotes y su fiscal más importante (26:10a). Su afirmación en el sentido de que manifestaba su aprobación contra aquellos que eran ejecutados (26:10b) ha llevado a algunos a concluir que era miembro del Sanedrín, donde este tipo de decisiones se sometían a votación. Sin embargo, Pablo era demasiado joven para ser miembro del Sanedrín en aquel momento (ver 7:58). Lo que significa es que Pablo era uno de los principales dirigentes de la campaña contra el cristianismo y que estaba activamente implicado en la persecución de los cristianos. Iba "de sinagoga en sinagoga" (26:11), una expresión con la que Pablo muestra a Agripa que en aquel tiempo los creyentes aún participaban en la vida de las sinagogas judías.

Los versículos 12–18 nos ofrecen el tercer relato de Hechos sobre la conversión de Pablo y su llamamiento por parte de Dios. En este pasaje relata que Jesús le habló en arameo, sugiriendo que esa era la primera lengua de

---

7. Keener, *BBC*, 398.

Cristo. También a sus palabras se añade el comentario: "¿Qué sacas con darte cabezazos contra la pared? (lit. 'dura cosa te es dar coces contra el aguijón')" (26:14). Se ha utilizado este proverbio para apoyar la idea de que Pablo era una persona atribulada, que luchaba con su conciencia antes de su conversión. En nuestro estudio del capítulo 9, hemos descartado este punto de vista asumiendo que las afirmaciones autobiográficas de Pablo no dejan lugar para este tipo de disturbios psicológicos en su vida. Este proverbio aparece muchas veces en los escritos clásicos.[8] Daniel Fuller explica que "los griegos lo utilizaban a menudo para expresar la futilidad de la lucha contra el destino o contra los dioses, y para Pablo, camino de Damasco, significaba que era inútil que siguiera intentando por más tiempo obrar en contra de Cristo, como lo sería para un buey cocear contra la aguijada del labrador".[9]

Otro rasgo igualmente singular en esta narración de la conversión de Pablo es su comisión por parte del propio Jesús (26:16–18). El relato de Hechos 22 mencionaba dos comisiones: una expresada por Ananías (22:14–16) y otra, más adelante, pronunciada por Jesús (22:21). Aquí Pablo menciona una comisión directa por parte de Jesús en el camino de Damasco, donde fue señalado como siervo y testigo de Cristo y de lo que él le mostraría (26:16). Como los otros apóstoles, Pablo iba a ser, por tanto, testigo de la resurrección de Jesús. Basándose en esta comisión, Pablo reivindicó su apostolado.

Había dos factores que habilitaban a una persona para ser apóstol en la iglesia primitiva en el sentido único en que lo eran los doce apóstoles: haber visto al Señor resucitado (1Co 9:1; 15:8; ver Hch 1:22) y haber sido comisionado personalmente por él (cf. Ro 1:1; 1Co 1:1; Gá 1:1; 2:7). Estas dos cosas le sucedieron a Pablo durante su experiencia del camino de Damasco.[10] Pablo cita otro rasgo que le habilita para el apostolado: su efectividad en el ministerio (1Co 9:2; 2Co 12:12; Gá 2:8–9). Esta característica también aparece en el discurso a Agripa (26:19–23). Una clave para entender su ministerio es que fue obediente a una visión celestial (26:19). Cuando estudiamos la descripción que Pablo hace de su comisión y ministerio en este pasaje, descubrimos una perspectiva completa del proceso evangelizador (¡ver exposición al respecto más adelante!).

Festo y Agripa responden al discurso de Pablo (26:24–32)

El discurso de Pablo es excesivo para Festo, el pragmático oficial romano, que sabe poco de los pormenores teológicos judaicos. Festo reconoce que Pablo es un hombre culto, pero cree que tanto estudio le ha hecho perder la

---

8. En Bruce (*Acts: Greek Text,* 501) hay una lista de las ocasiones en que aparece.

9. Daniel P. Fuller, *Hermeneutics* (Pasadena: Fuller Theological Seminary, 1974), VIII.9.

10. Ver también la exposición de 9:1–31; Seyoon Kim, *The Origin of Paul's Gospel* (Grand Rapids: Eerdmans, 1982).

cabeza (26:24). Pablo le responde afirmando que lo que él está diciendo es verdadero y razonable (26:25). Si Pablo hubiera dirigido sus palabras especialmente a Festo, lo habría hecho probablemente de un modo que Festo las habría entendido. Sin embargo, en este pasaje está hablándole a Agripa, y Pablo sabe que el rey entiende lo que está diciendo (26:26a). Él está seguro de que Agripa conoce ya muchos de los hechos del cristianismo porque estas cosas "no [sucedieron] en un rincón" (26:26b).

En este punto, Pablo se centra en lanzar un desafío directo a Agripa: "Rey Agripa, ¿cree usted en los profetas?" (26:27). Este desafío es para que Agripa compare lo que predijeron los profetas con lo que sucedió en Cristo. El rey se encuentra en un dilema. Como buen conocedor de las Escrituras judías, sabe de lo que Pablo está hablando. Pero no puede permitirse establecer conexiones entre lo que sabe y lo que Pablo está diciendo, porque ello le obligará a tomar una decisión sobre el cristianismo. Se sacude, por tanto, el desafío con una evasiva que significa más o menos: "En pocas palabras, intentas convencerme de que me haga cristiano" (26:28).[11] Agripa no había ido a aquella reunión pensando precisamente en asumir un compromiso tan serio. Lo único que quería era ayudar a Festo aconsejándole sobre aquel caso. Es posible que tuviera también interés por conocer a uno de los principales dirigentes de aquella secta en expansión. La respuesta de Pablo muestra su deseo de que todos conocieran a Cristo, también los gobernantes (26:29). Más adelante le pide a Timoteo que ore por los reyes y gobernantes porque Dios "quiere que todos sean salvos y lleguen a conocer la verdad" (1Ti 2:1–4).

Cuando se levanta la sesión, la sensación general de todos es que Pablo no ha hecho nada que merezca castigo (26:31–32). Agripa afirmó concretamente: "Se podría poner en libertad a este hombre si no hubiera apelado al emperador". Ahora que Pablo había apelado al emperador era fácil para Agripa decir esto. Antes, sin embargo, Pablo había estado durante dos años en la cárcel porque los dirigentes no tuvieron el valor moral de ponerle en libertad, aunque sabían que era inocente.

Construyendo Puentes

Los límites de la ley en la práctica

En anteriores pasajes del libro de los Hechos, Lucas ha presentado el sistema judicial romano desde una óptica positiva. Había algunos funcionarios ecuánimes y en Corinto, Éfeso y Jerusalén brindaron a Pablo su protección (caps. 18; 19; 21). Algunos romanos importantes se convirtieron en Cesarea y Filipos, y en esta última ciudad los funcionarios se retractaron del daño causado injustamente a Pablo (caps. 10; 16).

---

11. Bruce, *Acts,* NICNT, 470, n. 44.

Pero ahora vemos los procedimientos romanos desde una perspectiva distinta. Hay aquí un elemento casi absurdo. Se han presentado serias acusaciones contra Pablo (25:7, 24), y Festo está confundido, sin saber qué hacer (25:20, 26–27). Sin embargo, los oficiales romanos expresan muchas veces su convicción de que Pablo es inocente (25:7, 18–19, 20, 25–26; 26:31). Esto culmina con la afirmación de Agripa: "Se podría poner en libertad a este hombre si no hubiera apelado al emperador" (26:32). A Agripa le era fácil decir esto, puesto que no tenía ninguna responsabilidad en aquel asunto. Pero quienes sí la tenían (Félix y Festo) tuvieron miedo de adoptar una posición contraria al deseo de la mayoría.

En otras palabras, aunque la ley romana era un sistema noble que los cristianos utilizaron para su protección, quienes tenían que aplicarla eran a veces reticentes a llevar la contraria a la mayoría. Esta es la razón por la que Lucas utiliza tres veces el término "favor" (24:27; 25:3, 9). Los dirigentes judíos solicitaron una vez este favor, y en las otras dos ocasiones los oficiales romanos actuaron para conceder un favor a los judíos. Tras la congelación durante dos años del proceso judicial, Festo intentó eludir su responsabilidad haciendo que Pablo fuera trasladado a Jerusalén. El apóstol se vio, por ello, forzado a buscar un clima más favorable para obtener un juicio justo y apeló a Roma. Aunque hemos de recurrir a la ley en busca de protección, no hemos de pensar ingenuamente que ofrece automáticamente la justicia.

La importancia esencial de la resurrección de Jesús para el mensaje cristiano

En nuestro estudio del mensaje de Pentecostés hemos visto la gran relevancia de la resurrección de Cristo para el mensaje cristiano; este hecho representaba la acreditación de Jesús como Mesías por parte de Dios.[12] En el discurso de Pablo a Agripa vemos otra de las razones por las que la resurrección de Jesús es tan fundamental. Como primero en levantarse de los muertos (26:23), Cristo cumplió con la esperanza de Israel (26:6–8). Es decir, con él se inició el proceso de la regeneración de Israel y en realidad del nuevo Israel, que está formado por todos los redimidos: gentiles y judíos. Con la resurrección de Cristo, "la vida eterna [...] apareció en medio de la mortalidad"[13] y será consumada en los últimos días. G. E. Ladd lo expresa sucintamente en el lenguaje de la teología bíblica:

> La resurrección de Jesús es un acontecimiento escatológico que tuvo lugar en la historia y dio origen a la iglesia. Ésta hace sonar una nota clave para entender el carácter y mensaje de la iglesia primitiva. La iglesia fue engendrada por un acontecimiento esca-

---

12. Ver el estudio de 2:14–41.
13. Ladd, *Theology*, 363.

tológico que la convierte en una comunidad escatológica con un mensaje escatológico. En un sentido muy real, los acontecimientos relativos al tiempo del fin y el cumplimiento escatológico han invadido la historia.[14]

La explicación paulina de la evangelización

El discurso de Pablo ante Agripa representa la defensa más exhaustiva de su ministerio evangelizador que se consigna en el libro de los Hechos. El hecho de que muchos se estuvieran convirtiendo al cristianismo había suscitado las iras y resentimientos de los judíos. Pablo le explica a este rey "judío" cómo y por qué esta sucediendo. Sin duda Lucas consigna este discurso con cierto detalle para que sus lectores entiendan qué sucede en el proceso evangelizador.

(1) Dios llama y capacita a personas para que sean testigos de él. Nos comisiona como siervos y testigos de lo que hemos experimentado de Jesús (26:16). Nos pide que nos acerquemos a las personas (26:17), nos protege de nuestros oponentes (26:17) y nos ayuda constantemente en nuestro ministerio (26:22a). El propio Cristo, el primero en levantarse de los muertos, proclama luz a judíos y gentiles (26:23).

(2) En nuestro papel como testigos de Cristo hemos de responder obedientemente al llamamiento de Dios (26:19). Hemos de dar testimonio a pequeños y grandes por igual (26:22b) y abrir así los ojos de las personas a la verdad de Dios. A fin de conseguir esto hemos de hablar con veracidad y sensatez (26:25) de modo que las personas se convenzan de la verdad del evangelio (26:28–29). Tras todo está nuestra esperanza y oración de que todas las personas que conozcamos experimenten la salvación (26:29).

(3) Pablo dice también varias cosas sobre el mensaje evangelizador. Hemos de predicar la necesidad de un arrepentimiento y una conversión a Dios que se demuestren en obras (26:20). No decimos nada que no hubieran ya anunciado los profetas y Moisés (26:22c). Damos testimonio de que el Mesías tenía que sufrir y de que, como el primero en resucitar de los muertos, proclama la luz a las personas (26:23).

(4) El resultado de este ministerio es que las personas se salvan. Sus ojos se abren; se vuelven de la oscuridad a la luz y del poder de Satanás a Dios (26:18a). Por su parte han de tener fe en Jesús (26:18b), arrepentirse de sus pecados, volverse a Dios y demostrar su arrepentimiento mediante sus obras (26:20). Dios les perdona los pecados y les da un lugar entre los santificados (26:18b).

---

14. *Ibíd.*

Los aspectos divino y humano de la evangelización

Esta lista de elementos del proceso evangelizador nos muestra que en la misión cristiana efectiva están presentes tanto la actividad divina como la humana. Dios es el iniciador de todo. Él llama, comisiona, equipa y protege a los evangelistas (26:16, 17, 22). Pero tenemos la responsabilidad de obedecer a la visión celestial (26:19), testificando a pequeños y a grandes por igual (26:22b). Cuando proclamamos el evangelio, Dios está de hecho hablando por medio de nosotros y hace que nuestras palabras sean fructíferas, y Jesús es quien proclama luz a las personas (26:23).

Agripa utiliza la palabra *peitho* ("persuadir") para referirse a lo que entiende que Pablo intenta hacer con él. Esta palabra se usa siete veces en el libro de los Hechos para aludir a la evangelización de Pablo[15] y significa trabajar con las personas hasta que cambian su manera de pensar y aceptan el mensaje proclamado.[16] Teniendo en cuenta el contenido del discurso de Pablo en este pasaje, está claro que el apóstol se esforzó mucho por convencer a otras personas de lo que creía. Pablo asegura a Festo que lo que le está diciendo es cierto y sensato (26:25). El apóstol utilizó, pues, la razón en toda su proclamación (cf. 17:1–15). Aunque es cierto que proclamamos una sabiduría de Dios que es más elevada que la sabiduría humana, lo hacemos de un modo razonable.[17]

Esta interacción entre el aspecto divino y el humano se ve también en la respuesta del individuo. Por un lado, Pablo les predicó a todos "que se arrepintieran y se convirtieran a Dios, y que demostraran su arrepentimiento con sus buenas obras" (26:20). Esto sugiere que la conversión es algo que nosotros llevamos a cabo (cf. también 17:30). Las cartas de Pablo hablan también de nuestra obligación de obedecer al evangelio (2Ts 1:8; cf. 1P 4:17). Por otra parte, Jesús le dijo a Pablo que, al convertirse, las personas reciben "perdón de los pecados y la herencia entre los santificados" (26:18b). Es decir, el perdón y este lugar entre los santificados son dones que Dios imparte (aunque la palabra "fe" sugiere también que las personas no son receptores pasivos de este don).

En la oración de Pablo por la conversión de los perdidos (26:29) vemos cómo el apóstol combina de un modo muy claro los aspectos divino y humano de la evangelización. Nosotros oramos a Dios, y lo que sucede en la tierra es su respuesta a nuestras oraciones.

---

15. Ver 17:4; 18:4; 19:8, 26; 26:28; 28:23, 24; cf. 2Co 5:11.
16. Ver comentarios sobre esta palabra en el estudio de 17:1–15.
17. Ha habido un cierto desacuerdo dentro de la iglesia acerca de este asunto, que se tratará más adelante.

Contando sabiamente con la ley

Antes hemos dicho que aunque hemos de intentar recurrir a la ley para defender nuestros derechos, no debemos pensar de manera ingenua que, haciéndolo, se nos hará automáticamente justicia. Aun los mejores sistemas legales están gestionados por individuos caídos, que se deciden por lo conveniente en detrimento de lo justo. Esto demanda sabiduría de parte de los cristianos, que deberán tomar el curso de acción que mejor sirva a la causa de Cristo. En este caso, Pablo apeló a César, pensando que esa sería la mejor manera de que se le hiciera justicia y de evitar que los judíos le mataran. También nosotros hemos de sopesar sabiamente las opciones cuando apelamos a la ley. Una de las cosas que deberíamos hacer es pedir consejo a otros cristianos y a quienes tengan un mayor conocimiento de la ley que nosotros. Esto refuerza el punto de vista presentado en el último estudio en el sentido de que algunas de las mejores mentes de la iglesia han de entregarse a la tarea de tratar con las intricadas cuestiones relativas a la relación entre la iglesia y el estado.

El desafío de ser sabios en relación con el estado será una necesidad cada vez más importante conforme sigan creciendo el fundamentalismo y el pluralismo religioso. Estos dos acercamientos a la verdad se oponen a la evangelización cristiana porque son incompatibles con la idea de que, ya que Cristo es la verdad absoluta, hemos de instar a que todos se conviertan a él. Mientras los fundamentalistas dicen: "No toquen a las personas que ministramos", los pluralistas afirman: "No digan que la suya es la única forma de hacer las cosas". En los próximos años podemos anticipar una creciente oposición al cristianismo bíblico. Hemos de hacer que algunas de nuestras mejores mentes —nuestros Pablos— aborden este gran desafío.

Proclamando el mensaje de la Resurrección

Aunque la resurrección de Jesús es la piedra angular del cristianismo (prueba del mensaje de Jesús e inicio de las bendiciones escatológicas de Israel), muchos de la iglesia no saben cómo proclamar este mensaje. La victoria de la resurrección ha de ser subrayada, por cuanto, en un mundo tan pragmático como el nuestro, nos resulta difícil visualizar cómo puede un suceso de este tipo afectar a nuestras vidas de cada día.

El acento que la predicación evangélica ha concedido durante este siglo a la cruz, nos ha permitido entender una parte al menos de su profundo significado. Pero puede que no hayamos adquirido un entendimiento equivalente de la resurrección de Jesús y su trascendencia. Se trata, sin embargo, de un mensaje clave para la iglesia de hoy porque, a pesar de todo nuestro pragmatismo y enfoque en cómo vivir la vida cristiana, los cristianos parecen carecer de la musculatura teológica y espiritual necesaria para superar el asalto del mundo sobre la iglesia. La respuesta a la pobreza moral y ética de la iglesia contemporánea no es solo impartir más instrucciones a personas débiles sobre cómo vivir. Lo que les capacitará para entender el sentido de la victoriosa obra de Cristo es una buena dosis de verdad teológica. Los creyentes se darán entonces cuenta de que en Cristo tienen el poder espiritual y teológico para resistir los asaltos que proceden del mundo, la carne y el diablo.

Al principio de mi ministerio, mis colegas me pidieron que diera una serie de cuatro mensajes evangelísticos sobre la resurrección de Jesús en un campamento de jóvenes. Pensé que sería una tarea fácil, considerando que coincidía con la afirmación de mi maestro George Ladd en el sentido de que "la piedra angular de todo el Nuevo Testamento es la resurrección de Jesús".[18] Sin embargo, cuando comencé a buscar material para plantear esta serie, descubrí que no era tan sencillo, ya que no había oído mucha predicación evangelística sobre la resurrección. Me di cuenta de que los cristianos tenían una gran necesidad de redescubrir el sentido de la resurrección de Jesús y de aprender a comunicarlo de la mejor manera tanto a creyentes como a no cristianos. En mi libro *The Supremacy of Christ* [La supremacía de Cristo] he mostrado que la resurrección aporta pruebas sobre la persona de Cristo, sobre su plan de salvación, acerca de su señorío sobre todas las cosas, la maravillosa nueva vida que nos abre y su victoria (y la nuestra) sobre la muerte.[19]

El debate sobre la actividad divina y humana en la evangelización. El aspecto divino y humano de la actividad cristiana es un asunto que ha producido mucha controversia en la iglesia a lo largo de la historia.[20] Es algo comprensible, considerando la paradoja de la implicación humana y divina que encontramos en este pasaje. Es fácil dejarnos llevar por uno de sus aspectos y excluir el otro. Teniendo en cuenta lo dificultoso que es para seres humanos caídos como nosotros conseguir un equilibrio perfecto, supongo que este conflicto de acentos seguirá presente dentro de la iglesia.

Algunos cristianos ponen objeciones a orar por la conversión de los perdidos, alegando que las oraciones humanas no pueden influir a Dios en esta cuestión, puesto que él ha decretado soberanamente quienes han sido elegidos para salvación y quiénes no. Pueden pedirle que les capacite para ser buenos testigos, pero no creen que sea bíblico orar por la conversión de los perdidos. No obstante, Pablo ora claramente por la salvación de aquellos que se cruzan en su camino (26:29; ver Ro 10:1; 1Ti 2:1–4). Quienes, procedentes de la tradición reformada, intentan entender la insistencia bíblica sobre el importante lugar que desempeñan los instrumentos humanos en el proceso evangelizador, debe-

---

18. George Eldon Ladd, *I Believe in the Resurrection of Jesus* (Grand Rapids: Eerdmans, 1975), 43.

19. Ver mi libro *Supremacy,* 225–42.

20. En su obra *Evangelism and the Sovereignty of God* (Downers Grove, Ill.: InterVarsity, 1961), J. I. Packer intenta explicar estos dos aspectos de la evangelización.

rían ver que Dios utiliza ciertos medios, como las oraciones y la persuasión, para introducir a los elegidos.[21]

El asunto de la utilización de ciertos medios para recibir lo que Dios ha decretado alcanzó un punto crítico con las llamadas "nuevas medidas" defendidas por el evangelista y erudito Charles G. Finney (1792–1875). Jonathan Edwards y otros predicadores del Gran Avivamiento del siglo XVIII habían considerado los avivamientos como "obras portentosas de Dios", es decir, inexplicables efusiones del Espíritu de Dios. Finney afirmaba, por su parte, que el avivamiento es "resultado del correcto uso de los medios establecidos" (las nuevas medidas).[22]

Cada corriente se había aferrado a una sola verdad bíblica, subrayada hasta tal punto que eliminaba prácticamente la otra cara de la moneda. En este comentario hemos dicho anteriormente que cuando William Carey quiso defender las misiones extranjeras explicando cuáles eran los medios por los que las naciones iban a oír el evangelio, fue desanimado por un calvinismo extremo cuya actitud se resume en la famosa declaración: "¡Siéntese, joven! Cuando Dios decida convertir a los paganos lo hará sin su ayuda ni la mía!".[23] La idea era que si comenzamos a hablar sobre medios humanos para llevar a cabo la misión de la iglesia, estamos socavando la soberanía de Dios.

Esto se aplica especialmente a las técnicas de persuasión como medios de evangelización. Algunos creen que, puesto que Dios produce soberanamente la regeneración de los escogidos, esforzarse en persuadir a las personas es negar su papel en el proceso de la salvación. Estos se oponen a las invitaciones públicas, en especial a aquellas que suplican a las personas que "pasen al frente". Según este punto de vista, quienes han sido regenerados por Dios no necesitan este tipo de persuasión y los que predican el evangelio deberían pedir a quienes sienten que Dios les ha hablado que se dirijan discretamente al pastor o a algún otro responsable.

En el otro extremo, algunos predicadores ponen un acento excesivo en el elemento humano de la evangelización. Los evangelistas pueden ejercer una presión indebida cuando invitan a las personas a responder al evangelio, dando casi la idea de que el éxito de la evangelización depende de su capacidad de motivar a las personas a pasar adelante. Esto puede verse como una manipula-

---

21. Ver, por ejemplo, C. Samuel Storms, "Prayer and Evangelism Under God's Sovereignty", *The Grace of God and the Bondage of the Will,* vol. 1, *Biblical and Practical Perspectives on Calvinism,* ed. Thomas R. Schreiner and Bruce A. Ware (Grand Rapids: Baker, 1995), 215–31.

22. Esta descripción procede de Earle E. Cairns, *An Endless Line of Splendor: Revivals and Their Leaders From the Great Awakening to the Present* (Wheaton, Ill.: Tyndale, 1986), 130.

23. Kellsye M. Finnie, *William Carey: By Trade a Cobbler* (Eastbourne: Kingsway Publications, 1986), 32. Finnie dice que no sabemos con seguridad si el responsable en cuestión hizo realmente esta afirmación.

ción de la audiencia. No parece que la invitación se presente con confianza y carece, por tanto, de la autoridad de un heraldo de Cristo.

En este sentido, al comienzo de mi ministerio evangelístico sufría de un cierto nerviosismo y me ayudó mucho el sabio consejo del evangelista presbiteriano Leighton Ford. El Sr. Ford me recordó que era el Dios soberano el que estaba presentando su invitación y el que atraía a las personas. Yo tenía que descansar en la confianza de que él atraería a las personas por medio de mis palabras. Esto no fue una excusa para reducir mi preparación; seguí empleándome a fondo preparando mis mensajes, invitación incluida. Sin embargo, esta verdad resultó liberadora y acabó con el agobiante temor que a veces me atenazaba cuando invitaba a las personas a volverse a Cristo.

El uso de la razón en la evangelización

Otra cuestión relativa a los aspectos divino y humano en la evangelización tiene que ver con el uso de la razón en la proclamación. En 26:25 Pablo afirma: "Lo que digo es cierto y sensato". Algunos, no obstante, apelan al hecho de que la sabiduría y pensamientos de Dios son más elevados que los nuestros (Is 55:8–9) para respaldar su idea de que no hemos de utilizar la razón para intentar ganar a las personas para Cristo. Estas personas aluden a las palabras de 1 Corintios 1:17–25, donde Pablo parece minimizar el papel de la sabiduría humana en la evangelización para mostrar que es inútil apelar al intelecto humano en la predicación del evangelio. Afirman que nuestra tarea consiste solo en predicar a Cristo crucificado y dejar que sea Dios quien abra los ojos de las personas. Pero este acercamiento contradice el método que utiliza Pablo (cf. la exposición de Hechos 17).

Una de las claves de este asunto es entender la naturaleza de la caída del hombre, que le ha dejado con una razón distorsionada; pensamos de formas que son insensatas (p. ej., creyendo que el pecado satisface y que podemos salvarnos por nuestros medios). Naturalmente, pues, los pensamientos y caminos de Dios son más altos que los nuestros. Sin embargo, el pecado no ha eliminado la razón humana. En nuestra proclamación del evangelio podemos apelar a los vestigios de la razón dentro de la mente humana. Como Dios, podemos llamar a los pecadores con estas palabras: "Vengan, y razonemos —dice el Señor—… " (Is 1:18). Es posible que nuestra naturaleza caída se rebele contra esta clase de razonamiento, porque no queremos volvernos de nuestro pecado y autosuficiencia. Pero cuando Dios abra la mente de las personas, seguirán nuestro razonamiento y lo considerarán buenas nuevas. Los calvinistas pueden decir que aquellos a quienes Dios alumbra no pueden resistir su gracia, mientras que los arminianos afirmarán que un corazón rebelde puede resistir la iluminación de Dios. Sin embargo, en la práctica esto no debería cambiar nuestra metodología. Nosotros no sabemos quiénes son los escogidos. En tanto que

Dios puede utilizar nuestra razón para introducir a las personas al reino, nuestra tarea es razonar con ellas.

Para entender el rechazo de la sabiduría humana que Pablo expresa en el primer capítulo de 1 Corintios hemos de tener en cuenta el contexto de este pasaje. El apóstol está haciendo referencia a la falta de unidad en la iglesia. Los creyentes se habían alineado con quienes consideraban sus dirigentes (p. ej., Pablo, Cefas y Apolos) y, como consecuencia, se había producido una división en la iglesia. Bruce Winter explica que en aquella cultura los alumnos tenían que conceder una lealtad exclusiva a sus maestros y, por ello, a menudo había rivalidad entre algunos preceptores. Esto es lo que sucedía en la iglesia corintia.

Por otra parte, en el siglo I, se concedía tanta importancia a la retórica que los discursos se valoraban más por su meticulosa elaboración que por el contenido en sí. Los oradores "hablaban para conseguir la adulación de sus audiencias".[24] Pablo, por su parte, afirma que fue enviado a "predicar el evangelio, y eso sin discursos de sabiduría humana, [lit., no mediante la sabiduría de la retórica], para que la cruz de Cristo no perdiera su eficacia" (1Co 1:17). Si Pablo hubiera subrayado la retórica, se habría promovido a sí mismo y la atención de sus oyentes se habría dirigido a él en lugar de a la cruz. Pero "Cristo le había enviado a predicar el evangelio, no a suscitarse un grupo de seguidores".[25] Lo que el apóstol, pues, criticaba era un énfasis en la retórica que situaba al orador como centro y apartaba a los oyentes de la cruz.

Pablo siguió diciendo que la predicación de la cruz era locura para los gentiles (1Co 1:23). El apóstol rechazaba la sabiduría de este tipo de personas mundanas que se burlaban de la idea de la cruz. Es decir, repudiaba cualquier presentación del evangelio que minimizara la cruz para apelar a lo intelectual. Comunicar el mensaje de la cruz era mucho más importante que ganarse a la audiencia. En lugar de utilizar una sabiduría humana que rechazaba la cruz, Pablo proclamaba la sabiduría de Dios, es decir, Cristo (1Co 1:24). Sin embargo, puesto que Dios es el creador de la razón, su sabiduría no es irracional. Podemos, por tanto, razonar con las personas y mostrarles tanto la temeridad de todos los caminos que rechazan la sabiduría de Dios como la sensatez y veracidad del evangelio. Podemos dejar que sea Dios quien les ilumine para que puedan aceptar y obrar sobre la base de lo que proclamamos.

La evangelización como obediencia a una visión. La afirmación de Pablo en el sentido de que no fue "desobediente a esa visión celestial" (26:19) nos da una clave para entender la efectividad de un siervo de Dios. Shenk y Stutzman han hecho una provechosa exposición de este asunto. Estos autores señalan

---

24. Bruce Winter, "1 Corinthians", *NBCTCE*, 1164.
25. Ibíd.

que "en el lenguaje de hoy, el término visión se ha convertido en un eslogan".[26] Los dirigentes han de tener una clara imagen de lo que es deseable y han de ser capaces de expresar con claridad esta visión para que los demás puedan también entenderlo. "La palabra visión habla de algo que está por delante y es desconocido. Está en tiempo futuro". Shenk y Stutzman concuerdan en que un liderazgo visionario es una clave para motivar a otros a entregarse a una tarea o movimiento, pero establecen una importante distinción entre este modelo de visión y el bíblico. Tras mencionar la visión de Pablo en el camino de Damasco, la de Pedro en la azotea y la de Juan en la isla de Patmos, reconocen que en la Biblia "las visiones tenían implicaciones vitales para el futuro, pero no eran pronósticos de lo que iba a suceder. Las visiones procedían de Dios como instrucciones para la acción". Esto es algo que también nosotros pasamos por alto con facilidad cuando hablamos de visiones.

Cuando hacemos planes para el futuro, planteamos nuestras metas y redactamos una declaración de nuestra visión, a menudo utilizamos métodos de investigación procedentes del mundo empresarial. Tales métodos pueden ciertamente sernos de ayuda para el desarrollo de una visión. Pero es mucho más importante esperar las instrucciones de Dios. Pedro y Juan estaban buscando el rostro de Dios cuando recibieron sus respectivas visiones (Hch 10:9; Ap 1:10). La iglesia de Antioquía estaba "adorando al Señor y ayunando" (Hch 13:2) cuando Dios les dio la visión que dio origen al primer movimiento misionero formal y no judío de la iglesia. Los dirigentes han de pedirle fervientemente a Dios, tanto en privado como en comunidad, que les dé una visión de lo que quiere hacer por medio de ellos.

Una vez que se ha descubierto cuál es la visión de Dios, los dirigentes han de transmitirla a los creyentes de manera entusiasta para que también ellos la entiendan y la hagan suya. La visión debería ser comunicada de un modo práctico para que los demás se den cuenta de que es algo realizable y de que pueden participar para que se haga realidad. Antes hemos mostrado que Jesús hizo esto con la Gran Comisión.[27] Cuando los hermanos se sienten entusiasmados con la visión, estarán dispuestos a pagar el precio para verla cumplida.

Por otra parte, los dirigentes tienen también que ordenar sus vidas para dar prioridad a la visión.[28] Hay tantas demandas "urgentes" en nuestras vidas que es fácil descuidar las "importantes" (por utilizar una distinción popularizada por Charles Hummel en su influyente panfleto, *The Tyranny of the Urgent* [La tiranía de lo urgente][29]). Los dirigentes han de despojarse constantemente

---

26. Ver Shenk y Stutzman, *Creating Communities of the Kingdom,* 64–65; Los autores aluden a un libro de Warren Bennis y Burt Nanus titulado *Leaders: The Strategies for Taking Charge* (Nueva York: Harper and Row, 1985), que sostiene que, para tener éxito en los negocios, la visión es algo esencial.
27. Ver la exposición de 1:1–8.
28. Ver Shenk y Stutzman, *Creating Communities*, 65.
29. Charles Hummel, *The Tyranny of the Urgent* (Downer's Grove, Ill.: InterVarsity, 1967).

de cosas que, aunque son buenas en sí mismas, representan un lastre que les impide llevar a cabo las verdaderamente importantes. Las primeras cosas que muchas veces se ven afectadas cuando contraemos un excesivo número de obligaciones son nuestra vida devocional y nuestro ministerio personal. Pero renunciar a estas cosas impedirá que cumplamos nuestras visiones. Sin una saludable vida devocional experimentaremos aridez espiritual y careceremos de los recursos espirituales necesarios para motivar a las personas a que reciban su máximo potencial según los propósitos de Dios. Sin realizar trabajo personal, pronto veremos que no tenemos a nadie a quien motivar. Es el trabajo personal lo que abastece un ministerio de obreros comprometidos.

Siempre hemos de esforzarnos al máximo, porque el liderazgo cristiano nunca es fácil o conveniente. Puede que tengamos que asumir la cruz del cansancio y la tensión. Pero asegurémonos de que dicha tensión viene por cumplir la visión que Dios nos ha dado, no por hacer cosas que habríamos tenido que evitar.

Cuando se decidió que navegáramos rumbo a Italia, entregaron a Pablo y a algunos otros presos a un centurión llamado Julio, que pertenecía al batallón imperial. ² Subimos a bordo de un barco, con matrícula de Adramitio, que estaba a punto de zarpar hacia los puertos de la provincia de Asia, y nos hicimos a la mar. Nos acompañaba Aristarco, un macedonio de Tesalónica.

³ Al día siguiente hicimos escala en Sidón; y Julio, con mucha amabilidad, le permitió a Pablo visitar a sus amigos para que lo atendieran. ⁴ Desde Sidón zarpamos y navegamos al abrigo de Chipre, porque los vientos nos eran contrarios. ⁵ Después de atravesar el mar frente a las costas de Cilicia y Panfilia, arribamos a Mira de Licia. ⁶ Allí el centurión encontró un barco de Alejandría que iba para Italia, y nos hizo subir a bordo. ⁷ Durante muchos días la navegación fue lenta, y a duras penas llegamos frente a Gnido. Como el viento nos era desfavorable para seguir el rumbo trazado, navegamos al amparo de Creta, frente a Salmona. ⁸ Seguimos con dificultad a lo largo de la costa y llegamos a un lugar llamado Buenos Puertos, cerca de la ciudad de Lasea.

⁹ Se había perdido mucho tiempo, y era peligrosa la navegación por haber pasado ya la fiesta del ayuno. Así que Pablo les advirtió: ¹⁰ «Señores, veo que nuestro viaje va a ser desastroso y que va a causar mucho perjuicio tanto para el barco y su carga como para nuestras propias vidas.» ¹¹ Pero el centurión, en vez de hacerle caso, siguió el consejo del timonel y del dueño del barco. ¹² Como el puerto no era adecuado para invernar, la mayoría decidió que debíamos seguir adelante, con la esperanza de llegar a Fenice, puerto de Creta que da al suroeste y al noroeste, y pasar allí el invierno.

¹³ Cuando comenzó a soplar un viento suave del sur, creyeron que podían conseguir lo que querían, así que levaron anclas y navegaron junto a la costa de Creta. ¹⁴ Poco después se nos vino encima un viento huracanado, llamado Nordeste, que venía desde la isla. ¹⁵ El barco quedó atrapado por la tempestad y no podía hacerle frente al viento, así que nos dejamos llevar a la deriva. ¹⁶ Mientras pasábamos al abrigo de un islote llamado Cauda, a duras penas pudimos sujetar el bote salvavidas. ¹⁷ Después de subirlo a bordo, amarraron con sogas todo el casco del barco para reforzarlo. Temiendo que fueran a encallar en los bancos de arena de la Sirte, echaron el ancla flotante y dejaron el barco a la deriva. ¹⁸ Al día siguiente, dado que la tempestad seguía arremetiendo con mucha fuerza contra nosotros, comenzaron a arrojar la carga por la borda. ¹⁹ Al tercer día, con sus propias manos arrojaron

al mar los aparejos del barco. ²⁰ Como pasaron muchos días sin que aparecieran ni el sol ni las estrellas, y la tempestad seguía arreciando, perdimos al fin toda esperanza de salvarnos.

²¹ Llevábamos ya mucho tiempo sin comer, así que Pablo se puso en medio de todos y dijo: «Señores, debían haber seguido mi consejo y no haber zarpado de Creta; así se habrían ahorrado este perjuicio y esta pérdida. ²² Pero ahora los exhorto a cobrar ánimo, porque ninguno de ustedes perderá la vida; sólo se perderá el barco.

²³ Anoche se me apareció un ángel del Dios a quien pertenezco y a quien sirvo, ²⁴ y me dijo: "No tengas miedo, Pablo. Tienes que comparecer ante el emperador; y Dios te ha concedido la vida de todos los que navegan contigo." ²⁵ Así que ¡ánimo, señores! Confío en Dios que sucederá tal y como se me dijo. ²⁶ Sin embargo, tenemos que encallar en alguna isla.»

²⁷ Ya habíamos pasado catorce noches a la deriva por el mar Adriático, cuando a eso de la medianoche los marineros presintieron que se aproximaban a tierra. ²⁸ Echaron la sonda y encontraron que el agua tenía unos treinta y siete metros de profundidad. Más adelante volvieron a echar la sonda y encontraron que tenía cerca de veintisiete metros de profundidad.

²⁹ Temiendo que fuéramos a estrellarnos contra las rocas, echaron cuatro anclas por la popa y se pusieron a rogar que amaneciera. ³⁰ En un intento por escapar del barco, los marineros comenzaron a bajar el bote salvavidas al mar, con el pretexto de que iban a echar algunas anclas desde la proa. ³¹ Pero Pablo les advirtió al centurión y a los soldados: «Si ésos no se quedan en el barco, no podrán salvarse ustedes.» ³² Así que los soldados cortaron las amarras del bote salvavidas y lo dejaron caer al agua.

³³ Estaba a punto de amanecer cuando Pablo animó a todos a tomar alimento: «Hoy hace ya catorce días que ustedes están con la vida en un hilo, y siguen sin probar bocado. ³⁴ Les ruego que coman algo, pues lo necesitan para sobrevivir. Ninguno de ustedes perderá ni un solo cabello de la cabeza.» ³⁵ Dicho esto, tomó pan y dio gracias a Dios delante de todos. Luego lo partió y comenzó a comer. ³⁶ Todos se animaron y también comieron. ³⁷ Éramos en total doscientas setenta y seis personas en el barco. ³⁸ Una vez satisfechos, aligeraron el barco echando el trigo al mar.

³⁹ Cuando amaneció, no reconocieron la tierra, pero vieron una bahía que tenía playa, donde decidieron encallar el barco a como diera lugar. ⁴⁰ Cortaron las anclas y las dejaron caer en el mar, desatando a la vez las amarras de los timones. Luego izaron a favor del viento la vela de proa y se dirigieron a la playa. ⁴¹ Pero el barco fue a dar en un banco de arena y encalló. La proa se encajó en el fondo y quedó varada, mientras la popa se hacía pedazos al embate de las olas.

⁴² Los soldados pensaron matar a los presos para que ninguno escapara a nado. ⁴³ Pero el centurión quería salvarle la vida a

Pablo, y les impidió llevar a cabo el plan. Dio orden de que los que pudieran nadar saltaran primero por la borda para llegar a tierra, [44] y de que los demás salieran valiéndose de tablas o de restos del barco. De esta manera todos llegamos sanos y salvos a tierra.

[28:1] Una vez a salvo, nos enteramos de que la isla se llamaba Malta. [2] Los isleños nos trataron con toda clase de atenciones. Encendieron una fogata y nos invitaron a acercarnos, porque estaba lloviendo y hacía frío. [3] Sucedió que Pablo recogió un montón de leña y la estaba echando al fuego, cuando una víbora que huía del calor se le prendió en la mano. [4] Al ver la serpiente colgada de la mano de Pablo, los isleños se pusieron a comentar entre sí: «Sin duda este hombre es un asesino, pues aunque se salvó del mar, la justicia divina no va a consentir que siga con vida.» [5] Pero Pablo sacudió la mano y la serpiente cayó en el fuego, y él no sufrió ningún daño. [6] La gente esperaba que se hinchara o cayera muerto de repente, pero después de esperar un buen rato y de ver que nada extraño le sucedía, cambiaron de parecer y decían que era un dios.

[7] Cerca de allí había una finca que pertenecía a Publio, el funcionario principal de la isla. Éste nos recibió en su casa con amabilidad y nos hospedó durante tres días. [8] El padre de Publio estaba en cama, enfermo con fiebre y disentería. Pablo entró a verlo y, después de orar, le impuso las manos y lo sanó. [9] Como consecuencia de esto, los demás enfermos de la isla también acudían y eran sanados. [10] Nos colmaron de muchas atenciones y nos proveyeron de todo lo necesario para el viaje.

[11] Al cabo de tres meses en la isla, zarpamos en un barco que había invernado allí. Era una nave de Alejandría que tenía por insignia a los dioses Dióscuros. [12] Hicimos escala en Siracusa, donde nos quedamos tres días. [13] Desde allí navegamos bordeando la costa y llegamos a Regio. Al día siguiente se levantó el viento del sur, y al segundo día llegamos a Poteoli. [14] Allí encontramos a algunos creyentes que nos invitaron a pasar una semana con ellos. Y por fin llegamos a Roma.

[15] Los hermanos de Roma, habiéndose enterado de nuestra situación, salieron hasta el Foro de Apio y Tres Tabernas a recibirnos. Al verlos, Pablo dio gracias a Dios y cobró ánimo.

Los dos últimos capítulos del libro de los Hechos consignan el cumplimiento del gran deseo de Pablo de ir a Roma (cf. Ro. 1:10–13; 15:22–32). Lucas deja constancia de este acontecimiento con la concisa expresión: "... por fin llegamos a Roma" (Hch 28:14). Desde un punto de vista político, Roma era la ciudad más poderosa de aquel tiempo y Pablo había sido ciudadano romano desde que nació. Varias veces había querido el apóstol visitarla, pero habían surgido trabas que lo habían impedido (Ro 1:13). Pablo había pasado los veintisiete años, más o menos, posteriores a su conversión en las regiones orientales del imperio (15:19–20) y soñaba con llevar el evangelio hacia el oeste y llegar a España, utilizando Roma como base para esta etapa de su ministerio (15:22–29).

Unos tres años antes, Pablo le había escrito a la iglesia romana su testamento de fe, la carta a los Romanos, en preparación para su visita. En un momento de crisis, el Señor había reforzado este sueño mediante una visión en la que le dijo: "¡Ánimo! Así como has dado testimonio de mí en Jerusalén, es necesario que lo des también en Roma" (Hch 23:11). Sin embargo, probablemente nunca imaginó que llegaría a Roma como prisionero. El relato de cómo llegó a la ciudad parece sacado de una apasionante novela. La vívida descripción de Lucas nos hace sentir la emoción y dramatismo de los acontecimientos que narra. Estos dos capítulos contienen también los detalles típicos del relato de alguien que vivió personalmente los hechos consignados (es una sección en primera persona del plural).

Uno de los recursos más útiles para el estudio de este pasaje es un libro escrito hace más de un siglo por James Smith, *The Voyage and Shipwreck of St. Paul* [El viaje y naufragio de San Pablo]. Siendo un experimentado navegante y un erudito en lenguas clásicas, Smith "realizó un cuidadoso estudio de la ruta que traza Lucas en su narración —un itinerario por el Mediterráneo con el que él estaba familiarizado— e hizo una valoración muy favorable de la exactitud del relato lucano de cada etapa del viaje".[1] Hablando del estilo de Lucas y del contenido que consigna Smith afirma: "Ningún marinero habría escrito en un estilo tan poco 'náutico', y nadie que no fuera marinero podría haber escrito la narración de un viaje por mar de manera tan coherente en todas sus partes, sin haber participado personalmente en él".[2]

Afortunadamente, Colin J. Hemer ha puesto a nuestra disposición muchos de los hallazgos de Smith y de otros en su defensa de la exactitud histórica del libro de los Hechos.[3]

Comienza el viaje (27:1–12)

Lucas vuelve a utilizar la primera persona del plural ("nosotros") (27:1) tras dejar de hacerlo con la llegada de Pablo a Jerusalén (21:18). Es posible que durante los dos años transcurridos hubiera estado en Cesarea y que en esta ciudad hubiera recopilado una valiosa información para su obra en dos volúmenes (ver Lc 1:3).[4] También viajaban con el apóstol, entre otros, Julio,

---

1. Bruce, *Acts,* NICNT, 475–76.
2. J. Smith, *The Voyage and Shipwreck of St. Paul* (Londres: Longmans Green, 1848, 4th. ed. 1880); citado en E. F. Harrison, *Acts,* 412.
3. Hemer, *Acts,* 132–58.
4. Bruce, *Acts,* NICNT, 476.

el centurión, sus soldados, otros prisioneros y "Aristarco, un macedonio de Tesalónica" (27:2). Este último había estado viajando ya con Pablo durante algún tiempo (19:21; 20:4); Pablo le describe como su "compañero de cárcel" en Colosenses 4:10 y como su "compañero de trabajo" en Filemón 24. Estas dos cartas se escribieron, probablemente, desde Roma a comienzos de la década de los sesenta.

Cuando se trata de trazar este viaje es útil tener un mapa abierto. En la ciudad fenicia de Sidón (a unos ciento diez kilómetros al norte de Cesarea), el centurión, en el primero de sus muchos actos de bondad hacia Pablo, le permitió que visitara a "sus amigos", probablemente miembros de la iglesia de esta ciudad (27:3; ver 11:19). Curiosamente, este fue un privilegio concedido también a Ignacio, obispo de Antioquía, cuando era trasladado a Roma para ser ejecutado.[5] Los vientos del oeste que soplaban durante los meses de verano propulsaron la embarcación hacia el este y norte de Chipre (abandonando la costa de Cilicia y Panfilia). Lucas debe de haber tomado nota de este hecho, puesto que este recorrido era contrario a la ruta que habían utilizado cuando fueron a Tiro dos años antes (21:3).

La embarcación llegó a Mira de Licia y los pasajeros se embarcaron en una nave alejandrina (27:6, probablemente uno de los grandes barcos de Alejandría que transportaban cereal y que desde este puerto se dirigían hacia el oeste).[6] Un fuerte viento de noroeste hizo probablemente que la navegación fuese "lenta" (27:7) y que viajaran al sudoeste, recorriendo la costa sur de Creta, en lugar de poner rumbo al oeste, que hubiera sido lo normal (27:8).

La embarcación llegó con dificultades a Buenos Puertos, que, a pesar de su nombre, no era un lugar adecuado para afrontar los rigores del invierno. La expedición se había ya retrasado, por haber pasado ya "la fiesta del ayuno" (i.e., el Día de la Expiación o Yom Kippur, 27:9), que aquel año cayó alrededor del 5 de octubre.[7] Pablo entendía que no era seguro aventurarse para encontrar un lugar mejor donde pasar el invierno, y así lo expresó (27:10). El apóstol expresó probablemente esta opinión en el marco de una consulta informal con el propietario/capitán del barco, su piloto y el centurión, a la que habría tenido acceso "como hombre respetado y experimentado que se había ganado el aprecio de Julio".[8] No sabemos si Pablo habló guiado directamente por Dios o lo hizo basándose simplemente en su sabiduría humana. Sabemos que en un punto no estuvo acertado, puesto que predijo la pérdida de vidas humanas si se aventuraban y esto no sucedió.

---

5. Eusebio, *The History of the Church from Christ to Constantine*, 3.36, trad. por G. A. Williamson, rev. y ed. de Andrew Louth (Londres: Penguin, 1989), 98 [*Historia eclesiástica* (Madrid: Biblioteca de Autores Cristianos, 2001)].

6. Hemer, *Acts,* 134.

7. *Ibíd.,* 137.

8. *Ibíd.,* 138.

Pablo era un avezado viajero, que había naufragado ya tres veces y había pasado una noche y un día a la deriva en mar abierto (2Co 11:25). Pero prevaleció la opinión de la mayoría, que tomó la decisión de hacerse de nuevo a la mar y recorrer una corta distancia hacia el oeste rumbo al mejor puerto de Fenice (27:12). Tenían que navegar unas cuatro millas náuticas hacia el oeste y unas treinta y cuatro hacia el oeste-noroeste atravesando una bahía.[9]

La tormenta (27:13–26)

La aparición de "un suave viento del sur" les pareció ideal para poder llegar a Fenice, de modo que la tripulación levó anclas (27:13). Sin embargo, "en estos climas, los vientos del sur iban a veces seguidos repentinamente de violentos vientos del nordeste, el famoso gregal".[10] Este fue el caso y, lamentablemente, la embarcación de Pablo hubo de afrontar un intenso temporal del nordeste. Finalmente decidieron que no podían mantener el rumbo, de manera que se dejaron llevar en dirección contraria, apartándose de la isla (27:14–15). La pequeña isla de Cauda les ofreció un provisional abrigo del temporal (27:16), y consiguieron adoptar ciertas medidas de emergencia necesarias bajo tales condiciones. El bote salvavidas, que probablemente era remolcado tras la embarcación, fue izado a bordo (27:17a), y la tripulación amarró todo el casco del barco "para darle consistencia y reforzarlo contra los violentos embates de las olas".[11]

Navegando a la deriva, fueron presa de un nuevo temor: encallar en la "Sirte", los temidos bajíos y arenas movedizas de la costa norteafricana de Cirene (27:17b), que "inspiraban un obsesivo temor siempre presente en la literatura del primer siglo".[12] La tripulación "arrojó al mar el equipamiento o instrumento" (lit.), una acción a la que se ha dado numerosas explicaciones, puesto que Lucas no especifica a qué instrumento se refiere. Esto podría deberse a que Lucas no sabía cuál era el instrumento en cuestión o había olvidado su nombre técnico.[13] Se trataba probablemente de un ancla flotante que "se arrastraba por la popa atada por una soga de una extensión adecuada para ofrecer una resistencia máxima cada vez que la embarcación se sumergía en la cresta de la ola".[14]

Como en la tormenta de la narración de Jonás (Jon 1:5), lo siguiente que hicieron los marineros fue arrojar las mercancías por la borda (27:18) y después los aparejos del barco o el equipo de repuesto (27:19). Haciendo esto, espera-

---

9. *Ibíd.*, 141.
10. *Ibíd.*
11. *Ibíd.*, 143.
12. *Ibíd.*, 144. Hemer consigna una larga enumeración de referencias de literatura del primer siglo.
13. Bruce, *Acts,* NICNT, 486.
14. *Ibíd.*

ban reducir el peligro de la embarcación si esta ofrecía una excesiva resistencia a la tormenta. "Pasaron muchos días sin que aparecieran ni el sol ni las estrellas" (27:20a), lo cual significaba que no podían determinar la dirección que debían tomar. Llegaron finalmente a la etapa en que abandonaron la esperanza de salir con vida (27:20b).

Con esta tormenta, la mayoría de los viajeros estarían mareados y no habrían comido durante varios días. En esta desesperada situación, Pablo trajo una palabra de ánimo, que él mismo había recibido de Dios (2Co 1:3–4) por medio de una visión. Cuando les dijo a los responsables que deberían haber tenido en cuenta su consejo (27:21), no lo hizo con la actitud del que dice "ya se lo advertí", sino intentando captar su atención. En dos ocasiones les dijo que cobraran ánimo (27:22, 25) y lo hizo basándose en su visión. Dios tenía una tarea para él en Roma y, por ello, ninguno de ellos perdería la vida (27:24). Tras expresar su fe en Dios, el apóstol predijo que el barco encallaría en una isla (27:25–26). A partir de este momento, Pablo parece haber asumido un papel de liderazgo en el barco.

El naufragio (27:27–44)

Lucas habla de "catorce noches a la deriva por el mar Adriático" (27:27), es decir, el Mediterráneo central. James Smith hizo cuidadosas averiguaciones entrevistando a experimentados navegantes de la zona mediterránea y calculó el tiempo que habría sido necesario para que una embarcación a la deriva e intentando eludir la Sirte hiciera el recorrido que hizo la nave de Pablo. Según sus cálculos, la duración de este trayecto habría sido de trece días, una hora y veintiún minutos, lo cual da gran verosimilitud a las catorce noches que Lucas dice que habían pasado cuando los marineros presintieron que se acercaban a tierra (27:27).[15] Sabiamente decidieron echar el ancla y esperar hasta que se hiciera de día para evitar que la embarcación se estrellara contra las rocas de aquellas aguas desconocidas (27:29).

Pablo afianzó de nuevo su liderazgo cuando los marineros querían huir de la nave y él se lo impidió, asegurándose así de que podría contar con ellos en el momento crucial del desembarco (27:30–32). Su liderazgo se vio de nuevo cuando instó a las personas a comer (27:33–34). Necesitaban energía para el desafío final y no la tendrían con el estómago vacío. Encontraron valor para comer cuando vieron hacerlo a Pablo después de dar gracias a Dios (27:35–36).

Algunos se han mostrado escépticos con respecto al dato que nos ofrece Lucas de que había 276 personas a bordo (27:37), pero Hemer presenta abundantes evidencias de la literatura de aquel tiempo en el sentido de que los barcos que hacían aquella ruta transportaban un número de pasajeros aun mayor.[16] La

---

15. Smith, *Voyage,* 126–28; citado en Bruce, *Acts,* NICNT, 489.
16. Hemer, *Acts,* 149.

tripulación vio una bahía, que era probablemente la que hoy se conoce como la bahía de San Pablo en Malta, pero ellos no reconocieron aquella tierra. Decidieron conducir el barco hacia la costa y encallarlo cerca de ella, pero varó en un banco de arena (27:39–41a). Las olas eran demasiado fuertes para la maltratada embarcación, que se hizo pedazos (27:41b). Los soldados habrían sido sometidos a un severo castigo si los prisioneros hubieran escapado,[17] por lo cual habían planeado matarles; pero, puesto que el centurión quería salvar a Pablo, tampoco ejecutaron al resto de los penados (27:42–43a). Así, una vez más, la presencia de Pablo en la embarcación salvó vidas. Como Pablo había pronosticado, "todos [llegaron] sanos y salvos a tierra" (27:44).

Ministrando en Malta (28:1–10)

El viaje de cuarenta millas náuticas que había de llevarles desde Buenos Puertos a Fenice acabó dos semanas más tarde en la isla de Malta, que estaba a un día escaso de viaje del gran puerto siciliano de Siracusa. Sin embargo, puesto que era invierno, todo el pasaje hubo de esperar tres meses en Malta antes de hacerse de nuevo a la mar. La palabra "isleños" (28:2) es *barbaroi* (lit., "bárbaros"), que es el término habitual que se usaba en aquel tiempo para referirse a quienes no hablaban griego.[18] Los isleños mostraron a los náufragos "toda clase de atenciones". Y Pablo, a pesar de estar agotado por el desgaste de los anteriores acontecimientos, les ayudó a encender un fuego, que era probablemente necesario por las frías temperaturas otoñales (28:2–3).

La víbora que se prendió a la mano de Pablo ha sido causa de problemas para los eruditos. Aunque en la Malta actual hay víboras que muerden a sus víctimas, no son venenosas. Es posible que esta sea la especie a la que Lucas hace aquí referencia. Sin embargo, en ese caso, los isleños no habrían esperado que Pablo se hinchara o cayera muerto (28:6). Puede que en el primer siglo sí hubiera una especie venenosa de víbora en Malta, que más adelante los isleños habrían exterminado.[19] Pensar que Pablo era probablemente un asesino (28:4) es la reacción típica de gentes supersticiosas que ven en las desgracias ajenas alguna forma de castigo por sus malas obras. Cuando Pablo salió indemne de la mordedura, la misma superstición les hizo cambiar su veredicto, afirmando ahora que era un dios (28:6).

Como era característico, Pablo llevó a cabo un ministerio sanador en el pueblo tras curar al padre del principal funcionario de la isla (28:8–9). La

---

17. *Ibíd.*, 152.

18. Los malteses hablaban un dialecto fenicio. Según parece, la palabra *barbaros* surgió porque a los griegos las palabras de los extranjeros les sonaban a "bar-bar". Este término no habría tenido necesariamente un sentido peyorativo. Ver el artículo de F. D. Gealy en *IDB*, 1:354.

19. Esto sería posible en una isla pequeña pero densamente poblada como Malta (ver Hemer, *Acts*, 153).

oración y la imposición de manos están también presentes en otras curaciones milagrosas. Los isleños fueron verdaderamente generosos en su hospitalidad, proveyendo incluso todo lo necesario para el viaje cuando zarparon tres meses más tarde (28:10).

Roma por fin (28:11–15)

La nave que llevó a Pablo a Italia era también alejandrina y llevaba la enseña de los "gemelos celestiales", Cástor y Pólux. Estos eran "patrones de los navegantes y objeto especial de la devoción marinera. Su constelación, Géminis, era considerada una señal de buena fortuna en las tormentas".[20] Si zarparon de Malta tres meses después del naufragio, habría sido alrededor del 8 de febrero, al principio de la estación navegable.[21] Hicieron primero una escala en el puerto siciliano de Siracusa y después en Regio, en el extremo de la península italiana. Finalmente alcanzaron Poteoli, puerto de Neápolis (la moderna Nápoles), donde desembarcaron (28:12–13). Es interesante que a Pablo se le permitiera aceptar la invitación de pasar una semana con los cristianos en Poteoli. Puede que Longenecker esté en lo cierto al sugerir que Julio probablemente hubo de quedarse algún tiempo en Poteoli.[22]

Durante aquella semana, las noticias de la llegada de Pablo a Italia llegaron a la iglesia de Roma, probablemente a través de alguien que había viajado directamente a la capital desde Poteoli. Algunos creyentes decidieron salir a recibir a Pablo en el camino (28:15). Pablo recorrió "la calzada más antigua, recta y mejor construida de todas las carreteras romanas",[23] la Vía Apia, que unía Neápolis con Roma. Algunos cristianos se encontraron con él en el famoso foro (o mercado) de Apio, a unos setenta kilómetros de Roma, otros le esperaron en Tres Tabernas (un asentamiento que se había desarrollado en torno a una aislada posada con este nombre[24]), a unos cincuenta y tres kilómetros de la capital del imperio. "Al verlos, Pablo dio gracias a Dios y cobró ánimo" (v. 15).

Tras la divina certeza que le fue dada a Pablo en Jerusalén de que iría a Roma, el apóstol vivió un difícil periodo de casi dos años y medio. Finalmente se encontró con los cristianos de Roma, a los que tanto había anhelado conocer. El hecho de que Lucas mencione la llegada a Roma en el versículo 14 se ha explicado de distintas formas. Longenecker está probablemente en lo cierto al

---

20. Bruce, *Acts,* NICNT, 501.
21. Para quienes deseen más información, Hemer (*Acts*, 154), intenta explicar esta cuestión.
22. Longenecker, "Acts", 566.
23. Ibíd., 568.
24. Keener, *BBC*, 405.

sugerir "que ello refleja el anhelo de Lucas por alcanzar el clímax de su historia y que esta avidez le llevó a anticipar su llegada en Roma".[25]

Es sorprendente que en un libro de Historia con una fuerte orientación teológica se dediquen cincuenta y nueve versículos a relatar un viaje. En nuestra aplicación de este pasaje las preguntas más importantes son: ¿Por qué dedica Lucas tanto espacio a los detalles de este viaje? Y ¿qué quiere conseguir con este pasaje?

Lucas vivió este episodio en primera persona

La narración es tan vívida que casi podemos sentir lo que está sucediendo. En vista de esto supongo que podemos entender la conclusión de R. I. Prevo en el sentido de que el libro de los Hechos debería clasificarse con las novelas populares e históricas.[26] Es de esperar que la exposición anterior y lo que se ha dicho en otros estudios sobre la historicidad de Hechos hayan mostrado que este pasaje, como el resto del libro, es fidedigno desde un punto de vista histórico. Cuando tenemos en cuenta que Lucas vivió los hechos que narra y que sus emociones debieron de verse afectadas por un viaje tan turbulento, podemos entender la razón de la intensidad de su descripción.

Hace poco más de un año (en el momento de escribir estas palabras) tenía que ir a un centro de Juventud para Cristo, inaccesible por carretera debido a la guerra que había en nuestro país, y hube de viajar unas siete horas en un barco que sería, más o menos, del mismo tamaño que el de Pablo. Nos encontramos con mal tiempo, y esta experiencia de navegar con unos vientos relativamente menos severos que los que sufrió la nave en que viajaba el apóstol está vívidamente grabada en mi mente. ¡Cuánto más lo estaría en la de Lucas la terrible experiencia de dos semanas! Esto nos da la primera razón de la gran extensión de este relato del viaje de Pablo a Roma: Lucas vivió este episodio en primera persona.

La soberanía de Dios está en acción

Una segunda razón es que en este texto vemos vívidamente ilustrada la misteriosa providencia de Dios al tiempo que desarrolla sus propósitos en medio de las aparentes desgracias que nos salen al paso mientras vivimos en este mundo caído. Este es uno de los principales subtemas del libro de los Hechos.[27] Este pasaje muestra de nuevo cómo Dios hizo que todas las cosas obraran para

---

25. Longenecker, "Acts", 567.
26. R. I. Prevo, *Profit With Delight: The Literary Genre of the Acts of the Apostles* (Filadelfia: Fortress, 1987).
27. Ver las exposiciones de 4:23–31; 7:54–8:4; 28:16–31.

bien en una situación difícil. Antes le vimos desarrollar sus propósitos a pesar de la pecaminosidad humana. Aquí actúa a pesar de lo imprevisible de la naturaleza y de los errores humanos de juicio (i.e., la decisión de pasar el invierno en Fenice [27:12]). Dios le habló a Pablo en un momento crucial para que el apóstol pudiera mantener su valor y confianza en la soberanía de Dios; alentado por esta creencia, Pablo actuó con calma en un momento en que otros estaban aterrorizados.

Pablo, el líder

Lucas también quería presentar a su héroe Pablo como ejemplo de un líder enfrentándose a circunstancias difíciles. Esta situación es lo que podemos llamar un "escenario secular", en el que el cristiano está entre personas que no profesan los principios cristianos.[28] Su fortaleza de carácter hizo que Pablo estuviera a la altura de las circunstancias y gradualmente fuera ganando influencia como líder, aunque seguía siendo un prisionero.

Ernst Haenchen no se muestra muy impresionado por todo esto. Desechando la historicidad de este pasaje, afirma que los acontecimientos consignados no pudieron suceder.[29] Opina Haenchen que el autor de Hechos hizo uso de "una imaginación constructiva" y añadió a los datos de su fuente complementos "que ensalzan a Pablo". Para este comentarista, la fuente en cuestión era "un diario de memorias que no podía consignar nada especial sobre Pablo".[30] En respuesta a Haenchen, E. F. Harrison sostiene que "esta prominencia [que se atribuye a Pablo] sobresaldría sin duda de forma llamativa si el apóstol no hubiera mostrado extraordinarias cualidades en otros pasajes". Harrison sigue diciendo:

> Sin embargo, su magnetismo personal y excelencia de carácter, su liderazgo excepcional y su vida llena del Espíritu, que afectaba a enemigos y amigos por igual, están tan claramente grabados en la historia que no hay buenas razones para desconfiar de esta parte de la narración. Pablo no era menos dinámico como prisionero que como hombre libre; y esta información no solo nos la ofrece Lucas, puesto que, ya en Roma, Pablo causó una profunda impresión tanto entre la guardia pretoriana como entre los demás funcionarios imperiales (Fil 1:13).[31]

Analizaremos, pues, este pasaje para encontrar cuestiones significativas sobre el liderazgo en lo que podemos llamar situaciones "seculares", que son el tipo de escenario en el que los cristianos se desenvuelven casi siempre. Pablo

---

28. En la sección "Significado Contemporáneo" se consideran varios rasgos de liderazgo que Pablo demostró aquí.
29. Ver los comentarios de Haenchen en *Acts*, 708–11.
30. *Ibíd.*, 709.
31. Harrison, *Acts*, 422.

era un agente de esperanza, una persona sabia, alguien que tenía una actitud de servicio y cuyo testimonio era claro y apropiado. El apóstol encontró también ánimo en otros cristianos en medio de las tensiones y desafíos que a menudo afrontaba.

La soberanía de Dios sobre las circunstancias

Significado Contemporáneo

Antes hemos observado el carácter singular de este pasaje en su exposición de la soberanía de Dios en medio de las dificultades que se relatan en Hechos, porque aquí no proceden de la pecaminosidad de las personas, sino de las fuerzas de la naturaleza y de la insensatez humana. Pablo y su equipo habrían evitado la tormenta si los oficiales del barco se hubieran tomado en serio sus sabias palabras. Este pasaje nos ofrece una necesaria puntualización para evitar una aplicación desproporcionada del relato de Cristo calmando la tormenta (ver Lc 8:22–25). Ciertamente, Cristo puede calmar cualquier tormenta, pero esto no inmuniza a los cristianos contra los problemas que afrontan también quienes no lo son; en ocasiones les libera milagrosamente de tales situaciones, mientras que otras simplemente les imparte el valor para soportar los efectos de desastres naturales y de otro tipo.[32] Damos gracias a Dios por sus milagros, pero también por la suficiencia de su gracia que nos permite perseverar en medio de las tormentas (2Co 12:7–10).

Algunos cristianos darán testimonio de que Dios les ha salvado de invertir en una empresa que fue a la bancarrota mientras otros ponderarán los designios de la misteriosa providencia que les permitió invertir en esta misma operación financiera tras hacer las necesarias averiguaciones al respecto y orar antes de tomar la decisión. Mientras un cristiano da testimonio de que un atasco de tráfico le hizo perder un funesto vuelo que después se estrellaría, la piadosa madre de tres pequeños se enfrenta a un futuro incierto porque su marido murió en este mismo accidente aéreo. Nunca hemos de decir que el que se salvó fuera más piadoso que el que murió. De hecho, puede que el que sufrió tuviera una fe más fuerte y Dios sabía que podía pasar por esta circunstancia. Nunca hemos de afirmar de manera simplista que una calamidad determinada sufrida por un cristiano sea un juicio de Dios. Puede que lo sea, pero a menudo no es así, y cuando hacemos una declaración de este tipo podemos intensificar innecesariamente el sufrimiento de los justos (cf. los amigos de Job).

---

32. Ver la exposición de 12:1–24, donde he observado que en los terribles disturbios que abrumaron nuestro país en 1983, algunos cristianos dieron testimonio de liberaciones milagrosas que glorificaron a Dios, mientras que otros tuvieron que hacer frente a los incendios provocados, el pillaje y la muerte.

¿De qué le sirve al cristiano que ha de afrontar la experiencia del desastre aludir a la soberanía de Dios? Aunque Cristo puede calmar la tormenta, cuando no lo hace podemos tener el valor para afrontarla sabiendo que, mediante la crisis, la soberanía de Dios llevará a cabo algo bueno (Ro 8:28). Vivimos según las promesas de Dios, y ellas nos imparten vigor para afrontar los desafíos. El poeta estadounidense John Greenleaf Whittier (1907–92) reflexionó sobre la misteriosa providencia de Dios en un entrañable himno:

> En este laberinto enloquecedor,
> Cuando en inundación y tormenta,
> Mi espíritu se aferra a lo firme;
> ¡sé que Dios es bueno!

¿Pero y si la prueba es demasiado dura? Whittier anticipa esta situación:

> Y si mi carne y mi corazón son débiles
> Para soportar un dolor nuevo,
> La caña cascada no quebrará,
> Antes la fortalecerá y sustentará.

Pablo experimentó este tipo de fortaleza de parte de Dios cuando un ángel le llevó un mensaje reconfortante, recordándole su promesa (27:23–24).

Liderazgo en situaciones "seculares"

El hecho de que Pablo asumiera un papel de liderazgo en esta situación mientras era prisionero es algo tan sorprendente que Haenchen piensa que no sucedió.[33] Sin embargo, es algo que encaja con la forma en que vemos actuar a Pablo en otros pasajes de este libro. Es importante para el testimonio cristiano y para el bienestar general de las personas que los cristianos estén activamente implicados en los asuntos de la sociedad. Si son dirigentes cualificados, pueden asumir el liderazgo y tener una amplia influencia para bien. Sin embargo, aun aquellos que no tienen vocación de dirigentes pueden aprender del proceder de Pablo en este texto.

Siendo agentes de esperanza. Puesto que Pablo creía tan firmemente en la soberanía de Dios, podía mirar más allá de aquella sombría situación y anticipar los buenos resultados que saldrían de ella. Puede que no tengamos de inmediato una visión de la soberanía porque nuestra tendencia natural es a sentir pánico cuando afrontamos situaciones difíciles. Si esto es así, hemos de buscar intensamente a Dios hasta salir de la situación y poder dirigirnos a la gente con una palabra de su parte en lugar de con un despliegue público de ansiedad.

En el Salmo 73, por ejemplo, el salmista pondera la misteriosa providencia de Dios que puede permitir al tiempo la prosperidad de los impíos y el sufri-

---

33. Haenchen, *Acts,* 709–10.

miento de los justos. Tras una extensa reflexión sobre sus dudas, afirma: "Si hubiera dicho: 'Voy a hablar como ellos' habría traicionado a tu linaje" (Sal 73:15). Por ello, sin proclamar públicamente sus incertidumbres, se dirigió al santuario a luchar con el Señor (73:17). Allí recibió una visión de la soberanía de Dios que le llevó a alabar a Dios en el resto del salmo. También nosotros hemos de buscar intensamente a Dios hasta ver las cosas como él las ve. Esto nos dará la confianza necesaria para ser instrumentos de esperanza en este mundo desesperado.

En este pasaje, Pablo pidió dos veces a sus compañeros de naufragio que cobraran ánimo (27:22, 25). A continuación reforzó sus palabras tomando alimentos. En seguida, "todos se animaron y también comieron" (27:36). Nuestras palabras y acciones pueden hacer de nosotros instrumentos de esperanza en un mundo que a menudo parece desesperado. Uno de los mensajes más poderosos que podemos dar al mundo es que Dios es soberano y que, por consiguiente, hay esperanza en medio de las penumbras que temporalmente pueden abrumarnos.

Tanto las palabras como las acciones pueden comunicar esta esperanza. La compra de un terreno en Anatot por parte de Jeremías, en un momento en que él profetizaba la derrota y exilio de su pueblo, fue un acto simbólico de esperanza (Jer 32:6–16). Dios le pidió que lo hiciera porque prometió a los judíos que, tras setenta años de exilio, regresarían a su territorio. Cuando las personas pierden la esperanza llevan a cabo acciones sin sentido que hacen las situaciones aun peores. Con su proceder constructivo y oportuno, los cristianos pueden aportar esperanza a las gentes y contribuir así a transformar la sociedad.

En un momento en que la guerra cobraba virulencia en el norte de Sri Lanka, la gente de esta zona había caído en un estado de desesperación y desaliento. Las carreteras estaban llenas de basura y los patios de las casas se veían abandonados y desaliñados. Suri Williams, responsable en aquel momento de Juventud para Cristo en el norte de Sri Lanka, decidió ocuparse de mantener su casa con un buen aspecto a pesar del terror y la confusión que le rodeaban. Él y su familia cuidaban con esmero sus plantas y flores, aunque las bombas estaban destruyendo un gran número de jardines y mucha gente había dejado de cuidar los suyos. Un día decidieron que no solo se ocuparían del jardín, sino que limpiarían también el tramo de carretera que pasaba por delante de su casa. Cuando un oficial del ejército indio[34] encargado de un campamento cercano lo vio, mandó a sus soldados que comenzaran a limpiar las carreteras cercanas a su campamento. Algunos vecinos se animaron también a mejorar las zonas cercanas a sus casas. Mantener una casa ordenada en tiempo de guerra se convirtió en un acto simbólico de esperanza.

El callado testimonio del evangelio que se produce por medio de esta clase de actos de esperanza es inmenso y hará que algunos de los observadores busquen

---

34. En aquel momento había fuerzas de pacificación hindúes en el norte de Sri Lanka.

a Cristo. Cuando John Wesley viajaba desde Inglaterra a Norteamérica como misionero, su barco se topó con una terrible tormenta, tan formidable que se temió lo peor. Los inmigrantes ingleses que iban en el barco gritaban de temor. Wesley se examinó a sí mismo, como hacía por regla general en cualquier circunstancia, "y descubrió para su horror que tenía miedo, un horrible miedo de morir". Pero un grupo de cristianos moravos alemanes estaban cantando himnos en medio de la tormenta. Cuando la tormenta se apaciguó, Wesley le preguntó a uno de ellos: "No tenían ustedes miedo?". El hombre le contestó: "¡No, gracias a Dios!". Wesley insistió: "¿Pero, y las mujeres y los niños, acaso no tenían miedo?". "No", fue la respuesta, "nuestras mujeres y nuestros niños no le tienen miedo a la muerte".[35] Esta experiencia tuvo una profunda influencia en Wesley, y ellos y otros hermanos moravos desempeñaron un importante papel en su posterior experiencia de conversión evangélica que suscitó el avivamiento del siglo XVIII en Inglaterra.

Sabiduría humana. Pablo actuó varias veces con la sabiduría que le daba su conocimiento de la vida en el mundo. Por ejemplo, su advertencia sobre el peligro de navegar de Buenos Puertos a Fenice (27:10) probablemente fue fruto de su experiencia como alguien que había viajado por mar. Más adelante, Pablo entendió que los marineros intentaban abandonar el barco, y su consejo hizo posible que los oficiales les mantuvieran a bordo cuando más se necesitaba su experiencia (27:30–31). La sabiduría de Pablo se ve también en su consejo a todos, pasaje y tripulación, de que comieran algo (27:34). Barclay observa acertadamente: "Él (Pablo) sabía que los hombres hambrientos no son eficientes".[36]

Los medios de comunicación presentan con frecuencia a las personas religiosas como buena gente, pero que no se entera mucho de lo que está pasando en el mundo. Sirven de poco en situaciones de emergencia, porque carecen de la sabiduría necesaria para actuar. Pablo no encajaba en este estereotipo, ni tampoco José, Moisés, Josué, David, Salomón, Daniel, Mardoqueo, Nehemías y muchos otros conocidos tanto por su sabiduría como por su piedad. Este pasaje nos desafía a estar atentos a lo que está sucediendo en el mundo y a esforzarnos por vivir y trabajar en él sabiamente, de la mejor manera. Aunque algunos pueden estar más dotados de sabiduría que otros, la adquirimos esencialmente mediante una atenta observación, conversaciones con personas activas en campos distintos de los nuestros, la lectura de periódicos y libros, programas que nos informan sobre el mundo que nos rodea e implicándonos en los asuntos de las sociedades y naciones en que vivimos.

Un testimonio claro y apropiado. Lucas no menciona ninguna evangelización agresiva durante este viaje, aunque seguramente Pablo dio testimonio

---

35. Las secciones entrecomilladas son de Ingvar Haddal, *John Wesley: A Biography* (Nashville: Abingdon, 1961), 50–51.
36. Barclay, *Acts,* 186.

verbal en sus conversaciones a bordo. Sin embargo, Lucas sí menciona que, cuando tuvo ocasión, Pablo habló de Dios. Por ejemplo, se esforzó en reconfortar a todos explicando que había estado hablando con él "un ángel del Dios a quien pertenezco y a quien sirvo" (27:23), una forma especialmente apropiada de presentar a Dios a un no cristiano. Antes de comer "dio gracias a Dios delante de todos" (27:35). En un momento como aquel, de aparente desesperación, esta acción de gracias debió de ser un fuerte contraste con el estado de ánimo del resto.

Esta clase de actos silenciosos y apropiados de afirmación de nuestra fe desempeñan un importante papel para orientar positivamente a las personas hacia Dios. Cuando el jugador de tenis Michael Chang era el número tres del *ranking* mundial le oí mencionar a Dios de manera simpática cuando, respondiendo a una pregunta en una entrevista por televisión, afirmó: "Espero ganar, si Dios quiere". En otra ocasión oí a algunos comentaristas explicar por qué Chang tarda más que otros jugadores en firmar los autógrafos, y resulta que este jugador, además de su nombre escribe también: "Que Dios te bendiga". Un comentarista observaba al respecto: "¡Qué buen ejemplo es para la generación más joven!". Hace años, en Occidente era común mencionar a Dios en cualquier conversación o afirmación pública. Pero con una creciente hostilidad hacia la idea cristiana de Dios, incluso en la sociedad occidental, las declaraciones sobre Dios tienen ahora que deslizarse en momentos apropiados; estas pueden, sin embargo, desempeñar su papel complementando el testimonio completo de la iglesia en una sociedad determinada.

Un estilo de vida servicial. Estemos donde estemos (en la iglesia, en casa, o en la sociedad) e independientemente de cuál sea nuestro papel (dirigente, seguidor, ministro cristiano, trabajador en una ocupación secular, etc.), nuestra actitud ha de ser siempre la de un siervo (Fil 2:5–8). En nuestro estudio del discurso de Pablo a los ancianos de Éfeso (20:17–35), hemos visto que, cuando el apóstol ministró entre ellos, adoptó el estilo de vida de un siervo. Ahora le vemos adoptando una actitud parecida en su actividad en la sociedad. Aunque seguramente estaba exhausto por el viaje y a pesar de que los malteses estaban haciendo todo lo posible por ayudar a los náufragos del barco, Pablo se dedicó a recoger ramas para el fuego que los isleños estaban preparando (28:2–3). Comentando este asunto, Barclay afirma: "Son solo los hombres pequeños los que rechazan las pequeñas tareas".[37]

Naturalmente, Pablo estaba siguiendo el ejemplo de Jesús, quien lavó los pies de sus discípulos realizando así una tarea tan humilde que ninguno de los discípulos parecía estar dispuesto a realizar (Jn 13:4–9). En el archivo de mis fotografías de viajes guardo una foto en la que aparece Reg Piper, un obispo anglicano australiano, que, arrodillado en el suelo, está haciendo mi cama. Piper fue mi compañero de habitación durante una conferencia, y puesto que

---

37. *Ibíd.*, 188.

procedo de una zona cálida donde las mantas son innecesarias, no sabía muy bien cómo hacerme la cama, de manera que él quiso encargarse de esta tarea. Corrí a por mi cámara y capté la escena, pensando que el recuerdo de una acción tan propia de Cristo merecía preservarse.

Otra acción semejante de Pablo en este pasaje es la de visitar al padre de Publio, que estaba enfermo (28:8). En religiones como el budismo y el hinduismo hay que pagar por los servicios de los monjes y ministros religiosos y los adeptos tienen que o bien desplazarse hasta donde se encuentran o facilitarles una forma de transporte para que lleven a cabo sus ceremonias (en funerales, bodas, limosnas, etc.). En el cristianismo, el obrero religioso es un siervo que cumple su tarea sin exigir ningún privilegio aparte del de servir a las personas. Esto es un poderoso testimonio para Cristo.

En un artículo sobre la conversión de grandes números de indígenas en la India aparecido en un periódico de este país, su autor, un periodista anticristiano, atribuía el éxito del cristianismo a tres razones. (1) Los obreros cristianos se habían desplazado hasta lugares a los que ningún otro grupo estaba dispuesto a ir. Ni siquiera los oficiales gubernamentales encargados del censo se habían molestado en llegar hasta las remotas aldeas donde vivían estas tribus, situadas en zonas montañosas (se limitaron a consignar números aproximados). Sin embargo, los evangelistas cristianos no solo se desplazaron hasta estos recónditos lugares, sino que vivieron entre estas personas. (2) Los evangelistas cristianos entregaron muy pronto el liderazgo de las comunidades locales a convertidos de aquellas tribus y de este modo les emanciparon. (3) El cristianismo es una religión "barata". Con esto, el autor quería decir que era fácil para la gente conseguir los servicios de un ministro cristiano.[38] Estos tres puntos de atracción del cristianismo tienen que ver con el estilo de vida de los cristianos como siervos. ¡Cuán poderoso podría ser el testimonio de un legislador, un funcionario, un conductor de autobús o un maestro de escuela si tales personas fueran a su trabajo con el deseo de servir!

Ánimo de nuestros hermanos. La tarea de ser un testigo cristiano en una sociedad secular es difícil. Es agotadora desde un punto de vista emocional y muchas veces descorazonadora. Seguramente, cuando el viaje de Pablo a Roma estaba llegando a su etapa final, el apóstol se sentiría muy cansado. Lucas señala que cuando Pablo vio a los cristianos romanos que habían ido a recibirle, "dio gracias a Dios y cobró ánimo" (28:15). Estos hermanos recorrieron al menos cincuenta y tres kilómetros desde Roma para encontrarse con él (una sacrificada expresión de bondad y afecto). Aunque podían haberle recibido a su llegada a Roma, anduvieron una distancia considerablemente larga para encontrarse antes con él. Este amable gesto elevó sus espíritus.

---

38. El contenido de este artículo me lo refirió el líder cristiano hindú, Dr. Samuel T. Kamaleson.

Quienes se han identificado valientemente con Cristo y sus principios en público dan testimonio de que los actos de afirmación de otros cristianos son de gran valor para animarles. Tomémonos el tiempo para hacer este tipo de cosas con personas que viven bajo presión. Puede que una breve carta de gratitud por el servicio prestado sea exactamente lo que necesita un cristiano que libra una solitaria batalla por el evangelio para cobrar ánimo en un momento de desaliento.

Hechos 28:16–31

Cuando llegamos a Roma, a Pablo se le permitió tener su domicilio particular, con un soldado que lo custodiara.
¹⁷ Tres días más tarde, Pablo convocó a los dirigentes de los judíos. Cuando estuvieron reunidos, les dijo:

—A mí, hermanos, a pesar de no haber hecho nada contra mi pueblo ni contra las costumbres de nuestros antepasados, me arrestaron en Jerusalén y me entregaron a los romanos. ¹⁸ Éstos me interrogaron y quisieron soltarme por no ser yo culpable de ningún delito que mereciera la muerte. ¹⁹ Cuando los judíos se opusieron, me vi obligado a apelar al emperador, pero no porque tuviera alguna acusación que presentar contra mi nación. ²⁰ Por este motivo he pedido verlos y hablar con ustedes. Precisamente por la esperanza de Israel estoy encadenado.

²¹ —Nosotros no hemos recibido ninguna carta de Judea que tenga que ver contigo —le contestaron ellos—, ni ha llegado ninguno de los hermanos de allá con malos informes o que haya hablado mal de ti. ²² Pero queremos oír tu punto de vista, porque lo único que sabemos es que en todas partes se habla en contra de esa secta.

²³ Señalaron un día para reunirse con Pablo, y acudieron en mayor número a la casa donde estaba alojado. Desde la mañana hasta la tarde estuvo explicándoles y testificándoles acerca del reino de Dios y tratando de convencerlos respecto a Jesús, partiendo de la ley de Moisés y de los profetas. ²⁴ Unos se convencieron por lo que él decía, pero otros se negaron a creer. ²⁵ No pudieron ponerse de acuerdo entre sí, y comenzaron a irse cuando Pablo añadió esta última declaración:

«Con razón el Espíritu Santo les habló a sus antepasados por medio del profeta Isaías diciendo:

²⁶ »"Ve a este pueblo y dile:
'Por mucho que oigan, no entenderán;
por mucho que vean, no percibirán.'
²⁷ Porque el corazón de este pueblo se ha vuelto insensible;
se les han embotado los oídos,
y se les han cerrado los ojos.
De lo contrario, verían con los ojos,
oirían con los oídos,
entenderían con el corazón
y se convertirían, y yo los sanaría."

²⁸ »Por tanto, quiero que sepan que esta salvación de Dios se ha enviado a los gentiles, y ellos sí escucharán.»

30 Durante dos años completos permaneció Pablo en la casa que tenía alquilada, y recibía a todos los que iban a verlo.**31** Y predicaba el reino de Dios y enseñaba acerca del Señor Jesucristo sin impedimento y sin temor alguno.

Lucas concluye el libro de los Hechos de un modo ciertamente abrupto; sin embargo, cuando analizamos estos últimos versículos vemos que representan un resumen de todo lo sucedido a lo largo de la sección que describe la evangelización de los gentiles (11:19–28:31). Pablo fue primero a los judíos, pero la mayoría de ellos rechazaron su mensaje. De modo que se dirigió a los gentiles, y al terminar el libro le dejamos encadenado a un soldado mientras el evangelio fluye libremente en su proclamación a todos los que le visitaban.

Una casa alquilada en Roma (28:16)

Una vez que Pablo llegó a Roma "se le permitió tener su domicilio particular", lo cual significa que alquiló una casa (ver v. 30). Un soldado se encargaba de su custodia y probablemente Pablo estaba encadenado a él por la muñeca. Este soldado sería relevado más o menos cada cuatro horas. Por ello, Pablo y el evangelio se convirtieron en tema de conversación entre los miembros de la guardia de palacio (Fil 1:13). La atmósfera no era ideal, pero sí adecuada para que Pablo desarrollara en Roma y por espacio de dos años un testimonio sin impedimentos ni temor (Hch 28:30–31).

Pablo y los judíos en Roma (28:17–28)

Lucas no vuelve a hacer ninguna otra referencia a la relación de Pablo con los cristianos romanos, sino que concluye su libro describiendo los intentos del apóstol de dar testimonio a la comunidad judía y consignando un resumen de su actividad evangelizadora. Estos han sido temas clave en el libro de los Hechos. Pablo llamó primero a los dirigentes judíos para que se reunieran con él (v. 17), siguiendo así el correcto protocolo de aquellas comunidades que tenían un fuerte sentido de solidaridad. Les explicó las circunstancias de su estancia en Roma, cuyo relato culminó con la afirmación: "Precisamente por la esperanza de Israel estoy encadenado" (v. 20b).

Los dirigentes contestaron que no habían recibido ninguna carta de Judea en referencia a Pablo (v. 21). Esto es sorprendente, considerando la urgencia con la que los dirigentes de Judea acosaron a Pablo mientras estuvo en la región. Es también sorprendente que los dirigentes judíos de Roma dijeran que no sabían gran cosa sobre el cristianismo, a pesar de que había una comunidad cristiana en su propia ciudad (v. 22). Haenchen utiliza estas dos circunstancias y el hecho de que Lucas no habla mucho de la iglesia en Roma para descartar la historicidad de este pasaje.[1]

El primer punto puede explicarse de dos formas distintas. Es posible que los dirigentes judíos de Judea hubieran enviado una carta o un representante, pero que las dificultades de los viajes invernales hubieran retrasado su llegada a Roma.[2] Es igualmente verosímil que los gobernantes judíos pensaran que, tras fracasar en Judea, donde los dirigentes romanos estaban deseosos de congraciarse con ellos, no tenían muchas posibilidades de éxito en Roma (24:27; 25:3, 9). Es posible que prefirieran que la vista se celebrara sin su comparecencia, en especial teniendo en cuenta que la ley romana era muy severa con los acusadores que no presentaban pruebas convincentes.[3] Gempf explica la relativa ignorancia de los judíos sobre el cristianismo asumiendo que los primeros habían sido expulsados de Roma en el año 49 d. C. y habían estado ausentes durante cierto tiempo (Pablo llegó a Roma en el 60). "Entretanto, la iglesia se habría vuelto predominantemente gentil en cuanto a su composición, y es posible que, en una ciudad tan grande como Roma, la comunidad judía, que acababa de regresar, no hubiera tenido contacto con los cristianos".[4]

En los versículos 23–28 encontramos una secuencia familiar. Los judíos mostraron un interés en el cristianismo y se organizó una reunión (v. 23a). Pablo estuvo "tratando de convencerlos respecto a Jesús, partiendo de la ley de Moisés y de los profetas" (v. 23b.). La familiar palabra *peitho* ("persuadir, convencer") aparece dos veces en estos versículos (vv. 23–24). "Unos se convencieron por lo que él decía, pero otros se negaron a creer." (v. 24). Los que rechazaron el mensaje tenían corazones obstinados que se resistían a creer. El fruto de aquella reunión fue desagradable para Pablo (v. 25). No hay aquí nada muy nuevo. Lucas pone de relieve la tragedia del rechazo del evangelio por parte de los judíos. Lo nuevo es la utilización que hace Pablo de un texto familiar (Is 6:9–10) sobre el endurecimiento del corazón para explicar la resistencia judía al evangelio (vv. 26–27).

Denodada predicación y enseñanza (28:30–31)

Hechos no concluye con una nota de rechazo del evangelio por parte de los judíos, sino con una realidad más gloriosa: los gentiles oyen el evangelio y, durante dos años, Pablo puede dar un atrevido testimonio del "reino de Dios y [...] del Señor Jesucristo" (v. 31). Al comienzo de Hechos, Lucas consignó su versículo clave (1:8), que predecía la proclamación del evangelio "hasta los confines de la tierra" por medio del Espíritu Santo. El libro termina con el cumplimiento de esta predicción.

---

1. Haenchen, *Acts,* 726–32.
2. Bruce, *Acts,* NICNT, 506.
3. Hemer, *Acts,* 157; Williams, *Acts,* 452.
4. Gempf, "Acts", 1107.

Pablo tenía más libertad que un prisionero normal, ya que podía vivir en una casa propia alquilada y acoger a cuantos le visitaban (v. 30). Bruce, Marshall y otros opinan que una mejor traducción de la frase "en la casa que tenía alquilada" (NIV; cf. NASB) es "por su cuenta" (ver NRSV, REB), es decir, "con sus propios ingresos".[5] Marshall señala que "los prisioneros podían, en ciertas circunstancias, seguir trabajando en su profesión". Es posible que Pablo pudiera seguir fabricando tiendas, aunque esto habría sido un poco extraño si realmente vivía encadenado a un soldado por la muñeca.[6] Probablemente el apóstol escribió sus cartas desde la prisión —Filipenses, Efesios, Colosenses y Filemón— durante este periodo, aunque entre los eruditos no hay unanimidad al respecto.

¿Por qué acaba de un modo tan abrupto el libro de los Hechos? ¿Se debe acaso a que se redactó poco después de los dos años que se mencionan en la conclusión? Hay buenos argumentos a favor de esta opción, y muchos eruditos fechan Hechos en el siglo I, entre comienzos y mediados de la sexta década.[7] No podemos estar seguros de lo que hizo Pablo tras los acontecimientos que se describen en Hechos. La tradición afirma que fue puesto en libertad, realizó más trabajo como evangelista y, probablemente, visitó a sus amigos en las regiones de Macedonia y Asia. ¿Fue acaso a España durante este periodo, según sus deseos expresados con anterioridad en Romanos 15:24, 28? No podemos estar seguros.

Probablemente, el apóstol fue nuevamente arrestado y escribió las cartas pastorales durante su segundo encarcelamiento en Roma. La última de ellas, 2 Timoteo, habla de su inminente muerte. El apóstol fue ejecutado en algún momento entre los años 64 y 67 d. C.[8]

Construyendo Puentes

Aunque el libro de Hechos finaliza de una manera abrupta, la conclusión de Lucas es un resumen de todo el libro, en que el evangelio se lleva tanto a judíos como a gentiles. ¿Quiere el Espíritu Santo, a través de esta conclusión, comunicarnos algo sobre lo que deberíamos estar haciendo con el evangelio? Lloyd Ogilvie así lo cree: "¡La abrupta conclusión nos deja con el desafío y la oportunidad de permitir que el Espíritu escriba el próximo capítulo de Hechos en nuestros días en y a través de nosotros!".[9]

---

5. Bruce, *Acts,* NICNT, 509; Marshall, *Acts,* 425.

6. Bruce, *Acts,* NICNT, 509–10.

7. P. ej., E. M. Blaiklok, J. Munck, F. V. Filson, D. Guthrie, A. J. Mattill, B. Reike, E. F. Harrison, J. A. T. Robinson, R. E. Longenecker, C. Gempf. Ver la lista completa en Hemer, *Acts*, 367–70.

8. Si se desea considerar una exposición de los últimos días de Pablo, ver Bruce, *Paul*, 441–55.

9. Ogilvie, *Acts,* 357.

La tragedia de la incredulidad judía

De todas las cosas que hizo Pablo cuando llegó a Roma, Lucas subraya especialmente una, a saber, su testimonio a los judíos (28:16–29). Lucas no menciona el testimonio que el apóstol dio a la guardia del palacio con motivo de su encarcelamiento y el ánimo que esto supuso para los hermanos (ver Fil 1:12–14). Siendo gentil, Lucas parece haber decidido al final del libro referenciar la evangelización de los judíos porque este era un tema importante para él. Aunque es cierto que Pablo desistió de seguir ministrando a algunos individuos judíos cuando llegaron a cierto punto de obcecación, nunca lo hizo con la raza como tal.[10] Vivió con un constante dolor de corazón por su incredulidad (Ro 9:1–3) y siguió esforzándose cuanto pudo por llevarles a Cristo.

Pablo utilizó un conocido pasaje (Is 6:9–10) para explicar la resistencia de los judíos al evangelio (Hch 28:26–27; cf. Mr 4:12 donde se consigna la reacción de algunos oyentes a la enseñanza de Jesús mediante parábolas). En la exposición sobre la incredulidad judía que Pablo hace en Romanos, utilizó dos textos del Antiguo Testamento (Dt 29:4; Is 29:10) para transmitir una idea parecida (Ro 11:8). Este versículo implica que Dios dio a los judíos un espíritu insensible que les llevó a resistir el evangelio. De acuerdo con un principio general que se explica con mayor detalle en Romanos 1:18–32, la dureza del corazón de los judíos es el castigo de Dios por su rebeldía contra él. Pablo confirma el sentido de su decisión de oponerse a Dios al endurecer sus corazones para que no puedan ver y entender la luz del evangelio. No obstante, Pablo dice también en Romanos que cuando los judíos ven las bendiciones que Dios imparte a los gentiles, los primeros son provocados a celos y se vuelven a Dios (Ro 11:11–16). En otras palabras, los cristianos gentiles tienen una parte vital en el proceso que lleva a la conversión del pueblo judío.

Para Lucas, pues, la evangelización de los judíos era un tema importante y, aunque quiere que entendamos el fenómeno de su rechazo del evangelio, no desea que dejemos de evangelizarles. Lucas concluye el libro de los Hechos con la presentación de este desafío. En vista de esto, el rechazo del evangelio por parte de los judíos ha de ser causa de dolor para los cristianos (Ro 9:1–3), que han de desear verles aceptando a Cristo. También nosotros deberíamos decir con Pablo: "Hermanos, el deseo de mi corazón, y mi oración a Dios por los israelitas, es que lleguen a ser salvos" (Ro 10:1).

Lo esencial de la evangelización

Tras describir con cierto detalle el esfuerzo de Pablo para tender puentes hacia la comunidad judía en Roma y evangelizarla, Lucas concluye su obra en dos volúmenes con dos cortos versículos que ilustran el modo en que se produce la evangelización (vv. 30–31). Es un final apropiado para el libro,

---

10. Gempf, "Acts", 1107.

porque, como antes hemos dicho, esta era la actividad que configura su estructura, comenzando con la Gran Comisión (1:8). El evangelio fue llevado a Jerusalén, Judea, Samaria y después hasta los confines de la tierra. Ahora ha llegado a la ciudad más poderosa del mundo desde un punto de vista político. También en ella se evangeliza.

Por nuestra parte, es también útil que terminemos este comentario haciéndonos una idea a partir de estos dos versículos de lo que significa evangelizar. Nos dicen algunas cosas acerca del tipo de persona que es efectiva en la evangelización y sobre el mensaje y los métodos utilizados. Todo el pasaje está impregnado de la prioridad que la evangelización supone para los cristianos.

Significado Contemporáneo

La evangelización a los judíos en nuestro tiempo

No hemos de olvidar nunca el testimonio que Pablo nos da sobre su pasión por la misión: la salvación era "de los judíos primeramente, pero también de los gentiles" (Ro 1:16). Sin embargo, como fundador del movimiento Judíos para Jesús, Moishe Rosen dijo en el Congreso Lausana II, celebrado en Manila en 1989, que el pueblo judío está entre los más reacios al evangelio. En el resumen de aquel Congreso se consignan las razones de este hecho: "El recuerdo de los horrores de la Edad Media es difícil de borrar: para muchos judíos, el nombre de Cristo solo suscita la memoria de la persecución del estado; la cruz, solo la imagen de la espada, y la palabra *misión*, únicamente la experiencia de un proselitismo coactivo".[11] En el tiempo de Pablo no era así, pero el evangelista cristiano de nuestro tiempo ha de dirigirse a los judíos con una actitud de arrepentimiento por lo que los cristianos les han hecho en el pasado.[12]

Dentro de la iglesia no todos están de acuerdo sobre la necesidad de evangelizar a los judíos. Algunos se oponen a esta idea, diciendo que, puesto que tenemos tantas cosas en común con los judíos, deberíamos cooperar con ellos en causas comunes y dialogar en lugar de pretender convertirles a Cristo.[13] El misiólogo Gerald Anderson escribe: "Resulta irónico que mientras la primera controversia importante que se produjo en la iglesia primitiva fue sobre si debía

---

11. J. D. Douglas ed., *Proclaim Christ Until He Comes: Calling the Whole Church to Take the Whole Gospel to the Whole World* (Minneapolis: World Wide Publications, 1990), 445.

12. Naturalmente, esto no significa que los cristianos tengan que ser ciegos a las legítimas aspiraciones del pueblo palestino, en el cual hay muchos cristianos.

13. Ver Allan R. Brockway, "Learning Christology Through Dialogue With Jews", *Journal of Ecumenical Studies* 25 (1989): 351.

o no discipularse a alguien que no fuera judío, en nuestro tiempo el debate es exactamente el contrario, a saber, si hemos o no de discipular a los judíos".[14]

Aun algunos que sostienen un elevado concepto de la Escritura titubean acerca de este asunto por el hecho de que Dios tiene dos pactos distintos, uno para los judíos y otro para los cristianos. Por mi parte, aunque sostengo que la Biblia concede un lugar especial a la nación de Israel, afirmo también con Anderson que "Jesús, quien proclamó: 'No piensen que he venido a anular la ley o los profetas; no he venido a anularlos sino a darles cumplimiento', cumplió el pacto de Dios con Israel (Mt 5:17, anticipado en Jer 31:31–33)."[15]

En el libro de los Hechos una de las cuestiones acuciantes fue si los gentiles tenían que hacerse judíos cuando se convertían al evangelio. Creo que una de las cosas importantes que hay que subrayar en nuestros días es que los judíos no tienen que hacerse gentiles cuando se convierten.[16] En los últimos años se han hecho muchos progresos sobre este asunto con el surgimiento del fenómeno de los judíos y las sinagogas mesiánicas. La iglesia debe estar siempre reflexionando sobre el mejor modo de cumplir con la tarea de evangelizar a los judíos.[17]

Conclusión: lo esencial de la evangelización

La descripción de la evangelización de Pablo que encontramos en los versículos 30–31 nos muestra varios factores que están presentes en un efectivo proceso de evangelización y que son tan relevantes en nuestros días como lo fueron en el siglo I.

Las personas que cuentan con la soberanía de Dios tienen confianza para evangelizar. El libro de los Hechos afirma esta soberanía en las diferentes situaciones que enfrentan los cristianos: en la primera persecución de los creyentes, pronunciaron una oración que refleja la soberanía (4:24–30); en la dispersión de los creyentes, que pasó a ser una siembra de la semilla del evangelio cuando los refugiados se convirtieron en misioneros (8:1, 4); en la misteriosa manera en que Pablo fue llevado a Roma (capítulos 27–28). La evangelización da su mejor rendimiento bajo la sombra de la soberanía. Sabemos que Dios

---

14. Gerald H. Anderson, "Theology of Religions and Missiology: A Time of Testing", *The Good News of the Kingdom,* ed. Charles Van Engen, Dean S. Gilliland, and Paul Pierson (Maryknoll, N.Y.: Orbis, 1993), 206.

15. Ibíd., 207.

16. Sobre este asunto ver la obra de David H. Stern, *Restoring the Jewishness of the Gospel* (Jerusalem: Jewish New Testament Publications, 1988). El propio Stern es judío mesiánico.

17. Ver *Christian Witness to the Jewish People,* Lausanne Occasional Papers. No. 7 (Wheaton, Ill.: Lausanne Committee for World Evangelization, 1980); David F. Wells, *Turning to God: Biblical Conversion in the Modern World* (Grand Rapids: Baker; and Exeter: Paternoster, 1989), 97–109; Moishe y Ceil Rosen, *Witnessing to Jews: Practical Ways to Relate the Love of Jesus* (San Francisco: Jews for Jesus, 1998).

sigue adelante con sus planes, aun por medio de lo que los seres humanos consideran tragedias, y podemos unirnos a la corriente de su soberanía estando activos en su programa. Para alguien que vive bajo la soberanía, el éxito consiste en obedecer a Dios. Es decir, aunque Pablo estaba atado a una cadena en Roma, su vida era un éxito.

Con su confianza en la soberanía de Dios, Pablo siguió adelante con su ministerio ¡como si nada hubiera pasado! En Roma, el apóstol siguió, probablemente, fabricando tiendas, escribió sus cuatro importantes cartas desde la prisión (entre ellas Efesios, "la quintaesencia del paulinismo"[18]) y siguió desarrollando su ministerio recibiendo a todos cuantos se dirigían a él (v. 30). Los guardias de palacio acabaron hablando de Cristo, y los otros cristianos, "confiados en el Señor, se han atrevido a anunciar sin temor la palabra de Dios" (Fil 1:13–14). Pablo afirmó por tanto: "… lo que me ha pasado ha contribuido al avance del evangelio" (1:12).

La profundidad y efectividad del ministerio de Pablo mejoró en gran manera con esta mezcla de privación, soberanía y obediencia. Esto ha sido una constante en la historia de la iglesia. Es bien sabido que el sufrimiento es a menudo el contexto del que surge una gran creatividad.[19] Cuando a esto se le añade la intervención de un Dios soberano, que puede convertir tragedias en victorias, nos damos cuenta de que la privación no es algo que hayamos de temer, sino una ocasión para que Dios exprese su gloria.

Aparte de la Biblia, es probable que el libro cristiano más vendido de la historia haya sido el P*rogreso del Peregrino*, de John Bunyan (1628–88), quien pasó un total de doce años en la cárcel. Bunyan fue arrestado un año después de su segundo matrimonio. Cuando fue a la cárcel, dejó a su joven esposa cuidando a los cuatro hijos que había tenido durante su primer matrimonio. En la cárcel pasó por periodos de abatimiento, pero no se desesperó. Para sostener a su esposa e hijos fabricó y vendió cientos de adornos de encaje de hilo para botas de montar y otro tipo de calzado. Durante los primeros seis años de su reclusión, Bunyan escribió nueve libros. Durante los seis últimos solo publicó dos, posiblemente porque estaba trabajando en *el Progreso del Peregrino*, que sería su obra más importante.

Escribió a personas fuera de la cárcel que le pidieron consejo tras leer sus libros. Dirigió reuniones de adoración en la cárcel (¡y a veces también se le permitió salir secretamente de la prisión para dirigir reuniones fuera!). Con uno de los barrotes de su taburete fabricó una flauta, ahuecando minuciosamente la madera hasta conseguir un tubo y utilizando la llama de una vela para hacer los agujeros. Bunyan tocaba la flauta cuando el carcelero se alejaba y la escon-

---

18. Bruce, *Paul,* 424.
19. Ver Paul Tournier, *Creative Suffering* (Londres: SCM, 1982).

día rápidamente cuando se acercaba para ver qué era aquel extraño sonido.[20] Animado por la visión de la soberanía de Dios, Bunyan sacó el máximo partido de su situación en la cárcel.

Aunque pertenecemos al triunfante reino del Señor del Universo, a veces podemos sentirnos como si estuviéramos viviendo bajo circunstancias de derrota. El testimonio de Hechos debería estimularnos a ver la obediencia a Dios como el verdadero éxito y triunfo en la vida. Algunas iglesias de Occidente que otrora ejercieron su influencia en la vida nacional han ido perdiendo de forma gradual su poder y peso político. Veo a cristianos que se lamentan de este hecho y reaccionan a veces con agresividad contra esta pérdida de poder terrenal. Es posible que no tengan que preocuparse, porque a menudo el poder espiritual se expresa en ambientes de gran privación. El encarcelamiento de Pablo (y el de Bunyan) nos muestra que las actividades más importantes de la vida pueden desempeñarse con éxito en tales situaciones.

El mensaje es el reino de Dios y de Jesucristo. Lucas resume el contenido del mensaje predicado por Pablo como "el reino de Dios y [...] el Señor Jesucristo" (v. 31). También esto tiene mucho que decirnos hoy. Durante el siglo XX, el tema del reino de Dios no ha recibido la debida atención entre los evangélicos. Sin embargo, el misiólogo Arthur Glasser, tras exponer varios acentos que han caracterizado la teología evangélica de la misión en el periodo de la postguerra, afirma que la reafirmación del reino de Dios fue la tendencia más significativa.[21] Con la predicación del reino se presenta el propósito más amplio de Dios, no solo lo que él puede hacer con los individuos. Afirma que Dios desarrolla sus propósitos a través de las vicisitudes de la historia y que, finalmente, su plan se cumplirá, y su reino gobernará el mundo. Pedimos a la gente que se una al Señor del Universo en esta gran marcha triunfante. En este mundo lleno de personas devastadas por el temor de los demonios, enemigos, reveses económicos y fracasos, estas son noticias liberadoras.

Si añadiéramos la verdad del reino a nuestra predicación evangelística, esta produciría cristianos mucho más fuertes. En la evangelización de nuestro tiempo tendemos a centrarnos en cómo Jesús satisface nuestras necesidades personales y, naturalmente, se trata de un tema apropiado. Sin embargo, tarde o temprano, los cristianos van a descubrir que Dios no satisface ciertas nece-

---

20. Estos hechos proceden de Ernest W. Bacon, *Pilgrim and Dreamer, John Bunyan: His Life and Work* (Exeter: Paternoster, 1983), 111–18.

21. Comenzando con la afirmación y seguimiento de la Gran Comisión en la década de 1940, Glasser trazó sucesivamente los siguientes acentos: iglecrecimiento y antropología, la lucha por un evangelio integral y el movimiento carismático y el Espíritu Santo ("The Evolution of Evangelical Mission Theology Since World War II", *International Bulletin of Missionary Research* 9 [January 1985]: 9–13). Ver también Paul G. Hiebert, "Evangelism, Church and Kingdom" y J. Robertson McQuilkin, "An Evangelical Assessment of Mission Theology of the Kingdom of God", en *The Good News of the Kingdom*, 153–61 y 172–78 respectivamente.

sidades que ellos consideran urgentes. En tales ocasiones pueden ser tentados a desviarse de Cristo y a buscar ayuda en otros lugares. Pero si la grandiosa imagen del reino está firmemente grabada en su mente, nunca abandonarán al Señor del universo por una deidad o fuerza menor y menos poderosa.

En la predicación evangelística es también necesario centrarnos en Jesús. De nuevo, no solo explicamos lo que él puede hacer por nuestras necesidades presentes, sino que exponemos también su identidad y lo que él ha hecho y está haciendo en el mundo. Hemos de subrayar el Jesús que se predica en el libro de los Hechos. Esta descripción de Cristo nos dejará con un sentimiento de seguridad, confianza, y plenitud.

El método es estar abiertos a las personas y predicar y enseñar. Hemos observado que Pablo abrió su casa y recibía a todos los que querían visitarle (v. 30; cf. 20:20, 31). En otro lugar hemos llamado a esto un acercamiento franco y afectuoso al ministerio.[22] Si queremos identificarnos verdaderamente con aquellos a quienes estamos intentando alcanzar, hemos de abrirles nuestras vidas como lo hacía Pablo.

Pablo predicaba y enseñaba en este tipo de situaciones (v. 31). El término predicar (*kerysso*) alude a una proclamación del mensaje que apela principalmente a la voluntad del individuo. En la enseñanza (*didasko*), el acento está especialmente en plantear un desafío a la mente. En Hechos se presenta a menudo la evangelización como enseñanza (5:21, 25, 28). Especialmente cuando se evangeliza a personas que no tienen una cosmovisión cristiana, la enseñanza es importante para que puedan entender lo que se les transmite y tomar así una decisión inteligente. Por impresionados que estén por nuestra oratoria en la predicación, no podrán sino interpretar nuestro mensaje mediante el filtro de su propia cosmovisión. Puede que tomen una decisión en respuesta a nuestra invitación, pero no han entendido el evangelio.

Las exposiciones del evangelio que hacía Pablo[23] ayudaban sin duda a que la verdad del evangelio penetrara en su mente. Dos días antes de escribir estas palabras hablé en un campamento de Juventud para Cristo. Aproximadamente un setenta por ciento de la audiencia eran jóvenes budistas, hindúes o musulmanes. Hablé sobre la identidad de Jesús, y lo hice a partir de lo que los Evangelios dicen acerca de él. Los oradores que me habían precedido habían hablado de la creación, la caída y los efectos del pecado sobre la vida y las relaciones personales. Después de mi charla tuvimos un debate de setenta y cinco minutos sobre lo que creemos los cristianos. Hasta aquel momento, la mayor parte del programa había consistido en la enseñanza de verdades sobre el cristianismo por medio de charlas y coloquios. Cuando a la noche siguiente un evangelista predicó el evangelio, muchas personas estaban dispuestas a entre-

---

22. Ver comentarios sobre 20:1–38.
23. Ver la exposición de 17:1–15.

gar sus vidas a Cristo. Aunque el propósito de este campamento era evangelístico, la enseñanza era tan importante como la predicación.

Teniendo en cuenta que en el mundo occidental la mayoría ha rechazado el cristianismo, su concepción del mundo no es tampoco cristiana. Por ello, quienes dan testimonio en el Occidente poscristiano se enfrentan al mismo desafío que quienes lo hacemos en los que se han dado en llamar países no cristianos. Una clave para el evangelismo efectivo en estos dos ambientes es enseñar a las personas lo que creen los cristianos y ser sensibles a sus reacciones. ¡La enseñanza no tiene por qué ser aburrida! A veces he oído decir sobre ciertos comunicadores cristianos que eran maestros, no predicadores. Pero lo que querían decir, realmente, es que eran oradores aburridos. Los maestros han de utilizar una gran variedad de medios para captar y mantener la atención de los oyentes.

La prioridad de la evangelización

El hecho de que Lucas decida terminar su libro con el informe de una evangelización constante nos recuerda que esta es la pasión que mueve nuestra actividad. Dios ha actuado decisivamente en Cristo para salvar a la raza humana, y en este hecho está la respuesta final a todos sus problemas. Si amamos a este mundo como Dios lo ama, nuestro deseo será contarle las liberadoras buenas noticias del evangelio, y esta pasión nos absorberá hasta el día de nuestra muerte.